NOVO CÓDIGO DE PROCESSO CIVIL

Comparado e Anotado

Lei nº 13.105, de 16/03/2015, atualizada de acordo com a Lei nº 13.256, de 04/02/2016,

e com a Lei nº 13.363, de 25/11/2016

Lei nº 5.869, de 11/01/1973, e Legislação Especial

Coordenadores

ALUISIO GONÇALVES DE CASTRO MENDES
LARISSA CLARE POCHMANN DA SILVA
MARCELO PEREIRA DE ALMEIDA

NOVO CÓDIGO DE PROCESSO CIVIL
Comparado e Anotado

Lei nº 13.105, de 16/03/2015, atualizada de acordo com a Lei nº 13.256, de 04/02/2016,

e com a Lei nº 13.363, de 25/11/2016

Lei nº 5.869, de 11/01/1973, e Legislação Especial

4ª edição

AUTORES

Acioli Viana Silva • Alcir Rocha dos Santos • Aluisio Gonçalves de Castro Mendes • Artur Diego Amorim Vieira • Bianca Cardoso Marques • Bruno Miola da Silva • Bruno Vargens Nunes • Cátia Guimarães • Dênio Pinheiro de Carvalho • Eduardo Leal Silva • Elpídio Paiva Luz Segundo • Érika Daniella Rodrigues Oliveira Rabelo • Eujecio Coutrim Lima Filho • Genivaldo Alves Guimarães • Gésner Lopes Ferraz Silva • Igor Ramos Rosa • João Hélio Reale da Cruz • Larissa Clare Pochmann da Silva • Leandro Mendonça Fortuna • Liane Isoldi Linhares • Marcelo Pereira de Almeida • Marcos Paulo Oliveira de Jesus • Murilo Martins Camelo • Raphael de Souza Almeida Santos • Richard Fernandes Fagundes • Roger Rodrigues Lippi • Thiago Aleluia Ferreira de Oliveira • Wank Remy de Sena Medrado • Wilson Medeiros Pereira • Yanna Fernandes Amorim

GZ EDITORA

Rio de Janeiro
2017

1ª edição – 2015
2ª edição – 2016
3ª edição – 2016
4ª edição – 2017

CIP – Brasil. Catalogação-na-fonte.
Sindicato Nacional dos Editores de Livros, RJ.

N 843

Novo código de processo civil comparado e anotado: lei n. 13.105, de 16/03/2015, atualizada de acordo com a lei n. 13.256, de 04/02/2016, e com a lei nº 13.363, de 25/11/2016: lei nº 5.869, de 11/01/1973, e legislação especial / Acioli Viana Silva...[et al.]; coordenação Aluisio Gonçalves de Castro Mendes , Larissa Clare Pochmann da Silva , Marcelo Pereira de Almeida. – 4. ed. – Rio de Janeiro: Mundo Jurídico, 2017.

740 p.; 24 cm.

Inclui índice

ISBN 978-85-9524-011-7

1. Processo civil - Brasil. I. Silva, Acioli Viana. II. Mendes, Aluisio Gonçalves de Castro. III. Silva, Larissa Clare Pochmann da. IV. Almeida, Marcelo Pereira de. V. Título.

17-40066

CDU: 347.91./95(81)

Av. Erasmo Braga, 299 – sala 202
CEP: 20020-000 – Rio de Janeiro – RJ
Tels.: (0XX21) 2240-1406 / 2240-1416 – Fax: (0XX21) 2240-1511
contato@editoragz.com.br
www.editoragz.com.br

Impresso no Brasil
Printed in Brazil

APRESENTAÇÃO

O novo Código de Processo Civil teve sua origem em setembro de 2009, quando se iniciaram os trabalhos da Comissão de Juristas, instituída no Senado Federal e presidida pelo Ministro Luiz Fux, para ser responsável pela elaboração do Anteprojeto do novo Código de Processo Civil. Cumprindo o seu desiderato, apresentou-se, em junho de 2010, o texto que seria submetido ao Senado, como Projeto de Lei n. 166/2010. Na sua exposição de motivos, já se salientavam os cinco objetivos que orientaram precipuamente os trabalhos da Comissão: 1) estabelecimento de sintonia fina com a Constituição; 2) criação de condições para que o juiz possa proferir decisão mais rente à realidade fática da causa; 3) simplificação; 4) efetivação do rendimento de cada processo; e 5) maior grau de organicidade ao sistema.

No mesmo ano de 2010, o PLS n. 166 foi aprovado no Senado e seguiu para a Câmara dos Deputados, enquanto casa revisora, recebendo, nesta Casa, a identificação de PL n. 8.046/2010, em tramitação conjunta com o PL N°. 6.025/2005. Na Câmara dos Deputados, recebeu aprovação final no dia 26.03.2014. Sensivelmente modificado, após a tramitação nas duas Casas do Congresso Nacional, retorna o texto ao Senado, na forma de Substitutivo da Câmara, para a apreciação final no Senado Federal.

Sua tramitação foi acompanhada por diversos juristas, de diferentes estados, realizadas inúmeras audiências e consultas públicas, de forma a permitir a participação na construção da legislação projetada.

No Senado, foram, então, designados juristas para acompanhar a redação final do novo Código de Processo Civil: ministro Luiz Fux, do Supremo Tribunal Federal e da Universidade do Estado do Rio de Janeiro (UERJ), Teresa Arruda Alvim Wambier, da Pontifícia Universidade Católica de São Paulo,(PUC/SP), Paulo Cezar Pinheiro Carneiro, da UERJ, José Roberto dos Santos Bedaque, da Universidade de São Paulo (USP), Bruno Dantas, ministro do Tribunal de Contas da União (TCU) e do Instituto Brasiliense de Direito Público, e Aluisio Gonçalves de Castro Mendes, do TRF-2 e da UERJ, autor desta obra.

Ao longo de sua tramitação, arrefeceram os questionamentos sobre a necessidade de um novo código. O Código de 1973, após diversas alterações, traduzidas pelas necessidades sociais, foi perdendo a sistematicidade e organicidade. E, mais ainda, é o primeiro Código de Processo Civil elaborado em um regime democrático: um estatuto que procura efetivar as disposições constitucionais e que foi precedido de ampla oportunidade de participação durante sua elaboração e tramitação legislativa.

O texto-base foi aprovado no Senado no dia 16 de dezembro de 2014 e, no dia 17 de dezembro de 2014, foram votados 16 destaques, encerrando-se os cinco anos de tramitação legislativa.

Finalmente, no dia 16 de março de 2015, houve a sanção presidencial, com vetos em sete dispositivos. Publicado no dia seguinte, 17 de março de 2015, o novo diploma cumpriu o lapso de 1(um) ano de *vacatio legis*, entrando em vigor a partir de 18 de março de 2016. Mantém alguns institutos, cria outros e aperfeiçoa o sistema hoje existente. Ainda durante a *vacatio*, o texto sancionado sofreu alterações, através da Lei nº 13.256/2016, que foram refletidas a partir da terceira edição da obra.

Em 25 de novembro de 2016, foi sancionada a Lei nº 13.363, que alterou tanto o Estatuto da Advocacia como o Código de Processo Civil, acrescentando os incisos IX e X e os parágrafos sexto e sétimo ao artigo 313. A referida lei previu direitos e garantias para a advogada gestante, lactante, adotante ou que der à luz e para o advogado que se tornar pai, tendo as alterações sido incorporadas à obra por ocasião da quarta edição.

Com 740 páginas, o livro procura apresentar, dispositivo a dispositivo, um quadro comparativo entre as previsões do CPC de 1973, bem como em outras normas infraconstitucionais, quando pertinentes, e as contidas no novo diploma.

A presente obra pretende ser um instrumento prático e objetivo de confrontação entre a legislação passada e a nova, de modo a permitir que os profissionais e estudantes possam identificar, de plano e sem maiores dificuldades, as inovações existentes, tarefa que se mostra indispensável e urgente para todos que lidam com o Processo Civil brasileiro.

Os autores agradecem, desde já, aos leitores que se disponham a formular críticas e sugestões para seu aprimoramento.

ALUISIO GONÇALVES DE CASTRO MENDES
aluisiomendes@terra.com.br

LARISSA CLARE POCHMANN DA SILVA
larissacpsilva@gmail.com

MARCELO PEREIRA DE ALMEIDA
mpalmeida04@yahoo.com.br

SOBRE OS COORDENADORES

ALUISIO GONÇALVES DE CASTRO MENDES

Pós-Doutor pela Universidade de Regensburg, Alemanha. Doutor em Direito pela Universidade Federal do Paraná (UFPR). Mestre em Direito pela UFPR. Mestre em Direito pela Johann Wolfgang Goethe Universität (Frankfurt am Main, Alemanha). Especialista em Direito Processual Civil pela Universidade de Brasília (UnB). Graduado em Direito pela UERJ e em Comunicação Social pela Pontifícia Universidade Católica do Rio de Janeiro (PUC-RJ). Professor nos cursos de graduação e pós-graduação da Universidade do Estado do Rio de Janeiro (UERJ) e da Universidade Estácio de Sá (Unesa). Professor-expositor da Escola da Magistratura do Estado do Rio de Janeiro (EMERJ). Diretor do Instituto Brasileiro de Direito Processual (IBDP), do Instituto Carioca de Processo Civil (ICPC) e do Instituto Iberoamericano de Direito Processual. Membro da Associação Brasil-Alemanha de Juristas e da International Association of Procedural Law. Membro honorário do Instituto Paranaense de Processo Civil. Ex-Promotor de Justiça. Desembargador Federal. Presidente da 5ª Turma do Tribunal Regional Federal da 2ª Região (TRF-2). Diretor de Cursos e Pesquisas da Escola da Magistratura Regional Federal da 2ª Região (EMARF). Membro do Conselho de Relações Internacionais da Revista de Processo (RePro). Membro da Comissão de Juristas designados para o acompanhamento da redação final do novo Código de Processo Civil no Senado.

LARISSA CLARE POCHMANN DA SILVA

Doutoranda e Mestre em Direito pela Universidade Estácio de Sá (UNESA). Bolsista PROSUP/CAPES. Graduada em Direito pela Universidade do Estado do Rio de Janeiro (UERJ). Professora no curso de graduação da Universidade Candido Mendes (UCAM). Membro do Instituto Brasileiro de Direito Processual (IBDP).

MARCELO PEREIRA DE ALMEIDA

Pós-doutorado em curso na UERJ. Doutor em Ciências Jurídicas e Sociais pela Universidade Federal Fluminense, mestre em Direito pela Universidade Estácio de Sá, pós-graduado em Direito Tributário pela Universidade Estácio de Sá, pós-graduado em Direito Processual Civil pela Universidade Estácio de Sá, Professor Colaborador do PPGD (mestrado e doutorado) UNESA; Professor Adjunto de Teoria Geral do Processo e Direito Processual da Universidade Federal Fluminense. Professor do Curso de Pós- Graduação em Direito Processual da Universidade Federal Fluminense - UFF. Professor da Escola de Magistratura do Estado do Rio de Janeiro - EMERJ. Membro do Instituto Brasileiro de Direito Processual Civil - IBDP e da Associação Brasileira de Direito Processual (ABDPro). Advogado. Autor do Livro Processo Coletivo – Teoria Geral; Cognição e Execução.

SOBRE OS AUTORES

ACIOLI VIANA SILVA

Graduado em Direito pela Universidade Estadual de Santa Cruz. Especialista em Direito Processual Civil pela Universidade do Sul de Santa Catarina. Especialista em Direito Municipal pela Universidade de Anhanguera-Uniderp. Procurador do Município de Brumado-BA. Conselheiro Seccional da OAB/BA. Mestre em Direito Público e Evolução Social pela UNESA em parceria com a Faculdade de Guanambi.

ALCIR ROCHA DOS SANTOS

Advogado, Mestre em Direitos Fundamentais (UNESA), especializando em Docência do Ensino Superior (UNIASSELVI), especializado em Direito Público (UNIFACS) e com MBA em Gestão Pública (UNIJORGE). Desde 1998 atua junto ao licenciamento e fiscalização ambiental no Município de Salvador, com atuação junto a secretaria executiva do COMAM. Professor de direito na Faculdade Guanambi (BA). Coordenador do Núcleo de Práticas Jurídicas na Faculdade Guanambi (BA). Coordenador do Balcão de Justiça e Cidadania em Guanambi (BA).

ARTUR DIEGO AMORIM VIEIRA

Servidor Público da Procuradoria Geral do Município do Rio de Janeiro; Professor Universitário na UCAM-NF; Doutorando em Direito pela UNESA; Mestre em Direito pela UNESA; Pesquisador e Assistente de Ensino da escola de Direito da FGV-RJ; Advogado.

BIANCA CARDOSO MARQUES

Graduação em Direito pela Universidade Estadual do Sudoeste da Bahia(2012). Mestranda em Direito UNESA/Guanambi. Advogada.

BRUNO MIOLA DA SILVA

Graduado em Direito pela Instituição Toledo de Ensino - ITE/Bauru (2006), especialização em impostos indiretos pela APET - Associação Paulista de Estudos Tributários (2008), MBA em Direito Empresarial pela FGV/SP (Fundação Getúlio Vargas) (2010), Mestre em Direito pela Instituição Toledo de Ensino - ITE-Bauru e Doutorando em Direito pela Universidade Estácio de Sá - UNESA RJ. Professor da Faculdade Guanambi - FG/BA. Coordenador Local do Mestrado Interinstitucional em Direito (Minter) UNESA/FG.

BRUNO VARGENS NUNES

Mestre em Direito pela Universidade Estácio de Sá, UNESA. Possui Pós-Graduação Lato Sensu em Direito Processual Civil e também em Direito Tributário, ambas pela Universidade Federal da Bahia (UFBA). Graduado pela Universidade Católica de Salvador (UCSal). Membro da Banca Examinadora da Área de Conhecimento do Direito realizado pela UNEB/PGDP/GESA/DEDCXII do Concurso Público para Admissão de Professor Auxiliar - Universidade do Estado da Bahia. É professor da Pós-Graduação Lato Sensu em Direito Público e Privado e da graduação em Direito da Faculdade de Tecnologia e Ciência / Unidade de Vitória da Conquista (2010-atual), onde desenvolve atividades de ensino e extensão. É professor da graduação em Direito da Faculdade de Guanambi, onde desenvolve atividades de ensino, extensão. Professor em curso preparatório para concurso público. Palestrante.

CÁTIA GUIMARÃES
Advogada. Coordenadora do Curso de Direito da Faculdade Guanambi. Mestre em Direito Público pela Universidade Estácio de Sá. Pós Graduada em Direito Empresarial pela Universidade Presbiteriana Mackenzie e Direito do Trabalho pela Faculdade Guanambi.

DÊNIO PINHEIRO DE CARVALHO
Mestre em Direito pela UNESA. Tabelião e professor universitário em Minas Gerais.

EDUARDO LEAL SILVA
Possui graduação em Direito pelas Faculdades de Direito Santo Agostinho e graduação em Ciências Militares com ênfase em Defesa Social pela Academia da Polícia Militar de Minas Gerais. Possui especialização Lato Sensu em Criminologia pela Universidade Estadual de Montes Claros, especialização Lato Sensu em Análise da Criminalidade pela Universidade Estadual de Montes Claros e especialização Lato Sensu em Gestão de Meio Ambiente com ênfase em Direito Ambiental pela Universidade Federal de Juiz de Fora. Mestre em Direito pela UNESA. Tem experiência nas áreas de Direito Constitucional, Direitos Humanos, Criminologia, Filosofia do Direito e Segurança Pública. Atuou como docente nos cursos de graduação em Direito e graduação em Administração na Faculdade Vale do Gorutuba (FAVAG).

ELPÍDIO PAIVA LUZ SEGUNDO
Bacharel em Direito pela Pontifícia Universidade Católica de Minas Gerais (PUC Minas). Especialista em Direito Público pela Pontifícia Universidade Católica de Minas Gerais (PUC Minas). Mestre em Direito Público e Evolução Social pela Universidade Estácio de Sá - Rio de Janeiro (UNESA - RJ). Pesquisador do CNPq - Faculdade Nacional de Direito - Universidade Federal do Rio de Janeiro (UFRJ). Professor Universitário. Advogado.

ÉRIKA DANIELLA RODRIGUES OLIVEIRA RABELO
Mestre em Direito Público e Evolução Social pela Universidade Estácio de Sá/RJ; Graduada em Direito pela Universidade Estadual de Montes Claros/MG. Especialista em Direito Civil pela FIJ/RJ. Professora Universitária de Direito da Funorte/MG; professora orientadora/avaliadora do Núcleo de Pesquisa do Curso de Direito da Funorte/MG. Assessora jurídica da Câmara Municipal de Capitão Enéas/MG. Advogada.

EUJECIO COUTRIM LIMA FILHO
Delegado de Polícia Civil no Estado de Minas Gerais. Mestre em Direito Público pela Universidade Estácio de Sá (PPGD/UNESA). Especialista em Direito do Estado pela Universidade Federal do Estado da Bahia. Graduado em Direito pelo Instituto de Educação Superior Unyahna de Salvador (BA). Professor no curso de Direito da Faculdade Guanambi (BA). Ex-Advogado com atuação na área do Direito do Consumidor e Direito Público. Ex-Juiz Leigo do Tribunal de Justiça do Estado da Bahia, com atuação no Juizado Especial Cível da Comarca de Guanambi (BA).

GENIVALDO ALVES GUIMARÃES
Juiz de Direito, titular da Vara Criminal, do Júri, Execuções Penais e Infância e Juventude de Brumado/BA. Mestre em Direito Público e Evolução Social.

GÉSNER LOPES FERRAZ SILVA
Possui Especialização em Direito Processual Civil e Graduação em Direito pela Fundação Educacional de Jataí/Campus Avançado de Jataí (2000). Atualmente é advogado - Ordem dos Advogados do Brasil, Professor Auxiliar da Universidade Estadual do Sudoeste da Bahia, Professor da Faculdade Independente do Nordeste e Mestrando em Direito.

IGOR RAMOS ROSA

Mestre em Direito Público e Evolução Social – Universidade Estácio de Sá. Pós Graduado *lato sensu* em Direito Público – FIP/MOC. Professor de Direito na Faculdade de Direito Santo Agostinho, Advogado.

JOÃO HÉLIO REALE DA CRUZ

Mestre em Direito e especialista em Direito Processual Civil. Professor da Universidade do Estado da Bahia e da Faculdade Guanambi

LEANDRO MENDONÇA FORTUNA

Graduação em Direito pelo Instituto Vianna Junior e especialização em Direito Constitucional pela Universidade Federal de Juiz de Fora. Mestrando em Direito Público e Evolução Social pela Universidade Estácio de Sá - UNESA/RJ. Técnico Judiciário junto ao Tribunal Júri do Tribunal de Justiça de Minas Gerais e Professor do Centro Universitário Estácio de Sá de Juiz de Fora.

LIANE ISOLDI LINHARES

Possui graduação em direito pela Universidade Federal do Estado do Rio de Janeiro (1983). Mestrado (bolsa integral) Dir. Processual Civil – UNESA. Pós-Graduação em Dir proc. Civil univ. Estácio de Sá. Professora Concursada (2004) da Universidade Estácio de Sá. Professora da EMERJ, do CEPAD, do IBDA, da Cia dos Módulos e do Curso Meritum. Professora da Pós-Gradução da ESA – Barra e Professora Convidada da ESA- Centro. Gerente Jurídico do IAJ – Instituto de Aprimoramento Jurídico – Unidade Centro e Barra (Premiação Empreendedor Internacional 2010)

MARCOS PAULO OLIVEIRA DE JESUS

Professor no Curso de Direito da Faculdade Vale do Gorutuba - FAVAG e servidor do Tribunal Regional Eleitoral de Minas Gerais, cargo Analista Judiciário. Mestre em Direito Público e Evolução Social na Universidade Estácio de Sá / Faculdade Guanambi/BA. Especialista em Criminologia pela Universidade Estadual de Montes Claros (2007) e em Direito Processual - Grandes Transformações pela UNIDERP/LFG (2009). Graduado em Direito pela Universidade Estadual de Montes Claros (2002).

MURILO MARTINS CAMELO

Mestre em Direito pela Universidade Estácio de Sá - UNESA e Faculdade Guanambi – FG (MINTER). Especialista em Direito Público pela Universidade Federal da Bahia – UFBA. Especialista em Docência do Ensino Superior pela Faculdade Guanambi – FG. Graduado em Direito pela Universidade Estadual de Santa Cruz – UESC (Ilhéus/Bahia). Professor de Direito da Faculdade Guanambi – FG. Professor de Direito da Universidade do Estado da Bahia – UNEB. Advogado.

RAPHAEL DE SOUZA ALMEIDA SANTOS

Pós Graduado em Direito Civil e Processual Civil pelo Centro Universitário de Araras - UNAR. Mestre pela Universidade Estácio de Sá – UNESA-RJ. Professor e Coordenador Adjunto do Curso de Direito da Faculdade Guanambi – FG/CESG. Advogado.

RICHARD FERNANDES FAGUNDES

Advogado. Professor de Processo Civil da Faculdade de Guanambi – FG/CESG. Pós-Graduado em Direito Processual Civil pela Universidade do Sul de Santa Catarina – UNISUL. Mestre pela Faculdade Estácio de Sá - PPGD/UNESA.

ROGER RODRIGUES LIPPI

Advogado. Mestre em Direito. Professor da Gradução e da Pós-Graduação em Direito. Pesquisador do INEAC.

THIAGO ALELUIA FERREIRA DE OLIVEIRA
Bacharel em Direito pela Universidade Católica do Salvador – UCSAL. Mestrando em Direito na UNESA. Professor do Programa de Pós-Graduação Lato Sensu da Faculdade CEUT-PI e da Escola Superior da Magistratura do Estado do Piauí – ESMEPI. Membro da Law and Society Association (LSA, USA). Juiz de Direito do Tribunal de Justiça do Estado do Piauí. Juiz Eleitoral do TRE-PI.

WANK REMY DE SENA MEDRADO
Mestre em Direito Público e Evolução Social pelo Minter Unesa/FG. Possui graduação em Direito pela Universidade Estadual da Paraíba(1996), especialização em Pós Graduação lato sensu pela Universidade Católica do Salvador(1998) e aperfeiçoamento em Formação para Delegado de Polícia pela Academia da Polícia Civil da Bahia(2001). Atualmente é Professor Auxiliar (3º Grau) da Universidade do Estado da Bahia e Professor Auxiliar (3º Grau) da Faculdade de Ciências Aplicadas e Sociais de Petrolina.

WILSON MEDEIROS PEREIRA
Mestre em Direito Público e Evolução Social pelo Minter Unesa/FG, Juiz Federal do TRF1, Professor Universitário.

YANNA FERNANDES AMORIM
Mestre em Direito pela UNESA. Advogada, professora de Ciência Política, Direitos Fundamentais e Mediação e Arbitragem. Mediadora do Projeto Balcão de Justiça e Cidadania em convênio com a Faculdade Nobre.

SUMÁRIO

Título III

DA COMPETÊNCIA INTERNA

LIVRO III
DOS PROCESSOS NOS TRIBUNAIS E DOS MEIOS DE IMPUGNAÇÃO DAS DECISÕES JUDICIAIS

TÍTULO I
DA ORDEM DOS PROCESSOS E DOS PROCESSOS DE COMPETÊNCIA ORIGINÁRIA DOS TRIBUNAIS

NOTAS AOS ARTIGOS 976 A 993

NOTAS AOS ARTIGOS 994 A 1.028

TÍTULO II
DOS RECURSOS

NOTAS AOS ARTIGOS 1.029 A 1.072

A PRESIDENTA DA REPÚBLICA Faço saber que o Congresso Nacional decreta e eu sanciono a seguinte Lei:

PARTE GERAL

LIVRO I
DAS NORMAS PROCESSUAIS CIVIS

TÍTULO ÚNICO
DAS NORMAS FUNDAMENTAIS E DA APLICAÇÃO DAS NORMAS PROCESSUAIS

NOTAS AOS ARTIGOS 1 A 41

Aluisio Gonçalves de Castro Mendes
Elpídio Paiva Luz Segundo
Marcelo Pereira de Almeida

NOVO CÓDIGO DE PROCESSO CIVIL	**CÓDIGO DE PROCESSO CIVIL DE 1973**
CAPÍTULO I DAS NORMAS FUNDAMENTAIS DO PROCESSO CIVIL **Art. 1º** O processo civil será ordenado, disciplinado e interpretado conforme os valores e as normas fundamentais estabelecidos na Constituição da República Federativa do Brasil, observando-se as disposições deste Código.	LIVRO V DAS DISPOSIÇÕES FINAIS E TRANSITÓRIAS **Art. 1.211**. Este Código regerá o processo civil em todo o território brasileiro. Ao entrar em vigor, suas disposições aplicar-se-ão desde logo aos processos pendentes.

O novo Código de Processo Civil rege o sistema processual na perspectiva de se obter um processo mais adequado, mais rente às necessidades sociais e menos complexo[1]. Diferentemente da estrutura do Código de Processo Civil de 1973, o novo Código de Processo Civil (NCPC) tem uma parte geral e uma especial, seguida de um livro complementar. A parte geral é dividida em seis livros referentes às (I) normas processuais civis, (II) à função jurisdicional, (III) aos sujeitos processuais, (IV) aos atos processuais, (V) à tutela provisória e (VI) à formação, suspensão e extinção do proces-

1 BRASIL. *Exposição de Motivos do Anteprojeto do Código de Processo Civil.* Brasília, 2010. Disponível em: <http://www.senado.gov.br/senado/novocpc/pdf/anteprojeto.pdf>. Acesso em: 14 jan. 2015.

so. Por sua vez, a parte especial é repartida em três livros, que tratam: (I) do processo de conhecimento e do cumprimento da sentença, (II) do processo de execução e (III) dos processos nos tribunais e dos meios de impugnação das decisões judiciais. O livro complementar cuida das disposições finais e transitórias.

Logo no primeiro artigo, o novo Código evidencia sua necessária harmonia com a Constituição da República Federativa do Brasil de 1988 (CRFB/88). No Estado Democrático de Direito instituído pela CRFB/88, os princípios fundamentais consagrados, inclusive o democrático, devem ser observados na atuação das partes e na função jurisdicional no âmbito do processo civil.

Na Constituição da República Federativa do Brasil encontram-se inseridos vários dispositivos reguladores do Direito Processual. Dentre os mais importantes podem ser ressaltados os previstos no *caput* e nos incisos XXXV, LIV e LV do artigo 5º, que consagram, respectivamente, o princípio da isonomia, o da inafastabilidade do controle jurisdicional, o do devido processo legal e o do contraditório; bem como o inscrito no inciso IX do artigo 93, que prevê o princípio da motivação das decisões judiciais. Na obra *Teoria Geral do Processo*[2], já se assinalava que:

> Prevê a Constituição inúmeros princípios e garantias relacionados com o direito processual, como, dentre outros, o da própria inafastabilidade da prestação jurisdicional[3], do juiz natural[4], do devido processo legal[5], do contraditório e da ampla defesa[6], da publicidade[7] e da celeridade[8]. Por outro lado, a Constituição trata da organização dos Poderes do Estado[9], dentre os quais o Poder Judiciário[10], em termos de disposições gerais e da estruturação básica do Supremo Tribunal Federal, do Conselho Nacional de Justiça, do Superior Tribunal de Justiça e das Justiças Federal, do Trabalho, Eleitoral, Militar e dos Estados, além de regular instituições e funções essenciais à justiça, desempenhadas pelo Ministério Público, pela advocacia pública, pelos advogados e pela Defensoria Pública.

Enquanto método de resolução de controvérsias que envolve a atuação de um órgão investido pelo Estado para o exercício da função jurisdicional, o processo tem como finalidade a solução de conflitos. Para se atingir essa finalidade, a via processual precisa ser dotada de técnicas adequadas à realização do direito e interpretada, de acordo com o ordenamento jurídico constitucional, a partir da análise dos problemas a serem resolvidos e suas possíveis soluções.

---

2 MENDES, Aluisio Gonçalves de Castro. *Teoria Geral do Processo*. Rio de Janeiro: Lumen Juris, 2009.

3 Art. 5º, inciso XXXV, da Constituição da República: "a lei não excluirá da apreciação do Poder Judiciário lesão ou ameaça a direito".

4 Art. 5º, incisos XXXVII e LIII, da Constituição da República.

5 Art. 5º, inciso LIV, da Constituição da República.

6 Art. 5º, inciso LV, da Constituição da República.

7 Art. 5º, inciso LX, da Constituição da República.

8 Art. 5º, inciso LXXVII, da Constituição da República.

9 Título IV da Constituição da República.

10 Capítulo III do Título IV da Constituição da República.

O NCPC foi construído nessa perspectiva, pois o processo deve servir de espaço de participação ativa e racional dos sujeitos processuais, em especial das partes e do órgão jurisdicional, sendo que este tem o dever de propiciar um cenário de amplo debate, de modo a possibilitar às partes a proteção e a concreção dos direitos, em uma ótica de prestação adequada da tutela jurisdicional.

NOVO CÓDIGO DE PROCESSO CIVIL	CÓDIGO DE PROCESSO CIVIL DE 1973
Art. 2º O processo começa por iniciativa da parte e se desenvolve por impulso oficial, salvo as exceções previstas em lei.	**Art. 2º** Nenhum juiz prestará a tutela jurisdicional senão quando a parte ou o interessado a requerer, nos casos e forma legais. TÍTULO VI DA FORMAÇÃO, DA SUSPENSÃO E DA EXTINÇÃO DO PROCESSO CAPÍTULO I DA FORMAÇÃO DO PROCESSO **Art. 262.** O processo civil começa por iniciativa da parte, mas se desenvolve por impulso oficial.

A noção etimológica de processo assenta-se no vocábulo latino *procedere*, que indica um caminhar para frente, avançar no sentido de se alcançar um objetivo, consistente na prestação da tutela jurisdicional.

A jurisdição é, regra geral, inerte. Constitui-se no poder-dever de prestar a função jurisdicional e esta é exercida precipuamente pelo Poder Judiciário. O Estado investe um órgão na função de julgar e, portanto, de prestar a tutela jurisdicional, a qual, via de regra, é exercida pelo juízo, movimentado pela pessoa do juiz, a partir da iniciativa da parte. Cabe às partes, portanto, a iniciativa para a formação da relação processual, bem como a delimitação do objeto litigioso, que se dá por meio de um ato de impulso inicial da atividade jurisdicional do Estado (demanda), exercendo o direito de ação. As exceções ao impulso oficial são consignadas ao longo do diploma legal.

Assim, o princípio dispositivo, também denominado princípio da inércia ou da demanda, preconiza que a jurisdição, em regra, depende de provocação, ou seja, do ajuizamento da demanda, que consiste no impulso inicial. Os atos processuais que sucedem o ajuizamento da demanda devem se realizar por impulso oficial, para o andamento e desenvolvimento do processo. O processo, desta forma, é um meio para se atingir um fim, o qual é, justamente, a prestação da tutela jurisdicional.

O princípio dispositivo tem previsão no Código de Processo Civil de 1973 e foi mantido pelo novo Código de Processo Civil. Segundo Moreira[11], o princípio dispositivo possui três vetores, a saber:

> a) as partes determinam o início do processo; é o princípio do pedido, cabendo às partes o impulso inicial do processo [...];
> b) as partes têm a disponibilidade do objeto do processo;
> c) o compromisso arbitral só extingue o processo se alegado pelo réu.

Ao examinar o assunto em debate, Fredie Didier Jr.[12] assevera a necessidade de superação da matriz dispositiva, em uma sociedade aberta de intérpretes da Constituição, em favor do princípio cooperativo, em razão de este transformar o processo em uma comunidade de trabalho, assim como da responsabilidade das partes e do tribunal pelos resultados.

O modelo cooperativo deve integrar a estrutura do processo civil, afastando, assim, a cultura adversarial para se organizar com base em uma perspectiva constitucional de processo, em que o órgão jurisdicional realiza a prestação jurisdicional com diálogo e equilíbrio, valorizando os deveres de esclarecimento, lealdade e proteção que devem abarcar todos os concernidos na decisão para que se possa alcançar um uso adequado do processo.

NOVO CÓDIGO DE PROCESSO CIVIL	CÓDIGO DE PROCESSO CIVIL DE 1973
Art. 3º Não se excluirá da apreciação jurisdicional ameaça ou lesão a direito. § 1º É permitida a arbitragem, na forma da lei. § 2º O Estado promoverá, sempre que possível, a solução consensual dos conflitos. § 3º A conciliação, a mediação e outros métodos de solução consensual de conflitos deverão ser estimulados por juízes, advogados, defensores públicos e membros do Ministério Público, inclusive no curso do processo judicial.	**Art. 125.** O juiz dirigirá o processo conforme as disposições deste Código, competindo-lhe: [...] V - tentar, a qualquer tempo, conciliar as partes. (Incluído pela Lei nº 8.952, de 13.12.1994)

O princípio da inafastabilidade do controle jurisdicional é um produto das Revoluções Liberais, que infirmaram o monopólio legítimo do uso da força pelo Estado e a possibilidade de acesso dos cidadãos ao Poder Judiciário. A partir do final dos anos 1940, com o advento do constitucionalismo global, cada Estado optou por um modelo

11 MOREIRA, Rui. Os princípios estruturantes do processo civil português e o projeto de uma nova reforma do Código Civil. Caderno de Estudos Judiciários. Lisboa, 2013, p. 59-83. Disponível em: <http://www.cej.mj.pt/cej/recursos/ebooks/ProcessoCivil/Caderno_I_Novo%20_Processo_Civil.pdf>. Acesso em: 3 fev. 2014.

12 DIDIER JR., Fredie. Os três modelos de direito processual: inquisitivo, dispositivo e cooperativo. *Revista de Processo*, v. 198, p. 213-225, 2011.

constitucional-processual, o que ensejou uma releitura dos princípios e institutos do Direito Processual Civil.

Sobre o princípio da inafastabilidade do controle da jurisdição, Ribeiro[13] afirma que a recepção do instituto foi explicitada na Constituição de 1946 (art. 141, § 4°), mas, já integrara a estrutura do ordenamento jurídico desde 1891, tendo em vista o seu caráter implícito no sistema de direito.

A inserção dessa previsão no novo Código de Processo Civil decorre da prescrição normativa do artigo 5°, inciso XXXV, da Constituição da República Federativa do Brasil, que prevê: *"a lei não excluirá da apreciação do Poder Judiciário lesão ou ameaça de lesão a direito"*.

Em *Teoria Geral do Processo*[14], tivemos a oportunidade de discorrer que:

> Na célebre obra *Acesso à Justiça*[15], Mauro Cappelletti e Bryant Garth discorreram sobre as chamadas ondas renovatórias em termos de direito processual. Na primeira, acentuou o papel da assistência judiciária, para o incremento do acesso à justiça. Na segunda, apontou o papel dos processos coletivos para a resolução de conflitos relacionados aos interesses difusos da sociedade, de grupos e de massa, como meio também de se buscar a ampliação da proteção jurídica. Na seqüência, os autores italiano e americano apontaram, como terceira onda renovatória, um conjunto de medidas combinadas, levando em consideração as ondas anteriormente mencionadas e também outros mecanismos que pudessem conduzir à resolução dos conflitos no seio da sociedade contemporânea, inclusive com a busca dos denominados meios alternativos para a solução de conflitos.
>
> Os denominados meios alternativos de solução de conflitos seriam mecanismos, judiciais e extrajudiciais, que pudessem atender melhor às necessidades da sociedade. Nesse sentido, as novas tendências do enfoque do acesso à Justiça[16] estariam relacionadas com (a) a reforma dos procedimentos judiciais em geral; (b) os meios alternativos para decidir causas judiciais, dentre os quais o juízo arbitral, a conciliação, o encorajamento de acordos pelo uso seletivo de incentivos econômicos; (c) a especialização de instituições e procedimentos judiciais, como a criação de procedimentos especiais para pequenas causas, de tribunais "de vizinhança" ou "sociais" para solucionar divergências na comunidade, de tribunais especiais para demandas de consumidores e de mecanismos especializados para garantir direitos "novos" em outras áreas do direito; (d) mudanças nos métodos utilizados para a prestação de serviços jurídicos; e (e) a simplificação do direito.

A difusão dessas ideias foi recepcionada no ordenamento jurídico brasileiro, por exemplo, no sistema dos Juizados Especiais, que privilegiam formas consensuais de composição de conflitos: a oralidade, a possibilidade de as partes comparecerem pes-

---

13 RIBEIRO, Leonardo Ferres da Silva. Princípio da inafastabilidade do controle jurisdicional (art. 5°, inciso XXV, da Constituição Federal). *In*: LOPES, Maria Elisabeth de Castro; OLIVEIRA NETO, Olavo de. *Princípios processuais civis na Constituição*. Rio de Janeiro: Elsevier, 2008, p. 47-78.

14 MENDES, Aluisio Gonçalves de Castro. *Teoria Geral do Processo*. Rio de Janeiro: Lumen Juris, 2009.

15 No Brasil, traduzida por Ellen Gracie Northfleet.

16 CAPPELLETTI, Mauro. GARTH, Bryant. Acesso à justiça. Trad. Ellen Gracie Northfleet. Porto Alegre: Fabris, 1988, p. 75 e seguintes.

soalmente em juízo, sem assistência por advogado, a simplificação dos procedimentos e a introdução de novos sujeitos processuais (conciliadores, mediadores, juízes leigos, árbitros), que são resultados da onda renovatória.

O NCPC também procura fomentar a utilização dos meios alternativos de solução de conflitos, conforme indica o § 3º do artigo em apreço, atribuindo destaque às formas consensuais de solução de conflitos, enquanto o CPC/73 inclui como atribuição do juiz conciliar, a qualquer tempo, as partes. O uso dos métodos de solução de conflitos de forma consensual, quando já instaurada a relação processual, deve ser contemplado pelo Poder Judiciário, aperfeiçoado e adequado para que se torne possível uma prestação jurisdicional mais célere e menos dispendiosa.

No Brasil, a tradição de um Estado forte e centralizado impediu, de certo modo, ao longo da história brasileira, o incentivo aos meios alternativos de resolução de controvérsias. O novo Código de Processo Civil, ao elencar a possibilidade de novos métodos de resolução de conflitos, previu que outros modos de composição de litígio, que não a sentença, sejam difundidos dentro e fora do ambiente Judiciário. Trata-se, em suma, de um alento para que as soluções de controvérsias não sejam buscadas somente no modo tradicional do Estado-juiz, mas que as partes tenham a liberdade de escolha do meio mais apropriado de encaminhar um conflito, desde que o método utilizado para sua composição não seja compulsoriamente adjudicatório.

NOVO CÓDIGO DE PROCESSO CIVIL	CÓDIGO DE PROCESSO CIVIL DE 1973
Art. 4º As partes têm o direito de obter em prazo razoável a solução integral do mérito, incluída a atividade satisfativa.	**Art. 125**. O juiz dirigirá o processo conforme as disposições deste Código, competindo-lhe: [...] II - velar pela rápida solução do litígio; [...]

Trata-se de aprimoramento da previsão do artigo 125, inciso II do CPC/73, com fundamento no artigo 5°, LXXVIII, da Constituição da República Federativa do Brasil de 1988 (CRFB/88), com redação fixada pela Emenda Constitucional n° 45/2004. A referida Emenda inseriu no rol de direitos fundamentais o direito à duração razoável do processo, visando à solução tempestiva da lide para se evitar o perecimento de direito.

Destaca-se que a Emenda Constitucional n° 45/2004 acrescentou a alínea "e" ao inciso II do artigo 93 da CRFB/88, que dispõe que *"não será promovido o juiz que, injustificadamente, retiver os autos em seu poder além do prazo legal, não podendo devolvê-los ao cartório sem o devido despacho ou decisão"*.

Antes mesmo da Emenda Constitucional n° 45/2004, que inseriu o inciso LXXVIII no artigo 5º e a alínea "e" no inciso II do artigo 93 da CRFB/88, a melhor doutrina defendia que a garantia constitucional da tutela jurisdicional tempestiva seria decorrente da disposição prevista no inciso XXXV do artigo 5º, que consagra o princípio da inafastabilidade do Poder Judiciário, uma vez que ao jurisdicionado não seria apenas assegurado o acesso à Justiça, mas também que esse acesso se desse de forma efetiva, adequada e tempestiva[17].

No dizer de Humberto Theodoro Júnior[18], o Estado não pode permitir a eternização do processo, mesmo porque *"justiça tardia é justiça desmoralizada"*. Isso porque não basta assegurar apenas o ingresso em juízo. Um conflito de interesses, resultante de lesão ou ameaça de lesão, levado à apreciação do Poder Judiciário, para ser solucionado, depende do resultado justo, efetivo e útil do processo. Desta forma, o processo deve servir de instrumento para se alcançar a prestação da tutela jurisdicional adequada, efetiva e tempestiva.

A morosidade processual prejudica o desempenho do processo rumo à resolução do conflito de interesses. E, se o processo não atinge seu escopo e a tutela jurisdicional não é prestada em prazo razoável, a referida tutela corre o risco de se tornar inútil.

O prazo razoável é aquele que permite a solução adequada para o caso judicializado, sem dilações desnecessárias. Por outro lado, a rápida prestação da tutela jurisdicional não pode implicar na violação de direitos fundamentais e garantias processuais, nem colocar em risco a participação real e efetiva das partes no resultado do processo.

Vale ressaltar que o princípio da razoável duração do processo já estava inserido no ordenamento jurídico brasileiro, tendo em vista que a Convenção Americana sobre Direitos Humanos (Pacto de São José da Costa Rica), de 22 de novembro de 1969, ratificada pelo Brasil através do Decreto nº 678, de 6 de novembro de 1992, prevê expressamente, em seu artigo 8º, que trata das garantias judiciais, o direito ao julgamento em prazo razoável, dispondo que *"toda pessoa tem direito a ser ouvida com as devidas garantias e dentro de um prazo razoável por um juiz ou tribunal competente, independente e imparcial, instituído por lei anterior [...]"*.

NOVO CÓDIGO DE PROCESSO CIVIL	CÓDIGO DE PROCESSO CIVIL DE 1973
Art. 5º Aquele que de qualquer forma participa do processo deve comportar-se de acordo com a boa-fé.	**Art. 14.** São deveres das partes e de todos aqueles que de qualquer forma participam do processo: (Redação dada pela Lei nº 10.358, de 27.12.2001) [...] II – proceder com lealdade e boa-fé. [...]

No processo civil contemporâneo, a boa-fé, com origem na *fides*[19] do Direito romano, é um patamar ético mínimo a ser observado, tendo em vista que todo o Direito

17 ALMEIDA, Marcelo Pereira de Almeida. *Processo coletivo*: teoria geral, cognição e execução. São Paulo: LTr, 2012, p. 42.

18 THEODORO JÚNIOR, Humberto. Curso de direito processual civil, v. I. Rio de Janeiro: Forense, 2002, p. 23.

19 PEREIRA, Maria Helena da Rocha. *Estudos de cultura clássica*. Lisboa: Fundação Calouste Gulbenkian, 1989, v. 2, p. 321.

contemporâneo está permeado pela cooriginariedade entre direito e moral fincados a partir da estrutura constitucional.

O dispositivo em tela, aperfeiçoando a redação do inciso II, do artigo 14 do CPC/73, impõe o respeito aos imperativos éticos e visa à observância da boa-fé objetiva, enquanto norma de conduta, por todos que, de alguma forma, participam de uma relação processual, os quais devem reger e pautar suas condutas com lealdade.

O princípio da lealdade processual impõe o dever de se comportar com probidade, de acordo com a boa-fé e a moralidade, e deve ser observado por todos os sujeitos do processo.

Visando à preservação do comportamento ético dos sujeitos do processo e a estabelecer um ambiente propício para que o processo alcance seu objetivo, reprova-se a adoção de expedientes fraudulentos, sob pena de a conduta praticada em dissonância dos parâmetros impostos pela boa-fé objetiva e em desrespeito ao dever de lealdade processual ser considerada um ilícito processual, ato atentatório à dignidade da Justiça ou ato atentatório ao exercício da jurisdição, passível de aplicação das sanções processuais correspondentes.[20]

NOVO CÓDIGO DE PROCESSO CIVIL	CÓDIGO DE PROCESSO CIVIL DE 1973
Art. 6º Todos os sujeitos do processo devem cooperar entre si para que se obtenha, em tempo razoável, decisão de mérito justa e efetiva.	Sem correspondente.

As teorias que orientam o Direito Processual Civil estão baseadas nos parâmetros éticos da justiça e solidariedade como guias do acesso à Justiça e do devido processo legal. A realização do direito deve ser um ideal solidário, ainda que as partes e os advogados estejam em posições antagônicas.

O dispositivo em comento refere-se aos deveres de auxiliar e de cooperar, os quais devem ser atendidos pelos sujeitos do processo com vistas à consecução do provimento jurisdicional justo, efetivo e tempestivo. Tais deveres decorrem da imposição do princípio da boa-fé objetiva, do princípio da lealdade processual e do princípio do contraditório.

Não há que se falar somente em um Estado-juiz que resolva a lide de modo imparcial, mas, também, da imperiosa necessidade de serem observados os deveres de lealdade, boa-fé e cooperação por todos que, de qualquer forma, participam do processo para se permitir que alcance um resultado que o afaste da sucessão fria de atos e documentos, para torná-lo melhor no campo operacional e administrativo, de modo a promover uma prestação da tutela jurisdicional de qualidade.

---

20 CINTRA, Antônio Carlos de Araújo; GRINOVER, Ada Pellegrini; DINAMARCO, Cândido Rangel. Teoria geral do processo. 13. ed., rev. e atual. São Paulo: Malheiros, 1997, p. 71-72.

NOVO CÓDIGO DE PROCESSO CIVIL	CÓDIGO DE PROCESSO CIVIL DE 1973
Art. 7º É assegurada às partes paridade de tratamento em relação ao exercício de direitos e faculdades processuais, aos meios de defesa, aos ônus, aos deveres e à aplicação de sanções processuais, competindo ao juiz zelar pelo efetivo contraditório.	**Art. 125.** O juiz dirigirá o processo conforme as disposições deste Código, competindo-lhe: I – assegurar às partes igualdade de tratamento; [...]

O novo Código de Processo Civil aprimora a redação do artigo 125 do CPC de 1973, demonstrando uma nítida preocupação com o fortalecimento do contraditório, de forma a assegurar às partes a paridade de armas para participação no processo[21]. Essa preocupação é composta pela isonomia (igualdade diante da lei), pela isegoria (igualdade de fala) e pela isotopia (igualdade de lugar).

O princípio da isonomia foi consagrado pela CRFB/88, em seu artigo 5º, *caput*, que dispõe que "*todos são iguais perante a lei*". O artigo 7º do novo Código de Processo Civil reafirma e fortalece o princípio da isonomia, o qual é corolário do devido processo legal, e impõe ao juiz a observância do contraditório.

Não é suficiente a garantia meramente formal da igualdade. É preciso levar em conta as diferenças entre os sujeitos, supri-las e atingir a igualdade substancial. No âmbito de uma relação processual, deve-se buscar um equilíbrio justo entre as partes, propiciando a elas condições equilibradas e paritárias.

A garantia do contraditório no processo civil assegura às partes, sem discriminação e em paridade de armas, o direito de participação efetiva e de influenciar o órgão judicante a formar seu convencimento, considerando a coerência e a integridade do direito. Deve ser assegurado o direito de participação a todos os destinatários dos efeitos do ato decisório, em pé de simétrica igualdade, de modo a evitar decisões-surpresa.

NOVO CÓDIGO DE PROCESSO CIVIL	DECRETO-LEI Nº 4.657/42 LEI DE INTRODUÇÃO ÀS NORMAS DO DIREITO BRASILEIRO
Art. 8º Ao aplicar o ordenamento jurídico, o juiz atenderá aos fins sociais e às exigências do bem comum, resguardando e promovendo a dignidade da pessoa humana e observando a proporcionalidade, a razoabilidade, a legalidade, a publicidade e a eficiência.	**Art. 5 º** Na aplicação da lei, o juiz atenderá aos fins sociais a que ela se dirige e às exigências do bem comum.

O artigo 8° do novo Código de Processo Civil recepciona a prescrição contida no artigo 5° da Lei de Introdução às Normas do Direito Brasileiro e acresce critérios de

21 GRECO, Leonardo. Garantias fundamentais do processo: o processo justo. *Revista Jurídica.* Porto Alegre: FURB, v. 305, 2003, p. 61-99.

interpretação da norma processual, inclusive de matriz constitucional, para orientar o juízo na solução da lide. Interpretar o texto é determinar seu sentido, conteúdo ou significado e descobrir seu âmbito de aplicação, delimitando seu alcance.

Com o fito de atingir o escopo do processo e solucionar conflitos de interesses, o juiz, antes de aplicar a norma adequada ao caso concreto e específico, tem que determinar seu sentido, levando em consideração os seguintes postulados: fins sociais; bem comum; dignidade da pessoa humana; proporcionalidade; razoabilidade; legalidade; publicidade; e eficiência.

O NCPC adota, expressamente, os fins sociais, ou melhor, acolhe a função social, como critério de aplicação da norma, revelando a importância dos valores sociais, em consonância com o fundamento e o objetivo fundamental da República Federativa do Brasil consistentes na dignidade da pessoa humana e na solidariedade social, previstas no inciso I do artigo 1º e no inciso I do artigo 3º da CRFB/88, respectivamente.

Bem comum é um conceito indeterminado, que foi, em uma tentativa de definição, compreendido como o "*conjunto das condições sociais que permitem e favorecem nos homens o desenvolvimento integral da personalidade*"[22].

A dignidade da pessoa humana é um atributo inerente e indissociável de todo ser humano, pertencente a este de forma inata. Nas palavras de Vicente Barretto[23]:

> O conteúdo do princípio da dignidade humana pode desdobrar-se em duas máximas: *não tratar a pessoa humana como simples meio a assegurar as necessidades vitais da pessoa humana* e *assegurar as necessidades vitais da pessoa humana*. Ambas as máximas deitam raízes na teoria moral de Kant e podem servir como bases para justificar a natureza jurídica da dignidade humana. Com isto, contornamos a armadilha na qual se aprisionam alguns juristas ao tratar do princípio da dignidade humana como simples *petitio principii*, que se se justifica por si mesmo, pois empregado como argumento de autoridade sem qualquer justificativa que demonstre como e porque o princípio da dignidade se aplica a determinado caso.

É neste horizonte que a dignidade se apresenta como um dos fundamentos do Estado Democrático de Direito. O princípio da dignidade da pessoa humana garante ao ser humano um mínimo existencial que atenda suas condições básicas de vivência, respeitando sua personalidade, autonomia e liberdade.

Os critérios da razoabilidade e da proporcionalidade estão relacionados, respectivamente, à escolha do melhor meio e à intensidade deste meio para se alcançar um objetivo.

Destaca-se que, de acordo com o artigo 37, *caput*, da CRFB/88, a legalidade, publicidade e eficiência são, também, princípios que regem a Administração Pública.

---

22 PAPA JOÃO XXIII. *Carta Encíclica Mater et Magistra*, 8. ed. Petrópolis: Editora Vozes, 1979, p. 21; *apud* Castro, Lincoln Antônio de. *Missão ética do jurista*. Conhecimento e Diversidade, edição especial, p. 42-50, jul.-dez. 2008. Disponível em: <http://www.lasalle.org.br/unilasalle/pdf/etica/Artigo4.pdf>. Acesso em: 20 jan. 2015.

23 BARRETTO, Vicente. Sobre a dignidade humana. *In*: ______. *O fetiche dos direitos humanos e outros temas*, vol. I. Porto Alegre: Livraria do Advogado, 2010, p. 77.

NOVO CÓDIGO DE PROCESSO CIVIL	CÓDIGO DE PROCESSO CIVIL DE 1973
Art. 9º Não se proferirá decisão contra uma das partes sem que ela seja previamente ouvida. Parágrafo único. O disposto no caput não se aplica: I - à tutela provisória de urgência; II - às hipóteses de tutela da evidência previstas no art. 311, incisos II e III; III - à decisão prevista no art. 701.	Sem correspondente.

O artigo 9° do novo Código de Processo Civil trata da obrigatoriedade da audiência bilateral assegurada pela garantia do contraditório, abrangendo o direito de ouvir e do direito de ser ouvido, o dever de cooperação entre o órgão jurisdicional e as partes, o direito de se manifestar, expressar ou reagir e, até mesmo, o direito de ter conhecimento dos atos processuais.

O dispositivo assevera a ideia de contraditório participativo, que é oriunda do princípio político de participação democrática. Às partes integrantes de uma relação processual devem ser asseguradas oportunidades isonômicas, para que elas possam ter conhecimento dos atos processuais e se manifestar, em defesa de seus interesses, proibindo-se as chamadas decisões-surpresa.

O parágrafo único do artigo 9° do novo Código de Processo Civil elenca as exceções à prolação de decisão antecedida de audiência bilateral. Nas estritas hipóteses previstas no parágrafo único, a audiência bilateral poderá ser postergada, se for caso de:

> I. deferimento de tutela antecipada de urgência, em razão da presença dos requisitos da probabilidade do direito e o perigo de dano ou o risco ao resultado útil do processo;
> II. concessão de tutela de evidência, independentemente da demonstração dos requisitos da probabilidade do direito, do perigo de dano, ou do risco ao resultado útil do processo, mas desde que fique caracterizado o abuso do direito de defesa ou o manifesto propósito protelatório da parte ou que as alegações de fato possam ser comprovadas apenas documentalmente e haja tese firmada em julgamento de casos repetitivos ou em súmula vinculante;
> III. prolação da decisão prevista no artigo 701, que se trata de provimento jurisdicional fundado em cognição sumária que, no procedimento especial da ação monitória, defere a expedição de mandado de pagamento, de entrega de coisa ou para execução de obrigação de fazer ou de não fazer, concedendo ao réu prazo de quinze dias para o cumprimento e o pagamento de honorários advocatícios de cinco por cento do valor atribuído à causa.

Nas situações acima, não haverá um contraditório prévio, mas sim um contraditório diferido, isto é, quando a parte contrária será ouvida após a análise da medida: trata-se dos casos de tutela de urgência, de evidência ou no caso de expedição de mandado de pagamento, de entrega de coisa ou de execução de obrigação de fazer ou não fazer.

NOVO CÓDIGO DE PROCESSO CIVIL	CÓDIGO DE PROCESSO CIVIL DE 1973
Art. 10. O juiz não pode decidir, em grau algum de jurisdição, com base em fundamento a respeito do qual não se tenha dado às partes oportunidade de se manifestar, ainda que se trate de matéria sobre a qual deva decidir de ofício.	Sem correspondente.

Trata-se de inovação legislativa baseada nos valores do Estado Democrático de Direito, que endossa a importância do contraditório na construção do provimento jurisdicional. O mecanismo existe no Direito estrangeiro e está elencado no § 139, ZPO alemão; no artigo 16 do Código de Processo Civil francês; no artigo 183 do Código de Processo Civil italiano e no artigo 3°, § 3°, do novo Código de Processo Civil português.

O princípio do contraditório assegura às partes a garantia da não surpresa, cabendo ao órgão jurisdicional o dever de estabelecer e propiciar o debate judicial sobre todas as questões, incluindo aquelas em que é permitido o conhecimento de ofício.

Em observância ao princípio do contraditório, o magistrado deve levar em consideração as alegações feitas pelas partes e decidir diante dos elementos de prova produzidos ao longo do processo, considerando a coerência e a integridade do direito, sendo-lhe defeso fundamentar sua decisão com argumentos que não forem previamente suscitados pelas partes ou em questões não debatidas por elas.

A garantia da não surpresa está relacionada ao princípio da motivação das decisões judiciais, ao princípio da isonomia, ao princípio do contraditório e, também, à ideia de processo justo. A motivação da decisão judicial é obrigatória nos termos do artigo 93, IX, da CRFB/88, ao dispor que *"todos os julgamentos dos órgãos do Poder Judiciário serão públicos, e fundamentadas todas as decisões, sob pena de nulidade, [...]."*

Desta forma, ao ato que viola a garantia da não surpresa deve ser cominada a pena de nulidade (absoluta). Além disso, a motivação da decisão judicial *"fornece parâmetro seguro para aferição da submissão do juízo ao contraditório e ao dever de debate que dele dimana"*[24].

O disposto no artigo 10 do NCPC assegura aos sujeitos integrantes dos polos ativo e passivo da relação processual a paridade de tratamento decorrente do princípio da isonomia, ao passo que não é permitido ao juiz decidir com base apenas nos argumentos suscitados por uma das partes, devendo ser dada a oportunidade para a outra parte se manifestar.

---

24 MITIDIERO, Daniel. Fundamentação e precedente: dois discursos a partir da decisão judicial. *In*: MITIDIERO, Daniel; AMARAL, Guilherme Rizzo (Coords.); FEIJÓ, Maria Angélica Echer Ferreira (Org.). *Processo civil – estudos em homenagem ao professor doutor Carlos Alberto Alvaro de Oliveira*. São Paulo: Atlas, 2012, p. 86.

NOVO CÓDIGO DE PROCESSO CIVIL	CÓDIGO DE PROCESSO CIVIL DE 1973
Art. 11. Todos os julgamentos dos órgãos do Poder Judiciário serão públicos, e fundamentadas todas as decisões, sob pena de nulidade. Parágrafo único. Nos casos de segredo de justiça, pode ser autorizada a presença somente das partes, de seus advogados, de defensores públicos ou do Ministério Público.	**Art. 155.** Os atos processuais são públicos. Correm, todavia, em segredo de justiça os processos: I - em que o exigir o interesse público; II - que dizem respeito a casamento, filiação, separação dos cônjuges, conversão desta em divórcio, alimentos e guarda de menores. (Redação dada pela Lei nº 6.515, de 26.12.1977)

A fundamentação das decisões judiciais é uma exigência do Direito moderno, assentado na tradição republicana francesa desde 1790[25]. No ordenamento jurídico brasileiro, o princípio da motivação das decisões judiciais foi consagrado pela CRFB/88, em seu artigo 93, IX, e, com isso, alçado à categoria constitucional.

Partindo da premissa de que a prestação da tutela jurisdicional deve se dar de maneira justa e adequada, a decisão judicial, enquanto ato decorrente do exercício da função jurisdicional pelo Estado-juiz, precisa ser legítima. Sua legitimidade origina-se da observância das garantias processuais asseguradas pelo contraditório participativo e pelo devido processo legal, com vistas a alcançar um resultado democrático no processo.

Neste contexto, a motivação da decisão judicial é mais uma garantia relacionada ao princípio do contraditório e ao devido processo legal. A exigência de que as decisões judiciais sejam fundamentadas justifica-se por possibilitar, não apenas às partes, mas também ao órgão de instância superior, que examina determinada decisão, o conhecimento dos motivos que levaram o órgão jurisdicional de instância inferior a decidir em determinado sentido.

Essa exigência ainda permite verificar se as alegações deduzidas pelas partes foram levadas em consideração pelo juízo e se elas tiveram oportunidade de influenciar seu convencimento. Para as decisões não fundamentadas ou com insuficiência de fundamentação, o artigo 93, IX, da CRFB/88 comina a pena de nulidade.

A publicidade, por seu turno, é uma das garantias centrais de um Estado de Direito e instrumento de controle da atuação jurisdicional. O artigo 5º, LX, da CRFB/88 dispõe que *"a lei só poderá restringir a publicidade dos atos processuais quando a defesa da intimidade ou o interesse social o exigirem"*. E o artigo 93, IX, do mesmo diploma estabelece que *"todos os julgamentos dos órgãos do Poder Judiciário serão públicos, [...], podendo a lei limitar a presença, em determinados atos, às próprias partes e a seus advogados, ou somente a estes, em caso nos quais a preservação do direito à intimidade do interessado no sigilo não prejudique o interesse público à informação"*.

Infere-se que o disposto no artigo 11, *caput*, do NCPC cuida da regra geral, ou seja, determina que todos os julgamentos sejam públicos, prevalecendo a publicidade sobre o sigilo. O parágrafo único trata da exceção à publicidade, em que o segredo prevalece, como nos casos de segredo de justiça, em prol da preservação do direito à intimidade do interessado no sigilo. Neste caso, limita-se a presença de certas pessoas em determinados atos, podendo ser autorizada somente a presença das partes, de seus advogados, de defensores públicos ou do Ministério Público.

25 PERELMAN, Chaim. *Lógica jurídica*. São Paulo: Martins Fontes, 2000, p. 29.

NOVO CÓDIGO DE PROCESSO CIVIL	CÓDIGO DE PROCESSO CIVIL DE 1973
Art. 12. ~~Os juízes e os tribunais deverão obedecer à ordem cronológica de conclusão para proferir sentença ou acórdão.~~ **Art. 12.** Os juízes e os tribunais atenderão, preferencialmente, à ordem cronológica de conclusão para proferir sentença ou acórdão. (Redação dada pela Lei nº 13.256/2016) § 1º A lista de processos aptos a julgamento deverá estar permanentemente à disposição para consulta pública em cartório e na rede mundial de computadores. § 2º Estão excluídos da regra do caput: I - as sentenças proferidas em audiência, homologatórias de acordo ou de improcedência liminar do pedido; II - o julgamento de processos em bloco para aplicação de tese jurídica firmada em julgamento de casos repetitivos; III - o julgamento de recursos repetitivos ou de incidente de resolução de demandas repetitivas; IV - as decisões proferidas com base nos arts. 485 e 932; V - o julgamento de embargos de declaração; VI - o julgamento de agravo interno; VII - as preferências legais e as metas estabelecidas pelo Conselho Nacional de Justiça; VIII - os processos criminais, nos órgãos jurisdicionais que tenham competência penal; IX - a causa que exija urgência no julgamento, assim reconhecida por decisão fundamentada. § 3º Após elaboração de lista própria, respeitar-se-á a ordem cronológica das conclusões entre as preferências legais. § 4º Após a inclusão do processo na lista de que trata o § 1º, o requerimento formulado pela parte não altera a ordem cronológica para a decisão, exceto quando implicar a reabertura da instrução ou a conversão do julgamento em diligência. § 5º Decidido o requerimento previsto no § 4º, o processo retornará à mesma posição em que anteriormente se encontrava na lista. § 6º Ocupará o primeiro lugar na lista prevista no § 1º ou, conforme o caso, no § 3º, o processo que: I - tiver sua sentença ou acórdão anulado, salvo quando houver necessidade de realização de diligência ou de complementação da instrução; II - se enquadrar na hipótese do art. 1.040, inciso II.	Sem correspondente.

O artigo em comento apresenta inovação legislativa, que pretende determinar, por meio de uma lista de processos aptos para julgamento, a data e a ordem dos processos levados à conclusão, objetivando, com isso, possibilitar uma maior organização com o julgamento dos processos em ordem cronológica e combater o problema da mora na prestação jurisdicional. Porém, antes mesmo da entrada em vigor do NCPC o dispositivo foi alterado pela Lei nº 13.256/2016, flexibilizando a rigidez imposta na redação original que impunha a observância obrigatória da ordem cronológica, salvo nas hipóteses expressamente excepcionadas nos parágrafos.

Segundo o disposto no caput do artigo 12 do NCPC, a ordem cronológica de conclusão será preferencialmente obedecida pelos órgãos jurisdicionais e não mais seguida com rigidez como indicava o dispositivo em sua redação originária.

Conforme o disposto no § 1º do artigo 12[26], a lista de processos em conclusão será pública, devendo estar permanentemente à disposição para consulta pública em cartório e na rede mundial de computadores.

O § 2° do artigo 12 do NCPC estabelece as exceções ao julgamento por ordem cronológica de conclusão, dispondo os casos que não seguirão essa regra quais sejam: as sentenças proferidas em audiência, homologatórias de acordo ou de improcedência liminar do pedido; os julgamentos de processo em bloco para aplicação de tese jurídica firmada em julgamento de casos repetitivos; o julgamento de recursos repetitivos ou de incidente de resolução de demandas repetitivas; as decisões terminativas, isto é, que extinguem o processo sem resolução de mérito, proferidas com base no artigo 485 do NCPC; as decisões monocráticas proferidas com fundamento no artigo 932 do NCPC; o julgamento de embargos de declaração; o julgamento de agravo interno; as preferências legais e as metas estabelecidas pelo Conselho Nacional de Justiça; os processos criminais, nos órgãos jurisdicionais que tenham competência penal; e a causa que exija urgência, reconhecida por decisão fundamentada, no julgamento.

A alteração da ordem cronológica da conclusão poderá ocorrer por requerimento formulado pela parte em situações que possam implicar em reabertura da instrução ou a conversão do julgamento em diligência. Decidido este requerimento, o processo voltará a ocupar a mesma posição em que anteriormente se encontrava na lista.

Os órgãos jurisdicionais respeitarão preferencialmente a ordem cronológica da conclusão dos processos, conforme a lista própria, entre as preferências legais, sendo que ocupará o primeiro lugar na lista o processo que tiver sentença ou acórdão anulado, com exceção dos casos em que houver necessidade de realização de diligência ou de complementação da instrução, ou, ainda, o processo em que, após a publicação do acórdão paradigma, houver reexame da causa de competência ori-

---

26 Importa destacar que os parágrafos do artigo 12 não sofreram alterações advindas da Lei nº 13.256/2016

ginária, da remessa necessária ou de recurso anteriormente julgado pelo órgão que proferiu acórdão recorrido, na origem, na forma do artigo 1.040, inciso II, do NCPC.

Com a modificação feita no caput do artigo 12 que, conforme apontado, não mais impõe a observância obrigatória pelos órgãos jurisdicionais da ordem cronológica de apresentação dos processos para julgamento, mas recomenda que o faça, a sistemática de exceções prevista nos parágrafos do referido artigo fica fragmentada, pois a avaliação que será feita pelo julgador sobre a questão será pautada em conveniência e oportunidade.

Essa alteração no artigo 12 parece salutar, pois o julgamento por ordem cronológica de conclusão imposta pelo NCPC na versão inicial, especialmente em primeiro grau de jurisdição, poderia representar um agravamento para o problema da morosidade, na medida em que as causas de menor complexidade deveriam aguardar a ordem cronológica para o devido julgamento, implicando no retardo do tempo para a efetiva prestação da tutela jurisdicional.

NOVO CÓDIGO DE PROCESSO CIVIL	CÓDIGO DE PROCESSO CIVIL DE 1973
CAPÍTULO II DA APLICAÇÃO DAS NORMAS PROCESSUAIS **Art. 13.** A jurisdição civil será regida pelas normas processuais brasileiras, ressalvadas as disposições específicas previstas em tratados, convenções ou acordos internacionais de que o Brasil seja parte.	LIVRO I DO PROCESSO DE CONHECIMENTO TÍTULO I DA JURISDIÇÃO E DA AÇÃO CAPÍTULO I DA JURISDIÇÃO **Art. 1º** A jurisdição civil, contenciosa e voluntária, é exercida pelos juízes, em todo o território nacional, conforme as disposições que este Código estabelece.

As normas processuais incidem sobre a Jurisdição e tem natureza de direito público, disciplinando o exercício da atividade jurisdicional no processo. Assim como as demais normas jurídicas, as normas processuais têm eficácia limitada no espaço, sendo aplicadas apenas dentro de determinado território.

O artigo 13 do novo Código de Processo Civil prescreve o princípio da territorialidade, que regula a eficácia espacial das normas processuais e impõe a aplicação da *lex fori*. Considerando que a jurisdição civil é atividade em que se manifesta o poder soberano do Estado, ela será regida pelas normas processuais brasileiras.

Porém, o dispositivo em comento ressalva a incidência de disposições específicas previstas em tratados, convenções ou acordos internacionais de que o Estado brasileiro seja parte. Esta previsão justifica-se pelo fato de o Brasil, sendo signatário desses pactos, assumir obrigações no âmbito internacional, as quais devem ser cumpridas em respeito ao princípio da reciprocidade, ao princípio da boa-fé e ao *pacta sunt servanda*, sob pena de ser responsabilizado pelo descumprimento a que der causa.

As normas processuais provêm das fontes formais e das fontes materiais. As fontes formais são obrigatórias e consistem nos meios de criação e formas de expressão das normas jurídicas. São fontes formais a lei em sentido amplo, englobando a Constituição da República Federativa do Brasil de 1988, as emendas constitucionais, a súmula vinculante, os tratados internacionais, os regimentos internos dos tribunais, a lei federal ordinária e a lei estadual.

A União, nos termos do artigo 22, I, da Constituição da República Federativa do Brasil de 1988, tem competência privativa para legislar sobre Direito Processual. A União, os Estados e o Distrito Federal, consoante o artigo 24, incisos X e XI, do texto constitucional, têm competência concorrente para legislar sobre criação, funcionamento e procedimento nos Juizados Especiais e procedimentos em matéria processual.

Com a vinda da Emenda Constitucional n° 32/2001, responsável pela inserção da alínea "b" ao inciso I, § 1º, do artigo 62 da CRFB/88, passou a ser vedada a edição de medidas provisórias sobre matéria de Direito Processual Civil. Apesar desta vedação, em caráter excepcional, o chefe do Poder Executivo Federal poderá ditar regras abstratas.

Após a Emenda Constitucional n° 45/2004, os tratados e convenções acerca dos direitos humanos que forem aprovados, em cada Casa do Congresso Nacional, em dois turnos, por três quintos dos votos dos respectivos membros, serão equivalentes às emendas constitucionais.

As fontes materiais são aquelas que orientam a interpretação e a integração das fontes formais. São elas os costumes, a analogia, a doutrina, a jurisprudência e os princípios gerais de direito.

Registre-se, por oportuno, que, com a adoção do princípio da territorialidade da lei processual, o Código respeita o princípio da extraterritorialidade da lei material, visto ser questão de Direito Internacional Privado, disciplinada pela Lei de Introdução às Normas do Direito Brasileiro.

NOVO CÓDIGO DE PROCESSO CIVIL	CÓDIGO DE PROCESSO CIVIL DE 1973
Art. 14. A norma processual não retroagirá e será aplicável imediatamente aos processos em curso, respeitados os atos processuais praticados e as situações jurídicas consolidadas sob a vigência da norma revogada.	LIVRO V DAS DISPOSIÇÕES FINAIS E TRANSITÓRIAS **Art. 1.211**. Este Código regerá o processo civil em todo o território brasileiro. Ao entrar em vigor, suas disposições aplicar-se-ão desde logo aos processos pendentes.

Trata-se de uma atualização do artigo 1.211 do Código de Processo Civil de 1973, sem inovações em relação à lei processual no tempo. O artigo 14 do NCPC dispõe sobre a irretroatividade da norma processual, o que significa dizer que a norma processual não se aplicará aos fatos pretéritos.

Regula a eficácia da norma processual no tempo, haja vista que a norma processual tem sua aplicação limitada no tempo. E, ao estabelecer que a norma processual *"será aplicável imediatamente aos processos em curso"*, adota a regra do *tempus regit actum*, isto é, a norma a aplicar será aquela vigente à data da prática do ato. Com isso, a norma processual terá eficácia a partir de sua vigência e terá aplicação imediata aos processos pendentes.

A respeito da eficácia temporal das leis, a Lei de Introdução às Normas do Direito Brasileiro dispõe que, *"salvo disposição contrária, a lei começa a vigorar em todo o país 45 (quarenta e cinco) dias depois de oficialmente publicada"*(art. 1º, *caput*). *"Se, antes de entrar a lei em vigor, ocorrer nova publicação de seu texto, destinada a correção, o prazo começará a correr da nova publicação"* (§ 3º do art. 1º). *"Não se destinando à vigência temporária, a lei terá vigor até que outra a modifique ou revogue"* (art. 2º, *caput*). *"A lei em vigor terá efeito imediato e geral, respeitados o ato jurídico perfeito, o direito adquirido e a coisa julgada"* (art. 6º, *caput*). No mesmo sentido, a CRFB/88, em seu artigo 5º, inciso XXXVI, estabelece que *"a lei não prejudicará o direito adquirido, o ato jurídico perfeito e a coisa julgada"*.

O NCPC mantém a adoção do sistema do isolamento dos atos processuais, pelo qual a norma processual nova será aplicada imediatamente aos processos em andamento, sendo, contudo, respeitados os atos processuais já praticados e as situações jurídicas consolidadas sob a vigência da norma revogada.

A técnica do isolamento dos atos processuais permite isolá-los para fins de aplicação da nova norma processual, a partir de sua vigência, dos atos pendentes de um processo em curso. Assim, o direito adquirido na vigência da norma processual anterior será mantido.

Há, contudo, exceções ao sistema de isolamento dos atos processuais, previstos no novo CPC, no Livro Complementar das Disposições Finais e Transitórias, especialmente nos artigos 1.046 e 1.047, em termos de direito intertemporal.

NOVO CÓDIGO DE PROCESSO CIVIL	CONSOLIDAÇÃO DAS LEIS DO TRABALHO
Art. 15. Na ausência de normas que regulem processos eleitorais, trabalhistas ou administrativos, as disposições deste Código lhes serão aplicadas supletiva e subsidiariamente.	**Art. 769.** Nos casos omissos, o direito processual comum será fonte subsidiária do direito processual do trabalho, exceto naquilo em que for incompatível com as normas deste Título.

O texto legal estabelece que as disposições do novo Código de Processo Civil aplicam-se, supletiva e subsidiariamente, na ausência de normas que regulem os processos eleitorais, trabalhistas ou administrativos.

O art. 4º da Lei de Introdução às normas do Direito Brasileiro já aponta, de longa data, que, quando a lei for omissa, o juiz decidirá com base na analogia e nos princípios gerais do direito. No âmbito do direito processual, há normas gerais previstas na Constituição da República, em tratados e em leis ordinárias, ao lado de regras específicas aplicáveis apenas ao processo civil, trabalhista, penal ou eleitoral.

Em outra obra[27], um dos coautores pode assinalar que o "direito processual civil é o que possui uma maior abrangência, porque não cuida propriamente apenas da matéria civil, mas, sim, por exclusão, o que não se encontra abrangido pelo processo penal ou do trabalho. Por conseguinte, as normas processuais civis, na verdade, estarão sendo aplicadas nos processos envolvendo, por exemplo, matéria constitucional, civil, administrativa, tributária, ambiental e empresarial". Exatamente em razão desta maior amplitude, é que as suas normas acabam regulando mais institutos gerais, a ponto de ser denominado de direito processual comum pela Consolidação das Leis do Trabalho, e, portanto, servindo como fonte, supletiva e subsidiária, para os demais ramos processuais.

O art. 15 alcança os processos judiciais e administrativos. É de se registrar a ausência de referência expressa em relação ao processo penal. Contudo, a omissão não deve ser interpretada como exclusiva. Isso porque, diante da omissão de norma específica, aplicar-se-á, à luz do art. 4º da Lei de Introdução às Normas do Direito Brasileiro e do próprio art. 3º do Código de Processo Penal, a analogia e os princípios gerais do direito.

O novel art. 15 reforça o que já se encontrava disposto no art. 769 da Consolidação das Leis do Trabalho, em relação aos processos trabalhistas. E supre omissão existente no Código Eleitoral, que fazia remissão, no art. 364, tão somente ao Código de Processo Penal, para os processos e julgamentos dos crimes eleitorais.

Por sua vez, de modo amplo, o art. 15 estabelece a aplicação das normas contidas no CPC para os processos administrativos em geral.

NOVO CÓDIGO DE PROCESSO CIVIL	CÓDIGO DE PROCESSO CIVIL DE 1973
LIVRO II DA FUNÇÃO JURISDICIONAL TÍTULO I DA JURISDIÇÃO E DA AÇÃO **Art. 16.** A jurisdição civil é exercida pelos juízes e pelos tribunais em todo o território nacional, conforme as disposições deste Código.	LIVRO I DO PROCESSO DE CONHECIMENTO TÍTULO I DA JURISDIÇÃO E DA AÇÃO CAPÍTULO I DA JURISDIÇÃO **Art. 1º** A jurisdição civil, contenciosa e voluntária, é exercida pelos juízes, em todo o território nacional, conforme as disposições que este Código estabelece.

A jurisdição, como atividade ou função de dizer o Direito em que se manifesta o poder soberano do Estado, é una e indivisível. Embora exista uma única jurisdição, delimita-se esta função de acordo com a natureza da matéria em que ela é exercida.

27 MENDES, Aluisio Gonçalves de Castro. *Teoria Geral do Processo*. Rio de Janeiro: Lumen Juris, 2009, p. 5.

Desta forma, a expressão *jurisdição civil* é empregada para distinguir a atividade jurisdicional em diferentes âmbitos, a saber: trabalhista, penal, militar e eleitoral. Nos termos do Código de Processo Civil são julgadas as lides civis que não são trabalhistas, penais, militares e eleitorais.

A redação do artigo 16 do NCPC afirma que *"a jurisdição civil é exercida pelos juízes e pelos tribunais em todo o território nacional"*. De fato, a jurisdição é a função precipuamente exercida pelo Poder Judiciário e este não é composto apenas por juízes.

O artigo 92 da CRFB/88 estabelece que são órgãos do Poder Judiciário: o Supremo Tribunal Federal, o Conselho Nacional de Justiça, o Superior Tribunal de Justiça, os Tribunais Regionais Federais e Juízes Federais[28], os Tribunais e Juízes do Trabalho, os Tribunais e Juízes Eleitorais, os Tribunais e Juízes Militares e os Tribunais e Juízes dos Estados e do Distrito Federal e Territórios.

No que concerne à jurisdição constitucional, o Supremo Tribunal Federal (STF), ainda que possua funções características de um tribunal constitucional com este não se confunde, haja vista que o STF exerce a atividade de última instância da jurisdição ordinária no Brasil. Não existe, igualmente, jurisdição administrativa, como em alguns países europeus. Acerca da jurisdição, Rosemiro Pereira Leal[29] afirma que:

> [...] a jurisdição é o conjunto de conteúdos jurídicos (materiais-processuais) assegurados pelo devido Processo constitucionalizado na criação, recriação, definição, interpretação e aplicação das leis por todos os agentes legitimados no recinto da Sociedade Jurídico-Política Democrática de Direito.

Com isso, a atividade jurisdicional é exercida preponderantemente por todos os órgãos jurisdicionais mencionados acima, os quais foram instituídos pelo Estado brasileiro na função de julgar, formam o chamado Estado-juiz e se afeiçoam ao Poder Judiciário.

NOVO CÓDIGO DE PROCESSO CIVIL	CÓDIGO DE PROCESSO CIVIL DE 1973
Art. 17. Para postular em juízo é necessário ter interesse e legitimidade.	CAPÍTULO II DA AÇÃO **Art. 3º** Para propor ou contestar ação é necessário ter interesse e legitimidade.

A redação do artigo 17 do novo Código de Processo Civil é revestida de melhor técnica do que o texto do artigo 3º do CPC/1973 na medida em que substitui a expressão *"propor ou contestar ação"* por *"postular em juízo"*. Isso porque o direito de ação

---

28 Sobre a organização e a competência da Justiça Federal, vide MENDES, Aluisio Gonçalves de Castro. *Competência cível da Justiça Federal*. 4ª ed. São Paulo: Revista dos Tribunais, 2012.

29 LEAL, Rosemiro Pereira. Teoria geral do processo: primeiros estudos. São Paulo: Thomson – IOB, 2004, p. 73.

é abstrato e se manifesta através do ajuizamento da demanda, o impulso (inicial) de iniciativa da parte que provoca a atuação da jurisdição, e ao longo do desenvolvimento da relação processual.

Ademais, para se contestar uma ação, o réu não tem, necessariamente, que preencher as condições de interesse processual e legitimidade para o regular exercício do direito de ação. Em caso de ausência de legitimidade *ad causam*, ativa ou passiva, ou de interesse processual, cabe ao réu argui-la em sua defesa, nos termos do artigo 337, XI, do NCPC.

Nos termos do artigo 338, *caput*, do NCPC, "*Alegando o réu, na contestação, ser parte ilegítima ou não ser o responsável pelo prejuízo invocado, o juiz facultará ao autor, em 15 (quinze) dias, a alteração da petição inicial para substituição do réu*".

O artigo 17 do NCPC estabelece o interesse e a legitimidade como condições para postular em juízo. A expressão "*postular em juízo*", constante no dispositivo ora em análise, não é sinônimo de capacidade postulatória (*ius postulandi*), que é aquela capacidade que possibilita fazer a postulação diretamente ao órgão jurisdicional, normalmente exercida pelo bacharel em Direito regularmente inscrito na Ordem dos Advogados do Brasil (advogado), pelo promotor de justiça e, em algumas hipóteses previstas em lei, outorgada às próprias partes, como se dá nas causas de até 20 (vinte) salários-mínimos perante os Juizados Especiais Cíveis, na Justiça do Trabalho, em *habeas corpus*, dentre outras.

Essa expressão deve ser entendida como "*pedir do órgão jurisdicional um provimento*", o que consiste, também, no exercício do direito de ação. O termo "juízo" refere-se ao órgão estatal, investido da função de julgar, que integra o Poder Judiciário e exara decisões com vinculação plena[30].

Assim, para que se possa "*postular em juízo*" um provimento jurisdicional, é necessário que se atendam as condições para o regular exercício do direito de ação (interesse e legitimidade), que decorrem da ideia de se obter um resultado útil da função jurisdicional exercida no processo.

A análise do interesse processual, também designado interesse de agir, desdobra-se nos binômios interesse-necessidade, interesse-utilidade e interesse-adequação, isto é, a prestação jurisdicional pleiteada tem que ser necessária, útil e adequada. Necessária, no sentido de ser impossível a obtenção da proteção ou realização do direito subjetivo sem acionar a jurisdição, útil, porque do provimento jurisdicional deve resultar para quem o pleiteia alguma utilidade, e adequada, em razão do provimento jurisdicional pleiteado ser apto a proteger ou realizar o direito subjetivo.

A legitimidade, também conhecida como legitimidade para a causa ou *ad causam*, é a "*pertinência subjetiva da ação*"[31]. A legitimidade é aferida a partir da titula-

---

30 Ibidem, p. 234.

31 BUZAID, Alfredo. Do agravo de petição no sistema do código de processo civil. São Paulo: Saraiva, 1956, p. 89, *apud* CÂMARA, Alexandre Freitas. *Lições de direito processual civil*, v. I, 10. ed., rev. e atual. Rio de Janeiro: Editora Lumen Juris, 2004, p. 123.

ridade da situação jurídica ou dos sujeitos integrantes da relação jurídica de direito material deduzida no processo.

A legitimidade pode ser ordinária ou extraordinária. A legitimidade ordinária ocorre quando o titular da situação jurídica ou sujeito da relação jurídica de direito material pleiteia em nome próprio, na defesa de seu interesse, o provimento jurisdicional.

A legitimidade extraordinária permite que alguém, desde que expressamente autorizado pelo ordenamento jurídico, pleiteie em juízo, em nome próprio, provimento jurisdicional destinado à defesa de direito alheio.

A ausência de legitimidade ou de interesse processual importa em carência de ação, que se trata de matéria de ordem pública, podendo ser alegada e conhecida oficiosamente em qualquer grau de jurisdição. A ausência de uma das condições para o regular exercício do direito de ação pode levar à extinção do processo sem resolução de mérito, com fulcro no artigo 485, inciso VI, do NCPC.

NOVO CÓDIGO DE PROCESSO CIVIL	CÓDIGO DE PROCESSO CIVIL DE 1973
Art. 18. Ninguém poderá pleitear direito alheio em nome próprio, salvo quando autorizado pelo ordenamento jurídico. Parágrafo único. Havendo substituição processual, o substituído poderá intervir como assistente litisconsorcial.	**Art. 6º** Ninguém poderá pleitear, em nome próprio, direito alheio, salvo quando autorizado por lei.

O artigo 6° do Código de Processo Civil de 1973 prevê que, para alguém pleitear, em nome próprio, direito alheio, precisa estar autorizado por lei. A redação do *caput* do artigo 18 do NCPC é mais abrangente ao substituir "*lei*" por "*ordenamento jurídico*" e este, indubitavelmente, não compreende apenas a lei.

A dicção no *caput* do artigo 18 do NCPC cuida da legitimidade extraordinária, por meio da qual o legitimado, que não coincide com o titular da situação jurídica ou sujeito da relação jurídica de direito material discutida no processo, é autorizado a pleitear, em nome próprio, direito alheio.

O processo civil brasileiro vem seguindo a tendência do processo civil ocidental de abandono da manifestação intensa da perspectiva individualista em prol da criação, ampliação e aprimoramento de institutos e instrumentos que visam à proteção e à satisfação dos interesses transindividuais. No sistema processual coletivo adotado pelo Brasil, a legitimidade para as ações coletivas dá-se *ope legis*, isto é, quem define a legitimação para estas ações é o legislador[32].

---

32 Vide MENDES, Aluisio Gonçalves de Castro. Ações coletivas e meios de resolução coletiva de conflitos no direito comparado e nacional. 4ª ed. São Paulo: Revista dos Tribunais, 2014, p. 29-32 e ALMEIDA, Marcelo Pereira. Processo coletivo: teoria geral, cognição e execução. São Paulo: LTr, 2012, p. 70-71.

O parágrafo único do artigo 18 do NCPC estabelece que, *"havendo substituição processual, o substituto poderá intervir como assistente litisconsorcial"*. É de suma importância destacar que legitimidade extraordinária e substituição processual não se confundem. Podemos afirmar que todo substituto processual é legitimado extraordinário, mas nem todo legitimado extraordinário é substituto processual.

A substituição processual ocorre nos casos em que alguém atua em juízo, em nome próprio, na defesa do direito de titularidade do legitimado ordinário, no lugar deste, substituindo-o. A regra constante no parágrafo único do artigo 18 do NCPC está correlacionada ao disposto no parágrafo único do artigo 121 do NCPC, que dispõe que, no caso de assistência simples, *"Sendo revel ou, de qualquer outro modo, omisso o assistido, o assistente será considerado seu substituto processual"*.

NOVO CÓDIGO DE PROCESSO CIVIL	CÓDIGO DE PROCESSO CIVIL DE 1973
Art. 19. O interesse do autor pode limitar--se à declaração: I - da existência, da inexistência ou do modo de ser de uma relação jurídica; II - da autenticidade ou da falsidade de documento.	**Art. 4º** O interesse do autor pode limitar-se à declaração: I – da existência ou da inexistência de relação jurídica; II – da autenticidade ou falsidade de documento. Parágrafo único. É admissível a ação declaratória, ainda que tenha ocorrido a violação do direito.

O dispositivo do NCPC em comento não traz modificações significativas em relação ao artigo 4º do CPC/73, mas valem algumas considerações a respeito do seu conteúdo.

De acordo com seu texto, o provimento jurisdicional pleiteado pelo autor pode se restringir à declaração da existência, da inexistência ou do modo de ser de uma relação jurídica, com a finalidade de afastar a incerteza dela proveniente, e/ou da autenticidade ou falsidade de documento, desde que preencha, cumulativamente, as condições para o regular exercício do direito de ação, em especial, o interesse processual.

Nesse sentido, o enunciado n. 181 da Súmula do Superior Tribunal de Justiça: "É admissível ação declaratória, visando a obter certeza quanto a exata interpretação de cláusula contratual".

NOVO CÓDIGO DE PROCESSO CIVIL	CÓDIGO DE PROCESSO CIVIL DE 1973
Art. 20. É admissível a ação meramente declaratória, ainda que tenha ocorrido a violação do direito.	**Art. 4º** [...] Parágrafo único. É admissível a ação declaratória, ainda que tenha ocorrido a violação do direito.

Não há modificação significativa, tendo o novo Código de Processo Civil incorporado o parágrafo único do artigo 4º do CPC de 1973 em um dispositivo próprio.

O enunciado em questão assegura ao autor o direito de obter um provimento jurisdicional que declare a existência, a inexistência ou o modo de ser de uma relação jurídica, e/ou a autenticidade ou falsidade de documento, ainda que tenha ocorrido a violação do direito subjetivo.

Conforme a primeira parte do disposto no artigo 189 do Código Civil, com a violação do direito subjetivo, nasce para seu titular a pretensão de exigir de quem violou o respectivo direito um determinado comportamento. Desta forma, o "*sistema jurídico brasileiro admite a propositura de demanda meramente declaratória, mesmo que já nascida a pretensão*"[33].

NOVO CÓDIGO DE PROCESSO CIVIL	CÓDIGO DE PROCESSO CIVIL DE 1973
TÍTULO II DOS LIMITES DA JURISDIÇÃO NACIONAL E DA COOPERAÇÃO INTERNACIONAL CAPÍTULO I DOS LIMITES DA JURISDIÇÃO NACIONAL **Art. 21.** Compete à autoridade judiciária brasileira processar e julgar as ações em que: I - o réu, qualquer que seja a sua nacionalidade, estiver domiciliado no Brasil; II - no Brasil tiver de ser cumprida a obrigação; III - o fundamento seja fato ocorrido ou ato praticado no Brasil. Parágrafo único. Para o fim do disposto no inciso I, considera-se domiciliada no Brasil a pessoa jurídica estrangeira que nele tiver agência, filial ou sucursal.	CAPÍTULO II DA COMPETÊNCIA INTERNACIONAL **Art. 88.** É competente a autoridade judiciária brasileira quando: I – o réu, qualquer que seja a sua nacionalidade, estiver domiciliado no Brasil; II – no Brasil tiver de ser cumprida a obrigação; III – a ação se originar de fato ocorrido ou de ato praticado no Brasil. Parágrafo único. Para o fim do disposto no nº I, reputa-se domiciliada no Brasil a pessoa jurídica estrangeira que aqui tiver agência, filial ou sucursal.

A redação do artigo 21 do NCPC é dotada de melhor técnica do que a disposta no artigo 88 do CPC/1973, mas não traz nenhuma inovação legislativa no que tange às hipóteses em que o processamento e julgamento de ações podem ser realizados pela autoridade judiciária brasileira, de modo concorrente com a autoridade judiciária de outros países.

Em sintonia com a norma em comento, em trabalho anteriormente publicado[34], pode-se esclarecer, ainda sob a luz da legislação anterior que:

---

33 STJ, REsp 1.331.115/RJ, Rel.ª Min.ª Nancy Andrighi, Terceira Turma, j. 19/11/2013, DJe 22/04/2014.

34 MENDES, Aluisio Gonçalves de Castro e TIBURCIO, Carmen. Jurisdição e competência para o julgamento de ilícitos cíveis com elementos de estraneidade segundo o direito brasileiro. *Revista de Processo*, vol. 231. São Paulo: Revista dos Tribunais, maio de 2014, p. 40-45.

Os arts. 88 e 89 do Código de Processo Civil (CPC) de 1973[35] preveem as hipóteses de competência internacional (jurisdição) do Judiciário brasileiro. No primeiro (art. 88), enumeram-se as situações de competência concorrente, nas quais também se admite a competência do Judiciário estrangeiro. No segundo (art. 89), listam-se os casos de competência exclusiva do julgador local: não se admite que nenhum outro Judiciário decida sobre as matérias ali mencionadas.

O inciso I do art. 88, que reproduz regra já prevista na legislação anterior – na Lei de Introdução ao Código Civil (LICC) de 1942 e na ICC de 1916 –, estabelece a jurisdição da autoridade judiciária brasileira quando o réu aqui tiver seu domicílio: *"É competente a autoridade judiciária brasileira quando: I - o réu, qualquer que seja a sua nacionalidade, estiver domiciliado no Brasil"*. Trata-se de critério subjetivo, que não leva em conta a natureza da ação, admitindo-se que a autoridade judiciária brasileira possa apreciar qualquer questão, de cunho contratual ou extracontratual, desde que o réu seja domiciliado no Brasil.

Esse critério fixador da competência internacional encontra paralelo no Regulamento Europeu nº 44/2001, cuja principal regra de exercício da jurisdição é a do foro do domicílio do réu,[36] regra mantida no Regulamento (UE) 1215/2012, art. 4º, que entrará em vigor em janeiro de 2015. À semelhança do que ocorre no Brasil, a competência do foro do domicílio do réu não é considerada exclusiva, podendo, eventualmente, concorrer com outras hipóteses de competência previstas no Regulamento (arts. 5º, 6º ou 7º) ou ser afastada pelas competências exclusivas previstas nos arts. 22 ou 23 do Regulamento.

Reproduzindo regra que já constava do art. 12, *caput*, da Lei de Introdução ao Código Civil,[37] o inciso II do art. 88 do Código de Processo Civil brasileiro dispõe que é competente a autoridade judiciária brasileira quando aqui for o lugar do cumprimento da obrigação: *'É competente a autoridade judiciária brasileira quando: II - no Brasil tiver de ser cumprida a obrigação.'*

Também no Regulamento nº 44/2001 existem dois juízos competentes no plano internacional (além de eventual foro de eleição) para demandas relativas à matéria contratual: o foro do domicílio do réu (art. 2º) ou o foro do local onde a obrigação que serve de fundamento ao pedido foi ou deveria ser cumprida (art. 5º(1)[38]).

---

35 Art. 88: *'É competente a autoridade judiciária brasileira quando: I - o réu, qualquer que seja a sua nacionalidade, estiver domiciliado no Brasil; II - no Brasil tiver de ser cumprida a obrigação; III - a ação se originar de fato ocorrido ou de ato praticado no Brasil. Parágrafo único. Para o fim do disposto no nº I, reputa-se domiciliada no Brasil a pessoa jurídica estrangeira que aqui tiver agência, filial ou sucursal.'*
Art. 89: *'Compete à autoridade judiciária brasileira, com exclusão de qualquer outra: I - conhecer de ações relativas a imóveis situados no Brasil; II - proceder a inventário e partilha de bens, situados no Brasil, ainda que o autor da herança seja estrangeiro e tenha residido fora do território nacional.'*

36 Regulamento (CE) nº 44/2001 do Conselho, de 22 de dezembro de 2000, art. 2º(1): 'Sem prejuízo do disposto no presente regulamento, as pessoas domiciliadas no território de um Estado-Membro devem ser demandadas, independentemente da sua nacionalidade, perante os tribunais desse Estado.'

37 LICC, art. 12: 'É competente a autoridade judiciária brasileira, quando for o réu domiciliado no Brasil ou aqui tiver de ser cumprida a obrigação.'

38 Art. 5º, 1. '*a) Em matéria contratual, perante o tribunal do lugar onde foi ou deva ser cumprida a obrigação em questão; b) Para efeitos da presente disposição e salvo convenção em contrário, o lugar de cumprimento da obrigação em questão será: - no caso da venda de bens, o lugar num Estado-Membro onde, nos termos do contrato, os bens foram ou devam ser entregues, - no caso da prestação de serviços, o lugar num Estado-Membro onde, nos termos do contrato, os serviços foram ou devam ser prestados; c) Se não se aplicar a alínea b), será aplicável a alínea a).*'

A hipótese de exercício da jurisdição prevista no art. 88, III, do Código de Processo Civil destina-se àquelas demandas em que a causa de pedir decorra de ato ou fato ocorrido no Brasil: '*É competente a autoridade judiciária brasileira quando: III - A ação se originar de fato ocorrido ou de ato praticado no Brasil*'. O dispositivo se aplica para questões contratuais, desde que o contrato tenha sido celebrado no país, bem como para aquelas extracontratuais, se o ilícito ocorreu no Brasil, no todo ou em parte.

Em matéria contratual, tem-se aqui nítida diferença entre o sistema brasileiro e o do Regulamento (CE) nº 44/2001. Enquanto no direito brasileiro controvérsias contratuais podem, em tese e sem prejuízo de eventual acordo de eleição de foro, ser dirimidas pelos tribunais brasileiros (a) se o réu for aqui domiciliado (art. 88, I), (b) se a obrigação contratual foi ou deveria ser aqui cumprida (art. 88, II) ou (c) simplesmente se o contrato foi aqui celebrado (art. 88, III), esta última opção inexiste no Regulamento europeu.

Ademais, no que se refere às controvérsias extracontratuais, o art. 5º(3) do Regulamento[39] prevê como foro competente '*o tribunal do lugar onde ocorreu ou poderá ocorrer o fato danoso*'. Alternativamente, o foro do domicílio do réu também é competente (art. 2º) para demandas dessa natureza. Note-se que o Regulamento não resolveu expressamente a questão dos delitos complexos (qual a autoridade competente no caso de o evento danoso ter ocorrido em um local e o dano sofrido, em outro), decidida pelo Tribunal de Justiça da União Europeia, em algumas oportunidades[40].

O parágrafo único do art. 88 do CPC traz regra específica sobre domicílio de pessoas jurídicas: '*Para o fim do disposto no nº I, reputa-se domiciliada no Brasil a pessoa jurídica estrangeira que aqui tiver agência, filial ou sucursal*'.

A regra geral no Brasil é que a pessoa jurídica tem domicílio no lugar da sua sede social ou

---

39 Art. 5º, 3. 'Em matéria extracontratual, perante o tribunal do lugar onde ocorreu ou poderá ocorrer o facto danoso.'

40 Essa questão foi enfrentada pelo Tribunal no caso Fiona Shevill, julgado em 1995. Neste caso, Fiona Shevill, residente na Inglaterra, alegando ter sofrido uma lesão em sua honra e reputação em razão de publicação de uma notícia difamatória pelo jornal francês France-Soir (editado em Paris pela Presse Alliance, mas com circulação em vários países europeus, incluindo a Inglaterra e o País de Gales), na qual seu nome aparecia associado ao tráfico de drogas e à lavagem de dinheiro, ajuizou ação na Inglaterra pleiteando indenização pelos danos sofridos. A ré, Presse Alliance S.A., tentou em vão excepcionar a jurisdição inglesa tanto perante a High Court quanto frente à Corte de Apelação, recorrendo à Câmara dos Lordes, que formulou, então, reenvio prejudicial ao TJCE. Ao responder a esse, o Tribunal reafirmou a solução dada em Mines de Potasse d'Alsace (Caso *Mines de Potasse d'Alsace,* Tribunal de Justiça das Comunidades Européias, Caso 21/76 (*Bier B.V. v. Mines de Potasse d'Alsace S.A.*), Colectânea da Jurisprudência do Tribunal de Justiça e do Tribunal de Primeira Instância, p. 1735, (1976). Revue Critique de Droit International Privé, p. 563, (1977), nota de Bourel; Journal du Droit International, p. 728, (1977), notas de André Huet.): a escolha pode recair tanto nos tribunais da sede do editor (local do evento gerador) quanto nos tribunais de cada Estado onde a publicação tenha sido difundida e a reputação supostamente lesada (local do dano), a critério do autor. Todavia, o Tribunal acrescentou algo em relação ao caso anterior: o foro onde o evento ocorreu (neste caso, o local onde o jornal foi editado) detém competência geral para apreciar a integralidade do dano, enquanto que os demais tribunais (onde o jornal circulou) somente têm competência para apreciar as conseqüências da lesão ocorridas dentro do território do Estado membro. Caso *Shevill*, Tribunal de Justiça das Comunidades Européias, Caso 68/93 (*Shevill v. Presse Alliance S.A.*), Colectânea da Jurisprudência do Tribunal de Justiça e do Tribunal de Primeira Instância, p. I-289, (1995); Journal du Droit international, p. 543, (1996), notas de André Huet; Rivista di Diritto Internazionale Privato e Processuale, p. 763, (1995).

estatutária (art. 75, IV, do Código Civil – CC – de 2002)[41]. Assim, no que se refere às subsidiárias de empresas estrangeiras não há maior dificuldade, pois essas são empresas brasileiras, que têm domicílio no Brasil, local onde são realizadas as reuniões de diretoria e/ou na conformidade do contrato social ou estatuto (art. 75, § 2º do CC)[42]. Nessa hipótese, aplica-se o art. 88, I, do CPC.

Questão um pouco mais complexa é determinar o domicílio das filiais de empresas estrangeiras, pois essas não têm personalidade jurídica própria e são compreendidas como uma extensão da pessoa jurídica estrangeira. A determinação da jurisdição brasileira com relação a atos envolvendo tais sociedades (diversa da responsabilidade material ou civil) é regida pelo art. 88, parágrafo único do CPC.

Também assim no direito comunitário europeu, em que o art. 5º(5) do Regulamento (CE) nº 44/2001[43] permite que uma sociedade que tenha sua sede em um Estado-membro seja processada perante os tribunais de um outro Estado-membro com relação à exploração de uma sucursal, agência ou de qualquer outro estabelecimento neste outro[44]. A redação do artigo é clara e a interpretação de que deve haver relação entre a atividade do estabelecimento e a demanda já foi prestigiada pelo TJCE[45].

No que se refere às regras de competência exclusiva da autoridade judiciária brasileira, o art. 89, I, do CPC prevê: '*Compete à autoridade judiciária brasileira, com exclusão de qualquer outra: I - conhecer de ações relativas a imóveis situados no Brasil*'. Note-se que o legislador

---

41 Art. 75: '*Quanto às pessoas jurídicas, o domicílio é: (...) IV - das demais pessoas jurídicas, o lugar onde funcionarem as respectivas diretorias e administrações, ou onde elegerem domicílio especial no seu estatuto ou atos constitutivos.*'

42 Art. 75, § 2º: 'Se a administração, ou diretoria, tiver a sede no estrangeiro, haver-se-á por domicílio da pessoa jurídica, no tocante às obrigações contraídas por cada uma das suas agências, o lugar do estabelecimento, sito no Brasil, a que ela corresponder.'

43 Art. 5º, 5. '*Se se tratar de um litígio relativo à exploração de uma sucursal, de uma agência ou de qualquer outro estabelecimento, perante o tribunal do lugar de sua situação.*'

44 Mas não quando, apesar de ter um estabelecimento em um Estado-membro, a sociedade-ré tenha domicílio em um país que não seja membro da União Europeia. Assim, por exemplo, não se aplica o art. 5º(5) no caso de sociedade brasileira que tenha filial em um dos Estados-membros.Veja-se o Caso Guggenheim, julgado pela Corte de Apelação de Paris em 17.11.1997, Revue Critique de Droit International Privé, p. 115, (1994) com comentários de Hélène Gaudemet-Tallon. Contra essa interpretação, aplicando a regra mesmo quando a sociedade era domiciliada fora de um dos Estados contratantes da Convenção de Bruxelas, já decidiu a Corte de Apelação de Paris em 03.02.1988, Journal du Droit International, p. 95, (1989), com comentários de André Huet, decisão esta tida como incorreta por Gaudemet-Tallon (Compétence et exécution des jugements en Europe, p. 184, (2002)). Todavia, isso não significa que a sociedade brasileira não possa ser lá demandada por atos de seu estabelecimento. Isso porque, embora afastada a regra do art. 5º(5), nada impede que o direito interno do Estado-membro preveja a mesma regra de exercício de jurisdição.

45 Caso *Somafer* (C-33/78), julgado em 22.11.1978, Colectânea da Jurisprudência, p. 2183, (1978). Veja-se, por todos, Hélène Gaudemet-Tallon, *Compétence et exécution de jugements en Europe*, 3e ed, §§ 226-235, p. 184-192, (2002).

não distinguiu entre ações reais e pessoais relativas a imóveis, o que tem gerado controvérsias na doutrina[46] e jurisprudência[47] brasileiras sobre o alcance do dispositivo.

Na Europa, o art. 22(1) do Regulamento n° 44/2001 tem a seguinte redação: '*Têm competência exclusiva, qualquer que seja o domicílio: 1. Em matéria de direitos reais sobre imóveis e de arrendamento de imóveis, os tribunais do Estado-Membro onde o imóvel se encontre situado. Todavia, em matéria de contratos de arrendamento de imóveis celebrados para uso pessoal temporário por um período máximo de seis meses consecutivos, são igualmente competentes os tribunais do Estado-Membro onde o requerido tiver domicílio, desde que o arrendatário seja uma pessoa singular e o proprietário e o arrendatário tenham domicílio no mesmo Estado-Membro.*'

Trata-se, portanto, de distinção importante entre a lei brasileira e o Regulamento. Nesse último, a única demanda relativa a imóvel fundada em direito pessoal que se insere na competência exclusiva dos tribunais do Estado da situação do imóvel é aquela concernente à locação. Mas, ainda nesse caso, excetua-se o que enunciaa parte final do dispositivo.

Por fim, o art. 89, II, do CPC brasileiro determina que '*Compete à autoridade judiciária brasileira, com exclusão de qualquer outra: (...) II – proceder a inventário e partilha de bens situados no Brasil, ainda que o autor da herança seja estrangeiro e tenha residido fora do território nacional*'. Trata-se de hipótese de competência exclusiva do Judiciário nacional, desde que haja bens (móveis ou imóveis) no país.

A doutrina discute se há outras situações de exercício da jurisdição brasileira além das previstas no CPC. Celso Agrícola Barbi ensina que os arts. 88 e 89 trazem hipóteses taxativas de exercício da função jurisdicional. Consequentemente, se a causa não estiver dentre aquelas ali enumeradas, a autoridade judiciária não poderá conhecer dela[48]. José Carlos Barbosa Moreira admite algumas adições aos cenários previstos nos arts. 88 e 89, nas quais seria absurdo negar o exercício da função jurisdicional no Brasil[49]. No mesmo sentido, José Ignácio Botelho de Mesquita entende que, havendo interesse, pode a autoridade judiciária brasileira julgar a causa, ainda que não listada expressamente no CPC[50].

A jurisprudência brasileira inicialmente parecia inclinada para o entendimento de que as hipóteses previstas nos arts. 88 e 89 do CPC seriam *numerus clausus*[51]. Inclusive, o Superior Tribunal de Justiça posicionou-se de forma bastante clara ressaltando a taxatividade dos arts.

---

46 TORNAGHI, Hélio. *Comentários ao Código de Processo Civil*. São Paulo: RT, 1974, vol. I, p. 308 ; SILVA, Agustinho Fernandes Dias da. *A Competência Judiciária e o Direito Internacional Privado Brasileiro*, Rio de Janeiro: Freitas Basto, 1965, p. 65; BARBI, Celso Agrícola. *Comentários ao Código de Processo Civil*. Rio de Janeiro: Forense, vol. I, 10. ed., 1998, p. 298, texto inalterado desde a primeira edição (1975), p. 400; BARBOSA MOREIRA, José Carlos. Problemas Relativos a Litígios Internacionais. *Temas de Direito Processual* ? Quinta Série. São Paulo: Saraiva, 1994, p. 147; ALVIM, Arruda. Competência Internacional. *Revista de Processo*. São Paulo: RT, n. 7-8, jul./dez. 1977, p. 32.

47 STF, Recurso Extraordinário n° 90.961-PR, 2ª turma, Rel. Min. Décio Miranda, j. 29.05.1979, RTJ 90/727.

48 BARBI, Celso Agrícola. Comentários ao Código de Processo Civil. Rio de Janeiro: Forense, vol. I, 10. ed., 1998, p. 240.

49 BARBOSA MOREIRA, José Carlos. Problemas Relativos a Litígios Internacionais. *Temas de Direito Processual* – Quinta Série. São Paulo: Saraiva, 1994, p. 144.

50 MESQUITA, José Ignácio Botelho de. Da Competência Internacional e dos princípios que a informam. Revista de Processo. São Paulo: RT, vol. 50, 1988, p. 51 e ss.

51 Implicitamente: STF, RTJ 90/727, 2ª turma, Rel. Ministro Décio Miranda; STF, Recurso Extraordinário nº 90270, RTJ 99/249.

> 88 e 89: '*Tenho, pois, como certo que violados os artigos 88 e 89 do C.P.C. ao dar-se pela competência da Justiça do Brasil para casos não contemplados naqueles dispositivos*'[52].
> Mais recentemente, entretanto, o STJ alterou a sua orientação, concluindo serem as hipóteses do art. 88 enumerativas: '*A competência (jurisdição) internacional da autoridade brasileira não se esgota pela mera análise dos arts. 88 e 89 do CPC, cujo rol não é exaustivo. Assim, pode haver processos que não se encontram na relação contida nessas normas, e que, não obstante, são passíveis de julgamento no Brasil. Deve-se analisar a existência de interesse da autoridade judiciária brasileira no julgamento da causa, na possibilidade de execução da respectiva sentença (princípio da efetividade) e na concordância, em algumas hipóteses, pelas partes envolvidas, em submeter o litígio à jurisdição nacional (princípio da submissão).*'[53]

Neste passo, o artigo em comento dispõe sobre a competência internacional concorrente, trazendo um rol não exaustivo de causas que podem ser de competência da autoridade judiciária brasileira.

Entretanto, fora dessas hipóteses elencadas nos incisos do artigo 21 do NCPC, outras ações poderão ser processadas e julgadas pela autoridade judiciária brasileira em decorrência dos princípios da efetividade e da submissão. Pelo princípio da efetividade, a prestação da tutela jurisdicional tem que ser viável e conveniente, bem como eficaz e efetiva, não podendo ser inócua. A autoridade judiciária brasileira, por este princípio, pode processar e julgar ações cujo objeto litigioso seja de interesse do próprio Estado e também as causas em que for possível a imposição do cumprimento do comando da sentença.

O princípio da submissão está relacionado à submissão à autoridade judiciária brasileira, o que pode ocorrer por meio de escolha das partes ao estipular cláusula de eleição de foro.

Em que pese no Direito Internacional Público viger o princípio da igualdade soberana entre os Estados e, regra geral, nenhum Estado poder submeter outro Estado à sua jurisdição, não há imunidade absoluta de jurisdição, sendo reconhecida a imunidade de jurisdição apenas em relação aos denominados atos de império, que são aqueles que decorrem do exercício da soberania de um Estado.

A imunidade de jurisdição trata-se "*de um direito que pode, ou não, ser exercido*" pelo Estado estrangeiro, "*que deve ser comunicado para, querendo, alegar sua intenção de não se submeter à jurisdição brasileira*"[54].

Um Estado pratica atos de gestão quando celebra contratos e adquire bens móveis ou imóveis em outro país. Neste aspecto, a imunidade do Estado estrangeiro "*é relativa no caso da prática de atos jure gestionis, possibilitando sua submissão à jurisdição estrangeira*"[55].

---

52 STJ, Recurso Especial n° 2.170-SP, Rel. Min. Eduardo Ribeiro, RSTJ 12/361.

53 STJ, Recurso Ordinário nº 64, Relª. Minª. Nancy Andrighi, *DJe* 23.06.2008.

54 STJ, RO 99/SP, Rel.ª Min.ª Nancy Andrighi, Terceira Turma, j. 04/12/2012, DJe 07/12/2012.

55 STJ, AgRg na CR 8.111/EX, Rel. Min. Francisco Falcão, Corte Especial, j. 15/10/2014, DJe 28/10/2014.

NOVO CÓDIGO DE PROCESSO CIVIL	CÓDIGO DE PROCESSO CIVIL DE 1973
Art. 22. Compete, ainda, à autoridade judiciária brasileira processar e julgar as ações: I - de alimentos, quando: a) o credor tiver domicílio ou residência no Brasil; b) o réu mantiver vínculos no Brasil, tais como posse ou propriedade de bens, recebimento de renda ou obtenção de benefícios econômicos; II - decorrentes de relações de consumo, quando o consumidor tiver domicílio ou residência no Brasil; III - em que as partes, expressa ou tacitamente, se submeterem à jurisdição nacional.	Sem correspondente.

O artigo 22 do novo Código de Processo Civil também trata dos limites à jurisdição nacional. O NCPC introduz mais três novas hipóteses, nas quais a ação pode ser, também, ajuizada perante a autoridade judiciária brasileira.

Em relação à ação de alimentos, poderá ser processada e julgada pela autoridade judiciária brasileira se o alimentante tiver domicílio, residência, bens ou direitos no Brasil.

Além disso, o inciso II do artigo 22 do NCPC trata das ações decorrentes de relações de consumo, que poderão ser ajuizadas no Brasil desde que o consumidor aqui tenha domicílio ou residência. No ordenamento jurídico brasileiro, as relações de consumo são reguladas pelo Código de Defesa do Consumidor (Lei nº 8.078/90), que estabelece normas de ordem pública e interesse social e é considerado uma das melhores legislações de proteção ao consumidor em nível mundial.

O texto insculpe, ainda, no inciso III, a possibilidade de submissão de litígio à jurisdição brasileira por força da autonomia da vontade das partes, através de cláusula que indique a autoridade judiciária brasileira como a competente, o que representa a positivação do princípio da submissão.

Por fim, essa inovação introduzida pode tornar o Brasil mais competitivo no comércio internacional ao autorizar a eleição de foro para dirimir controvérsias contratuais.

NOVO CÓDIGO DE PROCESSO CIVIL	CÓDIGO DE PROCESSO CIVIL DE 1973
Art. 23. Compete à autoridade judiciária brasileira, com exclusão de qualquer outra: I - conhecer de ações relativas a imóveis situados no Brasil; II - em matéria de sucessão hereditária, proceder à confirmação de testamento particular e ao inventário e à partilha de bens situados no Brasil, ainda que o autor da herança seja de nacionalidade estrangeira ou tenha domicílio fora do território nacional; III - em divórcio, separação judicial ou dissolução de união estável, proceder à partilha de bens situados no Brasil, ainda que o titular seja de nacionalidade estrangeira ou tenha domicílio fora do território nacional.	**Art. 89.** Compete à autoridade judiciária brasileira, com exclusão de qualquer outra: I – conhecer de ações relativas a imóveis situados no Brasil; II – proceder a inventário e partilha de bens, situados no Brasil, ainda que o autor da herança seja estrangeiro e tenha residido fora do território nacional.

Ainda dispondo a respeito dos limites à jurisdição brasileira, o artigo 23 do novo Código de Processo Civil regula a chamada competência internacional privativa ou exclusiva, em que a ação só pode ser proposta perante a autoridade judiciária brasileira *"com exclusão de qualquer outra"*.

Assim, nos termos do inciso I do artigo 23 do NCPC, a competência para conhecer das ações relativas a imóveis situados no Brasil é exclusiva da jurisdição brasileira.

Nos incisos II e III do referido artigo há uma divisão das matérias oriundas de *"sucessão hereditária"* e de *"divórcio, separação judicial ou dissolução de união estável"*. De acordo com o inciso II do artigo 23, compete exclusivamente à autoridade judiciária brasileira proceder à confirmação de testamento particular, inventário e partilha de bens situados no Brasil, em matéria de sucessão hereditária.

O inciso III estabelece que é da competência exclusiva da jurisdição brasileira proceder à partilha de bens situados no Brasil, nas ações de divórcio, de separação judicial ou dissolução de união estável. Portanto, a exclusividade diz respeito apenas à partilha de bens situados no Brasil.

NOVO CÓDIGO DE PROCESSO CIVIL	CÓDIGO DE PROCESSO CIVIL DE 1973
Art. 24. A ação proposta perante tribunal estrangeiro não induz litispendência e não obsta a que a autoridade judiciária brasileira conheça da mesma causa e das que lhe são conexas, ressalvadas as disposições em contrário de tratados internacionais e acordos bilaterais em vigor no Brasil. Parágrafo único. A pendência de causa perante a jurisdição brasileira não impede a homologação de sentença judicial estrangeira quando exigida para produzir efeitos no Brasil.	**Art. 90.** A ação intentada perante tribunal estrangeiro não induz litispendência, nem obsta a que a autoridade judiciária brasileira conheça da mesma causa e das que lhe são conexas.

O artigo 24, *caput*, do novo Código de Processo Civil dispõe a respeito da ausência de litispendência em relação à ação proposta perante tribunal estrangeiro e da possibilidade de a autoridade judiciária brasileira conhecer da mesma causa e das que lhe são conexas.

De acordo com o artigo 337, §§ 1º, 2º e 3º, do NCPC, a litispendência é verificada quando se reproduz ou repete ação que está em curso, com as mesmas partes, a mesma causa de pedir e o mesmo pedido. Litispendência, pois, é o instituto processual que indica a repetição de ação em curso.

Desta forma, segundo a regra constante no *caput* do artigo 24 do NCPC, não induz litispendência a ação proposta perante tribunal estrangeiro assim como não obsta a que a autoridade judiciária brasileira conheça da mesma causa. Através de tratados internacionais e acordos bilaterais em vigor no Brasil, é possível fazer exceções a essa regra geral.

O parágrafo único do artigo 24 consolida entendimento há muito firmado pelos nossos Tribunais Superiores, no sentido de que *"a tramitação de ação no Brasil ou no exterior que possua o mesmo objeto da sentença estrangeira homologanda não im-*

pede o processo de homologação"[56]. Ademais, é importante destacar que, apenas em se tratando de competência internacional concorrente, é possível proceder à homologação de sentença estrangeira, desde que atendidos os demais requisitos previstos em lei, nos tratados em vigor no Brasil e no regimento interno do Superior Tribunal de Justiça, conforme o disposto no artigo 960, § 2º, do NCPC.

O disposto no parágrafo único do artigo 24, acerca da impossibilidade de aplicação da litispendência, enseja problemas. O denominado *forum shopping* (concorrência de jurisdições) é um risco para o *bis in idem*, decisões contraditórias, assim como a desproporção de distintas condenações de diferentes tribunais.

Destaca-se que o dispositivo em tela colide com o Código Bustamante, internacionalmente conhecido como Convenção de Havana, do qual o Brasil é subscritor, tendo sido incorporado ao ordenamento jurídico no século XX.

De acordo com o artigo 21 da Convenção de Bruxelas[57], que foi a solução adotada pela União Europeia no caso de conflito entre jurisdições, o segundo processo deve ser sobrestado para que o primeiro juízo possa se declarar competente, afastando, deste modo, a competência do segundo para resguardar a integridade do direito.

NOVO CÓDIGO DE PROCESSO CIVIL	CÓDIGO DE PROCESSO CIVIL DE 1973
Art. 25. Não compete à autoridade judiciária brasileira o processamento e o julgamento da ação quando houver cláusula de eleição de foro exclusivo estrangeiro em contrato internacional, arguida pelo réu na contestação. § 1º Não se aplica o disposto no caput às hipóteses de competência internacional exclusiva previstas neste Capítulo. § 2º Aplica-se à hipótese do caput o art. 63, §§ 1º a 4º.	Sem correspondente.

O artigo 25, *caput,* do novo Código de Processo Civil inova ao excluir a competência da autoridade brasileira para o processamento e julgamento de ação na hipótese da existência de cláusula de foro exclusivo estrangeiro em contrato internacional que seja arguida pelo réu na contestação.

Uma das causas de modificação de competência é a vontade das partes, por meio da qual estas podem eleger o foro que será competente para processar e julgar a ação oriunda de direitos e obrigações previstas em um negócio jurídico.

Neste sentido, o artigo 63, *caput*, do NCPC dispõe que *"As partes podem modificar a competência em razão do valor e do território, elegendo foro onde será proposta ação oriunda de direitos e obrigações."* Para que produza efeito, a eleição de foro deve

---

56 STJ, SEC 9.880/EX, Rel.ª Min.ª Maria Thereza de Assis Moura, Corte Especial, j. 21/05/2014, DJe 27/05/2014.

57 BERNARDI, Vanessa. Litispendência e o processo civil internacional. Disponível em: <http://www.ucs.br/etc/conferencias/index.php/mostraucsppga/mostrappga/paper/viewFile/3439/1021>. Acesso em: 4 mar. 2014.

"constar de instrumento escrito e aludir expressamente a determinado negócio jurídico" (§ 1º do art. 63 do NCPC).

Desta forma, a *"competência territorial é relativa, portanto passível de modificação por vontade comum das partes"*[58]. Em se tratando de competência relativa, autoriza-se *"a disponibilidade das partes, ante a não compulsoriedade das regras gerais de competência"*[59]. O Verbete nº 335 da Súmula do STF diz que *"É válida a cláusula de eleição de foro para os processos oriundos do contrato"*.

O parágrafo 1º do referido dispositivo dispõe que a regra prevista no *caput* não se aplica aos casos que são de competência exclusiva da autoridade judiciária brasileira. Por óbvio, a autonomia da vontade não tem o condão de afastar normas de ordem pública, como é o caso daquelas que dispõem sobre a jurisdição nacional exclusiva.

NOVO CÓDIGO DE PROCESSO CIVIL	**CÓDIGO DE PROCESSO CIVIL DE 1973**
CAPÍTULO II DA COOPERAÇÃO INTERNACIONAL **Seção I** **Disposições Gerais** **Art. 26.** A cooperação jurídica internacional será regida por tratado de que o Brasil faz parte e observará: I - o respeito às garantias do devido processo legal no Estado requerente; II - a igualdade de tratamento entre nacionais e estrangeiros, residentes ou não no Brasil, em relação ao acesso à justiça e à tramitação dos processos, assegurando-se assistência judiciária aos necessitados; III - a publicidade processual, exceto nas hipóteses de sigilo previstas na legislação brasileira ou na do Estado requerente; IV - a existência de autoridade central para recepção e transmissão dos pedidos de cooperação; V - a espontaneidade na transmissão de informações a autoridades estrangeiras. § 1º Na ausência de tratado, a cooperação jurídica internacional poderá realizar-se com base em reciprocidade, manifestada por via diplomática. § 2º Não se exigirá a reciprocidade referida no § 1º para homologação de sentença estrangeira. § 3º Na cooperação jurídica internacional não será admitida a prática de atos que contrariem ou que produzam resultados incompatíveis com as normas fundamentais que regem o Estado brasileiro. § 4º O Ministério da Justiça exercerá as funções de autoridade central na ausência de designação específica.	Sem correspondente.

58 STJ, REsp 1.084.674/MS, Rel. Min. Raul Araújo, Quarta Turma, j. 01/10/2013, DJe 31/03/2014.

59 STJ, REsp 1.312.651/SP, Rel. Min. Marco Buzzi, Quarta Turma, j. 18/02/2014, DJe 25/02/2014.

Na atual ordem global, sob o influxo da intensificação das relações internacionais, em vista da crescente movimentação de pessoas, bens, serviços e capitais entre diferentes Estados, há uma manifesta necessidade de os países desenvolverem auxílio recíproco para exercerem adequadamente a atividade jurisdicional[60].

Diante deste quadro, o legislador do novo Código de Processo Civil optou por tratar da *"cooperação jurídica internacional"*. Conforme a lição de Ricardo Perlingeiro Mendes da Silva, *"a preferência pela expressão "cooperação jurídica internacional" decorre da ideia de que a efetividade da jurisdição, nacional ou estrangeira, pode depender do intercâmbio não apenas entre órgãos judiciais, mas também entre órgãos judiciais e administrativos, de estados distintos"*[61].

Segundo a Cartilha do Ministério da Justiça[62]:

> A cooperação jurídica internacional é o instrumento por meio do qual um Estado pede a outro que execute decisão sua ou profira decisão própria sobre litígio que tem lugar em seu território. Solicitar cooperação é um modo formal de "bater à porta" de outro Estado e requerer sua ajuda para afirmar a justiça no caso concreto.

A cooperação jurídica internacional se dá através da homologação de sentença estrangeira, do cumprimento de cartas rogatórias e do auxílio direto, dentre outros mecanismos previstos em tratados e acordos internacionais que o Brasil faz parte. No ordenamento jurídico brasileiro, os mecanismos de cooperação jurídica internacional e seus procedimentos são regulados por normas processuais.

Embora o novo Código de Processo Civil discipline expressamente a cooperação jurídica internacional, não se trata de novidade no ordenamento jurídico brasileiro.

O auxílio direto tem disposição expressa no parágrafo único da Resolução nº 9/2005 do Superior Tribunal de Justiça, sendo reconhecido seu cabimento, pela jurisprudência daquele Tribunal, quando não houver *"decisão a ser submetida a juízo de delibação"*[63]. A carta rogatória e a homologação de sentença estrangeira, além da Resolução nº 9/2005 do Superior Tribunal de Justiça, são reguladas pelo CPC/1973, nos artigos 210 a 212 e nos artigos 483 a 484, respectivamente. Além disso, os requisitos para homologação de sentença estrangeira estão previstos nas alíneas "a", "b", "c' e "d" do artigo 15 da Lei de Introdução às Normas do Direito Brasileiro (Decreto-Lei nº 4.657, de 4 de setembro de 1942).

---

60 BRASIL. Secretaria Nacional de Justiça (SNJ). *Cartilha cooperação jurídica internacional em matéria civil*; elaboração, organização e redação: Inez Lopes Matos Cordeiro de Farias, Ricardo Andrade Saadi. – Brasília: Ministério da Justiça, Secretaria Nacional de Justiça (SNJ), Departamento de Recuperação de Ativos e Cooperação Jurídica Internacional (DRCI), 2012, p. 7.

61 SILVA, Ricardo Perlingeiro Mendes da. *O direito internacional contemporâneo – estudos em homenagem ao professor Jacob Dolinger.* Rio de Janeiro: Renovar, 2006, p. 798.

62 *Ibidem*, p. 7.

63 STJ, AgRg na CR 3.162/CH, Rel. Min. Cesar Asfor Rocha, Corte Especial, j. 18/08/2010, DJe 06/09/2010.

Em matéria civil, o Brasil ratificou vários tratados, convenções e acordos internacionais sobre cooperação jurídica internacional. Dentre outros, podemos citar a Convenção sobre prestação de alimentos no estrangeiro, assinada pelo Brasil em 31 de dezembro de 1956 (Decreto nº 56.826, de 02 de setembro de 1965); o Convênio de Cooperação Jurídica em Matéria Civil entre a República Federativa do Brasil e o Reino da Espanha, assinado em Madri, em 13 de abril de 1989 (Decreto nº 166, de 3 de junho de 1991); o Tratado Relativo à Cooperação Judiciária e ao Reconhecimento e Execução de Sentenças em Matéria Civil, entre a República Federativa do Brasil e a República Italiana, de 17 de outubro de 1989 (Decreto nº 1.476, de 2 de maio de 1995); o Acordo de Cooperação Judiciária em Matéria Civil, Comercial, Trabalhista e Administrativa, entre o Governo da República Federativa do Brasil e o Governo da República Argentina, de 20 de agosto de 1991 (Decreto nº 1.560, de 18 de julho de 1995); o Acordo de Cooperação Judiciária em Matéria Civil, Comercial, Trabalhista e Administrativa, entre o Governo da República Federativa do Brasil e o Governo da República Oriental do Uruguai, de 28 de dezembro de 1992 (Decreto nº 1.850, de 10 de abril de 1996); o Acordo de Cooperação Judiciária em Matéria Civil entre o Governo da República Federativa do Brasil e o Governo da República Francesa, celebrado em Paris, em 28 de maio de 1996 (Decreto nº 3.598, de 12 de setembro de 2000); e o Acordo sobre Cooperação Judiciária em Matéria Civil entre o Governo da República Federativa do Brasil e o Governo da República Libanesa, firmado em Beirute, em 4 de outubro de 2002 (Decreto nº 7.934, de 19 de fevereiro de 2013).

Não havendo tratado que regulamente a cooperação jurídica internacional, esta será realizada com base em reciprocidade, manifestada por via diplomática. A reciprocidade não é exigida no caso de homologação de sentença estrangeira.

Aliás, *"além dos tratados e acordos bilaterais entre o Brasil e os demais países, a garantia de aplicação do princípio da reciprocidade é também fundamento da cooperação jurídica internacional"*[64].

Na cooperação jurídica internacional, não se admite a ofensa à soberania nacional e à ordem pública. Sua realização *"não se limita às previsões de acordos específicos, mas funda-se, também, na garantia de aplicação do princípio da reciprocidade"*[65].

A autoridade central é o órgão responsável por conduzir os pedidos de cooperação jurídica que cada Estado realiza com os demais países. Sua atribuição consiste no recebimento, análise, adequação, transmissão e acompanhamento dos pedidos de cooperação jurídica, que tem como escopo verificar o cumprimento dos requisitos da lei do Estado requerido, assim como do tratado que fundamenta o pedido para a prestação de um serviço público eficiente. No Brasil, a autoridade central é o Ministério da Justiça, conforme o disposto no § 4° do artigo 26 do NCPC.

64 STJ, AgRg na CR 7.861/EX, Rel. Min. Felix Fischer, Corte Especial, j. 07/08/2013, DJe 16/08/2013.

65 STJ, AgRg na CR 5.238/EX, Rel. Min. Ari Pargendler, Rel. p/ Acórdão Min. Presidente do STJ, Corte Especial, j. 02/05/2012, DJe 06/06/2012.

NOVO CÓDIGO DE PROCESSO CIVIL	CÓDIGO DE PROCESSO CIVIL DE 1973
Art. 27. A cooperação jurídica internacional terá por objeto: I - citação, intimação e notificação judicial e extrajudicial; II - colheita de provas e obtenção de informações; III - homologação e cumprimento de decisão; IV - concessão de medida judicial de urgência; V - assistência jurídica internacional; VI - qualquer outra medida judicial ou extrajudicial não proibida pela lei brasileira.	Sem correspondente.

A cooperação jurídica internacional pode ser classificada, quanto à posição de cada um dos Estados cooperantes, em ativa e passiva. A cooperação será ativa, quando um Estado (requerente) solicita a outro (requerido) o pedido de cooperação, e será passiva, quando um Estado (requerido) recebe do outro (requerente) o pedido de cooperação[66].

Quanto à necessidade de prévio juízo de delibação, a cooperação jurídica internacional pode ser classificada em direta e indireta. A cooperação direta é aquela em que o pedido de cooperação é submetido diretamente à cognição do juiz de primeiro grau de jurisdição, que tem pleno juízo de conhecimento. A cooperação indireta depende de prévio juízo de delibação para ser efetivada, como é o caso da homologação de sentença estrangeira e das cartas rogatórias[67].

A cooperação jurídica internacional pode ser classificada ainda, quanto à natureza do pedido, em jurídica e jurisdicional. Na jurídica, o pedido de cooperação envolve apenas a atividade administrativa, não tendo necessariamente a intervenção do Poder Judiciário. Na cooperação jurisdicional, do atendimento do pedido do Estado cooperante resulta a prática de ato de natureza jurisdicional[68].

A cooperação jurídica internacional pode ter como objeto as seguintes medidas: troca de informações sobre as legislações entre os países, citação, notificação e intimação, obtenção de provas, expedição de carta rogatória alienígena, homologação de decisão estrangeira pelo *exequatur* proferido pelo Superior Tribunal de Justiça (STJ), concessão do benefício da assistência jurídica gratuita, bem como qualquer medida judicial ou extrajudicial que não seja defesa pela lei brasileira.

O artigo 27 do NCPC elenca, em um rol não taxativo, as medidas que poderão ser objeto de cooperação jurídica internacional. O principal veículo dos pedidos de cooperação jurídica internacional é a carta rogatória, que é o ato de comunicação entre juízos de diferentes soberanias.

---

66 TOFFOLI, José Antonio Dias; CESTARI, Virgínia Charpinel Junger. *Mecanismos de cooperação jurídica internacional no Brasil*. Disponível em: <https:// www.agu.gov.br/page/download/index/ id/1070064>. Acesso em: 26 jan. 2015.

67 *Ibidem*.

68 *Ibidem*.

Deste modo, a citação, a intimação e a notificação judicial e extrajudicial são realizadas por meio de carta rogatória ordinatória; e a colheita de provas e obtenção de informações, por carta rogatória instrutória.

Vale ressaltar ainda que a *"carta rogatória não constitui o único e exclusivo meio de solicitação de providências pelo Juízo nacional ao estrangeiro, prevendo o Direito Processual Internacional outras formas de auxílio como as convenções e acordos internacionais"*, além de que se entende que os acordos bilaterais *"são preferíveis às cartas rogatórias, uma vez que visam a eliminar a via diplomática como meio de cooperação entre os países, possibilitando o auxílio direto e a agilização das medidas requeridas"*[69].

Com a edição da Emenda Constitucional nº 45/2004, operou-se a revogação da alínea *"h"* do inciso I do artigo 102 da CRFB/88, retirando a competência originária do STF para processar e julgar a homologação das sentenças estrangeiras e a concessão do *exequatur* às cartas rogatórias, e, por outro lado, com a inclusão da alínea *"i"* do inciso I do artigo 105, passou esta competência a pertencer ao Superior Tribunal de Justiça.

Quanto à homologação e cumprimento de decisão, é preciso destacar que, consoante o disposto no artigo 105, I, *"i"* da CRFB/88, é de competência originária do Superior Tribunal de Justiça o processamento e julgamento da homologação de sentenças estrangeiras e a concessão de *exequatur* às cartas rogatórias. De acordo com o artigo 109, X, da CRFB/88, compete aos Juízes federais processar e julgar a execução de carta rogatória, após o *exequatur*, e de sentença estrangeira, após a homologação.

Não implicando em violação à soberania nacional e à ordem pública, bem como não sendo defeso em lei, poderá ser objeto de pedido de cooperação jurídica internacional qualquer outra medida judicial ou extrajudicial.

NOVO CÓDIGO DE PROCESSO CIVIL	CÓDIGO DE PROCESSO CIVIL DE 1973
Seção II **Do Auxílio Direto** **Art. 28.** Cabe auxílio direto quando a medida não decorrer diretamente de decisão de autoridade jurisdicional estrangeira a ser submetida a juízo de delibação no Brasil.	Sem correspondente.

Com a mundialização dos mercados e, com maior razão, após o advento da "era da informática", nos últimos 30 anos, percebeu-se que os mecanismos clássicos de cooperação jurídica internacional eram inócuos para determinadas situações. Para responder às novas demandas, os Estados elaboraram novos instrumentos de apoio

69 STJ, HC 147.375/RJ, Rel. Min. Jorge Mussi, Quinta Turma, j. 22/11/2011, DJe 19/12/2011.

recíproco, tendo em vista a ordem (estabilidade) e segurança das relações jurídicas. Foi neste contexto que se criou o instituto do auxílio direto.

Segundo a Cartilha do Ministério da Justiça[70]:

> O auxílio direto diferencia-se dos demais mecanismos porque nele as autoridades brasileiras não proferem *exequatur* ou homologam ato jurisdicional estrangeiro. Por meio deste instrumento as autoridades brasileiras conhecem dos fatos narrados pela autoridade requerente para daí proferir uma decisão nacional.

O parágrafo único do artigo 7º da Resolução nº 9 do STJ, de 04/05/2005, dispõe que *"os pedidos de cooperação jurídica internacional que tiverem por objeto atos que não ensejem juízo de delibação pelo Superior Tribunal de Justiça, ainda que denominados como carta rogatória, serão encaminhados ou devolvidos ao Ministério da Justiça para as providências necessárias ao cumprimento por auxílio direto."*

NOVO CÓDIGO DE PROCESSO CIVIL	CÓDIGO DE PROCESSO CIVIL DE 1973
Art. 29. A solicitação de auxílio direto será encaminhada pelo órgão estrangeiro interessado à autoridade central, cabendo ao Estado requerente assegurar a autenticidade e a clareza do pedido.	Sem correspondente.

O pedido de auxílio direto deve ser encaminhado à autoridade central, que no Brasil é exercido pelo Ministério da Justiça através do Departamento de Recuperação de Ativos e Cooperação Jurídica Internacional (DRCI) e do Departamento de Estrangeiros (DEEST), nos termos do Decreto nº 6.061/2007. Ao DEEST compete analisar os pedidos de extradição e de transferência de pessoas condenadas. A competência do DRCI é examinar as demais espécies de pedidos de cooperação jurídica internacional.

A autoridade central do Estado requerente deverá formular o pedido de cooperação, que poderá ter natureza judicial ou administrativa, e encaminhá-lo à autoridade central brasileira com a observância dos seguintes requisitos: a) breve resumo dos autos do processo em que se baseia o pedido, com informações que indiquem o juízo perante o qual foi instaurado o procedimento; b) descrição integral da medida de cooperação jurídica solicitada; c) indicação de que a parte interessada é beneficiária da assistência jurídica gratuita (com a juntada da decisão que estabeleceu a gratuidade judiciária) ou do responsável pelo eventual pagamento de custas ao Estado requerido e residente em outro país, exceto se o tratado dispensar o requisito; d) procedimentos especiais a serem observados pela autoridade requerida[71].

---

70 *Ibidem,* p. 19.

71 *Ibidem*, p. 9.

É atribuição da autoridade central brasileira a análise do preenchimento dos requisitos supramencionados. Não estando presentes todos os requisitos, a autoridade central brasileira informará à autoridade central do Estado requerente sobre a inadequação do pedido de cooperação, a fim de adequá-lo com o cumprimento dos requisitos não atendidos[72].

Caso todos os requisitos encontrem-se presentes, tratando-se de auxílio direto por via judicial, a autoridade central brasileira encaminhará a documentação do pedido de cooperação jurisdicional à Advocacia-Geral da União (AGU) ou ao Ministério Público Federal, quando for este último previsto como autoridade central, que requererá ao juízo competente a medida solicitada, conforme o disposto no artigo 33, *caput*, do NCPC. Caso a lei não aponte nenhuma reserva jurisdicional, tem cabimento o auxílio direto por via administrativa. Nesta hipótese, encontrando-se preenchidos todos os requisitos para o pedido de cooperação de natureza administrativa, caso exista um órgão administrativo competente diverso da autoridade central para o atendimento do pedido de auxílio, o pedido é enviado a este pela autoridade central, para cumprimento, ou, inexistindo um órgão administrativo competente diverso da autoridade central para o atendimento do pedido, este é cumprido pela própria autoridade central[73].

NOVO CÓDIGO DE PROCESSO CIVIL	CÓDIGO DE PROCESSO CIVIL DE 1973
Art. 30. Além dos casos previstos em tratados de que o Brasil faz parte, o auxílio direto terá os seguintes objetos: I - obtenção e prestação de informações sobre o ordenamento jurídico e sobre processos administrativos ou jurisdicionais findos ou em curso; II - colheita de provas, salvo se a medida for adotada em processo, em curso no estrangeiro, de competência exclusiva de autoridade judiciária brasileira; III - qualquer outra medida judicial ou extrajudicial não proibida pela lei brasileira.	Sem correspondente.

O artigo 30 do NCPC elenca, de forma não exaustiva, as medidas que podem ser objeto de auxílio direto, sem prejuízo de outras dispostas em tratado internacional.

Depreende-se pela redação do inciso II do artigo em questão, que a medida de colheita de provas não poderá ser objeto de auxílio direto se ela for adotada em processo em curso no estrangeiro, cuja competência seja exclusiva da autoridade judiciária brasileira.

72 BRASIL. Secretaria Nacional de Justiça. Departamento de Recuperação de Ativos e Cooperação Jurídica Internacional. Manual de cooperação jurídica internacional e recuperação de ativos: cooperação em matéria civil. 3. ed. Brasília: Ministério da Justiça, 2012, p. 80.

73 *Ibidem*.

Essa vedação decorre da violação à soberania nacional e à ordem pública. As disposições sobre competência internacional exclusiva ou privativa visam à proteção do interesse público e, portanto, são imperativas.

Pode ser objeto de auxílio direto qualquer medida judicial ou extrajudicial não proibida em lei. Desta forma, não havendo vedação expressa, será permitido o auxílio direto, desde que não implique em ofensa à soberania nacional e à ordem pública.

NOVO CÓDIGO DE PROCESSO CIVIL	CÓDIGO DE PROCESSO CIVIL DE 1973
Art. 31. A autoridade central brasileira comunicar-se-á diretamente com suas congêneres e, se necessário, com outros órgãos estrangeiros responsáveis pela tramitação e pela execução de pedidos de cooperação enviados e recebidos pelo Estado brasileiro, respeitadas disposições específicas constantes de tratado.	Sem correspondente.

A fim de se efetivar o auxílio direto, a autoridade central brasileira tem a atribuição de se comunicar diretamente com a autoridade central de outro Estado e, ainda, com outros órgãos estrangeiros responsáveis pela tramitação e pela execução de pedidos de cooperação enviados e recebidos pelo Estado brasileiro.

Assim, o Estado brasileiro, enquanto Estado cooperante, pode figurar no pedido de cooperação tanto como requerente quanto como requerido. Em todos os casos de cooperação ativa ou passiva, será a autoridade central brasileira a responsável por efetuar a tramitação dos pedidos de cooperação na modalidade ativa ou passiva.

Mesmo nos casos em que se delegue a outro órgão a atribuição para requerer em juízo determinada medida, não será este que comunicará a resposta sobre o cumprimento do pedido de cooperação ao Estado requerido, mas a própria autoridade central brasileira.

NOVO CÓDIGO DE PROCESSO CIVIL	CÓDIGO DE PROCESSO CIVIL DE 1973
Art. 32. No caso de auxílio direto para a prática de atos que, segundo a lei brasileira, não necessitem de prestação jurisdicional, a autoridade central adotará as providências necessárias para seu cumprimento.	Sem correspondente.

O artigo 32 do NCPC refere-se à cooperação jurídica, que é aquela modalidade em que a efetivação do pedido de cooperação não envolve a atuação da jurisdição. Neste caso, o auxílio direto, que tenha como objeto a prática de ato administrativo e, deste modo, não necessite da prestação jurisdicional, dá-se por via administrativa.

É atribuição da autoridade central brasileira, quando o Estado brasileiro figurar como requerido (cooperação passiva), a adoção das providências necessárias para o cumprimento do pedido de cooperação jurídica formulado por autoridade central do Estado requerente.

NOVO CÓDIGO DE PROCESSO CIVIL	CÓDIGO DE PROCESSO CIVIL DE 1973
Art. 33. Recebido o pedido de auxílio direto passivo, a autoridade central o encaminhará à Advocacia-Geral da União, que requererá em juízo a medida solicitada. Parágrafo único. O Ministério Público requererá em juízo a medida solicitada quando for a autoridade central.	Sem correspondente.

A regra prevista no artigo 33, *caput*, do NCPC é expressa quanto à sua aplicação à modalidade de cooperação passiva, isto é, nos pedidos de auxílio direto em que o Brasil figurar como Estado requerido. Além do mais, esta regra tem incidência nos casos em que o pedido de auxílio direto abranger a atuação da jurisdição (modalidade de cooperação jurisdicional).

Após receber o pedido de auxílio direto, a autoridade central brasileira deve verificar o cumprimento de todos os requisitos de tramitação processual previstos em tratado internacional e, ato contínuo, enviá-lo à Advocacia-Geral da União, para requerer em juízo a medida solicitada pelo Estado requerente.

O parágrafo único do artigo 33 do NCPC dispõe que caberá ao Ministério Público, quando for a autoridade central, postular em juízo a medida. Esta disposição excepciona a regra geral. Refere-se aos casos em que, sendo o Ministério Público a autoridade central, ele mesmo exercerá o direito de ação quando houver previsão expressa para sua atuação.

NOVO CÓDIGO DE PROCESSO CIVIL	CÓDIGO DE PROCESSO CIVIL DE 1973
Art. 34. Compete ao juízo federal do lugar em que deva ser executada a medida apreciar pedido de auxílio direto passivo que demande prestação de atividade jurisdicional.	Sem correspondente.

O artigo 34 refere-se também à modalidade de cooperação jurisdicional, isto é, em que o objeto do pedido de auxílio direto envolve o exercício da função jurisdicional. Neste caso, conforme visto no comentário ao artigo 33 do NCPC, temos duas situações:

> I - nos casos em que a autoridade central brasileira não for o Ministério Público Federal, recebido o pedido de auxílio direto passivo pelo Brasil (Estado requerido), a autoridade central brasileira deve encaminhá-lo à Advocacia-Geral da União – AGU que requererá ao juízo competente a medida solicitada;
> II - nos casos em que o Ministério Público Federal for autoridade central brasileira, ele próprio postulará em juízo o objeto do pedido de auxílio direto solicitado pelo Estado requerente.

O artigo 34 do NCPC, ao fixar a competência interna para o processamento e julgamento da ação que versa sobre pedido de auxílio direto passivo, leva em conta o critério territorial, sendo competente o juízo federal do lugar em que deva ser executada a medida.

Assim, em ambas as situações supramencionadas, a competência será do juízo federal do local em que a medida deva ser executada, de acordo como art. 109 da Constituição da República e a Lei nº 5.010/66, que organiza a Justiça Federal[74] em primeira instância. Nesta hipótese, o auxílio direto, na modalidade de cooperação passiva e jurisdicional, enseja procedimento idêntico ao de um caso nacional, com a aplicação das normas processuais brasileiras e de suas garantias[75].

NOVO CÓDIGO DE PROCESSO CIVIL	CÓDIGO DE PROCESSO CIVIL DE 1973
Seção III Da Carta Rogatória **Art. 35.** ~~Dar-se-á por meio de carta rogatória o pedido de cooperação entre órgão jurisdicional brasileiro e órgão jurisdicional estrangeiro para prática de ato de citação, intimação, notificação judicial, colheita de provas, obtenção de informações e cumprimento de decisão interlocutória, sempre que o ato estrangeiro constituir decisão a ser executada no Brasil~~. (VETADO)	**Art. 201**. Expedir-se-á carta de ordem se o juiz for subordinado ao tribunal de que ela emanar; carta rogatória, quando dirigida à autoridade judiciária estrangeira; e carta precatória nos demais casos.

O artigo 35 do novo Código de Processo Civil foi vetado, ao fundamento de que o dispositivo impõe que determinados atos sejam praticados exclusivamente por meio de carta rogatória, o que afetaria a celeridade e efetividade da cooperação jurídica internacional que, nesses casos, poderia ser processada pela via do auxílio direto.

---

74 Sobre o assunto, vide MENDES, Aluisio Gonçalves de Castro. Competência cível da Justiça Federal. 4ª ed. São Paulo: Revista dos Tribunais, 2012.

75 BRASIL. Secretaria Nacional de Justiça. Departamento de Recuperação de Ativos e Cooperação Jurídica Internacional. *Manual de cooperação jurídica internacional e recuperação de ativos*: cooperação em matéria civil. 3. ed. Brasília: Ministério da Justiça, 2012, p. 20.

NOVO CÓDIGO DE PROCESSO CIVIL	DISPOSIÇÕES ESPARSAS
Art. 36. O procedimento da carta rogatória perante o Superior Tribunal de Justiça é de jurisdição contenciosa e deve assegurar às partes as garantias do devido processo legal. § 1º A defesa restringir-se-á à discussão quanto ao atendimento dos requisitos para que o pronunciamento judicial estrangeiro produza efeitos no Brasil. § 2º Em qualquer hipótese, é vedada a revisão do mérito do pronunciamento judicial estrangeiro pela autoridade judiciária brasileira.	CÓDIGO DE PROCESSO CIVIL DE 1973 **Art. 210.** A carta rogatória obedecerá, quanto à sua admissibilidade e modo de seu cumprimento, ao disposto na convenção internacional; à falta desta, será remetida à autoridade judiciária estrangeira, por via diplomática, depois de traduzida para a língua do país em que há de praticar-se o ato. **Art. 211.** A concessão de exeqüibilidade às cartas rogatórias das justiças estrangeiras obedecerá ao disposto no Regimento Interno do Supremo Tribunal Federal[75]. RESOLUÇÃO Nº 9/2005 STJ **Art. 7º** As cartas rogatórias podem ter por objeto atos decisórios ou não decisórios. Parágrafo único. Os pedidos de cooperação jurídica internacional que tiverem por objeto atos que não ensejem juízo de delibação pelo Superior Tribunal de Justiça, ainda que denominados como carta rogatória, serão encaminhados ou devolvidos ao Ministério da Justiça para as providências necessárias ao cumprimento por auxílio direto. **Art. 8º** A parte interessada será citada para, no prazo de 15 (quinze) dias, contestar o pedido de homologação de sentença estrangeira ou intimada para impugnar a carta rogatória. Parágrafo único. A medida solicitada por carta rogatória poderá ser realizada sem ouvir a parte interessada quando sua intimação prévia puder resultar na ineficácia da cooperação internacional. **Art. 9º** Na homologação de sentença estrangeira e na carta rogatória, a defesa somente poderá versar sobre autenticidade dos documentos, inteligência da decisão e observância dos requisitos desta Resolução. § 1º Havendo contestação à homologação de sentença estrangeira, o processo será distribuído para julgamento pela Corte Especial, cabendo ao Relator os demais atos relativos ao andamento e à instrução do processo. § 2º Havendo impugnação às cartas rogatórias decisórias, o processo poderá, por determinação do Presidente, ser distribuído para julgamento pela Corte Especial. § 3º Revel ou incapaz o requerido, dar-se-lhe-á curador especial que será pessoalmente notificado.

O artigo 36, *caput*, do NCPC dispõe que o procedimento da carta rogatória é de jurisdição contenciosa, devendo ser garantido às partes *"o atendimento dos princípios*

76 A Emenda Constitucional nº 45/2004 alterou a competência para o Superior Tribunal de Justiça, de acordo com a previsão do artigo 105, I, i da Constituição Federal, embora esta previsão do Código de Processo Civil de 1973 não tenha sofrido alteração.

constitucionais do devido processo legal, do contraditório e da ampla defesa"[77]. Este procedimento já estava previsto nos artigos 7ºa 9º da Resolução nº 9/2005 do STJ.

Em juízo de delibação, o Superior Tribunal de Justiça não procede à revisão do mérito das razões da autoridade judiciária estrangeira, examinando apenas a adequação do pedido aos aspectos formais e de ordem material.

Sobre o assunto, a Cartilha do Ministério da Justiça[78] informa que:

> *Exequatur*, que em latim significa "executar", "execute-se", é a palavra que concretiza o juízo de delibação positivo exercido pelo Superior Tribunal de Justiça nas cartas rogatórias. Presentes os pressupostos para a concessão do *exequatur*, o STJ transmite ao juiz federal de primeira instância a notícia de que o ato processual estrangeiro está apto a produzir efeitos no Brasil, pedindo-lhe sua execução.

Ao realizar o juízo de delibação, o Superior Tribunal de Justiça analisa quatro questões, a saber: a) competência internacional da autoridade que determinou a decisão; b) a existência de contraditório prévio; c) ausência de coisa julgada; e d) inexistência de ofensa à ordem pública (ordenamento jurídico positivo). Se as respostas forem positivas, concede-se o *exequatur*.

O disposto no § 1º do artigo 36 do NCPC limita as matérias de defesa ao atendimento dos requisitos para a eficácia do pronunciamento judicial estrangeiro no território nacional.

Neste passo, é importante observar que o artigo 9º da Resolução nº 9/2005 do Superior Tribunal de Justiça dispõe que, *"na homologação de sentença estrangeira e na carta rogatória, a defesa somente poderá versar sobre autenticidade dos documentos, inteligência da decisão e observância dos requisitos desta Resolução."*

Essa restrição às matérias que podem ser alegadas pela defesa justifica-se pelo fato de que, com exceção daquelas previstas no artigo 9º da Resolução nº 9/2005 do STJ, a matéria que extrapolar essa limitação *"somente poderá ser conhecida pela Justiça rogante"*[79]. Desta forma, extrapolando a limitação prevista no artigo 9º da Resolução nº 9/2005 do STJ, as demais matérias de defesa podem ser *"deduzidas no Juízo rogante"*[80].

---

77 STJ, SEC 568/US, Rel. Min. Francisco Peçanha Martins, Corte Especial, j. 19/12/2005, DJ 13/03/2006.

78 *Idem.*

79 STJ, AgRg na CR 8.714/EX, Rel. Min. Francisco Falcão, Corte Especial, j. 19/11/2014, DJe 12/12/2014.

80 STJ, AgRg na CR 1.589/US, Rel. Min. Barros Monteiro, Corte Especial, j. 16/05/2007, DJ 06/08/2007.

NOVO CÓDIGO DE PROCESSO CIVIL	PORTARIA INTERMINISTERIAL Nº 501/2012 MINISTÉRIO DAS RELAÇÕES EXTERIORES E MINISTÉRIO DA JUSTIÇA
Seção IV **Disposições Comuns às Seções Anteriores** **Art. 37.** O pedido de cooperação jurídica internacional oriundo de autoridade brasileira competente será encaminhado à autoridade central para posterior envio ao Estado requerido para lhe dar andamento.	**Art. 5º** Na ausência de acordo de cooperação jurídica internacional bilateral ou multilateral, o Ministério da Justiça encaminhará ao Ministério das Relações Exteriores os pedidos de cooperação jurídica internacional ativos, em matéria penal e civil, para tramitarem pela via diplomática.

O artigo 37 do NCPC trata do procedimento do pedido de cooperação jurídica efetuado pelo Brasil a outro Estado, mais especificamente, da modalidade de cooperação ativa. No caso de ausência de acordo entre os países em que a cooperação é realizada, o tema já era tratado pela Portaria Interministerial nº 501/2012, conjunta do Ministério das Relações Exteriores e do Ministério da Justiça.De acordo com a previsão legislativa do novo Código, Formulado o pedido de cooperação jurídica internacional por autoridade brasileira competente, com a observância de todos os requisitos previstos em tratado, o pedido será encaminhado à autoridade central brasileira para que esta envie à autoridade central do Estado requerido.

NOVO CÓDIGO DE PROCESSO CIVIL	CÓDIGO DE PROCESSO CIVIL DE 1973
Art. 38. O pedido de cooperação oriundo de autoridade brasileira competente e os documentos anexos que o instruem serão encaminhados à autoridade central, acompanhados de tradução para a língua oficial do Estado requerido.	Sem correspondente.

O artigo 38 do NCPC, complementando o disposto no artigo que o antecede (art. 37), também disciplina o procedimento do pedido de cooperação jurídica efetuado pelo Brasil a outro Estado (cooperação ativa). O pedido de cooperação jurídica internacional formulado por autoridade brasileira competente deve ser encaminhado à autoridade central brasileira acompanhado dos documentos anexos e de tradução para a língua oficial do Estado requerido.

Com o incremento das relações entre os Estados, tanto no âmbito político-econômico, quanto no social, bem como a facilidade de locomoção de pessoas entre diferentes lugares, há uma necessidade crescente de que os Estados e cidadãos dos mais diversos países compreendam as mensagens emitidas em um determinado idioma para falantes de outro e vice-versa.

Neste sentido, a tradução de documentos provenientes dessas relações jurídicas reveste-se de importância, pois, traduções de contratos, atos jurídicos, certidões de nascimento, óbito, dentre outras, são fundamentais para o reconhecimento de documentos e de pretensões jurídicas, em conformidade com a Resolução n° 9/2005, do Superior Tribunal de Justiça.

NOVO CÓDIGO DE PROCESSO CIVIL	CÓDIGO DE PROCESSO CIVIL DE 1973
Art. 39. O pedido passivo de cooperação jurídica internacional será recusado se configurar manifesta ofensa à ordem pública.	Sem correspondente.

O artigo 39 do NCPC estabelece que, configurada a ofensa à ordem pública, será recusado o pedido passivo de cooperação jurídica internacional. A *contrario sensu*, não sendo hipótese de ofensa à soberania nacional e à ordem pública ou de inobservância dos requisitos do pedido de cooperação jurídica internacional, não há óbice à tramitação do referido pedido.

Tal previsão já era expressa no ordenamento jurídico brasileiro para alguns mecanismos de cooperação. Nesse sentido, o artigo 6º da Resolução nº 9/2005 do Superior Tribunal de Justiça dispõe que *"não será homologada sentença estrangeira ou concedido exequatur a carta rogatória que ofendam a soberania ou a ordem pública."* Também o artigo 17 da Lei de Introdução às Normas do Direito Brasileiro disciplina que *"as leis, atos e sentenças de outro país, bem como quaisquer declarações de vontade, não terão eficácia no Brasil, quando ofenderem a soberania nacional, a ordem pública e os bons costumes."* Com o novo Código, a previsão que antes ocorria hipóteses específicas de cooperação, acaba, mediante previsão legal expressa, por abranger qualquer mecanismo de cooperação internacional.

NOVO CÓDIGO DE PROCESSO CIVIL	CÓDIGO DE PROCESSO CIVIL DE 1973
Art. 40. A cooperação jurídica internacional para execução de decisão estrangeira dar-se-á por meio de carta rogatória ou de ação de homologação de sentença estrangeira, de acordo com o art. 960.	Sem correspondente.

O artigo 40 do NCPC explicita que, quando se tratar de cooperação jurídica internacional para execução de decisão estrangeira, a cooperação ocorrerá por meio dos mecanismos de carta rogatória ou de homologação de sentença estrangeira.

A homologação de sentença estrangeira é um mecanismo de cooperação jurídica em que se confere eficácia à sentença proferida por autoridade judiciária de outro Estado, a fim de que produza efeitos em território nacional. A carta rogatória é o mecanismo de cooperação jurídica internacional que serve para o reconhecimento e cumprimento de decisões interlocutórias proferidas por autoridade judiciária estrangeira.

O processamento e julgamento da homologação de sentenças estrangeiras e a concessão de *exequatur* às cartas rogatórias, consoante o disposto no artigo 105, I, "*i*" da CRFB/88, são de competência originária do Superior Tribunal de Justiça. O *exequatur* é a autorização para cumprimento das medidas rogadas. De acordo com o artigo 109, X, da CRFB/88, compete aos Juízes federais processar e julgar a execução de carta rogatória, após o *exequatur*, e de sentença estrangeira, após a homologação.

NOVO CÓDIGO DE PROCESSO CIVIL	CÓDIGO DE PROCESSO CIVIL DE 1973
Art. 41. Considera-se autêntico o documento que instruir pedido de cooperação jurídica internacional, inclusive tradução para a língua portuguesa, quando encaminhado ao Estado brasileiro por meio de autoridade central ou por via diplomática, dispensando-se ajuramentação, autenticação ou qualquer procedimento de legalização. Parágrafo único. O disposto no caput não impede, quando necessária, a aplicação pelo Estado brasileiro do princípio da reciprocidade de tratamento.	Sem correspondente.

O artigo 41, *caput*, do NCPC dispensa a ajuramentação, autenticação ou qualquer outro procedimento exigido para legalização de documento que instrua pedido de cooperação jurídica internacional, quando encaminhado por autoridade central ou por via diplomática, mas essa regra pode sofrer exceções, por meio da aplicação do princípio da reciprocidade de tratamento.

O aludido dispositivo consolida entendimento jurisprudencial do Superior Tribunal de Justiça, no sentido de que o pedido de cooperação encaminhado por meio da autoridade central é dotado da "*necessária legalidade e autenticidade*"[81]. Além disso, pressupõe-se "*a autenticidade dos documentos que instruem a carta rogatória, quando advindos pela via diplomática ou por meio da autoridade central*"[82].

81 STJ, AgRg na CR 2.920/IT, Rel. Min. Cesar Asfor Rocha, Corte Especial, j. 15/10/2008, DJe 03/11/2008.

82 STJ, AgRg na CR 9.262/EX, Rel. Min. Francisco Falcão, Corte Especial, j. 19/11/2014, DJe 12/12/2014.

NOTAS AOS ARTIGOS 42 A 69

Marcos Paulo Oliveira de Jesus

NOVO CÓDIGO DE PROCESSO CIVIL	CÓDIGO DE PROCESSO CIVIL DE 1973
TÍTULO III DA COMPETÊNCIA INTERNA CAPÍTULO I DA COMPETÊNCIA **Seção I** **Disposições Gerais** **Art. 42.** As causas cíveis serão processadas e decididas pelo juiz nos limites de sua competência, ressalvado às partes o direito de instituir juízo arbitral, na forma da lei.	TÍTULO IV DOS ÓRGÃOS JUDICIÁRIOS E DOS AUXILIARES DA JUSTIÇA CAPÍTULO I DA COMPETÊNCIA **Art. 86.** As causas cíveis serão processadas e decididas, ou simplesmente decididas, pelos órgãos jurisdicionais, nos limites de sua competência, ressalvada às partes a faculdade de instituírem juízo arbitral.

O artigo do NCPC em comento teve redação aprimorada em relação ao Código de Processo Civil de 1973, estabelecendo que as partes podem optar pela instituição da arbitragem, na forma da lei, indicando assim, que essa forma de solução de conflito é regulada por lei própria.

Vale consignar que a Lei nº 9.307/96 passou a tratar das normas gerais da arbitragem no ordenamento jurídico brasileiro, revogando os artigos 1.072 a 1.102 do CPC/73.

NOVO CÓDIGO DE PROCESSO CIVIL	CÓDIGO DE PROCESSO CIVIL DE 1973
Art. 43. Determina-se a competência no momento do registro ou da distribuição da petição inicial, sendo irrelevantes as modificações do estado de fato ou de direito ocorridas posteriormente, salvo quando suprimirem órgão judiciário ou alterarem a competência absoluta.	**Art. 87.** Determina-se a competência no momento em que a ação é proposta. São irrelevantes as modificações do estado de fato ou de direito ocorridas posteriormente, salvo quando suprimirem o órgão judiciário ou alterarem a competência em razão da matéria ou da hierarquia.

O artigo 43 do NCPC regula a perpetuação da competência, também denominada perpetuação da jurisdição, tratada no Código de Processo Civil de 1973, em seu artigo 87. Percebe-se um aprimoramento da redação do dispositivo, substituindo-se a expressão "*competência em razão da matéria ou da hierarquia*", que são critérios de competência absoluta, definidos em razão do interesse público, pela própria expressão "*competência absoluta*", que é gênero, englobando, além dos critérios de matéria e de hierarquia, previstos no CPC/73, os critérios da competência em razão da pessoa e funcional.

NOVO CÓDIGO DE PROCESSO CIVIL	CÓDIGO DE PROCESSO CIVIL DE 1973
	CAPÍTULO III DA COMPETÊNCIA INTERNA Seção I Da Competência em Razão do Valor e da Matéria
Art. 44. Obedecidos os limites estabelecidos pela Constituição Federal, a competência é determinada pelas normas previstas neste Código ou em legislação especial, pelas normas de organização judiciária e, ainda, no que couber, pelas constituições dos Estados.	**Art. 91**. Regem a competência em razão do valor e da matéria as normas de organização judiciária, ressalvados os casos expressos neste Código. Seção II Da Competência Funcional **Art. 93.** Regem a competência dos tribunais as normas da Constituição da República e de organização judiciária. A competência funcional dos juízes de primeiro grau é disciplinada neste Código.

No novo Código de Processo Civil, percebe-se um aprimoramento da redação do dispositivo, fazendo menção expressa de que a competência é fixada pelas normas previstas na Constituição Federal, nas Constituições Estaduais, no Código Processo Civil, na legislação especial e nas normas de organização judiciária.

Vale lembrar que a competência para legislar sobre processo é privativa da União (art. 22, inciso I, CRFB/88), cabendo aos Estados a competência para editar leis de organização judiciária (art. 125, § 1º, CRFB/88), podendo ainda, concorrentemente, legislar sobre Juizados Especiais (art. 24, inciso X, da CF/88) e editar normas de procedimento em matéria processual (art. 24, inciso XI, CRFB/88).

NOVO CÓDIGO DE PROCESSO CIVIL	CÓDIGO DE PROCESSO CIVIL DE 1973
Art. 45. Tramitando o processo perante outro juízo, os autos serão remetidos ao juízo federal competente se nele intervier a União, suas empresas públicas, entidades autárquicas e fundações, ou conselho de fiscalização de atividade profissional, na qualidade de parte ou de terceiro interveniente, exceto as ações: I - de recuperação judicial, falência, insolvência civil e acidente de trabalho; II - sujeitas à justiça eleitoral e à justiça do trabalho. § 1º Os autos não serão remetidos se houver pedido cuja apreciação seja de competência do juízo perante o qual foi proposta a ação. § 2º Na hipótese do § 1º, o juiz, ao não admitir a cumulação de pedidos em razão da incompetência para apreciar qualquer deles, não examinará o mérito daquele em que exista interesse da União, de suas entidades autárquicas ou de suas empresas públicas. § 3º O juízo federal restituirá os autos ao juízo estadual sem suscitar conflito se o ente federal cuja presença ensejou a remessa for excluído do processo.	**Art. 99.** O foro da Capital do Estado ou do Território é competente: I - para as causas em que a União for autora, ré ou interveniente; [...] Parágrafo único. Correndo o processo perante outro juiz, serão os autos remetidos ao juiz competente da Capital do Estado ou Território, tanto que neles intervenha uma das entidades mencionadas neste artigo. Excetuam-se: I – o processo de insolvência; II – os casos previstos em lei.

O caput e os incisos do artigo 45 do NCPC se referem à competência da Justiça Federal[1], tema este disposto no artigo 109 da Constituição Federal. Os parágrafos tratam do trâmite processual em eventual deslocamento de competência.

Merece destaque o §3º, que incorporou o teor do Verbete nº 224 da Súmula do STJ, estabelecendo que "*Excluído do feito o ente federal, cuja presença levara o juiz estadual a declinar da competência, deve o juiz federal restituir os autos e não suscitar conflito*".

1 Sobre o tema, vide MENDES, Aluisio Gonçalves de Castro. Competência cível da Justiça Federal. 4. ed. São Paulo: Revista dos Tribunais, 2012.

NOVO CÓDIGO DE PROCESSO CIVIL	CÓDIGO DE PROCESSO CIVIL DE 1973
Art. 46. A ação fundada em direito pessoal ou em direito real sobre bens móveis será proposta, em regra, no foro de domicílio do réu. § 1º Tendo mais de um domicílio, o réu será demandado no foro de qualquer deles. § 2º Sendo incerto ou desconhecido o domicílio do réu, ele poderá ser demandado onde for encontrado ou no foro de domicílio do autor. § 3º Quando o réu não tiver domicílio ou residência no Brasil, a ação será proposta no foro de domicílio do autor, e, se este também residir fora do Brasil, a ação será proposta em qualquer foro. § 4º Havendo 2 (dois) ou mais réus com diferentes domicílios, serão demandados no foro de qualquer deles, à escolha do autor. § 5º A execução fiscal será proposta no foro de domicílio do réu, no de sua residência ou no do lugar onde for encontrado.	Seção III Da Competência Territorial **Art. 94.** A ação fundada em direito pessoal e a ação fundada em direito real sobre bens móveis serão propostas, em regra, no foro do domicílio do réu. § 1º Tendo mais de um domicílio, o réu será demandado no foro de qualquer deles. § 2º Sendo incerto ou desconhecido o domicílio do réu, ele será demandado onde for encontrado ou no foro do domicílio do autor. § 3º Quando o réu não tiver domicílio nem residência no Brasil, a ação será proposta no foro do domicílio do autor. Se este também residir fora do Brasil, a ação será proposta em qualquer foro.§ 4º Havendo dois ou mais réus, com diferentes domicílios, serão demandados no foro de qualquer deles, à escolha do autor. **Art. 578.** A execução fiscal (art. 585, VI) será proposta no foro do domicílio do réu; se não o tiver, no de sua residência ou no do lugar onde for encontrado. Parágrafo único. Na execução fiscal, a Fazenda Pública poderá escolher o foro de qualquer um dos devedores, quando houver mais de um, ou o foro de qualquer dos domicílios do réu; a ação poderá ainda ser proposta no foro do lugar em que se praticou o ato ou ocorreu o fato que deu origem à dívida, embora nele não mais resida o réu, ou, ainda, no foro da situação dos bens, quando a dívida deles se originar.

Não houve alteração substancial dos dispositivos comparados, anotando-se que o § 5º do artigo 46 do NCPC equivale à regra constante no artigo 578, *caput*, do CPC/73.

NOVO CÓDIGO DE PROCESSO CIVIL	CÓDIGO DE PROCESSO CIVIL DE 1973
Art. 47. Para as ações fundadas em direito real sobre imóveis é competente o foro de situação da coisa. § 1º O autor pode optar pelo foro de domicílio do réu ou pelo foro de eleição se o litígio não recair sobre direito de propriedade, vizinhança, servidão, divisão e demarcação de terras e de nunciação de obra nova. § 2º A ação possessória imobiliária será proposta no foro de situação da coisa, cujo juízo tem competência absoluta.	**Art. 95.** Nas ações fundadas em direito real sobre imóveis é competente o foro da situação da coisa. Pode o autor, entretanto, optar pelo foro do domicílio ou de eleição, não recaindo o litígio sobre direito de propriedade, vizinhança, servidão, posse, divisão e demarcação de terras e nunciação de obra nova.

Foi aprimorada a redação do dispositivo, desmembrando a parte final do artigo 95 do CPC/73 nos §§ 1º e 2º do art. 47 do NCPC, sem haver alteração substancial.

No CPC/73 a regra geral de competência prevista no artigo 95, para as ações imobiliárias, é no sentido de que as ações sejam propostas no juízo da situação da coisa, existindo a possibilidade de foros concorrentes (domicílio do réu ou foro de eleição), cuja escolha cabe ao autor e desde que a demanda não verse sobre direito de propriedade, vizinhança, servidão, posse, divisão e demarcação de terras e nunciação de obra nova. No NCPC, esta regra foi mantida.

NOVO CÓDIGO DE PROCESSO CIVIL	CÓDIGO DE PROCESSO CIVIL DE 1973
Art. 48. O foro de domicílio do autor da herança, no Brasil, é o competente para o inventário, a partilha, a arrecadação, o cumprimento de disposições de última vontade, a impugnação ou anulação de partilha extrajudicial e para todas as ações em que o espólio for réu, ainda que o óbito tenha ocorrido no estrangeiro. Parágrafo único. Se o autor da herança não possuía domicílio certo, é competente: I - o foro de situação dos bens imóveis; II - havendo bens imóveis em foros diferentes, qualquer destes; III - não havendo bens imóveis, o foro do local de qualquer dos bens do espólio.	**Art. 96.** O foro do domicílio do autor da herança, no Brasil, é o competente para o inventário, a partilha, a arrecadação, o cumprimento de disposições de última vontade e todas as ações em que o espólio for réu, ainda que o óbito tenha ocorrido no estrangeiro. Parágrafo único. É, porém, competente o foro: I - da situação dos bens, se o autor da herança não possuía domicílio certo; II - do lugar em que ocorreu o óbito se o autor da herança não tinha domicílio certo e possuía bens em lugares diferentes.

Foi aprimorada a redação do dispositivo, incluindo-se ainda as ações de "impugnação ou anulação de partilha extrajudicial" no rol de matérias que podem ser discutidas no juízo respectivo. Registre-se que a regra geral de competência "foro de domicílio de autor de herança", prevista no CPC/73, foi mantida, mas, no caso de o autor de herança possuir bens imóveis em locais diferentes e não possuir domicílio certo, o foro competente passou a ser qualquer destes e não mais o lugar do óbito, conforme estatuído no CPC/73.

NOVO CÓDIGO DE PROCESSO CIVIL	CÓDIGO DE PROCESSO CIVIL de 1973
Art. 49. A ação em que o ausente for réu será proposta no foro de seu último domicílio, também competente para a arrecadação, o inventário, a partilha e o cumprimento de disposições testamentárias.	**Art. 97.** As ações em que o ausente for réu correm no foro de seu último domicílio, que é também o competente para a arrecadação, o inventário, a partilha e o cumprimento de disposições testamentárias.

Não houve alteração nos dispositivos comparados.

NOVO CÓDIGO DE PROCESSO CIVIL	CÓDIGO DE PROCESSO CIVIL DE 1973
Art. 50. A ação em que o incapaz for réu será proposta no foro de domicílio de seu representante ou assistente.	**Art. 98.** A ação em que o incapaz for réu se processará no foro do domicílio de seu representante.

Sem alteração substancial. Foi aprimorada a redação do dispositivo do NCPC fazendo-se incluir a expressão "assistente", para abarcar, também, os casos em que a ação seja proposta em desfavor do relativamente incapaz.

NOVO CÓDIGO DE PROCESSO CIVIL	CÓDIGO DE PROCESSO CIVIL DE 1973
Art. 51. É competente o foro de domicílio do réu para as causas em que seja autora a União. Parágrafo único. Se a União for a demandada, a ação poderá ser proposta no foro de domicílio do autor, no de ocorrência do ato ou fato que originou a demanda, no de situação da coisa ou no Distrito Federal.	**Art. 99.** O foro da Capital do Estado ou do Território é competente: I – para as causas em que a União for autora, ré ou interveniente; II – para as causas em que o Território for autor, réu ou interveniente.

As normas de competência constantes no artigo 109 da CRFB/88 foram transpostas para o NCPC. Conforme já mencionado, a CRFB/88, no artigo 109, faz menção à propositura de demandas junto a uma "Seção Judiciária", enquanto no NCPC é utilizada a redação "foro de domicílio". Assim, as causas em que: 1) a União for autora – serão movidas no domicílio do réu; 2) a União for ré – a ação poderá ser proposta no domicílio do autor, onde ocorreu o ato ou o fato que deu origem à demanda, onde esteja situada a coisa ou no Distrito Federal.

NOVO CÓDIGO DE PROCESSO CIVIL	CÓDIGO DE PROCESSO CIVIL DE 1973
Art. 52. É competente o foro de domicílio do réu para as causas em que seja autor Estado ou o Distrito Federal. Parágrafo único. Se Estado ou o Distrito Federal for o demandado, a ação poderá ser proposta no foro de domicílio do autor, no de ocorrência do ato ou fato que originou a demanda, no de situação da coisa ou na capital do respectivo ente federado.	Sem correspondente.

O NCPC adotou para os Estados e Distrito Federal o mesmo critério de competência previsto para a União na CRFB/88. Assim, as causas em que: 1) Estados forem autores – serão movidas no domicílio do réu; 2) os Estados e o DF forem réus – a ação poderá ser proposta no domicílio do autor, onde ocorreu o ato ou o fato que deu origem à demanda, onde esteja situada a coisa ou na capital do respectivo ente federado.

NOVO CÓDIGO DE PROCESSO CIVIL	CÓDIGO DE PROCESSO CIVIL DE 1973
Art. 53. É competente o foro: I - para a ação de divórcio, separação, anulação de casamento e reconhecimento ou dissolução de união estável: a) de domicílio do guardião de filho incapaz; b) do último domicílio do casal, caso não haja filho incapaz; c) de domicílio do réu, se nenhuma das partes residir no antigo domicílio do casal; II - de domicílio ou residência do alimentando, para a ação em que se pedem alimentos; III - do lugar: a) onde está a sede, para a ação em que for ré pessoa jurídica; b) onde se acha agência ou sucursal, quanto às obrigações que a pessoa jurídica contraiu; c) onde exerce suas atividades, para a ação em que for ré sociedade ou associação sem personalidade jurídica; d) onde a obrigação deve ser satisfeita, para a ação em que se lhe exigir o cumprimento; e) de residência do idoso, para a causa que verse sobre direito previsto no respectivo estatuto; f) da sede da serventia notarial ou de registro, para a ação de reparação de dano por ato praticado em razão do ofício; IV - do lugar do ato ou fato para a ação: a) de reparação de dano; b) em que for réu administrador ou gestor de negócios alheios; V - de domicílio do autor ou do local do fato, para a ação de reparação de dano sofrido em razão de delito ou acidente de veículos, inclusive aeronaves.	**Art. 100**. É competente o foro: I - da residência da mulher, para a ação de separação dos cônjuges e a conversão desta em divórcio, e para a anulação de casamento; (Redação dada pela Lei nº 6.515, de 26.12.1977) II - do domicílio ou da residência do alimentando, para a ação em que se pedem alimentos; III - do domicílio do devedor, para a ação de anulação de títulos extraviados ou destruídos; IV - do lugar: a) onde está a sede, para a ação em que for ré a pessoa jurídica; b) onde se acha a agência ou sucursal, quanto às obrigações que ela contraiu; c) onde exerce a sua atividade principal, para a ação em que for ré a sociedade, que carece de personalidade jurídica; d) onde a obrigação deve ser satisfeita, para a ação em que se lhe exigir o cumprimento; V - do lugar do ato ou fato: a) para a ação de reparação do dano; b) para a ação em que for réu o administrador ou gestor de negócios alheios. Parágrafo único. Nas ações de reparação do dano sofrido em razão de delito ou acidente de veículos, será competente o foro do domicílio do autor ou do local do fato.

No NCPC houve a supressão da regra contida no artigo 100, inciso I, do CPC/73, que indicava o foro da residência da mulher como competente para a ação de separação dos cônjuges, a conversão desta em divórcio e para a anulação do casamento.

Adotou-se no NCPC os seguintes critérios para fixação de competência nas ações de divórcio, separação, anulação de casamento, reconhecimento ou dissolução de união estável:

> 1º) o foro competente passa a ser o local do domicílio do guardião do filho incapaz;
> 2º) não havendo filho incapaz, o foro passa a ser o lugar do último domicílio do casal;
> 3º) caso nenhuma das partes resida no antigo domicílio do casal, será competente o foro do domicílio do réu.

No NCPC há, expressamente, a definição de foro para casos que envolvam relações de união estável, controvérsia que existia na doutrina à luz do CPC/73.

Na alínea "c", inciso III, do artigo 53, ao invés do foro do local da atividade principal, para a ação em que for ré a sociedade ou associação sem personalidade jurídica, a ação poderá ser proposta em quaisquer dos locais onde se exerça a atividade.

Na alínea "e", inciso III, do artigo 53, estabeleceu-se o foro do lugar da residência do idoso, para propositura de causas que versem sobre direito previsto no respectivo estatuto, enquanto no Estatuto do Idoso (Lei nº 10.741/2003) adotou-se a regra do foro do domicílio do idoso (art. 80).

No inciso V do artigo 53 do NCPC foi indicado como foro competente o domicílio do autor ou local do fato para a ação de reparação de dano sofrido em razão de delito ou acidente de veículos, "inclusive de aeronaves".

Na sistemática do CPC/73 a ação reparatória envolvendo acidentes aéreos deve ser proposta no foro do domicílio do réu[2], o que dificulta o julgamento da causa e o acesso à Justiça, embora o artigo 100 determinasse que será competente o foro do lugar do fato para a ação de reparação de dano (art. 100, inciso V, alínea "b"), salvo nos casos de acidente de veículos, cujos danos poderão ser reparados em ação ajuizada no foro do domicílio do autor ou do local do fato (art. 100, parágrafo único).

A alteração introduzida no NCPC permite que se adote nas ações reparatórias de acidentes aéreos a mesma regra de fixação de competência utilizada para os acidentes terrestres, possibilitando ao autor optar pela competência do foro onde tem domicílio, proporcionando, assim, uma facilitação no acesso à Justiça.

NOVO CÓDIGO DE PROCESSO CIVIL	CÓDIGO DE PROCESSO DE 1973
Seção II **Da Modificação da Competência** **Art. 54.** A competência relativa poderá modificar-se pela conexão ou pela continência, observado o disposto nesta Seção.	Seção IV Das Modificações da Competência **Art. 102.** A competência, em razão do valor e do território, poderá modificar-se pela conexão ou continência, observado o disposto nos artigos seguintes.

Sem alteração substancial. Foi aprimorada a redação do dispositivo, utilizando-se no NCPC a terminologia *"competência relativa"*, gênero que engloba as espécies *"competência em razão do valor da causa"* e *"competência do território"*.

A alteração terminológica também se mostra mais adequada diante do fato de ser opção do legislador definir o regime jurídico dos critérios de fixação de competência, podendo estabelecer em determinadas situações que regras sobre critério territorial ou em razão do valor venham a ser absolutas, como ocorre por exemplo no artigo 2º da Lei nº 7.347/85, que trata da competência para ação civil pública, e no artigo 3º, § 3º, da Lei nº 10.259/2001, que define competência absoluta para os Juizados Especiais Federais. No primeiro exemplo, o critério territorial é absoluto e, no segundo, o valor combinado com a regra de foro aparece como absoluto.

---

2 Apesar de haver essa previsão no CPC/1973, o Superior Tribunal de Justiça pacificou entendimento no sentido de que nos acidentes aéreos são aplicáveis as regras protetivas do Código Defesa do Consumidor, possibilitando dessa forma que a ação seja proposta no domicílio do autor. O novo Código de Processo Civil incorporou esse entendimento. Nesse sentido, vide REsp 1.281.090/SP, Rel. Min. Luis Felipe Salomão, Quarta Turma, j. 07/02/2012, DJe 15/03/2012.

NOVO CÓDIGO DE PROCESSO CIVIL	CÓDIGO DE PROCESSO DE 1973
Art. 55. Reputam-se conexas 2 (duas) ou mais ações quando lhes for comum o pedido ou a causa de pedir. § 1º Os processos de ações conexas serão reunidos para decisão conjunta, salvo se um deles já houver sido sentenciado. § 2º Aplica-se o disposto no caput: I - à execução de título extrajudicial e à ação de conhecimento relativa ao mesmo ato jurídico; II - às execuções fundadas no mesmo título executivo. § 3º Serão reunidos para julgamento conjunto os processos que possam gerar risco de prolação de decisões conflitantes ou contraditórias caso decididos separadamente, mesmo sem conexão entre eles.	**Art. 103.** Reputam-se conexas duas ou mais ações, quando lhes for comum o objeto ou a causa de pedir. **Art. 105.** Havendo conexão ou continência, o juiz, de ofício ou a requerimento de qualquer das partes, pode ordenar a reunião de ações propostas em separado, a fim de que sejam decididas simultaneamente.

Na sistemática do CPC/73, a reunião de processos não é obrigatória, inexistindo nulidade da sentença caso os processos conexos não sejam reunidos. Pela dicção do § 1º do artigo 55 do NCPC, embora apareça um indicativo de obrigatoriedade para a reunião dos processos, se presentes os requisitos autorizativos, não parece ser essa a melhor leitura, uma vez que a conexão, embora presente, pode não gerar risco de decisões antagônicas e, neste caso, a reunião dos feitos poderia macular o princípio da efetividade do processo. Basta pensar em situações em que a conexão envolva apenas a causa de pedir remota. Destaque-se que, se cotejados os dispositivos com a *ratio* do novo Código de Processo Civil, a não reunião dos processos deverá ser fundamentada pelo juiz.

O § 1º do artigo 55 do NCPC incorporou ainda a jurisprudência do STJ consolidada no Enunciado nº 235 da Súmula deste Tribunal, que estabelece que *"a conexão não determina a reunião dos processos, se um deles já foi julgado"*.

Os §§ 2º e 3º foram acrescentados no NCPC, não existindo dispositivos similares no CPC/73, sendo que, no § 2º, inciso I, agasalhou-se a jurisprudência majoritária sedimentada no STJ[3].

NOVO CÓDIGO DE PROCESSO CIVIL	CÓDIGO DE PROCESSO CIVIL DE 1973
Art. 56. Dá-se a continência entre 2 (duas) ou mais ações quando houver identidade quanto às partes e à causa de pedir, mas o pedido de uma, por ser mais amplo, abrange o das demais.	**Art. 104.** Dá-se a continência entre duas ou mais ações sempre que há identidade quanto às partes e à causa de pedir, mas o objeto de uma, por ser mais amplo, abrange o das outras.

Foi aprimorada a redação do dispositivo do NCPC, sem haver alteração substancial.

3 Vide STJ, REsp 294.562, REsp 899.979, REsp 946.573, REsp 1.169.422/AL, CC 56.957, CC 81.290.

NOVO CÓDIGO DE PROCESSO CIVIL	CÓDIGO DE PROCESSO CIVIL DE 1973
Art. 57. Quando houver continência e a ação continente tiver sido proposta anteriormente, no processo relativo à ação contida será proferida sentença sem resolução de mérito, caso contrário, as ações serão necessariamente reunidas.	**Art. 105.** Havendo conexão ou continência, o juiz, de ofício ou a requerimento de qualquer das partes, pode ordenar a reunião de ações propostas em separado, a fim de que sejam decididas simultaneamente.

Esse dispositivo foi acrescentado no NCPC, prescrevendo-se que a ação contida será extinta no caso de a ação continente houver sido proposta primeiro, caso contrário, as ações serão reunidas para julgamento simultâneo. Na sistemática do CPC/73, em situação similar, as ações são reunidas para julgamento simultâneo, não havendo previsão expressa para extinção da ação contida.

NOVO CÓDIGO DE PROCESSO CIVIL	CÓDIGO DE PROCESSO CIVIL DE 1973
Art. 58. A reunião das ações propostas em separado far-se-á no juízo prevento, onde serão decididas simultaneamente.	**Art. 105.** Havendo conexão ou continência, o juiz, de ofício ou a requerimento de qualquer das partes, pode ordenar a reunião de ações propostas em separado, a fim de que sejam decididas simultaneamente.

O artigo 58 do NCPC trata da reunião das ações, observando-se o juízo prevento, e possui relação com o artigo 105 do CPC/73, que trata da reunião de ações por conexão ou continência. Destaque-se, porém, que o NCPC não trata da iniciativa para a reunião das demandas, mas aprimora a redação ao tratar de hipóteses de reunião, sem listá-las, no juízo prevento.

NOVO CÓDIGO DE PROCESSO CIVIL	CÓDIGO DE PROCESSO CIVIL DE 1973
Art. 59. O registro ou a distribuição da petição inicial torna prevento o juízo.	**Art. 106.** Correndo em separado ações conexas perante juízes que têm a mesma competência territorial, considera-se prevento aquele que despachou em primeiro lugar. **Art. 219.** A citação válida torna prevento o juízo, induz litispendência e faz litigiosa a coisa. (Redação dada pela Lei nº 5.925, de 1º.10.1973) [...]

No CPC/73, quando se tratar de juízes que têm a mesma competência territorial, a prevenção é fixada em favor do juiz que despachar primeiro. Em se tratando de comarcas diversas, a prevenção é fixada em favor do juízo em que houve a citação válida (art. 219, CPC/73). No NCPC, a prevenção se dará pelo registro ou distribuição da petição inicial.

NOVO CÓDIGO DE PROCESSO CIVIL	CÓDIGO DE PROCESSO CIVIL DE 1973
Art. 60. Se o imóvel se achar situado em mais de um Estado, comarca, seção ou subseção judiciária, a competência territorial do juízo prevento estender-se-á sobre a totalidade do imóvel.	**Art. 107.** Se o imóvel se achar situado em mais de um Estado ou comarca, determinar-se-á o foro pela prevenção, estendendo-se a competência sobre a totalidade do imóvel.

No NCPC, foi aprimorada a redação do dispositivo, sem haver alteração substancial, incluindo-se a terminologia "seção ou subseção judiciária", referente à estrutura dos órgãos da Justiça Federal e que não constavam no artigo 107 do CPC/73.

NOVO CÓDIGO DE PROCESSO CIVIL	CÓDIGO DE PROCESSO CIVIL DE 1973
Art. 61. A ação acessória será proposta no juízo competente para a ação principal.	**Art. 108.** A ação acessória será proposta no juízo competente para a ação principal.

Não houve alteração nos dispositivos comparados.

NOVO CÓDIGO DE PROCESSO CIVIL	CÓDIGO DE PROCESSO CIVIL DE 1973
Art. 62. A competência determinada em razão da matéria, da pessoa ou da função é inderrogável por convenção das partes.	**Art. 111, *caput*.** A competência em razão da matéria e da hierarquia é inderrogável por convenção das partes; mas estas podem modificar a competência em razão do valor e do território, elegendo foro onde serão propostas as ações oriundas de direitos e obrigações.

O artigo 62 do NCPC equivale à primeira parte do artigo 111, *caput*, do CPC/73, tendo sido, no novo Código de Processo Civil, aprimorada a redação sem alteração substancial, indicando outros critérios de competência absoluta, que, em razão do interesse público, não podem ser derrogados pelas partes.

NOVO CÓDIGO DE PROCESSO CIVIL	CÓDIGO DE PROCESSO CIVIL DE 1973
Art. 63. As partes podem modificar a competência em razão do valor e do território, elegendo foro onde será proposta ação oriunda de direitos e obrigações. § 1º A eleição de foro só produz efeito quando constar de instrumento escrito e aludir expressamente a determinado negócio jurídico. § 2º O foro contratual obriga os herdeiros e sucessores das partes. § 3º Antes da citação, a cláusula de eleição de foro, se abusiva, pode ser reputada ineficaz de ofício pelo juiz, que determinará a remessa dos autos ao juízo do foro de domicílio do réu. § 4º Citado, incumbe ao réu alegar a abusividade da cláusula de eleição de foro na contestação, sob pena de preclusão.	**Art. 111.** A competência em razão da matéria e da hierarquia é inderrogável por convenção das partes; mas estas podem modificar a competência em razão do valor e do território, elegendo foro onde serão propostas as ações oriundas de direitos e obrigações. § 1º O acordo, porém, só produz efeito, quando constar de contrato escrito e aludir expressamente a determinado negócio jurídico. § 2º O foro contratual obriga os herdeiros e sucessores das partes. **Art. 112.** [...] Parágrafo único. A nulidade da cláusula de eleição de foro, em contrato de adesão, pode ser declarada de ofício pelo juiz, que declinará de competência para o juízo de domicílio do réu.

O artigo 63, *caput* e § 1º, do NCPC equivalem à parte final do artigo 111, *caput* e seu § 1º, do CPC/73, tendo sido, no novo Código de Processo Civil, aprimorada a redação sem alteração substancial.

O parágrafo segundo do NCPC possui equivalente no parágrafo segundo do artigo 111 do CPC/73. Já os parágrafos terceiros e quarto são dignos de nota.

A matéria tratada no § 3º é regulada no artigo 112, parágrafo único, do CPC/73, sendo que no novo Código de Processo Civil, a cláusula de eleição, se abusiva, poderá ser reputada ineficaz pelo juiz antes de citado o réu, ao passo que, na sistemática do CPC/73, há a possibilidade de o juiz, nas mesmas circunstâncias, declarar de oficio a nulidade.

É importante observar que a regra constante no parágrafo único do artigo 112 do CPC/73 foi inserida pela Lei nº 11.280/2006, seguindo uma tendência dos tribunais que já permitiam a declaração de abusividade de cláusulas desta natureza por força do CDC, mais precisamente dos artigos 1º, 6º, inciso VIII e 51.

Esse dispositivo gerou uma série de dúvidas na sua interpretação, pelo fato de não indicar até que momento o juiz poderia declarar de ofício essa nulidade, prevalecendo o entendimento de que só seria possível até o momento em que o réu apresentasse sua resposta por se tratar de norma dispositiva, o que se coaduna com as disposições do artigo 114, também alterado pela referida lei.

O artigo 63, § 3º, põe termo a essa problemática ao definir com precisão o momento de atuação oficiosa do juiz nessa hipótese, que foi definido para antes da citação do réu. Citado o réu, nos termos do parágrafo quarto do NCPC, cabe a ele alegar a abusividade da cláusula de eleição de foro na contestação.

NOVO CÓDIGO DE PROCESSO CIVIL	CÓDIGO DE PROCESSO CIVIL DE 1973
Seção III **Da Incompetência** **Art. 64.** A incompetência, absoluta ou relativa, será alegada como questão preliminar de contestação. § 1º A incompetência absoluta pode ser alegada em qualquer tempo e grau de jurisdição e deve ser declarada de ofício. § 2º Após manifestação da parte contrária, o juiz decidirá imediatamente a alegação de incompetência. § 3º Caso a alegação de incompetência seja acolhida, os autos serão remetidos ao juízo competente. § 4º Salvo decisão judicial em sentido contrário, conservar-se-ão os efeitos de decisão proferida pelo juízo incompetente até que outra seja proferida, se for o caso, pelo juízo competente.	Seção V Da Declaração de Incompetência **Art. 112.** Argui-se, por meio de exceção, a incompetência relativa. **Art. 113.** A incompetência absoluta deve ser declarada de ofício e pode ser alegada, em qualquer tempo e grau de jurisdição, independentemente de exceção. Seção II Da Contestação **Art. 301.** Compete-lhe, porém, antes de discutir o mérito, alegar: [...] II – incompetência absoluta; § 1º Não sendo, porém, deduzida no prazo da contestação, ou na primeira oportunidade em que lhe couber falar nos autos, a parte responderá integralmente pelas custas. § 2º Declarada a incompetência absoluta, somente os atos decisórios serão nulos, remetendo-se os autos ao juiz competente.

No NCPC, as matérias que no Código de Processo Civil de 1973 exigiam peças autônomas para serem apontadas, com a análise em incidentes processuais, a exemplo da exceção de incompetência e impugnação ao valor da causa, passam a ser alegadas como preliminares da contestação, da mesma forma que a incompetência absoluta, retirando-se, portanto, a exigência de peças processuais específicas.

No que tange à preliminar de incompetência, esta deverá ser apreciada pelo juiz após manifestação da parte contrária e, se acolhida, ensejará a remessa dos autos ao juízo competente. Nesta situação, diferentemente do CPC/73, em que há previsão expressa de nulidade para os atos decisórios, no NCPC, os atos decisórios proferidos pelo juiz incompetente produzirão efeitos até que, se for o caso, outra decisão seja proferida em substituição. Há portanto, uma presunção de validade dos atos decisórios proferidos pelo juiz incompetente.

A disposição constante no § 3º do artigo 64 do NCPC retrata uma tendência já reconhecida por tribunais estrangeiros, como a Corte Constitucional e a Corte de Cassação italiana, conforme sinalizado por Leonardo Greco[4].

O fenômeno, denominado *translatio iudicii*, vem a significar que a incompetência absoluta, embora represente um pressuposto de validade do processo, uma vez

---

4 GRECO, Leonardo. Instituições de processo civil. v. 1. Rio de Janeiro: Forense, 2009, p. 143.

inobservada, não pode macular todos os atos decisórios, pois muitos deles não estão diretamente ligados ao mérito da causa, devendo ser aproveitados[5].

Desta sorte, uma vez reconhecida a incompetência, e sendo esta absoluta, apenas a decisão de mérito estaria eivada de nulidade, e não os demais atos decisórios proferidos no curso do processo.

O dispositivo em comento poderia definir critérios mais objetivos para esta questão, mas pode-se reconhecer que representa um bom caminho para uma leitura mais afeta aos anseios de um processo jurisdicional mais efetivo.

Há, também, no NCPC, a possibilidade de que a incompetência seja arguida no domicílio do réu, fato que será imediatamente comunicado ao juiz da causa, preferencialmente por meio eletrônico (art. 341, NCPC).

NOVO CÓDIGO DE PROCESSO CIVIL	CÓDIGO DE PROCESSO CIVIL DE 1973
Art. 65. Prorrogar-se-á a competência relativa se o réu não alegar a incompetência em preliminar de contestação. Parágrafo único. A incompetência relativa pode ser alegada pelo Ministério Público nas causas em que atuar.	**Art. 114.** Prorrogar-se-á a competência se dela o juiz não declinar na forma do parágrafo único do art. 112 desta Lei ou o réu não opuser exceção declinatória nos casos e prazos legais.

O artigo 65, *caput*, do NCPC equivale ao artigo 114 do CPC/73, tendo sido, no novo Código de Processo Civil, aprimorada a redação do dispositivo sem que houvesse alteração substancial.

O parágrafo único do artigo 65 foi acrescentado ao NCPC, não existindo dispositivo similar no CPC/73, estabelecendo-se a possibilidade de o Ministério Público suscitar a incompetência relativa do juízo, na condição de fiscal da ordem jurídica ou de parte.

NOVO CÓDIGO DE PROCESSO CIVIL	CÓDIGO DE PROCESSO DE 1973
Art. 66. Há conflito de competência quando: I - 2 (dois) ou mais juízes se declaram competentes; II - 2 (dois) ou mais juízes se consideram incompetentes, atribuindo um ao outro a competência; III - entre 2 (dois) ou mais juízes surge controvérsia acerca da reunião ou separação de processos. Parágrafo único. O juiz que não acolher a competência declinada deverá suscitar o conflito, salvo se a atribuir a outro juízo.	**Art. 115.** Há conflito de competência: I – quando dois ou mais juízes se declaram competentes; II – quando dois ou mais juízes se consideram incompetentes; III – quando entre dois ou mais juízes surge controvérsia acerca da reunião ou separação de processos.

O artigo 66 do NCPC equivale ao disposto no artigo 115 do CPC/73, tendo sido, no novo Código de Processo Civil, aprimorada a redação do dispositivo com a previ-

5 *Ibidem.*

são expressa de que o juiz, que não aceitar a competência declinada, deverá suscitar o conflito de competência, evitando, assim, uma sequência de declinações recíprocas.

Dessa forma, o juiz que receber o processo e não acolher a declinação de competência deverá suscitar o conflito.

NOVO CÓDIGO DE PROCESSO CIVIL	CÓDIGO DE PROCESSO CIVIL DE 1973
CAPÍTULO II DA COOPERAÇÃO NACIONAL **Art. 67.** Aos órgãos do Poder Judiciário, estadual ou federal, especializado ou comum, em todas as instâncias e graus de jurisdição, inclusive aos tribunais superiores, incumbe o dever de recíproca cooperação, por meio de seus magistrados e servidores.	 Sem correspondente.

Sem correspondente no CPC/73, o artigo do NCPC trata da cooperação no Poder Judiciário, por meio de seus magistrados e servidores, de forma a assegurar a efetividade dos processos em tramitação. Tal medida é bem-vinda, vez que poderá proporcionar maior fluidez e agilidade na realização dos atos processuais, contribuindo para que o acesso à Justiça e a duração razoável do processo se concretizem no plano fático.

NOVO CÓDIGO DE PROCESSO CIVIL	CÓDIGO DE PROCESSO CIVIL DE 1973
Art. 68. Os juízos poderão formular entre si pedido de cooperação para prática de qualquer ato processual.	CAPÍTULO IV DAS COMUNICAÇÕES DOS ATOS Seção I Das Disposições Gerais **Art. 200**. Os atos processuais serão cumpridos por ordem judicial ou requisitados por carta, conforme hajam de realizar-se dentro ou fora dos limites territoriais da comarca.

O novo Código de Processo Civil estimula a cooperação, tanto internacional como nacional, sendo estas última tratada nos artigos 67 a 69 da novel legislação, e permite que diga respeito à prática de qualquer ato processual que esteja exemplificado no artigo seguinte, o artigo 69 do NCPC, sem a necessidade de forma específica. A cooperação jurisdicional nacional pode ser executada como auxílio direto, reunião ou apensamento de processo, prestação de informações e atos concertados entre os juízos cooperantes (art. 69 do NCPC).

NOVO CÓDIGO DE PROCESSO CIVIL	CÓDIGO DE PROCESSO CIVIL EM VIGOR
Art. 69. O pedido de cooperação jurisdicional deve ser prontamente atendido, prescinde de forma específica e pode ser executado como: I - auxílio direto; II - reunião ou apensamento de processos; III - prestação de informações; IV - atos concertados entre os juízes cooperantes. § 1º As cartas de ordem, precatória e arbitral seguirão o regime previsto neste Código. § 2º Os atos concertados entre os juízes cooperantes poderão consistir, além de outros, no estabelecimento de procedimento para: I - a prática de citação, intimação ou notificação de ato; II - a obtenção e apresentação de provas e a coleta de depoimentos; III - a efetivação de tutela provisória; IV - a efetivação de medidas e providências para recuperação e preservação de empresas; V - a facilitação de habilitação de créditos na falência e na recuperação judicial; VI - a centralização de processos repetitivos; VII - a execução de decisão jurisdicional. § 3º O pedido de cooperação judiciária pode ser realizado entre órgãos jurisdicionais de diferentes ramos do Poder Judiciário.	**Art. 201.** Expedir-se-á carta de ordem se o juiz for subordinado ao tribunal de que ela emanar; carta rogatória, quando dirigida à autoridade judiciária estrangeira; e carta precatória nos demais casos.

O artigo 69 do NCPC explicita as referências dos artigos 67 e 68 do referido diploma, sem que haja prescrição semelhante no CPC/73. Estabelece que entre os órgãos do Poder Judiciário, magistrados e servidores deverá haver recíproca cooperação na prestação jurisdicional, que não terá forma específica e poderá ocorrer com qualquer ato, como os que estão listados no § 2º do dispositivo em comento. E o § 3º esclarece que os órgãos que cooperam podem ser de diferentes ramos do Poder Judiciário.

NOTAS AOS ARTIGOS 70 A 112

Wilson Medeiros Pereira

NOVO CÓDIGO DE PROCESSO CIVIL	CÓDIGO DE PROCESSO CIVIL DE 1973
LIVRO III DOS SUJEITOS DO PROCESSO TÍTULO I DAS PARTES E DOS PROCURADORES CAPÍTULO I DA CAPACIDADE PROCESSUAL **Art. 70.** Toda pessoa que se encontre no exercício de seus direitos tem capacidade para estar em juízo.	TÍTULO II DAS PARTES E DOS PROCURADORES CAPÍTULO I DA CAPACIDADE PROCESSUAL **Art. 7º** Toda pessoa que se acha no exercício dos seus direitos tem capacidade para estar em juízo.

O artigo 70 do NCPC corresponde ao artigo 7º do CPC/73, sem qualquer alteração, abordando sobre a capacidade de estar em juízo.

NOVO CÓDIGO DE PROCESSO CIVIL	CÓDIGO DE PROCESSO CIVIL DE 1973
Art. 71. O incapaz será representado ou assistido por seus pais, por tutor ou por curador, na forma da lei.	**Art. 8º** Os incapazes serão representados ou assistidos por seus pais, tutores ou curadores, na forma da lei civil.

Este artigo corresponde à redação do disposto no artigo 8º do CPC/73, sem alteração substancial. O Código Civil de 2002, em seus artigos 3º e 4º, indica os considerados absoluta e relativamente incapazes. Seguindo a linha do Código de Processo Civil de 1973, exige-se a representação ou assistência para os incapazes.

NOVO CÓDIGO DE PROCESSO CIVIL	CÓDIGO DE PROCESSO CIVIL DE 1973
Art. 72. O juiz nomeará curador especial ao: I - incapaz, se não tiver representante legal ou se os interesses deste colidirem com os daquele, enquanto durar a incapacidade; II - réu preso revel, bem como ao réu revel citado por edital ou com hora certa, enquanto não for constituído advogado. Parágrafo único. A curatela especial será exercida pela Defensoria Pública, nos termos da lei.	**Art. 9º** O juiz dará curador especial ao: I – ao incapaz, se não tiver representante legal, ou se os interesses deste colidirem com os daquele; II – ao réu preso, bem como ao revel citado por edital ou com hora certa. Parágrafo único. Nas comarcas onde houver representante judicial de incapazes ou de ausentes, a este competirá a função de curador especial.

O artigo 72 do NCPC repete os comandos do artigo 9º do CPC/73, fazendo uma alteração de nomenclaturas. Quanto ao incapaz, torna expresso que a representação se dará enquanto a incapacidade existir; e, no tocante ao réu preso revel, enquanto não for constituído advogado.

Em sintonia com as demais normas vigentes, sobretudo da previsão constitucional do funcionamento das Defensorias Públicas (art. 134, CRFB/88), estas se encarregaram da curatela especial.

Em decorrência da previsão da Lei Complementar nº 80/94, artigo 4º, XVI, a função atribuída à Defensoria Pública já estava consolidada na jurisprudência do STJ. *Ex vi*[1]*:*

> É possível a nomeação de Defensor Público como Curador Especial, sem que tal fato lhe retire o direito ao recebimento de honorários advocatícios – tendo em vista que o múnus público do curador não se confunde com assistência judiciária –, que deverão ser adiantados pela parte autora, que, por sua vez, caso vença a demanda, poderá cobrá-los dos réus.

Diante da previsão deste dispositivo, o enunciado nº 196 da Súmula do STJ continua tendo aplicação: *"Ao executado que, citado por edital ou por hora certa, permanecer revel, será nomeado curador especial, com legitimidade para apresentação de embargos"*.

NOVO CÓDIGO DE PROCESSO CIVIL	CÓDIGO DE PROCESSO CIVIL DE 1973
Art. 73. O cônjuge necessitará do consentimento do outro para propor ação que verse sobre direito real imobiliário, salvo quando casados sob o regime de separação absoluta de bens. § 1º Ambos os cônjuges serão necessariamente citados para a ação: I - que verse sobre direito real imobiliário, salvo quando casados sob o regime de separação absoluta de bens; II - resultante de fato que diga respeito a ambos os cônjuges ou de ato praticado por eles; III - fundada em dívida contraída por um dos cônjuges a bem da família; IV - que tenha por objeto o reconhecimento, a constituição ou a extinção de ônus sobre imóvel de um ou de ambos os cônjuges. § 2º Nas ações possessórias, a participação do cônjuge do autor ou do réu somente é indispensável nas hipóteses de composse ou de ato por ambos praticado. § 3º Aplica-se o disposto neste artigo à união estável comprovada nos autos.	**Art. 10.** O cônjuge somente necessitará do consentimento do outro para propor ações que versem sobre direitos reais imobiliários. § 1º Ambos os cônjuges serão necessariamente citados para as ações: I – que versem sobre direitos reais imobiliários; II – resultantes de fatos que digam respeito a ambos os cônjuges ou de atos praticados por eles; III – fundadas em dívidas contraídas pelo marido a bem da família, mas cuja execução tenha de recair sobre o produto do trabalho da mulher ou os seus bens reservados; IV – que tenham por objeto o reconhecimento, a constituição ou a extinção de ônus sobre imóveis de um ou de ambos os cônjuges. § 2º Nas ações possessórias, a participação do cônjuge do autor ou do réu somente é indispensável nos casos de composse ou de ato por ambos praticados.

De igual forma, este artigo corresponde à redação do artigo 10 do CPC/73, com pequenas adequações e atualização da linguagem. Sintonizado com o CC/2002 (art. 1.647, II), o NCPC deixa clara a desnecessidade da outorga marital ou uxória para propositura de ações envolvendo direitos reais imobiliários, quando o regime de casamento for o da separação absoluta de bens. O NCPC estendeu o mesmo regramento do casamento à união estável.

1 STJ, REsp 957.422/RS, Rel. Min. Arnaldo Esteves Lima, 5ª Turma, DJ: 13/12/2007.

NOVO CÓDIGO DE PROCESSO CIVIL	CÓDIGO DE PROCESSO CIVIL DE 1973
Art. 74. O consentimento previsto no art. 73 pode ser suprido judicialmente quando for negado por um dos cônjuges sem justo motivo, ou quando lhe seja impossível concedê-lo. Parágrafo único. A falta de consentimento, quando necessário e não suprido pelo juiz, invalida o processo.	**Art. 11.** A autorização do marido e a outorga da mulher podem suprir-se judicialmente, quando um cônjuge a recuse ao outro sem justo motivo, ou lhe seja impossível dá-la. Parágrafo único. A falta, não suprida pelo juiz, da autorização ou da outorga, quando necessária, invalida o processo.

O artigo do NCPC em tela reproduz a redação do disposto no artigo 11, *caput* e parágrafo único, do CPC/73, sem alteração substancial. Registre-se que, para o suprimento judicial da outorga marital ou uxória, adota-se o rito geral da jurisdição voluntária.

NOVO CÓDIGO DE PROCESSO CIVIL	CÓDIGO DE PROCESSO CIVIL DE 1973
Art. 75. Serão representados em juízo, ativa e passivamente: I - a União, pela Advocacia-Geral da União, diretamente ou mediante órgão vinculado; II - o Estado e o Distrito Federal, por seus procuradores; III - o Município, por seu prefeito ou procurador; IV - a autarquia e a fundação de direito público, por quem a lei do ente federado designar; V - a massa falida, pelo administrador judicial; VI - a herança jacente ou vacante, por seu curador; VII - o espólio, pelo inventariante; VIII - a pessoa jurídica, por quem os respectivos atos constitutivos designarem ou, não havendo essa designação, por seus diretores; IX - a sociedade e a associação irregulares e outros entes organizados sem personalidade jurídica, pela pessoa a quem couber a administração de seus bens; X - a pessoa jurídica estrangeira, pelo gerente, representante ou administrador de sua filial, agência ou sucursal aberta ou instalada no Brasil; XI - o condomínio, pelo administrador ou síndico. § 1º Quando o inventariante for dativo, os sucessores do falecido serão intimados no processo no qual o espólio seja parte. § 2º A sociedade ou associação sem personalidade jurídica não poderá opor a irregularidade de sua constituição quando demandada. § 3º O gerente de filial ou agência presume-se autorizado pela pessoa jurídica estrangeira a receber citação para qualquer processo. § 4º Os Estados e o Distrito Federal poderão ajustar compromisso recíproco para prática de ato processual por seus procuradores em favor de outro ente federado, mediante convênio firmado pelas respectivas procuradorias.	**Art. 12.** Serão representados em juízo, ativa e passivamente: I – a União, os Estados, o Distrito Federal e os Territórios, por seus procuradores; II – o Município, por seu Prefeito ou procurador; III – a massa falida, pelo síndico; IV – a herança jacente ou vacante, por seu curador; V – o espólio, pelo inventariante; VI – as pessoas jurídicas, por quem os respectivos estatutos designarem, ou, não os designando, por seus diretores; VII – as sociedades sem personalidade jurídica, pela pessoa a quem couber a administração dos seus bens; VIII – a pessoa jurídica estrangeira, pelo gerente, representante ou administrador de sua filial, agência ou sucursal aberta ou instalada no Brasil (art. 88, parágrafo único); IX – o condomínio, pelo administrador ou pelo síndico. § 1º Quando o inventariante for dativo, todos os herdeiros e sucessores do falecido serão autores ou réus nas ações em que o espólio for parte § 2º As sociedades sem personalidade jurídica, quando demandadas, não poderão opor a irregularidade de sua constituição. § 3º O gerente da filial ou agência presume-se autorizado, pela pessoa jurídica estrangeira, a receber citação inicial para o processo de conhecimento, de execução, cautelar e especial.

O dispositivo em análise corresponde basicamente à redação do artigo 12 do CPC/73, com pequenas adequações e atualização da linguagem. Foi acrescentada a possibilidade de os entes federativos firmarem convênios entre as procuradorias para a prática de atos processuais.

A previsão do § 4º do dispositivo do NCPC em comento já vinha ocorrendo. Em abril de 2011 foi assinado um Termo de Cooperação Técnica entre as Procuradorias-Gerais dos Estados e do Distrito Federal[2].

Registre-se que o enunciado nº 644 da súmula do STF continua tendo aplicação: *"Ao titular do cargo de procurador de autarquia não se exige a apresentação de instrumento de mandato para representá-la em juízo"*.

NOVO CÓDIGO DE PROCESSO CIVIL	CÓDIGO DE PROCESSO CIVIL DE 1973
Art. 76. Verificada a incapacidade processual ou a irregularidade da representação da parte, o juiz suspenderá o processo e designará prazo razoável para que seja sanado o vício. § 1º Descumprida a determinação, caso o processo esteja na instância originária: I - o processo será extinto, se a providência couber ao autor; II - o réu será considerado revel, se a providência lhe couber; III - o terceiro será considerado revel ou excluído do processo, dependendo do polo em que se encontre. § 2º Descumprida a determinação em fase recursal perante tribunal de justiça, tribunal regional federal ou tribunal superior, o relator: I - não conhecerá do recurso, se a providência couber ao recorrente; II - determinará o desentranhamento das contrarrazões, se a providência couber ao recorrido.	**Art. 13.** Verificando a incapacidade processual ou a irregularidade da representação das partes, o juiz, suspendendo o processo, marcará prazo razoável para ser sanado o defeito. Não sendo cumprido o despacho dentro do prazo, se a providência couber: I – ao autor, o juiz decretará a nulidade do processo; II – ao réu, reputar-se-á revel; III – ao terceiro, será excluído do processo.

Esse artigo do NCPC corresponde ao artigo 13 do CPC/73, com melhor redação. O novo texto explicitou as condutas do julgador estando o processo na instância originária e na recursal.

O novo Código de Processo Civil retirou, ainda, a omissão que havia quanto à situação do terceiro revel. O CPC/73 determinava apenas sua exclusão da lide, independentemente do polo no qual figurasse, com o que poderia ser benéfico permanecer inerte. Pela novel redação, o terceiro poderá ser excluído ou considerado revel, dependendo da posição que se encontre.

2 COLÉGIO DOS PROCURADORES DOS ESTADOS E DO DISTRITO FEDERAL. *Termo de Cooperação Técnica entre as Procuradorias dos Estados e do Distrito Federal.* Disponível em: <http://www.procuradoria.al.gov.br/legislacao/termo-de-cooperacaotecnica/Termo%20Cooperacao%20Tecnica%20entre%20PGEs%202011.pdf>. Acesso em: 8 jan. 2015.

NOVO CÓDIGO DE PROCESSO CIVIL	CÓDIGO DE PROCESSO CIVIL DE 1973
CAPÍTULO II DOS DEVERES DAS PARTES E DE SEUS PROCURADORES **Seção I** **Dos Deveres** **Art. 77.** Além de outros previstos neste Código, são deveres das partes, de seus procuradores e de todos aqueles que de qualquer forma participem do processo: I - expor os fatos em juízo conforme a verdade; II - não formular pretensão ou de apresentar defesa quando cientes de que são destituídas de fundamento; III - não produzir provas e não praticar atos inúteis ou desnecessários à declaração ou à defesa do direito; IV - cumprir com exatidão as decisões jurisdicionais, de natureza provisória ou final, e não criar embaraços à sua efetivação; V - declinar, no primeiro momento que lhes couber falar nos autos, o endereço residencial ou profissional onde receberão intimações, atualizando essa informação sempre que ocorrer qualquer modificação temporária ou definitiva; VI - não praticar inovação ilegal no estado de fato de bem ou direito litigioso. § 1º Nas hipóteses dos incisos IV e VI, o juiz advertirá qualquer das pessoas mencionadas no caput de que sua conduta poderá ser punida como ato atentatório à dignidade da justiça. § 2º A violação ao disposto nos incisos IV e VI constitui ato atentatório à dignidade da justiça, devendo o juiz, sem prejuízo das sanções criminais, civis e processuais cabíveis, aplicar ao responsável multa de até vinte por cento do valor da causa, de acordo com a gravidade da conduta. § 3º Não sendo paga no prazo a ser fixado pelo juiz, a multa prevista no § 2º será inscrita como dívida ativa da União ou do Estado após o trânsito em julgado da decisão que a fixou, e sua execução observará o procedimento da execução fiscal, revertendo-se aos fundos previstos no art. 97. § 4º A multa estabelecida no § 2º poderá ser fixada independentemente da incidência das previstas nos arts. 523, § 1º, e 536, § 1º. § 5º Quando o valor da causa for irrisório ou inestimável, a multa prevista no § 2º poderá ser fixada em até 10 (dez) vezes o valor do salário-mínimo. § 6º Aos advogados públicos ou privados e aos membros da Defensoria Pública e do Ministério Público não se aplica o disposto nos §§ 2º a 5º, devendo eventual responsabilidade disciplinar ser apurada pelo respectivo órgão de classe ou corregedoria, ao qual o juiz oficiará. § 7º Reconhecida violação ao disposto no inciso VI, o juiz determinará o restabelecimento do estado anterior, podendo, ainda, proibir a parte de falar nos autos até a purgação do atentado, sem prejuízo da aplicação do § 2º. § 8º O representante judicial da parte não pode ser compelido a cumprir decisão em seu lugar.	CAPÍTULO II DOS DEVERES DAS PARTES E DOS SEUS PROCURADORES Seção I Dos Deveres **Art. 14.** São deveres das partes e de todos aqueles que de qualquer forma participam do processo: I – expor os fatos em juízo conforme a verdade; II – proceder com lealdade e boa-fé; III – não formular pretensões, nem alegar defesa, cientes de que são destituídas de fundamento; IV – não produzir provas, nem praticar atos inúteis ou desnecessários à declaração ou defesa do direito. V – cumprir com exatidão os provimentos mandamentais e não criar embaraços à efetivação de provimentos judiciais, de natureza antecipatória ou final. Parágrafo único. Ressalvados os advogados que se sujeitam exclusivamente aos estatutos da OAB, a violação do disposto no inciso V deste artigo constitui ato atentatório ao exercício da jurisdição, podendo o juiz, sem prejuízo das sanções criminais, civis e processuais cabíveis, aplicar ao responsável multa em montante a ser fixado de acordo com a gravidade da conduta e não superior a vinte por cento do valor da causa; não sendo paga no prazo estabelecido, contado do trânsito em julgado da decisão final da causa, a multa será inscrita sempre como dívida ativa da União ou do Estado.

O artigo 77 do NCPC discorre sobre os deveres das partes e dos procuradores e, conforme indicado, corresponde ao artigo 14 do CPC/73. O dever de proceder com boa-fé passou a figurar como norma fundamental do processo civil, conforme dispõe o artigo 5º da nova legislação: *"Aquele que de qualquer forma participa do processo deve comportar-se de acordo com a boa-fé"*.

Nesta direção, alguns deveres foram acrescentados, tais como o de indicar o endereço onde receberão as intimações (inciso V) e não inovar ilegalmente no estado do fato de bem ou de direito (inciso VI).

O NCPC permite um maior controle pelo juiz nas causas de valor inestimável, ao prever a aplicação de multa com base no salário-mínimo, e não no valor da causa.

As multas impostas à parte, que provoca uma infração indicada neste artigo, têm caráter punitivo. As outras multas previstas no Código, tais como as impostas como obrigação de fazer, assumem caráter coercitivo.

O § 6º deixou mais claras as condições para que os membros das Procuradorias, Ministérios Públicos e Defensorias Públicas sejam responsabilizados pessoalmente.

NOVO CÓDIGO DE PROCESSO CIVIL	CÓDIGO DE PROCESSO CIVIL DE 1973
Art. 78. É vedado às partes, a seus procuradores, aos juízes, aos membros do Ministério Público e da Defensoria Pública e a qualquer pessoa que participe do processo empregar expressões ofensivas nos escritos apresentados. § 1º Quando expressões ou condutas ofensivas forem manifestadas oral ou presencialmente, o juiz advertirá o ofensor de que não as deve usar ou repetir, sob pena de lhe ser cassada a palavra. § 2º De ofício ou a requerimento do ofendido, o juiz determinará que as expressões ofensivas sejam riscadas e, a requerimento do ofendido, determinará a expedição de certidão com inteiro teor das expressões ofensivas e a colocará à disposição da parte interessada.	**Art. 15.** É defeso às partes e seus advogados empregar expressões injuriosas nos escritos apresentados no processo, cabendo ao juiz, de ofício ou a requerimento do ofendido, mandar riscá-las. Parágrafo único. Quando as expressões injuriosas forem proferidas em defesa oral, o juiz advertirá o advogado que não as use, sob pena de lhe ser cassada a palavra.

Esse artigo do NCPC corresponde ao artigo 15 do CPC/73, com melhor redação. Estabeleceu mais claramente quais os envolvidos no processo que devem observar estas regras, incluindo partes, procuradores, membros do Ministério Público e da Defensoria Pública.

NOVO CÓDIGO DE PROCESSO CIVIL	CÓDIGO DE PROCESSO CIVIL DE 1973
Seção II **Da Responsabilidade das Partes** **por Dano Processual**	Seção II Da Responsabilidade das Partes por Dano Processual
Art. 79. Responde por perdas e danos aquele que litigar de má-fé como autor, réu ou interveniente.	**Art. 16**. Responde por perdas e danos aquele que pleitear de má-fé como autor, réu ou interveniente.

O conteúdo deste artigo reproduz o artigo 16 do CPC/73, melhorando a linguagem, no tocante à responsabilidade daquele que aciona o Judiciário ou que apresenta alguma manifestação de má-fé.

NOVO CÓDIGO DE PROCESSO CIVIL	CÓDIGO DE PROCESSO CIVIL DE 1973
Art. 80. Considera-se litigante de má-fé aquele que: I - deduzir pretensão ou defesa contra texto expresso de lei ou fato incontroverso; II - alterar a verdade dos fatos; III - usar do processo para conseguir objetivo ilegal; IV - opuser resistência injustificada ao andamento do processo; V - proceder de modo temerário em qualquer incidente ou ato do processo; VI - provocar incidente manifestamente infundado; VII - interpuser recurso com intuito manifestamente protelatório.	**Art. 17.** Reputa-se litigante de má-fé aquele que: I – deduzir pretensão ou defesa contra texto expresso de lei ou fato incontroverso; II – alterar a verdade dos fatos; III – usar do processo para conseguir objetivo ilegal; IV – opuser resistência injustificada ao andamento do processo; V – proceder de modo temerário em qualquer incidente ou ato do processo; VI – provocar incidentes manifestamente infundados. VII – interpuser recurso com intuito manifestamente protelatório.

Esse artigo do NCPC equivale ao artigo 17 do CPC/73, sem inovações legislativas.

NOVO CÓDIGO DE PROCESSO CIVIL	CÓDIGO DE PROCESSO CIVIL DE 1973
Art. 81. De ofício ou a requerimento, o juiz condenará o litigante de má-fé a pagar multa, que deverá ser superior a um por cento e inferior a dez por cento do valor corrigido da causa, a indenizar a parte contrária pelos prejuízos que esta sofreu e a arcar com os honorários advocatícios e com todas as despesas que efetuou. § 1º Quando forem 2 (dois) ou mais os litigantes de má-fé, o juiz condenará cada um na proporção de seu respectivo interesse na causa ou solidariamente aqueles que se coligaram para lesar a parte contrária. § 2º Quando o valor da causa for irrisório ou inestimável, a multa poderá ser fixada em até 10 (dez) vezes o valor do salário-mínimo. § 3º O valor da indenização será fixado pelo juiz ou, caso não seja possível mensurá-lo, liquidado por arbitramento ou pelo procedimento comum, nos próprios autos.	**Art. 18.** O juiz ou tribunal, de ofício ou a requerimento, condenará o litigante de má-fé a pagar multa não excedente a um por cento sobre o valor da causa e a indenizar a parte contrária dos prejuízos que esta sofreu, mais os honorários advocatícios e todas as despesas que efetuou. § 1º Quando forem dois ou mais os litigantes de má-fé, o juiz condenará cada um na proporção do seu respectivo interesse na causa, ou solidariamente aqueles que se coligaram para lesar a parte contrária. § 2º O valor da indenização será desde logo fixado pelo juiz, em quantia não superior a 20% (vinte por cento) sobre o valor da causa, ou liquidado por arbitramento.

Esse artigo corresponde ao artigo 18 do CPC/73, mas apresenta significativa alteração no que tange aos parâmetros valorativos da multa a ser imposta ao litigante de má-fé, permitindo no *caput* que esta multa venha a atingir o patamar de até 10% sobre o valor da causa, diferentemente do texto do artigo correspondente do CPC/73, que não permitia a fixação desta multa em valor superior a 1% daquele atribuído à causa. Para garantir maior efetividade das sanções processuais, a redação do dispositivo do NCPC em comento permite a aplicação de multa com base no salário-mínimo, quando se tratar de causas de valores irrisórios ou inestimáveis. A multa prevista no referido artigo do NCPC pode ser cumulada com aquela prevista no § 2º do artigo 77 do mesmo diploma.

NOVO CÓDIGO DE PROCESSO CIVIL	CÓDIGO DE PROCESSO CIVIL DE 1973
Seção III **Das Despesas, dos Honorários Advocatícios e das Multas** **Art. 82.** Salvo as disposições concernentes à gratuidade da justiça, incumbe às partes prover as despesas dos atos que realizarem ou requererem no processo, antecipando-lhes o pagamento, desde o início até a sentença final ou, na execução, até a plena satisfação do direito reconhecido no título. § 1º Incumbe ao autor adiantar as despesas relativas a ato cuja realização o juiz determinar de ofício ou a requerimento do Ministério Público, quando sua intervenção ocorrer como fiscal da ordem jurídica. § 2º A sentença condenará o vencido a pagar ao vencedor as despesas que antecipou.	Seção III Das Despesas e das Multas **Art. 19.** Salvo as disposições concernentes à justiça gratuita, cabe às partes prover as despesas dos atos que realizam ou requerem no processo, antecipando-lhes o pagamento desde o início até sentença final; e bem ainda, na execução, até a plena satisfação do direito declarado pela sentença. § 1º O pagamento de que trata este artigo será feito por ocasião de cada ato processual. § 2º Compete ao autor adiantar as despesas relativas a atos, cuja realização o juiz determinar de ofício ou a requerimento do Ministério Público.

Artigo correspondente ao artigo 19 do CPC/73, com melhor redação.

NOVO CÓDIGO DE PROCESSO CIVIL	CÓDIGO DE PROCESSO CIVIL DE 1973
Art. 83. O autor, brasileiro ou estrangeiro, que residir fora do Brasil ou deixar de residir no país ao longo da tramitação de processo prestará caução suficiente ao pagamento das custas e dos honorários de advogado da parte contrária nas ações que propuser, se não tiver no Brasil bens imóveis que lhes assegurem o pagamento. § 1º Não se exigirá a caução de que trata o caput: I - quando houver dispensa prevista em acordo ou tratado internacional de que o Brasil faz parte; II - na execução fundada em título extrajudicial e no cumprimento de sentença; III - na reconvenção. § 2º Verificando-se no trâmite do processo que se desfalcou a garantia, poderá o interessado exigir reforço da caução, justificando seu pedido com a indicação da depreciação do bem dado em garantia e a importância do reforço que pretende obter.	**Art. 835.** O autor, nacional ou estrangeiro, que residir fora do Brasil ou dele se ausentar na pendência da demanda, prestará, nas ações que intentar, caução suficiente às custas e honorários de advogado da parte contrária, se não tiver no Brasil bens imóveis que lhes assegurem o pagamento. **Art. 836.** Não se exigirá, porém, a caução, de que trata o artigo antecedente: I – na execução fundada em título extrajudicial; II – na reconvenção. **Art. 837.** Verificando-se no curso do processo que se desfalcou a garantia, poderá o interessado exigir reforço da caução. Na petição inicial, o requerente justificará o pedido, indicando a depreciação do bem dado em garantia e a importância do reforço que pretende obter.

O referido artigo do NCPC reproduz a redação dos artigos 835, 836 e 837 do CPC/73, com alguns acréscimos e alterações. O artigo 83 exige do autor, quando estrangeiro ou passar a morar fora do Brasil, a apresentação de garantias para fins de pagamento de custas e honorários sucumbenciais.

Obviamente, se o sujeito tem bens imóveis no país correspondentes aos valores indicados, dispensa-se a caução. Também será dispensada a caução nos casos prescritos em acordo ou tratado internacional, em execução de título extrajudicial, no cumprimento de sentença e na reconvenção. Esta última hipótese é a novidade trazida pelo novo Código de Processo Civil.

Conforme Scarpinella Bueno[3], a exigência de que o estrangeiro preste caução (das custas e honorários sucumbências) é de constitucionalidade duvidosa.

NOVO CÓDIGO DE PROCESSO CIVIL	CÓDIGO DE PROCESSO CIVIL DE 1973
Art. 84. As despesas abrangem as custas dos atos do processo, a indenização de viagem, a remuneração do assistente técnico e a diária de testemunha.	**Art. 20.** [...] § 2º As despesas abrangem não só as custas dos atos do processo, como também a indenização de viagem, diária de testemunha e remuneração do assistente técnico.

Esse artigo do NCPC reproduz o § 2º do artigo 20 do CPC/73, com melhor redação, indicando o que se compreende por despesas processuais.

NOVO CÓDIGO DE PROCESSO CIVIL	CÓDIGO DE PROCESSO CIVIL DE 1973
Art. 85. A sentença condenará o vencido a pagar honorários ao advogado do vencedor. § 1º São devidos honorários advocatícios na reconvenção, no cumprimento de sentença, provisório ou definitivo, na execução, resistida ou não, e nos recursos interpostos, cumulativamente. § 2º Os honorários serão fixados entre o mínimo de dez e o máximo de vinte por cento sobre o valor da condenação, do proveito econômico obtido ou, não sendo possível mensurá-lo, sobre o valor atualizado da causa, atendidos: I - o grau de zelo do profissional; II - o lugar de prestação do serviço; III - a natureza e a importância da causa; IV - o trabalho realizado pelo advogado e o tempo exigido para o seu serviço. § 3º Nas causas em que a Fazenda Pública for parte, a fixação dos honorários observará os critérios estabelecidos nos incisos I a IV do § 2º e os seguintes percentuais: I - mínimo de dez e máximo de vinte por cento sobre o valor da condenação ou do proveito econômico obtido até 200 (duzentos) salários-mínimos; II - mínimo de oito e máximo de dez por cento sobre o valor da condenação ou do proveito econômico obtido acima de 200 (duzentos) salários-mínimos até 2.000 (dois mil) salários-mínimos; III - mínimo de cinco e máximo de oito por cento sobre o valor da condenação ou do proveito econômico obtido acima de 2.000 (dois mil) salários-mínimos até 20.000 (vinte mil) salários-mínimos;	**Art. 20.** A sentença condenará o vencido a pagar ao vencedor as despesas que antecipou e os honorários advocatícios. Esta verba honorária será devida, também, nos casos em que o advogado funcionar em causa própria. [...] § 3º Os honorários serão fixados entre o mínimo de dez por cento (10%) e o máximo de vinte por cento (20%) sobre o valor da condenação, atendidos: a) o grau de zelo do profissional; b) o lugar de prestação do serviço; c) a natureza e importância da causa, o trabalho realizado pelo advogado e o tempo exigido para o seu serviço. § 4º Nas causas de pequeno valor, nas de valor inestimável, naquelas em que não houver condenação ou for vencida a Fazenda Pública, e nas execuções, embargadas ou não, os honorários serão fixados consoante apreciação equitativa do juiz, atendidas as normas das alíneas "a", "b" e "c" do parágrafo anterior. [...]

3 BUENO, Cássio Scarpinella. *Projetos de novo código de processo civil*: comparados e anotados. São Paulo: Saraiva, 2014, p. 76.

IV - mínimo de três e máximo de cinco por cento sobre o valor da condenação ou do proveito econômico obtido acima de 20.000 (vinte mil) salários-mínimos até 100.000 (cem mil) salários-mínimos;

V - mínimo de um e máximo de três por cento sobre o valor da condenação ou do proveito econômico obtido acima de 100.000 (cem mil) salários-mínimos.

§ 4º Em qualquer das hipóteses do § 3º:

I - os percentuais previstos nos incisos I a V devem ser aplicados desde logo, quando for líquida a sentença;

II - não sendo líquida a sentença, a definição do percentual, nos termos previstos nos incisos I a V, somente ocorrerá quando liquidado o julgado;

III - não havendo condenação principal ou não sendo possível mensurar o proveito econômico obtido, a condenação em honorários dar-se-á sobre o valor atualizado da causa;

IV - será considerado o salário-mínimo vigente quando prolatada sentença líquida ou o que estiver em vigor na data da decisão de liquidação.

§ 5º Quando, conforme o caso, a condenação contra a Fazenda Pública ou o benefício econômico obtido pelo vencedor ou o valor da causa for superior ao valor previsto no inciso I do § 3º, a fixação do percentual de honorários deve observar a faixa inicial e, naquilo que a exceder, a faixa subsequente, e assim sucessivamente.

§ 6º Os limites e critérios previstos nos §§ 2º e 3º aplicam-se independentemente de qual seja o conteúdo da decisão, inclusive aos casos de improcedência ou de sentença sem resolução de mérito.

§ 7º Não serão devidos honorários no cumprimento de sentença contra a Fazenda Pública que enseje expedição de precatório, desde que não tenha sido impugnada.

§ 8º Nas causas em que for inestimável ou irrisório o proveito econômico ou, ainda, quando o valor da causa for muito baixo, o juiz fixará o valor dos honorários por apreciação equitativa, observando o disposto nos incisos do § 2º.

§ 9º Na ação de indenização por ato ilícito contra pessoa, o percentual de honorários incidirá sobre a soma das prestações vencidas acrescida de 12 (doze) prestações vincendas.

§ 10. Nos casos de perda do objeto, os honorários serão devidos por quem deu causa ao processo.

§ 11. O tribunal, ao julgar recurso, majorará os honorários fixados anteriormente levando em conta o trabalho adicional realizado em grau recursal, observando, conforme o caso, o disposto nos §§ 2º a 6º, sendo vedado ao tribunal, no cômputo geral da fixação de honorários devidos ao advogado do vencedor, ultrapassar os respectivos limites estabelecidos nos §§ 2º e 3º para a fase de conhecimento.

§ 12. Os honorários referidos no § 11 são cumuláveis com multas e outras sanções processuais, inclusive as previstas no art. 77.

§ 13. As verbas de sucumbência arbitradas em embargos à execução rejeitados ou julgados improcedentes e em fase de cumprimento de sentença serão acrescidas no valor do débito principal, para todos os efeitos legais.

§ 14. Os honorários constituem direito do advogado e têm natureza alimentar, com os mesmos privilégios dos créditos oriundos da legislação do trabalho, sendo vedada a compensação em caso de sucumbência parcial. § 15. O advogado pode requerer que o pagamento dos honorários que lhe caibam seja efetuado em favor da sociedade de advogados que integra na qualidade de sócio, aplicando-se à hipótese o disposto no § 14. § 16. Quando os honorários forem fixados em quantia certa, os juros moratórios incidirão a partir da data do trânsito em julgado da decisão. § 17. Os honorários serão devidos quando o advogado atuar em causa própria. § 18. Caso a decisão transitada em julgado seja omissa quanto ao direito aos honorários ou ao seu valor, é cabível ação autônoma para sua definição e cobrança. § 19. Os advogados públicos perceberão honorários de sucumbência, nos termos da lei.	

Este artigo corresponde ao artigo 20 e §§ 3º a 4º do CPC/73, porém com diversas alterações. Houve um regramento específico no arbitramento de honorários advocatícios quando for vencida a Fazenda Pública. O parâmetro é a quantidade de salários-mínimos do valor da condenação, quanto maior for a condenação, menor será o percentual de honorários.

Registre-se que os honorários não poderão ser fixados em salários-mínimos. Estes servirão de parâmetro para cálculo do percentual a ser utilizado. Assim, o Enunciado nº 201 da Súmula do STJ permanece hígido: *"Os honorários advocatícios não podem ser fixados em salários-mínimos."*

No § 14 do referido artigo do NCPC, há a vedação expressa de compensação de honorários na hipótese de sucumbência parcial. Este dispositivo vem reforçar a ideia de que os honorários de sucumbência pertencem ao advogado e não à parte. Aliás, esta previsão guarda sintonia com o comando do artigo 22 da Lei nº 8.906/94 (Estatuto da OAB).

Pela redação do NCPC, tem-se que o enunciado nº 306 da Súmula do STJ deve ser cancelado ou revisto. Eis a redação do mencionado enunciado: *"Os honorários advocatícios devem ser compensados quando houver sucumbência recíproca, assegurado o direito autônomo do advogado à execução do saldo sem excluir a legitimidade da própria parte."*

O § 19, ao prever que os honorários sucumbenciais também são cabíveis para os procuradores públicos, vem atender à antiga reivindicação da Advocacia Pública brasileira.

Outra novidade é a previsão de fixação de novos honorários na fase recursal conforme o disposto no § 11 do artigo 85 do NCPC.

NOVO CÓDIGO DE PROCESSO CIVIL	CÓDIGO DE PROCESSO CIVIL DE 1973
Art. 86. Se cada litigante for, em parte, vencedor e vencido, serão proporcionalmente distribuídas entre eles as despesas. Parágrafo único. Se um litigante sucumbir em parte mínima do pedido, o outro responderá, por inteiro, pelas despesas e pelos honorários.	**Art. 21.** Se cada litigante for em parte vencedor e vencido, serão recíproca e proporcionalmente distribuídos e compensados entre eles os honorários e as despesas. Parágrafo único. Se um litigante decair de parte mínima do pedido, o outro responderá, por inteiro, pelas despesas e honorários.

Esse artigo do NCPC corresponde ao artigo 21, *caput* e parágrafo único, do CPC/73, com melhor redação.

NOVO CÓDIGO DE PROCESSO CIVIL	CÓDIGO DE PROCESSO CIVIL DE 1973
Art. 87. Concorrendo diversos autores ou diversos réus, os vencidos respondem proporcionalmente pelas despesas e pelos honorários. § 1º A sentença deverá distribuir entre os litisconsortes, de forma expressa, a responsabilidade proporcional pelo pagamento das verbas previstas no caput. § 2º Se a distribuição de que trata o § 1º não for feita, os vencidos responderão solidariamente pelas despesas e pelos honorários.	**Art. 23.** Concorrendo diversos autores ou diversos réus, os vencidos respondem pelas despesas e honorários em proporção.

O referido dispositivo do NCPC é correspondente ao artigo 23 do CPC/73, com melhor redação. O novo Código de Processo Civil estabeleceu de forma mais clara a necessidade de distribuição do pagamento das despesas entre os litisconsortes. Na hipótese de a decisão não realizar a distribuição da responsabilidade, ela será solidária.

NOVO CÓDIGO DE PROCESSO CIVIL	CÓDIGO DE PROCESSO CIVIL DE 1973
Art. 88. Nos procedimentos de jurisdição voluntária, as despesas serão adiantadas pelo requerente e rateadas entre os interessados.	**Art. 24.** Nos procedimentos de jurisdição voluntária, as despesas serão adiantadas pelo requerente, mas rateadas entre os interessados.

O referido artigo do NCPC reproduz o artigo 24 do CPC/73, sem qualquer alteração.

NOVO CÓDIGO DE PROCESSO CIVIL	CÓDIGO DE PROCESSO CIVIL DE 1973
Art. 89. Nos juízos divisórios, não havendo litígio, os interessados pagarão as despesas proporcionalmente a seus quinhões.	**Art. 25.** Nos juízos divisórios, não havendo litígio, os interessados pagarão as despesas proporcionalmente aos seus quinhões.

Esse dispositivo do NCPC reproduz o comando do artigo 25 do CPC/73, sem qualquer alteração.

NOVO CÓDIGO DE PROCESSO CIVIL	CÓDIGO DE PROCESSO CIVIL DE 1973
Art. 90. Proferida sentença com fundamento em desistência, em renúncia ou em reconhecimento do pedido, as despesas e os honorários serão pagos pela parte que desistiu, renunciou ou reconheceu. § 1º Sendo parcial a desistência, a renúncia ou o reconhecimento, a responsabilidade pelas despesas e pelos honorários será proporcional à parcela reconhecida, à qual se renunciou ou da qual se desistiu. § 2º Havendo transação e nada tendo as partes disposto quanto às despesas, estas serão divididas igualmente. § 3º Se a transação ocorrer antes da sentença, as partes ficam dispensadas do pagamento das custas processuais remanescentes, se houver. § 4º Se o réu reconhecer a procedência do pedido e, simultaneamente, cumprir integralmente a prestação reconhecida, os honorários serão reduzidos pela metade.	**Art. 26.** Se o processo terminar por desistência ou reconhecimento do pedido, as despesas e os honorários serão pagos pela parte que desistiu ou reconheceu. § 1º Sendo parcial a desistência ou o reconhecimento, a responsabilidade pelas despesas e honorários será proporcional à parte de que se desistiu ou que se reconheceu. § 2º Havendo transação e nada tendo as partes disposto quanto às despesas, estas serão divididas igualmente.

Esse artigo do NCPC corresponde ao artigo 26 do CPC/73. Como estímulo à celeridade processual, o NCPC prevê a dispensa do pagamento das custas processuais remanescentes, na hipótese de a transação ser efetivada antes da sentença; e também a redução pela metade dos honorários sucumbenciais para a hipótese de reconhecimento do pedido e cumprimento total da prestação pelo réu.

NOVO CÓDIGO DE PROCESSO CIVIL	CÓDIGO DE PROCESSO CIVIL DE 1973
Art. 91. As despesas dos atos processuais praticados a requerimento da Fazenda Pública, do Ministério Público ou da Defensoria Pública serão pagas ao final pelo vencido. § 1º As perícias requeridas pela Fazenda Pública, pelo Ministério Público ou pela Defensoria Pública poderão ser realizadas por entidade pública ou, havendo previsão orçamentária, ter os valores adiantados por aquele que requerer a prova. § 2º Não havendo previsão orçamentária no exercício financeiro para adiantamento dos honorários periciais, eles serão pagos no exercício seguinte ou ao final, pelo vencido, caso o processo se encerre antes do adiantamento a ser feito pelo ente público.	**Art. 27.** As despesas dos atos processuais, efetuados a requerimento do Ministério Público ou da Fazenda Pública, serão pagas a final pelo vencido.

Com redação atualizada, esse artigo do NCPC corresponde ao artigo 27 do CPC/73. O termo *Fazenda Pública* alcança todos os entes da Administração Direta, bem como os da Indireta com personalidade jurídica de direito público, tais como as fundações de direito público e as autarquias, não se estendendo, consequentemente, às empresas públicas e à sociedade de economia mista.

A novidade do NCPC é a possibilidade de previsão orçamentária para adiantamento do pagamento das perícias requeridas pela Fazenda Pública.

NOVO CÓDIGO DE PROCESSO CIVIL	CÓDIGO DE PROCESSO CIVIL DE 1973
Art. 92. Quando, a requerimento do réu, o juiz proferir sentença sem resolver o mérito, o autor não poderá propor novamente a ação sem pagar ou depositar em cartório as despesas e os honorários a que foi condenado.	**Art. 28.** Quando, a requerimento do réu, o juiz declarar extinto o processo sem julgar o mérito (art. 267, § 2º), o autor não poderá intentar de novo a ação, sem pagar ou depositar em cartório as despesas e os honorários, em que foi condenado.

Sem qualquer alteração, o dispositivo do NCPC em comento reproduz o artigo 28 do CPC/73.

NOVO CÓDIGO DE PROCESSO CIVIL	CÓDIGO DE PROCESSO CIVIL DE 1973
Art. 93. As despesas de atos adiados ou cuja repetição for necessária ficarão a cargo da parte, do auxiliar da justiça, do órgão do Ministério Público ou da Defensoria Pública ou do juiz que, sem justo motivo, houver dado causa ao adiamento ou à repetição.	**Art. 29.** As despesas dos atos, que forem adiados ou tiverem de repetir-se, ficarão a cargo da parte, do serventuário, do órgão do Ministério Público ou do juiz que, sem justo motivo, houver dado causa ao adiamento ou à repetição.

Cuida-se da mesma redação do artigo 29 do CPC/73.

NOVO CÓDIGO DE PROCESSO CIVIL	CÓDIGO DE PROCESSO CIVIL DE 1973
Art. 94. Se o assistido for vencido, o assistente será condenado ao pagamento das custas em proporção à atividade que houver exercido no processo.	**Art. 32.** Se o assistido ficar vencido, o assistente será condenado nas custas em proporção à atividade que houver exercido no processo.

Esse artigo do NCPC corresponde ao artigo 32 do CPC/73, sem qualquer alteração, aduzindo sobre a responsabilidade dos assistentes em relação às despesas processuais.

NOVO CÓDIGO DE PROCESSO CIVIL	CÓDIGO DE PROCESSO CIVIL DE 1973
Art. 95. Cada parte adiantará a remuneração do assistente técnico que houver indicado, sendo a do perito adiantada pela parte que houver requerido a perícia ou rateada quando a perícia for determinada de ofício ou requerida por ambas as partes. § 1º O juiz poderá determinar que a parte responsável pelo pagamento dos honorários do perito deposite em juízo o valor correspondente. § 2º A quantia recolhida em depósito bancário à ordem do juízo será corrigida monetariamente e paga de acordo com o art. 465, § 4º.	**Art. 33.** Cada parte pagará a remuneração do assistente técnico que houver indicado; a do perito será paga pela parte que houver requerido o exame, ou pelo autor, quando requerido por ambas as partes ou determinado de ofício pelo juiz. Parágrafo único. O juiz poderá determinar que a parte responsável pelo pagamento dos honorários do perito deposite em juízo o valor correspondente a essa remuneração. O numerário, recolhido em depósito bancário à ordem do juízo e com correção monetária, será entregue ao perito após a apresentação do laudo facultada a sua liberação parcial, quando necessária.

§ 3º Quando o pagamento da perícia for de responsabilidade de beneficiário de gratuidade da justiça, ela poderá ser: I - custeada com recursos alocados no orçamento do ente público e realizada por servidor do Poder Judiciário ou por órgão público conveniado; II - paga com recursos alocados no orçamento da União, do Estado ou do Distrito Federal, no caso de ser realizada por particular, hipótese em que o valor será fixado conforme tabela do tribunal respectivo ou, em caso de sua omissão, do Conselho Nacional de Justiça. § 4º Na hipótese do § 3º, o juiz, após o trânsito em julgado da decisão final, oficiará a Fazenda Pública para que promova, contra quem tiver sido condenado ao pagamento das despesas processuais, a execução dos valores gastos com a perícia particular ou com a utilização de servidor público ou da estrutura de órgão público, observando-se, caso o responsável pelo pagamento das despesas seja beneficiário de gratuidade da justiça, o disposto no art. 98, § 2º. § 5º Para fins de aplicação do § 3º, é vedada a utilização de recursos do fundo de custeio da Defensoria Pública	LEI Nº 1.060/50 **Art. 3º.** A assistência judiciária compreende as seguintes isenções: [...] V - dos honorários de advogado e peritos. **Art. 14.** Os profissionais liberais designados para o desempenho do encargo de defensor ou de perito, conforme o caso, salvo justo motivo previsto em lei ou, na sua omissão, a critério da autoridade judiciária competente, são obrigados ao respectivo cumprimento, sob pena de multa de Cr$ 1.000,00 (mil cruzeiros) a Cr$ 10.000,00 (dez mil cruzeiros), sujeita ao reajustamento estabelecido na Lei nº 6.205, de 29 de abril de 1975, sem prejuízo de sanção disciplinar cabível. (Redação dada pela Lei nº 6.465, de 1977)

O artigo 95 do NCPC corresponde ao artigo 33, *caput* e parágrafo único, do CPC/73 e aos artigos 3º e 14 da Lei nº 1.060/50, estes últimos tratando dos honorários advocatícios no caso de justiça gratuita, com melhor redação. O NCPC regulamentou a situação das perícias a cargo do beneficiário de gratuidade de justiça. Em tais hipóteses o pagamento será feito com recursos do orçamento e realizado por servidor do Poder Judiciário ou órgão conveniado. Transitada em julgado a decisão, a Fazenda Pública cobrará do vencido o pagamento das perícias e demais gastos (com o servidor ou o agente conveniado). Sendo vencida a parte que estava sob o pálio da gratuidade de justiça, o processo ficará suspenso por cinco anos, aguardando a parte passar a ostentar condição financeira.

O enunciado nº 232 da Súmula do STJ continua hígido: *"A Fazenda Pública, quando parte no processo, fica sujeita à exigência do depósito prévio dos honorários do perito."*

NOVO CÓDIGO DE PROCESSO CIVIL	CÓDIGO DE PROCESSO CIVIL DE 1973
Art. 96. O valor das sanções impostas ao litigante de má-fé reverterá em benefício da parte contrária, e o valor das sanções impostas aos serventuários pertencerá ao Estado ou à União.	**Art. 35.** As sanções impostas às partes em consequência de má-fé serão contadas como custas e reverterão em benefício da parte contrária; as impostas aos serventuários pertencerão ao Estado.

Reproduzindo os comandos do artigo 35 do CPC/73, o art. 96 do NCPC dispõe sobre a destinação das multas impostas ao litigante de má-fé e aos serventuários.

NOVO CÓDIGO DE PROCESSO CIVIL	CÓDIGO DE PROCESSO CIVIL DE 1973
Art. 97. A União e os Estados podem criar fundos de modernização do Poder Judiciário, aos quais serão revertidos os valores das sanções pecuniárias processuais destinadas à União e aos Estados, e outras verbas previstas em lei.	Sem correspondente.

A utilização dos valores advindos da aplicação das sanções pecuniárias é interessante, pois se destinam ao aprimoramento dos serviços prestados.

Apesar de não constar no CPC, fundos desta natureza já existem nos Estados da Federação[4]. Os valores arrecadados advêm do repasse de parte dos emolumentos cobrados pelos cartórios judiciais e extrajudiciais na expedição de documentos como registros de imóveis e registros civis, averbação, atestado de óbito, casamento, custas judiciais e etc. Argumenta-se que os recursos repassados aos Fundos de Modernização são utilizados na construção de novos fóruns, informatização do atendimento e outras melhorias do Poder Judiciário.

NOVO CÓDIGO DE PROCESSO CIVIL	DISPOSIÇÕES ESPARSAS
Seção IV **Da Gratuidade da Justiça** **Art. 98.** A pessoa natural ou jurídica, brasileira ou estrangeira, com insuficiência de recursos para pagar as custas, as despesas processuais e os honorários advocatícios tem direito à gratuidade da justiça, na forma da lei. § 1º A gratuidade da justiça compreende: I - as taxas ou as custas judiciais; II - os selos postais; III - as despesas com publicação na imprensa oficial, dispensando-se a publicação em outros meios; IV - a indenização devida à testemunha que, quando empregada, receberá do empregador salário integral, como se em serviço estivesse; V - as despesas com a realização de exame de código genético - DNA e de outros exames considerados essenciais; VI - os honorários do advogado e do perito e a remuneração do intérprete ou do tradutor nomeado para apresentação de versão em português de documento redigido em língua estrangeira;	LEI Nº 1.060/50 **Art. 2º** Gozarão dos benefícios desta Lei os nacionais ou estrangeiros residentes no país, que necessitarem recorrer à Justiça penal, civil, militar ou do trabalho. Parágrafo único. Considera-se necessitado, para os fins legais, todo aquele cuja situação econômica não lhe permita pagar as custas do processo e os honorários de advogado, sem prejuízo do sustento próprio ou da família. **Art. 3º** A assistência judiciária compreende as seguintes isenções: I – das taxas judiciárias e dos selos; II – dos emolumentos e custas devidos aos Juízes, órgãos do Ministério Público e serventuários da justiça; III – das despesas com as publicações indispensáveis no jornal encarregado da divulgação dos atos oficiais; IV – das indenizações devidas às testemunhas que, quando empregados, receberão do empregador salário integral, como se em serviço estivessem, ressalvado o direito regressivo contra o poder público federal, no Distrito Federal e nos Territórios; ou contra o poder público estadual, nos Estados; V – dos honorários de advogado e peritos. VI – das despesas com a realização do exame de código genético – DNA que for requisitado pela autoridade judiciária nas ações de investigação de paternidade ou maternidade.

4 Exemplo: Funjuris – Fundo Especial de Modernização do Poder Judiciário do Estado de Alagoas, instituído pela Lei nº 5.887, de 6 de dezembro de 1996.

VII - o custo com a elaboração de memória de cálculo, quando exigida para instauração da execução; VIII - os depósitos previstos em lei para interposição de recurso, para propositura de ação e para a prática de outros atos processuais inerentes ao exercício da ampla defesa e do contraditório; IX - os emolumentos devidos a notários ou registradores em decorrência da prática de registro, averbação ou qualquer outro ato notarial necessário à efetivação de decisão judicial ou à continuidade de processo judicial no qual o benefício tenha sido concedido.	VII – dos depósitos previstos em lei para interposição de recurso, ajuizamento de ação e demais atos processuais inerentes ao exercício da ampla defesa e do contraditório. Parágrafo único. A publicação de edital em jornal encarregado da divulgação de atos oficiais, na forma do inciso III, dispensa a publicação em outro jornal. **Art. 11.** Os honorários de advogados e peritos, as custas do processo, as taxas e selos judiciários serão pagos pelo vencido, quando o beneficiário de assistência for vencedor na causa. [...]
§ 2º A concessão de gratuidade não afasta a responsabilidade do beneficiário pelas despesas processuais e pelos honorários advocatícios decorrentes de sua sucumbência.	§ 2º. A parte vencida poderá acionar a vencedora para reaver as despesas do processo, inclusive honorários do advogado, desde que prove ter a última perdido a condição legal de necessitada.
§ 3º Vencido o beneficiário, as obrigações decorrentes de sua sucumbência ficarão sob condição suspensiva de exigibilidade e somente poderão ser executadas se, nos 5 (cinco) anos subsequentes ao trânsito em julgado da decisão que as certificou, o credor demonstrar que deixou de existir a situação de insuficiência de recursos que justificou a concessão de gratuidade, extinguindo-se, passado esse prazo, tais obrigações do beneficiário.	**Art. 12.** A parte beneficiada pela isenção do pagamento das custas ficará obrigada a pagá-las, desde que possa fazê-lo, sem prejuízo do sustento próprio ou da família, se dentro de cinco anos, a contar da sentença final, o assistido não puder satisfazer tal pagamento, a obrigação ficará prescrita.
§ 4º A concessão de gratuidade não afasta o dever de o beneficiário pagar, ao final, as multas processuais que lhe sejam impostas.	**CÓDIGO DE PROCESSO CIVIL DE 1973** **Art. 19.** Salvo as disposições concernentes à justiça gratuita, cabe às partes prover as despesas dos atos que realizam ou requerem no processo, antecipando-lhes o pagamento desde o início até sentença final; e bem ainda, na execução, até a plena satisfação do direito declarado pela sentença. [.....]
§ 5º A gratuidade poderá ser concedida em relação a algum ou a todos os atos processuais, ou consistir na redução percentual de despesas processuais que o beneficiário tiver de adiantar no curso do procedimento.	**LEI Nº 1.060/50** **Art. 13.** Se o assistido puder atender, em parte, as despesas do processo, o Juiz mandará pagar as custas que serão rateadas entre os que tiverem direito ao seu recebimento.
§ 6º Conforme o caso, o juiz poderá conceder direito ao parcelamento de despesas processuais que o beneficiário tiver de adiantar no curso do procedimento.	Sem correspondente.
§ 7º Aplica-se o disposto no art. 95, §§ 3o a 5o, ao custeio dos emolumentos previstos no § 1o, inciso IX, do presente artigo, observada a tabela e as condições da lei estadual ou distrital respectiva.	Sem correspondente.

§ 8º Na hipótese do § 1º, inciso IX, havendo dúvida fundada quanto ao preenchimento atual dos pressupostos para a concessão de gratuidade, o notário ou registrador, após praticar o ato, pode requerer, ao juízo competente para decidir questões notariais ou registrais, a revogação total ou parcial do benefício ou a sua substituição pelo parcelamento de que trata o § 6º deste artigo, caso em que o beneficiário será citado para, em 15 (quinze) dias, manifestar-se sobre esse requerimento.	Sem correspondente. LEI Nº 13.140/2015 em vigor a partir de dezembro de 2015) **Art. 4º.** ... § 2º Aos necessitados será assegurada a gratuidade da mediação.

O benefício da gratuidade da justiça, antes apenas referido no CPC/73 e regulamentado na Lei nº 1.060/50, passa a ser regulado pelo novo Código de Processo Civil. A previsão legal vem cumprir o mandamento constitucional previsto no art. 5º, LXXIV, da CRFB/88, que dispõe que: "*O Estado prestará assistência jurídica integral e gratuita aos que comprovarem insuficiência de recursos.*"

Esse artigo do NCPC corresponde aos artigos 2º, 3º, 11 e 12 da Lei nº 1.060/50, com algumas alterações e atualizações, os quais, por força do disposto no art. 1.072, inciso III, do NCPC, ficam revogados expressamente. Dentre outras novidades, vale citar que a gratuidade alcança as pessoas jurídicas, bem como os emolumentos pelos atos dos notários e registradores (§ 1º, inciso XI).

NOVO CÓDIGO DE PROCESSO CIVIL	LEI Nº 1.060/50
Art. 99. O pedido de gratuidade da justiça pode ser formulado na petição inicial, na contestação, na petição para ingresso de terceiro no processo ou em recurso. § 1º Se superveniente à primeira manifestação da parte na instância, o pedido poderá ser formulado por petição simples, nos autos do próprio processo, e não suspenderá seu curso. § 2º O juiz somente poderá indeferir o pedido se houver nos autos elementos que evidenciem a falta dos pressupostos legais para a concessão de gratuidade, devendo, antes de indeferir o pedido, determinar à parte a comprovação do preenchimento dos referidos pressupostos. § 3º Presume-se verdadeira a alegação de insuficiência deduzida exclusivamente por pessoa natural. § 4º A assistência do requerente por advogado particular não impede a concessão de gratuidade da justiça. § 5º Na hipótese do § 4º, o recurso que verse exclusivamente sobre valor de honorários de sucumbência fixados em favor do advogado de beneficiário estará sujeito a preparo, salvo se o próprio advogado demonstrar que tem direito à gratuidade. § 6º O direito à gratuidade da justiça é pessoal, não se estendendo a litisconsorte ou a sucessor do beneficiário, salvo requerimento e deferimento expressos. § 7º Requerida a concessão de gratuidade da justiça em recurso, o recorrente estará dispensado de comprovar o recolhimento do preparo, incumbindo ao relator, neste caso, apreciar o requerimento e, se indeferi-lo, fixar prazo para realização do recolhimento.	**Art. 4º** A parte gozará dos benefícios da assistência judiciária, mediante simples afirmação, na própria petição inicial, de que não está em condições de pagar as custas do processo e os honorários de advogado, sem prejuízo próprio ou de sua família. § 1º Presume-se pobre, até prova em contrário, quem afirmar essa condição nos termos desta lei, sob pena de pagamento até o décuplo das custas judiciais. § 2º A impugnação do direito à assistência judiciária não suspende o curso do processo e será feita em autos apartados. § 3º A apresentação da carteira de trabalho e previdência social, devidamente legalizada, onde o juiz verificará a necessidade da parte, substituirá os atestados exigidos nos §§ 1º e 2º deste artigo. **Art. 5º** O juiz, se não tiver fundadas razões para indeferir o pedido, deverá julgá-lo de plano, motivando ou não o deferimento dentro do prazo de setenta e duas horas. [...]

Este artigo corresponde aos artigos 4º e 5º da Lei nº 1.060/50, com alterações e atualizações. O NCPC deixa clara a possibilidade de o requerimento da gratuidade de justiça ser feito a qualquer momento, inclusive na fase recursal. Isto já estava pacífico na jurisprudência.

Ressalta-se que o art. 1.072, inciso III, do NCPC, revoga expressamente o art. 4º da Lei nº 1.060, de 5 de fevereiro de 1950.

NOVO CÓDIGO DE PROCESSO CIVIL	LEI Nº 1.060/50
Art. 100. Deferido o pedido, a parte contrária poderá oferecer impugnação na contestação, na réplica, nas contrarrazões de recurso ou, nos casos de pedido superveniente ou formulado por terceiro, por meio de petição simples, a ser apresentada no prazo de 15 (quinze) dias, nos autos do próprio processo, sem suspensão de seu curso. Parágrafo único. Revogado o benefício, a parte arcará com as despesas processuais que tiver deixado de adiantar e pagará, em caso de má-fé, até o décuplo de seu valor a título de multa, que será revertida em benefício da Fazenda Pública estadual ou federal e poderá ser inscrita em dívida ativa.	**Art. 4º** [...] § 1º Presume-se pobre, até prova em contrário, quem afirmar essa condição nos termos desta lei, sob pena de pagamento até o décuplo das custas judiciais. § 2º A impugnação do direito à assistência judiciária não suspende o curso do processo e será feita em autos apartados. [...] **Art. 5º** O juiz, se não tiver fundadas razões para indeferir o pedido, deverá julgá-lo de plano, motivando ou não o deferimento dentro do prazo de setenta e duas horas. § 1º. Deferido o pedido, o juiz determinará que o serviço de assistência judiciária, organizado e mantido pelo Estado, onde houver, indique, no prazo de dois dias úteis o advogado que patrocinará a causa do necessitado. § 2º. Se no Estado não houver serviço de assistência judiciária, por ele mantido, caberá a indicação à Ordem dos Advogados, por suas Seções Estaduais, ou Subseções Municipais. § 3º. Nos municípios em que não existirem subseções da Ordem dos Advogados do Brasil. o próprio juiz fará a nomeação do advogado que patrocinará a causa do necessitado. § 4º. Será preferido para a defesa da causa o advogado que o interessado indicar e que declare aceitar o encargo. § 5° Nos Estados onde a Assistência Judiciária seja organizada e por eles mantida, o Defensor Público, ou quem exerça cargo equivalente, será intimado pessoalmente de todos os atos do processo, em ambas as Instâncias, contando-se-lhes em dobro todos os prazos. (Incluído pela Lei nº 7.871, de 1989) **Art. 6º** O pedido, quando formulado no curso da ação, não a suspenderá, podendo o juiz, em face das provas, conceder ou denegar de plano o benefício de assistência. A petição, neste caso, será autuada em separado, apensando-se os respectivos autos aos da causa principal, depois de resolvido o incidente. **Art. 12.** A parte beneficiada pela isenção do pagamento das custas ficará obrigada a pagá-las, desde que possa fazê-lo, sem prejuízo do sustento próprio ou da família, se dentro de cinco anos, a contar da sentença final, o assistido não puder satisfazer tal pagamento, a obrigação ficará prescrita.

O NCPC deixou claro que a forma como a parte contrária poderá impugnar o deferimento da gratuidade de justiça dependerá do momento processual em que ela é requerida e deferida, podendo vir na forma até de petição simples. Antes, o tema possuía previsão nos artigos 4º, parágrafos primeiro e segundo, 5º, 6º e 12 da Lei nº 1.060/50.

NOVO CÓDIGO DE PROCESSO CIVIL	LEI Nº 1.060/50
Art. 101. Contra a decisão que indeferir a gratuidade ou a que acolher pedido de sua revogação caberá agravo de instrumento, exceto quando a questão for resolvida na sentença, contra a qual caberá apelação. § 1º O recorrente estará dispensado do recolhimento de custas até decisão do relator sobre a questão, preliminarmente ao julgamento do recurso. § 2º Confirmada a denegação ou a revogação da gratuidade, o relator ou o órgão colegiado determinará ao recorrente o recolhimento das custas processuais, no prazo de 5 (cinco) dias, sob pena de não conhecimento do recurso.	**Art. 17.** Caberá apelação das decisões proferidas em consequência da aplicação desta lei; a apelação será recebida somente no efeito devolutivo quando a sentença conceder o pedido.

Diferentemente da Lei nº 1.060/50, que, no seu artigo 17, prevê o recurso de apelação contra qualquer decisão fulcrada nesta lei, o NCPC estabelece o cabimento dos recursos de agravo (decisão interlocutória) e apelação (sentença). Deste modo, o art. 1.072, inciso III, do NCPC, revoga expressamente o art. 17 da Lei nº 1.060, de 5 de fevereiro de 1950.

NOVO CÓDIGO DE PROCESSO CIVIL	LEI Nº 1.060/50
Art. 102. Sobrevindo o trânsito em julgado de decisão que revoga a gratuidade, a parte deverá efetuar o recolhimento de todas as despesas de cujo adiantamento foi dispensada, inclusive as relativas ao recurso interposto, se houver, no prazo fixado pelo juiz, sem prejuízo de aplicação das sanções previstas em lei. Parágrafo único. Não efetuado o recolhimento, o processo será extinto sem resolução de mérito, tratando-se do autor, e, nos demais casos, não poderá ser deferida a realização de nenhum ato ou diligência requerida pela parte enquanto não efetuado o depósito.	**Art. 7º** A parte contrária poderá, em qualquer fase da lide, requerer a revogação dos benefícios de assistência, desde que prove a inexistência ou o desaparecimento dos requisitos essenciais à sua concessão. Parágrafo único. Tal requerimento não suspenderá o curso da ação e se processará pela forma estabelecida no final do artigo 6º. desta Lei. **Art. 8º** Ocorrendo as circunstâncias mencionadas no artigo anterior, poderá o juiz, ex-offício, decretar a revogação dos benefícios, ouvida a parte interessada dentro de quarenta e oito horas improrrogáveis. **Art. 12.** A parte beneficiada pela isenção do pagamento das custas ficará obrigada a pagá-las, desde que possa fazê-lo, sem prejuízo do sustento próprio ou da família, se dentro de cinco anos, a contar da sentença final, o assistido não puder satisfazer tal pagamento, a obrigação ficará prescrita.

O artigo 102 do NCPC dispõe sobre a revogação da gratuidade de justiça, situação que não possuía previsão no CPC/73, mas sim nos artigos 7º, 8º e 12 da Lei nº

1.060/50 . Em um único dispositivo, o NCPC delineia os desdobramentos decorrentes da revogação da gratuidade de justiça, estabelecendo que a parte, que teve a gratuidade revogada, deverá efetuar o recolhimento de todas as despesas de cujo adiantamento foi dispensada, inclusive as relativas ao recurso interposto, se houver, no prazo fixado pelo juiz, sem prejuízo de aplicação das sanções previstas em lei.

Se não forem recolhidas as custas e se tratar de autor, o processo será extinto sem resolução do mérito. Já se se tratar de réu ou de terceiro, não poderá ser deferida a realização de nenhum ato ou diligência requerida enquanto não efetuado o depósito.

NOVO CÓDIGO DE PROCESSO CIVIL	CÓDIGO DE PROCESSO CIVIL DE 1973
CAPÍTULO III DOS PROCURADORES **Art. 103.** A parte será representada em juízo por advogado regularmente inscrito na Ordem dos Advogados do Brasil. Parágrafo único. É lícito à parte postular em causa própria quando tiver habilitação legal.	CAPÍTULO III DOS PROCURADORES **Art. 36.** A parte será representada em juízo por advogado legalmente habilitado. Ser-lhe-á lícito, no entanto, postular em causa própria, quando tiver habilitação legal ou, não a tendo, no caso de falta de advogado no lugar ou recusa ou impedimento dos que houver.

Reproduzindo o artigo 36 do CPC/73, o art. 103, *caput* e parágrafo único, do NCPC, aborda a necessidade de representação por advogado, excetuando-se a hipótese de advocacia em causa própria, quando devidamente habilitado.

Diferentemente do CPC/73, o NCPC não fez previsão da possibilidade de postulação em causa própria, mesmo sem habilitação, quando faltar advogado na localidade, ou os advogados lá existentes se recusarem ou forem impedidos. Tendo em vista a grande quantidade de cursos de direito espalhados em todas as regiões do país, é pouco provável que algum juízo seja desprovido de causídico.

NOVO CÓDIGO DE PROCESSO CIVIL	CÓDIGO DE PROCESSO CIVIL DE 1973
Art. 104. O advogado não será admitido a postular em juízo sem procuração, salvo para evitar preclusão, decadência ou prescrição, ou para praticar ato considerado urgente. § 1º Nas hipóteses previstas no caput, o advogado deverá, independentemente de caução, exibir a procuração no prazo de 15 (quinze) dias, prorrogável por igual período por despacho do juiz. § 2º O ato não ratificado será considerado ineficaz relativamente àquele em cujo nome foi praticado, respondendo o advogado pelas despesas e por perdas e danos.	**Art. 37.** Sem instrumento de mandato, o advogado não será admitido a procurar em juízo. Poderá, todavia, em nome da parte, intentar ação, a fim de evitar decadência ou prescrição, bem como intervir, no processo, para praticar atos reputados urgentes. Nestes casos, o advogado se obrigará, independentemente de caução, a exibir o instrumento de mandato no prazo de 15 (quinze), dias, prorrogável até outros 15 (quinze), por despacho, do juiz. Parágrafo único. Os atos, não ratificados no prazo, serão havidos por inexistentes, respondendo o advogado por despesas e perdas e danos.

O artigo do NCPC em tela correspondente ao artigo 37, *caput* e parágrafo único, do CPC/73, com aprimoramento da redação. Na redação do dispositivo do NCPC, acrescentou-se a possibilidade de o advogado atuar sem procuração para evitar a preclusão.

O § 2º do artigo 104 elimina antiga discussão que pairava em torno da prática do ato processual pelo advogado com ausência de procuração sem ratificação posterior. Isso porque o parágrafo único do artigo 37 do CPC/73 prescrevia que a consequência para esta situação seria a declaração da inexistência do ato, o que gerou, inclusive, a edição do verbete nº 115 da súmula do STJ.

Na verdade, se há prática de ato processual sem a exibição de procuração ou sem poderes na procuração para tanto, fora das exceções legais, há ineficácia do ato, conforme indica o artigo 662 do Código Civil, e não sua inexistência.

NOVO CÓDIGO DE PROCESSO CIVIL	CÓDIGO DE PROCESSO CIVIL DE 1973
Art. 105. A procuração geral para o foro, outorgada por instrumento público ou particular assinado pela parte, habilita o advogado a praticar todos os atos do processo, exceto receber citação, confessar, reconhecer a procedência do pedido, transigir, desistir, renunciar ao direito sobre o qual se funda a ação, receber, dar quitação, firmar compromisso e assinar declaração de hipossuficiência econômica, que devem constar de cláusula específica. § 1º A procuração pode ser assinada digitalmente, na forma da lei. § 2º A procuração deverá conter o nome do advogado, seu número de inscrição na Ordem dos Advogados do Brasil e endereço completo. § 3º Se o outorgado integrar sociedade de advogados, a procuração também deverá conter o nome dessa, seu número de registro na Ordem dos Advogados do Brasil e endereço completo. § 4º Salvo disposição expressa em sentido contrário constante do próprio instrumento, a procuração outorgada na fase de conhecimento é eficaz para todas as fases do processo, inclusive para o cumprimento de sentença.	**Art. 38.** A procuração geral para o foro, conferida por instrumento público, ou particular assinado pela parte, habilita o advogado a praticar todos os atos do processo, salvo para receber citação inicial, confessar, reconhecer a procedência do pedido, transigir, desistir, renunciar ao direito sobre que se funda a ação, receber, dar quitação e firmar compromisso. Parágrafo único. A procuração pode ser assinada digitalmente com base em certificado emitido por Autoridade Certificadora credenciada, na forma da lei específica.

O artigo do NCPC em tela reproduz o artigo 38, *caput* e parágrafo único, do CPC/73, com melhor redação. O NCPC indica as informações mínimas que deverão constar na procuração, inclusive em se tratando de Sociedade de Advogados. Quanto à necessidade de indicação de endereço eletrônico para recebimento de intimações, em que pese não constar expressamente (como previa inicialmente no projeto em tramitação na Comissão Especial da Câmara), Scarpinella Bueno[5] entende que deve interpretar a expressão "endereço completo" incluindo o endereço físico e eletrônico.

O novo Código de Processo Civil estabeleceu como regra a validade da procuração para todas as fases do processo. Coloca uma pá de cal na discussão quanto à exigência de nova procuração quando a originária for muito antiga, ou o processo encontrar-se em grau de recurso.

5 BUENO, Cássio Scarpinella. Projetos de novo código de processo civil: comparados e anotados. São Paulo: Saraiva, 2014, p. 86.

Ressalte-se que o enunciado nº 644 da súmula do STF continua em pleno vigor, dispondo que: *"Ao titular do cargo de procurador de autarquia não se exige a apresentação de instrumento de mandato para representá-la em juízo."*

NOVO CÓDIGO DE PROCESSO CIVIL	CÓDIGO DE PROCESSO CIVIL DE 1973
Art. 106. Quando postular em causa própria, incumbe ao advogado: I - declarar, na petição inicial ou na contestação, o endereço, seu número de inscrição na Ordem dos Advogados do Brasil e o nome da sociedade de advogados da qual participa, para o recebimento de intimações; II - comunicar ao juízo qualquer mudança de endereço. § 1º Se o advogado descumprir o disposto no inciso I, o juiz ordenará que se supra a omissão, no prazo de 5 (cinco) dias, antes de determinar a citação do réu, sob pena de indeferimento da petição. § 2º Se o advogado infringir o previsto no inciso II, serão consideradas válidas as intimações enviadas por carta registrada ou meio eletrônico ao endereço constante dos autos.	**Art. 39.** Compete ao advogado, ou à parte quando postular em causa própria: I – declarar, na petição inicial ou na contestação, o endereço em que receberá intimação; II – comunicar ao escrivão do processo qualquer mudança de endereço. Parágrafo único. Se o advogado não cumprir o disposto no nº I deste artigo, o juiz, antes de determinar a citação do réu, mandará que se supra a omissão no prazo de 48 (quarenta e oito) horas, sob pena de indeferimento da petição; se infringir o previsto no nº II, reputar-se-ão válidas as intimações enviadas, em carta registrada, para o endereço constante dos autos.

O referido artigo do NCPC corresponde ao artigo 39 do CPC/73. O NCPC aumentou de 48 horas para cinco dias o prazo para o advogado regularizar as informações cadastrais mínimas na petição inicial.

NOVO CÓDIGO DE PROCESSO CIVIL	CÓDIGO DE PROCESSO CIVIL DE 1973
Art. 107. O advogado tem direito a: I - examinar, em cartório de fórum e secretaria de tribunal, mesmo sem procuração, autos de qualquer processo, independentemente da fase de tramitação, assegurados a obtenção de cópias e o registro de anotações, salvo na hipótese de segredo de justiça, nas quais apenas o advogado constituído terá acesso aos autos; II - requerer, como procurador, vista dos autos de qualquer processo, pelo prazo de 5 (cinco) dias; III - retirar os autos do cartório ou da secretaria, pelo prazo legal, sempre que neles lhe couber falar por determinação do juiz, nos casos previstos em lei. § 1º Ao receber os autos, o advogado assinará carga em livro ou documento próprio. § 2º Sendo o prazo comum às partes, os procuradores poderão retirar os autos somente em conjunto ou mediante prévio ajuste, por petição nos autos. § 3º Na hipótese do § 2º, é lícito ao procurador retirar os autos para obtenção de cópias, pelo prazo de 2 (duas) a 6 (seis) horas, independentemente de ajuste e sem prejuízo da continuidade do prazo. § 4º O procurador perderá no mesmo processo o direito a que se refere o § 3º se não devolver os autos tempestivamente, salvo se o prazo for prorrogado pelo juiz.	**Art. 40.** O advogado tem direito de: I – examinar, em cartório de justiça e secretaria de tribunal, autos de qualquer processo, salvo o disposto no art. 155; II – requerer, como procurador, vista dos autos de qualquer processo pelo prazo de 5 (cinco) dias; III – retirar os autos do cartório ou secretaria, pelo prazo legal, sempre que lhe competir falar neles por determinação do juiz, nos casos previstos em lei. § 1º Ao receber os autos, o advogado assinará carga no livro competente. § 2º Sendo comum às partes o prazo, só em conjunto ou mediante prévio ajuste por petição nos autos, poderão os seus procuradores retirar os autos, ressalvada a obtenção de cópias para a qual cada procurador poderá retirá-los pelo prazo de 1 (uma) hora independentemente de ajuste.

O artigo do NCPC em tela corresponde ao artigo 40 do CPC/73, com melhor redação. O novo Código de Processo Civil aumentou o prazo da chamada "carga para cópia/xerox" ou "carga rápida", passando a ser de duas a seis horas. O CPC/73 estabelece o prazo de uma hora, tempo insuficiente, notadamente, pelo grande movimento nas repartições forenses, inclusive nos ambientes de reprodução de cópias.

Por ser o CPC lei geral, não revoga ou afasta as prerrogativas do advogado previstas na Lei nº 8.906/94.

NOVO CÓDIGO DE PROCESSO CIVIL	CÓDIGO DE PROCESSO CIVIL DE 1973
CAPÍTULO IV DA SUCESSÃO DAS PARTES E DOS PROCURADORES	CAPÍTULO IV DA SUBSTITUIÇÃO DAS PARTES E DOS PROCURADORES
Art. 108. No curso do processo, somente é lícita a sucessão voluntária das partes nos casos expressos em lei.	**Art. 41.** Só é permitida, no curso do processo, a substituição voluntária das partes nos casos expressos em lei.

Reproduzindo o artigo 41 do CPC/73, o NCPC corrigiu a impropriedade técnica que há no CPC/73, que fala em substituição de partes. O correto é sucessão, pois uma pessoa assume o lugar do litigante anterior.

NOVO CÓDIGO DE PROCESSO CIVIL	CÓDIGO DE PROCESSO CIVIL DE 1973
Art. 109. A alienação da coisa ou do direito litigioso por ato entre vivos, a título particular, não altera a legitimidade das partes. § 1º O adquirente ou cessionário não poderá ingressar em juízo, sucedendo o alienante ou cedente, sem que o consinta a parte contrária. § 2º O adquirente ou cessionário poderá intervir no processo como assistente litisconsorcial do alienante ou cedente. § 3º Estendem-se os efeitos da sentença proferida entre as partes originárias ao adquirente ou cessionário.	**Art. 42.** A alienação da coisa ou do direito litigioso, a título particular, por ato entre vivos, não altera a legitimidade das partes. § 1º O adquirente ou o cessionário não poderá ingressar em juízo, substituindo o alienante, ou o cedente, sem que o consinta a parte contrária. § 2º O adquirente ou o cessionário poderá, no entanto, intervir no processo, assistindo o alienante ou o cedente. § 3º A sentença, proferida entre as partes originárias, estende os seus efeitos ao adquirente ou ao cessionário.

O referido artigo do NCPC cuida da chamada estabilidade subjetiva da relação processual. Corresponde ao artigo 42 do CPC/73, com melhor redação.

O § 2º do artigo 109 define, de forma expressa, que, caso não ocorra a sucessão, a intervenção porventura requerida do adquirente ou cessionário será na forma de assistência litisconsorcial, situação que é silenciada no CPC/73.

NOVO CÓDIGO DE PROCESSO CIVIL	CÓDIGO DE PROCESSO CIVIL DE 1973
Art. 110. Ocorrendo a morte de qualquer das partes, dar-se-á a sucessão pelo seu espólio ou pelos seus sucessores, observado o disposto no art. 313, §§ 1º e 2º.	**Art. 43.** Ocorrendo a morte de qualquer das partes, dar-se-á a substituição pelo seu espólio ou pelos seus sucessores, observado o disposto no art. 265.

O artigo 110 do NCPC reproduz o artigo 43 do CPC/73, com melhor redação, alterando o termo *substituição* para *sucessão*. Ressalte-se que esta sucessão não ocorrerá nas ações intransmissíveis.

NOVO CÓDIGO DE PROCESSO CIVIL	CÓDIGO DE PROCESSO CIVIL DE 1973
Art. 111. A parte que revogar o mandato outorgado a seu advogado constituirá, no mesmo ato, outro que assuma o patrocínio da causa. Parágrafo único. Não sendo constituído novo procurador no prazo de 15 (quinze) dias, observar-se-á o disposto no art. 76.	**Art. 44.** A parte que revogar o mandato outorgado ao seu advogado, no mesmo ato constituirá outro que assuma o patrocínio da causa.

O dispositivo do NCPC em comento corresponde ao artigo 44 do CPC/73. Resolvendo uma omissão do CPC/73, o NCPC estabeleceu as consequências na hipótese de o outorgante não constituir outro advogado no prazo de 15 dias, isto é, suspenderá o processo e indicará um prazo para substituição. Nada manifestando, o processo será extinto, se o outorgante for o autor; será considerado revel, se o responsável for réu ou terceiro interessado; ou será excluído do processo, se o outorgante for terceiro incluído no polo ativo da relação processual.

NOVO CÓDIGO DE PROCESSO CIVIL	CÓDIGO DE PROCESSO CIVIL DE 1973
Art. 112. O advogado poderá renunciar ao mandato a qualquer tempo, provando, na forma prevista neste Código, que comunicou a renúncia ao mandante, a fim de que este nomeie sucessor. § 1º Durante os 10 (dez) dias seguintes, o advogado continuará a representar o mandante, desde que necessário para lhe evitar prejuízo § 2º Dispensa-se a comunicação referida no caput quando a procuração tiver sido outorgada a vários advogados e a parte continuar representada por outro, apesar da renúncia.	**Art. 45.** O advogado poderá, a qualquer tempo, renunciar ao mandato, provando que cientificou o mandante a fim de que este nomeie substituto. Durante os 10 (dez) dias seguintes, o advogado continuará a representar o mandante, desde que necessário para lhe evitar prejuízo.

Com algumas atualizações, o dispositivo do NCPC em referência guarda semelhanças com o artigo 45 do CPC/73, abordando a renúncia do mandato pelo advogado e o prazo de vinculação ao processo. Pelo NCPC, se a procuração foi conferida a vários advogados, dispensa-se a comunicação de renúncia ao constituinte.

NOTAS AOS ARTIGOS 113 A 148

Érika Daniella Rodrigues Oliveira Rabelo

NOVO CÓDIGO DE PROCESSO CIVIL	CÓDIGO DE PROCESSO CIVIL DE 1973
TÍTULO II DO LITISCONSÓRCIO **Art. 113.** Duas ou mais pessoas podem litigar, no mesmo processo, em conjunto, ativa ou passivamente, quando: I - entre elas houver comunhão de direitos ou de obrigações relativamente à lide; II - entre as causas houver conexão pelo pedido ou pela causa de pedir; III - ocorrer afinidade de questões por ponto comum de fato ou de direito. § 1º O juiz poderá limitar o litisconsórcio facultativo quanto ao número de litigantes na fase de conhecimento, na liquidação de sentença ou na execução, quando este comprometer a rápida solução do litígio ou dificultar a defesa ou o cumprimento da sentença. § 2º O requerimento de limitação interrompe o prazo para manifestação ou resposta, que recomeçará da intimação da decisão que o solucionar.	CAPÍTULO V DO LITISCONSÓRCIO E DA ASSISTÊNCIA Seção I Do Litisconsórcio **Art. 46.** Duas ou mais pessoas podem litigar, no mesmo processo, em conjunto, ativa ou passivamente, quando: I – entre elas houver comunhão de direitos ou de obrigações relativamente à lide; II – os direitos ou as obrigações derivarem do mesmo fundamento de fato ou de direito; III – entre as causas houver conexão pelo objeto ou pela causa de pedir; IV – ocorrer afinidade de questões por um ponto comum de fato ou de direito. Parágrafo único. O juiz poderá limitar o litisconsórcio facultativo quanto ao número de litigantes, quando este comprometer a rápida solução do litígio ou dificultar a defesa. O pedido de limitação interrompe o prazo para resposta, que recomeça da intimação da decisão.

Nesta parte, o NCPC trata das hipóteses de litisconsórcio facultativo, suprimindo o conteúdo do inciso II do artigo 46 do CPC/73. Isso porque os incisos II e IV já recebiam, à luz do CPC/73, um tratamento conjunto pela doutrina[1], de forma que não houve modificação, pela redação do artigo 113 do NCPC, nas situações que ensejam a possibilidade de pluralidade de partes no processo, quais sejam: a comunhão de direitos e obrigações relativamente ao mérito do processo (inciso I); conexão entre situações no plano de direito material (inciso II); afinidade de questões por ponto comum de fato e de direito (III).

Manteve-se, ainda, a possibilidade de o juiz, no caso concreto, limitar o litisconsórcio facultativo, quando o excessivo número de litigantes puder comprometer a rápida solução da lide, sendo o conteúdo do parágrafo único do artigo 46 do CPC/73 desmembrado nos §§ 1º e 2º do artigo 113 do NCPC, sem alterações de conteúdo.

---

1 MARINONI, Luiz Guilherme; MITIDIERO, Daniel. *Código de processo civil comentado artigo por artigo*. 3. ed. São Paulo: Revista dos Tribunais, 2011, p. 136.

Destaque-se, porém, que o NCPC não se preocupou com o procedimento destinado a promover essa limitação do litisconsórcio, mantendo apenas a possibilidade de limitação.

NOVO CÓDIGO DE PROCESSO CIVIL	CÓDIGO DE PROCESSO CIVIL DE 1973
Art. 114. O litisconsórcio será necessário por disposição de lei ou quando, pela natureza da relação jurídica controvertida, a eficácia da sentença depender da citação de todos que devam ser litisconsortes.	**Art. 47.** Há litisconsórcio necessário, quando, por disposição de lei ou pela natureza da relação jurídica, o juiz tiver de decidir a lide de modo uniforme para todas as partes; caso em que a eficácia da sentença dependerá da citação de todos os litisconsortes no processo. [...]

Corrigindo um equívoco do CPC/73, que confundia os conceitos de litisconsórcio necessário e unitário, o NCPC tratou, em seu artigo 114, apenas do litisconsórcio necessário, sendo aquele que, por disposição de lei ou quando, pela natureza da relação jurídica controvertida, a eficácia da sentença depender da citação de todos que devam ser litisconsortes.

NOVO CÓDIGO DE PROCESSO CIVIL	CÓDIGO DE PROCESSO CIVIL DE 1973
Art. 115. A sentença de mérito, quando proferida sem a integração do contraditório, será: I - nula, se a decisão deveria ser uniforme em relação a todos que deveriam ter integrado o processo; II - ineficaz, nos outros casos, apenas para os que não foram citados. Parágrafo único. Nos casos de litisconsórcio passivo necessário, o juiz determinará ao autor que requeira a citação de todos que devam ser litisconsortes, dentro do prazo que assinar, sob pena de extinção do processo.	**Art. 47.** [...] Parágrafo único. O juiz ordenará ao autor que promova a citação de todos os litisconsortes necessários, dentro do prazo que assinar, sob pena de declarar extinto o processo.

O artigo 115 da novel legislação aprimora a redação do artigo 47, parágrafo único, do CPC/73, indicando que a sentença será nula, se for o caso de litisconsórcio necessário e unitário, ou ineficaz, se for o caso de litisconsórcio necessário simples. O NCPC, porém, deixou a definição de litisconsórcio unitário apenas para o artigo seguinte, o que poderia ter feito logo após definir litisconsórcio necessário. O parágrafo único trata da regra que indica a extinção do processo se não forem citados todos os litisconsortes necessários no prazo estabelecido pelo juiz, mantendo uma controvérsia existente na doutrina, à luz do CPC/73, se existiria litisconsórcio ativo necessário ou se o litisconsórcio necessário seria sempre passivo. Sobre o tema, vide a lição de Aluisio Gonçalves de Castro Mendes[2], fazendo referência ao CPC de 1973:

2 MENDES, Aluisio Gonçalves de Castro. *Teoria Geral do Processo*. Rio de Janeiro: Lumen Juris, 2009, p. 82-83.

"No âmbito da legitimação processual civil, é importante ainda notar que, para determinadas causas, muitas vezes há que se ter a presença de mais de uma pessoa no pólo ativo ou passivo, o que se chama de litisconsórcio obrigatório ou necessário, nos termos do artigo 47 do Código de Processo Civil[3].

O litisconsórcio necessário significa a sua obrigatoriedade, ou seja, que precisa existir em razão da determinação de uma lei ou tendo em vista a natureza da relação jurídica que está em jogo. Por exemplo, o art. 942 do Código de Processo Civil de 1973 determina que, na ação de usucapião, o autor deve requerer a citação daquele em cujo nome estiver registrado o imóvel (ou seja, o titular do domínio do imóvel que está sendo objeto de usucapião), mas também de todos os confinantes (ou seja, daquelas pessoas que têm imóveis ao redor do que está sendo objeto de usucapião)[4]. Então, para que a legitimação esteja completa e a condição da ação esteja satisfeita, há que se ter a presença no processo de todos os confinantes e do titular do imóvel usucapiendo. Se não houver a presença de todos, o juiz deverá, de ofício, determinar que o autor, nos termos do parágrafo único do art. 47 do CPC/73, emende a petição inicial, requerendo a citação dos litisconsortes necessários, sob pena de extinção do processo sem o julgamento do mérito. Muitas vezes o litisconsórcio não é determinado por lei, mas decorre da relação jurídica que está em jogo, como, por exemplo, em ação para se anular o casamento, naturalmente devem ser citados os cônjuges. Quando há de mais uma pessoa participante da relação jurídica que se pretende invalidar, há de se fazer a citação dessas pessoas para que a decisão pretendida possa atingir a sua finalidade."

NOVO CÓDIGO DE PROCESSO CIVIL	CÓDIGO DE PROCESSO CIVIL DE 1973
Art. 116. O litisconsórcio será unitário quando, pela natureza da relação jurídica, o juiz tiver de decidir o mérito de modo uniforme para todos os litisconsortes.	**Art. 47.** Há litisconsórcio necessário, quando, por disposição de lei ou pela natureza da relação jurídica, o juiz tiver de decidir a lide de modo uniforme para todas as partes; caso em que a eficácia da sentença dependerá da citação de todos os litisconsortes no processo. [...]

Apenas nesse momento, a nova legislação define litisconsórcio unitário, que, à luz do CPC/73, estava, no *caput* do artigo 47, entrelaçado com a redação de litisconsórcio necessário. Litisconsórcio unitário, em oposição ao simples, é aquele em que a lide deve ser decidida de modo uniforme para todos os litisconsortes. O litisconsórcio

3 "Art. 47. Há litisconsórcio necessário, quando, por disposição de lei ou pela natureza da relação jurídica, o juiz tiver de decidir a lide de modo uniforme para todas as partes; caso em que a eficácia da sentença dependerá da citação de todos os litisconsortes no processo." A redação do referido dispositivo processual confunde, na verdade, dois institutos diversos: o litisconsórcio necessário e o litisconsórcio unitário. Quando diz que o juiz deverá decidir a lide de maneira uniforme, diz respeito ao litisconsórcio unitário, ou seja, nele o juiz precisa decidir da mesma forma, com o mesmo teor, para todos os litisconsortes.

4 Do mesmo modo, o art. 10, §1º, do Código de Processo Civil, exige o litisconsórcio necessário dos cônjuges nas ações descritas nos respectivos incisos.

somente será necessário e unitário nos casos em que sua formação se mostrar obrigatória em virtude da natureza da relação jurídica.

NOVO CÓDIGO DE PROCESSO CIVIL	CÓDIGO DE PROCESSO CIVIL DE 1973
Art. 117. Os litisconsortes serão considerados, em suas relações com a parte adversa, como litigantes distintos, exceto no litisconsórcio unitário, caso em que os atos e as omissões de um não prejudicarão os outros, mas os poderão beneficiar.	**Art. 48.** Salvo disposição em contrário, os litisconsortes serão considerados, em suas relações com a parte adversa, como litigantes distintos; os atos e as omissões de um não prejudicarão nem beneficiarão os outros.

Apenas houve alteração da redação no que tange ao apontamento dos reflexos oriundos dos atos e omissões, lesivos e benéficos pertinentes aos litisconsortes, destacando as especificidades do litisconsórcio unitário.

NOVO CÓDIGO DE PROCESSO CIVIL	CÓDIGO DE PROCESSO CIVIL DE 1973
Art. 118. Cada litisconsorte tem o direito de promover o andamento do processo, e todos devem ser intimados dos respectivos atos.	**Art. 49.** Cada litisconsorte tem o direito de promover o andamento do processo e todos devem ser intimados dos respectivos atos.

Mantendo a redação do artigo 49 do CPC/73, o artigo 118 do NCPC destaca que cada litisconsorte poderá dar andamento ao processo e, em homenagem ao princípio do contraditório, cada litisconsorte deverá ser intimado dos atos processuais, para que tenha ciência e oportunidade de se manifestar, independentemente do regime do litisconsórcio.

NOVO CÓDIGO DE PROCESSO CIVIL	CÓDIGO DE PROCESSO CIVIL DE 1973
TÍTULO III DA INTERVENÇÃO DE TERCEIROS CAPÍTULO I DA ASSISTÊNCIA **Seção I** **Disposições Comuns** **Art. 119.** Pendendo causa entre 2 (duas) ou mais pessoas, o terceiro juridicamente interessado em que a sentença seja favorável a uma delas poderá intervir no processo para assisti-la. Parágrafo único. A assistência será admitida em qualquer procedimento e em todos os graus de jurisdição, recebendo o assistente o processo no estado em que se encontre.	Seção II Da Assistência **Art. 50.** Pendendo uma causa entre duas ou mais pessoas, o terceiro, que tiver interesse jurídico em que a sentença seja favorável a uma delas, poderá intervir no processo para assisti-la. Parágrafo único. A assistência tem lugar em qualquer dos tipos de procedimento e em todos os graus da jurisdição; mas o assistente recebe o processo no estado em que se encontra.

O artigo 119 do NCPC reproduziu a regra do artigo 50 do CPC/73, mas o legislador organizou o instituto da assistência na parte de intervenção de terceiros, consagrando posicionamento que prevalecia na vigência do CPC/73.

NOVO CÓDIGO DE PROCESSO CIVIL	CÓDIGO DE PROCESSO CIVIL DE 1973
Art. 120. Não havendo impugnação no prazo de 15 (quinze) dias, o pedido do assistente será deferido, salvo se for caso de rejeição liminar. Parágrafo único. Se qualquer parte alegar que falta ao requerente interesse jurídico para intervir, o juiz decidirá o incidente, sem suspensão do processo.	**Art. 51.** Não havendo impugnação dentro de 5 (cinco) dias, o pedido do assistente será deferido. Se qualquer das partes alegar, no entanto, que falece ao assistente interesse jurídico para intervir a bem do assistido, o juiz: I – determinará, sem suspensão do processo, o desentranhamento da petição e da impugnação, a fim de serem autuadas em apenso; II – autorizará a produção de provas; III – decidirá, dentro de 5 (cinco) dias, o incidente.

Aprimorou-se a redação do artigo 50 do CPC/73 e ampliou-se o prazo de impugnação ao assistente de 5 (cinco) para 15 (quinze) dias.

NOVO CÓDIGO DE PROCESSO CIVIL	CÓDIGO DE PROCESSO CIVIL DE 1973
Seção II **Da Assistência Simples** **Art. 121.** O assistente simples atuará como auxiliar da parte principal, exercerá os mesmos poderes e sujeitar-se-á aos mesmos ônus processuais que o assistido. Parágrafo único. Sendo revel ou, de qualquer outro modo, omisso o assistido, o assistente será considerado seu substituto processual.	**Art. 52.** O assistente atuará como auxiliar da parte principal, exercerá os mesmos poderes e sujeitar-se-á aos mesmos ônus processuais que o assistido. Parágrafo único. Sendo revel o assistido, o assistente será considerado seu gestor de negócios.

Ao contrário do CPC/73, o NCPC indica, no artigo em comento, as disposições relativas à assistência simples e à assistência litisconsorcial. Mantendo o conteúdo do *caput* do artigo 52 do CPC/73, o aperfeiçoamento fica por conta do parágrafo único, que bem substitui a expressão "gestor de negócios", presente no texto do parágrafo único do aludido dispositivo do CPC/73, por "substituto processual". Isso porque a qualidade de gestor de negócios prevista no CPC/73 não afasta os efeitos da revelia.

A qualidade que o assistente assume no processo não é propriamente de gestor de negócios, porque a gestão de negócios é instituto de direito material, e o assistente simples apenas pode afastar os efeitos da revelia, mas o direito material debatido na demanda continua sendo do assistido, e não dele[5]. Nessa perspectiva, em consonância com modificação que já havia sido feita no CPC português, o NCPC optou por substituir "gestor de negócios" por "substituto processual", instituto de direito processual que significa atuar em nome próprio para defender direito alheio, mostrando-se mais coerente com os poderes atribuídos ao assistente simples nesta hipótese.

5 NEVES, Daniel Amorim Assumpção. *Intervenção de terceiros e revelia.* Disponível em: <http://www.professordanielneves.com.br/artigos/201011151805210.intervencaodeterceiroserevelia.pdf>. Acesso em: 8 jan. 2015.

NOVO CÓDIGO DE PROCESSO CIVIL	CÓDIGO DE PROCESSO CIVIL DE 1973
Art. 122. A assistência simples não obsta a que a parte principal reconheça a procedência do pedido, desista da ação, renuncie ao direito sobre o que se funda a ação ou transija sobre direitos controvertidos.	**Art. 53.** A assistência não obsta a que a parte principal reconheça a procedência do pedido, desista da ação ou transija sobre direitos controvertidos; casos em que, terminando o processo, cessa a intervenção do assistente.

O artigo 122 do NCPC reproduziu o teor do artigo 53 do CPC/73, indicando que o assistente simples não é o titular do direito material, o que permite ao assistido praticar atos de disposição.

NOVO CÓDIGO DE PROCESSO CIVIL	CÓDIGO DE PROCESSO CIVIL DE 1973
Art. 123. Transitada em julgado a sentença no processo em que interveio o assistente, este não poderá, em processo posterior, discutir a justiça da decisão, salvo se alegar e provar que: I - pelo estado em que recebeu o processo ou pelas declarações e pelos atos do assistido, foi impedido de produzir provas suscetíveis de influir na sentença; II - desconhecia a existência de alegações ou de provas das quais o assistido, por dolo ou culpa, não se valeu.	**Art. 55.** Transitada em julgado a sentença, na causa em que interveio o assistente, este não poderá, em processo posterior, discutir a justiça da decisão, salvo se alegar e provar que: I – pelo estado em que recebera o processo, ou pelas declarações e atos do assistido, fora impedido de produzir provas suscetíveis de influir na sentença; II – desconhecia a existência de alegações ou de provas, de que o assistido, por dolo ou culpa, não se valeu.

O artigo 123 do NCPC manteve a redação do artigo 55 do CPC/73, o que deixa o assistente simples que interveio no processo, como regra, vinculado à justiça da decisão, com as exceções dispostas nos incisos do dispositivo.

Com a separação entre assistência simples e assistência litisconsorcial, parece claro que o assistente litisconsorcial somente estará vinculado ao dispositivo da decisão, o limite objetivo da coisa julgada.

NOVO CÓDIGO DE PROCESSO CIVIL	CÓDIGO DE PROCESSO CIVIL DE 1973
Seção III **Da Assistência Litisconsorcial** **Art. 124.** Considera-se litisconsorte da parte principal o assistente sempre que a sentença influir na relação jurídica entre ele e o adversário do assistido.	**Art. 54.** Considera-se litisconsorte da parte principal o assistente, toda vez que a sentença houver de influir na relação jurídica entre ele e o adversário do assistido. Parágrafo único. Aplica-se ao assistente litisconsorcial, quanto ao pedido de intervenção, sua impugnação e julgamento do incidente, o disposto no art. 51.

Em um único dispositivo sobre assistência litisconsorcial, o NCPC manteve o artigo 54 do CPC/73. É importante observar que, nos casos de colegitimação, a possível intervenção será feita na forma de assistência litisconsorcial.

NOVO CÓDIGO DE PROCESSO CIVIL	CÓDIGO DE PROCESSO CIVIL DE 1973
CAPÍTULO II DA DENUNCIAÇÃO DA LIDE	Seção III Da Denunciação da Lide
Art. 125. É admissível a denunciação da lide, promovida por qualquer das partes: I - ao alienante imediato, no processo relativo à coisa cujo domínio foi transferido ao denunciante, a fim de que possa exercer os direitos que da evicção lhe resultam; II - àquele que estiver obrigado, por lei ou pelo contrato, a indenizar, em ação regressiva, o prejuízo de quem for vencido no processo.	**Art. 70.** A denunciação da lide é obrigatória: I – ao alienante, na ação em que terceiro reivindica a coisa, cujo domínio foi transferido à parte, a fim de que esta possa exercer o direito que da evicção lhe resulta; II – ao proprietário ou ao possuidor indireto quando, por força de obrigação ou direito, em casos como o do usufrutuário, do credor pignoratício, do locatário, o réu, citado em nome próprio, exerça a posse direta da coisa demandada; III – àquele que estiver obrigado, pela lei ou pelo contrato, a indenizar, em ação regressiva, o prejuízo do que perder a demanda.
§ 1º O direito regressivo será exercido por ação autônoma quando a denunciação da lide for indeferida, deixar de ser promovida ou não for permitida.	Sem correspondente.
§ 2º Admite-se uma única denunciação sucessiva, promovida pelo denunciado, contra seu antecessor imediato na cadeia dominial ou quem seja responsável por indenizá-lo, não podendo o denunciado sucessivo promover nova denunciação, hipótese em que eventual direito de regresso será exercido por ação autônoma.	**Art. 73.** Para os fins do disposto no art. 70, o denunciado, por sua vez, intimará do litígio o alienante, o proprietário, o possuidor indireto ou o responsável pela indenização e, assim, sucessivamente, observando-se, quanto aos prazos, o disposto no artigo antecedente.

O artigo 125 do NCPC esclarece controvérsia que prevaleceu na doutrina à luz do CPC/73, se a denunciação da lide seria obrigatória, sob pena de perda do direito de regresso, ao ter, no *caput*, a indicação de que seria *admissível* a denunciação da lide e, no parágrafo primeiro, a previsão de que, não ofertada a denunciação, não há perda do direito de regresso. Complementando essa previsão, o artigo 1.072, II, do NCPC revoga, expressamente, o artigo 456 do Código Civil, que estabelecia a obrigatoriedade da denunciação da lide no caso do artigo 70, inciso I, do Código de Processo Civil de 1973. Nesta perspectiva, consagra-se, à luz do novo Código de Processo Civil, que a denunciação da lide é facultativa.

Apenas restaram as duas primeiras hipóteses de denunciação da lide existentes no CPC/73, quais sejam: ao alienante imediato, no processo relativo à coisa, cujo domínio foi transferido ao denunciante, a fim de que possa exercer os direitos que da evicção lhe resultam; e àquele que estiver obrigado, por lei ou pelo contrato, a indenizar, em ação regressiva, o prejuízo do que for vencido no processo.

Modificando a tônica do artigo 73 do CPC/73, o parágrafo segundo do artigo 125 do NCPC passou a limitar a denunciação sucessiva como forma de assegurar a celeridade processual. Além disso, a já referida revogação do artigo 456 do Código Civil, por força da previsão do artigo 1.072, II, do NCPC, torna vedada a denunciação da lide *per saltum*.

NOVO CÓDIGO DE PROCESSO CIVIL	CÓDIGO DE PROCESSO CIVIL DE 1973
Art. 126. A citação do denunciado será requerida na petição inicial, se o denunciante for autor, ou na contestação, se o denunciante for réu, devendo ser realizada na forma e nos prazos previstos no art. 131.	**Art. 71.** A citação do denunciado será requerida, juntamente com a do réu, se o denunciante for o autor; e, no prazo para contestar, se o denunciante for o réu.

O artigo 126 do NCPC repete a regra do artigo 71 do CPC/73 quanto à oportunidade de se requerer a denunciação da lide, aprimorando um pouco a redação do texto.

NOVO CÓDIGO DE PROCESSO CIVIL	CÓDIGO DE PROCESSO CIVIL DE 1973
Art. 127. Feita a denunciação pelo autor, o denunciado poderá assumir a posição de litisconsorte do denunciante e acrescentar novos argumentos à petição inicial, procedendo-se em seguida à citação do réu.	**Art. 74.** Feita a denunciação pelo autor, o denunciado, comparecendo, assumirá a posição de litisconsorte do denunciante e poderá aditar a petição inicial, procedendo-se em seguida à citação do réu.

O artigo 72 do CPC/73 não foi reproduzido no novo diploma, não havendo a previsão de suspensão do processo ao ser citado o denunciado. O novo diploma, em seu artigo 127, aprimorou a redação do artigo 74 do CPC/73, prevendo a possibilidade de acréscimo de novos argumentos pelo denunciado, sem, contudo, fazer expressa menção à forma instrumental que seria utilizada para este fim.

NOVO CÓDIGO DE PROCESSO CIVIL	CÓDIGO DE PROCESSO CIVIL DE 1973
Art. 128. Feita a denunciação pelo réu: I - se o denunciado contestar o pedido formulado pelo autor, o processo prosseguirá tendo, na ação principal, em litisconsórcio, denunciante e denunciado; II - se o denunciado for revel, o denunciante pode deixar de prosseguir com sua defesa, eventualmente oferecida, e abster-se de recorrer, restringindo sua atuação à ação regressiva; III - se o denunciado confessar os fatos alegados pelo autor na ação principal, o denunciante poderá prosseguir com sua defesa ou, aderindo a tal reconhecimento, pedir apenas a procedência da ação de regresso. Parágrafo único. Procedente o pedido da ação principal, pode o autor, se for o caso, requerer o cumprimento da sentença também contra o denunciado, nos limites da condenação deste na ação regressiva.	**Art. 75.** Feita a denunciação pelo réu: I – se o denunciado a aceitar e contestar o pedido, o processo prosseguirá entre o autor, de um lado, e de outro, como litisconsortes, o denunciante e o denunciado; II – se o denunciado for revel, ou comparecer apenas para negar a qualidade que lhe foi atribuída, cumprirá ao denunciante prosseguir na defesa até final; III – se o denunciado confessar os fatos alegados pelo autor, poderá o denunciante prosseguir na defesa. **Art. 76.** A sentença, que julgar procedente a ação, declarará, conforme o caso, o direito do evicto, ou a responsabilidade por perdas e danos, valendo como título executivo.

O artigo 128 do NCPC apresenta um inciso a mais em relação ao artigo 75 do CPC/73, referente às posturas que podem ser adotadas pelas partes em caso de denunciação da lide, de forma a permitir que, caso seja procedente a ação principal – e, aí, deveria ter acrescido também a previsão de procedência da denunciação da lide, já que a procedência da ação principal não significa, de plano, a procedência da denunciação da lide –, poderá o autor, se for o caso, requerer o cumprimento da sentença também contra o denunciado, nos limites da condenação deste na ação regressiva.

NOVO CÓDIGO DE PROCESSO CIVIL	CÓDIGO DE PROCESSO CIVIL DE 1973
Art. 129. Se o denunciante for vencido na ação principal, o juiz passará ao julgamento da denunciação da lide. Parágrafo único. Se o denunciante for vencedor, a ação de denunciação não terá o seu pedido examinado, sem prejuízo da condenação do denunciante ao pagamento das verbas de sucumbência em favor do denunciado.	**Art. 76.** A sentença, que julgar procedente a ação, declarará, conforme o caso, o direito do evicto, ou a responsabilidade por perdas e danos, valendo como título executivo.

O NCPC explicitou o procedimento para a análise da denunciação da lide, aprimorando a redação do artigo 76 do CPC/73, já que a denunciação da lide só será analisada se o denunciante for vencido na ação principal.

NOVO CÓDIGO DE PROCESSO CIVIL	CÓDIGO DE PROCESSO CIVIL DE 1973
CAPÍTULO III DO CHAMAMENTO AO PROCESSO	Seção IV Do Chamamento ao Processo
Art. 130. É admissível o chamamento ao processo, requerido pelo réu: I - do afiançado, na ação em que o fiador for réu; II - dos demais fiadores, na ação proposta contra um ou alguns deles; III - dos demais devedores solidários, quando o credor exigir de um ou de alguns o pagamento da dívida comum.	**Art. 77.** É admissível o chamamento ao processo: I – do devedor, na ação em que o fiador for réu; II – dos outros fiadores, quando para ação for citado apenas um deles; III – de todos os devedores solidários, quando o credor exigir de um ou de alguns deles, parcial ou totalmente, a dívida comum.

O NCPC não traz novidades significativas sobre as hipóteses de chamamento ao processo, apenas aprimora a redação da regra que constava no inciso I do artigo 77 do CPC/73.

NOVO CÓDIGO DE PROCESSO CIVIL	CÓDIGO DE PROCESSO CIVIL DE 1973
Art. 131. A citação daqueles que devam figurar em litisconsórcio passivo será requerida pelo réu na contestação e deve ser promovida no prazo de 30 (trinta) dias, sob pena de ficar sem efeito o chamamento. Parágrafo único. Se o chamado residir em outra comarca, seção ou subseção judiciárias, ou em lugar incerto, o prazo será de 2 (dois) meses.	**Art. 78.** Para que o juiz declare, na mesma sentença, as responsabilidades dos obrigados, a que se refere o artigo antecedente, o réu requererá, no prazo para contestar, a citação do chamado. **Art. 79.** O juiz suspenderá o processo, mandando observar, quanto à citação e aos prazos, o disposto nos arts. 72 e 74.

Sem reproduzir a suspensão do processo prevista no artigo 79 do CPC/73, o NCPC trouxe prazos para a citação do chamado: prazo de trinta dias, como regra; e prazo de dois meses, se o chamado residir fora da comarca, seção ou subseção judiciária. Destaca-se, porém, que a inobservância destes prazos atribuídos ao juízo não poderá tornar sem efeito o chamamento, salvo se restar demonstrado que este atraso se deu por culpa de quem requereu o chamamento.

NOVO CÓDIGO DE PROCESSO CIVIL	CÓDIGO DE PROCESSO CIVIL DE 1973
Art. 132. A sentença de procedência valerá como título executivo em favor do réu que satisfizer a dívida, a fim de que possa exigi-la, por inteiro, do devedor principal, ou, de cada um dos codevedores, a sua quota, na proporção que lhes tocar.	**Art. 80.** A sentença, que julgar procedente a ação, condenando os devedores, valerá como título executivo, em favor do que satisfizer a dívida, para exigi-la, por inteiro, do devedor principal, ou de cada um dos codevedores a sua quota, na proporção que lhes tocar.

O NCPC apenas aprimorou a redação do artigo 80 do CPC/73, indicando que, quem satisfizer a dívida, poderá usar a sentença como título executivo para cobrar dos demais coobrigados, podendo-se iniciar o cumprimento de sentença em face de cada um deles.

NOVO CÓDIGO DE PROCESSO CIVIL	CÓDIGO DE PROCESSO CIVIL DE 1973
CAPÍTULO IV DO INCIDENTE DE DESCONSIDERAÇÃO DA PERSONALIDADE JURÍDICA **Art. 133.** O incidente de desconsideração da personalidade jurídica será instaurado a pedido da parte ou do Ministério Público, quando lhe couber intervir no processo. § 1º O pedido de desconsideração da personalidade jurídica observará os pressupostos previstos em lei. § 2º Aplica-se o disposto neste Capítulo à hipótese de desconsideração inversa da personalidade jurídica.	Sem correspondente.

Importante inovação do NCPC consiste na disciplina processual para a desconsideração da personalidade da pessoa jurídica, instituto que, atualmente, possui por exemplo, previsão tanto no artigo 50 do Código Civil (CC), como no artigo 28 do Código de Defesa do Consumidor (CDC), com requisitos e aplicações distintas.

Poderão requerer a desconsideração o Ministério Público ou a parte, observando, de acordo com o caso, os requisitos do CC ou do CDC. O NCPC indica que o seu procedimento aplica-se, ainda, ao pedido de desconsideração inversa da personalidade jurídica, já reconhecido há algum tempo pela doutrina e pela jurisprudência, que significa a desconsideração da autonomia patrimonial da pessoa jurídica, alcançando bens que estão em seu próprio nome, para responder por dívidas que não são suas, mas sim de um ou mais de seus sócios.

NOVO CÓDIGO DE PROCESSO CIVIL	CÓDIGO DE PROCESSO CIVIL DE 1973
Art. 134. O incidente de desconsideração é cabível em todas as fases do processo de conhecimento, no cumprimento de sentença e na execução fundada em título executivo extrajudicial. § 1º A instauração do incidente será imediatamente comunicada ao distribuidor para as anotações devidas. § 2º Dispensa-se a instauração do incidente se a desconsideração da personalidade jurídica for requerida na petição inicial, hipótese em que será citado o sócio ou a pessoa jurídica. § 3º A instauração do incidente suspenderá o processo, salvo na hipótese do § 2º. § 4º O requerimento deve demonstrar o preenchimento dos pressupostos legais específicos para desconsideração da personalidade jurídica.	Sem correspondente.

O NCPC destaca que o incidente de desconsideração da personalidade jurídica é cabível tanto no processo de conhecimento, no cumprimento de sentença e na execução de título executivo extrajudicial. Uma vez instaurado o incidente, o distribuidor será comunicado para as anotações devidas.

Sendo feito o pedido de desconsideração da personalidade jurídica na petição inicial, este não será considerando incidente, pois será o pedido principal ou um dos pedidos constantes da petição inicial, devendo ser citados os sócios, no caso de sociedade, ou o titular, no caso da empresa individual de responsabilidade limitada (EIRELI), tendo em vista que, em princípio, sócio e sociedade possuem personalidades diversas e independentes.

Ressalta-se que o pedido de desconsideração deve ser veiculado na petição inicial apenas no processo de conhecimento. No caso de cumprimento de sentença ou execução de título executivo extrajudicial, o pedido deve se realizar de forma incidental, pois faltaria legitimidade para o sócio compor o polo passivo, por não figurar no título, conforme princípio da nulla executio sine titulo.

O requerimento deverá demonstrar o preenchimento dos pressupostos legais específicos para a desconsideração da personalidade jurídica, no sentido de depender do tipo de relação subjacente, podendo ser civil, consumeristra, trabalhista, tributária, ambiental etc.

NOVO CÓDIGO DE PROCESSO CIVIL	CÓDIGO DE PROCESSO CIVIL DE 1973
Art. 135. Instaurado o incidente, o sócio ou a pessoa jurídica será citado para manifestar-se e requerer as provas cabíveis no prazo de 15 (quinze) dias.	Sem correspondente.

Neste dispositivo o NCPC dá atenção especial ao contraditória e à ampla defesa, determinando a citação do(s) sócio(s) ou da pessoa jurídica.

No entanto, no texto do dispositivo consta que o sócio ou a pessoa jurídica será citado para manifestar-se, sendo que a melhor técnica seria utilizar o conectivo "e", pois, considerando que sócios e pessoa jurídica possuem personalidades distintas e a decisão sobre a desconsideração afetará a própria pessoa jurídica e seus sócios, todos os sócios e a pessoa jurídica deverão ser citados, por se tratar de litisconsórcio necessário.

NOVO CÓDIGO DE PROCESSO CIVIL	CÓDIGO DE PROCESSO CIVIL DE 1973
Art. 136. Concluída a instrução, se necessária, o incidente será resolvido por decisão interlocutória. Parágrafo único. Se a decisão for proferida pelo relator, cabe agravo interno.	Sem correspondente.

O artigo 136 do NCPC trata do recurso cabível em face do julgamento do incidente: agravo de instrumento, para atacar decisão interlocutória; ou agravo interno, em face do julgamento monocrático do relator na segunda instância.

NOVO CÓDIGO DE PROCESSO CIVIL	CÓDIGO DE PROCESSO CIVIL DE 1973
Art. 137. Acolhido o pedido de desconsideração, a alienação ou a oneração de bens, havida em fraude de execução, será ineficaz em relação ao requerente.	Sem correspondente.

Caso seja deferido o pedido de desconsideração da personalidade da pessoa jurídica, eventual alienação ou oneração de bens será considerada fraude à execução e, assim, ineficaz em relação ao requerente.

NOVO CÓDIGO DE PROCESSO CIVIL	CÓDIGO DE PROCESSO CIVIL DE 1973
CAPÍTULO V DO AMICUS CURIAE **Art. 138.** O juiz ou o relator, considerando a relevância da matéria, a especificidade do tema objeto da demanda ou a repercussão social da controvérsia, poderá, por decisão irrecorrível, de ofício ou a requerimento das partes ou de quem pretenda manifestar-se, solicitar ou admitir a participação de pessoa natural ou jurídica, órgão ou entidade especializada, com representatividade adequada, no prazo de 15 (quinze) dias de sua intimação. § 1º A intervenção de que trata o caput não implica alteração de competência nem autoriza a interposição de recursos, ressalvadas a oposição de embargos de declaração e a hipótese do § 3º. § 2º Caberá ao juiz ou ao relator, na decisão que solicitar ou admitir a intervenção, definir os poderes do amicus curiae. § 3º O amicus curiae pode recorrer da decisão que julgar o incidente de resolução de demandas repetitivas.	 Sem correspondente.

O NCPC positiva a participação do *amicus curiae*, antes prevista em várias leis esparsas com regimes jurídicos diversos, podendo ser citadas: Lei nº 6.385/76, que prevê a participação da CVM nas ações que envolvem mercado de valores; Lei nº 8.884/94, alterada pela Lei nº 12.529/11, que permite a intervenção do CADE nas ações que envolvem concorrência; Lei nº 9.279/96, que indica a participação do INPI nas ações que tratam de marcas e patentes; Lei nº 9.868/99, que autoriza a participação de interessados nas ADIs e ADCs; Lei nº 10.259/01, que permite também a participação de interessados nos pedidos de uniformização de jurisprudência formulados em processos de competência dos Juizados Especiais Federais, regra repetida pela Lei nº 12.153/09, que trata dos Juizados Especiais Fazendários em âmbito estadual; Lei nº 11.417/06, que regula o procedimento de edição, cancelamento e revisão de súmula vinculante; artigos 543-B e 543-C do CPC/73, incorporados pelas Leis nº 11.418/06 e nº 11.672/08, respectivamente, que indicam os procedimentos de recursos excepcionais repetitivos, para citar os principais exemplos[6].

O artigo 138 do NCPC incorpora expressamente a figura do *amicus curiae* no ordenamento processual brasileiro e, permite, em tese, que este interessado venha a intervir em qualquer processo que possa potencializar repercussão coletiva.

O NCPC deixou claro que o instituto não se confunde com a assistência, que foi tratada em artigos distintos.

A intervenção do *amicus curiae*, nos moldes do NCPC, não ocasiona a modificação da competência e nem mesmo autoriza a interposição de recursos, salvo os embargos de declaração e no caso do julgamento do incidente de resolução de demandas repetitivas. Caberá ao relator, ao solicitar ou admitir sua intervenção, definir os poderes do *amicus curiae*.

NOVO CÓDIGO DE PROCESSO CIVIL	CÓDIGO DE PROCESSO CIVIL DE 1973
TÍTULO IV DO JUIZ E DOS AUXILIARES DA JUSTIÇA CAPÍTULO I DOS PODERES, DOS DEVERES E DA RESPONSABILIDADE DO JUIZ **Art. 139.** O juiz dirigirá o processo conforme as disposições deste Código, incumbindo-lhe: I - assegurar às partes igualdade de tratamento; II - velar pela duração razoável do processo; III - prevenir ou reprimir qualquer ato contrário à dignidade da justiça e indeferir postulações meramente protelatórias; IV - determinar todas as medidas indutivas, coercitivas, mandamentais ou sub-rogatórias necessárias para assegurar o cumprimento de ordem judicial, inclusive nas ações que tenham por objeto prestação pecuniária;	CAPÍTULO IV DO JUIZ Seção I Dos Poderes, dos Deveres e da responsabilidade do Juiz **Art. 125.** O juiz dirigirá o processo conforme as disposições deste Código, competindo-lhe: I – assegurar às partes igualdade de tratamento; II – velar pela rápida solução do litígio; III – prevenir ou reprimir qualquer ato contrário à dignidade da Justiça;

6 ALMEIDA, Marcelo Pereira de. A intervenção do amicus curiae em demandas seriais de interesse da administração pública. In: COELHO, Nuno M. M. S. Coelho; MELLO, Cleyson de Moraes. (Org.). *Direito, filosofia, ética e linguagem*: estudos em homenagem à professora, escritora e filósofa Theresa Calvet de Magalhães. Minas Gerais: Editar. 2013, p. 148.

V - promover, a qualquer tempo, a autocomposição, preferencialmente com auxílio de conciliadores e mediadores judiciais; VI - dilatar os prazos processuais e alterar a ordem de produção dos meios de prova, adequando-os às necessidades do conflito de modo a conferir maior efetividade à tutela do direito; VII - exercer o poder de polícia, requisitando, quando necessário, força policial, além da segurança interna dos fóruns e tribunais; VIII - determinar, a qualquer tempo, o comparecimento pessoal das partes, para inquiri-las sobre os fatos da causa, hipótese em que não incidirá a pena de confesso; IX - determinar o suprimento de pressupostos processuais e o saneamento de outros vícios processuais; X - quando se deparar com diversas demandas individuais repetitivas, oficiar o Ministério Público, a Defensoria Pública e, na medida do possível, outros legitimados a que se referem o art. 5º da Lei nº 7.347, de 24 de julho de 1985, e o art. 82 da Lei nº 8.078, de 11 de setembro de 1990, para, se for o caso, promover a propositura da ação coletiva respectiva. Parágrafo único. A dilação de prazos prevista no inciso VI somente pode ser determinada antes de encerrado o prazo regular.	IV – tentar, a qualquer tempo, conciliar as partes.

No que tange ao juiz, foi ampliado o rol de seus poderes de direção do processo, prevendo-se, além dos já existentes no artigo 125 do CPC/73, a possibilidade de determinar todas as medidas indutivas, coercitivas, mandamentais ou sub-rogatórias necessárias para assegurar o cumprimento de ordem judicial; requisitar, quando necessário, força policial, além da segurança interna dos fóruns e tribunais; determinar, a qualquer tempo, o comparecimento pessoal das partes, para inquiri-las sobre os fatos da causa; determinar o suprimento de pressupostos processuais e o saneamento de outros vícios processuais, além de oficiar aos legitimados para a propositura da ação coletiva caso se depare com diversas demandas individuais repetitivas.

NOVO CÓDIGO DE PROCESSO CIVIL	CÓDIGO DE PROCESSO CIVIL DE 1973
Art. 140. O juiz não se exime de decidir sob a alegação de lacuna ou obscuridade do ordenamento jurídico. Parágrafo único. O juiz só decidirá por equidade nos casos previstos em lei.	**Art. 126.** O juiz não se exime de sentenciar ou despachar alegando lacuna ou obscuridade da lei. No julgamento da lide caber-lhe-á aplicar as normas legais; não as havendo, recorrerá à analogia, aos costumes e aos princípios gerais de direito.

O referido dispositivo do NCPC possui alterações gramaticais em comparação com o seu correspondente no CPC/73, em especial, a supressão da segunda parte do artigo 126 do CPC/73, e, por óbvio, a necessária substituição do termo "lei" por "ordenamento jurídico", de modo a deixar o NCPC em uma sintonia fina com a Constituição da República Federativa do Brasil de 1988. Houve, ainda, o acréscimo de um parágrafo único, para explicitar que a equidade só será aplicada mediante previsão legal.

NOVO CÓDIGO DE PROCESSO CIVIL	CÓDIGO DE PROCESSO CIVIL DE 1973
Art. 141. O juiz decidirá o mérito nos limites propostos pelas partes, sendo-lhe vedado conhecer de questões não suscitadas a cujo respeito a lei exige iniciativa da parte	**Art. 128.** O juiz decidirá a lide nos limites em que foi proposta, sendo-lhe defeso conhecer de questões, não suscitadas, a cujo respeito a lei exige a iniciativa da parte.

Houve apenas alterações gramaticais no dispositivo, com a substituição dos termos "lide" por "mérito" e "defeso" por "vedado".

NOVO CÓDIGO DE PROCESSO CIVIL	CÓDIGO DE PROCESSO CIVIL DE 1973
Art. 142. Convencendo-se, pelas circunstâncias, de que autor e réu se serviram do processo para praticar ato simulado ou conseguir fim vedado por lei, o juiz proferirá decisão que impeça os objetivos das partes, aplicando, de ofício, as penalidades da litigância de má-fé.	**Art. 129.** Convencendo-se, pelas circunstâncias da causa, de que autor e réu se serviram do processo para praticar ato simulado ou conseguir fim proibido por lei, o juiz proferirá sentença que obste aos objetivos das partes.

O NCPC prevê, expressamente, a possibilidade de o juiz aplicar penalidades por litigância de má-fé, de ofício.

NOVO CÓDIGO DE PROCESSO CIVIL	CÓDIGO DE PROCESSO CIVIL DE 1973
Art. 143. O juiz responderá, civil e regressivamente, por perdas e danos quando: I - no exercício de suas funções, proceder com dolo ou fraude; II - recusar, omitir ou retardar, sem justo motivo, providência que deva ordenar de ofício ou a requerimento da parte. Parágrafo único. As hipóteses previstas no inciso II somente serão verificadas depois que a parte requerer ao juiz que determine a providência e o requerimento não for apreciado no prazo de 10 (dez) dias.	**Art. 133.** Responderá por perdas e danos o juiz, quando: I – no exercício de suas funções, proceder com dolo ou fraude; II – recusar, omitir ou retardar, sem justo motivo, providência que deva ordenar de ofício, ou a requerimento da parte. Parágrafo único. Reputar-se-ão verificadas as hipóteses previstas no nº II só depois que a parte, por intermédio do escrivão, requerer ao juiz que determine a providência e este não lhe atender o pedido dentro de 10 (dez) dias.

O artigo 143 do NCPC trouxe o acréscimo da responsabilidade regressiva do juiz por perdas e danos, quando incorrer em dolo ou fraude, e ainda pelo esvaziamento da devida celeridade processual. Para tanto, este dispositivo aponta o prazo de dez dias para que o juiz determine as providências requeridas pela parte, sob pena de responsabilidade.

NOVO CÓDIGO DE PROCESSO CIVIL	CÓDIGO DE PROCESSO CIVIL DE 1973
CAPÍTULO II DOS IMPEDIMENTOS E DA SUSPEIÇÃO **Art. 144.** Há impedimento do juiz, sendo-lhe vedado exercer suas funções no processo: I - em que interveio como mandatário da parte, oficiou como perito, funcionou como membro do Ministério Público ou prestou depoimento como testemunha; II - de que conheceu em outro grau de jurisdição, tendo proferido decisão; III - quando nele estiver postulando, como defensor público, advogado ou membro do Ministério Público, seu cônjuge ou companheiro, ou qualquer parente, consanguíneo ou afim, em linha reta ou colateral, até o terceiro grau, inclusive; IV - quando for parte no processo ele próprio, seu cônjuge ou companheiro, ou parente, consanguíneo ou afim, em linha reta ou colateral, até o terceiro grau, inclusive; V - quando for sócio ou membro de direção ou de administração de pessoa jurídica parte no processo; VI - quando for herdeiro presuntivo, donatário ou empregador de qualquer das partes; VII - em que figure como parte instituição de ensino com a qual tenha relação de emprego ou decorrente de contrato de prestação de serviços; VIII - em que figure como parte cliente do escritório de advocacia de seu cônjuge, companheiro ou parente, consanguíneo ou afim, em linha reta ou colateral, até o terceiro grau, inclusive, mesmo que patrocinado por advogado de outro escritório; IX - quando promover ação contra a parte ou seu advogado. § 1º Na hipótese do inciso III, o impedimento só se verifica quando o defensor público, o advogado ou o membro do Ministério Público já integrava o processo antes do início da atividade judicante do juiz. § 2º É vedada a criação de fato superveniente a fim de caracterizar impedimento do juiz. § 3º O impedimento previsto no inciso III também se verifica no caso de mandato conferido a membro de escritório de advocacia que tenha em seus quadros advogado que individualmente ostente a condição nele prevista, mesmo que não intervenha diretamente no processo.	Seção II Dos Impedimentos e da Suspeição **Art. 134.** É defeso ao juiz exercer as suas funções no processo contencioso ou voluntário: I – de que for parte; II – em que interveio como mandatário da parte, oficiou como perito, funcionou como órgão do Ministério Público, ou prestou depoimento como testemunha; III – que conheceu em primeiro grau de jurisdição, tendo-lhe proferido sentença ou decisão; IV – quando nele estiver postulando como advogado da parte, o seu cônjuge ou qualquer parente seu, consanguíneo ou afim, em linha reta; ou na linha colateral até o segundo grau; V – quando cônjuge, parente, consanguíneo ou afim, de alguma das partes, em linha reta ou, na colateral, até o terceiro grau; VI – quando for órgão de direção ou de administração de pessoa jurídica, parte na causa. Parágrafo único. No caso do nº IV, o impedimento só se verifica quando o advogado já estava exercendo o patrocínio da causa; é, porém, vedado ao advogado pleitear no processo, a fim de criar o impedimento do juiz. **Art. 137.** Aplicam-se os motivos de impedimento e suspeição aos juízes de todos os tribunais. O juiz que violar o dever de abstenção, ou não se declarar suspeito, poderá ser recusado por qualquer das partes (art. 304).

O referido dispositivo do NCPC amplia as hipóteses de impedimento do juiz, acrescentando a previsão de quando for Defensor Público, atuante em prol de uma das partes, seu cônjuge ou companheiro, ou qualquer parente, consanguíneo ou afim, em linha reta ou colateral, até o terceiro grau, inclusive; quando for herdeiro presuntivo, donatário ou empregador de qualquer das partes; em que figure como parte instituição de ensino com a qual tenha relação de emprego ou decorrente de contrato de prestação de serviços e em que figure como parte cliente do escritório de advocacia de seu cônjuge, companheiro ou parente, consanguíneo ou afim, em linha reta ou colateral, até o terceiro grau, inclusive, mesmo que patrocinado por advogado de outro escritório.

Muitas dessas hipóteses, à luz do CPC/73, poderiam ser enquadradas como suspeição, mas o NCPC, ao tratá-las como o vício mais grave do impedimento, preocupou-se em assegurar a imparcialidade do juiz, que pode ser verificada de ofício ou alegada pelas partes a qualquer tempo ou grau de jurisdição, mesmo após o trânsito em julgado, através de ação rescisória.

Destaque-se, porém, que, no caso de estar postulando nos autos como defensor público, advogado ou membro do Ministério Público, seu cônjuge ou companheiro, ou qualquer parente, consanguíneo ou afim, em linha reta ou colateral, até o terceiro grau, inclusive, o impedimento só se verifica quando o advogado, defensor público ou membro do Ministério Público já integrava a causa antes do início da atividade judicante do magistrado e, no caso de advogado, verifica-se no caso de mandato conferido a membro de escritório de advocacia que tenha em seus quadros advogado que individualmente ostente a condição nele prevista, mesmo que não intervenha diretamente no processo.

O legislador ressalvou a preocupação de evitar a criação de impedimentos, como forma de se criar, no caso concreto, uma escolha pelo juiz que julgará a causa, prevendo que é vedada a criação de fato superveniente a fim de caracterizar impedimento do juiz.

NOVO CÓDIGO DE PROCESSO CIVIL	CÓDIGO DE PROCESSO CIVIL DE 1973
Art. 145. Há suspeição do juiz: I - amigo íntimo ou inimigo de qualquer das partes ou de seus advogados; II - que receber presentes de pessoas que tiverem interesse na causa antes ou depois de iniciado o processo, que aconselhar alguma das partes acerca do objeto da causa ou que subministrar meios para atender às despesas do litígio; III - quando qualquer das partes for sua credora ou devedora, de seu cônjuge ou companheiro ou de parentes destes, em linha reta até o terceiro grau, inclusive; IV - interessado no julgamento do processo em favor de qualquer das partes. § 1º Poderá o juiz declarar-se suspeito por motivo de foro íntimo, sem necessidade de declarar suas razões. § 2º Será ilegítima a alegação de suspeição quando: I - houver sido provocada por quem a alega; II - a parte que a alega houver praticado ato que signifique manifesta aceitação do arguido.	**Art. 135.** Reputa-se fundada a suspeição de parcialidade do juiz, quando: I – amigo íntimo ou inimigo capital de qualquer das partes; II – alguma das partes for credora ou devedora do juiz, de seu cônjuge ou de parentes destes, em linha reta ou na colateral até o terceiro grau; III – herdeiro presuntivo, donatário ou empregador de alguma das partes; IV – receber dádivas antes ou depois de iniciado o processo; aconselhar alguma das partes acerca do objeto da causa, ou subministrar meios para atender às despesas do litígio; V – interessado no julgamento da causa em favor de uma das partes. Parágrafo único. Poderá ainda o juiz declarar-se suspeito por motivo íntimo.

O NCPC positivou como hipótese de suspeição do juiz o que já era discutido pela doutrina à luz do CPC/73 e que merecia, no caso concreto, alguns temperamentos: receber presentes de pessoas que tiverem interesse na causa antes ou depois de iniciado o processo. Trouxe, ainda, a possibilidade de suspeição por foro íntimo, já prevista no parágrafo único do artigo 135 do CPC/73, afirmando que, nesta hipótese, não seria necessário motivar e, por fim, listou os casos de ilegitimidade de alegação da suspeição, quais sejam: houver sido provocada por quem a alega e a parte que a alega houver praticado ato que signifique manifesta aceitação do arguido.

NOVO CÓDIGO DE PROCESSO CIVIL	CÓDIGO DE PROCESSO CIVIL DE 1973
Art. 146. No prazo de 15 (quinze) dias, a contar do conhecimento do fato, a parte alegará o impedimento ou a suspeição, em petição específica dirigida ao juiz do processo, na qual indicará o fundamento da recusa, podendo instruí-la com documentos em que se fundar a alegação e com rol de testemunhas. § 1º Se reconhecer o impedimento ou a suspeição ao receber a petição, o juiz ordenará imediatamente a remessa dos autos a seu substituto legal, caso contrário, determinará a autuação em apartado da petição e, no prazo de 15 (quinze) dias, apresentará suas razões, acompanhadas de documentos e de rol de testemunhas, se houver, ordenando a remessa do incidente ao tribunal. § 2º Distribuído o incidente, o relator deverá declarar os seus efeitos, sendo que, se o incidente for recebido: I - sem efeito suspensivo, o processo voltará a correr; II - com efeito suspensivo, o processo permanecerá suspenso até o julgamento do incidente. § 3º Enquanto não for declarado o efeito em que é recebido o incidente ou quando este for recebido com efeito suspensivo, a tutela de urgência será requerida ao substituto legal. § 4º Verificando que a alegação de impedimento ou de suspeição é improcedente, o tribunal rejeitá-la-á. § 5º Acolhida a alegação, tratando-se de impedimento ou de manifesta suspeição, o tribunal condenará o juiz nas custas e remeterá os autos ao seu substituto legal, podendo o juiz recorrer da decisão. § 6º Reconhecido o impedimento ou a suspeição, o tribunal fixará o momento a partir do qual o juiz não poderia ter atuado. § 7º O tribunal decretará a nulidade dos atos do juiz, se praticados quando já presente o motivo de impedimento ou de suspeição.	Seção III Das Exceções **Art. 304.** É lícito a qualquer das partes argüir, por meio de exceção, a incompetência (art. 112), o impedimento (art. 134) ou a suspeição (art. 135). **Art. 305.** Este direito pode ser exercido em qualquer tempo, ou grau de jurisdição, cabendo à parte oferecer exceção, no prazo de quinze (15) dias, contado do fato que ocasionou a incompetência, o impedimento ou a suspeição. **Art. 312.** A parte oferecerá a exceção de impedimento ou de suspeição, especificando o motivo da recusa (arts. 134 e 135). A petição, dirigida ao juiz da causa, poderá ser instruída com documentos em que o excipiente fundar a alegação e conterá o rol de testemunhas. **Art. 313.** Despachando a petição, o juiz, se reconhecer o impedimento ou a suspeição, ordenará a remessa dos autos ao seu substituto legal; em caso contrário, dentro de 10 (dez) dias, dará as suas razões, acompanhadas de documentos e de rol de testemunhas, se houver, ordenando a remessa dos autos ao tribunal. **Art. 314.** Verificando que a exceção não tem fundamento legal, o tribunal determinará o seu arquivamento; no caso contrário condenará o juiz nas custas, mandando remeter os autos ao seu substituto legal.

Cuidou o artigo 146 do NCPC da disciplina cautelosa das alegações de impedimento e de suspeição, aprimorando as disposições em relação aos efeitos do incidente provocado, não utilizando mais a terminologia da via processual da "exceção" para identificá-lo. Tratou, ainda, das questões referentes aos efeitos dos atos praticados pelo julgador impedido ou suspeito.

NOVO CÓDIGO DE PROCESSO CIVIL	CÓDIGO DE PROCESSO CIVIL DE 1973
Art. 147. Quando 2 (dois) ou mais juízes forem parentes, consanguíneos ou afins, em linha reta ou colateral, até o terceiro grau, inclusive, o primeiro que conhecer do processo impede que o outro nele atue, caso em que o segundo se escusará, remetendo os autos ao seu substituto legal.	**Art. 136.** Quando dois ou mais juízes forem parentes, consanguíneos ou afins, em linha reta e no segundo grau na linha colateral, o primeiro, que conhecer da causa no tribunal, impede que o outro participe do julgamento; caso em que o segundo se escusará, remetendo o processo ao seu substituto legal.

O NCPC apenas majorou o alcance do impedimento por parentesco até o terceiro grau, inclusive em primeira instância, reproduzindo o disposto no artigo 136 do CPC/73.

NOVO CÓDIGO DE PROCESSO CIVIL	CÓDIGO DE PROCESSO CIVIL DE 1973
Art. 148. Aplicam-se os motivos de impedimento e de suspeição: I - ao membro do Ministério Público; II - aos auxiliares da justiça; III - aos demais sujeitos imparciais do processo. § 1º A parte interessada deverá arguir o impedimento ou a suspeição, em petição fundamentada e devidamente instruída, na primeira oportunidade em que lhe couber falar nos autos. § 2º O juiz mandará processar o incidente em separado e sem suspensão do processo, ouvindo o arguido no prazo de 15 (quinze) dias e facultando a produção de prova, quando necessária. § 3º Nos tribunais, a arguição a que se refere o § 1º será disciplinada pelo regimento interno. § 4º O disposto nos §§ 1º e 2º não se aplica à arguição de impedimento ou de suspeição de testemunha.	**Art. 138.** Aplicam-se também os motivos de impedimento e de suspeição: I – ao órgão do Ministério Público, quando não for parte, e, sendo parte, nos casos previstos nos n^{os} I a IV do art. 135; II – ao serventuário de justiça; III – ao perito; IV – ao intérprete. § 1º A parte interessada deverá arguir o impedimento ou a suspeição, em petição fundamentada e devidamente instruída, na primeira oportunidade em que lhe couber falar nos autos; o juiz mandará processar o incidente em separado e sem suspensão da causa, ouvindo o arguido no prazo de 5 (cinco) dias, facultando a prova quando necessária e julgando o pedido. § 2º Nos tribunais caberá ao relator processar e julgar o incidente.

O artigo 148 do NCPC amplia o alcance das disposições sobre impedimento ou suspeição ao se referir à aplicabilidade "aos sujeitos imparciais do processo", diferentemente do artigo 138 do CPC/73, que sugere um elenco taxativo.

Destaca-se a importância de materialização da imparcialidade na seara processual, ao passo que os motivos de impedimento e suspeição alcançam os auxiliares da Justiça, em substituição aos serventuários da Justiça (CPC/73), bem como aos demais sujeitos imparciais do processo.

NOTAS AOS ARTIGOS 149 A 187

Alcir Rocha dos Santos
Larissa Clare Pochmann da Silva
Marcelo Pereira de Almeida

NOVO CÓDIGO DE PROCESSO CIVIL	CÓDIGO DE PROCESSO CIVIL DE 1973
CAPÍTULO III DOS AUXILIARES DA JUSTIÇA **Art. 149.** São auxiliares da Justiça, além de outros cujas atribuições sejam determinadas pelas normas de organização judiciária, o escrivão, o chefe de secretaria, o oficial de justiça, o perito, o depositário, o administrador, o intérprete, o tradutor, o mediador, o conciliador judicial, o partidor, o distribuidor, o contabilista e o regulador de avarias.	CAPÍTULO V DOS AUXILIARES DA JUSTIÇA **Art. 139.** São auxiliares do juízo, além de outros, cujas atribuições são determinadas pelas normas de organização judiciária, o escrivão, o oficial de justiça, o perito, o depositário, o administrador e o intérprete.

O NCPC incluiu expressamente novos agentes como auxiliares da Justiça, a saber: o chefe da secretaria, o tradutor, o mediador, o conciliador, o contabilista e o regulador de avarias. A previsão do conciliador e do mediador indica a relevância das formas de resolução alternativa de conflitos no novo diploma. Já o regulador de avarias, um *expert* na avaliação de danos (em caso de sinistro, frequentemente presente em seguradoras), atende à criação do procedimento especial de avaria grossa, apontando a preocupação do legislador em como quantificar os possíveis danos objetos de litígio.

NOVO CÓDIGO DE PROCESSO CIVIL	CÓDIGO DE PROCESSO CIVIL DE 1973
Seção I **Do Escrivão, do Chefe de Secretaria e do Oficial de Justiça** **Art. 150.** Em cada juízo haverá um ou mais ofícios de justiça, cujas atribuições serão determinadas pelas normas de organização judiciária.	Seção I Do Serventuário e do Oficial de Justiça **Art. 140.** Em cada juízo haverá um ou mais ofícios de justiça, cujas atribuições são determinadas pelas normas de organização judiciária.

O legislador não adotou proposta de mudança para este dispositivo, entretanto, algumas organizações de representação dos oficiais de justiça apresentaram propostas para modificação. Entre elas, destacamos a da Associação dos Oficiais de Justiça do Paraná que propôs a fixação de número mínimo de três oficiais em cada juízo[1].

---

1 A Associação dos Oficiais de Justiça do Paraná encaminhou proposta de alteração do dispositivo aduzindo que deveriam existir no mínimo, em cada ofício de justiça, três oficiais de justiça. Disponível em: <assojepar.jusbrasil.com.br/noticias/2298219/presidente-da-assojepar-apresenta-sugestao-ao-novo-cpc>. Acesso em: 28 jul. 2014.

Nesse dispositivo, seria interessante uma relação proporcional entre a quantidade de juízos e serventuários em razão das demandas ou da população da comarca/região, buscando assim que tanto a sobrecarga de trabalho quanto a ociosidade sejam eliminadas.

NOVO CÓDIGO DE PROCESSO CIVIL	CÓDIGO DE PROCESSO CIVIL DE 1973
Art. 151. Em cada comarca, seção ou subseção judiciária haverá, no mínimo, tantos oficiais de justiça quantos sejam os juízos.	Sem correspondente.

O legislador aqui estabelece relação proporcional entre a quantidade de juízos e de oficiais de justiça. Evidente que se trata de problema administrativo a resolução da disparidade proporcional. Pensamos que o dispositivo poderia estar situado na legislação que organiza os órgãos e quantitativo de pessoal. Entretanto, Scarpinella Bueno[2] aduz como pertinente e inequívoca a diretriz indicada pelo artigo.

NOVO CÓDIGO DE PROCESSO CIVIL	CÓDIGO DE PROCESSO CIVIL DE 1973
Art. 152. Incumbe ao escrivão ou ao chefe de secretaria: I - redigir, na forma legal, os ofícios, os mandados, as cartas precatórias e os demais atos que pertençam ao seu ofício; II - efetivar as ordens judiciais, realizar citações e intimações, bem como praticar todos os demais atos que lhe forem atribuídos pelas normas de organização judiciária; III - comparecer às audiências ou, não podendo fazê-lo, designar servidor para substituí-lo; IV - manter sob sua guarda e responsabilidade os autos, não permitindo que saiam do cartório, exceto: a) quando tenham de seguir à conclusão do juiz; b) com vista a procurador, à Defensoria Pública, ao Ministério Público ou à Fazenda Pública; c) quando devam ser remetidos ao contabilista ou ao partidor; d) quando forem remetidos a outro juízo em razão da modificação da competência;	**Art. 141.** Incumbe ao escrivão: I – redigir, em forma legal, os ofícios, mandados, cartas precatórias e mais atos que pertencem ao seu ofício; II – executar as ordens judiciais, promovendo citações e intimações, bem como praticando todos os demais atos, que lhe forem atribuídos pelas normas de organização judiciária; III – comparecer às audiências, ou, não podendo fazê-lo, designar para substituí-lo escrevente juramentado, de preferência datilógrafo ou taquígrafo; IV – ter, sob sua guarda e responsabilidade, os autos, não permitindo que saiam de cartório, exceto: a) quando tenham de subir à conclusão do juiz; b) com vista aos procuradores, ao Ministério Público ou à Fazenda Pública; c) quando devam ser remetidos ao contador ou ao partidor; d) quando, modificando-se a competência, forem transferidos a outro juízo;

2 BUENO, Cassio Scarpinella. *Projetos de novo código de processo civil comparados e anotados*: Senado Federal (PLS nº 166/2010) e Câmara dos Deputados (PL nº 8.046/2010). São Paulo: Saraiva, 2014, p. 99.

V - fornecer certidão de qualquer ato ou termo do processo, independentemente de despacho, observadas as disposições referentes ao segredo de justiça; VI - praticar, de ofício, os atos meramente ordinatórios. § 1º O juiz titular editará ato a fim de regulamentar a atribuição prevista no inciso VI. § 2º No impedimento do escrivão ou chefe de secretaria, o juiz convocará substituto e, não o havendo, nomeará pessoa idônea para o ato.	V – dar, independentemente de despacho, certidão de qualquer ato ou termo do processo, observado o disposto no art. 155. **Art. 142.** No impedimento do escrivão, o juiz convocar-lhe-á o substituto, e, não o havendo, nomeará pessoa idônea para o ato.

Acrescentando a previsão do chefe de secretaria, equiparado ao escrivão na Justiça Federal, o legislador ainda aperfeiçoa a redação no inciso II ao substituir o verbo *executar* por *efetivar*.

Os atos ordinatórios também foram legalmente delegados ao escrivão e ao chefe de secretaria. Seguindo a tendência do processo digital, toda a previsão do trabalho manual, como numerar páginas e assinar, foram suprimidas no NCPC.

Inovou o legislador ao retirar a parte mecânica que o CPC/73 preconiza tais como, numerar, carimbar, etc. O NCPC tem a indicação de adotar o processo eletrônico, o que dispensa a realização de tais ações. Um claro aperfeiçoamento em relação ao CPC/73.

NOVO CÓDIGO DE PROCESSO CIVIL	CÓDIGO DE PROCESSO CIVIL DE 1973
Art. 153. ~~O escrivão ou chefe de secretaria deverá obedecer à ordem cronológica de recebimento para publicação e efetivação dos pronunciamentos judiciais.~~ **Art. 153.** O escrivão ou o chefe de secretaria atenderá, preferencialmente, à ordem cronológica de recebimento para publicação e efetivação dos pronunciamentos judiciais. (Redação dada pela Lei nº 13.256/2016) § 1º A lista de processos recebidos deverá ser disponibilizada, de forma permanente, para consulta pública. § 2º Estão excluídos da regra do caput: I - os atos urgentes, assim reconhecidos pelo juiz no pronunciamento judicial a ser efetivado; II - as preferências legais. § 3º Após elaboração de lista própria, respeitar-se-ão a ordem cronológica de recebimento entre os atos urgentes e as preferências legais. § 4º A parte que se considerar preterida na ordem cronológica poderá reclamar, nos próprios autos, ao juiz do processo, que requisitará informações ao servidor, a serem prestadas no prazo de 2 (dois) dias. § 5º Constatada a preterição, o juiz determinará o imediato cumprimento do ato e a instauração de processo administrativo disciplinar contra o servidor.	Sem correspondente.

O artigo 153 do NCPC segue a mesma orientação prevista no artigo 12 em relação à cronologia para a prática de atos processuais, neste particular, aqueles de responsabilidade do escrivão ou chefe de secretaria. Originariamente, o legislador procurou estabelecer de forma rígida a ordem cronológica para que esses servidores recebessem atos para publicação e para efetivação dos pronunciamentos judiciais, mas o caput do artigo em comento também foi alvo de alteração pela Lei nº 13.256/16 que passou a tratar do tema como recomendação e não mais como imposição.

Destaca-se, que, da mesma forma que o artigo 12, os parágrafos do artigo 153 não foram alterados, mas seus comandos são esvaziados na medida em que o regramento do caput flexibiliza a postura do servidor em relação à observância da ordem cronológica.

Em que pese parecer lógica a organização, em ordem cronológica, dos processos, inúmeras são as reclamações de que isto efetivamente não ocorria na prática forense. Surge a possibilidade de, caso a ordem cronológica não seja seguida, a parte reclamar nos próprios autos do processo ao juiz da causa. O dispositivo prevê ainda as hipóteses de prioridade dos processos.

Scarpinella Bueno[3] reconhece a pertinência do artigo, bem como seu diálogo com a conclusão dos processos em ordem cronológica, conforme o artigo 12. Volpe Camargo[4] aduz como uma novidade no ordenamento pátrio, que irá proporcionar uma previsão temporal aproximada para a resolução do processo.

Mesmo com as alterações efetuadas nos artigos 12 e 153 que indicam a possibilidade de uma avaliação conveniente ou oportuna sobre a orientação da ordem cronológica pelos órgãos jurisdicionais, parece que o jurisdicionado que se sentir prejudicado continua com a possibilidade de reclamar nos próprios autos do processo, pois os parágrafos dos artigos analisados não foram modificados. É bem verdade, que diante da modificação do caput, o jurisdicionado prejudicado terá que demonstrar de forma mais intensa o seu prejuízo e a falta de razoabilidade na preterição.

NOVO CÓDIGO DE PROCESSO CIVIL	CÓDIGO DE PROCESSO CIVIL DE 1973
Art. 154. Incumbe ao oficial de justiça: I - fazer pessoalmente citações, prisões, penhoras, arrestos e demais diligências próprias do seu ofício, sempre que possível na presença de 2 (duas) testemunhas, certificando no mandado o ocorrido, com menção ao lugar, ao dia e à hora; II - executar as ordens do juiz a que estiver subordinado; III - entregar o mandado em cartório após seu cumprimento; IV - auxiliar o juiz na manutenção da ordem; V - efetuar avaliações, quando for o caso; VI - certificar, em mandado, proposta de autocomposição apresentada por qualquer das partes, na ocasião de realização de ato de comunicação que lhe couber. Parágrafo único. Certificada a proposta de autocomposição prevista no inciso VI, o juiz ordenará a intimação da parte contrária para manifestar-se, no prazo de 5 (cinco) dias, sem prejuízo do andamento regular do processo, entendendo-se o silêncio como recusa.	**Art. 143.** Incumbe ao oficial de justiça: I – fazer pessoalmente as citações, prisões, penhoras, arrestos e mais diligências próprias do seu ofício, certificando no mandado o ocorrido, com menção de lugar, dia e hora. A diligência, sempre que possível, realizar-se-á na presença de duas testemunhas; II — executar as ordens do juiz a que estiver subordinado; III – entregar, em cartório, o mandado, logo depois de cumprido; IV – estar presente às audiências e coadjuvar o juiz na manutenção da ordem. V – efetuar avaliações. (Incluído pela Lei nº 11.382, de 2006).

3 Ibidem, p. 100.

4 CAMARGO, Luiz Henrique Volpe. Cem novidades do novo código de processo civil. Disponível em: <http://www2.senado.leg.br/bdsf/bitstream/handle/id/242901/000923137.pdf?sequence=1>. Acesso em: 28 jul. 2014.

O artigo inova ao dispor como atribuição do oficial de justiça certificar propostas de autocomposição apresentadas pelas partes. Tal inovação representa um reflexo do empenho em se alcançar a celeridade processual, dispensando a presença das partes à comarca para apresentar uma proposta de autocomposição. O legislador do NCPC preocupou-se em fomentar a utilização de formas consensuais de solução de conflito[5].

NOVO CÓDIGO DE PROCESSO CIVIL	CÓDIGO DE PROCESSO CIVIL DE 1973
Art. 155. O escrivão, o chefe de secretaria e o oficial de justiça são responsáveis, civil e regressivamente, quando: I - sem justo motivo, se recusarem a cumprir no prazo os atos impostos pela lei ou pelo juiz a que estão subordinados; II - praticarem ato nulo com dolo ou culpa.	**Art. 144.** O escrivão e o oficial de justiça são civilmente responsáveis: I – quando, sem justo motivo, se recusarem a cumprir, dentro do prazo, os atos que lhes impõe a lei, ou os que o juiz, a que estão subordinados, lhes comete; II – quando praticarem ato nulo com dolo ou culpa.

Não houve inovação neste dispositivo em relação aos casos em que o escrivão e o oficial de justiça podem ser responsabilizados civil e regressivamente, havendo apenas adequação gramatical.

NOVO CÓDIGO DE PROCESSO CIVIL	CÓDIGO DE PROCESSO CIVIL DE 1973
Seção II **Do Perito** **Art. 156.** O juiz será assistido por perito quando a prova do fato depender de conhecimento técnico ou científico. § 1º Os peritos serão nomeados entre os profissionais legalmente habilitados e os órgãos técnicos ou científicos devidamente inscritos em cadastro mantido pelo tribunal ao qual o juiz está vinculado. § 2º Para formação do cadastro, os tribunais devem realizar consulta pública, por meio de divulgação na rede mundial de computadores ou em jornais de grande circulação, além de consulta direta a universidades, a conselhos de classe, ao Ministério Público, à Defensoria Pública e à Ordem dos Advogados do Brasil, para a indicação de profissionais ou de órgãos técnicos interessados.	Seção II Do Perito **Art. 145.** Quando a prova do fato depender de conhecimento técnico ou científico, o juiz será assistido por perito, segundo o disposto no art. 421. § 1º Os peritos serão escolhidos entre profissionais de nível universitário, devidamente inscritos no órgão de classe competente, respeitado o disposto no Capítulo VI, seção VII, deste Código. § 2º Os peritos comprovarão sua especialidade na matéria sobre que deverão opinar, mediante certidão do órgão profissional em que estiverem inscritos.

5 BUENO, Cassio Scarpinella. *Projetos de novo código de processo civil comparados e anotados*: Senado Federal (PLS nº 166/2010) e Câmara dos Deputados (PL nº 8.046/2010). São Paulo: Saraiva, 2014, p. 100.

§ 3º Os tribunais realizarão avaliações e reavaliações periódicas para manutenção do cadastro, considerando a formação profissional, a atualização do conhecimento e a experiência dos peritos interessados. § 4º Para verificação de eventual impedimento ou motivo de suspeição, nos termos dos arts. 148 e 467, o órgão técnico ou científico nomeado para realização da perícia informará ao juiz os nomes e os dados de qualificação dos profissionais que participarão da atividade. § 5º Na localidade onde não houver inscrito no cadastro disponibilizado pelo tribunal, a nomeação do perito é de livre escolha pelo juiz e deverá recair sobre profissional ou órgão técnico ou científico comprovadamente detentor do conhecimento necessário à realização da perícia.	§ 3º Nas localidades onde não houver profissionais qualificados que preencham os requisitos dos parágrafos anteriores, a indicação dos peritos será de livre escolha do juiz.

Em relação ao perito, o NCPC inova, trazendo a necessidade do cadastro dos profissionais, sendo estes devidamente habilitados junto aos conselhos técnicos. Prevê lista de cadastro de profissionais, com consulta pública e participação da OAB, MP e DP para indicação de profissionais. Prevê a realização de avaliação periódica dos peritos. Sai a previsão de nível superior como condição de ser perito. Além disto, prevê a disponibilização dos documentos para consulta aos interessados, bem como do prazo para recusa do perito pela parte.

NOVO CÓDIGO DE PROCESSO CIVIL	CÓDIGO DE PROCESSO CIVIL DE 1973
Art. 157. O perito tem o dever de cumprir o ofício no prazo que lhe designar o juiz, empregando toda sua diligência, podendo escusar-se do encargo alegando motivo legítimo. § 1º A escusa será apresentada no prazo de 15 (quinze) dias, contado da intimação, da suspeição ou do impedimento supervenientes, sob pena de renúncia ao direito a alegá-la. § 2º Será organizada lista de peritos na vara ou na secretaria, com disponibilização dos documentos exigidos para habilitação à consulta de interessados, para que a nomeação seja distribuída de modo equitativo, observadas a capacidade técnica e a área de conhecimento.	**Art. 146.** O perito tem o dever de cumprir o ofício, no prazo que lhe assina a lei, empregando toda a sua diligência; pode, todavia, escusar-se do encargo alegando motivo legítimo. Parágrafo único. A escusa será apresentada dentro de 5 (cinco) dias, contados da intimação ou do impedimento superveniente, sob pena de se reputar renunciado o direito a alegá-la (art. 423).

O novo Código de Processo Civil amplia o prazo de escusa do perito para 15 (quinze) dias. Destaca-se que o termo inicial pode ser da data de sua intimação, ou da suspeição ou do impedimento supervenientes, já que, sendo o perito auxiliar da Justiça, está sujeito aos vícios de impedimento e suspeição.

O NCPC aponta, ainda, que a lista de peritos, com os documentos exigidos à habilitação, estará disponível na vara ou secretaria, como forma de que as nomeações para as perícias sejam feitas de forma equitativa entre os profissionais habilitados.

NOVO CÓDIGO DE PROCESSO CIVIL	CÓDIGO DE PROCESSO CIVIL DE 1973
Art. 158. O perito que, por dolo ou culpa, prestar informações inverídicas responderá pelos prejuízos que causar à parte e ficará inabilitado para atuar em outras perícias no prazo de 2 (dois) a 5 (cinco) anos, independentemente das demais sanções previstas em lei, devendo o juiz comunicar o fato ao respectivo órgão de classe para adoção das medidas que entender cabíveis.	**Art. 147.** O perito que, por dolo ou culpa, prestar informações inverídicas, responderá pelos prejuízos que causar à parte, ficará inabilitado, por 2 (dois) anos, a funcionar em outras perícias e incorrerá na sanção que a lei penal estabelecer.

O dispositivo em comento trata da responsabilidade civil do perito que, por dolo ou culpa, preste informações não verídicas, o NCPC estabelece que o profissional responderá pelo prejuízo que causar às partes e não poderá realizar novas perícias em um período entre dois a cinco anos, sem prejuízo de outras sanções que possam ser previstas em lei e de providências perante seu órgão de classe.

NOVO CÓDIGO DE PROCESSO CIVIL	CÓDIGO DE PROCESSO CIVIL DE 1973
Seção III **Do Depositário e do Administrador**	Seção III Do Depositário e do Administrador
Art. 159. A guarda e a conservação de bens penhorados, arrestados, sequestrados ou arrecadados serão confiadas a depositário ou a administrador, não dispondo a lei de outro modo.	**Art. 148.** A guarda e conservação de bens penhorados, arrestados, sequestrados ou arrecadados serão confiadas a depositário ou a administrador, não dispondo a lei de outro modo.

O artigo 159 do NCPC mantém a redação do artigo 148 do CPC/73, destacando a atuação do administrador ou do depositário para acautelar bens penhorados, arrestados, sequestrados ou arrecadados.

NOVO CÓDIGO DE PROCESSO CIVIL	CÓDIGO DE PROCESSO CIVIL DE 1973
Art. 160. Por seu trabalho o depositário ou o administrador perceberá remuneração que o juiz fixará levando em conta a situação dos bens, ao tempo do serviço e às dificuldades de sua execução. Parágrafo único. O juiz poderá nomear um ou mais prepostos por indicação do depositário ou do administrador.	**Art. 149.** O depositário ou administrador perceberá, por seu trabalho, remuneração que o juiz fixará, atendendo à situação dos bens, ao tempo do serviço e às dificuldades de sua execução. Parágrafo único. O juiz poderá nomear, por indicação do depositário ou do administrador, um ou mais prepostos.

Apenas com melhoria redacional, o dispositivo mantém a *ratio* do CPC/73 em relação à remuneração do depositário ou do administrador.

NOVO CÓDIGO DE PROCESSO CIVIL	CÓDIGO DE PROCESSO CIVIL DE 1973
Art. 161. O depositário ou o administrador responde pelos prejuízos que, por dolo ou culpa, causar à parte, perdendo a remuneração que lhe foi arbitrada, mas tem o direito a haver o que legitimamente despendeu no exercício do encargo. Parágrafo único. O depositário infiel responde civilmente pelos prejuízos causados, sem prejuízo de sua responsabilidade penal e da imposição de sanção por ato atentatório à dignidade da justiça.	**Art. 150.** O depositário ou o administrador responde pelos prejuízos que, por dolo ou culpa, causar à parte, perdendo a remuneração que lhe foi arbitrada; mas tem o direito a haver o que legitimamente despendeu no exercício do encargo.

As disposições acerca do depositário sofreram pequenas alterações. Destacou-se a inovação com responsabilidade civil por danos causados, com a possibilidade de ser penalmente responsabilizado e ainda sofrer sanção quando realizar ato que atente contra a dignidade da Justiça. Além disto, suprime qualquer menção à possibilidade de prisão civil, atendendo ao previsto no Pacto de São José da Costa Rica e ao disposto na Súmula Vinculante nº 25.

NOVO CÓDIGO DE PROCESSO CIVIL	CÓDIGO DE PROCESSO CIVIL DE 1973
Seção IV **Do Intérprete e do Tradutor**	Seção IV Do Intérprete
Art. 162. O juiz nomeará intérprete ou tradutor quando necessário para: I - traduzir documento redigido em língua estrangeira; II - verter para o português as declarações das partes e das testemunhas que não conhecerem o idioma nacional; III - realizar a interpretação simultânea dos depoimentos das partes e testemunhas com deficiência auditiva que se comuniquem por meio da Língua Brasileira de Sinais, ou equivalente, quando assim for solicitado.	**Art. 151.** O juiz nomeará intérprete toda vez que o repute necessário para: I – analisar documento de entendimento duvidoso, redigido em língua estrangeira; II – verter em português as declarações das partes e das testemunhas que não conhecerem o idioma nacional; III – traduzir a linguagem mímica dos surdos-mudos, que não puderem transmitir a sua vontade por escrito.

Neste dispositivo foi acrescentada a previsão do tradutor, outro auxiliar da Justiça, pois a do intérprete, constante da redação, já existia no CPC/73. A principal diferença entre a atuação de um e de outro profissional está no fato de que o tradutor trabalha com textos escritos e o intérprete com discursos orais.

Foi, ainda, aprimorada a redação dos incisos, que mencionam a atuação desses profissionais.

NOVO CÓDIGO DE PROCESSO CIVIL	CÓDIGO DE PROCESSO CIVIL DE 1973
Art. 163. Não pode ser intérprete ou tradutor quem: I - não tiver a livre administração de seus bens; II - for arrolado como testemunha ou atuar como perito no processo; III - estiver inabilitado para o exercício da profissão por sentença penal condenatória, enquanto durarem seus efeitos.	**Art. 152.** Não pode ser intérprete quem: I – não tiver a livre administração dos seus bens; II – for arrolado como testemunha ou serve como perito no processo; III – estiver inabilitado ao exercício da profissão por sentença penal condenatória, enquanto durar o seu efeito.

O artigo 163 do NCPC reproduz o teor do artigo 152 do CPC/73 em relação a quem não pode exercer o múnus de intérprete ou tradutor.

NOVO CÓDIGO DE PROCESSO CIVIL	CÓDIGO DE PROCESSO CIVIL DE 1973
Art. 164. O intérprete ou tradutor, oficial ou não, é obrigado a desempenhar seu ofício, aplicando-se-lhe o disposto nos arts. 157 e 158.	**Art. 153.** O intérprete, oficial ou não, é obrigado a prestar o seu ofício, aplicando-se lhe o disposto nos arts. 146 e 147.

O artigo 164 do NCPC aplica o mesmo regime da responsabilidade civil do intérprete ou tradutor oficial ao perito, até por causa de todos os profissionais mencionados serem auxiliares do juízo, regime que, de acordo com os comentários aos artigos 157 e 158, sofreu uma previsão mais precisa na nova legislação processual.

NOVO CÓDIGO DE PROCESSO CIVIL	LEI Nº 13.140/2015 (em vigor a partir de dezembro de 2015)
Seção V **Dos Conciliadores e Mediadores Judiciais**	Subseção III Da Mediação Judicial
Art. 165. Os tribunais criarão centros judiciários de solução consensual de conflitos, responsáveis pela realização de sessões e audiências de conciliação e mediação e pelo desenvolvimento de programas destinados a auxiliar, orientar e estimular a autocomposição. § 1º A composição e a organização dos centros serão definidas pelo respectivo tribunal, observadas as normas do Conselho Nacional de Justiça. § 2º O conciliador, que atuará preferencialmente nos casos em que não houver vínculo anterior entre as partes, poderá sugerir soluções para o litígio, sendo vedada a utilização de qualquer tipo de constrangimento ou intimidação para que as partes conciliem. § 3º O mediador, que atuará preferencialmente nos casos em que houver vínculo anterior entre as partes, auxiliará aos interessados a compreender as questões e os interesses em conflito, de modo que eles possam, pelo restabelecimento da comunicação, identificar, por si próprios, soluções consensuais que gerem benefícios mútuos.	**Art. 24.** Os tribunais criarão centros judiciários de solução consensual de conflitos, responsáveis pela realização de sessões e audiências de conciliação e mediação, pré-processuais e processuais, e pelo desenvolvimento de programas destinados a auxiliar, orientar e estimular a autocomposição. Parágrafo único. A composição e a organização do centro serão definidas pelo respectivo tribunal, observadas as normas do Conselho Nacional de Justiça. **Art. 1º.** ... Parágrafo único. Considera-se mediação a atividade técnica exercida por terceiro imparcial sem poder decisório, que, escolhido ou aceito pelas partes, as auxilia e estimula a identificar ou desenvolver soluções consensuais para a controvérsia. [...] **Art. 4º.** ... § 1o O mediador conduzirá o procedimento de comunicação entre as partes, buscando o entendimento e o consenso e facilitando a resolução do conflito. [...]

	Resolução 125/2010, CNJ
	Art. 7º Os tribunais deverão criar, no prazo de 30 dias, Núcleos Permanentes de Métodos Consensuais de Solução de Conflitos (Núcleos), coordenados por magistrados e compostos por magistrados da ativa ou aposentados e servidores, preferencialmente atuantes na área, com as seguintes atribuições, entre outras: (Redação dada pela Emenda nº 2, de 08.03.16) I – desenvolver a Política Judiciária de tratamento adequado dos conflitos de interesses, estabelecida nesta Resolução; II – planejar, implementar, manter e aperfeiçoar as ações voltadas ao cumprimento da política e suas metas; III – atuar na interlocução com outros Tribunais e com os órgãos integrantes da rede mencionada nos arts. 5º e 6º; IV – instalar Centros Judiciários de Solução de Conflitos e Cidadania que concentrarão a realização das sessões de conciliação e mediação que estejam a cargo de conciliadores e mediadores, dos órgãos por eles abrangidos; V – incentivar ou promover capacitação, treinamento e atualização permanente de magistrados, servidores, conciliadores e mediadores nos métodos consensuais de solução de conflitos; VI – propor ao Tribunal a realização de convênios e parcerias com entes públicos e privados para atender aos fins desta Resolução; VII – criar e manter cadastro de mediadores e conciliadores, de forma a regulamentar o processo de inscrição e de desligamento; (Incluído pela Emenda nº 2, de 08.03.16) VIII – regulamentar, se for o caso, a remuneração de conciliadores e mediadores, nos termos do art. 169 do Novo Código de Processo Civil combinado com o art. 13 da Lei de Mediação. (Incluído pela Emenda nº 2, de 08.03.16) § 1º A criação dos Núcleos e sua composição deverão ser informadas ao Conselho Nacional de Justiça. § 2º Os Núcleos poderão estimular programas de mediação comunitária, desde que esses centros comunitários não se confundam com os Centros de conciliação e mediação judicial, previstos no Capítulo III, Seção II. § 3º Na hipótese de conciliadores, mediadores e Câmaras Privadas de Conciliação e Mediação credenciadas perante o Poder Judiciário, os tribunais deverão criar e manter cadastro ou aderir ao Cadastro Nacional de Mediadores Judiciais e Conciliadores, de forma a regulamentar o processo de inscrição e de desligamento desses facilitadores. (Redação dada pela Emenda nº 2, de 08.03.16) § 4º Os tribunais poderão, nos termos do art. 167, § 6º, do Novo Código de Processo Civil, excepcionalmente e desde que inexistente quadro suficiente de conciliadores e mediadores judiciais atuando como auxiliares da justiça, optar por formar quadro de conciliadores e mediadores admitidos mediante concurso público de provas e títulos. (Redação dada pela Emenda nº 2, de 08.03.16) § 5º Nos termos do art. 169, § 1°, do Novo Código de Processo Civil, a Mediação e a Conciliação poderão ser realizadas como trabalho voluntário. (Incluído pela Emenda nº 2, de 08.03.16)

	§ 6º Aos mediadores e conciliadores, inclusive membros das Câmaras Privadas de Conciliação, aplicam-se as regras de impedimento e suspeição, nos termos do disposto no art. 134, IV, do Código de Processo Civil de 1973; no art. 148, II, do Código de Processo Civil de 2015 e na Resolução CNJ 200/2015. (Incluído pela Emenda nº 2, de 08.03.16) § 7º Nos termos do art. 172 do Código de Processo Civil de 2015, o conciliador e o mediador ficam impedidos, pelo prazo de 1 (um) ano, contado do término da última audiência em que atuaram, de assessorar, representar ou patrocinar qualquer das partes. (Incluído pela Emenda nº 2, de 08.03.16)

O novo Código de Processo Civil, estimulando uma solução multiportas para o conflito, insere, dentre os auxiliares do juízo, os mediadores e conciliadores judiciais. No primeiro artigo da Seção, dispõe sobre a necessidade de criação de centros judiciários enquanto estruturas adequadas para a tentativa de solução consensual, previsão que já existia na Resolução nº 125/2010 da resolução do CNJ, em seu artigo 7º, IV, bem como diferencia a aplicação das técnicas da mediação e da conciliação, sendo o conceito de mediação também reproduzido no ordenamento pátrio no artigo 1º, parágrafo único, da Lei nº 13.140/2015.

NOVO CÓDIGO DE PROCESSO CIVIL	LEI Nº 13.140/2015 (EM VIGOR A PARTIR DE DEZEMBRO DE 2015)
Art. 166. A conciliação e a mediação são informadas pelos princípios da independência, da imparcialidade, da autonomia da vontade, da confidencialidade, da oralidade, da informalidade e da decisão informada. § 1º A confidencialidade estende-se a todas as informações produzidas no curso do procedimento, cujo teor não poderá ser utilizado para fim diverso daquele previsto por expressa deliberação das partes. § 2º Em razão do dever de sigilo, inerente às suas funções, o conciliador e o mediador, assim como os membros de suas equipes, não poderão divulgar ou depor acerca de fatos ou elementos oriundos da conciliação ou da mediação. § 3º Admite-se a aplicação de técnicas negociais, com o objetivo de proporcionar ambiente favorável à autocomposição. § 4º A mediação e a conciliação serão regidas conforme a livre autonomia dos interessados, inclusive no que diz respeito à definição das regras procedimentais.	**Art. 2º** A mediação será orientada pelos seguintes princípios: I - imparcialidade do mediador; II - isonomia entre as partes; III - oralidade; IV - informalidade; V - autonomia da vontade das partes; VI - busca do consenso; VII - confidencialidade; VIII - boa-fé. Seção III Do Procedimento de Mediação Subseção I Disposições Comuns **Art. 14.** No início da primeira reunião de mediação, e sempre que julgar necessário, o mediador deverá alertar as partes acerca das regras de confidencialidade aplicáveis ao procedimento.

Seção IV
Da Confidencialidade
e suas Exceções

Art. 30. Toda e qualquer informação relativa ao procedimento de mediação será confidencial em relação a terceiros, não podendo ser revelada sequer em processo arbitral ou judicial salvo se as partes expressamente decidirem de forma diversa ou quando sua divulgação for exigida por lei ou necessária para cumprimento de acordo obtido pela mediação.

§ 1o O dever de confidencialidade aplica-se ao mediador, às partes, a seus prepostos, advogados, assessores técnicos e a outras pessoas de sua confiança que tenham, direta ou indiretamente, participado do procedimento de mediação, alcançando:

I - declaração, opinião, sugestão, promessa ou proposta formulada por uma parte à outra na busca de entendimento para o conflito;

II - reconhecimento de fato por qualquer das partes no curso do procedimento de mediação;

III - manifestação de aceitação de proposta de acordo apresentada pelo mediador;

IV - documento preparado unicamente para os fins do procedimento de mediação.

§ 2o A prova apresentada em desacordo com o disposto neste artigo não será admitida em processo arbitral ou judicial.

§ 3o Não está abrigada pela regra de confidencialidade a informação relativa à ocorrência de crime de ação pública.

§ 4o A regra da confidencialidade não afasta o dever de as pessoas discriminadas no caput prestarem informações à administração tributária após o termo final da mediação, aplicando-se aos seus servidores a obrigação de manterem sigilo das informações compartilhadas nos termos do art. 198 da Lei no 5.172, de 25 de outubro de 1966 - Código Tributário Nacional.

Art. 31. Será confidencial a informação prestada por uma parte em sessão privada, não podendo o mediador revelá-la às demais, exceto se expressamente autorizado.

	Resolução nº 125, de 2010, do CNJ CÓDIGO DE ÉTICA DE CONCILIADORES E MEDIADORES JUDICIAIS INTRODUÇÃO (Redação dada pela Emenda nº 2, de 09.03.16) O Conselho Nacional de Justiça, a fim de assegurar o desenvolvimento da Política Pública de tratamento adequado dos conflitos e a qualidade dos serviços de conciliação e mediação enquanto instrumentos efetivos de pacificação social e de prevenção de litígios, institui o Código de Ética, norteado por princípios que formam a consciência dos terceiros facilitadores, como profissionais, e representam imperativos de sua conduta. Dos princípios e garantias da conciliação e mediação judiciais **Art. 1º** São princípios fundamentais que regem a atuação de conciliadores e mediadores judiciais: confidencialidade, decisão informada, competência, imparcialidade, independência e autonomia, respeito à ordem pública e às leis vigentes, empoderamento e validação. I – Confidencialidade - dever de manter sigilo sobre todas as informações obtidas na sessão, salvo autorização expressa das partes, violação à ordem pública ou às leis vigentes, não podendo ser testemunha do caso, nem atuar como advogado dos envolvidos, em qualquer hipótese; II – Decisão informada - dever de manter o jurisdicionado plenamente informado quanto aos seus direitos e ao contexto fático no qual está inserido; III – Competência - dever de possuir qualificação que o habilite à atuação judicial, com capacitação na forma desta Resolução, observada a reciclagem periódica obrigatória para formação continuada;

	IV – Imparcialidade - dever de agir com ausência de favoritismo, preferência ou preconceito, assegurando que valores e conceitos pessoais não interfiram no resultado do trabalho, compreendendo a realidade dos envolvidos no conflito e jamais aceitando qualquer espécie de favor ou presente; V – Independência e autonomia - dever de atuar com liberdade, sem sofrer qualquer pressão interna ou externa, sendo permitido recusar, suspender ou interromper a sessão se ausentes as condições necessárias para seu bom desenvolvimento, tampouco havendo dever de redigir acordo ilegal ou inexequível; VI – Respeito à ordem pública e às leis vigentes - dever de velar para que eventual acordo entre os envolvidos não viole a ordem pública, nem contrarie as leis vigentes; VII – Empoderamento - dever de estimular os interessados a aprenderem a melhor resolverem seus conflitos futuros em função da experiência de justiça vivenciada na autocomposição; VIII – Validação - dever de estimular os interessados perceberem-se reciprocamente como serem humanos merecedores de atenção e respeito. Das regras que regem o procedimento de conciliação/mediação **Art. 2º** As regras que regem o procedimento da conciliação/mediação são normas de conduta a serem observadas pelos conciliadores/mediadores para o bom desenvolvimento daquele, permitindo que haja o engajamento dos envolvidos, com vistas à sua pacificação e ao comprometimento com eventual acordo obtido, sendo elas: I – Informação - dever de esclarecer os envolvidos sobre o método de trabalho a ser empregado, apresentando-o de forma completa, clara e precisa, informando sobre os princípios deontológicos referidos no Capítulo I, as regras de conduta e as etapas do processo;

	II – Autonomia da vontade - dever de respeitar os diferentes pontos de vista dos envolvidos, assegurando-lhes que cheguem a uma decisão voluntária e não coercitiva, com liberdade para tomar as próprias decisões durante ou ao final do processo e de interrompê-lo a qualquer momento; III – Ausência de obrigação de resultado - dever de não forçar um acordo e de não tomar decisões pelos envolvidos, podendo, quando muito, no caso da conciliação, criar opções, que podem ou não ser acolhidas por eles; IV – Desvinculação da profissão de origem - dever de esclarecer aos envolvidos que atuam desvinculados de sua profissão de origem, informando que, caso seja necessária orientação ou aconselhamento afetos a qualquer área do conhecimento poderá ser convocado para a sessão o profissional respectivo, desde que com o consentimento de todos; V – Compreensão quanto à conciliação e à mediação - Dever de assegurar que os envolvidos, ao chegarem a um acordo, compreendam perfeitamente suas disposições, que devem ser exequíveis, gerando o comprometimento com seu cumprimento.

O artigo 166 do novo Código de Processo Civil dispõe, de forma não exaustiva, sobre os princípios da mediação, sendo muitas dessas orientações listadas como verdadeiros deveres no artigo 2º da Lei de Mediação (Lei nº 13.140/2015) e nos artigos 1º e 2º do Código de Ética dos Conciliadores e Mediadores Judiciais.

A independência, segundo o Código de Ética dos Conciliadores e Mediadores Judiciais, significa o dever de atuar com liberdade, sem sofrer qualquer pressão interna ou externa, sendo permitido recusar, suspender ou interromper a sessão se ausentes as condições necessárias para .seu bom desenvolvimento.

A imparcialidade significa o dever de agir com ausência de favoritismo, preferência ou preconceito, assegurando que valores e conceitos pessoais não interfiram no resultado do trabalho, compreendendo a realidade dos envolvidos no conflito e jamais aceitando qualquer espécie de favor ou presente.

A autonomia da vontade, descrita no Código de Ética dos Conciliadores e Mediadores Judiciais como princípio que rege o procedimento, significa o dever de respeitar os diferentes pontos de vista dos envolvidos, assegurando-lhes que cheguem a uma decisão voluntária e não coercitiva, com liberdade para tomar as próprias decisões durante ou ao final do processo e de interrompê-lo a qualquer momento.

A confidencialidade significa o dever de manter sigilo sobre todas as informações obtidas na sessão, salvo autorização expressa das partes, violação à ordem pública ou às leis vigentes, não podendo ser testemunha do caso, nem atuar como advogado dos envolvidos, em qualquer hipótese. É, também, desenvolvida nos parágrafos primeiro e segundo do novo CPC, com a referência que se estende a todo o procedimento consensual, mas o diploma processual civil não traz qualquer exceção. É o artigo 30, §3º, da Lei de Mediação que traz a exceção: não haverá confidencialidade caso seja confessado crime de ação penal pública, independentemente de ser ou não condicionada à representação do ofendido.

A oralidade significa que os atos serão praticados preferencialmente de forma oral, de forma a incentivar a também prevista informalidade, apesar de já se desenvolver no Brasil plataformas para que as sessões de mediação ou de conciliação possam ocorrer virtualmente, a exemplo do projeto ainda em teste do Tribunal de Justiça do Estado do Rio de Janeiro.

Já a decisão informada é o dever de manter o jurisdicionado plenamente informado quanto aos seus direitos e ao contexto fático no qual está inserido.

A busca pela solução consensual de conflitos é fortalecida no parágrafo terceiro do novo diploma e o parágrafo quarto fortalece a autonomia da vontade para a busca do consenso, sendo que deve ser lembrando que, para isso, cabe ao mediador ou ao conciliador informar as partes sobre o procedimento e suas consequências.

NOVO CÓDIGO DE PROCESSO CIVIL	LEI Nº 13.140/2015 (em vigor a partir de dezembro de 2015)
Art. 167. Os conciliadores, os mediadores e as câmaras privadas de conciliação e mediação serão inscritos em cadastro nacional e em cadastro de tribunal de justiça ou de tribunal regional federal, que manterá registro de profissionais habilitados, com indicação de sua área profissional. § 1º Preenchendo o requisito da capacitação mínima, por meio de curso realizado por entidade credenciada, conforme parâmetro curricular definido pelo Conselho Nacional de Justiça em conjunto com o Ministério da Justiça, o conciliador ou o mediador, com o respectivo certificado, poderá requerer sua inscrição no cadastro nacional e no cadastro de tribunal de justiça ou de tribunal regional federal.	Subseção II Dos Mediadores Extrajudiciais **Art. 9º** Poderá funcionar como mediador extrajudicial qualquer pessoa capaz que tenha a confiança das partes e seja capacitada para fazer mediação, independentemente de integrar qualquer tipo de conselho, entidade de classe ou associação, ou nele inscrever-se. Subseção III Dos Mediadores Judiciais **Art. 11.** Poderá atuar como mediador judicial a pessoa capaz, graduada há pelo menos dois anos em curso de ensino superior de instituição reconhecida pelo Ministério da Educação e que tenha obtido capacitação em escola ou instituição de formação de mediadores, reconhecida pela Escola Nacional de Formação e Aperfeiçoamento de Magistrados - ENFAM ou pelos tribunais, observados os requisitos mínimos estabelecidos pelo Conselho Nacional de Justiça em conjunto com o Ministério da Justiça.

§ 2º Efetivado o registro, que poderá ser precedido de concurso público, o tribunal remeterá ao diretor do foro da comarca, seção ou subseção judiciária onde atuará o conciliador ou o mediador os dados necessários para que seu nome passe a constar da respectiva lista, a ser observada na distribuição alternada e aleatória, respeitado o princípio da igualdade dentro da mesma área de atuação profissional.

§ 3º Do credenciamento das câmaras e do cadastro de conciliadores e mediadores constarão todos os dados relevantes para a sua atuação, tais como o número de processos de que participou, o sucesso ou insucesso da atividade, a matéria sobre a qual versou a controvérsia, bem como outros dados que o tribunal julgar relevantes.

§ 4º Os dados colhidos na forma do § 3º serão classificados sistematicamente pelo tribunal, que os publicará, ao menos anualmente, para conhecimento da população e para fins estatísticos e de avaliação da conciliação, da mediação, das câmaras privadas de conciliação e de mediação, dos conciliadores e dos mediadores.

§ 5º Os conciliadores e mediadores judiciais cadastrados na forma do caput, se advogados, estarão impedidos de exercer a advocacia nos juízos em que desempenhem suas funções.

§ 6º O tribunal poderá optar pela criação de quadro próprio de conciliadores e mediadores, a ser preenchido por concurso público de provas e títulos, observadas as disposições deste Capítulo.

Art. 12. Os tribunais criarão e manterão cadastros atualizados dos mediadores habilitados e autorizados a atuar em mediação judicial.

§ 1o A inscrição no cadastro de mediadores judiciais será requerida pelo interessado ao tribunal com jurisdição na área em que pretenda exercer a mediação.

§ 2o Os tribunais regulamentarão o processo de inscrição e desligamento de seus mediadores.

Resolução 125, de 2010, do CNJ

ANEXO I

DIRETRIZES CURRICULARES

(Redação dada pela Emenda nº 2, de 08.03.16)

(Aprovadas pelo Grupo de Trabalho estabelecido nos termos do art. 167, § 1º, do Novo Código de Processo Civil por intermédio da Portaria CNJ 64/2015)

O curso de capacitação básica dos terceiros facilitadores (conciliadores e mediadores) tem por objetivo transmitir informações teóricas gerais sobre a conciliação e a mediação, bem como vivência prática para aquisição do mínimo de conhecimento que torne o corpo discente apto ao exercício da conciliação e da mediação judicial. Esse curso, dividido em 2 (duas) etapas (teórica e prática), tem como parte essencial os exercícios simulados e o estágio supervisionado de 60 (sessenta) e 100 (cem) horas.

I - Desenvolvimento do curso O curso é dividido em duas etapas: 1) Módulo Teórico e 2) Módulo Prático (Estágio Supervisionado).

1. Módulo Teórico

No módulo teórico, serão desenvolvidos determinados temas (a seguir elencados) pelos professores e indicada a leitura obrigatória de obras de natureza introdutória (livros-texto) ligados às principais linhas técnico-metodológicas para a conciliação e mediação, com a realização de simulações pelos alunos.

1.1. Conteúdo Programático

No módulo teórico deverão ser desenvolvidos os seguintes temas:

a) Panorama histórico dos métodos consensuais de solução de conflitos. Legislação brasileira. Projetos de lei. Lei dos Juizados Especiais. Resolução CNJ 125/2010. Novo Código de Processo Civil, Lei de Mediação.

b) A Política Judiciária Nacional de tratamento adequado de conflitos Objetivos: acesso à justiça, mudança de mentalidade, qualidade do serviço de conciliadores e mediadores. Estruturação - CNJ, Núcleo Permanente de Métodos Consensuais de Solução de Conflitos e Cejusc. A audiência de conciliação e mediação do novo Código de Processo Civil. Capacitação e remuneração de conciliadores e mediadores.

	c) Cultura da Paz e Métodos de Solução de Conflitos Panorama nacional e internacional. Autocomposição e Heterocomposição. Prisma (ou espectro) de processos de resolução de disputas: negociação, conciliação, mediação, arbitragem, processo judicial, processos híbridos. d) Teoria da Comunicação/Teoria dos Jogos Axiomas da comunicação. Comunicação verbal e não verbal. Escuta ativa. Comunicação nas pautas de interação e no estudo do interrelacionamento humano: aspectos sociológicos e aspectos psicológicos. Premissas conceituais da autocomposição. e) Moderna Teoria do Conflito Conceito e estrutura. Aspectos objetivos e subjetivos. f) Negociação Conceito: Integração e distribuição do valor das negociações. Técnicas básicas de negociação (a barganha de posições; a separação de pessoas de problemas; concentração em interesses; desenvolvimento de opções de ganho mútuo; critérios objetivos; melhor alternativa para acordos negociados). Técnicas intermediárias de negociação (estratégias de estabelecimento de rapport; transformação de adversários em parceiros; comunicação efetiva). g) Conciliação Conceito e filosofia. Conciliação judicial e extrajudicial. Técnicas (recontextualização, identificação das propostas implícitas, afago, escuta ativa, espelhamento, produção de opção, acondicionamento das questões e interesses das partes, teste de realidade). Finalização da conciliação. Formalização do acordo. Dados essenciais do termo de conciliação (qualificação das partes, número de identificação, natureza do conflito...). Redação do acordo: requisitos mínimos e exequibilidade. Encaminhamentos e estatística. Etapas (planejamento da sessão, apresentação ou abertura, esclarecimentos ou investigação das propostas das partes, criação de opções, escolha da opção, lavratura do acordo). h) Mediação Definição e conceitualização. Conceito e filosofia. Mediação judicial e extrajudicial, prévia e incidental; Etapas – Pré-mediação e Mediação propriamente dita (acolhida, declaração inicial das partes, planejamento, esclarecimentos dos interesses ocultos e negociação do acordo). Técnicas ou ferramentas (co-mediação, recontextualização, identificação das propostas implícitas, formas de perguntas, escuta ativa, produção de opção, acondicionamento das questões e interesses das partes, teste de realidade ou reflexão). i) Áreas de utilização da conciliação/mediação Empresarial, familiar, civil (consumeirista, trabalhista, previdenciária, etc.), penal e justiça restaurativa; o envolvimento com outras áreas do conhecimento.

	j) Interdisciplinaridade da mediação Conceitos das diferentes áreas do conhecimento que sustentam a prática: sociologia, psicologia, antropologia e direito. k) O papel do conciliador/mediador e sua relação com os envolvidos (ou agentes) na conciliação e na mediação Os operadores do direito (o magistrado, o promotor, o advogado, o defensor público, etc) e a conciliação/mediação. Técnicas para estimular advogados a atuarem de forma eficiente na conciliação/mediação. Contornando as dificuldades: situações de desequilíbrio, descontrole emocional, embriaguez, desrespeito. l) Ética de conciliadores e mediadores O terceiro facilitador: funções, postura, atribuições, limites de atuação. Código de Ética – Resolução CNJ 125/2010 (anexo). 1.2. Material didático do Módulo Teórico O material utilizado será composto por apostilas, obras de natureza introdutória (manuais, livros-textos, etc) e obras ligadas às abordagens de mediação adotadas. 1.3. Carga Horária do Módulo Teórico A carga horária deve ser de, no mínimo, 40 (quarenta) horas/aula e, necessariamente, complementada pelo Módulo Prático (estágio supervisionado) de 60 (sessenta) a 100 (cem) horas. 1.4. Frequência e Certificação A frequência mínima exigida para a aprovação no Módulo Teórico é de 100% (cem por cento) e, para a avaliação do aproveitamento, o aluno entregará relatório ao final do módulo. Assim, cumpridos os 2 (dois) requisitos - frequência mínima e apresentação de relatório - será emitida declaração de conclusão do Módulo Teórico, que habilitará o aluno a iniciar o Módulo Prático (estágio supervisionado). 2. Módulo Prático – Estágio Supervisionado Nesse módulo, o aluno aplicará o aprendizado teórico em casos reais, acompanhado por 1 (um) membro da equipe docente (supervisor), desempenhando, necessariamente, 3 (três) funções: a) observador, b) co-conciliador ou co-mediador, e c) conciliador ou mediador. Ao final de cada sessão, apresentará relatório do trabalho realizado, nele lançando suas impressões e comentários relativos à utilização das técnicas aprendidas e aplicadas, de modo que esse relatório não deve limitar-se a descrever o caso atendido, como em um estágio de Faculdade de Direito, mas haverá de observar as técnicas utilizadas e a facilidade ou dificuldade de lidar com o

	caso real. Permite-se, a critério do Nupemec, estágio autossupervisionado quando não houver equipe docente suficiente para acompanhar todas as etapas do Módulo Prático. Essa etapa é imprescindível para a obtenção do certificado de conclusão do curso, que habilita o mediador ou conciliador a atuar perante o Poder Judiciário. 2.1. Carga Horária O mínimo exigido para esse módulo é de 60 (sessenta) horas de atendimento de casos reais, podendo a periodicidade ser definida pelos coordenadores dos cursos. 2.2. Certificação Após a entrega dos relatórios referentes a todas as sessões das quais o aluno participou e, cumprido o número mínimo de horas estabelecido no item 2.1 acima, será emitido certificado de conclusão do curso básico de capacitação, que é o necessário para o cadastramento como mediador junto ao tribunal no qual pretende atuar. 2.3. Flexibilidade dos treinamentos Os treinamentos de quaisquer práticas consensuais serão conduzidos de modo a respeitar as linhas distintas de atuação em mediação e conciliação (e.g. transformativa, narrativa, facilitadora, entre outras). Dessa forma, o conteúdo programático apresentado acima poderá ser livremente flexibilizado para atender às especificidades da mediação adotada pelo instrutor, inclusive quanto à ordem dos temas. Quaisquer materiais pedagógicos disponibilizados pelo CNJ (vídeos, exercícios simulados, manuais) são meramente exemplificativos. De acordo com as especificidades locais ou regionais, poderá ser dada ênfase a uma ou mais áreas de utilização de conciliação/mediação. II – Facultativo 1. Instrutores Os conciliadores/mediadores capacitados nos termos dos parâmetros acima indicados poderão se inscrever no curso de capacitação de instrutores, desde que preencham, cumulativamente, os seguintes requisitos: • Experiência de atendimento em conciliação ou mediação por 2 (dois) anos. • Idade mínima de 21 anos e comprovação de conclusão de curso superior.

A disposição sobre o cadastro de conciliadores, mediadores e câmaras privadas de mediação prevista no novo CPC está em consonância com o artigo 12 da Lei de Mediação, sendo a capacitação especificamente dos mediadores prevista no artigo 11 da Lei de Mediação e, tanto dos mediadores como dos conciliadores, no artigo 12 da Resolução nº 125/2010 do CNJ. Esses dispositivos, inclusive, esclarecem o conceito de capacitação mínima prevista no parágrafo primeiro do artigo 167 do NCPC.

Já o parágrafo segundo dispõe sobre a possibilidade dos mediadores e conciliadores judiciais serem escolhidos mediante concurso público, com previsão complementada pelo parágrafo sexto do mesmo artigo. O parágrafo quinto dispõe sobre o "período de quarentena" para os conciliadores e mediadores judiciais após o desligamento de suas funções.

Por fim, merece destacar que os parágrafos terceiro e quarto trazem importante previsão sobre a atuação das câmaras privadas, de forma que quem opte pela mediação extrajudicial possa ter referências do profissional que escolhe.

NOVO CÓDIGO DE PROCESSO CIVIL	**LEI Nº 13.140/2015 (em vigor a partir de dezembro de 2015)**
Art. 168. As partes podem escolher, de comum acordo, o conciliador, o mediador ou a câmara privada de conciliação e de mediação. § 1º O conciliador ou mediador escolhido pelas partes poderá ou não estar cadastrado no tribunal. § 2º Inexistindo acordo quanto à escolha do mediador ou conciliador, haverá distribuição entre aqueles cadastrados no registro do tribunal, observada a respectiva formação. § 3º Sempre que recomendável, haverá a designação de mais de um mediador ou conciliador.	Seção II Dos Mediadores Subseção I Disposições Comuns **Art. 4o** O mediador será designado pelo tribunal ou escolhido pelas partes. ... Subseção II Dos Mediadores Extrajudiciais **Art. 9o** Poderá funcionar como mediador extrajudicial qualquer pessoa capaz que tenha a confiança das partes e seja capacitada para fazer mediação, independentemente de integrar qualquer tipo de conselho, entidade de classe ou associação, ou nele inscrever-se. Subseção III Dos Mediadores Judiciais **Art. 11.** Poderá atuar como mediador judicial a pessoa capaz, graduada há pelo menos dois anos em curso de ensino superior de instituição reconhecida pelo Ministério da Educação e que tenha obtido capacitação em escola ou instituição de formação de mediadores, reconhecida pela Escola Nacional de Formação e Aperfeiçoamento de Magistrados - ENFAM ou pelos tribunais, observados os requisitos mínimos estabelecidos pelo Conselho Nacional de Justiça em conjunto com o Ministério da Justiça.

	Art. 25. Na mediação judicial, os mediadores não estarão sujeitos à prévia aceitação das partes, observado o disposto no art. 5o desta Lei. **Art. 5º** Aplicam-se ao mediador as mesmas hipóteses legais de impedimento e suspeição do juiz. Parágrafo único. A pessoa designada para atuar como mediador tem o dever de revelar às partes, antes da aceitação da função, qualquer fato ou circunstância que possa suscitar dúvida justificada em relação à sua imparcialidade para mediar o conflito, oportunidade em que poderá ser recusado por qualquer delas. **Resolução 125, de 2010, do CNJ** ANEXO I (Redação dada pela Emenda nº 1, de 31.01.13) CURSOS DE CAPACITAÇÃO E APERFEIÇOAMENTO Considerando que a política pública de formação de instrutores em mediação e conciliação do Conselho Nacional de Justiça tem destacado entre seus princípios informadores a qualidade dos serviços como garantia de acesso a uma ordem jurídica justa, desenvolveu-se inicialmente conteúdo programático mínimo a ser seguido pelos Tribunais nos cursos de capacitação de serventuários da justiça, conciliadores e mediadores. Todavia, constatou-se que os referidos conteúdos programáticos estavam sendo implantados sem os exercícios simulados e estágios supervisionados necessários à formação de mediadores e conciliadores. Para esse fim mostrou-se necessário alterar o conteúdo programático para recomendar-se a adoção de cursos nos moldes dos conteúdos programáticos aprovados pelo Comitê Gestor do Movimento pela Conciliação. Destarte, os treinamentos referentes a Políticas Públicas de Resolução de Disputas (ou introdução aos meios adequados de solução de conflitos), Conciliação e Mediação devem seguir as diretrizes indicadas no Portal da Conciliação, com sugestões de slides e exemplos de exercícios simulados a serem utilizados nas capacitações, devidamente aprovados pelo Comitê Gestor da Conciliação. Os referidos treinamentos somente poderão ser conduzidos por instrutores certificados e autorizados pelos Núcleos Permanentes de Métodos Consensuais de Solução de Conflitos.

Com o mesmo teor do artigo 4º da Lei de Mediação, o novo CPC trata da possibilidade de escolha do mediador ou conciliador pelas partes, caso haja acordo em relação ao profissional. Não havendo consenso na escolha do profissional, haverá a distribuição entre aqueles cadastrados no âmbito dos tribunais, observando-se, nesse caso, as disposições da Lei nº 13.140/2015 em relação aos mediadores e a Resolução nº 125/2010 tanto para os mediadores como para os conciliadores.

NOVO CÓDIGO DE PROCESSO CIVIL	LEI Nº 13.140/2015 (em vigor a partir de dezembro de 2015)
Art. 169. Ressalvada a hipótese do art. 167, § 6º, o conciliador e o mediador receberão pelo seu trabalho remuneração prevista em tabela fixada pelo tribunal, conforme parâmetros estabelecidos pelo Conselho Nacional de Justiça. § 1º A mediação e a conciliação podem ser realizadas como trabalho voluntário, observada a legislação pertinente e a regulamentação do tribunal. § 2º Os tribunais determinarão o percentual de audiências não remuneradas que deverão ser suportadas pelas câmaras privadas de conciliação e mediação, com o fim de atender aos processos em que deferida gratuidade da justiça, como contrapartida de seu credenciamento.	**Art. 13.** A remuneração devida aos mediadores judiciais será fixada pelos tribunais e custeada pelas partes, observado o disposto no § 2º do art. 4º desta Lei. **Art. 4º.** ... § 2º Aos necessitados será assegurada a gratuidade da mediação. Parágrafo único. O mediador/conciliador deve, preferencialmente no início da sessão inicial de mediação/conciliação, proporcionar ambiente adequado para que advogados atendam o disposto no art. 48, § 5º, do Novo Código de Ética e Disciplina da Ordem dos Advogados do Brasil. (Incluído pela Emenda nº 2, de 08.03.16)

O legislador fez previsão da forma de remuneração dos conciliadores/mediadores, como modo de incentivar o exercício da função, mas não excluiu a possibilidade de o serviço ser prestado como trabalho voluntário.

Ademais, a possibilidade de concessão de gratuidade de justiça, prevista no artigo 4º da Lei de Mediação, segundo o parágrafo segundo do NCPC, possibilita, também, que os hipossuficientes possam optar por solucionar consensualmente o conflito em câmaras privadas, como contrapartida de seu credenciamento.

NOVO CÓDIGO DE PROCESSO CIVIL	LEI Nº 13.140/2015 (em vigor a partir de dezembro de 2015)
Art. 170. No caso de impedimento, o conciliador ou mediador o comunicará imediatamente, de preferência por meio eletrônico, e devolverá os autos ao juiz do processo ou ao coordenador do centro judiciário de solução de conflitos, devendo este realizar nova distribuição. Parágrafo único. Se a causa de impedimento for apurada quando já iniciado o procedimento, a atividade será interrompida, lavrando-se ata com relatório do ocorrido e solicitação de distribuição para novo conciliador ou mediador.	**Art. 5º** Aplicam-se ao mediador as mesmas hipóteses legais de impedimento e suspeição do juiz. Parágrafo único. A pessoa designada para atuar como mediador tem o dever de revelar às partes, antes da aceitação da função, qualquer fato ou circunstância que possa suscitar dúvida justificada em relação à sua imparcialidade para mediar o conflito, oportunidade em que poderá ser recusado por qualquer delas. **Art. 7º** O mediador não poderá atuar como árbitro nem funcionar como testemunha em processos judiciais ou arbitrais pertinentes a conflito em que tenha atuado como mediador.

O artigo 170 do NCPC, sem correspondente no CPC/73, trata do impedimento do mediador ou do conciliador, na qualidade de auxiliar do juízo, tanto quando revelada logo no início da distribuição como quando constatada ao longo das sessões de mediação ou de conciliação. Com uma redação mais ampla, o artigo 5º da Lei de Mediação não restringe os vícios que podem macular a imparcialidade do mediador ao impedimento, aí incluindo, também, a suspeição. Já o artigo 7º da Lei de Mediação traz algumas hipóteses de impedimento dos mediadores.

NOVO CÓDIGO DE PROCESSO CIVIL	CÓDIGO DE PROCESSO CIVIL DE 1973
Art. 171. No caso de impossibilidade temporária do exercício da função, o conciliador ou mediador informará o fato ao centro, preferencialmente por meio eletrônico, para que, durante o período em que perdurar a impossibilidade, não haja novas distribuições	Sem correspondente.

O NCPC preocupa-se com a distribuição dos processos no caso de impossibilidade temporária do mediador ou conciliador, para que os autos não se acumulem e não fiquem sem andamento. Uma vez comunicada a impossibilidade, enquanto esta perdurar, cessarão as distribuições.

NOVO CÓDIGO DE PROCESSO CIVIL	LEI Nº 13.140/2015 (em vigor a partir de dezembro de 2015)
Art. 172. O conciliador e o mediador ficam impedidos, pelo prazo de 1 (um) ano, contado do término da última audiência em que atuaram, de assessorar, representar ou patrocinar qualquer das partes.	**Art. 6º** O mediador fica impedido, pelo prazo de um ano, contado do término da última audiência em que atuou, de assessorar, representar ou patrocinar qualquer das partes.

O artigo 172 do NCPC, em redação semelhante ao artigo 6º da Lei de Mediação, trata do impedimento do conciliador e do mediador para assessorar, representar ou patrocinar qualquer das partes pelo prazo de um ano a contar do término da última audiência em que atuaram, a denominada "quarentena".

A medida busca, claramente, afastar possível influência do agente público que serviu como conciliador/mediador.

NOVO CÓDIGO DE PROCESSO CIVIL	LEI Nº 13.140/2015 (em vigor a partir de dezembro de 2015)
Art. 173. Será excluído do cadastro de conciliadores e mediadores aquele que: I - agir com dolo ou culpa na condução da conciliação ou da mediação sob sua responsabilidade ou violar qualquer dos deveres decorrentes do art. 166, §§ 1º e 2º;	**Art. 8º** O mediador e todos aqueles que o assessoram no procedimento de mediação, quando no exercício de suas funções ou em razão delas, são equiparados a servidor público, para os efeitos da legislação penal.

II - atuar em procedimento de mediação ou conciliação, apesar de impedido ou suspeito. § 1º Os casos previstos neste artigo serão apurados em processo administrativo. § 2º O juiz do processo ou o juiz coordenador do centro de conciliação e mediação, se houver, verificando atuação inadequada do mediador ou conciliador, poderá afastá-lo de suas atividades por até 180 (cento e oitenta) dias, por decisão fundamentada, informando o fato imediatamente ao tribunal para instauração do respectivo processo administrativo.	**Resolução nº 125, de 2010, do CNJ** Anexo III Das responsabilidades e sanções do conciliador/mediador **Art. 3º** Apenas poderão exercer suas funções perante o Poder Judiciário conciliadores e mediadores devidamente capacitados e cadastrados pelos Tribunais, aos quais competirá regulamentar o processo de inclusão e exclusão no cadastro. **Art. 4º** O conciliador/mediador deve exercer sua função com lisura, respeitar os princípios e regras deste Código, assinar, para tanto, no início do exercício, termo de compromisso e submeter-se às orientações do Juiz Coordenador da unidade a que esteja vinculado. **Art. 5º** Aplicam-se aos conciliadores/mediadores os motivos de impedimento e suspeição dos juízes, devendo, quando constatados, serem informados aos envolvidos, com a interrupção da sessão e a substituição daqueles. **Art. 6º** No caso de impossibilidade temporária do exercício da função, o conciliador ou mediador deverá informar com antecedência ao responsável para que seja providenciada sua substituição. **Art. 7º** O conciliador ou mediador fica absolutamente impedido de prestar serviços profissionais, de qualquer natureza, aos envolvidos em processo de conciliação/mediação sob sua condução. **Art. 8º** O descumprimento dos princípios e regras estabelecidos neste Código, bem como a condenação definitiva em processo criminal, resultará na exclusão do conciliador/mediador do respectivo cadastro e no impedimento para atuar nesta função em qualquer outro órgão do Poder Judiciário nacional. Parágrafo único - Qualquer pessoa que venha a ter conhecimento de conduta inadequada por parte do conciliador/mediador poderá representar ao Juiz Coordenador a fim de que sejam adotadas as providências cabíveis.

Embora a Lei de Mediação e a Resolução nº 125/2010 disponham sobre condutas do mediador e do conciliador, bem como da equiparação a funcionário público para fins penais, o que já era extraído do Código Penal, o artigo 173 do NCPC prevê um rol mais amplo de condutas capazes de excluir os conciliadores/mediadores do exercício da função, tentando pautar uma conduta ética e proba destes auxiliares do juízo, mediante a observância de regular e prévio processo administrativo.

NOVO CÓDIGO DE PROCESSO CIVIL	LEI Nº 13.140/2015 (em vigor a partir de dezembro de 2015)
Art. 174. A União, os Estados, o Distrito Federal e os Municípios criarão câmaras de mediação e conciliação, com atribuições relacionadas à solução consensual de conflitos no âmbito administrativo, tais como: I - dirimir conflitos envolvendo órgãos e entidades da administração pública; II - avaliar a admissibilidade dos pedidos de resolução de conflitos, por meio de conciliação, no âmbito da administração pública; III - promover, quando couber, a celebração de termo de ajustamento de conduta.	CAPÍTULO II DA AUTOCOMPOSIÇÃO DE CONFLITOS EM QUE FOR PARTE PESSOA JURÍDICA DE DIREITO PÚBLICO Seção I Disposições Comuns **Art. 32.** A União, os Estados, o Distrito Federal e os Municípios poderão criar câmaras de prevenção e resolução administrativa de conflitos, no âmbito dos respectivos órgãos da Advocacia Pública, onde houver, com competência para: I - dirimir conflitos entre órgãos e entidades da administração pública; II - avaliar a admissibilidade dos pedidos de resolução de conflitos, por meio de composição, no caso de controvérsia entre particular e pessoa jurídica de direito público; III - promover, quando couber, a celebração de termo de ajustamento de conduta. § 1º O modo de composição e funcionamento das câmaras de que trata o caput será estabelecido em regulamento de cada ente federado. § 2º A submissão do conflito às câmaras de que trata o caput é facultativa e será cabível apenas nos casos previstos no regulamento do respectivo ente federado. § 3º Se houver consenso entre as partes, o acordo será reduzido a termo e constituirá título executivo extrajudicial. § 4º Não se incluem na competência dos órgãos mencionados no caput deste artigo as controvérsias que somente possam ser resolvidas por atos ou concessão de direitos sujeitos a autorização do Poder Legislativo. § 5º Compreendem-se na competência das câmaras de que trata o caput a prevenção e a resolução de conflitos que envolvam equilíbrio econômico-financeiro de contratos celebrados pela administração com particulares. **Art. 33.** Enquanto não forem criadas as câmaras de mediação, os conflitos poderão ser dirimidos nos termos do procedimento de mediação previsto na Subseção I da Seção III do Capítulo I desta Lei.

	Parágrafo único. A Advocacia Pública da União, dos Estados, do Distrito Federal e dos Municípios, onde houver, poderá instaurar, de ofício ou mediante provocação, procedimento de mediação coletiva de conflitos relacionados à prestação de serviços públicos. **Art. 34.** A instauração de procedimento administrativo para a resolução consensual de conflito no âmbito da administração pública suspende a prescrição. § 1º Considera-se instaurado o procedimento quando o órgão ou entidade pública emitir juízo de admissibilidade, retroagindo a suspensão da prescrição à data de formalização do pedido de resolução consensual do conflito. § 2º Em se tratando de matéria tributária, a suspensão da prescrição deverá observar o disposto na Lei nº 5.172, de 25 de outubro de 1966 - Código Tributário Nacional.

Tanto no artigo 174 do NCPC como nos artigos 32 a 34 da Lei de Mediação dispõem sobre a solução consensual no âmbito dos entes públicos, em uma nova concepção de tentativa de solução consensual de conflitos também pela Administração Pública, não restrita ao âmbito dos particulares. Nessa perspectiva, além da referência ao termo de ajustamento de conduta, importante ferramenta da tutela coletiva, o legislador trouxe a previsão sobre a criação de câmaras de mediação e conciliação em âmbito administrativo, como forma de evitar que muitos conflitos precisem ser judicializados. Pode-se buscar a solução consensual com a Administração Pública, até mesmo previamente, sem a necessidade de ingressar no Judiciário.

NOVO CÓDIGO DE PROCESSO CIVIL	LEI Nº 13.140/2015 (em vigor a partir de dezembro de 2015)
Art. 175. As disposições desta Seção não excluem outras formas de conciliação e mediação extrajudiciais vinculadas a órgãos institucionais ou realizadas por intermédio de profissionais independentes, que poderão ser regulamentadas por lei específica. Parágrafo único. Os dispositivos desta Seção aplicam-se, no que couber, às câmaras privadas de conciliação e mediação.	**Art. 1º** Esta Lei dispõe sobre a mediação como meio de solução de controvérsias entre particulares e sobre a autocomposição de conflitos no âmbito da administração pública. ...

O legislador optou por reconhecer outras formas extrajudiciais de solução de conflitos, além da mediação que, assim como a arbitragem, possui uma lei específica (acréscimo), proporcionando uma solução multiportas para o conflito.

NOVO CÓDIGO DE PROCESSO CIVIL	CÓDIGO DE PROCESSO CIVIL DE 1973
TÍTULO V DO MINISTÉRIO PÚBLICO	
Art. 176. O Ministério Público atuará na defesa da ordem jurídica, do regime democrático e dos interesses e direitos sociais e individuais indisponíveis.	Sem correspondente.

O NCPC reproduziu o artigo 127, *caput*, da CRFB/88, que dispõe sobre as atribuições constitucionais do *Parquet*, aprimorando a previsão do artigo 81 do CPC de 73.

NOVO CÓDIGO DE PROCESSO CIVIL	CÓDIGO DE PROCESSO CIVIL DE 1973
	TÍTULO III DO MINISTÉRIO PÚBLICO
Art. 177. O Ministério Público exercerá o direito de ação em conformidade com suas atribuições constitucionais.	**Art. 81.** O Ministério Público exercerá o direito de ação nos casos previstos em lei, cabendo-lhe, no processo, os mesmos poderes e ônus que às partes.

Em sintonia fina com a Constituição de 1988, o dispositivo do NCPC alude às atribuições constitucionais do Ministério Público, aprimorando a redação do CPC/73, que antes se referia apenas à lei.

NOVO CÓDIGO DE PROCESSO CIVIL	CÓDIGO DE PROCESSO CIVIL DE 1973
Art. 178. O Ministério Público será intimado para, no prazo de 30 (trinta) dias, intervir como fiscal da ordem jurídica nas hipóteses previstas em lei ou na Constituição Federal e nos processos que envolvam: I - interesse público ou social; II - interesse de incapaz; III - litígios coletivos pela posse de terra rural ou urbana. Parágrafo único. A participação da Fazenda Pública não configura, por si só, hipótese de intervenção do Ministério Público.	**Art. 82.** Compete ao Ministério Público intervir: I – nas causas em que há interesses de incapazes; II – nas causas concernentes ao estado da pessoa, pátrio poder, tutela, curatela, interdição, casamento, declaração de ausência e disposições de última vontade; III – nas ações que envolvam litígios coletivos pela posse da terra rural e nas demais causas em que há interesse público evidenciado pela natureza da lide ou qualidade da parte. **Art. 84.** Quando a lei considerar obrigatória a intervenção do Ministério Público, a parte promover-lhe-á a intimação sob pena de nulidade do processo.

Aqui o legislador não inovou, novamente repetindo as atribuições constitucionais do Ministério Público. Entretanto, a expressão "*fiscal da ordem jurídica*" adequa-se à real atribuição do órgão ministerial, atualizando e aprimorando a gramática.

Observa-se, no parágrafo único, a reflexão sobre o papel do Ministério Público nos litígios que envolvam a Fazenda Pública[6], reproduzindo o teor já fixado do Verbete

6 *Op. cit.*, p. 110.

nº 189 da Súmula do Superior Tribunal de Justiça sobre as execuções fiscais, uma vez que não cabe ao *Parquet* atuar para assegurar interesses fazendários.

NOVO CÓDIGO DE PROCESSO CIVIL	CÓDIGO DE PROCESSO CIVIL DE 1973
Art. 179. Nos casos de intervenção como fiscal da ordem jurídica, o Ministério Público: I - terá vista dos autos depois das partes, sendo intimado de todos os atos do processo; II - poderá produzir provas, requerer as medidas processuais pertinentes e recorrer.	**Art. 83.** Intervindo como fiscal da lei, o Ministério Público: I – terá vista dos autos depois das partes, sendo intimado de todos os atos do processo; II – poderá juntar documentos e certidões, produzir prova em audiência e requerer medidas ou diligências necessárias ao descobrimento da verdade.

O NCPC manteve a disciplina da atuação do Ministério Público nos casos de intervenção como fiscal da ordem jurídica.

Inovou o legislador ao aduzir que os prazos serão contados sempre em dias úteis. A proposta possibilita que o advogado tenha descanso nos finais de semana e feriados[7], o que proporciona melhoria na qualidade de vida do profissional, e consequente melhor elaboração das peças.

O Ministério Público, quando atuar como fiscal da ordem jurídica, será intimado de todos os atos processuais, terá vista dos autos depois das partes, poderá requerer a produção de quaisquer meios de prova e medidas processuais pertinentes, bem como recorrer.

NOVO CÓDIGO DE PROCESSO CIVIL	CÓDIGO DE PROCESSO CIVIL DE 1973
Art. 180. O Ministério Público gozará de prazo em dobro para manifestar-se nos autos, que terá início a partir de sua intimação pessoal, nos termos do art. 183, § 1º. § 1º Findo o prazo para manifestação do Ministério Público sem o oferecimento de parecer, o juiz requisitará os autos e dará andamento ao processo. § 2º Não se aplica o benefício da contagem em dobro quando a lei estabelecer, de forma expressa, prazo próprio para o Ministério Público.	**Art. 188.** Computar-se-á em quádruplo o prazo para contestar e em dobro para recorrer quando a parte for a Fazenda Pública ou o Ministério Público.

O NCPC estabelece a regra geral do prazo em dobro para o Ministério Público a contar de sua intimação pessoal, salvo se houver disposição legal expressa de prazo próprio.

Destaque-se que, em caso da ausência ou de perda do prazo pelo membro do *Parquet*, o juiz requisitará os autos e dará andamento ao processo. É clara a intenção do legislador de fazer com que não se comprometa a celeridade processual, em razão de omissão do órgão ministerial.

---

7 CAMARGO, Luiz Henrique Volpe. *Cem novidades do novo código de processo civil*. In: Biblioteca Digital do Senado, Brasília, ano 48, n. 190 abr./jun. 2011. Disponível em: <http://www2.senado.leg.br/bdsf/bitstream/handle/id/242901/000923137.pdf?sequence=1>. Acesso em: 28 jul. 2014.

NOVO CÓDIGO DE PROCESSO CIVIL	CÓDIGO DE PROCESSO CIVIL DE 1973
Art. 181. O membro do Ministério Público será civil e regressivamente responsável quando agir com dolo ou fraude no exercício de suas funções.	**Art. 85.** O órgão do Ministério Público será civilmente responsável quando, no exercício de suas funções, proceder com dolo ou fraude.

O artigo 181 do NCPC direciona a responsabilidade por dolo ou fraude ao membro do Ministério Público. Assim, será o membro do Ministério Público quem será responsabilizado civil e regressivamente por sua conduta viciada com dolo ou fraude. Trata-se de norma processual que dispõe no sentido da responsabilização dos agentes públicos.

NOVO CÓDIGO DE PROCESSO CIVIL	CÓDIGO DE PROCESSO CIVIL DE 1973
TÍTULO VI DA ADVOCACIA PÚBLICA	
Art. 182. Incumbe à Advocacia Pública, na forma da lei, defender e promover os interesses públicos da União, dos Estados, do Distrito Federal e dos Municípios, por meio da representação judicial, em todos os âmbitos federativos, das pessoas jurídicas de direito público que integram a administração direta e indireta.	Sem correspondente.

O NCPC inova ao trazer expressamente a competência da Advocacia Pública, que deve estar presente em todos os entes federados.

NOVO CÓDIGO DE PROCESSO CIVIL	DISPOSIÇÕES ESPARSAS
Art. 183. A União, os Estados, o Distrito Federal, os Municípios e suas respectivas autarquias e fundações de direito público gozarão de prazo em dobro para todas as suas manifestações processuais, cuja contagem terá início a partir da intimação pessoal. § 1º A intimação pessoal far-se-á por carga, remessa ou meio eletrônico. § 2º Não se aplica o benefício da contagem em dobro quando a lei estabelecer, de forma expressa, prazo próprio para o ente público.	CÓDIGO DE PROCESSO CIVIL DE 1973 **Art. 188.** Computar-se-á em quádruplo o prazo para contestar e em dobro para recorrer quando a parte for a Fazenda Pública ou o Ministério Público. LEI COMPLEMENTAR Nº 73/93 **Art. 38.** As intimações e notificações são feitas nas pessoas do Advogado da União ou do Procurador da Fazenda Nacional que oficie nos respectivos autos.

O NCPC, assim como fez para o Ministério Público, estabelece o prazo em dobro para a Fazenda Pública, salvo quando houver disposição legal expressa.

NOVO CÓDIGO DE PROCESSO CIVIL	CÓDIGO DE PROCESSO CIVIL DE 1973
Art. 184. O membro da Advocacia Pública será civil e regressivamente responsável quando agir com dolo ou fraude no exercício de suas funções.	Sem correspondente.

O artigo 184 do NCPC direciona a responsabilidade por dolo ou fraude ao membro da Advocacia Pública, de forma semelhante ao membro do Ministério Público. Assim, será o membro da Advocacia Pública quem será responsabilizado civil e regressivamente por sua conduta viciada com dolo ou fraude. Trata-se de norma processual que dispõe no sentido da responsabilização dos agentes públicos.

NOVO CÓDIGO DE PROCESSO CIVIL	CÓDIGO DE PROCESSO CIVIL DE 1973
TÍTULO VII DA DEFENSORIA PÚBLICA	
Art. 185. A Defensoria Pública exercerá a orientação jurídica, a promoção dos direitos humanos e a defesa dos direitos individuais e coletivos dos necessitados, em todos os graus, de forma integral e gratuita.	Sem correspondente.

O NCPC reproduziu as atribuições constitucionais da Defensoria Pública, previstas no artigo 134 da CRFB/88, aí já incluindo a tutela dos direitos coletivos, em consonância com a Emenda Constitucional nº 80/2014, que trouxe nova redação ao artigo 134 da Constituição.

NOVO CÓDIGO DE PROCESSO CIVIL	LEI COMPLEMENTAR 80/94
Art. 186. A Defensoria Pública gozará de prazo em dobro para todas as suas manifestações processuais. § 1º O prazo tem início com a intimação pessoal do defensor público, nos termos do art. 183, § 1º. § 2º A requerimento da Defensoria Pública, o juiz determinará a intimação pessoal da parte patrocinada quando o ato processual depender de providência ou informação que somente por ela possa ser realizada ou prestada. § 3º O disposto no caput aplica-se aos escritórios de prática jurídica das faculdades de Direito reconhecidas na forma da lei e às entidades que prestam assistência jurídica gratuita em razão de convênios firmados com a Defensoria Pública. § 4º Não se aplica o benefício da contagem em dobro quando a lei estabelecer, de forma expressa, prazo próprio para a Defensoria Pública.	**Art. 44.** São prerrogativas dos membros da Defensoria Pública da União: I – receber, inclusive quando necessário, mediante entrega dos autos com vista, intimação pessoal em qualquer processo e grau de jurisdição ou instância administrativa, contando-se-lhes em dobro todos os prazos; (Redação dada pela Lei Complementar nº 132, de 2009). [...] **Art. 128**. São prerrogativas dos membros da Defensoria Pública do Estado, dentre outras que a lei local estabelecer: I – receber, inclusive quando necessário, mediante entrega dos autos com vista, intimação pessoal em qualquer processo e grau de jurisdição ou instância administrativa, contando-se-lhes em dobro todos os prazos; (Redação dada pela Lei Complementar nº 132, de 2009). [...]

O dispositivo do NCPC em tela não possui correspondente no CPC/73, mas está em consonância com a Lei Complementar nº 80, em especial, com seu artigo 44 e 128, que tratam do prazo em dobro e da intimação pessoal dos membros da Defensoria Pública dos Estados e da União.

O disposto no *caput* do artigo em comento do NCPC aplica-se a outras entidades que prestem assistência judiciária gratuita. O prazo em dobro só não se aplicará quando houver disposição legal expressa.

NOVO CÓDIGO DE PROCESSO CIVIL	CÓDIGO DE PROCESSO CIVIL DE 1973
Art. 187. O membro da Defensoria Pública será civil e regressivamente responsável quando agir com dolo ou fraude no exercício de suas funções.	Sem correspondente.

O NCPC, neste dispositivo, tratou da responsabilidade civil do membro da Defensoria Pública.

NOTAS AOS ARTIGOS 188 A 235

Wank Remy de Sena Medrado

NOVO CÓDIGO DE PROCESSO CIVIL	CÓDIGO DE PROCESSO CIVIL DE 1973
LIVRO IV DOS ATOS PROCESSUAIS TÍTULO I DA FORMA, DO TEMPO E DO LUGAR DOS ATOS PROCESSUAIS CAPÍTULO I DA FORMA DOS ATOS PROCESSUAIS **Seção I** **Dos Atos em Geral** **Art. 188.** Os atos e os termos processuais independem de forma determinada, salvo quando a lei expressamente a exigir, considerando-se válidos os que, realizados de outro modo, lhe preencham a finalidade essencial.	TÍTULO V DOS ATOS PROCESSUAIS CAPÍTULO I DA FORMA DOS ATOS PROCESSUAIS Seção I Dos Atos em Geral **Art. 154.** Os atos e termos processuais não dependem de forma determinada senão quando a lei expressamente a exigir, reputando-se válidos os que, realizados de outro modo, lhe preencham a finalidade essencial. Parágrafo único. Os tribunais, no âmbito da respectiva jurisdição, poderão disciplinar a prática e a comunicação oficial dos atos processuais por meios eletrônicos, atendidos os requisitos de autenticidade, integridade, validade jurídica e interoperabilidade da Infra-Estrutura de Chaves Públicas Brasileira - ICP - Brasil. (Incluído pela Lei nº 11.280, de 2006) § 2º Todos os atos e termos do processo podem ser produzidos, transmitidos, armazenados e assinados por meio eletrônico, na forma da lei. (Incluído pela Lei nº 11.419, de 2006).

O NCPC reproduziu o *caput* do artigo 154 do CPC/73, mas retirou seus parágrafos, até porque, em uma seção própria, na Seção II, já faz referência aos atos praticados eletronicamente.

NOVO CÓDIGO DE PROCESSO CIVIL	CÓDIGO DE PROCESSO CIVIL DE 1973
Art. 189. Os atos processuais são públicos, todavia tramitam em segredo de justiça os processos: I - em que o exija o interesse público ou social; II - que versem sobre casamento, separação de corpos, divórcio, separação, união estável, filiação, alimentos e guarda de crianças e adolescentes; III - em que constem dados protegidos pelo direito constitucional à intimidade; IV - que versem sobre arbitragem, inclusive sobre cumprimento de carta arbitral, desde que a confidencialidade estipulada na arbitragem seja comprovada perante o juízo. § 1º O direito de consultar os autos de processo que tramite em segredo de justiça e de pedir certidões de seus atos é restrito às partes e aos seus procuradores. § 2º O terceiro que demonstrar interesse jurídico pode requerer ao juiz certidão do dispositivo da sentença, bem como de inventário e de partilha resultantes de divórcio ou separação.	**Art. 155.** Os atos processuais são públicos. Correm, todavia, em segredo de justiça os processos: I - em que o exigir o interesse público; II - que dizem respeito a casamento, filiação, separação dos cônjuges, conversão desta em divórcio, alimentos e guarda de menores. (Redação dada pela Lei nº 6.515, de 26.12.1977) Parágrafo único. O direito de consultar os autos e de pedir certidões de seus atos é restrito às partes e a seus procuradores. O terceiro, que demonstrar interesse jurídico, pode requerer ao juiz certidão do dispositivo da sentença, bem como de inventário e partilha resultante do desquite.

As inovações do novo diploma estão nos incisos III e IV. O artigo 189, inciso III, do NCPC objetiva a proteção do direito à intimidade garantido pelo artigo 5º, LX, da CRFB/88. O inciso IV do artigo 188 do NCPC contempla o sigilo na arbitragem, desde que haja comprovação de confidencialidade estipulada no juízo arbitral.

Já os parágrafos do dispositivo dispõem que, no caso de segredo de justiça, o direito de pedir certidões e consultar os autos é restrito às partes e a seus procuradores, mas o parágrafo segundo esclarece que o terceiro interessado poderá requerer certidão referente apenas ao dispositivo da sentença, bem como de inventário e de partilha resultantes de divórcio ou separação.

NOVO CÓDIGO DE PROCESSO CIVIL	CÓDIGO DE PROCESSO CIVIL DE 1973
Art. 190. Versando o processo sobre direitos que admitam autocomposição, é lícito às partes plenamente capazes estipular mudanças no procedimento para ajustá-lo às especificidades da causa e convencionar sobre os seus ônus, poderes, faculdades e deveres processuais, antes ou durante o processo. Parágrafo único. De ofício ou a requerimento, o juiz controlará a validade das convenções previstas neste artigo, recusando-lhes aplicação somente nos casos de nulidade ou de inserção abusiva em contrato de adesão ou em que alguma parte se encontre em manifesta situação de vulnerabilidade.	Sem correspondente.

O artigo em análise prevê uma cláusula geral de negociação processual, que, como fruto do prestígio da autonomia da vontade, permite a celebração de negócios processuais atípicos. As partes podem convencionar sobre direitos, poderes, ônus e faculdades processuais, de forma que o procedimento atenda ao direito material tutelado.

A celebração de um negócio jurídico processual pode ocorrer a qualquer tempo antes ou durante o processo, e, em regra, independente de homologação judicial, mas deve observar os requisitos do artigo 104 do Código Civil, quais sejam: a) pessoas capazes; b) objeto lícito e c) forma prescrita ou não vedada em lei.

Cabe ao Poder Judiciário controlar a validade das convenções, observando o contraditório, para não aplicar o convencionado nas hipóteses de nulidade ou de inserção abusiva em contrato de adesão ou em que alguma parte se encontre em manifesta situação de vulnerabilidade. Neste último aspecto, destaca-se que o contrato ser de adesão não torna, por si, nula a cláusula, devendo haver uma excessiva oneração para uma das partes.

NOVO CÓDIGO DE PROCESSO CIVIL	CÓDIGO DE PROCESSO CIVIL DE 1973
Art. 191. De comum acordo, o juiz e as partes podem fixar calendário para a prática dos atos processuais, quando for o caso. § 1º O calendário vincula as partes e o juiz, e os prazos nele previstos somente serão modificados em casos excepcionais, devidamente justificados. § 2º Dispensa-se a intimação das partes para a prática de ato processual ou a realização de audiência cujas datas tiverem sido designadas no calendário.	Sem correspondente.

Ainda tratando da convenção das partes, o novo Código inova ao permitir a fixação de um calendário processual, baseado na cooperação das partes, que possui previsão no artigo 6º do novo diploma. Os prazos que forem designados no calendário dispensarão a intimação das partes e apenas serão alterados em casos excepcionais.

NOVO CÓDIGO DE PROCESSO CIVIL	CÓDIGO DE PROCESSO CIVIL DE 1973
Art. 192. Em todos os atos e termos do processo é obrigatório o uso da língua portuguesa. Parágrafo único. O documento redigido em língua estrangeira somente poderá ser juntado aos autos quando acompanhado de versão para a língua portuguesa tramitada por via diplomática ou pela autoridade central, ou firmada por tradutor juramentado.	**Art. 156.** Em todos os atos e termos do processo é obrigatório o uso do vernáculo. **Art. 157.** Só poderá ser junto aos autos documento redigido em língua estrangeira, quando acompanhado de versão em vernáculo, firmada por tradutor juramentado.

O artigo do NCPC em questão esclarece melhor os aspectos referentes à língua utilizada para a prática de atos e termos do processo. No entanto, a redação empregada neste artigo não muda o sentido do disposto no CPC/73. O NCPC aglutina dois artigos do CPC/73 num só.

NOVO CÓDIGO DE PROCESSO CIVIL	CÓDIGO DE PROCESSO CIVIL DE 1973
Seção II **Da Prática Eletrônica de Atos Processuais** **Art. 193.** Os atos processuais podem ser total ou parcialmente digitais, de forma a permitir que sejam produzidos, comunicados, armazenados e validados por meio eletrônico, na forma da lei. Parágrafo único. O disposto nesta Seção aplica-se, no que for cabível, à prática de atos notariais e de registro.	Sem correspondente.

Com a finalidade de aprimorar o processo civil brasileiro, o legislador passou a admitir a realização parcial ou total de atos por meio da informática. Incluiu o texto a possibilidade da prática de atos por meio eletrônico pelos titulares de repartição registradora e de tabelionato.

NOVO CÓDIGO DE PROCESSO CIVIL	CÓDIGO DE PROCESSO CIVIL DE 1973
Art. 194. Os sistemas de automação processual respeitarão a publicidade dos atos, o acesso e a participação das partes e de seus procuradores, inclusive nas audiências e sessões de julgamento, observadas as garantias da disponibilidade, independência da plataforma computacional, acessibilidade e interoperabilidade dos sistemas, serviços, dados e informações que o Poder Judiciário administre no exercício de suas funções.	Sem correspondente.

O artigo 194 do NCPC estabelece que a informatização dos atos processuais não poderá desrespeitar os princípios constitucionais da publicidade e do contraditório. Registra, também, a necessidade de que os sistemas de automação sejam compatíveis e independentes.

NOVO CÓDIGO DE PROCESSO CIVIL	CÓDIGO DE PROCESSO CIVIL DE 1973
Art. 195. O registro de ato processual eletrônico deverá ser feito em padrões abertos, que atenderão aos requisitos de autenticidade, integridade, temporalidade, não repúdio, conservação e, nos casos que tramitem em segredo de justiça, confidencialidade, observada a infraestrutura de chaves públicas unificada nacionalmente, nos termos da lei.	**Art. 154.** [...] Parágrafo único. Os tribunais, no âmbito da respectiva jurisdição, poderão disciplinar a prática e a comunicação oficial dos atos processuais por meios eletrônicos, atendidos os requisitos de autenticidade, integridade, validade jurídica e interoperabilidade da Infra-Estrutura de Chaves Públicas Brasileira - ICP - Brasil. (Incluído pela Lei nº 11.280, de 2006) § 2º Todos os atos e termos do processo podem ser produzidos, transmitidos, armazenados e assinados por meio eletrônico, na forma da lei.

A Medida Provisória n° 2.200-2/2001 criou a Infraestrutura de Chaves Públicas Brasileira – ICP-Brasil, a fim de garantir autenticidade, integralidade e validade jurídica a documentos eletrônicos. Mais uma vez, o legislador mostrou-se preocupado com a garantia da privacidade e com a inalterabilidade dos conteúdos.

NOVO CÓDIGO DE PROCESSO CIVIL	CÓDIGO DE PROCESSO CIVIL DE 1973
Art. 196. Compete ao Conselho Nacional de Justiça e, supletivamente, aos tribunais, regulamentar a prática e a comunicação oficial de atos processuais por meio eletrônico e velar pela compatibilidade dos sistemas, disciplinando a incorporação progressiva de novos avanços tecnológicos e editando, para esse fim, os atos que forem necessários, respeitadas as normas fundamentais deste Código.	Sem correspondente.

O dispositivo em questão propõe a regulamentação da comunicação oficial por meio eletrônico pelo Conselho Nacional de Justiça – CNJ e, supletivamente, deixa aos tribunais a referida atribuição desde que não haja incompatibilidade entre a plataforma habilitada pelo CNJ e o tribunal. Pelo artigo em referência, cabe ainda ao CNJ a atualização do sistema de informática a partir dos avanços que eventualmente surjam.

NOVO CÓDIGO DE PROCESSO CIVIL	CÓDIGO DE PROCESSO CIVIL DE 1973
Art. 197. Os tribunais divulgarão as informações constantes de seu sistema de automação em página própria na rede mundial de computadores, gozando a divulgação de presunção de veracidade e confiabilidade. Parágrafo único. Nos casos de problema técnico do sistema e de erro ou omissão do auxiliar da justiça responsável pelo registro dos andamentos, poderá ser configurada a justa causa prevista no art. 223, caput e § 1º.	Sem correspondente.

As informações divulgadas pelos tribunais gozarão de presunção relativa de veracidade e de confiabilidade. No parágrafo único, a relatividade da presunção é ratificada na medida em que o legislador prevê a possibilidade de falha no sistema. Comprovada a falha, leia-se, justa causa, o ato poderá ser novamente praticado. A grande dificuldade será descobrir se o problema está na plataforma eletrônica de transmissão de petições ou se se trata de um problema no computador do usuário do serviço disponibilizado pelo tribunal, ou mesmo, no provedor de *internet*.

NOVO CÓDIGO DE PROCESSO CIVIL	CÓDIGO DE PROCESSO CIVIL DE 1973
Art. 198. As unidades do Poder Judiciário deverão manter gratuitamente, à disposição dos interessados, equipamentos necessários à prática de atos processuais e à consulta e ao acesso ao sistema e aos documentos dele constantes. Parágrafo único. Será admitida a prática de atos por meio não eletrônico no local onde não estiverem disponibilizados os equipamentos previstos no caput.	Sem correspondente.

O artigo 198 do NCPC, ao mesmo tempo em que prestigia a revolução tecnológica com a garantia de acesso gratuito a computadores para que os interessados possam acessar documentos e praticar atos processuais, também reconhece a incapacidade estatal de prover todas as unidades judiciárias de computadores para atender ao que prescreve o *caput* deste artigo.

Desta forma, continua a se admitir a prática de atos por meio não eletrônico nas unidades que não disponham de computadores. Seria razoável que houvesse a prescrição de prazo para a transição na implantação integral da informatização da Justiça.

NOVO CÓDIGO DE PROCESSO CIVIL	CÓDIGO DE PROCESSO CIVIL DE 1973
Art. 199. As unidades do Poder Judiciário assegurarão às pessoas com deficiência acessibilidade aos seus sítios na rede mundial de computadores, ao meio eletrônico de prática de atos judiciais, à comunicação eletrônica dos atos processuais e à assinatura eletrônica.	Sem correspondente.

O artigo 199 do NCPC garante o acesso de pessoas portadoras de deficiência à rede mundial de computadores para conhecerem e praticarem os atos cabíveis no processo, assim como a assinatura eletrônica.

NOVO CÓDIGO DE PROCESSO CIVIL	CÓDIGO DE PROCESSO CIVIL DE 1973
Seção III **Dos Atos das Partes**	Seção II Dos Atos da Parte
Art. 200. Os atos das partes consistentes em declarações unilaterais ou bilaterais de vontade produzem imediatamente a constituição, modificação ou extinção de direitos processuais. Parágrafo único. A desistência da ação só produzirá efeitos após homologação judicial.	**Art. 158.** Os atos das partes, consistentes em declarações unilaterais ou bilaterais de vontade, produzem imediatamente a constituição, a modificação ou a extinção de direitos processuais. Parágrafo único. A desistência da ação só produzirá efeito depois de homologada por sentença.

O artigo em questão não alterou a substância do texto do artigo correspondente do CPC/73.

NOVO CÓDIGO DE PROCESSO CIVIL	CÓDIGO DE PROCESSO CIVIL DE 1973
Art. 201. As partes poderão exigir recibo de petições, arrazoados, papéis e documentos que entregarem em cartório.	**Art. 160.** Poderão as partes exigir recibo de petições, arrazoados, papéis e documentos que entregarem em cartório.

O artigo em questão não alterou a substância do texto do artigo correspondente do CPC/73.

NOVO CÓDIGO DE PROCESSO CIVIL	CÓDIGO DE PROCESSO CIVIL DE 1973
Art. 202. É vedado lançar nos autos cotas marginais ou interlineares, as quais o juiz mandará riscar, impondo a quem as escrever multa correspondente à metade do salário-mínimo.	**Art. 161.** É defeso lançar, nos autos, cotas marginais ou interlineares; o juiz mandará riscá-las, impondo a quem as escrever multa correspondente à metade do salário mínimo vigente na sede do juízo.

O artigo em questão não alterou a substância do texto do artigo correspondente do CPC/73.

NOVO CÓDIGO DE PROCESSO CIVIL	CÓDIGO DE PROCESSO CIVIL DE 1973
Seção IV **Dos Pronunciamentos do Juiz**	Seção III Dos Atos do Juiz
Art. 203. Os pronunciamentos do juiz consistirão em sentenças, decisões interlocutórias e despachos. § 1º Ressalvadas as disposições expressas dos procedimentos especiais, sentença é o pronunciamento por meio do qual o juiz, com fundamento nos arts. 485 e 487, põe fim à fase cognitiva do procedimento comum, bem como extingue a execução. § 2º Decisão interlocutória é todo pronunciamento judicial de natureza decisória que não se enquadre no § 1º. § 3º São despachos todos os demais pronunciamentos do juiz praticados no processo, de ofício ou a requerimento da parte. § 4º Os atos meramente ordinatórios, como a juntada e a vista obrigatória, independem de despacho, devendo ser praticados de ofício pelo servidor e revistos pelo juiz quando necessário.	**Art. 162.** Os atos do juiz consistirão em sentenças, decisões interlocutórias e despachos. § 1º Sentença é o ato do juiz que implica alguma das situações previstas nos arts. 267 e 269 desta Lei. (Redação dada pelo Lei nº 11.232, de 2005) § 2º Decisão interlocutória é o ato pelo qual o juiz, no curso do processo, resolve questão incidente. § 3º São despachos todos os demais atos do juiz praticados no processo, de ofício ou a requerimento da parte, a cujo respeito a lei não estabelece outra forma. § 4º Os atos meramente ordinatórios, como a juntada e a vista obrigatória, independem de despacho, devendo ser praticados de ofício pelo servidor e revistos pelo juiz quando necessários. (Incluído pela Lei nº 8.952, de 13.12.1994)

O artigo em questão não alterou a substância do texto do artigo correspondente do CPC/73, em relação aos atos do juiz.

NOVO CÓDIGO DE PROCESSO CIVIL	CÓDIGO DE PROCESSO CIVIL DE 1973
Art. 204. Acórdão é o julgamento colegiado proferido pelos tribunais.	**Art. 163.** Recebe a denominação de acórdão o julgamento proferido pelos tribunais.

O artigo em questão não alterou a substância do texto do artigo correspondente do CPC/73, acrescentando apenas que o acórdão é do julgamento colegiado, já que, desde o CPC/73, era admitido, também, o julgamento monocrático do relator nos tribunais.

NOVO CÓDIGO DE PROCESSO CIVIL	CÓDIGO DE PROCESSO CIVIL DE 1973
Art. 205. Os despachos, as decisões, as sentenças e os acórdãos serão redigidos, datados e assinados pelos juízes. § 1º Quando os pronunciamentos previstos no caput forem proferidos oralmente, o servidor os documentará, submetendo-os aos juízes para revisão e assinatura. § 2º A assinatura dos juízes, em todos os graus de jurisdição, pode ser feita eletronicamente, na forma da lei. § 3º Os despachos, as decisões interlocutórias, o dispositivo das sentenças e a ementa dos acórdãos serão publicados no Diário de Justiça Eletrônico.	**Art. 164.** Os despachos, decisões, sentenças e acórdãos serão redigidos, datados e assinados pelos juízes. Quando forem proferidos, verbalmente, o taquígrafo ou o datilógrafo os registrará, submetendo-os aos juízes para revisão e assinatura. Parágrafo único. A assinatura dos juízes, em todos os graus de jurisdição, pode ser feita eletronicamente, na forma da lei. (Incluído pela Lei nº 11.419, de 2006).

O dispositivo em questão, na essência, não alterou a substância do texto do artigo correspondente do CPC/73. Ademais, incluiu uma novidade no que se refere à necessidade de publicação dos despachos, das decisões interlocutórias, da parte dispositiva das sentenças, bem como das ementas dos acórdãos no Diário de Justiça eletrônico, aspecto este que já se verificava na maioria dos tribunais do país.

NOVO CÓDIGO DE PROCESSO CIVIL	CÓDIGO DE PROCESSO CIVIL DE 1973
Seção V **Dos Atos do Escrivão ou do Chefe de Secretaria** **Art. 206.** Ao receber a petição inicial de processo, o escrivão ou o chefe de secretaria a autuará, mencionando o juízo, a natureza do processo, o número de seu registro, os nomes das partes e a data de seu início, e procederá do mesmo modo em relação aos volumes em formação.	Seção IV Dos Atos do Escrivão ou do Chefe de Secretaria **Art. 166.** Ao receber a petição inicial de qualquer processo, o escrivão a autuará, mencionando o juízo, a natureza do feito, o número de seu registro, os nomes das partes e a data do seu início; e procederá do mesmo modo quanto aos volumes que se forem formando.

O artigo em questão não alterou a substância do texto do artigo correspondente do CPC/73, fazendo, apenas, a inclusão de termos atuais.

NOVO CÓDIGO DE PROCESSO CIVIL	CÓDIGO DE PROCESSO CIVIL DE 1973
Art. 207. O escrivão ou o chefe de secretaria numerará e rubricará todas as folhas dos autos. Parágrafo único. À parte, ao procurador, ao membro do Ministério Público, ao defensor público e aos auxiliares da justiça é facultado rubricar as folhas correspondentes aos atos em que intervierem.	**Art. 167.** O escrivão numerará e rubricará todas as folhas dos autos, procedendo da mesma forma quanto aos suplementares. Parágrafo único. Às partes, aos advogados, aos órgãos do Ministério Público, aos peritos e às testemunhas é facultado rubricar as folhas correspondentes aos atos em que intervieram.

O artigo em questão não alterou a substância do texto do artigo correspondente do CPC/73 mantendo a disposição de que o escrivão numerará e rubricará todas as folhas dos autos, previsão de rubrica esta que é extensível à parte, ao procurador, ao membro do Ministério Público, ao defensor público e aos auxiliares da justiça

NOVO CÓDIGO DE PROCESSO CIVIL	CÓDIGO DE PROCESSO CIVIL DE 1973
Art. 208. Os termos de juntada, vista, conclusão e outros semelhantes constarão de notas datadas e rubricadas pelo escrivão ou pelo chefe de secretaria.	**Art. 168.** Os termos de juntada, vista, conclusão e outros semelhantes constarão de notas datadas e rubricadas pelo escrivão.

O artigo em questão não alterou a substância do texto do artigo correspondente do CPC/73, fazendo, apenas, a equiparação dos termos "escrivão" e "chefe de secretaria".

NOVO CÓDIGO DE PROCESSO CIVIL	CÓDIGO DE PROCESSO CIVIL DE 1973
Art. 209. Os atos e os termos do processo serão assinados pelas pessoas que neles intervierem, todavia, quando essas não puderem ou não quiserem firmá-los, o escrivão ou o chefe de secretaria certificará a ocorrência. § 1º Quando se tratar de processo total ou parcialmente documentado em autos eletrônicos, os atos processuais praticados na presença do juiz poderão ser produzidos e armazenados de modo integralmente digital em arquivo eletrônico inviolável, na forma da lei, mediante registro em termo, que será assinado digitalmente pelo juiz e pelo escrivão ou chefe de secretaria, bem como pelos advogados das partes. § 2º Na hipótese do § 1º, eventuais contradições na transcrição deverão ser suscitadas oralmente no momento de realização do ato, sob pena de preclusão, devendo o juiz decidir de plano e ordenar o registro, no termo, da alegação e da decisão.	**Art. 169.** Os atos e termos do processo serão datilografados ou escritos com tinta escura e indelével, assinando-os as pessoas que neles intervieram. Quando estas não puderem ou não quiserem firmá-los, o escrivão certificará, nos autos, a ocorrência. § 1º É vedado usar abreviaturas. (Redação dada pela Lei nº 11.419, de 2006). § 2º Quando se tratar de processo total ou parcialmente eletrônico, os atos processuais praticados na presença do juiz poderão ser produzidos e armazenados de modo integralmente digital em arquivo eletrônico inviolável, na forma da lei, mediante registro em termo que será assinado digitalmente pelo juiz e pelo escrivão ou chefe de secretaria, bem como pelos advogados das partes. (Incluído pela Lei nº 11.419, de 2006). § 3º No caso do § 2o deste artigo, eventuais contradições na transcrição deverão ser suscitadas oralmente no momento da realização do ato, sob pena de preclusão, devendo o juiz decidir de plano, registrando-se a alegação e a decisão no termo. (Incluído pela Lei nº 11.419, de 2006).

O artigo em questão trata, no *caput*, da assinatura dos termos dos atos processuais físicos, enquanto em seus parágrafos há a regra aplicável aos autos total ou parcialmente eletrônicos.

NOVO CÓDIGO DE PROCESSO CIVIL	CÓDIGO DE PROCESSO CIVIL DE 1973
Art. 210. É lícito o uso da taquigrafia, da estenotipia ou de outro método idôneo em qualquer juízo ou tribunal.	**Art. 170.** É lícito o uso da taquigrafia, da estenotipia, ou de outro método idôneo, em qualquer juízo ou tribunal. (Redação dada pela Lei nº 8.952, de 13.12.1994)

O artigo em questão não alterou a substância do texto do artigo correspondente do CPC/73.

NOVO CÓDIGO DE PROCESSO CIVIL	CÓDIGO DE PROCESSO CIVIL DE 1973
Art. 211. Não se admitem nos atos e termos processuais espaços em branco, salvo os que forem inutilizados, assim como entrelinhas, emendas ou rasuras, exceto quando expressamente ressalvadas.	**Art. 171.** Não se admitem, nos atos e termos, espaços em branco, bem como entrelinhas, emendas ou rasuras, salvo se aqueles forem inutilizados e estas expressamente ressalvadas.

O artigo em questão não alterou a substância do texto do artigo correspondente do CPC/73, fazendo, apenas, alterações de ordem terminológica.

NOVO CÓDIGO DE PROCESSO CIVIL	CÓDIGO DE PROCESSO CIVIL DE 1973
CAPÍTULO II DO TEMPO E DO LUGAR DOS ATOS PROCESSUAIS **Seção I** **Do Tempo** **Art. 212.** Os atos processuais serão realizados em dias úteis, das 6 (seis) às 20 (vinte) horas. § 1º Serão concluídos após as 20 (vinte) horas os atos iniciados antes, quando o adiamento prejudicar a diligência ou causar grave dano. § 2º Independentemente de autorização judicial, as citações, intimações e penhoras poderão realizar-se no período de férias forenses, onde as houver, e nos feriados ou dias úteis fora do horário estabelecido neste artigo, observado o disposto no art. 5º, inciso XI, da Constituição Federal. § 3º Quando o ato tiver de ser praticado por meio de petição em autos não eletrônicos, essa deverá ser protocolada no horário de funcionamento do fórum ou tribunal, conforme o disposto na lei de organização judiciária local.	CAPÍTULO II DO TEMPO E DO LUGAR DOS ATOS PROCESSUAIS Seção I Do Tempo **Art. 172.** Os atos processuais realizar-se-ão em dias úteis, das 6 (seis) às 20 (vinte) horas. (Redação dada pela Lei nº 8.952, de 13.12.1994) § 1º Serão, todavia, concluídos depois das 20 (vinte) horas os atos iniciados antes, quando o adiamento prejudicar a diligência ou causar grave dano. (Redação dada pela Lei nº 8.952, de 13.12.1994) § 2º A citação e a penhora poderão, em casos excepcionais, e mediante autorização expressa do juiz, realizar-se em domingos e feriados, ou nos dias úteis, fora do horário estabelecido neste artigo, observado o disposto no art. 5º, inciso XI, da Constituição Federal. (Redação dada pela Lei nº 8.952, de 13.12.1994) § 3º Quando o ato tiver que ser praticado em determinado prazo, por meio de petição, esta deverá ser apresentada no protocolo, dentro do horário de expediente, nos termos da lei de organização judiciária local. (Incluído pela Lei nº 8.952, de 13.12.1994)

O artigo em questão não alterou a substância do texto do artigo correspondente do CPC/73, fazendo, apenas, alterações de ordem terminológica. A rigor, houve alteração, tão somente, no que se refere ao § 2º, que passou a relativizar a autorização expressa do juiz para a realização de atos de citação, intimação e penhora em períodos de férias, feriados e fora do horário previsto nos dias úteis.

NOVO CÓDIGO DE PROCESSO CIVIL	CÓDIGO DE PROCESSO CIVIL DE 1973
Art. 213. A prática eletrônica de ato processual pode ocorrer em qualquer horário até as 24 (vinte e quatro) horas do último dia do prazo. Parágrafo único. O horário vigente no juízo perante o qual o ato deve ser praticado será considerado para fins de atendimento do prazo.	Sem correspondente.

O artigo em evidência estipula o horário limite para a prática de ato por meio eletrônico, que será às 24h do último dia do prazo. O horário a ser considerado como referência é o de Brasília, atualizado pelo Observatório Nacional.

NOVO CÓDIGO DE PROCESSO CIVIL	CÓDIGO DE PROCESSO CIVIL DE 1973
Art. 214. Durante as férias forenses e nos feriados, não se praticarão atos processuais, excetuando-se: I - os atos previstos no art. 212, § 2º; II - a tutela de urgência.	**Art. 173.** Durante as férias e nos feriados não se praticarão atos processuais. Excetuam-se: I – a produção antecipada de provas (art. 846); II – a citação, a fim de evitar o perecimento de direito; e bem assim o arresto, o sequestro, a penhora, a arrecadação, a busca e apreensão, o depósito, a prisão, a separação de corpos, a abertura de testamento, os embargos de terceiro, a nunciação de obra nova e outros atos análogos. Parágrafo único. O prazo para a resposta do réu só começará a correr no primeiro dia útil seguinte ao feriado ou às férias.

O dispositivo analisado estabelece que durante as férias forenses e feriados não haverá a prática de atos processuais, no entanto, prevê a existência de exceções relativas à prática de citações, intimações e penhoras. Além disso, incluiu no rol das exceções a chamada tutela de urgência, que é aquela que desafia a atuação do Estado-Juiz toda vez que houver perigo de ineficácia da tutela em razão de uma emergência, a qual tanto pode assumir um feitio cautelar quanto satisfativo.

NOVO CÓDIGO DE PROCESSO CIVIL	CÓDIGO DE PROCESSO CIVIL DE 1973
Art. 215. Processam-se durante as férias forenses, onde as houver, e não se suspendem pela superveniência delas: I - os procedimentos de jurisdição voluntária e os necessários à conservação de direitos, quando puderem ser prejudicados pelo adiamento; II - a ação de alimentos e os processos de nomeação ou remoção de tutor e curador; III - os processos que a lei determinar.	**Art. 174.** Processam-se durante as férias e não se suspendem pela superveniência delas: I – os atos de jurisdição voluntária bem como os necessários à conservação de direitos, quando possam ser prejudicados pelo adiamento; II – as causas de alimentos provisionais, de dação ou remoção de tutores e curadores, bem como as mencionadas no art. 275; III – todas as causas que a lei federal determinar.

Complementando o dispositivo anterior , o artigo 215 não alterou a substância do texto do artigo correspondente do CPC/73, fazendo, apenas, alterações de ordem terminológica. A rigor, houve mudança, tão somente, com relação à substituição do termo "atos" por "procedimentos" de jurisdição voluntária. Houve, também, o acréscimo da expressão "nomeação" de tutor e curador, além da supressão da expressão "dação".

NOVO CÓDIGO DE PROCESSO CIVIL	CÓDIGO DE PROCESSO CIVIL DE 1973
Art. 216. Além dos declarados em lei, são feriados, para efeito forense, os sábados, os domingos e os dias em que não haja expediente forense.	**Art. 175.** São feriados, para efeito forense, os domingos e os dias declarados por lei.

O artigo em estudo refere-se aos feriados declarados por lei, não fazendo, portanto, distinção entre lei federal, estadual ou municipal. Além dos declarados em lei, estende-se aos sábados e domingos a característica de feriado, haja vista a inexistência de expediente forense.

NOVO CÓDIGO DE PROCESSO CIVIL	CÓDIGO DE PROCESSO CIVIL DE 1973
Seção II **Do Lugar** **Art. 217.** Os atos processuais realizar-se-ão ordinariamente na sede do juízo, ou, excepcionalmente, em outro lugar em razão de deferência, de interesse da justiça, da natureza do ato ou de obstáculo arguido pelo interessado e acolhido pelo juiz.	Seção II Do Lugar **Art. 176.** Os atos processuais realizam-se de ordinário na sede do juízo. Podem, todavia, efetuar-se em outro lugar, em razão de deferência, de interesse da justiça, ou de obstáculo arguido pelo interessado e acolhido pelo juiz.

O artigo em questão não alterou a essência do artigo correspondente do CPC/73,mantendo a regra de que os atos processuais serão, em regra, praticados na sede do juízo.

NOVO CÓDIGO DE PROCESSO CIVIL	CÓDIGO DE PROCESSO CIVIL DE 973
CAPÍTULO III DOS PRAZOS **Seção I** **Disposições Gerais** **Art. 218.** Os atos processuais serão realizados nos prazos prescritos em lei. § 1º Quando a lei for omissa, o juiz determinará os prazos em consideração à complexidade do ato. § 2º Quando a lei ou o juiz não determinar prazo, as intimações somente obrigarão a comparecimento após decorridas 48 (quarenta e oito) horas. § 3º Inexistindo preceito legal ou prazo determinado pelo juiz, será de 5 (cinco) dias o prazo para a prática de ato processual a cargo da parte. § 4º Será considerado tempestivo o ato praticado antes do termo inicial do prazo.	CAPÍTULO III DOS PRAZOS Seção I Das Disposições Gerais **Art. 177.** Os atos processuais realizar-se-ão nos prazos prescritos em lei. Quando esta for omissa, o juiz determinará os prazos, tendo em conta a complexidade da causa. **Art. 192.** Quando a lei não marcar outro prazo, as intimações somente obrigarão a comparecimento depois de decorridas 24 (vinte e quatro) horas. **Art. 185.** Não havendo preceito legal nem assinação pelo juiz, será de 5 (cinco) dias o prazo para a prática de ato processual a cargo da parte.

Este artigo não alterou a substância do texto do artigo correspondente do CPC/73, fazendo, apenas, acréscimos referentes ao prazo mínimo de quarenta e oito horas para comparecimento em juízo por meio de intimação, diante da inexistência da fixação de prazo legal e/ou judicial.

Acresceu, ainda, o § 3º, que estabelece o prazo de cinco dias na hipótese da ausência de preceito legal ou prazo judicial para a prática de ato de incumbência da parte. No § 4º, o legislador corrige um equívoco da jurisprudência dos nossos tribunais superiores com relação ao ajuizamento de recurso antes da abertura formal do prazo. Os tribunais cobram, nestas situações, a ratificação do ato, sob pena de não reconhecê-lo após o decurso formal do prazo. A previsão acima privilegia a celeridade processual e desburocratiza o processo.

NOVO CÓDIGO DE PROCESSO CIVIL	CÓDIGO DE PROCESSO CIVIL DE 1973
Art. 219. Na contagem de prazo em dias, estabelecido por lei ou pelo juiz, computar-se-ão somente os dias úteis. Parágrafo único. O disposto neste artigo aplica-se somente aos prazos processuais.	**Art. 178.** O prazo, estabelecido pela lei ou pelo juiz, é contínuo, não se interrompendo nos feriados.

O artigo em questão inovou, pois prevê que os prazos processuais passarão a ser contados com base nos dias úteis.

NOVO CÓDIGO DE PROCESSO CIVIL	CÓDIGO DE PROCESSO CIVIL DE 1973
Art. 220. Suspende-se o curso do prazo processual nos dias compreendidos entre 20 de dezembro e 20 de janeiro, inclusive. § 1º Ressalvadas as férias individuais e os feriados instituídos por lei, os juízes, os membros do Ministério Público, da Defensoria Pública e da Advocacia Pública e os auxiliares da Justiça exercerão suas atribuições durante o período previsto no caput. § 2º Durante a suspensão do prazo, não se realizarão audiências nem sessões de julgamento.	**Art. 179.** A superveniência de férias suspenderá o curso do prazo; o que lhe sobejar recomeçará a correr do primeiro dia útil seguinte ao termo das férias.

A inclusão do texto acima teve a contribuição da Ordem dos Advogados do Brasil, que, há muito, cobrava a suspensão do prazo processual no período compreendido entre 20 de dezembro e 20 de janeiro para que as férias pudessem ser gozadas sem sobressaltos.

A previsão do *caput* deste artigo não inibe a atuação das pessoas indicadas no § 1º durante o período acima indicado, ressalvando, apenas, que não poderão ser realizadas audiências e sessões de julgamento.

NOVO CÓDIGO DE PROCESSO CIVIL	CÓDIGO DE PROCESSO CIVIL DE 1973
Art. 221. Suspende-se o curso do prazo por obstáculo criado em detrimento da parte ou ocorrendo qualquer das hipóteses do art. 313, devendo o prazo ser restituído por tempo igual ao que faltava para sua complementação. Parágrafo único. Suspendem-se os prazos durante a execução de programa instituído pelo Poder Judiciário para promover a autocomposição, incumbindo aos tribunais especificar, com antecedência, a duração dos trabalhos.	**Art. 180.** Suspende-se também o curso do prazo por obstáculo criado pela parte ou ocorrendo qualquer das hipóteses do art. 265, I e III; casos em que o prazo será restituído por tempo igual ao que faltava para a sua complementação.

O artigo em comento, no *caput*, reproduziu regra já existente no CPC/73, mas inovou no parágrafo único, posto que prevê que os prazos deverão ser suspensos durante a execução de programa de conciliação instituído pelo Poder Judiciário, devendo, para tanto, haver notificação a respeito do período em que os trabalhos se efetivarão.

NOVO CÓDIGO DE PROCESSO CIVIL	CÓDIGO DE PROCESSO CIVIL DE 1973
Art. 222. Na comarca, seção ou subseção judiciária onde for difícil o transporte, o juiz poderá prorrogar os prazos por até 2 (dois) meses. § 1º Ao juiz é vedado reduzir prazos peremptórios sem anuência das partes. § 2º Havendo calamidade pública, o limite previsto no caput para prorrogação de prazos poderá ser excedido.	**Art. 182.** É defeso às partes, ainda que todas estejam de acordo, reduzir ou prorrogar os prazos peremptórios. O juiz poderá, nas comarcas onde for difícil o transporte, prorrogar quaisquer prazos, mas nunca por mais de 60 (sessenta) dias. Parágrafo único. Em caso de calamidade pública, poderá ser excedido o limite previsto neste artigo para a prorrogação de prazos.

Ao analisar o artigo acima, verifica-se que houve o desdobramento do artigo 182 do CPC/73 no *caput* e no § 1º do artigo 222 do NCPC. Além disso, passou a exigir do juiz a anuência das partes para promover a redução dos prazos peremptórios.

No que se refere ao *caput*, passa a ser de até dois meses a prorrogação de prazo na hipótese de comarca, seção ou subseção de difícil acesso. No mais, não foram registradas mudanças consideráveis.

NOVO CÓDIGO DE PROCESSO CIVIL	CÓDIGO DE PROCESSO CIVIL DE 1973
Art. 223. Decorrido o prazo, extingue-se o direito de praticar ou de emendar o ato processual, independentemente de declaração judicial, ficando assegurado, porém, à parte provar que não o realizou por justa causa. § 1º Considera-se justa causa o evento alheio à vontade da parte e que a impediu de praticar o ato por si ou por mandatário. § 2º Verificada a justa causa, o juiz permitirá à parte a prática do ato no prazo que lhe assinar.	**Art. 183.** Decorrido o prazo, extingue-se, independentemente de declaração judicial, o direito de praticar o ato, ficando salvo, porém, à parte provar que o não realizou por justa causa. § 1° Reputa-se justa causa o evento imprevisto, alheio à vontade da parte, e que a impediu de praticar o ato por si ou por mandatário. § 2° Verificada a justa causa o juiz permitirá à parte a prática do ato no prazo que lhe assinar.

O artigo em questão não alterou a substância do texto do artigo correspondente do CPC/73, fazendo, apenas, considerações de ordem terminológica, a exemplo da substituição de "reputa-se" por "considera-se".

NOVO CÓDIGO DE PROCESSO CIVIL	CÓDIGO DE PROCESSO CIVIL DE 1973
Art. 224. Salvo disposição em contrário, os prazos serão contados excluindo o dia do começo e incluindo o dia do vencimento. § 1º Os dias do começo e do vencimento do prazo serão protraídos para o primeiro dia útil seguinte, se coincidirem com dia em que o expediente forense for encerrado antes ou iniciado depois da hora normal ou houver indisponibilidade da comunicação eletrônica. § 2º Considera-se como data de publicação o primeiro dia útil seguinte ao da disponibilização da informação no Diário da Justiça eletrônico. § 3º A contagem do prazo terá início no primeiro dia útil que seguir ao da publicação.	**Art. 184.** Salvo disposição em contrário, computar-se-ão os prazos, excluindo o dia do começo e incluindo o do vencimento. (Redação dada pela Lei nº 5.925, de 1º.10.1973) § 1º Considera-se prorrogado o prazo até o primeiro dia útil se o vencimento cair em feriado ou em dia em que: (Redação dada pela Lei nº 5.925, de 1º.10.1973) I - for determinado o fechamento do fórum; II - o expediente forense for encerrado antes da hora normal. § 2º Os prazos somente começam a correr do primeiro dia útil após a intimação (art. 240 e parágrafo único). (Redação dada pela Lei nº 8.079, de 13.9.1990)

O artigo em análise alterou a substância do texto do artigo correspondente do CPC/73, fazendo, além de alterações terminológicas, a inclusão de novas regras, como, por exemplo, a previsão de que a contagem do prazo, no que se refere ao início e ao fim, será prorrogada quando o expediente forense for encerrado antes ou iniciado depois do horário normal.

Ademais, prevê a possibilidade de indisponibilidade da comunicação eletrônica, o que fará com que o prazo seja automaticamente prorrogado. No que tange aos §§ 2º e 3º, a regra esclarece que a contagem do prazo tem início no dia seguinte à publicação disponibilizada no Diário da Justiça eletrônico.

NOVO CÓDIGO DE PROCESSO CIVIL	CÓDIGO DE PROCESSO CIVIL DE 1973
Art. 225. A parte poderá renunciar ao prazo estabelecido exclusivamente em seu favor, desde que o faça de maneira expressa.	**Art. 186.** A parte poderá renunciar ao prazo estabelecido exclusivamente em seu favor.

O artigo em comento mantém o direito de a parte renunciar ao estabelecido em seu favor, desde que o faça de maneira expressa.

NOVO CÓDIGO DE PROCESSO CIVIL	CÓDIGO DE PROCESSO CIVIL DE 1973
Art. 226. O juiz proferirá: I - os despachos no prazo de 5 (cinco) dias; II - as decisões interlocutórias no prazo de 10 (dez) dias; III - as sentenças no prazo de 30 (trinta) dias.	**Art. 189.** O juiz proferirá: I – os despachos de expediente, no prazo de 2 (dois) dias; II – as decisões, no prazo de 10 (dez) dias.

O dispositivo do NCPC em comento favorece a distinção entre despachos, decisões interlocutórias e sentenças. Ademais, prevê os prazos que o magistrado deve cumprir para proferir seus despachos, decisões interlocutórias e sentenças, ampliando esses prazos. Da ccomparação dos textos apresentados, constata-se que o NCPC promove alteração do prazo dos despachos, que passa a ser de cinco dias, e das sentenças, que passa a ser de trinta dias.

NOVO CÓDIGO DE PROCESSO CIVIL	CÓDIGO DE PROCESSO CIVIL DE 1973
Art. 227. Em qualquer grau de jurisdição, havendo motivo justificado, pode o juiz exceder, por igual tempo, os prazos a que está submetido.	**Art. 187.** Em qualquer grau de jurisdição, havendo motivo justificado, pode o juiz exceder, por igual tempo, os prazos que este Código lhe assina.

O artigo em questão não alterou a substância do texto do artigo correspondente do CPC/73, fazendo, apenas, a inclusão de termos atuais.

NOVO CÓDIGO DE PROCESSO CIVIL	CÓDIGO DE PROCESSO CIVIL DE 1973
Art. 228. Incumbirá ao serventuário remeter os autos conclusos no prazo de 1 (um) dia e executar os atos processuais no prazo de 5 (cinco) dias, contado da data em que: I - houver concluído o ato processual anterior, se lhe foi imposto pela lei; II - tiver ciência da ordem, quando determinada pelo juiz. § 1º Ao receber os autos, o serventuário certificará o dia e a hora em que teve ciência da ordem referida no inciso II. § 2º Nos processos em autos eletrônicos, a juntada de petições ou de manifestações em geral ocorrerá de forma automática, independentemente de ato de serventuário da justiça.	**Art. 190.** Incumbirá ao serventuário remeter os autos conclusos no prazo de 24 (vinte e quatro) horas e executar os atos processuais no prazo de 48 (quarenta e oito) horas, contados: I – da data em que houver concluído o ato processual anterior, se lhe foi imposto pela lei; II – da data em que tiver ciência da ordem, quando determinada pelo juiz. Parágrafo único. Ao receber os autos, certificará o serventuário o dia e a hora em que ficou ciente da ordem, referida no nº II.

O dispositivo trata do dever do serventuário enviar os autos para o magistrado, com a certificação do momento em que isso se dá. Os prazos foram alterados de "24 (vinte e quatro) horas" para "um dia" e de "48 (quarenta e oito) horas" para "cinco dias".

O § 2º do artigo 228 do NCPC dispõe que, em se tratando de processos eletrônicos, a juntada de atos se dará de forma automática, ou seja, independente da participação do serventuário da justiça.

NOVO CÓDIGO DE PROCESSO CIVIL	CÓDIGO DE PROCESSO CIVIL DE 1973
Art. 229. Os litisconsortes que tiverem diferentes procuradores, de escritórios de advocacia distintos, terão prazos contados em dobro para todas as suas manifestações, em qualquer juízo ou tribunal, independentemente de requerimento. § 1º Cessa a contagem do prazo em dobro se, havendo apenas 2 (dois) réus, é oferecida defesa por apenas um deles. § 2º Não se aplica o disposto no caput aos processos em autos eletrônicos.	**Art. 191.** Quando os litisconsortes tiverem diferentes procuradores, ser-lhes-ão contados em dobro os prazos para contestar, para recorrer e, de modo geral, para falar nos autos.

O artigo 229 do NCPC dispõe que, havendo litisconsortes com procuradores diversos, desde que integrem escritórios profissionais distintos, o prazo deverá ser contado em dobro para todas as manifestações no processo.

Na hipótese de existirem apenas dois réus integrando o litisconsórcio, cessará a contagem do prazo em dobro quando apenas um deles oferecer resposta. O § 2º disciplina que a regra do *caput* não se aplica aos processos eletrônicos, obviamente, face à disponibilidade dos autos em tempo real para todas as partes, além de depor contra a festejada celeridade.

NOVO CÓDIGO DE PROCESSO CIVIL	CÓDIGO DE PROCESSO CIVIL DE 1973
Art. 230. O prazo para a parte, o procurador, a Advocacia Pública, a Defensoria Pública e o Ministério Público será contado da citação, da intimação ou da notificação.	**Art. 240.** Salvo disposição em contrário, os prazos para as partes, para a Fazenda Pública e para o Ministério Público contar-se-ão da intimação. Parágrafo único. As intimações consideram-se realizadas no primeiro dia útil seguinte, se tiverem ocorrido em dia em que não tenha havido expediente forense. (Incluído pela Lei nº 8.079, de 13.9.1990)

Retirando a expressão "salvo disposição em contrário" e suprimindo o parágrafo único do artigo 240 do CPC/73, segundo a regra prevista no NCPC, o prazo será contado a partir da prática do ato de comunicação processual, seja citação, intimação ou notificação.

NOVO CÓDIGO DE PROCESSO CIVIL	CÓDIGO DE PROCESSO CIVIL DE 1973
Art. 231. Salvo disposição em sentido diverso, considera-se dia do começo do prazo: I - a data de juntada aos autos do aviso de recebimento, quando a citação ou a intimação for pelo correio; II - a data de juntada aos autos do mandado cumprido, quando a citação ou a intimação for por oficial de justiça; III - a data de ocorrência da citação ou da intimação, quando ela se der por ato do escrivão ou do chefe de secretaria; IV - o dia útil seguinte ao fim da dilação assinada pelo juiz, quando a citação ou a intimação for por edital; V - o dia útil seguinte à consulta ao teor da citação ou da intimação ou ao término do prazo para que a consulta se dê, quando a citação ou a intimação for eletrônica; VI - a data de juntada do comunicado de que trata o art. 232 ou, não havendo esse, a data de juntada da carta aos autos de origem devidamente cumprida, quando a citação ou a intimação se realizar em cumprimento de carta; VII - a data de publicação, quando a intimação se der pelo Diário da Justiça impresso ou eletrônico; VIII - o dia da carga, quando a intimação se der por meio da retirada dos autos, em carga, do cartório ou da secretaria. § 1º Quando houver mais de um réu, o dia do começo do prazo para contestar corresponderá à última das datas a que se referem os incisos I a VI do caput. § 2º Havendo mais de um intimado, o prazo para cada um é contado individualmente. § 3º Quando o ato tiver de ser praticado diretamente pela parte ou por quem, de qualquer forma, participe do processo, sem a intermediação de representante judicial, o dia do começo do prazo para cumprimento da determinação judicial corresponderá à data em que se der a comunicação. § 4º Aplica-se o disposto no inciso II do caput à citação com hora certa.	**Art. 241.** Começa a correr o prazo: (Redação dada pela Lei nº 8.710, de 24.9.1993) I - quando a citação ou intimação for pelo correio, da data de juntada aos autos do aviso de recebimento; (Redação dada pela Lei nº 8.710, de 24.9.1993) II - quando a citação ou intimação for por oficial de justiça, da data de juntada aos autos do mandado cumprido; (Redação dada pela Lei nº 8.710, de 24.9.1993) III - quando houver vários réus, da data de juntada aos autos do último aviso de recebimento ou mandado citatório cumprido; (Redação dada pela Lei nº 8.710, de 24.9.1993) IV - quando o ato se realizar em cumprimento de carta de ordem, precatória ou rogatória, da data de sua juntada aos autos devidamente cumprida; (Redação dada pela Lei nº 8.710, de 24.9.1993) V - quando a citação for por edital, finda a dilação assinada pelo juiz. (Redação dada pela Lei nº 8.710, de 24.9.1993)

O artigo 231 do NCPC, a exemplo do CPC/73, disciplina o início da contagem do prazo, apresentando uma gama de situações. A regra do CPC/73, que exige prévia juntada, aos autos, da comprovação de citação ou intimação foi reproduzida pelo NCPC. Porém, quando se tratar de intimação eletrônica, o prazo flui do primeiro dia útil seguinte à consulta ou após findo o prazo disponível para tanto.

Prevê, ainda, a fluência imediata do prazo quando houver carga dos autos. Por fim, o § 1º do artigo em comento afirma que havendo litisconsórcio passivo, o início da contagem do prazo para a apresentação de contestação se dará após a última citação, da mesma forma como disciplinado pelo CPC/73. Já o § 2º estabelece que havendo mais de um intimado, o prazo fluirá individualmente. O § 3º traz como regra de dia do começo do prazo a data da comunicação e o § 4º dispõe que, no caso de citação por hora certa, o prazo também começará a correr da data da juntada do mandado aos autos.

NOVO CÓDIGO DE PROCESSO CIVIL	CÓDIGO DE PROCESSO CIVIL DE 1973
Art. 232. Nos atos de comunicação por carta precatória, rogatória ou de ordem, a realização da citação ou da intimação será imediatamente informada, por meio eletrônico, pelo juiz deprecado ao juiz deprecante.	Sem correspondente.

O artigo 232 do NCPC busca, a exemplo de outros, agilizar o andamento do processo promovendo a celeridade processual, pois permite que o juiz deprecado informe ao juiz deprecante o cumprimento ou não do ato de cooperação, utilizando-se dos meios eletrônicos.

NOVO CÓDIGO DE PROCESSO CIVIL	CÓDIGO DE PROCESSO CIVIL DE 1973
Seção II **Da Verificação dos Prazos e das Penalidades**	Seção II Da Verificação dos Prazos e das Penalidades
Art. 233. Incumbe ao juiz verificar se o serventuário excedeu, sem motivo legítimo, os prazos estabelecidos em lei. § 1º Constatada a falta, o juiz ordenará a instauração de processo administrativo, na forma da lei. § 2º Qualquer das partes, o Ministério Público ou a Defensoria Pública poderá representar ao juiz contra o serventuário que injustificadamente exceder os prazos previstos em lei.	**Art. 193.** Compete ao juiz verificar se o serventuário excedeu, sem motivo legítimo, os prazos que este Código estabelece. **Art. 194.** Apurada a falta, o juiz mandará instaurar procedimento administrativo, na forma da Lei de Organização Judiciária.

O *caput* do artigo 233 reproduz o teor do artigo 193 do CPC/73, e o § 1º, o teor do artigo 194. Já o disposto no § 2º do artigo 233 do NCPC inova em relação à disposição correspondente do CPC/73, pois prevê que qualquer das partes pode representar ao juiz contra o serventuário que injustificadamente extrapolar os prazos previstos em lei.

NOVO CÓDIGO DE PROCESSO CIVIL	CÓDIGO DE PROCESSO CIVIL DE 1973
Art. 234. Os advogados públicos ou privados, o defensor público e o membro do Ministério Público devem restituir os autos no prazo do ato a ser praticado. § 1º É lícito a qualquer interessado exigir os autos do advogado que exceder prazo legal. § 2º Se, intimado, o advogado não devolver os autos no prazo de 3 (três) dias, perderá o direito à vista fora de cartório e incorrerá em multa correspondente à metade do salário-mínimo. § 3º Verificada a falta, o juiz comunicará o fato à seção local da Ordem dos Advogados do Brasil para procedimento disciplinar e imposição de multa. § 4º Se a situação envolver membro do Ministério Público, da Defensoria Pública ou da Advocacia Pública, a multa, se for o caso, será aplicada ao agente público responsável pelo ato. § 5º Verificada a falta, o juiz comunicará o fato ao órgão competente responsável pela instauração de procedimento disciplinar contra o membro que atuou no feito.	**Art. 195.** O advogado deve restituir os autos no prazo legal. Não o fazendo, mandará o juiz, de ofício, riscar o que neles houver escrito e desentranhar as alegações e documentos que apresentar. **Art. 196.** É lícito a qualquer interessado cobrar os autos ao advogado que exceder o prazo legal. Se, intimado, não os devolver dentro em 24 (vinte e quatro) horas, perderá o direito à vista fora de cartório e incorrerá em multa, correspondente à metade do salário mínimo vigente na sede do juízo. Parágrafo único. Apurada a falta, o juiz comunicará o fato à seção local da Ordem dos Advogados do Brasil, para o procedimento disciplinar e imposição da multa. **Art. 197**. Aplicam-se ao órgão do Ministério Público e ao representante da Fazenda Pública as disposições constantes dos arts. 195 e 196.

O disposto no NCPC em questão inovou em relação à disposição correspondente do CPC/73, pois prevê que incidirá em multa o membro do Ministério Público, da Defensoria Pública ou da Advocacia Pública, sem prejuízo de ser oficiado o órgão competente para a instauração de procedimento administrativo disciplinar, quando for responsável pela não devolução dos autos no prazo fixado.

Se a falta envolver advogado privado, será oficiada a Ordem dos Advogados do Brasil, para que a entidade tome as providências cabíveis, no que se refere à abertura de procedimento disciplinar e imposição de penalidades. Prevê, também, o prazo de três dias para a devolução dos autos pelo advogado, quando instado a devolvê-los.

NOVO CÓDIGO DE PROCESSO CIVIL	CÓDIGO DE PROCESSO CIVIL DE 1973
Art. 235. Qualquer parte, o Ministério Público ou a Defensoria Pública poderá representar ao corregedor do tribunal ou ao Conselho Nacional de Justiça contra juiz ou relator que injustificadamente exceder os prazos previstos em lei, regulamento ou regimento interno. § 1º Distribuída a representação ao órgão competente e ouvido previamente o juiz, não sendo caso de arquivamento liminar, será instaurado procedimento para apuração da responsabilidade, com intimação do representado por meio eletrônico para, querendo, apresentar justificativa no prazo de 15 (quinze) dias.	**Art. 198.** Qualquer das partes ou o órgão do Ministério Público poderá representar ao presidente do Tribunal de Justiça contra o juiz que excedeu os prazos previstos em lei. Distribuída a representação ao órgão competente, instaurar-se-á procedimento para apuração da responsabilidade. O relator, conforme as circunstâncias, poderá avocar os autos em que ocorreu excesso de prazo, designando outro juiz para decidir a causa.

§ 2º Sem prejuízo das sanções administrativas cabíveis, em até 48 (quarenta e oito) horas após a apresentação ou não da justificativa de que trata o § 1º, se for o caso, o corregedor do tribunal ou o relator no Conselho Nacional de Justiça determinará a intimação do representado por meio eletrônico para que, em 10 (dez) dias, pratique o ato. § 3º Mantida a inércia, os autos serão remetidos ao substituto legal do juiz ou do relator contra o qual se representou para decisão em 10 (dez) dias.	

O dispositivo do NCPC aprimora o do CPC/73, pois permite às partes, além do Ministério Público e da Defensoria Pública, representar, ao corregedor de tribunal ou ao Conselho Nacional de Justiça, contra o magistrado que descumpre, sem justa causa, os prazos estabelecidos em lei, regulamento ou regimento interno. Prevê, também, a ritualística para o processamento da representação.

NOTAS AOS ARTIGOS 236 A 283

Bruno Vargens Nunes

NOVO CÓDIGO DE PROCESSO CIVIL	CÓDIGO DE PROCESSO CIVIL DE 1973
TÍTULO II DA COMUNICAÇÃO DOS ATOS PROCESSUAIS CAPÍTULO I DISPOSIÇÕES GERAIS	CAPÍTULO IV DAS COMUNICAÇÕES DOS ATOS Seção I Das Disposições Gerais
Art. 236. Os atos processuais serão cumpridos por ordem judicial. § 1º Será expedida carta para a prática de atos fora dos limites territoriais do tribunal, da comarca, da seção ou da subseção judiciárias, ressalvadas as hipóteses previstas em lei. § 2º O tribunal poderá expedir carta para juízo a ele vinculado, se o ato houver de se realizar fora dos limites territoriais do local de sua sede. § 3º Admite-se a prática de atos processuais por meio de videoconferência ou outro recurso tecnológico de transmissão de sons e imagens em tempo real.	**Art. 200.** Os atos processuais serão cumpridos por ordem judicial ou requisitados por carta, conforme hajam de realizar-se dentro ou fora dos limites territoriais da comarca.

Apesar de se observar aprimoramento no texto, ao tratar dos limites territoriais para a utilização de métodos de comunicação de atos processuais, além de comarcas, tribunais, seções ou subseções judiciais, o *caput* do artigo não traz alteração expressiva. O indicativo mais importante consta no § 3º, que prevê a utilização de meios eletrônicos para a prática desses atos, através da videoconferência ou de outro recurso tecnológico de transmissão de som e imagem em tempo real, de sorte a proporcionar maior celeridade, economia e efetividade ao processo.

NOVO CÓDIGO DE PROCESSO CIVIL	CÓDIGO DE PROCESSO CIVIL DE 1973
Art. 237. Será expedida carta: I - de ordem, pelo tribunal, na hipótese do § 2º do art. 236; II - rogatória, para que órgão jurisdicional estrangeiro pratique ato de cooperação jurídica internacional, relativo a processo em curso perante órgão jurisdicional brasileiro;	**Art. 201.** Expedir-se-á carta de ordem se o juiz for subordinado ao tribunal de que ela emanar; carta rogatória, quando dirigida à autoridade judiciária estrangeira; e carta precatória nos demais casos.

III - precatória, para que órgão jurisdicional brasileiro pratique ou determine o cumprimento, na área de sua competência territorial, de ato relativo a pedido de cooperação judiciária formulado por órgão jurisdicional de competência territorial diversa; IV - arbitral, para que órgão do Poder Judiciário pratique ou determine o cumprimento, na área de sua competência territorial, de ato objeto de pedido de cooperação judiciária formulado por juízo arbitral, inclusive os que importem efetivação de tutela provisória. Parágrafo único. Se o ato relativo a processo em curso na justiça federal ou em tribunal superior houver de ser praticado em local onde não haja vara federal, a carta poderá ser dirigida ao juízo estadual da respectiva comarca.	**Art. 1.213**. As cartas precatórias, citatórias, probatórias, executórias e cautelares, expedidas pela Justiça Federal, poderão ser cumpridas nas comarcas do interior pela Justiça Estadual.

O dispositivo trata das cartas para a comunicação entre os órgãos jurisdicionais, mantendo as cartas rogatória, de ordem e precatória. A alteração expressiva no dispositivo em comento diz respeito à cooperação entre o Poder Judiciário e órgãos arbitrais, por intermédio da denominada carta arbitral.

A arbitragem, atualmente prevista na Lei nº 9.307/96, é utilizada como um meio alternativo de solução de conflito, por meio de um terceiro imparcial (heterocomposição). A sentença arbitral dispensa homologação judicial, faz coisa julgada, produz entre as partes os mesmos efeitos da sentença emanada do Poder Judiciário e é título executivo judicial, contudo, sua execução se dá por meio do Estado-juiz. Assim, o inciso IV do artigo 235 fortalece a atividade dos órgãos arbitrais ao facilitar o pedido de providências necessárias ao Poder Judiciário

O parágrafo único do artigo 235 do NCPC regula a delegação de competência da Justiça Federal para a Justiça Estadual, permitindo que esta cumpra atos processuais nas hipóteses em que o local da diligência não conte com sede de vara federal[1], como já era autorizado pelo artigo 1.213 do CPC/73. Vale consignar que esta delegação está prevista no artigo 109, § 3º, da Constituição Federal de 1988.

NOVO CÓDIGO DE PROCESSO CIVIL	CÓDIGO DE PROCESSO CIVIL DE 1973
CAPÍTULO II DA CITAÇÃO **Art. 238.** Citação é o ato pelo qual são convocados o réu, o executado ou o interessado para integrar a relação processual.	Seção III Das Citações **Art. 213.** Citação é o ato pelo qual se chama a juízo o réu ou o interessado a fim de se defender. (Redação dada pela Lei nº 5.925, de 1º.10.1973)

1 Vide MENDES, Aluisio Gonçalves de Castro. *Competência cível da Justiça Federal*. 4ª ed. São Paulo: Revista dos Tribunais, 2012.

Marinoni[2] afirma que o novo diploma poderia ter se expressado melhor, deixando de esclarecer que a integração ao processo é na qualidade de parte, abandonando a neutra locução "relação jurídica". Ademais, em vez das expressões "réu", "executado" e "interessado", poderia ter usado a palavra "alguém". Porém, relevante destacar que o conceito de citação se amplia, não é mais o mero ato através do qual o réu vem a juízo para apresentar defesa: mais tecnicamente e, em consonância com o procedimento comum delineado pela nova legislação, a citação é ato para integrar a relação processual, desenvolvendo-se o contraditório participativo.

NOVO CÓDIGO DE PROCESSO CIVIL	CÓDIGO DE PROCESSO CIVIL DE 1973
Art. 239. Para a validade do processo é indispensável a citação do réu ou do executado, ressalvadas as hipóteses de indeferimento da petição inicial ou de improcedência liminar do pedido. § 1º O comparecimento espontâneo do réu ou do executado supre a falta ou a nulidade da citação, fluindo a partir desta data o prazo para apresentação de contestação ou de embargos à execução. § 2º Rejeitada a alegação de nulidade, tratando-se de processo de: I - conhecimento, o réu será considerado revel; II - execução, o feito terá seguimento.	**Art. 214.** Para a validade do processo é indispensável a citação inicial do réu. (Redação dada pela Lei nº 5.925, de 1º.10.1973) § 1º O comparecimento espontâneo do réu supre, entretanto, a falta de citação. (Redação dada pela Lei nº 5.925, de 1º.10.1973) § 2º Comparecendo o réu apenas para argüir a nulidade e sendo esta decretada, considerar-se-á feita a citação na data em que ele ou seu advogado for intimado da decisão. (Redação dada pela Lei nº 5.925, de 1º.10.1973)

Embora já existissem hipóteses previstas em lei de casos de desenvolvimento válido do processo mesmo sem citação, tais como no indeferimento liminar da petição inicial e no julgamento liminar de improcedência, dispostos, respectivamente, nos artigos 296 e 285-A do CPC/73, o artigo 214 do CPC/73 não tratava dessas ressalvas.

O *caput* do artigo 239 do NCPC procurou indicar expressamente que, embora a validade do processo dependa de citação válida, nos casos de indeferimento da petição inicial e de julgamento liminar será dispensado esse ato.

O § 1º do artigo 239 do NCPC faz em parte uma fusão dos §§ 1º e 2º do artigo 214 do CPC/73, contudo, com alterações: o novo Código prevê que não somente a falta de citação, como também a nulidade será suprida pelo comparecimento espontâneo.

Na sistemática do CPC/73, o réu não citado pode comparecer ao processo e alegar a falta ou invalidade da citação. Se a nulidade for decretada, considera-se feita a citação na data em que o réu ou seu advogado for intimado dessa decisão. Pode o réu, ainda, comparecer ao processo arguindo a falta ou nulidade da citação e ao mesmo tempo oferecer defesa, pedindo novo prazo para contestar em razão da declaração da nulidade da citação.

Com a nova sistemática prevista pelo novo Código, o prazo para o réu ou o executado oferecerem, respectivamente, contestação ou embargos à execução começa a

---

2 MARINONI, Luiz Guilherme. *O projeto do CPC. Críticas e propostas*. São Paulo: Revista dos Tribunais, 2010, p. 95.

fluir a partir do seu comparecimento, e não mais da decisão que decretou a inexistência ou invalidade.

NOVO CÓDIGO DE PROCESSO CIVIL	CÓDIGO DE PROCESSO CIVIL DE 1973
Art. 240. A citação válida, ainda quando ordenada por juízo incompetente, induz litispendência, torna litigiosa a coisa e constitui em mora o devedor, ressalvado o disposto nos arts. 397 e 398 da Lei nº 10.406, de 10 de janeiro de 2002 (Código Civil). § 1º A interrupção da prescrição, operada pelo despacho que ordena a citação, ainda que proferido por juízo incompetente, retroagirá à data de propositura da ação. § 2º Incumbe ao autor adotar, no prazo de 10 (dez) dias, as providências necessárias para viabilizar a citação, sob pena de não se aplicar o disposto no § 1º. § 3º A parte não será prejudicada pela demora imputável exclusivamente ao serviço judiciário.	**Art. 219.** A citação válida torna prevento o juízo, induz litispendência e faz litigiosa a coisa; e, ainda quando ordenada por juiz incompetente, constitui em mora o devedor e interrompe a prescrição. (Redação dada pela Lei nº 5.925, de 1º.10.1973) § 1° A interrupção da prescrição retroagirá à data da propositura da ação.(Redação dada pela Lei nº 8.952, de 13.12.1994) § 2° Incumbe à parte promover a citação do réu nos 10 (dez) dias subseqüentes ao despacho que a ordenar, não ficando prejudicada pela demora imputável exclusivamente ao serviço judiciário. (Redação dada pela Lei nº 8.952, de 13.12.1994) § 3° Não sendo citado o réu, o juiz prorrogará o prazo até o máximo de 90 (noventa) dias. (Redação dada pela Lei nº 8.952, de 13.12.1994) § 4º Não se efetuando a citação nos prazos mencionados nos parágrafos antecedentes, haver-se-á por não interrompida a prescrição. (Redação dada pela Lei nº 5.925, de 1º.10.1973) [...]
§ 4º O efeito retroativo a que se refere o § 1º aplica-se à decadência e aos demais prazos extintivos previstos em lei.	**Art. 220.** O disposto no artigo anterior aplica-se a todos os prazos extintivos previstos na lei.

O artigo 240 do NCPC trata de formulação mais ampla do que a do CPC/73, inclusive excepcionando os casos em que a constituição em mora não se dá com a citação. O referido artigo amplia os efeitos da citação válida proferida por juízo incompetente, afirmando que, além da mora e da interrupção da prescrição (embora esta já ocorra por ocasião do despacho que a ordena), torna eficaz a litispendência e faz litigiosa a coisa. Omite, contudo, sobre o juízo prevento, em razão deste ter sido regulado pelo artigo 59.

O § 1º do artigo 240 ao trazer a expressão *"operada pelo despacho que ordena a citação"*, ratifica a posição da doutrina, como por exemplo, Teresa Arruda Alvim Wambier[3], que afirma ser o "cite-se" irrecorrível, uma vez que não possui conteúdo decisório.

O § 2º do artigo 240 aperfeiçoa a redação dos §§ 2º e 4º do artigo 219 do CPC/73, pois o autor apenas providencia as informações para que seja realizada a citação do réu, mas a citação é realizada pelo Poder Judiciário.

O § 3º do artigo 240 mantém aplicável o entendimento consolidado no enunciado da Súmula nº 106 do STJ, segundo a qual *"Proposta a ação no prazo fixado para o seu exercício, a demora na citação, por motivos inerentes ao mecanismo da Justiça, não justifica o acolhimento da arguição de prescrição ou decadência"*.

Por sua vez o § 4º do artigo 240 do NCPC, diferentemente do CPC/73, prevê que a citação válida obsta a incidência da decadência, mesmo por juízo incompetente. Aqui vale trazer uma ressalva: o Código de Processo Civil de 1973 não cuidou da interrupção da decadência. Segundo Fredie Didier[4], o CPC fez muito bem, pois não há como interromper-se o prazo decadencial. Ainda segundo este doutrinador, houve proposta de emenda ao CC de 2002, em que se pretendeu estender à decadência o efeito interruptivo da prescrição decorrente da citação em juízo.

NOVO CÓDIGO DE PROCESSO CIVIL	CÓDIGO DE PROCESSO CIVIL DE 1973
Art. 241. Transitada em julgado a sentença de mérito proferida em favor do réu antes da citação, incumbe ao escrivão ou ao chefe de secretaria comunicar-lhe o resultado do julgamento.	**Art. 219.** [...] § 6º Passada em julgado a sentença, a que se refere o parágrafo anterior, o escrivão comunicará ao réu o resultado do julgamento.

O dispositivo do NCPC trata das hipóteses de julgamentos liminares que dispensam citação, nas quais o juiz decidirá liminarmente improcedente o pedido. Essas hipóteses estão previstas no artigo 332 do novo diploma legal, como por exemplo, contrariar acórdão proferido pelo Supremo Tribunal Federal ou pelo Superior Tribunal de Justiça em julgamento de recursos repetitivos, prescrição e decadência.

3 WAMBIER, Teresa Arruda Alvim. *Os agravos no CPC brasileiro*. 4. ed. São Paulo: Revista dos Tribunais, 2005, p. 82.

4 DIDIER JR., Fredie. *Curso de direito processual civil*. Introdução ao direito processual civil e processo de conhecimento. 13. ed. Bahia: Jus Podivm, 2011, p. 492.

NOVO CÓDIGO DE PROCESSO CIVIL	CÓDIGO DE PROCESSO CIVIL DE 1973
Art. 242. A citação será pessoal, podendo, no entanto, ser feita na pessoa do representante legal ou do procurador do réu, do executado ou do interessado. § 1º Na ausência do citando, a citação será feita na pessoa de seu mandatário, administrador, preposto ou gerente, quando a ação se originar de atos por eles praticados. § 2º O locador que se ausentar do Brasil sem cientificar o locatário de que deixou, na localidade onde estiver situado o imóvel, procurador com poderes para receber citação será citado na pessoa do administrador do imóvel encarregado do recebimento dos aluguéis, que será considerado habilitado para representar o locador em juízo. § 3º A citação da União, dos Estados, do Distrito Federal, dos Municípios e de suas respectivas autarquias e fundações de direito público será realizada perante o órgão de Advocacia Pública responsável por sua representação judicial.	**Art. 215.** Far-se-á a citação pessoalmente ao réu, ao seu representante legal ou ao procurador legalmente autorizado. § 1º Estando o réu ausente, a citação far-se-á na pessoa de seu mandatário, administrador, feitor ou gerente, quando a ação se originar de atos por eles praticados. § 2º O locador que se ausentar do Brasil sem cientificar o locatário de que deixou na localidade, onde estiver situado o imóvel, procurador com poderes para receber citação, será citado na pessoa do administrador do imóvel encarregado do recebimento dos aluguéis.

O destaque do NCPC fica com o acréscimo do parágrafo terceiro em relação à citação do réu ou de quem seja seu representante legal ou procurador legalmente autorizado. No CPC/73, a citação dos entes políticos é feita na pessoa dos seus procuradores, exceto no caso dos Municípios, que também podem ser citados por meio do prefeito. Já as autarquias e as fundações públicas têm a sua citação na pessoa do presidente, diretor ou órgão que a lei instituidora indicar. O NCPC prevê que a citação de todas elas se dará perante o órgão de Advocacia Pública responsável por sua representação judicial, tornando o procedimento mais simples.

NOVO CÓDIGO DE PROCESSO CIVIL	CÓDIGO DE PROCESSO CIVIL DE 1973
Art. 243. A citação poderá ser feita em qualquer lugar em que se encontre o réu, o executado ou o interessado. Parágrafo único. O militar em serviço ativo será citado na unidade em que estiver servindo, se não for conhecida sua residência ou nela não for encontrado.	**Art. 216.** A citação efetuar-se-á em qualquer lugar em que se encontre o réu. Parágrafo único. O militar, em serviço ativo, será citado na unidade em que estiver servindo se não for conhecida a sua residência ou nela não for encontrado.

O *caput* do artigo 243 inseriu o executado e o interessado no texto. As mudanças no parágrafo único são apenas redacionais.

NOVO CÓDIGO DE PROCESSO CIVIL	CÓDIGO DE PROCESSO CIVIL DE 1973
Art. 244. Não se fará a citação, salvo para evitar o perecimento do direito: I - de quem estiver participando de ato de culto religioso; II - de cônjuge, de companheiro ou de qualquer parente do morto, consanguíneo ou afim, em linha reta ou na linha colateral em segundo grau, no dia do falecimento e nos 7 (sete) dias seguintes; III - de noivos, nos 3 (três) primeiros dias seguintes ao casamento; IV - de doente, enquanto grave o seu estado.	**Art. 217.** Não se fará, porém, a citação, salvo para evitar o perecimento do direito: I - (Revogado pela Lei nº 8.952, de 13.12.1994) I - a quem estiver assistindo a qualquer ato de culto religioso; (Inciso II renumerado pela Lei nº 8.952, de 13.12.1994) II - ao cônjuge ou a qualquer parente do morto, consangüíneo ou afim, em linha reta, ou na linha colateral em segundo grau, no dia do falecimento e nos 7 (sete) dias seguintes; (Inciso III renumerado pela Lei nº 8.952, de 13.12.1994 III - aos noivos, nos 3 (três) primeiros dias de bodas; (Inciso IV renumerado pela Lei nº 8.952, de 13.12.1994 IV - aos doentes, enquanto grave o seu estado. (Inciso V renumerado pela Lei nº 8.952, de 13.12.1994

O novo Código alterou a redação do *caput*, mas manteve o conteúdo. O destaque fica no inciso II, que acrescentou *"companheiro"*, respeitando a previsão constitucional da união estável (art. 226, § 3º).

Vale mencionar que a restrição legal se refere somente à pessoa do réu, logo, se ele dispuser de procurador com poderes especiais, poderá ser citado[5].

NOVO CÓDIGO DE PROCESSO CIVIL	CÓDIGO DE PROCESSO CIVIL DE 1973
Art. 245. Não se fará citação quando se verificar que o citando é mentalmente incapaz ou está impossibilitado de recebê-la. § 1º O oficial de justiça descreverá e certificará minuciosamente a ocorrência. § 2º Para examinar o citando, o juiz nomeará médico, que apresentará laudo no prazo de 5 (cinco) dias. § 3º Dispensa-se a nomeação de que trata o § 2º se pessoa da família apresentar declaração do médico do citando que ateste a incapacidade deste. § 4º Reconhecida a impossibilidade, o juiz nomeará curador ao citando, observando, quanto à sua escolha, a preferência estabelecida em lei e restringindo a nomeação à causa. § 5º A citação será feita na pessoa do curador, a quem incumbirá a defesa dos interesses do citando.	**Art. 218.** Também não se fará citação, quando se verificar que o réu é demente ou está impossibilitado de recebê-la. § 1º O oficial de justiça passará certidão, descrevendo minuciosamente a ocorrência. O juiz nomeará um médico, a fim de examinar o citando. O laudo será apresentado em 5 (cinco) dias. § 2º Reconhecida a impossibilidade, o juiz dará ao citando um curador, observando, quanto à sua escolha, a preferência estabelecida na lei civil. A nomeação é restrita à causa. § 3º A citação será feita na pessoa do curador, a quem incumbirá a defesa do réu.

O novo diploma processual aperfeiçoou as regras em que o réu mentalmente incapaz não tem condições de receber a citação. O parágrafo 4º se refere à ordem prevista no artigo 1.775, *caput* e §§ 1º, 2º e 3º, do Código Civil.

5 DIDIER JR., Fredie. *Curso de direito processual civil. Introdução ao direito processual civil e processo de conhecimento*. 13. ed. Bahia: Jus Podivm, 2011, p. 488.

NOVO CÓDIGO DE PROCESSO CIVIL	CÓDIGO DE PROCESSO CIVIL DE 1973
Art. 246. A citação será feita: I - pelo correio; II - por oficial de justiça; III - pelo escrivão ou chefe de secretaria, se o citando comparecer em cartório; IV - por edital; V - por meio eletrônico, conforme regulado em lei. § 1º Com exceção das microempresas e das empresas de pequeno porte, as empresas públicas e privadas são obrigadas a manter cadastro nos sistemas de processo em autos eletrônicos, para efeito de recebimento de citações e intimações, as quais serão efetuadas preferencialmente por esse meio. § 2º O disposto no § 1º aplica-se à União, aos Estados, ao Distrito Federal, aos Municípios e às entidades da administração indireta. § 3º Na ação de usucapião de imóvel, os confinantes serão citados pessoalmente, exceto quando tiver por objeto unidade autônoma de prédio em condomínio, caso em que tal citação é dispensada.	**Art. 221.** A citação far-se-á: I – pelo correio; II – por oficial de justiça; III – por edital. IV – por meio eletrônico, conforme regulado em lei própria. (Incluído pela Lei nº 11.419, de 2006). **Art. 942.** O autor, expondo na petição inicial o fundamento do pedido e juntando planta do imóvel, requererá a citação daquele em cujo nome estiver registrado o imóvel usucapiendo, bem como dos confinantes e, por edital, dos réus em lugar incerto e dos eventuais interessados, observado quanto ao prazo o disposto no inciso IV do art. 232. (Redação dada pela Lei nº 8.951, de 13.12.1994)

O novo Código de Processo Civil aprovado acrescenta mais um inciso sendo agora um total de cinco. Prevê no inciso III a possibilidade de a citação ser feita pelo escrivão ou chefe de secretaria, se o citando comparecer em cartório.

Ademais, houve inserção de dois parágrafos que se alinham com a informatização dos processos, facilitando e dando celeridade, posto que as pessoas jurídicas previstas nos parágrafos 1º e 2º são as maiores demandadas.

O § 3º trata-se de regra quanto à citação dos confinantes quando a ação for de usucapião, previsão esta que havia no artigo 942 do CPC/73, ao tratar do procedimento especial da usucapião, havendo apenas uma exceção: quando tiver por objeto unidade autônoma de prédio em condomínio.

NOVO CÓDIGO DE PROCESSO CIVIL	CÓDIGO DE PROCESSO CIVIL DE 1973
Art. 247. A citação será feita pelo correio para qualquer comarca do país, exceto: I - nas ações de estado, observado o disposto no art. 695, § 3º; II - quando o citando for incapaz; III - quando o citando for pessoa de direito público; IV - quando o citando residir em local não atendido pela entrega domiciliar de correspondência; V - quando o autor, justificadamente, a requerer de outra forma.	**Art. 222.** A citação será feita pelo correio, para qualquer comarca do País, exceto: (Redação dada pela Lei nº 8.710, de 24.9.1993) a) nas ações de estado; (Incluído pela Lei nº 8.710, de 24.9.1993) b) quando for ré pessoa incapaz; (Incluído pela Lei nº 8.710, de 24.9.1993) c) quando for ré pessoa de direito público; (Incluído pela Lei nº 8.710, de 24.9.1993) d) nos processos de execução; (Incluído pela Lei nº 8.710, de 24.9.1993) e) quando o réu residir em local não atendido pela entrega domiciliar de correspondência; (Incluído pela Lei nº 8.710, de 24.9.1993) f) quando o autor a requerer de outra forma. (Incluído pela Lei nº 8.710, de 24.9.1993)

O NCPC expurga o processo de execução do rol de exceções. Com o novo diploma processual, a citação no processo de execução segue a regra, portanto, dando preferência à citação pelo correio, como já era previsto para a execução fiscal de acordo com o disposto no artigo 8º, I, da Lei nº 6.830/80.

NOVO CÓDIGO DE PROCESSO CIVIL	CÓDIGO DE PROCESSO CIVIL DE 1973
Art. 248. Deferida a citação pelo correio, o escrivão ou o chefe de secretaria remeterá ao citando cópias da petição inicial e do despacho do juiz e comunicará o prazo para resposta, o endereço do juízo e o respectivo cartório. § 1º A carta será registrada para entrega ao citando, exigindo-lhe o carteiro, ao fazer a entrega, que assine o recibo. § 2º Sendo o citando pessoa jurídica, será válida a entrega do mandado a pessoa com poderes de gerência geral ou de administração ou, ainda, a funcionário responsável pelo recebimento de correspondências. § 3º Da carta de citação no processo de conhecimento constarão os requisitos do art. 250. § 4º Nos condomínios edilícios ou nos loteamentos com controle de acesso, será válida a entrega do mandado a funcionário da portaria responsável pelo recebimento de correspondência, que, entretanto, poderá recusar o recebimento, se declarar, por escrito, sob as penas da lei, que o destinatário da correspondência está ausente.	**Art. 223.** Deferida a citação pelo correio, o escrivão ou chefe da secretaria remeterá ao citando cópias da petição inicial e do despacho do juiz, expressamente consignada em seu inteiro teor a advertência a que se refere o art. 285, segunda parte, comunicando, ainda, o prazo para a resposta e o juízo e cartório, com o respectivo endereço. (Redação dada pela Lei nº 8.710, de 24.9.1993) Parágrafo único. A carta será registrada para entrega ao citando, exigindo-lhe o carteiro, ao fazer a entrega, que assine o recibo. Sendo o réu pessoa jurídica, será válida a entrega a pessoa com poderes de gerência geral ou de administração. (Incluído pela Lei nº 8.710, de 24.9.1993)

A primeira alteração está no *caput* do artigo 248 do NCPC, que não prevê a advertência ao citando dos efeitos da revelia se ele não contestar.

Os parágrafos 1º e 2º resultam da cisão do parágrafo único do artigo 223. O novo diploma processual inova apenas com a possibilidade de o mandado de citação ser entregue a funcionário responsável pelo recebimento de correspondências.

O parágrafo 4º é de grande utilidade prática, posto que comum a prática de ocultação do citando com a finalidade de impedir a formação da relação processual.

NOVO CÓDIGO DE PROCESSO CIVIL	CÓDIGO DE PROCESSO CIVIL DE 1973
Art. 249. A citação será feita por meio de oficial de justiça nas hipóteses previstas neste Código ou em lei, ou quando frustrada a citação pelo correio.	**Art. 224.** Far-se-á a citação por meio de oficial de justiça nos casos ressalvados no art. 222, ou quando frustrada a citação pelo correio. (Redação dada pela Lei nº 8.710, de 24.9.1993)

O novo Código aprimora a redação, para prever que a citação por oficial de justiça será a regra quando prevista no próprio Diploma ou em lei, mantendo-se a previsão de quando for frustrada a tentativa de realizar a citação por correio.

NOVO CÓDIGO DE PROCESSO CIVIL	CÓDIGO DE PROCESSO CIVIL DE 1973
Art. 250. O mandado que o oficial de justiça tiver de cumprir conterá: I - os nomes do autor e do citando e seus respectivos domicílios ou residências; II - a finalidade da citação, com todas as especificações constantes da petição inicial, bem como a menção do prazo para contestar, sob pena de revelia, ou para embargar a execução; III - a aplicação de sanção para o caso de descumprimento da ordem, se houver; IV - se for o caso, a intimação do citando para comparecer, acompanhado de advogado ou de defensor público, à audiência de conciliação ou de mediação, com a menção do dia, da hora e do lugar do comparecimento; V - a cópia da petição inicial, do despacho ou da decisão que deferir tutela provisória; VI - a assinatura do escrivão ou do chefe de secretaria e a declaração de que o subscreve por ordem do juiz.	**Art. 225.** O mandado, que o oficial de justiça tiver de cumprir, deverá conter: (Redação dada pela Lei nº 5.925, de 1º.10.1973) I - os nomes do autor e do réu, bem como os respectivos domicílios ou residências;(Redação dada pela Lei nº 5.925, de 1º.10.1973) II - o fim da citação, com todas as especificações constantes da petição inicial, bem como a advertência a que se refere o art. 285, segunda parte, se o litígio versar sobre direitos disponíveis;(Redação dada pela Lei nº 5.925, de 1º.10.1973) III - a cominação, se houver; (Redação dada pela Lei nº 5.925, de 1º.10.1973) IV - o dia, hora e lugar do comparecimento; (Redação dada pela Lei nº 5.925, de 1º.10.1973) V - a cópia do despacho; (Redação dada pela Lei nº 5.925, de 1º.10.1973) VI - o prazo para defesa; (Redação dada pela Lei nº 5.925, de 1º.10.1973) VII - a assinatura do escrivão e a declaração de que o subscreve por ordem do juiz. (Redação dada pela Lei nº 5.925, de 1º.10.1973) Parágrafo único. O mandado poderá ser em breve relatório, quando o autor entregar em cartório, com a petição inicial, tantas cópias desta quantos forem os réus; caso em que as cópias, depois de conferidas com o original, farão parte integrante do mandado. (Redação dada pela Lei nº 5.925, de 1º.10.1973)

O dispositivo do novo Código aperfeiçoa a redação do CPC/73, substituindo réu por citando no inciso I, já que terceiros também poderão ser citados para integrarem a lide; acrescenta a previsão de embargar a execução no inciso II; aprimora a redação do inciso III; especifica no inciso IV que a audiência inicial pode ser de conciliação ou de mediação; traz as cópias da peça a serem remetidas no inciso V e trata da assinatura do escrivão ou chefe de secretaria no inciso VI. Suprimiu-se a previsão de alerta sobre o prazo de defesa, devendo-se seguir os prazos legais do novel diploma legislativo.

Merece destaque a redação do inciso V do artigo 250 do novel diploma legal. A tutela provisória é aquela que será substituída por uma tutela definitiva que a revogue, confirme ou modifique. Tem como principais características a cognição sumária e a precariedade (ou revogabilidade). Pode ser fundada na urgência (tutela antecipada ou tutela cautelar) ou na evidência (tutela do direito evidente).

NOVO CÓDIGO DE PROCESSO CIVIL	CÓDIGO DE PROCESSO CIVIL DE 1973
Art. 251. Incumbe ao oficial de justiça procurar o citando e, onde o encontrar, citá-lo: I - lendo-lhe o mandado e entregando-lhe a contrafé; II - portando por fé se recebeu ou recusou a contrafé; III - obtendo a nota de ciente ou certificando que o citando não a apôs no mandado.	**Art. 226.** Incumbe ao oficial de justiça procurar o réu e, onde o encontrar, citá-lo: I – lendo-lhe o mandado e entregando-lhe a contrafé; II – portando por fé se recebeu ou recusou a contrafé; III – obtendo a nota de ciente, ou certificando que o réu não a apôs no mandado.

Manteve-se a redação do CPC/73 sobre a atuação do oficial de justiça para dar ciência ao citando sobre o teor da citação, quando a modalidade de citação for real, por oficial de justiça.

NOVO CÓDIGO DE PROCESSO CIVIL	CÓDIGO DE PROCESSO CIVIL DE 1973
Art. 252. Quando, por 2 (duas) vezes, o oficial de justiça houver procurado o citando em seu domicílio ou residência sem o encontrar, deverá, havendo suspeita de ocultação, intimar qualquer pessoa da família ou, em sua falta, qualquer vizinho de que, no dia útil imediato, voltará a fim de efetuar a citação, na hora que designar. Parágrafo único. Nos condomínios edilícios ou nos loteamentos com controle de acesso, será válida a intimação a que se refere o caput feita a funcionário da portaria responsável pelo recebimento de correspondência.	**Art. 227.** Quando, por três vezes, o oficial de justiça houver procurado o réu em seu domicílio ou residência, sem o encontrar, deverá, havendo suspeita de ocultação, intimar a qualquer pessoa da família, ou em sua falta a qualquer vizinho, que, no dia imediato, voltará, a fim de efetuar a citação, na hora que designar.

Cuida o artigo 252, *caput*, do NCPC, da citação por hora certa, que será cabível, segundo o novo regime imposto pelo Código de Processo Civil aprovado, quando o oficial de justiça, já tendo se dirigido por 2 (duas) vezes ao domicílio ou residência do citando, suspeitar que este está se ocultando a fim de frustrar a citação. O oficial intimará qualquer pessoa da família ou, na ausência destes, qualquer vizinho de que, no dia útil imediato, retornará para efetuar a citação, na hora que estabelecer. A nova sistemática difere da vigente no número de vezes que o oficial de justiça procura o citando, que são 3 (três) vezes, consoante o CPC/73, e a previsão de que o oficial de justiça retornará em dia útil, enquanto o CPC/73 dita "no dia imediato", referindo-se ao prazo em dia útil nos termos do previsto no artigo 219 do mesmo diploma.

NOVO CÓDIGO DE PROCESSO CIVIL	CÓDIGO DE PROCESSO CIVIL DE 1973
Art. 253. No dia e na hora designados, o oficial de justiça, independentemente de novo despacho, comparecerá ao domicílio ou à residência do citando a fim de realizar a diligência. § 1º Se o citando não estiver presente, o oficial de justiça procurará informar-se das razões da ausência, dando por feita a citação, ainda que o citando se tenha ocultado em outra comarca, seção ou subseção judiciárias. § 2º A citação com hora certa será efetivada mesmo que a pessoa da família ou o vizinho que houver sido intimado esteja ausente, ou se, embora presente, a pessoa da família ou o vizinho se recusar a receber o mandado. § 3º Da certidão da ocorrência, o oficial de justiça deixará contrafé com qualquer pessoa da família ou vizinho, conforme o caso, declarando-lhe o nome. § 4º O oficial de justiça fará constar do mandado a advertência de que será nomeado curador especial se houver revelia.	**Art. 228.** No dia e hora designados, o oficial de justiça, independentemente de novo despacho, comparecerá ao domicílio ou residência do citando, a fim de realizar a diligência. § 1º Se o citando não estiver presente, o oficial de justiça procurará informar-se das razões da ausência, dando por feita a citação, ainda que o citando se tenha ocultado em outra comarca. § 2º Da certidão da ocorrência, o oficial de justiça deixará contrafé com pessoa da família ou com qualquer vizinho, conforme o caso, declarando-lhe o nome. **Art. 9º** O juiz dará curador especial: [...] II – ao réu preso, bem como ao revel citado por edital ou com hora certa.

A citação por hora certa é a primeira modalidade de citação ficta. O pressuposto objetivo é a procura do citando por duas vezes em seu domicílio ou residência sem encontrá-lo; o pressuposto subjetivo é a suspeita de ocultação com o escopo de frustrar a citação. Ora, tomando por base o pressuposto subjetivo, a parte autora não pode arcar com o ônus da demora processual em razão da má-fé processual do réu[6] e por isso, merece destaque o trazido pelo § 2º do artigo 253 do Código de Processo Civil aprovado, que se coaduna com o princípio da celeridade e efetividade processual.

NOVO CÓDIGO DE PROCESSO CIVIL	CÓDIGO DE PROCESSO CIVIL DE 1973
Art. 254. Feita a citação com hora certa, o escrivão ou chefe de secretaria enviará ao réu, executado ou interessado, no prazo de 10 (dez) dias, contado da data da juntada do mandado aos autos, carta, telegrama ou correspondência eletrônica, dando-lhe de tudo ciência.	**Art. 229.** Feita a citação com hora certa, o escrivão enviará ao réu carta, telegrama ou radiograma, dando-lhe de tudo ciência.

O novo regime do Código de Processo Civil aprovado acrescenta o executado e o interessado na previsão legislativa, além de fixar o prazo de 10 (dez) dias, contado da data da juntada do mandado aos autos, cartas, telegrama ou correspondência eletrônica.

6 Art. 80. Considera-se litigante de má-fé aquele que:
[...]
IV – opuser resistência injustificada ao andamento do processo;
[...]

A jurisprudência do STJ já adotava o entendimento de que a citação por hora certa era possível no processo de execução. Nesse sentido:

> AGRAVO REGIMENTAL NO RECURSO ESPECIAL – CITAÇÃO POR HORA CERTA EM PROCESSO DE EXECUÇÃO – POSSIBILIDADE – PRECEDENTES.
> 1. É possível a citação por hora certa em processo de execução.
> Precedentes desta Quarta Turma.
> 2. Agravo regimental a que se nega provimento.[7]

NOVO CÓDIGO DE PROCESSO CIVIL	CÓDIGO DE PROCESSO CIVIL DE 1973
Art. 255. Nas comarcas contíguas de fácil comunicação e nas que se situem na mesma região metropolitana, o oficial de justiça poderá efetuar, em qualquer delas, citações, intimações, notificações, penhoras e quaisquer outros atos executivos.	**Art. 230.** Nas comarcas contíguas, de fácil comunicação, e nas que se situem na mesma região metropolitana, o oficial de justiça poderá efetuar citações ou intimações em qualquer delas. (Redação dada pela Lei nº 8.710, de 24.9.1993)

O artigo 255 do NCPC aduz que, nas comarcas contíguas e nas que integram a mesma região metropolitana, o oficial de justiça poderá realizar citações, intimações, notificações, penhoras e quaisquer outros atos executivos.

NOVO CÓDIGO DE PROCESSO CIVIL	CÓDIGO DE PROCESSO CIVIL DE 1973
Art. 256. A citação por edital será feita: I - quando desconhecido ou incerto o citando; II - quando ignorado, incerto ou inacessível o lugar em que se encontrar o citando; III - nos casos expressos em lei. § 1º Considera-se inacessível, para efeito de citação por edital, o país que recusar o cumprimento de carta rogatória. § 2º No caso de ser inacessível o lugar em que se encontrar o réu, a notícia de sua citação será divulgada também pelo rádio, se na comarca houver emissora de radiodifusão. § 3º O réu será considerado em local ignorado ou incerto se infrutíferas as tentativas de sua localização, inclusive mediante requisição pelo juízo de informações sobre seu endereço nos cadastros de órgãos públicos ou de concessionárias de serviços públicos.	**Art. 231.** Far-se-á a citação por edital: I – quando desconhecido ou incerto o réu; II – quando ignorado, incerto ou inacessível o lugar em que se encontrar; III – nos casos expressos em lei. § 1º Considera-se inacessível, para efeito de citação por edital, o país que recusar o cumprimento de carta rogatória. § 2º No caso de ser inacessível o lugar em que se encontrar o réu, a notícia de sua citação será divulgada também pelo rádio, se na comarca houver emissora de radiodifusão.

7 AgRg no REsp 1.131.711/SP. Agravo Regimental no Recurso Especial 2009/0060148-0. Rel. Min. Marco Buzzi. Quarta Turma. Julgado em 05/06/2014, DJe 12/06/2014.

A citação por edital é uma modalidade de citação ficta e suas hipóteses de ocorrência estão listadas no artigo 256 do NCPC, como ocorria no artigo 231 do CPC/73. O novo diploma acrescenta o parágrafo terceiro à previsão que já existia de forma semelhante no CPC/73 e que já ocorria na prática forense: quando são infrutíferas as tentativas de localização do réu, após requisição pelo Juízo de informações sobre seu endereço nos órgãos públicos, realiza-se sua citação por edital.

NOVO CÓDIGO DE PROCESSO CIVIL	CÓDIGO DE PROCESSO CIVIL DE 1973
Art. 257. São requisitos da citação por edital: I - a afirmação do autor ou a certidão do oficial informando a presença das circunstâncias autorizadoras; II - a publicação do edital na rede mundial de computadores, no sítio do respectivo tribunal e na plataforma de editais do Conselho Nacional de Justiça, que deve ser certificada nos autos; III - a determinação, pelo juiz, do prazo, que variará entre 20 (vinte) e 60 (sessenta) dias, fluindo da data da publicação única ou, havendo mais de uma, da primeira; IV - a advertência de que será nomeado curador especial em caso de revelia. Parágrafo único. O juiz poderá determinar que a publicação do edital seja feita também em jornal local de ampla circulação ou por outros meios, considerando as peculiaridades da comarca, da seção ou da subseção judiciárias.	**Art. 232.** São requisitos da citação por edital: (Redação dada pela Lei nº 5.925, de 1º.10.1973) I - a afirmação do autor, ou a certidão do oficial, quanto às circunstâncias previstas nos ns. I e II do artigo antecedente; (Redação dada pela Lei nº 5.925, de 1º.10.1973) II - a afixação do edital, na sede do juízo, certificada pelo escrivão; (Redação dada pela Lei nº 5.925, de 1º.10.1973) III - a publicação do edital no prazo máximo de 15 (quinze) dias, uma vez no órgão oficial e pelo menos duas vezes em jornal local, onde houver; (Redação dada pela Lei nº 5.925, de 1º.10.1973) IV - a determinação, pelo juiz, do prazo, que variará entre 20 (vinte) e 60 (sessenta) dias, correndo da data da primeira publicação; (Redação dada pela Lei nº 5.925, de 1º.10.1973) V - a advertência a que se refere o art. 285, segunda parte, se o litígio versar sobre direitos disponíveis. (Incluído pela Lei nº 5.925, de 1º.10.1973) § 1° Juntar-se-á aos autos um exemplar de cada publicação, bem como do anúncio, de que trata o n° II deste artigo. (Redação dada pela Lei nº 5.925, de 1º.10.1973 e parágrafo único renumerado pela Lei nº 7.359, de 10.9.1985) § 2° A publicação do edital será feita apenas no órgão oficial quando a parte for beneficiária da Assistência Judiciária. (Incluído pela Lei nº 7.359, de 10.9.1985) **Art. 9º** O juiz dará curador especial: [...] II – ao réu preso, bem como ao revel citado por edital ou com hora certa. [...] IV – a determinação, pelo juiz, do prazo, que variará entre 20 (vinte) e 60 (sessenta) dias, correndo da data da primeira publicação; V – a advertência a que se refere o art. 285, segunda parte, se o litígio versar sobre direitos disponíveis. § 1º Juntar-se-á aos autos um exemplar de cada publicação, bem como do anúncio, de que trata o nº II deste artigo. § 2º A publicação do edital será feita apenas no órgão oficial quando a parte for beneficiária da Assistência Judiciária.

O artigo 257, inciso I, acrescenta a previsão de que não apenas o autor – que já constava no CPC/73 –, como também o oficial de justiça pode mencionar a presença dos requisitos autorizadores que, apesar de não constar no texto legal, estão no dispositivo anterior.

O inciso II do NCPC dá maior publicidade à citação por edital, estabelecendo como requisito desta modalidade de citação, a publicidade do edital na rede mundial de computadores, no sítio do respectivo tribunal e na plataforma de editais do Conselho Nacional de Justiça.

Com a redação mais bem elaborada e clara, o inciso III do artigo 257 tem como base o texto do inciso IV do artigo 232 do CPC/73, asseverando que a determinação, pelo juiz, do prazo, que variará entre 20 (vinte) e 60 (sessenta) dias, tem como termo inicial a data da publicação única ou, havendo mais de uma, da primeira.

Já o inciso IV dispõe que será nomeado curador especial ao réu revel citado por edital, tal como estipulado no artigo 9º, inciso II, do CPC/73.

NOVO CÓDIGO DE PROCESSO CIVIL	CÓDIGO DE PROCESSO CIVIL DE 1973
Art. 258. A parte que requerer a citação por edital, alegando dolosamente a ocorrência das circunstâncias autorizadoras para sua realização, incorrerá em multa de 5 (cinco) vezes o salário-mínimo. Parágrafo único. A multa reverterá em benefício do citando.	**Art. 233.** A parte que requerer a citação por edital, alegando dolosamente os requisitos do art. 231, I e II, incorrerá em multa de 5 (cinco) vezes o salário-mínimo vigente na sede do juízo. Parágrafo único. A multa reverterá em benefício do citando.

O artigo 258 do NCPC mantém o teor do artigo 233 do CPC/73, tratando do requerimento doloso da modalidade de citação ficta por edital.

NOVO CÓDIGO DE PROCESSO CIVIL	CÓDIGO DE PROCESSO CIVIL DE 1973
Art. 259. Serão publicados editais: I - na ação de usucapião de imóvel; II - na ação de recuperação ou substituição de título ao portador; III - em qualquer ação em que seja necessária, por determinação legal, a provocação, para participação no processo, de interessados incertos ou desconhecidos.	**Art. 942.** O autor, expondo na petição inicial o fundamento do pedido e juntando planta do imóvel, requererá a citação daquele em cujo nome estiver registrado o imóvel usucapiendo, bem como dos confinantes e, por edital, dos réus em lugar incerto e dos eventuais interessados, observado quanto ao prazo o disposto no inciso IV do art. 232. (Redação dada pela Lei nº 8.951, de 13.12.1994) **Art. 908.** [...] I – a citação do detentor e, por edital, de terceiros interessados para contestarem o pedido; **Art. 231.** Far-se-á a citação por edital: I – quando desconhecido ou incerto o réu;

O artigo 259 do novo Código trata da publicação do edital. O inciso I dispõe sobre a ação de usucapião, mas, nesse caso, em comparação ao artigo 942 do CPC/73, deve-se considerar que o Código se refere à citação por edital dos réus em lugar incerto e dos eventuais interessados.

O inciso II trata da ação de recuperação ou substituição de título ao portador, sendo que, no caso de substituição de título ao portador, o correspondente está no artigo 908, I, do CPC/73. Destaque-se que o CPC/73 se referia, também, à anulação de título ao portador, enquanto o novo Código trata de recuperação.

Por fim, o inciso III do novo Diploma alude a qualquer ação em que seja necessária a provocação para participação no processo, de interessados incertos ou desconhecidos, não mais aludindo apenas a réu, como fazia o artigo 908, I, do CPC/73.

NOVO CÓDIGO DE PROCESSO CIVIL	CÓDIGO DE PROCESSO CIVIL DE 1973
CAPÍTULO III DAS CARTAS **Art. 260.** São requisitos das cartas de ordem, precatória e rogatória: I - a indicação dos juízes de origem e de cumprimento do ato; II - o inteiro teor da petição, do despacho judicial e do instrumento do mandato conferido ao advogado; III - a menção do ato processual que lhe constitui o objeto; IV - o encerramento com a assinatura do juiz. § 1º O juiz mandará trasladar para a carta quaisquer outras peças, bem como instruí-la com mapa, desenho ou gráfico, sempre que esses documentos devam ser examinados, na diligência, pelas partes, pelos peritos ou pelas testemunhas. § 2º Quando o objeto da carta for exame pericial sobre documento, este será remetido em original, ficando nos autos reprodução fotográfica. § 3º A carta arbitral atenderá, no que couber, aos requisitos a que se refere o caput e será instruída com a convenção de arbitragem e com as provas da nomeação do árbitro e de sua aceitação da função.	Seção II Das Cartas **Art. 202.** São requisitos essenciais da carta de ordem, da carta precatória e da carta rogatória: I – a indicação dos juízes de origem e de cumprimento do ato; II – o inteiro teor da petição, do despacho judicial e do instrumento do mandato conferido ao advogado; III – a menção do ato processual, que Lhe constitui o objeto; IV – o encerramento com a assinatura do juiz. § 1º O juiz mandará trasladar, na carta, quaisquer outras peças, bem como instruí-la com mapa, desenho ou gráfico, sempre que estes documentos devam ser examinados, na diligência, pelas partes, peritos ou testemunhas. § 2º Quando o objeto da carta for exame pericial sobre documento, este será remetido em original, ficando nos autos reprodução fotográfica. [...]

O novo Código de Processo Civil trata das exigências que devem ser cumpridas na expedição da carta, inclusive a arbitral (ver artigo 237, IV, do NCPC). A arbitragem está atualmente prevista na Lei nº 9.307/96 e ganha um importante dispositivo legal com o objetivo de dar mais força ao instituto que tem grande relevância como meio de solução de conflito.

O § 3º do artigo 202 do CPC/73 passa a ter nova redação no artigo 263, *caput,* do novo Código de Processo Civil.

NOVO CÓDIGO DE PROCESSO CIVIL	CÓDIGO DE PROCESSO CIVIL DE 1973
Art. 261. Em todas as cartas o juiz fixará o prazo para cumprimento, atendendo à facilidade das comunicações e à natureza da diligência. § 1º As partes deverão ser intimadas pelo juiz do ato de expedição da carta. § 2º Expedida a carta, as partes acompanharão o cumprimento da diligência perante o juízo destinatário, ao qual compete a prática dos atos de comunicação. § 3º A parte a quem interessar o cumprimento da diligência cooperará para que o prazo a que se refere o caput seja cumprido.	**Art. 203.** Em todas as cartas declarará o juiz o prazo dentro do qual deverão ser cumpridas, atendendo à facilidade das comunicações e à natureza da diligência.

O novo Código de Processo Civil acrescenta três parágrafos com a finalidade de determinar o procedimento das cartas. Ressalte-se que no CPC/73 o procedimento constava a partir do artigo 204, cabendo somente ao artigo 203 a previsão do prazo.

NOVO CÓDIGO DE PROCESSO CIVIL	CÓDIGO DE PROCESSO CIVIL DE 1973
Art. 262. A carta tem caráter itinerante, podendo, antes ou depois de lhe ser ordenado o cumprimento, ser encaminhada a juízo diverso do que dela consta, a fim de se praticar o ato. Parágrafo único. O encaminhamento da carta a outro juízo será imediatamente comunicado ao órgão expedidor, que intimará as partes.	**Art. 204.** A carta tem caráter itinerante; antes ou depois de lhe ser ordenado o cumprimento, poderá ser apresentada a juízo diverso do que dela consta, a fim de se praticar o ato.

O Código de Processo Civil aprovado adiciona o parágrafo único, que tem o objetivo de comunicar às partes acerca da expedição da carta.

NOVO CÓDIGO DE PROCESSO CIVIL	CÓDIGO DE PROCESSO CIVIL DE 1973
Art. 263. As cartas deverão, preferencialmente, ser expedidas por meio eletrônico, caso em que a assinatura do juiz deverá ser eletrônica, na forma da lei.	**Art. 202.** [...] § 3º A carta de ordem, carta precatória ou carta rogatória pode ser expedida por meio eletrônico, situação em que a assinatura do juiz deverá ser eletrônica, na forma da lei. (Incluído pela Lei nº 11.419, de 2006).

O § 3º do artigo 202 do CPC/73 ganha nova redação no *caput* do artigo 263 do NCPC. No novo dispositivo, estabelece-se a preferência pela expedição de cartas por meio eletrônico, salvo quando não existir possibilidade (por isso o uso do "preferencialmente"), como, por exemplo, em Comarcas sem acesso à internet.

NOVO CÓDIGO DE PROCESSO CIVIL	CÓDIGO DE PROCESSO CIVIL DE 1973
Art. 264. A carta de ordem e a carta precatória por meio eletrônico, por telefone ou por telegrama conterão, em resumo substancial, os requisitos mencionados no art. 250, especialmente no que se refere à aferição da autenticidade.	**Art. 206.** A carta de ordem e a carta precatória, por telegrama ou radiograma, conterão, em resumo substancial, os requisitos mencionados no art. 202, bem como a declaração, pela agência expedidora, de estar reconhecida a assinatura do juiz.

Trata-se dos requisitos da carta precatória e de ordem. Na previsão do CPC/73 os requisitos eram os seguintes: a) indicação dos juízes de origem e de cumprimento do ato; b) o inteiro teor da petição, do despacho judicial e do instrumento do mandato conferido ao advogado; c) a menção do ato processual, que lhe constitui o objeto; d) o encerramento com a assinatura do juiz.

O NCPC prevê além dos requisitos próprios das cartas, dispostos no artigo 260, também aqueles mencionados no artigo 250, quais sejam:

> "I – os nomes do autor e do citando e seus respectivos domicílios ou residências;
> II – a finalidade da citação, com todas as especificações constantes da petição inicial, bem como a menção do prazo para contestar, sob pena de revelia, ou para embargar a execução;
> III – a aplicação de sanção para o caso de descumprimento da ordem, se houver;
> IV – se for o caso, a intimação do citando para comparecer, acompanhado de advogado ou de defensor público, à audiência de conciliação ou de mediação, com a menção do dia, da hora e do lugar do comparecimento;
> V – a cópia da petição inicial, do despacho ou da decisão que deferir tutela provisória;
> VI – a assinatura do escrivão ou do chefe de secretaria e a declaração de que o subscreve por ordem do juiz".

NOVO CÓDIGO DE PROCESSO CIVIL	CÓDIGO DE PROCESSO CIVIL DE 1973
Art. 265. O secretário do tribunal, o escrivão ou o chefe de secretaria do juízo deprecante transmitirá, por telefone, a carta de ordem ou a carta precatória ao juízo em que houver de se cumprir o ato, por intermédio do escrivão do primeiro ofício da primeira vara, se houver na comarca mais de um ofício ou de uma vara, observando-se, quanto aos requisitos, o disposto no art. 264. § 1º O escrivão ou o chefe de secretaria, no mesmo dia ou no dia útil imediato, telefonará ou enviará mensagem eletrônica ao secretário do tribunal, ao escrivão ou ao chefe de secretaria do juízo deprecante, lendo-lhe os termos da carta e solicitando-lhe que os confirme. § 2º Sendo confirmada, o escrivão ou o chefe de secretaria submeterá a carta a despacho.	**Art. 207.** O secretário do tribunal ou o escrivão do juízo deprecante transmitirá, por telefone, a carta de ordem, ou a carta precatória ao juízo, em que houver de cumprir-se o ato, por intermédio do escrivão do primeiro ofício da primeira vara, se houver na comarca mais de um ofício ou de uma vara, observando, quanto aos requisitos, o disposto no artigo antecedente. § 1º O escrivão, no mesmo dia ou no dia útil imediato, telefonará ao secretário do tribunal ou ao escrivão do juízo deprecante, lendo-lhe os termos da carta e solicitando-lhe que lha confirme. § 2º Sendo confirmada, o escrivão submeterá a carta a despacho.

Sem inovação legislativa, o artigo 265 do NCPC reproduz o teor do artigo 207 do CPC/73 sobre as providências que devem ser tomadas pelo secretário do tribunal, escrivão ou chefe de secretaria do juízo para a transmissão da carta pelo juízo deprecante.

NOVO CÓDIGO DE PROCESSO CIVIL	CÓDIGO DE PROCESSO CIVIL DE 1973
Art. 266. Serão praticados de ofício os atos requisitados por meio eletrônico e de telegrama, devendo a parte depositar, contudo, na secretaria do tribunal ou no cartório do juízo deprecante, a importância correspondente às despesas que serão feitas no juízo em que houver de praticar-se o ato.	**Art. 208.** Executar-se-ão, de ofício, os atos requisitados por telegrama, radiograma ou telefone. A parte depositará, contudo, na secretaria do tribunal ou no cartório do juízo deprecante, a importância correspondente às despesas que serão feitas no juízo em que houver de praticar-se o ato.

As mudanças são sutis, acrescentando os atos por meio eletrônico no texto e realizando alterações redacionais. Muitos dispositivos do novo Código de Processo Civil aludem à prática de atos por meio eletrônico, posto que o processo virtual, estabelecido na Lei nº 11.419/2006, já é uma realidade da Justiça brasileira.

NOVO CÓDIGO DE PROCESSO CIVIL	CÓDIGO DE PROCESSO CIVIL DE 1973
Art. 267. O juiz recusará cumprimento a carta precatória ou arbitral, devolvendo-a com decisão motivada quando: I - a carta não estiver revestida dos requisitos legais; II - faltar ao juiz competência em razão da matéria ou da hierarquia; III - o juiz tiver dúvida acerca de sua autenticidade. Parágrafo único. No caso de incompetência em razão da matéria ou da hierarquia, o juiz deprecado, conforme o ato a ser praticado, poderá remeter a carta ao juiz ou ao tribunal competente.	**Art. 209.** O juiz recusará cumprimento à carta precatória, devolvendo-a com despacho motivado: I – quando não estiver revestida dos requisitos legais; II – quando carecer de competência em razão da matéria ou da hierarquia; III – quando tiver dúvida acerca de sua autenticidade.

A primeira mudança está no *caput*, onde o novo Código mais uma vez faz menção à carta arbitral. A segunda é a inserção do parágrafo único, que tem o objetivo de dar celeridade ao procedimento em caso de incompetência em razão da matéria ou da hierarquia (competência absoluta).

O novo diploma silencia, em seu parágrafo único, quanto à possibilidade de o juiz deprecado, no caso de incompetência em razão da pessoa ou na hipótese em que a competência territorial é absoluta (art. 47 do NCPC e art. 95, segunda parte, do CPC/73), remeter a carta ao juízo competente. Pensamos, não obstante a omissão, que essa possibilidade é plausível porque a competência *ratione personae* e a territorial quando tratar de ações fundadas em direito real sobre imóveis são absolutas, seguindo, portanto, o mesmo raciocínio aplicado quanto à competência em razão da matéria e hierarquia. Neste sentido, o legislador poderia ter utilizado terminologia mais abrangente e se referir a qualquer critério absoluto de fixação de competência.

NOVO CÓDIGO DE PROCESSO CIVIL	CÓDIGO DE PROCESSO CIVIL DE 1973
Art. 268. Cumprida a carta, será devolvida ao juízo de origem no prazo de 10 (dez) dias, independentemente de traslado, pagas as custas pela parte.	**Art. 212.** Cumprida a carta, será devolvida ao juízo de origem, no prazo de 10 (dez) dias, independentemente de traslado, pagas as custas pela parte.

Mantém-se a redação do art. 212 do CPC/73 sobre a devolução da carta após seu cumprimento.

NOVO CÓDIGO DE PROCESSO CIVIL	CÓDIGO DE PROCESSO CIVIL DE 1973
CAPÍTULO IV DAS INTIMAÇÕES	Seção IV Das Intimações
Art. 269. Intimação é o ato pelo qual se dá ciência a alguém dos atos e dos termos do processo. § 1º É facultado aos advogados promover a intimação do advogado da outra parte por meio do correio, juntando aos autos, a seguir, cópia do ofício de intimação e do aviso de recebimento. § 2º O ofício de intimação deverá ser instruído com cópia do despacho, da decisão ou da sentença. § 3º A intimação da União, dos Estados, do Distrito Federal, dos Municípios e de suas respectivas autarquias e fundações de direito público será realizada perante o órgão de Advocacia Pública responsável por sua representação judicial.	**Art. 234.** Intimação é o ato pelo qual se dá ciência a alguém dos atos e termos do processo, para que faça ou deixe de fazer alguma coisa.

O § 1º c/c o § 2º preveem a possibilidade de o advogado proporcionar a intimação do advogado da outra parte, provando que o fez com a juntada aos autos da cópia do ofício de intimação e da decisão, sentença ou despacho, e do aviso de recebimento.

Consoante aduz o Código de Processo Civil aprovado, a Advocacia Pública representa judicialmente os entes federativos da administração direta, bem como a administração indireta. Nesse rumo, assevera o artigo 182:

> Art. 182. Incumbe à Advocacia Pública, na forma da lei, defender e promover os interesses públicos da União, dos Estados, do Distrito Federal e dos Municípios, por meio da representação judicial, em todos os âmbitos federativos, das pessoas jurídicas de direito público que integram a administração direta e indireta..

O § 3º do artigo 269 regulamenta o ato processual da intimação das pessoas jurídicas referidas no artigo 182. Cabe destacar que, segundo o artigo 183, *caput,* "a União, os Estados, o Distrito Federal, os Municípios e suas respectivas autarquias e fundações de direito público gozarão de prazo em dobro para todas as suas manifestações processuais, cuja contagem terá início a partir da intimação pessoal", que pode ser feita por carga, remessa ou meio eletrônico (§ 1º).

NOVO CÓDIGO DE PROCESSO CIVIL	CÓDIGO DE PROCESSO CIVIL DE 1973
Art. 270. As intimações realizam-se, sempre que possível, por meio eletrônico, na forma da lei. Parágrafo único. Aplica-se ao Ministério Público, à Defensoria Pública e à Advocacia Pública o disposto no § 1º do art. 246.	**Art. 237.** [...] Parágrafo único. As intimações podem ser feitas de forma eletrônica, conforme regulado em lei própria. (Incluído pela Lei nº 11.419, de 2006).

O artigo 270, *caput,* põe a intimação eletrônica como regra, excetuando as situações de impossibilidade, como, por exemplo, nas comarcas onde não há acesso à internet. O Ministério Público, a Advocacia Pública e a Defensoria Pública deverão manter cadastro para receber as intimações eletrônicas.

NOVO CÓDIGO DE PROCESSO CIVIL	CÓDIGO DE PROCESSO CIVIL DE 1973
Art. 271. O juiz determinará de ofício as intimações em processos pendentes, salvo disposição em contrário.	**Art. 235.** As intimações efetuam-se de ofício, em processos pendentes, salvo disposição em contrário.

Sem inovação legislativa, manteve-se a redação do CPC/73.

NOVO CÓDIGO DE PROCESSO CIVIL	CÓDIGO DE PROCESSO CIVIL DE 1973
Art. 272. Quando não realizadas por meio eletrônico, consideram-se feitas as intimações pela publicação dos atos no órgão oficial. § 1º Os advogados poderão requerer que, na intimação a eles dirigida, figure apenas o nome da sociedade a que pertençam, desde que devidamente registrada na Ordem dos Advogados do Brasil. § 2º Sob pena de nulidade, é indispensável que da publicação constem os nomes das partes e de seus advogados, com o respectivo número de inscrição na Ordem dos Advogados do Brasil, ou, se assim requerido, da sociedade de advogados. § 3º A grafia dos nomes das partes não deve conter abreviaturas. § 4º A grafia dos nomes dos advogados deve corresponder ao nome completo e ser a mesma que constar da procuração ou que estiver registrada na Ordem dos Advogados do Brasil. § 5º Constando dos autos pedido expresso para que as comunicações dos atos processuais sejam feitas em nome dos advogados indicados, o seu desatendimento implicará nulidade.	**Art. 236.** [...] § 1º É indispensável, sob pena de nulidade, que da publicação constem os nomes das partes e de seus advogados, suficientes para sua identificação. **Art. 169.** [...] § 1º É vedado usar abreviaturas. (Redação dada pela Lei nº 11.419, de 2006).

§ 6º A retirada dos autos do cartório ou da secretaria em carga pelo advogado, por pessoa credenciada a pedido do advogado ou da sociedade de advogados, pela Advocacia Pública, pela Defensoria Pública ou pelo Ministério Público implicará intimação de qualquer decisão contida no processo retirado, ainda que pendente de publicação. § 7º O advogado e a sociedade de advogados deverão requerer o respectivo credenciamento para a retirada de autos por preposto. § 8º A parte arguirá a nulidade da intimação em capítulo preliminar do próprio ato que lhe caiba praticar, o qual será tido por tempestivo se o vício for reconhecido. § 9º Não sendo possível a prática imediata do ato diante da necessidade de acesso prévio aos autos, a parte limitar-se-á a arguir a nulidade da intimação, caso em que o prazo será contado da intimação da decisão que a reconheça.	

O *caput* do dispositivo esclarece que, quando não realizada por meio eletrônico, haverá publicação para que ocorra a intimação. Já o § 1º dispõe que os advogados podem requerer que a intimação seja dirigida à sociedade de advogados.

Já o artigo 272, § 2º, do NCPC, amplia a exigência de dados que identificam o advogado ou a sociedade de advogados. Ainda nesse contexto, interpretando o artigo 236, § 1º, do CPC/73, entende o Superior Tribunal de Justiça que *"erro insignificante na grafia do nome do advogado, aliado à possibilidade de se identificar o processo por outros elementos, como o seu número e o nome da parte, não enseja a nulidade da publicação do ato processual"* [8]. Esse posicionamento pode ser aplicado no artigo 272, § 2º, do NCPC.

O § 6º trata da Teoria da Ciência Inequívoca, presente no sistema processual civil brasileiro. A esse propósito, urge trazer à baila a posição que a jurisprudência vem assumindo diante da matéria em exame, conforme se depreende da ementa abaixo transcrita:

> PROCESSUAL CIVIL. AGRAVO REGIMENTAL. AGRAVO EM RECURSO ESPECIAL. PRAZO RECURSAL. INTIMAÇÃO. CONTAGEM A PARTIR DA CIÊNCIA INEQUÍVOCA DA SENTENÇA.
> É entendimento desta Corte que os prazos processuais, inclusive os recursais, contam-se a partir do momento em que as partes têm ciência inequívoca do ato praticado no processo, independentemente de terem sido observadas as formalidades referentes à intimação (AgRg no AgRg no Ag 895.994, GO, Rel. Min. Aldir Passarinho Junior, DJe 19/05/2008).
> Agravo regimental desprovido[9].

8 EREsp 1.356.168-RS, Rel. originário Min. Sidnei Beneti, Rel. para acórdão Min. Jorge Mussi, julgado em 13/3/2014, DJe 12/12/2014.

9 STJ. AgRg no AREsp 195.894/MT. Agravo Regimental no Agravo em Recurso Especial 2012/0131338-6. Rel.ª Min.ª Marga Tessler (Juíza Federal Convocada do TRF 4ª Região). Primeira Turma. Julgado em 05/02/2015. DJe 13/02/2015.

NOVO CÓDIGO DE PROCESSO CIVIL	CÓDIGO DE PROCESSO CIVIL DE 1973
Art. 273. Se inviável a intimação por meio eletrônico e não houver na localidade publicação em órgão oficial, incumbirá ao escrivão ou chefe de secretaria intimar de todos os atos do processo os advogados das partes: I - pessoalmente, se tiverem domicílio na sede do juízo; II - por carta registrada, com aviso de recebimento, quando forem domiciliados fora do juízo.	**Art. 237.** Nas demais comarcas aplicar-se-á o disposto no artigo antecedente, se houver órgão de publicação dos atos oficiais; não o havendo, competirá ao escrivão intimar, de todos os atos do processo, os advogados das partes: I – pessoalmente, tendo domicílio na sede do juízo; II – por carta registrada, com aviso de recebimento quando domiciliado fora do juízo. Parágrafo único. As intimações podem ser feitas de forma eletrônica, conforme regulado em lei própria. (Incluído pela Lei nº 11.419, de 2006).

Posto que, o NCPC estabelece como regra a citação por meio eletrônico, foi introduzido no artigo 273, *caput,* a expressão *"Se inviável a intimação por meio eletrônico"* para inserir esta determinação.

NOVO CÓDIGO DE PROCESSO CIVIL	CÓDIGO DE PROCESSO CIVIL DE 1973
Art. 274. Não dispondo a lei de outro modo, as intimações serão feitas às partes, aos seus representantes legais, aos advogados e aos demais sujeitos do processo pelo correio ou, se presentes em cartório, diretamente pelo escrivão ou chefe de secretaria. Parágrafo único. Presumem-se válidas as intimações dirigidas ao endereço constante dos autos, ainda que não recebidas pessoalmente pelo interessado, se a modificação temporária ou definitiva não tiver sido devidamente comunicada ao juízo, fluindo os prazos a partir da juntada aos autos do comprovante de entrega da correspondência no primitivo endereço.	**Art. 238.** Não dispondo a lei de outro modo, as intimações serão feitas às partes, aos seus representantes legais e aos advogados pelo correio ou, se presentes em cartório, diretamente pelo escrivão ou chefe de secretaria. (Redação dada pela Lei nº 8.710, de 24.9.1993) Parágrafo único. Presumem-se válidas as comunicações e intimações dirigidas ao endereço residencial ou profissional declinado na inicial, contestação ou embargos, cumprindo às partes atualizar o respectivo endereço sempre que houver modificação temporária ou definitiva. (Incluído pela Lei nº 11.382, de 2006).

A parte não pode ser prejudicada pela displicência ou pelo intuito protelatório da outra parte. Em razão disso, o artigo 274, parágrafo único, do NCPC, baseado no CPC/73, mantém válidas as intimações dirigidas ao endereço constante dos autos, nas hipóteses em que os interessados não comunicam ao juízo a alteração do endereço.

NOVO CÓDIGO DE PROCESSO CIVIL	CÓDIGO DE PROCESSO CIVIL DE 1973
Art. 275. A intimação será feita por oficial de justiça quando frustrada a realização por meio eletrônico ou pelo correio. § 1º A certidão de intimação deve conter: I - a indicação do lugar e a descrição da pessoa intimada, mencionando, quando possível, o número de seu documento de identidade e o órgão que o expediu; II - a declaração de entrega da contrafé; III - a nota de ciente ou a certidão de que o interessado não a apôs no mandado. § 2º Caso necessário, a intimação poderá ser efetuada com hora certa ou por edital.	**Art. 239.** Far-se-á a intimação por meio de oficial de justiça quando frustrada a realização pelo correio. (Redação dada pela Lei nº 8.710, de 24.9.1993) Parágrafo único. A certidão de intimação deve conter: (Redação dada pela Lei nº 8.710, de 24.9.1993) I - a indicação do lugar e a descrição da pessoa intimada, mencionando, quando possível, o número de sua carteira de identidade e o órgão que a expediu; II - a declaração de entrega da contrafé; III - a nota de ciente ou certidão de que o interessado não a apôs no mandado. (Redação dada pela Lei nº 8.952, de 13.12.1994)

O *caput* do artigo 275 dispõe que a intimação somente ocorrerá por oficial de justiça quando frustrada por meio eletrônico ou por correio, sendo que o novo Código privilegia que se faça por meio eletrônico. O parágrafo único do artigo 239 do CPC/73, passa ser § 1º no artigo 275 do NCPC, em razão do § 2º que foi inserido, prevendo a intimação por hora certa ou por edital.

NOVO CÓDIGO DE PROCESSO CIVIL	CÓDIGO DE PROCESSO CIVIL DE 1973
TÍTULO III DAS NULIDADES **Art. 276.** Quando a lei prescrever determinada forma sob pena de nulidade, a decretação desta não pode ser requerida pela parte que lhe deu causa.	CAPÍTULO V DAS NULIDADES **Art. 243.** Quando a lei prescrever determinada forma, sob pena de nulidade, a decretação desta não pode ser requerida pela parte que lhe deu causa.

Manteve-se a redação do CPC/73, com a máxima de que a nulidade não aproveita a quem lhe deu causa, até mesmo porque feriria o dever de cooperação previsto no artigo 6º do novo diploma.

NOVO CÓDIGO DE PROCESSO CIVIL	CÓDIGO DE PROCESSO CIVIL DE 1973
Art. 277. Quando a lei prescrever determinada forma, o juiz considerará válido o ato se, realizado de outro modo, lhe alcançar a finalidade.	**Art. 244.** Quando a lei prescrever determinada forma, sem cominação de nulidade, o juiz considerará válido o ato se, realizado de outro modo, lhe alcançar a finalidade.

O dispositivo em tela trata do princípio da instrumentalidade das formas e observa-se, como inovação, que o legislador do NCPC suprimiu a referência à "cominação de nulidade". Marinoni[10] afirma que a supressão foi acertada, porque essa alusão feita pelo CPC/73 não se coaduna com a atual dogmática das invalidades processuais. O autor afirma, ainda, que a aplicabilidade do artigo 244 não dependia de se tratar de nulidade cominada ou nulidade não cominada ou se cuida de nulidade absoluta, relativa ou anulabilidade. Este artigo seria aplicável a toda e qualquer espécie de vício processual.

NOVO CÓDIGO DE PROCESSO CIVIL	CÓDIGO DE PROCESSO CIVIL DE 1973
Art. 278. A nulidade dos atos deve ser alegada na primeira oportunidade em que couber à parte falar nos autos, sob pena de preclusão. Parágrafo único. Não se aplica o disposto no caput às nulidades que o juiz deva decretar de ofício, nem prevalece a preclusão provando a parte legítimo impedimento.	**Art. 245.** A nulidade dos atos deve ser alegada na primeira oportunidade em que couber à parte falar nos autos, sob pena de preclusão. Parágrafo único. Não se aplica esta disposição às nulidades que o juiz deva decretar de ofício, nem prevalece a preclusão, provando a parte legítimo impedimento.

10 MARINONI, Luiz Guilherme; MITIDIERO, Daniel. *O projeto do CPC. Críticas e propostas.* São Paulo: Revista dos Tribunais, 2010, p. 96.

Não há alteração nesse dispositivo, sendo que a nulidade a que alude o *caput* é a relativa, pois só ela preclui se não alegada no primeiro momento. O parágrafo único se refere às nulidades absolutas, que podem ser alegadas a qualquer tempo.

NOVO CÓDIGO DE PROCESSO CIVIL	CÓDIGO DE PROCESSO CIVIL DE 1973
Art. 279. É nulo o processo quando o membro do Ministério Público não for intimado a acompanhar o feito em que deva intervir. § 1º Se o processo tiver tramitado sem conhecimento do membro do Ministério Público, o juiz invalidará os atos praticados a partir do momento em que ele deveria ter sido intimado. § 2º A nulidade só pode ser decretada após a intimação do Ministério Público, que se manifestará sobre a existência ou a inexistência de prejuízo.	**Art. 246.** É nulo o processo, quando o Ministério Público não for intimado a acompanhar o feito em que deva intervir. Parágrafo único. Se o processo tiver corrido, sem conhecimento do Ministério Público, o juiz o anulará a partir do momento em que o órgão devia ter sido intimado.

Como se percebe, o *caput* do artigo 277 do NCPC apresenta redação idêntica à do artigo 246 do CPC/73, mas o legislador cria mais um parágrafo. O § 1º não traz alteração substancial, apresentando redação quase idêntica à constante no parágrafo único do artigo 246 do CPC/73. O § 2º sujeita a invalidade à manifestação do Ministério Público. Nas palavras de Marinoni[11], sobre a inovação: *"Obviamente, não cabe ao Ministério Público decidir se a sua ausência no feito acarretou ou não prejuízo para os fins do processo. Deve o Ministério Público opinar a respeito, assim como cumpre às partes manifestarem-se igualmente sobre o assunto. Mas quem decide é o juiz"*. Por outro lado, para Cassio Scarpinella Bueno[12], o § 2º está em harmonia com o sistema de invalidades do novo Código e do Código vigente.

NOVO CÓDIGO DE PROCESSO CIVIL	CÓDIGO DE PROCESSO CIVIL DE 1973
Art. 280. As citações e as intimações serão nulas quando feitas sem observância das prescrições legais.	**Art. 247.** As citações e as intimações serão nulas, quando feitas sem observância das prescrições legais.

O artigo 280 reproduziu o teor do artigo 247 do CPC/73 quanto à nulidade da comunicação dos atos processuais, sendo que a nulidade de citação é o vício processual mais grave, que não se submete nem mesmo ao prazo da ação rescisória.

---

11 MARINONI, Luiz Guilherme; MITIDIERO, Daniel. *O projeto do CPC. Críticas e propostas*. São Paulo: Revista dos Tribunais, 2010, p. 94.

12 BUENO, Cassio Scarpinella. *Projetos de novo código de processo civil comparados e anotados*. Senado Federal OLS nº 166/2010 e Câmara dos Deputados PL nº 8.046/2010. São Paulo: Saraiva, 2014, p. 150.

NOVO CÓDIGO DE PROCESSO CIVIL	CÓDIGO DE PROCESSO CIVIL DE 1973
Art. 281. Anulado o ato, consideram-se de nenhum efeito todos os subsequentes que dele dependam, todavia, a nulidade de uma parte do ato não prejudicará as outras que dela sejam independentes.	**Art. 248.** Anulado o ato, reputam-se de nenhum efeito todos os subsequentes, que dele dependam; todavia, a nulidade de uma parte do ato não prejudicará as outras, que dela sejam independentes.

Tratando do efeito expansivo das nulidades, os atos posteriores ao ato nulo serão considerados ineficazes. Cabe destacar, porém, que não é meramente o ato cronologicamente posterior, mas sim o ato que esteja subordinado ao ato nulo. Atos independentes não serão atingidos, ainda que posteriores. Já se o ato for passível de decomposição, qualquer parte que seja possível se separar da nula será válida.

NOVO CÓDIGO DE PROCESSO CIVIL	CÓDIGO DE PROCESSO CIVIL DE 1973
Art. 282. Ao pronunciar a nulidade, o juiz declarará que atos são atingidos e ordenará as providências necessárias a fim de que sejam repetidos ou retificados. § 1º O ato não será repetido nem sua falta será suprida quando não prejudicar a parte. § 2º Quando puder decidir o mérito a favor da parte a quem aproveite a decretação da nulidade, o juiz não a pronunciará nem mandará repetir o ato ou suprir-lhe a falta.	**Art. 249.** O juiz, ao pronunciar a nulidade, declarará que atos são atingidos, ordenando as providências necessárias, a fim de que sejam repetidos, ou retificados. § 1º O ato não se repetirá nem se lhe suprirá a falta quando não prejudicar a parte. § 2º Quando puder decidir do mérito a favor da parte a quem aproveite a declaração da nulidade, o juiz não a pronunciará nem mandará repetir o ato, ou suprir-lhe a falta.

Houve apenas alteração gramatical do dispositivo. Decretada a invalidade, o órgão jurisdicional dispõe que atos processuais são atingidos, podendo ser repetidos ou simplesmente retificados. O § 1º esclarece que não será decretada a invalidade do ato se o vício não causar prejuízo, estando aí consagrada a máxima *pas de nulité sans grief*. E o § 2º dispõe sobre o aproveitamento dos atos processuais: se o juiz puder decidir o mérito favorável à parte a quem aproveitaria a decretação da nulidade, não será pronunciada a nulidade, sendo o vício superado pela possibilidade de prolação da sentença.

NOVO CÓDIGO DE PROCESSO CIVIL	CÓDIGO DE PROCESSO CIVIL DE 1973
Art. 283. O erro de forma do processo acarreta unicamente a anulação dos atos que não possam ser aproveitados, devendo ser praticados os que forem necessários a fim de se observarem as prescrições legais. Parágrafo único. Dar-se-á o aproveitamento dos atos praticados desde que não resulte prejuízo à defesa de qualquer parte.	**Art. 250.** O erro de forma do processo acarreta unicamente a anulação dos atos que não possam ser aproveitados, devendo praticar-se os que forem necessários, a fim de se observarem, quanto possível, as prescrições legais. Parágrafo único. Dar-se-á o aproveitamento dos atos praticados, desde que não resulte prejuízo à defesa.

A alteração fica na parte final do parágrafo único, com a inclusão da referência "de qualquer parte". Aduz Cassio Scarpinella[13] que estes dispositivos consagram os princípios da "instrumentalidade" e da "conservação dos atos processuais", que se fossem bem entendidos, dispensariam a repetição de regras que apontam para a mesma direção sobre nulidade, pois estes dois princípios bastam para disciplinar a matéria.

13 BUENO, Cassio Scarpinella. *Projetos de novo código de processo civil comparados e anotados*. Senado Federal OLS nº 166/2010 e Câmara dos Deputados PL nº 8.046/2010. São Paulo: Saraiva, 2014, p. 151.

NOTAS AOS ARTIGOS 284 A 317

Murilo Martins Camelo
Marcelo Pereira de Almeida

NOVO CÓDIGO DE PROCESSO CIVIL	CÓDIGO DE PROCESSO CIVIL DE 1973
TÍTULO IV DA DISTRIBUIÇÃO E DO REGISTRO **Art. 284.** Todos os processos estão sujeitos a registro, devendo ser distribuídos onde houver mais de um juiz.	CAPÍTULO VI DE OUTROS ATOS PROCESSUAIS Seção I Da Distribuição e do Registro **Art. 251.** Todos os processos estão sujeito a registro, devendo ser distribuídos onde houver mais de um juiz ou mais de um escrivão.

O dispositivo 284 acima conserva a regra do artigo 251 do CPC/73. No aspecto comparativo, percebe-se que há a retirada, da redação do artigo 284 do novo Código de Processo Civil, do termo "escrivão", presente no artigo 251 do CPC/73.

NOVO CÓDIGO DE PROCESSO CIVIL	CÓDIGO DE PROCESSO CIVIL DE 1973
Art. 285. A distribuição, que poderá ser eletrônica, será alternada e aleatória, obedecendo-se rigorosa igualdade. Parágrafo único. A lista de distribuição deverá ser publicada no Diário de Justiça.	**Art. 252.** Será alternada a distribuição entre juízes e escrivães, obedecendo a rigorosa igualdade.

O artigo 285 do NCPC conserva a regra do artigo 252 do CPC/73, com a observação do fator eletrônico na distribuição dos processos. É sabido que a necessidade de distribuição e registro dos atos processuais se evidencia em função do objetivo de garantir a aleatoriedade na designação do juízo com vistas a efetivar os princípios da imparcialidade, isonomia entre as partes, do juiz natural e do devido processo legal. Desta feita, é sabido que o registro dos processos decorre da necessidade de organização dos feitos que são protocolizados perante o Poder Judiciário; como também é corolário do princípio da publicidade. Como pode ser verificado, esse postulado não sofreu modificação no novo Código de Processo Civil. Por serem os atos processuais públicos, dar-se-ão a eles, de início, pelo registro, uma numeração ao feito que, a partir de então, poderão ser acompanhados pelas partes com mais facilidade.

Uma modificação importante ocorreu na possibilidade de distribuição eletrônica dos processos, fato até então inexistente nas mais diversas comarcas, onde todo o procedimento era efetuado de forma manual, possuindo uma sistemática letárgica, que possibilitava desrespeito à ordem de conclusão dos autos a serem decididos e/ou despachados, assim como à análise das espécies de matérias jurídicas postas à apreciação do Poder Judiciário.

Neste retrógrado procedimento as petições iniciais eram recebidas/protocolizadas e passavam a ter um número cronológico de identificação que se renovava a cada ano, sendo, posteriormente, lançado no obsoleto "livro tombo", que possuía todos os processos distribuídos naquela vara e pertencentes àquela comarca. Ademais, tal sistemática dificultava, ainda, o controle sobre os processos, no que tange ao número de demandas e proporcionalidade na distribuição, entre outros. Desse modo, busca-se acompanhar a influência e auxílio da tecnologia na atividade judiciária, com o escopo de facilitar tanto o acesso à informação (princípio da publicidade) quanto ajudar na celeridade dos atos processuais, com a implantação dos processos eletrônicos e suas inúmeras vantagens, dentre as várias, a agilidade nos atos de comunicação processual (notificações, intimações e citações), isto sem se falar no aumento do poder de fiscalização dos processos em andamento, uma vez que poderão ser acompanhados à distância por órgãos de fiscalização, como o Conselho Nacional de Justiça (CNJ) inclusive, como o agora dever de publicação da lista de distribuição dos processos no Diário Oficial (parágrafo único do art. 285 do NCPC), fato mais dificultoso quando se fala em processos físicos.

Outra observação se evidencia, uma vez que, em razão da necessidade de distribuição aleatória dos feitos para preservação do princípio fundamental do juiz natural, não se admite a formação de litisconsórcio ativo facultativo em momento posterior à distribuição da ação, ressalvadas as exceções expressamente previstas em lei, dentre elas, a pertinente às ações coletivas.

NOVO CÓDIGO DE PROCESSO CIVIL	CÓDIGO DE PROCESSO CIVIL DE 1973
Art. 286. Serão distribuídas por dependência as causas de qualquer natureza: I - quando se relacionarem, por conexão ou continência, com outra já ajuizada; II - quando, tendo sido extinto o processo sem resolução de mérito, for reiterado o pedido, ainda que em litisconsórcio com outros autores ou que sejam parcialmente alterados os réus da demanda; III - quando houver ajuizamento de ações nos termos do art. 55, § 3º, ao juízo prevento. Parágrafo único. Havendo intervenção de terceiro, reconvenção ou outra hipótese de ampliação objetiva do processo, o juiz, de ofício, mandará proceder à respectiva anotação pelo distribuidor.	**Art. 253.** Distribuir-se-ão por dependência as causas de qualquer natureza: (Redação dada pela Lei nº 10.358, de 27.12.2001) I - quando se relacionarem, por conexão ou continência, com outra já ajuizada; (Redação dada pela Lei nº 10.358, de 27.12.2001) II - quando, tendo sido extinto o processo, sem julgamento de mérito, for reiterado o pedido, ainda que em litisconsórcio com outros autores ou que sejam parcialmente alterados os réus da demanda; (Redação dada pela Lei nº 11.280, de 2006) III - quando houver ajuizamento de ações idênticas, ao juízo prevento. (Incluído pela Lei nº 11.280, de 2006) Parágrafo único. Havendo reconvenção ou intervenção de terceiro, o juiz, de ofício, mandará proceder à respectiva anotação pelo distribuidor.

Em ato contínuo à instituição da distribuição e registro anteriormente vistos, tem-se que a distribuição por dependência é exceção à regra da distribuição por alternatividade e sorteio, estabelecida nos artigos anteriores. Ela ocorre em situações nas quais já haja uma demanda anterior, submetida à livre distribuição – em respeito aos princípios do juiz natural e do devido processo legal – com a qual a demanda presente estará vinculada. Assim, somente nas hipóteses descritas nos dispositivos legais acima é que existirão as situações de distribuição por dependência e, numa análise dessas, verifica-se que nenhuma alteração substancial ocorreu, pois a redação dos incisos do antigo artigo 253, continuou basicamente a mesma, mudando apenas a numeração, que agora é 286 (NCPC). Pondera-se, ainda, que no parágrafo único, uma modificação chama atenção, muito embora não seja substanciosa, pois acrescenta a possibilidade de o magistrado de ofício determinar ao distribuidor a anotação no processo, nos casos de ampliação objetiva do feito processual, além das situações já previstas, o que representa uma clara demonstração do legislador de adequação do texto legal aos avanços da ciência processual civil.

Deve ser ressaltado, também, que, por se tratar de regra de exceção, a distribuição por dependência deve ser interpretada restritivamente. Em razão da regra competência-competência, pela qual o juiz é competente para decidir sobre sua própria competência, deverá a parte requerer ao juízo no qual tramita a demanda precedente a autorização para que o feito lhe seja, diretamente, distribuído – fato já comum na prática forense.

Uma observação que não pode ser jamais esquecida é que a aceitação, pelo juízo, de distribuição por dependência, fora das hipóteses retromencionadas, viola o princípio do juiz natural devendo ser, prontamente, rechaçada. Sendo assim, essa referida decisão que admite a competência prévia, fora das hipóteses legais, deverá ser questionada pelo réu, na própria contestação, em preliminar, sob pena de preclusão. Contudo, não haverá preclusão em se tratando de competência absoluta, muito embora deva o réu alegar seu inconformismo em preliminar de incompetência, na peça contestatória.

Salienta-se, ainda, que o Superior Tribunal de Justiça – STJ editou o enunciado de Súmula nº 235, cuja aplicação em muito condiz com o artigo em análise, com a seguinte redação: "A conexão não determina a reunião de processos se um deles já foi julgado". Desse modo, não haverá distribuição por dependência, em casos de conexão, na hipótese de uma demanda já haver sido anteriormente sentenciada.

Por outro lado, destaca-se que o inciso III do artigo 286 do NCPC estabeleceu que serão distribuídas por dependência as demandas, quando houver ajuizamento de ações nos termos do artigo 55, § 3º, ao juiz prevento. Esse dispositivo, então, possibilitará a reunião para julgamento conjunto de processos que, porventura, possam provocar risco e prolação de decisões conflitantes e/ou contraditórias caso decididos separadamente, mesmo que não exista conexão entre tais causas. Tal dispositivo legal está em consonância com os pilares da segurança jurídica e uniformidade e coerência das decisões judiciais defendidas pelo novo Código de Processo Civil.

NOVO CÓDIGO DE PROCESSO CIVIL	CÓDIGO DE PROCESSO CIVIL DE 1973
Art. 287. A petição inicial deve vir acompanhada de procuração, que conterá os endereços do advogado, eletrônico e não eletrônico. Parágrafo único. Dispensa-se a juntada da procuração: I - no caso previsto no art. 104; II - se a parte estiver representada pela Defensoria Pública; III - se a representação decorrer diretamente de norma prevista na Constituição Federal ou em lei.	**Art. 254.** É defeso distribuir a petição não acompanhada do instrumento do mandato, salvo: I – se o requerente postular em causa própria; II – se a procuração estiver junta aos autos principais; III – no caso previsto no art. 37.

Acompanhando os passos do artigo 254 do CPC/73, os dispositivos do NCPC o atualizam para criar, como sua modificação mais significativa, regra relativa à necessidade de a petição inicial vir acompanhada, obrigatoriamente, com a procuração do advogado contendo o(s) endereço(s) eletrônico e não eletrônico, para finalidade de notificações e outros atos processuais pertinentes, ressalvadas as hipóteses previstas nos incisos do parágrafo único, que poderiam, muito bem, ter sido reunidas em um único inciso. Desse modo, materializando a aplicação de um dos princípios basilares desse novo Código de Processo Civil – que é o da celeridade processual –, o artigo 287 é exemplo típico, uma vez que determina a necessidade da indicação pelo advogado dos seus endereços eletrônico e não eletrônico, pois essa nova legislação processual traz a possibilidade de notificação eletrônica de atos processuais aos advogados. Essa é a modificação mais significativa desse dispositivo.

Quanto às hipóteses excepcionais de distribuição do feito sem a apresentação da procuração, antes previstas nos incisos I, II e III do *caput* do artigo 254 sofrem algumas modificações no parágrafo único do artigo 287. Uma modificação importante que, logo de início, deve ser apresentada, é aquela pertinente à possibilidade de responsabilização por perdas e danos do advogado que não ratificar o ato processual dentro do prazo de 15 (quinze) dias, renováveis por igual período (esse prazo para a prática de medidas urgentes, diga-se de passagem, continuou o mesmo), quando postular em juízo sem procuração, quando então os atos assim praticados serão considerados processualmente ineficazes (art. 104, § 2º, do NCPC). As demais hipóteses previstas nos incisos II e III são as constitucionalmente previstas, como nos casos de representação do Ministério Público, e as ações em que a instituição por quem o autor/réu da demanda for representado se tratar da Defensoria Pública.

NOVO CÓDIGO DE PROCESSO CIVIL	CÓDIGO DE PROCESSO CIVIL de 1973
Art. 288. O juiz, de ofício ou a requerimento do interessado, corrigirá o erro ou compensará a falta de distribuição.	**Art. 255.** O juiz, de ofício ou a requerimento do interessado, corrigirá o erro ou a falta de distribuição, compensando-a.

Não houve alteração, mantendo-se, inclusive, redação semelhante do texto legal, sobretudo, sobre as consequências do erro ou falta de distribuição.

NOVO CÓDIGO DE PROCESSO CIVIL	CÓDIGO DE PROCESSO CIVIL DE 1973
Art. 289. A distribuição poderá ser fiscalizada pela parte, por seu procurador, pelo Ministério Público e pela Defensoria Pública.	**Art. 256.** A distribuição poderá ser fiscalizada pela parte ou por seu procurador.

Nesse artigo o legislador pouco inovou, acrescentando a Defensoria Pública e o Ministério Público como mais dois legitimados a fiscalizar a distribuição dos feitos processuais – aumentando formalmente os órgãos de fiscalização deste importante ato processual. Nesse caso, somente, legislou-se aquilo que na prática forense já é comumente praticado.

NOVO CÓDIGO DE PROCESSO CIVIL	CÓDIGO DE PROCESSO CIVIL de 1973
Art. 290. Será cancelada a distribuição do feito se a parte, intimada na pessoa de seu advogado, não realizar o pagamento das custas e despesas de ingresso em 15 (quinze) dias.	**Art. 257.** Será cancelada a distribuição do feito que, em 30 (trinta) dias, não for preparado no cartório em que deu entrada.

Conforme já anteriormente afirmado, um dos corolários desse novo Código de Processo Civil é o princípio da celeridade processual. Em sendo assim, duas alterações significativas foram apresentadas. A primeira se refere à intimação do advogado da parte que não efetuar o pagamento das custas e despesas processuais, pertinente ao ingresso de demandas processuais, que, como visto poderá ser feito através do endereço eletrônico do *causídico*. A outra modificação foi a redução do prazo de 30 (trinta) para 15 (quinze) dias, para que seja efetuado o pagamento de tais custas e despesas processuais. Devemos lembrar que o transcurso do prazo sem pagamento impõe o cancelamento da distribuição, o que será automático.

NOVO CÓDIGO DE PROCESSO CIVIL	CÓDIGO DE PROCESSO CIVIL DE 1973
TÍTULO V DO VALOR DA CAUSA **Art. 291.** A toda causa será atribuído valor certo, ainda que não tenha conteúdo econômico imediatamente aferível.	SEÇÃO II Do Valor da Causa **Art. 258.** A toda causa será atribuído um valor certo, ainda que não tenha conteúdo econômico imediato.

Não houve alteração, mantendo-se, inclusive, redação semelhante à do texto legal anterior. De acordo com o dispositivo em apreço, todo causa terá um valor certo ainda que desconhecido o seu conteúdo econômico imediatamente aferível, regra que, como dito, repete exigência do CPC/73, com a pequena distinção, inclusa pelo termo "imediatamente aferível", que poderá possibilitar uma modificação posterior no valor apontado à causa.

NOVO CÓDIGO DE PROCESSO CIVIL	CÓDIGO DE PROCESSO CIVIL de 1973
Art. 292. O valor da causa constará da petição inicial ou da reconvenção e será: I - na ação de cobrança de dívida, a soma monetariamente corrigida do principal, dos juros de mora vencidos e de outras penalidades, se houver, até a data de propositura da ação; II - na ação que tiver por objeto a existência, a validade, o cumprimento, a modificação, a resolução, a resilição ou a rescisão de ato jurídico, o valor do ato ou o de sua parte controvertida; III - na ação de alimentos, a soma de 12 (doze) prestações mensais pedidas pelo autor; IV - na ação de divisão, de demarcação e de reivindicação, o valor de avaliação da área ou do bem objeto do pedido; V - na ação indenizatória, inclusive a fundada em dano moral, o valor pretendido; VI - na ação em que há cumulação de pedidos, a quantia correspondente à soma dos valores de todos eles; VII - na ação em que os pedidos são alternativos, o de maior valor; VIII - na ação em que houver pedido subsidiário, o valor do pedido principal.	**Art. 259.** O valor da causa constará sempre da petição inicial e será: I – na ação de cobrança de dívida, a soma do principal, da pena e dos juros vencidos até a propositura da ação; II – havendo cumulação de pedidos, a quantia correspondente à soma dos valores de todos eles; III – sendo alternativos os pedidos, o de maior valor; IV – se houver também pedido subsidiário, o valor do pedido principal; V – quando o litígio tiver por objeto a existência, validade, cumprimento, modificação ou rescisão de negócio jurídico, o valor do contrato; VI – na ação de alimentos, a soma de 12 (doze) prestações mensais, pedidas pelo autor; VII – na ação de divisão, de demarcação e de reivindicação, a estimativa oficial para lançamento do imposto.
§ 1º Quando se pedirem prestações vencidas e vincendas, considerar-se-á o valor de umas e outras. § 2º O valor das prestações vincendas será igual a uma prestação anual, se a obrigação for por tempo indeterminado ou por tempo superior a 1 (um) ano, e, se por tempo inferior, será igual à soma das prestações. § 3º O juiz corrigirá, de ofício e por arbitramento, o valor da causa quando verificar que não corresponde ao conteúdo patrimonial em discussão ou ao proveito econômico perseguido pelo autor, caso em que se procederá ao recolhimento das custas correspondentes.	**Art. 260.** Quando se pedirem prestações vencidas e vincendas, tomar-se-á em consideração o valor de umas e outras. O valor das prestações vincendas será igual a uma prestação anual, se a obrigação for por tempo indeterminado, ou por tempo superior a 1 (um) ano; se, por tempo inferior, será igual à soma das prestações.

As supressões ou pequenas modificações do artigo supra não influenciam a inteligibilidade do dispositivo, visto que grande parte das modificações foi efetuada no sentido de corrigir equívocos do passado, como a necessidade de atualização e correção monetária do capital principal e demais encargos – a exemplo dos juros moratórios e outras penalidades – bem como a inclusão da anterior ausência de indicação expressa no texto da lei de valor da causa nas hipóteses de resilição e resolução de ato jurídico. Em outras situações sequer modificações existiram, como no caso dos incisos II, III, IV e VI do artigo 259 do CPC/73, agora presentes nos incisos VI, VII, VIII e III, respectivamente, do artigo 292 do novo Código de Processo Civil.

No que se refere à atribuição de valor à causa nas ações de divisão, de demarcação e de reivindicação, uma alteração considerável existiu, pois a partir de agora o montante a ser atribuído à causa será o da avaliação do imóvel e/ou bem objeto do litígio, e não mais a estimativa de valor para o lançamento do imposto competente. Desse modo, evitar-se-ão demandas cujos valores atribuídos à causa, visivelmente, são bem inferiores aos reais preços dos imóveis/bens em questão, fazendo com que, consequentemente, sejam evitadas demandas aventureiras, sem qualquer respaldo jurídico – já que haverá um aumento considerável no valor das custas e despesas processuais, lembrando que não se trata de, reflexamente, vedar-se o acesso à Justiça, uma vez que o objeto do litígio em análise circunda na esfera patrimonial e as despesas processuais em questão serão proporcionais aos seus reais valores.

A grande modificação trazida pelo artigo 292 do NCPC ocorreu na hipótese do inciso V, já que trouxe a obrigatoriedade de apresentação do valor da causa nas demandas indenizatórias, inclusive nas que versem sobre dano moral (ou extrapatrimonial, para os civilistas) coincidente com o valor juridicamente pretendido. Demonstra-se, assim, o intuito do legislador de serem evitadas demandas processuais temerárias, já que, como será visto nos comentários ao parágrafo 3° desse mesmo dispositivo, caso o valor atribuído não corresponda ao real conteúdo patrimonial ou mesmo o pretendido, o juiz poderá corrigi-lo de ofício.

Como se percebe facilmente, o legislador não inovou na redação dos §§ 1° e 2° do artigo 292 do NCPC. Na verdade, apenas dividiu a redação do artigo 260 do CPC/73, transformando nos dois parágrafos retromencionados. Sabe-se que esta norma estabelece critério de cálculo para aferição do valor da causa nas obrigações de trato sucessivo, não especificadas no CPC/73, artigo 259, visando a definir um limitador na somatória das prestações vincendas que superem a periodicidade de 12 (doze) meses, para que, assim, seja estabelecido um critério razoável na atribuição do valor à causa, nesta espécie.

Tem-se, portanto, que o legislador inovou, verdadeiramente, nessa matéria, ao estabelecer no § 3° do artigo 292 do NCPC, inexistente no Código anterior, a possibilidade de o magistrado atribuir de ofício e por arbitramento, o valor que entender correto à causa, quando verificar que este foi conferido erroneamente ou que não corresponde ao patrimônio discutido em juízo, ou mesmo com o proveito econômico que se pretende alcançar; entretanto essa decisão poderá ser atacada através do agravo de instrumento, por se tratar de uma decisão interlocutória. Insta ponderar, *data venia*, que o legislador pretendeu, apesar de não parecer à primeira vista, novamente à luz do princípio da celeridade processual – que é corolário desse novo Código de Processo Civil, mais um fator inibidor de demandas temerárias impetradas perante o Poder Judiciário, como nas ações indenizatórias e de divisão, de demarcação e reivindicação de bem, já que aumentará as despesas processuais, além da possibilidade de responsabilização do advogado por dano causado à parte, assim como, a hipótese de reparação por dano em que uma parte responde perante a outra prejudicada, nos casos de concessão de tutela de urgência, quando a sentença não lhe for favorável (art. 300, *caput* c/c art. 302, inc. I, do NCPC).

NOVO CÓDIGO DE PROCESSO CIVIL	CÓDIGO DE PROCESSO CIVIL de 1973
Art. 293. O réu poderá impugnar, em preliminar da contestação, o valor atribuído à causa pelo autor, sob pena de preclusão, e o juiz decidirá a respeito, impondo, se for o caso, a complementação das custas.	**Art. 261.** O réu poderá impugnar, no prazo da contestação, o valor atribuído à causa pelo autor. A impugnação será autuada em apenso, ouvindo-se o autor no prazo de 5 (cinco) dias. Em seguida o juiz, sem suspender o processo, servindo-se, quando necessário, do auxílio de perito, determinará, no prazo de 10 (dez) dias, o valor da causa. Parágrafo único. Não havendo impugnação, presume-se aceito o valor atribuído à causa na petição inicial.

Conforme pode ser verificado pela leitura dos artigos supra, o legislador ordinário modificou substancialmente o procedimento de impugnação ao valor da causa em relação ao que era previsto no Código de Processo Civil de 1973. Neste, a impugnação era autuada em autos apartados, sendo atribuído prazo de 05 (cinco) dias ao autor, para o oferecimento de resposta. Desse modo, de acordo com essa diretriz, foi eliminado o incidente formal de *"impugnação ao valor da causa"*, cabendo ao réu arguir o seu inconformismo em preliminar de contestação. Assim, no novo Código de Processo Civil, atendendo novamente ao pressuposto marcante desta legislação que é a celeridade processual, a impugnação deverá ser efetuada em preliminar de contestação, o que, indubitavelmente, economizará tempo do magistrado na análise desta questão processual, e esta poderá ser analisada, inclusive, no momento da prolação da sentença. E, caso assim o seja, essa decisão que acolheu a preliminar de impugnação ao valor da causa, somente poderá ser atacada por meio de recurso de apelação, por se tratar, obviamente, de um capítulo de sentença. Contudo, caso o juízo competente acolha a impugnação em decisão interlocutória, o recurso cabível será o agravo de instrumento, sendo que na sistemática estabelecida neste novo Código, até mesmo para a concessão do efeito suspensivo.

Já, no que se refere à falta de impugnação ao valor da causa pelo réu, na sistemática do CPC/73, parágrafo único do artigo 261, expressamente se afirmava que, não efetuada tal impugnação, se presumia aceito o valor atribuído na petição. Agora a impugnação deve ser feita em preliminar da contestação.

NOVO CÓDIGO DE PROCESSO CIVIL	CÓDIGO DE PROCESSO CIVIL DE 1973
LIVRO V DA TUTELA PROVISÓRIA TÍTULO I DAS DISPOSIÇÕES GERAIS **Art. 294.** A tutela provisória pode fundamentar-se em urgência ou evidência. Parágrafo único. A tutela provisória de urgência, cautelar ou antecipada, pode ser concedida em caráter antecedente ou incidental.	**Art. 273.** O juiz poderá, a requerimento da parte, antecipar, total ou parcialmente, os efeitos da tutela pretendida no pedido inicial, desde que, existindo prova inequívoca, se convença da verossimilhança da alegação e: (Redação dada pela Lei nº 8.952, de 13.12.1994) I - haja fundado receio de dano irreparável ou de difícil reparação; ou (Incluído pela Lei nº 8.952, de 13.12.1994) II - fique caracterizado o abuso de direito de defesa ou o manifesto propósito protelatório do réu. (Incluído pela Lei nº 8.952, de 13.12.1994) § 1º Na decisão que antecipar a tutela, o juiz indicará, de modo claro e preciso, as razões do seu convencimento. (Incluído pela Lei nº 8.952, de 13.12.1994)

	§ 2º Não se concederá a antecipação da tutela quando houver perigo de irreversibilidade do provimento antecipado. (Incluído pela Lei nº 8.952, de 13.12.1994) § 3º A efetivação da tutela antecipada observará, no que couber e conforme sua natureza, as normas previstas nos arts. 588, 461, §§ 4º e 5º, e 461-A. (Redação dada pela Lei nº 10.444, de 7.5.2002) § 4º A tutela antecipada poderá ser revogada ou modificada a qualquer tempo, em decisão fundamentada. (Incluído pela Lei nº 8.952, de 13.12.1994) § 5º Concedida ou não a antecipação da tutela, prosseguirá o processo até final julgamento. (Incluído pela Lei nº 8.952, de 13.12.1994) § 6º A tutela antecipada também poderá ser concedida quando um ou mais dos pedidos cumulados, ou parcela deles, mostrar-se incontroverso. (Incluído pela Lei nº 10.444, de 7.5.2002) § 7º Se o autor, a título de antecipação de tutela, requerer providência de natureza cautelar, poderá o juiz, quando presentes os respectivos pressupostos, deferir a medida cautelar em caráter incidental do processo ajuizado. (Incluído pela Lei nº 10.444, de 7.5.2002) **Art. 461, § 3º** Sendo relevante o fundamento da demanda e havendo justificado receio de ineficácia do provimento final, é lícito ao juiz conceder a tutela liminarmente ou mediante justificação prévia, citado o réu. A medida liminar poderá ser revogada ou modificada, a qualquer tempo, em decisão fundamentada. (Incluído pela Lei nº 8.952, de 13.12.1994) LIVRO III DO PROCESSO CAUTELAR TÍTULO ÚNICO DAS MEDIDAS CAUTELARES CAPÍTULO I DAS DISPOSIÇÕES GERAIS **Art. 796.** O procedimento cautelar pode ser instaurado antes ou no curso do processo principal e deste é sempre dependente.

Primeiramente, cumpre esclarecer que dentre as várias modificações propostas neste NCPC, a disciplina reservada para a chamada tutela provisória, em comparação à tutela antecipada e à tutela cautelar previstas no CPC/73 é, sem sombra de dúvidas, uma das que mais chama a atenção.

É salutar trazer ao contexto as palavras proferidas pelo Ministro Luiz Fux, na Exposição de motivos do Anteprojeto deste Código, *"a complexidade resultante desse processo de inúmeras modificações do código confunde-se, até certo ponto, com essa desorganização, comprometendo a celeridade e gerando questões evitáveis que subtraem indevidamente a atenção do operador do direito".*[1]

Antes de tudo é importante esclarecer que diante da necessidade de mudanças e da simplificação do processo para dar-lhe mais efetividade, segurança e celeridade, postulados do novo Código de Processo Civil, no intento de facilitar a sistemática para a concessão das tutelas cautelares, haja vista os inúmeros procedimentos existentes para cada cautelar típica no CPC/73, o legislador entendeu por bem agrupar os diversos procedimentos tornando-os mais ágeis, passando a utilizar a nomenclatura "tutela provisória", podendo esta ser de urgência ou de evidência.

Em benefício da simplificação procedimental e racionalidade do sistema, o novo CPC, ao sistematizar o regime das tutelas de urgência, unifica o procedimento das tutelas cautelar e antecipada, independentemente da sua natureza. Conjuntamente com a tutela de evidência o novo CPC cria o gênero "tutela provisória". A unificação tem por pretensão encerrar a dificuldade prática na postulação da tutela antecipada e cautelar, ocasionada muitas vezes pela duplicidade de regulação, em livros e procedimentos distintos.[2]

No que diz respeito à tutela provisória de urgência, cautelar ou antecipada, a matéria ganhou novo regramento. Com o NCPC, esses provimentos/institutos foram redimensionados, podendo ser concedidos em caráter antecedente e/ou incidentalmente.

Como se sabe, a antecipação de tutela é técnica processual para eliminação ou minoração dos males do tempo do processo. Por conta disso, também é vista como técnica que visa à distribuição mais equânime da imposição do tempo no processo que, como regra geral, recai exclusiva e unicamente sobre o autor. Assim, a técnica da antecipação de tutela, ao permitir a satisfação da pretensão antes do julgamento final da lide, faz o réu dividir esse ônus temporal.

A tutela antecipada incidente continua sendo a regra. Já a tutela antecipada antecedente, uma das maiores inovações do novo diploma, limita-se a: a) ao requerimento da tutela antecipada; b) à indicação de tutela final; c) à exposição da lide e do direito que se busca realizar; d) ao perigo de dano ou do risco ao resultado útil do processo; e) ao valor da causa; f) à indicação do caráter antecedente (art. 303).

A tutela cautelar continua com a previsão de antecedente ou incidente, havendo divergência sobre o desaparecimento da tutela cautelar nominada, diante da previsão não exaustiva do artigo 301.

---

1 BRASIL. Congresso Nacional. Senado Federal. Comissão de Juristas Responsável pela Elaboração de Anteprojeto de Código de Processo Civil. – Brasília: Senado Federal, Presidência, 2010. Disponível em: <http://www.senado.gov.br/senado/novocpc/pdf/anteprojeto.pdf>.

2 MENDES, Aluisio Gonçalves de Castro; ÁVILA, Henrique. *Nova Lei-Algumas das principais alterações do novo Código de Processo Civil.* http://www.conjur.com.br/2015-jan-31/algumas-principais-alteracoes-codigo-processo-civil. Acesso em 06 abr. 2015.

Por outro lado, paralelamente à tutela de urgência, há a tutela de evidência, que já vinha sendo defendida pela doutrina[3] durante a vigência do Código de Processo Civil de 1973. A tutela de evidência surge com essa denominação, por se tratar de um direito evidente, logo, sem a necessidade da demonstração do *periculum in mora*, e com um tratamento mais sistemático.

Desse modo, consoante demonstrado, o artigo 796 do CPC/73, correspondente direto do artigo 294 do NCPC, foi inteiramente modificado, ganhando uma sistemática processual mais atual e moderna, com a finalidade de atingir os preceitos pretendidos da celeridade e economia processual.

NOVO CÓDIGO DE PROCESSO CIVIL	CÓDIGO DE PROCESSO CIVIL DE 1973
Art. 295. A tutela provisória requerida em caráter incidental independe do pagamento de custas.	Sem correspondente.

A tutela provisória requerida incidentalmente, ou seja, na petição inicial ou em qualquer outro momento posterior, não enseja, por si só, a incidência de custas judiciais. Porém, as custas poderão ser devidas em decorrência do ajuizamento da demanda em que a tutela é requerida.

NOVO CÓDIGO DE PROCESSO CIVIL	CÓDIGO DE PROCESSO CIVIL DE 1973
Art. 296. A tutela provisória conserva sua eficácia na pendência do processo, mas pode, a qualquer tempo, ser revogada ou modificada. Parágrafo único. Salvo decisão judicial em contrário, a tutela provisória conservará a eficácia durante o período de suspensão do processo.	**Art. 273.** [...] § 4º A tutela antecipada poderá ser revogada ou modificada a qualquer tempo, em decisão fundamentada. (Incluído pela Lei nº 8.952, de 13.12.1994) § 5º Concedida ou não a antecipação da tutela, prosseguirá o processo até final julgamento. (Incluído pela Lei nº 8.952, de 13.12.1994) **Art. 807.** As medidas cautelares conservam a sua eficácia no prazo do artigo antecedente e na pendência do processo principal; mas podem, a qualquer tempo, ser revogadas ou modificadas. Parágrafo único. Salvo decisão judicial em contrário, a medida cautelar conservará a eficácia durante o período de suspensão do processo.

3 FUX, Luiz. *Tutela de Segurança e Tutela de Evidência* (fundamentos da tutela antecipada). São Paulo: Saraiva, 1996, p. 305-306.

Trata-se da eficácia temporal da tutela provisória, limitada pelo advento da tutela definitiva, tanto que o caput do artigo 296 se refere à "pendência do processo principal". A revogabilidade e a modificabilidade da tutela provisória são corolários da base cognitiva sumária, quando é possível às partes trazer novos elementos capazes de alterar a convicção judicial sobre o direito postulado em juízo, mediante decisão fundamentada, sem prejuízo do caráter *rebus sic standibus* da medida.

A eficácia temporal acaba sofrendo uma modificação no novo Código de Processo, diante da perspectiva de estabilização da tutela provisória, prevista no artigo 304 do novo diploma, pois, quando estável, supera-se a ideia de sua revogação ou perda de eficácia em razão da extinção do processo. Já o caráter acessório é mantido em parte, pois, diante da estabilização da tutela antecipada, ela poderá manter seus efeitos mesmo sem a tutela principal.

NOVO CÓDIGO DE PROCESSO CIVIL	CÓDIGO DE PROCESSO CIVIL DE 1973
Art. 297. O juiz poderá determinar as medidas que considerar adequadas para efetivação da tutela provisória. Parágrafo único. A efetivação da tutela provisória observará as normas referentes ao cumprimento provisório da sentença, no que couber.	**Art. 273.** [...] § 3º A efetivação da tutela antecipada observará, no que couber e conforme sua natureza, as normas previstas nos arts. 588, 461, §§ 4º e 5º, e 461-A. (Redação dada pela Lei nº 10.444, de 7.5.2002) **Art. 798.** Além dos procedimentos cautelares específicos, que este Código regula no Capítulo II deste Livro, poderá o juiz determinar as medidas provisórias que julgar adequadas, quando houver fundado receio de que uma parte, antes do julgamento da lide, cause ao direito da outra lesão grave e de difícil reparação. **Art. 805.** A medida cautelar poderá ser substituída, de ofício ou a requerimento de qualquer das partes, pela prestação de caução ou outra garantia menos gravosa para o requerido, sempre que adequada e suficiente para evitar a lesão ou repará-la integralmente. (Redação dada pela Lei nº 8.952, de 13.12.1994)

O legislador procurou neste momento elucidar disposições muitas vezes não observadas através de uma leitura superficial dos dispositivos do CPC/73, ou seja, especificou, de forma clara, qual será o procedimento a ser adotado para a efetivação da tutela provisória, deixando, desse modo, sua execução mais simples e eficaz (ordenando o cumprimento dessa decisão interlocutória, que muitas das vezes ficava confuso na legislação anterior); para tanto, determinou a aplicação das novas regras de cumprimento provisório de sentença, previsto nos artigos 520 e seguintes do novo Código de Processo Civil.

Há de se destacar que o legislador havia estabelecido uma ressalva às medidas de efetivação da tutela provisória, extremamente perigosa, na parte final do parágrafo único do anterior artigo 295 do projeto do NCPC, que seria: *"Vedados o bloqueio e a penhora de dinheiro, de aplicação financeira ou de outros ativos financeiros"*. Tais exceções estabelecidas poderiam, na prática forense, prejudicar demasiadamente a efetividade do processo, uma vez que o magistrado ficaria impedido de praticar medidas de bloqueio e penhoras (entre outras) de dinheiro e aplicações financeiras, como meio de tornar mais equilibrada a relação temporal do processo entre o autor e o réu, quando, muitas das vezes, aquele está em situação de preterição de seus direitos. Desse modo, acredita-se que o legislador, neste dispositivo específico, trilharia caminho distinto daquele em que se buscou tornar equânimes as relações processuais, especialmente, no que pertine à efetivação de direitos, já que eliminaria do âmbito de atuação do Judiciário uma medida de indiscutível eficácia. Contudo na redação final, este trecho foi retirado do referido dispositivo legal, agora renumerado no artigo 297 do NCPC.

NOVO CÓDIGO DE PROCESSO CIVIL	CÓDIGO DE PROCESSO CIVIL de 1973
Art. 298. Na decisão que conceder, negar, modificar ou revogar a tutela provisória, o juiz motivará seu convencimento de modo claro e preciso.	**Art. 273.** [...] § 1º Na decisão que antecipar a tutela, o juiz indicará, de modo claro e preciso, as razões do seu convencimento. (Incluído pela Lei nº 8.952, de 13.12.1994)

No dispositivo em destaque, o legislador em nada inovou, apenas continuou a exigir a necessidade de motivação da decisão que conceder, negar, modificar ou revogar a tutela provisória, atendendo ao que determina o preceito constitucional insculpido no artigo 93, inciso IX, da CRFB/88 e da positivação do artigo 489, §1º do novo diploma, que exige a fundamentação de todo e qualquer ato judicial, em harmonia com o contraditório participativo.

NOVO CÓDIGO DE PROCESSO CIVIL	CÓDIGO DE PROCESSO CIVIL DE 1973
Art. 299. A tutela provisória será requerida ao juízo da causa e, quando antecedente, ao juízo competente para conhecer do pedido principal. Parágrafo único. Ressalvada disposição especial, na ação de competência originária de tribunal e nos recursos a tutela provisória será requerida ao órgão jurisdicional competente para apreciar o mérito.	**Art. 800.** As medidas cautelares serão requeridas ao juiz da causa; e, quando preparatórias, ao juiz competente para conhecer da ação principal. Parágrafo único. Interposto o recurso, a medida cautelar será requerida diretamente ao tribunal. (Redação dada pela Lei nº 8.952, de 13.12.1994)

Outra vez o legislador, única e exclusivamente por preciosidade, quis tratar de forma expressa as regras gerais de fixação de competência, contudo, tal desiderato é desnecessário (apesar da existência de dispositivo legal semelhante no CPC/73 – art.

800), visto que as referidas regras já são tratadas em capítulo próprio; além do que, é sabido que o juízo competente para apreciar a matéria de mérito (principal), naturalmente, também é o juízo natural para julgar o pleito pertinente à tutela provisória. Nas hipóteses de causas de competência originária dos tribunais ou de recursos, a tutela provisória será requerida ao órgão jurisdicional competente para apreciar o mérito do recurso ou da ação de competência originária, observadas as disposições do artigo 1.029, §5º do novo diploma, com redação alterada pela Lei nº 13.256/2016.

NOVO CÓDIGO DE PROCESSO CIVIL	CÓDIGO DE PROCESSO CIVIL DE 1973
TÍTULO II DA TUTELA DE URGÊNCIA CAPÍTULO I DISPOSIÇÕES GERAIS **Art. 300.** A tutela de urgência será concedida quando houver elementos que evidenciem a probabilidade do direito e o perigo de dano ou o risco ao resultado útil do processo. § 1º Para a concessão da tutela de urgência, o juiz pode, conforme o caso, exigir caução real ou fidejussória idônea para ressarcir os danos que a outra parte possa vir a sofrer, podendo a caução ser dispensada se a parte economicamente hipossuficiente não puder oferecê-la. § 2º A tutela de urgência pode ser concedida liminarmente ou após justificação prévia. § 3º A tutela de urgência de natureza antecipada não será concedida quando houver perigo de irreversibilidade dos efeitos da decisão.	**Art. 273.** O juiz poderá, a requerimento da parte, antecipar, total ou parcialmente, os efeitos da tutela pretendida no pedido inicial, desde que, existindo prova inequívoca, se convença da verossimilhança da alegação e: (Redação dada pela Lei nº 8.952, de 13.12.1994) I - haja fundado receio de dano irreparável ou de difícil reparação; ou (Incluído pela Lei nº 8.952, de 13.12.1994) [...] § 2º Não se concederá a antecipação da tutela quando houver perigo de irreversibilidade do provimento antecipado. (Incluído pela Lei nº 8.952, de 13.12.1994) **Art. 804.** É lícito ao juiz conceder liminarmente ou após justificação prévia a medida cautelar, sem ouvir o réu, quando verificar que este, sendo citado, poderá torná-la ineficaz; caso em que poderá determinar que o requerente preste caução real ou fidejussória de ressarcir os danos que o requerido possa vir a sofrer. (Redação dada pela Lei nº 5.925, de 1º.10.1973) **Art. 805.** A medida cautelar poderá ser substituída, de ofício ou a requerimento de qualquer das partes, pela prestação de caução ou outra garantia menos gravosa para o requerido, sempre que adequada e suficiente para evitar a lesão ou repará-la integralmente. (Redação dada pela Lei nº 8.952, de 13.12.1994)

Sabe-se que o processo, como técnica de solução de conflitos, não garante, em regra, a imediata solução da lide. Isto porque são necessárias várias fases para se atingir o julgamento da causa. Desse modo, antes de julgar definitivamente a lide, o juiz deve proporcionar às partes a possibilidade de se manifestarem sobre o mérito da causa, garantindo, assim, o contraditório e a ampla defesa. Contudo, é comum que a espera por um provimento de mérito, após serem transpassadas todas as fases processuais, possa ocorrer um dano de grande monta ou irreversível a uma das partes. Desta feita, com o fim de minimizar os efeitos deletérios do tempo sobre o interesse jurídico que se discute na lide, em juízo, é que se reconhece a possibilidade de antecipar, provisoriamente, o mérito de uma demanda – antecipando-se, assim, os efeitos de uma sentença. Nesse contexto, é que se insere a tutela provisória que, como visto, pode ser de urgência ou de evidência (art. 294 do NCPC).

Portanto, o novo Código de Processo Civil, atrelado à noção de instrumentalidade processual e, conforme já mencionado, guiado pela tentativa de conciliação dos ideais de celeridade e justiça na prestação jurisdicional, buscou adaptar o sistema processual à realidade fática, a partir da supressão, criação e aperfeiçoamento de diversos institutos. No que pertine às tutelas de urgência, com previsão geral inaugurada neste dispositivo, destaca-se que não se faz mais qualquer distinção entre o procedimento concernente às medidas de natureza satisfativa ou cautelar, tendo sido estabelecidos, inclusive, requisitos gerais para a concessão das medidas independentemente de sua natureza, embora seja distinto o procedimento das medidas requeridas em caráter antecedente do procedimento das medidas requeridas em caráter incidental.

No que se refere ao § 3º do artigo 300 do NCPC, o legislador neste dispositivo, de forma específica, preferiu não inovar, continuou tratando a consagrada irreversibilidade do provimento como requisito negativo de concessão da antecipação de tutela (no caso da tutela provisória de urgência), proibindo que a medida seja concedida quando houver perigo de tornar-se irreversível. A despeito das divergências doutrinárias existentes sobre a natureza dessa irreversibilidade, se fática ou jurídica, e qual seria o seu alcance; o certo é que tal dispositivo deve ser analisado em cada caso concreto pelo magistrado, ainda mais quando o que se pretende é evitar o prolongamento de demandas processuais, fato que iria de encontro aos preceitos de celeridade processual apregoada por esse novo Código.

Resta evidente que a intenção primordial do novo CPC, qual seja, reduzir significativamente o número de processos que tramitam perante o Judiciário, adequando todo o procedimento às necessidades da sociedade contemporânea, buscando-se, assim, a simplificação do sistema, além de proporcionar coesão mais visível para os operadores do Direito, permite, por conseguinte, ao magistrado centrar sua atenção, de modo mais intenso, no mérito da causa, alcançando, consequentemente, um maior rendimento possível no trabalho jurisdicional desempenhado.

Por outro lado, poder-se-ia afirmar que com essas medidas haverá uma concentração excessiva de poderes na pessoa do magistrado, a quem incumbirá a definição dos rumos do processo. O que se entende não razoável, visto que existem no nosso ordenamento jurídico diversos meios de controle a fim de evitar tal mazela, sejam eles de ordem constitucional ou de ordem processual. De qualquer sorte, o devido processo legal restará respeitado, o que se verifica no caso é a preferência legislativa pela garantia à celeridade processual.

NOVO CÓDIGO DE PROCESSO CIVIL	CÓDIGO DE PROCESSO CIVIL DE 1973
Art. 301. A tutela de urgência de natureza cautelar pode ser efetivada mediante arresto, sequestro, arrolamento de bens, registro de protesto contra alienação de bem e qualquer outra medida idônea para asseguração do direito.	Sem correspondente.

O legislador, neste dispositivo, apenas especificou algumas medidas assecuratórias da efetividade da tutela urgente de natureza cautelar, que eram conhecidas como cautelares nominadas à luz do CPC/73, como por exemplo, o arresto, o sequestro, o arrolamento de bens, o registro de protesto contra alienação de bem ou qualquer outra de natureza idônea abrindo a discussão se as cautelares nominadas do CPC/73 teriam ou não desaparecido no novo diploma, embora pareça-nos que tal cogitação não procede, uma vez que tais conceitos foram anteriormente regulados pela lei e definidos pela doutrina. A previsão deste dispositivo reafirma, mais uma vez, o compromisso do novo Código de Processo Civil, com a garantia de um processo mais célere e eficaz.

NOVO CÓDIGO DE PROCESSO CIVIL	CÓDIGO DE PROCESSO CIVIL DE 1973
Art. 302. Independentemente da reparação por dano processual, a parte responde pelo prejuízo que a efetivação da tutela de urgência causar à parte adversa, se: I - a sentença lhe for desfavorável; II - obtida liminarmente a tutela em caráter antecedente, não fornecer os meios necessários para a citação do requerido no prazo de 5 (cinco) dias; III - ocorrer a cessação da eficácia da medida em qualquer hipótese legal; IV - o juiz acolher a alegação de decadência ou prescrição da pretensão do autor. Parágrafo único. A indenização será liquidada nos autos em que a medida tiver sido concedida, sempre que possível.	**Art. 811.** Sem prejuízo do disposto no art. 16, o requerente do procedimento cautelar responde ao requerido pelo prejuízo que lhe causar a execução da medida: I – se a sentença no processo principal lhe for desfavorável; II – se, obtida liminarmente a medida no caso do art. 804 deste Código, não promover a citação do requerido dentro em 5 (cinco) dias; III – se ocorrer a cessação da eficácia da medida, em qualquer dos casos previstos no art. 808, deste Código; IV – se o juiz acolher, no procedimento cautelar, a alegação de decadência ou de prescrição do direito do autor (art. 810). Parágrafo único. A indenização será liquidada nos autos do procedimento cautelar.

A responsabilidade civil nas medidas de urgência é de natureza objetiva, cabendo ao requerente da medida a ressarcir, independente de culpa, as perdas e danos ao requerido, em virtude da efetivação da medida, e não de sua mera concessão. A apuração do valor ocorrerá através da liquidação, nos mesmos autos em que a tutela for concedida.

O intuito de não mais banalizar o instituto jurídico-processual da tutela provisória, a fim de evitar que ela continuasse sendo requerida sem qualquer critério e juízo de análise anterior, fez com que o legislador processual confirmasse nos dispositivos legais supra, com redação de clareza ímpar, a regra da responsabilidade objetiva para aquele que teve o pleito antecipatório da tutela de urgência deferido e, que em função dessa medida, provocou qualquer dano à outra parte nessa efetivação; assim, independentemente de culpa (no rol das hipóteses dos incisos I a IV do art. 302 do NCPC), o favorecido inicialmente terá de arcar com os prejuízos demonstrados, sendo que tal indenização será fixada e liquidada nos mesmos autos (art. 302, § 1°, do NCPC).

NOVO CÓDIGO DE PROCESSO CIVIL	CÓDIGO DE PROCESSO CIVIL DE 1973
CAPÍTULO II DO PROCEDIMENTO DA TUTELA ANTECIPADA REQUERIDA EM CARÁTER ANTECEDENTE	
Art. 303. Nos casos em que a urgência for contemporânea à propositura da ação, a petição inicial pode limitar-se ao requerimento da tutela antecipada e à indicação do pedido de tutela final, com a exposição da lide, do direito que se busca realizar e do perigo de dano ou do risco ao resultado útil do processo. § 1º Concedida a tutela antecipada a que se refere o caput deste artigo: I - o autor deverá aditar a petição inicial, com a complementação de sua argumentação, a juntada de novos documentos e a confirmação do pedido de tutela final, em 15 (quinze) dias ou em outro prazo maior que o juiz fixar; II - o réu será citado e intimado para a audiência de conciliação ou de mediação na forma do art. 334; III - não havendo autocomposição, o prazo para contestação será contado na forma do art. 335. § 2º Não realizado o aditamento a que se refere o inciso I do § 1º deste artigo, o processo será extinto sem resolução do mérito. § 3º O aditamento a que se refere o inciso I do § 1º deste artigo dar-se-á nos mesmos autos, sem incidência de novas custas processuais. § 4º Na petição inicial a que se refere o caput deste artigo, o autor terá de indicar o valor da causa, que deve levar em consideração o pedido de tutela final. § 5º O autor indicará na petição inicial, ainda, que pretende valer-se do benefício previsto no caput deste artigo. § 6º Caso entenda que não há elementos para a concessão de tutela antecipada, o órgão jurisdicional determinará a emenda da petição inicial em até 5 (cinco) dias, sob pena de ser indeferida e de o processo ser extinto sem resolução de mérito.	Sem correspondente.

Atendendo novamente aos preceitos da celeridade processual e da efetiva prestação jurisdicional, resolveu o legislador simplificar o procedimento inicial para se alcançar a tutela pretendida, impondo apenas a necessidade de indicação, em requerimento singelo, da tutela antecipada, do pedido de tutela final e do direito atinente à causa, sem se esquecer de apontar o perigo de dano ou o risco ao resultado útil do processo.

A tutela de urgência satisfativa (antecipada) antecedente é aquela requerida dentro do processo em que se pretende pedir a tutela definitiva, no intuito de adiantar seus efeitos, mas antes da formulação do pedido da tutela final, mas deve ser utilizada apenas quando a parte não puder, desde logo, requerer tal provimento com o pedido de tutela final.

Nesta hipótese, segundo previsão do artigo 303 do NCPC, a petição inicial limita-se: a) ao requerimento da tutela antecipada; b) à indicação de tutela final – que será formulado no prazo previsto em lei para aditamento; c) à exposição da lide e do direito que se busca realizar; d) ao perigo de dano ou do risco ao resultado útil do processo; e) ao valor da causa, considerando o pedido de tutela definitiva que se pretende formular; f) à indicação do caráter antecedente (art. 303).

Após a concessão da tutela antecipada nos moldes ora em análise, o legislador impôs a necessidade de cumprimento de certas obrigações processuais (art. 303, § 1°, incs. I, II e III, do NCPC), como a imperiosidade de aditamento da petição inaugural, com a complementação da argumentação fática e jurídica, juntada de novos documentos que o pleiteante entender necessários e a confirmação do pedido de tutela final, sendo que terá prazo mínimo de quinze dias para cumprir tais obrigações, sob pena de o processo ser extinto sem resolução de mérito (art. 303, § 2°, do NCPC).

Em caso de concessão da tutela requerida, o prazo de aditamento será de 15 dias ou outro maior que o juiz fixar. Por outro lado, indeferida a tutela antecipada, o prazo de emenda seria de até 5 dias (art. 303, §6º), em um tratamento não isonômico diante de situações semelhantes, já que haveria a previsão legal da necessidade de complementação da petição inicial, tanto no caso de deferimento quanto de indeferimento da tutela de urgência requerida. Poder-se-ia, até mesmo, se afirmar que, diante do indeferimento, a necessidade de complementação seria maior, já que o requerente não conseguiu, em um primeiro momento, demonstrar ao juízo a presença dos requisitos para a concessão da medida, necessitando complementar.

Ressalta-se, de forma interessante, que o réu será citado e intimado para a audiência de conciliação ou de mediação, consoante regra insculpida no artigo 334 do NCPC, na tentativa de busca de uma autocomposição. Apenas quando esta restar frustrada começará a correr o prazo para contestação, na forma estabelecida pelo artigo 335.

Lembra-se, também, que não haverá incidência de novas custas processuais na petição de aditamento, bem como que tal petição será autuada nos mesmos autos processuais. Assim, consoante análise dos dispositivos supramencionados, em especial o artigo 303, § 6º, não sendo antecipada a tutela, o processo somente prosseguirá se houver aditamento na inicial, caso contrário, será extinto sem resolução do mérito.

Tem-se, ainda, que o autor deverá indicar na petição inicial, qual seja, naquela estabelecida no caput do artigo 303, que pretende utilizar desse benefício procedimental mais simples ofertado pela lei, assim como deverá indicar corretamente o valor da causa, levando em consideração o pleito principal.

NOVO CÓDIGO DE PROCESSO CIVIL	CÓDIGO DE PROCESSO CIVIL DE 1973
Art. 304. A tutela antecipada, concedida nos termos do art. 303, torna-se estável se da decisão que a conceder não for interposto o respectivo recurso. § 1º No caso previsto no caput, o processo será extinto. § 2º Qualquer das partes poderá demandar a outra com o intuito de rever, reformar ou invalidar a tutela antecipada estabilizada nos termos do caput. § 3º A tutela antecipada conservará seus efeitos enquanto não revista, reformada ou invalidada por decisão de mérito proferida na ação de que trata o § 2º. § 4º Qualquer das partes poderá requerer o desarquivamento dos autos em que foi concedida a medida, para instruir a petição inicial da ação a que se refere o § 2º, prevento o juízo em que a tutela antecipada foi concedida. § 5º O direito de rever, reformar ou invalidar a tutela antecipada, previsto no § 2º deste artigo, extingue-se após 2 (dois) anos, contados da ciência da decisão que extinguiu o processo, nos termos do § 1º. § 6º A decisão que concede a tutela não fará coisa julgada, mas a estabilidade dos respectivos efeitos só será afastada por decisão que a revir, reformar ou invalidar, proferida em ação ajuizada por uma das partes, nos termos do § 2º deste artigo.	Sem correspondente.

O dispositivo legal em destaque, alinhado com o pensamento legislativo da celeridade processual, é uma inovação de suma importância, já que trata da estabilização da tutela antecipada .

A tutela antecipada concedida em caráter antecedente, nos termos do artigo 304, adquire estabilidade processual, no que tange à plenitude de sua eficácia, a partir do momento em que não for interposto recurso competente quanto à sua prolação, devendo, em ato contínuo, o juízo da causa julgar extinta a demanda, destacando-se que referida tutela conservará todos os seus efeitos, até que seja proposta ação autônoma, com o intuito de reformá-la ou invalidá-la, uma vez que consoante regra expressa no § 6º desse artigo 304, a decisão que, porventura, conceder esta tutela não fará coisa julgada, entretanto a estabilidade dela no mundo jurídico persistirá, até que uma das partes em outra ação obtenha nova decisão no sentido de rever, reformar ou invalidar aquela outra.

Para que a estabilização seja possível, nos termos dos artigos 303 e 304, devem estar presentes, portanto, os seguintes requisitos: a) o autor deve ter requerido a tutela antecipada, indicando que pretende se valer deste "benefício", nos termos do § 5º do art. 304; b) é preciso que tenha sido concedida a tutela provisória satisfativa; c) inércia do réu, de litisconsortes ou de terceiros intervenientes diante da decisão que concede a tutela antecipada, que não se confunde com a revelia, sendo apenas a não impugnação da tutela antecipada concedida. A doutrina tem apontado que a estabilização, porém, não será possível se, embora haja inércia, a citação/intimação do réu se realizar por edital ou por hora certa, se estiver preso ou se for incapaz sem representante ou em conflito com ele.[4]

Discute-se nos moldes da regulação contida no artigo 304 do CPC/2015,[5] se a expressão "recurso cabível", capaz de impedir a estabilização, seria apenas a interposição do agravo de instrumento (art. 1.015, inciso I, do CPC/2015),[6] em virtude de uma interpretação literal[7] e sistemática[8] do dispositivo, ou, ainda, se a apresentação de pedido de suspensão de liminar; de reclamação (art. 988, NCPC); de contestação,[9] mediante antecipação do oferecimento de sua defesa, já impugnando a tutela concedida; de insurgência do réu na audiência de conciliação ou mediação no prazo do recurso[10] ou de qualquer outro meio de impugnação[11] seria também capaz de evitar a estabilização.

---

4 TALAMINI, Eduardo. Tutela de urgência no Projeto do novo Código de Processo Civil: a estabilização da medida urgente a e "monitorização" do processo civil brasileiro. Revista de Processo. São Paulo: RT, n. 209, 2012, p. 25.

5 A referida discussão foi extraída de: MENDES, Aluisio Gonçalves de Castro; SILVA, Larissa Clare Pochmann da. A tutela provisória no ordenamento jurídico brasileiro: a nova sistemática estabelecida pelo CPC/2015 comparada às previsões do CPC/1973. Revista de Processo, v. 257, 2016, p. 153-178.

6 CÂMARA, Alexandre Freitas. O Novo Código de Processo Civil Brasileiro. Rio de Janeiro: Atlas, 2015, p. 164.

7 O legislativo usa a denominação interpor, típica de recurso.

8 O artigo 304 do NCPC possui redação diversa do artigo 65 do Código Civil, que se refere a recurso para impugnar ato do Ministério Público.

9 Por exemplo, ANDRADE, Érico; NUNES, Dierle. Os contornos da estabilização da tutela provisória de urgência antecipatória no novo CPC e o "mistério" da ausência de formação de coisa julgada. Disponível em https://www.academia.edu/12103602/%C3%89rico_Andrade_e_Dierle_Nunes_-_Os_contornos_da_estabiliza%C3%A7%C3%A3o_da_tutela_provis%C3%B3ria_de_urg%C3%AAncia_antecipat%C3%B3ria_no_novo_CPC_e_o_mist%C3%A9rio_da_aus%C3%AAncia_de_forma%C3%A7%C3%A3o_da_coisa_julgada. Acesso em 18 mar. 2016.

10 MITIDIERO, Daniel. Autonomia e estabilização da antecipação da tutela no novo Código de Processo Civil, p. 17. Disponível em: http://www.mflip.com.br/pub/escolajudicial/?numero=39. Acesso em 08 jun. 2015.

11 DIDIER JR, Fredie; BRAGA, Paula Sarno; OLIVEIRA, Rafael Alexandria de. Curso de Direito Processual Civil. Vol. 2 . Salvador: Jus Podvm, 2015, p. 604.

A estabilização da tutela antecipada é, principalmente, um instrumento prático, que pode ser útil para ambas as partes, porque: a) o autor poderá se dar por satisfeito com a medida concedida, como, por exemplo, em casos como da realização de um procedimento não autorizado por um plano de saúde, a determinação de entrega de um medicamento ou mesmo a determinação de troca de um produto adquirido e b) o réu poderá preferir a concessão parcial de um efeito do que o julgamento integral do mérito, que poderia acarretar uma situação mais desvantajosa, tanto em relação à parte autora como diante de outros interessados, diante de um precedente contrário. Se houvesse o julgamento de que a cláusula restritiva é abusiva, o remédio devido ou o produto defeituoso, outras consequências poderiam advir da coisa julgada, como a realização de novos exames, a entrega reiterada do medicamento ou a condenação em danos materiais e morais decorrentes do ato ilícito.

NOVO CÓDIGO DE PROCESSO CIVIL	CÓDIGO DE PROCESSO CIVIL DE 1973
CAPÍTULO III DO PROCEDIMENTO DA TUTELA CAUTELAR REQUERIDA EM CARÁTER ANTECEDENTE **Art. 305.** A petição inicial da ação que visa à prestação de tutela cautelar em caráter antecedente indicará a lide e seu fundamento, a exposição sumária do direito que se objetiva assegurar e o perigo de dano ou o risco ao resultado útil do processo. Parágrafo único. Caso entenda que o pedido a que se refere o caput tem natureza antecipada, o juiz observará o disposto no art. 303.	**Art. 801.** O requerente pleiteará a medida cautelar em petição escrita, que indicará: I – a autoridade judiciária, a que for dirigida; II – o nome, o estado civil, a profissão e a residência do requerente e do requerido; III – a lide e seu fundamento; IV – a exposição sumária do direito ameaçado e o receio de lesão; V – as provas que serão produzidas. Parágrafo único. Não se exigirá o requisito do nº III senão quando a medida cautelar for requerida em procedimento preparatório.

No novo Código, mantém-se a ideia de uma cautelar antes do processo principal, com a denominação de antecedente, para: a) adiantar provisoriamente a eficácia da tutela definitiva cautelar; b) assegurar a futura eficácia da tutela definitiva satisfativa.

Na petição da tutela cautelar antecedente deve constar: a) a lide e seu fundamento; b) a exposição sumária do direito que se quer assegurar; c) o perigo de dano ou o risco ao resultado útil do processo. Ao ser realizado o juízo de admissibilidade da petição inicial, cabe a emenda, na forma do artigo 321 do NCPC, o indeferimento, nos termos do artigo 330, ou, ainda, simplesmente o deferimento. Destaque-se, porém, que é no parágrafo único do artigo 305 do NCPC, na parte de tutela cautelar que o legislador trouxe a previsão de fungibilidade entre a tutela cautelar e a tutela antecipada.

NOVO CÓDIGO DE PROCESSO CIVIL	CÓDIGO DE PROCESSO CIVIL DE 1973
Art. 306. O réu será citado para, no prazo de 5 (cinco) dias, contestar o pedido e indicar as provas que pretende produzir.	**Art. 802.** O requerido será citado, qualquer que seja o procedimento cautelar, para, no prazo de 5 (cinco) dias, contestar o pedido, indicando as provas que pretende produzir.

	Parágrafo único. Conta-se o prazo, da juntada aos autos do mandado: I – de citação devidamente cumprido; II – da execução da medida cautelar, quando concedida liminarmente ou após justificação prévia.

No CPC/2015, embora não haja referência expressa, uma vez deferida a inicial, o juiz deverá: a) decidir o requerimento liminar de tutela cautelar; b) ordenar o cumprimento da medida, caso seja deferida; c) determinar a citação do réu. Mantém-se a previsão da legislação anterior: ocorrerá a citação do réu, que terá o prazo de 5 dias para contestar, em relação ao pedido de tutela cautelar, indicando as provas que pretende produzir, além de uma alegação de mérito de prescrição ou decadência.

O réu, de acordo com esse dispositivo, será, então, citado para, no prazo de cinco dias, contestar o pedido e indicar as provas que pretende produzir. Cabe aqui uma ponderação importante, já que nos termos do parágrafo único do artigo 305 do NCPC, o juiz, ao entender que a tutela pretendida no pedido efetuado pelo autor é antecipada, deverá observar o rito procedimental estabelecido pelo artigo 303 do NCPC, e, não havendo interposição do recurso competente, estabilizar-se-á a tutela antecipada deferida, extinguindo-se o processo. Entende-se pertinente, desse modo, que haja uma advertência no próprio mandado de citação, alertando o réu desse risco, uma vez que não possui ainda nos autos profissional competente habilitado.

NOVO CÓDIGO DE PROCESSO CIVIL	CÓDIGO DE PROCESSO CIVIL DE 1973
Art. 307. Não sendo contestado o pedido, os fatos alegados pelo autor presumir-se-ão aceitos pelo réu como ocorridos, caso em que o juiz decidirá dentro de 5 (cinco) dias. Parágrafo único. Contestado o pedido no prazo legal, observar-se-á o procedimento comum.	**Art. 803.** Não sendo contestado o pedido, presumir-se-ão aceitos pelo requerido, como verdadeiros, os fatos alegados pelo requerente (arts. 285 e 319); caso em que o juiz decidirá dentro de 5 (cinco) dias. Parágrafo único. Se o requerido contestar no prazo legal, o juiz designará audiência de instrução e julgamento, havendo prova a ser nela produzida.

Não sendo contestado o pedido, os fatos alegados pelo autor presumir-se-ão aceitos pelo réu como verdadeiros, sendo fixado ao juiz o prazo de cinco dias – nada diferente do que preconizava o artigo 803 do CPC/73. O parágrafo único do artigo 307 do NCPC alerta que, contestado o pedido, no prazo estabelecido, o juiz deverá seguir o procedimento comum, com a designação de audiência de instrução e julgamento, caso haja prova a ser nela produzida.

NOVO CÓDIGO DE PROCESSO CIVIL	CÓDIGO DE PROCESSO CIVIL DE 1973
Art. 308. Efetivada a tutela cautelar, o pedido principal terá de ser formulado pelo autor no prazo de 30 (trinta) dias, caso em que será apresentado nos mesmos autos em que deduzido o pedido de tutela cautelar, não dependendo do adiantamento de novas custas processuais. § 1º O pedido principal pode ser formulado conjuntamente com o pedido de tutela cautelar. § 2º A causa de pedir poderá ser aditada no momento de formulação do pedido principal. § 3º Apresentado o pedido principal, as partes serão intimadas para a audiência de conciliação ou de mediação, na forma do art. 334, por seus advogados ou pessoalmente, sem necessidade de nova citação do réu. § 4º Não havendo autocomposição, o prazo para contestação será contado na forma do art. 335.	**Art. 806.** Cabe à parte propor a ação, no prazo de 30 (trinta) dias, contados da data da efetivação da medida cautelar, quando esta for concedida em procedimento preparatório.

O *caput* do artigo 308 do novo Código de Processo Civil trouxe de novidade a mesma autuação do pedido cautelar e do principal, não mais necessitando de autuações independentes, mitigando a carga de formalidade exacerbada, como ocorria na vigência do CPC/73.

Os parágrafos 3º e 4º trazem conteúdo apropriado aos ideais de celeridade processual, modernização do processo e tentativa de composições amigáveis de litígios (autocomposição), no sentido que para a audiência de conciliação e/ou mediação a parte será intimada por seus advogados ou pessoalmente, sem necessidade de novo mandado citatório, e tal intimação poderá, inclusive, ser eletrônica, nos moldes estabelecidos nesse novo Código; além do que, não havendo autocomposição, o prazo para contestação será contado na forma do artigo 335 do NCPC, que seria da audiência de conciliação, ou de mediação ou da última sessão de conciliação, ou quando qualquer parte não comparecer ou, comparecendo, não houver solução consensual, por exemplo.

NOVO CÓDIGO DE PROCESSO CIVIL	CÓDIGO DE PROCESSO CIVIL DE 1973
Art. 309. Cessa a eficácia da tutela concedida em caráter antecedente, se: I - o autor não deduzir o pedido principal no prazo legal; II - não for efetivada dentro de 30 (trinta) dias; III - o juiz julgar improcedente o pedido principal formulado pelo autor ou extinguir o processo sem resolução de mérito. Parágrafo único. Se por qualquer motivo cessar a eficácia da tutela cautelar, é vedado à parte renovar o pedido, salvo sob novo fundamento.	**Art. 808.** Cessa a eficácia da medida cautelar: I – se a parte não intentar a ação no prazo estabelecido no art. 806; II – se não for executada dentro de 30 (trinta) dias; III – se o juiz declarar extinto o processo principal, com ou sem o julgamento de mérito. Parágrafo único. Se por qualquer motivo cessar a medida, é defeso à parte repetir o pedido, salvo por novo fundamento.

O presente dispositivo, em similaridade com o artigo 808 do CPC/73, prevê os casos em que cessa a eficácia da medida antecedente com as adaptações necessárias para os sistemas no NCPC.

A única alteração significativa diz respeito à hipótese do inciso III do artigo 309 do NCPC, que corresponde ao inciso III do artigo 808 do CPC/73.

Neste dispositivo o legislador passou a se referir à perda da eficácia da medida cautelar se o juiz "julgar improcedente o pedido principal ou extinguir o processo sem resolução do mérito", e não mais se houvesse extinção do processo "com ou sem julgamento de mérito", o que se mostra extremante salutar, pois pode haver necessidade de a medida cautelar perdurar seus efeitos após o julgamento de procedência, para assegurar, por exemplo, o cumprimento da sentença.

NOVO CÓDIGO DE PROCESSO CIVIL	CÓDIGO DE PROCESSO CIVIL DE 1973
Art. 310. O indeferimento da tutela cautelar não obsta a que a parte formule o pedido principal, nem influi no julgamento desse, salvo se o motivo do indeferimento for o reconhecimento de decadência ou de prescrição.	**Art. 810.** O indeferimento da medida não obsta a que a parte intente a ação, nem influi no julgamento desta, salvo se o juiz, no procedimento cautelar, acolher a alegação de decadência ou de prescrição do direito do autor.

O artigo 310 do NCPC aprimora o conteúdo do artigo 810 do CPC/73, notadamente sobre os efeitos do indeferimento da medida sobre o pedido principal da demanda. A interferência do Poder Judiciário, contudo, em ambos os dispositivos, dar-se-á quando houver o reconhecimento de decadência ou prescrição.

NOVO CÓDIGO DE PROCESSO CIVIL	CÓDIGO DE PROCESSO CIVIL DE 1973
TÍTULO III DA TUTELA DA EVIDÊNCIA **Art. 311.** A tutela da evidência será concedida, independentemente da demonstração de perigo de dano ou de risco ao resultado útil do processo, quando: I - ficar caracterizado o abuso do direito de defesa ou o manifesto propósito protelatório da parte; II - as alegações de fato puderem ser comprovadas apenas documentalmente e houver tese firmada em julgamento de casos repetitivos ou em súmula vinculante; III - se tratar de pedido reipersecutório fundado em prova documental adequada do contrato de depósito, caso em que será decretada a ordem de entrega do objeto custodiado, sob cominação de multa; IV - a petição inicial for instruída com prova documental suficiente dos fatos constitutivos do direito do autor, a que o réu não oponha prova capaz de gerar dúvida razoável. Parágrafo único. Nas hipóteses dos incisos II e III, o juiz poderá decidir liminarmente.	**Art. 273.** [...] II - fique caracterizado o abuso de direito de defesa ou o manifesto propósito protelatório do réu. (Incluído pela Lei nº 8.952, de 13.12.1994) [...] **§ 6º** A tutela antecipada também poderá ser concedida quando um ou mais dos pedidos cumulados, ou parcela deles, mostrar-se incontroverso. (Incluído pela Lei nº 10.444, de 7.5.2002)

A tutela de evidência, que já vinha sendo defendida pela doutrina[12] durante a vigência do Código de Processo Civil de 1973, ganha um título próprio, para situações previstas nos incisos, em que a evidência do direito já se encontra, cabalmente, configurada nos autos do processo no qual é requerida. Trata-se de medida de caráter antecipatório, que independerá da demonstração do perigo de dano ou de risco ao resultado útil do processo. Lembra-se, ainda, que a tutela de evidência não se confunde com a possibilidade de o magistrado proferir julgamentos parciais de mérito, a qual está regulamentada também no NCPC.

Assim, de acordo com o dispositivo supra, fica instituída a possibilidade de concessão da denominada Tutela da Evidência quando fique demonstrado o abuso de direito de defesa ou o manifesto propósito protelatório da parte; ou que um ou mais dos pedidos cumulados ou parte deles se mostre incontroverso (hipóteses já anteriormente previstas no artigo 273, incisos I e II, do CPC/73); ou que a petição inicial seja instruída com prova documental irrefutável do direito alegado pelo autor a que o réu não oponha prova contrária capaz de gerar dúvida razoável; se tratar de pedido reipersecutório fundado em prova documental adequada do contrato de depósito ou ainda que a matéria seja unicamente de direito e já exista tese firmada em julgamento de recursos repetitivos, em incidente de resolução de demandas repetitivas ou em súmula vinculante.

NOVO CÓDIGO DE PROCESSO CIVIL	CÓDIGO DE PROCESSO CIVIL DE 1973
LIVRO VI DA FORMAÇÃO, DA SUSPENSÃO E DA EXTINÇÃO DO PROCESSO TÍTULO I DA FORMAÇÃO DO PROCESSO **Art. 312.** Considera-se proposta a ação quando a petição inicial for protocolada, todavia, a propositura da ação só produz quanto ao réu os efeitos mencionados no art. 240 depois que for validamente citado.	**Art. 263.** Considera-se proposta a ação, tanto que a petição inicial seja despachada pelo juiz, ou simplesmente distribuída, onde houver mais de uma vara. A propositura da ação, todavia, só produz, quanto ao réu, os efeitos mencionados no art. 219 depois que for validamente citado.

O novo CPC antecipa, quando comparado ao CPC vigente, o momento em que a ação é considerada proposta. Pela nova redação, é suficiente que ela seja protocolada, sem a necessidade de sua distribuição ou qualquer manifestação pelo magistrado. Porém, para que os efeitos sejam produzidos em relação ao réu, mantém-se a exigência da citação válida.

12 FUX, Luiz. *Tutela de Segurança e Tutela de Evidência* (fundamentos da tutela antecipada). São Paulo: Saraiva, 1996, p. 305-306.

NOVO CÓDIGO DE PROCESSO CIVIL	CÓDIGO DE PROCESSO CIVIL DE 1973
TÍTULO II DA SUSPENSÃO DO PROCESSO **Art. 313.** Suspende-se o processo: I - pela morte ou pela perda da capacidade processual de qualquer das partes, de seu representante legal ou de seu procurador; II - pela convenção das partes; III - pela arguição de impedimento ou de suspeição; IV- pela admissão de incidente de resolução de demandas repetitivas; V - quando a sentença de mérito: a) depender do julgamento de outra causa ou da declaração de existência ou de inexistência de relação jurídica que constitua o objeto principal de outro processo pendente; b) tiver de ser proferida somente após a verificação de determinado fato ou a produção de certa prova, requisitada a outro juízo; VI - por motivo de força maior; VII - quando se discutir em juízo questão decorrente de acidentes e fatos da navegação de competência do Tribunal Marítimo; VIII - nos demais casos que este Código regula. IX - pelo parto ou pela concessão de adoção, quando a advogada responsável pelo processo constituir a única patrona da causa; (Incluído pela Lei nº 13.363, de 2016); X - quando o advogado responsável pelo processo constituir o único patrono da causa e tornar-se pai. (Incluído pela Lei nº 13.363, de 2016) § 1º Na hipótese do inciso I, o juiz suspenderá o processo, nos termos do art. 689. § 2º Não ajuizada ação de habilitação, ao tomar conhecimento da morte, o juiz determinará a suspensão do processo e observará o seguinte: I - falecido o réu, ordenará a intimação do autor para que promova a citação do respectivo espólio, de quem for o sucessor ou, se for o caso, dos herdeiros, no prazo que designar, de no mínimo 2 (dois) e no máximo 6 (seis) meses; II - falecido o autor e sendo transmissível o direito em litígio, determinará a intimação de seu espólio, de quem for o sucessor ou, se for o caso, dos herdeiros, pelos meios de divulgação que reputar mais adequados, para que manifestem interesse na sucessão processual e promovam a respectiva habilitação no prazo designado, sob pena de extinção do processo sem resolução de mérito.	**Art. 265.** Suspende-se o processo: I – pela morte ou perda da capacidade processual de qualquer das partes, de seu representante legal ou de seu procurador; II – pela convenção das partes; (Vide Lei nº 11.481, de 2007) III – quando for oposta exceção de incompetência do juízo, da câmara ou do tribunal, bem como de suspeição ou impedimento do juiz; IV – quando a sentença de mérito: a) depender do julgamento de outra causa, ou da declaração da existência ou inexistência da relação jurídica, que constitua o objeto principal de outro processo pendente; b) não puder ser proferida senão depois de verificado determinado fato, ou de produzida certa prova, requisitada a outro juízo; c) tiver por pressuposto o julgamento de questão de estado, requerido como declaração incidente; V – por motivo de força maior; VI – nos demais casos, que este Código regula. § 1º No caso de morte ou perda da capacidade processual de qualquer das partes, ou de seu representante legal, provado o falecimento ou a incapacidade, o juiz suspenderá o processo, salvo se já tiver iniciado a audiência de instrução e julgamento; caso em que: a) o advogado continuará no processo até o encerramento da audiência; b) o processo só se suspenderá a partir da publicação da sentença ou do acórdão. § 2º No caso de morte do procurador de qualquer das partes, ainda que iniciada a audiência de instrução e julgamento, o juiz marcará, a fim de que a parte constitua novo mandatário, o prazo de 20 (vinte) dias, findo o qual extinguirá o processo sem julgamento do mérito, se o autor não nomear novo mandatário, ou mandará prosseguir no processo, à revelia do réu, tendo falecido o advogado deste. § 3º A suspensão do processo por convenção das partes, de que trata o nº II, nunca poderá exceder 6 (seis) meses; findo o prazo, o escrivão fará os autos conclusos ao juiz, que ordenará o prosseguimento do processo.

§ 3º No caso de morte do procurador de qualquer das partes, ainda que iniciada a audiência de instrução e julgamento, o juiz determinará que a parte constitua novo mandatário, no prazo de 15 (quinze) dias, ao final do qual extinguirá o processo sem resolução de mérito, se o autor não nomear novo mandatário, ou ordenará o prosseguimento do processo à revelia do réu, se falecido o procurador deste. § 4º O prazo de suspensão do processo nunca poderá exceder 1 (um) ano nas hipóteses do inciso V e 6 (seis) meses naquela prevista no inciso II. § 5º O juiz determinará o prosseguimento do processo assim que esgotados os prazos previstos no § 4º. § 6º No caso do inciso IX, o período de suspensão será de 30 (trinta) dias, contado a partir da data do parto ou da concessão da adoção, mediante apresentação de certidão de nascimento ou documento similar que comprove a realização do parto, ou de termo judicial que tenha concedido a adoção, desde que haja notificação ao cliente. (Incluído pela Lei nº 13.363, de 2016) . § 7º No caso do inciso X, o período de suspensão será de 8 (oito) dias, contado a partir da data do parto ou da concessão da adoção, mediante apresentação de certidão de nascimento ou documento similar que comprove a realização do parto, ou de termo judicial que tenha concedido a adoção, desde que haja notificação ao cliente." (NR) (Incluído pela Lei nº 13.363, de 2016)	§ 4º No caso do nº III, a exceção, em primeiro grau da jurisdição, será processada na forma do disposto neste Livro, Título VIII, Capítulo II, Seção III; e, no tribunal, consoante lhe estabelecer o regimento interno. § 5º Nos casos enumerados nas letras "a", "b" e "c" do nº IV, o período de suspensão nunca poderá exceder 1 (um) ano. Findo este prazo, o juiz mandará prosseguir no processo.

As principais regras de suspensão do processo previstas no CPC/2015 encontram-se no elenco do artigo 313, que manteve as hipóteses previstas no CPC/73, mas apresentou as seguintes inovações: i) inclusão como causa de suspensão do processo a admissão de incidente de resolução de demandas repetitivas; ii) pendência de resolução de questão decorrente de acidentes e fatos da navegação da competência do tribunal marítimo (incisos IV e VII, respectivamente); iii) previsão de dois a seis meses do prazo de suspensão para habilitação de herdeiros da parte ré falecida, e, sendo a parte autora, o prazo será fixado pelo juízo, sob pena de extinção do processo; e iv) a redução de 20 para 15 dias do prazo para a constituição de novo mandatário, nos casos de falecimento do procurador da parte.

A Lei nº 13.363, publicada em novembro 2016, ampliou o rol de hipóteses que geram suspensão do processo, inserindo dois incisos e dois parágrafos ao artigo 313 e disposições à Lei nº 8.906/96, no intuito de proporcionar aos advogados, que sejam únicos patronos de processos, o benefício de suspensão de prazos nos casos em que tornarem-se pais, quer seja da forma natural ou proveniente de adoção.

O inciso IX, inserido pela referida lei, prevê a suspensão do processo em caso de adoção ou parto, nas situações em que a causa for patrocinada por advogada e esta estiver como única responsável pelo processo. O prazo de suspensão será de 30 dias, computados a partir da data do parto ou da concessão da adoção, conforme o disposto no § 6º do artigo 313, também inserido pela Lei nº 13.363/16. A prova dessa condição deve ser feita mediante apresentação de certidão de nascimento ou outro documento comprobatório do parto ou da concessão da adoção. O dispositivo também prevê a necessidade de se dar ciência ao cliente.

A disposição prevista no inciso X, também inserido pela Lei nº 13.363/16, indica uma hipótese de suspensão do processo em situação similar ao do inciso IX, direcionada ao advogado que adquire a condição de pai, com prazo de suspensão do processo de 8 dias, contados da data do parto ou da concessão da adoção, com a mesma exigência comprobatória, de acordo com o § 7º do artigo 313, acrescentado pela Lei nº. 13.363/16.

Quanto a melhor técnica legislativa, o legislador parece não ter caminhado muito bem, pois colocou hipóteses específicas de suspensão de processo após a regra genérica que indica a suspensão nos demais casos previstos no código, disposta no inciso VIII do artigo 313. Seria de bom alvitre, renumerar os incisos a partir do VIII para que esta regra ficasse no inciso X, como regra residual.[13]

Em que pese a intenção do legislador em proporcionar esse benefício para que advogado ou advogada, únicos responsáveis pelos processos, possam dar a atenção exigida nesse período delicado de cuidado com filhos recém-chegados ao ambiente familiar, essas regras podem gerar alguns problemas interpretativos, diante da ampliação dos direitos por igualdade de gênero que ganham espaço no ambiente jurídico brasileiro.

Para ilustrar, pode-se imaginar um casal homossexual contemplado pela adoção de uma criança de tenra idade. Um dos conviventes se enquadra nas situações descritas nos incisos. Na situação hipotética qual a regra deverá ser aplicada? Interpreta-se literalmente ou de acordo com as especificidades do caso? Essas são indagações que os tribunais em breve deverão enfrentar.

Outro ponto que deverá gerar intensas discussões pode ser percebido em situações em que o casal que adquiriu paternidade recente sejam advogados e únicos patronos da causa. O benefício da suspensão poderá ser conferido a eles? Pela redação dos dispositivos em comento, a resposta é negativa, mas parece não ser a melhor solução. Mais uma pendência que os tribunais deverão tratar futuramente.

Ressalte-se, ainda, que as regras constantes nos parágrafos 6º e 7º do artigo 313, apontam que o período de suspensão para estes casos se inicia na data do parto ou no

13 Pode parecer uma observação sem maiores implicações práticas, mas se não for observada boa técnica legislativa nas alterações que, invariavelmente, o código será submetido, teremos sérias implicações sistêmicas como ocorreu com as intensas reformas que o CPC/73 sofreu durante sua vigência.

momento da concessão da adoção. Essa disposição pode gerar uma certa dificuldade para se informar o parto logo após a sua ocorrência, diante do quadro de reestabelecimento da gestante. Questão que deve ser acomodada futuramente pela doutrina e pelos tribunais.

Registre-se, ainda, que a referida legislação inseriu o artigo 7º-A à Lei nº 8.906/94, dispondo sobre vários direitos para advogadas gestantes, lactantes ou que derem à luz, de sorte a proporcionar-lhes mais facilidades na condução das suas atividades forenses, tais como, preferência na ordem de sustentação oral, local adequado para atender as necessidades do bebê, reserva de vaga nos estacionamentos dos tribunais, entre outras.

NOVO CÓDIGO DE PROCESSO CIVIL	CÓDIGO DE PROCESSO CIVIL DE 1973
Art. 314. Durante a suspensão é vedado praticar qualquer ato processual, podendo o juiz, todavia, determinar a realização de atos urgentes a fim de evitar dano irreparável, salvo no caso de arguição de impedimento e de suspeição.	**Art. 266.** Durante a suspensão é defeso praticar qualquer ato processual; poderá o juiz, todavia, determinar a realização de atos urgentes, a fim de evitar dano irreparável.

Não houve alteração, mantendo-se, inclusive, redação semelhante à do texto legal anterior, no sentido de que a regra geral é que durante a suspensão é vedada a prática de atos processuais, salvo os urgentes.

NOVO CÓDIGO DE PROCESSO CIVIL	CÓDIGO DE PROCESSO CIVIL DE 1973
Art. 315. Se o conhecimento do mérito depender de verificação da existência de fato delituoso, o juiz pode determinar a suspensão do processo até que se pronuncie a justiça criminal. § 1º Se a ação penal não for proposta no prazo de 3 (três) meses, contado da intimação do ato de suspensão, cessará o efeito desse, incumbindo ao juiz cível examinar incidentemente a questão prévia. § 2º Proposta a ação penal, o processo ficará suspenso pelo prazo máximo de 1 (um) ano, ao final do qual aplicar-se-á o disposto na parte final do § 1º.	**Art. 110**. Se o conhecimento da lide depender necessariamente da verificação da existência de fato delituoso, pode o juiz mandar sobrestar no andamento do processo até que se pronuncie a justiça criminal. Parágrafo único. Se a ação penal não for exercida dentro de 30 (trinta) dias, contados da intimação do despacho de sobrestamento, cessará o efeito deste, decidindo o juiz cível a questão prejudicial.

O legislador, no dispositivo em apreço, trouxe algumas alterações à previsão do artigo 110 do CPC/73. O *caput* trouxe apenas um aperfeiçoamento da redação da disposição sobre as ações cíveis que dependam da verificação da ocorrência ou não de fato delituoso discutido em ação criminal própria. Porém, o parágrafo primeiro substituiu a expressão questão prejudicial tratada no CPC/73 pelo gênero questão prévia, que consiste em questões preliminares e prejudiciais, e ampliou o prazo de propositura da ação penal de 30 (trinta) dias para 3 (três) meses. Já no parágrafo segundo, houve a fixação de um ano de prazo máximo de suspensão do processo, caso a ação seja proposta, findo o qual, caso não tenha decisão de mérito na ação criminal, o juízo cível analisará como questão prévia o respectivo fato delituoso discutido. Tal previsão é por demasia perigosa, com risco de ocorrerem decisões colidentes. Seria interessante que o legislador tivesse criado um mecanismo processual para estabelecer uma prioridade na tramitação do feito criminal, haja vista a pendência da ação cível, solução esta que reduziria riscos.

NOVO CÓDIGO DE PROCESSO CIVIL	CÓDIGO DE PROCESSO CIVIL DE 1973
TÍTULO III DA EXTINÇÃO DO PROCESSO **Art. 316.** A extinção do processo dar-se-á por sentença.	Seção III Dos Atos do Juiz **Art. 162.** Os atos do juiz consistirão em sentenças, decisões interlocutórias e despachos. § 1º Sentença é o ato do juiz que implica alguma das situações previstas nos arts. 267 e 269 desta Lei. (Redação dada pelo Lei nº 11.232, de 2005) [...]

Esse dispositivo não possui correspondente direto com o CPC/73. O legislador simplificou, afirmando, de forma direta, que a extinção do processo ocorrerá por sentença, uma vez que não tratou de forma específica em artigo próprio, como no CPC/73, das hipóteses de extinção do processo com e sem resolução de mérito, preferindo fazê-lo de maneira esparsa no novo Código de Processo Civil. Sendo assim, o referido artigo 316 do NCPC expõe que o fim do processo se dá por sentença que a reconheça, seja ela com ou sem resolução de mérito.

NOVO CÓDIGO DE PROCESSO CIVIL	CÓDIGO DE PROCESSO CIVIL DE 1973
Art. 317. Antes de proferir decisão sem resolução de mérito, o juiz deverá conceder à parte oportunidade para, se possível, corrigir o vício.	**Art. 267.** Extingue-se o processo, sem resolução de mérito: (Redação dada pela Lei nº 11.232, de 2005) I – quando o juiz indeferir a petição inicial; II – quando ficar parado durante mais de 1 (um) ano por negligência das partes; III – quando, por não promover os atos e diligências que lhe competir, o autor abandonar a causa por mais de 30 (trinta) dias; IV – quando se verificar a ausência de pressupostos de constituição e de desenvolvimento válido e regular do processo; V – quando o juiz acolher a alegação de perempção, litispendência ou de coisa julgada;

	VI – quando não concorrer qualquer das condições da ação, como a possibilidade jurídica, a legitimidade das partes e o interesse processual; VII – pela convenção de arbitragem; (Redação dada pela Lei nº 9.307, de 23.9.1996) VIII – quando o autor desistir da ação; IX – quando a ação for considerada intransmissível por disposição legal; X – quando ocorrer confusão entre autor e réu; XI – nos demais casos prescritos neste Código. § 1º O juiz ordenará, nos casos dos nos II e III, o arquivamento dos autos, declarando a extinção do processo, se a parte, intimada pessoalmente, não suprir a falta em 48 (quarenta e oito) horas. § 2º No caso do parágrafo anterior, quanto ao nº II, as partes pagarão proporcionalmente as custas e, quanto ao nº III, o autor será condenado ao pagamento das despesas e honorários de advogado (art. 28). § 3º O juiz conhecerá de ofício, em qualquer tempo e grau de jurisdição, enquanto não proferida a sentença de mérito, da matéria constante dos nos IV, V e VI; todavia, o réu que a não alegar, na primeira oportunidade em que lhe caiba falar nos autos, responderá pelas custas de retardamento. § 4º Depois de decorrido o prazo para a resposta, o autor não poderá, sem o consentimento do réu, desistir da ação.

Neste artigo 317 do NCPC, o legislador, de forma prudente, para que assim sejam evitados recursos desnecessários, ao mesmo tempo que aplicou entendimento mais adequado quanto à possibilidade de saneamento das nulidades dos atos processuais e, em geral do próprio processo, possibilitou à parte a oportunidade para corrigir algum equívoco que levasse à extinção do processo sem resolução de mérito, nas situações em que fosse possível a correção do vício, uma vez que nas situações em que o NCPC estabeleceu de forma taxativa, que a prática ou não de determinado ato e/ou conduta processual pode provocar extinção do processo sem resolução de mérito, entende-se que não seria adequado oportunizar à parte, nessas situações, a possibilidade de corrigir o vício, sob pena de ser rompido o equilíbrio que deve existir em toda relação processual.

NOTAS AOS ARTIGOS 318 A 357

Raphael de Souza Almeida Santos
Marcelo Pereira de Almeida

NOVO CÓDIGO DE PROCESSO CIVIL	CÓDIGO DE PROCESSO CIVIL DE 1973
PARTE ESPECIAL LIVRO I DO PROCESSO DE CONHECIMENTO E DO CUMPRIMENTO DE SENTENÇA TÍTULO I DO PROCEDIMENTO COMUM CAPÍTULO I DAS DISPOSIÇÕES GERAIS **Art. 318.** Aplica-se a todas as causas o procedimento comum, salvo disposição em contrário deste Código ou de lei. Parágrafo único. O procedimento comum aplica-se subsidiariamente aos demais procedimentos especiais e ao processo de execução.	TÍTULO VII DO PROCESSO E DO PROCEDIMENTO CAPÍTULO I DAS DISPOSIÇÕES GERAIS **Art. 271.** Aplica-se a todas as causas o procedimento comum, salvo disposição em contrário deste Código ou de lei especial. **Art. 272.** O procedimento comum é ordinário ou sumário. Parágrafo único. O procedimento especial e o procedimento sumário regem-se pelas disposições que lhes são próprias, aplicando-se-lhes, subsidiariamente, as disposições gerais do procedimento ordinário. (Redação dada pela Lei nº 8.952, de 13.12.1994) CAPÍTULO V DAS DISPOSIÇÕES GERAIS **Art. 598**. Aplicam-se subsidiariamente à execução as disposições que regem o processo de conhecimento.

O NCPC inicia o processo de conhecimento prevendo, para todas as causas, o procedimento comum, sem subsistir a divisão entre procedimento comum ordinário e procedimento comum sumário. Este procedimento será aplicado subsidiariamente aos procedimentos especiais e ao processo de execução.

NOVO CÓDIGO DE PROCESSO CIVIL	CÓDIGO DE PROCESSO CIVIL DE 1973
CAPÍTULO II DA PETIÇÃO INICIAL **Seção I** **Dos Requisitos da Petição Inicial** **Art. 319.** A petição inicial indicará: I - o juízo a que é dirigida; II - os nomes, os prenomes, o estado civil, a existência de união estável, a profissão, o número de inscrição no Cadastro de Pessoas Físicas ou no Cadastro Nacional da Pessoa Jurídica, o endereço eletrônico, o domicílio e a residência do autor e do réu; III - o fato e os fundamentos jurídicos do pedido; IV - o pedido com as suas especificações; V - o valor da causa; VI - as provas com que o autor pretende demonstrar a verdade dos fatos alegados; VII - a opção do autor pela realização ou não de audiência de conciliação ou de mediação. § 1º Caso não disponha das informações previstas no inciso II, poderá o autor, na petição inicial, requerer ao juiz diligências necessárias a sua obtenção. § 2º A petição inicial não será indeferida se, a despeito da falta de informações a que se refere o inciso II, for possível a citação do réu. § 3º A petição inicial não será indeferida pelo não atendimento ao disposto no inciso II deste artigo se a obtenção de tais informações tornar impossível ou excessivamente oneroso o acesso à justiça.	TÍTULO VIII DO PROCEDIMENTO ORDINÁRIO CAPÍTULO I DA PETIÇÃO INICIAL Seção I Dos Requisitos da Petição Inicial **Art. 282.** A petição inicial indicará: I – o juiz ou tribunal, a que é dirigida; II – os nomes, prenomes, estado civil, profissão, domicílio e residência do autor e do réu; III – o fato e os fundamentos jurídicos do pedido; IV – o pedido, com as suas especificações; V – o valor da causa; VI – as provas com que o autor pretende demonstrar a verdade dos fatos alegados; VII – o requerimento para a citação do réu.

Enquanto peça inaugural do processo, que rompe com a inércia jurisdicional, a petição inicial fixa os limites da lide.

Destaca-se, dentre as inovações, no inciso II do artigo 319, o acréscimo da informação sobre união estável, diante da possibilidade de efeitos similares ao do casamento, bem como do número de inscrição no Cadastro de Pessoas Físicas ou no Cadastro Nacional da Pessoa Jurídica e do endereço eletrônico. Trata-se de dados para a necessária individualização das partes, mas tal exigência não se revela uma barreira ao acesso à justiça, uma vez que, nos termos do parágrafo primeiro, em nítida materialização da cooperação (prevista no artigo 6º do novo diploma), poderão ser requeridas diligências ao juiz para a obtenção de tais informações (art. 319, §1º), sendo que, nos parágrafos seguintes, há, ainda, um temperamento a esta exigência: a petição inicial não será indeferida se, mesmo sem uma ou alguma das informações previstas no inciso II tornar impossível ou excessivamente oneroso o acesso à justiça (art. 319, §3º) e for possível citar o réu (art. 319, §2º).

Outra inovação a ser pontuada é a previsão do inciso VII: opção pela audiência de conciliação ou de mediação. Esta audiência, prevista no artigo 334 do novo código, não ocorrerá em se tratando de direito indisponível ou se ambas as partes manifestarem desinteresse na composição consensual, segundo a previsão do artigo 334, §4º. Neste sentido, deve o autor manifestar expressamente seu interesse ou não pela composição consensual (ar. 319, VII).

NOVO CÓDIGO DE PROCESSO CIVIL	CÓDIGO DE PROCESSO CIVIL DE 1973
Art. 320. A petição inicial será instruída com os documentos indispensáveis à propositura da ação.	**Art. 283.** A petição inicial será instruída com os documentos indispensáveis à propositura da ação.

O artigo 320 do NCPC mantém a redação do Código de Processo Civil de 1973, deixando para a doutrina a tarefa de delimitar o conceito de documentos indispensáveis à propositura da ação.

NOVO CÓDIGO DE PROCESSO CIVIL	CÓDIGO DE PROCESSO CIVIL DE 1973
Art. 321. O juiz, ao verificar que a petição inicial não preenche os requisitos dos arts. 319 e 320 ou que apresenta defeitos e irregularidades capazes de dificultar o julgamento de mérito, determinará que o autor, no prazo de 15 (quinze) dias, a emende ou a complete, indicando com precisão o que deve ser corrigido ou completado. Parágrafo único. Se o autor não cumprir a diligência, o juiz indeferirá a petição inicial.	**Art. 284.** Verificando o juiz que a petição inicial não preenche os requisitos exigidos nos arts. 282 e 283, ou que apresenta defeitos e irregularidades capazes de dificultar o julgamento de mérito, determinará que o autor a emende, ou a complete, no prazo de 10 (dez) dias. Parágrafo único. Se o autor não cumprir a diligência, o juiz indeferirá a petição inicial.

Ainda que o artigo 321 do NCPC não apresente significantes mudanças em comparação ao seu correspondente no Código de Processo Civil de 1973, merece destaque não só o aumento de prazo destinado à emenda ou ao complemento da petição inicial, mas, principalmente, o fato de que o magistrado deverá indicar, de forma precisa, eventual conteúdo/pedido para que o autor retifique ou complete.

Como se vê, tal medida traz contribuições significativas, em especial, naquelas ocasiões em que a determinação de emenda tem por fundamento a inobservância de algum dos requisitos da petição inicial (ou da apresentação de eventuais documentos) quando da propositura da ação, oportunizando-se à parte interessada verdadeiro acesso à Justiça.

Por último, mas não menos importante, é preciso ressaltar que a redação do dispositivo do NCPC em análise foi acompanhada de um "cochilo" do legislador ao deixar de substituir a expressão "julgamento de mérito" por "resolução de mérito", prevista na sistemática proposta pela Lei nº 11.232/2005. Em respeito aos que defendem que esta seria apenas uma modificação meramente terminológica – dentre eles Gilson Delgado Miranda, Patrícia Pizzol e Nelson Nery Junior –, destaca-se que, numa época em que se fala sobre sincretismo processual, celeridade e economia, tal expressão mostra-se obsoleta, muito embora seu conteúdo ainda continue preservado.

NOVO CÓDIGO DE PROCESSO CIVIL	DISPOSIÇÕES ESPARSAS
Seção II **Do Pedido** **Art. 322.** O pedido deve ser certo. § 1º Compreendem-se no principal os juros legais, a correção monetária e as verbas de sucumbência, inclusive os honorários advocatícios. § 2º A interpretação do pedido considerará o conjunto da postulação e observará o princípio da boa-fé.	**CÓDIGO DE PROCESSO CIVIL DE 1973** Seção II Do pedido **Art. 286.** O pedido deve ser certo ou determinado. É lícito, porém, formular pedido genérico: (Redação dada pela Lei nº 5.925, de 1º.10.1973) I - nas ações universais, se não puder o autor individuar na petição os bens demandados; (Redação dada pela Lei nº 5.925, de 1º.10.1973) II - quando não for possível determinar, de modo definitivo, as conseqüências do ato ou do fato ilícito; (Redação dada pela Lei nº 5.925, de 1º.10.1973) III - quando a determinação do valor da condenação depender de ato que deva ser praticado pelo réu. (Redação dada pela Lei nº 5.925, de 1º.10.1973) **Art. 293.** Os pedidos são interpretados restritivamente, compreendendo-se, entretanto, no principal os juros legais. LEI Nº 6.899/1981 **Art 1º** A correção monetária incide sobre qualquer débito resultante de decisão judicial, inclusive sobre custas e honorários advocatícios.

Em primeiro lugar, insta salientar que o legislador não inovou quanto a esta seção do NCPC, mas preocupou-se em evidenciar os chamados "pedidos implícitos", compreendendo no pedido principal os juros legais, a correção monetária, as verbas de sucumbência, nestas incluídos os honorários advocatícios, e as prestações vincendas em obrigações de trato sucessivo.

Sabe-se que a atividade jurisdicional é delimitada pelo pedido, sendo defeso ao magistrado proferir decisão fora ou além do âmbito de incidência do pedido formulado pelo autor. Contudo, isso não ocorre com relação aos supracitados "pedidos implícitos", os quais mesmo não constando, de forma expressa, no pedido principal, neste estarão compreendidos.

De acordo com o parágrafo segundo do artigo em tela, cabe ao magistrado realizar uma interpretação do pedido de acordo com o conjunto da postulação e em observância do princípio da boa-fé. Este dispositivo, discretamente, autoriza o magistrado a identificar pedidos que não foram expressamente formulados na petição, a partir de uma interpretação que leve em consideração o conjunto da postulação.

NOVO CÓDIGO DE PROCESSO CIVIL	CÓDIGO DE PROCESSO CIVIL DE 1973
Art. 323. Na ação que tiver por objeto cumprimento de obrigação em prestações sucessivas, essas serão consideradas incluídas no pedido, independentemente de declaração expressa do autor, e serão incluídas na condenação, enquanto durar a obrigação, se o devedor, no curso do processo, deixar de pagá-las ou de consigná-las.	**Art. 290.** Quando a obrigação consistir em prestações periódicas, considerar-se-ão elas incluídas no pedido, independentemente de declaração expressa do autor; se o devedor, no curso do processo, deixar de pagá-las ou de consigná-las, a sentença as incluirá na condenação, enquanto durar a obrigação.

A diferença do presente artigo do NCPC, com relação ao seu correspondente no CPC/73, é que houve a troca da expressão "prestações periódicas" por "prestações sucessivas".

Criadas para evitar a propositura de várias demandas provenientes de uma mesma obrigação, ainda que não haja declaração expressa do autor, as prestações sucessivas vencidas ao longo do processo reputam-se incluídas no pedido. Trata-se de mais uma hipótese de pedido implícito.

NOVO CÓDIGO DE PROCESSO CIVIL	CÓDIGO DE PROCESSO CIVIL DE 1973
Art. 324. O pedido deve ser determinado. § 1º É lícito, porém, formular pedido genérico: I - nas ações universais, se o autor não puder individuar os bens demandados; II - quando não for possível determinar, desde logo, as consequências do ato ou do fato; III - quando a determinação do objeto ou do valor da condenação depender de ato que deva ser praticado pelo réu. § 2º O disposto neste artigo aplica-se à reconvenção.	**Art. 286.** O pedido deve ser certo ou determinado. É lícito, porém, formular pedido genérico: (Redação dada pela Lei nº 5.925, de 1º.10.1973) I - nas ações universais, se não puder o autor individuar na petição os bens demandados; (Redação dada pela Lei nº 5.925, de 1º.10.1973) II - quando não for possível determinar, de modo definitivo, as conseqüências do ato ou do fato ilícito; (Redação dada pela Lei nº 5.925, de 1º.10.1973) III - quando a determinação do valor da condenação depender de ato que deva ser praticado pelo réu. (Redação dada pela Lei nº 5.925, de 1º.10.1973)

Sem influenciar a inteligibilidade do dispositivo do NCPC, verifica-se a vedação ao pedido genérico como regra geral, com exceção das hipóteses dos incisos I a III, que apresentam melhor redação em comparação com as disposições correspondentes do CPC/73.

O parágrafo segundo do artigo em comento estende a possibilidade do requerimento de pedido genérico na reconvenção.

NOVO CÓDIGO DE PROCESSO CIVIL	CÓDIGO DE PROCESSO CIVIL DE 1973
Art. 325. O pedido será alternativo quando, pela natureza da obrigação, o devedor puder cumprir a prestação de mais de um modo. Parágrafo único. Quando, pela lei ou pelo contrato, a escolha couber ao devedor, o juiz lhe assegurará o direito de cumprir a prestação de um ou de outro modo, ainda que o autor não tenha formulado pedido alternativo.	**Art. 288.** O pedido será alternativo, quando, pela natureza da obrigação, o devedor puder cumprir a prestação de mais de um modo. Parágrafo único. Quando, pela lei ou pelo contrato, a escolha couber ao devedor, o juiz lhe assegurará o direito de cumprir a prestação de um ou de outro modo, ainda que o autor não tenha formulado pedido alternativo.

O princípio da menor onerosidade do devedor somado aos vestígios de direito material envolvidos na elaboração deste artigo do NCPC (arts. 252 a 256 do CC/2002) fizeram com que sua redação ficasse com conteúdo semelhante ao seu artigo correspondente do CPC/73.

A ausência de modificações não quer dizer, necessariamente, que tal dispositivo alcança efetividade formal e material capazes de satisfazer a ambas as partes, mas que oferece uma prestação jurisdicional que atenda à dignidade humana, tanto do credor, pela expectativa de ter o seu direito materializado, como do devedor, que poderá escolher o melhor modo de satisfazer a obrigação.

NOVO CÓDIGO DE PROCESSO CIVIL	CÓDIGO DE PROCESSO CIVIL DE 1973
Art. 326. É lícito formular mais de um pedido em ordem subsidiária, a fim de que o juiz conheça do posterior, quando não acolher o anterior. Parágrafo único. É lícito formular mais de um pedido, alternativamente, para que o juiz acolha um deles.	**Art. 289.** É lícito formular mais de um pedido em ordem sucessiva, a fim de que o juiz conheça do posterior, em não podendo acolher o anterior.

Trata-se de correção técnica, porque, na hipótese do *caput*, se está diante de pedido formulado subsidiariamente, ou seja, de cumulação eventual, na qual o pedido seguinte (subsidiário) somente será apreciado se o julgador não acolher o anterior. Não se confunde, portanto, com o pedido sucessivo, no qual há, de fato, cumulação com o anterior, se este for acolhido, como no caso em que se pede a declaração da existência de uma relação jurídica pretérita, como a união estável, e a condenação a uma obrigação dela decorrente. Haverá, no caso, uma relação de prejudicialidade entre o pedido antecedente e o sucessivo.

Já o parágrafo trata das obrigações e, por conseguinte, pedidos alternativos, em que há a possibilidade de escolha do objeto mediato.

NOVO CÓDIGO DE PROCESSO CIVIL	CÓDIGO DE PROCESSO CIVIL DE 1973
Art. 327. É lícita a cumulação, em um único processo, contra o mesmo réu, de vários pedidos, ainda que entre eles não haja conexão. § 1º São requisitos de admissibilidade da cumulação que: I - os pedidos sejam compatíveis entre si; II - seja competente para conhecer deles o mesmo juízo; III - seja adequado para todos os pedidos o tipo de procedimento. § 2º Quando, para cada pedido, corresponder tipo diverso de procedimento, será admitida a cumulação se o autor empregar o procedimento comum, sem prejuízo do emprego das técnicas processuais diferenciadas previstas nos procedimentos especiais a que se sujeitam um ou mais pedidos cumulados, que não forem incompatíveis com as disposições sobre o procedimento comum. § 3º O inciso I do § 1º não se aplica às cumulações de pedidos de que trata o art. 326.	**Art. 292.** É permitida a cumulação, num único processo, contra o mesmo réu, de vários pedidos, ainda que entre eles não haja conexão. § 1º São requisitos de admissibilidade da cumulação: I – que os pedidos sejam compatíveis entre si; II – que seja competente para conhecer deles o mesmo juízo; III – que seja adequado para todos os pedidos o tipo de procedimento. § 2º Quando, para cada pedido, corresponder tipo diverso de procedimento, admitir-se-á a cumulação, se o autor empregar o procedimento ordinário.

Ao disciplinar a cumulação simples de pedidos, o Código de Processo Civil de 1973 prima pela materialização máxima dos interesses dos indivíduos num único processo. Desta maneira, é possível cumular vários pedidos e, assim, tentar extrair do feito a efetividade tão almejada pelo jurisdicionado.

A esse respeito, destaca-se que o NCPC e o CPC/73 mantiveram inalteradas as hipóteses de cumulação de pedidos até então existentes, sendo que o dispositivo em questão do NCPC autoriza o uso de técnicas processuais diferenciadas previstas nos procedimentos especiais, que não o procedimento comum, desde que compatíveis com este.

NOVO CÓDIGO DE PROCESSO CIVIL	CÓDIGO DE PROCESSO CIVIL DE 1973
Art. 328. Na obrigação indivisível com pluralidade de credores, aquele que não participou do processo receberá sua parte, deduzidas as despesas na proporção de seu crédito.	**Art. 291.** Na obrigação indivisível com pluralidade de credores, aquele que não participou do processo receberá a sua parte, deduzidas as despesas na proporção de seu crédito.

Muito embora o presente artigo do NCPC tenha reproduzido a redação do artigo 291 do CPC/73 em sua totalidade, ele é, senão, um viés processual da própria norma material (vide art. 260 do CC/2002).

Destaca-se, aqui, a legitimidade *ad causam* do credor solidário em relação ao crédito de titularidade de cocredor, o qual, mesmo não sendo aquele que promoveu a ação, beneficia-se do deslinde do processo, ao cair nas graças do princípio da economia processual.

NOVO CÓDIGO DE PROCESSO CIVIL	CÓDIGO DE PROCESSO CIVIL DE 1973
Art. 329. O autor poderá: I - até a citação, aditar ou alterar o pedido ou a causa de pedir, independentemente de consentimento do réu; II - até o saneamento do processo, aditar ou alterar o pedido e a causa de pedir, com consentimento do réu, assegurado o contraditório mediante a possibilidade de manifestação deste no prazo mínimo de 15 (quinze) dias, facultado o requerimento de prova suplementar. Parágrafo único. Aplica-se o disposto neste artigo à reconvenção e à respectiva causa de pedir.	**Art. 264.** Feita a citação, é defeso ao autor modificar o pedido ou a causa de pedir, sem o consentimento do réu, mantendo-se as mesmas partes, salvo as substituições permitidas por lei. (Redação dada pela Lei nº 5.925, de 1º.10.1973) Parágrafo único. A alteração do pedido ou da causa de pedir em nenhuma hipótese será permitida após o saneamento do processo. (Redação dada pela Lei nº 5.925, de 1º.10.1973) **Art. 294.** Antes da citação, o autor poderá aditar o pedido, correndo à sua conta as custas acrescidas em razão dessa iniciativa. (Redação dada pela Lei nº 8.718, de 14.10.1993)

Em uma análise acurada do referido dispositivo do NCPC, verifica-se que os incisos tratam de hipóteses distintas. O inciso I cuida da emenda da petição inicial antes da citação do réu, correspondendo ao disposto no artigo 294 do CPC/73. Desta forma, se o réu ainda não foi citado, o autor pode aditar ou alterar pedido ou causa de pedir, independentemente do consentimento do réu.

O inciso II trata da emenda da petição inicial após a citação do réu, cuja redação corresponde ao disposto no artigo 264 do CPC/73. Assim, uma vez citado o réu, o aditamento ou a alteração do pedido ou causa de pedir poderá ser feito somente se este consentir e desde que antes do saneamento do processo, assegurando-se a oportunidade de se manifestar e a possibilidade de requerer a produção de prova suplementar decorrentes da garantia do contraditório.

Consoante o disposto no parágrafo único do artigo do NCPC em comento, tais regras aplicam-se à reconvenção e à respectiva causa de pedir.

NOVO CÓDIGO DE PROCESSO CIVIL	CÓDIGO DE PROCESSO CIVIL DE 1973
Seção III **Do Indeferimento da Petição Inicial** **Art. 330.** A petição inicial será indeferida quando: I - for inepta; II - a parte for manifestamente ilegítima; III - o autor carecer de interesse processual; IV - não atendidas as prescrições dos arts. 106 e 321. § 1º Considera-se inepta a petição inicial quando: I - lhe faltar pedido ou causa de pedir;	Seção III Do Indeferimento da Petição Inicial **Art. 295.** A petição inicial será indeferida: I – quando for inepta; II – quando a parte for manifestamente ilegítima; III – quando o autor carecer de interesse processual; IV – quando o juiz verificar, desde logo, a decadência ou a prescrição (art. 219, § 5º); V – quando o tipo de procedimento, escolhido pelo autor, não corresponder à natureza da causa, ou ao valor da ação; caso em que só não será indeferida, se puder adaptar-se ao tipo de procedimento legal;

II - o pedido for indeterminado, ressalvadas as hipóteses legais em que se permite o pedido genérico; III - da narração dos fatos não decorrer logicamente a conclusão; IV - contiver pedidos incompatíveis entre si.	VI – quando não atendidas as prescrições dos arts. 39, parágrafo único, primeira parte, e 284. Parágrafo único. Considera-se inepta a petição inicial quando: I – lhe faltar pedido ou causa de pedir; II – da narração dos fatos não decorrer logicamente a conclusão; III – o pedido for juridicamente impossível; IV – contiver pedidos incompatíveis entre si.
§ 2º Nas ações que tenham por objeto a revisão de obrigação decorrente de empréstimo, de financiamento ou de alienação de bens, o autor terá de, sob pena de inépcia, discriminar na petição inicial, dentre as obrigações contratuais, aquelas que pretende controverter, além de quantificar o valor incontroverso do débito. § 3º Na hipótese do § 2º, o valor incontroverso deverá continuar a ser pago no tempo e modo contratados.	**Art. 285-B.** Nos litígios que tenham por objeto obrigações decorrentes de empréstimo, financiamento ou arrendamento mercantil, o autor deverá discriminar na petição inicial, dentre as obrigações contratuais, aquelas que pretende controverter, quantificando o valor incontroverso. (Incluído pela Lei nº 12.810, de 2013) § 1º O valor incontroverso deverá continuar sendo pago no tempo e modo contratados. (Renumerado do parágrafo único pela Lei nº 12.873, de 2013) § 2º O devedor ou arrendatário não se exime da obrigação de pagamento dos tributos, multas e taxas incidentes sobre os bens vinculados e de outros encargos previstos em contrato, exceto se a obrigação de pagar não for de sua responsabilidade, conforme contrato, ou for objeto de suspensão em medida liminar, em medida cautelar ou antecipação dos efeitos da tutela. (Incluído pela Lei nº 12.873, de 2013)

É importante ressaltar que as supressões e os acréscimos constantes no texto do dispositivo do NCPC em tela, em comparação com o artigo correspondente do CPC/73, não tiveram a intenção de modificá-lo na sua essência. Muito embora a narração minuciosa das hipóteses de indeferimento da petição inicial seja de grande valia para a sistemática processual anterior, os §§ 2º e 3º resumem o que na prática já acontece. Limitou-se, o legislador, a tornar explícito o que há muito já vinha acontecendo.

NOVO CÓDIGO DE PROCESSO CIVIL	CÓDIGO DE PROCESSO CIVIL DE 1973
Art. 331. Indeferida a petição inicial, o autor poderá apelar, facultado ao juiz, no prazo de 5 (cinco) dias, retratar-se.	**Art. 296.** Indeferida a petição inicial, o autor poderá apelar, facultado ao juiz, no prazo de 48 (quarenta e oito) horas, reformar sua decisão. (Redação dada pela Lei nº 8.952, de 13.12.1994)

§ 1º Se não houver retratação, o juiz mandará citar o réu para responder ao recurso. § 2º Sendo a sentença reformada pelo tribunal, o prazo para a contestação começará a correr da intimação do retorno dos autos, observado o disposto no art. 334. § 3º Não interposta a apelação, o réu será intimado do trânsito em julgado da sentença.	Parágrafo único. Não sendo reformada a decisão, os autos serão imediatamente encaminhados ao tribunal competente. (Redação dada pela Lei nº 8.952, de 13.12.1994) **Lei nº 13.140/2015 (em vigor a partir de dezembro de 2015).** **Art. 27.** Se a petição inicial preencher os requisitos essenciais e não for o caso de improcedência liminar do pedido, o juiz designará audiência de mediação.

Cuidou o legislador, aqui, de elucidar matérias muitas vezes não observadas através de uma leitura superficial do artigo correspondente do CPC/73. O prazo para o magistrado exercer o juízo de retratação foi aumentado: de quarenta e oito horas passou para cinco dias.

Veja-se que, de acordo com o Código de Processo Civil de 1973, caso a petição inicial seja indeferida e o autor interponha apelação no prazo legal, os autos serão encaminhados ao tribunal independentemente da citação do réu.

Por outro lado, de acordo com a sistemática do NCPC, em caso de interposição da apelação para atacar decisão que indeferiu a petição inicial, o réu será citado para apresentar contrarrazões, ou, caso a sentença seja reformada pelo tribunal, intimado do retorno dos autos para oferecer resposta. Não sendo interposta a apelação ou reformada a sentença, o réu será intimado do trânsito em julgado da decisão.

NOVO CÓDIGO DE PROCESSO CIVIL	CÓDIGO DE PROCESSO CIVIL DE 1973
CAPÍTULO III DA IMPROCEDÊNCIA LIMINAR DO PEDIDO **Art. 332.** Nas causas que dispensem a fase instrutória, o juiz, independentemente da citação do réu, julgará liminarmente improcedente o pedido que contrariar: I - enunciado de súmula do Supremo Tribunal Federal ou do Superior Tribunal de Justiça; II - acórdão proferido pelo Supremo Tribunal Federal ou pelo Superior Tribunal de Justiça em julgamento de recursos repetitivos; III - entendimento firmado em incidente de resolução de demandas repetitivas ou de assunção de competência; IV - enunciado de súmula de tribunal de justiça sobre direito local. § 1º O juiz também poderá julgar liminarmente improcedente o pedido se verificar, desde logo, a ocorrência de decadência ou de prescrição. § 2º Não interposta a apelação, o réu será intimado do trânsito em julgado da sentença, nos termos do art. 241. § 3º Interposta a apelação, o juiz poderá retratar-se em 5 (cinco) dias. § 4º Se houver retratação, o juiz determinará o prosseguimento do processo, com a citação do réu, e, se não houver retratação, determinará a citação do réu para apresentar contrarrazões, no prazo de 15 (quinze) dias.	**Art. 285-A.** Quando a matéria controvertida for unicamente de direito e no juízo já houver sido proferida sentença de total improcedência em outros casos idênticos, poderá ser dispensada a citação e proferida sentença, reproduzindo-se o teor da anteriormente prolatada. § 1º Se o autor apelar, é facultado ao juiz decidir, no prazo de 5 (cinco) dias, não manter a sentença e determinar o prosseguimento da ação. § 2º Caso seja mantida a sentença, será ordenada a citação do réu para responder ao recurso.

Sob a orientação da celeridade processual e do discurso da efetividade, deu-se uma nova roupagem ao art. 285-A do CPC/73.

Nominado por alguns doutrinadores como o artigo que faz referência à *sentença emprestada* ou *sentença clonada*[1], verifica-se que o legislador reproduziu tal disposição no NCPC, ampliando o rol das hipóteses de julgamento liminar de improcedência do pedido, mediante a justificativa de desafogar o Judiciário do caos no qual está inserido e tentar solucionar o problema da morosidade da Justiça.

Nessa perspectiva, em um nítido fortalecimento da jurisprudência, destaca-se que será caso de improcedência liminar o pedido que contrariar enunciado de súmula do Supremo Tribunal Federal ou do Superior Tribunal de Justiça, acórdão proferido pelo Supremo Tribunal Federal ou pelo Superior Tribunal de Justiça em julgamento de recursos repetitivos, entendimento firmado em incidente de resolução de demandas repetitivas ou de assunção de competência, enunciado de súmula de tribunal de justiça sobre direito local, e, também, se se verificar a ocorrência de prescrição ou decadência.

1 DIAS, Ronaldo Brêtas de Carvalho. Conteúdos normativos mais críticos: interpretação conforme o processo constitucional. In: DIAS, Ronaldo Brêtas de Carvalho; NEPOMUCENO, Luciana Diniz (Orgs.). *Processo civil reformado*. Belo Horizonte: Del Rey, 2007, p. 230.

NOVO CÓDIGO DE PROCESSO CIVIL	CÓDIGO DE PROCESSO CIVIL DE 1973
CAPÍTULO IV DA CONVERSÃO DA AÇÃO INDIVIDUAL EM COLETIVA **Art. 333.** ~~Atendidos os pressupostos da relevância social e da dificuldade de formação do litisconsórcio, o juiz, a requerimento do Ministério Público ou da Defensoria Pública, ouvido o autor, poderá converter em coletiva a ação individual que veicule pedido que:~~ ~~I – tenha alcance coletivo, em razão da tutela de bem jurídico difuso ou coletivo, assim entendidos aqueles definidos pelo art. 81, parágrafo único, incisos I e II da Lei nº 8.078, de 11 de setembro de 1990, e cuja ofensa afete, a um só tempo, as esferas jurídicas do indivíduo e da coletividade;~~ ~~II – tenha por objetivo a solução de conflito de interesse relativo a uma mesma relação jurídica plurilateral, cuja solução, por sua natureza ou por disposição de lei, deva ser necessariamente uniforme, assegurando-se tratamento isonômico para todos os membros do grupo.~~ ~~§ 1º Além do Ministério Público e da Defensoria Pública, podem requerer a conversão os legitimados referidos no art. 5º da Lei nº 7.347, de 24 de julho de 1985, e no art. 82 da Lei nº 8.078, de 11 de setembro de 1990 (Código de Defesa do Consumidor).~~ ~~§ 2º A conversão não pode implicar a formação de processo coletivo para a tutela de direitos individuais homogêneos.~~ ~~§ 3º Não se admite a conversão, ainda, se:~~ ~~I – já iniciada, no processo individual, a audiência de instrução e julgamento; ou~~ ~~II – houver processo coletivo pendente com o mesmo objeto; ou~~ ~~III – o juízo não tiver competência para o processo coletivo que seria formado.~~ ~~§ 4º Determinada a conversão, o juiz intimará o autor do requerimento para que, no prazo fixado, adite ou emende a petição inicial, para adaptá-la à tutela coletiva.~~ ~~§ 5º Havendo aditamento ou emenda da petição inicial, o juiz determinará a intimação do réu para, querendo, manifestar-se no prazo de 15 (quinze dias).~~ ~~§ 6º O autor originário da ação individual atuará na condição de litisconsorte unitário do legitimado para condução do processo coletivo.~~ ~~§ 7º O autor originário não é responsável por qualquer despesa processual decorrente da conversão do processo individual em coletivo.~~ ~~§ 8º Após a conversão, observar-se-ão as regras do processo coletivo.~~ ~~§ 9º A conversão poderá ocorrer mesmo que o autor tenha cumulado pedido de natureza estritamente individual, hipótese em que o processamento desse pedido dar-se-á em autos apartados.~~ ~~§ 10. O Ministério Público deverá ser ouvido sobre o requerimento previsto no *caput*, salvo quando ele próprio houver formulado.~~ (VETADO)	Sem correspondente.

O referido dispositivo foi vetado, ao fundamento de que poderia levar à conversão de ação individual em ação coletiva de maneira pouco criteriosa, inclusive em detrimento do interesse das partes. O tema exigiria disciplina própria para garantir a plena eficácia do instituto. Além disso, o novo Código já contemplaria mecanismos para tratar de demandas repetitivas.

NOVO CÓDIGO DE PROCESSO CIVIL	CÓDIGO DE PROCESSO CIVIL DE 1973
CAPÍTULO V DA AUDIÊNCIA DE CONCILIAÇÃO E MEDIAÇÃO **Art. 334**. Se a petição inicial preencher os requisitos essenciais e não for o caso de improcedência liminar do pedido, o juiz designará audiência de conciliação ou de mediação com antecedência mínima de 30 (trinta) dias, devendo ser citado o réu com pelo menos 20 (vinte) dias de antecedência. § 1º O conciliador ou mediador, onde houver, atuará necessariamente na audiência de conciliação ou de mediação, observando o disposto neste Código, bem como as disposições da lei de organização judiciária. § 2º Poderá haver mais de uma sessão destinada à conciliação e à mediação, não podendo exceder a 2 (dois) meses da data de realização da primeira sessão, desde que necessárias à composição das partes. § 3º A intimação do autor para a audiência será feita na pessoa de seu advogado. § 4º A audiência não será realizada: I - se ambas as partes manifestarem, expressamente, desinteresse na composição consensual; II - quando não se admitir a autocomposição. § 5º O autor deverá indicar, na petição inicial, seu desinteresse na autocomposição, e o réu deverá fazê-lo, por petição, apresentada com 10 (dez) dias de antecedência, contados da data da audiência. § 6º Havendo litisconsórcio, o desinteresse na realização da audiência deve ser manifestado por todos os litisconsortes. § 7º A audiência de conciliação ou de mediação pode realizar-se por meio eletrônico, nos termos da lei. § 8º O não comparecimento injustificado do autor ou do réu à audiência de conciliação é considerado ato atentatório à dignidade da justiça e será sancionado com multa de até dois por cento da vantagem econômica pretendida ou do valor da causa, revertida em favor da União ou do Estado. § 9º As partes devem estar acompanhadas por seus advogados ou defensores públicos. § 10. A parte poderá constituir representante, por meio de procuração específica, com poderes para negociar e transigir. § 11. A autocomposição obtida será reduzida a termo e homologada por sentença. § 12. A pauta das audiências de conciliação ou de mediação será organizada de modo a respeitar o intervalo mínimo de 20 (vinte) minutos entre o início de uma e o início da seguinte.	Seção III Da Audiência Preliminar (Redação dada pela Lei nº 10.444, de 7.5.2002) **Art. 331.** Se não ocorrer qualquer das hipóteses previstas nas seções precedentes, e versar a causa sobre direitos que admitam transação, o juiz designará audiência preliminar, a realizar-se no prazo de 30 (trinta) dias, para a qual serão as partes intimadas a comparecer, podendo fazer-se representar por procurador ou preposto, com poderes para transigir. § 1º Obtida a conciliação, será reduzida a termo e homologada por sentença. § 2º Se, por qualquer motivo, não for obtida a conciliação, o juiz fixará os pontos controvertidos, decidirá as questões processuais pendentes e determinará as provas a serem produzidas, designando audiência de instrução e julgamento, se necessário. § 3º Se o direito em litígio não admitir transação, ou se as circunstâncias da causa evidenciarem ser improvável sua obtenção, o juiz poderá, desde logo, sanear o processo e ordenar a produção da prova, nos termos do § 2º. **LEI Nº 13.140/2015 (em vigor a partir de dezembro de 2015).** **Art. 2º.** ... § 1º Na hipótese de existir previsão contratual de cláusula de mediação, as partes deverão comparecer à primeira reunião de mediação. § 2º Ninguém será obrigado a permanecer em procedimento de mediação. **Art. 27.** Se a petição inicial preencher os requisitos essenciais e não for o caso de improcedência liminar do pedido, o juiz designará audiência de mediação.

Incentivar o emprego de métodos consensuais de solução de conflitos representa um dos pilares do CPC/2015, que foi estruturado de forma a estimular a solução do conflito por autocomposição, conforme se observa na redação do §3º do artigo 3º do referido diploma legal, que exorta os principais agentes condutores do processo a fomentar o emprego desses métodos para solucionar as controvérsias.

O objetivo de se construir uma cultura do consenso na resolução dos conflitos, fez com que o legislador se valesse de vários expedientes para sinalizar a necessidade de fortalecer o diálogo entre os envolvidos no processo.

Além de colocar no elenco das normas fundamentais o dever do Estado e de seus agentes de se buscar a solução consensual dos conflitos, foram traçadas premissas para que essa atividade ganhasse espectro bem largo, na qual se pode destacar o regramento previsto nos artigos 165 a 175 do CPC/2015, que se destina a regular a mediação e a conciliação.

Esses objetivos ficam mais claros com a análise da estrutura do procedimento comum, desenhada de modo a colocar a tentativa de autocomposição como ato anterior ao oferecimento da defesa pelo réu.[2] Com esse fim, o CPC/2015 projetou na rota do procedimento comum uma audiência a ser conduzida por conciliador ou mediador destinada a provocar o encontro das partes e, assim, possibilitar o restabelecimento do diálogo para se buscar a solução consensual da contenda na qual estão envolvidos.

Esse regramento encontra-se no capítulo intitulado "Da Audiência de Conciliação ou de Mediação", com as regras dispostas no artigo 334 e parágrafos. O caput deste artigo dispõe que, no despacho de conteúdo positivo, o juiz designará a audiência, devendo o réu ser citado para comparecer com antecedência mínima de 20 dias e o autor será intimado na pessoa do seu advogado, conforme regra do § 3º do artigo em tela. É importante mencionar que o § 2º prevê a possibilidade de se realizar mais de uma sessão de conciliação ou mediação, o que reforça a intenção de se alcançar o consenso.

Outro ponto a ser destacado no regramento da audiência de conciliação ou mediação está na investida do legislador para que efetivamente ela ocorra, com disposições muito expressas nesta direção.

A primeira regra está no § 4º do artigo 334 ao dispor que, a audiência só não acontecerá, se ambas as partes manifestarem o desinteresse na sua realização, ou se o litígio não admitir transação.

Sobre esse indicativo de obrigatoriedade valem algumas notas. A regra do inciso I do parágrafo em comento exige manifestação de desinteresse de ambas as partes para que a audiência não se realize, o que parece atentar contra um dos pilares dos métodos consensuais de solução de conflitos, norteados pelo princípio do auto regramento da vontade. Essa manifestação deve ser feita pelo autor na petição inicial e o

---

2 JUNIOR, Fredie Didier. Princípio do respeito ao auto regramento da vontade no Processo Civil. In: CABRAL, Antônio do Passo; NOGUEIRA, Pedro Henrique (coord.). Negócios Processuais. Salvador: Juspodium. 2016, p.23.

réu em petição a ser apresentada em 10 dias, ao menos, antes da audiência, conforme prevê o § 5º do artigo em comento. Valendo consignar que em caso de litisconsórcio, a manifestação pelo desinteresse na realização da audiência deve ser feita por todos, como indica o § 6º.

O inciso II, prevê a hipótese de não realização da audiência nos casos em que o bem jurídico disputado não admitir transação. Pode-se constatar que tais situações formam um elenco muito restrito, pois são reduzidos os casos em que os direitos não comportam transação. Até mesmo direitos indisponíveis admitem autocomposição em determinadas situações, como pode se verificar nos acordos envolvendo alimentos, muito comuns nos juízos de família.

O indicativo para a realização da audiência é potencializado pela disposição do § 8º do artigo 334, que tipifica a ausência injustificada na sessão de conciliação ou mediação como ato atentatório à dignidade da justiça a ser penalizado com multa.

Além das disposições que sinalizam a tentativa do legislador para que, em regra, a audiência de conciliação/mediação seja realizada, valem algumas notas sobre os demais parágrafos do artigo 334 que visam os contornos da audiência.

O § 1º traz um indicativo genérico sobre a atuação do conciliador/mediador, no sentido de que deverá observar, na condução das suas atividades, o que o CPC estabelece e também a lei de organização judiciária. Devendo ser consignado que essa regra não impede que sejam aplicadas outras normas que por ventura tratem do tema e que podem permitir uma atuação mais adequada desses agentes, tais como a Lei nº 13.140/15 e a Resolução 125 do Conselho Nacional de Justiça. Ambas trazem disposições para regular atuação de conciliadores e mediadores.

A regra do § 3º vem no sentido de determinar que a comunicação ao autor da data designada para a sessão de conciliação ou mediação seja na pessoa do seu advogado, de sorte a agilizar essa ciência.

O § 7º traz uma regra que permite a realização da audiência por meio eletrônico, vídeo conferência por exemplo, o que pode viabilizar a tentativa de composição, principalmente nos casos em que as partes se encontrem em locais distantes, permitindo também uma redução de custos. Trata-se de uma norma processual em branco, pelo fato do legislador fazer referência a lei específica para regular a matéria, na qual pode ser citada, como exemplo, a Lei nº 11.419/06 que regula o processo judicial eletrônico.

As disposições dos parágrafos 9º e 10 indicam as regras de representação na audiência. O § 9º traz a necessidade da presença do advogado acompanhando às partes na audiência e o § 10 permite que as partes indiquem representantes para comparecerem à audiência, lembrando que o advogado não poderá cumular essas funções.

O § 11 indica que se a autocomposição for alcançada será reduzida a termo, de modo a produzir todos os efeitos desejados.

O disposto no § 12 traz uma tentativa de organização da pauta de audiência, indicando que deverá ser observado um intervalo mínimo de vinte minutos entre as audiências.

NOVO CÓDIGO DE PROCESSO CIVIL	CÓDIGO DE PROCESSO CIVIL DE 1973
CAPÍTULO VI DA CONTESTAÇÃO **Art. 335.** O réu poderá oferecer contestação, por petição, no prazo de 15 (quinze) dias, cujo termo inicial será a data: I - da audiência de conciliação ou de mediação, ou da última sessão de conciliação, quando qualquer parte não comparecer ou, comparecendo, não houver autocomposição; II - do protocolo do pedido de cancelamento da audiência de conciliação ou de mediação apresentado pelo réu, quando ocorrer a hipótese do art. 334, § 4º, inciso I; III - prevista no art. 231, de acordo com o modo como foi feita a citação, nos demais casos. § 1º No caso de litisconsórcio passivo, ocorrendo a hipótese do art. 334, § 6º, o termo inicial previsto no inciso II será, para cada um dos réus, a data de apresentação de seu respectivo pedido de cancelamento da audiência. § 2º Quando ocorrer a hipótese do art. 334, § 4º, inciso II, havendo litisconsórcio passivo e o autor desistir da ação em relação a réu ainda não citado, o prazo para resposta correrá da data de intimação da decisão que homologar a desistência.	CAPÍTULO II DA RESPOSTA DO RÉU Seção I Das Disposições Gerais **Art. 297.** O réu poderá oferecer, no prazo de 15 (quinze) dias, em petição escrita, dirigida ao juiz da causa, contestação, exceção e reconvenção. Seção II Da Contestação **Art. 298.** Quando forem citados para a ação vários réus, o prazo para responder ser-lhes-á comum, salvo o disposto no art. 191. Parágrafo único. Se o autor desistir da ação quanto a algum réu ainda não citado, o prazo para a resposta correrá da intimação do despacho que deferir a desistência.

O *caput* do artigo 335 sinaliza a opção legislativa em concentrar o método pelo qual o réu poderá se insurgir no processo, diferentemente do CPC/73, que pulverizava em instrumentos diferentes suas possíveis manifestações. Essa opção fica mais evidente com a leitura de outros dispositivos do código, como: o artigo 343, ao dispor que a reconvenção deve ser apresentada no bojo da contestação; o artigo 126, que indica a contestação como o instrumento destinado a se requerer a citação do denunciado, nos casos em que a denunciação da lide é provocada pelo réu e o artigo 131 que diz que a citação do chamado deve ser feita na contestação, nas hipóteses de provocação do chamamento ao processo. Estes dispositivos são tratados com mais vagar nos comentários dos artigos respectivos.

O artigo em tela indica, ainda, a forma escrita para a apresentação da contestação e prevê que seu oferecimento deve respeitar o lapso temporal de 15 dias, a ser computado em dias úteis, na forma do artigo 219.

Quanto ao momento em que esse prazo deverá fluir, são previstas várias hipóteses nos incisos e parágrafos do artigo 335 diante, principalmente, da realização da audiência de conciliação/mediação ou não, além de outras situações previstas em regras do Código que serão tratadas a diante.

O inciso I do artigo 335 indica que o prazo de 15 dias se inicia a partir da data da realização da audiência de conciliação ou mediação nos casos em que uma das partes não comparecer à audiência, ou, comparecendo, o acordo restar frustrado.

No inciso II está disposto que se o réu manifesta o desinteresse na realização da audiência, o prazo deverá fluir da data do protocolo da petição que indica essa intenção e, em se tratando de litisconsórcio, o prazo para cada um contestar inicia-se do respectivo protocolo da petição que requer o cancelamento da audiência (§ 1º do artigo 335). Deve ser consignado, ainda, que, em caso de litisconsórcio, se o autor desistir da ação em relação ao réu não citado, o termo inicial para a apresentação da contestação será da intimação da decisão que homologou a desistência, conforme o disposto no § 2º.

Não sendo designada a audiência, ou em outras situações que ficam fora das hipóteses descritas anteriormente, o prazo para contestar será computado de acordo com as previsões do artigo 231 do CPC/2015. Essas regras serão empregadas nos casos em que se verificar, de plano, que o bem jurídico disputado não admite transação, ou nos procedimentos especiais em que a realização da audiência de conciliação ou mediação (no momento previsto para o rito comum) não se mostrar compatível com a dinâmica procedimental, como sinaliza, por exemplo, o artigo 578 do CPC/2015, ao dispor que *"após o prazo da resposta observar-se-á o procedimento comum"* na ação de demarcação de terras.

Outras regras referentes ao cômputo de prazo para contestação merecem ser destacadas, tais como: i) as disposições dos artigos 180, 183 e 185 que preveem prazo em dobro para o Ministério Público, Fazenda Pública e Defensoria Pública, respectivamente; ii) nos casos em que se alegar falta ou nulidade da citação, o prazo para contestar começará a fluir a partir da dada do seu comparecimento espontâneo, conforme o disposto no artigo 239, § 1º, do CPC/2015; iii) se houver apelação para impugnar sentença que indeferiu a petição inicial e esta for reformada pelo tribunal, o prazo para oferecimento da contestação começará da intimação do retorno dos autos, como estabelece o artigo 331, § 2º, do CPC/2015; iv) em caso de pedido de limitação de litisconsórcio, o prazo irá fluir a partir da intimação da decisão que resolver o requerimento, de acordo com o artigo 113, § 2º e v) nas situações em que os litisconsortes forem patrocinados por advogados de escritórios distintos, terão prazos computados em dobro, conforme estabelece o artigo 229 do CPC/2015, valendo consignar que, se o processo tramita em formato digital, essa regra não se aplica (artigo 229, § 2º).

NOVO CÓDIGO DE PROCESSO CIVIL	CÓDIGO DE PROCESSO CIVIL DE 1973
Art. 336. Incumbe ao réu alegar, na contestação, toda a matéria de defesa, expondo as razões de fato e de direito com que impugna o pedido do autor e especificando as provas que pretende produzir.	**Art. 300.** Compete ao réu alegar, na contestação, toda a matéria de defesa, expondo as razões de fato e de direito, com que impugna o pedido do autor e especificando as provas que pretende produzir.

Sem alterações expressivas em relação ao artigo 300 do CPC/73, o disposto no artigo 336 do CPC/2015 consagra o princípio da eventualidade ou concentração. Essa determinação indica um ônus ao réu de apontar todos os seus argumentos em face da parte contrária, ainda que aparentemente contraditórios, no intuito de se caracterizar a pretensão resistida. Caso não o faça, operar-se-á a preclusão em face das alegações que não forem deduzidas.

A defesa pode envolver aspectos processuais ou de mérito. A defesa processual deve ser construída em momento anterior à defesa de mérito, num capítulo denominado de preliminar da contestação e, será tratado com mais detalhes nos comentários ao artigo 337 do CPC/2015 que regula a matéria.

A defesa de mérito pode ser direta, nas hipóteses em que se reservar a negar o fato constitutivo do direito do autor ou as eventuais consequências jurídicas, e indireta, se não for destinada a negar o fato, mas sim, apresentar fatos impeditivos, modificativos ou extintivos do direito do autor.

Processual ou de mérito, direta ou indireta, o réu tem o ônus de concentrar toda a matéria de defesa na contestação que apresenta um regime preclusivo. Só escapará desse regime as matérias elencadas no artigo 342 do CPC/2015, cujos comentários serão traçados em momento oportuno.

NOVO CÓDIGO DE PROCESSO CIVIL	CÓDIGO DE PROCESSO CIVIL DE 1973
Art. 337. Incumbe ao réu, antes de discutir o mérito, alegar: I - inexistência ou nulidade da citação; II - incompetência absoluta e relativa; III - incorreção do valor da causa; IV - inépcia da petição inicial; V - perempção; VI - litispendência; VII - coisa julgada; VIII - conexão; IX - incapacidade da parte, defeito de representação ou falta de autorização; X - convenção de arbitragem; XI - ausência de legitimidade ou de interesse processual; XII - falta de caução ou de outra prestação que a lei exige como preliminar; XIII - indevida concessão do benefício de gratuidade de justiça. § 1º Verifica-se a litispendência ou a coisa julgada quando se reproduz ação anteriormente ajuizada. § 2º Uma ação é idêntica a outra quando possui as mesmas partes, a mesma causa de pedir e o mesmo pedido. § 3º Há litispendência quando se repete ação que está em curso. § 4º Há coisa julgada quando se repete ação que já foi decidida por decisão transitada em julgado.	**Art. 301.** Compete-lhe, porém, antes de discutir o mérito, alegar: (Redação dada pela Lei nº 5.925, de 1º.10.1973) I - inexistência ou nulidade da citação; (Redação dada pela Lei nº 5.925, de 1º.10.1973) II - incompetência absoluta; (Redação dada pela Lei nº 5.925, de 1º.10.1973) III - inépcia da petição inicial; (Redação dada pela Lei nº 5.925, de 1º.10.1973) IV - perempção; (Redação dada pela Lei nº 5.925, de 1º.10.1973) V - litispendência; (Redação dada pela Lei nº 5.925, de 1º.10.1973). VI - coisa julgada; (Redação dada pela Lei nº 5.925, de 1º.10.1973) VII - conexão; (Redação dada pela Lei nº 5.925, de 1º.10.1973) VIII - incapacidade da parte, defeito de representação ou falta de autorização; (Redação dada pela Lei nº 5.925, de 1º.10.1973) IX - convenção de arbitragem; (Redação dada pela Lei nº 9.307, de 23.9.1996) X - carência de ação; (Redação dada pela Lei nº 5.925, de 1º.10.1973) XI - falta de caução ou de outra prestação, que a lei exige como preliminar. (Incluído pela Lei nº 5.925, de 1º.10.1973)

§ 5º Excetuadas a convenção de arbitragem e a incompetência relativa, o juiz conhecerá de ofício das matérias enumeradas neste artigo. § 6º A ausência de alegação da existência de convenção de arbitragem, na forma prevista neste Capítulo, implica aceitação da jurisdição estatal e renúncia ao juízo arbitral.	§ 1º Verifica-se a litispendência ou a coisa julgada, quando se reproduz ação anteriormente ajuizada. (Redação dada pela Lei nº 5.925, de 1º.10.1973) § 2º Uma ação é idêntica à outra quando tem as mesmas partes, a mesma causa de pedir e o mesmo pedido. (Redação dada pela Lei nº 5.925, de 1º.10.1973) § 3º Há litispendência, quando se repete ação, que está em curso; há coisa julgada, quando se repete ação que já foi decidida por sentença, de que não caiba recurso. (Redação dada pela Lei nº 5.925, de 1º.10.1973) § 4º Com exceção do compromisso arbitral, o juiz conhecerá de ofício da matéria enumerada neste artigo. (Redação dada pela Lei nº 5.925, de 1º.10.1973)

Conforme já destacado, o CPC/2015 fortaleceu o princípio da concentração da defesa e, com essa opção, eliminou alguns instrumentos processuais destinados a impugnar matérias específicas.

Sendo assim, o elenco de matérias que podem ser alegadas na preliminar da contestação foi sensivelmente alargado, como pode se observar nos incisos do artigo 337 do CPC/2015, que embora não se mostre de modo taxativo, indica a maioria das defesas processuais possíveis.

O artigo em tela manteve as defesas processuais previstas no CPC/73 e acrescentou as seguintes inovações: i) a incompetência relativa passa a ser passível de alegação em preliminar da contestação e não mais via exceção de incompetência, que desaparece do modelo processual codificado (inciso II do artigo 337; ii) a irresignação sobre incorreção do valor da causa poderá ser apontada na contestação, eliminando o incidente formal de impugnação para esse fim (inciso III do artigo 337); e iii) a impugnação à indevida concessão do benefício da gratuidade de justiça ficará concentrada na contestação (inciso XIII do artigo 337 e inciso III do artigo 1.072, que revoga os artigos 6º e 7º da Lei nº 1.060/50).

O CPC/2015 manteve a possibilidade de reconhecimento de ofício dessas matérias, continuando a exigir que a convenção de arbitragem e a incompetência relativa dependam de alegação para que o juízo possa apreciar, conforme indicado no § 5º do artigo 337 do CPC/2015.

A não alegação da convenção de arbitragem significa a renúncia ao pactuado, aceitando-se a jurisdição estatal. Manteve-se, portanto, no texto final aprovado, a necessidade de alegação de convenção de arbitragem pela parte contrária para a extinção do processo judicial.

NOVO CÓDIGO DE PROCESSO CIVIL	CÓDIGO DE PROCESSO CIVIL DE 1973
Art. 338. Alegando o réu, na contestação, ser parte ilegítima ou não ser o responsável pelo prejuízo invocado, o juiz facultará ao autor, em 15 (quinze) dias, a alteração da petição inicial para substituição do réu. Parágrafo único. Realizada a substituição, o autor reembolsará as despesas e pagará os honorários ao procurador do réu excluído, que serão fixados entre três e cinco por cento do valor da causa ou, sendo este irrisório, nos termos do art. 85, § 8º.	**Art. 267.** Extingue-se o processo, sem resolução de mérito: (Redação dada pela Lei nº 11.232, de 2005) *...omissis...* VI - quando não concorrer qualquer das condições da ação, como a possibilidade jurídica, a legitimidade das partes e o interesse processual; *...omissis...* § 4º Depois de decorrido o prazo para a resposta, o autor não poderá, sem o consentimento do réu, desistir da ação. Seção II Da Nomeação à Autoria **Art. 62.** Aquele que detiver a coisa em nome alheio, sendo-lhe demandada em nome próprio, deverá nomear à autoria o proprietário ou o possuidor. **Art. 63.** Aplica-se também o disposto no artigo antecedente à ação de indenização, intentada pelo proprietário ou pelo titular de um direito sobre a coisa, toda vez que o responsável pelos prejuízos alegar que praticou o ato por ordem, ou em cumprimento de instruções de terceiro. **Art. 64.** Em ambos os casos, o réu requererá a nomeação no prazo para a defesa; o juiz, ao deferir o pedido, suspenderá o processo e mandará ouvir o autor no prazo de 5 (cinco) dias. **Art. 65.** Aceitando o nomeado, ao autor incumbirá promover-lhe a citação; recusando-o, ficará sem efeito a nomeação. **Art. 66.** Se o nomeado reconhecer a qualidade que lhe é atribuída, contra ele correrá o processo; se a negar, o processo continuará contra o nomeante. **Art. 67.** Quando o autor recusar o nomeado, ou quando este negar a qualidade que lhe é atribuída, assinar-se-á ao nomeante novo prazo para contestar. **Art. 68.** Presume-se aceita a nomeação se: I - o autor nada requereu, no prazo em que, a seu respeito, lhe competia manifestar-se; II - o nomeado não comparecer, ou, comparecendo, nada alegar. **Art. 69.** Responderá por perdas e danos aquele a quem incumbia a nomeação: I - deixando de nomear à autoria, quando lhe competir; II - nomeando pessoa diversa daquela em cujo nome detém a coisa demandada.

O artigo 338 do CPC/2015 apresenta regra destinada a permitir que se regularize o polo passivo da relação processual com abrangência bem larga e, representa mais um dispositivo que privilegia o julgamento de mérito. Como se sabe, no CPC/73, o acolhimento da alegação de ilegitimidade passiva implicava na extinção prematura do processo, sem a resolução do mérito. Excepcionalmente, a correção do polo passivo era admitida, por meio da nomeação à autoria, modalidade de intervenção de terceiro que não subsistiu na nova legislação.

Essa regra, apesar de se localizar fora do Título III, do Livro II, da Parte Geral do CPC/2015, destinada as intervenções de terceiro, se enquadra nessa categoria jurídica. A inovação legislativa mostra-se muito salutar, pois a extinção do processo sem resolução de mérito, em situações que possibilitam saneamento, é completamente contraproducente, haja vista que o processo deve privilegiar a resolução da controvérsia e o CPC/2015 deixa muito clara essa intenção, ao consagrar o princípio da primazia do julgamento de mérito nas normas fundamentais, mais precisamente nos artigos 4º e 6º.

O parágrafo único do artigo em comento, por sua vez, aponta que, se, em decorrência da alegação de ilegitimidade, ocorrer a substituição do sujeito passivo, o autor arcará com os ônus sucumbenciais.

NOVO CÓDIGO DE PROCESSO CIVIL	CÓDIGO DE PROCESSO CIVIL DE 1973
Art. 339. Quando alegar sua ilegitimidade, incumbe ao réu indicar o sujeito passivo da relação jurídica discutida sempre que tiver conhecimento, sob pena de arcar com as despesas processuais e de indenizar o autor pelos prejuízos decorrentes da falta de indicação. § 1º O autor, ao aceitar a indicação, procederá, no prazo de 15 (quinze) dias, à alteração da petição inicial para a substituição do réu, observando-se, ainda, o parágrafo único do art. 338. § 2º No prazo de 15 (quinze) dias, o autor pode optar por alterar a petição inicial para incluir, como litisconsorte passivo, o sujeito indicado pelo réu.	Seção II Da Nomeação à Autoria **Art. 62.** Aquele que detiver a coisa em nome alheio, sendo-lhe demandada em nome próprio, deverá nomear à autoria o proprietário ou o possuidor. **Art. 63.** Aplica-se também o disposto no artigo antecedente à ação de indenização, intentada pelo proprietário ou pelo titular de um direito sobre a coisa, toda vez que o responsável pelos prejuízos alegar que praticou o ato por ordem, ou em cumprimento de instruções de terceiro. **Art. 64.** Em ambos os casos, o réu requererá a nomeação no prazo para a defesa; o juiz, ao deferir o pedido, suspenderá o processo e mandará ouvir o autor no prazo de 5 (cinco) dias. **Art. 65.** Aceitando o nomeado, ao autor incumbirá promover-lhe a citação; recusando-o, ficará sem efeito a nomeação. **Art. 66.** Se o nomeado reconhecer a qualidade que lhe é atribuída, contra ele correrá o processo; se a negar, o processo continuará contra o nomeante. **Art. 67.** Quando o autor recusar o nomeado, ou quando este negar a qualidade que lhe é atribuída, assinar-se-á ao nomeante novo prazo para contestar.

	Art. 68. Presume-se aceita a nomeação se: I – o autor nada requereu, no prazo em que, a seu respeito, lhe competia manifestar-se; II – o nomeado não comparecer, ou, comparecendo, nada alegar. **Art. 69.** Responderá por perdas e danos aquele a quem incumbia a nomeação: I – deixando de nomear à autoria, quando lhe competir; II – nomeando pessoa diversa daquela em cujo nome detém a coisa demandada.

A regra do artigo 339 traz as possíveis consequências para o réu que deixar de proceder da forma prevista no dispositivo, ao prever que, sempre que possível, deverá indicar o verdadeiro legitimado, pois, do contrário, poderá ser responsabilizado pelos eventuais prejuízos que causar e arcará com as custas processuais.

O § 1º do artigo em comento, estabelece que, se o autor aceitar a indicação, terá prazo de 15 dias para proceder o aditamento da petição inicial para viabilizar a citação do réu indicado. O § 2º dá a opção de incluir o indicado como litisconsorte, ao invés de se proceder à substituição.

A legislação vigente corrigiu a principal impropriedade que existia no regime da nomeação à autoria que permitia ao nomeado aceitar ou não sua indicação como verdadeiro legitimado passivo, o que se mostrava extremamente incoerente, além de colidir com o princípio da inevitabilidade da jurisdição.

No regime atual de correção do polo passivo, que ontologicamente se aproxima da nomeação à autoria do regime revogado, essa opção está descartada, ficando na seara da responsabilidade objetiva e do regime de sucumbência eventuais desacertos nas indicações dos sujeitos passivos.

NOVO CÓDIGO DE PROCESSO CIVIL	CÓDIGO DE PROCESSO CIVIL DE 1973
Art. 340. Havendo alegação de incompetência relativa ou absoluta, a contestação poderá ser protocolada no foro de domicílio do réu, fato que será imediatamente comunicado ao juiz da causa, preferencialmente por meio eletrônico. § 1º A contestação será submetida a livre distribuição ou, se o réu houver sido citado por meio de carta precatória, juntada aos autos dessa carta, seguindo-se a sua imediata remessa para o juízo da causa. § 2º Reconhecida a competência do foro indicado pelo réu, o juízo para o qual for distribuída a contestação ou a carta precatória será considerado prevento.	Seção V Da Declaração de Incompetência **Art. 112.** Argui-se, por meio de exceção, a incompetência relativa. Parágrafo único. A nulidade da cláusula de eleição de foro, em contrato de adesão, pode ser declarada de ofício pelo juiz, que declinará de competência para o juízo de domicílio do réu. **Art. 114.** Prorrogar-se-á a competência se dela o juiz não declinar na forma do parágrafo único do art. 112 desta Lei ou o réu não opuser exceção declinatória nos casos e prazos legais.

§ 3º Alegada a incompetência nos termos do caput, será suspensa a realização da audiência de conciliação ou de mediação, se tiver sido designada. § 4º Definida a competência, o juízo competente designará nova data para a audiência de conciliação ou de mediação.	Seção III Das Exceções **Art. 305.** [...] Parágrafo único. Na exceção de incompetência (art. 112 desta Lei), a petição pode ser protocolizada no juízo de domicílio do réu, com requerimento de sua imediata remessa ao juízo que determinou a citação. (Incluído pela Lei nº 11.280, de 2006)

A proposta de acabar com os incidentes processuais mostra-se tão evidente que a alegação de incompetência relativa não mais poderá ser arguida mediante petição autônoma, mas, tão somente, através de contestação, conforme já observado nos comentários do artigo 337 do CPC/2015.

O artigo 340 prevê a possibilidade de se protocolizar a contestação no foro de domicílio do réu, quando este apontar também como matéria de defesa a incompetência relativa, devendo ocorrer imediata comunicação ao juiz da causa, preferencialmente, por meios eletrônicos. A regra em tela não chega a ser uma novidade, pois o parágrafo único do artigo 305 do CPC/73, incluído pelo Lei nº 11.280/06, já possibilitava o protocolo da exceção de incompetência no foro do domicílio do réu.

Os parágrafos do artigo regulam as etapas do procedimento que definirá o juízo competente para a causa, valendo consignar que alegada a incompetência na forma do caput, a realização da audiência de conciliação/mediação por ventura designada será suspensa. Nessa hipótese a contestação será apresentada antes da realização da audiência e, uma vez definida a competência, será designada nova data para sua realização.

NOVO CÓDIGO DE PROCESSO CIVIL	CÓDIGO DE PROCESSO CIVIL DE 1973
Art. 341. Incumbe também ao réu manifestar-se precisamente sobre as alegações de fato constantes da petição inicial, presumindo-se verdadeiras as não impugnadas, salvo se: I - não for admissível, a seu respeito, a confissão; II - a petição inicial não estiver acompanhada de instrumento que a lei considerar da substância do ato; III - estiverem em contradição com a defesa, considerada em seu conjunto. Parágrafo único. O ônus da impugnação especificada dos fatos não se aplica ao defensor público, ao advogado dativo e ao curador especial.	**Art. 302.** Cabe também ao réu manifestar-se precisamente sobre os fatos narrados na petição inicial. Presumem-se verdadeiros os fatos não impugnados, salvo: I – se não for admissível, a seu respeito, a confissão; II – se a petição inicial não estiver acompanhada do instrumento público que a lei considerar da substância do ato; III – se estiverem em contradição com a defesa, considerada em seu conjunto. Parágrafo único. Esta regra, quanto ao ônus da impugnação especificada dos fatos, não se aplica ao advogado dativo, ao curador especial e ao órgão do Ministério Público.

Apresentando redação praticamente idêntica em comparação com o dispositivo correspondente do CPC/73, o artigo 341 do CPC/2015 regula o princípio da impugnação específica, que indica para o réu o ônus de se insurgir precisamente sobre os fatos dispostos na inicial, sob o risco de se tornarem verdadeiros os fatos não impugnados. Essa postura do réu norteia de forma muito significativa a atividade cognitiva do juiz, uma vez que, a partir da impugnação específica, se formam as questões que serão objeto da cognição judicial. Esse ônus será mitigado em relação aos fatos nos quais não se admite confissão; se a petição inicial não estiver acompanhada de instrumento que a lei considerar da substância do ato e, se os fatos se apresentarem em contradição com a defesa em seu conjunto, conforme as disposições dos três incisos do artigo 341.

O parágrafo único do artigo em tela dispensa do ônus da impugnação específica o defensor público, o advogado dativo e o curador especial. A justificativa dessa dispensa está no fato da dificuldade de se conseguir, no momento da formulação da defesa, todas as informações necessárias para este fim, uma vez que o advogado dativo e o curador especial estarão patrocinando interesses de pessoas que, na maioria dos casos, sequer conseguem contato. Quanto à previsão da dispensa deste ônus ao defensor público, que não está exercendo a função de curador especial, parece que o legislador não caminhou bem, pois, apesar da carga de trabalho que a Defensoria Pública exerce, em situações comuns pode ter acesso à todas as informações necessárias para formular a defesa e esse tratamento diferenciado pode afetar o princípio da isonomia. Destaca-se, ainda, que o CPC/2015 não reproduziu a regra de dispensa do ônus da impugnação específica aos membros do Ministério Público, devido as suas funções atuais.

NOVO CÓDIGO DE PROCESSO CIVIL	CÓDIGO DE PROCESSO CIVIL DE 1973
Art. 342. Depois da contestação, só é lícito ao réu deduzir novas alegações quando: I - relativas a direito ou a fato superveniente; II - competir ao juiz conhecer delas de ofício; III - por expressa autorização legal, puderem ser formuladas em qualquer tempo e grau de jurisdição.	**Art. 303.** Depois da contestação, só é lícito deduzir novas alegações quando: I – relativas a direito superveniente; II – competir ao juiz conhecer delas de ofício; III – por expressa autorização legal, puderem ser formuladas em qualquer tempo e juízo.

O artigo 342 do CPC/2015 não apresenta alterações substanciais em relação ao artigo 303 do CPC/73 e regula as hipóteses que ficam fora do regime da preclusão. Segundo o dispositivo, oferecida a contestação, o réu só poderá apresentar novas alegações se: i) relativas a direito ou a fato superveniente (inciso I); ii) competir ao juiz conhece-las de ofício (inciso II) e iii) por expressa autorização legal, puderem ser formuladas a qualquer tempo e grau de jurisdição (inciso III).

Poderá, ainda, o réu apresentar alegações após o oferecimento da contestação, nos casos em que o autor formular pedidos depois da apresentação da petição inicial, hipótese em que terá oportunidade de se defender em relação aos novos pedidos apresentados, valendo consignar que a ampliação do objeto litigioso só poderá ocorrer após a citação do réu, com sua anuência, e até ser proferida a decisão saneadora, conforme dispõe o artigo 329, II, do CPC/2015.

NOVO CÓDIGO DE PROCESSO CIVIL	CÓDIGO DE PROCESSO CIVIL DE 1973
CAPÍTULO VII DA RECONVENÇÃO	Seção IV Da Reconvenção
Art. 343. Na contestação, é lícito ao réu propor reconvenção para manifestar pretensão própria, conexa com a ação principal ou com o fundamento da defesa. § 1º Proposta a reconvenção, o autor será intimado, na pessoa de seu advogado, para apresentar resposta no prazo de 15 (quinze) dias. § 2º A desistência da ação ou a ocorrência de causa extintiva que impeça o exame de seu mérito não obsta ao prosseguimento do processo quanto à reconvenção. § 3º A reconvenção pode ser proposta contra o autor e terceiro. § 4º A reconvenção pode ser proposta pelo réu em litisconsórcio com terceiro. § 5º Se o autor for substituto processual, o reconvinte deverá afirmar ser titular de direito em face do substituído, e a reconvenção deverá ser proposta em face do autor, também na qualidade de substituto processual. § 6º O réu pode propor reconvenção independentemente de oferecer contestação.	**Art. 299.** A contestação e a reconvenção serão oferecidas simultaneamente, em peças autônomas; a exceção será processada em apenso aos autos principais. **Art. 315.** O réu pode reconvir ao autor no mesmo processo, toda vez que a reconvenção seja conexa com a ação principal ou com o fundamento da defesa. Parágrafo único. Não pode o réu, em seu próprio nome, reconvir ao autor, quando este demandar em nome de outrem. (§ 1º renumerado pela Lei nº 9.245, de 26.12.1995) § 2º (Revogado pela Lei nº 9.245, de 26.12.1995) **Art. 316.** Oferecida a reconvenção, o autor reconvindo será intimado, na pessoa do seu procurador, para contestá-la no prazo de 15 (quinze) dias. **Art. 317.** A desistência da ação, ou a existência de qualquer causa que a extinga, não obsta ao prosseguimento da reconvenção. **Art. 318.** Julgar-se-ão na mesma sentença a ação e a reconvenção.

Como se sabe, a reconvenção consiste na demanda proposta pelo réu em face do autor, aproveitando o mesmo processo. Uma vez reconvindo, o réu passa a almejar algo que ultrapassa a tutela jurisdicional que poderia alcançar em caso de acolhimento da tese defensiva. O regime deste instrumento foi sensivelmente modificado no CPC/2015, como se observa na leitura do artigo 343 e seus parágrafos.

Com o objetivo de eliminar o formalismo excessivo, o legislador optou por prever que a reconvenção seja veiculada na mesma petição que o réu formular sua contestação, conforme disposição do caput do artigo 343. Apesar dessa concentração formal, não foi retirada a opção do réu de oferecer apenas reconvenção, caso seja essa sua intenção (§ 6º), nem tirou a possibilidade da reconvenção sustentar o processo até um pronunciamento de mérito, caso ocorra desistência do pedido principal ou qualquer causa que gere sua extinção (§ 2º).

Uma vez oferecida, o autor será intimado na pessoa do seu advogado, para querendo se manifestar no prazo de 15 dias, conforme o disposto no § 1º do artigo em tela, não diferenciando do regime previsto no CPC/73 nesse aspecto.

Mudança substancial pode ser percebida na previsão de ampliação subjetiva disposta nos parágrafos 3º e 4º do artigo 343. Com essas regras, o CPC/2015 permite que se formule pedido reconvencional em face do autor e de terceiro (§ 3º) e, também, que o réu ofereça reconvenção em litisconsórcio com terceiro em face do autor.

Primeiramente, convém traçar algumas notas sobre a regra do § 3º que permite o oferecimento de reconvenção em face do autor e de terceiro. Trata-se de previsão de formação de litisconsórcio, não sendo possível oferecer reconvenção apenas em face do terceiro.

Outra questão importante referente a esse dispositivo, é saber que tipo de litisconsórcio o legislador está se referindo. Para Fredie Didier Junior, seria caso de litisconsórcio necessário, simples ou unitário, e só seria possível se permitir litisconsórcio facultativo por conexão ou por comunhão, pois, se o litisconsórcio facultativo é simples, a admissão neste caso geraria um tumulto desnecessário ao processo.[3] Essa parece ser uma das questões que os tribunais irão enfrentar e amadurecer no futuro, pois o legislador não deu indicativo de restrições. Outro ponto que merece reflexão, é saber qual será o número de terceiros que poderão figurar no polo passivo de uma reconvenção. O legislador referiu-se a terceiro, mas não faz sentido se interpretar de forma restritiva, pois, em se tratando, por exemplo, de litisconsórcio necessário, não poderá se ofertar a demanda em face apenas de um ou alguns, mas sim de todos.

Quanto à regra do § 4º do artigo 343, que permite a ampliação subjetiva no polo ativo da reconvenção, o problema é maior, pois só se justificaria em caso de litisconsórcio necessário ou litisconsórcio facultativo unitário, mas a possibilidade de previsão de litisconsórcio necessário no polo ativo é discutida.[4] Em caso de litisconsórcio facultativo simples, não seria possível se formular a pretensão em sede de reconvenção, pois representaria escolha do órgão jurisdicional, afetando o princípio do juiz natural.

O § 5º do artigo 343 estabelece que, se o autor estiver demandando na qualidade de substituto processual, a reconvenção deve envolver direito do substituído, estando sintonizado às disposições do artigo 18 do CPC/2015.

Ressalte-se que o legislador admitiu expressamente a possibilidade de oferecimento de reconvenção em sede de ação monitória de acordo com o artigo 702, § 6º do CPC/2015, o que já se reconhecia na doutrina e nos tribunais na vigência do CPC/73, conforme expresso no Verbete 292 da Súmula do STJ. O curioso é que no referido parágrafo há vedação expressa de reconvenção da reconvenção, regra não prevista nas disposições gerais da reconvenção dispostas no artigo 343, podendo se inferir que em caso de reconvenção fora da ação monitória, poderá, em tese, se ofertar reconvenção de reconvenção.

---

3 DIDIER JUNIOR. Fredie. *Curso de Direito Processual Civil*. v.1. 17.ed. Salvador: Juspodium, 2016, p. 659.

4 Sugerimos ao leitor que consulte literatura específica sobre o tema, pois escapa a proposta destes comentários discussões mais intensas a respeito. Por todos, JUNIOR. Fredie Didier. *Curso de Direito Processual Civil*. v.1. 17.ed. Salvador: Juspodium. 2016

NOVO CÓDIGO DE PROCESSO CIVIL	CÓDIGO DE PROCESSO CIVIL DE 1973
CAPÍTULO VIII DA REVELIA	CAPÍTULO III DA REVELIA
Art. 344. Se o réu não contestar a ação, será considerado revel e presumir-se-ão verdadeiras as alegações de fato formuladas pelo autor.	**Art. 319.** Se o réu não contestar a ação, reputar-se-ão verdadeiros os fatos afirmados pelo autor.

Reproduzindo o teor do artigo 319 do CPC/73, o legislador reproduz a revelia como a ausência de contestação e, como uma de suas consequências, a presunção de veracidade das alegações do autor. Acresça-se que a hipótese de "ausência de impugnação específica não se confunde com revelia, muito embora suas consequências sejam iguais"[5].

NOVO CÓDIGO DE PROCESSO CIVIL	CÓDIGO DE PROCESSO CIVIL DE 1973
Art. 345. A revelia não produz o efeito mencionado no art. 344 se: I - havendo pluralidade de réus, algum deles contestar a ação; II - o litígio versar sobre direitos indisponíveis; III - a petição inicial não estiver acompanhada de instrumento que a lei considere indispensável à prova do ato; IV - as alegações de fato formuladas pelo autor forem inverossímeis ou estiverem em contradição com prova constante dos autos.	**Art. 320.** A revelia não induz, contudo, o efeito mencionado no artigo antecedente: I – se, havendo pluralidade de réus, algum deles contestar a ação; II – se o litígio versar sobre direitos indisponíveis; III – se a petição inicial não estiver acompanhada do instrumento público, que a lei considere indispensável à prova do ato.

O referido dispositivo do NCPC trata, especificadamente, do rol de exceções aos efeitos materiais da revelia, ou seja, põe à vista as hipóteses em que a não apresentação da contestação, ou mesmo o oferecimento desta em prazo hábil, não implicam, necessariamente, na presunção de veracidade dos fatos alegados pela parte requerente em sua petição inicial.

Apesar das poucas modificações na redação do presente dispositivo em comparação com seu correspondente do CPC/73, destaca-se a criação do inciso IV, que permite que a revelia não produza seus efeitos se for apreciado que as alegações não são verossímeis ou estão em contradição com as provas acostadas aos autos.

5 FILHO, Manoel Caetano Ferreira Filho. Capítulo III – Da Revelia. In: DOTTI, Rogéria Fagundes; MARTINS, Sandro Gilbert (Coords.). *Código de processo civil anotado.* Disponível em: <http://intranet.oabpr.org.br/download/CPC_24_01.pdf>. Acesso em: 02 jan. 2014.

NOVO CÓDIGO DE PROCESSO CIVIL	CÓDIGO DE PROCESSO CIVIL DE 1973
Art. 346. Os prazos contra o revel que não tenha patrono nos autos fluirão da data de publicação do ato decisório no órgão oficial. Parágrafo único. O revel poderá intervir no processo em qualquer fase, recebendo-o no estado em que se encontrar.	**Art. 322.** Contra o revel que não tenha patrono nos autos, correrão os prazos independentemente de intimação, a partir da publicação de cada ato decisório. Parágrafo único. O revel poderá intervir no processo em qualquer fase, recebendo-o no estado em que se encontrar. (Redação dada pela Lei nº 11.280, de 2006)

Com poucas alterações em comparação à redação do dispositivo correspondente do CPC/73, verifica-se que o dispositivo do NCPC em questão mantém as consequências do fenômeno da revelia. Reitere-se que a contagem do prazo mencionada no artigo supra refere-se, apenas, ao réu revel que não possua patrono nos autos.

No tocante ao parágrafo único, destaca-se típica situação em que a revelia não retira da parte, por si só, o direito constitucional à ampla defesa, podendo esta intervir no processo, em qualquer fase, no estado em que se encontrar, com o fim de elidir a presunção de veracidade existente em favor da parte adversa.

NOVO CÓDIGO DE PROCESSO CIVIL	CÓDIGO DE PROCESSO CIVIL DE 1973
CAPÍTULO IX DAS PROVIDÊNCIAS PRELIMINARES E DO SANEAMENTO **Art. 347.** Findo o prazo para a contestação, o juiz tomará, conforme o caso, as providências preliminares constantes das seções deste Capítulo.	CAPÍTULO IV DAS PROVIDÊNCIAS PRELIMINARES **Art. 323.** Findo o prazo para a resposta do réu, o escrivão fará a conclusão dos autos. O juiz, no prazo de 10 (dez) dias, determinará, conforme o caso, as providências preliminares, que constam das seções deste Capítulo.

Mesmo com a supressão da redação constante no dispositivo correspondente do CPC/73, a fase de início do saneamento do processo foi preservada. O novo dispositivo, porém, aboliu o prazo de 10 (dez) dias para o início das providências preliminares, cabendo ao magistrado praticar atos que o auxiliem no deslinde da causa (admissão do processamento de ações incidentais, intimação do autor para impugnar questões preliminares suscitadas pelo réu em sua peça de defesa, determinação de especificação de provas, designação de audiência etc.).

NOVO CÓDIGO DE PROCESSO CIVIL	CÓDIGO DE PROCESSO CIVIL DE 1973
Seção I **Da Não Incidência dos Efeitos da Revelia** **Art. 348.** Se o réu não contestar a ação, o juiz, verificando a inocorrência do efeito da revelia previsto no art. 344, ordenará que o autor especifique as provas que pretenda produzir, se ainda não as tiver indicado.	Seção I Do Efeito da Revelia **Art. 324.** Se o réu não contestar a ação, o juiz, verificando que não ocorreu o efeito da revelia, mandará que o autor especifique as provas que pretenda produzir na audiência. (Redação dada pela Lei nº 5.925, de 1º.10.1973)

Nas hipóteses em que não foi possível constatar a presunção da veracidade dos fatos afirmados pela parte autora, o juiz determinará que o demandante especifique as provas que pretenda produzir – depoimento pessoal, testemunhal, pericial – na audiência de instrução e julgamento ainda a ser designada, caso este tenha se descuidado de fazê-lo em sua petição inicial. Estando a petição inicial em conformidade com o dispositivo supra, já se passará à etapa de admissão da prova.

NOVO CÓDIGO DE PROCESSO CIVIL	CÓDIGO DE PROCESSO CIVIL DE 1973
Art. 349. Ao réu revel será lícita a produção de provas, contrapostas às alegações do autor, desde que se faça representar nos autos a tempo de praticar os atos processuais indispensáveis a essa produção.	**Art. 322.** [...] Parágrafo único. O revel poderá intervir no processo em qualquer fase, recebendo-o no estado em que se encontrar. (Incluído pela Lei nº 11.280, de 2006)

É preciso muito cuidado ao tentar interpretar o verdadeiro sentido do artigo 346 do NCPC. Através de uma leitura superficial do aludido dispositivo, acredita-se que o mesmo relativiza os efeitos materiais da revelia, o que não é verdade, uma vez que o parágrafo único do artigo 322 do Código de Processo Civil de 1973 dá a permissão necessária para o réu intervir em qualquer fase do processo, desde que o receba no estado em que se encontrar.

Veja-se, o fato de o réu ser revel não o impede de produzir provas contrapostas – já que este lhe é um direito constitucionalmente previsto – uma vez que as alegações do autor referem-se a presunções, não se tratando, portanto, de afirmações categóricas dos fatos ocorridos. Entretanto, deverá o réu observar o tempo necessário para se representar nos autos, no intuito de evitar a preclusão dos atos indispensáveis à produção probatória em questão.

NOVO CÓDIGO DE PROCESSO CIVIL	CÓDIGO DE PROCESSO CIVIL DE 1973
Seção II **Do Fato Impeditivo, Modificativo ou Extintivo do Direito do Autor** **Art. 350.** Se o réu alegar fato impeditivo, modificativo ou extintivo do direito do autor, este será ouvido no prazo de 15 (quinze) dias, permitindo-lhe o juiz a produção de prova.	Seção III Dos Fatos Impeditivos, Modificativos ou Extintivos do Pedido **Art. 326.** Se o réu, reconhecendo o fato em que se fundou a ação, outro lhe opuser impeditivo, modificativo ou extintivo do direito do autor, este será ouvido no prazo de 10 (dez) dias, facultando-lhe o juiz a produção de prova documental.

O aumento do prazo destinado ao autor para oferecimento do que usualmente é chamado de "réplica" – ou melhor, impugnação – destina-se a tornar mais eficiente a elucidação dos fatos controversos e, principalmente, garantir a isonomia do exercício do contraditório, já que, ao réu, são concedidos 15 (quinze) dias para esta finalidade.

Lado outro, destaca-se que de acordo com a nova sistemática, não é necessário que o réu reconheça os fatos em que se fundou a ação para que o juiz conceda prazo de manifestação à parte contrária, bastando apenas negá-lo de forma direta, como ordinariamente faz.

NOVO CÓDIGO DE PROCESSO CIVIL	CÓDIGO DE PROCESSO CIVIL DE 1973
Seção III **Das Alegações do Réu** **Art. 351.** Se o réu alegar qualquer das matérias enumeradas no art. 337, o juiz determinará a oitiva do autor no prazo de 15 (quinze) dias, permitindo-lhe a produção de prova.	Seção IV Das Alegações do Réu **Art. 327.** Se o réu alegar qualquer das matérias enumeradas no art. 301, o juiz mandará ouvir o autor no prazo de 10 (dez) dias, permitindo-lhe a produção de prova documental. Verificando a existência de irregularidades ou de nulidades sanáveis, o juiz mandará supri-las, fixando à parte prazo nunca superior a 30 (trinta) dias.

No NCPC, o legislador reportou-se às questões preliminares, concedendo ao autor prazo de manifestação idêntico ao das hipóteses em que o réu alega fato impeditivo, modificativo ou extintivo de direito seu. Trata-se, pois, de típico caso de proteção à boa-fé processual, a fim de se evitar que o requerente venha a ser surpreendido por decisão judicial adversa à sua pretensão[6]. Deste modo, ao ser permitido ao autor a produção da prova que julgar necessária, assegura-se o contraditório e a ampla defesa, prestigiando-se a instrumentalidade do processo.

NOVO CÓDIGO DE PROCESSO CIVIL	CÓDIGO DE PROCESSO CIVIL DE 1973
Art. 352. Verificando a existência de irregularidades ou de vícios sanáveis, o juiz determinará sua correção em prazo nunca superior a 30 (trinta) dias.	Seção IV Das Alegações do Réu **Art. 327.** Se o réu alegar qualquer das matérias enumeradas no art. 301, o juiz mandará ouvir o autor no prazo de 10 (dez) dias, permitindo-lhe a produção de prova documental. Verificando a existência de irregularidades ou de nulidades sanáveis, o juiz mandará supri-las, fixando à parte prazo nunca superior a 30 (trinta) dias.

Ultrapassada a fase postulatória, caberá ao magistrado determinar que as partes eliminem as incorreções (irregularidades ou vícios) capazes de influenciar o julgamento da demanda em prazo idêntico ao do Código de Processo Civil de 1973 – 30 (trinta)

6 DOTTI, Rogéria Fagundes. Seção IV – Das alegações do réu. In: DOTTI, Rogéria Fagundes; MARTINS, Sandro Gilbert (Coords.). *Código de processo civil anotado*. Disponível em: <http://intranet.oabpr.org.br/download/CPC_24_01.pdf>. Acesso em: 15 jan. 2014.

dias. Trata-se, pois, de medida indispensável para a efetivação do direito material discutido pelas partes, consubstanciada na democratização do procedimento.

NOVO CÓDIGO DE PROCESSO CIVIL	CÓDIGO DE PROCESSO CIVIL DE 1973
Art. 353. Cumpridas as providências preliminares ou não havendo necessidade delas, o juiz proferirá julgamento conforme o estado do processo, observando o que dispõe o Capítulo X.	**Art. 328.** Cumpridas as providências preliminares, ou não havendo necessidade delas, o juiz proferirá julgamento conforme o estado do processo, observando o que dispõe o capítulo seguinte.

Com a redação praticamente inalterada do dispositivo do NCPC em tela comparada a seu correspondente do CPC/73, destaca-se que a controvérsia instaurada na lide é que definirá a atitude do magistrado, a saber: determinação de especificação de provas pelas partes com designação da audiência, se necessário; extinção processo – com ou sem resolução do mérito –; ou julgar antecipadamente a lide.

NOVO CÓDIGO DE PROCESSO CIVIL	CÓDIGO DE PROCESSO CIVIL DE 1973
CAPÍTULO X DO JULGAMENTO CONFORME O ESTADO DO PROCESSO **Seção I** **Da Extinção do Processo** **Art. 354.** Ocorrendo qualquer das hipóteses previstas nos arts. 485 e 487, incisos II e III, o juiz proferirá sentença. Parágrafo único. A decisão a que se refere o caput pode dizer respeito a apenas parcela do processo, caso em que será impugnável por agravo de instrumento.	CAPÍTULO V DO JULGAMENTO CONFORME O ESTADO DO PROCESSO Seção I Da Extinção do Processo **Art. 329.** Ocorrendo qualquer das hipóteses previstas nos arts. 267 e 269, II a V, o juiz declarará extinto o processo.

Reiterando o entendimento da sistemática anterior, confirmam-se as hipóteses em que o processo será extinto pelo magistrado com ou sem a resolução do mérito. Entretanto, a inserção do parágrafo único no artigo 354 do NCPC esclarece eventuais dúvidas sobre qual recurso interpor em face de decisões que põem termo ao processo e que dizem respeito a coisas tais, que não o mérito, tal qual previsto pelo legislador nos incisos do artigo 994 do novo Código de Processo Civil.

NOVO CÓDIGO DE PROCESSO CIVIL	CÓDIGO DE PROCESSO CIVIL DE 1973
Seção II **Do Julgamento Antecipado do Mérito** **Art. 355.** O juiz julgará antecipadamente o pedido, proferindo sentença com resolução de mérito, quando: I - não houver necessidade de produção de outras provas; II - o réu for revel, ocorrer o efeito previsto no art. 344 e não houver requerimento de prova, na forma do art. 349.	Seção II Do Julgamento Antecipado da Lide **Art. 330.** O juiz conhecerá diretamente do pedido, proferindo sentença: I – quando a questão de mérito for unicamente de direito, ou, sendo de direito e de fato, não houver necessidade de produzir prova em audiência; II – quando ocorrer a revelia (art. 319).

As singelas mudanças trazidas na redação de toda essa seção do NCPC realçam as hipóteses em que ocorrerá o julgamento imediato do processo, no estado em que se encontrar, com a respectiva resolução do mérito da causa. Percebe-se, portanto, que o teor dos incisos do artigo 355 do NCPC conjetura situações de maturidade processual que não interferem na formação do convencimento do magistrado, a ponto de influenciar na resolução da demanda. Trata-se, pois, de inovação pertinente, já que o artigo 330 do CPC/73 faz menção à extinção prematura do feito de forma genérica, independentemente da resolução do mérito da causa.

NOVO CÓDIGO DE PROCESSO CIVIL	CÓDIGO DE PROCESSO CIVIL DE 1973
Seção III **Do Julgamento Antecipado Parcial do Mérito** **Art. 356.** O juiz decidirá parcialmente o mérito quando um ou mais dos pedidos formulados ou parcela deles: I - mostrar-se incontroverso; II - estiver em condições de imediato julgamento, nos termos do art. 355. § 1º A decisão que julgar parcialmente o mérito poderá reconhecer a existência de obrigação líquida ou ilíquida. § 2º A parte poderá liquidar ou executar, desde logo, a obrigação reconhecida na decisão que julgar parcialmente o mérito, independentemente de caução, ainda que haja recurso contra essa interposto. § 3º Na hipótese do § 2º, se houver trânsito em julgado da decisão, a execução será definitiva. § 4º A liquidação e o cumprimento da decisão que julgar parcialmente o mérito poderão ser processados em autos suplementares, a requerimento da parte ou a critério do juiz. § 5º A decisão proferida com base neste artigo é impugnável por agravo de instrumento.	Sem correspondente.

Ao serem cuidadosamente analisadas as hipóteses do inédito dispositivo, verifica-se que não se está a falar, verdadeiramente, de julgamento – do mérito. A palavra "julgamento" pressupõe extinção do processo; ao revés de tal situação, verifica-se que as hipóteses aqui elencadas não implicam essa possibilidade, já que, visivelmente, englobam especificidades do próprio mérito, possuindo, portanto, natureza de típica decisão interlocutória – daí a compreensão da inserção do § 4º no presente dispositivo.

NOVO CÓDIGO DE PROCESSO CIVIL	CÓDIGO DE PROCESSO CIVIL DE 1973
Seção IV **Do Saneamento e da Organização do Processo** **Art. 357.** Não ocorrendo nenhuma das hipóteses deste Capítulo, deverá o juiz, em decisão de saneamento e de organização do processo: I - resolver as questões processuais pendentes, se houver; II - delimitar as questões de fato sobre as quais recairá a atividade probatória, especificando os meios de prova admitidos; III - definir a distribuição do ônus da prova, observado o art. 373; IV - delimitar as questões de direito relevantes para a decisão do mérito; V - designar, se necessário, audiência de instrução e julgamento. § 1º Realizado o saneamento, as partes têm o direito de pedir esclarecimentos ou solicitar ajustes, no prazo comum de 5 (cinco) dias, findo o qual a decisão se torna estável. § 2o As partes podem apresentar ao juiz, para homologação, delimitação consensual das questões de fato e de direito a que se referem os incisos II e IV, a qual, se homologada, vincula as partes e o juiz. § 3o Se a causa apresentar complexidade em matéria de fato ou de direito, deverá o juiz designar audiência para que o saneamento seja feito em cooperação com as partes, oportunidade em que o juiz, se for o caso, convidará as partes a integrar ou esclarecer suas alegações. § 4o Caso tenha sido determinada a produção de prova testemunhal, o juiz fixará prazo comum não superior a 15 (quinze) dias para que as partes apresentem rol de testemunhas. § 5o Na hipótese do § 3o, as partes devem levar, para a audiência prevista, o respectivo rol de testemunhas. § 6o O número de testemunhas arroladas não pode ser superior a 10 (dez), sendo 3 (três), no máximo, para a prova de cada fato.	Seção III Da Audiência Preliminar (Redação dada pela Lei nº 10.444, de 7.5.2002) **Art. 331.** Se não ocorrer qualquer das hipóteses previstas nas seções precedentes, e versar a causa sobre direitos que admitam transação, o juiz designará audiência preliminar, a realizar-se no prazo de 30 (trinta) dias, para a qual serão as partes intimadas a comparecer, podendo fazer-se representar por procurador ou preposto, com poderes para transigir. (Redação dada pela Lei nº 10.444, de 7.5.2002) § 1° Obtida a conciliação, será reduzida a termo e homologada por sentença. (Incluído pela Lei nº 8.952, de 13.12.1994) § 2° Se, por qualquer motivo, não for obtida a conciliação, o juiz fixará os pontos controvertidos, decidirá as questões processuais pendentes e determinará as provas a serem produzidas, designando audiência de instrução e julgamento, se necessário. (Incluído pela Lei nº 8.952, de 13.12.1994) § 3º Se o direito em litígio não admitir transação, ou se as circunstâncias da causa evidenciarem ser improvável sua obtenção, o juiz poderá, desde logo, sanear o processo e ordenar a produção da prova, nos termos do § 2º. (Incluído pela Lei nº 10.444, de 7.5.2002) **Art. 333.** [...] Parágrafo único. É nula a convenção que distribui de maneira diversa o ônus da prova quando: I - recair sobre direito indisponível da parte; II - tornar excessivamente difícil a uma parte o exercício do direito.

§ 7o O juiz poderá limitar o número de testemunhas levando em conta a complexidade da causa e dos fatos individualmente considerados. § 8o Caso tenha sido determinada a produção de prova pericial, o juiz deve observar o disposto no art. 465 e, se possível, estabelecer, desde logo, calendário para sua realização. § 9o As pautas deverão ser preparadas com intervalo mínimo de 1 (uma) hora entre as audiências.	**Art. 407.** Incumbe às partes, no prazo que o juiz fixará ao designar a data da audiência, depositar em cartório o rol de testemunhas, precisando-lhes o nome, profissão, residência e o local de trabalho; omitindo-se o juiz, o rol será apresentado até 10 (dez) dias antes da audiência. (Redação dada pela Lei nº 10.358, de 27.12.2001) Parágrafo único. É lícito a cada parte oferecer, no máximo, dez testemunhas; quando qualquer das partes oferecer mais de três testemunhas para a prova de cada fato, o juiz poderá dispensar as restantes.

Com as inovações da Lei nº 10.444/2002, a audiência prevista no artigo 331 do CPC/73 ganhou outras finalidades, além daquela prevista na sua sistemática original – apenas realizar o saneamento do processo. A esse respeito, o legislador parece ter herdado o impulso do seu antecessor no sentido de preparar melhor o processo para a fase instrutória, visando, assim, a uma decisão mais efetiva.

O §1º do novo diploma possibilita o requerimento das partes para esclarecimentos ou ajustes na decisão no prazo de 5 (cinco) dias. Transcorrido esse prazo sem requerimento, a decisão terá se tornado estável.

O §2º esclarece a possibilidade das partes convencionarem o ônus da prova, o que será homologado pelo juiz e deverá ser respeitado. No artigo 333, parágrafo único, CPC de 1973, apesar de haver previsão sobre convenção sobre ônus da prova, não havia a previsão legislativa expressa de homologação.

Destaque se dá ao parágrafo 3º do artigo do NCPC em questão, que dispõe, como norma cogente, aquilo que alguns magistrados optavam por realizar particularmente em cartório. Com fortes influências do fenômeno da democratização do processo civil, o artigo é um verdadeiro exemplo de cooperação processual e de uma decisão mais justa. Os parágrafos quarto, quinto, sexto e sétimo tratam do rol de testemunha. O parágrafo quarto amplia o prazo de oferecimento do rol de testemunha para 15 (quinze) dias, já que o artigo 407 do CPC de 1973 dispunha sobre 10 (dez) dias; o parágrafo quinto dispõe que, se houver complexidade na causa, haverá audiência para saneamento e, nessa oportunidade, deverá ser apresentado o rol de testemunhas, mas o parágrafo sexto reproduz a regra do artigo 407, parágrafo único. Já o parágrafo sétimo dispõe sobre a possibilidade do juiz limitar o número de testemunhas. O § 8º alude à produção da prova pericial, prevista no artigo 465 do novo diploma, e o § 9º dispõe que o intervalo entre as audiências na pauta deve ser de, no mínimo, 1 (uma) hora, de forma a evitar os atrasos que acabam, na atualidade, ocorrendo na prática forense.

NOTAS AOS ARTIGOS 358 A 404

Eujecio Coutrim Lima Filho

NOVO CÓDIGO DE PROCESSO CIVIL	CÓDIGO DE PROCESSO CIVIL DE 1973
CAPÍTULO XI DA AUDIÊNCIA DE INSTRUÇÃO E JULGAMENTO	Seção III Da Instrução e Julgamento
Art. 358. No dia e na hora designados, o juiz declarará aberta a audiência de instrução e julgamento e mandará apregoar as partes e os respectivos advogados, bem como outras pessoas que dela devam participar.	**Art. 450.** No dia e hora designados, o juiz declarará aberta a audiência, mandando apregoar as partes e os seus respectivos advogados.

O dispositivo versa sobre o primeiro ato da audiência de instrução e julgamento que é a sua abertura, pelo juiz, no dia e hora designados. O pregão da audiência é o momento da chamada das partes e advogados para que entrem na sala e tomem os assentos que lhes cabem.

O novo Código de Processo Civil inova determinando que "outras pessoas" que devam participar da audiência sejam igualmente apregoadas.

NOVO CÓDIGO DE PROCESSO CIVIL	CÓDIGO DE PROCESSO CIVIL DE 1973
Art. 359. Instalada a audiência, o juiz tentará conciliar as partes, independentemente do emprego anterior de outros métodos de solução consensual de conflitos, como a mediação e a arbitragem.	**Art. 448.** Antes de iniciar a instrução, o juiz tentará conciliar as partes. Chegando a acordo, o juiz mandará tomá-lo por termo.

A regra do Código de Processo Civil de 1973 impõe que, antes do início da instrução, o juiz tente conciliar as partes. O novo Código inova dizendo que o juiz deve tentar a conciliação após a instalação da audiência, "*independentemente do emprego anterior de outros métodos de solução consensual de conflitos, como a mediação e a arbitragem*", como uma forma de valorizar as técnicas alternativas de solução de conflitos.

NOVO CÓDIGO DE PROCESSO CIVIL	CÓDIGO DE PROCESSO CIVIL DE 1973
Art. 360. O juiz exerce o poder de polícia, incumbindo-lhe: I - manter a ordem e o decoro na audiência; II - ordenar que se retirem da sala de audiência os que se comportarem inconvenientemente; III - requisitar, quando necessário, força policial; IV - tratar com urbanidade as partes, os advogados, os membros do Ministério Público e da Defensoria Pública e qualquer pessoa que participe do processo; V - registrar em ata, com exatidão, todos os requerimentos apresentados em audiência.	**Art. 445.** O juiz exerce o poder de polícia, competindo-lhe: I – manter a ordem e o decoro na audiência; II – ordenar que se retirem da sala da audiência os que se comportarem inconvenientemente; III – requisitar, quando necessário, a força policial.

O artigo trata do poder de polícia exercido pelo juiz, a quem incumbe manter a ordem e o decoro na audiência, ordenar a retirada daqueles que se comportarem de forma inconveniente e requisitar força policial quando necessário.

O novo diploma acrescenta que são incumbências do juiz: tratar com urbanidade as partes, os advogados, os membros do Ministério Público e da Defensoria Pública e qualquer pessoa que participe do processo, bem como registrar em ata, com exatidão, todos os requerimentos apresentados em audiência.

NOVO CÓDIGO DE PROCESSO CIVIL	CÓDIGO DE PROCESSO CIVIL DE 1973
Art. 361. As provas orais serão produzidas em audiência, ouvindo-se nesta ordem, preferencialmente: I - o perito e os assistentes técnicos, que responderão aos quesitos de esclarecimentos requeridos no prazo e na forma do art. 477, caso não respondidos anteriormente por escrito; II - o autor e, em seguida, o réu, que prestarão depoimentos pessoais; III - as testemunhas arroladas pelo autor e pelo réu, que serão inquiridas.	**Art. 452.** As provas serão produzidas na audiência nesta ordem: I – o perito e os assistentes técnicos responderão aos quesitos de esclarecimentos, requeridos no prazo e na forma do art. 435; II – o juiz tomará os depoimentos pessoais, primeiro do autor e depois do réu; III – finalmente, serão inquiridas as testemunhas arroladas pelo autor e pelo réu.
Parágrafo único. Enquanto depuserem o perito, os assistentes técnicos, as partes e as testemunhas, não poderão os advogados e o Ministério Público intervir ou apartear, sem licença do juiz.	**Art. 446.** [...] Parágrafo único. Enquanto depuserem as partes, o perito, os assistentes técnicos e as testemunhas, os advogados não podem intervir ou apartear, sem licença do juiz.

O artigo 361 trata das provas orais que serão produzidas em audiência. O NCPC manteve a mesma ordem, mas inovou ao torná-la de caráter "preferencial". Ademais, peritos e assistentes técnicos poderão responder aos quesitos de esclarecimentos "anteriormente por escrito".

NOVO CÓDIGO DE PROCESSO CIVIL	CÓDIGO DE PROCESSO CIVIL DE 1973
Art. 362. A audiência poderá ser adiada: I - por convenção das partes; II - se não puder comparecer, por motivo justificado, qualquer pessoa que dela deva necessariamente participar; III - por atraso injustificado de seu início em tempo superior a 30 (trinta) minutos do horário marcado. § 1º O impedimento deverá ser comprovado até a abertura da audiência, e, não o sendo, o juiz procederá à instrução. § 2º O juiz poderá dispensar a produção das provas requeridas pela parte cujo advogado ou defensor público não tenha comparecido à audiência, aplicando-se a mesma regra ao Ministério Público. § 3º Quem der causa ao adiamento responderá pelas despesas acrescidas.	**Art. 453.** A audiência poderá ser adiada: I – por convenção das partes, caso em que só será admissível uma vez; II – se não puderem comparecer, por motivo justificado, o perito, as partes, as testemunhas ou os advogados. § 1º Incumbe ao advogado provar o impedimento até a abertura da audiência; não o fazendo, o juiz procederá à instrução. § 2º Pode ser dispensada pelo juiz a produção das provas requeridas pela parte cujo advogado não compareceu à audiência. § 3º Quem der causa ao adiamento responderá pelas despesas acrescidas.

O dispositivo em tela trata das hipóteses em que a audiência poderá ser adiada. Em relação à convenção das partes, o novo Código de Processo Civil retirou o comando que permitia esse adiamento apenas por uma única vez.

Em relação ao não comparecimento justificado do perito, das partes, das testemunhas e dos advogados previstos na redação do CPC/73, o NCPC ampliou para o não comparecimento justificado de qualquer pessoa que deva necessariamente participar da audiência.

Foi acrescentada outra hipótese de adiamento, qual seja, o atraso injustificado para o início da audiência em tempo superior a trinta minutos do horário marcado.

O CPC/73 determinava que o advogado provasse o impedimento até a abertura da audiência, sob pena de o juiz proceder à instrução. O NCPC retirou esse ônus como sendo um ato privativo do advogado. O impedimento deve ser comprovado até a abertura da audiência.

A regra segundo a qual o juiz pode dispensar as provas requeridas pela parte cujo advogado não compareceu à audiência foi estendida para os membros da Defensoria Pública e do Ministério Público.

NOVO CÓDIGO DE PROCESSO CIVIL	CÓDIGO DE PROCESSO CIVIL DE 1973
Art. 363. Havendo antecipação ou adiamento da audiência, o juiz, de ofício ou a requerimento da parte, determinará a intimação dos advogados ou da sociedade de advogados para ciência da nova designação.	**Art. 242.** [...] § 2º Havendo antecipação da audiência, o juiz, de ofício ou a requerimento da parte, mandará intimar pessoalmente os advogados para ciência da nova designação. (§ 3º renumerado pela Lei nº 8.952, de 13.12.1994)

O texto do CPC/73 expressa que o juiz, de ofício ou a requerimento da parte, em caso de antecipação da audiência, intime pessoalmente o advogado para ciência da nova designação. A nova legislação acrescenta a hipótese de adiamento da audiência, retirando a obrigação de intimação pessoal e permitindo que sociedade de advogados seja intimada para o ato.

NOVO CÓDIGO DE PROCESSO CIVIL	CÓDIGO DE PROCESSO CIVIL DE 1973
Art. 364. Finda a instrução, o juiz dará a palavra ao advogado do autor e do réu, bem como ao membro do Ministério Público, se for o caso de sua intervenção, sucessivamente, pelo prazo de 20 (vinte) minutos para cada um, prorrogável por 10 (dez) minutos, a critério do juiz. § 1º Havendo litisconsorte ou terceiro interveniente, o prazo, que formará com o da prorrogação um só todo, dividir-se-á entre os do mesmo grupo, se não convencionarem de modo diverso. § 2º Quando a causa apresentar questões complexas de fato ou de direito, o debate oral poderá ser substituído por razões finais escritas, que serão apresentadas pelo autor e pelo réu, bem como pelo Ministério Público, se for o caso de sua intervenção, em prazos sucessivos de 15 (quinze) dias, assegurada vista dos autos.	**Art. 454.** Finda a instrução, o juiz dará a palavra ao advogado do autor e ao do réu, bem como ao órgão do Ministério Público, sucessivamente, pelo prazo de 20 (vinte) minutos para cada um, prorrogável por 10 (dez), a critério do juiz. § 1º Havendo litisconsorte ou terceiro, o prazo, que formará com o da prorrogação um só todo, dividir-se-á entre os do mesmo grupo, se não convencionarem de modo diverso. § 2º No caso previsto no art. 56, o opoente sustentará as suas razões em primeiro lugar, seguindo-se-lhe os opostos, cada qual pelo prazo de 20 (vinte) minutos. § 3º Quando a causa apresentar questões complexas de fato ou de direito, o debate oral poderá ser substituído por memoriais, caso em que o juiz designará dia e hora para o seu oferecimento.

Ao final da instrução, o juiz dará a palavra ao advogado do autor, do réu e ao Ministério Público, sucessivamente, pelo prazo de vinte minutos para cada um prorrogável por mais dez minutos. O novo Código inova expressando que o Ministério Público só se manifestará se for caso de sua intervenção.

Em caso de litisconsorte ou terceiro interveniente, o prazo, que formará com o da prorrogação um só todo, dividir-se-á entre os do mesmo grupo, salvo estipulação em sentido contrário.

O texto do CPC/73 permitia a possibilidade de substituição do debate oral por memoriais ofertados em data marcada pelo magistrado diante da complexidade da causa. O NCPC denomina esta peça "razões finais escritas", que serão apresentadas pelo autor e pelo réu, bem como pelo Ministério Público, se for o caso de sua intervenção, em prazos sucessivos de quinze dias assegurada vista dos autos.

NOVO CÓDIGO DE PROCESSO CIVIL	CÓDIGO DE PROCESSO CIVIL DE 1973
Art. 365. A audiência é una e contínua, podendo ser excepcional e justificadamente cindida na ausência de perito ou de testemunha, desde que haja concordância das partes. Parágrafo único. Diante da impossibilidade de realização da instrução, do debate e do julgamento no mesmo dia, o juiz marcará seu prosseguimento para a data mais próxima possível, em pauta preferencial.	**Art. 455.** A audiência é una e contínua. Não sendo possível concluir, num só dia, a instrução, o debate e o julgamento, o juiz marcará o seu prosseguimento para dia próximo.

O presente dispositivo destaca que a audiência é una e contínua. A redação do CPC/73 impõe que, não sendo possível a conclusão da instrução, do debate e do julgamento, no mesmo dia, "o juiz marcará seu prosseguimento para dia próximo".

O novo diploma legal acrescenta que, de modo excepcional, justificado e mediante aquiescência das partes, em caso de ausência do perito ou de testemunha, a audiência poderá ser cindida.

Em relação à impossibilidade de conclusão da audiência no mesmo dia, a nova redação determina que o juiz marque o prosseguimento, em pauta preferencial, na data mais próxima possível.

NOVO CÓDIGO DE PROCESSO CIVIL	CÓDIGO DE PROCESSO CIVIL DE 1973
Art. 366. Encerrado o debate ou oferecidas as razões finais, o juiz proferirá sentença em audiência ou no prazo de 30 (trinta) dias.	**Art. 456.** Encerrado o debate ou oferecidos os memoriais, o juiz proferirá a sentença desde logo ou no prazo de 10 (dez) dias. (Redação dada pela Lei nº 5.925, de 1º.10.1973)

Após o debate ou oferecimento das razões finais, chamada de memoriais pelo Código de 1973, o juiz proferirá sentença. Observa-se que, caso a sentença não seja proferida em audiência, o novo Código ampliou o prazo, que era de dez dias, para trinta dias. Neste ponto cumpre destacar que, regra geral, o NCPC conta os prazos em dias úteis.

NOVO CÓDIGO DE PROCESSO CIVIL	CÓDIGO DE PROCESSO CIVIL DE 1973
Art. 367. O servidor lavrará, sob ditado do juiz, termo que conterá, em resumo, o ocorrido na audiência, bem como, por extenso, os despachos, as decisões e a sentença, se proferida no ato. § 1º Quando o termo não for registrado em meio eletrônico, o juiz rubricar-lhe-á as folhas, que serão encadernadas em volume próprio. § 2º Subscreverão o termo o juiz, os advogados, o membro do Ministério Público e o escrivão ou chefe de secretaria, dispensadas as partes, exceto quando houver ato de disposição para cuja prática os advogados não tenham poderes. § 3º O escrivão ou chefe de secretaria trasladará para os autos cópia autêntica do termo de audiência. § 4º Tratando-se de autos eletrônicos, observar-se-á o disposto neste Código, em legislação específica e nas normas internas dos tribunais. § 5º A audiência poderá ser integralmente gravada em imagem e em áudio, em meio digital ou analógico, desde que assegure o rápido acesso das partes e dos órgãos julgadores, observada a legislação específica. § 6º A gravação a que se refere o § 5º também pode ser realizada diretamente por qualquer das partes, independentemente de autorização judicial.	**Art. 457.** O escrivão lavrará, sob ditado do juiz, termo que conterá, em resumo, o ocorrido na audiência, bem como, por extenso, os despachos e a sentença, se esta for proferida no ato. § 1º Quando o termo for datilografado, o juiz lhe rubricará as folhas, ordenando que sejam encadernadas em volume próprio. § 2º Subscreverão o termo o juiz, os advogados, o órgão do Ministério Público e o escrivão. § 3º O escrivão trasladará para os autos cópia autêntica do termo de audiência. § 4º Tratando-se de processo eletrônico, observar-se-á o disposto nos §§ 2º e 3º do art. 169 desta Lei. (Incluído pela Lei nº 11.419, de 2006).

Ao contrário do texto do CPC/73, que dava atribuição ao escrivão para, após ditado do juiz, reduzir a termo o resumo do ocorrido na audiência e por extenso os despachos e sentença proferida no ato, o NCPC alarga a incumbência à figura do "servidor" e, ao lado dos despachos e sentença, acrescenta que as decisões proferidas no ato devem ser reduzidas a termo por extenso.

A nova redação infere que, quando o termo não for registrado em meio eletrônico, o magistrado deve rubricar as folhas que serão encadernadas em volume próprio.

Salvo quando houver ato de disposição para cuja prática os advogados não tenham poderes, o novo Código dispensa a assinatura das partes. Contudo, continua exigindo a assinatura do juiz, dos advogados, do Ministério Público e do escrivão ou chefe de secretaria.

Além da lei, o novo Diploma permite a observância de normas internas dos tribunais em relação aos autos eletrônicos.

O novo texto também permite que a audiência seja gravada em imagem e em áudio, observada a legislação específica. Esta gravação pode ser realizada diretamente por qualquer das partes, independentemente de autorização judicial.

NOVO CÓDIGO DE PROCESSO CIVIL	CÓDIGO DE PROCESSO CIVIL DE 1973
Art. 368. A audiência será pública, ressalvadas as exceções legais.	CAPÍTULO VII DA AUDIÊNCIA Seção I Das Disposições Gerais **Art. 444.** A audiência será pública; nos casos de que trata o art. 155, realizar-se-á a portas fechadas.

O presente artigo confirma que, ressalvadas as exceções legais, a audiência será pública.

NOVO CÓDIGO DE PROCESSO CIVIL	CÓDIGO DE PROCESSO CIVIL DE 1973
CAPÍTULO XII DAS PROVAS **Seção I** **Das disposições gerais**	CAPÍTULO VI DAS PROVAS Seção I Das Disposições Gerais
Art. 369. As partes têm o direito de empregar todos os meios legais, bem como os moralmente legítimos, ainda que não especificados neste Código, para provar a verdade dos fatos em que se funda o pedido ou a defesa e influir eficazmente na convicção do juiz.	**Art. 332.** Todos os meios legais, bem como os moralmente legítimos, ainda que não especificados neste Código, são hábeis para provar a verdade dos fatos, em que se funda a ação ou a defesa.

O artigo ratifica a redação do CPC/73, que permite a utilização de todos os meios de provas legais e moralmente legítimos, ainda que não previstos no Código. Contudo, acrescenta que se trata de direito das partes para provar a verdade dos fatos tanto no pedido quanto na defesa.

O novo dispositivo também ressalta que as partes têm direito de influir eficazmente na convicção do juiz, fortalecendo o princípio do contraditório na dimensão participativa.

NOVO CÓDIGO DE PROCESSO CIVIL	CÓDIGO DE PROCESSO CIVIL DE 1973
Art. 370. Caberá ao juiz, de ofício ou a requerimento da parte, determinar as provas necessárias ao julgamento do mérito. Parágrafo único. O juiz indeferirá, em decisão fundamentada, as diligências inúteis ou meramente protelatórias.	**Art. 130.** Caberá ao juiz, de ofício ou a requerimento da parte, determinar as provas necessárias à instrução do processo, indeferindo as diligências inúteis ou meramente protelatórias.

O dispositivo em comento trata dos poderes de instrução do juiz e, ao contrário da redação do CPC/73, que fazia referência a "provas necessárias à instrução", o NCPC expressa que o juiz pode determinar, de ofício ou a requerimento da parte, as provas necessárias ao "julgamento do mérito". O novo texto também impõe, expressamente, que a decisão judicial que indefere as diligências inúteis ou meramente protelatórias deve ser fundamentada, reforçando a observância do princípio constitucional da fundamentação das decisões judiciais.

NOVO CÓDIGO DE PROCESSO CIVIL	CÓDIGO DE PROCESSO CIVIL DE 1973
Art. 371. O juiz apreciará a prova constante dos autos, independentemente do sujeito que a tiver promovido, e indicará na decisão as razões da formação de seu convencimento.	**Art. 131.** O juiz apreciará livremente a prova, atendendo aos fatos e circunstâncias constantes dos autos, ainda que não alegados pelas partes; mas deverá indicar, na sentença, os motivos que lhe formaram o convencimento. (Redação dada pela Lei nº 5.925, de 1º.10.1973)

Este artigo regula o princípio da persuasão racional e para evitar decisões pautadas em impressões pessoais, o NCPC retira a expressão "livremente" e determina que o juiz aprecie a prova constante dos autos, "independentemente do sujeito que a tiver promovido" indicando, na decisão, as razões de seu convencimento. A redação do CPC/73 faz referência à "sentença" e não à "decisão". Neste ponto, cabe destacar que, embora seja consagrado que o princípio da fundamentação das decisões judiciais deva ser observado na construção de decisões judiciais de qualquer natureza, o legislador do NCPC achou por bem evitar dúvidas, passando a se referir ao termo "decisão" ao invés de "sentença" na redação do artigo 371.

NOVO CÓDIGO DE PROCESSO CIVIL	CÓDIGO DE PROCESSO CIVIL DE 1973
Art. 372. O juiz poderá admitir a utilização de prova produzida em outro processo, atribuindo-lhe o valor que considerar adequado, observado o contraditório.	Sem correspondente.

O NCPC traz expressamente que, desde que observado o contraditório, o juiz pode admitir a utilização de prova produzida em outro processo, atribuindo-lhe o valor que considerar adequado. Trata-se da prova emprestada, que já era displinada na jurisprudência dos tribunais superiores como admissível[1], desde que produzida em contraditório.

NOVO CÓDIGO DE PROCESSO CIVIL	CÓDIGO DE PROCESSO CIVIL DE 1973
Art. 373. O ônus da prova incumbe: I - ao autor, quanto ao fato constitutivo de seu direito; II - ao réu, quanto à existência de fato impeditivo, modificativo ou extintivo do direito do autor. § 1º Nos casos previstos em lei ou diante de peculiaridades da causa relacionadas à impossibilidade ou à excessiva dificuldade de cumprir o encargo nos termos do caput ou à maior facilidade de obtenção da prova do fato contrário, poderá o juiz atribuir o ônus da prova de modo diverso, desde que o faça por decisão fundamentada, caso em que deverá dar à parte a oportunidade de se desincumbir do ônus que lhe foi atribuído. § 2º A decisão prevista no § 1º deste artigo não pode gerar situação em que a desincumbência do encargo pela parte seja impossível ou excessivamente difícil. § 3º A distribuição diversa do ônus da prova também pode ocorrer por convenção das partes, salvo quando: I - recair sobre direito indisponível da parte; II - tornar excessivamente difícil a uma parte o exercício do direito. § 4º A convenção de que trata o § 3º pode ser celebrada antes ou durante o processo.	**Art. 333.** O ônus da prova incumbe: I – ao autor, quanto ao fato constitutivo do seu direito; II – ao réu, quanto à existência de fato impeditivo, modificativo ou extintivo do direito do autor. Parágrafo único. É nula a convenção que distribui de maneira diversa o ônus da prova quando: I – recair sobre direito indisponível da parte; II – tornar excessivamente difícil a uma parte o exercício do direito.

O novo Código manteve a regra geral do ônus da prova, no sentido de que incumbe ao autor provar os fatos constitutivos de seu direito e ao réu provar a existência de fato impeditivo, modificativo ou extintivo do direito do autor. Igualmente, continua possível convenção no sentido de redistribuir este ônus, desde que não recaia sobre direito indisponível da parte e não torne excessivamente dificíl a uma parte o exercício do direito. Ademais, o projeto acrescenta que esta convenção pode ser celebrada antes ou durante o processo.

1 STJ. Corte Especial. EREsp 617.428-SP. Rel. Min. Nancy Andrighi. DJ: 4/6/2014.

Inovando, o novo dispositvo permite que o juiz atribua o ônus da prova[2] de maneira diversa, desde que em decisão fundamentada. Isso passa a ser possível nas hipóteses previstas em lei ou diante de peculiaridades da causa relacionadas à impossibilidade ou à excessiva dificuldade de cumprir o encargo ou à maior facilidade de obtenção da prova do fato contrário. Neste caso, o novo diploma exige que o juiz dê à parte a oportunidade de se desincumbir do ônus que lhe foi atribuido. Além disso, esta decisão não pode gerar situação em que a desincumbência do encargo pela parte seja impossível ou excessivamente difícil. Trata-se da positivação da teoria da carga dinâmica do ônus da prova, que já era debatida na doutrina nacional.

NOVO CÓDIGO DE PROCESSO CIVIL	CÓDIGO DE PROCESSO CIVIL DE 1973
Art. 374. Não dependem de prova os fatos: I - notórios; II - afirmados por uma parte e confessados pela parte contrária; III - admitidos no processo como incontroversos; IV - em cujo favor milita presunção legal de existência ou de veracidade.	**Art. 334.** Não dependem de prova os fatos: I – notórios; II – afirmados por uma parte e confessados pela parte contrária; III – admitidos, no processo, como incontroversos; IV – em cujo favor milita presunção legal de existência ou de veracidade.

Manteve-se a regra quanto aos fatos que dispensam a produção de prova.

NOVO CÓDIGO DE PROCESSO CIVIL	CÓDIGO DE PROCESSO CIVIL DE 1973
Art. 375. O juiz aplicará as regras de experiência comum subministradas pela observação do que ordinariamente acontece e, ainda, as regras de experiência técnica, ressalvado, quanto a estas, o exame pericial.	**Art. 335.** Em falta de normas jurídicas particulares, o juiz aplicará as regras de experiência comum subministradas pela observação do que ordinariamente acontece e ainda as regras da experiência técnica, ressalvado, quanto a esta, o exame pericial.

Em relação à aplicação das regras da experiência pelo juiz, o novo Código inovou retirando o mandamento de que elas só podem ser aplicadas na falta de normas jurídicas particulares.

2 Diversamente da noção subjetiva, que atribui ao ônus da prova caráter influenciador no comportamento das partes, em sentido objetivo versa o ônus de arcar com a falta da prova (são regras do julgamento, devem ser aplicadas no instante da decisão e, harmonizando-se com os poderes instrutórios do julgador, de forma subsidiária). Em uma distribuição estática, regra geral, o ônus da prova é de quem alega (DIDIER JR., Fredie; BRAGA, Paula Sarno; OLIVEIRA, Rafael Alexandria de. *Curso de direito processual civil.* v. 2. 9. ed. rev., ampl. e atual.. Bahia: Juspodivm, 2013, p. 81-82).

NOVO CÓDIGO DE PROCESSO CIVIL	CÓDIGO DE PROCESSO CIVIL DE 1973
Art. 376. A parte que alegar direito municipal, estadual, estrangeiro ou consuetudinário provar-lhe-á o teor e a vigência, se assim o juiz determinar.	**Art. 337.** A parte, que alegar direito municipal, estadual, estrangeiro ou consuetudinário, provar-lhe-á o teor e a vigência, se assim o determinar o juiz.

A nova redação mantém a regra segundo a qual o juiz pode determinar à parte que esta prove o teor e a vigência do direito municipal, estadual, estrangeiro ou consuetudinário alegado.

NOVO CÓDIGO DE PROCESSO CIVIL	CÓDIGO DE PROCESSO CIVIL DE 1973
Art. 377. A carta precatória, a carta rogatória e o auxílio direto suspenderão o julgamento da causa no caso previsto no art. 313, inciso V, alínea "b", quando, tendo sido requeridos antes da decisão de saneamento, a prova neles solicitada for imprescindível. Parágrafo único. A carta precatória e a carta rogatória não devolvidas no prazo ou concedidas sem efeito suspensivo poderão ser juntadas aos autos a qualquer momento.	**Art. 338.** A carta precatória e a carta rogatória suspenderão o processo, no caso previsto na alínea "b" do inciso IV do art. 265 desta Lei, quando, tendo sido requeridas antes da decisão de saneamento, a prova nelas solicitada apresentar-se imprescindível. (Redação dada pela Lei nº 11.280, de 2006) Parágrafo único. A carta precatória e a carta rogatória, não devolvidas dentro do prazo ou concedidas sem efeito suspensivo, poderão ser juntas aos autos até o julgamento final.

O processo deve ser suspenso quando a sentença de mérito tiver que ser proferida somente após a verificação de determinado fato ou a produção de certa prova requisitada a outro juízo. Neste caso, a carta precatória, a carta rogatória e o auxílio direto suspenderão o julgamento da causa quando requeridos antes da decisão de saneamento e a prova neles solicitada apresentar-se imprescindível.

O novo Código de Processo Civil inova permitindo que a carta precatória e a rogatória não devolvidas no prazo ou concedidas sem efeito suspensivo sejam "juntadas aos autos a qualquer momento". De acordo com o texto do CPC/73 isto só seria possível até o "julgamento final".

NOVO CÓDIGO DE PROCESSO CIVIL	CÓDIGO DE PROCESSO CIVIL DE 1973
Art. 378. Ninguém se exime do dever de colaborar com o Poder Judiciário para o descobrimento da verdade.	**Art. 339.** Ninguém se exime do dever de colaborar com o Poder Judiciário para o descobrimento da verdade.

Neste caso, o novo Código de Processo Civil mantém a regra do texto do CPC/73.

NOVO CÓDIGO DE PROCESSO CIVIL	CÓDIGO DE PROCESSO CIVIL DE 1973
Art. 379. Preservado o direito de não produzir prova contra si própria, incumbe à parte: I - comparecer em juízo, respondendo ao que lhe for interrogado; II - colaborar com o juízo na realização de inspeção judicial que for considerada necessária; III - praticar o ato que lhe for determinado.	**Art. 340.** Além dos deveres enumerados no art. 14, compete à parte: I – comparecer em juízo, respondendo ao que lhe for interrogado; II – submeter-se à inspeção judicial, que for julgada necessária; III – praticar o ato que lhe for determinado.

Neste ponto, além de ressaltar o dever da parte de colaborar com o juízo, o novo Código destaca o direito da parte de não produzir prova contra si mesma.

NOVO CÓDIGO DE PROCESSO CIVIL	CÓDIGO DE PROCESSO CIVIL DE 1973
Art. 380. Incumbe ao terceiro, em relação a qualquer causa: I - informar ao juiz os fatos e as circunstâncias de que tenha conhecimento; II - exibir coisa ou documento que esteja em seu poder. Parágrafo único. Poderá o juiz, em caso de descumprimento, determinar, além da imposição de multa, outras medidas indutivas, coercitivas, mandamentais ou sub-rogatórias.	**Art. 341.** Compete ao terceiro, em relação a qualquer pleito: I – informar ao juiz os fatos e as circunstâncias, de que tenha conhecimento; II – exibir coisa ou documento, que esteja em seu poder.

Em qualquer causa, o terceiro está incumbido de infomar ao juiz os fatos e as circunstâncias de que tenha conhecimento e de exibir coisa ou documento que esteja em seu poder. Inova o texto do NCPC ao dispor expressamente no parágrafo único do artigo 377 que, em caso de descumprimento, o juiz pode determinar, além da imposição de multa, outras medidas indutivas, coercitivas, mandamentais ou sub-rogatórias. Não chega a ser uma novidade substancial, pois essa possibilidade de utilização de meios de coerção já era reconhecida nos tribunais, mas o legislador achou por bem dispor de forma expressa.

NOVO CÓDIGO DE PROCESSO CIVIL	CÓDIGO DE PROCESSO CIVIL DE 1973
Seção II **Da Produção Antecipada da Prova** **Art. 381.** A produção antecipada da prova será admitida nos casos em que: I - haja fundado receio de que venha a tornar-se impossível ou muito difícil a verificação de certos fatos na pendência da ação; II - a prova a ser produzida seja suscetível de viabilizar a autocomposição ou outro meio adequado de solução de conflito;	Seção VI Da Produção Antecipada de Provas **Art. 846.** A produção antecipada da prova pode consistir em interrogatório da parte, inquirição de testemunhas e exame pericial. **Art. 847**. Far-se-á o interrogatório da parte ou a inquirição das testemunhas antes da propositura da ação, ou na pendência desta, mas antes da audiência de instrução: I – se tiver de ausentar-se; II – se, por motivo de idade ou de moléstia grave, houver justo receio de que ao tempo da prova já não exista, ou esteja impossibilitada de depor.

III - o prévio conhecimento dos fatos possa justificar ou evitar o ajuizamento de ação. § 1º O arrolamento de bens observará o disposto nesta Seção quando tiver por finalidade apenas a realização de documentação e não a prática de atos de apreensão. § 2º A produção antecipada da prova é da competência do juízo do foro onde esta deva ser produzida ou do foro de domicílio do réu. § 3º A produção antecipada da prova não previne a competência do juízo para a ação que venha a ser proposta. § 4º O juízo estadual tem competência para produção antecipada de prova requerida em face da União, de entidade autárquica ou de empresa pública federal se, na localidade, não houver vara federal. § 5º Aplica-se o disposto nesta Seção àquele que pretender justificar a existência de algum fato ou relação jurídica para simples documento e sem caráter contencioso, que exporá, em petição circunstanciada, a sua intenção.	**Art. 848.** O requerente justificará sumariamente a necessidade da antecipação e mencionará com precisão os fatos sobre que há de recair a prova. Parágrafo único. Tratando-se de inquirição de testemunhas, serão intimados os interessados a comparecer à audiência em que prestará o depoimento. **Art. 849.** Havendo fundado receio de que venha a tornar-se impossível ou muito difícil a verificação de certos fatos na pendência da ação, é admissível o exame pericial. **Art. 850.** A prova pericial realizar-se-á conforme o disposto nos arts. 420 a 439. Seção VIII Do Arrolamento de Bens **Art. 855**. Procede-se ao arrolamento sempre que há fundado receio de extravio ou de dissipação de bens. **Art. 856**. Pode requerer o arrolamento todo aquele que tem interesse na conservação dos bens. § 1º O interesse do requerente pode resultar de direito já constituído ou que deva ser declarado em ação própria. § 2º Aos credores só é permitido requerer arrolamento nos casos em que tenha lugar a arrecadação de herança. **Art. 857**. Na petição inicial exporá o requerente: I - o seu direito aos bens; II - os fatos em que funda o receio de extravio ou de dissipação dos bens. **Art. 858**. Produzidas as provas em justificação prévia, o juiz, convencendo-se de que o interesse do requerente corre sério risco, deferirá a medida, nomeando depositário dos bens. Parágrafo único. O possuidor ou detentor dos bens será ouvido se a audiência não comprometer a finalidade da medida. **Art. 859**. O depositário lavrará auto, descrevendo minuciosamente todos os bens e registrando quaisquer ocorrências que tenham interesse para sua conservação. **Art. 860**. Não sendo possível efetuar desde logo o arrolamento ou concluí-lo no dia em que foi iniciado, apor-se-ão selos nas portas da casa ou nos móveis em que estejam os bens, continuando-se a diligência no dia que for designado.

Neste ponto, é possível observar diversas novidades em relação à produção antecipada da prova, além da disposição topográfica. Primeiramente, o novo diploma não repete a regra de que ela pode consistir em interrogatório da parte, inquirição de testemunhas e exame pericial. Afirma, de forma ampla, que a produção antecipada da prova será admitida nos casos em que haja fundado receio de que venha a tornar-se impossível ou muito difícil a verificação de certos fatos na pendência da ação; a prova a ser produzida seja suscetível de viabilizar a autocomposição ou outro meio adequado de solução do conflito; e, o prévio conhecimento dos fatos possa justificar ou evitar o ajuizamento da ação. Isso significa que, em tese, a coleta antecipada poderá envolver qualquer espécie de prova.

As regras desta seção também são dirigidas para o caso de arrolamento de bens visando à documentação, desde que não consista em ato de apreensão. Na mesma direção, aplica-se àquele que pretende justificar a existência de algum fato ou relação jurídica, para simples documento e sem caráter contencioso.

A competência para a produção antecipada de prova é do juízo do foro onde deve ser produzida ou do foro de domicílio do réu. Contudo, não previne a competência do juízo para a ação que venha a ser proposta.

Caso o local não sedie vara federal, o juiz estadual terá competência para produção antecipada de prova requerida em face da União, entidade autárquica ou empresa pública federal (art. 381, § 4º). Esse dispositivo indica mais uma hipótese de delegação de competência para o juízo estadual autorizada pelo artigo 109, § 3º, da Constituição, como já acontece em relação a cumprimento de carta precatória.

NOVO CÓDIGO DE PROCESSO CIVIL	CÓDIGO DE PROCESSO CIVIL DE 1973
Art. 382. Na petição, o requerente apresentará as razões que justificam a necessidade de antecipação da prova e mencionará com precisão os fatos sobre os quais a prova há de recair. § 1º O juiz determinará, de ofício ou a requerimento da parte, a citação de interessados na produção da prova ou no fato a ser provado, salvo se inexistente caráter contencioso. § 2º O juiz não se pronunciará sobre a ocorrência ou a inocorrência do fato, nem sobre as respectivas consequências jurídicas. § 3º Os interessados poderão requerer a produção de qualquer prova no mesmo procedimento, desde que relacionada ao mesmo fato, salvo se a sua produção conjunta acarretar excessiva demora. § 4º Neste procedimento, não se admitirá defesa ou recurso, salvo contra decisão que indeferir totalmente a produção da prova pleiteada pelo requerente originário.	**Art. 848**. O requerente justificará sumariamente a necessidade da antecipação e mencionará com precisão os fatos sobre que há de recair a prova. Parágrafo único. Tratando-se de inquirição de testemunhas, serão intimados os interessados a comparecer à audiência em que prestará o depoimento.

O dispositivo indica requisitos que o requerente deve observar para seu pleito ser contemplado ao dispor que "na petição" justificará a necessidade de antecipação da prova, mencionando com precisão os fatos a serem provados. Se não houver contencioso, o juiz determinará, de ofício ou a requerimento da parte, a citação de interessados na produção da prova ou no fato a ser provado, conforme estabelece o parágrafo 1º.

No parágrafo 2º indica postura do juiz de não emitir juízo de valor sobre a prova colhida, ao dispor que este não irá se pronunciar acerca da ocorrência ou não do fato e das respectivas consequências jurídicas.

O parágrafo 3º permite a cumulação de pedidos de produção antecipada de prova de qualquer natureza, se relacionados ao mesmo fato, mas com a observância de não gerar prejuízo à razoável duração do processo.

Exceto em relação à decisão que indeferir totalmente a produção de prova pleiteada pelo requerente originário, "não se admitirá defesa ou recurso". Essa disposição se justifica pelo fato de não se emitir juízo de valor sobre a prova requerida, tendo em vista que a sua produção se dá no intuito de evitar perecimento.

NOVO CÓDIGO DE PROCESSO CIVIL	CÓDIGO DE PROCESSO CIVIL DE 1973
Art. 383. Os autos permanecerão em cartório durante 1 (um) mês para extração de cópias e certidões pelos interessados. Parágrafo único. Findo o prazo, os autos serão entregues ao promovente da medida.	**Art. 851.** Tomado o depoimento ou feito exame pericial, os autos permanecerão em cartório, sendo lícito aos interessados solicitar as certidões que quiserem.

De acordo com a nova redação, os autos deverão permanecer em cartório pelo prazo de um mês, para extração de cópias e certidões pelos interessados. Depois deste prazo serão entregues aos promoventes da medida. Diferente do texto do CPC/73, o NCPC não limita ao depoimento e ao exame pericial, conforme já destacado.

NOVO CÓDIGO DE PROCESSO CIVIL	CÓDIGO DE PROCESSO CIVIL DE 1973
Seção III **Da Ata Notarial** **Art. 384.** A existência e o modo de existir de algum fato podem ser atestados ou documentados, a requerimento do interessado, mediante ata lavrada por tabelião. Parágrafo único. Dados representados por imagem ou som gravados em arquivos eletrônicos poderão constar da ata notarial.	Sem correspondente.

Trata-se da ata notarial, uma inovação do NCPC. Assim, o interessado pode requerer que a existência e o modo de existir de algum fato sejam atestados ou documentados "mediante ata". Além disso, poderão constar da ata notarial dados representados por imagem ou som gravados em arquivos eletrônicos.

NOVO CÓDIGO DE PROCESSO CIVIL	CÓDIGO DE PROCESSO CIVIL DE 1973
Seção IV **Do Depoimento Pessoal** **Art. 385.** Cabe à parte requerer o depoimento pessoal da outra parte, a fim de que esta seja interrogada na audiência de instrução e julgamento, sem prejuízo do poder do juiz de ordená-lo de ofício. § 1º Se a parte, pessoalmente intimada para prestar depoimento pessoal e advertida da pena de confesso, não comparecer ou, comparecendo, se recusar a depor, o juiz aplicar-lhe-á a pena. § 2º É vedado a quem ainda não depôs assistir ao interrogatório da outra parte. § 3º O depoimento pessoal da parte que residir em comarca, seção ou subseção judiciária diversa daquela onde tramita o processo poderá ser colhido por meio de videoconferência ou outro recurso tecnológico de transmissão de sons e imagens em tempo real, o que poderá ocorrer, inclusive, durante a realização da audiência de instrução e julgamento.	Seção II Do Depoimento Pessoal **Art. 342.** O juiz pode, de ofício, em qualquer estado do processo, determinar o comparecimento pessoal das partes, a fim de interrogá-las sobre os fatos da causa. **Art. 343.** Quando o juiz não o determinar de ofício, compete a cada parte requerer o depoimento pessoal da outra, a fim de interrogá-la na audiência de instrução e julgamento. § 1º A parte será intimada pessoalmente, constando do mandado que se presumirão confessados os fatos contra ela alegados, caso não compareça ou, comparecendo, se recuse a depor. § 2º Se a parte intimada não comparecer, ou comparecendo, se recusar a depor, o juiz lhe aplicará a pena de confissão. **Art. 344.** [...] Parágrafo único. É defeso, a quem ainda não depôs, assistir ao interrogatório da outra parte.

As disposições constantes no NCPC sobre o depoimento pessoal inovaram apenas em relação à possibilidade de utilização de meios eletrônicos para sua efetivação, na qual pode ser detacada a videoconferência (§ 3º), embora já seja esta uma realidade.

O *caput* do artigo 385 estabelece que o depoimento pessoal da parte, "*a fim de ser interrogada em audiência*" de instrução e julgamento, pode ser requerido pela outra parte ou ordenado de ofício pelo juiz.

Aplica-se a pena de confissão à parte que, pessoalmente intimada, se recusar a depor ou não comparecer, conforme indicado no parágrafo 1º. E o parágrafo 2º aponta que quem ainda não depôs não pode assistir o interrogatório da outra parte.

NOVO CÓDIGO DE PROCESSO CIVIL	CÓDIGO DE PROCESSO CIVIL DE 1973
Art. 386. Quando a parte, sem motivo justificado, deixar de responder ao que lhe for perguntado ou empregar evasivas, o juiz, apreciando as demais circunstâncias e os elementos de prova, declarará, na sentença, se houve recusa de depor.	**Art. 345.** Quando a parte, sem motivo justificado, deixar de responder ao que lhe for perguntado, ou empregar evasivas, o juiz, apreciando as demais circunstâncias e elementos de prova, declarará, na sentença, se houve recusa de depor.

Neste caso, o novo Código de Processo Civil mantém a regra do texto do CPC/73.

NOVO CÓDIGO DE PROCESSO CIVIL	CÓDIGO DE PROCESSO CIVIL DE 1973
Art. 387. A parte responderá pessoalmente sobre os fatos articulados, não podendo servir-se de escritos anteriormente preparados, permitindo-lhe o juiz, todavia, a consulta a notas breves, desde que objetivem completar esclarecimentos.	**Art. 346.** A parte responderá pessoalmente sobre os fatos articulados, não podendo servir-se de escritos adrede preparados; o juiz lhe permitirá, todavia, a consulta a notas breves, desde que objetivem completar esclarecimentos.

Neste caso, o novo Código de Processo Civil mantém a regra do texto do CPC/73.

NOVO CÓDIGO DE PROCESSO CIVIL	CÓDIGO DE PROCESSO CIVIL DE 1973
Art. 388. A parte não é obrigada a depor sobre fatos: I - criminosos ou torpes que lhe forem imputados; II - a cujo respeito, por estado ou profissão, deva guardar sigilo; III - acerca dos quais não possa responder sem desonra própria, de seu cônjuge, de seu companheiro ou de parente em grau sucessível; IV - que coloquem em perigo a vida do depoente ou das pessoas referidas no inciso III. Parágrafo único. Esta disposição não se aplica às ações de estado e de família.	**Art. 347.** A parte não é obrigada a depor de fatos: I – criminosos ou torpes, que lhe forem imputados; II – a cujo respeito, por estado ou profissão, deva guardar sigilo. Parágrafo único. Esta disposição não se aplica às açõesde filiação, de desquite e de anulação de casamento.

Além de manter a regra do texto do CPC/73, segundo a qual a parte não será obrigada a depor sobre fatos criminosos ou torpes que lhe forem imputados e a cujo respeito, por estado ou profissão, deva guardar sigilo, o novo Código de Processo Civil acrescenta mais duas hipóteses. Trata-se dos fatos a que não possa responder sem desonra própria, de seu cônjuge, de seu companheiro ou de parente em grau sucessível, bem como aqueles que coloquem em perigo a vida do depoente ou das referidas pessoas que lhe são próximas. Observa-se que esta regra não se aplica às ações de estado e de família.

NOVO CÓDIGO DE PROCESSO CIVIL	CÓDIGO DE PROCESSO CIVIL DE 1973
Seção V **Da Confissão**	Seção III Da Confissão
Art. 389. Há confissão, judicial ou extrajudicial, quando a parte admite a verdade de fato contrário ao seu interesse e favorável ao do adversário.	**Art. 348.** Há confissão, quando a parte admite a verdade de um fato, contrário ao seu interesse e favorável ao adversário. A confissão é judicial ou extrajudicial.

Neste caso, o novo Código de Processo Civil mantém a regra do texto de 1973.

NOVO CÓDIGO DE PROCESSO CIVIL	CÓDIGO DE PROCESSO CIVIL DE 1973
Art. 390. A confissão judicial pode ser espontânea ou provocada. § 1º A confissão espontânea pode ser feita pela própria parte ou por representante com poder especial. § 2º A confissão provocada constará do termo de depoimento pessoal.	**Art. 349.** A confissão judicial pode ser espontânea ou provocada. Da confissão espontânea, tanto que requerida pela parte, se lavrará o respectivo termo nos autos; a confissão provocada constará do depoimento pessoal prestado pela parte. Parágrafo único. A confissão espontânea pode ser feita pela própria parte, ou por mandatário com poderes especiais.

O novo Código de Processo Civil manteve a regra do texto do CPC/73 no que diz respeito à confissão judicial, que pode ser espôntanea (feita pela própria parte ou por representante com poder especial) ou provocada (neste caso deve constar do termo de depoimento pessoal).

NOVO CÓDIGO DE PROCESSO CIVIL	CÓDIGO DE PROCESSO CIVIL DE 1973
Art. 391. A confissão judicial faz prova contra o confitente, não prejudicando, todavia, os litisconsortes. Parágrafo único. Nas ações que versarem sobre bens imóveis ou direitos reais sobre imóveis alheios, a confissão de um cônjuge ou companheiro não valerá sem a do outro, salvo se o regime de casamento for o de separação absoluta de bens.	**Art. 350.** A confissão judicial faz prova contra o confitente, não prejudicando, todavia, os litisconsortes. Parágrafo único. Nas ações que versarem sobre bens imóveis ou direitos sobre imóveis alheios, a confissão de um cônjuge não valerá sem a do outro.

Este dispositivo ratifica que a confissão judicial faz prova contra o confitente, mas não prejudica os litisconsortes. Ademais, exige a confissão de ambos os cônjuges nas ações que versarem sobre bens imóveis ou direitos reais sobre imóveis alheios. O NCPC exclui a incidência do parágrafo único do artigo em tela na hipótese do regime de bens do casal ser o da separação total, o que representa uma novidade em relação ao CPC/73, embora já fosse tratada dessa forma pelos tribunais.

NOVO CÓDIGO DE PROCESSO CIVIL	CÓDIGO DE PROCESSO CIVIL DE 1973
Art. 392. Não vale como confissão a admissão, em juízo, de fatos relativos a direitos indisponíveis. § 1º A confissão será ineficaz se feita por quem não for capaz de dispor do direito a que se referem os fatos confessados. § 2º A confissão feita por um representante somente é eficaz nos limites em que este pode vincular o representado.	**Art. 351.** Não vale como confissão a admissão, em juízo, de fatos relativos a direitos indisponíveis.

O NCPC repete a regra que indica a ineficácia de confissão sobre fatos relativos a direitos indisponíveis, mas acrescentou outras disposições sobre extensão dos efeitos da confissão em algumas circunstâncias conforme as disposições dos parágrafos do artigo 392 ao estabelecerem, respectivamente, que *"a confissão será ineficaz se feita por quem não for capaz de dispor do direito a que se referem os fatos confessados"* e que *"a confissão feita por um representante somente é eficaz nos limites em que este pode vincular o representado"*.

NOVO CÓDIGO DE PROCESSO CIVIL	CÓDIGO DE PROCESSO CIVIL DE 1973
Art. 393. A confissão é irrevogável, mas pode ser anulada se decorreu de erro de fato ou de coação. Parágrafo único. A legitimidade para a ação prevista no caput é exclusiva do confitente e pode ser transferida a seus herdeiros se ele falecer após a propositura.	**Art. 352.** A confissão, quando emanar de erro, dolo ou coação, pode ser revogada: I – por ação anulatória, se pendente o processo em que foi feita; II – por ação rescisória, depois de transitada em julgado a sentença, da qual constituir o único fundamento. Parágrafo único. Cabe ao confitente o direito de propor a ação, nos casos de que trata este artigo; mas, uma vez iniciada, passa aos seus herdeiros.

Conforme o disposto no artigo em comento, a confissão é irrevogável, podendo ser anulada em caso de erro de fato ou de coação. O NCPC não expressa a hipótese do dolo contida na redação do CPC/73, pois estaria absorvida pela hipótese de coação.

O legislador do NCPC permitiu o uso da ação anulatória para atacar a confissão, corrigindo impropriedade que existia no artigo 485, VIII, do CPC/73. Quanto à legitimidade para o ajuizamento da ação anulatória, não houve novidade, permanecendo exclusiva do confitente, podendo ser transferida aos herdeiros, nos termos da nova redação, se ele falecer após a propositura.

NOVO CÓDIGO DE PROCESSO CIVIL	CÓDIGO DE PROCESSO CIVIL DE 1973
Art. 394. A confissão extrajudicial, quando feita oralmente, só terá eficácia nos casos em que a lei não exija prova literal.	**Art. 353.** A confissão extrajudicial, feita por escrito à parte ou a quem a represente, tem a mesma eficácia probatória da judicial; feita a terceiro, ou contida em testamento, será livremente apreciada pelo juiz. Parágrafo único. Todavia, quando feita verbalmente, só terá eficácia nos casos em que a lei não exija prova literal.

Neste caso, o novo Código de Processo Civil mantém a regra do texto do CPC/73.

NOVO CÓDIGO DE PROCESSO CIVIL	CÓDIGO DE PROCESSO CIVIL DE 1973
Art. 395. A confissão é, em regra, indivisível, não podendo a parte que a quiser invocar como prova aceitá-la no tópico que a beneficiar e rejeitá-la no que lhe for desfavorável, porém cindir-se-á quando o confitente a ela aduzir fatos novos, capazes de constituir fundamento de defesa de direito material ou de reconvenção.	**Art. 354.** A confissão é, de regra, indivisível, não podendo a parte, que a quiser invocar como prova, aceitá-la no tópico que a beneficiar e rejeitá-la no que lhe for desfavorável. Cindir-se-á, todavia, quando o confitente lhe aduzir fatos novos, suscetíveis de constituir fundamento de defesa de direito material ou de reconvenção.

Neste caso, o novo Código de Processo Civil mantém a regra do texto do CPC/73.

NOVO CÓDIGO DE PROCESSO CIVIL	CÓDIGO DE PROCESSO CIVIL DE 1973
Seção VI **Da Exibição de Documento ou Coisa** **Art. 396.** O juiz pode ordenar que a parte exiba documento ou coisa que se encontre em seu poder.	Seção IV Da Exibição de Documento ou Coisa **Art. 355.** O juiz pode ordenar que a parte exiba documento ou coisa, que se ache em seu poder.

Neste caso, o novo Código de Processo Civil mantém a regra do texto do CPC/73.

NOVO CÓDIGO DE PROCESSO CIVIL	CÓDIGO DE PROCESSO CIVIL DE 1973
Art. 397. O pedido formulado pela parte conterá: I - a individuação, tão completa quanto possível, do documento ou da coisa; II - a finalidade da prova, indicando os fatos que se relacionam com o documento ou com a coisa; III - as circunstâncias em que se funda o requerente para afirmar que o documento ou a coisa existe e se acha em poder da parte contrária.	**Art. 356.** O pedido formulado pela parte conterá: I – a individuação, tão completa quanto possível, do documento ou da coisa; II – a finalidade da prova, indicando os fatos que se relacionam com o documento ou a coisa; III – as circunstâncias em que se funda o requerente para afirmar que o documento ou a coisa existe e se acha em poder da parte contrária.

O novo Código de Processo Civil mantém a regra do CPC/73.

NOVO CÓDIGO DE PROCESSO CIVIL	CÓDIGO DE PROCESSO CIVIL DE 1973
Art. 398. O requerido dará sua resposta nos 5 (cinco) dias subsequentes à sua intimação. Parágrafo único. Se o requerido afirmar que não possui o documento ou a coisa, o juiz permitirá que o requerente prove, por qualquer meio, que a declaração não corresponde à verdade.	**Art. 357.** O requerido dará a sua resposta nos 5 (cinco) dias subsequentes à sua intimação. Se afirmar que não possui o documento ou a coisa, o juiz permitirá que o requerente prove, por qualquer meio, que a declaração não corresponde à verdade.

Neste caso, o novo Código de Processo Civil mantém a regra do CPC/73.

NOVO CÓDIGO DE PROCESSO CIVIL	CÓDIGO DE PROCESSO CIVIL DE 1973
Art. 399. O juiz não admitirá a recusa se: I - o requerido tiver obrigação legal de exibir; II - o requerido tiver aludido ao documento ou à coisa, no processo, com o intuito de constituir prova; III - o documento, por seu conteúdo, for comum às partes.	**Art. 358.** O juiz não admitirá a recusa: I – se o requerido tiver obrigação legal de exibir; II – se o requerido aludiu ao documento ou à coisa, no processo, com o intuito de constituir prova; III – se o documento, por seu conteúdo, for comum às partes.

Neste caso, o novo Código de Processo Civil mantém a regra do texto do CPC/73.

NOVO CÓDIGO DE PROCESSO CIVIL	CÓDIGO DE PROCESSO CIVIL DE 1973
Art. 400. Ao decidir o pedido, o juiz admitirá como verdadeiros os fatos que, por meio do documento ou da coisa, a parte pretendia provar se: I - o requerido não efetuar a exibição nem fizer nenhuma declaração no prazo do art. 398; II - a recusa for havida por ilegítima. Parágrafo único. Sendo necessário, o juiz pode adotar medidas indutivas, coercitivas, mandamentais ou sub-rogatórias para que o documento seja exibido.	**Art. 359.** Ao decidir o pedido, o juiz admitirá como verdadeiros os fatos que, por meio do documento ou da coisa, a parte pretendia provar: I – se o requerido não efetuar a exibição, nem fizer qualquer declaração no prazo do art. 357; II – se a recusa for havida por ilegítima.

Foi mantida a regra segundo a qual se o requerido não exibir o documento ou a coisa, nem fizer qualquer declaração no prazo de cinco dias e se a recusa for havida por ilegítima, o juiz admitirá como verdadeiros os fatos que a parte pretendia provar. O novo diploma acrescenta que o juiz pode adotar, se necessário, medidas indutivas, coercitivas, mandamentais ou sub-rogatórias para que o documento seja exibido.

NOVO CÓDIGO DE PROCESSO CIVIL	CÓDIGO DE PROCESSO CIVIL DE 1973
Art. 401. Quando o documento ou a coisa estiver em poder de terceiro, o juiz ordenará sua citação para responder no prazo de 15 (quinze) dias.	**Art. 360.** Quando o documento ou a coisa estiver em poder de terceiro, o juiz mandará citá-lo para responder no prazo de 10 (dez) dias.

Neste caso, o novo Código de Processo Civil mantém a regra do texto do CPC/73, ampliando, apenas, de dez para quinze dias o prazo para o terceiro apresentar resposta.

NOVO CÓDIGO DE PROCESSO CIVIL	CÓDIGO DE PROCESSO CIVIL DE 1973
Art. 402. Se o terceiro negar a obrigação de exibir ou a posse do documento ou da coisa, o juiz designará audiência especial, tomando-lhe o depoimento, bem como o das partes e, se necessário, o de testemunhas, e em seguida proferirá decisão.	**Art. 361.** Se o terceiro negar a obrigação de exibir, ou a posse do documento ou da coisa, o juiz designará audiência especial, tomando-lhe o depoimento, bem como o das partes e, se necessário, de testemunhas; em seguida proferirá a sentença.

O novo Código de Processo Civil praticamente mantém a regra do texto do CPC/73. Contudo, substitui o termo "sentença" por "decisão".

NOVO CÓDIGO DE PROCESSO CIVIL	CÓDIGO DE PROCESSO CIVIL DE 1973
Art. 403. Se o terceiro, sem justo motivo, se recusar a efetuar a exibição, o juiz ordenar-lhe-á que proceda ao respectivo depósito em cartório ou em outro lugar designado, no prazo de 5 (cinco) dias, impondo ao requerente que o ressarça pelas despesas que tiver. Parágrafo único. Se o terceiro descumprir a ordem, o juiz expedirá mandado de apreensão, requisitando, se necessário, força policial, sem prejuízo da responsabilidade por crime de desobediência, pagamento de multa e outras medidas indutivas, coercitivas, mandamentais ou sub-rogatórias necessárias para assegurar a efetivação da decisão.	**Art. 362.** Se o terceiro, sem justo motivo, se recusar a efetuar a exibição, o juiz lhe ordenará que proceda ao respectivo depósito em cartório ou noutro lugar designado, no prazo de 5 (cinco) dias, impondo ao requerente que o embolse das despesas que tiver; se o terceiro descumprir a ordem, o juiz expedirá mandado de apreensão, requisitando, se necessário, força policial, tudo sem prejuízo da responsabilidade por crime de desobediência.

Em relação à recusa injustificada do terceiro, o NCPC mantém a regra de que *"o juiz lhe ordenará que proceda ao respectivo depósito em cartório ou noutro lugar designado, no prazo de 5 (cinco) dias, impondo ao requerente que o embolse das despesas que tiver; se o terceiro descumprir a ordem, o juiz expedirá mandado de apreensão, requisitando, se necessário, força policial, tudo sem prejuízo da responsabilidade por crime de desobediência"*.

Contudo, além do crime de desobediência, o novo Código prevê pagamento de multa e outras medidas indutivas, coercitivas, mandamentais ou sub-rogatórias necessárias para assegurar a efetividade da decisão.

NOVO CÓDIGO DE PROCESSO CIVIL	CÓDIGO DE PROCESSO CIVIL DE 1973
Art. 404. A parte e o terceiro se escusam de exibir, em juízo, o documento ou a coisa se: I - concernente a negócios da própria vida da família; II - sua apresentação puder violar dever de honra; III - sua publicidade redundar em desonra à parte ou ao terceiro, bem como a seus parentes consanguíneos ou afins até o terceiro grau, ou lhes representar perigo de ação penal; IV - sua exibição acarretar a divulgação de fatos a cujo respeito, por estado ou profissão, devam guardar segredo; V - subsistirem outros motivos graves que, segundo o prudente arbítrio do juiz, justifiquem a recusa da exibição; VI - houver disposição legal que justifique a recusa da exibição. Parágrafo único. Se os motivos de que tratam os incisos I a VI do caput disserem respeito a apenas uma parcela do documento, a parte ou o terceiro exibirá a outra em cartório, para dela ser extraída cópia reprográfica, de tudo sendo lavrado auto circunstanciado.	**Art. 363.** A parte e o terceiro se escusam de exibir, em juízo, o documento ou a coisa: (Redação dada pela Lei nº 5.925, de 1º.10.1973) I - se concernente a negócios da própria vida da família; (Redação dada pela Lei nº 5.925, de 1º.10.1973) II - se a sua apresentação puder violar dever de honra; (Redação dada pela Lei nº 5.925, de 1º.10.1973) III - se a publicidade do documento redundar em desonra à parte ou ao terceiro, bem como a seus parentes consangüíneos ou afins até o terceiro grau; ou lhes representar perigo de ação penal; (Redação dada pela Lei nº 5.925, de 1º.10.1973) IV - se a exibição acarretar a divulgação de fatos, a cujo respeito, por estado ou profissão, devam guardar segredo; (Redação dada pela Lei nº 5.925, de 1º.10.1973) V - se subsistirem outros motivos graves que, segundo o prudente arbítrio do juiz, justifiquem a recusa da exibição. (Redação dada pela Lei nº 5.925, de 1º.10.1973) Parágrafo único. Se os motivos de que tratam os ns. I a V disserem respeito só a uma parte do conteúdo do documento, da outra se extrairá uma suma para ser apresentada em juízo. (Redação dada pela Lei nº 5.925, de 1º.10.1973)

O novo Código repete o texto do CPC/73 no que diz respeito às hipóteses em que a parte e o terceiro podem se escusar de exibir o documento ou a coisa, acrescentando que também será possível a recusa quando houver disposição legal que a justifique.

Se alguma das hipóteses prevista neste dispositivo se referir apenas a uma parcela do documento, o NCPC determina que a parte ou o terceiro exiba a outra em cartório, "*para dela ser extraída cópia reprográfica, de tudo sendo lavrado auto circunstanciado*".

NOTAS AOS ARTIGOS 405 A 463

Genivaldo Alves Guimarães

NOVO CÓDIGO DE PROCESSO CIVIL	CÓDIGO DE PROCESSO CIVIL DE 1973
Seção VII **Da Prova Documental** Subseção I Da Força Probante dos Documentos **Art. 405.** O documento público faz prova não só da sua formação, mas também dos fatos que o escrivão, o chefe de secretaria, o tabelião ou o servidor declarar que ocorreram em sua presença.	Seção VII Da Prova Documental Subseção I Da Força Probante dos Documentos **Art. 364.** O documento público faz prova não só da sua formação, mas também dos fatos que o escrivão, o tabelião, ou o funcionário declarar que ocorreram em sua presença.

O artigo 405 do novo Código de Processo Civil não sofreu alteração significativa diante do artigo 364 do CPC/73 quanto à força probante dos documentos públicos: apenas se acrescentou como sujeito o "chefe de secretaria", e se substituiu a palavra "funcionário" por "servidor", termo que melhor designa aqueles que prestam serviços em unidades judiciárias, mantendo-se a disposição sobre a força probatória do documento público.

NOVO CÓDIGO DE PROCESSO CIVIL	CÓDIGO DE PROCESSO CIVIL DE 1973
Art. 406. Quando a lei exigir instrumento público como da substância do ato, nenhuma outra prova, por mais especial que seja, pode suprir-lhe a falta.	**Art. 366.** Quando a lei exigir, como da substância do ato, o instrumento público, nenhuma outra prova, por mais especial que seja, pode suprir-lhe a falta. (Incluído pela Lei nº 11.419, de 2006).

Não houve alteração em relação à necessidade de instrumento público quando a lei assim o exigir. Não se trata, porém, de prova do ato, mas de requisito para que o próprio ato tenha validade.

NOVO CÓDIGO DE PROCESSO CIVIL	CÓDIGO DE PROCESSO CIVIL DE 1973
Art. 407. O documento feito por oficial público incompetente ou sem a observância das formalidades legais, sendo subscrito pelas partes, tem a mesma eficácia probatória do documento particular.	**Art. 367.** O documento, feito por oficial público incompetente, ou sem a observância das formalidades legais, sendo subscrito pelas partes, tem a mesma eficácia probatória do documento particular.

Não houve alteração legislativa, mantendo-se a previsão de que, documento público com vício se equipara, para efeitos probatórios, a documento particular.

NOVO CÓDIGO DE PROCESSO CIVIL	CÓDIGO DE PROCESSO CIVIL DE 1973
Art. 408. As declarações constantes do documento particular escrito e assinado ou somente assinado presumem-se verdadeiras em relação ao signatário. Parágrafo único. Quando, todavia, contiver declaração de ciência de determinado fato, o documento particular prova a ciência, mas não o fato em si, incumbindo o ônus de prová-lo ao interessado em sua veracidade.	**Art. 368.** As declarações constantes do documento particular, escrito e assinado, ou somente assinado, presumem-se verdadeiras em relação ao signatário. Parágrafo único. Quando, todavia, contiver declaração de ciência, relativa a determinado fato, o documento particular prova a declaração, mas não o fato declarado, competindo ao interessado em sua veracidade o ônus de provar o fato.

O artigo 408 do NCPC tem melhor redação em comparação com a parte final do parágrafo único do artigo 368 do CPC/73. Restou ainda mais claro que todo documento particular prova que a declaração nele constante foi prestada (CPC/73, art. 373, e Código Civil, art. 219). A declaração presume-se verdadeira em relação àqueles que o assinam. Ocorre que o documento particular, diferentemente do documento público, prova somente a declaração nele contida, e não o fato ocorrido nele descrito. Relativamente ao fato declarado, cabe ao interessado a prova de sua veracidade.

NOVO CÓDIGO DE PROCESSO CIVIL	CÓDIGO DE PROCESSO CIVIL DE 1973
Art. 409. A data do documento particular, quando a seu respeito surgir dúvida ou impugnação entre os litigantes, provar-se-á por todos os meios de direito. Parágrafo único. Em relação a terceiros, considerar-se-á datado o documento particular: I - no dia em que foi registrado; II - desde a morte de algum dos signatários; III - a partir da impossibilidade física que sobreveio a qualquer dos signatários; IV - da sua apresentação em repartição pública ou em juízo; V - do ato ou do fato que estabeleça, de modo certo, a anterioridade da formação do documento.	**Art. 370.** A data do documento particular, quando a seu respeito surgir dúvida ou impugnação entre os litigantes, provar-se-á por todos os meios de direito. Mas, em relação a terceiros, considerar-se-á datado o documento particular: I – no dia em que foi registrado; II – desde a morte de algum dos signatários; III – a partir da impossibilidade física, que sobreveio a qualquer dos signatários; IV – da sua apresentação em repartição pública ou em juízo; V – do ato ou fato que estabeleça, de modo certo, a anterioridade da formação do documento.

Tendo o mesmo teor do artigo 370 do CPC/73, o artigo 409 do NCPC dispõe que os documentos particulares, como regra, são datados e, em caso de dúvida, traça, em seus incisos, situações para dirimi-la em face de terceiros.

NOVO CÓDIGO DE PROCESSO CIVIL	CÓDIGO DE PROCESSO CIVIL DE 1973
Art. 410. Considera-se autor do documento particular: I - aquele que o fez e o assinou; II - aquele por conta de quem ele foi feito, estando assinado; III - aquele que, mandando compô-lo, não o firmou porque, conforme a experiência comum, não se costuma assinar, como livros empresariais e assentos domésticos.	**Art. 371.** Reputa-se autor do documento particular: I – aquele que o fez e o assinou; II – aquele, por conta de quem foi feito, estando assinado; III – aquele que, mandando compô-lo, não o firmou, porque, conforme a experiência comum, não se costuma assinar, como livros comerciais e assentos domésticos.

Reproduzindo o teor do artigo 371 do CPC/73, o NCPC dispõe que, como regra, o autor do documento é quem apôs sua assinatura, mas, em caso de documentos não assinados, como, por exemplo, livros domésticos e empresariais, autor será o responsável por sua composição.

NOVO CÓDIGO DE PROCESSO CIVIL	CÓDIGO DE PROCESSO CIVIL DE 1973
Art. 411. Considera-se autêntico o documento quando: I - o tabelião reconhecer a firma do signatário; II - a autoria estiver identificada por qualquer outro meio legal de certificação, inclusive eletrônico, nos termos da lei; III - não houver impugnação da parte contra quem foi produzido o documento.	**Art. 369.** Reputa-se autêntico o documento, quando o tabelião reconhecer a firma do signatário, declarando que foi aposta em sua presença.

Foram acrescentados os incisos II e III à previsão de autenticidade de documento no NCPC. O dispositivo em tela veio a contemplar o certificado digital ou assinatura eletrônica. Criou-se, ainda, uma espécie de presunção de autenticidade, quando a parte contra quem foi produzido o documento não o impugnar.

NOVO CÓDIGO DE PROCESSO CIVIL	CÓDIGO DE PROCESSO CIVIL DE 1973
Art. 412. O documento particular de cuja autenticidade não se duvida prova que o seu autor fez a declaração que lhe é atribuída. Parágrafo único. O documento particular admitido expressa ou tacitamente é indivisível, sendo vedado à parte que pretende utilizar-se dele aceitar os fatos que lhe são favoráveis e recusar os que são contrários ao seu interesse, salvo se provar que estes não ocorreram.	**Art. 373.** Ressalvado o disposto no parágrafo único do artigo anterior, o documento particular, de cuja autenticidade se não duvida, prova que o seu autor fez a declaração, que lhe é atribuída. Parágrafo único. O documento particular, admitido expressa ou tacitamente, é indivisível, sendo defeso à parte, que pretende utilizar-se dele, aceitar os fatos que lhe são favoráveis e recusar os que são contrários ao seu interesse, salvo se provar que estes se não verificaram.

Sem mudança significativa com relação ao teor do artigo 373 do CPC/73, o NCPC, no artigo 412, trata da eficácia probatória e da indivisibilidade do documento particular, que é analisado em sua integralidade.

NOVO CÓDIGO DE PROCESSO CIVIL	CÓDIGO DE PROCESSO CIVIL DE 1973
Art. 413. O telegrama, o radiograma ou qualquer outro meio de transmissão tem a mesma força probatória do documento particular se o original constante da estação expedidora tiver sido assinado pelo remetente. Parágrafo único. A firma do remetente poderá ser reconhecida pelo tabelião, declarando-se essa circunstância no original depositado na estação expedidora.	**Art. 374.** O telegrama, o radiograma ou qualquer outro meio de transmissão tem a mesma força probatória do documento particular, se o original constante da estação expedidora foi assinado pelo remetente. Parágrafo único. A firma do remetente poderá ser reconhecida pelo tabelião, declarando-se essa circunstância no original depositado na estação expedidora.

Sem alterações em relação ao CPC/73, neste dispositivo, o NCPC trata da transmissão de informações, que se equipara a documento particular. Há possibilidade de a firma do requerente ser reconhecida pelo tabelião.

NOVO CÓDIGO DE PROCESSO CIVIL	CÓDIGO DE PROCESSO CIVIL DE 1973
Art. 414. O telegrama ou o radiograma presume-se conforme com o original, provando as datas de sua expedição e de seu recebimento pelo destinatário.	**Art. 375.** O telegrama ou o radiograma presume-se conforme com o original, provando a data de sua expedição e do recebimento pelo destinatário. (Redação dada pela Lei nº 5.925, de 1º.10.1973)

O NCPC manteve, neste dispositivo, o mesmo teor daquele constante no CPC/73, no sentido de que o telegrama, radiograma ou qualquer outro meio de transmissão presume-se conforme o original, desde que não ocorra impugnação à autenticidade da assinatura e à veracidade do documento.

NOVO CÓDIGO DE PROCESSO CIVIL	CÓDIGO DE PROCESSO CIVIL DE 1973
Art. 415. As cartas e os registros domésticos provam contra quem os escreveu quando: I - enunciam o recebimento de um crédito; II - contêm anotação que visa a suprir a falta de título em favor de quem é apontado como credor; III - expressam conhecimento de fatos para os quais não se exija determinada prova.	**Art. 376.** As cartas, bem como os registros domésticos, provam contra quem os escreveu quando: I – enunciam o recebimento de um crédito; II – contêm anotação, que visa a suprir a falta de título em favor de quem é apontado como credor; III – expressam conhecimento de fatos para os quais não se exija determinada prova.

Mantendo a redação do CPC/73, o NCPC estabelece que os documentos listados somente podem ser utilizados como prova contra seus autores.

NOVO CÓDIGO DE PROCESSO CIVIL	CÓDIGO DE PROCESSO CIVIL DE 1973
Art. 416. A nota escrita pelo credor em qualquer parte de documento representativo de obrigação, ainda que não assinada, faz prova em benefício do devedor. Parágrafo único. Aplica-se essa regra tanto para o documento que o credor conservar em seu poder quanto para aquele que se achar em poder do devedor ou de terceiro.	**Art. 377.** A nota escrita pelo credor em qualquer parte de documento representativo de obrigação, ainda que não assinada, faz prova em benefício do devedor. Parágrafo único. Aplica-se esta regra tanto para o documento, que o credor conservar em seu poder, como para aquele que se achar em poder do devedor.

Sem alteração significativa, o presente dispositivo esclarece que a nota escrita pelo credor, em qualquer parte do documento representativo de uma obrigação, faz prova em benefício do devedor, permanecendo o documento em poder do credor ou em poder do devedor.

NOVO CÓDIGO DE PROCESSO CIVIL	CÓDIGO DE PROCESSO CIVIL DE 1973
Art. 417. Os livros empresariais provam contra seu autor, sendo lícito ao empresário, todavia, demonstrar, por todos os meios permitidos em direito, que os lançamentos não correspondem à verdade dos fatos.	**Art. 378.** Os livros comerciais provam contra o seu autor. É lícito ao comerciante, todavia, demonstrar, por todos os meios permitidos em direito, que os lançamentos não correspondem à verdade dos fatos.

Apenas aperfeiçoou-se a redação, substituindo-se a palavra "comerciais" por "empresariais". O Código Civil, nos artigos 966 a 1.195, trata do Direito de Empresa, e introduziu a palavra "empresário" em substituição a "comerciante", termo utilizado no antigo Código Comercial.

NOVO CÓDIGO DE PROCESSO CIVIL	CÓDIGO DE PROCESSO CIVIL DE 1973
Art. 418. Os livros empresariais que preencham os requisitos exigidos por lei provam a favor de seu autor no litígio entre empresários.	**Art. 379.** Os livros comerciais, que preencham os requisitos exigidos por lei, provam também a favor do seu autor no litígio entre comerciantes.

Manteve-se o teor do dispositivo correspondente do CPC/73, que trata da eficácia probatória dos livros empresariais, apenas atualizando a palavra "comerciante" por "empresário".

NOVO CÓDIGO DE PROCESSO CIVIL	CÓDIGO DE PROCESSO CIVIL DE 1973
Art. 419. A escrituração contábil é indivisível, e, se dos fatos que resultam dos lançamentos, uns são favoráveis ao interesse de seu autor e outros lhe são contrários, ambos serão considerados em conjunto, como unidade.	**Art. 380.** A escrituração contábil é indivisível: se dos fatos que resultam dos lançamentos, uns são favoráveis ao interesse de seu autor e outros lhe são contrários, ambos serão considerados em conjunto como unidade.

Mantendo o teor do dispositivo correspondente do CPC/73, reproduziu-se a indivisibilidade da escrituração contábil.

NOVO CÓDIGO DE PROCESSO CIVIL	CÓDIGO DE PROCESSO CIVIL DE 1973
Art. 420. O juiz pode ordenar, a requerimento da parte, a exibição integral dos livros empresariais e dos documentos do arquivo: I - na liquidação de sociedade; II - na sucessão por morte de sócio; III - quando e como determinar a lei.	**Art. 381.** O juiz pode ordenar, a requerimento da parte, a exibição integral dos livros comerciais e dos documentos do arquivo: I – na liquidação de sociedade; II – na sucessão por morte de sócio; III – quando e como determinar a lei.

O artigo 420 do NCPC reproduz o artigo 381 do CPC/73, mantendo as hipóteses em que poderá ser determinada a exibição dos livros e documentos empresariais.

NOVO CÓDIGO DE PROCESSO CIVIL	CÓDIGO DE PROCESSO CIVIL DE 1973
Art. 421. O juiz pode, de ofício, ordenar à parte a exibição parcial dos livros e dos documentos, extraindo-se deles a suma que interessar ao litígio, bem como reproduções autenticadas.	**Art. 382.** O juiz pode, de ofício, ordenar à parte a exibição parcial dos livros e documentos, extraindo-se deles a suma que interessar ao litígio, bem como reproduções autenticadas.

Mantendo o teor do dispositivo correspondente do CPC/73, o NCPC trata da exibição parcial de livros e documentos empresariais, para a extração da suma, cujos pontos sirvam para esclarecer o litígio.

NOVO CÓDIGO DE PROCESSO CIVIL	CÓDIGO DE PROCESSO CIVIL DE 1973
Art. 422. Qualquer reprodução mecânica, como a fotográfica, a cinematográfica, a fonográfica ou de outra espécie, tem aptidão para fazer prova dos fatos ou das coisas representadas, se a sua conformidade com o documento original não for impugnada por aquele contra quem foi produzida. § 1º As fotografias digitais e as extraídas da rede mundial de computadores fazem prova das imagens que reproduzem, devendo, se impugnadas, ser apresentada a respectiva autenticação eletrônica ou, não sendo possível, realizada perícia. § 2º Se se tratar de fotografia publicada em jornal ou revista, será exigido um exemplar original do periódico, caso impugnada a veracidade pela outra parte. § 3º Aplica-se o disposto neste artigo à forma impressa de mensagem eletrônica.	**Art. 383.** Qualquer reprodução mecânica, como a fotográfica, cinematográfica, fonográfica ou de outra espécie, faz prova dos fatos ou das coisas representadas, se aquele contra quem foi produzida lhe admitir a conformidade. Parágrafo único. Impugnada a autenticidade da reprodução mecânica, o juiz ordenará a realização de exame pericial.

Foi aprimorada a redação do *caput* do artigo do NCPC em comparação com o dispositivo correspondente do CPC/73. Os três parágrafos seguintes contemplaram as hipóteses de fotografias extraídas da rede mundial de computadores ou de jornais, bem como a forma impressa de mensagem eletrônica. Certamente, serão exigidas perícias mais sofisticadas, capazes de acompanhar toda a evolução da informática, que não existia em 1973, ou seja, há mais de quarenta anos.

NOVO CÓDIGO DE PROCESSO CIVIL	CÓDIGO DE PROCESSO CIVIL DE 1973
Art. 423. As reproduções dos documentos particulares, fotográficas ou obtidas por outros processos de repetição, valem como certidões sempre que o escrivão ou o chefe de secretaria certificar sua conformidade com o original.	**Art. 384.** As reproduções fotográficas ou obtidas por outros processos de repetição, dos documentos particulares, valem como certidões, sempre que o escrivão portar por fé a sua conformidade com o original.

O dispositivo substituiu a palavra "escrivão" por "Chefe de Secretaria", embora as funções sejam equivalentes. Leis estaduais passaram a extinguir o cargo de Escrivão Judiciário, a partir da respectiva vacância.

NOVO CÓDIGO DE PROCESSO CIVIL	CÓDIGO DE PROCESSO CIVIL DE 1973
Art. 424. A cópia de documento particular tem o mesmo valor probante que o original, cabendo ao escrivão, intimadas as partes, proceder à conferência e certificar a conformidade entre a cópia e o original.	**Art. 385.** A cópia de documento particular tem o mesmo valor probante que o original, cabendo ao escrivão, intimadas as partes, proceder à conferência e certificar a conformidade entre a cópia e o original. § 1º Quando se tratar de fotografia, esta terá de ser acompanhada do respectivo negativo. § 2º Se a prova for uma fotografia publicada em jornal, exigir-se-ão o original e o negativo.

No NCPC não foram reproduzidos os parágrafos do artigo correspondente do CPC/73, que tratam da fotografia e respectivo negativo, ou da fotografia publicada em jornal, pois estes dados já foram regulados em outro artigo, que veio a contemplar, inclusive, as fotografias e outros documentos obtidos através da rede mundial de computadores. Manteve-se, apenas, a regra de conferência dos documentos prevista no *caput.*

NOVO CÓDIGO DE PROCESSO CIVIL	CÓDIGO DE PROCESSO CIVIL DE 1973
Art. 425. Fazem a mesma prova que os originais: I - as certidões textuais de qualquer peça dos autos, do protocolo das audiências ou de outro livro a cargo do escrivão ou do chefe de secretaria, se extraídas por ele ou sob sua vigilância e por ele subscritas; II - os traslados e as certidões extraídas por oficial público de instrumentos ou documentos lançados em suas notas; III - as reproduções dos documentos públicos, desde que autenticadas por oficial público ou conferidas em cartório com os respectivos originais; IV - as cópias reprográficas de peças do próprio processo judicial declaradas autênticas pelo advogado, sob sua responsabilidade pessoal, se não lhes for impugnada a autenticidade;	**Art. 365.** Fazem a mesma prova que os originais: I - as certidões textuais de qualquer peça dos autos, do protocolo das audiências, ou de outro livro a cargo do escrivão, sendo extraídas por ele ou sob sua vigilância e por ele subscritas; II - os traslados e as certidões extraídas por oficial público, de instrumentos ou documentos lançados em suas notas; retaria. (Incluído pela Lei nº 11.419, de 2006). III - as reproduções dos documentos públicos, desde que autenticadas por oficial público ou conferidas em cartório, com os respectivos originais. IV - as cópias reprográficas de peças do próprio processo judicial declaradas autênticas pelo próprio advogado sob sua responsabilidade pessoal, se não lhes for impugnada a autenticidade. (Incluído pela Lei nº 11.382, de 2006).

V - os extratos digitais de bancos de dados públicos e privados, desde que atestado pelo seu emitente, sob as penas da lei, que as informações conferem com o que consta na origem; VI - as reproduções digitalizadas de qualquer documento público ou particular, quando juntadas aos autos pelos órgãos da justiça e seus auxiliares, pelo Ministério Público e seus auxiliares, pela Defensoria Pública e seus auxiliares, pelas procuradorias, pelas repartições públicas em geral e por advogados, ressalvada a alegação motivada e fundamentada de adulteração. § 1º Os originais dos documentos digitalizados mencionados no inciso VI deverão ser preservados pelo seu detentor até o final do prazo para propositura de ação rescisória. § 2º Tratando-se de cópia digital de título executivo extrajudicial ou de documento relevante à instrução do processo, o juiz poderá determinar seu depósito em cartório ou secretaria.	V - os extratos digitais de bancos de dados, públicos e privados, desde que atestado pelo seu emitente, sob as penas da lei, que as informações conferem com o que consta na origem; (Incluído pela Lei nº 11.419, de 2006). VI - as reproduções digitalizadas de qualquer documento, público ou particular, quando juntados aos autos pelos órgãos da Justiça e seus auxiliares, pelo Ministério Público e seus auxiliares, pelas procuradorias, pelas repartições públicas em geral e por advogados públicos ou privados, ressalvada a alegação motivada e fundamentada de adulteração antes ou durante o processo de digitalização. (Incluído pela Lei nº 11.419, de 2006). § 1° Os originais dos documentos digitalizados, mencionados no inciso VI do caput deste artigo, deverão ser preservados pelo seu detentor até o final do prazo para interposição de ação rescisória. (Incluído pela Lei nº 11.419, de 2006). § 2° Tratando-se de cópia digital de título executivo extrajudicial ou outro documento relevante à instrução do processo, o juiz poderá determinar o seu depósito em cartório ou sec

O NCPC reproduziu o teor do artigo 365 do CPC/73, trazendo documentos que possuem a mesma eficácia probatória dos originais e incluindo a Defensoria Pública na juntada aos autos de reprodução digitalizada de documento, sendo que os documentos originais deverão ser conservados até o prazo da ação rescisória.

NOVO CÓDIGO DE PROCESSO CIVIL	CÓDIGO DE PROCESSO CIVIL DE 1973
Art. 426. O juiz apreciará fundamentadamente a fé que deva merecer o documento, quando em ponto substancial e sem ressalva contiver entrelinha, emenda, borrão ou cancelamento.	**Art. 386.** O juiz apreciará livremente a fé que deva merecer o documento, quando em ponto substancial e sem ressalva contiver entrelinha, emenda, borrão ou cancelamento.

Em importante alteração redacional, o NCPC retirou a expressão "livremente" para utilizar "fundamentadamente". Procurou, assim, evitar o decisionismo[1] sobre a fé dos documentos, expondo que a apreciação judicial deve ser fundamentada.

1 STRECK, Lenio Luiz. *Verdade e consenso*: Constituição, hermenêutica e teorias discursivas. 4. ed. São Paulo: Saraiva, 2012, p. 30.

NOVO CÓDIGO DE PROCESSO CIVIL	CÓDIGO DE PROCESSO CIVIL DE 1973
Art. 427. Cessa a fé do documento público ou particular sendo-lhe declarada judicialmente a falsidade. Parágrafo único. A falsidade consiste em: I - formar documento não verdadeiro; II - alterar documento verdadeiro.	**Art. 387.** Cessa a fé do documento, público ou particular, sendo-lhe declarada judicialmente a falsidade. Parágrafo único. A falsidade consiste: I – em formar documento não verdadeiro; II – em alterar documento verdadeiro.

O artigo 427 do NCPC reproduziu a redação do artigo 387 do CPC/73 em relação à cessação de fé do documento público ou particular.

NOVO CÓDIGO DE PROCESSO CIVIL	CÓDIGO DE PROCESSO CIVIL DE 1973
Art. 428. Cessa a fé do documento particular quando: I - for impugnada sua autenticidade e enquanto não se comprovar sua veracidade; II - assinado em branco, for impugnado seu conteúdo, por preenchimento abusivo. Parágrafo único. Dar-se-á abuso quando aquele que recebeu documento assinado com texto não escrito no todo ou em parte formá-lo ou completá-lo por si ou por meio de outrem, violando o pacto feito com o signatário.	**Art. 388.** Cessa a fé do documento particular quando: I – lhe for contestada a assinatura e enquanto não se lhe comprovar a veracidade; II – assinado em branco, for abusivamente preenchido. Parágrafo único. Dar-se-á abuso quando aquele, que recebeu documento assinado, com texto não escrito no todo ou em parte, o formar ou o completar, por si ou por meio de outrem, violando o pacto feito com o signatário.

O NCPC melhorou a redação do dispositivo correspondente do CPC/73, deixando evidente que, na hipótese de preenchimento abusivo, será necessária impugnação do conteúdo, para cessar a fé do documento particular.

NOVO CÓDIGO DE PROCESSO CIVIL	CÓDIGO DE PROCESSO CIVIL DE 1973
Art. 429. Incumbe o ônus da prova quando: I - se tratar de falsidade de documento ou de preenchimento abusivo, à parte que a arguir; II - se tratar de impugnação da autenticidade, à parte que produziu o documento.	**Art. 389.** Incumbe o ônus da prova quando: I – se tratar de falsidade de documento, à parte que a arguir; II – se tratar de contestação de assinatura, à parte que produziu o documento.

O dispositivo do NCPC acrescentou a hipótese de "preenchimento abusivo", e substituiu a expressão "contestação de assinatura" por "impugnação de autenticidade". Entende-se que a modificação não foi substancial, pois, em ambas as hipóteses, o documento não será verdadeiro e ensejará a arguição de falsidade, sem prejuízo das consequências na seara penal.

Na hipótese de preenchimento abusivo, haverá discordância entre a vontade do emitente e o que consta do documento (falsidade ideológica), ensejadora de ação anulatória autônoma, fundada em um dos vícios de consentimento (erro, dolo ou coação).

Se a hipótese for de natureza formal, consistente em formar documento não verdadeiro ou alterar documento verdadeiro (CPC/73, art. 390), haverá incidente de falsidade, o qual será tratado a seguir.

NOVO CÓDIGO DE PROCESSO CIVIL	CÓDIGO DE PROCESSO CIVIL DE 1973
Subseção II Da Arguição de Falsidade	Subseção II Da Arguição de Falsidade
Art. 430. A falsidade deve ser suscitada na contestação, na réplica ou no prazo de 15 (quinze) dias, contado a partir da intimação da juntada do documento aos autos. Parágrafo único. Uma vez arguida, a falsidade será resolvida como questão incidental, salvo se a parte requerer que o juiz a decida como questão principal, nos termos do inciso II do art. 19.	**Art. 390.** O incidente de falsidade tem lugar em qualquer tempo e grau de jurisdição, incumbindo à parte, contra quem foi produzido o documento, suscitá-lo na contestação ou no prazo de 10 (dez) dias, contados da intimação da sua juntada aos autos.

O dispositivo do NCPC em tela inovou quanto ao prazo para arguição da falsidade, que, antes, poderia ocorrer "em qualquer tempo e grau de jurisdição". Agora, a falsidade deverá ser arguida na contestação, na réplica ou no prazo de 15 (quinze) dias, quando ultrapassados estes momentos, tendo como marco a juntada do documento aos autos. Tal medida trará reais vantagens à celeridade processual, evitando, inclusive, retardamento proposital da alegação de falsidade.

Outra inovação que merece destaque é o fato de o juiz poder decidir a alegação de falsidade como questão principal, fato que prestigia a economia processual, além de fazer incidir sobre a matéria todos os efeitos ou a força da sentença.

NOVO CÓDIGO DE PROCESSO CIVIL	CÓDIGO DE PROCESSO CIVIL DE 1973
Art. 431. A parte arguirá a falsidade expondo os motivos em que funda a sua pretensão e os meios com que provará o alegado.	**Art. 391.** Quando o documento for oferecido antes de encerrada a instrução, a parte o arguirá de falso, em petição dirigida ao juiz da causa, expondo os motivos em que funda a sua pretensão e os meios com que provará o alegado.

O dispositivo do NCPC em questão não reproduziu a redundância existente no artigo 391 do CPC/73, pois, em qualquer hipótese, a falsidade deve ser arguida em petição dirigida ao juiz da causa.

NOVO CÓDIGO DE PROCESSO CIVIL	CÓDIGO DE PROCESSO CIVIL DE 1973
Art. 432. Depois de ouvida a outra parte no prazo de 15 (quinze) dias, será realizado o exame pericial. Parágrafo único. Não se procederá ao exame pericial se a parte que produziu o documento concordar em retirá-lo.	**Art. 392.** Intimada a parte, que produziu o documento, a responder no prazo de 10 (dez) dias, o juiz ordenará o exame pericial. Parágrafo único. Não se procederá ao exame pericial, se a parte, que produziu o documento, concordar em retirá-lo e a parte contrária não se opuser ao desentranhamento.

O prazo para manifestação da parte, sobre a falsidade do documento, foi ampliado para quinze dias, unificando os prazos processuais no NCPC.

Acrescentou-se a previsão de a parte contrária se opor ao desentranhamento, pois, conforme acima fundamentado, o juiz poderá decidir a falsidade como questão principal, fazendo incidir todos os efeitos da sentença, tornando indiscutível a coisa julgada.

NOVO CÓDIGO DE PROCESSO CIVIL	CÓDIGO DE PROCESSO CIVIL DE 1973
Art. 433. A declaração sobre a falsidade do documento, quando suscitada como questão principal, constará da parte dispositiva da sentença e sobre ela incidirá também a autoridade da coisa julgada.	**Art. 394.** Logo que for suscitado o incidente de falsidade, o juiz suspenderá o processo principal. **Art. 395.** A sentença, que resolver o incidente, declarará a falsidade ou autenticidade do documento.

O dispositivo do NCPC em análise englobou o disposto nos artigos 393 a 395 do CPC/73. Merece destaque o fato de a alegação de falsidade não suspender o processo principal, bem como a possibilidade de sobre ela incidir a autoridade da coisa julgada.

NOVO CÓDIGO DE PROCESSO CIVIL	CÓDIGO DE PROCESSO CIVIL DE 1973
Subseção III Da Produção da Prova Documental **Art. 434.** Incumbe à parte instruir a petição inicial ou a contestação com os documentos destinados a provar suas alegações. Parágrafo único. Quando o documento consistir em reprodução cinematográfica ou fonográfica, a parte deverá trazê-lo nos termos do caput, mas sua exposição será realizada em audiência, intimando-se previamente as partes.	Subseção III Da Produção da Prova Documental **Art. 396.** Compete à parte instruir a petição inicial (art. 283), ou a resposta (art. 297), com os documentos destinados a provar-lhe as alegações.

O *caput* do artigo do NCPC em comento referiu-se à "contestação", termo menos abrangente do que "resposta", pois este engloba, ainda, a exceção e a reconvenção. De acordo com o NCPC, a reconvenção é tratada em Capítulo próprio, e poderá ser ofertada no bojo da contestação, ou independente desta.

O parágrafo único tratou da reprodução cinematográfica ou fonográfica, estabelecendo que a parte contrária deverá ser intimada acerca da exibição em audiência. Na prática, a parte contrária costuma obter carga dos autos e ter prévio acesso a tais documentos, de modo que raramente as filmagens ou os sons contidos nos documentos são exibidos em audiência.

NOVO CÓDIGO DE PROCESSO CIVIL	CÓDIGO DE PROCESSO CIVIL DE 1973
Art. 435. É lícito às partes, em qualquer tempo, juntar aos autos documentos novos, quando destinados a fazer prova de fatos ocorridos depois dos articulados ou para contrapô-los aos que foram produzidos nos autos. Parágrafo único. Admite-se também a juntada posterior de documentos formados após a petição inicial ou a contestação, bem como dos que se tornaram conhecidos, acessíveis ou disponíveis após esses atos, cabendo à parte que os produzir comprovar o motivo que a impediu de juntá-los anteriormente e incumbindo ao juiz, em qualquer caso, avaliar a conduta da parte de acordo com o art. 5º.	**Art. 397.** É lícito às partes, em qualquer tempo, juntar aos autos documentos novos, quando destinados a fazer prova de fatos ocorridos depois dos articulados, ou para contrapô-los aos que foram produzidos nos autos.

O parágrafo único do artigo do NCPC em tela permite a juntada de documento que, embora já existente quando do ajuizamento da ação, ou da contestação, tornaram-se "conhecidos, acessíveis ou disponíveis" após esses atos. Na prática forense, os juízes já vinham concedendo às partes oportunidade de juntada de tais documentos, quando demonstrados os motivos que as impediram de juntá-los anteriormente. Em qualquer hipótese, é necessária a manifestação da parte contrária.

NOVO CÓDIGO DE PROCESSO CIVIL	CÓDIGO DE PROCESSO CIVIL DE 1973
Art. 436. A parte, intimada a falar sobre documento constante dos autos, poderá: I - impugnar a admissibilidade da prova documental; II - impugnar sua autenticidade; III - suscitar sua falsidade, com ou sem deflagração do incidente de arguição de falsidade; IV - manifestar-se sobre seu conteúdo. Parágrafo único. Nas hipóteses dos incisos II e III, a impugnação deverá basear-se em argumentação específica, não se admitindo alegação genérica de falsidade.	**Art. 398.** Sempre que uma das partes requerer a juntada de documento aos autos, o juiz ouvirá, a seu respeito, a outra, no prazo de 5 (cinco) dias.

O artigo 436 do NCPC elencou, de forma não taxativa, algumas das matérias que poderão ser alegadas pela parte, relativamente à juntada de documento. Seria desnecessário contemplar o que foi acima exposto, todavia, nota-se certa preocupação do legislador em evitar alegações infundadas e protelatórias.

NOVO CÓDIGO DE PROCESSO CIVIL	CÓDIGO DE PROCESSO CIVIL DE 1973
Art. 437. O réu manifestar-se-á na contestação sobre os documentos anexados à inicial, e o autor manifestar-se-á na réplica sobre os documentos anexados à contestação. § 1º Sempre que uma das partes requerer a juntada de documento aos autos, o juiz ouvirá, a seu respeito, a outra parte, que disporá do prazo de 15 (quinze) dias para adotar qualquer das posturas indicadas no art. 436. § 2º Poderá o juiz, a requerimento da parte, dilatar o prazo para manifestação sobre a prova documental produzida, levando em consideração a quantidade e a complexidade da documentação.	**Art. 398.** Sempre que uma das partes requerer a juntada de documento aos autos, o juiz ouvirá, a seu respeito, a outra, no prazo de 5 (cinco) dias.

O artigo 437 do NCPC englobou o disposto no artigo 398 do CPC/73. Possibilitou-se a ampliação do prazo de manifestação da parte, a critério do juiz, considerada a complexidade da documentação. De fato, a experiência tem demonstrado que alguns litigantes, por vezes maliciosamente, juntam milhares de documentos, de modo que o prazo de cinco dias seria insuficiente para a análise e eventual impugnação.

NOVO CÓDIGO DE PROCESSO CIVIL	CÓDIGO DE PROCESSO CIVIL DE 1973
Art. 438. O juiz requisitará às repartições públicas, em qualquer tempo ou grau de jurisdição: I - as certidões necessárias à prova das alegações das partes; II - os procedimentos administrativos nas causas em que forem interessados a União, os Estados, o Distrito Federal, os Municípios ou entidades da administração indireta. § 1º Recebidos os autos, o juiz mandará extrair, no prazo máximo e improrrogável de 1 (um) mês, certidões ou reproduções fotográficas das peças que indicar e das que forem indicadas pelas partes, e, em seguida, devolverá os autos à repartição de origem. § 2º As repartições públicas poderão fornecer todos os documentos em meio eletrônico, conforme disposto em lei, certificando, pelo mesmo meio, que se trata de extrato fiel do que consta em seu banco de dados ou no documento digitalizado.	**Art. 399**. O juiz requisitará às repartições públicas em qualquer tempo ou grau de jurisdição: I - as certidões necessárias à prova das alegações das partes; II - os procedimentos administrativos nas causas em que forem interessados a União, o Estado, o Município, ou as respectivas entidades da administração indireta. § 1º Recebidos os autos, o juiz mandará extrair, no prazo máximo e improrrogável de 30 (trinta) dias, certidões ou reproduções fotográficas das peças indicadas pelas partes ou de ofício; findo o prazo, devolverá os autos à repartição de origem. (Renumerado pela Lei nº 11.419, de 2006). § 2º As repartições públicas poderão fornecer todos os documentos em meio eletrônico conforme disposto em lei, certificando, pelo mesmo meio, que se trata de extrato fiel do que consta em seu banco de dados ou do documento digitalizado. (Incluído pela Lei nº 11.419, de 2006).

O artigo 438 do NCPC tem melhor redação, inserindo o Distrito Federal como possível interessado na causa. O prazo para extração das certidões ou cópias de peças foi alterado de trinta dias para "um mês".

NOVO CÓDIGO DE PROCESSO CIVIL	CÓDIGO DE PROCESSO CIVIL DE 1973
Seção VIII **Dos Documentos Eletrônicos** **Art. 439.** A utilização de documentos eletrônicos no processo convencional dependerá de sua conversão à forma impressa e da verificação de sua autenticidade, na forma da lei.	Sem correspondente.

Nos últimos anos houve grande avanço do processo eletrônico, fato que trará reais vantagens, em vários aspectos, inclusive ao meio ambiente, com significativa redução do consumo de papel. A completa transição ainda levará anos, variando de um Estado para outro.

É natural que, em autos de processos convencionais, sejam juntados documentos eletrônicos. Para facilitar a análise das provas, e assegurar a sua autenticidade, será necessária a conversão dos documentos à forma impressa. Trata-se de ato semelhante *à* degravação, que atualmente já é exigida, por exemplo, em processos eleitorais. Ao que tudo indica, os métodos de verificação da autenticidade dos documentos serão criados por normas dos tribunais. Ademais, sempre é bom lembrar que a prova da autenticidade poderá ser dispensada, quando não ocorrer impugnação ou a parte contrária o admitir como verdadeiro.

NOVO CÓDIGO DE PROCESSO CIVIL	CÓDIGO DE PROCESSO CIVIL DE 1973
Art. 440. O juiz apreciará o valor probante do documento eletrônico não convertido, assegurado às partes o acesso ao seu teor.	Sem correspondente.

O Estado-juiz é o destinatário das provas, cabendo a ele fundamentar sua análise da prova, assegurando às partes o pleno acesso ao seu teor, em especial para que, em sendo o caso, possam arguir a falsidade.

NOVO CÓDIGO DE PROCESSO CIVIL	CÓDIGO DE PROCESSO CIVIL DE 1973
Art. 441. Serão admitidos documentos eletrônicos produzidos e conservados com a observância da legislação específica.	Sem correspondente.

O artigo 441 do NCPC esclarece acerca da admissão de documentos eletrônicos e remete a sua produção e conservação à "legislação específica". A Lei nº 11.419, de 19 de dezembro de 2006, dispõe sobre a informatização do processo judicial, regula a comunicação eletrônica dos atos processuais, o processo eletrônico e traça outras diretrizes. Todavia, ainda não há suficiente tratamento dispensado a documentos eletrônicos, pois se trata de uma inovação. Certamente caberá, inclusive aos tribunais, por meio de provimentos, resoluções ou outras normas infralegais, regulamentar a matéria.

NOVO CÓDIGO DE PROCESSO CIVIL	CÓDIGO DE PROCESSO CIVIL DE 1973
Seção IX **Da Prova Testemunhal** Subseção I Da Admissibilidade e do Valor da Prova Testemunhal **Art. 442.** A prova testemunhal é sempre admissível, não dispondo a lei de modo diverso.	Seção VI Da Prova Testemunhal Subseção I Da Admissibilidade e do Valor da Prova Testemunhal **Art. 400.** A prova testemunhal é sempre admissível, não dispondo a lei de modo diverso. O juiz indeferirá a inquirição de testemunhas sobre fatos: I – já provados por documento ou confissão da parte; II – que só por documento ou por exame pericial puderem ser provados.

Verifica-se que o artigo 442 do NCPC não sofreu alteração em relação ao dispositivo correspondente do CPC/73. Todavia, os dois incisos do artigo 400 do CPC/73 foram reproduzidos no artigo seguinte do NCPC. Mostra-se pertinente a separação, pois a matéria descrita nos incisos do artigo 400 do CPC/73 não é decorrência lógica daquela tratada no *caput* do referido artigo.

NOVO CÓDIGO DE PROCESSO CIVIL	CÓDIGO DE PROCESSO CIVIL DE 1973
Art. 443. O juiz indeferirá a inquirição de testemunhas sobre fatos: I - já provados por documento ou confissão da parte; II - que só por documento ou por exame pericial puderem ser provados.	**Art. 400.** A prova testemunhal é sempre admissível, não dispondo a lei de modo diverso. O juiz indeferirá a inquirição de testemunhas sobre fatos: I - já provados por documento ou confissão da parte; II - que só por documento ou por exame pericial puderem ser provados.

O artigo em questão não alterou a substância do texto do artigo correspondente do CPC/73.

NOVO CÓDIGO DE PROCESSO CIVIL	CÓDIGO DE PROCESSO CIVIL DE 1973
Art. 444. Nos casos em que a lei exigir prova escrita da obrigação, é admissível a prova testemunhal quando houver começo de prova por escrito, emanado da parte contra a qual se pretende produzir a prova.	**Art. 402**. Qualquer que seja o valor do contrato, é admissível a prova testemunhal, quando: I – houver começo de prova por escrito, reputando-se tal o documento emanado da parte contra quem se pretende utilizar o documento como prova; II – o credor não pode ou não podia, moral ou materialmente, obter a prova escrita da obrigação, em casos como o de parentesco, depósito necessário ou hospedagem em hotel.

O dispositivo do NCPC em tela reproduz, em parte, a redação do artigo 402 do CPC/73. A prova testemunhal é admissível, de forma complementar ou subsidiária, nos casos em que, por força de lei, exige-se prova escrita da obrigação, como nos contratos com valor superior ao décuplo do salário-mínimo. Contudo, exige-se que haja começo de prova escrita da obrigação, emanado da parte contra a qual se pretende produzir a prova.

Estabelece o Código Civil:

> Art. 227. Salvo os casos expressos, a prova exclusivamente testemunhal só se admite nos negócios jurídicos cujo valor não ultrapasse o décuplo do maior salário-mínimo vigente no País ao tempo em que foram celebrados.
> Parágrafo único. Qualquer que seja o valor do negócio jurídico, a prova testemunhal é admissível como subsidiária ou complementar da prova por escrito.

O referido dispositivo é frequentemente aplicado em casos de ação de despejo cumulada com cobrança de aluguéis. Se não apresentados recibos de pagamento, e não demonstrados comprovantes de pagamento dos encargos de luz e água, em regra o despejo é decretado, salvo se houve começo de prova escrita, a ser usada em face do locador.

NOVO CÓDIGO DE PROCESSO CIVIL	CÓDIGO DE PROCESSO CIVIL DE 1973
Art. 445. Também se admite a prova testemunhal quando o credor não pode ou não podia, moral ou materialmente, obter a prova escrita da obrigação, em casos como o de parentesco, de depósito necessário ou de hospedagem em hotel ou em razão das práticas comerciais do local onde contraída a obrigação.	**Art. 402.** Qualquer que seja o valor do contrato, é admissível a prova testemunhal, quando: I – houver começo de prova por escrito, reputando-se tal o documento emanado da parte contra quem se pretende utilizar o documento como prova; II – o credor não pode ou não podia, moral ou materialmente, obter a prova escrita da obrigação, em casos como o de parentesco, depósito necessário ou hospedagem em hotel.

O artigo 445 do NCPC retrata, com maior amplitude, o que dispõe o inciso II do artigo 402 do CPC/73. Ele veio a contemplar, ainda, as práticas comerciais do local onde foi contraída a obrigação, como ocorre, por exemplo, com o peso de sacas de arroz, que, no Rio Grande do Sul, são de sessenta quilos e, em outros Estados, são de cinquenta quilos. Assim, no citado exemplo, se alguém compra centenas de sacas e, ao final, surge controvérsia sobre o peso, não havendo prova escrita da obrigação, serão consideradas as práticas comerciais do local da compra.

NOVO CÓDIGO DE PROCESSO CIVIL	CÓDIGO DE PROCESSO CIVIL DE 1973
Art. 446. É lícito à parte provar com testemunhas: I - nos contratos simulados, a divergência entre a vontade real e a vontade declarada; II - nos contratos em geral, os vícios de consentimento.	**Art. 404.** É lícito à parte inocente provar com testemunhas: I – nos contratos simulados, a divergência entre a vontade real e a vontade declarada; II – nos contratos em geral, os vícios do consentimento.

O dispositivo do NCPC em tela suprimiu a expressão “inocente” constante no *caput* do artigo 404 do CPC/73, pois, à evidência, todos os litigantes podem valer-se da prova testemunhal.

NOVO CÓDIGO DE PROCESSO CIVIL	CÓDIGO DE PROCESSO CIVIL DE 1973
Art. 447. Podem depor como testemunhas todas as pessoas, exceto as incapazes, impedidas ou suspeitas.	**Art. 405.** Podem depor como testemunhas todas as pessoas, exceto as incapazes, impedidas ou suspeitas. (Redação dada pela Lei nº 5.925, de 1º.10.1973)
§ 1º São incapazes:	§ 1° São incapazes: (Redação dada pela Lei nº 5.925, de 1º.10.1973)
I - o interdito por enfermidade ou deficiência mental;	I - o interdito por demência; (Redação dada pela Lei nº 5.925, de 1º.10.1973)
II - o que, acometido por enfermidade ou retardamento mental, ao tempo em que ocorreram os fatos, não podia discerni-los, ou, ao tempo em que deve depor, não está habilitado a transmitir as percepções;	II - o que, acometido por enfermidade, ou debilidade mental, ao tempo em que ocorreram os fatos, não podia discerni-los; ou, ao tempo em que deve depor, não está habilitado a transmitir as percepções; (Redação dada pela Lei nº 5.925, de 1º.10.1973)
III - o que tiver menos de 16 (dezesseis) anos;	III - o menor de 16 (dezesseis) anos; (Incluído pela Lei nº 5.925, de 1º.10.1973)
IV - o cego e o surdo, quando a ciência do fato depender dos sentidos que lhes faltam.	IV - o cego e o surdo, quando a ciência do fato depender dos sentidos que lhes faltam. (Incluído pela Lei nº 5.925, de 1º.10.1973)
§ 2º São impedidos:	§ 2° São impedidos: (Redação dada pela Lei nº 5.925, de 1º.10.1973)
I - o cônjuge, o companheiro, o ascendente e o descendente em qualquer grau e o colateral, até o terceiro grau, de alguma das partes, por consanguinidade ou afinidade, salvo se o exigir o interesse público ou, tratando-se de causa relativa ao estado da pessoa, não se puder obter de outro modo a prova que o juiz repute necessária ao julgamento do mérito;	I - o cônjuge, bem como o ascendente e o descendente em qualquer grau, ou colateral, até o terceiro grau, de alguma das partes, por consangüinidade ou afinidade, salvo se o exigir o interesse público, ou, tratando-se de causa relativa ao estado da pessoa, não se puder obter de outro modo a prova, que o juiz repute necessária ao julgamento do mérito; (Redação dada pela Lei nº 5.925, de 1º.10.1973)
II - o que é parte na causa;	II - o que é parte na causa; (Incluído pela Lei nº 5.925, de 1º.10.1973)
III - o que intervém em nome de uma parte, como o tutor, o representante legal da pessoa jurídica, o juiz, o advogado e outros que assistam ou tenham assistido as partes.	III - o que intervém em nome de uma parte, como o tutor na causa do menor, o representante legal da pessoa jurídica, o juiz, o advogado e outros, que assistam ou tenham assistido as partes. (Incluído pela Lei nº 5.925, de 1º.10.1973)
§ 3º São suspeitos:	§ 3° São suspeitos: (Redação dada pela Lei nº 5.925, de 1º.10.1973)
I - o inimigo da parte ou o seu amigo íntimo;	I - o condenado por crime de falso testemunho, havendo transitado em julgado a sentença; (Redação dada pela Lei nº 5.925, de 1º.10.1973)
II - o que tiver interesse no litígio.	II - o que, por seus costumes, não for digno de fé; (Redação dada pela Lei nº 5.925, de 1º.10.1973)
	III - o inimigo capital da parte, ou o seu amigo íntimo; (Redação dada pela Lei nº 5.925, de 1º.10.1973)
	IV - o que tiver interesse no litígio. (Redação dada pela Lei nº 5.925, de 1º.10.1973)
§ 4º Sendo necessário, pode o juiz admitir o depoimento das testemunhas menores, impedidas ou suspeitas.	§ 4° Sendo estritamente necessário, o juiz ouvirá testemunhas impedidas ou suspeitas; mas os seus depoimentos serão prestados independentemente de compromisso (art. 415) e o juiz lhes atribuirá o valor que possam merecer. (Redação dada pela Lei nº 5.925, de 1º.10.1973)
§ 5º Os depoimentos referidos no § 4º serão prestados independentemente de compromisso, e o juiz lhes atribuirá o valor que possam merecer.	

O NCPC aprimorou a redação do CPC/73. Em relação aos incapazes, foram incluídas algumas causas de incapacidade, como o retardo mental e a deficiência intelectual, esta última em caso de interdição. Em relação aos menores de dezesseis anos, a redação deixa claro que são os que ainda não completaram aquela idade. Da maneira como se encontra a redação do dispositivo correspondente do CPC/73, o leitor pode imaginar que um menor, com dezesseis anos de idade, estaria incluído no rol dos incapazes de depor.

Quanto aos suspeitos, o NCPC não prevê a pessoa condenada por falso testemunho, pois esse critério estabelecido pelo CPC/73 não se mostrava justo, nem servia de parâmetro para se aferir a personalidade da testemunha.

De igual forma, mostra-se muito subjetivo o critério relativo aos "costumes", para a verificação da credibilidade de alguém. Essas reformas assemelham-se ao ocorrido com o Código Penal, quando, por meio da Lei nº 11.983/2009, foi revogado o dispositivo que previa o crime de "mendicância", antes descrito no artigo 60 da Lei de Contravenções Penais.

NOVO CÓDIGO DE PROCESSO CIVIL	CÓDIGO DE PROCESSO CIVIL DE 1973
Art. 448. A testemunha não é obrigada a depor sobre fatos: I - que lhe acarretem grave dano, bem como ao seu cônjuge ou companheiro e aos seus parentes consanguíneos ou afins, em linha reta ou colateral, até o terceiro grau; II - a cujo respeito, por estado ou profissão, deva guardar sigilo.	**Art. 406.** A testemunha não é obrigada a depor de fatos: I – que lhe acarretem grave dano, bem como ao seu cônjuge e aos seus parentes consanguíneos ou afins, em linha reta, ou na colateral em segundo grau; II – a cujo respeito, por estado ou profissão, deva guardar sigilo.

O dispositivo do NCPC em tela contempla a pessoa do "companheiro" e estende a não obrigatoriedade de depor sobre fatos que acarretem grave dano a parente de até o terceiro grau, na linha colateral (tios e sobrinhos). O CPC/73 refere-se ao colateral em segundo grau (irmãos). Certamente a mudança foi motivada pelo que a experiência tem demonstrado, relativamente à necessidade de se manter ou fortalecer os laços familiares.

NOVO CÓDIGO DE PROCESSO CIVIL	CÓDIGO DE PROCESSO CIVIL DE 1973
Art. 449. Salvo disposição especial em contrário, as testemunhas devem ser ouvidas na sede do juízo. Parágrafo único. Quando a parte ou a testemunha, por enfermidade ou por outro motivo relevante, estiver impossibilitada de comparecer, mas não de prestar depoimento, o juiz designará, conforme as circunstâncias, dia, hora e lugar para inquiri-la.	**Art. 336.** Salvo disposição especial em contrário, as provas devem ser produzidas em audiência. Parágrafo único. Quando a parte, ou a testemunha, por enfermidade, ou por outro motivo relevante, estiver impossibilitada de comparecer à audiência, mas não de prestar depoimento, o juiz designará, conforme as circunstâncias, dia, hora e lugar para inquiri-la.

Aprimorou-se a redação, pois "as que prestam depoimento antecipadamente" também prestam depoimento em audiência, perante o juiz, não necessariamente na sede do juízo onde tramita a ação, como ocorre quando a testemunha é ouvida por meio de carta precatória.

NOVO CÓDIGO DE PROCESSO CIVIL	CÓDIGO DE PROCESSO CIVIL DE 1973
Subseção II Da Produção da Prova Testemunhal **Art. 450.** O rol de testemunhas conterá, sempre que possível, o nome, a profissão, o estado civil, a idade, o número de inscrição no Cadastro de Pessoas Físicas, o número de registro de identidade e o endereço completo da residência e do local de trabalho.	Subseção II Da Produção da Prova Testemunhal **Art. 407.** Incumbe às partes, no prazo que o juiz fixará ao designar a data da audiência, depositar em cartório o rol de testemunhas, precisando-lhes o nome, profissão, residência e o local de trabalho; omitindo-se o juiz, o rol será apresentado até 10 (dez) dias antes da audiência. (Redação dada pela Lei nº 10.358, de 27.12.2001) Parágrafo único. É lícito a cada parte oferecer, no máximo, dez testemunhas; quando qualquer das partes oferecer mais de três testemunhas para a prova de cada fato, o juiz poderá dispensar as restantes.

O dispositivo do NCPC veio a exigir o fornecimento de informações completas para qualificação da testemunha. Certamente, o objetivo é facilitar a sua localização, bem como evitar que uma pessoa, por equívoco, seja intimada, quando não arrolada. O mesmo artigo não tratou do prazo para juntada do rol, nem da quantidade de testemunhas, ao contrário do disposto no artigo 407 do CPC/73.

NOVO CÓDIGO DE PROCESSO CIVIL	CÓDIGO DE PROCESSO CIVIL DE 1973
Art. 451. Depois de apresentado o rol de que tratam os §§ 4º e 5º do art. 357, a parte só pode substituir a testemunha: I - que falecer; II - que, por enfermidade, não estiver em condições de depor; III - que, tendo mudado de residência ou de local de trabalho, não for encontrada.	**Art. 408.** Depois de apresentado o rol, de que trata o artigo antecedente, a parte só pode substituir a testemunha: I – que falecer; II – que, por enfermidade, não estiver em condições de depor; III – que, tendo mudado de residência, não for encontrada pelo oficial de justiça.

A pequena alteração refere-se à mudança do local de trabalho. Portanto, a intimação deverá contemplar o local de residência e o de trabalho da testemunha, de forma a facilitar a sua localização.

NOVO CÓDIGO DE PROCESSO CIVIL	CÓDIGO DE PROCESSO CIVIL DE 1973
Art. 452. Quando for arrolado como testemunha, o juiz da causa: I - declarar-se-á impedido, se tiver conhecimento de fatos que possam influir na decisão, caso em que será vedado à parte que o incluiu no rol desistir de seu depoimento; II - se nada souber, mandará excluir o seu nome.	**Art. 409.** Quando for arrolado como testemunha o juiz da causa, este: I – declarar-se-á impedido, se tiver conhecimento de fatos, que possam influir na decisão; caso em que será defeso à parte, que o incluiu no rol, desistir de seu depoimento; II – se nada souber, mandará excluir o seu nome.

Sem alterações em relação ao CPC/73, o artigo 452 do NCPC trata da hipótese de o juiz natural da causa ser listado como testemunha, devendo se declarar impedido, se tiver conhecimento dos fatos, ou excluir seu nome, se nada souber. O objetivo é assegurar que o magistrado, que conduzirá e julgará a causa, mantenha sua imparcialidade.

NOVO CÓDIGO DE PROCESSO CIVIL	CÓDIGO DE PROCESSO CIVIL DE 1973
Art. 453. As testemunhas depõem, na audiência de instrução e julgamento, perante o juiz da causa, exceto: I - as que prestam depoimento antecipadamente; II - as que são inquiridas por carta. § 1º A oitiva de testemunha que residir em comarca, seção ou subseção judiciária diversa daquela onde tramita o processo poderá ser realizada por meio de videoconferência ou outro recurso tecnológico de transmissão e recepção de sons e imagens em tempo real, o que poderá ocorrer, inclusive, durante a audiência de instrução e julgamento. § 2º Os juízos deverão manter equipamento para a transmissão e recepção de sons e imagens a que se refere o § 1º.	**Art. 410.** As testemunhas depõem, na audiência de instrução, perante o juiz da causa, exceto: I – as que prestam depoimento antecipadamente; II – as que são inquiridas por carta; III – as que, por doença, ou outro motivo relevante, estão impossibilitadas de comparecer em juízo (art. 336, parágrafo único); IV – as designadas no artigo seguinte.

O dispositivo do NCPC em comento considera os avanços tecnológicos, exigindo que os juízos se estruturem, mantendo equipamentos de videoconferência ou outro recurso tecnológico de transmissão de sons e imagens.

A inovação trará reais vantagens à celeridade processual, pois evitará que se aguarde o retorno de cartas precatórias, fato impeditivo do prosseguimento do feito.

NOVO CÓDIGO DE PROCESSO CIVIL	CÓDIGO DE PROCESSO CIVIL DE 1973
Art. 454. São inquiridos em sua residência ou onde exercem sua função: I - o presidente e o vice-presidente da República; II - os ministros de Estado; III - os ministros do Supremo Tribunal Federal, os conselheiros do Conselho Nacional de Justiça e os ministros do Superior Tribunal de Justiça, do Superior Tribunal Militar, do Tribunal Superior Eleitoral, do Tribunal Superior do Trabalho e do Tribunal de Contas da União; IV - o procurador-geral da República e os conselheiros do Conselho Nacional do Ministério Público; V - o advogado-geral da União, o procurador-geral do Estado, o procurador-geral do Município, o defensor público-geral federal e o defensor público-geral do Estado; VI - os senadores e os deputados federais; VII - os governadores dos Estados e do Distrito Federal; VIII - o prefeito; IX - os deputados estaduais e distritais; X - os desembargadores dos Tribunais de Justiça, dos Tribunais Regionais Federais, dos Tribunais Regionais do Trabalho e dos Tribunais Regionais Eleitorais e os conselheiros dos Tribunais de Contas dos Estados e do Distrito Federal; XI - o procurador-geral de justiça; XII - o embaixador de país que, por lei ou tratado, concede idêntica prerrogativa a agente diplomático do Brasil. § 1º O juiz solicitará à autoridade que indique dia, hora e local a fim de ser inquirida, remetendo-lhe cópia da petição inicial ou da defesa oferecida pela parte que a arrolou como testemunha. § 2º Passado 1 (um) mês sem manifestação da autoridade, o juiz designará dia, hora e local para o depoimento, preferencialmente na sede do juízo. § 3º O juiz também designará dia, hora e local para o depoimento, quando a autoridade não comparecer, injustificadamente, à sessão agendada para a colheita de seu testemunho no dia, hora e local por ela mesma indicados.	**Art. 411.** São inquiridos em sua residência, ou onde exercem a sua função: I – o Presidente e o Vice-Presidente da República; II – o presidente do Senado e o da Câmara dos Deputados; III – os ministros de Estado; IV – os ministros do Supremo Tribunal Federal, do Superior Tribunal de Justiça, do Superior Tribunal Militar, do Tribunal Superior Eleitoral, do Tribunal Superior do Trabalho e do Tribunal de Contas da União; (Redação dada pela Lei nº 11.382, de 2006). V – o procurador-geral da República; VI – os senadores e deputados federais; VII – os governadores dos Estados, dos Territórios e do Distrito Federal; VIII – os deputados estaduais; IX – os desembargadores dos Tribunais de Justiça, os juízes dos Tribunais de Alçada, os juízes dos Tribunais Regionais do Trabalho e dos Tribunais Regionais Eleitorais e os conselheiros dos Tribunais de Contas dos Estados e do Distrito Federal; X – o embaixador de país que, por lei ou tratado, concede idêntica prerrogativa ao agente diplomático do Brasil. Parágrafo único. O juiz solicitará à autoridade que designe dia, hora e local a fim de ser inquirida, remetendo-lhe cópia da petição inicial ou da defesa oferecida pela parte, que arrolou como testemunha.

O artigo 454 do NCPC contemplou o prefeito como titular da prerrogativa de ser ouvido em sua residência ou local de trabalho. O referido artigo ainda estabelece que, transcorridos trinta dias, sem manifestação da autoridade que irá depor, ela perderá a prerrogativa e será intimada para comparecer no dia, horário e local designados pelo juiz. O mesmo ocorrerá quando a testemunha, injustificadamente, não comparecer no dia, horário e local por ela mesma agendados.

NOVO CÓDIGO DE PROCESSO CIVIL	CÓDIGO DE PROCESSO CIVIL DE 1973
Art. 455. Cabe ao advogado da parte informar ou intimar a testemunha por ele arrolada do dia, da hora e do local da audiência designada, dispensando-se a intimação do juízo. § 1º A intimação deverá ser realizada por carta com aviso de recebimento, cumprindo ao advogado juntar aos autos, com antecedência de pelo menos 3 (três) dias da data da audiência, cópia da correspondência de intimação e do comprovante de recebimento. § 2º A parte pode comprometer-se a levar a testemunha à audiência, independentemente da intimação de que trata o § 1º, presumindo-se, caso a testemunha não compareça, que a parte desistiu de sua inquirição. § 3º A inércia na realização da intimação a que se refere o § 1º importa desistência da inquirição da testemunha. § 4º A intimação será feita pela via judicial quando: I - for frustrada a intimação prevista no § 1º deste artigo; II - sua necessidade for devidamente demonstrada pela parte ao juiz; III - figurar no rol de testemunhas servidor público ou militar, hipótese em que o juiz o requisitará ao chefe da repartição ou ao comando do corpo em que servir; IV - a testemunha houver sido arrolada pelo Ministério Público ou pela Defensoria Pública; V - a testemunha for uma daquelas previstas no art. 454. § 5º A testemunha que, intimada na forma do § 1º ou do § 4º, deixar de comparecer sem motivo justificado será conduzida e responderá pelas despesas do adiamento.	**Art. 412.** A testemunha é intimada a comparecer à audiência, constando do mandado dia, hora e local, bem como os nomes das partes e a natureza da causa. Se a testemunha deixar de comparecer, sem motivo justificado, será conduzida, respondendo pelas despesas do adiamento. (Redação dada pela Lei nº 5.925, de 1º.10.1973) § 1º A parte pode comprometer-se a levar à audiência a testemunha, independentemente de intimação; presumindo-se, caso não compareça, que desistiu de ouvi-la. (Redação dada pela Lei nº 5.925, de 1º.10.1973) § 2º Quando figurar no rol de testemunhas funcionário público ou militar, o juiz o requisitará ao chefe da repartição ou ao comando do corpo em que servir. (Redação dada pela Lei nº 5.925, de 1º.10.1973) § 3º A intimação poderá ser feita pelo correio, sob registro ou com entrega em mão própria, quando a testemunha tiver residência certa. (Incluído pela Lei nº 8.710, de 24.9.1993)

O dispositivo introduzido pelo NCPC representa grande inovação, pois, de acordo com a previsão do artigo 412 do CPC/73, a testemunha seria intimada a comparecer à audiência. Pela previsão do novo dispositivo, será possível evitar constantes deslocamentos de oficiais de justiça e despesas com a expedição de cartas.

Há certa obscuridade no que tange ao procedimento, pois o dispositivo não deixa claro se a intimação será redigida por servidores do cartório judicial e entregue ao advogado, que se encarregará de remetê-la, ou se o próprio advogado adotaria todas as medidas necessárias à intimação, inclusive confeccionando a carta intimatória.

O dispositivo contempla as hipóteses em que será necessária a intimação pela via judicial, ou quando a testemunha será requisitada, e traça outras diretrizes, no sentido de assegurar a realização da audiência e evitar qualquer prejuízo à instrução processual.

Podemos prever aumento nos casos de desobediência e ausência de testemunhas, já que algumas não darão tanta credibilidade a documento entregue por advogado, em vez de por oficial de justiça.

De qualquer modo, o dispositivo representa considerável avanço, pois alivia os servidores judiciais, que em regra são muito atarefados. Ademais, a experiência forense tem demonstrado que, em muitos casos, a parte se compromete a trazer as testemunhas independente de intimação e as audiências se realizam sem qualquer embaraço.

NOVO CÓDIGO DE PROCESSO CIVIL	CÓDIGO DE PROCESSO CIVIL DE 1973
Art. 456. O juiz inquirirá as testemunhas separada e sucessivamente, primeiro as do autor e depois as do réu, e providenciará para que uma não ouça o depoimento das outras. Parágrafo único. O juiz poderá alterar a ordem estabelecida no caput se as partes concordarem.	**Art. 413.** O juiz inquirirá as testemunhas separada e sucessivamente; primeiro as do autor e depois as do réu, providenciando de modo que uma não ouça o depoimento das outras.

A possibilidade de inversão da ordem de inquirição depende da concordância das partes e evitará a alegação de nulidade, como na prática forense já ocorre.

NOVO CÓDIGO DE PROCESSO CIVIL	CÓDIGO DE PROCESSO CIVIL DE 1973
Art. 457. Antes de depor, a testemunha será qualificada, declarará ou confirmará seus dados e informará se tem relações de parentesco com a parte ou interesse no objeto do processo. § 1º É lícito à parte contraditar a testemunha, arguindo-lhe a incapacidade, o impedimento ou a suspeição, bem como, caso a testemunha negue os fatos que lhe são imputados, provar a contradita com documentos ou com testemunhas, até 3 (três), apresentadas no ato e inquiridas em separado. § 2º Sendo provados ou confessados os fatos a que se refere o § 1º, o juiz dispensará a testemunha ou lhe tomará o depoimento como informante. § 3º A testemunha pode requerer ao juiz que a escuse de depor, alegando os motivos previstos neste Código, decidindo o juiz de plano após ouvidas as partes.	**Art. 414.** Antes de depor, a testemunha será qualificada, declarando o nome por inteiro, a profissão, a residência e o estado civil, bem como se tem relações de parentesco com a parte, ou interesse no objeto do processo. § 1º É lícito à parte contraditar a testemunha, arguindo-lhe a incapacidade, o impedimento ou a suspeição. Se a testemunha negar os fatos que lhe são imputados, a parte poderá provar a contradita com documentos ou com testemunhas, até três, apresentada no ato e inquiridas em separado. Sendo provados ou confessados os fatos, o juiz dispensará a testemunha, ou lhe tomará o depoimento, observando o disposto no art. 405, § 4º. § 2º A testemunha pode requerer ao juiz que a escuse de depor, alegando os motivos de que trata o art. 406; ouvidas as partes, o juiz decidirá de plano.

O NCPC apenas aprimorou a redação do artigo 414 do CPC/73, mantendo seu conteúdo sobre a qualificação da testemunha – que, como já analisado, deverá ser completa –, e permitindo a contradita da testemunha, isto é, a impugnação à possibilidade de ser prestado seu depoimento como testemunha, arguindo-lhe a incapacidade, o impedimento ou a suspeição. Quando o fato indicador da incapacidade, do impedimento ou da suspeição verificar-se no curso do procedimento, é possível se arguir o vício na ocasião.

NOVO CÓDIGO DE PROCESSO CIVIL	CÓDIGO DE PROCESSO CIVIL DE 1973
Art. 458. Ao início da inquirição, a testemunha prestará o compromisso de dizer a verdade do que souber e lhe for perguntado. Parágrafo único. O juiz advertirá à testemunha que incorre em sanção penal quem faz afirmação falsa, cala ou oculta a verdade.	**Art. 415.** Ao início da inquirição, a testemunha prestará o compromisso de dizer a verdade do que souber e lhe for perguntado. Parágrafo único. O juiz advertirá à testemunha que incorre em sanção penal quem faz a afirmação falsa, cala ou oculta a verdade.

Não há mudança no dispositivo, mantendo o NCPC a previsão de a testemunha prestar compromisso de dizer a verdade, advertindo-lhe o juiz sobre a possibilidade de incorrer na prática de crime.

NOVO CÓDIGO DE PROCESSO CIVIL	CÓDIGO DE PROCESSO CIVIL DE 1973
Art. 459. As perguntas serão formuladas pelas partes diretamente à testemunha, começando pela que a arrolou, não admitindo o juiz aquelas que puderem induzir a resposta, não tiverem relação com as questões de fato objeto da atividade probatória ou importarem repetição de outra já respondida. § 1º O juiz poderá inquirir a testemunha tanto antes quanto depois da inquirição feita pelas partes. § 2º As testemunhas devem ser tratadas com urbanidade, não se lhes fazendo perguntas ou considerações impertinentes, capciosas ou vexatórias. § 3º As perguntas que o juiz indeferir serão transcritas no termo, se a parte o requerer.	**Art. 416.** O juiz interrogará a testemunha sobre os fatos articulados, cabendo, primeiro à parte, que a arrolou, e depois à parte contrária, formular perguntas tendentes a esclarecer ou completar o depoimento. § 1º As partes devem tratar as testemunhas com urbanidade, não lhes fazendo perguntas ou considerações impertinentes, capciosas ou vexatórias. § 2º As perguntas que o juiz indeferir serão obrigatoriamente transcritas no termo, se a parte o requerer. (Redação dada pela Lei nº 7.005, de 28.6.1982)

Adotou-se o sistema de inquirição direta pelas partes, aperfeiçoando-se um pouco mais o sistema processual, de modo que a atividade do juiz passou a ser complementar na colheita da prova. Isso não quer dizer que está afastado o sistema presidencialista, até porque é o juiz quem preside a audiência e direciona os trabalhos, podendo, inclusive, indeferir perguntas. A modificação assemelha-se ao que ocorreu no Código de Processo Penal, quando a Lei nº 11.690/2008 modificou a redação do artigo 212, permitindo que as partes formulem perguntas diretamente às testemunhas.

Verifica-se ainda, pela redação do artigo em comento, que não apenas "as partes", mas todos os sujeitos processuais (juiz, membro do Ministério Público, peritos, etc.) devem tratar as testemunhas com urbanidade.

NOVO CÓDIGO DE PROCESSO CIVIL	CÓDIGO DE PROCESSO CIVIL DE 1973
Art. 460. O depoimento poderá ser documentado por meio de gravação. § 1º Quando digitado ou registrado por taquigrafia, estenotipia ou outro método idôneo de documentação, o depoimento será assinado pelo juiz, pelo depoente e pelos procuradores. § 2º Se houver recurso em processo em autos não eletrônicos, o depoimento somente será digitado quando for impossível o envio de sua documentação eletrônica. § 3º Tratando-se de autos eletrônicos, observar-se-á o disposto neste Código e na legislação específica sobre a prática eletrônica de atos processuais.	**Art. 417.** O depoimento, datilografado ou registrado por taquigrafia, estenotipia ou outro método idôneo de documentação, será assinado pelo juiz, pelo depoente e pelos procuradores, facultando-se às partes a sua gravação. (Redação dada pela Lei nº 8.952, de 13.12.1994) § 1° O depoimento será passado para a versão datilográfica quando houver recurso da sentença ou noutros casos, quando o juiz o determinar, de ofício ou a requerimento da parte. (Renumerado pela Lei nº 11.419, de 2006). § 2° Tratando-se de processo eletrônico, observar-se-á o disposto nos §§ 2° e 3° do art. 169 desta Lei. (Incluído pela Lei nº 11.419, de 2006).

O dispositivo do NCPC em análise possibilita que os depoimentos sejam registrados por qualquer meio de gravação. Na prática, o meio mais empregado é o recurso audiovisual, bastando que seja instalado no microcomputador um programa específico, acoplando-se à máquina uma câmera e microfones.

Tratando-se de processo convencional, os depoimentos são salvos em CD ou DVD, que recebem assinatura do juiz, do Ministério Público e dos advogados das partes, e são juntados aos autos, mantendo-se cópia em local seguro. Se o processo for digital o conteúdo é salvo no próprio sistema, integrando o processo.

O disposto no parágrafo 1º, em sua redação original, representava retrocesso, pois determinava que o depoimento fosse digitado, fato que causaria transtorno, obrigando a uma espécie de degravação. Ocorre que o dispositivo foi revisto, de modo que a digitação ocorrerá somente em casos excepcionais, quando a documentação eletrônica não puder ser remetida.

Registre-se que, no processo penal, o artigo 405 do CPP já estabelecia:

> Do ocorrido em audiência será lavrado termo em livro próprio, assinado pelo juiz e pelas partes, contendo breve resumo dos fatos relevantes nela ocorridos. (Redação dada pela Lei nº 11.719, de 2008).
>
> § 1º Sempre que possível, o registro dos depoimentos do investigado, indiciado, ofendido e testemunhas será feito pelos meios ou recursos de gravação magnética, estenotipia, digital ou técnica similar, inclusive audiovisual, destinada a obter maior fidelidade das informações.
>
> *§ 2º No caso de registro por meio audiovisual, será encaminhado às partes cópia do registro original, sem necessidade de transcrição. (Incluído pela Lei nº 11.719, de 2008).*

Sobre o tema, o Tribunal de Justiça do Estado da Bahia editou a Resolução nº 08/2009, publicada no DPJ de 27 de abril de 2009, que regulamenta a implementação do registro dos depoimentos pelos meios ou recursos de gravação magnética, estenotipia, digital ou técnica similar, inclusive audiovisual.

NOVO CÓDIGO DE PROCESSO CIVIL	CÓDIGO DE PROCESSO CIVIL DE 1973
Art. 461. O juiz pode ordenar, de ofício ou a requerimento da parte: I - a inquirição de testemunhas referidas nas declarações da parte ou das testemunhas; II - a acareação de 2 (duas) ou mais testemunhas ou de alguma delas com a parte, quando, sobre fato determinado que possa influir na decisão da causa, divergirem as suas declarações. § 1º Os acareados serão reperguntados para que expliquem os pontos de divergência, reduzindo-se a termo o ato de acareação. § 2º A acareação pode ser realizada por videoconferência ou por outro recurso tecnológico de transmissão de sons e imagens em tempo real.	**Art. 418.** O juiz pode ordenar, de ofício ou a requerimento da parte: I – a inquirição de testemunhas referidas nas declarações da parte ou das testemunhas; II – a acareação de duas ou mais testemunhas ou de alguma delas com a parte, quando, sobre fato determinado, que possa influir na decisão da causa, divergirem as suas declarações.

Os §§ 1º e 2º do artigo 461 do NCPC regulam o procedimento para a acareação, como já prevê o Código de Processo Penal, no artigo 229, parágrafo único. Preveem, ainda, a possibilidade de a acareação realizar-se por videoconferência ou outro recurso tecnológico.

NOVO CÓDIGO DE PROCESSO CIVIL	CÓDIGO DE PROCESSO CIVIL DE 1973
Art. 462. A testemunha pode requerer ao juiz o pagamento da despesa que efetuou para comparecimento à audiência, devendo a parte pagá-la logo que arbitrada ou depositá-la em cartório dentro de 3 (três) dias.	**Art. 419.** A testemunha pode requerer ao juiz o pagamento da despesa que efetuou para comparecimento à audiência, devendo a parte pagá-la logo que arbitrada, ou depositá-la em cartório dentro de 3 (três) dias. Parágrafo único. O depoimento prestado em juízo é considerado serviço público. A testemunha, quando sujeita ao regime da legislação trabalhista, não sofre, por comparecer à audiência, perda de salário nem desconto no tempo de serviço.

O *caput* do artigo 419 do CPC/73 é reproduzido no artigo 462 do NCPC, sendo que seu parágrafo único é reproduzido no artigo seguinte do NCPC, o artigo 460. Trata-se do pagamento das despesas das testemunhas.

NOVO CÓDIGO DE PROCESSO CIVIL	CÓDIGO DE PROCESSO CIVIL DE 1973
Art. 463. O depoimento prestado em juízo é considerado serviço público. Parágrafo único. A testemunha, quando sujeita ao regime da legislação trabalhista, não sofre, por comparecer à audiência, perda de salário nem desconto no tempo de serviço.	**Art. 419.** [...] Parágrafo único. O depoimento prestado em juízo é considerado serviço público. A testemunha, quando sujeita ao regime da legislação trabalhista, não sofre, por comparecer à audiência, perda de salário nem desconto no tempo de serviço.

O dispositivo retrata o disposto no parágrafo único do artigo 419 do CPC/73, esclarecendo o *múnus público* da testemunha: o depoimento prestado em juízo é considerado serviço público e não submete a testemunha a descontos salariais.

NOTAS AOS ARTIGOS 464 A 508

Richard Fernandes Fagundes

NOVO CÓDIGO DE PROCESSO CIVIL	CÓDIGO DE PROCESSO CIVIL DE 1973
Seção X **Da Prova Pericial**	Seção VII Da Prova Pericial
Art. 464. A prova pericial consiste em exame, vistoria ou avaliação. § 1º O juiz indeferirá a perícia quando: I - a prova do fato não depender de conhecimento especial de técnico; II - for desnecessária em vista de outras provas produzidas; III - a verificação for impraticável. § 2º De ofício ou a requerimento das partes, o juiz poderá, em substituição à perícia, determinar a produção de prova técnica simplificada, quando o ponto controvertido for de menor complexidade. § 3º A prova técnica simplificada consistirá apenas na inquirição de especialista, pelo juiz, sobre ponto controvertido da causa que demande especial conhecimento científico ou técnico. § 4º Durante a arguição, o especialista, que deverá ter formação acadêmica específica na área objeto de seu depoimento, poderá valer-se de qualquer recurso tecnológico de transmissão de sons e imagens com o fim de esclarecer os pontos controvertidos da causa.	**Art. 420.** A prova pericial consiste em exame, vistoria ou avaliação. Parágrafo único. O juiz indeferirá a perícia quando: I – a prova do fato não depender do conhecimento especial de técnico; II – for desnecessária em vista de outras provas produzidas; III – a verificação for impraticável.

O *caput* do artigo 420 do CPC/73 foi reproduzido pelo artigo 464, *caput*, do NCPC. A redação do parágrafo único do artigo 420 do CPC/73 foi retratada no § 1º do artigo 464 do NCPC.

Pelo disposto no §2º do artigo 464 do NCPC, o juiz poderá, de ofício ou a requerimento das partes, substituir a prova pericial por uma prova técnica simplificada. Essa prova apenas recairá sobre o ponto controvertido da causa, que demandará o conhecimento de um especialista, conforme indica o §3º. O especialista, por sua vez, deverá usar todos os seus recursos e conhecimentos para prestar seus esclarecimentos, nos termos da redação do §4º.

NOVO CÓDIGO DE PROCESSO CIVIL	CÓDIGO DE PROCESSO CIVIL DE 1973
Art. 465. O juiz nomeará perito especializado no objeto da perícia e fixará de imediato o prazo para a entrega do laudo. § 1º Incumbe às partes, dentro de 15 (quinze) dias contados da intimação do despacho de nomeação do perito: I - arguir o impedimento ou a suspeição do perito, se for o caso; II - indicar assistente técnico; III - apresentar quesitos. § 2º Ciente da nomeação, o perito apresentará em 5 (cinco) dias: I - proposta de honorários; II - currículo, com comprovação de especialização; III - contatos profissionais, em especial o endereço eletrônico, para onde serão dirigidas as intimações pessoais. § 3º As partes serão intimadas da proposta de honorários para, querendo, manifestar-se no prazo comum de 5 (cinco) dias, após o que o juiz arbitrará o valor, intimando-se as partes para os fins do art. 95. § 4º O juiz poderá autorizar o pagamento de até cinquenta por cento dos honorários arbitrados a favor do perito no início dos trabalhos, devendo o remanescente ser pago apenas ao final, depois de entregue o laudo e prestados todos os esclarecimentos necessários. § 5º Quando a perícia for inconclusiva ou deficiente, o juiz poderá reduzir a remuneração inicialmente arbitrada para o trabalho. § 6º Quando tiver de realizar-se por carta, poder-se-á proceder à nomeação de perito e à indicação de assistentes técnicos no juízo ao qual se requisitar a perícia.	**Art. 421.** O juiz nomeará o perito, fixando de imediato o prazo para a entrega do laudo. (Redação dada pela Lei nº 8.455, de 24.8.1992) § 1º Incumbe às partes, dentro em 5 (cinco) dias, contados da intimação do despacho de nomeação do perito: I – indicar o assistente técnico; II – apresentar quesitos. § 2º Quando a natureza do fato o permitir, a perícia poderá consistir apenas na inquirição pelo juiz do perito e dos assistentes, por ocasião da audiência de instrução e julgamento a respeito das coisas que houverem informalmente examinado ou avaliado. **Art. 145.** [...] § 2º Os peritos comprovarão sua especialidade na matéria sobre que deverão opinar, mediante certidão do órgão profissional em que estiverem inscritos. (Incluído pela Lei nº 7.270, de 10.12.1984) [...] **Art. 138.** Aplicam-se também os motivos de impedimento e de suspeição: [...] III - ao perito; (Redação dada pela Lei nº 8.455, de 24.8.1992) [...]

O referido artigo do NCPC manteve parte da redação do artigo 421 do CPC/73, com algumas modificações a serem comentadas. No *caput*, além de manter a redação do artigo 421 do CPC/73, determina que a perícia seja realizada por perito especializado na área específica à qual se destina, o que já estava previsto no artigo 145, §2º do CPC/73, que dispunha que: "*Os peritos comprovarão sua especialidade na matéria sobre que deverão opinar, mediante certidão do órgão profissional em que estiverem inscritos*".

No parágrafo primeiro do artigo 465, ocorreu uma mudança quanto ao prazo, que era de cinco dias, passando a ser de quinze dias. O inciso I do § 1º do artigo em comento aponta a possibilidade de se arguir o impedimento ou a suspeição, o que não representa uma novidade, já que o CPC/73 trazia tal previsão no artigo 138, III.

O parágrafo segundo estabelece informações que o perito deve apresentar em cinco dias a contar da ciência da nomeação. Quanto aos parágrafos terceiro a sexto, trata-se apenas de procedimento, sendo que o parágrafo terceiro trata da manifestação das partes sobre os honorários periciais; o parágrafo quarto autoriza que seja pago 50% dos honorários periciais antecipadamente e 50% após a entrega do laudo pericial, sendo que, na prática forense atual, já estava se depositando integralmente os honorários para a realização da perícia; o parágrafo quinto permite a redução dos honorários periciais se o trabalho apresentado não for satisfatório e, por fim, o parágrafo sexto trata da realização da perícia por carta.

NOVO CÓDIGO DE PROCESSO CIVIL	CÓDIGO DE PROCESSO CIVIL DE 1973
Art. 466. O perito cumprirá escrupulosamente o encargo que lhe foi cometido, independentemente de termo de compromisso. § 1º Os assistentes técnicos são de confiança da parte e não estão sujeitos a impedimento ou suspeição. § 2º O perito deve assegurar aos assistentes das partes o acesso e o acompanhamento das diligências e dos exames que realizar, com prévia comunicação, comprovada nos autos, com antecedência mínima de 5 (cinco) dias.	**Art. 422.** O perito cumprirá escrupulosamente o encargo que lhe foi cometido, independentemente de termo de compromisso. Os assistentes técnicos são de confiança da parte, não sujeitos a impedimento ou suspeição. (Redação dada pela Lei nº 8.455, de 24.8.1992)

O *caput* do artigo do NCPC em comento possui a mesma redação do artigo correspondente do CPC/73, apenas sofrendo um acréscimo da conjunção "e", porém mantendo o mesmo sentido. Todavia, foram criados dois parágrafos, o primeiro com a mesma redação da segunda parte do dispositivo do CPC/73, que o assistente técnico não se sujeita ao impedimento ou à suspeição. Já o segundo parágrafo foi inserido com o intuito de garantir a ampla defesa e o contraditório, ao determinar o dever do perito de assegurar aos assistentes das partes o acesso e o acompanhamento das diligências e dos exames que realizar.

NOVO CÓDIGO DE PROCESSO CIVIL	CÓDIGO DE PROCESSO CIVIL DE 1973
Art. 467. O perito pode escusar-se ou ser recusado por impedimento ou suspeição. Parágrafo único. O juiz, ao aceitar a escusa ou ao julgar procedente a impugnação, nomeará novo perito.	**Art. 423.** O perito pode escusar-se (art. 146), ou ser recusado por impedimento ou suspeição (art. 138, III); ao aceitar a escusa ou julgar procedente a impugnação, o juiz nomeará novo perito. (Redação dada pela Lei nº 8.455, de 24.8.1992)

O referido artigo do NCPC manteve a mesma redação do artigo 423 do CPC/73, sem considerações substanciais a serem comentadas. Apenas foi subtraída a indicação dos artigos 138 e 146 do CPC/73, este fazendo referência à escusa por motivo legítimo e aquele aos motivos de impedimento e suspeição. Necessário indicar que a segunda parte do artigo 423 do CPC/73 transformou-se no parágrafo único do artigo 467 do NCPC.

NOVO CÓDIGO DE PROCESSO CIVIL	CÓDIGO DE PROCESSO CIVIL DE 1973
Art. 468. O perito pode ser substituído quando: I - faltar-lhe conhecimento técnico ou científico; II - sem motivo legítimo, deixar de cumprir o encargo no prazo que lhe foi assinado. § 1º No caso previsto no inciso II, o juiz comunicará a ocorrência à corporação profissional respectiva, podendo, ainda, impor multa ao perito, fixada tendo em vista o valor da causa e o possível prejuízo decorrente do atraso no processo. § 2º O perito substituído restituirá, no prazo de 15 (quinze) dias, os valores recebidos pelo trabalho não realizado, sob pena de ficar impedido de atuar como perito judicial pelo prazo de 5 (cinco) anos. § 3º Não ocorrendo a restituição voluntária de que trata o § 2º, a parte que tiver realizado o adiantamento dos honorários poderá promover execução contra o perito, na forma dos arts. 513 e seguintes deste Código, com fundamento na decisão que determinar a devolução do numerário.	**Art. 424.** O perito pode ser substituído quando: (Redação dada pela Lei nº 8.455, de 24.8.1992) I - carecer de conhecimento técnico ou científico; II - sem motivo legítimo, deixar de cumprir o encargo no prazo que lhe foi assinado. (Redação dada pela Lei nº 8.455, de 24.8.1992)

O *caput* do artigo 424 do CPC/73 foi reproduzido no artigo 468 do NCPC. O parágrafo único do artigo 424 do CPC/73 foi retratado no § 1º do artigo 468 do NCPC.

O parágrafo segundo do artigo 468 do NCPC dispõe que o perito receberá sanção de ficar impedido de atuar como perito judicial pelo prazo de cinco anos, caso não restitua os valores recebidos pelo trabalho não realizado. Além disso, o parágrafo terceiro prevê, em caso de não restituição voluntária, a possibilidade de a parte, que realizou o adiantamento dos honorários periciais, promover execução, que seguirá o procedimento do cumprimento de sentença, com base na decisão que determinar a devolução do numerário.

NOVO CÓDIGO DE PROCESSO CIVIL	CÓDIGO DE PROCESSO CIVIL DE 1973
Art. 469. As partes poderão apresentar quesitos suplementares durante a diligência, que poderão ser respondidos pelo perito previamente ou na audiência de instrução e julgamento. Parágrafo único. O escrivão dará à parte contrária ciência da juntada dos quesitos aos autos.	**Art. 425.** Poderão as partes apresentar, durante a diligência, quesitos suplementares. Da juntada dos quesitos aos autos dará o escrivão ciência à parte contrária.

O *caput* do artigo 425 do CPC/73 foi reproduzido pelo artigo 469, *caput* e parágrafo único, do NCPC, dispondo, ainda, que o perito poderá responder aos quesitos suplementares, formulados pelas partes durante a diligência, previamente ou em audiência de instrução e julgamento.

NOVO CÓDIGO DE PROCESSO CIVIL	CÓDIGO DE PROCESSO CIVIL DE 1973
Art. 470. Incumbe ao juiz: I - indeferir quesitos impertinentes; II - formular os quesitos que entender necessários ao esclarecimento da causa.	**Art. 426.** Compete ao juiz: I – indeferir quesitos impertinentes; II – formular os que entender necessários ao esclarecimento da causa.

O *caput* do artigo 426 do CPC/73 foi reproduzido no artigo 470 do NCPC. Todavia, por questão de adequação e literalidade do jargão jurídico, substituiu-se o termo "compete" por "incumbe".

NOVO CÓDIGO DE PROCESSO CIVIL	CÓDIGO DE PROCESSO CIVIL DE 1973
Art. 471. As partes podem, de comum acordo, escolher o perito, indicando-o mediante requerimento, desde que: I - sejam plenamente capazes; II - a causa possa ser resolvida por autocomposição. § 1º As partes, ao escolher o perito, já devem indicar os respectivos assistentes técnicos para acompanhar a realização da perícia, que se realizará em data e local previamente anunciados.	Sem correspondente. **Art. 431-B**. Tratando-se de perícia complexa, que abranja mais de uma área de conhecimento especializado, o juiz poderá nomear mais de um perito e a parte indicar mais de um assistente técnico. (Incluído pela Lei nº 10.358, de 27.12.2001)
§ 2º O perito e os assistentes técnicos devem entregar, respectivamente, laudo e pareceres em prazo fixado pelo juiz. § 3º A perícia consensual substitui, para todos os efeitos, a que seria realizada por perito nomeado pelo juiz.	**Art. 433**. O perito apresentará o laudo em cartório, no prazo fixado pelo juiz, pelo menos 20 (vinte) dias antes da audiência de instrução e julgamento. (Redação dada pela Lei nº 8.455, de 24.8.1992) Parágrafo único. Os assistentes técnicos oferecerão seus pareceres no prazo comum de 10 (dez) dias, após intimadas as partes da apresentação do laudo. (Redação dada pela Lei nº 10.358, de 27.12.2001)

O artigo 471 do novo Código de Processo Civil cuida da perícia consensual, por meio da qual as partes têm a possibilidade de, conjuntamente, escolherem o perito, desde que requeiram em juízo. Todavia, tal possibilidade possui dois requisitos ou condições, ou seja, as partes devem ser plenamente capazes e a causa em litígio tem que ser passível de resolução por autocomposição.

A escolha de um perito pelas partes, em comum acordo, não as impede de indicar assistentes técnicos. O perito e os assistentes, respectivamente, devem apresentar o laudo e os pareceres no prazo assinado pelo juiz. Por fim, caso as partes indiquem perito em comum acordo, esta indicação substitui a realizada pelo juízo, em todos os seus efeitos.

NOVO CÓDIGO DE PROCESSO CIVIL	CÓDIGO DE PROCESSO CIVIL DE 1973
Art. 472. O juiz poderá dispensar prova pericial quando as partes, na inicial e na contestação, apresentarem, sobre as questões de fato, pareceres técnicos ou documentos elucidativos que considerar suficientes.	**Art. 427.** O juiz poderá dispensar prova pericial quando as partes, na inicial e na contestação, apresentarem sobre as questões de fato pareceres técnicos ou documentos elucidativos que considerar suficientes. (Redação dada pela Lei nº 8.455, de 24.8.1992)

O *caput* do artigo 427 do CPC/73 foi reproduzido no artigo 472 do NCPC, que mantém na integralidade a disposição. Apesar da reforma, existem artigos que não carecem de mudanças, pois se adequam perfeitamente à finalidade apresentada para a elaboração do NCPC.

NOVO CÓDIGO DE PROCESSO CIVIL	CÓDIGO DE PROCESSO CIVIL DE 1973
Art. 473. O laudo pericial deverá conter: I - a exposição do objeto da perícia; II - a análise técnica ou científica realizada pelo perito; III - a indicação do método utilizado, esclarecendo-o e demonstrando ser predominantemente aceito pelos especialistas da área do conhecimento da qual se originou; IV - resposta conclusiva a todos os quesitos apresentados pelo juiz, pelas partes e pelo órgão do Ministério Público. § 1º No laudo, o perito deve apresentar sua fundamentação em linguagem simples e com coerência lógica, indicando como alcançou suas conclusões. § 2º É vedado ao perito ultrapassar os limites de sua designação, bem como emitir opiniões pessoais que excedam o exame técnico ou científico do objeto da perícia. § 3º Para o desempenho de sua função, o perito e os assistentes técnicos podem valer-se de todos os meios necessários, ouvindo testemunhas, obtendo informações, solicitando documentos que estejam em poder da parte, de terceiros ou em repartições públicas, bem como instruir o laudo com planilhas, mapas, plantas, desenhos, fotografias ou outros elementos necessários ao esclarecimento do objeto da perícia.	**Art. 429.** Para o desempenho de sua função, podem o perito e os assistentes técnicos utilizar-se de todos os meios necessários, ouvindo testemunhas, obtendo informações, solicitando documentos que estejam em poder de parte ou em repartições públicas, bem como instruir o laudo com plantas, desenhos, fotografias e outras quaisquer peças.

O artigo 473 do novo Código de Processo Civil não possui, em sua íntegra, correspondente no CPC/73, mas seu parágrafo terceiro reproduziu o disposto no artigo 429 do CPC/73. O legislador criou um artigo com uma quantidade maior de informações, além de apresentar um maior rigor formal.

Neste contexto, é apresentada uma dinâmica procedimental da criação dos laudos, além da conduta do perito. Estão presentes nos parágrafos primeiro e segundo, respectivamente, a busca de um laudo mais transparente e seguro, com o fim de lhe atribuir maior confiabilidade, e a limitação ao perito à sua designação, evitando, com isso, que o mesmo emita juízo de valor.

NOVO CÓDIGO DE PROCESSO CIVIL	CÓDIGO DE PROCESSO CIVIL DE 1973
Art. 474. As partes terão ciência da data e do local designados pelo juiz ou indicados pelo perito para ter início a produção da prova.	**Art. 431-A.** As partes terão ciência da data e local designados pelo juiz ou indicados pelo perito para ter início a produção da prova. (Incluído pela Lei nº 10.358, de 27.12.2001)

O referido artigo do NCPC manteve a mesma redação do artigo 431-A do CPC/73, sem considerações substanciais a serem comentadas.

NOVO CÓDIGO DE PROCESSO CIVIL	CÓDIGO DE PROCESSO CIVIL DE 1973
Art. 475. Tratando-se de perícia complexa que abranja mais de uma área de conhecimento especializado, o juiz poderá nomear mais de um perito, e a parte, indicar mais de um assistente técnico.	**Art. 431-B.** Tratando-se de perícia complexa, que abranja mais de uma área de conhecimento especializado, o juiz poderá nomear mais de um perito e a parte indicar mais de um assistente técnico. (Incluído pela Lei nº 10.358, de 27.12.2001)

O referido artigo do NCPC manteve a mesma redação do artigo 431-B do CPC/73, sem considerações substanciais a serem comentadas.

NOVO CÓDIGO DE PROCESSO CIVIL	CÓDIGO DE PROCESSO CIVIL DE 1973
Art. 476. Se o perito, por motivo justificado, não puder apresentar o laudo dentro do prazo, o juiz poderá conceder-lhe, por uma vez, prorrogação pela metade do prazo originalmente fixado.	**Art. 432.** Se o perito, por motivo justificado, não puder apresentar o laudo dentro do prazo, o juiz conceder-lhe-á, por uma vez, prorrogação, segundo o seu prudente arbítrio. Parágrafo único. (Revogado pela Lei nº 8.455, de 24.8.1992)

O referido artigo do NCPC, apesar de manter boa parte da redação do artigo 432 do CPC/73, trouxe duas mudanças que devem ser consideradas. Primeiro, enquanto no CPC/73 era obrigação do juiz conceder a prorrogação do prazo para o perito, que, por motivo justificado, não tivesse condições de apresentar o laudo dentro do prazo originalmente fixado, no NCPC passou a ser uma faculdade do magistrado a concessão de prorrogação do prazo, uma vez que foi acrescido o verbo "poderá". Segundo, foi retirada do juiz a liberdade de arbitrar o novo prazo, limitando-o à metade do prazo anteriormente concedido.

NOVO CÓDIGO DE PROCESSO CIVIL	CÓDIGO DE PROCESSO CIVIL DE 1973
Art. 477. O perito protocolará o laudo em juízo, no prazo fixado pelo juiz, pelo menos 20 (vinte) dias antes da audiência de instrução e julgamento. § 1º As partes serão intimadas para, querendo, manifestar-se sobre o laudo do perito do juízo no prazo comum de 15 (quinze) dias, podendo o assistente técnico de cada uma das partes, em igual prazo, apresentar seu respectivo parecer. § 2º O perito do juízo tem o dever de, no prazo de 15 (quinze) dias, esclarecer ponto: I - sobre o qual exista divergência ou dúvida de qualquer das partes, do juiz ou do órgão do Ministério Público; II - divergente apresentado no parecer do assistente técnico da parte. § 3º Se ainda houver necessidade de esclarecimentos, a parte requererá ao juiz que mande intimar o perito ou o assistente técnico a comparecer à audiência de instrução e julgamento, formulando, desde logo, as perguntas, sob forma de quesitos. § 4º O perito ou o assistente técnico será intimado por meio eletrônico, com pelo menos 10 (dez) dias de antecedência da audiência.	**Art. 433.** O perito apresentará o laudo em cartório, no prazo fixado pelo juiz, pelo menos 20 (vinte) dias antes da audiência de instrução e julgamento. (Redação dada pela Lei nº 8.455, de 24.8.1992) Parágrafo único. Os assistentes técnicos oferecerão seus pareceres no prazo comum de 10 (dez) dias, após intimadas as partes da apresentação do laudo. (Redação dada pela Lei nº 10.358, de 27.12.2001) **Art. 435.** A parte, que desejar esclarecimento do perito e do assistente técnico, requererá ao juiz que mande intimá-lo a comparecer à audiência, formulando desde logo as perguntas, sob forma de quesitos. Parágrafo único. O perito e o assistente técnico só estarão obrigados a prestar os esclarecimentos a que se refere este artigo, quando intimados 5 (cinco) dias antes da audiência.

O artigo 433, *caput* e parágrafo único, do CPC/73, foi reproduzido no artigo 477, *caput* e parágrafo primeiro, do NCPC. Quanto ao *caput,* manteve-se a mesma disposição, porém ocorreu apenas, com o fim de adequar-se ao jargão jurídico a substituição das palavras "apresentará" e "cartório" por "protocolará" e "juízo", respectivamente. Quanto ao parágrafo primeiro, apenas foi concedido um prazo de cinco dias a mais para a apresentação dos pareceres dos assistentes técnicos.

Sem correspondente, o parágrafo segundo do referido artigo do NCPC, aponta ao perito do juiz prazo para esclarecimentos em dois pontos, quando as partes ou o MP apontarem divergência ou dúvida no laudo, e quando ocorrer divergência entre o laudo do perito e o parecer do assistente técnico. Por fim, os parágrafos terceiro e quarto do indigitado artigo têm a mesma redação do artigo 435, *caput* e parágrafo único, do CPC/73.

NOVO CÓDIGO DE PROCESSO CIVIL	CÓDIGO DE PROCESSO CIVIL DE 1973
Art. 478. Quando o exame tiver por objeto a autenticidade ou a falsidade de documento ou for de natureza médico-legal, o perito será escolhido, de preferência, entre os técnicos dos estabelecimentos oficiais especializados, a cujos diretores o juiz autorizará a remessa dos autos, bem como do material sujeito a exame. § 1º Nas hipóteses de gratuidade de justiça, os órgãos e as repartições oficiais deverão cumprir a determinação judicial com preferência, no prazo estabelecido. § 2º A prorrogação do prazo referido no § 1º pode ser requerida motivadamente. § 3º Quando o exame tiver por objeto a autenticidade da letra e da firma, o perito poderá requisitar, para efeito de comparação, documentos existentes em repartições públicas e, na falta destes, poderá requerer ao juiz que a pessoa a quem se atribuir a autoria do documento lance em folha de papel, por cópia ou sob ditado, dizeres diferentes, para fins de comparação.	**Art. 434.** Quando o exame tiver por objeto a autenticidade ou a falsidade de documento, ou for de natureza médico-legal, o perito será escolhido, de preferência, entre os técnicos dos estabelecimentos oficiais especializados. O juiz autorizará a remessa dos autos, bem como do material sujeito a exame, ao diretor do estabelecimento. (Redação dada pela Lei nº 8.952, de 13.12.1994) Parágrafo único. Quando o exame tiver por objeto a autenticidade da letra e firma, o perito poderá requisitar, para efeito de comparação, documentos existentes em repartições públicas; na falta destes, poderá requerer ao juiz que a pessoa, a quem se atribuir a autoria do documento, lance em folha de papel, por cópia, ou sob ditado, dizeres diferentes, para fins de comparação.

O *caput* do referido artigo do NCPC manteve a mesma redação do *caput* do artigo 434 do CPC/73, enquanto o parágrafo único deste foi reproduzido no parágrafo terceiro daquele, sem considerações substanciais a serem comentadas. Todavia, os parágrafos primeiro e segundo do artigo em comento tratam, respectivamente, da preferência no cumprimento das determinações judiciais, nos casos de a parte ser beneficiário da justiça gratuita e da prorrogação do prazo, a qual deve ser motivada.

NOVO CÓDIGO DE PROCESSO CIVIL	CÓDIGO DE PROCESSO CIVIL DE 1973
Art. 479. O juiz apreciará a prova pericial de acordo com o disposto no art. 371, indicando na sentença os motivos que o levaram a considerar ou a deixar de considerar as conclusões do laudo, levando em conta o método utilizado pelo perito.	**Art. 436.** O juiz não está adstrito ao laudo pericial, podendo formar a sua convicção com outros elementos ou fatos provados nos autos.

O artigo 479 do NCPC encontra correspondência parcial no artigo 436 do CPC/73. No tocante ao seu texto, o referido artigo do NCPC tornou necessária a indicação na sentença dos motivos que levaram o magistrado a dispensar ou aceitar o laudo pericial, considerando os mecanismos que o perito dispôs para elaborar.

No entanto, em consequência do princípio da não adstrição do juiz, o qual não está obrigado a seguir o laudo na formação do convencimento, a lei o autoriza, mas não impõe, a formar sua convicção com base no laudo pericial.

Está presente ainda nesse dispositivo do NCPC, a reafirmação da livre iniciativa do magistrado sobre os meios de prova ao fazer referência ao artigo 371. Os poderes de iniciativa probante autônoma e geral do juiz devem corresponder aos poderes de iniciativa instrutória das partes. Daí, verifica-se que o NCPC continua com o modelo probatório inquisitivo.

NOVO CÓDIGO DE PROCESSO CIVIL	CÓDIGO DE PROCESSO CIVIL DE 1973
Art. 480. O juiz determinará, de ofício ou a requerimento da parte, a realização de nova perícia quando a matéria não estiver suficientemente esclarecida.	**Art. 437.** O juiz poderá determinar, de ofício ou a requerimento da parte, a realização de nova perícia, quando a matéria não lhe parecer suficientemente esclarecida.
§ 1º A segunda perícia tem por objeto os mesmos fatos sobre os quais recaiu a primeira e destina-se a corrigir eventual omissão ou inexatidão dos resultados a que esta conduziu.	**Art. 438.** A segunda perícia tem por objeto os mesmos fatos sobre que recaiu a primeira e destina-se a corrigir eventual omissão ou inexatidão dos resultados a que esta conduziu.
§ 2º A segunda perícia rege-se pelas disposições estabelecidas para a primeira. § 3º A segunda perícia não substitui a primeira, cabendo ao juiz apreciar o valor de uma e de outra.	**Art. 439.** A segunda perícia rege-se pelas disposições estabelecidas para a primeira. Parágrafo único. A segunda perícia não substitui a primeira, cabendo ao juiz apreciar livremente o valor de uma e outra.

O *caput* do referido artigo do NCPC manteve a mesma redação do artigo 437 do CPC/73, porém com duas considerações substanciais a serem comentadas. Primeiro, foi suprimido o verbo "poderá", o qual, no CPC/73, indica que será facultado ao juiz a realização de nova perícia. A redação do *caput* do referido artigo do NCPC passa a ideia de obrigatoriedade, isto é, o magistrado deve determinar a realização de nova perícia se a matéria não estiver suficientemente esclarecida.

Foi ainda retirado o pronome "lhe", o qual, no CPC/73, indica que a avaliação da matéria, se suficientemente esclarecida ou não, é direcionada apenas ao juiz e não às partes. Com isso, deixa-se de lado o critério subjetivista do magistrado.

O parágrafo 1º do mencionado artigo do NCPC manteve a mesma redação do artigo 438 do CPC/73, sem considerações substanciais a serem comentadas.

O parágrafo 2º do artigo do NCPC em comento manteve a mesma redação do *caput* do artigo 439 do CPC/73. O parágrafo 3º manteve a redação do parágrafo único do artigo 439 do CPC/73, porém com uma única consideração substancial, qual seja, a supressão da palavra "livremente", isto apenas com o intuito de restringir o juiz à apreciação da prova conjuntamente.

NOVO CÓDIGO DE PROCESSO CIVIL	CÓDIGO DE PROCESSO CIVIL DE 1973
Seção XI **Da Inspeção Judicial**	Seção VIII Da Inspeção Judicial
Art. 481. O juiz, de ofício ou a requerimento da parte, pode, em qualquer fase do processo, inspecionar pessoas ou coisas, a fim de se esclarecer sobre fato que interesse à decisão da causa.	**Art. 440.** O juiz, de ofício ou a requerimento da parte, pode, em qualquer fase do processo, inspecionar pessoas ou coisas, a fim de se esclarecer sobre fato, que interesse à decisão da causa.

O referido artigo do NCPC manteve a mesma redação do artigo 440 do CPC/73, sem considerações substanciais a serem comentadas.

NOVO CÓDIGO DE PROCESSO CIVIL	CÓDIGO DE PROCESSO CIVIL DE 1973
Art. 482. Ao realizar a inspeção, o juiz poderá ser assistido por um ou mais peritos.	**Art. 441.** Ao realizar a inspeção direta, o juiz poderá ser assistido de um ou mais peritos.

O artigo 482 do NCPC manteve a mesma redação do artigo 441 do CPC/73, havendo, porém, apenas uma consideração substancial a ser comentada. Não consta na redação do referido artigo do NCPC a palavra "direta", a qual foi suprimida, posto que a inspeção judicial pode ser direta ou indireta. Esta ocorrerá quando o juiz necessitar que um *expert* inspecione diretamente a coisa ou pessoa, transmitindo-lhe imediatamente a informação, enquanto aquela ocorre quando for realizada diretamente pelo magistrado, contando apenas com o apoio de auxiliares.

NOVO CÓDIGO DE PROCESSO CIVIL	CÓDIGO DE PROCESSO CIVIL DE 1973
Art. 483. O juiz irá ao local onde se encontre a pessoa ou a coisa quando: I - julgar necessário para a melhor verificação ou interpretação dos fatos que deva observar; II - a coisa não puder ser apresentada em juízo sem consideráveis despesas ou graves dificuldades; III - determinar a reconstituição dos fatos. Parágrafo único. As partes têm sempre direito a assistir à inspeção, prestando esclarecimentos e fazendo observações que considerem de interesse para a causa.	**Art. 442.** O juiz irá ao local, onde se encontre a pessoa ou coisa, quando: I – julgar necessário para a melhor verificação ou interpretação dos fatos que deva observar; II – a coisa não puder ser apresentada em juízo, sem consideráveis despesas ou graves dificuldades; III – determinar a reconstituição dos fatos. Parágrafo único. As partes têm sempre direito a assistir à inspeção, prestando esclarecimentos e fazendo observações que reputem de interesse para a causa.

O referido artigo do NCPC manteve a mesma redação do artigo 442 do CPC/73, sem considerações substanciais a serem comentadas.

NOVO CÓDIGO DE PROCESSO CIVIL	CÓDIGO DE PROCESSO CIVIL DE 1973
Art. 484. Concluída a diligência, o juiz mandará lavrar auto circunstanciado, mencionando nele tudo quanto for útil ao julgamento da causa. Parágrafo único. O auto poderá ser instruído com desenho, gráfico ou fotografia.	**Art. 443.** Concluída a diligência, o juiz mandará lavrar auto circunstanciado, mencionando nele tudo quanto for útil ao julgamento da causa. (Redação dada pela Lei nº 5.925, de 1º.10.1973) Parágrafo único. O auto poderá ser instruído com desenho, gráfico ou fotografia. (Redação dada pela Lei nº 5.925, de 1º.10.1973)

O referido artigo do NCPC manteve a mesma redação do artigo 443 do CPC/73, sem considerações substanciais a serem comentadas.

NOVO CÓDIGO DE PROCESSO CIVIL	CÓDIGO DE PROCESSO CIVIL DE 1973
CAPÍTULO XIII DA SENTENÇA E DA COISA JULGADA **Seção I** **Disposições Gerais** **Art. 485.** O juiz não resolverá o mérito quando: I - indeferir a petição inicial; II - o processo ficar parado durante mais de 1 (um) ano por negligência das partes; III - por não promover os atos e as diligências que lhe incumbir, o autor abandonar a causa por mais de 30 (trinta) dias; IV - verificar a ausência de pressupostos de constituição e de desenvolvimento válido e regular do processo; V - reconhecer a existência de perempção, de litispendência ou de coisa julgada; VI - verificar ausência de legitimidade ou de interesse processual; VII - acolher a alegação de existência de convenção de arbitragem ou quando o juízo arbitral reconhecer sua competência; VIII - homologar a desistência da ação; IX - em caso de morte da parte, a ação for considerada intransmissível por disposição legal; e X - nos demais casos prescritos neste Código. § 1º Nas hipóteses descritas nos incisos II e III, a parte será intimada pessoalmente para suprir a falta no prazo de 5 (cinco) dias. § 2º No caso do § 1º, quanto ao inciso II, as partes pagarão proporcionalmente as custas, e, quanto ao inciso III, o autor será condenado ao pagamento das despesas e dos honorários de advogado.	CAPÍTULO III DA EXTINÇÃO DO PROCESSO **Art. 267.** Extingue-se o processo, sem resolução de mérito: (Redação dada pela Lei nº 11.232, de 2005) I - quando o juiz indeferir a petição inicial; II - quando ficar parado durante mais de 1 (um) ano por negligência das partes; III - quando, por não promover os atos e diligências que lhe competir, o autor abandonar a causa por mais de 30 (trinta) dias; IV - quando se verificar a ausência de pressupostos de constituição e de desenvolvimento válido e regular do processo; V - quando o juiz acolher a alegação de perempção, litispendência ou de coisa julgada; VI - quando não concorrer qualquer das condições da ação, como a possibilidade jurídica, a legitimidade das partes e o interesse processual; VII - pela convenção de arbitragem; (Redação dada pela Lei nº 9.307, de 23.9.1996) VIII - quando o autor desistir da ação; IX - quando a ação for considerada intransmissível por disposição legal; X - quando ocorrer confusão entre autor e réu; XI - nos demais casos prescritos neste Código.

§ 3º O juiz conhecerá de ofício da matéria constante dos incisos IV, V, VI e IX, em qualquer tempo e grau de jurisdição, enquanto não ocorrer o trânsito em julgado. § 4º Oferecida a contestação, o autor não poderá, sem o consentimento do réu, desistir da ação. § 5º A desistência da ação pode ser apresentada até a sentença. § 6º Oferecida a contestação, a extinção do processo por abandono da causa pelo autor depende de requerimento do réu. § 7º Interposta a apelação em qualquer dos casos de que tratam os incisos deste artigo, o juiz terá 5 (cinco) dias para retratar-se.	§ 1º O juiz ordenará, nos casos dos ns. II e III, o arquivamento dos autos, declarando a extinção do processo, se a parte, intimada pessoalmente, não suprir a falta em 48 (quarenta e oito) horas. § 2º No caso do parágrafo anterior, quanto ao nº II, as partes pagarão proporcionalmente as custas e, quanto ao nº III, o autor será condenado ao pagamento das despesas e honorários de advogado (art. 28). § 3º O juiz conhecerá de ofício, em qualquer tempo e grau de jurisdição, enquanto não proferida a sentença de mérito, da matéria constante dos ns. IV, V e VI; todavia, o réu que a não alegar, na primeira oportunidade em que lhe caiba falar nos autos, responderá pelas custas de retardamento. § 4º Depois de decorrido o prazo para a resposta, o autor não poderá, sem o consentimento do réu, desistir da ação.

O artigo 267 do CPC/73, o qual faz parte do capítulo "Da Extinção do Processo", foi reproduzido no capítulo "Da Sentença e da Coisa Julgada" do NCPC, para tratar de sentenças terminativas, isto é, sem resolução do mérito.

No inciso V do artigo 485 do NCPC, o legislador substituiu a expressão "acolher a alegação" por "reconhecer a existência", tendo em vista que a perempção, a litispendência, e a coisa julgada são matérias de ordem pública e, portanto, devem ser declaradas, de ofício pelo juiz ou indicadas pela parte, em qualquer momento e grau de jurisdição.

Quanto ao inciso VI, o novo Código de Processo Civil torna inócua a indagação que gira em torno de se saber se a análise da possibilidade jurídica do pedido envolve análise de mérito ou não, pois retira dela o st*atus* de condição da ação. O NCPC adota a tese de que a análise da possibilidade jurídica do pedido enseja uma perquirição de mérito.

Diferentemente, é o caso do inciso VII do mesmo artigo, que acrescentou "acolher a alegação", pois a matéria a respeito da existência de convenção de arbitragem depende de alegação do réu, vedado ao juiz examiná-la de ofício. Não alegada a convenção de arbitragem em preliminar da contestação, ocorre a preclusão, implicando na aceitação da jurisdição estatal e renúncia ao juízo arbitral.

Neste mesmo inciso VII foi acrescentada mais uma hipótese, qual seja, quando o juízo arbitral reconhecer sua competência. Por fim, foi retirado o inciso "X" do artigo correspondente do CPC/73, o qual dispõe sobre a ocorrência de confusão entre autor e réu, pois, para a existência do processo, necessário se faz duas partes bem definidas.

Quanto ao parágrafo terceiro do referido artigo do NCPC, foi acrescentada no inciso IX mais uma possibilidade de o juiz reconhecer de ofício, portanto, considerando-a como matéria de ordem pública. Além disso, é retirada do réu a obrigação do pagamento das custas, isto porque como se trata de matérias de ordem pública, caberia ao órgão jurisdicional, na pessoa do juiz, a verificação dos pressupostos processuais de existência, validade e negativos, além das condições da ação.

No parágrafo quarto ocorreu uma pequena mudança, pois foi retirada a frase "Depois de decorrido o prazo para a resposta" e substituída por "Oferecida a contestação", isto por um motivo simples: para que o autor desista da ação com o consentimento do réu, não basta apenas o decurso do prazo da resposta, e sim a efetiva contestação, pois sendo o réu revel não existe a necessidade de sua anuência. Foi acrescentado ao artigo 485 do NCPC, o parágrafo quinto, o qual possibilita ao autor a desistência da ação até a sentença.

Quanto ao parágrafo sexto do artigo em comento, foi reproduzida a redação do Enunciado nº 240 da Súmula do STJ, que preceitua que "A extinção do processo, por abandono da causa pelo autor, depende de requerimento do réu."

Por fim, o parágrafo sétimo do referido artigo do NCPC encontra disposição correspondente no artigo 296 do CPC/73. Enquanto este admite a retratação do juiz apenas quando do indeferimento da inicial, o parágrafo sétimo do artigo do NCPC em tela permite ao juiz, caso ocorra interposição do recurso de apelação, a possibilidade de retratar-se em qualquer dos casos de que tratam os incisos.

NOVO CÓDIGO DE PROCESSO CIVIL	CÓDIGO DE PROCESSO CIVIL DE 1973
Art. 486. O pronunciamento judicial que não resolve o mérito não obsta a que a parte proponha de novo a ação. § 1º No caso de extinção em razão de litispendência e nos casos dos incisos I, IV, VI e VII do art. 485, a propositura da nova ação depende da correção do vício que levou à sentença sem resolução do mérito. § 2º A petição inicial, todavia, não será despachada sem a prova do pagamento ou do depósito das custas e dos honorários de advogado. § 3º Se o autor der causa, por 3 (três) vezes, a sentença fundada em abandono da causa, não poderá propor nova ação contra o réu com o mesmo objeto, ficando-lhe ressalvada, entretanto, a possibilidade de alegar em defesa o seu direito.	**Art. 268.** Salvo o disposto no art. 267, V, a extinção do processo não obsta a que o autor intente de novo a ação. A petição inicial, todavia, não será despachada sem a prova do pagamento ou do depósito das custas e dos honorários de advogado. Parágrafo único. Se o autor der causa, por três vezes, à extinção do processo pelo fundamento previsto no nº III do artigo anterior, não poderá intentar nova ação contra o réu com o mesmo objeto, ficando-lhe ressalvada, entretanto, a possibilidade de alegar em defesa o seu direito.

O *caput* do artigo 486 do NCPC apenas aprimora a redação do artigo 268 do CPC/73 . Já o parágrafo primeiro do artigo 486 do NCPC aprimora a redação do CPC/73: para que seja possível a propositura de nova ação, a parte tem que corrigir o vício, que levou à extinção do processo sem resolução do mérito. O parágrafo segundo se refere à parte final do *caput* do artigo 268, qual seja: deve haver o pagamento ou depósito das custas e dos honorários advocatícios para viabilizar a repropositura da ação. Já o parágrafo terceiro da nova legislação reproduz o teor do artigo 268, parágrafo único, do CPC/73

NOVO CÓDIGO DE PROCESSO CIVIL	CÓDIGO DE PROCESSO CIVIL DE 1973
Art. 487. Haverá resolução de mérito quando o juiz: I - acolher ou rejeitar o pedido formulado na ação ou na reconvenção; II - decidir, de ofício ou a requerimento, sobre a ocorrência de decadência ou prescrição; III - homologar: a) o reconhecimento da procedência do pedido formulado na ação ou na reconvenção; b) a transação; c) a renúncia à pretensão formulada na ação ou na reconvenção. Parágrafo único. Ressalvada a hipótese do § 1º do art. 332, a prescrição e a decadência não serão reconhecidas sem que antes seja dada às partes oportunidade de manifestar-se.	**Art. 269**. Haverá resolução de mérito: (Redação dada pela Lei nº 11.232, de 2005) I - quando o juiz acolher ou rejeitar o pedido do autor;(Redação dada pela Lei nº 5.925, de 1º.10.1973) II - quando o réu reconhecer a procedência do pedido; (Redação dada pela Lei nº 5.925, de 1º.10.1973) III - quando as partes transigirem; (Redação dada pela Lei nº 5.925, de 1º.10.1973) IV - quando o juiz pronunciar a decadência ou a prescrição; (Redação dada pela Lei nº 5.925, de 1º.10.1973) V - quando o autor renunciar ao direito sobre que se funda a ação. (Redação dada pela Lei nº 5.925, de 1º.10.1973)

A mudança introduzida pela redação do referido artigo do NCPC sobre a extinção do processo com resolução do mérito foi realizada para aperfeiçoamentos técnicos, reunindo hipótese de homologação da transação. No inciso I do referido artigo, a redação foi aprimorada para abordar, também, a reconvenção. Já no inciso II apenas foi aprimorado o texto, visto que a matéria é de ordem pública, portanto deve ser pronunciada de ofício ou a requerimento da parte, a qualquer momento e em qualquer grau de jurisdição.

Nos casos específicos de reconhecimento da prescrição ou da decadência, em atenção aos princípios da ampla defesa e do contraditório, deve-se dar às partes a oportunidade de se manifestarem. No entanto, essa oportunidade não será necessária na hipótese de o juiz julgar liminarmente improcedente o pedido ao verificar, desde logo, a ocorrência de decadência ou de prescrição.

O inciso III reuniu três possibilidades de homologação: na alínea "a", que consiste no fato de também poder ocorrer o reconhecimento da procedência do pedido na ação e na reconvenção; na alínea "b", quando as partes transacionarem; e na alínea "c", de a renúncia poder ocorrer tanto no pedido formulado na ação quanto na reconvenção.

NOVO CÓDIGO DE PROCESSO CIVIL	CÓDIGO DE PROCESSO CIVIL DE 1973
Art. 488. Desde que possível, o juiz resolverá o mérito sempre que a decisão for favorável à parte a quem aproveitaria eventual pronunciamento nos termos do art. 485.	Sem correspondente.

O artigo 488 do NCPC não possui correspondente no CPC/73. Considerando a finalidade do processo de dirimir conflitos através da atuação da jurisdição, o referido artigo permite ao juiz, desde que possível, resolver o mérito sempre que a decisão for favorável à parte que aproveitaria o pronunciamento que extingue o processo sem resolver o mérito, com o fim de se evitar a propositura de nova ação mediante a efetiva prestação da tutela jurisdicional.

NOVO CÓDIGO DE PROCESSO CIVIL	CÓDIGO DE PROCESSO CIVIL DE 1973
Seção II **Dos Elementos e dos Efeitos da Sentença** **Art. 489.** São elementos essenciais da sentença: I - o relatório, que conterá os nomes das partes, a identificação do caso, com a suma do pedido e da contestação, e o registro das principais ocorrências havidas no andamento do processo; II - os fundamentos, em que o juiz analisará as questões de fato e de direito; III - o dispositivo, em que o juiz resolverá as questões principais que as partes lhe submeterem. § 1º Não se considera fundamentada qualquer decisão judicial, seja ela interlocutória, sentença ou acórdão, que: I - se limitar à indicação, à reprodução ou à paráfrase de ato normativo, sem explicar sua relação com a causa ou a questão decidida; II - empregar conceitos jurídicos indeterminados, sem explicar o motivo concreto de sua incidência no caso; III - invocar motivos que se prestariam a justificar qualquer outra decisão; IV - não enfrentar todos os argumentos deduzidos no processo capazes de, em tese, infirmar a conclusão adotada pelo julgador; V - se limitar a invocar precedente ou enunciado de súmula, sem identificar seus fundamentos determinantes nem demonstrar que o caso sob julgamento se ajusta àqueles fundamentos; VI - deixar de seguir enunciado de súmula, jurisprudência ou precedente invocado pela parte, sem demonstrar a existência de distinção no caso em julgamento ou a superação do entendimento. § 2º No caso de colisão entre normas, o juiz deve justificar o objeto e os critérios gerais da ponderação efetuada, enunciando as razões que autorizam a interferência na norma afastada e as premissas fáticas que fundamentam a conclusão. § 3º A decisão judicial deve ser interpretada a partir da conjugação de todos os seus elementos e em conformidade com o princípio da boa-fé.	CAPÍTULO VIII DA SENTENÇA E DA COISA JULGADA Seção I Dos Requisitos e dos Efeitos da Sentença **Art. 458.** São requisitos essenciais da sentença: I – o relatório, que conterá os nomes das partes, a suma do pedido e da resposta do réu, bem como o registro das principais ocorrências havidas no andamento do processo; II – os fundamentos, em que o juiz analisará as questões de fato e de direito; III – o dispositivo, em que o juiz resolverá as questões, que as partes lhe submeterem.

O artigo 489 do NCPC manteve praticamente a mesma redação do artigo 458 do CPC/73, porém modificou e inseriu palavras no texto que demonstram a essência do dispositivo. Primeiro, no *caput* foi substituída a palavra "requisitos" por "elementos", isso porque, em verdade, não se tratam de requisitos, mas de elementos da sentença. Por requisitos se compreendem as condições para que se chegue a determinado objetivo, ao passo que por elementos compreendemos partes constitutivas de um todo.

No parágrafo primeiro, o novo Código enfatiza a necessidade de fundamentação das decisões judiciais, procurando afastar decisões não fundamentadas ou com fundamentação genérica, explicitando, em seus incisos, o que é considerado sem fundamentação.

Em relação ao parágrafo 2º, o juiz deve procurar demonstrar qual e o porquê da utilização de determinada norma para solucionar o problema. Por fim, no parágrafo 3º, busca-se uma decisão sem vícios, por meio de uma interpretação em sintonia com o relatório, fundamentação e dispositivo, evitando-se a prolação de sentenças contraditórias, obscuras e/ou omissas, tudo em conformidade com o princípio da boa-fé.

NOVO CÓDIGO DE PROCESSO CIVIL	CÓDIGO DE PROCESSO CIVIL DE 1973
Art. 490. O juiz resolverá o mérito acolhendo ou rejeitando, no todo ou em parte, os pedidos formulados pelas partes.	**Art. 459.** O juiz proferirá a sentença, acolhendo ou rejeitando, no todo ou em parte, o pedido formulado pelo autor. Nos casos de extinção do processo sem julgamento do mérito, o juiz decidirá em forma concisa. [...]

O artigo 490 do NCPC manteve a redação da primeira parte do *caput* do artigo 459 do CPC/73, substituindo a expressão "proferirá a sentença" por "resolverá o mérito" e o substantivo "autor" por "partes", isso para adequar-se à melhor técnica, tendo em vista que o réu também pode formular pedidos na reconvenção.

NOVO CÓDIGO DE PROCESSO CIVIL	CÓDIGO DE PROCESSO CIVIL DE 1973
Art. 491. Na ação relativa à obrigação de pagar quantia, ainda que formulado pedido genérico, a decisão definirá desde logo a extensão da obrigação, o índice de correção monetária, a taxa de juros, o termo inicial de ambos e a periodicidade da capitalização dos juros, se for o caso, salvo quando: I - não for possível determinar, de modo definitivo, o montante devido; II - a apuração do valor devido depender da produção de prova de realização demorada ou excessivamente dispendiosa, assim reconhecida na sentença. § 1º Nos casos previstos neste artigo, seguir-se-á a apuração do valor devido por liquidação. § 2º O disposto no caput também se aplica quando o acórdão alterar a sentença.	Sem correspondente.

O artigo 491 do NCPC não possui correspondente no CPC/73. O *caput* do referido artigo elenca os pontos que devem estar definidos no dispositivo da sentença que julgar ação relativa à obrigação de pagar quantia, ainda que formulado pedido genérico, já que se refere a pedidos implícitos. No entanto, apresenta ressalvas em seus dois incisos, pois podem ocorrer situações nas quais seja necessária a realização da liquidação da sentença para se apurar o valor devido, conforme preceitua o parágrafo primeiro.

NOVO CÓDIGO DE PROCESSO CIVIL	CÓDIGO DE PROCESSO CIVIL DE 1973
Art. 492. É vedado ao juiz proferir decisão de natureza diversa da pedida, bem como condenar a parte em quantidade superior ou em objeto diverso do que lhe foi demandado. Parágrafo único. A decisão deve ser certa, ainda que resolva relação jurídica condicional.	**Art. 460.** É defeso ao juiz proferir sentença, a favor do autor, de natureza diversa da pedida, bem como condenar o réu em quantidade superior ou em objeto diverso do que lhe foi demandado. Parágrafo único. A sentença deve ser certa, ainda quando decida relação jurídica condicional. (Incluído pela Lei nº 8.952, de 13.12.1994)

O artigo 492 do NCPC manteve praticamente a mesma redação do artigo 460 do CPC/73, porém é necessário indicar termos que foram substituídos para se adequar a uma melhor técnica. Primeiro, a substituição da palavra "defeso" por "vedado. Segundo, foi substituído "sentença" por "decisão", visto que este é um termo mais amplo para denominar os atos decisórios do órgão jurisdicional, como decisões interlocutórias, sentenças e acórdãos, diferente daquele que dá ideia de ato decisório do juiz de primeiro grau. Terceiro, mais uma vez, para se adequar ***à*** melhor técnica, foi substituído o substantivo "autor" por "parte", pois a decisão pode ser proferida em favor de qualquer das partes.

NOVO CÓDIGO DE PROCESSO CIVIL	CÓDIGO DE PROCESSO CIVIL DE 1973
Art. 493. Se, depois da propositura da ação, algum fato constitutivo, modificativo ou extintivo do direito influir no julgamento do mérito, caberá ao juiz tomá-lo em consideração, de ofício ou a requerimento da parte, no momento de proferir a decisão. Parágrafo único. Se constatar de ofício o fato novo, o juiz ouvirá as partes sobre ele antes de decidir.	**Art. 462.** Se, depois da propositura da ação, algum fato constitutivo, modificativo ou extintivo do direito influir no julgamento da lide, caberá ao juiz tomá-lo em consideração, de ofício ou a requerimento da parte, no momento de proferir a sentença. (Redação dada pela Lei nº 5.925, de 1º.10.1973)

O *caput* do artigo 493 do NCPC encontra correspondente no artigo 462 do CPC/73, mantendo a mesma redação, apenas com modificações de termos para se adequar a melhor técnica, como é o caso da substituição de "lide" por "mérito". O parágrafo único do referido artigo preza pelo princípio do contraditório e da ampla defesa, determinando que, caso o juiz constate de ofício fato novo, antes de decidir, deverá ouvir as partes.

NOVO CÓDIGO DE PROCESSO CIVIL	CÓDIGO DE PROCESSO CIVIL DE 1973
Art. 494. Publicada a sentença, o juiz só poderá alterá-la: I - para corrigir-lhe, de ofício ou a requerimento da parte, inexatidões materiais ou erros de cálculo; II - por meio de embargos de declaração.	**Art. 463.** Publicada a sentença, o juiz só poderá alterá-la: (Redação dada pela Lei nº 11.232, de 2005) I – para lhe corrigir, de ofício ou a requerimento da parte, inexatidões materiais ou erros de cálculo; II – por meio de embargos de declaração.

O referido artigo do NCPC manteve a mesma redação do artigo 463 do CPC/73 sobre a invariabilidade da sentença, sem considerações substanciais a serem comentadas.

NOVO CÓDIGO DE PROCESSO CIVIL	CÓDIGO DE PROCESSO CIVIL DE 1973
Art. 495. A decisão que condenar o réu ao pagamento de prestação consistente em dinheiro e a que determinar a conversão de prestação de fazer, de não fazer ou de dar coisa em prestação pecuniária valerão como título constitutivo de hipoteca judiciária. § 1º A decisão produz a hipoteca judiciária: I - embora a condenação seja genérica; II - ainda que o credor possa promover o cumprimento provisório da sentença ou esteja pendente arresto sobre bem do devedor; III - mesmo que impugnada por recurso dotado de efeito suspensivo. § 2º A hipoteca judiciária poderá ser realizada mediante apresentação de cópia da sentença perante o cartório de registro imobiliário, independentemente de ordem judicial, de declaração expressa do juiz ou de demonstração de urgência. § 3º No prazo de até 15 (quinze) dias da data de realização da hipoteca, a parte informá-la-á ao juízo da causa, que determinará a intimação da outra parte para que tome ciência do ato. § 4º A hipoteca judiciária, uma vez constituída, implicará, para o credor hipotecário, o direito de preferência, quanto ao pagamento, em relação a outros credores, observada a prioridade no registro. § 5º Sobrevindo a reforma ou a invalidação da decisão que impôs o pagamento de quantia, a parte responderá, independentemente de culpa, pelos danos que a outra parte tiver sofrido em razão da constituição da garantia, devendo o valor da indenização ser liquidado e executado nos próprios autos.	**Art. 466.** A sentença que condenar o réu no pagamento de uma prestação, consistente em dinheiro ou em coisa, valerá como título constitutivo de hipoteca judiciária, cuja inscrição será ordenada pelo juiz na forma prescrita na Lei de Registros Públicos. Parágrafo único. A sentença condenatória produz a hipoteca judiciária: I – embora a condenação seja genérica; II – pendente arresto de bens do devedor; III – ainda quando o credor possa promover a execução provisória da sentença.

O referido artigo do NCPC em seu *caput*, apesar de algumas mudanças, manteve a mesma redação do artigo 466 do CPC/73, apenas acrescentando que a decisão que determinar a conversão de prestação de fazer, de não fazer ou de dar coisa em prestação pecuniária valerá como título constitutivo de hipoteca judiciária. Os parágrafos 2º ao 5º do referido artigo do NCPC descrevem o procedimento da hipoteca judiciária.

NOVO CÓDIGO DE PROCESSO CIVIL	CÓDIGO DE PROCESSO CIVIL DE 1973
Seção III **Da Remessa Necessária** **Art. 496.** Está sujeita ao duplo grau de jurisdição, não produzindo efeito senão depois de confirmada pelo tribunal, a sentença: I - proferida contra a União, os Estados, o Distrito Federal, os Municípios e suas respectivas autarquias e fundações de direito público; II - que julgar procedentes, no todo ou em parte, os embargos à execução fiscal. § 1º Nos casos previstos neste artigo, não interposta a apelação no prazo legal, o juiz ordenará a remessa dos autos ao tribunal, e, se não o fizer, o presidente do respectivo tribunal avocá-los-á. § 2º Em qualquer dos casos referidos no § 1º, o tribunal julgará a remessa necessária. § 3º Não se aplica o disposto neste artigo quando a condenação ou o proveito econômico obtido na causa for de valor certo e líquido inferior a: I - 1.000 (mil) salários-mínimos para a União e as respectivas autarquias e fundações de direito público; II - 500 (quinhentos) salários-mínimos para os Estados, o Distrito Federal, as respectivas autarquias e fundações de direito público e os Municípios que constituam capitais dos Estados; III - 100 (cem) salários-mínimos para todos os demais Municípios e respectivas autarquias e fundações de direito público. § 4º Também não se aplica o disposto neste artigo quando a sentença estiver fundada em: I - súmula de tribunal superior; II - acórdão proferido pelo Supremo Tribunal Federal ou pelo Superior Tribunal de Justiça em julgamento de recursos repetitivos; III - entendimento firmado em incidente de resolução de demandas repetitivas ou de assunção de competência; IV - entendimento coincidente com orientação vinculante firmada no âmbito administrativo do próprio ente público, consolidada em manifestação, parecer ou súmula administrativa.	**Art. 475.** Está sujeita ao duplo grau de jurisdição, não produzindo efeito senão depois de confirmada pelo tribunal, a sentença: (Redação dada pela Lei nº 10.352, de 26.12.2001) I - proferida contra a União, o Estado, o Distrito Federal, o Município, e as respectivas autarquias e fundações de direito público; (Redação dada pela Lei nº 10.352, de 26.12.2001) II - que julgar procedentes, no todo ou em parte, os embargos à execução de dívida ativa da Fazenda Pública (art. 585, VI). (Redação dada pela Lei nº 10.352, de 26.12.2001) § 1º Nos casos previstos neste artigo, o juiz ordenará a remessa dos autos ao tribunal, haja ou não apelação; não o fazendo, deverá o presidente do tribunal avocá-los. (Incluído pela Lei nº 10.352, de 26.12.2001) § 2º Não se aplica o disposto neste artigo sempre que a condenação, ou o direito controvertido, for de valor certo não excedente a 60 (sessenta) salários mínimos, bem como no caso de procedência dos embargos do devedor na execução de dívida ativa do mesmo valor. (Incluído pela Lei nº 10.352, de 26.12.2001) § 3º Também não se aplica o disposto neste artigo quando a sentença estiver fundada em jurisprudência do plenário do Supremo Tribunal Federal ou em súmula deste Tribunal ou do tribunal superior competente. (Incluído pela Lei nº 10.352, de 26.12.2001)

Ao contrário do disposto no § 2º do artigo 475 do CPC/73, que generaliza o teto de sessenta salários-mínimos para qualquer ente público, no NCPC, o reexame necessário obedecerá aos limites indicados a cada ente público, conforme as disposições nos três incisos do § 3º do referido artigo 496. Os incisos do parágrafo 4º indicam as situações em que não será necessário o reexame necessário, em razão da valorização da jurisprudência e das súmulas no âmbito da nova legislação, especialmente as capazes de produzir orientação vinculante, seja em âmbito judicial ou administrativo.

NOVO CÓDIGO DE PROCESSO CIVIL	CÓDIGO DE PROCESSO CIVIL DE 1973
Seção IV **Do Julgamento das Ações Relativas às Prestações de Fazer, de Não Fazer e de Entregar Coisa** **Art. 497.** Na ação que tenha por objeto a prestação de fazer ou de não fazer, o juiz, se procedente o pedido, concederá a tutela específica ou determinará providências que assegurem a obtenção de tutela pelo resultado prático equivalente. Parágrafo único. Para a concessão da tutela específica destinada a inibir a prática, a reiteração ou a continuação de um ilícito, ou a sua remoção, é irrelevante a demonstração da ocorrência de dano ou da existência de culpa ou dolo.	**Art. 461.** Na ação que tenha por objeto o cumprimento de obrigação de fazer ou não fazer, o juiz concederá a tutela específica da obrigação ou, se procedente o pedido, determinará providências que assegurem o resultado prático equivalente ao do adimplemento. (Redação dada pela Lei nº 8.952, de 13.12.1994) § 1° A obrigação somente se converterá em perdas e danos se o autor o requerer ou se impossível a tutela específica ou a obtenção do resultado prático correspondente. (Incluído pela Lei nº 8.952, de 13.12.1994) § 2° A indenização por perdas e danos dar-se-á sem prejuízo da multa (art. 287). (Incluído pela Lei nº 8.952, de 13.12.1994) § 3° Sendo relevante o fundamento da demanda e havendo justificado receio de ineficácia do provimento final, é lícito ao juiz conceder a tutela liminarmente ou mediante justificação prévia, citado o réu. A medida liminar poderá ser revogada ou modificada, a qualquer tempo, em decisão fundamentada. (Incluído pela Lei nº 8.952, de 13.12.1994) § 4° O juiz poderá, na hipótese do parágrafo anterior ou na sentença, impor multa diária ao réu, independentemente de pedido do autor, se for suficiente ou compatível com a obrigação, fixando-lhe prazo razoável para o cumprimento do preceito. (Incluído pela Lei nº 8.952, de 13.12.1994) § 5° Para a efetivação da tutela específica ou a obtenção do resultado prático equivalente, poderá o juiz, de ofício ou a requerimento, determinar as medidas necessárias, tais como a imposição de multa por tempo de atraso, busca e apreensão, remoção de pessoas e coisas, desfazimento de obras e impedimento de atividade nociva, se necessário com requisição de força policial. (Redação dada pela Lei nº 10.444, de 7.5.2002) § 6° O juiz poderá, de ofício, modificar o valor ou a periodicidade da multa, caso verifique que se tornou insuficiente ou excessiva. (Incluído pela Lei nº 10.444, de 7.5.2002)

O referido artigo do NCPC, em seu *caput*, manteve a mesma essência da redação do artigo 461 do CPC/73, com a prevalência da tutela específica, sem considerações substanciais a serem comentadas. O parágrafo único do art. 497 do NCPC aponta a desnecessidade da demonstração do dano ou da existência de culpa ou dolo para a concessão da tutela específica destinada a inibir a prática, reiteração ou a continuação de um ilícito, ou a sua remoção.

NOVO CÓDIGO DE PROCESSO CIVIL	CÓDIGO DE PROCESSO CIVIL DE 1973
Art. 498. Na ação que tenha por objeto a entrega de coisa, o juiz, ao conceder a tutela específica, fixará o prazo para o cumprimento da obrigação. Parágrafo único. Tratando-se de entrega de coisa determinada pelo gênero e pela quantidade, o autor individualizá-la-á na petição inicial, se lhe couber a escolha, ou, se a escolha couber ao réu, este a entregará individualizada, no prazo fixado pelo juiz.	**Art. 461-A.** Na ação que tenha por objeto a entrega de coisa, o juiz, ao conceder a tutela específica, fixará o prazo para o cumprimento da obrigação. (Incluído pela Lei nº 10.444, de 7.5.2002) § 1º Tratando-se de entrega de coisa determinada pelo gênero e quantidade, o credor a individualizará na petição inicial, se lhe couber a escolha; cabendo ao devedor escolher, este a entregará individualizada, no prazo fixado pelo juiz. (Incluído pela Lei nº 10.444, de 7.5.2002) [...]

O referido artigo do NCPC manteve a mesma redação do artigo 461-A, *caput* e parágrafo primeiro, do CPC/73, sem considerações substanciais a serem comentadas.

NOVO CÓDIGO DE PROCESSO CIVIL	CÓDIGO DE PROCESSO CIVIL DE 1973
Art. 499. A obrigação somente será convertida em perdas e danos se o autor o requerer ou se impossível a tutela específica ou a obtenção de tutela pelo resultado prático equivalente.	**Art. 461.** [...] *§* 1º A obrigação somente se converterá em perdas e danos se o autor o requerer ou se impossível a tutela específica ou a obtenção do resultado prático correspondente. [...]

O artigo 499 do NCPC manteve a mesma redação do artigo 461, § 1º, do CPC/73, isto é: a obrigação só se converterá em perdas e danos se o autor o requerer ou se for impossível a tutela específica.

NOVO CÓDIGO DE PROCESSO CIVIL	CÓDIGO DE PROCESSO CIVIL DE 1973
Art. 500. A indenização por perdas e danos dar-se-á sem prejuízo da multa fixada periodicamente para compelir o réu ao cumprimento específico da obrigação.	**Art. 461.** [...] § 2º A indenização por perdas e danos dar-se-á sem prejuízo da multa (art. 287). [...]

O artigo 500 do NCPC manteve a mesma redação do artigo 461, § 2º, do CPC/73, apenas sendo necessário mostrar que o disposto no NCPC indica expressamente a fixação da multa periódica, com o fim de compelir o réu ao cumprimento específico da obrigação, enquanto o disposto no artigo 461, § 2º, do CPC/73 faz referência ao art. 287, o qual dispunha exatamente acerca da multa diária.

NOVO CÓDIGO DE PROCESSO CIVIL	CÓDIGO DE PROCESSO CIVIL DE 1973
Art. 501. Na ação que tenha por objeto a emissão de declaração de vontade, a sentença que julgar procedente o pedido, uma vez transitada em julgado, produzirá todos os efeitos da declaração não emitida.	**Art. 466-A.** Condenado o devedor a emitir declaração de vontade, a sentença, uma vez transitada em julgado, produzirá todos os efeitos da declaração não emitida. (Incluído pela Lei nº 11.232, de 2005)

O referido artigo do NCPC manteve a mesma essência da redação do artigo 466-A do CPC/73, sem considerações substanciais a serem comentadas.

NOVO CÓDIGO DE PROCESSO CIVIL	CÓDIGO DE PROCESSO CIVIL DE 1973
Seção V **Da Coisa Julgada** **Art. 502.** Denomina-se coisa julgada material a autoridade que torna imutável e indiscutível a decisão de mérito não mais sujeita a recurso.	Seção II Da Coisa Julgada **Art. 467.** Denomina-se coisa julgada material a eficácia, que torna imutável e indiscutível a sentença, não mais sujeita a recurso ordinário ou extraordinário.

O referido artigo do NCPC manteve a mesma redação do artigo 467 do CPC/73, porém com uma consideração substancial a ser comentada. Ocorreu uma substituição da palavra "eficácia" pela palavra "autoridade", eis que a autoridade da coisa julgada é a qualidade do comando da sentença, enquanto a eficácia é de característica diferente, pois é a aptidão da sentença para produzir efeitos, tanto o é, que a sentença, antes mesmo de acobertada pela autoridade da coisa julgada, pode produzir efeitos. Exemplo disso é o caso da execução provisória.

NOVO CÓDIGO DE PROCESSO CIVIL	CÓDIGO DE PROCESSO CIVIL DE 1973
Art. 503. A decisão que julgar total ou parcialmente o mérito tem força de lei nos limites da questão principal expressamente decidida. § 1º O disposto no caput aplica-se à resolução de questão prejudicial, decidida expressa e incidentemente no processo, se: I - dessa resolução depender o julgamento do mérito; II - a seu respeito tiver havido contraditório prévio e efetivo, não se aplicando no caso de revelia; III - o juízo tiver competência em razão da matéria e da pessoa para resolvê-la como questão principal. § 2º A hipótese do § 1º não se aplica se no processo houver restrições probatórias ou limitações à cognição que impeçam o aprofundamento da análise da questão prejudicial.	**Art. 468.** A sentença, que julgar total ou parcialmente a lide, tem força de lei nos limites da lide e das questões decididas. **Art. 469.** Não fazem coisa julgada: [...] III - a apreciação da questão prejudicial, decidida incidentemente no processo. Penso que seja um dispositivo pertinente.

O referido artigo do NCPC manteve a mesma redação do artigo 468 do CPC/73, porém, com duas considerações substanciais a serem comentadas. Primeiro, houve a substituição da palavra "sentença" por "decisão", pois como dito em linhas acima, esta denominação é mais ampla. Segundo, foi operada a substituição de "lide" por "mérito", pois este termo demonstra uma melhor técnica, visto que o julgamento é do mérito e não da lide, tanto o é que a parte desta não decidida pode ser objeto de outra ação, já que não foi acobertada pela coisa julgada.

Por fim, foram acrescidos dois parágrafos ao artigo do NCPC em comento. O primeiro dispõe que a decisão, que julga parcial ou totalmente o mérito, tem força de lei com relação à resolução das questões prejudiciais, se atendidas as exigências constantes dos seus três incisos. Nessa perspectiva, pela redação do novo Código, a coisa julgada recairá também sobre as questões prejudiciais, não mais subsistindo o instrumento da ação declaratória incidental, para que a questão prejudicial constasse no dispositivo da sentença e fosse abrangida pela coisa julgada. O parágrafo segundo limita a aplicação do disposto no parágrafo primeiro, quando se exigir um aprofundamento da análise da questão prejudicial.

NOVO CÓDIGO DE PROCESSO CIVIL	CÓDIGO DE PROCESSO CIVIL DE 1973
Art. 504. Não fazem coisa julgada: I - os motivos, ainda que importantes para determinar o alcance da parte dispositiva da sentença; II - a verdade dos fatos, estabelecida como fundamento da sentença.	**Art. 469.** Não fazem coisa julgada: I – os motivos, ainda que importantes para determinar o alcance da parte dispositiva da sentença; II – a verdade dos fatos, estabelecida como fundamento da sentença; III – a apreciação da questão prejudicial, decidida incidentemente no processo.

O referido artigo do NCPC manteve a mesma redação do artigo 469 do CPC/73, com apenas uma consideração a ser comentada. O inciso III do artigo 469 do CPC/73 não foi repetido pelo art. 504 do NCPC, tendo em vista que neste diploma a coisa julgada alcança a questão prejudicial, desde que decidida expressa e incidentemente no processo, conforme se depreende do disposto no art. 503, § 1º, do NCPC.

NOVO CÓDIGO DE PROCESSO CIVIL	CÓDIGO DE PROCESSO CIVIL DE 1973
Art. 505. Nenhum juiz decidirá novamente as questões já decididas relativas à mesma lide, salvo: I - se, tratando-se de relação jurídica de trato continuado, sobreveio modificação no estado de fato ou de direito, caso em que poderá a parte pedir a revisão do que foi estatuído na sentença; II - nos demais casos prescritos em lei.	**Art. 471.** Nenhum juiz decidirá novamente as questões já decididas, relativas à mesma lide, salvo: I – se, tratando-se de relação jurídica continuativa, sobreveio modificação no estado de fato ou de direito; caso em que poderá a parte pedir a revisão do que foi estatuído na sentença; II – nos demais casos prescritos em lei.

O referido artigo do NCPC manteve a mesma redação do artigo 471 do CPC/73, sem considerações substanciais a serem comentadas.

NOVO CÓDIGO DE PROCESSO CIVIL	CÓDIGO DE PROCESSO CIVIL DE 1973
Art. 506. A sentença faz coisa julgada às partes entre as quais é dada, não prejudicando terceiros.	**Art. 472.** A sentença faz coisa julgada às partes entre as quais é dada, não beneficiando, nem prejudicando terceiros. Nas causas relativas ao estado de pessoa, se houverem sido citados no processo, em litisconsórcio necessário, todos os interessados, a sentença produz coisa julgada em relação a terceiros.

O referido artigo do NCPC manteve a mesma redação da primeira parte do artigo 472 do CPC/73 quanto aos limite subjetivos da coisa julgada. A segunda parte do dispositivo do CPC/73 foi suprimida, ao técnica legislativa, já que as partes são afetadas pela coisa julgada, mas os terceiros apenas devem reconhecer o *status* jurídico oriundo da decisão judicial.

NOVO CÓDIGO DE PROCESSO CIVIL	CÓDIGO DE PROCESSO CIVIL DE 1973
Art. 507. É vedado à parte discutir no curso do processo as questões já decididas a cujo respeito se operou a preclusã***o***.	**Art. 473.** É defeso à parte discutir, no curso do processo, as questões já decididas, a cujo respeito se operou a preclusão.

O referido artigo do NCPC manteve a mesma redação do artigo 473 do CPC/73, sem maiores considerações a serem comentadas, exceto que foi substituída a palavra "defeso" por "vedado".

NOVO CÓDIGO DE PROCESSO CIVIL	CÓDIGO DE PROCESSO CIVIL DE 1973
Art. 508. Transitada em julgado a decisão de mérito, considerar-se-ão deduzidas e repelidas todas as alegações e as defesas que a parte poderia opor tanto ao acolhimento quanto à rejeição do pedido.	**Art. 474.** Passada em julgado a sentença de mérito, reputar-se-ão deduzidas e repelidas todas as alegações e defesas, que a parte poderia opor assim ao acolhimento como à rejeição do pedido.

O referido artigo do NCPC manteve a mesma redação do artigo 474 do CPC/73, sem considerações substanciais a serem comentadas, exceto que, por melhor técnica, foi substituído a palavra "Passada" por "Transitada".

NOTAS AOS ARTIGOS 509 A 538

Cátia Guimarães
Marcelo Pereira de Almeida

NOVO CÓDIGO DE PROCESSO CIVIL	CÓDIGO DE PROCESSO CIVIL DE 1973
CAPÍTULO XIV DA LIQUIDAÇÃO DE SENTENÇA **Art. 509.** Quando a sentença condenar ao pagamento de quantia ilíquida, proceder-se-á à sua liquidação, a requerimento do credor ou do devedor: I - por arbitramento, quando determinado pela sentença, convencionado pelas partes ou exigido pela natureza do objeto da liquidação; II - pelo procedimento comum, quando houver necessidade de alegar e provar fato novo. § 1º Quando na sentença houver uma parte líquida e outra ilíquida, ao credor é lícito promover simultaneamente a execução daquela e, em autos apartados, a liquidação desta. § 2º Quando a apuração do valor depender apenas de cálculo aritmético, o credor poderá promover, desde logo, o cumprimento da sentença. § 3º O Conselho Nacional de Justiça desenvolverá e colocará à disposição dos interessados programa de atualização financeira. § 4º Na liquidação é vedado discutir de novo a lide ou modificar a sentença que a julgou.	CAPÍTULO IX DA LIQUIDAÇÃO DE SENTENÇA (Incluído pela Lei nº 11.232, de 2005) **Art. 475-A.** Quando a sentença não determinar o valor devido, procede-se à sua liquidação. (Incluído pela Lei nº 11.232, de 2005) [...] **Art. 475-C**. Far-se-á a liquidação por arbitramento quando: (Incluído pela Lei nº 11.232, de 2005) I – determinado pela sentença ou convencionado pelas partes; (Incluído pela Lei nº 11.232, de 2005) II – o exigir a natureza do objeto da liquidação. (Incluído pela Lei nº 11.232, de 2005) **Art. 475-E.** Far-se-á a liquidação por artigos, quando, para determinar o valor da condenação, houver necessidade de alegar e provar fato novo. (Incluído pela Lei nº 11.232, de 2005) **Art. 475-I.** [...] § 2° Quando na sentença houver uma parte líquida e outra ilíquida, ao credor é lícito promover simultaneamente a execução daquela e, em autos apartados, a liquidação desta. (Incluído pela Lei nº 11.232, de 2005) **Art. 475-B.** Quando a determinação do valor da condenação depender apenas de cálculo aritmético, o credor requererá o cumprimento da sentença, na forma do art. 475-J desta Lei, instruindo o pedido com a memória discriminada e atualizada do cálculo. (Incluído pela Lei nº 11.232, de 2005) **Art. 475-G.** É defeso, na liquidação, discutir de novo a lide ou modificar a sentença que a julgou. (Incluído pela Lei nº 11.232, de 2005)

Este dispositivo continua tratando da liquidação e de suas modalidades, ressaltando que nesta fase do processo não se pode discutir a decisão liquidanda. Observa-se ainda que a liquidação por "arbitramento" foi mantida e que a liquidação por "artigo", que seguia o procedimento comum (ordinário ou sumário), é, na sua essência, mantida, todavia com nova denominação, ou seja, passou a ser chamada de "liquidação pelo procedimento comum" (sem mais a subdivisão de ordinário ou sumário). Por último registra-se que, observando-se o *caput* do artigo 509, passa a ser possível o devedor dar início à liquidação de sentença e que mais adiante o parágrafo 3º dispõe que o CNJ desenvolverá e colocará à disposição dos interessados programas de atualização financeira. O parágrafo quarto reproduz a regra do art. 475-G, que a liquidação de sentença não se destina a rediscutir a lide.

NOVO CÓDIGO DE PROCESSO CIVIL	CÓDIGO DE PROCESSO CIVIL DE 1973
Art. 510. Na liquidação por arbitramento, o juiz intimará as partes para a apresentação de pareceres ou documentos elucidativos, no prazo que fixar, e, caso não possa decidir de plano, nomeará perito, observando-se, no que couber, o procedimento da prova pericial.	**Art. 475-D.** Requerida a liquidação por arbitramento, o juiz nomeará o perito e fixará o prazo para a entrega do laudo. (Incluído pela Lei nº 11.232, de 2005) Parágrafo único. Apresentado o laudo, sobre o qual poderão as partes manifestar-se no prazo de dez dias, o juiz proferirá decisão ou designará, se necessário, audiência. (Incluído pela Lei nº 11.232, de 2005)

A redação do artigo 510 foi modificada em relação ao artigo 475-D do CPC/73, porém sem considerações substanciais relevantes, exceto quanto à possibilidade de o juiz intimar as partes para a apresentação de pareceres ou documentos elucidativos, no prazo que este fixar, que possam substituir a realização da perícia. Somente se os documentos não forem capazes de elucidar a apuração do *quantum* debeatur, será nomeado o perito para a apresentação dos laudos.

NOVO CÓDIGO DE PROCESSO CIVIL	CÓDIGO DE PROCESSO CIVIL DE 1973
Art. 511. Na liquidação pelo procedimento comum, o juiz determinará a intimação do requerido, na pessoa de seu advogado ou da sociedade de advogados a que estiver vinculado, para, querendo, apresentar contestação no prazo de 15 (quinze) dias, observando-se, a seguir, no que couber, o disposto no Livro I da Parte Especial deste Código.	**Art. 475-F.** Na liquidação por artigos, observar-se-á, no que couber, o procedimento comum (art. 272). (Incluído pela Lei nº 11.232, de 2005)

Não houve alterações significativas, ficando mantido o procedimento comum, conforme já se observa no *caput* do artigo 475-F, sendo que a intimação poderá ocorrer na pessoa do advogado ou da sociedade de advogados.

NOVO CÓDIGO DE PROCESSO CIVIL	CÓDIGO DE PROCESSO CIVIL DE 1973
Art. 512. A liquidação poderá ser realizada na pendência de recurso, processando-se em autos apartados no juízo de origem, cumprindo ao liquidante instruir o pedido com cópias das peças processuais pertinentes.	**Art. 475-A.** [...] § 2º A liquidação poderá ser requerida na pendência de recurso, processando-se em autos apartados, no juízo de origem, cumprindo ao liquidante instruir o pedido com cópias das peças processuais pertinentes. (Incluído pela Lei nº 11.232, de 2005) [...]

O referido artigo manteve a mesma redação do artigo 475-A, § 2º, sem considerações substanciais relevantes, valendo neste momento apenas ressaltar a importância de se autorizar o requerimento de liquidação na pendência de recurso e de prever o seu processamento em autos apartados perante o próprio juízo de origem. Fica, portanto, expressamente estabelecida, a bem da segurança do sistema processual, a faculdade do credor de requerer esta "liquidação provisória", como procedimento antecedente da execução provisória.

NOVO CÓDIGO DE PROCESSO CIVIL	CÓDIGO DE PROCESSO CIVIL DE 1973
TÍTULO DO CUMPRIMENTO DA SENTENÇA CAPÍTULO I DISPOSIÇÕES GERAIS **Art. 513.** O cumprimento da sentença será feito segundo as regras deste Título, observando-se, no que couber e conforme a natureza da obrigação, o disposto no Livro II da Parte Especial deste Código. § 1o O cumprimento da sentença que reconhece o dever de pagar quantia, provisório ou definitivo, far-se-á a requerimento do exequente. § 2o O devedor será intimado para cumprir a sentença: I - pelo Diário da Justiça, na pessoa de seu advogado constituído nos autos; II - por carta com aviso de recebimento, quando representado pela Defensoria Pública ou quando não tiver procurador constituído nos autos, ressalvada a hipótese do inciso IV; III - por meio eletrônico, quando, no caso do § 1o do art. 246, não tiver procurador constituído nos autos IV - por edital, quando, citado na forma do art. 256, tiver sido revel na fase de conhecimento.	**Art. 475-I.** O cumprimento da sentença far-se-á conforme os arts. 461 e 461-A desta Lei ou, tratando-se de obrigação por quantia certa, por execução, nos termos dos demais artigos deste Capítulo. (Incluído pela Lei nº 11.232, de 2005) [...] **Art. 475-J.** Caso o devedor, condenado ao pagamento de quantia certa ou já fixada em liquidação, não o efetue no prazo de quinze dias, o montante da condenação será acrescido de multa no percentual de dez por cento e, a requerimento do credor e observado o disposto no art. 614, inciso II, desta Lei, expedir-se-á mandado de penhora e avaliação. (Incluído pela Lei nº 11.232, de 2005) § 1o Do auto de penhora e de avaliação será de imediato intimado o executado, na pessoa de seu advogado (arts. 236 e 237), ou, na falta deste, o seu representante legal, ou pessoalmente, por mandado ou pelo correio, podendo oferecer impugnação, querendo, no prazo de quinze dias. (Incluído pela Lei nº 11.232, de 2005)

§ 3o Na hipótese do § 2o, incisos II e III, considera-se realizada a intimação quando o devedor houver mudado de endereço sem prévia comunicação ao juízo, observado o disposto no parágrafo único do art. 274. § 4o Se o requerimento a que alude o § 1o for formulado após 1 (um) ano do trânsito em julgado da sentença, a intimação será feita na pessoa do devedor, por meio de carta com aviso de recebimento encaminhada ao endereço constante dos autos, observado o disposto no parágrafo único do art. 274 e no § 3o deste artigo. § 5o O cumprimento da sentença não poderá ser promovido em face do fiador, do coobrigado ou do corresponsável que não tiver participado da fase de conhecimento.	§ 2o Caso o oficial de justiça não possa proceder à avaliação, por depender de conhecimentos especializados, o juiz, de imediato, nomeará avaliador, assinando-lhe breve prazo para a entrega do laudo. (Incluído pela Lei nº 11.232, de 2005) § 3o O exeqüente poderá, em seu requerimento, indicar desde logo os bens a serem penhorados. (Incluído pela Lei nº 11.232, de 2005) § 4o Efetuado o pagamento parcial no prazo previsto no caput deste artigo, a multa de dez por cento incidirá sobre o restante. (Incluído pela Lei nº 11.232, de 2005) § 5o Não sendo requerida a execução no prazo de seis meses, o juiz mandará arquivar os autos, sem prejuízo de seu desarquivamento a pedido da parte. (Incluído pela Lei nº 11.232, de 2005) **Art. 568.** São sujeitos passivos na execução:(Redação dada pela Lei nº 5.925, de 1º.10.1973) [...] IV - o fiador judicial; (Redação dada pela Lei nº 5.925, de 1º.10.1973) [...] Art. 595. O fiador, quando executado, poderá nomear à penhora bens livres e desembargados do devedor. Os bens do fiador ficarão, porém, sujeitos à execução, se os do devedor forem insuficientes à satisfação do direito do credor. Parágrafo único. O fiador, que pagar a dívida, poderá executar o afiançado nos autos do mesmo processo.

O artigo em questão dispõe, em seu parágrafo primeiro, que o cumprimento de sentença de obrigação de pagar quantia certa, seja ele provisório ou definitivo, somente terá início após requerimento do exequente e, no parágrafo segundo, dispõe sobre as formas de intimação para pagamento: com parcial alteração textual se comparado ao artigo 475-J, ressalta a intimação do devedor pelo Diário da Justiça, na pessoa do seu advogado constituído nos autos, como já havia decidido o STJ durante a vigência do CPC/73[1]; por carta com aviso de recebimento, quando representado pela Defensoria Pública; por meio eletrônico, quando se tratar das hipóteses do § 1º do artigo 246, não tiver procurador constituído nos autos e, por fim, por edital, quando, citado na forma do artigo 256, tiver sido revel na fase de conhecimento.

O parágrafo terceiro trata da mudança de endereço sem comunicação nos autos; o parágrafo quarto dispõe sobre a obrigatoriedade de intimação direta do devedor, para o caso de cumprimento da sentença que reconheça o dever de pagar quantia, provisório ou definitivo, se for por prazo superior a um ano e, por fim, o parágrafo quinto exclui a figura do fiador ou dos corresponsáveis que não tiverem participado da formação do título, na fase de conhecimento, sem especificar que tipo de fiador seria, o que provavelmente ocasionará o fim do debate sobre a legitimidade passiva do fiador para a atividade executiva.

1 STJ, 3ª Turma, Corte Especial, REsp 940.274/MS, Rel. Min. Humberto Gomes de Barros, Rel. p/ Ac. Min. João Otávio de Noronha, julgado em 7/04/2010, DJEe 31/5/2010.

NOVO CÓDIGO DE PROCESSO CIVIL	CÓDIGO DE PROCESSO CIVIL DE 1973
Art. 514. Quando o juiz decidir relação jurídica sujeita a condição ou termo, o cumprimento da sentença dependerá de demonstração de que se realizou a condição ou de que ocorreu o termo.	**Art. 572.** Quando o juiz decidir relação jurídica sujeita a condição ou termo, o credor não poderá executar a sentença sem provar que se realizou a condição ou que ocorreu o termo.

A redação do artigo 514 não alterou em nada a redação do artigo 572 do CPC/73, indicando que será necessário o advento da condição ou do termo para a exigibilidade da obrigação.

NOVO CÓDIGO DE PROCESSO CIVIL	CÓDIGO DE PROCESSO CIVIL DE 1973
Art. 515. São títulos executivos judiciais, cujo cumprimento dar-se-á de acordo com os artigos previstos neste Título: I - as decisões proferidas no processo civil que reconheçam a exigibilidade de obrigação de pagar quantia, de fazer, de não fazer ou de entregar coisa; II - a decisão homologatória de autocomposição judicial; III - a decisão homologatória de autocomposição extrajudicial de qualquer natureza; IV - o formal e a certidão de partilha, exclusivamente em relação ao inventariante, aos herdeiros e aos sucessores a título singular ou universal; V - o crédito de auxiliar da justiça, quando as custas, emolumentos ou honorários tiverem sido aprovados por decisão judicial; VI - a sentença penal condenatória transitada em julgado; VII - a sentença arbitral; VIII - a sentença estrangeira homologada pelo Superior Tribunal de Justiça; IX - a decisão interlocutória estrangeira, após a concessão do exequatur à carta rogatória pelo Superior Tribunal de Justiça; X – ~~o acórdão proferido pelo Tribunal Marítimo quando do julgamento de acidentes e fatos da navegação~~. (VETADO) § 1º Nos casos dos incisos VI a IX, o devedor será citado no juízo cível para o cumprimento da sentença ou para a liquidação no prazo de 15 (quinze) dias. § 2º A autocomposição judicial pode envolver sujeito estranho ao processo e versar sobre relação jurídica que não tenha sido deduzida em juízo.	**Art. 475-N.** São títulos executivos judiciais: (Incluído pela Lei nº 11.232, de 2005) I – a sentença proferida no processo civil que reconheça a existência de obrigação de fazer, não fazer, entregar coisa ou pagar quantia; (Incluído pela Lei nº 11.232, de 2005) II – a sentença penal condenatória transitada em julgado; (Incluído pela Lei nº 11.232, de 2005) III – a sentença homologatória de conciliação ou de transação, ainda que inclua matéria não posta em juízo; (Incluído pela Lei nº 11.232, de 2005) IV – a sentença arbitral; (Incluído pela Lei nº 11.232, de 2005) V – o acordo extrajudicial, de qualquer natureza, homologado judicialmente; (Incluído pela Lei nº 11.232, de 2005) VI – a sentença estrangeira, homologada pelo Superior Tribunal de Justiça; (Incluído pela Lei nº 11.232, de 2005) VII – o formal e a certidão de partilha, exclusivamente em relação ao inventariante, aos herdeiros e aos sucessores a título singular ou universal. (Incluído pela Lei nº 11.232, de 2005) Parágrafo único. Nos casos dos incisos II, IV e VI, o mandado inicial (art. 475-J) incluirá a ordem de citação do devedor, no juízo cível, para liquidação ou execução, conforme o caso. (Incluído pela Lei nº 11.232, de 2005)

Os dispositivos em questão ocupam-se de indicar o rol dos títulos executivos judiciais, isto é, aptos a autorizar a fase de cumprimento de sentença. Assim é que analisando a nova redação observa-se que o projeto se manteve, todavia houve a inclusão dos seguintes incisos: o crédito de auxiliar da justiça, quando as custas, emolumentos ou honorários tiverem sido aprovados por decisão judicial e a decisão interlocutória estrangeira, após a concessão do *exequatur* à carta rogatória pelo Superior Tribunal de Justiça. Foi vetado o inciso X, ao fundamento de que ao atribuir natureza de título executivo judicial às decisões do Tribunal Marítimo, o controle de suas decisões poderia ser afastado do Poder Judiciário, possibilitando a interpretação de que tal colegiado administrativo passaria a dispor de natureza judicial

Nos casos dos incisos VI a IX, o devedor será citado no juízo cível para o cumprimento da sentença ou para a liquidação no prazo de quinze dias, ocorrendo, portanto, o rompimento ou a cisão da competência funcional.

O parágrafo segundo do dispositivo, em homenagem às formas alternativas de solução de conflitos, positiva a previsão de autocomposição na execução, ainda que envolva matéria estranha ao conteúdo do título executivo.

NOVO CÓDIGO DE PROCESSO CIVIL	CÓDIGO DE PROCESSO CIVIL DE 1973
Art. 516. O cumprimento da sentença efetuar-se-á perante: I - os tribunais, nas causas de sua competência originária; II - o juízo que decidiu a causa no primeiro grau de jurisdição; III - o juízo cível competente, quando se tratar de sentença penal condenatória, de sentença arbitral, de sentença estrangeira ou de acórdão proferido pelo Tribunal Marítimo. Parágrafo único. Nas hipóteses dos incisos II e III, o exequente poderá optar pelo juízo do atual domicílio do executado, pelo juízo do local onde se encontrem os bens sujeitos à execução ou pelo juízo do local onde deva ser executada a obrigação de fazer ou de não fazer, casos em que a remessa dos autos do processo será solicitada ao juízo de origem.	**Art. 475-P.** O cumprimento da sentença efetuar-se-á perante: (Incluído pela Lei nº 11.232, de 2005) I – os tribunais, nas causas de sua competência originária; (Incluído pela Lei nº 11.232, de 2005) II – o juízo que processou a causa no primeiro grau de jurisdição; (Incluído pela Lei nº 11.232, de 2005) III – o juízo cível competente, quando se tratar de sentença penal condenatória, de sentença arbitral ou de sentença estrangeira. (Incluído pela Lei nº 11.232, de 2005) Parágrafo único. No caso do inciso II do caput deste artigo, o exeqüente poderá optar pelo juízo do local onde se encontram bens sujeitos à expropriação ou pelo do atual domicílio do executado, casos em que a remessa dos autos do processo será solicitada ao juízo de origem. (Incluído pela Lei nº 11.232, de 2005)

O dispositivo trata sobre as regras de competência para o cumprimento de sentença devendo ser observado que o legislador manteve a redação do artigo 475-P, só aprimorando-o quanto à possibilidade de escolha do foro competente de acordo com a conveniência dos atos executivos.

NOVO CÓDIGO DE PROCESSO CIVIL	CÓDIGO DE PROCESSO CIVIL DE 1973
Art. 517. A decisão judicial transitada em julgado poderá ser levada a protesto, nos termos da lei, depois de transcorrido o prazo para pagamento voluntário previsto no art. 523. § 1º Para efetivar o protesto, incumbe ao exequente apresentar certidão de teor da decisão. § 2º A certidão de teor da decisão deverá ser fornecida no prazo de 3 (três) dias e indicará o nome e a qualificação do exequente e do executado, o número do processo, o valor da dívida e a data de decurso do prazo para pagamento voluntário. § 3º O executado que tiver proposto ação rescisória para impugnar a decisão exequenda pode requerer, a suas expensas e sob sua responsabilidade, a anotação da propositura da ação à margem do título protestado. § 4º A requerimento do executado, o protesto será cancelado por determinação do juiz, mediante ofício a ser expedido ao cartório, no prazo de 3 (três) dias, contado da data de protocolo do requerimento, desde que comprovada a satisfação integral da obrigação.	Sem correspondente.

A novidade apresentada pelo legislador na fase de cumprimento de sentença está na possibilidade de levá-la a protesto. Esta novidade indubitavelmente afasta ainda mais a intenção de inadimplemento do devedor, sendo que ao requerente caberá providenciar a certidão de teor da decisão contendo todas as informações necessárias, sendo ainda facultado ao executado que tiver ingressado com ação rescisória fazer constar no corpo do título protestado a referida informação, devendo arcar com todas as despesas bem como solicitar o cancelamento do referido protesto caso tenha adimplido completamente a obrigação. Em outras palavras os parágrafos 1º e 2º do dispositivo indicam os elementos necessários para lavratura do protesto, já o parágrafo 3º ocupa-se da hipótese de o executado ajuizar "ação rescisória" e poder anotá-la "à margem do título protestado" e por fim, mas não menos importante o parágrafo 4º disciplina o cancelamento do protesto em três dias quando comprovada a satisfação integral da obrigação, isto é, da execução.

O protesto de sentença transitada em julgado, que retrate obrigação certa, líquida e exigível, nos últimos anos de vigência do CPC/73 passou a ser admitido pelos Tribunais de Justiça do Estado do Rio de Janeiro e do Rio Grande do Sul[2]. Era possível requerer uma certidão eletrônica ao cartório judicial e levá-la a protesto, mas essa foi uma medida implementada à margem de previsão legal expressa, feita apenas para reduzir o acervo de execução dos tribunais.

2 Informação disponível em http://www.conjur.com.br/2014-jul-14/credores-retirar-certidao-tj-rj-protestar-cartorio. Acesso em 29 mar. 2015.

NOVO CÓDIGO DE PROCESSO CIVIL	CÓDIGO DE PROCESSO CIVIL DE 1973
Art. 518. Todas as questões relativas à validade do procedimento de cumprimento da sentença e dos atos executivos subsequentes poderão ser arguidas pelo executado nos próprios autos e nestes serão decididas pelo juiz.	Sem correspondente.

Objetivando dar maior celeridade ao processo, o legislador apresentou a possibilidade de cumprimento de todas as questões relativas à validade do procedimento de cumprimento da sentença e de os atos executivos subsequentes serem arguidos pelo executado nos próprios autos, sendo o mesmo juiz competente para julgá-las, em verdadeira objeção de pré-executividade.

NOVO CÓDIGO DE PROCESSO CIVIL	CÓDIGO DE PROCESSO CIVIL DE 1973
Art. 519. Aplicam-se as disposições relativas ao cumprimento da sentença, provisório ou definitivo, e à liquidação, no que couber, às decisões que concederem tutela provisória.	**Art. 273.** O juiz poderá, a requerimento da parte, antecipar, total ou parcialmente, os efeitos da tutela pretendida no pedido inicial, desde que, existindo prova inequívoca, se convença da verossimilhança da alegação e: (Redação dada pela Lei nº 8.952, de 13.12.1994) [...] § 3° A efetivação da tutela antecipada observará, no que couber e conforme sua natureza, as normas previstas nos arts. 588, 461, §§ 4° e 5°, e 461-A. (Redação dada pela Lei nº 10.444, de 7.5.2002) [...]

O dispositivo generalizou a atual regra do artigo 273, § 3º. O cumprimento das tutelas de urgência, "evidências ou antecipadas" deve observar, no que couber, o referencial normativo do cumprimento provisório de sentença.

NOVO CÓDIGO DE PROCESSO CIVIL	CÓDIGO DE PROCESSO CIVIL DE 1973
CAPÍTULO II DO CUMPRIMENTO PROVISÓRIO DA SENTENÇA QUE RECONHECE A EXIGIBILIDADE DE OBRIGAÇÃO DE PAGAR QUANTIA CERTA **Art. 520.** O cumprimento provisório da sentença impugnada por recurso desprovido de efeito suspensivo será realizado da mesma forma que o cumprimento definitivo, sujeitando-se ao seguinte regime: I - corre por iniciativa e responsabilidade do exequente, que se obriga, se a sentença for reformada, a reparar os danos que o executado haja sofrido; II - fica sem efeito, sobrevindo decisão que modifique ou anule a sentença objeto da execução, restituindo-se as partes ao estado anterior e liquidando-se eventuais prejuízos nos mesmos autos;	**Art. 475-O.** O. A execução provisória da sentença far-se-á, no que couber, do mesmo modo que a definitiva, observadas as seguintes normas: (Incluído pela Lei nº 11.232, de 2005) I – corre por iniciativa, conta e responsabilidade do exeqüente, que se obriga, se a sentença for reformada, a reparar os danos que o executado haja sofrido; (Incluído pela Lei nº 11.232, de 2005) II – fica sem efeito, sobrevindo acórdão que modifique ou anule a sentença objeto da execução, restituindo-se as partes ao estado anterior e liquidados eventuais prejuízos nos mesmos autos, por arbitramento; (Incluído pela Lei nº 11.232, de 2005)

III - se a sentença objeto de cumprimento provisório for modificada ou anulada apenas em parte, somente nesta ficará sem efeito a execução; IV - o levantamento de depósito em dinheiro e a prática de atos que importem transferência de posse ou alienação de propriedade ou de outro direito real, ou dos quais possa resultar grave dano ao executado, dependem de caução suficiente e idônea, arbitrada de plano pelo juiz e prestada nos próprios autos. § 1º No cumprimento provisório da sentença, o executado poderá apresentar impugnação, se quiser, nos termos do art. 525. § 2º A multa e os honorários a que se refere o § 1º do art. 523 são devidos no cumprimento provisório de sentença condenatória ao pagamento de quantia certa. § 3º Se o executado comparecer tempestivamente e depositar o valor, com a finalidade de isentar-se da multa, o ato não será havido como incompatível com o recurso por ele interposto. § 4º A restituição ao estado anterior a que se refere o inciso II não implica o desfazimento da transferência de posse ou da alienação de propriedade ou de outro direito real eventualmente já realizada, ressalvado, sempre, o direito à reparação dos prejuízos causados ao executado. § 5º Ao cumprimento provisório de sentença que reconheça obrigação de fazer, de não fazer ou de dar coisa aplica-se, no que couber, o disposto neste Capítulo.	III – o levantamento de depósito em dinheiro e a prática de atos que importem alienação de propriedade ou dos quais possa resultar grave dano ao executado dependem de caução suficiente e idônea, arbitrada de plano pelo juiz e prestada nos próprios autos. (Incluído pela Lei nº 11.232, de 2005) § 1º No caso do inciso II do caput deste artigo, se a sentença provisória for modificada ou anulada apenas em parte, somente nesta ficará sem efeito a execução. (Incluído pela Lei nº 11.232, de 2005) § 2º A caução a que se refere o inciso III do caput deste artigo poderá ser dispensada: (Incluído pela Lei nº 11.232, de 2005) I – quando, nos casos de crédito de natureza alimentar ou decorrente de ato ilícito, até o limite de sessenta vezes o valor do salário-mínimo, o exeqüente demonstrar situação de necessidade; (Incluído pela Lei nº 11.232, de 2005) II - nos casos de execução provisória em que penda agravo perante o Supremo Tribunal Federal ou o Superior Tribunal de Justiça (art. 544), salvo quando da dispensa possa manifestamente resultar risco de grave dano, de difícil ou incerta reparação. (Redação dada pela Lei nº 12.322, de 2010) § 3º Ao requerer a execução provisória, o exequente instruirá a petição com cópias autenticadas das seguintes peças do processo, podendo o advogado declarar a autenticidade, sob sua responsabilidade pessoal: (Redação dada pela Lei nº 12.322, de 2010) I – sentença ou acórdão exeqüendo; (Incluído pela Lei nº 11.232, de 2005) II – certidão de interposição do recurso não dotado de efeito suspensivo; (Incluído pela Lei nº 11.232, de 2005) III – procurações outorgadas pelas partes; (Incluído pela Lei nº 11.232, de 2005) IV – decisão de habilitação, se for o caso; (Incluído pela Lei nº 11.232, de 2005) V – facultativamente, outras peças processuais que o exeqüente considere necessárias. (Incluído pela Lei nº 11.232, de 2005)

Antes de tecer comentários sobre o artigo em questão, vale ressaltar que o legislador separou por capítulos o cumprimento de sentença provisório e o definitivo, deixando mais clara e objetiva a redação. Os incisos do artigo 520 dispõem sobre a possibilidade de liquidação de prejuízo ao executado em virtude do cumprimento provisório da sentença nos próprios autos (inciso I) e sobre a cessação ou modificação do cumprimento provisório (incisos II e III) se o título executivo judicial vier a ser modificado em função do julgamento de um recurso durante o cumprimento provisório. O inciso IV trata da caução para que o exequente prossiga na execução provisória, enquanto não ocorrer o trânsito em julgado, se desejar praticar atos de levantamento de depósito em dinheiro e a prática de atos que importem transferência de posse ou alienação de propriedade ou de outro direito real, ou dos quais possa resultar grave dano ao executado.

O parágrafo primeiro do novo dispositivo trata da impugnação como modalidade de defesa do executado no cumprimento provisório da sentença e o parágrafo segundo dispõe que, mesmo provisório, serão devidos honorários advocatícios e a multa no caso de cumprimento provisório de sentença. O parágrafo terceiro dispõe sobre o depósito, para afastar a incidência da multa, e a discussão da decisão em sede recursal. O parágrafo quarto esclarece que os atos já praticados não serão restituídos ao seu *status* anterior caso modificado ou anulado o título executivo, mas subsiste a reparação dos danos e, por fim, o parágrafo quinto dispõe ao cumprimento provisório de sentença que reconheça obrigação de fazer, não fazer ou dar coisa aplica-se, no que couber, o disposto neste Capítulo.

NOVO CÓDIGO DE PROCESSO CIVIL	**CÓDIGO DE PROCESSO CIVIL DE 1973**
Art. 521. A caução prevista no inciso IV do art. 520 poderá ser dispensada nos casos em que: I - o crédito for de natureza alimentar, independentemente de sua origem; II - o credor demonstrar situação de necessidade; III - ~~pender o agravo fundado nos incisos II e III do art. 1.042~~; III - pender o agravo do art. 1.042. (Redação dada pela Lei nº 13.256/2016); IV - a sentença a ser provisoriamente cumprida estiver em consonância com súmula da jurisprudência do Supremo Tribunal Federal ou do Superior Tribunal de Justiça ou em conformidade com acórdão proferido no julgamento de casos repetitivos. Parágrafo único. A exigência de caução será mantida quando da dispensa possa resultar manifesto risco de grave dano de difícil ou incerta reparação.	**475-O.** [...] § 2o A caução a que se refere o inciso III do caput deste artigo poderá ser dispensada: (Incluído pela Lei nº 11.232, de 2005) I – quando, nos casos de crédito de natureza alimentar ou decorrente de ato ilícito, até o limite de sessenta vezes o valor do salário-mínimo, o exeqüente demonstrar situação de necessidade; (Incluído pela Lei nº 11.232, de 2005) II - nos casos de execução provisória em que penda agravo perante o Supremo Tribunal Federal ou o Superior Tribunal de Justiça (art. 544), salvo quando da dispensa possa manifestamente resultar risco de grave dano, de difícil ou incerta reparação. (Redação dada pela Lei nº 12.322, de 2010) [...]

O artigo 521 do NCPC regula as hipóteses de dispensa de caução para se concluir a execução provisória com algumas inovações em relação as disposições constantes no § 2º do artigo 475-O do CPC/73.

O inciso I do artigo em tela permite a dispensa de caução em se tratando de execução de crédito de natureza alimentar e, deixa claro que não irá importar a origem desse crédito, podendo ser oriundo de vínculo de parentesco, matrimônio, decorrente de ato ilícito e até mesmo convencional.

Será dispensada caução, da mesma forma, nas situações em que o credor demonstrar estado de necessidade, independentemente da natureza do crédito, conforme o disposto no inciso II do artigo 521. A alteração se mostra conveniente na medida em que o § 2º do artigo 475-O do CPC/73 indicava que esta situação de necessidade só conduziria a dispensa de caução se o crédito fosse de natureza alimentar ou decorrente de ato ilícito, o que não se mostrava razoável, tendo em vista que o crédito de natureza alimentar já pressupõe a necessidade.

Outra hipótese de dispensa de caução está prevista no inciso III do artigo em comento e indicava essa dispensa na execução provisória em que a decisão exequenda estivesse pendente de agravo em recurso especial ou extraordinário nas situações previstas nos incisos I e II do artigo 1.042 do NCPC. Ocorre que o artigo 1.042 foi alterado pela Lei nº 13.256/16, que restaurou o cabimento do referido agravo para quaisquer hipóteses[3] de decisão denegatória de conhecimento de recurso especial ou extraordinário proferida pelo tribunal de origem. Isso se deu pelo fato da citada lei ter alterado a dinâmica e a competência para aferição da admissibilidade dos recursos excepcionais com a modificação do texto do artigo 1.030 do NCPC, restaurando o modelo do CPC/73, que dispõe no artigo 542, §1º que essa competência é do tribunal que proferiu a decisão recorrida.[4] Neste contexto, o inciso III do artigo 521 foi alterado, para seguir justamente essa orientação.

Também é hipótese que a caução poderá não ser exigida o inciso IV do artigo 521 do NCPC, que prevê essa possibilidade nas situações em que a sentença exequenda "estiver em consonância com súmula da jurisprudência do Supremo Tribunal Federal ou do Superior Tribunal de Justiça ou em conformidade com acórdão proferido no julgamento de casos repetitivos", regra que se alinha à proposta do NCPC em fortalecer os posicionamentos dos Tribunais Superiores.

O legislador do novo código procurou também deixar claro que, mesmo nas hipóteses que possibilitam a dispensa de caução, o julgador poderá manter a exigência, desde que a dispensa possa gerar risco de dano irreparável ou difícil reparação, ou seja, nos casos em que os requisitos para deferimento de tutela de urgência estiverem presentes, conforme a orientação do artigo 521, parágrafo único do NCPC.

---

3 "...salvo quando fundada na aplicação de entendimento firmado em regime de repercussão geral ou em julgamento de recursos repetitivos." Parte final do artigo 1.042 do NCPC com redação dada pela Lei nº 13.256/16.

4 Para maiores informações sobre as alterações trazidas pela Lei nº 13.256/16 em relação ao juízo de admissibilidade dos recursos excepcionais e o cabimento do agravo para os casos de não conhecimento destes, remetemos o leitor aos comentários dos artigos 1.030 e 1.042 do NCPC desta obra.

NOVO CÓDIGO DE PROCESSO CIVIL	CÓDIGO DE PROCESSO CIVIL DE 1973
Art. 522. O cumprimento provisório da sentença será requerido por petição dirigida ao juízo competente. Parágrafo único. Não sendo eletrônicos os autos, a petição será acompanhada de cópias das seguintes peças do processo, cuja autenticidade poderá ser certificada pelo próprio advogado, sob sua responsabilidade pessoal: I - decisão exequenda; II - certidão de interposição do recurso não dotado de efeito suspensivo; III - procurações outorgadas pelas partes; IV - decisão de habilitação, se for o caso; V - facultativamente, outras peças processuais consideradas necessárias para demonstrar a existência do crédito.	**Art. 475-O.** [...] § 3° Ao requerer a execução provisória, o exequente instruirá a petição com cópias autenticadas das seguintes peças do processo, podendo o advogado declarar a autenticidade, sob sua responsabilidade pessoal: (Redação dada pela Lei nº 12.322, de 2010) I – sentença ou acórdão exeqüendo; (Incluído pela Lei nº 11.232, de 2005) II – certidão de interposição do recurso não dotado de efeito suspensivo; (Incluído pela Lei nº 11.232, de 2005) III – procurações outorgadas pelas partes; (Incluído pela Lei nº 11.232, de 2005) IV – decisão de habilitação, se for o caso; (Incluído pela Lei nº 11.232, de 2005) V – facultativamente, outras peças processuais que o exeqüente considere necessárias. (Incluído pela Lei nº 11.232, de 2005)

Não houve modificações substanciais consideráveis para este dispositivo legal, somente quanto à redação e à ordem de apresentação dos mesmos, ocupando-se na essência com a documentação necessária para que o exequente promova o "cumprimento provisório da sentença" e a ressalva quanto à inclusão de "processo eletrônico".

NOVO CÓDIGO DE PROCESSO CIVIL	CÓDIGO DE PROCESSO CIVIL DE 1973
CAPÍTULO III DO CUMPRIMENTO DEFINITIVO DA SENTENÇA QUE RECONHECE A EXIGIBILIDADE DE OBRIGAÇÃO DE PAGAR QUANTIA CERTA **Art. 523.** No caso de condenação em quantia certa, ou já fixada em liquidação, e no caso de decisão sobre parcela incontroversa, o cumprimento definitivo da sentença far-se-á a requerimento do exequente, sendo o executado intimado para pagar o débito, no prazo de 15 (quinze) dias, acrescido de custas, se houver. § 1º Não ocorrendo pagamento voluntário no prazo do caput, o débito será acrescido de multa de dez por cento e, também, de honorários de advogado de dez por cento. § 2º Efetuado o pagamento parcial no prazo previsto no caput, a multa e os honorários previstos no § 1º incidirão sobre o restante. § 3º Não efetuado tempestivamente o pagamento voluntário, será expedido, desde logo, mandado de penhora e avaliação, seguindo-se os atos de expropriação.	**Art. 475-J.** Caso o devedor, condenado ao pagamento de quantia certa ou já fixada em liquidação, não o efetue no prazo de quinze dias, o montante da condenação será acrescido de multa no percentual de dez por cento e, a requerimento do credor e observado o disposto no art. 614, inciso II, desta Lei, expedir-se-á mandado de penhora e avaliação. (Incluído pela Lei nº 11.232, de 2005) § 1° Do auto de penhora e de avaliação será de imediato intimado o executado, na pessoa de seu advogado (arts. 236 e 237), ou, na falta deste, o seu representante legal, ou pessoalmente, por mandado ou pelo correio, podendo oferecer impugnação, querendo, no prazo de quinze dias. (Incluído pela Lei nº 11.232, de 2005) § 2° Caso o oficial de justiça não possa proceder à avaliação, por depender de conhecimentos especializados, o juiz, de imediato, nomeará avaliador, assinando-lhe breve prazo para a entrega do laudo. (Incluído pela Lei nº 11.232, de 2005) § 3° O exeqüente poderá, em seu requerimento, indicar desde logo os bens a serem penhorados. (Incluído pela Lei nº 11.232, de 2005) § 4° Efetuado o pagamento parcial no prazo previsto no caput deste artigo, a multa de dez por cento incidirá sobre o restante. (Incluído pela Lei nº 11.232, de 2005) § 5° Não sendo requerida a execução no prazo de seis meses, o juiz mandará arquivar os autos, sem prejuízo de seu desarquivamento a pedido da parte. (Incluído pela Lei nº 11.232, de 2005)

Não houve modificações substanciais, mantendo-se quase que inalterada a redação do referido artigo 475-J, prevendo que o executado deve ser intimado para pagar em quinze dias sob pena de multa de 10% (dez por cento), de tal modo que uma vez realizado o pagamento parcial, a multa incidirá no valor não pago.Caso não seja realizado o pagamento, expedir-se-á mandado de penhora e avaliação, preparatório do ato de expropriação.

NOVO CÓDIGO DE PROCESSO CIVIL	CÓDIGO DE PROCESSO CIVIL DE 1973
Art. 524. O requerimento previsto no art. 523 será instruído com demonstrativo discriminado e atualizado do crédito, devendo a petição conter: I - o nome completo, o número de inscrição no Cadastro de Pessoas Físicas ou no Cadastro Nacional da Pessoa Jurídica do exequente e do executado, observado o disposto no art. 319, §§ 1º a 3º; II - o índice de correção monetária adotado; III - os juros aplicados e as respectivas taxas; IV - o termo inicial e o termo final dos juros e da correção monetária utilizados; V - a periodicidade da capitalização dos juros, se for o caso; VI - especificação dos eventuais descontos obrigatórios realizados; VII - indicação dos bens passíveis de penhora, sempre que possível. § 1º Quando o valor apontado no demonstrativo aparentemente exceder os limites da condenação, a execução será iniciada pelo valor pretendido, mas a penhora terá por base a importância que o juiz entender adequada. § 2º Para a verificação dos cálculos, o juiz poderá valer-se de contabilista do juízo, que terá o prazo máximo de 30 (trinta) dias para efetuá-la, exceto se outro lhe for determinado. § 3º Quando a elaboração do demonstrativo depender de dados em poder de terceiros ou do executado, o juiz poderá requisitá-los, sob cominação do crime de desobediência. § 4º Quando a complementação do demonstrativo depender de dados adicionais em poder do executado, o juiz poderá, a requerimento do exequente, requisitá-los, fixando prazo de até 30 (trinta) dias para o cumprimento da diligência. § 5º Se os dados adicionais a que se refere o § 4º não forem apresentados pelo executado, sem justificativa, no prazo designado, reputar-se-ão corretos os cálculos apresentados pelo exequente apenas com base nos dados de que dispõe.	**Art. 475-B.** Quando a determinação do valor da condenação depender apenas de cálculo aritmético, o credor requererá o cumprimento da sentença, na forma do art. 475-J desta Lei, instruindo o pedido com a memória discriminada e atualizada do cálculo. (Incluído pela Lei nº 11.232, de 2005) § 1° Quando a elaboração da memória do cálculo depender de dados existentes em poder do devedor ou de terceiro, o juiz, a requerimento do credor, poderá requisitá-los, fixando prazo de até trinta dias para o cumprimento da diligência. (Incluído pela Lei nº 11.232, de 2005) § 2° Se os dados não forem, injustificadamente, apresentados pelo devedor, reputar-se-ão corretos os cálculos apresentados pelo credor, e, se não o forem pelo terceiro, configurar-se-á a situação prevista no art. 362. (Incluído pela Lei nº 11.232, de 2005) § 3° Poderá o juiz valer-se do contador do juízo, quando a memória apresentada pelo credor aparentemente exceder os limites da decisão exeqüenda e, ainda, nos casos de assistência judiciária. (Incluído pela Lei nº 11.232, de 2005) § 4° Se o credor não concordar com os cálculos feitos nos termos do § 3° deste artigo, far-se-á a execução pelo valor originariamente pretendido, mas a penhora terá por base o valor encontrado pelo contador. (Incluído pela Lei nº 11.232, de 2005)

A redação do artigo 524 trata sobre o procedimento de cumprimento definitivo de sentença que, em regra, deve ser instruído com demonstrativo discriminado e atualizado do crédito, devendo a petição seguir o que preleciona os seus incisos. Aprimoram-se as regras que hoje estão nos parágrafos do artigo 475-B, quais sejam: o nome completo, o número do cadastro de pessoas físicas ou do cadastro nacional de pessoas jurídicas do exequente e do executado, observando o disposto no artigo 319, §§ 1º a 3º; o índice de correção monetária adotado; os juros aplicados e as respectivas taxas; o termo inicial e o termo final dos juros e da correção monetária atualizados; a periodicidade da capitalização dos juros, se for o caso; especificação dos eventuais descontos obrigatórios realizados; indicação dos bens passíveis de penhora, sempre que possível.

Além da indicação dos requisitos que devem conter a petição o legislador descreve que quando o valor apontado no demonstrativo aparentemente exceder os limites da condenação, a execução será iniciada pelo valor pretendido, mas a penhora terá por base a importância que o juiz entender adequada, e, ainda, para a verificação dos cálculos, o juiz poderá se auxiliar de contabilista do juízo, que terá o prazo máximo de trinta dias para efetuá-la, exceto se outro lhe for determinado, podendo, ainda, se para a elaboração do demonstrativo depender de dados em poder de terceiros ou do executado, requisitá-los sob cominação do crime de desobediência e se a complementação do demonstrativo depender de dados adicionais em poder do executado, o juiz poderá, a requerimento do exequente, requisitá-los, fixando prazo de até trinta dias, para cumprimento da diligência. Se os dados adicionais não forem injustificadamente, apresentados pelo executado, reputar-se-ão corretos os cálculos apresentados pelo exequente apenas com base nos dados de que dispõe.

NOVO CÓDIGO DE PROCESSO CIVIL	CÓDIGO DE PROCESSO CIVIL DE 1973
Art. 525. Transcorrido o prazo previsto no art. 523 sem o pagamento voluntário, inicia-se o prazo de 15 (quinze) dias para que o executado, independentemente de penhora ou nova intimação, apresente, nos próprios autos, sua impugnação. § 1º Na impugnação, o executado poderá alegar: I - falta ou nulidade da citação se, na fase de conhecimento, o processo correu à revelia; II - ilegitimidade de parte; III - inexequibilidade do título ou inexigibilidade da obrigação; IV - penhora incorreta ou avaliação errônea; V - excesso de execução ou cumulação indevida de execuções; VI - incompetência absoluta ou relativa do juízo da execução;	**Art. 475-L.** A impugnação somente poderá versar sobre: (Incluído pela Lei nº 11.232, de 2005) I – falta ou nulidade da citação, se o processo correu à revelia; (Incluído pela Lei nº 11.232, de 2005) II – inexigibilidade do título; (Incluído pela Lei nº 11.232, de 2005) III – penhora incorreta ou avaliação errônea; (Incluído pela Lei nº 11.232, de 2005) IV – ilegitimidade das partes; (Incluído pela Lei nº 11.232, de 2005) V – excesso de execução; (Incluído pela Lei nº 11.232, de 2005) VI – qualquer causa impeditiva, modificativa ou extintiva da obrigação, como pagamento, novação, compensação, transação ou prescrição, desde que superveniente à sentença. (Incluído pela Lei nº 11.232, de 2005)

VII - qualquer causa modificativa ou extintiva da obrigação, como pagamento, novação, compensação, transação ou prescrição, desde que supervenientes à sentença. § 2º A alegação de impedimento ou suspeição observará o disposto nos arts. 146 e 148. § 3º Aplica-se à impugnação o disposto no art. 229. § 4º Quando o executado alegar que o exequente, em excesso de execução, pleiteia quantia superior à resultante da sentença, cumprir-lhe-á declarar de imediato o valor que entende correto, apresentando demonstrativo discriminado e atualizado de seu cálculo. § 5º Na hipótese do § 4º, não apontado o valor correto ou não apresentado o demonstrativo, a impugnação será liminarmente rejeitada, se o excesso de execução for o seu único fundamento, ou, se houver outro, a impugnação será processada, mas o juiz não examinará a alegação de excesso de execução. § 6º A apresentação de impugnação não impede a prática dos atos executivos, inclusive os de expropriação, podendo o juiz, a requerimento do executado e desde que garantido o juízo com penhora, caução ou depósito suficientes, atribuir-lhe efeito suspensivo, se seus fundamentos forem relevantes e se o prosseguimento da execução for manifestamente suscetível de causar ao executado grave dano de difícil ou incerta reparação. § 7º A concessão de efeito suspensivo a que se refere o § 6º não impedirá a efetivação dos atos de substituição, de reforço ou de redução da penhora e de avaliação dos bens § 8º Quando o efeito suspensivo atribuído à impugnação disser respeito apenas a parte do objeto da execução, esta prosseguirá quanto à parte restante. § 9º A concessão de efeito suspensivo à impugnação deduzida por um dos executados não suspenderá a execução contra os que não impugnaram, quando o respectivo fundamento disser respeito exclusivamente ao impugnante. § 10. Ainda que atribuído efeito suspensivo à impugnação, é lícito ao exequente requerer o prosseguimento da execução, oferecendo e prestando, nos próprios autos, caução suficiente e idônea a ser arbitrada pelo juiz. § 11. As questões relativas a fato superveniente ao término do prazo para apresentação da impugnação, assim como aquelas relativas à validade e à adequação da penhora, da avaliação e dos atos executivos subsequentes, podem ser arguidas por simples petição, tendo o executado, em qualquer dos casos, o prazo de 15 (quinze) dias para formular esta arguição, contado da comprovada ciência do fato ou da intimação do ato.	§ 1o Para efeito do disposto no inciso II do caput deste artigo, considera-se também inexigível o título judicial fundado em lei ou ato normativo declarados inconstitucionais pelo Supremo Tribunal Federal, ou fundado em aplicação ou interpretação da lei ou ato normativo tidas pelo Supremo Tribunal Federal como incompatíveis com a Constituição Federal. (Incluído pela Lei nº 11.232, de 2005) § 2o Quando o executado alegar que o exeqüente, em excesso de execução, pleiteia quantia superior à resultante da sentença, cumprir-lhe-á declarar de imediato o valor que entende correto, sob pena de rejeição liminar dessa impugnação. (Incluído pela Lei nº 11.232, de 2005) **Art. 475-M.** A impugnação não terá efeito suspensivo, podendo o juiz atribuir-lhe tal efeito desde que relevantes seus fundamentos e o prosseguimento da execução seja manifestamente suscetível de causar ao executado grave dano de difícil ou incerta reparação. (Incluído pela Lei nº 11.232, de 2005) § 1º Ainda que atribuído efeito suspensivo à impugnação, é lícito ao exeqüente requerer o prosseguimento da execução, oferecendo e prestando caução suficiente e idônea, arbitrada pelo juiz e prestada nos próprios autos. (Incluído pela Lei nº 11.232, de 2005) § 2º Deferido efeito suspensivo, a impugnação será instruída e decidida nos próprios autos e, caso contrário, em autos apartados. (Incluído pela Lei nº 11.232, de 2005) § 3º A decisão que resolver a impugnação é recorrível mediante agravo de instrumento, salvo quando importar extinção da execução, caso em que caberá apelação. (Incluído pela Lei nº 11.232, de 2005)

§ 12. Para efeito do disposto no inciso III do § 1o deste artigo, considera-se também inexigível a obrigação reconhecida em título executivo judicial fundado em lei ou ato normativo considerado inconstitucional pelo Supremo Tribunal Federal, ou fundado em aplicação ou interpretação da lei ou do ato normativo tido pelo Supremo Tribunal Federal como incompatível com a Constituição Federal, em controle de constitucionalidade concentrado ou difuso. § 13. No caso do § 12, os efeitos da decisão do Supremo Tribunal Federal poderão ser modulados no tempo, em atenção à segurança jurídica. § 14. A decisão do Supremo Tribunal Federal referida no § 12 deve ser anterior ao trânsito em julgado da decisão exequenda. § 15. Se a decisão referida no § 12 for proferida após o trânsito em julgado da decisão exequenda, caberá ação rescisória, cujo prazo será contado do trânsito em julgado da decisão proferida pelo Supremo Tribunal Federal.	

Quanto à redação do artigo 525, procurou o legislador aprimorar a redação do *caput* e manter os incisos relativos às alegações do executado na impugnação, correspondendo na íntegra ao artigo 475-L, acrescentando a possibilidade de alegação da incompetência absoluta e relativa do juízo da execução, bem como a inclusão do parágrafo 2º, que trata do impedimento e da suspeição, que devem observar os artigos 146 a 148 do NCPC para serem alegados neste momento. Além destas importantes inclusões o legislador cuidou de acrescentar alguns parágrafos, mantendo a regra de que a impugnação ao cumprimento de sentença não possui efeito suspensivo, mas, quando o efeito suspensivo atribuído à impugnação disser respeito apenas à parte do objeto da execução, esta prosseguirá quanto à parte restante, e ainda que a concessão de efeitos suspensivos à impugnação por um dos executados não suspenderá a execução contra os que não impugnaram, quando o respectivo fundamento disser respeito exclusivamente ao impugnante e que as questões relativas a fato superveniente ao fim do prazo para apresentação da impugnação, assim como aquelas relativas à validade e à adequação da penhora, da avaliação e dos atos executivos subsequentes, podem ser arguidas pelo executado por simples petição.

Importante destacar, ainda, o parágrafo onze do novo dispositivo, que dispõe que a alegação de questões supervenientes ao término do prazo de impugnação ocorrerão por mera petição nos autos. Por fim, merecem destaques os parágrafos 12 a 15, que explicitam que se considera inexigível a obrigação documentada em título executivo judicial fundado em lei ou ato normativo considerados inconstitucionais pelo Supremo Tribunal Federal, ou fundado em aplicação ou interpretação da lei ou ato normativo tidas pelo Supremo Tribunal Federal como incompatíveis com a Constituição Federal, em controle de constitucionalidade concentrado ou difuso, e que, quanto aos efeitos da decisão do Supremo Tribunal Federal, poderão ser modulados no tempo, em atenção à segurança jurídica. Para ser alegada a inexigibilidade em sede de impugnação, a decisão do Supremo Tribunal Federal a que se refere o parágrafo 12 deve ter sido proferida antes do trânsito em julgado.Após, caberá ação rescisória, devendo ser contado o prazo do trânsito em julgado da decisão proferida pelo Supremo Tribunal Federal.

NOVO CÓDIGO DE PROCESSO CIVIL	CÓDIGO DE PROCESSO CIVIL DE 1973
Art. 526. É lícito ao réu, antes de ser intimado para o cumprimento da sentença, comparecer em juízo e oferecer em pagamento o valor que entender devido, apresentando memória discriminada do cálculo. § 1º O autor será ouvido no prazo de 5 (cinco) dias, podendo impugnar o valor depositado, sem prejuízo do levantamento do depósito a título de parcela incontroversa. § 2º Concluindo o juiz pela insuficiência do depósito, sobre a diferença incidirão multa de dez por cento e honorários advocatícios, também fixados em dez por cento, seguindo-se a execução com penhora e atos subsequentes. § 3º Se o autor não se opuser, o juiz declarará satisfeita a obrigação e extinguirá o processo.	Sem correspondente.

O artigo 526 não traz qualquer semelhança com os artigos relacionados ao assunto, muito embora precisem ser comentados dada a sua relevância, vez que ao devedor será lícito, antes mesmo da intimação para o cumprimento da sentença, comparecer em juízo e oferecer em pagamento o valor que entender devido, apresentando memória discriminada do cálculo. Esta faculdade atribuída ao devedor objetivará a celeridade processual diante da possibilidade de um possível encerramento do processo. Deve-se ainda registrar o direito ao contraditório resguardado ao autor, que será ouvido no prazo de cinco dias, podendo este impugnar o valor depositado, sem prejuízo do levantamento do depósito a título de parcela incontroversa.

No parágrafo 2º descreve que o juiz, observando a insuficiência do depósito, aplicará sobre a diferença multa de 10% mais honorários advocatícios fixados no mesmo percentual, seguindo a execução regularmente.

No parágrafo 3º descreve que caso o autor não se oponha, o juiz declarará satisfeita a obrigação, seguindo-se a extinção do processo.

NOVO CÓDIGO DE PROCESSO CIVIL	CÓDIGO DE PROCESSO CIVIL DE 1973
Art. 527. Aplicam-se as disposições deste Capítulo ao cumprimento provisório da sentença, no que couber.	**Art. 475-O.** A execução provisória da sentença far-se-á, no que couber, do mesmo modo que a definitiva, observadas as seguintes normas: (Incluído pela Lei nº 11.232, de 2005) [...]

O presente dispositivo manteve quase que inalterada a redação do artigo 475-O.

NOVO CÓDIGO DE PROCESSO CIVIL	CÓDIGO DE PROCESSO CIVIL DE 1973
CAPÍTULO IV DO CUMPRIMENTO DE SENTENÇA QUE RECONHEÇA A EXIGIBILIDADE DE OBRIGAÇÃO DE PRESTAR ALIMENTOS	CAPÍTULO V DA EXECUÇÃO DE PRESTAÇÃO ALIMENTÍCIA
Art. 528. No cumprimento de sentença que condene ao pagamento de prestação alimentícia ou de decisão interlocutória que fixe alimentos, o juiz, a requerimento do exequente, mandará intimar o executado pessoalmente para, em 3 (três) dias, pagar o débito, provar que o fez ou justificar a impossibilidade de efetuá-lo. § 1º Caso o executado, no prazo referido no caput, não efetue o pagamento, não prove que o efetuou ou não apresente justificativa da impossibilidade de efetuá-lo, o juiz mandará protestar o pronunciamento judicial, aplicando-se, no que couber, o disposto no art. 517. § 2º Somente a comprovação de fato que gere a impossibilidade absoluta de pagar justificará o inadimplemento. § 3º Se o executado não pagar ou se a justificativa apresentada não for aceita, o juiz, além de mandar protestar o pronunciamento judicial na forma do § 1º, decretar-lhe-á a prisão pelo prazo de 1 (um) a 3 (três) meses. § 4º A prisão será cumprida em regime fechado, devendo o preso ficar separado dos presos comuns. § 5º O cumprimento da pena não exime o executado do pagamento das prestações vencidas e vincendas. § 6º Paga a prestação alimentícia, o juiz suspenderá o cumprimento da ordem de prisão. § 7º O débito alimentar que autoriza a prisão civil do alimentante é o que compreende até as 3 (três) prestações anteriores ao ajuizamento da execução e as que se vencerem no curso do processo. § 8º O exequente pode optar por promover o cumprimento da sentença ou decisão desde logo, nos termos do disposto neste Livro, Título II, Capítulo III, caso em que não será admissível a prisão do executado, e, recaindo a penhora em dinheiro, a concessão de efeito suspensivo à impugnação não obsta a que o exequente levante mensalmente a importância da prestação. § 9º Além das opções previstas no art. 516, parágrafo único, o exequente pode promover o cumprimento da sentença ou decisão que condena ao pagamento de prestação alimentícia no juízo de seu domicílio.	**Art. 732.** A execução de sentença, que condena ao pagamento de prestação alimentícia, far-se-á conforme o disposto no Capítulo IV deste Título. Parágrafo único. Recaindo a penhora em dinheiro, o oferecimento de embargos não obsta a que o exeqüente levante mensalmente a importância da prestação. **Art. 733**. Na execução de sentença ou de decisão, que fixa os alimentos provisionais, o juiz mandará citar o devedor para, em 3 (três) dias, efetuar o pagamento, provar que o fez ou justificar a impossibilidade de efetuá-lo. § 1º Se o devedor não pagar, nem se escusar, o juiz decretar-lhe-á a prisão pelo prazo de 1 (um) a 3 (três) meses. § 2° O cumprimento da pena não exime o devedor do pagamento das prestações vencidas e vincendas. (Redação dada pela Lei nº 6.515, de 26.12.1977) § 3º Paga a prestação alimentícia, o juiz suspenderá o cumprimento da ordem de prisão.

O artigo 528 assemelha-se na redação com os artigos 732 e 733, mas com algumas modificações consideráveis e fundamentais para o integral cumprimento da lei. Desta forma passa-se à análise dessas considerações.

A primeira alteração foi quanto à possibilidade de o juiz mandar protestar o pronunciamento judicial pelo inadimplemento ou falta de justificativa do executado.

Nota-se que esta medida reforça ainda mais a segurança do alimentante em razão da necessidade de ser alimentado e de necessitar desta prestação para a sua subsistência.

Outro fator relevante incluído na redação do artigo foi sobre a necessidade de comprovação, por parte do devedor, da impossibilidade absoluta de cumprir a sentença, sendo que sobre este fator o legislador não especificou de forma clara o que significa o termo 'impossibilidade absoluta", nem mesmo como se dará esta prova. Acrescentou-se, ainda, na redação, o regime em que o executado deverá cumprir a pena, que será o regime fechado, no período de 1(um) a 3(três) meses, como medida coercitiva para o cumprimento da obrigação. Mantém-se, portanto, a prisão civil do devedor de alimentos, permanecendo hígido o teor do enunciado de súmula nº 309 do STJ, que dispõe que: *"O débito alimentar que autoriza a prisão civil do alimentante é o que compreende as três prestações anteriores à citação e as que vencerem no curso do processo"*.

NOVO CÓDIGO DE PROCESSO CIVIL	CÓDIGO DE PROCESSO CIVIL DE 1973
Art. 529. Quando o executado for funcionário público, militar, diretor ou gerente de empresa ou empregado sujeito à legislação do trabalho, o exequente poderá requerer o desconto em folha de pagamento da importância da prestação alimentícia. § 1º Ao proferir a decisão, o juiz oficiará à autoridade, à empresa ou ao empregador, determinando, sob pena de crime de desobediência, o desconto a partir da primeira remuneração posterior do executado, a contar do protocolo do ofício. § 2º O ofício conterá o nome e o número de inscrição no Cadastro de Pessoas Físicas do exequente e do executado, a importância a ser descontada mensalmente, o tempo de sua duração e a conta na qual deve ser feito o depósito. § 3º Sem prejuízo do pagamento dos alimentos vincendos, o débito objeto de execução pode ser descontado dos rendimentos ou rendas do executado, de forma parcelada, nos termos do caput deste artigo, contanto que, somado à parcela devida, não ultrapasse cinquenta por cento de seus ganhos líquidos.	**Art. 734.** Quando o executado for funcionário público, militar, diretor ou gerente de empresa, bem como empregado sujeito à legislação do trabalho, o exequente poderá requerer o desconto em folha de pagamento da importância da prestação alimentícia. Parágrafo único. A comunicação será feita à autoridade, à empresa ou ao empregador por ofício, de que constarão os nomes do credor, do devedor, a importância da prestação e o tempo de sua duração.

A redação do artigo 529 aperfeiçoa as regras do atual artigo 734 do CPC, incluindo os parágrafos correspondentes ao procedimento adotado pelo juiz para oficiar à empresa para proceder ao desconto na folha de pagamento a partir da primeira remuneração posterior do executado, a contar do protocolo do ofício recebido pela mesma, bem como a indicação das informações que devem constar no ofício e a possibilidade de parcelar o débito do executado com a ressalva de que a soma das parcelas devidas não ultrapasse cinquenta por cento de seus ganhos líquidos.

NOVO CÓDIGO DE PROCESSO CIVIL	CÓDIGO DE PROCESSO CIVIL DE 1973
Art. 530. Não cumprida a obrigação, observar-se-á o disposto nos arts. 831 e seguintes.	**Art. 732.** A execução de sentença, que condena ao pagamento de prestação alimentícia, far-se-á conforme o disposto no Capítulo IV deste Título.

O artigo 530 dispõe que sobre a execução de alimentos nos moldes tradicionais, com penhora, avaliação e alienação para a satisfação do crédito, que será aplicada quando não se amoldar ao enunciado de Súmula nº 309 do STJ ou o prazo de 3 (três) meses estabelecido como limite não ensejar o cumprimento da obrigação.

NOVO CÓDIGO DE PROCESSO CIVIL	CÓDIGO DE PROCESSO CIVIL DE 1973
Art. 531. O disposto neste Capítulo aplica-se aos alimentos definitivos ou provisórios. § 1º A execução dos alimentos provisórios, bem como a dos alimentos fixados em sentença ainda não transitada em julgado, se processa em autos apartados. § 2º O cumprimento definitivo da obrigação de prestar alimentos será processado nos mesmos autos em que tenha sido proferida a sentença.	**Art. 735.** Se o devedor não pagar os alimentos provisionais a que foi condenado, pode o credor promover a execução da sentença, observando-se o procedimento estabelecido no Capítulo IV deste Título. Seção VII Dos Alimentos Provisionais **Art. 852.** É lícito pedir alimentos provisionais: I – nas ações de desquite e de anulação de casamento, desde que estejam separados os cônjuges; II – nas ações de alimentos, desde o despacho da petição inicial; III – nos demais casos expressos em lei. **Art. 854.** Na petição inicial, exporá o requerente as suas necessidades e as possibilidades do alimentante. Parágrafo único. O requerente poderá pedir que o juiz, ao despachar a petição inicial e sem audiência do requerido, lhe arbitre desde logo uma mensalidade para mantença.

O Código de 1973 tratava de alimentos provisórios, provisionais e definitivos. O artigo 531 do NCPC, referindo-se a alimentos provisórios e definitivos, estabelece os procedimentos do cumprimento provisório e definitivo de sentença para sua cobrança.

NOVO CÓDIGO DE PROCESSO CIVIL	CÓDIGO DE PROCESSO CIVIL DE 1973
Art. 532. Verificada a conduta procrastinatória do executado, o juiz deverá, se for o caso, dar ciência ao Ministério Público dos indícios da prática do crime de abandono material.	Sem correspondente.

Outro ponto relevante que merece ser observado é a possibilidade da prática do delito de abandono material uma vez demonstrada a postura procrastinatória do executado. O referido dispositivo indubitavelmente minimizará as alegações por vezes infundadas do executado sobre a impossibilidade de prover a obrigação alimentar, sem a devida comprovação, dialogando diretamente com as regras materiais incidentes do artigo 244 do Código Penal.

NOVO CÓDIGO DE PROCESSO CIVIL	CÓDIGO DE PROCESSO CIVIL DE 1973
Art. 533. Quando a indenização por ato ilícito incluir prestação de alimentos, caberá ao executado, a requerimento do exequente, constituir capital cuja renda assegure o pagamento do valor mensal da pensão. § 1º O capital a que se refere o caput, representado por imóveis ou por direitos reais sobre imóveis suscetíveis de alienação, títulos da dívida pública ou aplicações financeiras em banco oficial, será inalienável e impenhorável enquanto durar a obrigação do executado, além de constituir-se em patrimônio de afetação. § 2º O juiz poderá substituir a constituição do capital pela inclusão do exequente em folha de pagamento de pessoa jurídica de notória capacidade econômica ou, a requerimento do executado, por fiança bancária ou garantia real, em valor a ser arbitrado de imediato pelo juiz. § 3º Se sobrevier modificação nas condições econômicas, poderá a parte requerer, conforme as circunstâncias, redução ou aumento da prestação. § 4º A prestação alimentícia poderá ser fixada tomando por base o salário-mínimo. § 5º Finda a obrigação de prestar alimentos, o juiz mandará liberar o capital, cessar o desconto em folha ou cancelar as garantias prestadas.	**Art. 475-Q.** Quando a indenização por ato ilícito incluir prestação de alimentos, o juiz, quanto a esta parte, poderá ordenar ao devedor constituição de capital, cuja renda assegure o pagamento do valor mensal da pensão. (Incluído pela Lei nº 11.232, de 2005) § 1° Este capital, representado por imóveis, títulos da dívida pública ou aplicações financeiras em banco oficial, será inalienável e impenhorável enquanto durar a obrigação do devedor. (Incluído pela Lei nº 11.232, de 2005) § 2° O juiz poderá substituir a constituição do capital pela inclusão do beneficiário da prestação em folha de pagamento de entidade de direito público ou de empresa de direito privado de notória capacidade econômica, ou, a requerimento do devedor, por fiança bancária ou garantia real, em valor a ser arbitrado de imediato pelo juiz. (Incluído pela Lei nº 11.232, de 2005) § 3° Se sobrevier modificação nas condições econômicas, poderá a parte requerer, conforme as circunstâncias, redução ou aumento da prestação. (Incluído pela Lei nº 11.232, de 2005) § 4° Os alimentos podem ser fixados tomando por base o salário-mínimo. (Incluído pela Lei nº 11.232, de 2005) § 5° Cessada a obrigação de prestar alimentos, o juiz mandará liberar o capital, cessar o desconto em folha ou cancelar as garantias prestadas. (Incluído pela Lei nº 11.232, de 2005)

O artigo mantém a previsão do artigo 475-Q do CPC/73 sobre constituição de capital, isto é, sentenças ou acórdãos que contenham condenações em prestações alimentícias que façam parte da obrigação de indenizar por ato ilícito. Como será preciso assegurar não só o pagamento presente, como o futuro, o legislador traz a previsão de desconto em folha de pagamento para que se assegure o cumprimento das prestações devidas.

NOVO CÓDIGO DE PROCESSO CIVIL	CÓDIGO DE PROCESSO CIVIL DE 1973
CAPÍTULO V DO CUMPRIMENTO DE SENTENÇA QUE RECONHEÇA A EXIGIBILIDADE DE OBRIGAÇÃO DE PAGAR QUANTIA CERTA PELA FAZENDA PÚBLICA **Art. 534.** No cumprimento de sentença que impuser à Fazenda Pública o dever de pagar quantia certa, o exequente apresentará demonstrativo discriminado e atualizado do crédito contendo: I - o nome completo e o número de inscrição no Cadastro de Pessoas Físicas ou no Cadastro Nacional da Pessoa Jurídica do exequente; II - o índice de correção monetária adotado; III - os juros aplicados e as respectivas taxas; IV - o termo inicial e o termo final dos juros e da correção monetária utilizados; V - a periodicidade da capitalização dos juros, se for o caso; VI - a especificação dos eventuais descontos obrigatórios realizados. § 1º Havendo pluralidade de exequentes, cada um deverá apresentar o seu próprio demonstrativo, aplicando-se à hipótese, se for o caso, o disposto nos §§ 1º e 2º do art. 113. § 2º A multa prevista no § 1º do art. 523 não se aplica à Fazenda Pública.	Seção III Da Execução Contra a Fazenda Pública **Art. 730.** Na execução por quantia certa contra a Fazenda Pública, citar-se-á a devedora para opor embargos em 10 (dez) dias; se esta não os opuser, no prazo legal, observar-se-ão as seguintes regras (Vide Lei nº 8.213, de 1991) (Vide Lei nº 9.494, de 1997) I - o juiz requisitará o pagamento por intermédio do presidente do tribunal competente; II - far-se-á o pagamento na ordem de apresentação do precatório e à conta do respectivo crédito.

Registra-se que a execução por quantia certa contra a Fazenda Pública é um "procedimento jurisdicional constitucionalmente diferenciado". Importa, por isso mesmo, ter presente o que o artigo 100 da Constituição Federal reserva para aquela finalidade, notadamente no que diz respeito aos casos em que o precatório deve ser expedido – e à existência, ou não, de preferência quanto ao seu pagamento – ou dispensado em função de requisição de pequeno valor. Os dispositivos da nova legislação, disciplinando a sistemática constitucional, aprimoram o atual artigo 730 do CPC/73,adequando a execução em face da Fazenda Pública às regras do cumprimento de sentença e do processo de execução, de acordo com a natureza do título.

NOVO CÓDIGO DE PROCESSO CIVIL	CÓDIGO DE PROCESSO CIVIL DE 1973
Art. 535. A Fazenda Pública será intimada na pessoa de seu representante judicial, por carga, remessa ou meio eletrônico, para, querendo, no prazo de 30 (trinta) dias e nos próprios autos, impugnar a execução, podendo arguir: I - falta ou nulidade da citação se, na fase de conhecimento, o processo correu à revelia; II - ilegitimidade de parte; III - inexequibilidade do título ou inexigibilidade da obrigação; IV - excesso de execução ou cumulação indevida de execuções; V - incompetência absoluta ou relativa do juízo da execução; VI - qualquer causa modificativa ou extintiva da obrigação, como pagamento, novação, compensação, transação ou prescrição, desde que supervenientes ao trânsito em julgado da sentença. § 1º A alegação de impedimento ou suspeição observará o disposto nos arts. 146 e 148. § 2º Quando se alegar que o exequente, em excesso de execução, pleiteia quantia superior à resultante do título, cumprirá à executada declarar de imediato o valor que entende correto, sob pena de não conhecimento da arguição. § 3º Não impugnada a execução ou rejeitadas as arguições da executada: I - expedir-se-á, por intermédio do presidente do tribunal competente, precatório em favor do exequente, observando-se o disposto na Constituição Federal; II - por ordem do juiz, dirigida à autoridade na pessoa de quem o ente público foi citado para o processo, o pagamento de obrigação de pequeno valor será realizado no prazo de 2 (dois) meses contado da entrega da requisição, mediante depósito na agência de banco oficial mais próxima da residência do exequente. § 4º Tratando-se de impugnação parcial, a parte não questionada pela executada será, desde logo, objeto de cumprimento. § 5º Para efeito do disposto no inciso III do caput deste artigo, considera-se também inexigível a obrigação reconhecida em título executivo judicial fundado em lei ou ato normativo considerado inconstitucional pelo Supremo Tribunal Federal, ou fundado em aplicação ou interpretação da lei ou do ato normativo tido pelo Supremo Tribunal Federal como incompatível com a Constituição Federal, em controle de constitucionalidade concentrado ou difuso.	Seção III Da Execução Contra a Fazenda Pública **Art. 730.** Na execução por quantia certa contra a Fazenda Pública, citar-se-á a devedora para opor embargos em 10 (dez) dias; se esta não os opuser, no prazo legal, observar-se-ão as seguintes regras (Vide Lei nº 8.213, de 1991) (Vide Lei nº 9.494, de 1997) [...] CAPÍTULO II DOS EMBARGOS À EXECUÇÃO CONTRA A FAZENDA PÚBLICA (Redação dada pela Lei nº 11.232, de 2005) **Art. 741.** Na execução contra a Fazenda Pública, os embargos só poderão versar sobre: (Redação dada pela Lei nº 11.232, de 2005) I – falta ou nulidade da citação, se o processo correu à revelia; (Redação dada pela Lei nº 11.232, de 2005) II - inexigibilidade do título; III - ilegitimidade das partes; IV - cumulação indevida de execuções; V – excesso de execução; (Redação dada pela Lei nº 11.232, de 2005) VI – qualquer causa impeditiva, modificativa ou extintiva da obrigação, como pagamento, novação, compensação, transação ou prescrição, desde que superveniente à sentença; (Redação dada pela Lei nº 11.232, de 2005) VII - incompetência do juízo da execução, bem como suspeição ou impedimento do juiz. Parágrafo único. Para efeito do disposto no inciso II do caput deste artigo, considera-se também inexigível o título judicial fundado em lei ou ato normativo declarados inconstitucionais pelo Supremo Tribunal Federal, ou fundado em aplicação ou interpretação da lei ou ato normativo tidas pelo Supremo Tribunal Federal como incompatíveis com a Constituição Federal. (Redação pela Lei nº 11.232, de 2005)

§ 6º No caso do § 5º, os efeitos da decisão do Supremo Tribunal Federal poderão ser modulados no tempo, de modo a favorecer a segurança jurídica. § 7º A decisão do Supremo Tribunal Federal referida no § 5º deve ter sido proferida antes do trânsito em julgado da decisão exequenda. § 8º Se a decisão referida no § 5º for proferida após o trânsito em julgado da decisão exequenda, caberá ação rescisória, cujo prazo será contado do trânsito em julgado da decisão proferida pelo Supremo Tribunal Federal.	**Art. 742**. Será oferecida, juntamente com os embargos, a exceção de incompetência do juízo, bem como a de suspeição ou de impedimento do juiz. **Art. 743.** Há excesso de execução: I - quando o credor pleiteia quantia superior à do título; II - quando recai sobre coisa diversa daquela declarada no título; III - quando se processa de modo diferente do que foi determinado na sentença; IV - quando o credor, sem cumprir a prestação que lhe corresponde, exige o adimplemento da do devedor (art. 582); V - se o credor não provar que a condição se realizou.

A redação do artigo 535 do novo diploma, aperfeiçoando os artigos 730 e 741, ambos do CPC/73, trata da legitimidade da Fazenda Pública para apresentar impugnação ao cumprimento de sentença quando se tratar de título executivo judicial, listando, em seus incisos, as matérias que poderão ser arguidas em sua defesa, incluindo a incompetência tanto absoluta como relativa do juízo. Utiliza-se o prazo de 30 (trinta) dias para o oferecimento de impugnação e, de acordo com a boa técnica, a legislação utiliza a expressão "intimada" para o cumprimento de sentença.

Merece destaque que o legislador atentou para a inexigibilidade obrigacional oriunda de título executivo judicial fundado em lei ou ato normativo considerados inconstitucionais pelo Supremo Tribunal Federal, ou fundado em aplicação ou interpretação da lei ou ato normativo tidos pelo Supremo Tribunal Federal como incompatíveis com a Constituição Federal em controle de constitucionalidade concentrado ou difuso. Se a decisão for proferida após o trânsito em julgado do título exequendo, caberá ação rescisória, cujo prazo será contado do trânsito em julgado da decisão proferida pelo Supremo Tribunal Federal.

NOVO CÓDIGO DE PROCESSO CIVIL	CÓDIGO DE PROCESSO CIVIL DE 1973
CAPÍTULO VI DO CUMPRIMENTO DE SENTENÇA QUE RECONHEÇA A EXIGIBILIDADE DE OBRIGAÇÃO DE FAZER, DE NÃO FAZER OU DE ENTREGAR COISA **Seção I** **Do Cumprimento de Sentença que Reconheça a Exigibilidade de Obrigação de Fazer ou de Não Fazer** **Art. 536.** No cumprimento de sentença que reconheça a exigibilidade de obrigação de fazer ou de não fazer, o juiz poderá, de ofício ou a requerimento, para a efetivação da tutela específica ou a obtenção de tutela pelo resultado prático equivalente, determinar as medidas necessárias à satisfação do exequente. § 1º Para atender ao disposto no caput, o juiz poderá determinar, entre outras medidas, a imposição de multa, a busca e apreensão, a remoção de pessoas e coisas, o desfazimento de obras e o impedimento de atividade nociva, podendo, caso necessário, requisitar o auxílio de força policial. § 2º O mandado de busca e apreensão de pessoas e coisas será cumprido por 2 (dois) oficiais de justiça, observando-se o disposto no art. 846, §§ 1º a 4º, se houver necessidade de arrombamento. § 3º O executado incidirá nas penas de litigância de má-fé quando injustificadamente descumprir a ordem judicial, sem prejuízo de sua responsabilização por crime de desobediência. § 4º No cumprimento de sentença que reconheça a exigibilidade de obrigação de fazer ou de não fazer, aplica-se o art. 525, no que couber. § 5º O disposto neste artigo aplica-se, no que couber, ao cumprimento de sentença que reconheça deveres de fazer e de não fazer de natureza não obrigacional.	Seção I Dos Requisitos e dos Efeitos da Sentença **Art. 461.** Na ação que tenha por objeto o cumprimento de obrigação de fazer ou não fazer, o juiz concederá a tutela específica da obrigação ou, se procedente o pedido, determinará providências que assegurem o resultado prático equivalente ao do adimplemento. (Redação dada pela Lei nº 8.952, de 13.12.1994) § 1° A obrigação somente se converterá em perdas e danos se o autor o requerer ou se impossível a tutela específica ou a obtenção do resultado prático correspondente. (Incluído pela Lei nº 8.952, de 13.12.1994) § 2° A indenização por perdas e danos dar-se-á sem prejuízo da multa (art. 287). (Incluído pela Lei nº 8.952, de 13.12.1994) § 3° Sendo relevante o fundamento da demanda e havendo justificado receio de ineficácia do provimento final, é lícito ao juiz conceder a tutela liminarmente ou mediante justificação prévia, citado o réu. A medida liminar poderá ser revogada ou modificada, a qualquer tempo, em decisão fundamentada. (Incluído pela Lei nº 8.952, de 13.12.1994) § 4° O juiz poderá, na hipótese do parágrafo anterior ou na sentença, impor multa diária ao réu, independentemente de pedido do autor, se for suficiente ou compatível com a obrigação, fixando-lhe prazo razoável para o cumprimento do preceito. (Incluído pela Lei nº 8.952, de 13.12.1994) § 5° Para a efetivação da tutela específica ou a obtenção do resultado prático equivalente, poderá o juiz, de ofício ou a requerimento, determinar as medidas necessárias, tais como a imposição de multa por tempo de atraso, busca e apreensão, remoção de pessoas e coisas, desfazimento de obras e impedimento de atividade nociva, se necessário com requisição de força policial. (Redação dada pela Lei nº 10.444, de 7.5.2002) § 6° O juiz poderá, de ofício, modificar o valor ou a periodicidade da multa, caso verifique que se tornou insuficiente ou excessiva. (Incluído pela Lei nº 10.444, de 7.5.2002)

A redação do artigo 536 do NCPC, referente ao cumprimento da sentença que reconheça a exigibilidade de obrigação de fazer ou não fazer, foi melhorada em relação ao artigo 461 do CPC/73. Foram acrescidos parágrafos referentes ao cumprimento do mandado de busca e apreensão e a determinação da aplicação da pena de litigância de má-fé quando o executado injustificadamente descumprir ordem judicial, sem prejuízo de sua responsabilização por crime de desobediência. Vislumbra-se nítida preocupação do legislador em conferir ao exequente a tutela específica.

NOVO CÓDIGO DE PROCESSO CIVIL	CÓDIGO DE PROCESSO CIVIL DE 1973
Art. 537. A multa independe de requerimento da parte e poderá ser aplicada na fase de conhecimento, em tutela provisória ou na sentença, ou na fase de execução, desde que seja suficiente e compatível com a obrigação e que se determine prazo razoável para cumprimento do preceito. § 1º O juiz poderá, de ofício ou a requerimento, modificar o valor ou a periodicidade da multa vincenda ou excluí-la, caso verifique que: I - se tornou insuficiente ou excessiva; II - o obrigado demonstrou cumprimento parcial superveniente da obrigação ou justa causa para o descumprimento. § 2º O valor da multa será devido ao exequente. § 3º ~~A decisão que fixa a multa é passível de cumprimento provisório, devendo ser depositada em juízo, permitido o levantamento do valor após o trânsito em julgado da sentença favorável à parte ou na pendência do agravo fundado nos incisos II ou III do art. 1.042.~~ § 3º A decisão que fixa a multa é passível de cumprimento provisório, devendo ser depositada em juízo, permitido o levantamento do valor após o trânsito em julgado da sentença favorável à parte. (Redação dada pela Lei nº 13.256/2016) § 4º A multa será devida desde o dia em que se configurar o descumprimento da decisão e incidirá enquanto não for cumprida a decisão que a tiver cominado. § 5º O disposto neste artigo aplica-se, no que couber, ao cumprimento de sentença que reconheça deveres de fazer e de não fazer de natureza não obrigacional.	**Art. 461.** [...] § 4º O juiz poderá, na hipótese do parágrafo anterior ou na sentença, impor multa diária ao réu, independentemente de pedido do autor, se for suficiente ou compatível com a obrigação, fixando-lhe prazo razoável para o cumprimento do preceito. (Incluído pela Lei nº 8.952, de 13.12.1994) [...] § 6º O juiz poderá, de ofício, modificar o valor ou a periodicidade da multa, caso verifique que se tornou insuficiente ou excessiva. (Incluído pela Lei nº 10.444, de 7.5.2002)

Observa-se que o artigo 537 do novo diploma assemelha-se à redação do artigo 461, §§ 4º e 6º do CPC/73, ressaltando a aplicação da multa periódica independentemente do requerimento da parte, podendo esta ser concedida na fase de conhecimento, em tutela provisória ou na sentença.

No NCPC, o legislador só fez menção à possibilidade de modificar o valor ou a periodicidade da multa vincenda ou excluí-la para o caso de se tornar insuficiente ou excessiva, havendo sido acrescidas na nova redação outras situações que deverão ser consideradas pelo executado, tais como: o obrigado demonstrar cumprimento parcial superveniente da obrigação ou justa causa para o descumprimento, que o valor da multa será devido ao exequente, e, ainda, que o cumprimento definitivo da multa depende do trânsito em julgado da sentença favorável à parte.

A multa será devida desde o dia em que se houver configurado o descumprimento da decisão e incidirá enquanto não for cumprida a decisão que a tiver cominado, conforme prevê o § 4º do artigo 537.

O § 3º do artigo 537, alterado pela Lei nº 13.256/16, permite o cumprimento provisório da decisão que fixar a multa, mas somente poderá ocorrer o levantamento do valor da multa após o trânsito em julgado da sentença favorável à parte.

Na redação originária do referido parágrafo, esse levantamento também poderia ocorrer na pendência de agravo em recurso especial ou extraordinário, mas apenas nas hipóteses previstas nos incisos II e III do artigo 1.042. Esse artigo também restou alterado pela Lei nº 13.256/16 prevendo o cabimento do mencionado agravo para os casos de não conhecimento dos recursos excepcionais por decisão dos tribunais de origem em hipóteses de juízo negativo de admissibilidade, salvo quando fundada na aplicação de entendimento firmado em regime de repercussão geral ou em julgamento de recursos repetitivos, haja vista que a referida lei restaurou a competência para o juízo de admissibilidade desses recursos para esses tribunais, tal qual o CPC/73 estabelecia.[5]

Restaurado esse quadro, que traz hipóteses muito mais amplas de cabimento de agravo em recurso especial ou extraordinário, o legislador achou por bem não permitir o levantamento de valores depositados em execução provisória de multa na pendência dessa espécie de agravo, permitindo apenas após o trânsito em julgado.

Permite-se o cumprimento provisório da decisão que fixar a multa, quando for o caso, mas somente poderá ocorrer o levantamento do valor da multa após o trânsito em julgado da sentença favorável à parte ou na pendência do agravo de admissão.

5 Para maiores esclarecimentos acerca das alterações trazidas pela Lei nº 13.256/16 referentes ao juízo de admissibilidade dos recursos excepcionais, remetemos o leitor aos comentários dos artigos 1.030 e 1.042 desta obra.

NOVO CÓDIGO DE PROCESSO CIVIL	CÓDIGO DE PROCESSO CIVIL DE 1973
Seção II **Do Cumprimento de Sentença que Reconheça a Exigibilidade de Obrigação de Entregar Coisa** **Art. 538.** Não cumprida a obrigação de entregar coisa no prazo estabelecido na sentença, será expedido mandado de busca e apreensão ou de imissão na posse em favor do credor, conforme se tratar de coisa móvel ou imóvel. § 1º A existência de benfeitorias deve ser alegada na fase de conhecimento, em contestação, de forma discriminada e com atribuição, sempre que possível e justificadamente, do respectivo valor. § 2º O direito de retenção por benfeitorias deve ser exercido na contestação, na fase de conhecimento. § 3º Aplicam-se ao procedimento previsto neste artigo, no que couber, as disposições sobre o cumprimento de obrigação de fazer ou de não fazer.	**Art. 461-A.** Na ação que tenha por objeto a entrega de coisa, o juiz, ao conceder a tutela específica, fixará o prazo para o cumprimento da obrigação. (Incluído pela Lei nº 10.444, de 7.5.2002) § 1° Tratando-se de entrega de coisa determinada pelo gênero e quantidade, o credor a individualizará na petição inicial, se lhe couber a escolha; cabendo ao devedor escolher, este a entregará individualizada, no prazo fixado pelo juiz. (Incluído pela Lei nº 10.444, de 7.5.2002) § 2° Não cumprida a obrigação no prazo estabelecido, expedir-se-á em favor do credor mandado de busca e apreensão ou de imissão na posse, conforme se tratar de coisa móvel ou imóvel. (Incluído pela Lei nº 10.444, de 7.5.2002) § 3° Aplica-se à ação prevista neste artigo o disposto nos §§ 1° a 6° do art. 461.(Incluído pela Lei nº 10.444, de 7.5.2002)

A redação do artigo 538 se assemelha à do artigo 461-A, §§ 2º e 3º. Porém, o legislador poderia ter fixado prazo legal para cumprimento da obrigação, e não deixar ao arbítrio do juízo. No mais, observa-se que, no que couber, serão aplicadas as disposições das obrigações de fazer e de não fazer.

NOTAS AOS ARTIGOS 539 A 598

Yanna Fernandes Amorim

NOVO CÓDIGO DE PROCESSO CIVIL	CÓDIGO DE PROCESSO CIVIL DE 1973
TÍTULO III DOS PROCEDIMENTOS ESPECIAIS CAPÍTULO I DA AÇÃO DE CONSIGNAÇÃO EM PAGAMENTO	LIVRO IV DOS PROCEDIMENTOS ESPECIAIS TÍTULO I DOS PROCEDIMENTOS ESPECIAIS DE JURISDIÇÃO CONTENCIOSA CAPÍTULO I DA AÇÃO DE CONSIGNAÇÃO EM PAGAMENTO
Art. 539. Nos casos previstos em lei, poderá o devedor ou terceiro requerer, com efeito de pagamento, a consignação da quantia ou da coisa devida. § 1º Tratando-se de obrigação em dinheiro, poderá o valor ser depositado em estabelecimento bancário, oficial onde houver, situado no lugar do pagamento, cientificando-se o credor por carta com aviso de recebimento, assinado o prazo de 10 (dez) dias para a manifestação de recusa. § 2º Decorrido o prazo do § 1º, contado do retorno do aviso de recebimento, sem a manifestação de recusa, considerar-se-á o devedor liberado da obrigação, ficando à disposição do credor a quantia depositada. § 3º Ocorrendo a recusa, manifestada por escrito ao estabelecimento bancário, poderá ser proposta, dentro de 1 (um) mês, a ação de consignação, instruindo-se a inicial com a prova do depósito e da recusa. § 4º Não proposta a ação no prazo do § 3º, ficará sem efeito o depósito, podendo levantá-lo o depositante.	**Art. 890.** Nos casos previstos em lei, poderá o devedor ou terceiro requerer, com efeito de pagamento, a consignação da quantia ou da coisa devida. § 1° Tratando-se de obrigação em dinheiro, poderá o devedor ou terceiro optar pelo depósito da quantia devida, em estabelecimento bancário, oficial onde houver, situado no lugar do pagamento, em conta com correção monetária, cientificando-se o credor por carta com aviso de recepção, assinado o prazo de 10 (dez) dias para a manifestação de recusa. (Incluído pela Lei nº 8.951, de 13.12.1994) § 2° Decorrido o prazo referido no parágrafo anterior, sem a manifestação de recusa, reputar-se-á o devedor liberado da obrigação, ficando à disposição do credor a quantia depositada. (Incluído pela Lei nº 8.951, de 13.12.1994) § 3° Ocorrendo a recusa, manifestada por escrito ao estabelecimento bancário, o devedor ou terceiro poderá propor, dentro de 30 (trinta) dias, a ação de consignação, instruindo a inicial com a prova do depósito e da recusa. (Incluído pela Lei nº 8.951, de 13.12.1994) § 4° Não proposta a ação no prazo do parágrafo anterior, ficará sem efeito o depósito, podendo levantá-lo o depositante. (Incluído pela Lei nº 8.951, de 13.12.1994)

Tratando da consignação em pagamento, o artigo 539 do NCPC mantém a previsão do *caput* do artigo 890 do CPC/73, relativa à legitimidade e ao objeto da consignação em pagamento judicial.

O parágrafo primeiro do artigo 539 reproduz o teor do artigo 890, §1º do CPC/73 sobre a consignação extrajudicial. Destaque-se, porém, que chama a atenção, ainda no parágrafo primeiro da nova legislação, a supressão da previsão de que a conta em que o depósito é feito tenha correção monetária.

Os parágrafos segundo, terceiro e quarto são mera reprodução do teor dos parágrafos segundo, terceiro e quarto do artigo 890 do CPC/73, apenas havendo uma alteração redacional no parágrafo terceiro do NCPC, que dispõe o prazo para ajuizamento da ação de consignação em pagamento, quando for precedida de consignação extrajudicial, será de um mês.

NOVO CÓDIGO DE PROCESSO CIVIL	CÓDIGO DE PROCESSO CIVIL DE 1973
Art. 540. Requerer-se-á a consignação no lugar do pagamento, cessando para o devedor, à data do depósito, os juros e os riscos, salvo se a demanda for julgada improcedente.	**Art. 891.** Requerer-se-á a consignação no lugar do pagamento, cessando para o devedor, tanto que se efetue o depósito, os juros e os riscos, salvo se for julgada improcedente. Parágrafo único. Quando a coisa devida for corpo que deva ser entregue no lugar em que está, poderá o devedor requerer a consignação no foro em que ela se encontra.

Sem reproduzir a previsão do parágrafo único do artigo 891 do CPC/73, o novo diploma aborda os efeitos da consignação para o devedor e o lugar de sua realização.

NOVO CÓDIGO DE PROCESSO CIVIL	CÓDIGO DE PROCESSO CIVIL DE 1973
Art. 541. Tratando-se de prestações sucessivas, consignada uma delas, pode o devedor continuar a depositar, no mesmo processo e sem mais formalidades, as que se forem vencendo, desde que o faça em até 5 (cinco) dias contados da data do respectivo vencimento.	**Art. 892.** Tratando-se de prestações periódicas, uma vez consignada a primeira, pode o devedor continuar a consignar, no mesmo processo e sem mais formalidades, as que se forem vencendo, desde que os depósitos sejam efetuados até 5 (cinco) dias, contados da data do vencimento.

A alteração é de denominação, de prestações periódicas para prestações sucessivas, mantento-se, no mais, incólume a regra.

NOVO CÓDIGO DE PROCESSO CIVIL	CÓDIGO DE PROCESSO CIVIL DE 1973
Art. 542. Na petição inicial, o autor requererá: I - o depósito da quantia ou da coisa devida, a ser efetivado no prazo de 5 (cinco) dias contados do deferimento, ressalvada a hipótese do art. 539, § 3º; II - a citação do réu para levantar o depósito ou oferecer contestação. Parágrafo único. Não realizado o depósito no prazo do inciso I, o processo será extinto sem resolução do mérito.	**Art. 893.** O autor, na petição inicial, requererá: (Redação dada pela Lei nº 8.951, de 13.12.1994) I - o depósito da quantia ou da coisa devida, a ser efetivado no prazo de 5 (cinco) dias contados do deferimento, ressalvada a hipótese do § 3º do art. 890; (Incluído pela Lei nº 8.951, de 13.12.1994) II - a citação do réu para levantar o depósito ou oferecer resposta. (Incluído pela Lei nº 8.951, de 13.12.1994)

O artigo 542 do NCPC trata da petição inicial na ação de consignação em pagamento e, conforme previsão do parágrafo único, o processo será extinto sem resolução do mérito caso o depósito não seja realizado no prazo de 5 (cinco) dias, a contar do deferimento da petição inicial, salvo se a consignação judicial for precedida de depósito extrajudicial, tema regulamentado pelo artigo 539 do NCPC.

NOVO CÓDIGO DE PROCESSO CIVIL	CÓDIGO DE PROCESSO CIVIL DE 1973
Art. 543. Se o objeto da prestação for coisa indeterminada e a escolha couber ao credor, será este citado para exercer o direito dentro de 5 (cinco) dias, se outro prazo não constar de lei ou do contrato, ou para aceitar que o devedor a faça, devendo o juiz, ao despachar a petição inicial, fixar lugar, dia e hora em que se fará a entrega, sob pena de depósito.	**Art. 894.** Se o objeto da prestação for coisa indeterminada e a escolha couber ao credor, será este citado para exercer o direito dentro de 5 (cinco) dias, se outro prazo não constar de lei ou do contrato, ou para aceitar que o devedor o faça, devendo o juiz, ao despachar a petição inicial, fixar lugar, dia e hora em que se fará a entrega, sob pena de depósito.

Fica mantida a disposição do artigo 894 do CPC/73, que trata da consignação de coisa cuja escolha caiba ao credor .

NOVO CÓDIGO DE PROCESSO CIVIL	CÓDIGO DE PROCESSO CIVIL DE 1973
Art. 544. Na contestação, o réu poderá alegar que: I - não houve recusa ou mora em receber a quantia ou a coisa devida; II - foi justa a recusa; III - o depósito não se efetuou no prazo ou no lugar do pagamento; IV - o depósito não é integral. Parágrafo único. No caso do inciso IV, a alegação somente será admissível se o réu indicar o montante que entende devido.	**Art. 896.** Na contestação, o réu poderá alegar que: (Redação dada pela Lei nº 8.951, de 13.12.1994) I - não houve recusa ou mora em receber a quantia ou coisa devida; II - foi justa a recusa; III - o depósito não se efetuou no prazo ou no lugar do pagamento; IV - o depósito não é integral. Parágrafo único. No caso do inciso IV, a alegação será admissível se o réu indicar o montante que entende devido. (Incluído pela Lei nº 8.951, de 13.12.1994)

O artigo 544 trata das matérias de defesa que podem ser alegadas pelo réu na ação de consignação em pagamento, apenas reproduzindo o teor do artigo 896 do CPC/73.

NOVO CÓDIGO DE PROCESSO CIVIL	CÓDIGO DE PROCESSO CIVIL DE 1973
Art. 545. Alegada a insuficiência do depósito, é lícito ao autor completá-lo, em 10 (dez) dias, salvo se corresponder a prestação cujo inadimplemento acarrete a rescisão do contrato.	**Art. 899.** Quando na contestação o réu alegar que o depósito não é integral, é lícito ao autor completá-lo, dentro em 10 (dez) dias, salvo se corresponder a prestação, cujo inadimplemento acarrete a rescisão do contrato.

§ 1º No caso do caput, poderá o réu levantar, desde logo, a quantia ou a coisa depositada, com a consequente liberação parcial do autor, prosseguindo o processo quanto à parcela controvertida. § 2º A sentença que concluir pela insuficiência do depósito determinará, sempre que possível, o montante devido e valerá como título executivo, facultado ao credor promover-lhe o cumprimento nos mesmos autos, após liquidação, se necessária.	§ 1º Alegada a insuficiência do depósito, poderá o réu levantar, desde logo, a quantia ou a coisa depositada, com a conseqüente liberação parcial do autor, prosseguindo o processo quanto à parcela controvertida. (Incluído pela Lei nº 8.951, de 13.12.1994) § 2º A sentença que concluir pela insuficiência do depósito determinará, sempre que possível, o montante devido, e, neste caso, valerá como título executivo, facultado ao credor promover-lhe a execução nos mesmos autos. (Incluído pela Lei nº 8.951, de 13.12.1994)

O referido artigo reproduz o teor do artigo 899 do CPC/73, tratando das consequências da alegação de insuficiência do depósito, com a possibilidade do autor complementá-lo e a viabilidade do processo prosseguir para cobrar a diferença, apurando-se, se for o caso, mediante prévia liquidação.

NOVO CÓDIGO DE PROCESSO CIVIL	CÓDIGO DE PROCESSO CIVIL DE 1973
Art. 546. Julgado procedente o pedido, o juiz declarará extinta a obrigação e condenará o réu ao pagamento de custas e honorários advocatícios. Parágrafo único. Proceder-se-á do mesmo modo se o credor receber e der quitação.	**Art. 897.** Não oferecida a contestação, e ocorrentes os efeitos da revelia, o juiz julgará procedente o pedido, declarará extinta a obrigação e condenará o réu nas custas e honorários advocatícios. (Redação dada pela Lei nº 8.951, de 13.12.1994) Parágrafo único. Proceder-se-á do mesmo modo se o credor receber e der quitação.

A redação do *caput* do artigo 546 do NCPC foi modificada para trazer uma escrita mais técnica, regulando os efeitos da sentença que acolhe o pedido do autor ou de reconhecimento jurídico do pedido.

NOVO CÓDIGO DE PROCESSO CIVIL	CÓDIGO DE PROCESSO CIVIL DE 1973
Art. 547. Se ocorrer dúvida sobre quem deva legitimamente receber o pagamento, o autor requererá o depósito e a citação dos possíveis titulares do crédito para provarem o seu direito.	**Art. 895.** Se ocorrer dúvida sobre quem deva legitimamente receber o pagamento, o autor requererá o depósito e a citação dos que o disputam para provarem o seu direito.

O novo Código reproduziu a situação prevista pelo artigo 895 do Código de Processo Civil de 1973 sobre o procedimento em caso de dúvida quanto ao credor.

NOVO CÓDIGO DE PROCESSO CIVIL	CÓDIGO DE PROCESSO CIVIL DE 1973
Art. 548. No caso do art. 547: I - não comparecendo pretendente algum, converter-se-á o depósito em arrecadação de coisas vagas; II - comparecendo apenas um, o juiz decidirá de plano; III - comparecendo mais de um, o juiz declarará efetuado o depósito e extinta a obrigação, continuando o processo a correr unicamente entre os presuntivos credores, observado o procedimento comum.	**Art. 898.** Quando a consignação se fundar em dúvida sobre quem deva legitimamente receber, não comparecendo nenhum pretendente, converter-se-á o depósito em arrecadação de bens de ausentes; comparecendo apenas um, o juiz decidirá de plano; comparecendo mais de um, o juiz declarará efetuado o depósito e extinta a obrigação, continuando o processo a correr unicamente entre os credores; caso em que se observará o procedimento ordinário.

Houve apenas a melhoria na estrutura e na redação do artigo 898 do CPC/73 sobre o procedimento da consignação em pagamento em relação à dúvida quanto ao credor.

NOVO CÓDIGO DE PROCESSO CIVIL	CÓDIGO DE PROCESSO CIVIL DE 1973
Art. 549. Aplica-se o procedimento estabelecido neste Capítulo, no que couber, ao resgate do aforamento.	**Art. 900.** Aplica-se o procedimento estabelecido neste Capítulo, no que couber, ao resgate do aforamento. (Redação dada pela Lei nº 5.925, de 1º.10.1973)

O novo Código reproduz o artigo 900 do CPC/73, relativo à aplicação subsidiária das regras da consignação em pagamento ao resgate de aforamento.

NOVO CÓDIGO DE PROCESSO CIVIL	CÓDIGO DE PROCESSO CIVIL DE 1973
CAPÍTULO II DA AÇÃO DE EXIGIR CONTAS **Art. 550.** Aquele que afirmar ser titular do direito de exigir contas requererá a citação do réu para que as preste ou ofereça contestação no prazo de 15 (quinze) dias. § 1º Na petição inicial, o autor especificará, detalhadamente, as razões pelas quais exige as contas, instruindo-a com documentos comprobatórios dessa necessidade, se existirem. § 2º Prestadas as contas, o autor terá 15 (quinze) dias para se manifestar, prosseguindo-se o processo na forma do Capítulo X do Título I deste Livro.	CAPÍTULO IV DA AÇÃO DE PRESTAÇÃO DE CONTAS **Art. 915**. Aquele que pretender exigir a prestação de contas requererá a citação do réu para, no prazo de 5 (cinco) dias, as apresentar ou contestar a ação. § 1º Prestadas as contas, terá o autor 5 (cinco) dias para dizer sobre elas; havendo necessidade de produzir provas, o juiz designará audiência de instrução e julgamento; em caso contrário, proferirá desde logo a sentença.

§ 3º A impugnação das contas apresentadas pelo réu deverá ser fundamentada e específica, com referência expressa ao lançamento questionado. § 4º Se o réu não contestar o pedido, observar-se-á o disposto no art. 355. § 5º A decisão que julgar procedente o pedido condenará o réu a prestar as contas no prazo de 15 (quinze) dias, sob pena de não lhe ser lícito impugnar as que o autor apresentar. § 6º Se o réu apresentar as contas no prazo previsto no § 5º, seguir-se-á o procedimento do § 2º, caso contrário, o autor apresentá-las-á no prazo de 15 (quinze) dias, podendo o juiz determinar a realização de exame pericial, se necessário.	§ 2º Se o réu não contestar a ação ou não negar a obrigação de prestar contas, observar-se-á o disposto no art. 330; a sentença, que julgar procedente a ação, condenará o réu a prestar as contas no prazo de 48 (quarenta e oito) horas, sob pena de não lhe ser lícito impugnar as que o autor apresentar. § 3º Se o réu apresentar as contas dentro do prazo estabelecido no parágrafo anterior, seguir-se-á o procedimento do § 1º deste artigo; em caso contrário, apresentá-las-á o autor dentro em 10 (dez) dias, sendo as contas julgadas segundo o prudente arbítrio do juiz, que poderá determinar, se necessário, a realização do exame pericial contábil.

A "ação de prestação de contas" prevista no CPC/73 tanto nas modalidades ativa (ação de exigir contas) como passiva (ação de dar contas), é retratada pelo CPC/2015 apenas na modalidade de exigir contas. A petição inicial deverá trazer a especificação das razões pelos quais se exige a prestação de contas, com documentos comprobatórios, como forma de se verificar o interesse de agir.

Ocorre, ainda, uma alteração no prazo se comparada a previsão do NCPC com o CPC/73: o novo Código realiza uma unificação em 15 (quinze) dias. Neste sentido, o réu será citado para, no prazo de 15 (quinze) dias, apresentar as contas ou contestar, e o autor terá o mesmo prazo para se manifestar sobre as contas apresentadas, bem como a sentença que condenar a prestar contas determinará sua apresentação no prazo de 15 (quinze) dias.

NOVO CÓDIGO DE PROCESSO CIVIL	CÓDIGO DE PROCESSO CIVIL DE 1973
Art. 551. As contas do réu serão apresentadas na forma adequada, especificando-se as receitas, a aplicação das despesas e os investimentos, se houver. § 1º Havendo impugnação específica e fundamentada pelo autor, o juiz estabelecerá prazo razoável para que o réu apresente os documentos justificativos dos lançamentos individualmente impugnados. § 2º As contas do autor, para os fins do art. 550, § 5º, serão apresentadas na forma adequada, já instruídas com os documentos justificativos, especificando-se as receitas, a aplicação das despesas e os investimentos, se houver, bem como o respectivo saldo.	**Art. 917.** As contas, assim do autor como do réu, serão apresentadas em forma mercantil, especificando-se as receitas e a aplicação das despesas, bem como o respectivo saldo; e serão instruídas com os documentos justificativos.

As contas, assim do autor como do réu, devem ser apresentadas na forma adequada, que era referida pelo CPC/73 como na forma mercantil ou contábil, especificando-se as receitas, a aplicação das despesas e os investimentos, se houver, sendo que nas contas do autor exige-se, também, a especificação do respectivo saldo. Estabelece o Código, ainda, que, no caso de impugnação específica e fundamentada pelo autor, deve ser estabelecido pelo juiz prazo razoável, para que o réu apresente os documentos justificativos dos lançamentos individualmente impugnados.

NOVO CÓDIGO DE PROCESSO CIVIL	CÓDIGO DE PROCESSO CIVIL DE 1973
Art. 552. A sentença apurará o saldo e constituirá título executivo judicial.	**Art. 918.** O saldo credor declarado na sentença poderá ser cobrado em execução forçada.

O novo Código manteve a previsão já existente no CPC/73, no sentido de que a sentença apurará o saldo e constituirá título executivo judicial.

NOVO CÓDIGO DE PROCESSO CIVIL	CÓDIGO DE PROCESSO CIVIL DE 1973
Art. 553. As contas do inventariante, do tutor, do curador, do depositário e de qualquer outro administrador serão prestadas em apenso aos autos do processo em que tiver sido nomeado. Parágrafo único. Se qualquer dos referidos no caput for condenado a pagar o saldo e não o fizer no prazo legal, o juiz poderá destituí-lo, sequestrar os bens sob sua guarda, glosar o prêmio ou a gratificação a que teria direito e determinar as medidas executivas necessárias à recomposição do prejuízo.	**Art. 919.** As contas do inventariante, do tutor, do curador, do depositário e de outro qualquer administrador serão prestadas em apenso aos autos do processo em que tiver sido nomeado. Sendo condenado a pagar o saldo e não o fazendo no prazo legal, o juiz poderá destituí-lo, sequestrar os bens sob sua guarda e glosar o prêmio ou gratificação a que teria direito.

Tratando do dever que determinados profissionais possuem de prestar contas, em apenso nos autos em que forem nomeados, o artigo 553 do NCPC reproduz o teor do artigo 919 do CPC/73.

NOVO CÓDIGO DE PROCESSO CIVIL	CÓDIGO DE PROCESSO CIVIL DE 1973
CAPÍTULO III DAS AÇÕES POSSESSÓRIAS **Seção I** **Disposições Gerais** **Art. 554.** A propositura de uma ação possessória em vez de outra não obstará a que o juiz conheça do pedido e outorgue a proteção legal correspondente àquela cujos pressupostos estejam provados.	CAPÍTULO V DAS AÇÕES POSSESSÓRIAS Seção I Das Disposições Gerais **Art. 920.** A propositura de uma ação possessória em vez de outra não obstará a que o juiz conheça do pedido e outorgue a proteção legal correspondente àquela, cujos requisitos estejam provados.

§ 1º No caso de ação possessória em que figure no polo passivo grande número de pessoas, serão feitas a citação pessoal dos ocupantes que forem encontrados no local e a citação por edital dos demais, determinando-se, ainda, a intimação do Ministério Público e, se envolver pessoas em situação de hipossuficiência econômica, da Defensoria Pública. § 2º Para fim da citação pessoal prevista no § 1º, o oficial de justiça procurará os ocupantes no local por uma vez, citando-se por edital os que não forem encontrados. § 3º O juiz deverá determinar que se dê ampla publicidade da existência da ação prevista no § 1º e dos respectivos prazos processuais, podendo, para tanto, valer-se de anúncios em jornal ou rádio locais, da publicação de cartazes na região do conflito e de outros meios.	

O NCPC mantém a previsão do artigo 920 do CPC/73, em relação à fungibilidade nas ações possessórias. Em seu parágrafo primeiro, trata da situação do esbulho, da turbação ou da ameaça ter sido praticada por um grande número de pessoas, prevendo a citação pessoal dos ocupantes que forem encontrados no local e a citação por edital dos demais, além da intimação do Ministério Público, na qualidade de fiscal da ordem jurídica, e da atuação da Defensoria Pública, se no grupo houver hipossuficientes. O parágrafo segundo prevê que, se não forem encontrados no local os que tiverem a citação real requerida, serão citados por edital e, por fim, o parágrafo terceiro dispõe sobre a publicidade das ações possessórias.

NOVO CÓDIGO DE PROCESSO CIVIL	CÓDIGO DE PROCESSO CIVIL DE 1973
Art. 555. É lícito ao autor cumular ao pedido possessório o de: I - condenação em perdas e danos; II - indenização dos frutos. Parágrafo único. Pode o autor requerer, ainda, imposição de medida necessária e adequada para: I - evitar nova turbação ou esbulho; II - cumprir-se a tutela provisória ou final.	**Art. 921.** É lícito ao autor cumular ao pedido possessório o de: I - condenação em perdas e danos; II - cominação de pena para caso de nova turbação ou esbulho; III - desfazimento de construção ou plantação feita em detrimento de sua posse.

Com teor semelhante ao artigo 921 do CPC/73, o artigo 555 do Código prevê a possibilidade de cumulação de pedidos na ação possessória, tratando, no *caput,* da condenação em perdas e danos e da indenização por frutos e, no parágrafo único, da questão possessória.

NOVO CÓDIGO DE PROCESSO CIVIL	CÓDIGO DE PROCESSO CIVIL DE 1973
Art. 556. É lícito ao réu, na contestação, alegando que foi o ofendido em sua posse, demandar a proteção possessória e a indenização pelos prejuízos resultantes da turbação ou do esbulho cometido pelo autor.	**Art. 922.** É lícito ao réu, na contestação, alegando que foi o ofendido em sua posse, demandar a proteção possessória e a indenização pelos prejuízos resultantes da turbação ou do esbulho cometido pelo autor.

O artigo 556 reproduz o teor do artigo 922 do CPC/73, que trata do caráter dúplice das ações possessórias, admitindo que o réu, na própria contestação, além de demandar a proteção possessória, possa requerer a indenização pelos prejuízos resultantes da turbação ou do esbulho cometido pelo autor.

NOVO CÓDIGO DE PROCESSO CIVIL	CÓDIGO DE PROCESSO CIVIL DE 1973
Art. 557. Na pendência de ação possessória é vedado, tanto ao autor quanto ao réu, propor ação de reconhecimento do domínio, exceto se a pretensão for deduzida em face de terceira pessoa. Parágrafo único. Não obsta à manutenção ou à reintegração de posse a alegação de propriedade ou de outro direito sobre a coisa.	**Art. 923.** Na pendência do processo possessório, é defeso, assim ao autor como ao réu, intentar a ação de reconhecimento do domínio. (Redação dada pela Lei nº 6.820, de 16.9.1980)

Mantém-se a previsão da exceção de domínio, reforçando-se, no parágrafo único, que a alegação de propriedade ou de outro direito sobre a coisa não impedirá a proteção possessória. Ressalva-se, porém, ainda no *caput*, a possibilidade de discussão de domínio em face de terceira pessoa.

NOVO CÓDIGO DE PROCESSO CIVIL	CÓDIGO DE PROCESSO CIVIL DE 1973
Art. 558. Regem o procedimento de manutenção e de reintegração de posse as normas da Seção II deste Capítulo quando a ação for proposta dentro de ano e dia da turbação ou do esbulho afirmado na petição inicial. Parágrafo único. Passado o prazo referido no caput, será comum o procedimento, não perdendo, contudo, o caráter possessório.	**Art. 924.** Regem o procedimento de manutenção e de reintegração de posse as normas da seção seguinte, quando intentado dentro de ano e dia da turbação ou do esbulho; passado esse prazo, será ordinário, não perdendo, contudo, o caráter possessório.

Mantendo a previsão do CPC/73, o artigo 558 reproduz regra que existe desde o CPC/39 e já era reproduzida pelo artigo 924 do CPC/73: a posse de força velha, aquela em que o esbulho ou a turbação ocorreu há mais de um ano e um dia e a posse de força nova, quando o esbulho ou a turbação ocorreu há menos de um ano e um dia. No caso de força nova, o procedimento adotado será o especial, aqui tratado. No caso de ação de força velha, o procedimento será o comum.

NOVO CÓDIGO DE PROCESSO CIVIL	CÓDIGO DE PROCESSO CIVIL DE 1973
Art. 559. Se o réu provar, em qualquer tempo, que o autor provisoriamente mantido ou reintegrado na posse carece de idoneidade financeira para, no caso de sucumbência, responder por perdas e danos, o juiz designar-lhe-á o prazo de 5 (cinco) dias para requerer caução, real ou fidejussória, sob pena de ser depositada a coisa litigiosa, ressalvada a impossibilidade da parte economicamente hipossuficiente.	**Art. 925.** Se o réu provar, em qualquer tempo, que o autor provisoriamente mantido ou reintegrado na posse carece de idoneidade financeira para, no caso de decair da ação, responder por perdas e danos, o juiz assinar-lhe-á o prazo de 5 (cinco) dias para requerer caução sob pena de ser depositada a coisa litigiosa.

O artigo 559 do NCPC reproduz o teor do artigo 925 do CPC/73 sobre a caução.

NOVO CÓDIGO DE PROCESSO CIVIL	CÓDIGO DE PROCESSO CIVIL DE 1973
Seção II **Da Manutenção e da Reintegração de Posse** **Art. 560.** O possuidor tem direito a ser mantido na posse em caso de turbação e reintegrado em caso de esbulho.	Seção II Da Manutenção e da Reintegração de Posse **Art. 926.** O possuidor tem direito a ser mantido na posse em caso de turbação e reintegrado no de esbulho.

O Código reproduz a disposição do artigo 926 do CPC/73, que prevê a ação de reintegração de posse, em caso de esbulho, e de manutenção de posse, em caso de turbação, não obstante haja a fungibilidade entre as ações possessórias, devido ao caráter dinâmico da posse.

NOVO CÓDIGO DE PROCESSO CIVIL	CÓDIGO DE PROCESSO CIVIL DE 1973
Art. 561. Incumbe ao autor provar: I - a sua posse; II - a turbação ou o esbulho praticado pelo réu; III - a data da turbação ou do esbulho; IV - a continuação da posse, embora turbada, na ação de manutenção, ou a perda da posse, na ação de reintegração.	**Art. 927.** Incumbe ao autor provar: I - a sua posse; II - a turbação ou o esbulho praticado pelo réu; III - a data da turbação ou do esbulho; IV - a continuação da posse, embora turbada, na ação de manutenção; a perda da posse, na ação de reintegração.

Mera reprodução do artigo 927 do CPC/73, indicando as alegações e provas do autor na petição inicial.

NOVO CÓDIGO DE PROCESSO CIVIL	CÓDIGO DE PROCESSO CIVIL DE 1973
Art. 562. Estando a petição inicial devidamente instruída, o juiz deferirá, sem ouvir o réu, a expedição do mandado liminar de manutenção ou de reintegração, caso contrário, determinará que o autor justifique previamente o alegado, citando-se o réu para comparecer à audiência que for designada. Parágrafo único. Contra as pessoas jurídicas de direito público não será deferida a manutenção ou a reintegração liminar sem prévia audiência dos respectivos representantes judiciais.	**Art. 928.** Estando a petição inicial devidamente instruída, o juiz deferirá, sem ouvir o réu, a expedição do mandado liminar de manutenção ou de reintegração; no caso contrário, determinará que o autor justifique previamente o alegado, citando-se o réu para comparecer à audiência que for designada. Parágrafo único. Contra as pessoas jurídicas de direito público não será deferida a manutenção ou a reintegração liminar sem prévia audiência dos respectivos representantes judiciais.

Reproduzindo o teor do artigo 928 do CPC/73, o artigo 562 trata da proteção liminar da posse ou, se for o caso, da designação da audiência de justificação para o autor comprovar as suas alegações. O parágrafo único veda a proteção liminar contra pessoas jurídicas de direito público sem a prévia oitiva de seus representantes.

NOVO CÓDIGO DE PROCESSO CIVIL	CÓDIGO DE PROCESSO CIVIL DE 1973
Art. 563. Considerada suficiente a justificação, o juiz fará logo expedir mandado de manutenção ou de reintegração.	**Art. 929.** Julgada procedente a justificação, o juiz fará logo expedir mandado de manutenção ou de reintegração.

A alteração constante na redação do referido artigo em relação ao artigo 929 do CPC/73 é apenas para tornar o texto mais técnico, , mantendo-se a previsão da expedição de mandado de proteção possessória.

NOVO CÓDIGO DE PROCESSO CIVIL	CÓDIGO DE PROCESSO CIVIL DE 1973
Art. 564. Concedido ou não o mandado liminar de manutenção ou de reintegração, o autor promoverá, nos 5 (cinco) dias subsequentes, a citação do réu para, querendo, contestar a ação no prazo de 15 (quinze) dias. Parágrafo único. Quando for ordenada a justificação prévia, o prazo para contestar será contado da intimação da decisão que deferir ou não a medida liminar.	**Art. 930.** Concedido ou não o mandado liminar de manutenção ou de reintegração, o autor promoverá, nos 5 (cinco) dias subseqüentes, a citação do réu para contestar a ação. Parágrafo único. Quando for ordenada a justificação prévia (art. 928), o prazo para contestar contar-se-á da intimação do despacho que deferir ou não a medida liminar.

Regulando a citação do réu, com ou sem a audiência de justificação, para a apresentação de contestação, foi inserido, de forma expressa, o prazo de quinze dias para o réu contestar a ação. Além disso, o NCPC substituiuo termo "despacho" a que se referia o CP/73 por "decisão", tendo em vista que se trata de decisão interlocutória, e não de despacho, aquela que defere ou não a medida liminar.

NOVO CÓDIGO DE PROCESSO CIVIL	CÓDIGO DE PROCESSO CIVIL DE 1973
Art. 565. No litígio coletivo pela posse de imóvel, quando o esbulho ou a turbação afirmado na petição inicial houver ocorrido há mais de ano e dia, o juiz, antes de apreciar o pedido de concessão da medida liminar, deverá designar audiência de mediação, a realizar-se em até 30 (trinta) dias, que observará o disposto nos §§ 2º e 4º. § 1º Concedida a liminar, se essa não for executada no prazo de 1 (um) ano, a contar da data de distribuição, caberá ao juiz designar audiência de mediação, nos termos dos §§ 2º a 4º deste artigo. § 2º O Ministério Público será intimado para comparecer à audiência, e a Defensoria Pública será intimada sempre que houver parte beneficiária de gratuidade da justiça. § 3º O juiz poderá comparecer à área objeto do litígio quando sua presença se fizer necessária à efetivação da tutela jurisdicional. § 4º Os órgãos responsáveis pela política agrária e pela política urbana da União, de Estado ou do Distrito Federal e de Município onde se situe a área objeto do litígio poderão ser intimados para a audiência, a fim de se manifestarem sobre seu interesse no processo e sobre a existência de possibilidade de solução para o conflito possessório. § 5º Aplica-se o disposto neste artigo ao litígio sobre propriedade de imóvel.	Sem correspondente.

Inovação trazida pelo NCPC é a regulamentação do litígio coletivo pela posse (*caput*) ou pela propriedade (parágrafo quinto), com a intervenção do Ministério Público, da Defensoria Pública – se houver hipossuficientes no grupo -, bem como a ciência dos órgãos de política agrária e de política urbana das pessoas de direito político e o incentivo da solução consensual do conflito possessória, com a participação dessas entidades.

NOVO CÓDIGO DE PROCESSO CIVIL	CÓDIGO DE PROCESSO CIVIL DE 1973
Art. 566. Aplica-se, quanto ao mais, o procedimento comum.	**Art. 931.** Aplica-se, quanto ao mais, o procedimento ordinário.

Não havendo disposição legal específica, aplica-se o procedimento comum, que, no novo diploma, não mais se subdivide em ordinário ou sumário.

NOVO CÓDIGO DE PROCESSO CIVIL	CÓDIGO DE PROCESSO CIVIL DE 1973
Seção III **Do Interdito Proibitório** **Art. 567.** O possuidor direto ou indireto que tenha justo receio de ser molestado na posse poderá requerer ao juiz que o segure da turbação ou esbulho iminente, mediante mandado proibitório em que se comine ao réu determinada pena pecuniária caso transgrida o preceito.	Seção III Do Interdito Proibitório **Art. 932.** O possuidor direto ou indireto, que tenha justo receio de ser molestado na posse, poderá impetrar ao juiz que o segure da turbação ou esbulho iminente, mediante mandado proibitório, em que se comine ao réu determinada pena pecuniária, caso transgrida o preceito.

Aperfeiçoando a redação do artigo 932 do CPC/73, o artigo 567 mantém a mesma disciplina para o interdito proibitório, quando há ameaça na posse.

NOVO CÓDIGO DE PROCESSO CIVIL	CÓDIGO DE PROCESSO CIVIL DE 1973
Art. 568. Aplica-se ao interdito proibitório o disposto na Seção II deste Capítulo.	**Art. 933.** Aplica-se ao interdito proibitório o disposto na seção anterior.

Mantém-se a previsão de aplicação das peculiaridades procedimentais da ação de manutenção e da ação de reintegração da posse ao interdito proibitório.

NOVO CÓDIGO DE PROCESSO CIVIL	CÓDIGO DE PROCESSO CIVIL DE 1973
CAPÍTULO IV DA AÇÃO DE DIVISÃO E DA DEMARCAÇÃO DE TERRAS PARTICULARES **Seção I** **Disposições Gerais** **Art. 569.** Cabe: I - ao proprietário a ação de demarcação, para obrigar o seu confinante a estremar os respectivos prédios, fixando-se novos limites entre eles ou aviventando-se os já apagados; II - ao condômino a ação de divisão, para obrigar os demais consortes a estremar os quinhões.	CAPÍTULO VIII DA AÇÃO DE DIVISÃO E DA DEMARCAÇÃO DE TERRAS PARTICULARES Seção I Das Disposições Gerais **Art. 946.** Cabe: I - a ação de demarcação ao proprietário para obrigar o seu confinante a estremar os respectivos prédios, fixando-se novos limites entre eles ou aviventando-se os já apagados; II - a ação de divisão, ao condômino para obrigar os demais consortes, a partilhar a coisa comum.

Aprimorando a redação do artigo 946 do CPC/73, o artigo 569 mantém as hipóteses de cabimento da ação de divisão e demarcação: para o proprietário que deseja fixar limites entre seus prédios e os vizinhos ou avivar os limites apagados pelo tempo, bem como para o condômino, a fim de delimitar os quinhões no condomínio.

NOVO CÓDIGO DE PROCESSO CIVIL	CÓDIGO DE PROCESSO CIVIL DE 1973
Art. 570. É lícita a cumulação dessas ações, caso em que deverá processar-se primeiramente a demarcação total ou parcial da coisa comum, citando-se os confinantes e os condôminos.	**Art. 947.** É lícita a cumulação destas ações; caso em que deverá processar-se primeiramente a demarcação total ou parcial da coisa comum, citando-se os confinantes e condôminos.

Apenas com aprimoramento na redação, o artigo 570 do NCPC mantém a possibilidade de cumulação dos pedidos de divisão e de demarcação do terreno em uma mesma ação, conforme previsão do artigo 947 do CPC/73.

NOVO CÓDIGO DE PROCESSO CIVIL	CÓDIGO DE PROCESSO CIVIL DE 1973
Art. 571. A demarcação e a divisão poderão ser realizadas por escritura pública, desde que maiores, capazes e concordes todos os interessados, observando-se, no que couber, os dispositivos deste Capítulo.	Sem correspondente.

O artigo 571 contempla a possibilidade de realização da demarcação e da divisão por meio extrajudicial, através de escritura pública, desde que maiores, capazes e concordes todos os interessados.

NOVO CÓDIGO DE PROCESSO CIVIL	CÓDIGO DE PROCESSO CIVIL DE 1973
Art. 572. Fixados os marcos da linha de demarcação, os confinantes considerar-se-ão terceiros quanto ao processo divisório, ficando-lhes, porém, ressalvado o direito de vindicar os terrenos de que se julguem despojados por invasão das linhas limítrofes constitutivas do perímetro ou de reclamar indenização correspondente ao seu valor.	**Art. 948.** Fixados os marcos da linha de demarcação, os confinantes considerar-se-ão terceiros quanto ao processo divisório; fica-lhes, porém, ressalvado o direito de vindicarem os terrenos de que se julguem despojados por invasão das linhas limítrofes constitutivas do perímetro ou a reclamarem uma indenização pecuniária correspondente ao seu valor.
§ 1º No caso do caput, serão citados para a ação todos os condôminos, se a sentença homologatória da divisão ainda não houver transitado em julgado, e todos os quinhoeiros dos terrenos vindicados, se a ação for proposta posteriormente.	**Art. 949**. Serão citados para a ação todos os condôminos, se ainda não transitou em julgado a sentença homologatória da divisão; e todos os quinhoeiros dos terrenos vindicados, se proposta posteriormente. (Redação dada pela Lei nº 5.925, de 1º.10.1973)

§ 2º Neste último caso, a sentença que julga procedente a ação, condenando a restituir os terrenos ou a pagar a indenização, valerá como título executivo em favor dos quinhoeiros para haverem dos outros condôminos que forem parte na divisão ou de seus sucessores a título universal, na proporção que lhes tocar, a composição pecuniária do desfalque sofrido.	Parágrafo único. Neste último caso, a sentença que julga procedente a ação, condenando a restituir os terrenos ou a pagar a indenização, valerá como título executivo em favor dos quinhoeiros para haverem dos outros condôminos, que forem parte na divisão, ou de seus sucessores por título universal, na proporção que lhes tocar, a composição pecuniária do desfalque sofrido. (Redação dada pela Lei nº 5.925, de 1º.10.1973)

O artigo 572, em seu *caput*, reproduz o teor do artigo 948 do CPC/73, tratando da posição que de terceiros que terão os confinantes após a fixação da demarcação. Em seus parágrafos, o artigo 572 reproduz o teor do artigo 949 do CPC/73, tratando da citação e dos efeitos da sentença na ação de demarcação e divisão de terras particulares.

NOVO CÓDIGO DE PROCESSO CIVIL	CÓDIGO DE PROCESSO CIVIL DE 1973
Art. 573. Tratando-se de imóvel georreferenciado, com averbação no registro de imóveis, pode o juiz dispensar a realização de prova pericial.	Sem correspondente.

A previsão traz como hipótese de dispensa de prova pericial o imóvel georreferenciado averbado no Registro de Imóveis, isto é, o imóvel que já tiver suas coordenadas delimitadas no sistema de referência municipal.

NOVO CÓDIGO DE PROCESSO CIVIL	CÓDIGO DE PROCESSO CIVIL DE 1973
Seção II **Da Demarcação**	Seção II Da Demarcação
Art. 574. Na petição inicial, instruída com os títulos da propriedade, designar-se-á o imóvel pela situação e pela denominação, descrever-se-ão os limites por constituir, aviventar ou renovar e nomear-se-ão todos os confinantes da linha demarcanda.	**Art. 950.** Na petição inicial, instruída com os títulos da propriedade, designar-se-á o imóvel pela situação e denominação, descrever-se-ão os limites por constituir, aviventar ou renovar e nomear-se-ão todos os confinantes da linha demarcanda.

Ocorre a reprodução do artigo 950 do CPC/73, dispondo a respeito do teor da petição inicial da ação de demarcação, que deve designar o imóvel, com os limites por constituir, aviventar ou renovar e a nomeação dos confinantes.

NOVO CÓDIGO DE PROCESSO CIVIL	CÓDIGO DE PROCESSO CIVIL DE 1973
Art. 575. Qualquer condômino é parte legítima para promover a demarcação do imóvel comum, requerendo a intimação dos demais para, querendo, intervir no processo.	**Art. 952.** Qualquer condômino é parte legítima para promover a demarcação do imóvel comum, citando-se os demais como litisconsortes.

O artigo 575 do NCPC, reproduzindo o teor do artigo 952 do CPC/73, dispõe sobre a legitimidade ativa do condomínio e sobre a legitimidade passiva para a demarcação do imóvel comum.

NOVO CÓDIGO DE PROCESSO CIVIL	CÓDIGO DE PROCESSO CIVIL DE 1973
Art. 576. A citação dos réus será feita por correio, observado o disposto no art. 247. Parágrafo único. Será publicado edital, nos termos do inciso III do art. 259.	**Art. 953.** Os réus que residirem na comarca serão citados pessoalmente; os demais, por edital.

A citação para a ação de demarcação será feita por correio e, no caso de interessados incertos ou desconhecidos, por edital.

NOVO CÓDIGO DE PROCESSO CIVIL	CÓDIGO DE PROCESSO CIVIL DE 1973
Art. 577. Feitas as citações, terão os réus o prazo comum de 15 (quinze) dias para contestar.	**Art. 954.** Feitas as citações, terão os réus o prazo comum de 20 (vinte) dias para contestar.

Mantendo-se a redação do artigo 954 do CPC/73, o artigo 577 reduz o prazo para contestar de vinte para quinze dias, objetivando a uniformização e a simplificação do processo.

NOVO CÓDIGO DE PROCESSO CIVIL	CÓDIGO DE PROCESSO CIVIL DE 1973
Art. 578. Após o prazo de resposta do réu, observar-se-á o procedimento comum.	**Art. 955.** Havendo contestação, observar-se-á o procedimento ordinário; não havendo, aplica-se o disposto no art. 330, II.

O artigo 578 estabelece que, após a resposta do réu, segue-se o procedimento comum, não mais subdividido em ordinário ou sumário.

NOVO CÓDIGO DE PROCESSO CIVIL	CÓDIGO DE PROCESSO CIVIL DE 1973
Art. 579. Antes de proferir a sentença, o juiz nomeará um ou mais peritos para levantar o traçado da linha demarcanda.	**Art. 956.** Em qualquer dos casos do artigo anterior, o juiz, antes de proferir a sentença definitiva, nomeará dois arbitradores e um agrimensor para levantarem o traçado da linha demarcanda.

O artigo 579 substituiu os substantivos "arbitrador" e "agrimensor", constantes no artigo 956 do CPC/73, por "perito", profissional especializado que fará o traçado da área a ser demarcada.

NOVO CÓDIGO DE PROCESSO CIVIL	CÓDIGO DE PROCESSO CIVIL DE 1973
Art. 580. Concluídos os estudos, os peritos apresentarão minucioso laudo sobre o traçado da linha demarcanda, considerando os títulos, os marcos, os rumos, a fama da vizinhança, as informações de antigos moradores do lugar e outros elementos que coligirem.	**Art. 957.** Concluídos os estudos, apresentarão os arbitradores minucioso laudo sobre o traçado da linha demarcanda, tendo em conta os títulos, marcos, rumos, a fama da vizinhança, as informações de antigos moradores do lugar e outros elementos que coligirem. Parágrafo único. Ao laudo, anexará o agrimensor a planta da região e o memorial das operações de campo, os quais serão juntos aos autos, podendo as partes, no prazo comum de 10 (dez) dias, alegar o que julgarem conveniente.

Houve uma melhoria na redação do referido dispositivo, que especifica que o juiz nomeará um perito ou mais para levantar o traçado da linha demarcanda e apresentar um minucioso laudo sobre o referido traçado, deixando de reproduzir o disposto no parágrafo único do artigo 957 do CPC/73.

NOVO CÓDIGO DE PROCESSO CIVIL	CÓDIGO DE PROCESSO CIVIL DE 1973
Art. 581. A sentença que julgar procedente o pedido determinará o traçado da linha demarcanda. Parágrafo único. A sentença proferida na ação demarcatória determinará a restituição da área invadida, se houver, declarando o domínio ou a posse do prejudicado, ou ambos.	**Art. 958.** A sentença, que julgar procedente a ação, determinará o traçado da linha demarcanda.

A própria sentença que julga procedente o pedido determinará o traçado da linha demarcanda e a restituição da área invadida, se houver, declarando o domínio ou a posse do prejudicado, ou uma e outra.

NOVO CÓDIGO DE PROCESSO CIVIL	CÓDIGO DE PROCESSO CIVIL DE 1973
Art. 582. Transitada em julgado a sentença, o perito efetuará a demarcação e colocará os marcos necessários. Parágrafo único. Todas as operações serão consignadas em planta e memorial descritivo com as referências convenientes para a identificação, em qualquer tempo, dos pontos assinalados, observada a legislação especial que dispõe sobre a identificação do imóvel rural.	**Art. 959.** Tanto que passe em julgado a sentença, o agrimensor efetuará a demarcação, colocando os marcos necessários. Todas as operações serão consignadas em planta e memorial descritivo com as referências convenientes para a identificação, em qualquer tempo, dos pontos assinalados.

O artigo 582 do NCPC, reproduzindo o teor do artigo 959 do CPC/73, estabelece que, com o trânsito em julgado da sentença, o perito efetuará a demarcação, colocando os marcos necessários. As operações realizadas pelo perito serão especificadas na planta e no memorial descritivo com referências para a identificação, em qualquer tempo, dos pontos assinalados, sendo que, no caso de imóvel rural, será observada a legislação especial que dispõe sobre a identificação do imóvel rural.

NOVO CÓDIGO DE PROCESSO CIVIL	CÓDIGO DE PROCESSO CIVIL DE 1973
Art. 583. As plantas serão acompanhadas das cadernetas de operações de campo e do memorial descritivo, que conterá: I - o ponto de partida, os rumos seguidos e a aviventação dos antigos com os respectivos cálculos; II - os acidentes encontrados, as cercas, os valos, os marcos antigos, os córregos, os rios, as lagoas e outros; III - a indicação minuciosa dos novos marcos cravados, dos antigos aproveitados, das culturas existentes e da sua produção anual; IV - a composição geológica dos terrenos, bem como a qualidade e a extensão dos campos, das matas e das capoeiras; V - as vias de comunicação; VI - as distâncias a pontos de referência, tais como rodovias federais e estaduais, ferrovias, portos, aglomerações urbanas e polos comerciais; VII - a indicação de tudo o mais que for útil para o levantamento da linha ou para a identificação da linha já levantada.	**Art. 962.** Acompanharão as plantas as cadernetas de operações de campo e o memorial descritivo, que conterá: I - o ponto de partida, os rumos seguidos e a aviventação dos antigos com os respectivos cálculos; II - os acidentes encontrados, as cercas, valos, marcos antigos, córregos, rios, lagoas e outros; III - a indicação minuciosa dos novos marcos cravados, das culturas existentes e sua produção anual; IV - a composição geológica dos terrenos, bem como a qualidade e extensão dos campos, matas e capoeiras; V - as vias de comunicação; VI - as distâncias à estação da estrada de ferro, ao porto de embarque e ao mercado mais próximo; VII - a indicação de tudo o mais que for útil para o levantamento da linha ou para a identificação da linha já levantada.

O artigo 583 reproduz o artigo 962 do CPC/73, descrevendo o conteúdo do memorial descritivo da área demarcanda.

NOVO CÓDIGO DE PROCESSO CIVIL	CÓDIGO DE PROCESSO CIVIL DE 1973
Art. 584. É obrigatória a colocação de marcos tanto na estação inicial, dita marco primordial, quanto nos vértices dos ângulos, salvo se algum desses últimos pontos for assinalado por acidentes naturais de difícil remoção ou destruição.	**Art. 963.** É obrigatória a colocação de marcos assim na estação inicial - marco primordial -, como nos vértices dos ângulos, salvo se algum destes últimos pontos for assinalado por acidentes naturais de difícil remoção ou destruição.

Reproduzindo o teor do artigo 963 do CPC/73, o artigo 582 determina a colocação de marcos. Se recair algum dos marcos nos vértices dos ângulos assinalados por acidentes naturais de difícil remoção ou destruição, tem-se de providenciar a marcação no local mais próximo possível.

NOVO CÓDIGO DE PROCESSO CIVIL	CÓDIGO DE PROCESSO CIVIL DE 1973
Art. 585. A linha será percorrida pelos peritos, que examinarão os marcos e os rumos, consignando em relatório escrito a exatidão do memorial e da planta apresentados pelo agrimensor ou as divergências porventura encontradas.	**Art. 964.** A linha será percorrida pelos arbitradores, que examinarão os marcos e rumos, consignando em relatório escrito a exatidão do memorial e planta apresentados pelo agrimensor ou as divergências porventura encontradas.

Reproduzindo o teor do artigo 964 do CPC/73, o artigo 585 do NCPC substitui apenas o substantivo "arbitradores" por "perito".

NOVO CÓDIGO DE PROCESSO CIVIL	CÓDIGO DE PROCESSO CIVIL DE 1973
Art. 586. Juntado aos autos o relatório dos peritos, o juiz determinará que as partes se manifestem sobre ele no prazo comum de 15 (quinze) dias. Parágrafo único. Executadas as correções e as retificações que o juiz determinar, lavrar-se-á, em seguida, o auto de demarcação em que os limites demarcandos serão minuciosamente descritos de acordo com o memorial e a planta.	**Art. 965.** Junto aos autos o relatório dos arbitradores, determinará o juiz que as partes se manifestem sobre ele no prazo comum de 10 (dez) dias. Em seguida, executadas as correções e retificações que ao juiz pareçam necessárias, lavrar-se-á o auto de demarcação em que os limites demarcandos serão minuciosamente descritos de acordo com o memorial e a planta.

O artigo 586 utiliza o substantivo "perito" em vez de "arbitradores", mantendo, no mais, o teor do artigo 965 do CPC/73. As partes terão ciência do relatório elaborado pelo perito e, se for necessário, serão feitas as correções e retificações. Após, será lavrado o auto de demarcação.

NOVO CÓDIGO DE PROCESSO CIVIL	CÓDIGO DE PROCESSO CIVIL DE 1973
Art. 587. Assinado o auto pelo juiz e pelos peritos, será proferida a sentença homologatória da demarcação.	**Art. 966.** Assinado o auto pelo juiz, arbitradores e agrimensor, será proferida a sentença homologatória da demarcação.

O artigo 587 reproduz o teor do artigo 966 do CPC/73. Após a lavratura do auto de demarcação, este será assinado pelo juiz e pelos peritos. Em seguida, será proferida sentença homologatória da demarcação.

NOVO CÓDIGO DE PROCESSO CIVIL	CÓDIGO DE PROCESSO CIVIL DE 1973
Seção III **Da Divisão** **Art. 588.** A petição inicial será instruída com os títulos de domínio do promovente e conterá: I - a indicação da origem da comunhão e a denominação, a situação, os limites e as características do imóvel; II - o nome, o estado civil, a profissão e a residência de todos os condôminos, especificando-se os estabelecidos no imóvel com benfeitorias e culturas; III - as benfeitorias comuns.	Seção III Da Divisão **Art. 967.** A petição inicial, elaborada com observância dos requisitos do art. 282 e instruída com os títulos de domínio do promovente, conterá: I - a indicação da origem da comunhão e a denominação, situação, limites e característicos do imóvel; II - o nome, o estado civil, a profissão e a residência de todos os condôminos, especificando-se os estabelecidos no imóvel com benfeitorias e culturas; III - as benfeitorias comuns.

O artigo 588 reproduz o artigo 967 do CPC/73, sobre os requisitos da petição inicial.

NOVO CÓDIGO DE PROCESSO CIVIL	CÓDIGO DE PROCESSO CIVIL DE 1973
Art. 589. Feitas as citações como preceitua o art. 576, prosseguir-se-á na forma dos arts. 577 e 578.	**Art. 968.** Feitas as citações como preceitua o art. 953, prosseguir-se-á na forma dos arts. 954 e 955.

Feitas as citações por correio, como preceitua o artigo 576, os réus terão prazo comum de quinze dias para contestar, observando-se, após o decurso desse prazo, o procedimento comum.

NOVO CÓDIGO DE PROCESSO CIVIL	CÓDIGO DE PROCESSO CIVIL DE 1973
Art. 590. O juiz nomeará um ou mais peritos para promover a medição do imóvel e as operações de divisão, observada a legislação especial que dispõe sobre a identificação do imóvel rural. Parágrafo único. O perito deverá indicar as vias de comunicação existentes, as construções e as benfeitorias, com a indicação dos seus valores e dos respectivos proprietários e ocupantes, as águas principais que banham o imóvel e quaisquer outras informações que possam concorrer para facilitar a partilha.	**Art. 969.** Prestado o compromisso pelos arbitradores e agrimensor, terão início, pela medição do imóvel, as operações de divisão.

O referido artigo estabelece que, na promoção da medição de imóvel rural e das operações de divisão, deve ser observada a legislação especial que dispõe sobre a identificação do imóvel rural. No parágrafo único há determinação de que o perito, ao promover a medição de imóvel e as operações de divisão, indique as vias de comunicação, construções, benfeitorias e demais dados que possam concorrer para facilitar a partilha.

NOVO CÓDIGO DE PROCESSO CIVIL	CÓDIGO DE PROCESSO CIVIL DE 1973
Art. 591. Todos os condôminos serão intimados a apresentar, dentro de 10 (dez) dias, os seus títulos, se ainda não o tiverem feito, e a formular os seus pedidos sobre a constituição dos quinhões.	**Art. 970.** Todos os condôminos serão intimados a apresentar, dentro em 10 (dez) dias, os seus títulos, se ainda não o tiverem feito; e a formular os seus pedidos sobre a constituição dos quinhões.

O artigo 591 do NCPC reproduz o teor do artigo 970 do CPC/73, referente à intimação dos condôminos.

NOVO CÓDIGO DE PROCESSO CIVIL	CÓDIGO DE PROCESSO CIVIL DE 1973
Art. 592. O juiz ouvirá as partes no prazo comum de 15 (quinze) dias. § 1º Não havendo impugnação, o juiz determinará a divisão geodésica do imóvel. § 2º Havendo impugnação, o juiz proferirá, no prazo de 10 (dez) dias, decisão sobre os pedidos e os títulos que devam ser atendidos na formação dos quinhões.	**Art. 971.** O juiz ouvirá as partes no prazo comum de 10 (dez) dias. Parágrafo único. Não havendo impugnação, o juiz determinará a divisão geodésica do imóvel; se houver, proferirá, no prazo de 10 (dez) dias, decisão sobre os pedidos e os títulos que devam ser atendidos na formação dos quinhões.

O referido artigo ampliou o prazo para o juiz ouvir as partes, estabelecendo o prazo comum de quinze dias, em razão da tendência de uniformização e simplificação do processo. Em seguida, dispôs, em seus dois parágrafos, sobre as providências a serem adotadas para a formação dos quinhões.

NOVO CÓDIGO DE PROCESSO CIVIL	CÓDIGO DE PROCESSO CIVIL DE 1973
Art. 593. Se qualquer linha do perímetro atingir benfeitorias permanentes dos confinantes feitas há mais de 1 (um) ano, serão elas respeitadas, bem como os terrenos onde estiverem, os quais não se computarão na área dividenda.	**Art. 973.** Se qualquer linha do perímetro atingir benfeitorias permanentes dos confinantes, feitas há mais de 1 (um) ano, serão elas respeitadas, bem como os terrenos onde estiverem, os quais não se computarão na área dividenda. Parágrafo único. Consideram-se benfeitorias, para os efeitos deste artigo, as edificações, muros, cercas, culturas e pastos fechados, não abandonados há mais de 2 (dois) anos.

O artigo 593 reproduziu o *caput* do artigo 973 do CPC/73, sem manter seu parágrafo único, sobre a conceituação de benfeitorias.

NOVO CÓDIGO DE PROCESSO CIVIL	CÓDIGO DE PROCESSO CIVIL DE 1973
Art. 594. Os confinantes do imóvel dividendo podem demandar a restituição dos terrenos que lhes tenham sido usurpados. § 1º Serão citados para a ação todos os condôminos, se a sentença homologatória da divisão ainda não houver transitado em julgado, e todos os quinhoeiros dos terrenos vindicados, se a ação for proposta posteriormente. § 2º Nesse último caso terão os quinhoeiros o direito, pela mesma sentença que os obrigar à restituição, a haver dos outros condôminos do processo divisório ou de seus sucessores a título universal a composição pecuniária proporcional ao desfalque sofrido.	**Art. 974.** É lícito aos confinantes do imóvel dividendo demandar a restituição dos terrenos que lhes tenham sido usurpados. (Redação dada pela Lei nº 5.925, de 1º.10.1973) § 1º Serão citados para a ação todos os condôminos, se ainda não transitou em julgado a sentença homologatória da divisão; e todos os quinhoeiros dos terrenos vindicados, se proposta posteriormente. (Redação dada pela Lei nº 5.925, de 1º.10.1973) § 2º Neste último caso terão os quinhoeiros o direito, pela mesma sentença que os obrigar à restituição, a haver dos outros condôminos do processo divisório, ou de seus sucessores a título universal, a composição pecuniária proporcional ao desfalque sofrido. (Redação dada pela Lei nº 5.925, de 1º.10.1973)

Mantendo a redação do artigo 974 do CPC/73, o artigo 594 assegura aos confinantes do imóvel dividendo a faculdade de demandar a restituição dos terrenos que alegam ter-lhes sido usurpados.

NOVO CÓDIGO DE PROCESSO CIVIL	CÓDIGO DE PROCESSO CIVIL DE 1973
Art. 595. Os peritos proporão, em laudo fundamentado, a forma da divisão, devendo consultar, quanto possível, a comodidade das partes, respeitar, para adjudicação a cada condômino, a preferência dos terrenos contíguos às suas residências e benfeitorias e evitar o retalhamento dos quinhões em glebas separadas.	**Art. 978.** Em seguida os arbitradores e o agrimensor proporão, em laudo fundamentado, a forma da divisão, devendo consultar, quanto possível, a comodidade das partes, respeitar, para adjudicação a cada condômino, a preferência dos terrenos contíguos às suas residências e benfeitorias e evitar o retalhamento dos quinhões em glebas separadas.

§ 1º O cálculo será precedido do histórico das diversas transmissões efetuadas a partir do ato ou fato gerador da comunhão, atualizando-se os valores primitivos. § 2º Seguir-se-ão, em títulos distintos, as contas de cada condômino, mencionadas todas as aquisições e alterações em ordem cronológica bem como as respectivas datas e as folhas dos autos onde se encontrem os documentos correspondentes. § 3º O plano de divisão será também consignado em um esquema gráfico.	

O artigo 595 do NCPC trata da forma da divisão a ser proposta pelos peritos e suas diretrizes, a fim de se evitar o retalhamento dos quinhões em glebas separadas. Trata-se de uma tentativa de facilitação da divisão.

NOVO CÓDIGO DE PROCESSO CIVIL	CÓDIGO DE PROCESSO CIVIL DE 1973
Art. 596. Ouvidas as partes, no prazo comum de 15 (quinze) dias, sobre o cálculo e o plano da divisão, o juiz deliberará a partilha. Parágrafo único. Em cumprimento dessa decisão, o perito procederá à demarcação dos quinhões, observando, além do disposto nos arts. 584 e 585, as seguintes regras: I - as benfeitorias comuns que não comportarem divisão cômoda serão adjudicadas a um dos condôminos mediante compensação; II - instituir-se-ão as servidões que forem indispensáveis em favor de uns quinhões sobre os outros, incluindo o respectivo valor no orçamento para que, não se tratando de servidões naturais, seja compensado o condômino aquinhoado com o prédio serviente; III - as benfeitorias particulares dos condôminos que excederem à área a que têm direito serão adjudicadas ao quinhoeiro vizinho mediante reposição; IV - se outra coisa não acordarem as partes, as compensações e as reposições serão feitas em dinheiro.	**Art. 979.** Ouvidas as partes, no prazo comum de 10 (dez) dias, sobre o cálculo e o plano da divisão, deliberará o juiz a partilha. Em cumprimento desta decisão, procederá o agrimensor, assistido pelos arbitradores, à demarcação dos quinhões, observando, além do disposto nos arts. 963 e 964, as seguintes regras: I - as benfeitorias comuns, que não comportarem divisão cômoda, serão adjudicadas a um dos condôminos mediante compensação; II - instituir-se-ão as servidões, que forem indispensáveis, em favor de uns quinhões sobre os outros, incluindo o respectivo valor no orçamento para que, não se tratando de servidões naturais, seja compensado o condômino aquinhoado com o prédio serviente; III - as benfeitorias particulares dos condôminos, que excederem a área a que têm direito, serão adjudicadas ao quinhoeiro vizinho mediante reposição; IV - se outra coisa não acordarem as partes, as compensações e reposições serão feitas em dinheiro.

O referido artigo estabeleceu o prazo comum de 15 dias para oitiva das partes sobre o cálculo e o plano da divisão, antes da prolação da decisão que deliberar sobre a divisão, prazo unificado pelo NCPC. Mantém-se, em seus incisos, o teor das disposições constantes nos incisos do artigo 979 do CPC/73 sobre o que deve ser considerado na demarcação dos quinhões pelo perito.

NOVO CÓDIGO DE PROCESSO CIVIL	CÓDIGO DE PROCESSO CIVIL DE 1973
Art. 597. Terminados os trabalhos e desenhados na planta os quinhões e as servidões aparentes, o perito organizará o memorial descritivo. § 1º Cumprido o disposto no art. 586, o escrivão, em seguida, lavrará o auto de divisão, acompanhado de uma folha de pagamento para cada condômino. § 2º Assinado o auto pelo juiz e pelo perito, será proferida sentença homologatória da divisão. § 3º O auto conterá: I - a confinação e a extensão superficial do imóvel; II - a classificação das terras com o cálculo das áreas de cada consorte e com a respectiva avaliação ou, quando a homogeneidade das terras não determinar diversidade de valores, a avaliação do imóvel na sua integridade; III - o valor e a quantidade geométrica que couber a cada condômino, declarando-se as reduções e as compensações resultantes da diversidade de valores das glebas componentes de cada quinhão. § 4º Cada folha de pagamento conterá: I - a descrição das linhas divisórias do quinhão, mencionadas as confinantes; II - a relação das benfeitorias e das culturas do próprio quinhoeiro e das que lhe foram adjudicadas por serem comuns ou mediante compensação; III - a declaração das servidões instituídas, especificados os lugares, a extensão e o modo de exercício.	**Art. 980.** Terminados os trabalhos e desenhados na planta os quinhões e as servidões aparentes, organizará o agrimensor o memorial descritivo. Em seguida, cumprido o disposto no art. 965, o escrivão lavrará o auto de divisão, seguido de uma folha de pagamento para cada condômino. Assinado o auto pelo juiz, agrimensor e arbitradores, será proferida sentença homologatória da divisão. (Redação dada pela Lei nº 5.925, de 1º.10.1973) § 1° O auto conterá: (Redação dada pela Lei nº 5.925, de 1º.10.1973) I - a confinação e a extensão superficial do imóvel; (Redação dada pela Lei nº 5.925, de 1º.10.1973) II - a classificação das terras com o cálculo das áreas de cada consorte e a respectiva avaliação, ou a avaliação do imóvel na sua integridade, quando a homogeneidade das terras não determinar diversidade de valores; (Redação dada pela Lei nº 5.925, de 1º.10.1973) III - o valor e a quantidade geométrica que couber a cada condômino, declarando-se as reduções e compensações resultantes da diversidade de valores das glebas componentes de cada quinhão. (Redação dada pela Lei nº 5.925, de 1º.10.1973) § 2° Cada folha de pagamento conterá: (Redação dada pela Lei nº 5.925, de 1º.10.1973) I - a descrição das linhas divisórias do quinhão, mencionadas as confinantes; (Redação dada pela Lei nº 5.925, de 1º.10.1973) II - a relação das benfeitorias e culturas do próprio quinhoeiro e das que lhe foram adjudicadas por serem comuns ou mediante compensação; (Redação dada pela Lei nº 5.925, de 1º.10.1973) III - a declaração das servidões instituídas, especificados os lugares, a extensão e modo de exercício. (Redação dada pela Lei nº 5.925, de 1º.10.1973)

Substituindo o substantivo "agrimensor" por "perito", como referência ao profissional especializado, o mencionado artigo mantém o conteúdo do artigo correspondente do CPC/73, ao tratar da lavratura do auto de divisão.

NOVO CÓDIGO DE PROCESSO CIVIL	CÓDIGO DE PROCESSO CIVIL DE 1973
Art. 598. Aplica-se às divisões o disposto nos arts. 575 a 578.	**Art. 981.** Aplica-se às divisões o disposto nos arts. 952 a 955. (Redação dada pela Lei nº 5.925, de 1º.10.1973)

Mantendo o teor do artigo 981 do CPC/73, o artigo encerra o procedimento da divisão, dispondo que se aplicam a ele as previsões constantes nos artigos 575 a 578, isto é, sobre a legitimidade de qualquer condômino para promover a divisão do imóvel comum, a citação dos réus por correio, ou, a depender do caso, por edital, o prazo comum para contestar de 15 dias e, após o decurso deste prazo, a observância do procedimento comum.

NOTAS AOS ARTIGOS 599 A 673

Dênio Pinheiro de Carvalho

NOVO CÓDIGO DE PROCESSO CIVIL	CÓDIGO DE PROCESSO CIVIL DE 1973
CAPÍTULO V DA AÇÃO DE DISSOLUÇÃO PARCIAL DE SOCIEDADE **Art. 599.** A ação de dissolução parcial de sociedade pode ter por objeto: I - a resolução da sociedade empresária contratual ou simples em relação ao sócio falecido, excluído ou que exerceu o direito de retirada ou recesso; e II - a apuração dos haveres do sócio falecido, excluído ou que exerceu o direito de retirada ou recesso; ou III - somente a resolução ou a apuração de haveres. § 1º A petição inicial será necessariamente instruída com o contrato social consolidado. § 2º A ação de dissolução parcial de sociedade pode ter também por objeto a sociedade anônima de capital fechado quando demonstrado, por acionista ou acionistas que representem cinco por cento ou mais do capital social, que não pode preencher o seu fim.	Sem correspondente.

A ação de dissolução parcial de sociedade é uma novidade do NCPC, que, até então, era admitida por construção jurisprudencial. No Código Buzaid não havia disposição a respeito deste tema, havendo somente previsão de ação de dissolução total da sociedade, que, por disposição do artigo 1.218, VII, do CPC/73, mantinham-se vigentes as disposições dos artigos 655 a 674 do Código de Processo Civil de 1939. Entretanto, a dissolução total, em seu desiderato – de pôr fim à sociedade – difere completamente da situação em que um dos sócios retira-se da sociedade, continuando a pessoa jurídica a existir, com fincas no princípio da preservação da empresa, o que a jurisprudência brasileira já solidificou[1].

1 COELHO, Fábio Ulhoa. A ação de dissolução parcial de sociedade. *Revista de Informação Legislativa*, nº 190 (abr./jun 2011), p. 142-155.

A inclusão de um procedimento especial para a dissolução parcial é questionável para uma parte da doutrina, considerando que o procedimento comum poderia abarcar este tipo de ação, neste sentido a crítica de Paulo Sérgio Restiffe[2].

É preciso dar o crédito de tal inclusão a Fábio Ulhoa Coelho e a Marcelo Guedes Nunes, e ao Instituto dos Advogados de Minas Gerais. O texto tal como consta do NCPC é fruto da interação das propostas elaboradas pelos doutrinadores e pelo Instituto[3].

NOVO CÓDIGO DE PROCESSO CIVIL	CÓDIGO DE PROCESSO CIVIL DE 1973
Art. 600. A ação pode ser proposta: I - pelo espólio do sócio falecido, quando a totalidade dos sucessores não ingressar na sociedade; II - pelos sucessores, após concluída a partilha do sócio falecido; III - pela sociedade, se os sócios sobreviventes não admitirem o ingresso do espólio ou dos sucessores do falecido na sociedade, quando esse direito decorrer do contrato social; IV - pelo sócio que exerceu o direito de retirada ou recesso, se não tiver sido providenciada, pelos demais sócios, a alteração contratual consensual formalizando o desligamento, depois de transcorridos 10 (dez) dias do exercício do direito; V - pela sociedade, nos casos em que a lei não autoriza a exclusão extrajudicial; ou VI - pelo sócio excluído. Parágrafo único. O cônjuge ou companheiro do sócio cujo casamento, união estável ou convivência terminou poderá requerer a apuração de seus haveres na sociedade, que serão pagos à conta da quota social titulada por este sócio.	Sem correspondente.

O artigo trata da legitimidade ativa para a propositura da ação. Havia intenso debate na doutrina e na jurisprudência a respeito da posição da sociedade e a possibilidade de esta figurar no polo ativo. O texto tal como se encontra pacifica o tema, considerando que a demanda de dissolução parcial requer celeridade e respostas rápidas para os sócios e para a sociedade empresária. O parágrafo único também acrescenta a previsão de legitimidade do cônjuge ou companheiro, cujo casamento, união estável ou convivência se encerrou, para a apuração dos haveres.

---

2 RESTIFFE, Paulo Sérgio. *O caranguejo e o projeto de novo CPC*: o procedimento especial de dissolução parcial de sociedade ou lição de como se piorar por não saber melhorar. *Disponível em* <http://www.migalhas.com.br/dePeso/16,MI122853,11049>. Acesso em: 22 mar. 2014.

3 BUENO, Cassio Scarpinella. *Projetos de novo código de processo civil comparados e anotados.* São Paulo: Saraiva, 2014, p. 303.

NOVO CÓDIGO DE PROCESSO CIVIL	CÓDIGO DE PROCESSO CIVIL DE 1973
Art. 601. Os sócios e a sociedade serão citados para, no prazo de 15 (quinze) dias, concordar com o pedido ou apresentar contestação. Parágrafo único. A sociedade não será citada se todos os seus sócios o forem, mas ficará sujeita aos efeitos da decisão e à coisa julgada.	Sem correspondente.

No texto apresentado, chama a atenção o parágrafo único para a hipótese da ausência de citação da sociedade, se todos os sócios já o tiverem sido. Entretanto, sócios e sociedade têm personalidades distintas, o que aponta para uma atecnia do NCPC, considerando, até mesmo, o previsto no artigo seguinte. A citação é para concordar com o pedido ou contestar a ação.

NOVO CÓDIGO DE PROCESSO CIVIL	CÓDIGO DE PROCESSO CIVIL DE 1973
Art. 602. A sociedade poderá formular pedido de indenização compensável com o valor dos haveres a apurar.	Sem correspondente.

O artigo legitima a pessoa jurídica, como parte no processo, a requerer pedido de indenização, de modo a compensar com o futuro valor dos haveres a apurar. Destaque-se que este dispositivo indica a relevância da sociedade ser citada para integrar a lide.

NOVO CÓDIGO DE PROCESSO CIVIL	CÓDIGO DE PROCESSO CIVIL DE 1973
Art. 603. Havendo manifestação expressa e unânime pela concordância da dissolução, o juiz a decretará, passando-se imediatamente à fase de liquidação. § 1º Na hipótese prevista no caput, não haverá condenação em honorários advocatícios de nenhuma das partes, e as custas serão rateadas segundo a participação das partes no capital social. § 2º Havendo contestação, observar-se-á o procedimento comum, mas a liquidação da sentença seguirá o disposto neste Capítulo.	Sem correspondente.

No caso da dissolução da sociedade, havendo concordância quanto à dissolução, será esta decretada pelo juiz e em seguida se procederá à liquidação. Neste caso, conforme o disposto no § 1º, as custas serão rateadas e não haverá condenação em honorários.

Caso haja resistência de qualquer das partes, será observado o procedimento comum (§ 2º).

NOVO CÓDIGO DE PROCESSO CIVIL	CÓDIGO DE PROCESSO CIVIL DE 1973
Art. 604. Para apuração dos haveres, o juiz: I - fixará a data da resolução da sociedade; II - definirá o critério de apuração dos haveres à vista do disposto no contrato social; e III - nomeará o perito. § 1º O juiz determinará à sociedade ou aos sócios que nela permanecerem que depositem em juízo a parte incontroversa dos haveres devidos. § 2º O depósito poderá ser, desde logo, levantando pelo ex-sócio, pelo espólio ou pelos sucessores. § 3º Se o contrato social estabelecer o pagamento dos haveres, será observado o que nele se dispôs no depósito judicial da parte incontroversa.	Sem correspondente.

Nas palavras de Fábio Ulhoa, o ponto nuclear da maioria das demandas societárias é o valor do reembolso pelas quotas, sendo credora a sociedade[4]. O artigo 604 define providências a serem tomadas e diretrizes a serem observadas pelo magistrado para a fixação deste *quantum* na apuração de haveres.

NOVO CÓDIGO DE PROCESSO CIVIL	CÓDIGO DE PROCESSO CIVIL DE 1973
Art. 605. A data da resolução da sociedade será: I - no caso de falecimento do sócio, a do óbito; II - na retirada imotivada, o sexagésimo dia seguinte ao do recebimento, pela sociedade, da notificação do sócio retirante; III - no recesso, o dia do recebimento, pela sociedade, da notificação do sócio dissidente; IV - na retirada por justa causa de sociedade por prazo determinado e na exclusão judicial de sócio, a do trânsito em julgado da decisão que dissolver a sociedade; e V - na exclusão extrajudicial, a data da assembleia ou da reunião de sócios que a tiver deliberado.	Sem correspondente.

Neste ponto, ainda com vista à futura apuração, o juiz definirá a data da resolução parcial da empresa, de vital importância para as obrigações futuras.

4 COELHO, Fábio Ulhoa. A ação de dissolução parcial de sociedade. *Revista de Informação Legislativa*, nº 190 (abr./jun. 2011), p. 149.

NOVO CÓDIGO DE PROCESSO CIVIL	CÓDIGO DE PROCESSO CIVIL DE 1973
Art. 606. Em caso de omissão do contrato social, o juiz definirá, como critério de apuração de haveres, o valor patrimonial apurado em balanço de determinação, tomando-se por referência a data da resolução e avaliando-se bens e direitos do ativo, tangíveis e intangíveis, a preço de saída, além do passivo também a ser apurado de igual forma. Parágrafo único. Em todos os casos em que seja necessária a realização de perícia, a nomeação do perito recairá preferencialmente sobre especialista em avaliação de sociedades.	Sem correspondente.

A apuração do valor da participação societária é bastante tormentosa, existindo dois critérios distintos, um econômico, em que se estima quanto a sociedade tende a gerar de lucros, e um patrimonial, baseado exclusivamente na história da sociedade. Noutras palavras: quanto a empresa arrecadou em razão da atividade econômica[5]. O NCPC adotou, no caso de omissão do contrato, a perspectiva mais conservadora, ou seja, o critério patrimonial.

NOVO CÓDIGO DE PROCESSO CIVIL	CÓDIGO DE PROCESSO CIVIL DE 1973
Art. 607. A data da resolução e o critério de apuração de haveres podem ser revistos pelo juiz, a pedido da parte, a qualquer tempo antes do início da perícia.	Sem correspondente.

O papel do magistrado na condução processual ganha relevo especial no texto do NCPC, a fim de assegurar a maior efetividade da decisão judicial O artigo 607 do NCPC permite a revisão, pelo magistrado, da data de resolução da sociedade e o critério de apuração de haveres, desde que antes da perícia.

NOVO CÓDIGO DE PROCESSO CIVIL	CÓDIGO DE PROCESSO CIVIL DE 1973
Art. 608. Até a data da resolução, integram o valor devido ao ex-sócio, ao espólio ou aos sucessores a participação nos lucros ou os juros sobre o capital próprio declarados pela sociedade e, se for o caso, a remuneração como administrador. Parágrafo único. Após a data da resolução, o ex-sócio, o espólio ou os sucessores terão direito apenas à correção monetária dos valores apurados e aos juros contratuais ou legais.	Sem correspondente.

5 *Ibid.*, p. 145.

O artigo 608 tem conteúdo nitidamente material, mas traz importantes balizas para a segurança jurídica da sociedade, para os sócios e para os que se retiram ou foram excluídos, ao regulamentar o que integra ou não os valores devidos aos ex-sócios ao ter ocorrido a dissolução da sociedade.

NOVO CÓDIGO DE PROCESSO CIVIL	CÓDIGO DE PROCESSO CIVIL DE 1973
Art. 609. Uma vez apurados, os haveres do sócio retirante serão pagos conforme disciplinar o contrato social e, no silêncio deste, nos termos do § 2º do art. 1.031 da Lei nº 10.406, de 10 de janeiro de 2002 (Código Civil).	Sem correspondente.

Privilegia-se, mais uma vez, o que foi preestabelecido no contrato social, e em seu silêncio, o pagamento deverá ser feito em dinheiro no prazo de 90 (noventa) dias após a liquidação.

NOVO CÓDIGO DE PROCESSO CIVIL	CÓDIGO DE PROCESSO CIVIL DE 1973
CAPÍTULO VI DO INVENTÁRIO E DA PARTILHA **Seção I** **Disposições Gerais** **Art. 610.** Havendo testamento ou interessado incapaz, proceder-se-á ao inventário judicial. § 1º Se todos forem capazes e concordes, o inventário e a partilha poderão ser feitos por escritura pública, a qual constituirá documento hábil para qualquer ato de registro, bem como para levantamento de importância depositada em instituições financeiras. § 2º O tabelião somente lavrará a escritura pública se todas as partes interessadas estiverem assistidas por advogado ou por defensor público, cuja qualificação e assinatura constarão do ato notarial.	CAPÍTULO IX DO INVENTÁRIO E DA PARTILHA Seção I Das Disposições Gerais **Art. 982.** Havendo testamento ou interessado incapaz, proceder-se-á ao inventário judicial; se todos forem capazes e concordes, poderá fazer-se o inventário e a partilha por escritura pública, a qual constituirá título hábil para o registro imobiliário. (Redação dada pela Lei nº 11.441, de 2007). § 1º O tabelião somente lavrará a escritura pública se todas as partes interessadas estiverem assistidas por advogado comum ou advogados de cada uma delas ou por defensor público, cuja qualificação e assinatura constarão do ato notarial. (Renumerado do parágrafo único com nova redação, pela Lei nº 11.965, de 2009) § 2º A escritura e demais atos notariais serão gratuitos àqueles que se declararem pobres sob as penas da lei. (Incluído pela Lei nº 11.965, de 2009)

O *caput* do artigo 610 do NCPC reprisa o disposto no CPC/73, que o inventário será judicial no caso de existência de testamento ou de interessado incapaz. O parágrafo primeiro trata do inventário extrajudicial que, em oposição, poderá ocorrer quando os herdeiros forem capazes e concordes, sendo lavrada a escritura pública, que constituirá título hábil para registro, bem como para levantamento de depósito em instituição financeira. Já o parágrafo segundo, em teor semelhante ao parágrafo primeiro do CPC/73, dispõe sobre a assistência por advogado ou defensor público para a lavratura da escritura do inventário extrajudicial.

Pelo novo texto, não há a previsão expressa da possibilidade de gratuidade pela via extrajudicial.

NOVO CÓDIGO DE PROCESSO CIVIL	CÓDIGO DE PROCESSO CIVIL DE 1973
Art. 611. O processo de inventário e de partilha deve ser instaurado dentro de 2 (dois) meses, a contar da abertura da sucessão, ultimando-se nos 12 (doze) meses subsequentes, podendo o juiz prorrogar esses prazos, de ofício ou a requerimento de parte.	**Art. 983.** O processo de inventário e partilha deve ser aberto dentro de 60 (sessenta) dias a contar da abertura da sucessão, ultimando-se nos 12 (doze) meses subseqüentes, podendo o juiz prorrogar tais prazos, de ofício ou a requerimento de parte. (Redação dada pela Lei nº 11.441, de 2007). Parágrafo único. (Revogado). (Redação dada pela Lei nº 11.441, de 2007).(Revogado pela Lei nº 11.441, de 2007).

Não há diferença substancial entre os conteúdos dos textos, ressalvada a indicação no NCPC do prazo para a instauração do inventário em meses ao invés de dias, como consta na redação do artigo 983 do CPC/73. Destaque-se que o artigo 1796 do CC/2002, que trata do prazo de 30 (trinta) dias, a contar da abertura da sucessão, para o início do inventário não foi expressamente revogado pelo NCPC em suas disposições finais, permanecendo a referência a prazos distintos no ordenamento brasileiro.

NOVO CÓDIGO DE PROCESSO CIVIL	CÓDIGO DE PROCESSO CIVIL DE 1973
Art. 612. O juiz decidirá todas as questões de direito desde que os fatos relevantes estejam provados por documento, só remetendo para as vias ordinárias as questões que dependerem de outras provas.	**Art. 984.** O juiz decidirá todas as questões de direito e também as questões de fato, quando este se achar provado por documento, só remetendo para os meios ordinários as que demandarem alta indagação ou dependerem de outras provas.

O referido dispositivo tratou apenas das questões de direito, sem o acréscimo das questões de fato, e suprimiu a expressão "alta indagação" do texto, que não é necessariamente uma questão de complexidade jurídica[6], mas sim que dependa de outras provas, diferentes das documentais. Nessa perspectiva, somente serão decididas pelo juízo do inventário as questões de direito, cujos fatos subjacentes estejam demonstrados documentalmente. As demais serão remetidas para as vias ordinárias.

6 THEODORO JÚNIOR, Humberto. *Curso de processo civil*: procedimentos especiais. 7. ed. Rio de Janeiro: Forense, 1992, p. 265.

NOVO CÓDIGO DE PROCESSO CIVIL	CÓDIGO DE PROCESSO CIVIL DE 1973
Art. 613. Até que o inventariante preste o compromisso, continuará o espólio na posse do administrador provisório.	**Art. 985.** Até que o inventariante preste o compromisso (art. 990, parágrafo único), continuará o espólio na posse do administrador provisório.

Mantém-se a disposição do artigo 985 do CPC/73.

NOVO CÓDIGO DE PROCESSO CIVIL	CÓDIGO DE PROCESSO CIVIL DE 1973
Art. 614. O administrador provisório representa ativa e passivamente o espólio, é obrigado a trazer ao acervo os frutos que desde a abertura da sucessão percebeu, tem direito ao reembolso das despesas necessárias e úteis que fez e responde pelo dano a que, por dolo ou culpa, der causa.	**Art. 986.** O administrador provisório representa ativa e passivamente o espólio, é obrigado a trazer ao acervo os frutos que desde a abertura da sucessão percebeu, tem direito ao reembolso das despesas necessárias e úteis que fez e responde pelo dano a que, por dolo ou culpa, der causa.

Mantém-se a disposição sobre o administrador provisório no artigo 614 do NCPC. Sem alteração no texto.

NOVO CÓDIGO DE PROCESSO CIVIL	CÓDIGO DE PROCESSO CIVIL DE 1973
Seção II **Da Legitimidade para Requerer o Inventário** **Art. 615.** O requerimento de inventário e de partilha incumbe a quem estiver na posse e na administração do espólio, no prazo estabelecido no art. 611. Parágrafo único. O requerimento será instruído com a certidão de óbito do autor da herança.	Seção II Da Legitimidade para Requerer o Inventário **Art. 987.** A quem estiver na posse e administração do espólio incumbe, no prazo estabelecido no art. 983, requerer o inventário e a partilha. Parágrafo único. O requerimento será instruído com a certidão de óbito do autor da herança.

Sem alteração no texto, ressalvada a referência ao prazo para o requerimento de abertura do inventário, previsto no artigo 615 do novo Código.

NOVO CÓDIGO DE PROCESSO CIVIL	CÓDIGO DE PROCESSO CIVIL DE 1973
Art. 616. Têm, contudo, legitimidade concorrente: I - o cônjuge ou companheiro supérstite; II - o herdeiro; III - o legatário; IV - o testamenteiro; V - o cessionário do herdeiro ou do legatário; VI - o credor do herdeiro, do legatário ou do autor da herança; VII - o Ministério Público, havendo herdeiros incapazes; VIII - a Fazenda Pública, quando tiver interesse; IX - o administrador judicial da falência do herdeiro, do legatário, do autor da herança ou do cônjuge ou companheiro supérstite.	**Art. 988.** Tem, contudo, legitimidade concorrente: I – o cônjuge supérstite; II – o herdeiro; III – o legatário; IV – o testamenteiro; V – o cessionário do herdeiro ou do legatário; VI – o credor do herdeiro, do legatário ou do autor da herança; VII – o síndico da falência do herdeiro, do legatário, do autor da herança ou do cônjuge supérstite; VIII – o Ministério Público, havendo herdeiros incapazes; IX – a Fazenda Pública, quando tiver interesse.

Sem grandes novidades no texto do NCPC, que acrescenta a legitimidade do companheiro supérstite, o que já ocorre nos tribunais, e do administrador judicial, previsto no inciso IX.

É importante observar que o NCPC suprimiu a possibilidade de o inventário judicial ser instaurado de ofício, não reproduzindo a regra constante no artigo 989 do CPC/73.

NOVO CÓDIGO DE PROCESSO CIVIL	CÓDIGO DE PROCESSO CIVIL DE 1973
Seção III **Do Inventariante e das Primeiras Declarações** **Art. 617.** O juiz nomeará inventariante na seguinte ordem: I - o cônjuge ou companheiro sobrevivente, desde que estivesse convivendo com o outro ao tempo da morte deste; II - o herdeiro que se achar na posse e na administração do espólio, se não houver cônjuge ou companheiro sobrevivente ou se estes não puderem ser nomeados; III - qualquer herdeiro, quando nenhum deles estiver na posse e na administração do espólio; IV - o herdeiro menor, por seu representante legal; V - o testamenteiro, se lhe tiver sido confiada a administração do espólio ou se toda a herança estiver distribuída em legados; VI - o cessionário do herdeiro ou do legatário; VII - o inventariante judicial, se houver; VIII - pessoa estranha idônea, quando não houver inventariante judicial. Parágrafo único. O inventariante, intimado da nomeação, prestará, dentro de 5 (cinco) dias, o compromisso de bem e fielmente desempenhar a função.	Seção III Do Inventariante e das Primeiras Declarações **Art. 990.** O juiz nomeará inventariante: (Vide Lei nº 12.195, de 2010) I - o cônjuge ou companheiro sobrevivente, desde que estivesse convivendo com o outro ao tempo da morte deste; (Redação dada pela Lei nº 12.195, de 2010) Vigência II - o herdeiro que se achar na posse e administração do espólio, se não houver cônjuge ou companheiro sobrevivente ou estes não puderem ser nomeados; (Redação dada pela Lei nº 12.195, de 2010) Vigência III - qualquer herdeiro, nenhum estando na posse e administração do espólio; IV - o testamenteiro, se lhe foi confiada a administração do espólio ou toda a herança estiver distribuída em legados; V - o inventariante judicial, se houver; VI - pessoa estranha idônea, onde não houver inventariante judicial. Parágrafo único. O inventariante, intimado da nomeação, prestará, dentro de 5 (cinco) dias, o compromisso de bem e fielmente desempenhar o cargo.

O NCPC inova em dois novos legitimados para o encargo de inventariante, o herdeiro menor, por seu representante legal, e o cessionário, obedecendo à ordem estabelecida nos incisos.

NOVO CÓDIGO DE PROCESSO CIVIL	CÓDIGO DE PROCESSO CIVIL DE 1973
Art. 618. Incumbe ao inventariante: I - representar o espólio ativa e passivamente, em juízo ou fora dele, observando-se, quanto ao dativo, o disposto no art. 75, § 1º; II - administrar o espólio, velando-lhe os bens com a mesma diligência que teria se seus fossem; III - prestar as primeiras e as últimas declarações pessoalmente ou por procurador com poderes especiais; IV - exibir em cartório, a qualquer tempo, para exame das partes, os documentos relativos ao espólio; V - juntar aos autos certidão do testamento, se houver; VI - trazer à colação os bens recebidos pelo herdeiro ausente, renunciante ou excluído; VII - prestar contas de sua gestão ao deixar o cargo ou sempre que o juiz lhe determinar; VIII - requerer a declaração de insolvência.	**Art. 991.** Incumbe ao inventariante: I - representar o espólio ativa e passivamente, em juízo ou fora dele, observando-se, quanto ao dativo, o disposto no art. 12, § 1º; II - administrar o espólio, velando-lhe os bens com a mesma diligência como se seus fossem; III - prestar as primeiras e últimas declarações pessoalmente ou por procurador com poderes especiais; IV - exibir em cartório, a qualquer tempo, para exame das partes, os documentos relativos ao espólio; V - juntar aos autos certidão do testamento, se houver; VI - trazer à colação os bens recebidos pelo herdeiro ausente, renunciante ou excluído; VII - prestar contas de sua gestão ao deixar o cargo ou sempre que o juiz lhe determinar; VIII - requerer a declaração de insolvência (art. 748).

Sem alteração no texto se comparado ao artigo 991 do CPC/73.

NOVO CÓDIGO DE PROCESSO CIVIL	CÓDIGO DE PROCESSO CIVIL DE 1973
Art. 619. Incumbe ainda ao inventariante, ouvidos os interessados e com autorização do juiz: I - alienar bens de qualquer espécie; II - transigir em juízo ou fora dele; III - pagar dívidas do espólio; IV - fazer as despesas necessárias para a conservação e o melhoramento dos bens do espólio.	**Art. 992.** Incumbe ainda ao inventariante, ouvidos os interessados e com autorização do juiz: I – alienar bens de qualquer espécie; II – transigir em juízo ou fora dele; III – pagar dívidas do espólio; IV – fazer as despesas necessárias com a conservação e o melhoramento dos bens do espólio.

Sem alteração no texto, reproduzindo o teor do artigo 992 do CPC/73.

NOVO CÓDIGO DE PROCESSO CIVIL	CÓDIGO DE PROCESSO CIVIL DE 1973
Art. 620. Dentro de 20 (vinte) dias contados da data em que prestou o compromisso, o inventariante fará as primeiras declarações, das quais se lavrará termo circunstanciado, assinado pelo juiz, pelo escrivão e pelo inventariante, no qual serão exarados: I - o nome, o estado, a idade e o domicílio do autor da herança, o dia e o lugar em que faleceu e se deixou testamento; II - o nome, o estado, a idade, o endereço eletrônico e a residência dos herdeiros e, havendo cônjuge ou companheiro supérstite, além dos respectivos dados pessoais, o regime de bens do casamento ou da união estável; III - a qualidade dos herdeiros e o grau de parentesco com o inventariado; IV - a relação completa e individualizada de todos os bens do espólio, inclusive aqueles que devem ser conferidos à colação, e dos bens alheios que nele forem encontrados, descrevendo-se: a) os imóveis, com as suas especificações, nomeadamente local em que se encontram, extensão da área, limites, confrontações, benfeitorias, origem dos títulos, números das matrículas e ônus que os gravam; b) os móveis, com os sinais característicos; c) os semoventes, seu número, suas espécies, suas marcas e seus sinais distintivos; d) o dinheiro, as joias, os objetos de ouro e prata e as pedras preciosas, declarando-se-lhes especificadamente a qualidade, o peso e a importância; e) os títulos da dívida pública, bem como as ações, as quotas e os títulos de sociedade, mencionando-se-lhes o número, o valor e a data; f) as dívidas ativas e passivas, indicando-se-lhes as datas, os títulos, a origem da obrigação e os nomes dos credores e dos devedores; g) direitos e ações; h) o valor corrente de cada um dos bens do espólio. § 1º O juiz determinará que se proceda:	**Art. 993.** Dentro de 20 (vinte) dias, contados da data em que prestou o compromisso, fará o inventariante as primeiras declarações, das quais se lavrará termo circunstanciado. No termo, assinado pelo juiz, escrivão e inventariante, serão exarados: (Redação dada pela Lei nº 5.925, de 1º.10.1973) I - o nome, estado, idade e domicílio do autor da herança, dia e lugar em que faleceu e bem ainda se deixou testamento; (Redação dada pela Lei nº 5.925, de 1º.10.1973) II - o nome, estado, idade e residência dos herdeiros e, havendo cônjuge supérstite, o regime de bens do casamento; (Redação dada pela Lei nº 5.925, de 1º.10.1973) III - a qualidade dos herdeiros e o grau de seu parentesco com o inventariado; (Redação dada pela Lei nº 5.925, de 1º.10.1973) IV - a relação completa e individuada de todos os bens do espólio e dos alheios que nele forem encontrados, descrevendo-se: (Redação dada pela Lei nº 5.925, de 1º.10.1973) a) os imóveis, com as suas especificações, nomeadamente local em que se encontram, extensão da área, limites, confrontações, benfeitorias, origem dos títulos, números das transcrições aquisitivas e ônus que os gravam; (Redação dada pela Lei nº 5.925, de 1º.10.1973) b) os móveis, com os sinais característicos; (Redação dada pela Lei nº 5.925, de 1º.10.1973) c) os semoventes, seu número, espécies, marcas e sinais distintivos; (Redação dada pela Lei nº 5.925, de 1º.10.1973) d) o dinheiro, as jóias, os objetos de ouro e prata, e as pedras preciosas, declarando-se-lhes especificadamente a qualidade, o peso e a importância; (Redação dada pela Lei nº 5.925, de 1º.10.1973) e) os títulos da dívida pública, bem como as ações, cotas e títulos de sociedade, mencionando-se-lhes o número, o valor e a data; (Redação dada pela Lei nº 5.925, de 1º.10.1973) f) as dívidas ativas e passivas, indicando-se-lhes as datas, títulos, origem da obrigação, bem como os nomes dos credores e dos devedores; (Redação dada pela Lei nº 5.925, de 1º.10.1973) g) direitos e ações; (Redação dada pela Lei nº 5.925, de 1º.10.1973) h) o valor corrente de cada um dos bens do espólio. (Redação dada pela Lei nº 5.925, de 1º.10.1973) Parágrafo único. O juiz determinará que se proceda: (Redação dada pela Lei nº 5.925, de 1º.10.1973)

I - ao balanço do estabelecimento, se o autor da herança era empresário individual; II - à apuração de haveres, se o autor da herança era sócio de sociedade que não anônima. § 2º As declarações podem ser prestadas mediante petição, firmada por procurador com poderes especiais, à qual o termo se reportará.	I - ao balanço do estabelecimento, se o autor da herança era comerciante em nome individual; (Redação dada pela Lei nº 5.925, de 1º.10.1973) II - a apuração de haveres, se o autor da herança era sócio de sociedade que não anônima. (Redação dada pela Lei nº 5.925, de 1º.10.1973)

Houve pouca novidade no texto do NCPC sobre o conteúdo das primeiras declarações. Sinal dos tempos, o endereço eletrônico das partes deve constar das primeiras declarações. O novo texto também consagra a praxe forense, positivando a possibilidade de realizar as primeiras declarações mediante petição, firmada por procurador com poderes especiais.

NOVO CÓDIGO DE PROCESSO CIVIL	CÓDIGO DE PROCESSO CIVIL DE 1973
Art. 621. Só se pode arguir sonegação ao inventariante depois de encerrada a descrição dos bens, com a declaração, por ele feita, de não existirem outros por inventariar.	**Art. 994.** Só se pode arguir de sonegação ao inventariante depois de encerrada a descrição dos bens, com a declaração, por ele feita, de não existirem outros por inventariar.

Sem alteração de texto relativo à arguição da sonegação.

NOVO CÓDIGO DE PROCESSO CIVIL	CÓDIGO DE PROCESSO CIVIL DE 1973
Art. 622. O inventariante será removido de ofício ou a requerimento: I - se não prestar, no prazo legal, as primeiras ou as últimas declarações; II - se não der ao inventário andamento regular, se suscitar dúvidas infundadas ou se praticar atos meramente protelatórios; III - se, por culpa sua, bens do espólio se deteriorarem, forem dilapidados ou sofrerem dano; IV - se não defender o espólio nas ações em que for citado, se deixar de cobrar dívidas ativas ou se não promover as medidas necessárias para evitar o perecimento de direitos; V - se não prestar contas ou se as que prestar não forem julgadas boas; VI - se sonegar, ocultar ou desviar bens do espólio.	**Art. 995.** O inventariante será removido: I – se não prestar, no prazo legal, as primeiras e as últimas declarações; II – se não der ao inventário andamento regular, suscitando dúvidas infundadas ou praticando atos meramente protelatórios; III – se, por culpa sua, se deteriorarem, forem dilapidados ou sofrerem dano bens do espólio; IV – se não defender o espólio nas ações em que for citado, deixar de cobrar dívidas ativas ou não promover as medidas necessárias para evitar o perecimento de direitos; V – se não prestar contas ou as que prestar não forem julgadas boas; VI – se sonegar, ocultar ou desviar bens do espólio.

Sem alteração no texto quanto à remoção do inventariante, apenas havendo o acréscimo de que poderá ocorrer de ofício ou a requerimento.

NOVO CÓDIGO DE PROCESSO CIVIL	CÓDIGO DE PROCESSO CIVIL DE 1973
Art. 623. Requerida a remoção com fundamento em qualquer dos incisos do art. 622, será intimado o inventariante para, no prazo de 15 (quinze) dias, defender-se e produzir provas. Parágrafo único. O incidente da remoção correrá em apenso aos autos do inventário.	**Art. 996.** Requerida a remoção com fundamento em qualquer dos números do artigo antecedente, será intimado o inventariante para, no prazo de 5 (cinco) dias, defender-se e produzir provas. Parágrafo único. O incidente da remoção correrá em apenso aos autos do inventário.

Amplia-se o prazo de 5 para 15 dias para que o inventariante se manifeste, em homenagem ao princípio do contraditório, sobre o pedido de remoção ou sobre a possibilidade de remoção de ofício.

NOVO CÓDIGO DE PROCESSO CIVIL	CÓDIGO DE PROCESSO CIVIL DE 1973
Art. 624. Decorrido o prazo, com a defesa do inventariante ou sem ela, o juiz decidirá. Parágrafo único. Se remover o inventariante, o juiz nomeará outro, observada a ordem estabelecida no art. 617.	**Art. 997.** Decorrido o prazo com a defesa do inventariante ou sem ela, o juiz decidirá. Se remover o inventariante, nomeará outro, observada a ordem estabelecida no art. 990.

Sem alteração no texto que trata sobre a decisão de remoção do inventariante e a nomeação de outro.

NOVO CÓDIGO DE PROCESSO CIVIL	CÓDIGO DE PROCESSO CIVIL DE 1973
Art. 625. O inventariante removido entregará imediatamente ao substituto os bens do espólio e, caso deixe de fazê-lo, será compelido mediante mandado de busca e apreensão ou de imissão na posse, conforme se tratar de bem móvel ou imóvel, sem prejuízo da multa a ser fixada pelo juiz em montante não superior a três por cento do valor dos bens inventariados.	**Art. 998.** O inventariante removido entregará imediatamente ao substituto os bens do espólio; deixando de fazê-lo, será compelido mediante mandado de busca e apreensão, ou de imissão na posse, conforme se tratar de bem móvel ou imóvel.

Aqui há uma novidade importante, se o inventariante removido deixar de entregar os bens do espólio o substituto será penalizado com multa de até 3% do valor dos bens.

NOVO CÓDIGO DE PROCESSO CIVIL	CÓDIGO DE PROCESSO CIVIL DE 1973
Seção IV **Das Citações e das Impugnações**	Seção IV Das Citações e das Impugnações
Art. 626. Feitas as primeiras declarações, o juiz mandará citar, para os termos do inventário e da partilha, o cônjuge, o companheiro, os herdeiros e os legatários e intimar a Fazenda Pública, o Ministério Público, se houver herdeiro incapaz ou ausente, e o testamenteiro, se houver testamento. § 1º O cônjuge ou o companheiro, os herdeiros e os legatários serão citados pelo correio, observado o disposto no art. 247, sendo, ainda, publicado edital, nos termos do inciso III do art. 259. § 2º Das primeiras declarações extrair-se-ão tantas cópias quantas forem as partes. § 3º A citação será acompanhada de cópia das primeiras declarações. § 4º Incumbe ao escrivão remeter cópias à Fazenda Pública, ao Ministério Público, ao testamenteiro, se houver, e ao advogado, se a parte já estiver representada nos autos.	**Art. 999.** Feitas as primeiras declarações, o juiz mandará citar, para os termos do inventário e partilha, o cônjuge, os herdeiros, os legatários, a Fazenda Pública, o Ministério Público, se houver herdeiro incapaz ou ausente, e o testamenteiro, se o finado deixou testamento. (Redação dada pela Lei nº 5.925, de 1º.10.1973) § 1º Citar-se-ão, conforme o disposto nos arts. 224 a 230, somente as pessoas domiciliadas na comarca por onde corre o inventário ou que aí foram encontradas; e por edital, com o prazo de 20 (vinte) a 60 (sessenta) dias, todas as demais, residentes, assim no Brasil como no estrangeiro. (Redação dada pela Lei nº 5.925, de 1º.10.1973) § 2º Das primeiras declarações extrair-se-ão tantas cópias quantas forem as partes.(Redação dada pela Lei nº 5.925, de 1º.10.1973) § 3º O oficial de justiça, ao proceder à citação, entregará um exemplar a cada parte. (Redação dada pela Lei nº 5.925, de 1º.10.1973) § 4º Incumbe ao escrivão remeter cópias à Fazenda Pública, ao Ministério Público, ao testamenteiro, se houver, e ao advogado, se a parte já estiver representada nos autos. (Redação dada pela Lei nº 5.925, de 1º.10.1973)

O NCPC padroniza a citação das partes por via postal, nos termos do § 1º, sem prejuízo da citação editalícia quando houver necessidade conforme seu artigo 259, ao tratar da citação dos interessados para o inventário, da intimação da Fazenda Pública e, se for o caso, do Ministério Público e do testamenteiro.

NOVO CÓDIGO DE PROCESSO CIVIL	CÓDIGO DE PROCESSO CIVIL DE 1973
Art. 627. Concluídas as citações, abrir-se-á vista às partes, em cartório e pelo prazo comum de 15 (quinze) dias, para que se manifestem sobre as primeiras declarações, incumbindo às partes: I - arguir erros, omissões e sonegação de bens; II - reclamar contra a nomeação de inventariante III - contestar a qualidade de quem foi incluído no título de herdeiro.	**Art. 1.000.** Concluídas as citações, abrir-se-á vista às partes, em cartório e pelo prazo comum de 10 (dez) dias, para dizerem sobre as primeiras declarações. Cabe à parte: I – arguir erros e omissões; II – reclamar contra a nomeação do inventariante; III – contestar a qualidade de quem foi incluído no título de herdeiro.

§ 1º Julgando procedente a impugnação referida no inciso I, o juiz mandará retificar as primeiras declarações. § 2º Se acolher o pedido de que trata o inciso II, o juiz nomeará outro inventariante, observada a preferência legal. § 3º Verificando que a disputa sobre a qualidade de herdeiro a que alude o inciso III demanda produção de provas que não a documental, o juiz remeterá a parte às vias ordinárias e sobrestará, até o julgamento da ação, a entrega do quinhão que na partilha couber ao herdeiro admitido.	Parágrafo único. Julgando procedente a impugnação referida no inciso I, o juiz mandará retificar as primeiras declarações. Se acolher o pedido, de que trata o nº II, nomeará outro inventariante, observada a preferência legal. Verificando que a disputa sobre a qualidade de herdeiro, a que alude o nº III, constitui matéria de alta indagação, remeterá a parte para os meios ordinários e sobrestará, até o julgamento da ação, na entrega do quinhão que na partilha couber ao herdeiro admitido.

O texto do NCPC amplia o prazo de manifestação das partes para 15 dias. A sonegação de bens deverá ser arguida também neste prazo, nos termos do inciso I. A expressão "alta indagação" é retirada do texto, entretanto, conforme exposto no comentário do artigo 612 do NCPC, a alteração não traz inovação.

NOVO CÓDIGO DE PROCESSO CIVIL	CÓDIGO DE PROCESSO CIVIL DE 1973
Art. 628. Aquele que se julgar preterido poderá demandar sua admissão no inventário, requerendo-a antes da partilha. § 1º Ouvidas as partes no prazo de 15 (quinze) dias, o juiz decidirá. § 2º Se para solução da questão for necessária a produção de provas que não a documental, o juiz remeterá o requerente às vias ordinárias, mandando reservar, em poder do inventariante, o quinhão do herdeiro excluído até que se decida o litígio.	**Art. 1.001.** Aquele que se julgar preterido poderá demandar a sua admissão no inventário, requerendo-o antes da partilha. Ouvidas as partes no prazo de 10 (dez) dias, o juiz decidirá. Se não acolher o pedido, remeterá o requerente para os meios ordinários, mandando reservar, em poder do inventariante, o quinhão do herdeiro excluído até que se decida o litígio.

O texto do NCPC amplia o prazo para 15 dias e reestrutura o *caput* do artigo 1.001 do CPC/73, desdobrando-o em dois parágrafos, mas sem alteração de conteúdo para tratar do que se sente preterido e suas consequências.

NOVO CÓDIGO DE PROCESSO CIVIL	CÓDIGO DE PROCESSO CIVIL DE 1973
Art. 629. A Fazenda Pública, no prazo de 15 (quinze) dias, após a vista de que trata o art. 627, informará ao juízo, de acordo com os dados que constam de seu cadastro imobiliário, o valor dos bens de raiz descritos nas primeiras declarações.	**Art. 1.002.** A Fazenda Pública, no prazo de 20 (vinte) dias, após a vista de que trata o art. 1.000, informará ao juízo, de acordo com os dados que constam de seu cadastro imobiliário, o valor dos bens de raiz descritos nas primeiras declarações. (Redação dada pela Lei nº 5.925, de 1º.10.1973)

Novamente o NCPC padroniza o prazo em 15 dias.

NOVO CÓDIGO DE PROCESSO CIVIL	CÓDIGO DE PROCESSO CIVIL DE 1973
Seção V **Da Avaliação e do Cálculo do Imposto**	Seção V Da Avaliação e do Cálculo do Imposto
Art. 630. Findo o prazo previsto no art. 627 sem impugnação ou decidida a impugnação que houver sido oposta, o juiz nomeará, se for o caso, perito para avaliar os bens do espólio, se não houver na comarca avaliador judicial. Parágrafo único. Na hipótese prevista no art. 620, § 1º, o juiz nomeará perito para avaliação das quotas sociais ou apuração dos haveres.	**Art. 1.003.** Findo o prazo do art. 1.000, sem impugnação ou decidida a que houver sido oposta, o juiz nomeará um perito para avaliar os bens do espólio, se não houver na comarca avaliador judicial. Parágrafo único. No caso previsto no art. 993, parágrafo único, o juiz nomeará um contador para levantar o balanço ou apurar os haveres.

O NCPC não altera o conteúdo do CPC/73, apenas o reestrutura com a inclusão de um parágrafo único sobre a nomeação de perito quando for necessária a avaliação de quotas sociais ou a apuração de haveres.

NOVO CÓDIGO DE PROCESSO CIVIL	CÓDIGO DE PROCESSO CIVIL DE 1973
Art. 631. Ao avaliar os bens do espólio, o perito observará, no que for aplicável, o disposto nos arts. 872 e 873.	**Art. 1.004.** Ao avaliar os bens do espólio, observará o perito, no que for aplicável, o disposto nos arts. 681 a 683.

Sem alteração no texto relativo à avaliação dos bens do espólio.

NOVO CÓDIGO DE PROCESSO CIVIL	CÓDIGO DE PROCESSO CIVIL DE 1973
Art. 632. Não se expedirá carta precatória para a avaliação de bens situados fora da comarca onde corre o inventário se eles forem de pequeno valor ou perfeitamente conhecidos do perito nomeado.	**Art. 1.006.** Não se expedirá carta precatória para a avaliação de bens situados fora da comarca por onde corre o inventário, se eles forem de pequeno valor ou perfeitamente conhecidos do perito nomeado.

Sem alteração no texto que dispensa a expedição de carta precatória para avaliação de bens de pequeno valor ou conhecidos do perito nomeado, aqui devendo ser interpretados como bens de valor de mercado de fácil estimativa.

NOVO CÓDIGO DE PROCESSO CIVIL	CÓDIGO DE PROCESSO CIVIL DE 1973
Art. 633. Sendo capazes todas as partes, não se procederá à avaliação se a Fazenda Pública, intimada pessoalmente, concordar de forma expressa com o valor atribuído, nas primeiras declarações, aos bens do espólio.	**Art. 1.007.** Sendo capazes todas as partes, não se procederá à avaliação, se a Fazenda Pública, intimada na forma do art. 237, I, concordar expressamente com o valor atribuído, nas primeiras declarações, aos bens do espólio. (Redação dada pela Lei nº 5.925, de 1º.10.1973)

Sem alteração no texto que trata de outra hipótese de dispensa de avaliação do bem.

NOVO CÓDIGO DE PROCESSO CIVIL	CÓDIGO DE PROCESSO CIVIL DE 1973
Art. 634. Se os herdeiros concordarem com o valor dos bens declarados pela Fazenda Pública, a avaliação cingir-se-á aos demais.	**Art. 1.008.** Se os herdeiros concordarem com o valor dos bens declarados pela Fazenda Pública, a avaliação cingir-se-á aos demais. (Redação dada pela Lei nº 5.925, de 1º.10.1973)

Sem alteração no texto que dispõe que a avaliação pode se limitar aos bens em relação aos quais os herdeiros e a Fazenda Pública não chegaram a um consenso quanto ao valor.

NOVO CÓDIGO DE PROCESSO CIVIL	CÓDIGO DE PROCESSO CIVIL DE 1973
Art. 635. Entregue o laudo de avaliação, o juiz mandará que as partes se manifestem no prazo de 15 (quinze) dias, que correrá em cartório. § 1º Versando a impugnação sobre o valor dado pelo perito, o juiz a decidirá de plano, à vista do que constar dos autos. § 2º Julgando procedente a impugnação, o juiz determinará que o perito retifique a avaliação, observando os fundamentos da decisão.	**Art. 1.009.** Entregue o laudo de avaliação, o juiz mandará que sobre ele se manifestem as partes no prazo de 10 (dez) dias, que correrá em cartório. § 1º Versando a impugnação sobre o valor dado pelo perito, o juiz a decidirá de plano, à vista do que constar dos autos. § 2º Julgando procedente a impugnação, determinará o juiz que o perito retifique a avaliação, observando os fundamentos da decisão.

O NCPC altera para 15 dias o prazo para manifestação das partes sobre o laudo de avaliação e reproduz a previsão do CPC/73 sobre as possíveis providências a serem tomadas pelo juiz após a manifestação das partes sobre o laudo.

Embora o NCPC não tenha contemplado a previsão do artigo 1.010 do CPC/73, que tratava da possibilidade de ser repetida a avaliação do bem, parece não haver impedimento de que o juiz mande repetir a avaliação do bem, desde que o faça de modo fundamentado.

NOVO CÓDIGO DE PROCESSO CIVIL	CÓDIGO DE PROCESSO CIVIL DE 1973
Art. 636. Aceito o laudo ou resolvidas as impugnações suscitadas a seu respeito, lavrar-se-á em seguida o termo de últimas declarações, no qual o inventariante poderá emendar, aditar ou completar as primeiras.	**Art. 1.011.** Aceito o laudo ou resolvidas as impugnações suscitadas a seu respeito lavrar-se-á em seguida o termo de últimas declarações, no qual o inventariante poderá emendar, aditar ou completar as primeiras.

Sem alteração no texto do artigo 636 do CPC/2015 se comparado ao texto do artigo 1.011 do CPC/73. Após a avaliação, será lavrado o termo das últimas declarações, podendo o inventariante emendar, aditar ou complementar as informações que constaram nas primeiras declarações.

NOVO CÓDIGO DE PROCESSO CIVIL	CÓDIGO DE PROCESSO CIVIL DE 1973
Art. 637. Ouvidas as partes sobre as últimas declarações no prazo comum de 15 (quinze) dias, proceder-se-á ao cálculo do tributo.	**Art. 1.012.** Ouvidas as partes sobre as últimas declarações no prazo comum de 10 (dez) dias, proceder-se-á ao cálculo do imposto.

O prazo para manifestações sobre últimas declarações foi alterado para 15 dias, sendo, após, calculado o tributo devido.

NOVO CÓDIGO DE PROCESSO CIVIL	CÓDIGO DE PROCESSO CIVIL DE 1973
Art. 638. Feito o cálculo, sobre ele serão ouvidas todas as partes no prazo comum de 5 (cinco) dias, que correrá em cartório, e, em seguida, a Fazenda Pública. § 1º Se acolher eventual impugnação, o juiz ordenará nova remessa dos autos ao contabilista, determinando as alterações que devam ser feitas no cálculo. § 2º Cumprido o despacho, o juiz julgará o cálculo do tributo.	**Art. 1.013.** Feito o cálculo, sobre ele serão ouvidas todas as partes no prazo comum de 5 (cinco) dias, que correrá em cartório e, em seguida, a Fazenda Pública. § 1º Se houver impugnação julgada procedente, ordenará o juiz novamente a remessa dos autos ao contador, determinando as alterações que devam ser feitas no cálculo. § 2º Cumprido o despacho, o juiz julgará o cálculo do imposto.

Sem alterações no texto quanto à homologação do cálculo após eventuais impugnações.

NOVO CÓDIGO DE PROCESSO CIVIL	CÓDIGO DE PROCESSO CIVIL DE 1973
Seção VI **Das Colações**	Seção VI Das Colações
Art. 639. No prazo estabelecido no art. 627, o herdeiro obrigado à colação conferirá por termo nos autos ou por petição à qual o termo se reportará os bens que recebeu ou, se já não os possuir, trar-lhes-á o valor. Parágrafo único. Os bens a serem conferidos na partilha, assim como as acessões e as benfeitorias que o donatário fez, calcular-se-ão pelo valor que tiverem ao tempo da abertura da sucessão.	**Art. 1.014.** No prazo estabelecido no art. 1.000, o herdeiro obrigado à colação conferirá por termo nos autos os bens que recebeu ou, se já os não possuir, trar-lhes-á o valor. Parágrafo único. Os bens que devem ser conferidos na partilha, assim como as acessões e benfeitorias que o donatário fez, calcular-se-ão pelo valor que tiverem ao tempo da abertura da sucessão

Novamente, o NCPC privilegia a praxe forense, bem como a operabilidade: o herdeiro obrigado à colação o fará por termo nos autos ou mediante petição.

NOVO CÓDIGO DE PROCESSO CIVIL	CÓDIGO DE PROCESSO CIVIL DE 1973
Art. 640. O herdeiro que renunciou à herança ou o que dela foi excluído não se exime, pelo fato da renúncia ou da exclusão, de conferir, para o efeito de repor a parte inoficiosa, as liberalidades que obteve do doador. § 1º É lícito ao donatário escolher, dentre os bens doados, tantos quantos bastem para perfazer a legítima e a metade disponível, entrando na partilha o excedente para ser dividido entre os demais herdeiros. § 2º Se a parte inoficiosa da doação recair sobre bem imóvel que não comporte divisão cômoda, o juiz determinará que sobre ela se proceda a licitação entre os herdeiros. § 3º O donatário poderá concorrer na licitação referida no § 2º e, em igualdade de condições, terá preferência sobre os herdeiros.	**Art. 1.015.** O herdeiro que renunciou à herança ou o que dela foi excluído não se exime, pelo fato da renúncia ou da exclusão, de conferir, para o efeito de repor a parte inoficiosa, as liberalidades que houve do doador. § 1º E lícito ao donatário escolher, dos bens doados, tantos quantos bastem para perfazer a legítima e a metade disponível, entrando na partilha o excedente para ser dividido entre os demais herdeiros. § 2º Se a parte inoficiosa da doação recair sobre bem imóvel, que não comporte divisão cômoda, o juiz determinará que sobre ela se proceda entre os herdeiros à licitação; o donatário poderá concorrer na licitação e, em igualdade de condições, preferirá aos herdeiros.

Sem alterações no texto quanto à acomodação da herança.

NOVO CÓDIGO DE PROCESSO CIVIL	CÓDIGO DE PROCESSO CIVIL DE 1973
Art. 641. Se o herdeiro negar o recebimento dos bens ou a obrigação de os conferir, o juiz, ouvidas as partes no prazo comum de 15 (quinze) dias, decidirá à vista das alegações e das provas produzidas. § 1º Declarada improcedente a oposição, se o herdeiro, no prazo improrrogável de 15 (quinze) dias, não proceder à conferência, o juiz mandará sequestrar-lhe, para serem inventariados e partilhados, os bens sujeitos à colação ou imputar ao seu quinhão hereditário o valor deles, se já não os possuir. § 2º Se a matéria exigir dilação probatória diversa da documental, o juiz remeterá as partes às vias ordinárias, não podendo o herdeiro receber o seu quinhão hereditário, enquanto pender a demanda, sem prestar caução correspondente ao valor dos bens sobre os quais versar a conferência.	**Art. 1.016.** Se o herdeiro negar o recebimento dos bens ou a obrigação de os conferir, o juiz, ouvidas as partes no prazo comum de 5 (cinco) dias, decidirá à vista das alegações e provas produzidas. § 1º Declarada improcedente a oposição, se o herdeiro, no prazo improrrogável de 5 (cinco) dias, não proceder à conferência, o juiz mandará sequestrar-lhe, para serem inventariados e partilhados, os bens sujeitos à colação, ou imputar ao seu quinhão hereditário o valor deles, se já os não possuir. § 2º Se a matéria for de alta indagação, o juiz remeterá as partes para os meios ordinários, não podendo o herdeiro receber o seu quinhão hereditário, enquanto pender a demanda, sem prestar caução correspondente ao valor dos bens sobre que versar a conferência.

O dispositivo em tela traz duas mudanças que seguem a tendência do NCPC quanto à existência de controvérsia ou resistência à colação de bens. Os prazos de manifestação das partes nesta hipótese se ampliam para 15 (quinze) dias e o juiz somente remeterá a discussão para as vias ordinárias se a matéria exigir provas não documentais.

NOVO CÓDIGO DE PROCESSO CIVIL	CÓDIGO DE PROCESSO CIVIL DE 1973
Seção VII **Do Pagamento das Dívidas** **Art. 642.** Antes da partilha, poderão os credores do espólio requerer ao juízo do inventário o pagamento das dívidas vencidas e exigíveis. § 1º A petição, acompanhada de prova literal da dívida, será distribuída por dependência e autuada em apenso aos autos do processo de inventário. § 2º Concordando as partes com o pedido, o juiz, ao declarar habilitado o credor, mandará que se faça a separação de dinheiro ou, em sua falta, de bens suficientes para o pagamento. § 3º Separados os bens, tantos quantos forem necessários para o pagamento dos credores habilitados, o juiz mandará aliená-los, observando-se as disposições deste Código relativas à expropriação. § 4º Se o credor requerer que, em vez de dinheiro, lhe sejam adjudicados, para o seu pagamento, os bens já reservados, o juiz deferir-lhe-á o pedido, concordando todas as partes. § 5º Os donatários serão chamados a pronunciar-se sobre a aprovação das dívidas, sempre que haja possibilidade de resultar delas a redução das liberalidades.	Seção VII Do Pagamento das Dívidas **Art. 1.017.** Antes da partilha, poderão os credores do espólio requerer ao juízo do inventário o pagamento das dívidas vencidas e exigíveis. § 1º A petição, acompanhada de prova literal da dívida, será distribuída por dependência e autuada em apenso aos autos do processo de inventário. § 2º Concordando as partes com o pedido, o juiz, ao declarar habilitado o credor, mandará que se faça a separação de dinheiro ou, em sua falta, de bens suficientes para o seu pagamento. § 3º Separados os bens, tantos quantos forem necessários para o pagamento dos credores habilitados, o juiz mandará aliená-los em praça ou leilão, observadas, no que forem aplicáveis, as regras do Livro II, Título II, Capítulo IV, Seção I, Subseção VII e Seção II, Subseções I e II. § 4º Se o credor requerer que, em vez de dinheiro, lhe sejam adjudicados, para o seu pagamento, os bens já reservados, o juiz deferir-lhe-á o pedido, concordando todas as partes.

Não há alteração substancial do conteúdo, a remessa dos bens à expropriação para pagamento dos credores segue as novas regras definidas para o NCPC.

NOVO CÓDIGO DE PROCESSO CIVIL	CÓDIGO DE PROCESSO CIVIL DE 1973
Art. 643. Não havendo concordância de todas as partes sobre o pedido de pagamento feito pelo credor, será o pedido remetido às vias ordinárias. Parágrafo único. O juiz mandará, porém, reservar, em poder do inventariante, bens suficientes para pagar o credor quando a dívida constar de documento que comprove suficientemente a obrigação e a impugnação não se fundar em quitação.	**Art. 1.018.** Não havendo concordância de todas as partes sobre o pedido de pagamento feito pelo credor, será ele remetido para os meios ordinários. Parágrafo único. O juiz mandará, porém, reservar em poder do inventariante bens suficientes para pagar o credor, quando a dívida constar de documento que comprove suficientemente a obrigação e a impugnação não se fundar em quitação.

Sem alterações no texto sobre a discordância das partes sobre o pedido de pagamento feito pelo credor.

NOVO CÓDIGO DE PROCESSO CIVIL	CÓDIGO DE PROCESSO CIVIL DE 1973
Art. 644. O credor de dívida líquida e certa, ainda não vencida, pode requerer habilitação no inventário. Parágrafo único. Concordando as partes com o pedido referido no caput, o juiz, ao julgar habilitado o crédito, mandará que se faça separação de bens para o futuro pagamento.	**Art. 1.019.** O credor de dívida líquida e certa, ainda não vencida, pode requerer habilitação no inventário. Concordando as partes com o pedido, o juiz, ao julgar habilitado o crédito, mandará que se faça separação de bens para o futuro pagamento.

Sem alterações no texto sobre a habilitação do credor no inventário, para que venha a receber o valor que lhe é devido.

NOVO CÓDIGO DE PROCESSO CIVIL	CÓDIGO DE PROCESSO CIVIL DE 1973
Art. 645. O legatário é parte legítima para manifestar-se sobre as dívidas do espólio: I - quando toda a herança for dividida em legados; II - quando o reconhecimento das dívidas importar redução dos legados.	**Art. 1.020.** O legatário é parte legítima para manifestar-se sobre as dívidas do espólio: I – quando toda a herança for dividida em legados; II – quando o reconhecimento das dívidas importar redução dos legados.

Sem alterações no texto sobre a legitimidade do legatário.

NOVO CÓDIGO DE PROCESSO CIVIL	CÓDIGO DE PROCESSO CIVIL DE 1973
Art. 646. Sem prejuízo do disposto no art. 860, é lícito aos herdeiros, ao separarem bens para o pagamento de dívidas, autorizar que o inventariante os indique à penhora no processo em que o espólio for executado.	**Art. 1.021.** Sem prejuízo do disposto no art. 674, é lícito aos herdeiros, ao separarem bens para o pagamento de dívidas, autorizar que o inventariante os nomeie à penhora no processo em que o espólio for executado.

Sem alterações no texto do artigo 646 do NCPC em relação ao artigo 1.021 do CPC/73.

NOVO CÓDIGO DE PROCESSO CIVIL	CÓDIGO DE PROCESSO CIVIL DE 1973
Seção VIII **Da Partilha** **Art. 647.** Cumprido o disposto no art. 642, § 3º, o juiz facultará às partes que, no prazo comum de 15 (quinze) dias, formulem o pedido de quinhão e, em seguida, proferirá a decisão de deliberação da partilha, resolvendo os pedidos das partes e designando os bens que devam constituir quinhão de cada herdeiro e legatário.	Seção VIII Da Partilha **Art. 1.022.** Cumprido o disposto no art. 1.017, § 3º, o juiz facultará às partes que, no prazo comum de 10 (dez) dias, formulem o pedido de quinhão; em seguida proferirá, no prazo de 10 (dez) dias, o despacho de deliberação da partilha, resolvendo os pedidos das partes e designando os bens que devam constituir quinhão de cada herdeiro e legatário.

Parágrafo único. O juiz poderá, em decisão fundamentada, deferir antecipadamente a qualquer dos herdeiros o exercício dos direitos de usar e de fruir de determinado bem, com a condição de que, ao término do inventário, tal bem integre a cota desse herdeiro, cabendo a este, desde o deferimento, todos os ônus e bônus decorrentes do exercício daqueles direitos.	

Há neste artigo, a padronização de 15 dias para formulação de pedido de quinhão, e o acréscimo do parágrafo único, pelo qual caberá ao magistrado admitir, de forma fundamentada, a antecipação do uso e fruição de determinados bens. O benefício é exclusivo para o herdeiro, não contemplando legatários.

NOVO CÓDIGO DE PROCESSO CIVIL	CÓDIGO DE PROCESSO CIVIL DE 1973
Art. 648. Na partilha, serão observadas as seguintes regras: I - a máxima igualdade possível quanto ao valor, à natureza e à qualidade dos bens; II - a prevenção de litígios futuros; III - a máxima comodidade dos coerdeiros, do cônjuge ou do companheiro, se for o caso.	Sem correspondente.

O artigo 648 é uma novidade. Contempla critérios objetivos para a partilha, tornando mais claras as diretrizes para julgamento da partilha.

NOVO CÓDIGO DE PROCESSO CIVIL	CÓDIGO DE PROCESSO CIVIL DE 1973
Art. 649. Os bens insuscetíveis de divisão cômoda que não couberem na parte do cônjuge ou companheiro supérstite ou no quinhão de um só herdeiro serão licitados entre os interessados ou vendidos judicialmente, partilhando-se o valor apurado, salvo se houver acordo para que sejam adjudicados a todos.	Sem correspondente.

Aqui, também, uma inovação do NCPC, e traz dentro da perspectiva deste NCPC, o princípio da operabilidade,de modo a permitir que os bens, por não serem passíveis de divisão cômoda, sejam licitados entre os pretendentes ou alienados judicialmente, partilhando-se o valor respectivo, salvo se houver acordo para que sejam adjudicados a todos.

NOVO CÓDIGO DE PROCESSO CIVIL	CÓDIGO DE PROCESSO CIVIL DE 1973
Art. 650. Se um dos interessados for nascituro, o quinhão que lhe caberá será reservado em poder do inventariante até o seu nascimento.	Sem correspondente.

O artigo 650 também é novidade do NCPC, e contempla o que já estava previsto, no plano do direito material, nos artigos 1.824 a 1.828 do CC/2002 e vem sendo decidido pelos tribunais, definindo regras claras sobre reserva do quinhão do nascituro.

NOVO CÓDIGO DE PROCESSO CIVIL	CÓDIGO DE PROCESSO CIVIL DE 1973
Art. 651. O partidor organizará o esboço da partilha de acordo com a decisão judicial, observando nos pagamentos a seguinte ordem: I - dívidas atendidas; II - meação do cônjuge; III - meação disponível; IV - quinhões hereditários, a começar pelo coerdeiro mais velho.	**Art. 1.023.** O partidor organizará o esboço da partilha de acordo com a decisão, observando nos pagamentos a seguinte ordem: I – dívidas atendidas; II – meação do cônjuge; III – meação disponível; IV – quinhões hereditários, a começar pelo coerdeiro mais velho.

Sem alterações nos textos comparados quanto ao esboço de partilha.

NOVO CÓDIGO DE PROCESSO CIVIL	CÓDIGO DE PROCESSO CIVIL DE 1973
Art. 652. Feito o esboço, as partes manifestar-se-ão sobre esse no prazo comum de 15 (quinze) dias, e, resolvidas as reclamações, a partilha será lançada nos autos.	**Art. 1.024.** Feito o esboço, dirão sobre ele as partes no prazo comum de 5 (cinco) dias. Resolvidas as reclamações, será a partilha lançada nos autos.

Em relação ao esboço de partilha e à manifestação das partes, houve apenas a alteração do prazo para 15 dias para manifestação das partes.

NOVO CÓDIGO DE PROCESSO CIVIL	CÓDIGO DE PROCESSO CIVIL DE 1973
Art. 653. A partilha constará: I - de auto de orçamento, que mencionará: a) os nomes do autor da herança, do inventariante, do cônjuge ou companheiro supérstite, dos herdeiros, dos legatários e dos credores admitidos; b) o ativo, o passivo e o líquido partível, com as necessárias especificações; c) o valor de cada quinhão;	**Art. 1.025.** A partilha constará: I – de um auto de orçamento, que mencionará: a) os nomes do autor da herança, do inventariante, do cônjuge supérstite, dos herdeiros, dos legatários e dos credores admitidos; b) o ativo, o passivo e o líquido partível, com as necessárias especificações; c) o valor de cada quinhão;

II - de folha de pagamento para cada parte, declarando a quota a pagar-lhe, a razão do pagamento e a relação dos bens que lhe compõem o quinhão, as características que os individualizam e os ônus que os gravam. Parágrafo único. O auto e cada uma das folhas serão assinados pelo juiz e pelo escrivão.	II – de uma folha de pagamento para cada parte, declarando a quota a pagar-lhe, a razão do pagamento, a relação dos bens que lhe compõem o quinhão, as características que os individualizam e os ônus que os gravam. Parágrafo único. O auto e cada uma das folhas serão assinados pelo juiz e pelo escrivão.

Sem alterações no texto, apenas com a inclusão do (a) companheiro(a) supérstite, ao tratar da documentação da partilha.

NOVO CÓDIGO DE PROCESSO CIVIL	CÓDIGO DE PROCESSO CIVIL DE 1973
Art. 654. Pago o imposto de transmissão a título de morte e juntada aos autos certidão ou informação negativa de dívida para com a Fazenda Pública, o juiz julgará por sentença a partilha. Parágrafo único. A existência de dívida para com a Fazenda Pública não impedirá o julgamento da partilha, desde que o seu pagamento esteja devidamente garantido.	**Art. 1.026.** Pago o imposto de transmissão a título de morte, e junta aos autos certidão ou informação negativa de dívida para com a Fazenda Pública, o juiz julgará por sentença a partilha.

O *caput* do artigo 654 do NCPC reproduz o teor do artigo 1.026 do CPC/73 sobre o pagamento do imposto incidente sobre a partilha e o seu consequente julgamento, mas há uma novidade com a inclusão do parágrafo único, de modo que dívidas fiscais não impedem a homologação da partilha, desde que estejam garantidas.

NOVO CÓDIGO DE PROCESSO CIVIL	CÓDIGO DE PROCESSO CIVIL DE 1973
Art. 655. Transitada em julgado a sentença mencionada no art. 654, receberá o herdeiro os bens que lhe tocarem e um formal de partilha, do qual constarão as seguintes peças: I - termo de inventariante e título de herdeiros; II - avaliação dos bens que constituíram o quinhão do herdeiro; III - pagamento do quinhão hereditário; IV - quitação dos impostos; V - sentença. Parágrafo único. O formal de partilha poderá ser substituído por certidão de pagamento do quinhão hereditário quando esse não exceder a 5 (cinco) vezes o salário-mínimo, caso em que se transcreverá nela a sentença de partilha transitada em julgado.	**Art. 1.027.** Passada em julgado a sentença mencionada no artigo antecedente, receberá o herdeiro os bens que lhe tocarem e um formal de partilha, do qual constarão as seguintes peças: I – termo de inventariante e título de herdeiros; II – avaliação dos bens que constituíram o quinhão do herdeiro; III – pagamento do quinhão hereditário; IV – quitação dos impostos; V – sentença. Parágrafo único. O formal de partilha poderá ser substituído por certidão do pagamento do quinhão hereditário, quando este não exceder 5 (cinco) vezes o salário- mínimo vigente na sede do juízo; caso em que se transcreverá nela a sentença de partilha transitada em julgado.

Sem alterações no texto comparado ao artigo 1.027 do CPC/73 que trata da partilha e do formal de partilha a ser entregue aos herdeiros, com exceção de o quinhão hereditário ser inferior a 5 (cinco) vezes o salário-mínimo.

NOVO CÓDIGO DE PROCESSO CIVIL	CÓDIGO DE PROCESSO CIVIL DE 1973
Art. 656. A partilha, mesmo depois de transitada em julgado a sentença, pode ser emendada nos mesmos autos do inventário, convindo todas as partes, quando tenha havido erro de fato na descrição dos bens, podendo o juiz, de ofício ou a requerimento da parte, a qualquer tempo, corrigir-lhe as inexatidões materiais.	**Art. 1.028.** A partilha, ainda depois de passar em julgado a sentença (art. 1.026), pode ser emendada nos mesmos autos do inventário, convindo todas as partes, quando tenha havido erro de fato na descrição dos bens; o juiz, de ofício ou a requerimento da parte, poderá, a qualquer tempo, corrigir-lhe as inexatidões materiais.

Sem alterações no texto que trata da emenda da partilha no caso de erro de fato na descrição dos bens.

NOVO CÓDIGO DE PROCESSO CIVIL	CÓDIGO DE PROCESSO CIVIL DE 1973
Art. 657. A partilha amigável, lavrada em instrumento público, reduzida a termo nos autos do inventário ou constante de escrito particular homologado pelo juiz, pode ser anulada por dolo, coação, erro essencial ou intervenção de incapaz, observado o disposto no § 4º do art. 966. Parágrafo único. O direito à anulação de partilha amigável extingue-se em 1 (um) ano, contado esse prazo: I - no caso de coação, do dia em que ela cessou; II - no caso de erro ou dolo, do dia em que se realizou o ato; III - quanto ao incapaz, do dia em que cessar a incapacidade.	**Art. 1.029.** A partilha amigável, lavrada em instrumento público, reduzida a termo nos autos do inventário ou constante de escrito particular homologado pelo juiz, pode ser anulada, por dolo, coação, erro essencial ou intervenção de incapaz. (Redação dada pela Lei nº 5.925, de 1º.10.1973) Parágrafo único. O direito de propor ação anulatória de partilha amigável prescreve em 1 (um) ano, contado este prazo: (Redação dada pela Lei nº 5.925, de 1º.10.1973) I - no caso de coação, do dia em que ela cessou; (Redação dada pela Lei nº 5.925, de 1º.10.1973) II - no de erro ou dolo, do dia em que se realizou o ato; (Redação dada pela Lei nº 5.925, de 1º.10.1973) III - quanto ao incapaz, do dia em que cessar a incapacidade. (Redação dada pela Lei nº 5.925, de 1º.10.1973)

Sem alterações quanto ao conteúdo, mantendo-se as determinações quanto à anulação de partilha e ao prazo prescricional correspondente.

NOVO CÓDIGO DE PROCESSO CIVIL	CÓDIGO DE PROCESSO CIVIL DE 1973
Art. 658. É rescindível a partilha julgada por sentença: I - nos casos mencionados no art. 657; II - se feita com preterição de formalidades legais; III - se preteriu herdeiro ou incluiu quem não o seja.	**Art. 1.030.** É rescindível a partilha julgada por sentença: I – nos casos mencionados no artigo antecedente; II – se feita com preterição de formalidades legais; III – se preteriu herdeiro ou incluiu quem não o seja.

Sem alterações no texto, mantendo-se a regra em relação à rescisão da partilha.

NOVO CÓDIGO DE PROCESSO CIVIL	CÓDIGO DE PROCESSO CIVIL DE 1973
Seção IX **Do Arrolamento**	SEÇÃO IX DO ARROLAMENTO
Art. 659. A partilha amigável, celebrada entre partes capazes, nos termos da lei, será homologada de plano pelo juiz, com observância dos arts. 660 a 663. § 1º O disposto neste artigo aplica-se, também, ao pedido de adjudicação, quando houver herdeiro único. § 2º Transitada em julgado a sentença de homologação de partilha ou de adjudicação, será lavrado o formal de partilha ou elaborada a carta de adjudicação e, em seguida, serão expedidos os alvarás referentes aos bens e às rendas por ele abrangidos, intimando-se o fisco para lançamento administrativo do imposto de transmissão e de outros tributos porventura incidentes, conforme dispuser a legislação tributária, nos termos do § 2º do art. 662.	**Art. 1.031.** A partilha amigável, celebrada entre partes capazes, nos termos do art. 2.015 da Lei nº 10.406, de 10 de janeiro de 2002 - Código Civil, será homologada de plano pelo juiz, mediante a prova da quitação dos tributos relativos aos bens do espólio e às suas rendas, com observância dos arts. 1.032 a 1.035 desta Lei. (Redação dada pela Lei nº 11.441, de 2007). § 1º O disposto neste artigo aplica-se, também, ao pedido de adjudicação, quando houver herdeiro único. (Parágrafo único Renumerado pela Lei nº 9.280, de 30.5.1996) § 2º Transitada em julgado a sentença de homologação de partilha ou adjudicação, o respectivo formal, bem como os alvarás referentes aos bens por ele abrangidos, só serão expedidos e entregues às partes após a comprovação, verificada pela Fazenda Pública, do pagamento de todos os tributos. (Incluído pela Lei nº 9.280, de 30.5.1996)

Sem alterações em relação ao CPC/73, mas o novo texto não indica a exigência de quitação dos tributos, não sendo esta impeditiva para a homologação. Os tributos devidos na ocasião serão cobrados pela via própria da execução fiscal.

NOVO CÓDIGO DE PROCESSO CIVIL	CÓDIGO DE PROCESSO CIVIL DE 1973
Art. 660. Na petição de inventário, que se processará na forma de arrolamento sumário, independentemente da lavratura de termos de qualquer espécie, os herdeiros: I - requererão ao juiz a nomeação do inventariante que designarem; II - declararão os títulos dos herdeiros e os bens do espólio, observado o disposto no art. 630; III - atribuirão valor aos bens do espólio, para fins de partilha.	**Art. 1.032.** Na petição de inventário, que se processará na forma de arrolamento sumário, independentemente da lavratura de termos de qualquer espécie, os herdeiros: (Redação dada pela Lei nº 7.019, de 31.8.1982) I - requererão ao juiz a nomeação do inventariante que designarem; (Redação dada pela Lei nº 7.019, de 31.8.1982) II - declararão os títulos dos herdeiros e os bens do espólio, observado o disposto no art. 993 desta Lei; (Redação dada pela Lei nº 7.019, de 31.8.1982) III - atribuirão o valor dos bens do espólio, para fins de partilha. (Incluído pela Lei nº 7.019, de 31.8.1982)

Sem alterações no texto quanto aos requisitos da petição inicial de inventário, que se processará na forma de arrolamento.

NOVO CÓDIGO DE PROCESSO CIVIL	CÓDIGO DE PROCESSO CIVIL DE 1973
Art. 661. Ressalvada a hipótese prevista no parágrafo único do art. 663, não se procederá à avaliação dos bens do espólio para nenhuma finalidade.	**Art. 1.033.** Ressalvada a hipótese prevista no parágrafo único do art. 1.035 desta Lei, não se procederá a avaliação dos bens do espólio para qualquer finalidade. (Redação dada pela Lei nº 7.019, de 31.8.1982)

Sem alterações no texto, quanto à avaliação de bem, quando houver habilitação de credor ao inventário, que se processa na forma de arrolamento .

NOVO CÓDIGO DE PROCESSO CIVIL	CÓDIGO DE PROCESSO CIVIL DE 1973
Art. 662. No arrolamento, não serão conhecidas ou apreciadas questões relativas ao lançamento, ao pagamento ou à quitação de taxas judiciárias e de tributos incidentes sobre a transmissão da propriedade dos bens do espólio. § 1º A taxa judiciária, se devida, será calculada com base no valor atribuído pelos herdeiros, cabendo ao fisco, se apurar em processo administrativo valor diverso do estimado, exigir a eventual diferença pelos meios adequados ao lançamento de créditos tributários em geral. § 2º O imposto de transmissão será objeto de lançamento administrativo, conforme dispuser a legislação tributária, não ficando as autoridades fazendárias adstritas aos valores dos bens do espólio atribuídos pelos herdeiros.	**Art. 1.034.** No arrolamento, não serão conhecidas ou apreciadas questões relativas ao lançamento, ao pagamento ou à quitação de taxas judiciárias e de tributos incidentes sobre a transmissão da propriedade dos bens do espólio. (Redação dada pela Lei nº 7.019, de 31.8.1982) § 1° A taxa judiciária, se devida, será calculada com base no valor atribuído pelos herdeiros, cabendo ao fisco, se apurar em processo administrativo valor diverso do estimado, exigir a eventual diferença pelos meios adequados ao lançamento de créditos tributários em geral. (Incluído pela Lei nº 7.019, de 31.8.1982) § 2° O imposto de transmissão será objeto de lançamento administrativo, conforme dispuser a legislação tributária, não ficando as autoridades fazendárias adstritas aos valores dos bens do espólio atribuídos pelos herdeiros. (Incluído pela Lei nº 7.019, de 31.8.1982)

Sem alterações no texto, que exclui a discussão de questões tributárias no arrolamento.

NOVO CÓDIGO DE PROCESSO CIVIL	CÓDIGO DE PROCESSO CIVIL DE 1973
Art. 663. A existência de credores do espólio não impedirá a homologação da partilha ou da adjudicação, se forem reservados bens suficientes para o pagamento da dívida. Parágrafo único. A reserva de bens será realizada pelo valor estimado pelas partes, salvo se o credor, regularmente notificado, impugnar a estimativa, caso em que se promoverá a avaliação dos bens a serem reservados.	**Art. 1.035.** A existência de credores do espólio não impedirá a homologação da partilha ou da adjudicação, se forem reservados bens suficientes para o pagamento da dívida. (Redação dada pela Lei nº 7.019, de 31.8.1982) Parágrafo único. A reserva de bens será realizada pelo valor estimado pelas partes, salvo se o credor, regularmente notificado, impugnar a estimativa, caso em que se promoverá a avaliação dos bens a serem reservados. (Incluído pela Lei nº 7.019, de 31.8.1982)

Sem alterações no texto do artigo 663 do NCPC, se comparado à redação do artigo 1.035 do CPC/73, ao dispor que não há impedimento para a homologação da partilha ou da adjudicação, caso existam credores. Nesse caso, porém, devem ser reservados bens, de acordo com o valor estimado pelas partes, para pagamento dos credores.

NOVO CÓDIGO DE PROCESSO CIVIL	CÓDIGO DE PROCESSO CIVIL DE 1973
Art. 664. Quando o valor dos bens do espólio for igual ou inferior a 1.000 (mil) salários-mínimos, o inventário processar-se-á na forma de arrolamento, cabendo ao inventariante nomeado, independentemente de assinatura de termo de compromisso, apresentar, com suas declarações, a atribuição de valor aos bens do espólio e o plano da partilha. § 1º Se qualquer das partes ou o Ministério Público impugnar a estimativa, o juiz nomeará avaliador, que oferecerá laudo em 10 (dez) dias. § 2º Apresentado o laudo, o juiz, em audiência que designar, deliberará sobre a partilha, decidindo de plano todas as reclamações e mandando pagar as dívidas não impugnadas. § 3º Lavrar-se-á de tudo um só termo, assinado pelo juiz, pelo inventariante e pelas partes presentes ou por seus advogados. § 4º Aplicam-se a essa espécie de arrolamento, no que couber, as disposições do art. 672, relativamente ao lançamento, ao pagamento e à quitação da taxa judiciária e do imposto sobre a transmissão da propriedade dos bens do espólio. § 5º Provada a quitação dos tributos relativos aos bens do espólio e às suas rendas, o juiz julgará a partilha.	**Art. 1.036.** Quando o valor dos bens do espólio for igual ou inferior a 2.000 (duas mil) Obrigações do Tesouro Nacional - OTN, o inventário processar-se-á na forma de arrolamento, cabendo ao inventariante nomeado, independentemente da assinatura de termo de compromisso, apresentar, com suas declarações, a atribuição do valor dos bens do espólio e o plano da partilha. (Redação dada pela Lei nº 7.019, de 31.8.1982) § 1° Se qualquer das partes ou o Ministério Público impugnar a estimativa, o juiz nomeará um avaliador que oferecerá laudo em 10 (dez) dias. (Incluído pela Lei nº 7.019, de 31.8.1982) § 2° Apresentado o laudo, o juiz, em audiência que designar, deliberará sobre a partilha, decidindo de plano todas as reclamações e mandando pagar as dívidas não impugnadas. (Incluído pela Lei nº 7.019, de 31.8.1982) § 3° Lavrar-se-á de tudo um só termo, assinado pelo juiz e pelas partes presentes. (Incluído pela Lei nº 7.019, de 31.8.1982) § 4° Aplicam-se a esta espécie de arrolamento, no que couberem, as disposições do art. 1.034 e seus parágrafos, relativamente ao lançamento, ao pagamento e à quitação da taxa judiciária e do imposto sobre a transmissão da propriedade dos bens do espólio. (Incluído pela Lei nº 7.019, de 31.8.1982) § 5° Provada a quitação dos tributos relativos aos bens do espólio e às suas rendas, o juiz julgará a partilha. (Incluído pela Lei nº 7.019, de 31.8.1982)

O novo texto atualiza o critério de 2.000 (duas mil) Obrigações do Tesouro Nacional – OTN para 1.000 (mil) salários-mínimos como teto para realização de inventário no rito de arrolamento.

NOVO CÓDIGO DE PROCESSO CIVIL	CÓDIGO DE PROCESSO CIVIL DE 1973
Art. 665. O inventário processar-se-á também na forma do art. 664, ainda que haja interessado incapaz, desde que concordem todas as partes e o Ministério Público.	Sem correspondente.

A modalidade de arrolamento, mais célere e simplificada, fica autorizada mesmo em caso de interessado incapaz, desde que haja anuência das partes e do Ministério Público. Apesar da obviedade, a presença clara do artigo evitará discussões futuras entre as partes e o Ministério Público.

NOVO CÓDIGO DE PROCESSO CIVIL	CÓDIGO DE PROCESSO CIVIL DE 1973
Art. 666. Independerá de inventário ou de arrolamento o pagamento dos valores previstos na Lei nº 6.858, de 24 de novembro de 1980.	**Art. 1.037.** Independerá de inventário ou arrolamento o pagamento dos valores previstos na Lei nº 6.858, de 24 de novembro de 1980. (Redação dada pela Lei nº 7.019, de 31.8.1982)

Sem alterações no texto do artigo 66 do NCPC, se comparado ao artigo 1.037 do CPC/73.

NOVO CÓDIGO DE PROCESSO CIVIL	CÓDIGO DE PROCESSO CIVIL DE 1973
Art. 667. Aplicam-se subsidiariamente a esta Seção as disposições das Seções VII e VIII deste Capítulo.	**Art. 1.038.** Aplicam-se subsidiariamente a esta Seção as disposições das seções antecedentes, bem como as da seção subseqüente. (Redação dada pela Lei nº 7.019, de 31.8.1982)

Sem alterações no texto, que trata de disposições complementares ao arrolamento.

NOVO CÓDIGO DE PROCESSO CIVIL	CÓDIGO DE PROCESSO CIVIL DE 1973
Seção X **Disposições Comuns a Todas as Seções** **Art. 668.** Cessa a eficácia da tutela provisória prevista nas Seções deste Capítulo: I - se a ação não for proposta em 30 (trinta) dias contados da data em que da decisão foi intimado o impugnante, o herdeiro excluído ou o credor não admitido; II - se o juiz extinguir o processo de inventário com ou sem resolução de mérito.	Seção X Das Disposições Comuns às Seções Precedentes **Art. 1.039.** Cessa a eficácia das medidas cautelares previstas nas várias seções deste Capítulo: I – se a ação não for proposta em 30 (trinta) dias, contados da data em que da decisão foi intimado o impugnante (art. 1.000, parágrafo único), o herdeiro excluído (art. 1.001) ou o credor não admitido (art. 1.018); II – se o juiz declarar extinto o processo de inventário com ou sem julgamento do mérito.

Sem alterações significativas, a não ser a respeito da terminologia "medida cautelar" para "tutela provisória", que adapta o procedimento especial do inventário à nova roupagem adotada no NCPC, prevista nos artigos 294 a 299.

NOVO CÓDIGO DE PROCESSO CIVIL	CÓDIGO DE PROCESSO CIVIL DE 1973
Art. 669. São sujeitos à sobrepartilha os bens: I - sonegados; II - da herança descobertos após a partilha; III - litigiosos, assim como os de liquidação difícil ou morosa; IV - situados em lugar remoto da sede do juízo onde se processa o inventário. Parágrafo único. Os bens mencionados nos incisos III e IV serão reservados à sobrepartilha sob a guarda e a administração do mesmo ou de diverso inventariante, a consentimento da maioria dos herdeiros.	**Art. 1.040.** Ficam sujeitos à sobrepartilha os bens: I - sonegados; II - da herança que se descobrirem depois da partilha; III - litigiosos, assim como os de liquidação difícil ou morosa; IV - situados em lugar remoto da sede do juízo onde se processa o inventário. Parágrafo único. Os bens mencionados nos ns. III e IV deste artigo serão reservados à sobrepartilha sob a guarda e administração do mesmo ou de diverso inventariante, a aprazimento da maioria dos herdeiros.

Sem alterações no texto, se comparado o artigo 669 do NCPC ao artigo 1.040 do CPC/73, sendo apenas substituída a expressão aprazimento por consentimento.

NOVO CÓDIGO DE PROCESSO CIVIL	CÓDIGO DE PROCESSO CIVIL DE 1973
Art. 670. Na sobrepartilha dos bens, observar-se-á o processo de inventário e de partilha. Parágrafo único. A sobrepartilha correrá nos autos do inventário do autor da herança.	**Art. 1.041.** Observar-se-á na sobrepartilha dos bens o processo de inventário e partilha. Parágrafo único. A sobrepartilha correrá nos autos do inventário do autor da herança.

Sem alterações no texto que dispõe que o procedimento da sobrepartilha será o mesmo observado no inventário e na partilha.

NOVO CÓDIGO DE PROCESSO CIVIL	CÓDIGO DE PROCESSO CIVIL DE 1973
Art. 671. O juiz nomeará curador especial: I - ao ausente, se não o tiver; II - ao incapaz, se concorrer na partilha com o seu representante, desde que exista colisão de interesses.	**Art. 1.042.** O juiz dará curador especial: I – ao ausente, se o não tiver; II – ao incapaz, se concorrer na partilha com o seu representante.

Sem alterações significativas no texto. Entretanto, o inciso II limita a nomeação de curador especial somente quando interesses do capaz estiverem em conflito com os do representante legal, o que evidencia a economia processual como princípio presente em todo o NCPC.

NOVO CÓDIGO DE PROCESSO CIVIL	CÓDIGO DE PROCESSO CIVIL DE 1973
Art. 672. É lícita a cumulação de inventários para a partilha de heranças de pessoas diversas quando houver: I - identidade de pessoas entre as quais devam ser repartidos os bens; II - heranças deixadas pelos dois cônjuges ou companheiros; III - dependência de uma das partilhas em relação à outra. Parágrafo único. No caso previsto no inciso III, se a dependência for parcial, por haver outros bens, o juiz pode ordenar a tramitação separada, se melhor convier ao interesse das partes ou à celeridade processual.	**Art. 1.043.** Falecendo o cônjuge meeiro supérstite antes da partilha dos bens do pré-morto, as duas heranças serão cumulativamente inventariadas e partilhadas, se os herdeiros de ambos forem os mesmos. § 1º Haverá um só inventariante para os dois inventários. § 2º O segundo inventário será distribuído por dependência, processando-se em apenso ao primeiro. **Art. 1.044.** Ocorrendo a morte de algum herdeiro na pendência do inventário em que foi admitido e não possuindo outros bens além do seu quinhão na herança, poderá este ser partilhado juntamente com os bens do monte.

O artigo 672 do NCPC une os artigos 1.043 e 1.044 sob a mesma rubrica e delimita os critérios para a realização de inventário conjunto.

NOVO CÓDIGO DE PROCESSO CIVIL	CÓDIGO DE PROCESSO CIVIL DE 1973
Art. 673. No caso previsto no art. 672, inciso II, prevalecerão as primeiras declarações, assim como o laudo de avaliação, salvo se alterado o valor dos bens.	**Art. 1.045.** Nos casos previstos nos dois artigos antecedentes prevalecerão as primeiras declarações, assim como o laudo de avaliação, salvo se se alterou o valor dos bens. Parágrafo único. No inventário a que se proceder por morte do cônjuge herdeiro supérstite, é lícito, independentemente de sobrepartilha, descrever e partilhar bens omitidos no inventário do cônjuge pré-morto.

Apesar de haver sido suprimido o parágrafo único do artigo 1.045, esta supressão não significou mudança do disposto no artigo 673 do NCPC, que trata do aproveitamento dos atos processuais já realizados, nas hipóteses em que o inventário cumulado é admitido.

NOTAS AOS ARTIGOS 674 A 718

Eduardo Leal Silva
Artur Diego Amorim Vieira

NOVO CÓDIGO DE PROCESSO CIVIL	CÓDIGO DE PROCESSO CIVIL DE 1973
CAPÍTULO VII DOS EMBARGOS DE TERCEIRO	CAPÍTULO X DOS EMBARGOS DE TERCEIRO
Art. 674. Quem, não sendo parte no processo, sofrer constrição ou ameaça de constrição sobre bens que possua ou sobre os quais tenha direito incompatível com o ato constritivo, poderá requerer seu desfazimento ou sua inibição por meio de embargos de terceiro. § 1º Os embargos podem ser de terceiro proprietário, inclusive fiduciário, ou possuidor. § 2º Considera-se terceiro, para ajuizamento dos embargos: I - o cônjuge ou companheiro, quando defende a posse de bens próprios ou de sua meação, ressalvado o disposto no art. 843; II - o adquirente de bens cuja constrição decorreu de decisão que declara a ineficácia da alienação realizada em fraude à execução; III - quem sofre constrição judicial de seus bens por força de desconsideração da personalidade jurídica, de cujo incidente não fez parte; IV - o credor com garantia real para obstar expropriação judicial do objeto de direito real de garantia, caso não tenha sido intimado, nos termos legais dos atos expropriatórios respectivos.	**Art. 1.046.** Quem, não sendo parte no processo, sofrer turbação ou esbulho na posse de seus bens por ato de apreensão judicial, em casos como o de penhora, depósito, arresto, seqüestro, alienação judicial, arrecadação, arrolamento, inventário, partilha, poderá requerer lhe sejam manutenidos ou restituídos por meio de embargos. § 1º Os embargos podem ser de terceiro senhor e possuidor, ou apenas possuidor. § 2º Equipara-se a terceiro a parte que, posto figure no processo, defende bens que, pelo título de sua aquisição ou pela qualidade em que os possuir, não podem ser atingidos pela apreensão judicial. § 3º Considera-se também terceiro o cônjuge quando defende a posse de bens dotais, próprios, reservados ou de sua meação. **Art. 1.047.** Admitem-se ainda embargos de terceiro: I - para a defesa da posse, quando, nas ações de divisão ou de demarcação, for o imóvel sujeito a atos materiais, preparatórios ou definitivos, da partilha ou da fixação de rumos; II - para o credor com garantia real obstar alienação judicial do objeto da hipoteca, penhor ou anticrese.

Com o NCPC, houve a extinção de diversos procedimentos especiais, como a ação de depósito, a ação de anulação e substituição de títulos ao portador, a ação de nunciação de obra nova, a ação de usucapião de terras particulares, as vendas a crédito com reserva de domínio e o juízo arbitral (que já havia sido revogado no CPC/73 pela Lei nº 9.307/96)

Serão mantidos os seguintes procedimentos especiais de jurisdição contenciosa: a ação de consignação em pagamento, a prestação de contas (passando-se a admitir apenas a ação de exigir contas), as ações possessórias, a ação de divisão e demarcação de terras de particulares, o inventário e a partilha, os embargos de terceiro, a habilitação, a ação monitória e a restauração de autos.

O NCPC acrescentou, ainda, a esse acervo, a ação de dissolução parcial de sociedade; a oposição, que se tornou procedimento especial; as ações de família; a homologação do penhor legal, que também se tornou procedimento especial, e a regulação de avaria grossa.

No que concerne especificamente aos embargos de terceiros, temos que a finalidade essencial não foi alterada, servindo como meio de defesa de terceiro que tenha sua esfera jurídica atingida por ato jurisdicional do qual não tenha integrado a relação jurídico-processual, não lhe sendo dado exercer a defesa de seu patrimônio, lesionando-se a garantia constitucional de ampla defesa e contraditório.

A hipótese do então vigente artigo 1.046 é a clássica constrição judicial de bens alheios. A nova redação melhorou o *caput*, corrigindo eventuais equívocos de interpretação e adaptando-o às críticas doutrinárias, aperfeiçoando a terminologia empregada. Na nova redação houve certa ampliação na descrição do conceito de "terceiro".

NOVO CÓDIGO DE PROCESSO CIVIL	CÓDIGO DE PROCESSO CIVIL DE 1973
Art. 675. Os embargos podem ser opostos a qualquer tempo no processo de conhecimento enquanto não transitada em julgado a sentença e, no cumprimento de sentença ou no processo de execução, até 5 (cinco) dias depois da adjudicação, da alienação por iniciativa particular ou da arrematação, mas sempre antes da assinatura da respectiva carta. Parágrafo único. Caso identifique a existência de terceiro titular de interesse em embargar o ato, o juiz mandará intimá-lo pessoalmente.	**Art. 1.048.** Os embargos podem ser opostos a qualquer tempo no processo de conhecimento enquanto não transitada em julgado a sentença, e, no processo de execução, até 5 (cinco) dias depois da arrematação, adjudicação ou remição, mas sempre antes da assinatura da respectiva carta.

O referido dispositivo não contém alterações significativas, mas adaptou a terminologia às reformas na execução que ocorreram no CPC/73 durante os anos de 2005 e de 2006, em que passou a se ter o cumprimento de sentença e o processo de execução. Também atualizou as modalidades expropriatórias existentes, já que, a partir da Lei nº 11.382/2006, houve, no CPC/73, novas modalidades expropriatória na execução: a alienação por iniciativa particular, que permite ao exequente pleitear que os bens penhorados sejam alienados por sua própria iniciativa ou por intermédio de um corretor credenciado perante o Poder Judiciário (é uma tentativa de escapar dos percalços burocráticos e do custo elevado da hasta pública, para ampliar as chances de sucesso da expropriação executiva), além da adjudicação, que permite a transferência da propriedade do bem ao adjudicante.

Com o acréscimo do parágrafo único no dispositivo em comento, permite-se ao magistrado que identifique a existência de terceiro titular de interesse em embargar o ato a ser praticado que proceda à intimação pessoal deste para, querendo, opor-se ao ato.

NOVO CÓDIGO DE PROCESSO CIVIL	CÓDIGO DE PROCESSO CIVIL DE 1973
Art. 676. Os embargos serão distribuídos por dependência ao juízo que ordenou a constrição e autuados em apartado. Parágrafo único. Nos casos de ato de constrição realizado por carta, os embargos serão oferecidos no juízo deprecado, salvo se indicado pelo juízo deprecante o bem constrito ou se já devolvida a carta.	**Art. 1.049.** Os embargos serão distribuídos por dependência e correrão em autos distintos perante o mesmo juiz que ordenou a apreensão.

Como os embargos de terceiro pressupõem a existência de ação pendente de onde se origine o ato constritivo ou a ameaça de constrição (caráter acessório e incidental) é competente para o processamento dos embargos o mesmo juízo do qual emanou a afetação do bem ou direito. A nova redação trouxe em seu parágrafo único uma novidade para dirimir a questão da competência nos casos em que a apreensão é feita em obediência à carta.

NOVO CÓDIGO DE PROCESSO CIVIL	CÓDIGO DE PROCESSO CIVIL DE 1973
Art. 677. Na petição inicial, o embargante fará a prova sumária de sua posse ou de seu domínio e da qualidade de terceiro, oferecendo documentos e rol de testemunhas. § 1º É facultada a prova da posse em audiência preliminar designada pelo juiz. § 2º O possuidor direto pode alegar, além da sua posse, o domínio alheio. § 3º A citação será pessoal, se o embargado não tiver procurador constituído nos autos da ação principal. § 4º Será legitimado passivo o sujeito a quem o ato de constrição aproveita, assim como o será seu adversário no processo principal quando for sua a indicação do bem para a constrição judicial.	**Art. 1.050.** O embargante, em petição elaborada com observância do disposto no art. 282, fará a prova sumária de sua posse e a qualidade de terceiro, oferecendo documentos e rol de testemunhas. § 1º É facultada a prova da posse em audiência preliminar designada pelo juiz. § 2º O possuidor direto pode alegar, com a sua posse, domínio alheio. § 3º A citação será pessoal, se o embargado não tiver procurador constituído nos autos da ação principal. (Incluído pela Lei nº 12.125, de 2009)

O *caput* e os três primeiros parágrafos mantêm as regras anteriores acerca da petição inicial e da citação do réu, com pequenas adaptações no texto.

Já o novel § 4º dispõe sobre a legitimidade passiva neste procedimento, que será daquele a quem o ato que motivou os embargos aproveita, bem como daquele que indicou o bem para a constrição.

NOVO CÓDIGO DE PROCESSO CIVIL	CÓDIGO DE PROCESSO CIVIL DE 1973
Art. 678. A decisão que reconhecer suficientemente provado o domínio ou a posse determinará a suspensão das medidas constritivas sobre os bens litigiosos objeto dos embargos, bem como a manutenção ou a reintegração provisória da posse, se o embargante a houver requerido. Parágrafo único. O juiz poderá condicionar a ordem de manutenção ou de reintegração provisória de posse à prestação de caução pelo requerente, ressalvada a impossibilidade da parte economicamente hipossuficiente.	**Art. 1.052.** Quando os embargos versarem sobre todos os bens, determinará o juiz a suspensão do curso do processo principal; versando sobre alguns deles, prosseguirá o processo principal somente quanto aos bens não embargados.

O dispositivo trata a respeito da suspensão das medidas constritivas que seriam praticadas no processo de origem. Diferentemente do CPC/73, não aborda a hipótese de suspensão deste processo originário em relação aos bens embargados. Esta nova sistemática não parece alterar significativamente a estrutura dos embargos de terceiro, na medida em que a efetivação do ato somente terá vez após o pronunciamento jurisdicional a respeito deste embargo.

Indica, ainda, a possibilidade de o juízo exigir prestação de caução ao terceiro beneficiário da medida, com vistas a preservar os interesses do então destinatário do ato embargado, em caso de posterior improcedência do embargo de terceiro.

NOVO CÓDIGO DE PROCESSO CIVIL	CÓDIGO DE PROCESSO CIVIL DE 1973
Art. 679. Os embargos poderão ser contestados no prazo de 15 (quinze) dias, findo o qual se seguirá o procedimento comum.	**Art. 1.053.** Os embargos poderão ser contestados no prazo de 10 (dez) dias, findo o qual proceder-se-á de acordo com o disposto no art. 803.

A nova redação amplia o prazo de contestação para quinze dias e indica que o procedimento será o comum.

NOVO CÓDIGO DE PROCESSO CIVIL	CÓDIGO DE PROCESSO CIVIL DE 1973
Art. 680. Contra os embargos do credor com garantia real, o embargado somente poderá alegar que: I - o devedor comum é insolvente; II - o título é nulo ou não obriga a terceiro; III - outra é a coisa dada em garantia.	**Art. 1.054.** Contra os embargos do credor com garantia real, somente poderá o embargado alegar que: I – o devedor comum é insolvente; II – o título é nulo ou não obriga a terceiro; III – outra é a coisa dada em garantia.

Não houve alteração. Trata-se da mesma regra sobre as matérias de defesa que podem ser arguidas em embargos.

NOVO CÓDIGO DE PROCESSO CIVIL	CÓDIGO DE PROCESSO CIVIL DE 1973
Art. 681. Acolhido o pedido inicial, o ato de constrição judicial indevida será cancelado, com o reconhecimento do domínio, da manutenção da posse ou da reintegração definitiva do bem ou do direito ao embargante.	Sem correspondente.

O NCPC inseriu expressamente a previsão de que, se acolhido o pedido dos embargos de terceiro, a constrição judicial sobre o bem cessará, com o reconhecimento do domínio, da manutenção da posse ou da reintegração definitiva do bem ou direito ao embargante.

NOVO CÓDIGO DE PROCESSO CIVIL	CÓDIGO DE PROCESSO CIVIL DE 1973
CAPÍTULO VIII DA OPOSIÇÃO **Art. 682.** Quem pretender, no todo ou em parte, a coisa ou o direito sobre que controvertem autor e réu poderá, até ser proferida a sentença, oferecer oposição contra ambos.	CAPÍTULO VI DA INTERVENÇÃO DE TERCEIROS Seção I Da Oposição **Art. 56.** Quem pretender, no todo ou em parte, a coisa ou o direito sobre que controvertem autor e réu, poderá, até ser proferida a sentença, oferecer oposição contra ambos.

Não há como impedir que um terceiro se oponha à pretensão de ambas as partes de um processo. Trata-se de um problema de direito material que não será eliminado pela supressão dos artigos que disciplinam processualmente essa demanda. Resgata-se, assim, a oposição, não como espécie de intervenção de terceiro, mas sim como procedimento especial. Com isso, confere-se coerência ao sistema: se o instituto dos embargos de terceiro é modalidade de procedimento especial, a oposição, que tem função semelhante, também deve assumir a mesma natureza. A sistematização da oposição em nada foi alterada, permanecendo como meio processual utilizado pelo terceiro (em relação à demanda originária) para que seja reconhecido como seu o direito sobre o qual controvertem as partes do processo originário.

NOVO CÓDIGO DE PROCESSO CIVIL	CÓDIGO DE PROCESSO CIVIL DE 1973
Art. 683. O opoente deduzirá o pedido em observação aos requisitos exigidos para propositura da ação. Parágrafo único. Distribuída a oposição por dependência, serão os opostos citados, na pessoa de seus respectivos advogados, para contestar o pedido no prazo comum de 15 (quinze) dias.	**Art. 57.** O opoente deduzirá o seu pedido, observando os requisitos exigidos para a propositura da ação (arts. 282 e 283). Distribuída a oposição por dependência, serão os opostos citados, na pessoa dos seus respectivos advogados, para contestar o pedido no prazo comum de 15 (quinze) dias. Parágrafo único. Se o processo principal correr à revelia do réu, este será citado na forma estabelecida no Título V, Capítulo IV, Seção III, deste Livro.

Não houve alteração substancial no dispositivo, trata-se da mesma regra.

NOVO CÓDIGO DE PROCESSO CIVIL	CÓDIGO DE PROCESSO CIVIL DE 1973
Art. 684. Se um dos opostos reconhecer a procedência do pedido, contra o outro prosseguirá o opoente.	**Art. 58.** Se um dos opostos reconhecer a procedência do pedido, contra o outro prosseguirá o opoente.

Não houve alteração. Trata-se da mesma regra sobre o reconhecimento da procedência do pedido do opoente por um dos opostos.

NOVO CÓDIGO DE PROCESSO CIVIL	CÓDIGO DE PROCESSO CIVIL DE 1973
Art. 685. Admitido o processamento, a oposição será apensada aos autos e tramitará simultaneamente à ação originária, sendo ambas julgadas pela mesma sentença. Parágrafo único. Se a oposição for proposta após o início da audiência de instrução, o juiz suspenderá o curso do processo ao fim da produção das provas, salvo se concluir que a unidade da instrução atende melhor ao princípio da duração razoável do processo.	**Art. 59.** A oposição, oferecida antes da audiência, será apensada aos autos principais e correrá simultaneamente com a ação, sendo ambas julgadas pela mesma sentença. **Art. 60.** Oferecida depois de iniciada a audiência, seguirá a oposição o procedimento ordinário, sendo julgada sem prejuízo da causa principal. Poderá o juiz, todavia, sobrestar no andamento do processo, por prazo nunca superior a 90 (noventa) dias, a fim de julgá-la conjuntamente com a oposição.

Conceitualmente, a nova redação manteve a distinção doutrinária entre oposição interventiva (apresentada antes) e oposição autônoma (apresentada depois do início da audiência de instrução e julgamento). A intenção do legislador é que a oposição e a demanda originária sejam julgadas em conjunto, evitando-se assim decisões conflitantes.

NOVO CÓDIGO DE PROCESSO CIVIL	CÓDIGO DE PROCESSO CIVIL DE 1973
Art. 686. Cabendo ao juiz decidir simultaneamente a ação originária e a oposição, desta conhecerá em primeiro lugar.	**Art. 61.** Cabendo ao juiz decidir simultaneamente a ação e a oposição, desta conhecerá em primeiro lugar.

Não houve alteração da regra, mantendo-se a mesma disposição do CPC/73 sobre o julgamento da oposição.

NOVO CÓDIGO DE PROCESSO CIVIL	CÓDIGO DE PROCESSO CIVIL DE 1973
CAPÍTULO IX DA HABILITAÇÃO **Art. 687.** A habilitação ocorre quando, por falecimento de qualquer das partes, os interessados houverem de suceder-lhe no processo.	CAPÍTULO XI DA HABILITAÇÃO **Art. 1.055.** A habilitação tem lugar quando, por falecimento de qualquer das partes, os interessados houverem de suceder-lhe no processo.

Não houve alteração. Trata-se da mesma regra.

NOVO CÓDIGO DE PROCESSO CIVIL	CÓDIGO DE PROCESSO CIVIL DE 1973
Art. 688. A habilitação pode ser requerida: I - pela parte, em relação aos sucessores do falecido; II - pelos sucessores do falecido, em relação à parte.	**Art. 1.056.** A habilitação pode ser requerida: I – pela parte, em relação aos sucessores do falecido; II – pelos sucessores do falecido, em relação à parte.

Não houve alteração, tratando-se da mesma regra relativa à legitimidade para requerer o procedimento de habilitação.

NOVO CÓDIGO DE PROCESSO CIVIL	CÓDIGO DE PROCESSO CIVIL DE 1973
Art. 689. Proceder-se-á à habilitação nos autos do processo principal, na instância em que estiver, suspendendo-se, a partir de então, o processo.	**Art. 1.060.** Proceder-se-á à habilitação nos autos da causa principal e independentemente de sentença quando: I – promovida pelo cônjuge e herdeiros necessários, desde que provem por documento o óbito do falecido e a sua qualidade; II – em outra causa, sentença passada em julgado houver atribuído ao habilitando a qualidade de herdeiro ou sucessor; III – o herdeiro for incluído sem qualquer oposição no inventário; IV – estiver declarada a ausência ou determinada a arrecadação da herança jacente; V – oferecidos os artigos de habilitação, a parte reconhecer a procedência do pedido e não houver oposição de terceiros.

O dispositivo dispensa a exposição pormenorizada das hipóteses de habilitação, fazendo uso de regulamentação genérica do instituto. Faz menção expressa à suspensão do processo originário até o término deste procedimento, o que já decorria naturalmente do sistema.

NOVO CÓDIGO DE PROCESSO CIVIL	CÓDIGO DE PROCESSO CIVIL DE 1973
Art. 690. Recebida a petição, o juiz ordenará a citação dos requeridos para se pronunciarem no prazo de 5 (cinco) dias. Parágrafo único. A citação será pessoal, se a parte não tiver procurador constituído nos autos.	**Art. 1.057.** Recebida a petição inicial, ordenará o juiz a citação dos requeridos para contestar a ação no prazo de 5 (cinco) dias. Parágrafo único. A citação será pessoal, se a parte não tiver procurador constituído na causa.

Não houve alteração, tratando-se da mesma regra sobre o procedimento da habilitação.

NOVO CÓDIGO DE PROCESSO CIVIL	CÓDIGO DE PROCESSO CIVIL DE 1973
Art. 691. O juiz decidirá o pedido de habilitação imediatamente, salvo se este for impugnado e houver necessidade de dilação probatória diversa da documental, caso em que determinará que o pedido seja autuado em apartado e disporá sobre a instrução.	**Art. 1.058.** Findo o prazo da contestação, observar-se-á o disposto nos arts. 802 e 803.

Não há alteração significativa no procedimento da habilitação. O que consta do artigo 691 do NCPC já constava, implicitamente, no CPC/73, por conta da remissão que o artigo 1.058 faz aos artigos 802 e 803. Faz-se menção expressa à possibilidade de decisão imediata do procedimento, evitando-se desperdício de tempo desnecessariamente, com vistas a evitar dilação indevida.

NOVO CÓDIGO DE PROCESSO CIVIL	CÓDIGO DE PROCESSO CIVIL DE 1973
Art. 692. Transitada em julgado a sentença de habilitação, o processo principal retomará o seu curso, e cópia da sentença será juntada aos autos respectivos.	**Art. 1.062.** Passada em julgado a sentença de habilitação, ou admitida a habilitação nos casos em que independer de sentença, a causa principal retomará o seu curso.

Não há alteração significativa. Acrescentou-se a exigência de traslado da sentença do procedimento de habilitação aos autos nos quais ela se implementará.

NOVO CÓDIGO DE PROCESSO CIVIL	CÓDIGO DE PROCESSO CIVIL DE 1973
CAPÍTULO X DAS AÇÕES DE FAMÍLIA **Art. 693.** As normas deste Capítulo aplicam-se aos processos contenciosos de divórcio, separação, reconhecimento e extinção de união estável, guarda, visitação e filiação. Parágrafo único. A ação de alimentos e a que versar sobre interesse de criança ou de adolescente observarão o procedimento previsto em legislação específica, aplicando-se, no que couber, as disposições deste Capítulo.	Sem correspondente.

Foi criado um procedimento especial para as ações de família que prestigia a conciliação entre as partes. Consignou-se a aplicação subsidiária destes dispositivos em relação às ações de alimentos e às que versarem sobre interesses de crianças e adolescentes.

NOVO CÓDIGO DE PROCESSO CIVIL	CÓDIGO DE PROCESSO CIVIL DE 1973
Art. 694. Nas ações de família, todos os esforços serão empreendidos para a solução consensual da controvérsia, devendo o juiz dispor do auxílio de profissionais de outras áreas de conhecimento para a mediação e conciliação. Parágrafo único. A requerimento das partes, o juiz pode determinar a suspensão do processo enquanto os litigantes se submetem a mediação extrajudicial ou a atendimento multidisciplinar.	Sem correspondente.

O dispositivo em comento busca maximizar a busca de soluções alternativas para os conflitos de família, inclusive exigindo a participação de profissionais que não são da área jurídica, com vistas à obtenção da autocomposição, seja por via da mediação ou da conciliação.

NOVO CÓDIGO DE PROCESSO CIVIL	CÓDIGO DE PROCESSO CIVIL DE 1973
Art. 695. Recebida a petição inicial e, se for o caso, tomadas as providências referentes à tutela provisória, o juiz ordenará a citação do réu para comparecer à audiência de mediação e conciliação, observado o disposto no art. 694. § 1º O mandado de citação conterá apenas os dados necessários à audiência e deverá estar desacompanhado de cópia da petição inicial, assegurado ao réu o direito de examinar seu conteúdo a qualquer tempo. § 2º A citação ocorrerá com antecedência mínima de 15 (quinze) dias da data designada para a audiência. § 3º A citação será feita na pessoa do réu. § 4º Na audiência, as partes deverão estar acompanhadas de seus advogados ou de defensores públicos.	Sem correspondente.

As disposições deste artigo indicam que a citação do réu, realizada após o recebimento da petição inicial, e, se for o caso, a análise de eventual tutela provisória, é feita preferencialmente pelos correios. Ela é desacompanhada da cópia da inicial, sendo que expressamente se franqueia o acesso aos autos para os interessados, sendo a preferência para seus advogados ou defensores públicos. Esse mecanismo visa a evitar que o réu tenha ciência da inicial, fato que, na prática, dificulta a aceitação de uma solução consensual para o caso. Uma crítica a esse sistema é o fato de o demandado ir para a audiência sem a ciência prévia da pretensão do autor. A intenção do legislador, entretanto, foi privilegiar a via do consenso.

NOVO CÓDIGO DE PROCESSO CIVIL	CÓDIGO DE PROCESSO CIVIL DE 1973
Art. 696. A audiência de mediação e conciliação poderá dividir-se em tantas sessões quantas sejam necessárias para viabilizar a solução consensual, sem prejuízo de providências jurisdicionais para evitar o perecimento do direito.	Sem correspondente.

O artigo em comento representa uma evolução em relação ao artigo 709, relacionando-se à busca de mediação para os conflitos, o que também possui destaque na parte geral.

NOVO CÓDIGO DE PROCESSO CIVIL	CÓDIGO DE PROCESSO CIVIL DE 1973
Art. 697. Não realizado o acordo, passarão a incidir, a partir de então, as normas do procedimento comum, observado o art. 335.	Sem correspondente.

Constitui inovação positiva em relação ao CPC/73, já que favorece o acordo ao não obrigar o réu a redigir sua contestação e elaborar uma estratégia de defesa antes da audiência de conciliação, estimulando-se a solução consensual entre as partes.

Não sendo possível o acordo, segue-se, sem inovações, a sistemática do procedimento comum.

NOVO CÓDIGO DE PROCESSO CIVIL	CÓDIGO DE PROCESSO CIVIL DE 1973
Art. 698. Nas ações de família, o Ministério Público somente intervirá quando houver interesse de incapaz e deverá ser ouvido previamente à homologação de acordo.	Sem correspondente.

A nova redação prevê as hipóteses em que o Ministério Público atuará como fiscal da ordem jurídica, nos ditames do modelo constitucional do Direito Processual Civil.

NOVO CÓDIGO DE PROCESSO CIVIL	CÓDIGO DE PROCESSO CIVIL DE 1973
Art. 699. Quando o processo envolver discussão sobre fato relacionado a abuso ou a alienação parental, o juiz, ao tomar o depoimento do incapaz, deverá estar acompanhado por especialista.	Sem correspondente.

A participação de um especialista é importante, pois poderá auxiliar na condução de um processo mais humanizado onde haja: elaboração de perguntas para evitar a mácula do incapaz, conferindo-se tratamento adequado, que leve em consideração a maturidade da criança, seu sofrimento e a gravidade do fato envolvido.

NOVO CÓDIGO DE PROCESSO CIVIL	CÓDIGO DE PROCESSO CIVIL DE 1973
CAPÍTULO XI DA AÇÃO MONITÓRIA **Art. 700.** A ação monitória pode ser proposta por aquele que afirmar, com base em prova escrita sem eficácia de título executivo, ter direito de exigir do devedor capaz: I - o pagamento de quantia em dinheiro; II - a entrega de coisa fungível ou infungível ou de bem móvel ou imóvel; III - o adimplemento de obrigação de fazer ou de não fazer. § 1º A prova escrita pode consistir em prova oral documentada, produzida antecipadamente nos termos do art. 381. § 2º Na petição inicial, incumbe ao autor explicitar, conforme o caso: I - a importância devida, instruindo-a com memória de cálculo; II - o valor atual da coisa reclamada; III - o conteúdo patrimonial em discussão ou o proveito econômico perseguido. § 3º O valor da causa deverá corresponder à importância prevista no § 2º, incisos I a III. § 4º Além das hipóteses do art. 330, a petição inicial será indeferida quando não atendido o disposto no § 2º deste artigo. § 5º Havendo dúvida quanto à idoneidade de prova documental apresentada pelo autor, o juiz intimá-lo-á para, querendo, emendar a petição inicial, adaptando-a ao procedimento comum. § 6º É admissível ação monitória em face da Fazenda Pública. § 7º Na ação monitória, admite-se citação por qualquer dos meios permitidos para o procedimento comum.	CAPÍTULO XV DA AÇÃO MONITÓRIA (Capítulo acrescentado pela Lei nº 9.079, de 14.7.1995) **Art. 1.102-A.** A ação monitória compete a quem pretender, com base em prova escrita sem eficácia de título executivo, pagamento de soma em dinheiro, entrega de coisa fungível ou de determinado bem móvel. (Incluído pela Lei nº 9.079, de 14.7.1995)

Pela nova redação o procedimento monitório foi aprimorado, sendo previsto de maneira mais detalhada. O procedimento em comento passou a ser cabível, também, nos casos de entrega de bem infungível e de bem imóvel, ampliando seu campo de admissibilidade. Tal medida se desenvolveu por se reconhecer no procedimento monitório a capacidade de promover os valores reinantes na ciência processual moderna, como a efetividade e a celeridade do comando jurisdicional, na medida em que se destina a permitir a rápida formação do título executivo judicial.

Os parágrafos 1º a 7º, introduzidos pelo NCPC, regulamentam os requisitos de admissibilidade da petição inicial deste procedimento especial. O § 1º autoriza que a prova escrita seja produzida de forma oral documentada, o § 2º estabelece regras para elaboração da petição inicial a depender da modalidade obrigacional, o §3º trata do valor da causa, o §4º do indeferimento da petição inicial, o § 5º admite que se preste esclarecimentos acerca da idoneidade da prova que embasa a ação monitória, o § 6º admite a ação monitória contra a Fazenda Pública (consagrando o entendimento de enunciado de Súmula nº 339 do STJ), e, por fim, o § 7º admite que a citação seja feita por qualquer um dos meios previstos.

NOVO CÓDIGO DE PROCESSO CIVIL	CÓDIGO DE PROCESSO CIVIL DE 1973
Art. 701. Sendo evidente o direito do autor, o juiz deferirá a expedição de mandado de pagamento, de entrega de coisa ou para execução de obrigação de fazer ou de não fazer, concedendo ao réu prazo de 15 (quinze) dias para o cumprimento e o pagamento de honorários advocatícios de cinco por cento do valor atribuído à causa. § 1º O réu será isento do pagamento de custas processuais se cumprir o mandado no prazo. § 2º Constituir-se-á de pleno direito o título executivo judicial, independentemente de qualquer formalidade, se não realizado o pagamento e não apresentados os embargos previstos no art. 702, observando-se, no que couber, o Título II do Livro I da Parte Especial. § 3º É cabível ação rescisória da decisão prevista no caput quando ocorrer a hipótese do § 2º. § 4º Sendo a ré Fazenda Pública, não apresentados os embargos previstos no art. 702, aplicar-se-á o disposto no art. 496, observando-se, a seguir, no que couber, o Título II do Livro I da Parte Especial. § 5º Aplica-se à ação monitória, no que couber, o art. 916.	**Art. 1.102-B.** Estando a petição inicial devidamente instruída, o Juiz deferirá de plano a expedição do mandado de pagamento ou de entrega da coisa no prazo de quinze dias. (Incluído pela Lei nº 9.079, de 14.7.1995) **Art. 1.102-C.** [...] § 1° Cumprindo o réu o mandado, ficará isento de custas e honorários advocatícios. (Incluído pela Lei nº 9.079, de 14.7.1995)

A nova regulamentação do mandado monitório não mantém a isenção do pagamento dos honorários advocatícios em caso de cumprimento do mandado por parte do réu, no prazo estipulado.

Foram mantidos o prazo de quinze dias para cumprimento do mandado monitório por parte do réu, bem como a isenção das custas processuais como meio de incentivar o cumprimento do mandado monitório por parte do réu, dentro do prazo. Em caso de descumprimento ou da não apresentação dos embargos, ocorrerá a conversão do mandado em título executivo judicial, prosseguindo-se com o cumprimento de sentença. Sendo a ré a Fazenda Pública, a decisão do *caput* deste artigo submeter-se-á à remessa necessária, prevista no artigo 496 do novel diploma legislativo.

O novo dispositivo trata, ainda, do cabimento da ação rescisória em face do título executivo judicial formado pela ação monitória.

NOVO CÓDIGO DE PROCESSO CIVIL	CÓDIGO DE PROCESSO CIVIL DE 1973
Art. 702. Independentemente de prévia segurança do juízo, o réu poderá opor, nos próprios autos, no prazo previsto no art. 701, embargos à ação monitória. § 1º Os embargos podem se fundar em matéria passível de alegação como defesa no procedimento comum. § 2º Quando o réu alegar que o autor pleiteia quantia superior à devida, cumprir-lhe-á declarar de imediato o valor que entende correto, apresentando demonstrativo discriminado e atualizado da dívida. § 3º Não apontado o valor correto ou não apresentado o demonstrativo, os embargos serão liminarmente rejeitados, se esse for o seu único fundamento, e, se houver outro fundamento, os embargos serão processados, mas o juiz deixará de examinar a alegação de excesso. § 4º A oposição dos embargos suspende a eficácia da decisão referida no caput do art. 701 até o julgamento em primeiro grau. § 5º O autor será intimado para responder aos embargos no prazo de 15 (quinze) dias. § 6º Na ação monitória admite-se a reconvenção, sendo vedado o oferecimento de reconvenção à reconvenção. § 7º A critério do juiz, os embargos serão autuados em apartado, se parciais, constituindo-se de pleno direito o título executivo judicial em relação à parcela incontroversa. § 8º Rejeitados os embargos, constituir-se-á de pleno direito o título executivo judicial, prosseguindo-se o processo em observância ao disposto no Título II do Livro I da Parte Especial, no que for cabível. § 9º Cabe apelação contra a sentença que acolhe ou rejeita os embargos. § 10. O juiz condenará o autor de ação monitória proposta indevidamente e de má-fé ao pagamento, em favor do réu, de multa de até dez por cento sobre o valor da causa. § 11. O juiz condenará o réu que de má-fé opuser embargos à ação monitória ao pagamento de multa de até dez por cento sobre o valor atribuído à causa, em favor do autor.	**Art. 1.102-C.** No prazo previsto no art. 1.102-B, poderá o réu oferecer embargos, que suspenderão a eficácia do mandado inicial. Se os embargos não forem opostos, constituir-se-á, de pleno direito, o título executivo judicial, convertendo-se o mandado inicial em mandado executivo e prosseguindo-se na forma do Livro I, Título VIII, Capítulo X, desta Lei. (Redação dada pela Lei nº 11.232, de 2005) [...] § 2º Os embargos independem de prévia segurança do juízo e serão processados nos próprios autos, pelo procedimento ordinário. (Incluído pela Lei nº 9.079, de 14.7.1995) § 3º Rejeitados os embargos, constituir-se-á, de pleno direito, o título executivo judicial, intimando-se o devedor e prosseguindo-se na forma prevista no Livro I, Título VIII, Capítulo X, desta Lei. (Redação dada pela Lei nº 11.232, de 2005)

A redação do artigo 702 aperfeiçoa algumas lacunas deixadas pelo artigo 1.102-C, acerca dos embargos ao mandado monitório apresentados pelo réu. Os embargos continuarão sendo opostos no prazo de quinze dias, independente de garantia de juízo. Possibilitou-se ao juiz que, a seu critério, determine a autuação dos embargos monitórios em apartado, nos casos em que estes sejam parciais, permitindo-se a constituição imediata das parcelas não embargadas em títulos executivos judiciais. Foi criado um ônus processual ao réu-embargante de declarar o valor que entende devido e juntar demonstrativo discriminado e atualizado da dívida, nos casos em que alegar excesso de execução. Caso não seja cumprido este ônus, a lei processual traz como consequência o indeferimento liminar dos embargos à ação monitória.

O autor será intimado para, no prazo de 15 dias, apresentar sua resposta aos embargos.

A reconvenção passa a ser expressamente admitida, institucionalizando o enunciado nº 292 da Súmula do STJ. Vedou-se, porém, a reconvenção da reconvenção, limitando-se o objeto da cognição judicial, muito por conta da natureza deste procedimento especial de conferir efetividade e celeridade na formação do título executivo judicial.

Trouxe-se estipulação de condenação em litigância de má-fé e lide temerária, bem como condenação por abuso do direito de defesa, com vistas a se evitar o uso indevido deste procedimento.

Admite-se ao réu, no procedimento monitório, o benefício de pagamento parcelado do saldo remanescente da dívida, em até seis parcelas mensais, desde que reconheça, no prazo dos embargos, o crédito e efetue depósito equivalente a trinta por cento deste valor, a teor do artigo 916 do NCPC.

NOVO CÓDIGO DE PROCESSO CIVIL	CÓDIGO DE PROCESSO CIVIL DE 1973
CAPÍTULO XII DA HOMOLOGAÇÃO DO PENHOR LEGAL	Seção XI Da Homologação do Penhor Legal
Art. 703. Tomado o penhor legal nos casos previstos em lei, requererá o credor, ato contínuo, a homologação. § 1º Na petição inicial, instruída com o contrato de locação ou a conta pormenorizada das despesas, a tabela dos preços e a relação dos objetos retidos, o credor pedirá a citação do devedor para pagar ou contestar na audiência preliminar que for designada. § 2º A homologação do penhor legal poderá ser promovida pela via extrajudicial mediante requerimento, que conterá os requisitos previstos no § 1º deste artigo, do credor a notário de sua livre escolha. § 3º Recebido o requerimento, o notário promoverá a notificação extrajudicial do devedor para, no prazo de 5 (cinco) dias, pagar o débito ou impugnar sua cobrança, alegando por escrito uma das causas previstas no art. 704, hipótese em que o procedimento será encaminhado ao juízo competente para decisão. § 4º Transcorrido o prazo sem manifestação do devedor, o notário formalizará a homologação do penhor legal por escritura pública.	**Art. 874.** Tomado o penhor legal nos casos previstos em lei, requererá o credor, ato contínuo, a homologação. Na petição inicial, instruída com a conta pormenorizada das despesas, a tabela dos preços e a relação dos objetos retidos, pedirá a citação do devedor para, em 24 (vinte e quatro) horas, pagar ou alegar defesa. Parágrafo único. Estando suficientemente provado o pedido nos termos deste artigo, o juiz poderá homologar de plano o penhor legal.

O NCPC, ao mudar o enquadramento de homologação do penhor legal de procedimento cautelar nominado – como constava no CPC/73 –, para procedimento especial, trouxe uma maior precisão na descrição de seu procedimento.

Regulou também a possibilidade de se promover a homologação do penhor legal por escritura pública, conforme o disposto nos parágrafos do artigo em comento.

NOVO CÓDIGO DE PROCESSO CIVIL	CÓDIGO DE PROCESSO CIVIL DE 1973
Art. 704. A defesa só pode consistir em: I - nulidade do processo; II - extinção da obrigação; III - não estar a dívida compreendida entre as previstas em lei ou não estarem os bens sujeitos a penhor legal; IV - alegação de haver sido ofertada caução idônea, rejeitada pelo credor.	**Art. 875.** A defesa só pode consistir em: I – nulidade do processo; II – extinção da obrigação; III – não estar a dívida compreendida entre as previstas em lei ou não estarem os bens sujeitos a penhor legal.

Acrescentou-se um inciso às hipóteses de defesa no procedimento de homologação do penhor legal: a alegação de haver sido ofertada caução idônea, rejeitada pelo credor, o que levaria à improcedência do pedido.

A indicação de um elenco taxativo de matérias que podem ser veiculadas em defesa, não impede, obviamente, de se apontar algum vício em matéria processual.

NOVO CÓDIGO DE PROCESSO CIVIL	CÓDIGO DE PROCESSO CIVIL DE 1973
Art. 705. A partir da audiência preliminar, observar-se-á o procedimento comum.	Sem correspondente.

Embora a homologação do penhor legal se trate de um procedimento especial, após realizada a audiência preliminar, observar-se-ão as disposições do procedimento comum.

NOVO CÓDIGO DE PROCESSO CIVIL	CÓDIGO DE PROCESSO CIVIL DE 1973
Art. 706. Homologado judicialmente o penhor legal, consolidar-se-á a posse do autor sobre o objeto. § 1º Negada a homologação, o objeto será entregue ao réu, ressalvado ao autor o direito de cobrar a dívida pelo procedimento comum, salvo se acolhida a alegação de extinção da obrigação. § 2º Contra a sentença caberá apelação, e, na pendência de recurso, poderá o relator ordenar que a coisa permaneça depositada ou em poder do autor.	**Art. 876.** Em seguida, o juiz decidirá; homologando o penhor, serão os autos entregues ao requerente 48 (quarenta e oito) horas depois, independentemente de traslado, salvo se, dentro desse prazo, a parte houver pedido certidão; não sendo homologado, o objeto será entregue ao réu, ressalvado ao autor o direito de cobrar a conta por ação ordinária.

Reproduzindo o teor do artigo 876 do CPC/73, o artigo 706 do NCPC trata da homologação do penhor legal, que terá como efeitos a consolidação da posse do autor sobre o objeto. Negada a homologação, o objeto será entregue ao réu, ressalvado ao autor o direito de cobrar a dívida pelo procedimento comum, salvo se acolhida a alegação de extinção da obrigação.

NOVO CÓDIGO DE PROCESSO CIVIL	CÓDIGO DE PROCESSO CIVIL DE 1973
CAPÍTULO XIII DA REGULAÇÃO DE AVARIA GROSSA	
Art. 707. Quando inexistir consenso acerca da nomeação de um regulador de avarias, o juiz de direito da comarca do primeiro porto onde o navio houver chegado, provocado por qualquer parte interessada, nomeará um de notório conhecimento.	Sem correspondente.

Na tentativa de erradicar procedimentos especiais que não eram utilizados, foram eliminados quase todos os procedimentos que cuidavam de questões envolvendo Direito Marítimo. É certo que alguns deles realmente mereciam extinção, pela absoluta obsolescência, outros, porém, são bastante utilizados.

Nessa perspectiva, o NCPC traz a regulamentação do procedimento de avaria grossa e da ratificação de protesto marítimo.

Por avaria, compreende-se o dano havido ao bem confiado para transporte, sendo que as avarias podem ser de dois tipos: grossas (ou comuns) e particulares. De acordo com o artigo 763 do Código Comercial, as avarias podem ser grossas (ou comuns) e simples (ou particulares). A avaria simples ou particular é a que recai sobre o bem transportado e tem como exclusivo responsável o transportador. Já a avaria grossa é toda despesa extraordinária ou dano causado ao navio ou à carga, voluntariamente, em benefício comum de ambos[1]. Seu rol exemplificativo encontra-se no artigo 764 do Código Comercial, que dispõe que:

> Art. 764 - São avarias grossas:
> 1 - Tudo o que se dá ao inimigo, corsário ou pirata por composição ou a título de resgate do navio e fazendas, conjunta ou separadamente
> 2 - As coisas alijadas para salvação comum.
> 3 - Os cabos, mastros, velas e outros quaisquer aparelhos deliberadamente cortados, ou partidos por força de vela para salvação do navio e carga.
> 4 - As âncoras, amarras e quaisquer outras coisas abandonadas para salvamento ou benefício comum.
> 5 - Os danos causados pelo alijamento às fazendas restantes a bordo.
> 6 - Os danos feitos deliberantemente ao navio para facilitar a evacuação d'água e os danos acontecidos por esta ocasião à carga.
> 7 - O tratamento, curativo, sustento e indenizações da gente da tripulação ferida ou mutilada defendendo o navio.
> 8 - A indenização ou resgate da gente da tripulação mandada ao mar ou à terra em serviço do navio e da carga, e nessa ocasião aprisionada ou retida.
> 9 - As soldadas e sustento da tripulação durante arribada forçada.
> 10 - Os direitos de pilotagem, e outros de entrada e saída num porto de arribada forçada.
> 11 - Os aluguéis de armazéns em que se depositem, em, porto de arribada forçada, as fazendas que não puderem continuar a bordo durante o conserto do navio.
> 12 - As despesas da reclamação do navio e carga feitas conjuntamente pelo capitão numa só instância, e o sustento e soldadas da gente da tripulação durante a mesma reclamação, uma vez que o navio e carga sejam relaxados e restituídos.
> 13 - Os gastos de descarga, e salários para aliviar o navio e entrar numa barra ou porto, quando o navio é obrigado a fazê-lo por borrasca, ou perseguição de inimigo, e os danos acontecidos às fazendas pela descarga e recarga do navio em perigo.
> 14 - Os danos acontecidos ao corpo e quilha do navio, que premeditadamente se faz varar para prevenir perda total, ou presa do inimigo.
> 15 - As despesas feitas para pôr a nado o navio encalhado, e toda a recompensa por serviços extraordinários feitos para prevenir a sua perda total, ou presa.
> 16 - As perdas ou danos sobrevindos às fazendas carregadas em barcas ou lanchas, em conseqüência de perigo.
> 17 - As soldadas e sustento da tripulação, se o navio depois da viagem começada é obrigado a suspendê-la por ordem de potência estrangeira, ou por superveniência de guerra; e isto por todo o tempo que o navio e carga forem impedidos.

---

1 FUNENSEG – Fundação Escola Nacional de Seguros. *Glossário de terminologia técnica comercial marítima*. 2. ed. Rio de Janeiro: 2002, p. 7.

> 18 - O prêmio do empréstimo a risco, tomado para fazer face a despesas que devam entrar na regra de avaria grossa.
> 19 - O prêmio do seguro das despesas de avaria grossa, e as perdas sofridas na venda da parte da carga no porto de arribada forçada para fazer face às mesmas despesas.
> 20 - As custas judiciais para regular as avarias, e fazer a repartição das avarias grossas.
> 21 - As despesas de uma quarentena extraordinária.
> E, em geral, os danos causados deliberadamente em caso de perigo ou desastre imprevisto, e sofridos como conseqüência imediata destes eventos, bem como as despesas feitas em iguais circunstâncias, depois de deliberações motivadas (artigo nº. 509), em bem e salvamento comum do navio e mercadorias, desde a sua carga e partida até o seu retorno e descarga.

A finalidade do procedimento especial de regulação de avaria grossa é de nomear regulador para que as responsabilidades derivadas de sua ocorrência sejam repartidas[2].

NOVO CÓDIGO DE PROCESSO CIVIL	CÓDIGO DE PROCESSO CIVIL DE 1973
Art. 708. O regulador declarará justificadamente se os danos são passíveis de rateio na forma de avaria grossa e exigirá das partes envolvidas a apresentação de garantias idôneas para que possam ser liberadas as cargas aos consignatários. § 1º A parte que não concordar com o regulador quanto à declaração de abertura da avaria grossa deverá justificar suas razões ao juiz, que decidirá no prazo de 10 (dez) dias. § 2º Se o consignatário não apresentar garantia idônea a critério do regulador, este fixará o valor da contribuição provisória com base nos fatos narrados e nos documentos que instruírem a petição inicial, que deverá ser caucionado sob a forma de depósito judicial ou de garantia bancária. § 3º Recusando-se o consignatário a prestar caução, o regulador requererá ao juiz a alienação judicial de sua carga na forma dos arts. 879 a 903. § 4º É permitido o levantamento, por alvará, das quantias necessárias ao pagamento das despesas da alienação a serem arcadas pelo consignatário, mantendo-se o saldo remanescente em depósito judicial até o encerramento da regulação.	Sem correspondente.

O NCPC regula a possibilidade de liberação da carga do navio durante o início do procedimento de regulação das avarias e com incidentes que podem ocorrer se hou-

2 Bueno, Cassio Scarpinella. *Projetos de Novo Código de Processo Civil Comparados e Anotados*: Senado federal PLS N.166/2010 e Câmara dos Deputados PL N.8046/2010. São Paulo: Saraiva, 2014, p. 341-342.

ver discordância entre as primeiras deliberações do regulador e os consignatários. A decisão do magistrado nos termos do § 1º é agravável de instrumento.

NOVO CÓDIGO DE PROCESSO CIVIL	CÓDIGO DE PROCESSO CIVIL DE 1973
Art. 709. As partes deverão apresentar nos autos os documentos necessários à regulação da avaria grossa em prazo razoável a ser fixado pelo regulador.	Sem correspondente.

O novo dispositivo dispõe sobre o prazo razoável para que o regulador tenha acesso aos documentos necessários.

NOVO CÓDIGO DE PROCESSO CIVIL	CÓDIGO DE PROCESSO CIVIL DE 1973
Art. 710. O regulador apresentará o regulamento da avaria grossa no prazo de até 12 (doze) meses, contado da data da entrega dos documentos nos autos pelas partes, podendo o prazo ser estendido a critério do juiz. § 1º Oferecido o regulamento da avaria grossa, dele terão vista as partes pelo prazo comum de 15 (quinze) dias, e, não havendo impugnação, o regulamento será homologado por sentença. § 2º Havendo impugnação ao regulamento, o juiz decidirá no prazo de 10 (dez) dias, após a oitiva do regulador.	Sem correspondente.

O novo texto estabelece o prazo de até doze meses para o regulador de avarias apresentar suas conclusões. As partes podem se manifestar em quinze dias. Sem impugnação, profere-se a sentença homologatória. Havendo discordância, o juiz decide após oitiva do regulador.

NOVO CÓDIGO DE PROCESSO CIVIL	CÓDIGO DE PROCESSO CIVIL DE 1973
Art. 711. Aplicam-se ao regulador de avarias os arts. 156 a 158, no que couber.	Sem correspondente.

A função do regulador de avarias deve observar as regras previstas para o perito.

NOVO CÓDIGO DE PROCESSO CIVIL	CÓDIGO DE PROCESSO CIVIL DE 1973
CAPÍTULO XIV DA RESTAURAÇÃO DE AUTOS **Art. 712.** Verificado o desaparecimento dos autos, eletrônicos ou não, pode o juiz, de ofício, qualquer das partes ou o Ministério Público, se for o caso, promover-lhes a restauração. Parágrafo único. Havendo autos suplementares, nesses prosseguirá o processo.	CAPÍTULO XII DA RESTAURAÇÃO DE AUTOS **Art. 1.063.** Verificado o desaparecimento dos autos, pode qualquer das partes promover-lhes a restauração. Parágrafo único. Havendo autos suplementares, nestes prosseguirá o processo.

Não houve alteração substancial, trata-se da mesma regra. Há inclusão da previsão de serem os autos eletrônicos ou não e quem tem legitimidade para requerer, admitindo-se que o ato seja de ofício.

NOVO CÓDIGO DE PROCESSO CIVIL	CÓDIGO DE PROCESSO CIVIL DE 1973
Art. 713. Na petição inicial, declarará a parte o estado do processo ao tempo do desaparecimento dos autos, oferecendo: I - certidões dos atos constantes do protocolo de audiências do cartório por onde haja corrido o processo; II - cópia das peças que tenha em seu poder; III - qualquer outro documento que facilite a restauração.	**Art. 1.064.** Na petição inicial declarará a parte o estado da causa ao tempo do desaparecimento dos autos, oferecendo: I – certidões dos atos constantes do protocolo de audiências do cartório por onde haja corrido o processo; II – cópia dos requerimentos que dirigiu ao juiz; III – quaisquer outros documentos que facilitem a restauração.

Não houve alteração substancial, tratando-se da mesma regra relativa a informações e documentos que devem acompanhar a petição inicial de restauração de autos.

NOVO CÓDIGO DE PROCESSO CIVIL	CÓDIGO DE PROCESSO CIVIL DE 1973
Art. 714. A parte contrária será citada para contestar o pedido no prazo de 5 (cinco) dias, cabendo-lhe exibir as cópias, as contrafés e as reproduções dos atos e dos documentos que estiverem em seu poder. § 1º Se a parte concordar com a restauração, lavrar-se-á o auto que, assinado pelas partes e homologado pelo juiz, suprirá o processo desaparecido. § 2º Se a parte não contestar ou se a concordância for parcial, observar-se-á o procedimento comum.	**Art. 1.065.** A parte contrária será citada para contestar o pedido no prazo de 5 (cinco) dias, cabendo-lhe exibir as cópias, contrafés e mais reproduções dos atos e documentos que estiverem em seu poder. § 1º Se a parte concordar com a restauração, lavrar-se-á o respectivo auto que, assinado pelas partes e homologado pelo juiz, suprirá o processo desaparecido. § 2º Se a parte não contestar ou se a concordância for parcial, observar-se-á o disposto no art. 803.

Não houve alteração substancial, mantendo-se o mesmo prazo de cinco dias e as posturas e consequências a serem assumidas pelo réu. Trata-se, basicamente, do mesmo comando legal.

NOVO CÓDIGO DE PROCESSO CIVIL	CÓDIGO DE PROCESSO CIVIL DE 1973
Art. 715. Se a perda dos autos tiver ocorrido depois da produção das provas em audiência, o juiz, se necessário, mandará repeti-las. § 1º Serão reinquiridas as mesmas testemunhas, que, em caso de impossibilidade, poderão ser substituídas de ofício ou a requerimento. § 2º Não havendo certidão ou cópia do laudo, far-se-á nova perícia, sempre que possível pelo mesmo perito. § 3º Não havendo certidão de documentos, esses serão reconstituídos mediante cópias ou, na falta dessas, pelos meios ordinários de prova. § 4º Os serventuários e os auxiliares da justiça não podem eximir-se de depor como testemunhas a respeito de atos que tenham praticado ou assistido. § 5º Se o juiz houver proferido sentença da qual ele próprio ou o escrivão possua cópia, esta será juntada aos autos e terá a mesma autoridade da original.	**Art. 1.066.** Se o desaparecimento dos autos tiver ocorrido depois da produção das provas em audiência, o juiz mandará repeti-las. § 1º Serão reinquiridas as mesmas testemunhas; mas se estas tiverem falecido ou se acharem impossibilitadas de depor e não houver meio de comprovar de outra forma o depoimento, poderão ser substituídas. § 2º Não havendo certidão ou cópia do laudo, far-se-á nova perícia, sempre que for possível e de preferência pelo mesmo perito. § 3º Não havendo certidão de documentos, estes serão reconstituídos mediante cópias e, na falta, pelos meios ordinários de prova. § 4º Os serventuários e auxiliares da justiça não podem eximir-se de depor como testemunhas a respeito de atos que tenham praticado ou assistido. § 5º Se o juiz houver proferido sentença da qual possua cópia, esta será junta aos autos e terá a mesma autoridade da original.

Não houve alteração, trata-se da mesma regra, relativa à perda dos autos após a audiência.

NOVO CÓDIGO DE PROCESSO CIVIL	CÓDIGO DE PROCESSO CIVIL DE 1973
Art. 716. Julgada a restauração, seguirá o processo os seus termos. Parágrafo único. Aparecendo os autos originais, neles se prosseguirá, sendo-lhes apensados os autos da restauração.	**Art. 1.067.** Julgada a restauração, seguirá o processo os seus termos. § 1º Aparecendo os autos originais, nestes se prosseguirá sendo-lhes apensados os autos da restauração. § 2º Os autos suplementares serão restituídos ao cartório, deles se extraindo certidões de todos os atos e termos a fim de completar os autos originais.

Não houve alteração, trata-se da mesma regra, sobre o julgamento da restauração e o reaparecimento dos autos originais após o procedimento de restauração.

NOVO CÓDIGO DE PROCESSO CIVIL	CÓDIGO DE PROCESSO CIVIL DE 1973
Art. 717. Se o desaparecimento dos autos tiver ocorrido no tribunal, o processo de restauração será distribuído, sempre que possível, ao relator do processo. § 1º A restauração far-se-á no juízo de origem quanto aos atos nele realizados. § 2º Remetidos os autos ao tribunal, nele completar-se-á a restauração e proceder-se-á ao julgamento.	**Art. 1.068.** Se o desaparecimento dos autos tiver ocorrido no tribunal, a ação será distribuída, sempre que possível, ao relator do processo. § 1º A restauração far-se-á no juízo de origem quanto aos atos que neste se tenham realizado. § 2º Remetidos os autos ao tribunal, aí se completará a restauração e se procederá ao julgamento.

Não houve alteração, trata-se da mesma regra relacionada ao desaparecimento dos autos nos tribunais.

NOVO CÓDIGO DE PROCESSO CIVIL	CÓDIGO DE PROCESSO CIVIL DE 1973
Art. 718. Quem houver dado causa ao desaparecimento dos autos responderá pelas custas da restauração e pelos honorários de advogado, sem prejuízo da responsabilidade civil ou penal em que incorrer.	**Art. 1.069.** Quem houver dado causa ao desaparecimento dos autos responderá pelas custas da restauração e honorários de advogado, sem prejuízo da responsabilidade civil ou penal em que incorrer.

Não houve alteração, tratando-se da mesma regra de responsabilidade civil pelo desaparecimento dos autos.

NOTAS AOS ARTIGOS 719 A 770

Bianca Cardoso Marques
Liane Isoldi Linhares

NOVO CÓDIGO DE PROCESSO CIVIL	CÓDIGO DE PROCESSO CIVIL DE 1973
CAPÍTULO XV DOS PROCEDIMENTOS DE JURISDIÇÃO VOLUNTÁRIA **Seção I** **Disposições Gerais** **Art. 719.** Quando este Código não estabelecer procedimento especial, regem os procedimentos de jurisdição voluntária as disposições constantes desta Seção.	TÍTULO II DOS PROCEDIMENTOS ESPECIAIS DE JURISDIÇÃO VOLUNTÁRIA CAPÍTULO I DAS DISPOSIÇÕES GERAIS **Art. 1.103.** Quando este Código não estabelecer procedimento especial, regem a jurisdição voluntária as disposições constantes deste Capítulo.

O novo Código de Processo Civil manteve uma parte reservada aos procedimentos de jurisdição voluntária, agora no Título III – Dos procedimentos Especiais – Capítulo XV – Procedimentos de Jurisdição Voluntária.

Designando como Procedimentos de Jurisdição Voluntária: Seção II – Da Notificação e da Interpelação; Seção III – da Alienação Judicial; Seção VI – Do Divórcio e da Separação Consensuais, da Extinção Consensual da União Estável e da Alteração do Regime de Bens do Matrimônio; Seção V – Testamento e Codicilo; Seção VI – Herança Jacente; Seção VII – Bens dos Ausentes; Seção VIII – Das Coisas Vagas; Seção IX – Da Interdição; Seção X – Disposições comuns à Tutela e à Curatela; Seção XI – Da Organização e Fiscalização das Fundações e, por fim, Seção XII – Ratificação dos Protestos Marítimos e dos Processos Testemunháveis a Bordo.

NOVO CÓDIGO DE PROCESSO CIVIL	CÓDIGO DE PROCESSO CIVIL DE 1973
Art. 720. O procedimento terá início por provocação do interessado, do Ministério Público ou da Defensoria Pública, cabendo-lhes formular o pedido devidamente instruído com os documentos necessários e com a indicação da providência judicial.	**Art. 1.104.** O procedimento terá início por provocação do interessado ou do Ministério Público, cabendo-lhes formular o pedido em requerimento dirigido ao juiz, devidamente instruído com os documentos necessários e com a indicação da providência judicial.

No novo Código, a Defensoria Pública passa a ter legitimidade ativa para também propor demandas relativas aos procedimentos de jurisdição voluntária, vindo a coroar a Constituição Federal de 1988 no seu artigo 5º, inc. LXXIV, com a Lei Complementar nº 132/2009, que modificou substancialmente a Lei Complementar nº 80/94, dando maior abrangência na atuação dos integrantes dessa instituição.

NOVO CÓDIGO DE PROCESSO CIVIL	CÓDIGO DE PROCESSO CIVIL DE 1973
Art. 721. Serão citados todos os interessados, bem como intimado o Ministério Público, nos casos do art. 178, para que se manifestem, querendo, no prazo de 15 (quinze) dias.	**Art. 1.105.** Serão citados, sob pena de nulidade, todos os interessados, bem como o Ministério Público. **Art. 1.106.** O prazo para responder é de 10 (dez) dias.

O novo diploma contempla a intimação do Ministério Público, para que intervenha na qualidade de fiscal da lei, ao passo que para os interessados e a Defensoria Pública o ato de comunicação processual será a citação, procedimento adotado no CPC/73. Destaque, ainda, para a alteração do prazo, passando de 10 (dez) dias para 15 (quinze) dias.

NOVO CÓDIGO DE PROCESSO CIVIL	CÓDIGO DE PROCESSO CIVIL DE 1973
Art. 722. A Fazenda Pública será sempre ouvida nos casos em que tiver interesse.	**Art. 1.108.** A Fazenda Pública será sempre ouvida nos casos em que tiver interesse.

O NCPC não modificou o dispositivo que trata da intervenção da Fazenda Pública em processos nos casos em que tiver interesse.

NOVO CÓDIGO DE PROCESSO CIVIL	CÓDIGO DE PROCESSO CIVIL DE 1973
Art. 723. O juiz decidirá o pedido no prazo de 10 (dez) dias. Parágrafo único. O juiz não é obrigado a observar critério de legalidade estrita, podendo adotar em cada caso a solução que considerar mais conveniente ou oportuna.	**Art. 1.109.** O juiz decidirá o pedido no prazo de 10 (dez) dias; não é, porém, obrigado a observar critério de legalidade estrita, podendo adotar em cada caso a solução que reputar mais conveniente ou oportuna.

O novo dispositivo não apresenta alteração substancial, mantendo-se a previsão de julgamento no prazo de 10 (dez) dias.

Permanece, ainda, a referência que dispensa o juiz de observar a legalidade estrita. Nos procedimentos de jurisdição voluntária, o juiz é autorizado a decidir por equidade, considerando a oportunidade e a conveniência visando ao bem comum, afastando o formalismo e o rigor da lei.

NOVO CÓDIGO DE PROCESSO CIVIL	CÓDIGO DE PROCESSO CIVIL DE 1973
Art. 724. Da sentença caberá apelação.	**Art. 1.110.** Da sentença caberá apelação.

O recurso cabível da sentença é o de apelação. Admite-se, ainda que não haja previsão, os embargos de declaração desde que exista obscuridade, contradição e omissão, erro material. Diante da ocorrência do efeito modificativo, o contraditório deverá ser oportunizado em 05 (cinco) dias, na forma do § 2º do artigo 1.023 do novo diploma. Destaque-se que não foi reproduzido no novo Código o teor do artigo 1.111 do CPC/73, que oportunizava a modificação da sentença, sem prejuízo dos efeitos já produzidos, caso ocorressem circunstâncias supervenientes.

NOVO CÓDIGO DE PROCESSO CIVIL	CÓDIGO DE PROCESSO CIVIL DE 1973
Art. 725. Processar-se-á na forma estabelecida nesta Seção o pedido de: I - emancipação; II - sub-rogação; III - alienação, arrendamento ou oneração de bens de crianças ou adolescentes, de órfãos e de interditos; IV - alienação, locação e administração da coisa comum; V - alienação de quinhão em coisa comum; VI - extinção de usufruto, quando não decorrer da morte do usufrutuário, do termo da sua duração ou da consolidação, e de fideicomisso, quando decorrer de renúncia ou quando ocorrer antes do evento que caracterizar a condição resolutória; VII - expedição de alvará judicial; VIII - homologação de autocomposição extrajudicial, de qualquer natureza ou valor. Parágrafo único. As normas desta Seção aplicam-se, no que couber, aos procedimentos regulados nas seções seguintes.	**Art. 1.112.** Processar-se-á na forma estabelecida neste Capítulo o pedido de: I - emancipação; II - sub-rogação; III - alienação, arrendamento ou oneração de bens dotais, de menores, de órfãos e de interditos; IV - alienação, locação e administração da coisa comum; V - alienação de quinhão em coisa comum; VI - extinção de usufruto e de fideicomisso.

No tocante à emancipação, esta pode ser realizada por instrumento público, conforme constante do artigo 5ª, inciso I, do CC/2002, bem como do artigo 90 da Lei nº 6.015/73; já os demais incisos do artigo 5º, II a V, independem do consentimento judicial. O menor poderá utilizar o procedimento de jurisdição voluntária, a partir dos 16 (dezesseis) anos, não estando sujeito ao poder de família, e se desejar se emancipar poderá requerer junto ao Juízo da Infância e Juventude (art. 148, parágrafo único, "e" da Lei nº 8.069/90), quando será examinada pelo julgador a real conveniência.

Outra novidade trazida pelo NCPC foi o rito procedimental para expedição de alvará judicial, em casos especiais e a homologação de autocomposição extrajudicial, de qualquer natureza ou valor. As seções deste Capítulo que não possuírem procedimentos próprios adotam o desta Seção.

NOVO CÓDIGO DE PROCESSO CIVIL	CÓDIGO DE PROCESSO CIVIL DE 1973
Seção II **Da Notificação e da Interpelação**	Seção X Dos Protestos, Notificações e Interpelações
Art. 726. Quem tiver interesse em manifestar formalmente sua vontade a outrem sobre assunto juridicamente relevante poderá notificar pessoas participantes da mesma relação jurídica para dar-lhes ciência de seu propósito. § 1º Se a pretensão for a de dar conhecimento geral ao público, mediante edital, o juiz só a deferirá se a tiver por fundada e necessária ao resguardo de direito. § 2º Aplica-se o disposto nesta Seção, no que couber, ao protesto judicial.	**Art. 867.** Todo aquele que desejar prevenir responsabilidade, prover a conservação e ressalva de seus direitos ou manifestar qualquer intenção de modo formal, poderá fazer por escrito o seu protesto, em petição dirigida ao juiz, e requerer que do mesmo se intime a quem de direito. **Art. 870.** Far-se-á a intimação por editais: I - se o protesto for para conhecimento do público em geral, nos casos previstos em lei, ou quando a publicidade seja essencial para que o protesto, notificação ou interpelação atinja seus fins; II - se o citando for desconhecido, incerto ou estiver em lugar ignorado ou de difícil acesso; III - se a demora da intimação pessoal puder prejudicar os efeitos da interpelação ou do protesto. Parágrafo único. Quando se tratar de protesto contra a alienação de bens, pode o juiz ouvir, em 3 (três) dias, aquele contra quem foi dirigido, desde que lhe pareça haver no pedido ato emulativo, tentativa de extorsão, ou qualquer outro fim ilícito, decidindo em seguida sobre o pedido de publicação de editais.

O Código de Processo Civil de 1973, em seus artigos 867 a 873, traz à baila os protestos, notificações e interpelações. Com efeito, há de salientar que tais procedimentos são manifestações formais de comunicação de vontade, a fim de prevenir responsabilidades (art. 867) e eliminar a possibilidade futura de alegação de ignorância. Trata-se de procedimento sem ação e sem processo, residindo, neste aspecto característico, a principal crítica à atecnia do legislador, eis que os procedimentos supramencionados foram previstos como espécies de ações cautelares nominadas, quando, na realidade, são medidas desprovidas de litigiosidade, consubstanciando-se em simples advertência, não impondo qualquer constrangimento ao seu destinatário. Justifica-se, portanto, a pretensa organização das referidas medidas, que passarão a ser incluídas neste Capítulo XI.

Ainda no mesmo dispositivo, houve modificação significativa, com a supressão do protesto, dispondo somente sobre as notificações e as interpelações, se prestando ambas a dar ciência a alguém para fazer ou deixar de fazer algo, podendo futuramente oferecer ou não medida judicial.

NOVO CÓDIGO DE PROCESSO CIVIL	CÓDIGO DE PROCESSO CIVIL DE 1973
Art. 727. Também poderá o interessado interpelar o requerido, no caso do art. 726, para que faça ou deixe de fazer o que o requerente entenda ser de seu direito.	Sem correspondente.

A interpelação descrita no artigo 727 do NCPC serve para informar a mora do devedor, além de constituir requisito específico para o legítimo exercício do direito de ação, conforme Decreto-Lei nº 745/94, nos moldes do enunciado da Súmula nº 76 do STJ.

NOVO CÓDIGO DE PROCESSO CIVIL	CÓDIGO DE PROCESSO CIVIL DE 1973
Art. 728. O requerido será previamente ouvido antes do deferimento da notificação ou do respectivo edital: I - se houver suspeita de que o requerente, por meio da notificação ou do edital, pretende alcançar fim ilícito; II - se tiver sido requerida a averbação da notificação em registro público.	**Art. 870.** [...] Parágrafo único. Quando se tratar de protesto contra a alienação de bens, pode o juiz ouvir, em 3 (três) dias, aquele contra quem foi dirigido, desde que lhe pareça haver no pedido ato emulativo, tentativa de extorsão, ou qualquer outro fim ilícito, decidindo em seguida sobre o pedido de publicação de editais.

Observa-se que houve uma modificação significativa no novo diploma processual quanto às notificações e interpelações, pois, tratando-se de assunto juridicamente relevante da mesma relação processual, e sendo de caráter geral ao público, esta pode ser realizada por edital. O requerido será ouvido, a fim de se apurar a licitude da notificação ou interpelação. Por fim, depois de deferido, os autos serão entregues aos interessados.

NOVO CÓDIGO DE PROCESSO CIVIL	CÓDIGO DE PROCESSO CIVIL DE 1973
Art. 729. Deferida e realizada a notificação ou interpelação, os autos serão entregues ao requerente.	**Art. 872.** Feita a intimação, ordenará o juiz que, pagas as custas, e decorridas 48 (quarenta e oito) horas, sejam os autos entregues à parte independentemente de traslado.

O artigo 729 mantém a *ratio* do artigo 872 do CPC/73, dispondo sobre a entrega dos autos da notificação ou interpelação ao requerente após a realização do procedimento. Destaque-se que restou suprimida a previsão de intimação para pagamento de custas, o que já é regulamentado pelos tribunais.

NOVO CÓDIGO DE PROCESSO CIVIL	CÓDIGO DE PROCESSO CIVIL DE 1973
Seção III **Da Alienação Judicial** **Art. 730.** Nos casos expressos em lei, não havendo acordo entre os interessados sobre o modo como se deve realizar a alienação do bem, o juiz, de ofício ou a requerimento dos interessados ou do depositário, mandará aliená-lo em leilão, observando-se o disposto na Seção I deste Capítulo e, no que couber, o disposto nos arts. 879 a 903.	CAPÍTULO II DAS ALIENAÇÕES JUDICIAIS **Art. 1.113.** Nos casos expressos em lei e sempre que os bens depositados judicialmente forem de fácil deterioração, estiverem avariados ou exigirem grandes despesas para a sua guarda, o juiz, de ofício ou a requerimento do depositário ou de qualquer das partes, mandará aliená-los em leilão. § 1º Poderá o juiz autorizar, da mesma forma, a alienação de semoventes e outros bens de guarda dispendiosa; mas não o fará se alguma das partes se obrigar a satisfazer ou garantir as despesas de conservação. § 2º Quando uma das partes requerer a alienação judicial, o juiz ouvirá sempre a outra antes de decidir. § 3º - Far-se-á a alienação independentemente de leilão, se todos os interessados forem capazes e nisso convierem expressamente.

O artigo 730 do NCPC repetiu praticamente o texto do artigo 1.113 do CPC/73, não havendo nenhuma alteração substancial para ser suficiente a alienação judicial, restando cabível quando houver falta de acordo entre os interessados sobre a forma como deve ser realizada.

NOVO CÓDIGO DE PROCESSO CIVIL	CÓDIGO DE PROCESSO CIVIL DE 1973
Seção IV **Do Divórcio e da Separação Consensuais, da Extinção Consensual de União Estável e da Alteração do Regime de Bens do Matrimônio** **Art. 731.** A homologação do divórcio ou da separação consensuais, observados os requisitos legais, poderá ser requerida em petição assinada por ambos os cônjuges, da qual constarão:	CAPÍTULO III DA SEPARAÇÃO CONSENSUAL **Art. 1.120.** A separação consensual será requerida em petição assinada por ambos os cônjuges. § 1° Se os cônjuges não puderem ou não souberem escrever, é lícito que outrem assine a petição a rogo deles. § 2° As assinaturas, quando não lançadas na presença do juiz, serão reconhecidas por tabelião.

I - as disposições relativas à descrição e à partilha dos bens comuns; II - as disposições relativas à pensão alimentícia entre os cônjuges; III - o acordo relativo à guarda dos filhos incapazes e ao regime de visitas; e IV - o valor da contribuição para criar e educar os filhos. Parágrafo único. Se os cônjuges não acordarem sobre a partilha dos bens, far-se-á esta depois de homologado o divórcio, na forma estabelecida nos arts. 647 a 658.	**Art. 1.121.** A petição, instruída com a certidão de casamento e o contrato antenupcial se houver, conterá: I - a descrição dos bens do casal e a respectiva partilha; II - o acordo relativo à guarda dos filhos menores e ao regime de visitas; (Redação dada pela Lei nº 11.112, de 2005) III - o valor da contribuição para criar e educar os filhos; IV - a pensão alimentícia do marido à mulher, se esta não possuir bens suficientes para se manter. § 1° Se os cônjuges não acordarem sobre a partilha dos bens, far-se-á esta, depois de homologada a separação consensual, na forma estabelecida neste Livro, Título I, Capítulo IX. (Renumerado do parágrafo único, pela Lei nº 11.112, de 2005) § 2° Entende-se por regime de visitas a forma pela qual os cônjuges ajustarão a permanência dos filhos em companhia daquele que não ficar com sua guarda, compreendendo encontros periódicos regularmente estabelecidos, repartição das férias escolares e dias festivos. (Incluído pela Lei nº 11.112, de 2005)

A Emenda Constitucional nº 66, de 13/07/2010 – que alterou o parágrafo 6º, "O casamento civil pode ser dissolvido pelo divórcio" –, do artigo 227 da CRFB/88, eliminou o prazo exigido pela lei para o pedido de divórcio. A Lei nº 11.441/2007 alterou o CPC/73, possibilitando a realização de inventário, partilha separação consensual e divórcio consensual através da via administrativa; desde que preenchidos seus requisitos.

O instituto da separação, ainda que esvaziado de interesse segundo alguns doutrinadores, permanece previsto no novo texto processual com procedimento simplificado para os interessados que não utilizarem a via administrativa.

Conclui-se portanto que a referida emenda não cuidou de excluir a possibilidade de separação judicial, tão somente disciplinou o instituto do divórcio.

NOVO CÓDIGO DE PROCESSO CIVIL	CÓDIGO DE PROCESSO CIVIL DE 1973
Art. 732. As disposições relativas ao processo de homologação judicial de divórcio ou de separação consensuais aplicam-se, no que couber, ao processo de homologação da extinção consensual de união estável.	**Art. 1.122.** Apresentada a petição ao juiz, este verificará se ela preenche os requisitos exigidos nos dois artigos antecedentes; em seguida, ouvirá os cônjuges sobre os motivos da separação consensual, esclarecendo-lhes as consequências da manifestação de vontade. § 1º Convencendo-se o juiz de que ambos, livremente e sem hesitações, desejam a separação consensual, mandará reduzir a termo as declarações e, depois de ouvir o Ministério Público no prazo de 5 (cinco) dias, o homologará; em caso contrário, marcar-lhes-á dia e hora, com 15 (quinze) a 30 (trinta) dias de intervalo, para que voltem a fim de ratificar o pedido de separação consensual. § 2º Se qualquer dos cônjuges não comparecer à audiência designada ou não ratificar o pedido, o juiz mandará autuar a petição e documentos e arquivar o processo.

As alterações no dispositivo sobre a oitiva dos cônjuges não possuem repercussão de ordem prática, merecendo destaque apenas a omissão relativa ao prazo para ratificação.

NOVO CÓDIGO DE PROCESSO CIVIL	CÓDIGO DE PROCESSO CIVIL DE 1973
Art. 733. O divórcio consensual, a separação consensual e a extinção consensual de união estável, não havendo nascituro ou filhos incapazes e observados os requisitos legais, poderão ser realizados por escritura pública, da qual constarão as disposições de que trata o art. 731. § 1º A escritura não depende de homologação judicial e constitui título hábil para qualquer ato de registro, bem como para levantamento de importância depositada em instituições financeiras. § 2º O tabelião somente lavrará a escritura se os interessados estiverem assistidos por advogado ou por defensor público, cuja qualificação e assinatura constarão do ato notarial.	**Art. 1.124-A.** A separação consensual e o divórcio consensual, não havendo filhos menores ou incapazes do casal e observados os requisitos legais quanto aos prazos, poderão ser realizados por escritura pública, da qual constarão as disposições relativas à descrição e à partilha dos bens comuns e à pensão alimentícia e, ainda, ao acordo quanto à retomada pelo cônjuge de seu nome de solteiro ou à manutenção do nome adotado quando se deu o casamento. (Incluído pela Lei nº 11.441, de 2007). § 1° A escritura não depende de homologação judicial e constitui título hábil para o registro civil e o registro de imóveis. (Incluído pela Lei nº 11.441, de 2007). § 2º O tabelião somente lavrará a escritura se os contratantes estiverem assistidos por advogado comum ou advogados de cada um deles ou por defensor público, cuja qualificação e assinatura constarão do ato notarial. (Redação dada pela Lei nº 11.965, de 2009) § 3° A escritura e demais atos notariais serão gratuitos àqueles que se declararem pobres sob as penas da lei. (Incluído pela Lei nº 11.441, de 2007).

Havendo bens a partilhar e realizando em Cartório de Registro de Títulos e Documentos, há que ter certidão de dívidas sobre os bens, municipal, estadual e federal. Essa lei ainda autoriza o divórcio consensual, desde que obedecido o prazo atualmente previsto na Lei nº 6.515/77. Os interessados dirigem-se ao tabelião, acompanhados de advogado comum, ou de cada um deles, ou Defensor Público, dispondo quanto à partilha dos bens comuns, pensão alimentícia e retomada do nome do cônjuge de solteira, ou a manutenção do nome de casado.

Na petição poderá ser requerida a partilha dos bens comuns, pensão alimentícia, guarda dos filhos menores com o regime de visitas, e o valor da contribuição para criar e educar os filhos, podendo ser homologado tão somente o divórcio, com posterior partilha de bens comuns.

No tocante à guarda dos filhos, há, hoje, vários entendimentos jurisprudenciais sobre a guarda compartilhada, pode ser estabelecidos certos critérios no sentido de não prejudicar a rotina da criança ou do adolescente, com escolas, cursos etc. e afastando a insegurança.

Deve ser destacada a omissão do legislador do NCPC quanto à gratuidade dos procedimentos, pois não repetiu a regra do § 3° do artigo 1.124-A do CPC/73.

NOVO CÓDIGO DE PROCESSO CIVIL	CÓDIGO DE PROCESSO CIVIL DE 1973
Art. 734. A alteração do regime de bens do casamento, observados os requisitos legais, poderá ser requerida, motivadamente, em petição assinada por ambos os cônjuges, na qual serão expostas as razões que justificam a alteração, ressalvados os direitos de terceiros. § 1º Ao receber a petição inicial, o juiz determinará a intimação do Ministério Público e a publicação de edital que divulgue a pretendida alteração de bens, somente podendo decidir depois de decorrido o prazo de 30 (trinta) dias da publicação do edital. § 2º Os cônjuges, na petição inicial ou em petição avulsa, podem propor ao juiz meio alternativo de divulgação da alteração do regime de bens, a fim de resguardar direitos de terceiros. § 3º Após o trânsito em julgado da sentença, serão expedidos mandados de averbação aos cartórios de registro civil e de imóveis e, caso qualquer dos cônjuges seja empresário, ao Registro Público de Empresas Mercantis e Atividades Afins.	Sem correspondente.

O novel diploma processual contempla a possibilidade de alteração de regime de bens; prevista no Código Civil de 2002, suprindo desta forma a carência de um procedimento.

Outra inovação trazida pelo NCPC é a autorização legal aos cônjuges no que diz respeito à publicidade da alteração do regime de bens, admitindo formas alternativas de divulgação.

NOVO CÓDIGO DE PROCESSO CIVIL	CÓDIGO DE PROCESSO CIVIL DE 1973
Seção V **Dos Testamentos e dos Codicilos** **Art. 735.** Recebendo testamento cerrado, o juiz, se não achar vício externo que o torne suspeito de nulidade ou falsidade, o abrirá e mandará que o escrivão o leia em presença do apresentante. § 1º Do termo de abertura constarão o nome do apresentante e como ele obteve o testamento, a data e o lugar do falecimento do testador, com as respectivas provas, e qualquer circunstância digna de nota.	CAPÍTULO IV DOS TESTAMENTOS E CODICILO Seção I Da Abertura, do Registro e do Cumprimento **Art. 1.125.** Ao receber testamento cerrado, o juiz, após verificar se está intacto, o abrirá e mandará que o escrivão o leia em presença de quem o entregou. Parágrafo único. Lavrar-se-á em seguida o ato de abertura que, rubricado pelo juiz e assinado pelo apresentante, mencionará: I - a data e o lugar em que o testamento foi aberto; II - o nome do apresentante e como houve ele o testamento; III - a data e o lugar do falecimento do testador; IV - qualquer circunstância digna de nota, encontrada no invólucro ou no interior do testamento.

§ 2º Depois de ouvido o Ministério Público, não havendo dúvidas a serem esclarecidas, o juiz mandará registrar, arquivar e cumprir o testamento. § 3º Feito o registro, será intimado o testamenteiro para assinar o termo da testamentária. § 4º Se não houver testamenteiro nomeado ou se ele estiver ausente ou não aceitar o encargo, o juiz nomeará testamenteiro dativo, observando-se a preferência legal. § 5º O testamenteiro deverá cumprir as disposições testamentárias e prestar contas em juízo do que recebeu e despendeu, observando-se o disposto em lei.	**Art. 1.126.** Conclusos os autos, o juiz, ouvido o órgão do Ministério Público, mandará registrar, arquivar e cumprir o testamento, se lhe não achar vício externo, que o torne suspeito de nulidade ou falsidade. Parágrafo único. O testamento será registrado e arquivado no cartório a que tocar, dele remetendo o escrivão uma cópia, no prazo de 8 (oito) dias, à repartição fiscal. **Art. 1.127.** Feito o registro, o escrivão intimará o testamenteiro nomeado a assinar, no prazo de 5 (cinco) dias, o termo da testamentaria; se não houver testamenteiro nomeado, estiver ele ausente ou não aceitar o encargo, o escrivão certificará a ocorrência e fará os autos conclusos; caso em que o juiz nomeará testamenteiro dativo, observando-se a preferência legal. Parágrafo único. Assinado o termo de aceitação da testamentaria, o escrivão extrairá cópia autêntica do testamento para ser juntada aos autos de inventário ou de arrecadação da herança.

Observa-se que, no tocante ao testamento e codicilos, o NCPC não contemplou a seção expressamente destinada à abertura, registro e cumprimento correspondente a Seção I do Capítulo IV do Título II do Livro IV do CPC/73, tornando mais simplificado o regramento.

Os testamentos se constituem em ordinários e especiais, pois aqueles são os públicos, os cerrados e os particulares, previstos nos artigos 1.862 a 1.880 do CC/2002, e os especiais são os marítimos, os aeronáuticos e os militares, previstos nos artigos 1.886 a 1.895 do CC/2002, sendo que pode ocorrer o nuncupativo (art. 1.896, parágrafo único, do CC), ou seja, expressão confiada oralmente de última vontade em pleno combate, ou ferido, na presença de duas testemunhas, cujos efeitos de validade ocorrem quando o combatente morrer e as testemunhas retratarem uníssonas as cláusulas testamentárias. A apreciação do testamento nuncupativo dar-se-á como particular.

O codicilo é uma modalidade de testamento particular, que deve ser escrito, assinado e datado, contendo disposições especiais sobre o seu enterro, esmolas de pouca monta a certas e a determinadas pessoas, ou indeterminadamente aos pobres de determinado lugar.

O novo diploma processual suprimiu algumas disposições constantes em artigos do CPC/73, a exemplo do prazo de 5 (cinco) dias para o testamenteiro nomeado o assinar, o termo da testamentária; mas o conteúdo não sofreu alteração substancial, dando maior agilidade ao procedimento, de modo que, havendo qualquer vício, passa-se para o procedimento contencioso.

NOVO CÓDIGO DE PROCESSO CIVIL	CÓDIGO DE PROCESSO CIVIL DE 1973
Art. 736. Qualquer interessado, exibindo o traslado ou a certidão de testamento público, poderá requerer ao juiz que ordene o seu cumprimento, observando-se, no que couber, o disposto nos parágrafos do art. 735.	**Art. 1.128.** Quando o testamento for público, qualquer interessado, exibindo-lhe o traslado ou certidão, poderá requerer ao juiz que ordene o seu cumprimento. Parágrafo único. O juiz mandará processá-lo conforme o disposto nos arts. 1.125 e 1.126.

Referindo-se ao artigo anterior, o artigo 736 do NCPC trata do cumprimento do testamento público em juízo, que poderá ser requerido por qualquer interessado.

NOVO CÓDIGO DE PROCESSO CIVIL	CÓDIGO DE PROCESSO CIVIL DE 1973
Art. 737. A publicação do testamento particular poderá ser requerida, depois da morte do testador, pelo herdeiro, pelo legatário ou pelo testamenteiro, bem como pelo terceiro detentor do testamento, se impossibilitado de entregá-lo a algum dos outros legitimados para requerê-la. § 1º Serão intimados os herdeiros que não tiverem requerido a publicação do testamento. § 2º Verificando a presença dos requisitos da lei, ouvido o Ministério Público, o juiz confirmará o testamento. § 3º Aplica-se o disposto neste artigo ao codicilo e aos testamentos marítimo, aeronáutico, militar e nuncupativo. § 4º Observar-se-á, no cumprimento do testamento, o disposto nos parágrafos do art. 735.	Seção II Da Confirmação do Testamento Particular **Art. 1.130.** O herdeiro, o legatário ou o testamenteiro poderá requerer, depois da morte do testador, a publicação em juízo do testamento particular, inquirindo-se as testemunhas que lhe ouviram a leitura e, depois disso, o assinaram. Parágrafo único. A petição será instruída com a cédula do testamento particular. Seção III Do Testamento Militar, Marítimo, Nuncupativo e do Codicilo **Art. 1.134.** As disposições da seção precedente aplicam-se: I - ao testamento marítimo; II - ao testamento militar; III - ao testamento nuncupativo; IV - ao codicilo.

O procedimento de publicação do testamento particular, bem como do codicilo e dos testamentos marítimo, aeronáutico, militar e nuncupativo, é tratado no artigo 737 do novo Código. Sua publicação para cumprimento pode ser requerida pelo herdeiro, pelo legatário ou pelo testamenteiro, bem como pelo terceiro detentor do testamento, se impossibilitado de entregá-lo a algum dos outros legitimados para requerê-la.

O procedimento se inicia com a intimação dos herdeiros que não requereram a intimação do testamento, com sua manifestação, além da remessa ao Ministério Público para manifestação. Aplica-se, no que não houver disposição expressa nesse artigo, as determinações referentes ao cumprimento de testamento público.

NOVO CÓDIGO DE PROCESSO CIVIL	CÓDIGO DE PROCESSO CIVIL DE 1973
Seção VI **Da Herança Jacente** **Art. 738.** Nos casos em que a lei considere jacente a herança, o juiz em cuja comarca tiver domicílio o falecido procederá imediatamente à arrecadação dos respectivos bens.	CAPÍTULO V DA HERANÇA JACENTE **Art. 1.142.** Nos casos em que a lei civil considere jacente a herança, o juiz, em cuja comarca tiver domicílio o falecido, procederá sem perda de tempo à arrecadação de todos os seus bens.

O NCPC, em nada modificou o artigo correspondente no CPC/73 no tocante à herança jacente, que corresponde à situação em que falece alguém e não deixa herdeiros notoriamente conhecidos e nem testamento. Em relação, precisamente, ao artigo 1.142, merece destaque a substituição do termo "sem perda de tempo" para "imediatamente", mantendo-se a formalidade devida.

NOVO CÓDIGO DE PROCESSO CIVIL	CÓDIGO DE PROCESSO CIVIL DE 1973
Art. 739. A herança jacente ficará sob a guarda, a conservação e a administração de um curador até a respectiva entrega ao sucessor legalmente habilitado ou até a declaração de vacância. § 1º Incumbe ao curador: I - representar a herança em juízo ou fora dele, com intervenção do Ministério Público; II - ter em boa guarda e conservação os bens arrecadados e promover a arrecadação de outros porventura existentes; III - executar as medidas conservatórias dos direitos da herança; IV - apresentar mensalmente ao juiz balancete da receita e da despesa; V - prestar contas ao final de sua gestão. § 2º Aplica-se ao curador o disposto nos arts. 159 a 161.	**Art. 1.143.** A herança jacente ficará sob a guarda, conservação e administração de um curador até a respectiva entrega ao sucessor legalmente habilitado, ou até a declaração de vacância; caso em que será incorporada ao domínio da União, do Estado ou do Distrito Federal. **Art. 1.144**. Incumbe ao curador: I - representar a herança em juízo ou fora dele, com assistência do órgão do Ministério Público; II - ter em boa guarda e conservação os bens arrecadados e promover a arrecadação de outros porventura existentes; III - executar as medidas conservatórias dos direitos da herança; IV - apresentar mensalmente ao juiz um balancete da receita e da despesa; V - prestar contas a final de sua gestão. Parágrafo único. Aplica-se ao curador o disposto nos arts. 148 a 150.

O novo texto processual suprimiu a referência de incorporação pelo domínio da União, do Estado ou do Distrito Federal, que constava da parte final do artigo 1.143 do CPC/73. Porém, em relação às atribuições relativas ao curador, não inova; inclusive repetindo a disposição existente no CPC/73, equiparando o curador ao depositário e ao administrador.

O curador possui importância significativa na herança jacente, poderá ele mediante autorização do juiz, verificando a existência de bens a serem arrecadados da herança jacente fazê-lo utilizando-se inclusive de força policial.

NOVO CÓDIGO DE PROCESSO CIVIL	CÓDIGO DE PROCESSO CIVIL DE 1973
Art. 740. O juiz ordenará que o oficial de justiça, acompanhado do escrivão ou do chefe de secretaria e do curador, arrole os bens e descreva-os em auto circunstanciado. § 1º Não podendo comparecer ao local, o juiz requisitará à autoridade policial que proceda à arrecadação e ao arrolamento dos bens, com 2 (duas) testemunhas, que assistirão às diligências. § 2º Não estando ainda nomeado o curador, o juiz designará depositário e lhe entregará os bens, mediante simples termo nos autos, depois de compromissado. § 3º Durante a arrecadação, o juiz ou a autoridade policial inquirirá os moradores da casa e da vizinhança sobre a qualificação do falecido, o paradeiro de seus sucessores e a existência de outros bens, lavrando-se de tudo auto de inquirição e informação. § 4º O juiz examinará reservadamente os papéis, as cartas missivas e os livros domésticos e, verificando que não apresentam interesse, mandará empacotá-los e lacrá-los para serem assim entregues aos sucessores do falecido ou queimados quando os bens forem declarados vacantes. § 5º Se constar ao juiz a existência de bens em outra comarca, mandará expedir carta precatória a fim de serem arrecadados. § 6º Não se fará a arrecadação, ou essa será suspensa, quando, iniciada, apresentarem-se para reclamar os bens o cônjuge ou companheiro, o herdeiro ou o testamenteiro notoriamente reconhecido e não houver oposição motivada do curador, de qualquer interessado, do Ministério Público ou do representante da Fazenda Pública.	**Art. 1.145.** Comparecendo à residência do morto, acompanhado do escrivão do curador, o juiz mandará arrolar os bens e descrevê-los em auto circunstanciado. § 1º Não estando ainda nomeado o curador, o juiz designará um depositário e lhe entregará os bens, mediante simples termo nos autos, depois de compromissado. [...] **Art. 1.150.** Durante a arrecadação o juiz inquirirá os moradores da casa e da vizinhança sobre a qualificação do falecido, o paradeiro de seus sucessores e a existência de outros bens, lavrando-se de tudo um auto de inquirição e informação. **Art. 1.147.** O juiz examinará reservadamente os papéis, cartas missivas e os livros domésticos; verificando que não apresentam interesse, mandará empacotá-los e lacrá-los para serem assim entregues aos sucessores do falecido, ou queimados quando os bens forem declarados vacantes. **Art. 1.149.** Se constar ao juiz a existência de bens em outra comarca, mandará expedir carta precatória a fim de serem arrecadados. **Art. 1.151.** Não se fará a arrecadação ou suspender-se á esta quando iniciada, se se apresentar para reclamar os bens o cônjuge, herdeiro ou testamenteiro notoriamente reconhecido e não houver oposição motivada do curador, de qualquer interessado, do órgão do Ministério Público ou do representante da Fazenda Pública.

O artigo 740 do NCPC consolida as disposições contidas nos artigos 1.145 a 1.151 do CPC/73, não promovendo, no entanto, alteração substancial nos dispositivos, reproduzindo-se o teor do CPC/73 sobre o procedimento de arrecadação dos bens, para apuração do patrimônio do ausente e de seu paradeiro.

NOVO CÓDIGO DE PROCESSO CIVIL	CÓDIGO DE PROCESSO CIVIL DE 1973
Art. 741. Ultimada a arrecadação, o juiz mandará expedir edital, que será publicado na rede mundial de computadores, no sítio do tribunal a que estiver vinculado o juízo e na plataforma de editais do Conselho Nacional de Justiça, onde permanecerá por 3 (três) meses, ou, não havendo sítio, no órgão oficial e na imprensa da comarca, por 3 (três) vezes com intervalos de 1 (um) mês, para que os sucessores do falecido venham a habilitar-se no prazo de 6 (seis) meses contado da primeira publicação. § 1º Verificada a existência de sucessor ou de testamenteiro em lugar certo, far-se-á a sua citação, sem prejuízo do edital. § 2º Quando o falecido for estrangeiro, será também comunicado o fato à autoridade consular. § 3º Julgada a habilitação do herdeiro, reconhecida a qualidade do testamenteiro ou provada a identidade do cônjuge ou companheiro, a arrecadação converter-se-á em inventário. § 4º Os credores da herança poderão habilitar-se como nos inventários ou propor a ação de cobrança.	**Art. 1.152.** Ultimada a arrecadação, o juiz mandará expedir edital, que será estampado três vezes, com intervalo de 30 (trinta) dias para cada um, no órgão oficial e na imprensa da comarca, para que venham a habilitar-se os sucessores do finado no prazo de 6 (seis) meses contados da primeira publicação. § 1º Verificada a existência de sucessor ou testamenteiro em lugar certo, far-se-á a sua citação, sem prejuízo do edital. § 2º Quando o finado for estrangeiro, será também comunicado o fato à autoridade consular. **Art. 1.153**. Julgada a habilitação do herdeiro, reconhecida a qualidade do testamenteiro ou provada a identidade do cônjuge, a arrecadação converter-se-á em inventário. **Art. 1.154**. Os credores da herança poderão habilitar-se como nos inventários ou propor a ação de cobrança.

De acordo com a previsão do novo Código de Processo Civil, as inovações estão nos prazos e na previsão de divulgação dos editais na internet, no sítio do tribunal, e na plataforma de editais do Conselho Nacional de Justiça, de forma a proporcionar a mais ampla publicidade. Ainda, no caso de pessoa de origem estrangeira, o consulado será informado para se encarregar da intermediação e localização de herdeiro devidamente habilitado.

NOVO CÓDIGO DE PROCESSO CIVIL	CÓDIGO DE PROCESSO CIVIL DE 1973
Art. 742. O juiz poderá autorizar a alienação: I - de bens móveis, se forem de conservação difícil ou dispendiosa; II - de semoventes, quando não empregados na exploração de alguma indústria; III - de títulos e papéis de crédito, havendo fundado receio de depreciação; IV - de ações de sociedade quando, reclamada a integralização, não dispuser a herança de dinheiro para o pagamento; V - de bens imóveis: a) se ameaçarem ruína, não convindo a reparação; b) se estiverem hipotecados e vencer-se a dívida, não havendo dinheiro para o pagamento.	**Art. 1.155.** O juiz poderá autorizar a alienação: I - de bens móveis, se forem de conservação difícil ou dispendiosa; II - de semoventes, quando não empregados na exploração de alguma indústria; III - de títulos e papéis de crédito, havendo fundado receio de depreciação; IV - de ações de sociedade quando, reclamada a integralização, não dispuser a herança de dinheiro para o pagamento; V - de bens imóveis: a) se ameaçarem ruína, não convindo a reparação; b) se estiverem hipotecados e vencer-se a dívida, não havendo dinheiro para o pagamento.

§ 1º Não se procederá, entretanto, à venda se a Fazenda Pública ou o habilitando adiantar a importância para as despesas. § 2º Os bens com valor de afeição, como retratos, objetos de uso pessoal, livros e obras de arte, só serão alienados depois de declarada a vacância da herança.	Parágrafo único. Não se procederá, entretanto, à venda se a Fazenda Pública ou o habilitando adiantar a importância para as despesas. **Art. 1.156.** Os bens com valor de afeição, como retratos, objetos de uso pessoal, livros e obras de arte, só serão alienados depois de declarada a vacância da herança.

No artigo 742, o NCPC acrescenta à previsão contida no artigo 1.155 e 1.156 do CPC/73 uma inovação, disciplinando de forma diversa os livros e as obras de arte, que, apesar de serem classificados como bens móveis, somente poderão ser alienados após a declaração de vacância da herança.

NOVO CÓDIGO DE PROCESSO CIVIL	CÓDIGO DE PROCESSO CIVIL DE 1973
Art. 743. Passado 1 (um) ano da primeira publicação do edital e não havendo herdeiro habilitado nem habilitação pendente, será a herança declarada vacante. § 1º Pendendo habilitação, a vacância será declarada pela mesma sentença que a julgar improcedente, aguardando-se, no caso de serem diversas as habilitações, o julgamento da última. § 2º Transitada em julgado a sentença que declarou a vacância, o cônjuge, o companheiro, os herdeiros e os credores só poderão reclamar o seu direito por ação direta.	**Art. 1.157.** Passado 1 (um) ano da primeira publicação do edital (art. 1.152) e não havendo herdeiro habilitado nem habilitação pendente, será a herança declarada vacante. Parágrafo único. Pendendo habilitação, a vacância será declarada pela mesma sentença que a julgar improcedente. Sendo diversas as habilitações, aguardar-se-á o julgamento da última. **Art. 1.158.** Transitada em julgado a sentença que declarou a vacância, o cônjuge, os herdeiros e os credores só poderão reclamar o seu direito por ação direta.

O NCPC, no que diz respeito ao procedimento da herança jacente, não apresenta inovações, opera tão somente redução no número de artigos, concentrando o procedimento no artigo 743.

NOVO CÓDIGO DE PROCESSO CIVIL	CÓDIGO DE PROCESSO CIVIL DE 1973
Seção VII **Dos Bens dos Ausentes**	CAPÍTULO VI DOS BENS DOS AUSENTES
Art. 744. Declarada a ausência nos casos previstos em lei, o juiz mandará arrecadar os bens do ausente e nomear-lhes-á curador na forma estabelecida na Seção VI, observando-se o disposto em lei.	**Art. 1.159.** Desaparecendo alguém do seu domicílio sem deixar representante a quem caiba administrar-lhe os bens, ou deixando mandatário que não queira ou não possa continuar a exercer o mandato, declarar-se-á a sua ausência. **Art. 1.160.** O juiz mandará arrecadar os bens do ausente e nomear-lhe-á curador na forma estabelecida no Capítulo antecedente.

O novo dispositivo, artigo 742 do NCPC, concentra o disposto nos artigos 1.159 e 1.160 do CPC/73, sem apresentar inovação no conteúdo para o procedimento que objetiva reconhecer a ausência de uma pessoa e realizar a arrecadação e a destinação de seu patrimônio.

NOVO CÓDIGO DE PROCESSO CIVIL	CÓDIGO DE PROCESSO CIVIL DE 1973
Art. 745. Feita a arrecadação, o juiz mandará publicar editais na rede mundial de computadores, no sítio do tribunal a que estiver vinculado e na plataforma de editais do Conselho Nacional de Justiça, onde permanecerá por 1 (um) ano, ou, não havendo sítio, no órgão oficial e na imprensa da comarca, durante 1 (um) ano, reproduzida de 2 (dois) em 2 (dois) meses, anunciando a arrecadação e chamando o ausente a entrar na posse de seus bens. § 1º Findo o prazo previsto no edital, poderão os interessados requerer a abertura da sucessão provisória, observando-se o disposto em lei. § 2º O interessado, ao requerer a abertura da sucessão provisória, pedirá a citação pessoal dos herdeiros presentes e do curador e, por editais, a dos ausentes para requererem habilitação, na forma dos arts. 689 a 692. § 3º Presentes os requisitos legais, poderá ser requerida a conversão da sucessão provisória em definitiva. § 4º Regressando o ausente ou algum de seus descendentes ou ascendentes para requerer ao juiz a entrega de bens, serão citados para contestar o pedido os sucessores provisórios ou definitivos, o Ministério Público e o representante da Fazenda Pública, seguindo-se o procedimento comum.	**Art. 1.161.** Feita a arrecadação, o juiz mandará publicar editais durante 1 (um) ano, reproduzidos de dois em dois meses, anunciando a arrecadação e chamando o ausente a entrar na posse de seus bens. **Art. 1.163.** Passado 1 (um) ano da publicação do primeiro edital sem que se saiba do ausente e não tendo comparecido seu procurador ou representante, poderão os interessados requerer que se abra provisoriamente a sucessão. § 1º Consideram-se para este efeito interessados: I - o cônjuge não separado judicialmente; II - os herdeiros presumidos legítimos e os testamentários; III - os que tiverem sobre os bens do ausente direito subordinado à condição de morte; IV - os credores de obrigações vencidas e não pagas. § 2º Findo o prazo deste artigo e não havendo absolutamente interessados na sucessão provisória, cumpre ao órgão do Ministério Público requerê-la. **Art. 1.164.** O interessado, ao requerer a abertura da sucessão provisória, pedirá a citação pessoal dos herdeiros presentes e do curador e, por editais, a dos ausentes para oferecerem artigos de habilitação. Parágrafo único. A habilitação dos herdeiros obedecerá ao processo do art. 1.057. **Art. 1.167.** A sucessão provisória cessará pelo comparecimento do ausente e converter-se-á em definitiva: **Art. 1.168.** Regressando o ausente nos 10 (dez) anos seguintes à abertura da sucessão definitiva ou algum dos seus descendentes ou ascendentes, aquele ou estes só poderão requerer ao juiz a entrega dos bens existentes no estado em que se acharem, ou sub-rogados em seu lugar ou o preço que os herdeiros e demais interessados houverem recebido pelos alienados depois daquele tempo. **Art. 1.169.** Serão citados para lhe contestarem o pedido os sucessores provisórios ou definitivos, o órgão do Ministério Público e o representante da Fazenda Pública. Parágrafo único. Havendo contestação, seguir-se-á o procedimento ordinário.

Embora o novo diploma processual tenha reduzido de onze para somente dois artigos não se verifica perda no conteúdo do instituto. Em linhas gerais, o novo procedimento se mantém idêntico ao diploma anterior no que se refere à herança jacente.

A Curadoria dos bens dos ausentes encontra-se na Parte Geral, Livro I – Das pessoas, Título I – Das pessoas naturais, Capítulo III – Da ausência, Seção I – Da curadoria dos bens do ausente (arts. 22 a 25), Seção II – Da sucessão provisória (arts. 26 a 36) e Seção III – Da sucessão definitiva (arts. 37 a 39) do Código Civil.

É digna de nota a menção à utilização do sítio do Tribunal. Caso o mesmo seja implantado, servirá para dar publicidade ao edital da ausência, durante um ano, reproduzindo-se de dois em dois meses, anunciando a arrecadação, e chamando o ausente a tomar posse de seus bens.

NOVO CÓDIGO DE PROCESSO CIVIL	CÓDIGO DE PROCESSO CIVIL DE 1973
Seção VIII **Das Coisas Vagas**	CAPÍTULO VII DAS COISAS VAGAS
Art. 746. Recebendo do descobridor coisa alheia perdida, o juiz mandará lavrar o respectivo auto, do qual constará a descrição do bem e as declarações do descobridor.	**Art. 1.170.** Aquele que achar coisa alheia perdida, não lhe conhecendo o dono ou legítimo possuidor, a entregará à autoridade judiciária ou policial, que a arrecadará, mandando lavrar o respectivo auto, dele constando a sua descrição e as declarações do inventor.
§ 1º Recebida a coisa por autoridade policial, esta a remeterá em seguida ao juízo competente.	Parágrafo único. A coisa, com o auto, será logo remetida ao juiz competente, quando a entrega tiver sido feita à autoridade policial ou a outro juiz.
§ 2º Depositada a coisa, o juiz mandará publicar edital na rede mundial de computadores, no sítio do tribunal a que estiver vinculado e na plataforma de editais do Conselho Nacional de Justiça ou, não havendo sítio, no órgão oficial e na imprensa da comarca, para que o dono ou o legítimo possuidor a reclame, salvo se se tratar de coisa de pequeno valor e não for possível a publicação no sítio do tribunal, caso em que o edital será apenas afixado no átrio do edifício do fórum. § 3º Observar-se-á, quanto ao mais, o disposto em lei.	**Art. 1.171.** Depositada a coisa, o juiz mandará publicar edital, por duas vezes, no órgão oficial, com intervalo de 10 (dez) dias, para que o dono ou legítimo possuidor a reclame. § 1º O edital conterá a descrição da coisa e as circunstâncias em que foi encontrada. § 2º Tratando-se de coisa de pequeno valor, o edital será apenas afixado no átrio do edifício do forum. **Art. 1.172.** Comparecendo o dono ou o legítimo possuidor dentro do prazo do edital e provando o seu direito, o juiz, ouvido o órgão do Ministério Público e o representante da Fazenda Pública, mandará entregar-lhe a coisa. **Art. 1.173.** Se não for reclamada, será a coisa avaliada e alienada em hasta pública e, deduzidas do preço as despesas e a recompensa do inventor, o saldo pertencerá, na forma da lei, à União, ao Estado ou ao Distrito Federal. **Art. 1.174.** Se o dono preferir abandonar a coisa, poderá o inventor requerer que lhe seja adjudicada.

	Art. 1.175. O procedimento estabelecido neste Capítulo aplica-se aos objetos deixados nos hotéis, oficinas e outros estabelecimentos, não sendo reclamados dentro de 1 (um) mês. **Art. 1.176.** Havendo fundada suspeita de que a coisa foi criminosamente subtraída, a autoridade policial converterá a arrecadação em inquérito; caso em que competirá ao juiz criminal mandar entregar a coisa a quem provar que é o dono ou legítimo possuidor.

Em relação às coisas vagas, procedimento especial que tem como objetivo apurar o dono ou legítimo possuidor das coisas achadas, o NCPC reduziu para 01 (um) os 7 (sete) artigos do CPC/73, com supressão de texto, no que se refere ao prazo de 10 dias referido no artigo 1.172 do CPC/73, bem como todo o procedimento descrito nos artigos 1.172 a 1.176 do mesmo diploma.

As coisas vagas estão dispostas no Título III – Do direito das coisas, Título III – Da propriedade em geral, Seção II – Da descoberta, do Código Civil.

Observa-se que autoridade policial ao receber a coisa perdida remeterá imediatamente ao juiz para lavrar o auto com a descrição do bem e as declarações do descobridor.

A novidade é que a coisa encontrada de qualquer valor poderá ser declarada no sítio do Tribunal – internet, quando este o possuir, a fim de que o legítimo dono possa reclamá-la. Quando não existir sítio no Tribunal, tratando-se de objeto de grande valor, dar-se-á publicidade no órgão oficial, se de pequeno valor o edital será afixado no átrio do edifício do fórum.

NOVO CÓDIGO DE PROCESSO CIVIL	CÓDIGO DE PROCESSO CIVIL DE 1973
Seção IX **Da Interdição** **Art. 747.** A interdição pode ser promovida: I - pelo cônjuge ou companheiro; II - pelos parentes ou tutores; III - pelo representante da entidade em que se encontra abrigado o interditando; IV - pelo Ministério Público. Parágrafo único. A legitimidade deverá ser comprovada por documentação que acompanhe a petição inicial.	CAPÍTULO VIII DA CURATELA DOS INTERDITOS **Art. 1.177.** A interdição pode ser promovida: I - pelo pai, mãe ou tutor; II - pelo cônjuge ou algum parente próximo; III - pelo órgão do Ministério Público. **Art. 1.180.** Na petição inicial, o interessado provará a sua legitimidade, especificará os fatos que revelam a anomalia psíquica e assinalará a incapacidade do interditando para reger a sua pessoa e administrar os seus bens.

O novo texto trouxe algumas alterações no tocante à legitimidade para requerer a interdição. Merece destaque a legitimação da entidade em que se encontra abrigado o interditando para propor a interdição. O referido dispositivo tem o condão de assegurar que aquelas entidades, sobretudo quando os parentes e consanguíneos não possuem vínculo afetivo com o abrigado, possam representar os direitos e interesses do interditado. O parágrafo único do artigo 747 do novo Diploma legal, determina que o requerente provará sua legitimidade, devendo ser as pessoas indicadas no artigo 1.768 do CC/2002. Assim, a modificação em nada alterou, porque se busca no direito material os legítimos para propor interdição.

NOVO CÓDIGO DE PROCESSO CIVIL	CÓDIGO DE PROCESSO CIVIL DE 1973
Art. 748. O Ministério Público só promoverá interdição em caso de doença mental grave: I - se as pessoas designadas nos incisos I, II e III do art. 747 não existirem ou não promoverem a interdição; II - se, existindo, forem incapazes as pessoas mencionadas nos incisos I e II do art. 747.	**Art. 1.178.** O órgão do Ministério Público só requererá a interdição: I - no caso de anomalia psíquica; II - se não existir ou não promover a interdição alguma das pessoas designadas no artigo antecedente, ns. I e II; III - se, existindo, forem menores ou incapazes.

Inova o artigo 748 do NCPC no tocante à previsão específica de atuação do Ministério Público em casos de doença mental grave, elencando expressamente suas hipóteses de cabimento, pois, antes, era enquadrada na regra geral de incapacidade do CPC/73.

NOVO CÓDIGO DE PROCESSO CIVIL	CÓDIGO DE PROCESSO CIVIL DE 1973
Art. 749. Incumbe ao autor, na petição inicial, especificar os fatos que demonstram a incapacidade do interditando para administrar seus bens e, se for o caso, para praticar atos da vida civil, bem como o momento em que a incapacidade se revelou. Parágrafo único. Justificada a urgência, o juiz pode nomear curador provisório ao interditando para a prática de determinados atos.	**Art. 1.180.** Na petição inicial, o interessado provará a sua legitimidade, especificará os fatos que revelam a anomalia psíquica e assinalará a incapacidade do interditando para reger a sua pessoa e administrar os seus bens. **Art. 1.179**. Quando a interdição for requerida pelo órgão do Ministério Público, o juiz nomeará ao interditando curador à lide (art. 9º).

No *caput* do artigo em comento, impõe-se a necessidade de demonstração do momento em que a incapacidade se revelou, bem como acrescenta um parágrafo único prevendo a nomeação temporária de curador para a prática de determinados atos.

NOVO CÓDIGO DE PROCESSO CIVIL	CÓDIGO DE PROCESSO CIVIL DE 1973
Art. 750. O requerente deverá juntar laudo médico para fazer prova de suas alegações ou informar a impossibilidade de fazê-lo.	**Art. 1.180**. Na petição inicial, o interessado provará a sua legitimidade, especificará os fatos que revelam a anomalia psíquica e assinalará a incapacidade do interditando para reger a sua pessoa e administrar os seus bens.

O novo dispositivo, sem correspondente no diploma anterior, impõe a juntada de laudo, incorporando no texto legal um procedimento já observado na prática forense.

NOVO CÓDIGO DE PROCESSO CIVIL	CÓDIGO DE PROCESSO CIVIL DE 1973
Art. 751. O interditando será citado para, em dia designado, comparecer perante o juiz, que o entrevistará minuciosamente acerca de sua vida, negócios, bens, vontades, preferências e laços familiares e afetivos e sobre o que mais lhe parecer necessário para convencimento quanto à sua capacidade para praticar atos da vida civil, devendo ser reduzidas a termo as perguntas e respostas. § 1º Não podendo o interditando deslocar-se, o juiz o ouvirá no local onde estiver. § 2º A entrevista poderá ser acompanhada por especialista. § 3º Durante a entrevista, é assegurado o emprego de recursos tecnológicos capazes de permitir ou de auxiliar o interditando a expressar suas vontades e preferências e a responder às perguntas formuladas. § 4º A critério do juiz, poderá ser requisitada a oitiva de parentes e de pessoas próximas.	**Art. 1.181.** O interditando será citado para, em dia designado, comparecer perante o juiz, que o examinará, interrogando-o minuciosamente acerca de sua vida, negócios, bens e do mais que lhe parecer necessário para ajuizar do seu estado mental, reduzidas a auto as perguntas e respostas.

No *caput* não se verificam alterações substanciais, merece destaque, porém, o acréscimo do § 1º do artigo 751 do NCPC, permitindo ao juiz deslocar-se até onde o interdito se encontra para ouvi-lo, caso ele não possa comparecer.

Nos parágrafos 2º, 3º e 4º cuidou o legislador de adequar o procedimento às necessidades do interditando e à possibilidade de oitiva de parentes e pessoas próximas.

NOVO CÓDIGO DE PROCESSO CIVIL	CÓDIGO DE PROCESSO CIVIL DE 1973
Art. 752. Dentro do prazo de 15 (quinze) dias contado da entrevista, o interditando poderá impugnar o pedido. § 1º O Ministério Público intervirá como fiscal da ordem jurídica. § 2º O interditando poderá constituir advogado, e, caso não o faça, deverá ser nomeado curador especial. § 3º Caso o interditando não constitua advogado, o seu cônjuge, companheiro ou qualquer parente sucessível poderá intervir como assistente.	**Art. 1.182.** Dentro do prazo de 5 (cinco) dias contados da audiência de interrogatório, poderá o interditando impugnar o pedido. § 1º Representará o interditando nos autos do procedimento o órgão do Ministério Público ou, quando for este o requerente, o curador à lide. § 2º Poderá o interditando constituir advogado para defender-se. § 3º Qualquer parente sucessível poderá constituir-lhe advogado com os poderes judiciais que teria se nomeado pelo interditando, respondendo pelos honorários.

Destaca-se significativa alteração no que concerne ao prazo destinado à impugnação pelo interditando, passando de 5 (cinco) dias para 15 (quinze) dias.

No parágrafo 1º menciona o texto legal a intervenção obrigatória do Ministério Público, que não constitui inovação, tendo em vista tratar-se de disposição legal contida no artigo 178, II, do novel diploma processual.

No parágrafo 2º surge mais uma vez a figura do curador como representante da parte.

No parágrafo 3º inova o novo texto admitindo a intervenção do cônjuge, companheiro ou qualquer parente sucessível na qualidade de assistente.

NOVO CÓDIGO DE PROCESSO CIVIL	CÓDIGO DE PROCESSO CIVIL DE 1973
Art. 753. Decorrido o prazo previsto no art. 752, o juiz determinará a produção de prova pericial para avaliação da capacidade do interditando para praticar atos da vida civil. § 1º A perícia pode ser realizada por equipe composta por expertos com formação multidisciplinar. § 2º O laudo pericial indicará especificadamente, se for o caso, os atos para os quais haverá necessidade de curatela.	**Art. 1.183.** Decorrido o prazo a que se refere o artigo antecedente, o juiz nomeará perito para proceder ao exame do interditando. Apresentado o laudo, o juiz designará audiência de instrução e julgamento. Parágrafo único. Decretando a interdição, o juiz nomeará curador ao interdito.

No artigo 753 do NCPC cuidou o legislador, ao disciplinar o procedimento, de especificar como se dará a produção da prova pericial, bem como admite possibilidade de participação de mais de um perito.

NOVO CÓDIGO DE PROCESSO CIVIL	CÓDIGO DE PROCESSO CIVIL DE 1973
Art. 754. Apresentado o laudo, produzidas as demais provas e ouvidos os interessados, o juiz proferirá sentença.	**Art. 1.183.** Decorrido o prazo a que se refere o artigo antecedente, o juiz nomeará perito para proceder ao exame do interditando. Apresentado o laudo, o juiz designará audiência de instrução e julgamento. Parágrafo único. Decretando a interdição, o juiz nomeará curador ao interdito.

O artigo 754 se refere à sentença de interdição. Verifica-se no novo diploma alteração na estrutura optando o legislador por decompor o procedimento em dois artigos (753 e 754), diferente do artigo correspondente no diploma processual anterior.

NOVO CÓDIGO DE PROCESSO CIVIL	CÓDIGO DE PROCESSO CIVIL DE 1973
Art. 755. Na sentença que decretar a interdição, o juiz: I - nomeará curador, que poderá ser o requerente da interdição, e fixará os limites da curatela, segundo o estado e o desenvolvimento mental do interdito; II - considerará as características pessoais do interdito, observando suas potencialidades, habilidades, vontades e preferências. § 1º A curatela deve ser atribuída a quem melhor possa atender aos interesses do curatelado. § 2º Havendo, ao tempo da interdição, pessoa incapaz sob a guarda e a responsabilidade do interdito, o juiz atribuirá a curatela a quem melhor puder atender aos interesses do interdito e do incapaz. § 3º A sentença de interdição será inscrita no registro de pessoas naturais e imediatamente publicada na rede mundial de computadores, no sítio do tribunal a que estiver vinculado o juízo e na plataforma de editais do Conselho Nacional de Justiça, onde permanecerá por 6 (seis) meses, na imprensa local, 1 (uma) vez, e no órgão oficial, por 3 (três) vezes, com intervalo de 10 (dez) dias, constando do edital os nomes do interdito e do curador, a causa da interdição, os limites da curatela e, não sendo total a interdição, os atos que o interdito poderá praticar autonomamente.	**Art. 1.184.** A sentença de interdição produz efeito desde logo, embora sujeita a apelação. Será inscrita no Registro de Pessoas Naturais e publicada pela imprensa local e pelo órgão oficial por três vezes, com intervalo de 10 (dez) dias, constando do edital os nomes do interdito e do curador, a causa da interdição e os limites da curatela.

Inovação trazida pelo NCPC no que se refere à criação pelo Tribunal de um sítio na internet e plataforma de editais do Conselho Nacional de Justiça, onde constarão o nome do interdito e do seu respectivo curador; as causas da interdição e os limites da curatela, dando-se publicidade da interdição por período de seis meses.

NOVO CÓDIGO DE PROCESSO CIVIL	CÓDIGO DE PROCESSO CIVIL DE 1973
Art. 756. Levantar-se-á a curatela quando cessar a causa que a determinou. § 1º O pedido de levantamento da curatela poderá ser feito pelo interdito, pelo curador ou pelo Ministério Público e será apensado aos autos da interdição. § 2º O juiz nomeará perito ou equipe multidisciplinar para proceder ao exame do interdito e designará audiência de instrução e julgamento após a apresentação do laudo. § 3º Acolhido o pedido, o juiz decretará o levantamento da interdição e determinará a publicação da sentença, após o trânsito em julgado, na forma do art. 755, § 3º, ou, não sendo possível, na imprensa local e no órgão oficial, por 3 (três) vezes, com intervalo de 10 (dez) dias, seguindo-se a averbação no registro de pessoas naturais. § 4º A interdição poderá ser levantada parcialmente quando demonstrada a capacidade do interdito para praticar alguns atos da vida civil.	**Art. 1.186.** Levantar-se-á a interdição, cessando a causa que a determinou. § 1º O pedido de levantamento poderá ser feito pelo interditado e será apensado aos autos da interdição. O juiz nomeará perito para proceder ao exame de sanidade no interditado e após a apresentação do laudo designará audiência de instrução e julgamento. § 2º Acolhido o pedido, o juiz decretará o levantamento da interdição e mandará publicar a sentença, após o transito em julgado, pela imprensa local e órgão oficial por três vezes, com intervalo de 10 (dez) dias, seguindo-se a averbação no Registro de Pessoas Naturais.

O *caput* do artigo 756 do NCPC repete a redação de seu corresponde no CPC/73, artigo 1.186. No parágrafo 1º amplia a legitimidade para proceder ao pedido de levantamento da curatela, incluindo no rol o curador e o Ministério Público.

No parágrafo 2º trata o dispositivo da nomeação do perito e mais uma vez a previsão de nomeação de uma equipe multidisciplinar. No parágrafo 3º do referido artigo há a previsão de publicidade através de um sítio na internet, mantido o prazo do artigo 1.186, correspondente no CPC/73.

Dois outros parágrafos foram acrescentados. No parágrafo 4º tem-se disposição sobre o levantamento parcial da curatela, desde que demonstrada a capacidade para a prática de determinados atos.

NOVO CÓDIGO DE PROCESSO CIVIL	CÓDIGO DE PROCESSO CIVIL DE 1973
Art. 757. A autoridade do curador estende-se à pessoa e aos bens do incapaz que se encontrar sob a guarda e a responsabilidade do curatelado ao tempo da interdição, salvo se o juiz considerar outra solução como mais conveniente aos interesses do incapaz.	Sem correspondente.

O NCPC inova ao trazer um dispositivo específico sobre a autoridade do curador, questão que, à luz do CPC/73, era regulada pela legislação civil, ao tratar do instituto da curatela e da tutela, deixando para o CPC/73 apenas a regulamentação processual.

NOVO CÓDIGO DE PROCESSO CIVIL	CÓDIGO DE PROCESSO CIVIL DE 1973
Art. 758. O curador deverá buscar tratamento e apoio apropriados à conquista da autonomia pelo interdito.	Sem correspondente.

O NCPC dedica um artigo dirigido à atuação do curador, função que, embora não expressa no CPC/73, já era reconhecida pelas disposições da legislação de Direito Civil.

NOVO CÓDIGO DE PROCESSO CIVIL	CÓDIGO DE PROCESSO CIVIL DE 1973
Seção X **Disposições Comuns à Tutela e à Curatela** **Art. 759.** O tutor ou o curador será intimado a prestar compromisso no prazo de 5 (cinco) dias contado da:	CAPÍTULO IX DAS DISPOSIÇÕES COMUNS À TUTELA E À CURATELA Seção I Da Nomeação do Tutor ou Curador **Art. 1.187.** O tutor ou curador será intimado a prestar compromisso no prazo de 5 (cinco) dias contados:

I - nomeação feita em conformidade com a lei; II - intimação do despacho que mandar cumprir o testamento ou o instrumento público que o houver instituído. § 1º O tutor ou o curador prestará o compromisso por termo em livro rubricado pelo juiz. § 2º Prestado o compromisso, o tutor ou o curador assume a administração dos bens do tutelado ou do interditado.	I - da nomeação feita na conformidade da lei civil; II - da intimação do despacho que mandar cumprir o testamento ou o instrumento público que o houver instituído. **Art. 1.188.** Prestado o compromisso por termo em livro próprio rubricado pelo juiz, o tutor ou curador, antes de entrar em exercício, requererá, dentro em 10 (dez) dias, a especialização em hipoteca legal de imóveis necessários para acautelar os bens que serão confiados à sua administração. Parágrafo único. Incumbe ao órgão do Ministério Público promover a especialização de hipoteca legal, se o tutor ou curador não a tiver requerido no prazo assinado neste artigo.

O artigo 759 concentra as disposições contidas nos dois artigos correspondentes no CPC/73 (os artigos 1.187 e 1.188), sem no entanto, inovar quanto às regras referentes ao prazo e compromisso a ser prestado pelo tutor ou curador. Omite, porém, a disposição referente à especialização em hipoteca legal.

NOVO CÓDIGO DE PROCESSO CIVIL	CÓDIGO DE PROCESSO CIVIL DE 1973
Art. 760. O tutor ou o curador poderá eximir-se do encargo apresentando escusa ao juiz no prazo de 5 (cinco) dias contado: I - antes de aceitar o encargo, da intimação para prestar compromisso; II - depois de entrar em exercício, do dia em que sobrevier o motivo da escusa. § 1º Não sendo requerida a escusa no prazo estabelecido neste artigo, considerar-se-á renunciado o direito de alegá-la. § 2º O juiz decidirá de plano o pedido de escusa, e, não o admitindo, exercerá o nomeado a tutela ou a curatela enquanto não for dispensado por sentença transitada em julgado.	**Art. 1.192.** O tutor ou curador poderá eximir-se do encargo, apresentando escusa ao juiz no prazo de 5 (cinco) dias. Contar-se-á o prazo: I - antes de aceitar o encargo, da intimação para prestar compromisso; II - depois de entrar em exercício, do dia em que sobrevier o motivo da escusa. Parágrafo único. Não sendo requerida a escusa no prazo estabelecido neste artigo, reputar-se-á renunciado o direito de alegá-la. **Art. 1.193.** O juiz decidirá de plano o pedido de escusa. Se não a admitir, exercerá o nomeado a tutela ou curatela enquanto não for dispensado por sentença transitada em julgado.

O *caput* do artigo 760 repete a redação do dispositivo correspondente no CPC/73.

Da mesma forma se tem por transferidas integralmente as disposições dos incisos I e II. Substituído, no entanto o parágrafo único da redação do artigo correspondente, pelos parágrafos 1º e 2º. No primeiro, tem-se por mantida a disposição referente ao prazo para escusa. No parágrafo 2º, inova o texto legal dispondo sobre a decisão do juiz acerca do pedido e suas consequências, determinando a lei, a permanência do nomeado até o trânsito em julgado da decisão, caso o juiz inadmita o pedido.

NOVO CÓDIGO DE PROCESSO CIVIL	CÓDIGO DE PROCESSO CIVIL DE 1973
Art. 761. Incumbe ao Ministério Público ou a quem tenha legítimo interesse requerer, nos casos previstos em lei, a remoção do tutor ou do curador. Parágrafo único. O tutor ou o curador será citado para contestar a arguição no prazo de 5 (cinco) dias, findo o qual observar-se-á o procedimento comum.	Seção II Da Remoção e Dispensa de Tutor ou Curador **Art. 1.194.** Incumbe ao órgão do Ministério Público, ou a quem tenha legítimo interesse, requerer, nos casos previstos na lei civil, a remoção do tutor ou curador. **Art. 1.195.** O tutor ou curador será citado para contestar a argüição no prazo de 5 (cinco) dias. **Art. 1.196.** Findo o prazo, observar-se-á o disposto no art. 803.

O artigo 761 do NCPC repete a regra do artigo 1.194 do CPC/73, e o parágrafo único incorpora as disposições dos artigos 1.195 e 1.196, destacando-se apenas que findo o prazo da resposta o procedimento a ser seguido será o comum, diferentemente do CPC/73, que previa para tanto o procedimento destinados às cautelares, disposto no artigo 803.

NOVO CÓDIGO DE PROCESSO CIVIL	CÓDIGO DE PROCESSO CIVIL DE 1973
Art. 762. Em caso de extrema gravidade, o juiz poderá suspender o tutor ou o curador do exercício de suas funções, nomeando substituto interino.	**Art. 1.197.** Em caso de extrema gravidade, poderá o juiz suspender do exercício de suas funções o tutor ou curador, nomeando-lhe interinamente substituto.

Sem alteração em relação à previsão do CPC/73, o artigo 762 do NCPC dispõe sobre a substituição do tutor ou do curador.

NOVO CÓDIGO DE PROCESSO CIVIL	CÓDIGO DE PROCESSO CIVIL DE 1973
Art. 763. Cessando as funções do tutor ou do curador pelo decurso do prazo em que era obrigado a servir, ser-lhe-á lícito requerer a exoneração do encargo. § 1º Caso o tutor ou o curador não requeira a exoneração do encargo dentro dos 10 (dez) dias seguintes à expiração do termo, entender-se-á reconduzido, salvo se o juiz o dispensar. § 2º Cessada a tutela ou a curatela, é indispensável a prestação de contas pelo tutor ou pelo curador, na forma da lei civil.	**Art. 1.198.** Cessando as funções do tutor ou curador pelo decurso do prazo em que era obrigado a servir, ser-lhe- á lícito requerer a exoneração do encargo; não o fazendo dentro dos 10 (dez) dias seguintes à expiração do termo, entender-se-á reconduzido, salvo se o juiz o dispensar.

O *caput* do artigo 763 do NCPC não apresenta alteração substancial quanto à exoneração do encargo de tutor ou curador, bem como a possibilidade de recondução do encargo. No novo texto legal há a inclusão do parágrafo 2º, impondo a prestação de contas por aquele que assumiu o encargo como condição para sua efetiva liberação.

NOVO CÓDIGO DE PROCESSO CIVIL	CÓDIGO DE PROCESSO CIVIL DE 1973
Seção XI **Da Organização e da Fiscalização das Fundações** **Art. 764.** O juiz decidirá sobre a aprovação do estatuto das fundações e de suas alterações sempre que o requeira o interessado, quando: I - ela for negada previamente pelo Ministério Público ou por este forem exigidas modificações com as quais o interessado não concorde; II - o interessado discordar do estatuto elaborado pelo Ministério Público. § 1º O estatuto das fundações deve observar o disposto na Lei nº 10.406, de 10 de janeiro de 2002 (Código Civil). § 2º Antes de suprir a aprovação, o juiz poderá mandar fazer no estatuto modificações a fim de adaptá-lo ao objetivo do instituidor.	CAPÍTULO X DA ORGANIZAÇÃO E DA FISCALIZAÇÃO DAS FUNDAÇÕES **Art. 1.199.** O instituidor, ao criar a fundação, elaborará o seu estatuto ou designará quem o faça. **Art. 1.200.** O interessado submeterá o estatuto ao órgão do Ministério Público, que verificará se foram observadas as bases da fundação e se os bens são suficientes ao fim a que ela se destina. **Art. 1.201.** Autuado o pedido, o órgão do Ministério Público, no prazo de 15 (quinze) dias, aprovará o estatuto, indicará as modificações que entender necessárias ou lhe denegará a aprovação. § 1º Nos dois últimos casos, pode o interessado, em petição motivada, requerer ao juiz o suprimento da aprovação. § 2º O juiz, antes de suprir a aprovação, poderá mandar fazer no estatuto modificações a fim de adaptá-lo ao objetivo do instituidor.

As fundações são classificadas pelo ordenamento como pessoas jurídicas de direito privado (art. 44 do CC/2002), embora existam fundações públicas, e suas disposições são encontradas também no Código Civil, no Título II.

O NCPC, ao tratar da organização e da fiscalização das fundações, operou uma redução nos artigos, sintetizando o conteúdo em seu artigo 764 e parágrafos.

Destaca-se a omissão do dispositivo em relação ao prazo para o Ministério Público se manifestar sobre a aprovação e indicação de modificações.

NOVO CÓDIGO DE PROCESSO CIVIL	CÓDIGO DE PROCESSO CIVIL DE 1973
Art. 765. Qualquer interessado ou o Ministério Público promoverá em juízo a extinção da fundação quando: I - se tornar ilícito o seu objeto; II - for impossível a sua manutenção; III - vencer o prazo de sua existência.	**Art. 1.204.** Qualquer interessado ou o órgão do Ministério Público promoverá a extinção da fundação quando: I - se tornar ilícito o seu objeto; II - for impossível a sua manutenção; III - se vencer o prazo de sua existência.

Sem alteração em relação ao CPC/73, o artigo 765 do NCPC reproduz o inteiro teor das hipóteses de extinção da fundação em juízo.

NOVO CÓDIGO DE PROCESSO CIVIL	CÓDIGO DE PROCESSO CIVIL DE 1973
Seção XII **Da Ratificação dos Protestos Marítimos e dos Processos Testemunháveis Formados a Bordo** **Art. 766.** Todos os protestos e os processos testemunháveis formados a bordo e lançados no livro Diário da Navegação deverão ser apresentados pelo comandante ao juiz de direito do primeiro porto, nas primeiras 24 (vinte e quatro) horas de chegada da embarcação, para sua ratificação judicial.	LIVRO V DAS DISPOSIÇÕES FINAIS E TRANSITÓRIAS **Art. 1.218.** Continuam em vigor até serem incorporados nas leis especiais os procedimentos regulados pelo Decreto-lei nº 1.608, de 18 de setembro de 1939, concernentes: [...] VIII - aos protestos formados a bordo (arts. 725 a 729); (Incluído pela Lei nº 6.780, de 12.5.1980) [...]

O tema não tinha uma regulamentação específica no CPC/73. A matéria era regulada apenas nos artigos 725 a 729 do CPC/39, mantidos por força da previsão do artigo 1.218, inciso VIII, do CPC/73.

O dispositivo se presta àquele que pretende se elidir da responsabilidade; prevenir a conservação e se resguardar de direitos relativos a fatos ocorridos a bordo.

NOVO CÓDIGO DE PROCESSO CIVIL	CÓDIGO DE PROCESSO CIVIL DE 1973
Art. 767. A petição inicial conterá a transcrição dos termos lançados no livro Diário da Navegação e deverá ser instruída com cópias das páginas que contenham os termos que serão ratificados, dos documentos de identificação do comandante e das testemunhas arroladas, do rol de tripulantes, do documento de registro da embarcação e, quando for o caso, do manifesto das cargas sinistradas e a qualificação de seus consignatários, traduzidos, quando for o caso, de forma livre para o português.	Sem correspondente.

Do requerimento inicial deverá constar a transcrição dos termos lançados no livro Diário da Navegação, bem como ser instruído com as reproduções das páginas dos termos a serem ratificados, os documentos que identificam o Comandante e as testemunhas indicadas, a lista de tripulantes e os registros da embarcação. Pode ainda ser exigido o manifesto das cargas e a qualificação de seus consignatários.

Caso o documento esteja redigido em língua estrangeira, a tradução para o português se faz necessária.

NOVO CÓDIGO DE PROCESSO CIVIL	CÓDIGO DE PROCESSO CIVIL DE 1973
Art. 768. A petição inicial deverá ser distribuída com urgência e encaminhada ao juiz, que ouvirá, sob compromisso a ser prestado no mesmo dia, o comandante e as testemunhas em número mínimo de 2 (duas) e máximo de 4 (quatro), que deverão comparecer ao ato independentemente de intimação. § 1º Tratando-se de estrangeiros que não dominem a língua portuguesa, o autor deverá fazer-se acompanhar por tradutor, que prestará compromisso em audiência. § 2º Caso o autor não se faça acompanhar por tradutor, o juiz deverá nomear outro que preste compromisso em audiência.	Sem correspondente.

A petição inicial será distribuída com urgência e em seguida encaminhada ao juiz, que procederá à oitiva do comandante e das testemunhas em número mínimo de duas e máximo de quatro, mediante compromisso prestado.

Tratando-se de estrangeiro que não domine a língua portuguesa, deverá o autor comparecer acompanhado por tradutor, que prestará compromisso em audiência.

Caso o autor compareça a audiência desacompanhado impõe o dispositivo a nomeação pelo juiz de um tradutor, devendo da mesma forma ser-lhe exigido que preste o compromisso.

NOVO CÓDIGO DE PROCESSO CIVIL	CÓDIGO DE PROCESSO CIVIL DE 1973
Art. 769. Aberta a audiência, o juiz mandará apregoar os consignatários das cargas indicados na petição inicial e outros eventuais interessados, nomeando para os ausentes curador para o ato.	Sem correspondente.

Iniciada a audiência, serão convocados os consignatários das cargas arrolados na petição inicial bem como eventuais interessados. Na hipótese de ausência, o juiz nomeará curador.

NOVO CÓDIGO DE PROCESSO CIVIL	CÓDIGO DE PROCESSO CIVIL DE 1973
Art. 770. Inquiridos o comandante e as testemunhas, o juiz, convencido da veracidade dos termos lançados no Diário da Navegação, em audiência, ratificará por sentença o protesto ou o processo testemunhável lavrado a bordo, dispensado o relatório. Parágrafo único. Independentemente do trânsito em julgado, o juiz determinará a entrega dos autos ao autor ou ao seu advogado, mediante a apresentação de traslado.	Sem correspondente.

Concluída a inquirição do comandante e das testemunhas e convencendo-se o juiz da veracidade dos termos lançados no Diário da Navegação, procederá a ratificação do protesto ou do processo testemunhável. Conforme o novo dispositivo, esta decisão prescinde de relatório.

Na forma do parágrafo único, o juiz determinará a entrega dos autos ao autor ou a seu advogado, independente do trânsito em julgado.

NOTAS AOS ARTIGOS 771 A 813

Thiago Aleluia Ferreira de Oliveira

NOVO CÓDIGO DE PROCESSO CIVIL	CÓDIGO DE PROCESSO CIVIL DE 1973
LIVRO II DO PROCESSO DE EXECUÇÃO TÍTULO I DA EXECUÇÃO EM GERAL CAPÍTULO I DISPOSIÇÕES GERAIS **Art. 771.** Este Livro regula o procedimento da execução fundada em título extrajudicial, e suas disposições aplicam-se, também, no que couber, aos procedimentos especiais de execução, aos atos executivos realizados no procedimento de cumprimento de sentença, bem como aos efeitos de atos ou fatos processuais a que a lei atribuir força executiva. Parágrafo único. Aplicam-se subsidiariamente à execução as disposições do Livro I da Parte Especial.	CAPÍTULO V DAS DISPOSIÇÕES GERAIS **Art. 598.** Aplicam-se subsidiariamente à execução as disposições que regem o processo de conhecimento.

O legislador procedeu a uma reorganização dos livros e capítulos do Código, conferindo um maior grau de organicidade e coesão ao sistema processual.

Com essa nova disposição estrutural, o Livro II da Parte Especial do Código passa a cuidar do denominado "processo de execução", definindo regras destinadas a satisfazer o direito do credor.

Registre-se que a disciplina do novo Código é mais completa, não só conservando o que de relevante consta do direito anterior sobre o tema, mas também não deixa dúvidas que as regras atuais aplicam-se, no que couber, a outros atos com força executiva, inclusive os praticados em procedimento de cumprimento de sentença.

NOVO CÓDIGO DE PROCESSO CIVIL	CÓDIGO DE PROCESSO CIVIL DE 1973
Art. 772. O juiz pode, em qualquer momento do processo: I - ordenar o comparecimento das partes; II - advertir o executado de que seu procedimento constitui ato atentatório à dignidade da justiça; III - determinar que sujeitos indicados pelo exequente forneçam informações em geral relacionadas ao objeto da execução, tais como documentos e dados que tenham em seu poder, assinando-lhes prazo razoável.	**Art. 599.** O juiz pode, em qualquer momento do processo: (Redação dada pela Lei nº 5.925, de 1º.10.1973) I - ordenar o comparecimento das partes; (Redação dada pela Lei nº 5.925, de 1º.10.1973) II - advertir ao devedor que o seu procedimento constitui ato atentatório à dignidade da justiça. (Redação dada pela Lei nº 5.925, de 1º.10.1973)

Os dispositivos consagram o denominado dever de colaboração, outrora constante no artigo 599 do CPC/73, para tornar efetiva a tutela jurisdicional.

Digna de nota é a inclusão do inciso III, que atribuiu aos juízes o poder de determinar que terceiros (pessoas naturais ou jurídicas), indicados pelo exequente, forneçam informações relacionadas ao objeto da execução. A título de exemplo, podemos citar a expedição de ofício à Receita Federal e ao Banco Central, requisitando informações para fins de localização de bens do executado. De fato, o auxílio dos departamentos públicos e da própria Receita Federal é medida que se revela útil e que se impõe em prol da eficiência da atividade jurisdicional. Sobre o tema, Teori Albino Zavascki elucida que o sigilo fiscal não constitui, por si só, óbice intransponível à medida requisitória, devendo ser suplantado quando, não sendo possível a localização ordinária dos bens, se configurar inviável a continuidade da execução, atividade jurisdicional que importa não somente ao exequente mas ao próprio Estado[1].

NOVO CÓDIGO DE PROCESSO CIVIL	CÓDIGO DE PROCESSO CIVIL DE 1973
Art. 773. O juiz poderá, de ofício ou a requerimento, determinar as medidas necessárias ao cumprimento da ordem de entrega de documentos e dados. Parágrafo único. Quando, em decorrência do disposto neste artigo, o juízo receber dados sigilosos para os fins da execução, o juiz adotará as medidas necessárias para assegurar a confidencialidade.	Sem correspondente.

Inovação trazida pelo legislador, complementando as disposições pretéritas, principalmente no tocante ao cumprimento de ordem de entrega de documentos e dados.

Faculta-se ainda ao juiz a adoção de providências necessárias para salvaguardar as informações confidenciais recebidas, como é o caso da instauração do segredo de justiça de determinadas peças processuais.

NOVO CÓDIGO DE PROCESSO CIVIL	CÓDIGO DE PROCESSO CIVIL DE 1973
Art. 774. Considera-se atentatória à dignidade da justiça a conduta comissiva ou omissiva do executado que: I - frauda a execução; II - se opõe maliciosamente à execução, empregando ardis e meios artificiosos; III - dificulta ou embaraça a realização da penhora;	**Art. 600.** Considera-se atentatório à dignidade da Justiça o ato do executado que: (Redação dada pela Lei nº 11.382, de 2006). I - frauda a execução; (Redação dada pela Lei nº 5.925, de 1º.10.1973) II - se opõe maliciosamente à execução, empregando ardis e meios artificiosos; (Redação dada pela Lei nº 5.925, de 1º.10.1973)

1 ZAVASCKI, Teori Albino. *Comentários ao código de processo civil, do processo de execução* (arts. 566 a 645). v. VIII. São Paulo: Revista dos Tribunais, 2000, p. 313.

IV - resiste injustificadamente às ordens judiciais; V - intimado, não indica ao juiz quais são e onde estão os bens sujeitos à penhora e os respectivos valores, nem exibe prova de sua propriedade e, se for o caso, certidão negativa de ônus. Parágrafo único. Nos casos previstos neste artigo, o juiz fixará multa em montante não superior a vinte por cento do valor atualizado do débito em execução, a qual será revertida em proveito do exequente, exigível nos próprios autos do processo, sem prejuízo de outras sanções de natureza processual ou material.	III - resiste injustificadamente às ordens judiciais; (Redação dada pela Lei nº 5.925, de 1º.10.1973) IV - intimado, não indica ao juiz, em 5 (cinco) dias, quais são e onde se encontram os bens sujeitos à penhora e seus respectivos valores. (Redação dada pela Lei nº 11.382, de 2006). **Art. 601**. Nos casos previstos no artigo anterior, o devedor incidirá em multa fixada pelo juiz, em montante não superior a 20% (vinte por cento) do valor atualizado do débito em execução, sem prejuízo de outras sanções de natureza processual ou material, multa essa que reverterá em proveito do credor, exigível na própria execução. (Redação dada pela Lei nº 8.953, de 13.12.1994) Parágrafo único. O juiz relevará a pena, se o devedor se comprometer a não mais praticar qualquer dos atos definidos no artigo antecedente e der fiador idôneo, que responda ao credor pela dívida principal, juros, despesas e honorários advocatícios. (Redação dada pela Lei nº 5.925, de 1º.10.1973) **Art. 656**. [...] § 1º É dever do executado (art. 600), no prazo fixado pelo juiz, indicar onde se encontram os bens sujeitos à execução, exibir a prova de sua propriedade e, se for o caso, certidão negativa de ônus, bem como abster-se de qualquer atitude que dificulte ou embarace a realização da penhora (art. 14, parágrafo único). (Incluído pela Lei nº 11.382, de 2006). [...]

As novas proposições buscam aprimorar e atualizar as regras que disciplinam os atos atentatórios à dignidade da Justiça. O Código atual é mais técnico e deixa claro, distintamente do anterior artigo 600, que tanto os comportamentos comissivos quanto os omissivos podem configurar conduta atentatória à Justiça.

O inciso III repisa a disciplina prevista na primeira parte do antigo artigo 656, § 1º, tipificando como atentatórios os comportamentos que dificultam ou embaraçam a penhora[2].

Ainda reproduzindo o indigitado artigo 656, § 1º, o inciso V do novo código impõe o dever de o executado, quando intimado, indicar onde se encontram os bens suscetíveis de penhora com seus respectivos valores, apresentar a prova de sua propriedade, e, em havendo necessidade, exibir ainda certidão negativa de ônus.

Contudo, a punição do executado foi modificada. Aboliu-se o perdão previsto no parágrafo único do artigo 601 do CPC/73, bem como a possibilidade de o juiz relevar a pena aplicada.

---

2 LIGERO, Gilberto Notário. Desafios e avanços do processo de execução no projeto de código de processo civil. In: ROSSI, Fernando; RAMOS, Glauco Gumerato; GUEDES, Jefferson Carús; DELFINO, Lúcio; MOURÃO, Luiz Eduardo Ribeiro (Coords.). *O futuro do processo civil no Brasil*: uma análise crítica ao projeto do novo CPC. Belo Horizonte: Fórum, 2011, p. 219.

A novel codificação repete a anterior quanto à aplicação de multa pecuniária ao executado faltoso, que será exigida na própria execução e revertida em prol do exequente, sem prejuízo de outras sanções de natureza processual e material.

NOVO CÓDIGO DE PROCESSO CIVIL	CÓDIGO DE PROCESSO CIVIL DE 1973
Art. 775. O exequente tem o direito de desistir de toda a execução ou de apenas alguma medida executiva. Parágrafo único. Na desistência da execução, observar-se-á o seguinte: I - serão extintos a impugnação e os embargos que versarem apenas sobre questões processuais, pagando o exequente as custas processuais e os honorários advocatícios; II - nos demais casos, a extinção dependerá da concordância do impugnante ou do embargante.	**Art. 569.** O credor tem a faculdade de desistir de toda a execução ou de apenas algumas medidas executivas. Parágrafo único. Na desistência da execução, observar-se-á o seguinte: (Incluído pela Lei nº 8.953, de 13.12.1994) a) serão extintos os embargos que versarem apenas sobre questões processuais, pagando o credor as custas e os honorários advocatícios; (Incluído pela Lei nº 8.953, de 13.12.1994) b) nos demais casos, a extinção dependerá da concordância do embargante. (Incluído pela Lei nº 8.953, de 13.12.1994)

O artigo 775 do NCPC reitera a regra constante na legislação de 1973, mas estende os efeitos da desistência ao incidente de impugnação ao cumprimento de sentença, que o artigo 569 do CPC/73 não mencionava, embora os tribunais o reconhecessem.

NOVO CÓDIGO DE PROCESSO CIVIL	CÓDIGO DE PROCESSO CIVIL DE 1973
Art. 776. O exequente ressarcirá ao executado os danos que este sofreu, quando a sentença, transitada em julgado, declarar inexistente, no todo ou em parte, a obrigação que ensejou a execução.	**Art. 574.** O credor ressarcirá ao devedor os danos que este sofreu, quando a sentença, passada em julgado, declarar inexistente, no todo ou em parte, a obrigação, que deu lugar à execução.

A disciplina atual é similar à do antigo artigo 574, apenas com algumas adaptações textuais.

NOVO CÓDIGO DE PROCESSO CIVIL	CÓDIGO DE PROCESSO CIVIL DE 1973
Art. 777. A cobrança de multas ou de indenizações decorrentes de litigância de má-fé ou de prática de ato atentatório à dignidade da justiça será promovida nos próprios autos do processo.	**Art. 739-B.** A cobrança de multa ou de indenizações decorrentes de litigância de má-fé (arts. 17 e 18) será promovida no próprio processo de execução, em autos apensos, operando-se por compensação ou por execução. (Incluído pela Lei nº 11.382, de 2006).

O dispositivo constante no NCPC, semelhantemente ao CPC/73, especifica o poder e a forma de o beneficiário da sanção reparatória reclamar o correspondente pagamento. Entretanto, altera a regra do artigo 739-B, *caput*, do CPC/73, suprimindo a expressão "autos apensos", além de excluir a possibilidade de o pagamento da pena por litigância de má-fé se realizar por intermédio de compensação. Nesse sentido, caso a sanção seja aplicada ao exequente, não poderá ser compensada com o quanto do crédito principal, devendo o executado postular em processo autônomo a respectiva penalidade, exigência que, *permissa venia*, merece uma crítica por ir de encontro ao princípio da economia processual.

NOVO CÓDIGO DE PROCESSO CIVIL	CÓDIGO DE PROCESSO CIVIL DE 1973
CAPÍTULO II DAS PARTES **Art. 778.** Pode promover a execução forçada o credor a quem a lei confere título executivo. § 1º Podem promover a execução forçada ou nela prosseguir, em sucessão ao exequente originário: I - o Ministério Público, nos casos previstos em lei; II - o espólio, os herdeiros ou os sucessores do credor, sempre que, por morte deste, lhes for transmitido o direito resultante do título executivo; III - o cessionário, quando o direito resultante do título executivo lhe for transferido por ato entre vivos; IV - o sub-rogado, nos casos de sub-rogação legal ou convencional. § 2º A sucessão prevista no § 1º independe de consentimento do executado.	**Art. 566.** Podem promover a execução forçada: I – o credor a quem a lei confere título executivo; II – o Ministério Público, nos casos prescritos em lei. **Art. 567**. Podem também promover a execução, ou nela prosseguir: I – o espólio, os herdeiros ou os sucessores do credor, sempre que, por morte deste, lhes for transmitido o direito resultante do título executivo; II – o cessionário, quando o direito resultante do título executivo lhe foi transferido por ato entre vivos; III – o sub-rogado, nos casos de sub-rogação legal ou convencional.

Os dispositivos cuidam da legitimidade ativa da execução.

O Código inova, em seu § 2º, dispensando a aquiescência do executado para a sucessão processual disposta no § 1º desse mesmo artigo, em contraste ao quanto plasmado no artigo 42, § 1º, do CPC/73, que exigia o consentimento da parte contrária. Trata-se de regra já consolidada na jurisprudência repetitiva do STJ[3].

3 REsp 1.091.443/SP, Rel.ª Min.ª Maria Thereza de Assis Moura, Corte Especial, julgado em 2/5/2012, DJe 29/5/2012.

NOVO CÓDIGO DE PROCESSO CIVIL	CÓDIGO DE PROCESSO CIVIL DE 1973
Art. 779. A execução pode ser promovida contra: I - o devedor, reconhecido como tal no título executivo; II - o espólio, os herdeiros ou os sucessores do devedor; III - o novo devedor que assumiu, com o consentimento do credor, a obrigação resultante do título executivo; IV - o fiador do débito constante em título extrajudicial; V - o responsável titular do bem vinculado por garantia real ao pagamento do débito; VI - o responsável tributário, assim definido em lei.	**Art. 568.** São sujeitos passivos na execução: (Redação dada pela Lei nº 5.925, de 1º.10.1973) I - o devedor, reconhecido como tal no título executivo; (Redação dada pela Lei nº 5.925, de 1º.10.1973) II - o espólio, os herdeiros ou os sucessores do devedor; (Redação dada pela Lei nº 5.925, de 1º.10.1973) III - o novo devedor, que assumiu, com o consentimento do credor, a obrigação resultante do título executivo; (Redação dada pela Lei nº 5.925, de 1º.10.1973) IV - o fiador judicial; (Redação dada pela Lei nº 5.925, de 1º.10.1973) V - o responsável tributário, assim definido na legislação própria. (Redação dada pela Lei nº 5.925, de 1º.10.1973)

Os dispositivos prescrevem as regras de legitimidade passiva, com um pontual aperfeiçoamento ao possibilitar que a execução seja deflagrada em face do responsável, titular do bem vinculado por garantia real, ao pagamento do débito.

NOVO CÓDIGO DE PROCESSO CIVIL	CÓDIGO DE PROCESSO CIVIL DE 1973
Art. 780. O exequente pode cumular várias execuções, ainda que fundadas em títulos diferentes, quando o executado for o mesmo e desde que para todas elas seja competente o mesmo juízo e idêntico o procedimento.	**Art. 573.** É lícito ao credor, sendo o mesmo o devedor, cumular várias execuções, ainda que fundadas em títulos diferentes, desde que para todas elas seja competente o juiz e idêntica a forma do processo.

A exemplo do artigo 573 do Código anterior, as regras atuais preveem o caso de cumulação de execuções.

NOVO CÓDIGO DE PROCESSO CIVIL	CÓDIGO DE PROCESSO CIVIL DE 1973
CAPÍTULO III DA COMPETÊNCIA	CAPÍTULO II DA COMPETÊNCIA
Art. 781. A execução fundada em título extrajudicial será processada perante o juízo competente, observando-se o seguinte: I - a execução poderá ser proposta no foro de domicílio do executado, de eleição constante do título ou, ainda, de situação dos bens a ela sujeitos;	**Art. 576.** A execução, fundada em título extrajudicial, será processada perante o juízo competente, na conformidade do disposto no Livro I, Título IV, Capítulos II e III.

II - tendo mais de um domicílio, o executado poderá ser demandado no foro de qualquer deles; III - sendo incerto ou desconhecido o domicílio do executado, a execução poderá ser proposta no lugar onde for encontrado ou no foro de domicílio do exequente; IV - havendo mais de um devedor, com diferentes domicílios, a execução será proposta no foro de qualquer deles, à escolha do exequente; V - a execução poderá ser proposta no foro do lugar em que se praticou o ato ou em que ocorreu o fato que deu origem ao título, mesmo que nele não mais resida o executado.	**Art. 578.** [...] Parágrafo único. Na execução fiscal, a Fazenda Pública poderá escolher o foro de qualquer um dos devedores, quando houver mais de um, ou o foro de qualquer dos domicílios do réu; a ação poderá ainda ser proposta no foro do lugar em que se praticou o ato ou ocorreu o fato que deu origem à dívida, embora nele não mais resida o réu, ou, ainda, no foro da situação dos bens, quando a dívida deles se originar.

O NCPC aperfeiçoa a matéria ao permitir que a execução seja proposta também no foro do lugar em que se perpetrou a conduta ou ocorreu o fato que originou o título, ainda que não seja mais a residência do devedor. Há regra similar no parágrafo único do antigo artigo 578, em relação às execuções fiscais. Cuida-se de hipótese de competência concorrente, cabendo ao exequente a escolha do foro mais conveniente para execução.

NOVO CÓDIGO DE PROCESSO CIVIL	CÓDIGO DE PROCESSO CIVIL DE 1973
Art. 782. Não dispondo a lei de modo diverso, o juiz determinará os atos executivos, e o oficial de justiça os cumprirá. § 1º O oficial de justiça poderá cumprir os atos executivos determinados pelo juiz também nas comarcas contíguas, de fácil comunicação, e nas que se situem na mesma região metropolitana. § 2º Sempre que, para efetivar a execução, for necessário o emprego de força policial, o juiz a requisitará. § 3º A requerimento da parte, o juiz pode determinar a inclusão do nome do executado em cadastros de inadimplentes. § 4º A inscrição será cancelada imediatamente se for efetuado o pagamento, se for garantida a execução ou se a execução for extinta por qualquer outro motivo. § 5º O disposto nos §§ 3º e 4º aplica-se à execução definitiva de título judicial.	**Art. 577.** Não dispondo a lei de modo diverso, o juiz determinará os atos executivos e os oficiais de justiça os cumprirão. **Art. 579.** Sempre que, para efetivar a execução, for necessário o emprego da força policial, o juiz a requisitará.

A inovação encontra-se na inserção dos §§ 3º e 4º, possibilitando que o juiz ordene a inclusão do nome do executado em cadastros de restrição de crédito até a obrigação ser cumprida ou a execução ser extinta. Essa regra, de acordo com a nova sistemática, pode, inclusive, ser aplicada na execução definitiva de título judicial.

Esses parágrafos não estavam na redação original do projeto oriundo do Senado, foram inseridos na Câmara, sob a justificativa de atribuir uma maior efetividade ao processo[4]. Tal medida já é adotada no âmbito extrajudicial por bancos, pelo comércio, inclusive pelas Fazendas Públicas de alguns entes federados, com o escopo de forçar o cumprimento espontâneo da obrigação. Nesse sentido, o STJ já decidiu: *"É possível a inclusão de débitos de natureza tributária inscritos em dívida ativa nos cadastros de proteção ao crédito, independentemente de sua cobrança mediante Execução Fiscal"*[5].

Impende ainda ressaltar que a jurisprudência pátria já tem aceitado a possibilidade de o juiz determinar a inclusão do nome do devedor alimentar nos cadastros de proteção ao crédito[6].

No entanto, vale advertir que, por se tratar, em regra, de um banco de dados de cunho privado, há um custo para a inscrição de dívidas nos cadastros de inadimplentes[7], razão pela qual, sugere-se que essa despesa fique a cargo da parte que requerer a medida, não impedindo, caso seja vencedora, de postular ao final do processo o seu ressarcimento ao adversário.

Ainda sobre o tema, o III Fórum Permanente de Processualistas, através da Carta do Rio, destacou no Enunciado nº 190, ao considerar a interpretação ainda do projeto da nova legislação: *"O art. 798, § 3°, não veda a inclusão extrajudicial do nome do executado em cadastros"*.

NOVO CÓDIGO DE PROCESSO CIVIL	CÓDIGO DE PROCESSO CIVIL DE 1973
CAPÍTULO IV DOS REQUISITOS NECESSÁRIOS PARA REALIZAR QUALQUER EXECUÇÃO **Seção I** **Do Título Executivo** **Art. 783**. A execução para cobrança de crédito fundar-se-á sempre em título de obrigação certa, líquida e exigível.	**Art. 586.** A execução para cobrança de crédito fundar-se-á sempre em título de obrigação certa, líquida e exigível. (Redação dada pela Lei nº 11.382, de 2006).

4 EMC 601/2011 ao PL 8.046/2010. Acrescenta os parágrafos 3º e 4º ao artigo 741 do PL nº 8.046, de 2010, a fim de disciplinar a possibilidade de inclusão do nome do executado em cadastros de inadimplentes enquanto durar o processo de execução. Comissão Especial do Código de Processo Civil – PL 8016/2010. Autor Deputado Roberto Teixeira. Disponível em: <http://www.camara.gov.br/proposicoesWeb/prop_mostrarintegra?codteor=952935&filename=EMC+601/2011+PL602505+%3D%3E+PL+8046/2010>. Acesso em: 17 jun. 2014.

5 RMS 31.859/GO, Rel. Min. Herman Benjamin, Segunda Turma, DJe 1/7/2010.

6 TJSP. Agravo Regimental nº 990100886827. Rel. Egidio Giacoia, julgado em 25/05/2010.

7 SERASA EXPERIAN. Tabela de preços – consumo mínimo de R$ 99,90 – ANEXO 1. Disponível em: <http://www.terraconnect.com.br/resources/Plano%2099,90.pdf>. Acesso em: 17 jun. 2014.

Nada de novo em comparação ao artigo 586 do CPC/73. As disposições apontam os requisitos indispensáveis para qualquer execução: certeza, exigibilidade e liquidez.

NOVO CÓDIGO DE PROCESSO CIVIL	CÓDIGO DE PROCESSO CIVIL DE 1973
Art. 784. São títulos executivos extrajudiciais: I - a letra de câmbio, a nota promissória, a duplicata, a debênture e o cheque; II - a escritura pública ou outro documento público assinado pelo devedor; III - o documento particular assinado pelo devedor e por 2 (duas) testemunhas; IV - o instrumento de transação referendado pelo Ministério Público, pela Defensoria Pública, pela Advocacia Pública, pelos advogados dos transatores ou por conciliador ou mediador credenciado por tribunal; V - o contrato garantido por hipoteca, penhor, anticrese ou outro direito real de garantia e aquele garantido por caução; VI - o contrato de seguro de vida em caso de morte; VII - o crédito decorrente de foro e laudêmio; VIII - o crédito, documentalmente comprovado, decorrente de aluguel de imóvel, bem como de encargos acessórios, tais como taxas e despesas de condomínio; IX - a certidão de dívida ativa da Fazenda Pública da União, dos Estados, do Distrito Federal e dos Municípios, correspondente aos créditos inscritos na forma da lei; X - o crédito referente às contribuições ordinárias ou extraordinárias de condomínio edilício, previstas na respectiva convenção ou aprovadas em assembleia geral, desde que documentalmente comprovadas; XI - a certidão expedida por serventia notarial ou de registro relativa a valores de emolumentos e demais despesas devidas pelos atos por ela praticados, fixados nas tabelas estabelecidas em lei; XII - todos os demais títulos aos quais, por disposição expressa, a lei atribuir força executiva. § 1º A propositura de qualquer ação relativa a débito constante de título executivo não inibe o credor de promover-lhe a execução.	**Art. 585.** São títulos executivos extrajudiciais: (Redação dada pela Lei nº 5.925, de 1º.10.1973) I - a letra de câmbio, a nota promissória, a duplicata, a debênture e o cheque; (Redação dada pela Lei nº 8.953, de 13.12.1994) II - a escritura pública ou outro documento público assinado pelo devedor; o documento particular assinado pelo devedor e por duas testemunhas; o instrumento de transação referendado pelo Ministério Público, pela Defensoria Pública ou pelos advogados dos transatores; (Redação dada pela Lei nº 8.953, de 13.12.1994) III - os contratos garantidos por hipoteca, penhor, anticrese e caução, bem como os de seguro de vida; (Redação dada pela Lei nº 11.382, de 2006). IV - o crédito decorrente de foro e laudêmio; (Redação dada pela Lei nº 11.382, de 2006). V - o crédito, documentalmente comprovado, decorrente de aluguel de imóvel, bem como de encargos acessórios, tais como taxas e despesas de condomínio; (Redação dada pela Lei nº 11.382, de 2006). VI - o crédito de serventuário de justiça, de perito, de intérprete, ou de tradutor, quando as custas, emolumentos ou honorários forem aprovados por decisão judicial; (Redação dada pela Lei nº 11.382, de 2006). VII - a certidão de dívida ativa da Fazenda Pública da União, dos Estados, do Distrito Federal, dos Territórios e dos Municípios, correspondente aos créditos inscritos na forma da lei; (Redação dada pela Lei nº 11.382, de 2006). VIII - todos os demais títulos a que, por disposição expressa, a lei atribuir força executiva. (Incluído pela Lei nº 11.382, de 2006). § 1° A propositura de qualquer ação relativa ao débito constante do título executivo não inibe o credor de promover-lhe a execução. (Redação dada pela Lei nº 8.953, de 13.12.1994)

§ 2º Os títulos executivos extrajudiciais oriundos de país estrangeiro não dependem de homologação para serem executados. § 3º O título estrangeiro só terá eficácia executiva quando satisfeitos os requisitos de formação exigidos pela lei do lugar de sua celebração e quando o Brasil for indicado como o lugar de cumprimento da obrigação.	§ 2º Não dependem de homologação pelo Supremo Tribunal Federal, para serem executados, os títulos executivos extrajudiciais, oriundos de país estrangeiro. O título, para ter eficácia executiva, há de satisfazer aos requisitos de formação exigidos pela lei do lugar de sua celebração e indicar o Brasil como o lugar de cumprimento da obrigação. (Redação dada pela Lei nº 5.925, de 1º.10.1973)

Aprimora-se o rol dos títulos executivos extrajudiciais constantes no artigo 585 do CPC/73.

O inciso IV do artigo 784 insere, entre os títulos executivos extrajudiciais, o instrumento de transação referendado por conciliador ou mediador credenciado pelo tribunal. Importante disposição que traz garantias e atribui efetividade à autocomposição realizada pelas partes, além de contribuir para a criação de instrumentos capazes de minorar o grande problema de excesso de litigância no Brasil. Trata-se de disciplina que se encontra em harmonia com a cultura da conciliação e mediação inerente a esse novo Código processual (artigo 165 e seguintes).

Ademais, o Código contempla outra espécie de título extrajudicial não previsto nas disposições do CPC/73, nem no projeto do Senado, qual seja, "*a certidão expedida por serventia notarial ou de registro relativa a valores de emolumentos e demais despesas devidas pelos atos por ela praticados, fixados nas tabelas estabelecidas em lei*". Essa alteração legislativa tem o objetivo de permitir que as certidões expedidas pelas serventias extrajudiciais possam instrumentalizar a cobrança e execução dos emolumentos e despesas decorrentes dos atos cartorários praticados, constantes nas tabelas fixadas por lei. Em parecer sobre o tema, a Comissão Especial da Câmara justifica a inovação, esclarecendo que é frequente, após a decisão judicial, o não comparecimento da parte para realizar o pagamento de despesas derivadas de atos praticados pela serventia extrajudicial (intimação, edital etc.), assim como de emolumentos devidos pela lavratura de escritura e registros públicos[8].

É trazida ainda a lume a inovação, consistente na expressa previsão das despesas condominiais ordinárias e extraordinárias como título executivo extrajudicial, nas condições preconizadas pelo inciso X do novo Código, não exigindo, como fazia o anterior inciso V, que fossem acessórias ao contrato de locação. De fato, de acordo com o Código anterior, fora do contrato locatício, as taxas e as despesas de condomínio não gozavam isoladamente de força executiva. Assim, para haver em juízo as contribuições devidas pelos comunheiros, era necessário que o condomínio ajuizasse a ação de conhecimento de procedimento sumário prevista no artigo 275, II, "b", ou ainda

8 EMC 203/2011 ao PL 8.046/2010. Acrescenta inciso ao art. 743 do Código de Processo Civil. Comissão Especial do Código de Processo Civil – PL 8016/2010. Autor Deputado Vicente Cândido Disponível em: <http://www.camara.gov.br/proposicoesWeb/prop_mostrarintegra?codteor=932435&filename=EMC+204/2011+PL804610+%3D%3E+PL+8046/2010>.. Acesso em: 17 jun. 2014.

se valer da ação monitória, desde que houvesse algum documento escrito relacionado às contribuições condominiais (art. 1.102-A).[9] Nesse passo, é digna de destaque a aludida novidade legislativa, porquanto deposita uma definitiva pá de cal em calorosa discussão doutrinária e jurisprudencial[10], que o antigo inciso V não logrou êxito em solucionar.

NOVO CÓDIGO DE PROCESSO CIVIL	CÓDIGO DE PROCESSO CIVIL DE 1973
Art. 785. A existência de título executivo extrajudicial não impede a parte de optar pelo processo de conhecimento, a fim de obter título executivo judicial.	Sem correspondente.

O legislador faculta que a parte, a despeito da existência de título executivo extrajudicial, adote o processo de cognição, com vistas a alcançar um título executivo judicial.

Consoante a Comissão Especial da Câmara, é de se observar que as reformas que atingiram o regime de execução das sentenças civis, por intermédio da Lei nº 11.232/2005 (cumprimento de sentença), revelaram-se tão mais benéfica ao credor que deve ser expressamente autorizada a possibilidade de a parte se valer da via cognitiva ordinária, mesmo estando munida de título executivo extrajudicial, sem que isso configure ausência de interesse processual[11].

Nesse ponto, ressoam as críticas de parte da doutrina, no sentido de que, existindo título executivo, não haveria motivo para postular, do Estado-juiz, proteção jurisdicional que não seja a executiva[12]. Não obstante as vozes discordantes, entendemos que o legislador agiu com acerto ao trazer essa disposição.

O fato de o credor contar com um título hábil a lhe proporcionar o ingresso direto à execução forçada não o obriga, necessariamente, a fazer uso dessa via, sendo-lhe facultado se valer de qualquer outra forma legal cabível para a satisfação de seu crédito, inclusive a ação de cobrança.

Considerando que a execução se sujeita a requisitos específicos, é possível que o credor anteveja que o seu processo será inviabilizado na via executiva, embora sendo

---

9 THEODORO JR., Humberto. *Curso de direito processual civil*. v. II, 49. ed. Rio de Janeiro: Forense, 2014. p. 336.

10 BUENO, Cassio Scarpinella. *Projeto e novo código de processo civil comparado e anotados*. São Paulo. Saraiva. 2014, p. 376.

11 EMC 435/2011 ao PL 8.046/2010. Acrescenta inciso ao art. 743 do Código de Processo Civil. Comissão Especial do Código de Processo Civil – PL 8016/2010. Autor Deputado Fábio Trad. Disponível em: <http://www.camara.gov.br/proposicoesWeb/prop_mostrarintegra?codteor=942367&filename=EMC+435/2011+PL602505+%3D%3E+PL+8046/2010>. Acesso em: 17 jun. 2014.

12 BUENO, Cassio Scarpinella. Op. cit., p. 377.

titular do crédito postulado, como é o caso de o devedor evidenciar a iliquidez da obrigação ou ausência de certa formalidade no título. Desta forma, cabe ao credor, com base na ideia de utilidade e necessidade do processo, perscrutar qual a via que se revela mais segura para o exercício de sua pretensão. Registre-se que uma das marcas do processo contemporâneo é exatamente a das denominadas "tutelas diferenciadas", que proporcionam à parte optar por aquela que seja mais consentânea com as peculiaridades da lide a compor em juízo[13].

Assim sendo, não se pode negar que, em algumas situações, o real interesse do credor pode estar mais bem salvaguardado nas vias ordinárias do que na executiva.

Especificamente sobre a matéria, o Superior Tribunal de Justiça firmou entendimento no sentido de que aquele que se encontra munido de título executivo extrajudicial tem interesse para cobrá-lo pela via ordinária, o que enseja até situação menos gravosa para o devedor, pois sua defesa pode ser exercida com maior amplitude[14]. Defende-se ainda que, com as reformas da Lei nº 11.232, de 22/12/2005, o autor, sendo titular de título executivo extrajudicial, ao optar pelo processo de conhecimento, possuirá, tão logo ultimada a cognição judicial, mais que um título com força executiva; disporá de uma sentença, válida como título constitutivo de hipoteca judiciária e suscetível de imediato cumprimento, sob pena de multa[15].

NOVO CÓDIGO DE PROCESSO CIVIL	CÓDIGO DE PROCESSO CIVIL DE 1973
Seção II **Da Exigibilidade da Obrigação** **Art. 786.** A execução pode ser instaurada caso o devedor não satisfaça a obrigação certa, líquida e exigível consubstanciada em título executivo. Parágrafo único. A necessidade de simples operações aritméticas para apurar o crédito exequendo não retira a liquidez da obrigação constante do título.	CAPÍTULO III DOS REQUISITOS NECESSÁRIOS PARA REALIZAR QUALQUER EXECUÇÃO Seção I Do Inadimplemento do Devedor **Art. 580.** A execução pode ser instaurada caso o devedor não satisfaça a obrigação certa, líquida e exigível, consubstanciada em título executivo. (Redação dada pela Lei nº 11.382, de 2006).

Nenhuma novidade das regras atuais quando cotejadas com o antigo artigo 580 do CPC/73 sobre a instauração da execução.

---

13 THEODORO JR., Humberto. *Curso de direito processual civil.* v.II, 49. ed. Rio de Janeiro: Forense, 2014, p. 220.

14 STJ, 3ª Turma, REsp 1.087.170/GO, Rel.ª Min.ª Nancy Andrighi, ac. 11.10.2011, RT 915/597-598; jan. 2012.

15 STJ, 3ª Turma, REsp 717.276/PR, 2005/0001561-6, Rel.ª Min.ª Nancy Andrighi, julgado em 21/06/2007, DJ 29/06/2007, p. 581, RT, v. 865, p. 154.

NOVO CÓDIGO DE PROCESSO CIVIL	CÓDIGO DE PROCESSO CIVIL DE 1973
Art. 787. Se o devedor não for obrigado a satisfazer sua prestação senão mediante a contraprestação do credor, este deverá provar que a adimpliu ao requerer a execução, sob pena de extinção do processo. Parágrafo único. O executado poderá eximir-se da obrigação, depositando em juízo a prestação ou a coisa, caso em que o juiz não permitirá que o credor a receba sem cumprir a contraprestação que lhe tocar.	**Art. 582.** Em todos os casos em que é defeso a um contraente, antes de cumprida a sua obrigação, exigir o implemento da do outro, não se procederá à execução, se o devedor se propõe satisfazer a prestação, com meios considerados idôneos pelo juiz, mediante a execução da contraprestação pelo credor, e este, sem justo motivo, recusar a oferta. Parágrafo único. O devedor poderá, entretanto, exonerar-se da obrigação, depositando em juízo a prestação ou a coisa; caso em que o juiz suspenderá a execução, não permitindo que o credor a receba, sem cumprir a contraprestação, que lhe tocar.

Trata-se de repetição da disciplina que ocupava o artigo 582 do CPC/73.

NOVO CÓDIGO DE PROCESSO CIVIL	CÓDIGO DE PROCESSO CIVIL DE 1973
Art. 788. O credor não poderá iniciar a execução ou nela prosseguir se o devedor cumprir a obrigação, mas poderá recusar o recebimento da prestação se ela não corresponder ao direito ou à obrigação estabelecidos no título executivo, caso em que poderá requerer a execução forçada, ressalvado ao devedor o direito de embargá-la.	**Art. 581.** O credor não poderá iniciar a execução, ou nela prosseguir, se o devedor cumprir a obrigação; mas poderá recusar o recebimento da prestação, estabelecida no título executivo, se ela não corresponder ao direito ou à obrigação; caso em que requererá ao juiz a execução, ressalvado ao devedor o direito de embargá-la.

Não há nenhum aprimoramento se comparados os artigos 788 do NCPC e 581 do CPC/73.

NOVO CÓDIGO DE PROCESSO CIVIL	CÓDIGO DE PROCESSO CIVIL DE 1973
CAPÍTULO V DA RESPONSABILIDADE PATRIMONIAL **Art. 789.** O devedor responde com todos os seus bens presentes e futuros para o cumprimento de suas obrigações, salvo as restrições estabelecidas em lei.	CAPÍTULO IV DA RESPONSABILIDADE PATRIMONIAL **Art. 591.** O devedor responde, para o cumprimento de suas obrigações, com todos os seus bens presentes e futuros, salvo as restrições estabelecidas em lei.

Sem maiores alterações, o NCPC mantém a regra da responsabilidade patrimonial.

NOVO CÓDIGO DE PROCESSO CIVIL	CÓDIGO DE PROCESSO CIVIL DE 1973
Art. 790. São sujeitos à execução os bens: I - do sucessor a título singular, tratando-se de execução fundada em direito real ou obrigação reipersecutória; II - do sócio, nos termos da lei; III - do devedor, ainda que em poder de terceiros; IV - do cônjuge ou companheiro, nos casos em que seus bens próprios ou de sua meação respondem pela dívida; V - alienados ou gravados com ônus real em fraude à execução; VI - cuja alienação ou gravação com ônus real tenha sido anulada em razão do reconhecimento, em ação autônoma, de fraude contra credores; VII - do responsável, nos casos de desconsideração da personalidade jurídica.	**Art. 592.** Ficam sujeitos à execução os bens: I - do sucessor a título singular, tratando-se de execução fundada em direito real ou obrigação reipersecutória; (Redação dada pela Lei nº 11.382, de 2006). II - do sócio, nos termos da lei; III - do devedor, quando em poder de terceiros; IV - do cônjuge, nos casos em que os seus bens próprios, reservados ou de sua meação respondem pela dívida; V - alienados ou gravados com ônus real em fraude de execução.

Os dispositivos aprimoram as regras insculpidas no artigo 592 do CPC/73, ampliando o rol de bens sujeitos à execução. A partir da inserção do VI, passam a estar sujeitos também à execução os bens gravados com ônus reais que tenham sido alienados a terceiros e, posteriormente, haja sido reconhecida a fraude contra credores. Vale advertir que, no projeto originário (PLNCPC), o artigo 715 contemplava a declaração de ineficácia da fraude contra credores, adotando o entendimento de parcela da doutrina contrária à previsão do Código Civil que afirma ser o ato anulável. Contudo, no substitutivo do Senado, a expressa menção à anulação mantém o Código de Processo Civil coerente com o Código Civil[16].

Não se pode olvidar a elogiável previsão do inciso VII, encontrando-se em total conformidade com os novos ventos trazidos pelo "incidente de desconsideração da personalidade jurídica" (art. 133 e seguintes do novo Código).

16 NEVES, Daniel Amorim Assumpção. *Manual de direito processual civil*. 5. ed. São Paulo: Método, 2013, p. 890.

NOVO CÓDIGO DE PROCESSO CIVIL	CÓDIGO DE PROCESSO CIVIL DE 1973
Art. 791. Se a execução tiver por objeto obrigação de que seja sujeito passivo o proprietário de terreno submetido ao regime do direito de superfície, ou o superficiário, responderá pela dívida, exclusivamente, o direito real do qual é titular o executado, recaindo a penhora ou outros atos de constrição exclusivamente sobre o terreno, no primeiro caso, ou sobre a construção ou a plantação, no segundo caso. § 1º Os atos de constrição a que se refere o caput serão averbados separadamente na matrícula do imóvel, com a identificação do executado, do valor do crédito e do objeto sobre o qual recai o gravame, devendo o oficial destacar o bem que responde pela dívida, se o terreno, a construção ou a plantação, de modo a assegurar a publicidade da responsabilidade patrimonial de cada um deles pelas dívidas e pelas obrigações que a eles estão vinculadas. § 2º Aplica-se, no que couber, o disposto neste artigo à enfiteuse, à concessão de uso especial para fins de moradia e à concessão de direito real de uso.	Sem correspondente.

Os dispositivos inovam, de modo a regular os casos em que a execução tiver por objeto obrigação de que seja sujeito passivo o proprietário de terreno sujeito ao regime de superfície, ou superficiário. Importante iniciativa que visa a compatibilizar a lei adjetiva com o novo direito real previsto nos artigos 1.369 a 1377 do Código Civil (direito de superfície), solvendo as dúvidas e incertezas em torno da responsabilidade do concedente e do superficiário.

As regras atuais aplicam-se ainda, no que couber, à enfiteuse, à concessão de uso especial para fins de moraria e à concessão de direito real de uso.

NOVO CÓDIGO DE PROCESSO CIVIL	CÓDIGO DE PROCESSO CIVIL DE 1973
Art. 792. A alienação ou a oneração de bem é considerada fraude à execução: I - quando sobre o bem pender ação fundada em direito real ou com pretensão reipersecutória, desde que a pendência do processo tenha sido averbada no respectivo registro público, se houver; II - quando tiver sido averbada, no registro do bem, a pendência do processo de execução, na forma do art. 828; III - quando tiver sido averbado, no registro do bem, hipoteca judiciária ou outro ato de constrição judicial originário do processo onde foi arguida a fraude; IV - quando, ao tempo da alienação ou da oneração, tramitava contra o devedor ação capaz de reduzi-lo à insolvência; V - nos demais casos expressos em lei. § 1º A alienação em fraude à execução é ineficaz em relação ao exequente. § 2º No caso de aquisição de bem não sujeito a registro, o terceiro adquirente tem o ônus de provar que adotou as cautelas necessárias para a aquisição, mediante a exibição das certidões pertinentes, obtidas no domicílio do vendedor e no local onde se encontra o bem. § 3º Nos casos de desconsideração da personalidade jurídica, a fraude à execução verifica-se a partir da citação da parte cuja personalidade se pretende desconsiderar. § 4º Antes de declarar a fraude à execução, o juiz deverá intimar o terceiro adquirente, que, se quiser, poderá opor embargos de terceiro, no prazo de 15 (quinze) dias.	**Art. 593.** Considera-se em fraude de execução a alienação ou oneração de bens: I – quando sobre eles pender ação fundada em direito real; II – quando, ao tempo da alienação ou oneração, corria contra o devedor demanda capaz de reduzi-lo à insolvência; III – nos demais casos expressos em lei.

Os dispositivos ocupam-se das hipóteses da ocorrência de fraude à execução, complementando os casos anteriormente dispostos no CPC/73.

O NCPC busca fixar parâmetros seguros para alcançar o justo equilíbrio entre as garantias do credor, que almeja a satisfação da integralidade de seu crédito e a segurança dos negócios jurídicos firmados, com esteio nas informações averbadas nos registros públicos.

Consoante as lições de Humberto Theodoro Júnior[17], a proposta supera inúmeras questões relacionadas ao regime da fraude à execução, responsáveis por deflagrar tor-

---

17 THEODORO JÚNIOR, Humberto. A execução forçada no projeto do novo código de processo civil. In: ROSSI, Fernando; RAMOS, Glauco Gumerato; GUEDES, Jefferson Carús; DELFINO, Lúcio; MOURÃO, Luiz Eduardo Ribeiro (Coords.). *O futuro do processo civil no Brasil*: uma análise crítica ao projeto do novo CPC. Belo Horizonte: Fórum, 2011, p. 274-275.

mentosas discussões na doutrina e na jurisprudência modernas, em razão da ausência de disposição legal expressa acerca do tema. Tanto é que certos doutrinadores buscavam uma natureza diversa para a indevida alienação do bem penhorado, por não se encontrar regida pelos incisos do artigo 593 do Código anterior.

Elege-se um regime único de ineficácia para todos os atos de alienação que possam afetar a efetividade das condenações judiciais e dos títulos extrajudiciais[18].

Como regra, estatui-se que a ocorrência da fraude encontra-se condicionada ao prévio registro público do bem alienado de forma indevida ou do próprio processo.

Por outro lado, nos casos em que o bem não é sujeito a registro, o § 2º do novo Código atribui ao terceiro adquirente o encargo de evidenciar sua condição de boa-fé, devendo demonstrar que adotou os cuidados necessários para a segurança jurídica da aquisição do bem do devedor. Trata-se de disposição que supera o entendimento sumulado do STJ[19], que confere ao credor o ônus de comprovar o *consilium fraudis* entre o devedor e o adquirente do bem a ser penhorado.

Seguindo a tradição de nosso Direito positivo, o novo Código manteve ainda, entre as situações de fraude à execução, o caso de alienação de bens que, na pendência de demanda, fosse capaz de reduzir o devedor à insolvência (art. 593, II, do CPC/73).

Além disso, o § 4º é uma importante alteração, por homenagear o princípio do contraditório, quando institui, antes mesmo de ser reconhecida eventual fraude à execução, o dever de intimação do terceiro adquirente, para, querendo, ofertar embargos.

Cumpre destacar, ainda, que a configuração da fraude à execução, nas hipóteses de desconsideração da personalidade jurídica, é a partir do momento em que o alienante for citado para o respectivo incidente (art. 792, § 3º). Deste modo, salvaguarda-se o exequente em face de manobras do terceiro para desviar seus bens antes de ser atingido pelo julgamento do incidente em questão.

NOVO CÓDIGO DE PROCESSO CIVIL	CÓDIGO DE PROCESSO CIVIL DE 1973
Art. 793. O exequente que estiver, por direito de retenção, na posse de coisa pertencente ao devedor não poderá promover a execução sobre outros bens senão depois de excutida a coisa que se achar em seu poder.	**Art. 594.** O credor, que estiver, por direito de retenção, na posse de coisa pertencente ao devedor, não poderá promover a execução sobre outros bens senão depois de excutida a coisa que se achar em seu poder.

Trata-se de repetição da disciplina que residia no artigo 594 do CPC/73.

18 THEODORO JUNIOR, Humberto. *Curso de direito processual civil*. v. II. 49. ed. Rio de Janeiro: Forense, 2014, p. 35.

19 Súmula nº 375: *"O reconhecimento da fraude à execução depende do registro da penhora do bem alienado ou da prova de má-fé do terceiro adquirente"*. Corte Especial, julgado em 18/03/2009, DJe 30/03/2009.

NOVO CÓDIGO DE PROCESSO CIVIL	CÓDIGO DE PROCESSO CIVIL DE 1973
Art. 794. O fiador, quando executado, tem o direito de exigir que primeiro sejam executados os bens do devedor situados na mesma comarca, livres e desembargados, indicando-os pormenorizadamente à penhora. § 1º Os bens do fiador ficarão sujeitos à execução se os do devedor, situados na mesma comarca que os seus, forem insuficientes à satisfação do direito do credor.	**Art. 595.** O fiador, quando executado, poderá nomear à penhora bens livres e desembargados do devedor. Os bens do fiador ficarão, porém, sujeitos à execução, se os do devedor forem insuficientes à satisfação do direito do credor.
§ 2º O fiador que pagar a dívida poderá executar o afiançado nos autos do mesmo processo. § 3º O disposto no caput não se aplica se o fiador houver renunciado ao benefício de ordem.	Parágrafo único. O fiador, que pagar a dívida, poderá executar o afiançado nos autos do mesmo processo.

Os dispositivos complementam as regras relacionadas ao "benefício de ordem" do codevedor. Contudo, o § 3º deixa claro que a arguição somente será aplicável se não tiver ocorrido a renúncia desse benefício pelo fiador.

NOVO CÓDIGO DE PROCESSO CIVIL	CÓDIGO DE PROCESSO CIVIL DE 1973
Art. 795. Os bens particulares dos sócios não respondem pelas dívidas da sociedade, senão nos casos previstos em lei. § 1º O sócio réu, quando responsável pelo pagamento da dívida da sociedade, tem o direito de exigir que primeiro sejam excutidos os bens da sociedade. § 2º Incumbe ao sócio que alegar o benefício do § 1º nomear quantos bens da sociedade situados na mesma comarca, livres e desembargados, bastem para pagar o débito. § 3º O sócio que pagar a dívida poderá executar a sociedade nos autos do mesmo processo. § 4º Para a desconsideração da personalidade jurídica é obrigatória a observância do incidente previsto neste Código.	**Art. 596.** Os bens particulares dos sócios não respondem pelas dívidas da sociedade senão nos casos previstos em lei; o sócio, demandado pelo pagamento da dívida, tem direito a exigir que sejam primeiro excutidos os bens da sociedade. § 1º Cumpre ao sócio, que alegar o benefício deste artigo, nomear bens da sociedade, sitos na mesma comarca, livres e desembargados, quantos bastem para pagar o débito. § 2º Aplica-se aos casos deste artigo o disposto no parágrafo único do artigo anterior.

A diretiva dos dispositivos do atual e do *Codex* anterior é a mesma: tratar da penhorabilidade dos bens dos sócios pelas dívidas da sociedade, conforme os casos previstos em lei. O destaque especial ocupa-se do § 4º, por fazer remissão ao novo "incidente de desconsideração da personalidade jurídica", previsão que elucida qualquer dúvida ainda remanescente sobre a aplicabilidade desse instituto no "processo de execução".

NOVO CÓDIGO DE PROCESSO CIVIL	CÓDIGO DE PROCESSO CIVIL DE 1973
Art. 796. O espólio responde pelas dívidas do falecido, mas, feita a partilha, cada herdeiro responde por elas dentro das forças da herança e na proporção da parte que lhe coube.	**Art. 597.** O espólio responde pelas dívidas do falecido; mas, feita a partilha, cada herdeiro responde por elas na proporção da parte que na herança lhe coube.

Sem maiores alterações, os dispositivos reproduzem as regras do artigo 597 do CPC/73, que cuidam da responsabilidade do herdeiro em relação ao passivo do falecido.

NOVO CÓDIGO DE PROCESSO CIVIL	CÓDIGO DE PROCESSO CIVIL DE 1973
TÍTULO II DAS DIVERSAS ESPÉCIES DE EXECUÇÃO CAPÍTULO I DISPOSIÇÕES GERAIS **Art. 797**. Ressalvado o caso de insolvência do devedor, em que tem lugar o concurso universal, realiza-se a execução no interesse do exequente que adquire, pela penhora, o direito de preferência sobre os bens penhorados. Parágrafo único. Recaindo mais de uma penhora sobre o mesmo bem, cada exequente conservará o seu título de preferência.	TÍTULO II DAS DIVERSAS ESPÉCIES DE EXECUÇÃO CAPÍTULO I DAS DISPOSIÇÕES GERAIS **Art. 612.** Ressalvado o caso de insolvência do devedor, em que tem lugar o concurso universal (art. 751, III), realiza-se a execução no interesse do credor, que adquire, pela penhora, o direito de preferência sobre os bens penhorados. **Art. 613**. Recaindo mais de uma penhora sobre os mesmos bens, cada credor conservará o seu título de preferência.

Trata-se de repetição da disciplina que outrora dormitava nos artigos 612 e 613 do Código anterior.

NOVO CÓDIGO DE PROCESSO CIVIL	CÓDIGO DE PROCESSO CIVIL DE 1973
Art. 798. Ao propor a execução, incumbe ao exequente: I - instruir a petição inicial com: a) o título executivo extrajudicial; b) o demonstrativo do débito atualizado até a data de propositura da ação, quando se tratar de execução por quantia certa; c) a prova de que se verificou a condição ou ocorreu o termo, se for o caso; d) a prova, se for o caso, de que adimpliu a contraprestação que lhe corresponde ou que lhe assegura o cumprimento, se o executado não for obrigado a satisfazer a sua prestação senão mediante a contraprestação do exequente;	**Art. 614.** Cumpre ao credor, ao requerer a execução, pedir a citação do devedor e instruir a petição inicial: I - com o título executivo extrajudicial; (Redação dada pela Lei nº 11.382, de 2006). II - com o demonstrativo do débito atualizado até a data da propositura da ação, quando se tratar de execução por quantia certa; (Redação dada pela Lei nº 8.953, de 13.12.1994) III - com a prova de que se verificou a condição, ou ocorreu o termo (art. 572). (Incluído pela Lei nº 8.953, de 13.12.1994)

II - indicar: a) a espécie de execução de sua preferência, quando por mais de um modo puder ser realizada; b) os nomes completos do exequente e do executado e seus números de inscrição no Cadastro de Pessoas Físicas ou no Cadastro Nacional da Pessoa Jurídica; c) os bens suscetíveis de penhora, sempre que possível. Parágrafo único. O demonstrativo do débito deverá conter: I - o índice de correção monetária adotado; II - a taxa de juros aplicada; III - os termos inicial e final de incidência do índice de correção monetária e da taxa de juros utilizados; IV - a periodicidade da capitalização dos juros, se for o caso; V - a especificação de desconto obrigatório realizado.	**Art. 615.** Cumpre ainda ao credor: I – indicar a espécie de execução que prefere, quando por mais de um modo pode ser efetuada; [...] IV – provar que adimpliu a contraprestação, que lhe corresponde, ou que lhe assegura o cumprimento, se o executado não for obrigado a satisfazer a sua prestação senão mediante a contraprestação do credor.

O NCPC repete a exigência do antigo em relação à apresentação de demonstrativo de débito nas execuções de quantia certa. Porém, inova ao trazer à baila, em seu parágrafo único, um rol mínimo de informações que deverão conter no indigitado documento. Merece destaque a inserção expressa destes requisitos, uma vez que contribuem para uma maior celeridade e efetividade do procedimento de execução por quantia certa.

NOVO CÓDIGO DE PROCESSO CIVIL	CÓDIGO DE PROCESSO CIVIL DE 1973
Art. 799. Incumbe ainda ao exequente: I - requerer a intimação do credor pignoratício, hipotecário, anticrético ou fiduciário, quando a penhora recair sobre bens gravados por penhor, hipoteca, anticrese ou alienação fiduciária; II - requerer a intimação do titular de usufruto, uso ou habitação, quando a penhora recair sobre bem gravado por usufruto, uso ou habitação; III - requerer a intimação do promitente comprador, quando a penhora recair sobre bem em relação ao qual haja promessa de compra e venda registrada; IV - requerer a intimação do promitente vendedor, quando a penhora recair sobre direito aquisitivo derivado de promessa de compra e venda registrada;	**Art. 615.** Cumpre ainda ao credor: [...] II – requerer a intimação do credor pignoratício, hipotecário, ou anticrético, ou usufrutuário, quando a penhora recair sobre bens gravados por penhor, hipoteca, anticrese ou usufruto; III – pleitear medidas acautelatórias urgentes; [...]

V - requerer a intimação do superficiário, enfiteuta ou concessionário, em caso de direito de superfície, enfiteuse, concessão de uso especial para fins de moradia ou concessão de direito real de uso, quando a penhora recair sobre imóvel submetido ao regime do direito de superfície, enfiteuse ou concessão; VI - requerer a intimação do proprietário de terreno com regime de direito de superfície, enfiteuse, concessão de uso especial para fins de moradia ou concessão de direito real de uso, quando a penhora recair sobre direitos do superficiário, do enfiteuta ou do concessionário; VII - requerer a intimação da sociedade, no caso de penhora de quota social ou de ação de sociedade anônima fechada, para o fim previsto no art. 876, § 7º; VIII - pleitear, se for o caso, medidas urgentes; IX - proceder à averbação em registro público do ato de propositura da execução e dos atos de constrição realizados, para conhecimento de terceiros.	**Art. 615-A**. O exeqüente poderá, no ato da distribuição, obter certidão comprobatória do ajuizamento da execução, com identificação das partes e valor da causa, para fins de averbação no registro de imóveis, registro de veículos ou registro de outros bens sujeitos à penhora ou arresto. [...]

O artigo 799 do NCPC aperfeiçoa as regras dispostas no artigo 615, II e III, do CPC/73, trazendo novas providências a cargo do exequente, no momento da deflagração da execução.

Dentre as novas medidas encontra-se a necessidade de intimação do promissário-comprador e do promitente-vendedor. Ora, com o crescimento e modernização da economia, a alienação fiduciária de bens imobiliários e mobiliários e o compromisso de compra e venda adquiriram grande relevo, tornando-se os principais mecanismos de garantia, em geral.

Além disso, observou-se que, modernamente, há outros titulares de direito que sofrem risco idêntico de ter sua esfera jurídica atingida por uma execução alheia. Desta forma, o novo Código trouxe o dever de intimação do superficiário, enfiteuta ou concessionário de uso especial para fins de moradia ou de direito real, do proprietário do terreno com regime de direito de superfície, da sociedade, no caso de penhora de quota social, dentre outros destinatários, conforme o caso. Nesse passo, o Código determina ainda que o exequente proceda à averbação em registro público do ajuizamento da execução e de constrições judiciais perpetradas, para conhecimento de terceiros.

Ademais, o novel Código repisa a regra anterior que permite ao exequente requerer medidas urgentes, em havendo necessidade.

Em resumo, a reforma buscou compor essas lacunas, evitando-se dúvidas e incertezas na condução das ações judiciais, tornando a disciplina compatível com a realidade atual.

NOVO CÓDIGO DE PROCESSO CIVIL	CÓDIGO DE PROCESSO CIVIL DE 1973
Art. 800. Nas obrigações alternativas, quando a escolha couber ao devedor, esse será citado para exercer a opção e realizar a prestação dentro de 10 (dez) dias, se outro prazo não lhe foi determinado em lei ou em contrato. § 1º Devolver-se-á ao credor a opção, se o devedor não a exercer no prazo determinado. § 2º A escolha será indicada na petição inicial da execução quando couber ao credor exercê-la.	**Art. 571.** Nas obrigações alternativas, quando a escolha couber ao devedor, este será citado para exercer a opção e realizar a prestação dentro em 10 (dez) dias, se outro prazo não lhe foi determinado em lei, no contrato, ou na sentença. § 1º Devolver-se-á ao credor a opção, se o devedor não a exercitou no prazo marcado. § 2º Se a escolha couber ao credor, este a indicará na petição inicial da execução.

Os dispositivos mantêm, essencialmente, a regra do artigo 571 do CPC/73, no sentido de que haverá a devolução ao credor da escolha da obrigação a ser adimplida, caso o devedor não a exercite no prazo assinado. Quando couber ao credor, a escolha será realizada na exordial executória.

NOVO CÓDIGO DE PROCESSO CIVIL	CÓDIGO DE PROCESSO CIVIL DE 1973
Art. 801. Verificando que a petição inicial está incompleta ou que não está acompanhada dos documentos indispensáveis à propositura da execução, o juiz determinará que o exequente a corrija, no prazo de 15 (quinze) dias, sob pena de indeferimento.	**Art. 616.** Verificando o juiz que a petição inicial está incompleta, ou não se acha acompanhada dos documentos indispensáveis à propositura da execução, determinará que o credor a corrija, no prazo de 10 (dez) dias, sob pena de ser indeferida.

O novo dispositivo repete a redação do antigo artigo 616 do CPC/73, no tocante ao direito à emenda da inicial da ação autônoma de execução, modificando o prazo para 15 (quinze) dias.

NOVO CÓDIGO DE PROCESSO CIVIL	CÓDIGO DE PROCESSO CIVIL DE 1973
Art. 802. Na execução, o despacho que ordena a citação, desde que realizada em observância ao disposto no § 2º do art. 240, interrompe a prescrição, ainda que proferido por juízo incompetente. Parágrafo único. A interrupção da prescrição retroagirá à data de propositura da ação.	**Art. 617.** A propositura da execução, deferida pelo juiz, interrompe a prescrição, mas a citação do devedor deve ser feita com observância do disposto no art. 219.

A nova disciplina termina com a vetusta antinomia do termo *a quo* da interrupção da prescrição, prevendo que o despacho do juiz que ordena a citação é que define o marco interruptivo, desde que o exequente evidencie que adotou todas as cautelas para o cumprimento do ato. De qualquer sorte, determina que a interrupção da prescrição retroagirá à data da propositura da ação.

NOVO CÓDIGO DE PROCESSO CIVIL	CÓDIGO DE PROCESSO CIVIL DE 1973
Art. 803. É nula a execução se: I - o título executivo extrajudicial não corresponder a obrigação certa, líquida e exigível; II - o executado não for regularmente citado; III - for instaurada antes de se verificar a condição ou de ocorrer o termo. Parágrafo único. A nulidade de que cuida este artigo será pronunciada pelo juiz, de ofício ou a requerimento da parte, independentemente de embargos à execução.	**Art. 618.** É nula a execução: I - se o título executivo extrajudicial não corresponder a obrigação certa, líquida e exigível (art. 586); (Redação dada pela Lei nº 11.382, de 2006). II - se o devedor não for regularmente citado; III - se instaurada antes de se verificar a condição ou de ocorrido o termo, nos casos do art. 572.

Não há profundas alterações em relação aos casos de nulidade de execução já consagrados no Código pretérito (art. 618 do CPC/73)

O parágrafo único fixa em lei o que já está consolidado na doutrina (desde Pontes de Miranda)[20] e jurisprudência[21] no sentido do cabimento da exceção (objeção) de pré-executividade para arguir nulidades processuais decorrentes da falta de condições da ação de execução ou ausência de algum pressuposto processual.

Esclarece-se ainda que tais matérias poderão ser declaradas pelo juiz, de ofício, ou a requerimento da parte, sem depender da propositura de embargos.

Em relação ao tema, o Superior Tribunal de Justiça entende que o presente instrumento processual restringe-se às questões de ordem pública e aos casos em que o reconhecimento da nulidade do título puder ser realizado de plano, sem dilação probatória[22].

NOVO CÓDIGO DE PROCESSO CIVIL	CÓDIGO DE PROCESSO CIVIL DE 1973
Art. 804. A alienação de bem gravado por penhor, hipoteca ou anticrese será ineficaz em relação ao credor pignoratício, hipotecário ou anticrético não intimado. § 1º A alienação de bem objeto de promessa de compra e venda ou de cessão registrada será ineficaz em relação ao promitente comprador ou ao cessionário não intimado. § 2º A alienação de bem sobre o qual tenha sido instituído direito de superfície, seja do solo, da plantação ou da construção, será ineficaz em relação ao concedente ou ao concessionário não intimado.	**Art. 619.** A alienação de bem aforado ou gravado por penhor, hipoteca, anticrese ou usufruto será ineficaz em relação ao senhorio direto, ou ao credor pignoratício, hipotecário, anticrético, ou usufrutuário, que não houver sido intimado.

20 NEVES, Daniel Amorim Assumpção. *Manual de direito processual civil*. 5. ed. São Paulo: Método, 2013, p. 1.158.

21 STJ, ADREsp 363.419/SC, Rel. Min. Francisco Falcão, 1ª Turma, DJ 02/12/2002; AGA nº 442.203/SP, Rel. Min. Antônio de Pádua Ribeiro, 3ª Turma, DJ 16/12/2002.

22 STJ, 2ª Turma, AgRg no Ag 1.051.891/SP, Rel. Min. Castro Meira, j. 23/09/2008, DJe 23/10/2008; REsp 575.167/MG, 4ª Turma, Rel. Min. Barros Monteiro, j. 18/05/2004, DJ 30/08/2004, p. 303.

§ 3º A alienação de direito aquisitivo de bem objeto de promessa de venda, de promessa de cessão ou de alienação fiduciária será ineficaz em relação ao promitente vendedor, ao promitente cedente ou ao proprietário fiduciário não intimado. § 4º A alienação de imóvel sobre o qual tenha sido instituída enfiteuse, concessão de uso especial para fins de moradia ou concessão de direito real de uso será ineficaz em relação ao enfiteuta ou ao concessionário não intimado. § 5º A alienação de direitos do enfiteuta, do concessionário de direito real de uso ou do concessionário de uso especial para fins de moradia será ineficaz em relação ao proprietário do respectivo imóvel não intimado. § 6º A alienação de bem sobre o qual tenha sido instituído usufruto, uso ou habitação será ineficaz em relação ao titular desses direitos reais não intimado.	

Profícuo registrar que a redação do novo Código é mais completa, trazendo novas hipóteses, já consagradas na doutrina e na jurisprudência, de alienações tidas como ineficazes, em razão da falta de intimação de terceiro prejudicado. Na espécie, a preocupação do legislador foi de assegurar o prévio conhecimento do credor de direito real em relação à penhora do bem dado em garantia em execução alheia.

NOVO CÓDIGO DE PROCESSO CIVIL	CÓDIGO DE PROCESSO CIVIL DE 1973
Art. 805. Quando por vários meios o exequente puder promover a execução, o juiz mandará que se faça pelo modo menos gravoso para o executado. Parágrafo único. Ao executado que alegar ser a medida executiva mais gravosa incumbe indicar outros meios mais eficazes e menos onerosos, sob pena de manutenção dos atos executivos já determinados.	**Art. 620.** Quando por vários meios o credor puder promover a execução, o juiz mandará que se faça pelo modo menos gravoso para o devedor.

Tal qual a disciplina do artigo 620 do CPC/73, o dispositivo trata do princípio da menor onerosidade, encerrando as disposições gerais das diversas espécies de execução. Destaca-se a nova regra do parágrafo único que outorga ao executado que alegar maior onerosidade, o dever de demonstrar a existência de outros meios também eficazes, sob pena de manutenção dos atos executivos já ordenados pelo Judiciário.

NOVO CÓDIGO DE PROCESSO CIVIL	CÓDIGO DE PROCESSO CIVIL DE 1973
CAPÍTULO II DA EXECUÇÃO PARA A ENTREGA DE COISA **Seção I** **Da Entrega de Coisa Certa** **Art. 806.** O devedor de obrigação de entrega de coisa certa, constante de título executivo extrajudicial, será citado para, em 15 (quinze) dias, satisfazer a obrigação. § 1º Ao despachar a inicial, o juiz poderá fixar multa por dia de atraso no cumprimento da obrigação, ficando o respectivo valor sujeito a alteração, caso se revele insuficiente ou excessivo. § 2º Do mandado de citação constará ordem para imissão na posse ou busca e apreensão, conforme se tratar de bem imóvel ou móvel, cujo cumprimento se dará de imediato, se o executado não satisfizer a obrigação no prazo que lhe foi designado.	CAPÍTULO II DA EXECUÇÃO PARA A ENTREGA DE COISA Seção I Da Entrega de Coisa Certa **Art. 621.** O devedor de obrigação de entrega de coisa certa, constante de título executivo extrajudicial, será citado para, dentro de 10 (dez) dias, satisfazer a obrigação ou, seguro o juízo (art. 737, II), apresentar embargos. (Redação dada pela Lei nº 10.444, de 7.5.2002) Parágrafo único. O juiz, ao despachar a inicial, poderá fixar multa por dia de atraso no cumprimento da obrigação, ficando o respectivo valor sujeito a alteração, caso se revele insuficiente ou excessivo. (Incluído pela Lei nº 10.444, de 7.5.2002)

Manteve-se praticamente a mesma regra. A modificação é vista apenas em relação ao prazo definido para entrega da coisa devida após a citação, sendo, agora, de 15 (quinze) dias. Por seu turno, o § 2º prevê como consequência da ausência de satisfação da obrigação pelo executado a busca e apreensão ou imissão na posse em favor do exequente.

NOVO CÓDIGO DE PROCESSO CIVIL	CÓDIGO DE PROCESSO CIVIL DE 1973
Art. 807. Se o executado entregar a coisa, será lavrado o termo respectivo e considerada satisfeita a obrigação, prosseguindo-se a execução para o pagamento de frutos ou o ressarcimento de prejuízos, se houver.	**Art. 624.** Se o executado entregar a coisa, lavrar-se-á o respectivo termo e dar-se-á por finda a execução, salvo se esta tiver de prosseguir para o pagamento de frutos ou ressarcimento de prejuízos. (Redação dada pela Lei nº 10.444, de 7.5.2002)

Não há alteração substancial no Código vigente em contraste ao pretérito.

NOVO CÓDIGO DE PROCESSO CIVIL	CÓDIGO DE PROCESSO CIVIL DE 1973
Art. 808. Alienada a coisa quando já litigiosa, será expedido mandado contra o terceiro adquirente, que somente será ouvido após depositá-la.	**Art. 626.** Alienada a coisa quando já litigiosa, expedir-se-á mandado contra o terceiro adquirente, que somente será ouvido depois de depositá-la.

Sem alterações.

NOVO CÓDIGO DE PROCESSO CIVIL	CÓDIGO DE PROCESSO CIVIL DE 1973
Art. 809. O exequente tem direito a receber, além de perdas e danos, o valor da coisa, quando essa se deteriorar, não lhe for entregue, não for encontrada ou não for reclamada do poder de terceiro adquirente. § 1º Não constando do título o valor da coisa e sendo impossível sua avaliação, o exequente apresentará estimativa, sujeitando-a ao arbitramento judicial. § 2º Serão apurados em liquidação o valor da coisa e os prejuízos.	**Art. 627.** O credor tem direito a receber, além de perdas e danos, o valor da coisa, quando esta não lhe for entregue, se deteriorou, não for encontrada ou não for reclamada do poder de terceiro adquirente. § 1º Não constando do título o valor da coisa, ou sendo impossível a sua avaliação, o exeqüente far-lhe-á a estimativa, sujeitando-se ao arbitramento judicial. (Redação dada pela Lei nº 10.444, de 7.5.2002) § 2º Serão apurados em liquidação o valor da coisa e os prejuízos. (Redação dada pela Lei nº 10.444, de 7.5.2002)

Mera reprodução da regra prevista no artigo 627 do CPC/73, que possibilita ao exequente pleitear, além das perdas e danos, o valor da coisa, de modo que tudo será apurado em liquidação.

NOVO CÓDIGO DE PROCESSO CIVIL	CÓDIGO DE PROCESSO CIVIL DE 1973
Art. 810. Havendo benfeitorias indenizáveis feitas na coisa pelo executado ou por terceiros de cujo poder ela houver sido tirada, a liquidação prévia é obrigatória. Parágrafo único. Havendo saldo: I - em favor do executado ou de terceiros, o exequente o depositará ao requerer a entrega da coisa; II - em favor do exequente, esse poderá cobrá-lo nos autos do mesmo processo.	**Art. 628.** Havendo benfeitorias indenizáveis feitas na coisa pelo devedor ou por terceiros, de cujo poder ela houver sido tirada, a liquidação prévia é obrigatória. Se houver saldo em favor do devedor, o credor o depositará ao requerer a entrega da coisa; se houver saldo em favor do credor, este poderá cobrá-lo nos autos do mesmo processo.

Com algumas adaptações textuais, houve a manutenção das mesmas regras, em relação à liquidação incidental das benfeitorias indenizáveis.

NOVO CÓDIGO DE PROCESSO CIVIL	CÓDIGO DE PROCESSO CIVIL DE 1973
Seção II **Da Entrega de Coisa Incerta** **Art. 811.** Quando a execução recair sobre coisa determinada pelo gênero e pela quantidade, o executado será citado para entregá-la individualizada, se lhe couber a escolha. Parágrafo único. Se a escolha couber ao exequente, esse deverá indicá-la na petição inicial.	Seção II Da Entrega de Coisa Incerta **Art. 629.** Quando a execução recair sobre coisas determinadas pelo gênero e quantidade, o devedor será citado para entregá-las individualizadas, se lhe couber a escolha; mas se essa couber ao credor, este a indicará na petição inicial.

Repetição do anterior artigo 629 do CPC/73, que elucida as disposições gerais do procedimento estabelecido para a entrega de coisa incerta.

NOVO CÓDIGO DE PROCESSO CIVIL	CÓDIGO DE PROCESSO CIVIL DE 1973
Art. 812. Qualquer das partes poderá, no prazo de 15 (quinze) dias, impugnar a escolha feita pela outra, e o juiz decidirá de plano ou, se necessário, ouvindo perito de sua nomeação.	**Art. 630.** Qualquer das partes poderá, em 48 (quarenta e oito) horas, impugnar a escolha feita pela outra, e o juiz decidirá de plano, ou, se necessário, ouvindo perito de sua nomeação.

O novo Código amplia o prazo de impugnação, à escolha da coisa feita pela outra parte, para 15 (quinze) dias.

NOVO CÓDIGO DE PROCESSO CIVIL	CÓDIGO DE PROCESSO CIVIL DE 1973
Art. 813. Aplicar-se-ão à execução para entrega de coisa incerta, no que couber, as disposições da Seção I deste Capítulo.	**Art. 631.** Aplicar-se-á à execução para entrega de coisa incerta o estatuído na seção anterior.

Sem inovações em relação ao artigo 631 do CPC/73, o NCPC dispõe que, feita a escolha, hão de ser observadas as disposições da execução para entrega de coisa certa.

NOTAS AOS ARTIGOS 814 A 909

Roger Rodrigues Lippi

NOVO CÓDIGO DE PROCESSO CIVIL	CÓDIGO DE PROCESSO CIVIL DE 1973
CAPÍTULO III DA EXECUÇÃO DAS OBRIGAÇÕES DE FAZER OU DE NÃO FAZER **Seção I** **Disposições Comuns** **Art. 814.** Na execução de obrigação de fazer ou de não fazer fundada em título extrajudicial, ao despachar a inicial, o juiz fixará multa por período de atraso no cumprimento da obrigação e a data a partir da qual será devida. Parágrafo único. Se o valor da multa estiver previsto no título e for excessivo, o juiz poderá reduzi-lo.	Seção III Das Disposições Comuns às Seções Precedentes **Art. 645.** Na execução de obrigação de fazer ou não fazer, fundada em título extrajudicial, o juiz, ao despachar a inicial, fixará multa por dia de atraso no cumprimento da obrigação e a data a partir da qual será devida. (Redação dada pela Lei nº 8.953, de 13.12.1994) Parágrafo único. Se o valor da multa estiver previsto no título, o juiz poderá reduzi-lo se excessivo. (Incluído pela Lei nº 8.953, de 13.12.1994)

A redação do novo diploma quase repete na íntegra a redação do CPC/73, fazendo uma única alteração no *caput* no que tange ao marco temporal para a aplicação das *astreintes*[1], substituindo a palavra "dia" para uma com significado mais abrangente que é "período".

Assim sendo, verifica-se que, no novo Código, repete-se a possibilidade de aplicação de multa como meio coercitivo para compelir o executado a cumprir a condenação nas obrigações de fazer e não fazer, privilegiando o princípio da eficiência.

No que tange ao parágrafo único do referido artigo, não houve qualquer alteração, continuando a permissão para alteração pelo juiz do valor da multa prevista no título executivo se excessivo.

---

1 As *astreintes* têm natureza jurídica de pena privada (*peine privée*) e podem ser concedidas de ofício pelo juiz, para assegurar a efetiva execução de sua decisão. NERY JUNIOR, Nelson. *Código de processo civil comentado*. 11. ed. rev., ampl. e atual. São Paulo: Revista dos Tribunais, 2012, p. 1.065.

NOVO CÓDIGO DE PROCESSO CIVIL	CÓDIGO DE PROCESSO CIVIL DE 1973
Seção II **Da Obrigação de Fazer**	Seção I Da Obrigação de Fazer
Art. 815. Quando o objeto da execução for obrigação de fazer, o executado será citado para satisfazê-la no prazo que o juiz lhe designar, se outro não estiver determinado no título executivo.	**Art. 632.** Quando o objeto da execução for obrigação de fazer, o devedor será citado para satisfazê-la no prazo que o juiz lhe assinar, se outro não estiver determinado no título executivo. (Redação dada pela Lei nº 8.953, de 13.12.1994)

O novo Código de Processo Civil substancialmente não inova nesse dispositivo, alterando apenas as expressões "devedor" por "executado" e, "assinar" por "designar", sem que acarrete grande mudança interpretativa.

O legislador no novo Código manteve a diretriz de não estabelecer um prazo legal para o cumprimento da obrigação, deixando ao arbítrio do juiz se não estiver previsto no título executivo.

Nesse compasso, interessante o entendimento sumulado pelo Superior Tribunal de Justiça em seu verbete nº 410: *"A prévia intimação pessoal do devedor constitui condição necessária para a cobrança da multa pelo descumprimento de obrigação de fazer ou não fazer."*

NOVO CÓDIGO DE PROCESSO CIVIL	CÓDIGO DE PROCESSO CIVIL DE 1973
Art. 816. Se o executado não satisfizer a obrigação no prazo designado, é lícito ao exequente, nos próprios autos do processo, requerer a satisfação da obrigação à custa do executado ou perdas e danos, hipótese em que se converterá em indenização. Parágrafo único. O valor das perdas e danos será apurado em liquidação, seguindo-se a execução para cobrança de quantia certa.	**Art. 633.** Se, no prazo fixado, o devedor não satisfizer a obrigação, é lícito ao credor, nos próprios autos do processo, requerer que ela seja executada à custa do devedor, ou haver perdas e danos; caso em que ela se converte em indenização. Parágrafo único. O valor das perdas e danos será apurado em liquidação, seguindo-se a execução para cobrança de quantia certa.

No que se refere ao *caput* dos dispositivos em apreço não se verifica nenhuma alteração que modifique de forma substancial a regra, aperfeiçoando as disposições com a substituição de "devedor" por "executado" e "credor" por "exequente", já que nem sempre o devedor será o executado e o credor, o exequente, de acordo com as disposições sobre legitimidade na execução.

Se não for cumprida a obrigação, poderá a mesma ser satisfeita por intermédio de terceiros, ou haver a sua conversão automática em perdas e danos[2].

Quanto ao parágrafo único, não houve qualquer alteração.

---

2 BUENO, Cassio Scarpinella. *Projeto e novo código de processo civil comparados e anotados.* São Paulo: Saraiva, 2014, p. 210.

NOVO CÓDIGO DE PROCESSO CIVIL	CÓDIGO DE PROCESSO CIVIL DE 1973
Art. 817. Se a obrigação puder ser satisfeita por terceiro, é lícito ao juiz autorizar, a requerimento do exequente, que aquele a satisfaça à custa do executado. Parágrafo único. O exequente adiantará as quantias previstas na proposta que, ouvidas as partes, o juiz houver aprovado.	**Art. 634.** Se o fato puder ser prestado por terceiro, é lícito ao juiz, a requerimento do exeqüente, decidir que aquele o realize à custa do executado. (Redação dada pela Lei nº 11.382, de 2006). Parágrafo único. O exeqüente adiantará as quantias previstas na proposta que, ouvidas as partes, o juiz houver aprovado. (Redação dada pela Lei nº 11.382, de 2006).

O artigo em comento repete quase que literalmente a redação do artigo 634 do CPC/73, alterando o legislador palavras por outras sinônimas, em aparente busca de um rigor técnico.

A norma prevê o cumprimento de obrigação de fazer ou não fazer por terceiro, sempre que autorizado pelo juiz, e às expensas do executado.

Importante salientar, quanto à aprovação da proposta pelo credor, o fato de que o juiz deverá levar em consideração o princípio segundo o qual se faz a execução da forma menos gravosa para o executado, evitando assim abusos por parte do exequente[3].

NOVO CÓDIGO DE PROCESSO CIVIL	CÓDIGO DE PROCESSO CIVIL DE 1973
Art. 818. Realizada a prestação, o juiz ouvirá as partes no prazo de 10 (dez) dias e, não havendo impugnação, considerará satisfeita a obrigação. Parágrafo único. Caso haja impugnação, o juiz a decidirá.	**Art. 635.** Prestado o fato, o juiz ouvirá as partes no prazo de 10 (dez) dias; não havendo impugnação, dará por cumprida a obrigação; em caso contrário, decidirá a impugnação.

O NCPC faz mera repetição do dispositivo do CPC/73, sem nada inovar, inclusive repetindo o prazo de 10 (dez) dias.

NOVO CÓDIGO DE PROCESSO CIVIL	CÓDIGO DE PROCESSO CIVIL DE 1973
Art. 819. Se o terceiro contratado não realizar a prestação no prazo ou se o fizer de modo incompleto ou defeituoso, poderá o exequente requerer ao juiz, no prazo de 15 (quinze) dias, que o autorize a concluí-la ou a repará-la à custa do contratante. Parágrafo único. Ouvido o contratante no prazo de 15 (quinze) dias, o juiz mandará avaliar o custo das despesas necessárias e o condenará a pagá-lo.	**Art. 636.** Se o contratante não prestar o fato no prazo, ou se o praticar de modo incompleto ou defeituoso, poderá o credor requerer ao juiz, no prazo de 10 (dez) dias, que o autorize a concluí-lo, ou a repará-lo, por conta do contratante. Parágrafo único. Ouvido o contratante no prazo de 5 (cinco) dias, o juiz mandará avaliar o custo das despesas necessárias e condenará o contratante a pagá-lo.

3 DIDIER JR., Fredie. *Curso de direito processual civil*: Execução. v. 5. 4. ed. Salvador: Juspodivm, 2012, p. 56.

O artigo 819 do NCPC traz apenas alterações redacionais sem influir substancialmente na norma do dispositivo correspondente do CPC/73, contudo amplia o prazo de 10 (dez) para 15 (quinze) dias, demonstrando mais uma vez a tentativa do legislador do novo Código de uniformizar os prazos para a prática de atos processuais a cargo das partes para 15 dias.

No que se refere ao parágrafo único, o novo Código alarga ainda mais o prazo, passando de 5 (cinco) dias, da redação do CPC/73, para o prazo de 15 (quinze) dias, indicando mais uma vez a manifesta vontade do legislador em unificar os prazos.

NOVO CÓDIGO DE PROCESSO CIVIL	CÓDIGO DE PROCESSO CIVIL DE 1973
Art. 820. Se o exequente quiser executar ou mandar executar, sob sua direção e vigilância, as obras e os trabalhos necessários à realização da prestação, terá preferência, em igualdade de condições de oferta, em relação ao terceiro. Parágrafo único. O direito de preferência deverá ser exercido no prazo de 5 (cinco) dias, após aprovada a proposta do terceiro.	**Art. 637.** Se o credor quiser executar, ou mandar executar, sob sua direção e vigilância, as obras e trabalhos necessários à prestação do fato, terá preferência, em igualdade de condições de oferta, ao terceiro. Parágrafo único. O direito de preferência será exercido no prazo de 5 (cinco) dias, contados da apresentação da proposta pelo terceiro (art. 634, parágrafo único). (Redação dada pela Lei nº 11.382, de 2006).

Houve mera mudança redacional no *caput*, sem alterar o conteúdo da norma prevista no CPC/73.

No parágrafo único, o legislador, diferentemente do que fez em dispositivos anteriores, não modificou o prazo, mantendo-o em 5 (cinco) dias, alterando todavia o marco inicial da contagem, que no CPC/73 é da apresentação da proposta pelo terceiro, enquanto no novo diploma passou para o momento após a aprovação da proposta do terceiro.

O artigo em análise faz alusão ao direito de preferência, que se dá pela possibilidade de o credor realizar a obrigação ou mandar executá-la, em caso de o executado não prestar a obrigação ou fazê-la de modo incompleto ou defeituoso, desde que seja realizada em igualdade de condições, privilegiando, assim, a execução da forma menos gravosa para o executado.

NOVO CÓDIGO DE PROCESSO CIVIL	CÓDIGO DE PROCESSO CIVIL DE 1973
Art. 821. Na obrigação de fazer, quando se convencionar que o executado a satisfaça pessoalmente, o exequente poderá requerer ao juiz que lhe assine prazo para cumpri-la. Parágrafo único. Havendo recusa ou mora do executado, sua obrigação pessoal será convertida em perdas e danos, caso em que se observará o procedimento de execução por quantia certa.	**Art. 638.** Nas obrigações de fazer, quando for convencionado que o devedor a faça pessoalmente, o credor poderá requerer ao juiz que lhe assine prazo para cumpri-la. Parágrafo único. Havendo recusa ou mora do devedor, a obrigação pessoal do devedor converter-se-á em perdas e danos, aplicando-se outrossim o disposto no art. 633.

Houve alteração meramente redacional, modificando certas palavras por sinônimos. Neste ponto o NCPC não inovou, tratando-se de mera repetição do artigo 638 do CPC/73.

O dispositivo em tela regula a execução de obrigação personalíssima (*intuitu personae*), em que se especifica quem está incumbido de realizar a obrigação, não se admitindo nesse caso que terceiro possa realizar a obrigação pela qualidade especial personalíssima, logo intransmissível.

NOVO CÓDIGO DE PROCESSO CIVIL	CÓDIGO DE PROCESSO CIVIL DE 1973
Seção III **Da Obrigação de Não Fazer** **Art. 822.** Se o executado praticou ato a cuja abstenção estava obrigado por lei ou por contrato, o exequente requererá ao juiz que assine prazo ao executado para desfazê-lo.	Seção II Da Obrigação de Não Fazer **Art. 642.** Se o devedor praticou o ato, a cuja abstenção estava obrigado pela lei ou pelo contrato, o credor requererá ao juiz que lhe assine prazo para desfazê-lo.

Com mera alteração redacional de "devedor" para "executado", o novo dispositivo mantém incólume o disposto do artigo 642 do CPC/73.

NOVO CÓDIGO DE PROCESSO CIVIL	CÓDIGO DE PROCESSO CIVIL DE 1973
Art. 823. Havendo recusa ou mora do executado, o exequente requererá ao juiz que mande desfazer o ato à custa daquele, que responderá por perdas e danos. Parágrafo único. Não sendo possível desfazer-se o ato, a obrigação resolve-se em perdas e danos, caso em que, após a liquidação, se observará o procedimento de execução por quantia certa.	**Art. 643.** Havendo recusa ou mora do devedor, o credor requererá ao juiz que mande desfazer o ato à sua custa, respondendo o devedor por perdas e danos. Parágrafo único. Não sendo possível desfazer-se o ato, a obrigação resolve-se em perdas e danos.

Houve mera alteração redacional, aperfeiçoando-se a técnica legislativa ao substituir "devedor" por "executado" no *caput* do artigo em comento.

Quanto ao parágrafo único, manteve-se a previsão para o caso de impossibilidade de se desfazer o ato, que se resolve em perdas e danos, acrescentando-se, contudo, que, nesta hipótese, deverá ser feita a liquidação dos valores, observando sua execução os ditames do procedimento de execução por quantia certa.

NOVO CÓDIGO DE PROCESSO CIVIL	CÓDIGO DE PROCESSO CIVIL DE 1973
CAPÍTULO IV DA EXECUÇÃO POR QUANTIA CERTA **Seção I** **Disposições Gerais** **Art. 824.** A execução por quantia certa realiza-se pela expropriação de bens do executado, ressalvadas as execuções especiais.	CAPÍTULO IV DA EXECUÇÃO POR QUANTIA CERTA CONTRA DEVEDOR SOLVENTE Seção I Da Penhora, da Avaliação e da Expropriação de Bens (Redação dada pela Lei nº 11.382, de 2006). Subseção I Das Disposições Gerais **Art. 646.** A execução por quantia certa tem por objeto expropriar bens do devedor, a fim de satisfazer o direito do credor (art. 591).

A primeira parte do *caput* do artigo em apreço repete a regra do artigo 646 do CPC/73, anunciando que a execução por quantia certa encontra sua *ratio* em expropriar bens do executado para a satisfação do exequente.

Todavia, a mudança ocorre na parte final do dispositivo, que ressalva as execuções especiais na modalidade de quantia certa, como, por exemplo, as execuções de alimentos, as execuções em face da Fazenda Pública, bem como as demais que objetivam receber quantia.

NOVO CÓDIGO DE PROCESSO CIVIL	CÓDIGO DE PROCESSO CIVIL DE 1973
Art. 825. A expropriação consiste em: I - adjudicação; II - alienação; III - apropriação de frutos e rendimentos de empresa ou de estabelecimentos e de outros bens.	**Art. 647.** A expropriação consiste: I - na adjudicação em favor do exeqüente ou das pessoas indicadas no § 2º do art. 685-A desta Lei; (Redação dada pela Lei nº 11.382, de 2006). II - na alienação por iniciativa particular; (Redação dada pela Lei nº 11.382, de 2006). III - na alienação em hasta pública; (Redação dada pela Lei nº 11.382, de 2006). IV - no usufruto de bem móvel ou imóvel. (Incluído pela Lei nº 11.382, de 2006).

Sendo certo que a finalidade da execução consiste na expropriação dos bens do executado para satisfazer o crédito do exequente, o NCPC apresenta, assim como o CPC/73, um rol de modalidades de expropriação, contudo realizando algumas alterações, diminuindo o número de hipóteses dos incisos de quatro para três.

No inciso I do artigo 825, mantém-se a adjudicação como forma de expropriação, todavia limita-se apenas a indicar a expressão "adjudicação", suprimindo a remissão feita pelo CPC/73 ao artigo 685-A.

No inciso II, mantém-se a alienação como método de expropriação, suprimindo a expressão "por iniciativa particular", para indicar que a forma de alienação poderá ser pública ou particular. Assim, o dispositivo abrange as duas formas possíveis de alienação, aquela realizada por iniciativa das partes, quando indicam a pessoa interessada em adquirir o bem penhorado, e a hasta pública.

No inciso III do artigo em comento há previsão expressa de expropriação de frutos e rendimentos de empresa ou estabelecimento e de outros bens da empresa ou estabelecimento.

NOVO CÓDIGO DE PROCESSO CIVIL	CÓDIGO DE PROCESSO CIVIL DE 1973
Art. 826. Antes de adjudicados ou alienados os bens, o executado pode, a todo tempo, remir a execução, pagando ou consignando a importância atualizada da dívida, acrescida de juros, custas e honorários advocatícios.	**Art. 651.** Antes de adjudicados ou alienados os bens, pode o executado, a todo tempo, remir a execução, pagando ou consignando a importância atualizada da dívida, mais juros, custas e honorários advocatícios. (Redação dada pela Lei nº 11.382, de 2006).

Repete-se a regra do CPC/73, melhorando um pouco sua redação sem alterar expressões. Trata-se do direito de remição do executado, ou seja, pode o executado remir a execução pagando ou consignando a importância atualizada da dívida, mais custas e honorários advocatícios.

Assim, remição é o resgate do bem objeto da execução, realizado pela forma de recompra da coisa já vendida para garantir o credor, depositando-se o preço pelo qual o bem foi arrematado, tendo sempre preferência quem remiu. O objetivo deste instituto é fazer com que o bem remido fique no patrimônio da família, livrando-o de ser novamente constrito pela mesma dívida[4].

NOVO CÓDIGO DE PROCESSO CIVIL	CÓDIGO DE PROCESSO CIVIL DE 1973
Seção II **Da Citação do Devedor e do Arresto** **Art. 827.** Ao despachar a inicial, o juiz fixará, de plano, os honorários advocatícios de dez por cento, a serem pagos pelo executado. § 1º No caso de integral pagamento no prazo de 3 (três) dias, o valor dos honorários advocatícios será reduzido pela metade. § 2º O valor dos honorários poderá ser elevado até vinte por cento, quando rejeitados os embargos à execução, podendo a majoração, caso não opostos os embargos, ocorrer ao final do procedimento executivo, levando-se em conta o trabalho realizado pelo advogado do exequente.	**Art. 652-A.** Ao despachar a inicial, o juiz fixará, de plano, os honorários de advogado a serem pagos pelo executado (art. 20, § 4º). (Incluído pela Lei nº 11.382, de 2006). Parágrafo único. No caso de integral pagamento no prazo de 3 (três) dias, a verba honorária será reduzida pela metade. (Incluído pela Lei nº 11.382, de 2006).

4 NERY JUNIOR, Nelson. *Código de processo civil comentado e legislação extravagante*. 11. ed. São Paulo: Revista dos Tribunais, 2010, p. 1.074.

No que tange ao *caput*, o novo Código faz interessante modificação, trazendo de forma expressa o valor a ser fixado pelo juiz aos honorários advocatícios pagos pelo executado no montante legal de 10% (dez por cento), diferenciando-se da regra vigente que não estipula um valor legal, expondo apenas parâmetros para estipulação pelo juízo.

O parágrafo primeiro do artigo em comento reproduz quase que na íntegra o conteúdo do parágrafo único do artigo 652-A, incluindo, contudo, um prazo para o marco inicial da contagem dos 3 (três) dias, qual seja a juntada do mandado aos autos, que assim acarretará o pagamento reduzido à metade das verbas honorárias devidas.

O parágrafo segundo inova totalmente o ordenamento jurídico processual, não tendo correspondente legal no CPC/73, e ocupa-se da hipótese de rejeição de embargos ou não oposição destes, motivo pelo qual poderão os honorários ser majorados até 20% (vinte por cento), observando sempre o trabalho desempenhado pelo profissional[5].

NOVO CÓDIGO DE PROCESSO CIVIL	CÓDIGO DE PROCESSO CIVIL DE 1973
Art. 828. O exequente poderá obter certidão de que a execução foi admitida pelo juiz, com identificação das partes e do valor da causa, para fins de averbação no registro de imóveis, de veículos ou de outros bens sujeitos a penhora, arresto ou indisponibilidade. § 1° No prazo de 10 (dez) dias de sua concretização, o exequente deverá comunicar ao juízo as averbações efetivadas. § 2° Formalizada penhora sobre bens suficientes para cobrir o valor da dívida, o exequente providenciará, no prazo de 10 (dez) dias, o cancelamento das averbações relativas àqueles não penhorados. § 3° O juiz determinará o cancelamento das averbações, de ofício ou a requerimento, caso o exequente não o faça no prazo. § 4° Presume-se em fraude à execução a alienação ou a oneração de bens efetuada após a averbação. § 5° O exequente que promover averbação manifestamente indevida ou não cancelar as averbações nos termos do § 2° indenizará a parte contrária, processando-se o incidente em autos apartados.	**Art. 615-A.** O exeqüente poderá, no ato da distribuição, obter certidão comprobatória do ajuizamento da execução, com identificação das partes e valor da causa, para fins de averbação no registro de imóveis, registro de veículos ou registro de outros bens sujeitos à penhora ou arresto. (Incluído pela Lei nº 11.382, de 2006). § 1° O exeqüente deverá comunicar ao juízo as averbações efetivadas, no prazo de 10 (dez) dias de sua concretização. (Incluído pela Lei nº 11.382, de 2006). § 2° Formalizada penhora sobre bens suficientes para cobrir o valor da dívida, será determinado o cancelamento das averbações de que trata este artigo relativas àqueles que não tenham sido penhorados. (Incluído pela Lei nº 11.382, de 2006). § 3° Presume-se em fraude à execução a alienação ou oneração de bens efetuada após a averbação (art. 593). (Incluído pela Lei nº 11.382, de 2006). § 4° O exeqüente que promover averbação manifestamente indevida indenizará a parte contrária, nos termos do § 2° do art. 18 desta Lei, processando-se o incidente em autos apartados. (Incluído pela Lei nº 11.382, de 2006). § 5° Os tribunais poderão expedir instruções sobre o cumprimento deste artigo. (Incluído pela Lei nº 11.382, de 2006).

5 BUENO, Cassio Scarpinella. *Projeto e novo código de processo civil comparados e anotados*. 1. ed. São Paulo: Saraiva, 2014, p. 393.

No NCPC, o *caput* do artigo 828 altera o marco inicial para a obtenção da certidão de comprovação da execução, que passa a ser do momento em que a execução é admitida pelo juiz, diferentemente do que prevê o CPC/73, em que a certidão pode ser obtida no momento da distribuição da execução[6].

Ainda no *caput*, ampliam-se as possibilidades de averbação da certidão, que além das já previstas no CPC/73, inclui a hipótese de se averbar a certidão para bens que possam se tornar indisponíveis.

Em relação ao parágrafo primeiro do artigo em tela, não há modificação de seu conteúdo, mantendo-se o prazo de 10 (dez) dias, alterando apenas a ordem redacional.

Já o parágrafo segundo inova, apresentando um prazo legal de 10 (dez) dias para o exequente providenciar o cancelamento das averbações dos bens que não forem necessários para suportar a execução. Neste sentido, aduz ainda o legislador que poderá o juiz de ofício providenciar o cancelamento das averbações, diferentemente do que prevê o CPC/73, que nesse aspecto é silente.

O parágrafo terceiro reproduz literalmente o conteúdo do mesmo parágrafo do artigo 615-A do CPC/73.

No que se refere ao parágrafo quarto, há também importante modificação pelo legislador, que, além da hipótese de averbação manifestamente indevida, acrescentou a falta do cancelamento da averbação desnecessária como fato gerador de indenização à parte contrária, o que não prevê o CPC/73, contudo se manteve o incidente com processamento em apartado.

O legislador do NCPC suprimiu integralmente o conteúdo do parágrafo quinto do artigo 615-A do CPC/73, não autorizando mais aos tribunais expedir instruções sobre a matéria tratada neste artigo.

Em suma, a nova legislação aperfeiçoa o que já dispõe o artigo 615-A do CPC/73, mantendo a certidão comprobatória da execução, objetivando evitar fraudes à execução.

NOVO CÓDIGO DE PROCESSO CIVIL	CÓDIGO DE PROCESSO CIVIL DE 1973
Art. 829. O executado será citado para pagar a dívida no prazo de 3 (três) dias, contado da citação. § 1º Do mandado de citação constarão, também, a ordem de penhora e a avaliação a serem cumpridas pelo oficial de justiça tão logo verificado o não pagamento no prazo assinalado, de tudo lavrando-se auto, com intimação do executado.	Subseção II Da Citação do Devedor e da Indicação de Bens (Redação dada pela Lei nº 11.382, de 2006). **Art. 652.** O executado será citado para, no prazo de 3 (três) dias, efetuar o pagamento da dívida. (Redação dada pela Lei nº 11.382, de 2006). § 1º Não efetuado o pagamento, munido da segunda via do mandado, o oficial de justiça procederá de imediato à penhora de bens e a sua avaliação, lavrando-se o respectivo auto e de tais atos intimando, na mesma oportunidade, o executado. (Redação dada pela Lei nº 11.382, de 2006). § 2º O credor poderá, na inicial da execução, indicar bens a serem penhorados (art. 655). (Redação dada pela Lei nº 11.382, de 2006).

6 NERY JUNIOR, Nelson. *Código de processo civil comentado*. 10. ed. rev., ampl. e atual. São Paulo: Revista dos Tribunais, 2007, p. 1.012.

§ 2º A penhora recairá sobre os bens indicados pelo exequente, salvo se outros forem indicados pelo executado e aceitos pelo juiz, mediante demonstração de que a constrição proposta lhe será menos onerosa e não trará prejuízo ao exequente.	§ 3º O juiz poderá, de ofício ou a requerimento do exeqüente, determinar, a qualquer tempo, a intimação do executado para indicar bens passíveis de penhora. (Incluído pela Lei nº 11.382, de 2006). § 4º A intimação do executado far-se-á na pessoa de seu advogado; não o tendo, será intimado pessoalmente. (Incluído pela Lei nº 11.382, de 2006). § 5º Se não localizar o executado para intimá-lo da penhora, o oficial certificará detalhadamente as diligências realizadas, caso em que o juiz poderá dispensar a intimação ou determinará novas diligências. (Incluído pela Lei nº 11.382, de 2006).

No que tange ao *caput* do artigo 827, o novo Código faz uma alteração redacional mantendo o prazo de 3 (três) dias, e deixando mais claro o marco inicial da contagem do prazo que é a partir da citação, o que não ocorre na redação do CPC/73.

A redação da nova legislação reduz para dois parágrafos o que é tratado pelo Código anterior em cinco parágrafos. Verificando-se que não foi realizado o pagamento, deverá de imediato ser feita a penhora e dela deve-se intimar o executado.

Já o segundo parágrafo prevê a possibilidade de se substituir a penhora por requerimento do executado, desde que demonstre que a substituição seja para ele menos gravosa, sem contudo prejudicar a efetividade da execução.

NOVO CÓDIGO DE PROCESSO CIVIL	CÓDIGO DE PROCESSO CIVIL DE 1973
Art. 830. Se o oficial de justiça não encontrar o executado, arrestar-lhe-á tantos bens quantos bastem para garantir a execução. § 1º Nos 10 (dez) dias seguintes à efetivação do arresto, o oficial de justiça procurará o executado 2 (duas) vezes em dias distintos e, havendo suspeita de ocultação, realizará a citação com hora certa, certificando pormenorizadamente o ocorrido. § 2º Incumbe ao exequente requerer a citação por edital, uma vez frustradas a pessoal e a com hora certa. § 3º Aperfeiçoada a citação e transcorrido o prazo de pagamento, o arresto converter-se-á em penhora, independentemente de termo.	**Art. 653.** O oficial de justiça, não encontrando o devedor, arrestar-lhe-á tantos bens quantos bastem para garantir a execução. Parágrafo único. Nos 10 (dez) dias seguintes à efetivação do arresto, o oficial de justiça procurará o devedor três vezes em dias distintos; não o encontrando, certificará o ocorrido. **Art. 654.** Compete ao credor, dentro de 10 (dez) dias, contados da data em que foi intimado do arresto a que se refere o parágrafo único do artigo anterior, requerer a citação por edital do devedor. Findo o prazo do edital, terá o devedor o prazo a que se refere o art. 652, convertendo-se o arresto em penhora em caso de não-pagamento.

O artigo 830 do NCPC, em seu parágrafo primeiro, mantém o raciocínio procedimental do parágrafo único do artigo 653 do CPC/73, realizando pontuais alterações no que tange ao fato de reduzir as investidas do oficial de justiça de 3 (três) para 2 (duas) vezes mantendo-se dias distintos, e acrescentando na parte final do dispositivo que se verificar a suspeita de ocultação realizará a citação ficta por hora certa[7].

O parágrafo segundo do artigo em tela reproduz o teor do artigo 654 do CPC/73, sobre a realização da citação por edital, e o parágrafo terceiro, sendo um desdobramento do artigo 654, trata da conversão de arresto em penhora após aperfeiçoada a citação e transcorrido o prazo para pagamento.

NOVO CÓDIGO DE PROCESSO CIVIL	CÓDIGO DE PROCESSO CIVIL DE 1973
Seção III **Da Penhora, do Depósito e da Avaliação** **Subseção I** **Do Objeto da Penhora** **Art. 831.** A penhora deverá recair sobre tantos bens quantos bastem para o pagamento do principal atualizado, dos juros, das custas e dos honorários advocatícios.	Subseção III Da Penhora e do Depósito **Art. 659.** A penhora deverá incidir em tantos bens quantos bastem para o pagamento do principal atualizado, juros, custas e honorários advocatícios. (Redação dada pela Lei nº 11.382, de 2006). [...]

A redação do novo diploma repete na integra a redação do *caput* do artigo 659 do CPC/73. Entretanto, o CPC/73 traz, em seu bojo, outros seis parágrafos que tratam da penhora e do depósito, o que não foi oportunamente abarcado pelo legislador no novo Código, que preferiu tratar as matérias ali relacionadas em outros artigos e parágrafos autônomos.

NOVO CÓDIGO DE PROCESSO CIVIL	CÓDIGO DE PROCESSO CIVIL DE 1973
Art. 832. Não estão sujeitos à execução os bens que a lei considera impenhoráveis ou inalienáveis.	**Art. 648.** Não estão sujeitos à execução os bens que a lei considera impenhoráveis ou inalienáveis.

A redação deste artigo repete na íntegra o disposto no *caput* do artigo 648 do CPC/73, que indica a impossibilidade de se sujeitar à execução os bens considerados impenhoráveis ou inalienáveis.

7 BUENO, Cassio Scarpinella. *Projeto e novo código de processo civil comparados e anotados*. 1. ed. São Paulo: Saraiva, 2014.

NOVO CÓDIGO DE PROCESSO CIVIL	CÓDIGO DE PROCESSO CIVIL DE 1973
Art. 833. São impenhoráveis: I - os bens inalienáveis e os declarados, por ato voluntário, não sujeitos à execução; II - os móveis, os pertences e as utilidades domésticas que guarnecem a residência do executado, salvo os de elevado valor ou os que ultrapassem as necessidades comuns correspondentes a um médio padrão de vida; III - os vestuários, bem como os pertences de uso pessoal do executado, salvo se de elevado valor; IV - os vencimentos, os subsídios, os soldos, os salários, as remunerações, os proventos de aposentadoria, as pensões, os pecúlios e os montepios, bem como as quantias recebidas por liberalidade de terceiro e destinadas ao sustento do devedor e de sua família, os ganhos de trabalhador autônomo e os honorários de profissional liberal, ressalvado o § 2°; V - os livros, as máquinas, as ferramentas, os utensílios, os instrumentos ou outros bens móveis necessários ou úteis ao exercício da profissão do executado; VI - o seguro de vida; VII - os materiais necessários para obras em andamento, salvo se essas forem penhoradas; VIII - a pequena propriedade rural, assim definida em lei, desde que trabalhada pela família; IX - os recursos públicos recebidos por instituições privadas para aplicação compulsória em educação, saúde ou assistência social; X - a quantia depositada em caderneta de poupança, até o limite de 40 (quarenta) salários-mínimos; XI - os recursos públicos do fundo partidário recebidos por partido político, nos termos da lei; XII - os créditos oriundos de alienação de unidades imobiliárias, sob regime de incorporação imobiliária, vinculados à execução da obra. § 1° A impenhorabilidade não é oponível à execução de dívida relativa ao próprio bem, inclusive àquela contraída para sua aquisição.	**Art. 649.** São absolutamente impenhoráveis: I - os bens inalienáveis e os declarados, por ato voluntário, não sujeitos à execução; II - os móveis, pertences e utilidades domésticas que guarnecem a residência do executado, salvo os de elevado valor ou que ultrapassem as necessidades comuns correspondentes a um médio padrão de vida; (Redação dada pela Lei nº 11.382, de 2006). III - os vestuários, bem como os pertences de uso pessoal do executado, salvo se de elevado valor; (Redação dada pela Lei nº 11.382, de 2006). IV - os vencimentos, subsídios, soldos, salários, remunerações, proventos de aposentadoria, pensões, pecúlios e montepios; as quantias recebidas por liberalidade de terceiro e destinadas ao sustento do devedor e sua família, os ganhos de trabalhador autônomo e os honorários de profissional liberal, observado o disposto no § 3° deste artigo; (Redação dada pela Lei nº 11.382, de 2006). V - os livros, as máquinas, as ferramentas, os utensílios, os instrumentos ou outros bens móveis necessários ou úteis ao exercício de qualquer profissão; (Redação dada pela Lei nº 11.382, de 2006). VI - o seguro de vida; (Redação dada pela Lei nº 11.382, de 2006). VII - os materiais necessários para obras em andamento, salvo se essas forem penhoradas; (Redação dada pela Lei nº 11.382, de 2006). VIII - a pequena propriedade rural, assim definida em lei, desde que trabalhada pela família; (Redação dada pela Lei nº 11.382, de 2006). IX - os recursos públicos recebidos por instituições privadas para aplicação compulsória em educação, saúde ou assistência social; (Redação dada pela Lei nº 11.382, de 2006). X - até o limite de 40 (quarenta) salários mínimos, a quantia depositada em caderneta de poupança. (Redação dada pela Lei nº 11.382, de 2006). XI - os recursos públicos do fundo partidário recebidos, nos termos da lei, por partido político. (Incluído pela Lei nº 11.694, de 2008) § 1° A impenhorabilidade não é oponível à cobrança do crédito concedido para a aquisição do próprio bem. (Incluído pela Lei nº 11.382, de 2006).

§ 2º O disposto nos incisos IV e X do caput não se aplica à hipótese de penhora para pagamento de prestação alimentícia, independentemente de sua origem, bem como às importâncias excedentes a 50 (cinquenta) salários-mínimos mensais, devendo a constrição observar o disposto no art. 528, § 8º, e no art. 529, § 3º. § 3º Incluem-se na impenhorabilidade prevista no inciso V do caput os equipamentos, os implementos e as máquinas agrícolas pertencentes a pessoa física ou a empresa individual produtora rural, exceto quando tais bens tenham sido objeto de financiamento e estejam vinculados em garantia a negócio jurídico ou quando respondam por dívida de natureza alimentar, trabalhista ou previdenciária.	§ 2º O disposto no inciso IV do caput deste artigo não se aplica no caso de penhora para pagamento de prestação alimentícia. (Incluído pela Lei nº 11.382, de 2006). § 3º (VETADO). (Incluído pela Lei nº 11.382, de 2006).

A primeira alteração nesse dispositivo foi no *caput*, que suprimiu a expressão "absolutamente" deixando de qualificar a impenhorabilidade.

Os incisos I a XI são mera repetição dos incisos do artigo 649 do CPC/73, com pequenas alterações redacionais.

No inciso XII há novidades, uma vez que não há previsão legal correspondente no CPC/73. Este dispositivo indica a impenhorabilidade de créditos oriundos de alienação de unidades imobiliárias, sob regime de incorporação imobiliária, vinculados à execução da obra.

No que se refere ao parágrafo primeiro, há uma alteração redacional em relação ao CPC/73, sem, contudo, acarretar alteração significativa de conteúdo.

No parágrafo segundo, há modificação importante, uma vez que amplia a exceção de impenhorabilidade, incluindo, além do inciso IV, o inciso X, excepcionando a penhora de depósitos feitos na poupança para pagamento de alimentos, indicando de forma expressa tratarem-se de alimentos de qualquer natureza.

Inova o parágrafo terceiro do artigo em comento, que trata da impenhorabilidade prevista no inciso V do *caput,* dos equipamentos, implementos e máquinas agrícolas pertencentes à pessoa física ou à empresa individual produtora rural, exceto quando tais bens tenham sido objeto de financiamento e estejam vinculados em garantia de negócio jurídico, ou quando respondam por dívida de natureza alimentar, trabalhista ou previdenciária.

NOVO CÓDIGO DE PROCESSO CIVIL	CÓDIGO DE PROCESSO CIVIL DE 1973
Art. 834. Podem ser penhorados, à falta de outros bens, os frutos e os rendimentos dos bens inalienáveis.	**Art. 650.** Podem ser penhorados, à falta de outros bens, os frutos e rendimentos dos bens inalienáveis, salvo se destinados à satisfação de prestação alimentícia. (Redação dada pela Lei nº 11.382, de 2006). Parágrafo único. (VETADO) (Incluído pela Lei nº 11.382, de 2006).

A redação do artigo 834 do NCPC é mais abrangente do que a do artigo 650 do CPC/73, pois retira a exceção de impenhorabilidade de frutos e rendimentos quando destinados à satisfação de prestação alimentícia.

NOVO CÓDIGO DE PROCESSO CIVIL	CÓDIGO DE PROCESSO CIVIL DE 1973
Art. 835. A penhora observará, preferencialmente, a seguinte ordem: I - dinheiro, em espécie ou em depósito ou aplicação em instituição financeira; II - títulos da dívida pública da União, dos Estados e do Distrito Federal com cotação em mercado; III - títulos e valores mobiliários com cotação em mercado; IV - veículos de via terrestre; V - bens imóveis; VI - bens móveis em geral; VII - semoventes; VIII - navios e aeronaves; IX - ações e quotas de sociedades simples e empresárias; X - percentual do faturamento de empresa devedora; XI - pedras e metais preciosos; XII - direitos aquisitivos derivados de promessa de compra e venda e de alienação fiduciária em garantia; XIII - outros direitos. § 1º É prioritária a penhora em dinheiro, podendo o juiz, nas demais hipóteses, alterar a ordem prevista no caput de acordo com as circunstâncias do caso concreto. § 2º Para fins de substituição da penhora, equiparam-se a dinheiro a fiança bancária e o seguro garantia judicial, desde que em valor não inferior ao do débito constante da inicial, acrescido de trinta por cento. § 3º Na execução de crédito com garantia real, a penhora recairá sobre a coisa dada em garantia, e, se a coisa pertencer a terceiro garantidor, este também será intimado da penhora.	**Art. 655.** A penhora observará, preferencialmente, a seguinte ordem: (Redação dada pela Lei nº 11.382, de 2006). I - dinheiro, em espécie ou em depósito ou aplicação em instituição financeira; (Redação dada pela Lei nº 11.382, de 2006). II - veículos de via terrestre; (Redação dada pela Lei nº 11.382, de 2006). III - bens móveis em geral; (Redação dada pela Lei nº 11.382, de 2006). IV - bens imóveis; (Redação dada pela Lei nº 11.382, de 2006). V - navios e aeronaves; (Redação dada pela Lei nº 11.382, de 2006). VI - ações e quotas de sociedades empresárias; (Redação dada pela Lei nº 11.382, de 2006). VII - percentual do faturamento de empresa devedora; (Redação dada pela Lei nº 11.382, de 2006). VIII - pedras e metais preciosos; (Redação dada pela Lei nº 11.382, de 2006). IX - títulos da dívida pública da União, Estados e Distrito Federal com cotação em mercado; (Redação dada pela Lei nº 11.382, de 2006). X - títulos e valores mobiliários com cotação em mercado; (Redação dada pela Lei nº 11.382, de 2006). XI - outros direitos. (Incluído pela Lei nº 11.382, de 2006). § 1º Na execução de crédito com garantia hipotecária, pignoratícia ou anticrética, a penhora recairá, preferencialmente, sobre a coisa dada em garantia; se a coisa pertencer a terceiro garantidor, será também esse intimado da penhora. (Redação dada pela Lei nº 11.382, de 2006). § 2º Recaindo a penhora em bens imóveis, será intimado também o cônjuge do executado. (Redação dada pela Lei nº 11.382, de 2006).

O novo Código de Processo faz alterações no que tange à ordem de preferência dos bens a serem penhorados, como por exemplo, a inversão de ordem de penhora dos bens imóveis prevalecendo sobre a de bens móveis, entre outras. Além da alteração de ordem, o novo diploma também aumentou o rol, que não encontra correspondente no CPC/73, com semoventes, direitos aquisitivos derivados de promessa de compra e venda e de alienação fiduciária em garantia[8].

Importante inovação do novo diploma é o que dispõem os parágrafos primeiro e segundo do dispositivo em comento, eis que coloca como prioritária a penhora em dinheiro, contudo permite ao juiz, de acordo com as circunstâncias do caso concreto, modificar a ordem de preferência estabelecida no rol legal, demonstrando um aumento dos poderes do juiz nesse caso, com o intuito de privilegiar a efetividade da execução.

NOVO CÓDIGO DE PROCESSO CIVIL	CÓDIGO DE PROCESSO CIVIL DE 1973
Art. 836. Não se levará a efeito a penhora quando ficar evidente que o produto da execução dos bens encontrados será totalmente absorvido pelo pagamento das custas da execução. § 1º Quando não encontrar bens penhoráveis, independentemente de determinação judicial expressa, o oficial de justiça descreverá na certidão os bens que guarnecem a residência ou o estabelecimento do executado, quando este for pessoa jurídica. § 2º Elaborada a lista, o executado ou seu representante legal será nomeado depositário provisório de tais bens até ulterior determinação do juiz.	**Art. 659.** [...] § 2º Não se levará a efeito a penhora, quando evidente que o produto da execução dos bens encontrados será totalmente absorvido pelo pagamento das custas da execução. § 3º No caso do parágrafo anterior e bem assim quando não encontrar quaisquer bens penhoráveis, o oficial descreverá na certidão os que guarnecem a residência ou o estabelecimento do devedor. [...]

O *caput* do art. 836 do novo Diploma reproduz o § 2° do artigo 659 do CPC/73, com meras alterações redacionais.

Já o § 3° do artigo 659 do CPC/73 encontra correspondente no § 1° do artigo 852 do novo Código, com pequena alteração redacional que excepciona a determinação judicial para a certidão do oficial de justiça quanto aos bens a serem arrolados.

Nota-se a inovação trazida pelo § 2° do artigo em comento, sem correspondente legal no CPC/73, ao estabelecer que elaborada a lista, o executado, ou seu representante legal, será nomeado depositário provisório de tais bens até ulterior determinação do juiz, regra que visa claramente a evitar a dilapidação dos bens arrolados pelo oficial de justiça até que ocorra a sua efetiva penhora.

8 BUENO, Cassio Scarpinella. *Projeto e novo código de processo civil comparados e anotados*. 1. ed. São Paulo: Saraiva, 2014, p. 397.

NOVO CÓDIGO DE PROCESSO CIVIL	CÓDIGO DE PROCESSO CIVIL DE 1973
Subseção II **Da Documentação da Penhora, de seu Registro e do Depósito** **Art. 837.** Obedecidas as normas de segurança instituídas sob critérios uniformes pelo Conselho Nacional de Justiça, a penhora de dinheiro e as averbações de penhoras de bens imóveis e móveis podem ser realizadas por meio eletrônico.	**Subseção III** **Da Penhora e do Depósito** **Art. 659.** [...] § 6º Obedecidas as normas de segurança que forem instituídas, sob critérios uniformes, pelos Tribunais, a penhora de numerário e as averbações de penhoras de bens imóveis e móveis podem ser realizadas por meios eletrônicos. (Incluído pela Lei nº 11.382, de 2006).

O NCPC repete a norma prevista no § 6° do artigo 659 do CPC/73, modificando apenas a competência para a instituição de critérios uniformes, que deixa de ser dos Tribunais e passa para a competência do Conselho Nacional de Justiça.

NOVO CÓDIGO DE PROCESSO CIVIL	CÓDIGO DE PROCESSO CIVIL DE 1973
Art. 838. A penhora será realizada mediante auto ou termo, que conterá: I - a indicação do dia, do mês, do ano e do lugar em que foi feita; II - os nomes do exequente e do executado; III - a descrição dos bens penhorados, com as suas características; IV - a nomeação do depositário dos bens.	**Art. 665.** O auto de penhora conterá: I – a indicação do dia, mês, ano e lugar em que foi feita; II – os nomes do credor e do devedor; III – a descrição dos bens penhorados, com os seus característicos; IV – a nomeação do depositário dos bens.

O artigo 838 do NCPC trata das formalidades do auto ou termo de penhora, correspondendo às regras do artigo 665 do CPC/73, embora este só se refira ao auto de penhora.

NOVO CÓDIGO DE PROCESSO CIVIL	CÓDIGO DE PROCESSO CIVIL DE 1973
Art. 839. Considerar-se-á feita a penhora mediante a apreensão e o depósito dos bens, lavrando-se um só auto se as diligências forem concluídas no mesmo dia. Parágrafo único. Havendo mais de uma penhora, serão lavrados autos individuais.	**Art. 664.** Considerar-se-á feita a penhora mediante a apreensão e o depósito dos bens, lavrando-se um só auto se as diligências forem concluídas no mesmo dia. Parágrafo único. Havendo mais de uma penhora, lavrar-se-á para cada qual um auto.

No novo dispositivo houve mera reprodução do texto do CPC/73, sem qualquer alteração de conteúdo.

NOVO CÓDIGO DE PROCESSO CIVIL	CÓDIGO DE PROCESSO CIVIL DE 1973
Art. 840. Serão preferencialmente depositados: I - as quantias em dinheiro, os papéis de crédito e as pedras e os metais preciosos, no Banco do Brasil, na Caixa Econômica Federal ou em banco do qual o Estado ou o Distrito Federal possua mais da metade do capital social integralizado, ou, na falta desses estabelecimentos, em qualquer instituição de crédito designada pelo juiz; II - os móveis, os semoventes, os imóveis urbanos e os direitos aquisitivos sobre imóveis urbanos, em poder do depositário judicial; III - os imóveis rurais, os direitos aquisitivos sobre imóveis rurais, as máquinas, os utensílios e os instrumentos necessários ou úteis à atividade agrícola, mediante caução idônea, em poder do executado. § 1º No caso do inciso II do caput, se não houver depositário judicial, os bens ficarão em poder do exequente. § 2º Os bens poderão ser depositados em poder do executado nos casos de difícil remoção ou quando anuir o exequente. § 3º As joias, as pedras e os objetos preciosos deverão ser depositados com registro do valor estimado de resgate.	**Art. 666.** Os bens penhorados serão preferencialmente depositados: (Redação dada pela Lei nº 11.382, de 2006). I - no Banco do Brasil, na Caixa Econômica Federal, ou em um banco, de que o Estado-Membro da União possua mais de metade do capital social integralizado; ou, em falta de tais estabelecimentos de crédito, ou agências suas no lugar, em qualquer estabelecimento de crédito, designado pelo juiz, as quantias em dinheiro, as pedras e os metais preciosos, bem como os papéis de crédito; II - em poder do depositário judicial, os móveis e os imóveis urbanos; III - em mãos de depositário particular, os demais bens. (Redação dada pela Lei nº 11.382, de 2006). § 1º Com a expressa anuência do exeqüente ou nos casos de difícil remoção, os bens poderão ser depositados em poder do executado. (Incluído pela Lei nº 11.382, de 2006). § 2º As jóias, pedras e objetos preciosos deverão ser depositados com registro do valor estimado de resgate. (Incluído pela Lei nº 11.382, de 2006). § 3º A prisão de depositário judicial infiel será decretada no próprio processo, independentemente de ação de depósito. (Incluído pela Lei nº 11.382, de 2006).

O novo Código inova pouco em relação à redação do CPC/73, ocupando-se apenas com um maior número de hipóteses que podem acontecer na prática forense.

Há de se ressaltar a inclusão da regra no inciso II do artigo 840, que se refere aos bens semoventes e direitos aquisitivos sobre imóveis urbanos. Já no inciso III, inova o texto ao tratar dos bens rurais depositados.

Em consonância com os tratados internacionais de que o Brasil é signatário, o novo Código de Processo suprime a previsão expressa no § 3º do artigo 666 do CPC/73, no que se refere à prisão do depositário infiel, o que já havia sido decidido como incabível pelo Supremo Tribunal Federal e acabou consagrado no enunciado de Súmula Vinculante nº 25.

NOVO CÓDIGO DE PROCESSO CIVIL	CÓDIGO DE PROCESSO CIVIL DE 1973
Art. 841. Formalizada a penhora por qualquer dos meios legais, dela será imediatamente intimado o executado. § 1° A intimação da penhora será feita ao advogado do executado ou à sociedade de advogados a que aquele pertença. § 2° Se não houver constituído advogado nos autos, o executado será intimado pessoalmente, de preferência por via postal. § 3° O disposto no § 1° não se aplica aos casos de penhora realizada na presença do executado, que se reputa intimado. § 4° Considera-se realizada a intimação a que se refere o § 2° quando o executado houver mudado de endereço sem prévia comunicação ao juízo, observado o disposto no parágrafo único do art. 274.	**Art. 652.** [...] § 4° A intimação do executado far-se-á na pessoa de seu advogado; não o tendo, será intimado pessoalmente. (Incluído pela Lei nº 11.382, de 2006). § 5° Se não localizar o executado para intimá-lo da penhora, o oficial certificará detalhadamente as diligências realizadas, caso em que o juiz poderá dispensar a intimação ou determinará novas diligências. (Incluído pela Lei nº 11.382, de 2006). **Art. 659**. [...] § 5º Nos casos do § 4°, quando apresentada certidão da respectiva matrícula, a penhora de imóveis, independentemente de onde se localizem, será realizada por termo nos autos, do qual será intimado o executado, pessoalmente ou na pessoa de seu advogado, e por este ato constituído depositário. (Incluído pela Lei nº 10.444, de 7.5.2002) [...]

O artigo em apreço trata da intimação da penhora do executado, que não revela importante modificação em relação ao CPC/73, continuando a regra com a intimação na pessoa do advogado ou sociedade de advogados e, no caso de não ter o devedor advogado, a intimação via postal preferencialmente direta ao executado.

Com base no dever de cooperação e no princípio da boa-fé objetiva, com seu dever acessório de informação, o novo *Código, no* § 4º do artigo 841, presume intimado aquele que modificou seu endereço e não comunicou ao juízo, isso porque se espera um padrão de comportamento de boa-fé do executado.

NOVO CÓDIGO DE PROCESSO CIVIL	CÓDIGO DE PROCESSO CIVIL DE 1973
Art. 842. Recaindo a penhora sobre bem imóvel ou direito real sobre imóvel, será intimado também o cônjuge do executado, salvo se forem casados em regime de separação absoluta de bens.	**Art. 655.** [...] § 2º Recaindo a penhora em bens imóveis, será intimado também o cônjuge do executado. (Redação dada pela Lei nº 11.382, de 2006).

O novo Código se apresenta mais técnico do que o CPC/73 neste particular, na medida em que não prevê apenas a penhora sobre bem imóvel para a intimação do cônjuge, incluindo também a hipótese que verse sobre direito real, ressalvando os casados em regime de separação absoluta de bens, em razão da incomunicabilidade dos bens.

NOVO CÓDIGO DE PROCESSO CIVIL	CÓDIGO DE PROCESSO CIVIL DE 1973
Art. 843. Tratando-se de penhora de bem indivisível, o equivalente à quota-parte do coproprietário ou do cônjuge alheio à execução recairá sobre o produto da alienação do bem. § 1° É reservada ao coproprietário ou ao cônjuge não executado a preferência na arrematação do bem em igualdade de condições. § 2° Não será levada a efeito expropriação por preço inferior ao da avaliação na qual o valor auferido seja incapaz de garantir, ao coproprietário ou ao cônjuge alheio à execução, o correspondente à sua quota-parte calculado sobre o valor da avaliação.	**Art. 655-B**. Tratando-se de penhora em bem indivisível, a meação do cônjuge alheio à execução recairá sobre o produto da alienação do bem. (Incluído pela Lei nº 11.382, de 2006).

O novo Código protege não só o cônjuge, mas também o coproprietário, incluindo dois parágrafos disciplinando melhor a matéria, o que não encontrava previsão no CPC/73.

NOVO CÓDIGO DE PROCESSO CIVIL	CÓDIGO DE PROCESSO CIVIL DE 1973
Art. 844. Para presunção absoluta de conhecimento por terceiros, cabe ao exequente providenciar a averbação do arresto ou da penhora no registro competente, mediante apresentação de cópia do auto ou do termo, independentemente de mandado judicial.	**Art. 659**. [...] § 4º A penhora de bens imóveis realizar-se-á mediante auto ou termo de penhora, cabendo ao exeqüente, sem prejuízo da imediata intimação do executado (art. 652, § 4°), providenciar, para presunção absoluta de conhecimento por terceiros, a respectiva averbação no ofício imobiliário, mediante a apresentação de certidão de inteiro teor do ato, independentemente de mandado judicial.(Redação dada pela Lei nº 11.382, de 2006).

Com redação mais simplificada, o novo Código não inova nesse ponto, sendo reproduzido o teor do § 4° do artigo 659 do CPC/73. Cumpre salientar, no entanto, que a finalidade desde registro de penhora não se condiciona à eficácia, existência ou validade do ato, mas sim à sua publicidade para terceiros, tornando a presunção absoluta.

<table>
<tr><th>NOVO CÓDIGO DE PROCESSO CIVIL</th><th>CÓDIGO DE PROCESSO CIVIL DE 1973</th></tr>
<tr><td>Subseção III
Do Lugar de Realização da Penhora

Art. 845. Efetuar-se-á a penhora onde se encontrem os bens, ainda que sob a posse, a detenção ou a guarda de terceiros.
§ 1º A penhora de imóveis, independentemente de onde se localizem, quando apresentada certidão da respectiva matrícula, e a penhora de veículos automotores, quando apresentada certidão que ateste a sua existência, serão realizadas por termo nos autos.
§ 2º Se o executado não tiver bens no foro do processo, não sendo possível a realização da penhora nos termos do § 1º, a execução será feita por carta, penhorando-se, avaliando-se e alienando-se os bens no foro da situação.</td><td>Art. 658. Se o devedor não tiver bens no foro da causa, far-se-á a execução por carta, penhorando-se, avaliando-se e alienando-se os bens no foro da situação (art. 747).

Subseção III
Da Penhora e do Depósito

Art. 659. [...]
§ 1º Efetuar-se-á a penhora onde quer que se encontrem os bens, ainda que sob a posse, detenção ou guarda de terceiros. (Redação dada pela Lei nº 11.382, de 2006).
[...]
§ 4º A penhora de bens imóveis realizar-se-á mediante auto ou termo de penhora, cabendo ao exeqüente, sem prejuízo da imediata intimação do executado (art. 652, § 4º), providenciar, para presunção absoluta de conhecimento por terceiros, a respectiva averbação no ofício imobiliário, mediante a apresentação de certidão de inteiro teor do ato, independentemente de mandado judicial. (Redação dada pela Lei nº 11.382, de 2006).
§ 5º Nos casos do § 4º, quando apresentada certidão da respectiva matrícula, a penhora de imóveis, independentemente de onde se localizem, será realizada por termo nos autos, do qual será intimado o executado, pessoalmente ou na pessoa de seu advogado, e por este ato constituído depositário. (Incluído pela Lei nº 10.444, de 7.5.2002)</td></tr>
</table>

A correspondência legal do artigo em comento do novo Código não se dá com o equivalente a apenas a um dispositivo do CPC/73, mas sim com uma combinação destes, como pode se verificar no quadro esquemático acima.

O novo Código inova ao trazer o procedimento não apenas do lugar do bem imóvel, mas também sobre bem automotor, desde que apresentada certidão que ateste a sua existência.

O parágrafo segundo descreve o procedimento em caso de não se encontrar bens no foro do executado, o que se dará por meio de carta.

NOVO CÓDIGO DE PROCESSO CIVIL	CÓDIGO DE PROCESSO CIVIL DE 1973
Art. 846. Se o executado fechar as portas da casa a fim de obstar a penhora dos bens, o oficial de justiça comunicará o fato ao juiz, solicitando-lhe ordem de arrombamento. § 1º Deferido o pedido, 2 (dois) oficiais de justiça cumprirão o mandado, arrombando cômodos e móveis em que se presuma estarem os bens, e lavrarão de tudo auto circunstanciado, que será assinado por 2 (duas) testemunhas presentes à diligência. § 2º Sempre que necessário, o juiz requisitará força policial, a fim de auxiliar os oficiais de justiça na penhora dos bens. § 3º Os oficiais de justiça lavrarão em duplicata o auto da ocorrência, entregando uma via ao escrivão ou ao chefe de secretaria, para ser juntada aos autos, e a outra à autoridade policial a quem couber a apuração criminal dos eventuais delitos de desobediência ou de resistência. § 4º Do auto da ocorrência constará o rol de testemunhas, com a respectiva qualificação.	**Art. 660.** Se o devedor fechar as portas da casa, a fim de obstar a penhora dos bens, o oficial de justiça comunicará o fato ao juiz, solicitando-lhe ordem de arrombamento. **Art. 661.** Deferido o pedido mencionado no artigo antecedente, dois oficiais de justiça cumprirão o mandado, arrombando portas, móveis e gavetas, onde presumirem que se achem os bens, e lavrando de tudo auto circunstanciado, que será assinado por duas testemunhas, presentes à diligência. **Art. 662.** Sempre que necessário, o juiz requisitará força policial, a fim de auxiliar os oficiais de justiça na penhora dos bens e na prisão de quem resistir à ordem. **Art. 663.** Os oficiais de justiça lavrarão em duplicata o auto de resistência, entregando uma via ao escrivão do processo para ser junta aos autos e a outra à autoridade policial, a quem entregarão o preso. Parágrafo único. Do auto de resistência constará o rol de testemunhas, com a sua qualificação.

O que vem disciplinado em quatro artigos no CPC/73, o novo Código optou por tratar em um artigo e nos quatro parágrafos subsequentes. Todavia, no que tange ao conteúdo dos dispositivos, não há inovações, ressalvando o acréscimo legal do parágrafo quarto, que aponta que do auto de ocorrência constará o rol de testemunhas, com a sua qualificação.

NOVO CÓDIGO DE PROCESSO CIVIL	CÓDIGO DE PROCESSO CIVIL DE 1973
Subseção IV Das Modificações da Penhora **Art. 847.** O executado pode, no prazo de 10 (dez) dias contado da intimação da penhora, requerer a substituição do bem penhorado, desde que comprove que lhe será menos onerosa e não trará prejuízo ao exequente. § 1º O juiz só autorizará a substituição se o executado: I - comprovar as respectivas matrículas e os registros por certidão do correspondente ofício, quanto aos bens imóveis; II - descrever os bens móveis, com todas as suas propriedades e características, bem como o estado deles e o lugar onde se encontram;	**Art. 668.** O executado pode, no prazo de 10 (dez) dias após intimado da penhora, requerer a substituição do bem penhorado, desde que comprove cabalmente que a substituição não trará prejuízo algum ao exeqüente e será menos onerosa para ele devedor (art. 17, incisos IV e VI, e art. 620). (Redação dada pela Lei nº 11.382, de 2006). Parágrafo único. Na hipótese prevista neste artigo, ao executado incumbe: (Incluído pela Lei nº 11.382, de 2006). I - quanto aos bens imóveis, indicar as respectivas matrículas e registros, situá-los e mencionar as divisas e confrontações; (Incluído pela Lei nº 11.382, de 2006). II - quanto aos móveis, particularizar o estado e o lugar em que se encontram; (Incluído pela Lei nº 11.382, de 2006).

III - descrever os semoventes, com indicação de espécie, de número, de marca ou sinal e do local onde se encontram; IV - identificar os créditos, indicando quem seja o devedor, qual a origem da dívida, o título que a representa e a data do vencimento; e V - atribuir, em qualquer caso, valor aos bens indicados à penhora, além de especificar os ônus e os encargos a que estejam sujeitos. § 2º Requerida a substituição do bem penhorado, o executado deve indicar onde se encontram os bens sujeitos à execução, exibir a prova de sua propriedade e a certidão negativa ou positiva de ônus, bem como abster-se de qualquer atitude que dificulte ou embarace a realização da penhora. § 3º O executado somente poderá oferecer bem imóvel em substituição caso o requeira com a expressa anuência do cônjuge, salvo se o regime for o de separação absoluta de bens. § 4º O juiz intimará o exequente para manifestar-se sobre o requerimento de substituição do bem penhorado.	III - quanto aos semoventes, especificá-los, indicando o número de cabeças e o imóvel em que se encontram; (Incluído pela Lei nº 11.382, de 2006). IV - quanto aos créditos, identificar o devedor e qualificá-lo, descrevendo a origem da dívida, o título que a representa e a data do vencimento; e (Incluído pela Lei nº 11.382, de 2006). V - atribuir valor aos bens indicados à penhora. (Incluído pela Lei nº 11.382, de 2006).

Houve pequenas alterações redacionais do *caput* ao inciso IV, se for comparado o artigo 847 do NCPC com o artigo 668 do CPC/73. Já no inciso V houve um acréscimo de conteúdo que atribui ao requerente da substituição a tarefa de especificar os ônus e os encargos que em qualquer caso recaiam sobre os bens indicados à penhora.

O parágrafo segundo traz o procedimento para se efetivar a substituição da penhora, qual seja, indicar onde se encontram os bens que suportarão os atos executórios, comprovar a sua titularidade e se abster da prática de atos que possam embaraçar a atividade executiva.

No parágrafo terceiro, há uma inovação, consagrando o regime da outorga uxória de bem imóvel dado como substituição à penhora, salvo regime de separação absoluta de bens.

Por fim, no parágrafo quarto, nota-se nítida valorização do princípio do contraditório, onde se deve intimar o exequente para se manifestar sobre o bem oferecido à substituição da penhora.

NOVO CÓDIGO DE PROCESSO CIVIL	CÓDIGO DE PROCESSO CIVIL DE 1973
Art. 848. As partes poderão requerer a substituição da penhora se: I - ela não obedecer à ordem legal; II - ela não incidir sobre os bens designados em lei, contrato ou ato judicial para o pagamento; III - havendo bens no foro da execução, outros tiverem sido penhorados; IV - havendo bens livres, ela tiver recaído sobre bens já penhorados ou objeto de gravame; V - ela incidir sobre bens de baixa liquidez; VI - fracassar a tentativa de alienação judicial do bem; ou VII - o executado não indicar o valor dos bens ou omitir qualquer das indicações previstas em lei. Parágrafo único. A penhora pode ser substituída por fiança bancária ou por seguro garantia judicial, em valor não inferior ao do débito constante da inicial, acrescido de trinta por cento.	**Art. 656.** A parte poderá requerer a substituição da penhora: (Redação dada pela Lei nº 11.382, de 2006). I - se não obedecer à ordem legal; (Redação dada pela Lei nº 11.382, de 2006). II - se não incidir sobre os bens designados em lei, contrato ou ato judicial para o pagamento; (Redação dada pela Lei nº 11.382, de 2006). III - se, havendo bens no foro da execução, outros houverem sido penhorados; (Redação dada pela Lei nº 11.382, de 2006). IV - se, havendo bens livres, a penhora houver recaído sobre bens já penhorados ou objeto de gravame; (Redação dada pela Lei nº 11.382, de 2006). V - se incidir sobre bens de baixa liquidez; (Redação dada pela Lei nº 11.382, de 2006). VI - se fracassar a tentativa de alienação judicial do bem; ou (Redação dada pela Lei nº 11.382, de 2006). VII - se o devedor não indicar o valor dos bens ou omitir qualquer das indicações a que se referem os incisos I a IV do parágrafo único do art. 668 desta Lei. (Incluído pela Lei nº 11.382, de 2006). § 1° É dever do executado (art. 600), no prazo fixado pelo juiz, indicar onde se encontram os bens sujeitos à execução, exibir a prova de sua propriedade e, se for o caso, certidão negativa de ônus, bem como abster-se de qualquer atitude que dificulte ou embarace a realização da penhora (art. 14, parágrafo único). (Incluído pela Lei nº 11.382, de 2006). § 2° A penhora pode ser substituída por fiança bancária ou seguro garantia judicial, em valor não inferior ao do débito constante da inicial, mais 30% (trinta por cento). (Incluído pela Lei nº 11.382, de 2006). § 3° O executado somente poderá oferecer bem imóvel em substituição caso o requeira com a expressa anuência do cônjuge. (Incluído pela Lei nº 11.382, de 2006).

O NCPC, neste ponto, não inova em relação ao teor do CPC/73, trazendo apenas uma reorganização dos dispositivos sobre o requerimento de substituição do bem penhorado.

NOVO CÓDIGO DE PROCESSO CIVIL	CÓDIGO DE PROCESSO CIVIL DE 1973
Art. 849. Sempre que ocorrer a substituição dos bens inicialmente penhorados, será lavrado novo termo.	**Art. 657.** Ouvida em 3 (três) dias a parte contrária, se os bens inicialmente penhorados (art. 652) forem substituídos por outros, lavrar-se-á o respectivo termo. (Redação dada pela Lei nº 11.382, de 2006). Parágrafo único. O juiz decidirá de plano quaisquer questões suscitadas. (Redação dada pela Lei nº 11.382, de 2006).

O novo Código repete a ideia central do CPC/73 neste dispositivo, que consiste na necessidade de documentar a nova penhora, suprimindo a expressão "ouvida a parte contrária", uma vez que já foi tratado anteriormente o contraditório no procedimento de substituição, conforme destacado.

NOVO CÓDIGO DE PROCESSO CIVIL	CÓDIGO DE PROCESSO CIVIL DE 1973
Art. 850. Será admitida a redução ou a ampliação da penhora, bem como sua transferência para outros bens, se, no curso do processo, o valor de mercado dos bens penhorados sofrer alteração significativa.	Sem correspondente.

A regra veiculada no artigo em comento não encontra correspondência no CPC/73. Trata-se da modificação do valor de mercado do bem oferecido à penhora no curso do processo, ocasião em que será admitida a redução, ampliação ou transferência para outros bens.

NOVO CÓDIGO DE PROCESSO CIVIL	CÓDIGO DE PROCESSO CIVIL DE 1973
Art. 851. Não se procede à segunda penhora, salvo se: I - a primeira for anulada; II - executados os bens, o produto da alienação não bastar para o pagamento do exequente; III - o exequente desistir da primeira penhora, por serem litigiosos os bens ou por estarem submetidos a constrição judicial.	**Art. 667.** Não se procede à segunda penhora, salvo se: I – a primeira for anulada; II – executados os bens, o produto da alienação não bastar para o pagamento do credor; III – o credor desistir da primeira penhora, por serem litigiosos os bens, ou por estarem penhorados, arrestados ou onerados.

O artigo em tela não traz mudanças substanciais em relação ao CPC/73 no que tange às hipóteses em que a segunda penhora excepcionalmente é admitida.

NOVO CÓDIGO DE PROCESSO CIVIL	CÓDIGO DE PROCESSO CIVIL DE 1973
Art. 852. O juiz determinará a alienação antecipada dos bens penhorados quando: I - se tratar de veículos automotores, de pedras e metais preciosos e de outros bens móveis sujeitos à depreciação ou à deterioração; II - houver manifesta vantagem.	**Art. 670.** O juiz autorizará a alienação antecipada dos bens penhorados quando: I – sujeitos a deterioração ou depreciação; II – houver manifesta vantagem. [...]

O *caput* e os incisos I e II do artigo 852 do novo diploma trazem poucas alterações em relação ao CPC/73. Destaca-se, apenas, que a regra constante no parágrafo único do artigo 670 do CPC/73, que trata da necessidade de oitiva da parte contrária em caso de alienação antecipada do bem penhorado, foi reproduzida de forma mais ampla no artigo 853 do NCPC.

NOVO CÓDIGO DE PROCESSO CIVIL	CÓDIGO DE PROCESSO CIVIL DE 1973
Art. 853. Quando uma das partes requerer alguma das medidas previstas nesta Subseção, o juiz ouvirá sempre a outra, no prazo de 3 (três) dias, antes de decidir. Parágrafo único. O juiz decidirá de plano qualquer questão suscitada.	**Art. 670.** [...] Parágrafo único. Quando uma das partes requerer a alienação antecipada dos bens penhorados, o juiz ouvirá sempre a outra antes de decidir.

O novo Código inova ao determinar o prazo legal de três dias para ouvir a outra parte, fato que não ocorre na redação do CPC/73, o qual não estipula nenhum prazo legal específico.

NOVO CÓDIGO DE PROCESSO CIVIL	CÓDIGO DE PROCESSO CIVIL DE 1973
Subseção V Da Penhora de Dinheiro em Depósito ou em Aplicação Financeira **Art. 854.** Para possibilitar a penhora de dinheiro em depósito ou em aplicação financeira, o juiz, a requerimento do exequente, sem dar ciência prévia do ato ao executado, determinará às instituições financeiras, por meio de sistema eletrônico gerido pela autoridade supervisora do sistema financeiro nacional, que torne indisponíveis ativos financeiros existentes em nome do executado, limitando-se a indisponibilidade ao valor indicado na execução. § 1º No prazo de 24 (vinte e quatro) horas a contar da resposta, de ofício, o juiz determinará o cancelamento de eventual indisponibilidade excessiva, o que deverá ser cumprido pela instituição financeira em igual prazo. § 2º Tornados indisponíveis os ativos financeiros do executado, este será intimado na pessoa de seu advogado ou, não o tendo, pessoalmente. § 3º Incumbe ao executado, no prazo de 5 (cinco) dias, comprovar que:	**Art. 655-A.** Para possibilitar a penhora de dinheiro em depósito ou aplicação financeira, o juiz, a requerimento do exeqüente, requisitará à autoridade supervisora do sistema bancário, preferencialmente por meio eletrônico, informações sobre a existência de ativos em nome do executado, podendo no mesmo ato determinar sua indisponibilidade, até o valor indicado na execução. (Incluído pela Lei nº 11.382, de 2006). § 1º As informações limitar-se-ão à existência ou não de depósito ou aplicação até o valor indicado na execução. (Incluído pela Lei nº 11.382, de 2006). § 2º Compete ao executado comprovar que as quantias depositadas em conta corrente referem-se à hipótese do inciso IV do caput do art. 649 desta Lei ou que estão revestidas de outra forma de impenhorabilidade. (Incluído pela Lei nº 11.382, de 2006).

I - as quantias tornadas indisponíveis são impenhoráveis; II - ainda remanesce indisponibilidade excessiva de ativos financeiros. § 4º Acolhida qualquer das arguições dos incisos I e II do § 3º, o juiz determinará o cancelamento de eventual indisponibilidade irregular ou excessiva, a ser cumprido pela instituição financeira em 24 (vinte e quatro) horas. § 5º Rejeitada ou não apresentada a manifestação do executado, converter-se-á a indisponibilidade em penhora, sem necessidade de lavratura de termo, devendo o juiz da execução determinar à instituição financeira depositária que, no prazo de 24 (vinte e quatro) horas, transfira o montante indisponível para conta vinculada ao juízo da execução. § 6º Realizado o pagamento da dívida por outro meio, o juiz determinará, imediatamente, por sistema eletrônico gerido pela autoridade supervisora do sistema financeiro nacional, a notificação da instituição financeira para que, em até 24 (vinte e quatro) horas, cancele a indisponibilidade. § 7º As transmissões das ordens de indisponibilidade, de seu cancelamento e de determinação de penhora previstas neste artigo far-se-ão por meio de sistema eletrônico gerido pela autoridade supervisora do sistema financeiro nacional. § 8º A instituição financeira será responsável pelos prejuízos causados ao executado em decorrência da indisponibilidade de ativos financeiros em valor superior ao indicado na execução ou pelo juiz, bem como na hipótese de não cancelamento da indisponibilidade no prazo de 24 (vinte e quatro) horas, quando assim determinar o juiz. § 9º Quando se tratar de execução contra partido político, o juiz, a requerimento do exequente, determinará às instituições financeiras, por meio de sistema eletrônico gerido por autoridade supervisora do sistema bancário, que tornem indisponíveis ativos financeiros somente em nome do órgão partidário que tenha contraído a dívida executada ou que tenha dado causa à violação de direito ou ao dano, ao qual cabe exclusivamente a responsabilidade pelos atos praticados, na forma da lei.	§ 3º Na penhora de percentual do faturamento da empresa executada, será nomeado depositário, com a atribuição de submeter à aprovação judicial a forma de efetivação da constrição, bem como de prestar contas mensalmente, entregando ao exeqüente as quantias recebidas, a fim de serem imputadas no pagamento da dívida. (Incluído pela Lei nº 11.382, de 2006). § 4º Quando se tratar de execução contra partido político, o juiz, a requerimento do exeqüente, requisitará à autoridade supervisora do sistema bancário, nos termos do que estabelece o caput deste artigo, informações sobre a existência de ativos tão-somente em nome do órgão partidário que tenha contraído a dívida executada ou que tenha dado causa a violação de direito ou ao dano, ao qual cabe exclusivamente a responsabilidade pelos atos praticados, de acordo com o disposto no art. 15-A da Lei nº 9.096, de 19 de setembro de 1995. (Incluído pela Lei nº 11.694, de 2008)

Trata-se da matéria relacionada à penhora *on-line* de dinheiro. Neste ponto, o NCPC prevê novas situações e trata da matéria de forma mais extensa, buscando suprir pontos lacunosos ou controvertidos do CPC/73.

Verifica-se que o legislador procurou diferenciar o bloqueio de valores e a efetiva transferência do valor para conta judicial.

Em um contraditório diferido, indicou que é do executado o ônus de arguir a impenhorabilidade dos valores bloqueados, marco determinante para que possa ocorrer a transferência de valores para a conta judicial, estabelecendo também prazo para o efetivo desbloqueio de valores penhorados indevidamente, bem como atribuiu responsabilidade às instituições financeiras pela lentidão de cumprimento das decisões judiciais nessa seara[9].

Importante inovação traz o novo Código no que se refere ao tratamento dispensado pelo parágrafo nono, que regula essa forma de constrição nas execuções movidas em face de partidos políticos.

NOVO CÓDIGO DE PROCESSO CIVIL	CÓDIGO DE PROCESSO CIVIL DE 1973
Subseção VI Da Penhora de Créditos **Art. 855.** Quando recair em crédito do executado, enquanto não ocorrer a hipótese prevista no art. 856, considerar-se-á feita a penhora pela intimação: I - ao terceiro devedor para que não pague ao executado, seu credor; II - ao executado, credor do terceiro, para que não pratique ato de disposição do crédito.	Subseção IV Da Penhora de Créditos e de Outros Direitos Patrimoniais **Art. 671.** Quando a penhora recair em crédito do devedor, o oficial de justiça o penhorará. Enquanto não ocorrer a hipótese prevista no artigo seguinte, considerar-se-á feita a penhora pela intimação: (Redação dada pela Lei nº 5.925, de 1º.10.1973) I - ao terceiro devedor para que não pague ao seu credor; (Redação dada pela Lei nº 5.925, de 1º.10.1973) II - ao credor do terceiro para que não pratique ato de disposição do crédito. (Redação dada pela Lei nº 5.925, de 1º.10.1973)

Houve meras alterações redacionais, sem mudança substancial. O dispositivo trata da penhora de créditos do executado.

NOVO CÓDIGO DE PROCESSO CIVIL	CÓDIGO DE PROCESSO CIVIL DE 1973
Art. 856. A penhora de crédito representado por letra de câmbio, nota promissória, duplicata, cheque ou outros títulos far-se-á pela apreensão do documento, esteja ou não este em poder do executado. § 1º Se o título não for apreendido, mas o terceiro confessar a dívida, será este tido como depositário da importância. § 2º O terceiro só se exonerará da obrigação depositando em juízo a importância da dívida. § 3º Se o terceiro negar o débito em conluio com o executado, a quitação que este lhe der caracterizará fraude à execução. § 4º A requerimento do exequente, o juiz determinará o comparecimento, em audiência especialmente designada, do executado e do terceiro, a fim de lhes tomar os depoimentos.	**Art. 672.** A penhora de crédito, representada por letra de câmbio, nota promissória, duplicata, cheque ou outros títulos, far-se-á pela apreensão do documento, esteja ou não em poder do devedor. § 1º Se o título não for apreendido, mas o terceiro confessar a dívida, será havido como depositário da importância. § 2º O terceiro só se exonerará da obrigação, depositando em juízo a importância da dívida. § 3º Se o terceiro negar o débito em conluio com o devedor, a quitação, que este lhe der, considerar-se-á em fraude de execução. § 4º A requerimento do credor, o juiz determinará o comparecimento, em audiência especialmente designada, do devedor e do terceiro, a fim de lhes tomar os depoimentos.

9 BUENO, Cassio Scarpinella. *Projeto e novo código de processo civil comparados e anotados*. 1. ed. São Paulo: Saraiva, 2014, p. 406.

Sem alterações substanciais, percebem-se meras adaptações redacionais em relação à previsão do CPC/73.

NOVO CÓDIGO DE PROCESSO CIVIL	CÓDIGO DE PROCESSO CIVIL DE 1973
Art. 857. Feita a penhora em direito e ação do executado, e não tendo ele oferecido embargos ou sendo estes rejeitados, o exequente ficará sub-rogado nos direitos do executado até a concorrência de seu crédito. § 1º O exequente pode preferir, em vez da sub-rogação, a alienação judicial do direito penhorado, caso em que declarará sua vontade no prazo de 10 (dez) dias contado da realização da penhora. § 2º A sub-rogação não impede o sub-rogado, se não receber o crédito do executado, de prosseguir na execução, nos mesmos autos, penhorando outros bens.	**Art. 673.** Feita a penhora em direito e ação do devedor, e não tendo este oferecido embargos, ou sendo estes rejeitados, o credor fica sub-rogado nos direitos do devedor até a concorrência do seu crédito. § 1º O credor pode preferir, em vez da sub-rogação, a alienação judicial do direito penhorado, caso em que declarará a sua vontade no prazo de 10 (dez) dias contados da realização da penhora. § 2º A sub-rogação não impede ao sub-rogado, se não receber o crédito do devedor, de prosseguir na execução, nos mesmos autos, penhorando outros bens do devedor.

Não houve alterações substanciais, apenas mera adaptação redacional se comparados os dispositivos do CPC/2015 e do CPC/73.

NOVO CÓDIGO DE PROCESSO CIVIL	CÓDIGO DE PROCESSO CIVIL DE 1973
Art. 858. Quando a penhora recair sobre dívidas de dinheiro a juros, de direito a rendas ou de prestações periódicas, o exequente poderá levantar os juros, os rendimentos ou as prestações à medida que forem sendo depositados, abatendo-se do crédito as importâncias recebidas, conforme as regras de imputação do pagamento.	**Art. 675.** Quando a penhora recair sobre dívidas de dinheiro a juros, de direito a rendas, ou de prestações periódicas, o credor poderá levantar os juros, os rendimentos ou as prestações à medida que forem sendo depositadas, abatendo-se do crédito as importâncias recebidas, conforme as regras da imputação em pagamento.

Houve mera adaptação redacional, sem mudanças substanciais em relação ao artigo 675 do CPC/73.

NOVO CÓDIGO DE PROCESSO CIVIL	CÓDIGO DE PROCESSO CIVIL DE 1973
Art. 859. Recaindo a penhora sobre direito a prestação ou a restituição de coisa determinada, o executado será intimado para, no vencimento, depositá-la, correndo sobre ela a execução.	**Art. 676.** Recaindo a penhora sobre direito, que tenha por objeto prestação ou restituição de coisa determinada, o devedor será intimado para, no vencimento, depositá-la, correndo sobre ela a execução.

Com pequenas adaptações textuais, repetiu-se a regra do CPC/73.

NOVO CÓDIGO DE PROCESSO CIVIL	CÓDIGO DE PROCESSO CIVIL DE 1973
Art. 860. Quando o direito estiver sendo pleiteado em juízo, a penhora que recair sobre ele será averbada, com destaque, nos autos pertinentes ao direito e na ação correspondente à penhora, a fim de que esta seja efetivada nos bens que forem adjudicados ou que vierem a caber ao executado.	**Art. 674.** Quando o direito estiver sendo pleiteado em juízo, averbar-se-á no rosto dos autos a penhora, que recair nele e na ação que lhe corresponder, a fim de se efetivar nos bens, que forem adjudicados ou vierem a caber ao devedor.

Trata-se do instituto atualmente conhecido no CPC/73 como *"penhora no rosto dos autos"*, que sofre pequena alteração redacional no novo diploma. Exemplo mais comum de penhora de direito pleiteado em juízo é o direito hereditário que, nos termos do entendimento há tempos consolidado pelo Superior Tribunal de Justiça, possibilita a execução prosseguir, ainda que não tenha sido feita a partilha, com a alienação do direito de herdeiro. Desta maneira, a arrematação recairá não sobre determinado bem do acervo, mas sim sobre o direito em si a uma cota-parte da herança.

NOVO CÓDIGO DE PROCESSO CIVIL	CÓDIGO DE PROCESSO CIVIL DE 1973
Subseção VII Da Penhora das Quotas ou das Ações de Sociedades Personificadas	
Art. 861. Penhoradas as quotas ou as ações de sócio em sociedade simples ou empresária, o juiz assinará prazo razoável, não superior a 3 (três) meses, para que a sociedade: I - apresente balanço especial, na forma da lei; II - ofereça as quotas ou as ações aos demais sócios, observado o direito de preferência legal ou contratual; III - não havendo interesse dos sócios na aquisição das ações, proceda à liquidação das quotas ou das ações, depositando em juízo o valor apurado, em dinheiro. § 1º Para evitar a liquidação das quotas ou das ações, a sociedade poderá adquiri-las sem redução do capital social e com utilização de reservas, para manutenção em tesouraria. § 2º O disposto no caput e no § 1º não se aplica à sociedade anônima de capital aberto, cujas ações serão adjudicadas ao exequente ou alienadas em bolsa de valores, conforme o caso. § 3º Para os fins da liquidação de que trata o inciso III do caput, o juiz poderá, a requerimento do exequente ou da sociedade, nomear administrador, que deverá submeter à aprovação judicial a forma de liquidação. § 4º O prazo previsto no caput poderá ser ampliado pelo juiz, se o pagamento das quotas ou das ações liquidadas:	Sem correspondente.

I - superar o valor do saldo de lucros ou reservas, exceto a legal, e sem diminuição do capital social, ou por doação; ou II - colocar em risco a estabilidade financeira da sociedade simples ou empresária. § 5º Caso não haja interesse dos demais sócios no exercício de direito de preferência, não ocorra a aquisição das quotas ou das ações pela sociedade e a liquidação do inciso III do caput seja excessivamente onerosa para a sociedade, o juiz poderá determinar o leilão judicial das quotas ou das ações.	

A primeira anotação que deve ser feita é que não há, atualmente, no CPC/73, qualquer dispositivo equivalente ao analisado no NCPC. Trata-se da possibilidade de penhora das quotas ou ações de sociedades personificadas, o que põe fim a discussões doutrinárias e jurisprudências sobre o tema.

A preocupação do legislador, neste particular, foi garantir a preferência para os demais sócios adquirirem as cotas penhoradas em caso de eventual expropriação.

O dispositivo ainda trata de detalhar o procedimento a ser observado quando da penhora desses bens, analisando as peculiaridades do direito material aplicado ao tema e cada tipo de sociedade.

NOVO CÓDIGO DE PROCESSO CIVIL	CÓDIGO DE PROCESSO CIVIL DE 1973
Subseção VIII Da Penhora de Empresa, de Outros Estabelecimentos e de Semoventes **Art. 862.** Quando a penhora recair em estabelecimento comercial, industrial ou agrícola, bem como em semoventes, plantações ou edifícios em construção, o juiz nomeará administrador-depositário, determinando-lhe que apresente em 10 (dez) dias o plano de administração. § 1º Ouvidas as partes, o juiz decidirá. § 2º É lícito às partes ajustar a forma de administração e escolher o depositário, hipótese em que o juiz homologará por despacho a indicação. § 3º Em relação aos edifícios em construção sob regime de incorporação imobiliária, a penhora somente poderá recair sobre as unidades imobiliárias ainda não comercializadas pelo incorporador. § 4º Sendo necessário afastar o incorporador da administração da incorporação, será ela exercida pela comissão de representantes dos adquirentes ou, se se tratar de construção financiada, por empresa ou profissional indicado pela instituição fornecedora dos recursos para a obra, devendo ser ouvida, neste último caso, a comissão de representantes dos adquirentes.	Subseção V Da Penhora, do Depósito e da Administração de Empresa e de Outros Estabelecimentos **Art. 677.** Quando a penhora recair em estabelecimento comercial, industrial ou agrícola, bem como em semoventes, plantações ou edifício em construção, o juiz nomeará um depositário, determinando-lhe que apresente em 10 (dez) dias a forma de administração. § 1º Ouvidas as partes, o juiz decidirá. § 2º É lícito, porém, às partes ajustarem a forma de administração, escolhendo o depositário; caso em que o juiz homologará por despacho a indicação.

Trata-se da penhora de estabelecimento comercial, industrial ou agrícola, bem como dos semoventes, em que o novo *Código, com pontuais alterações redacionais, reproduz o teor do* CPC/73.

Contudo, no novo Diploma foram incluídos mais dois parágrafos que tratam da penhora dos edifícios em construção sobre o regime de incorporação, disciplinando a matéria.

NOVO CÓDIGO DE PROCESSO CIVIL	CÓDIGO DE PROCESSO CIVIL DE 1973
Art. 863. A penhora de empresa que funcione mediante concessão ou autorização far-se-á, conforme o valor do crédito, sobre a renda, sobre determinados bens ou sobre todo o patrimônio, e o juiz nomeará como depositário, de preferência, um de seus diretores. § 1º Quando a penhora recair sobre a renda ou sobre determinados bens, o administrador-depositário apresentará a forma de administração e o esquema de pagamento, observando-se, quanto ao mais, o disposto em relação ao regime de penhora de frutos e rendimentos de coisa móvel e imóvel. § 2º Recaindo a penhora sobre todo o patrimônio, prosseguirá a execução em seus ulteriores termos, ouvindo-se, antes da arrematação ou da adjudicação, o ente público que houver outorgado a concessão.	**Art. 678.** A penhora de empresa, que funcione mediante concessão ou autorização, far-se-á, conforme o valor do crédito, sobre a renda, sobre determinados bens ou sobre todo o patrimônio, nomeando o juiz como depositário, de preferência, um dos seus diretores. Parágrafo único. Quando a penhora recair sobre a renda, ou sobre determinados bens, o depositário apresentará a forma de administração e o esquema de pagamento observando-se, quanto ao mais, o disposto nos arts. 716 a 720; recaindo, porém, sobre todo o patrimônio, prosseguirá a execução os seus ulteriores termos, ouvindo-se, antes da arrematação ou da adjudicação, o poder público, que houver outorgado a concessão.

O novo Código repete a regra contida n*o* CPC/73, desmembrando, entretanto, o parágrafo único em dois parágrafos, fazendo pequenos ajustes redacionais.

NOVO CÓDIGO DE PROCESSO CIVIL	CÓDIGO DE PROCESSO CIVIL DE 1973
Art. 864. A penhora de navio ou de aeronave não obsta que continuem navegando ou operando até a alienação, mas o juiz, ao conceder a autorização para tanto, não permitirá que saiam do porto ou do aeroporto antes que o executado faça o seguro usual contra riscos.	**Art. 679.** A penhora sobre navio ou aeronave não obsta a que continue navegando ou operando até a alienação; mas o juiz, ao conceder a autorização para navegar ou operar, não permitirá que saia do porto ou aeroporto antes que o devedor faça o seguro usual contra riscos.

Repete-se a regra do CPC/73, com pequenas alterações pontuais.

NOVO CÓDIGO DE PROCESSO CIVIL	CÓDIGO DE PROCESSO CIVIL DE 1973
Art. 865. A penhora de que trata esta Subseção somente será determinada se não houver outro meio eficaz para a efetivação do crédito.	Sem correspondente.

Sem correspondência legal no CPC/73, o novo diploma inova ao tratar da penhora de empresas, de outros estabelecimentos e de semoventes como forma subsidiária, só devendo ser utilizada se não houver outro meio eficaz para a efetivação do crédito.

NOVO CÓDIGO DE PROCESSO CIVIL	CÓDIGO DE PROCESSO CIVIL DE 1973
Subseção IX Da Penhora de Percentual de Faturamento de Empresa **Art. 866.** Se o executado não tiver outros bens penhoráveis ou se, tendo-os, esses forem de difícil alienação ou insuficientes para saldar o crédito executado, o juiz poderá ordenar a penhora de percentual de faturamento de empresa. § 1° O juiz fixará percentual que propicie a satisfação do crédito exequendo em tempo razoável, mas que não torne inviável o exercício da atividade empresarial. § 2° O juiz nomeará administrador-depositário, o qual submeterá à aprovação judicial a forma de sua atuação e prestará contas mensalmente, entregando em juízo as quantias recebidas, com os respectivos balancetes mensais, a fim de serem imputadas no pagamento da dívida. § 3° Na penhora de percentual de faturamento de empresa, observar-se-á, no que couber, o disposto quanto ao regime de penhora de frutos e rendimentos de coisa móvel e imóvel.	**Art. 655-A.** [...] § 3º Na penhora de percentual do faturamento da empresa executada, será nomeado depositário, com a atribuição de submeter à aprovação judicial a forma de efetivação da constrição, bem como de prestar contas mensalmente, entregando ao exeqüente as quantias recebidas, a fim de serem imputadas no pagamento da dívida. (Incluído pela Lei nº 11.382, de 2006).

Apesar de haver disciplina da matéria no CPC/73, o novo Código se coloca a tratar da matéria de forma mais detalhada, discorrendo minuciosamente sobre os requisitos e o procedimento a ser adotado para, no caso em concreto, se chegar ao valor do faturamento, de forma a não inviabilizar as atividades da empresa.

NOVO CÓDIGO DE PROCESSO CIVIL	CÓDIGO DE PROCESSO CIVIL DE 1973
Subseção X Da Penhora de Frutos e Rendimentos de Coisa Móvel ou Imóvel	Subseção IV Do Usufruto de Móvel ou Imóvel (Redação dada pela Lei nº 11.382, de 2006).
Art. 867. O juiz pode ordenar a penhora de frutos e rendimentos de coisa móvel ou imóvel quando a considerar mais eficiente para o recebimento do crédito e menos gravosa ao executado.	**Art. 716.** O juiz pode conceder ao exeqüente o usufruto de móvel ou imóvel, quando o reputar menos gravoso ao executado e eficiente para o recebimento do crédito. (Redação dada pela Lei nº 11.382, de 2006).

Com pequenas alterações redacionais, o novo Diploma repete o dispositivo do CPC/73, suprimindo, contudo, o instituto do usufruto pela expressão "rendimentos", o que se coaduna melhor com a visão pública do Direito Processual, às avessas do termo "usufruto" que é eminentemente matéria de direito privado[10].

NOVO CÓDIGO DE PROCESSO CIVIL	CÓDIGO DE PROCESSO CIVIL DE 1973
Art. 868. Ordenada a penhora de frutos e rendimentos, o juiz nomeará administrador-depositário, que será investido de todos os poderes que concernem à administração do bem e à fruição de seus frutos e utilidades, perdendo o executado o direito de gozo do bem, até que o exequente seja pago do principal, dos juros, das custas e dos honorários advocatícios. § 1º A medida terá eficácia em relação a terceiros a partir da publicação da decisão que a conceda ou de sua averbação no ofício imobiliário, em caso de imóveis. § 2º O exequente providenciará a averbação no ofício imobiliário mediante a apresentação de certidão de inteiro teor do ato, independentemente de mandado judicial.	**Art. 717.** Decretado o usufruto, perde o executado o gozo do móvel ou imóvel, até que o exeqüente seja pago do principal, juros, custas e honorários advocatícios. (Redação dada pela Lei nº 11.382, de 2006). **Art. 718.** O usufruto tem eficácia, assim em relação ao executado como a terceiros, a partir da publicação da decisão que o conceda. (Redação dada pela Lei nº 11.382, de 2006). **Art. 722.** Ouvido o executado, o juiz nomeará perito para avaliar os frutos e rendimentos do bem e calcular o tempo necessário para o pagamento da dívida. (Redação dada pela Lei nº 11.382, de 2006). § 1º Após a manifestação das partes sobre o laudo, proferirá o juiz decisão; caso deferido o usufruto de imóvel, ordenará a expedição de carta para averbação no respectivo registro. (Redação dada pela Lei nº 11.382, de 2006). § 2º Constarão da carta a identificação do imóvel e cópias do laudo e da decisão. (Redação dada pela Lei nº 11.382, de 2006).

Trata-se da penhora de frutos e rendimentos e a sua oponibilidade contra terceiros, reunindo o NCPC em um artigo e dois parágrafos o que vinha disciplinado em três diferentes artigos no CPC/73. Nesse ponto, o novo Código foi mais técnico e superior, inclusive modificando o simplório procedimento contido no CPC/73.

10 BUENO, Cassio Scarpinella. *Projeto e novo código de processo civil comparados e anotados*. São Paulo: Saraiva, 2014, p. 412.

NOVO CÓDIGO DE PROCESSO CIVIL	CÓDIGO DE PROCESSO CIVIL DE 1973
Art. 869. O juiz poderá nomear administrador-depositário o exequente ou o executado, ouvida a parte contrária, e, não havendo acordo, nomeará profissional qualificado para o desempenho da função. § 1º O administrador submeterá à aprovação judicial a forma de administração e a de prestar contas periodicamente. § 2º Havendo discordância entre as partes ou entre essas e o administrador, o juiz decidirá a melhor forma de administração do bem. § 3º Se o imóvel estiver arrendado, o inquilino pagará o aluguel diretamente ao exequente, salvo se houver administrador. § 4º O exequente ou o administrador poderá celebrar locação do móvel ou do imóvel, ouvido o executado. § 5º As quantias recebidas pelo administrador serão entregues ao exequente, a fim de serem imputadas ao pagamento da dívida. § 6º O exequente dará ao executado, por termo nos autos, quitação das quantias recebidas.	**Art. 719.** Na sentença, o juiz nomeará administrador que será investido de todos os poderes que concernem ao usufrutuário. Parágrafo único. Pode ser administrador: I – o credor, consentindo o devedor; II – o devedor, consentindo o credor. **Art. 723.** Se o imóvel estiver arrendado, o inquilino pagará o aluguel diretamente ao usufrutuário, salvo se houver administrador. **Art. 724.** O exeqüente usufrutuário poderá celebrar locação do móvel ou imóvel, ouvido o executado. (Redação dada pela Lei nº 11.382, de 2006).

Com algumas alterações redacionais, o novo diploma incorpora em um único artigo com seis parágrafos o que vinha sendo tratado pelo CPC/73 em três artigos, o que, por si só, demonstra que se pretende tratar com mais detalhamento o procedimento em análise, aprimorando a devida utilização dos frutos do bem penhorado.

Nesse prisma, pode-se citar como inovação a regra contida no § 6º do artigo 867, que torna uma obrigação do exequente dar quitação por termo nos autos das quantias recebidas dos frutos penhorados.

NOVO CÓDIGO DE PROCESSO CIVIL	CÓDIGO DE PROCESSO CIVIL DE 1973
Subseção XI Da Avaliação	Subseção VI Da Avaliação
Art. 870. A avaliação será feita pelo oficial de justiça. Parágrafo único. Se forem necessários conhecimentos especializados e o valor da execução o comportar, o juiz nomeará avaliador, fixando-lhe prazo não superior a 10 (dez) dias para entrega do laudo.	**Art. 680.** A avaliação será feita pelo oficial de justiça (art. 652), ressalvada a aceitação do valor estimado pelo executado (art. 668, parágrafo único, inciso V); caso sejam necessários conhecimentos especializados, o juiz nomeará avaliador, fixando-lhe prazo não superior a 10 (dez) dias para entrega do laudo. (Redação dada pela Lei nº 11.382, de 2006).

O novo Código repete o disposto no CPC/73, sem grandes alterações textuais. Porém, traz importante requisito para que possa ocorrer a avaliação especializada de um técnico para determinado bem, qual seja o valor da execução comportar os honorários deste perito.

Sem maiores alterações o NCPC mantém o prazo de 10 (dez) dias para a apresentação de laudo, bem como continua como precípua a função do oficial de justiça como avaliador dos bens constritos.

NOVO CÓDIGO DE PROCESSO CIVIL	CÓDIGO DE PROCESSO CIVIL DE 1973
Art. 871. Não se procederá à avaliação quando: I - uma das partes aceitar a estimativa feita pela outra; II - se tratar de títulos ou de mercadorias que tenham cotação em bolsa, comprovada por certidão ou publicação no órgão oficial; III - se tratar de títulos da dívida pública, de ações de sociedades e de títulos de crédito negociáveis em bolsa, cujo valor será o da cotação oficial do dia, comprovada por certidão ou publicação no órgão oficial; IV - se tratar de veículos automotores ou de outros bens cujo preço médio de mercado possa ser conhecido por meio de pesquisas realizadas por órgãos oficiais ou de anúncios de venda divulgados em meios de comunicação, caso em que caberá a quem fizer a nomeação o encargo de comprovar a cotação de mercado. Parágrafo único. Ocorrendo a hipótese do inciso I deste artigo, a avaliação poderá ser realizada quando houver fundada dúvida do juiz quanto ao real valor do bem.	**Art. 682.** O valor dos títulos da dívida pública, das ações das sociedades e dos títulos de crédito negociáveis em bolsa será o da cotação oficial do dia, provada por certidão ou publicação no órgão oficial. **Art. 684.** Não se procederá à avaliação se: I - o exeqüente aceitar a estimativa feita pelo executado (art. 668, parágrafo único, inciso V); (Redação dada pela Lei nº 11.382, de 2006). II - se tratar de títulos ou de mercadorias, que tenham cotação em bolsa, comprovada por certidão ou publicação oficial; III - (Revogado pela Lei nº 11.382, de 2006)

O novo Código combina em um artigo, quatro incisos e um parágrafo, as regras contidas em dois artigos do CPC/73. Verifica-se, também, que o novo diploma amplia as possibilidades de dispensa da avaliação e traz, ainda, uma regra inovadora em que, mesmo aceitando o exequente o valor da avaliação, o juiz, quando tiver fundada dúvida e desde que fundamentada sua decisão, poderá mandar avaliar o bem objeto da penhora.

NOVO CÓDIGO DE PROCESSO CIVIL	CÓDIGO DE PROCESSO CIVIL DE 1973
Art. 872. A avaliação realizada pelo oficial de justiça constará de vistoria e de laudo anexados ao auto de penhora ou, em caso de perícia realizada por avaliador, de laudo apresentado no prazo fixado pelo juiz, devendo-se, em qualquer hipótese, especificar: I - os bens, com as suas características, e o estado em que se encontram; II - o valor dos bens. § 1° Quando o imóvel for suscetível de cômoda divisão, a avaliação, tendo em conta o crédito reclamado, será realizada em partes, sugerindo-se, com a apresentação de memorial descritivo, os possíveis desmembramentos para alienação. § 2° Realizada a avaliação e, sendo o caso, apresentada a proposta de desmembramento, as partes serão ouvidas no prazo de 5 (cinco) dias.	**Art. 681.** O laudo da avaliação integrará o auto de penhora ou, em caso de perícia (art. 680), será apresentado no prazo fixado pelo juiz, devendo conter: (Redação dada pela Lei nº 11.382, de 2006). I - a descrição dos bens, com os seus característicos, e a indicação do estado em que se encontram; II - o valor dos bens.

O novo Código repete, com algumas alterações redacionais pontuais, o que dispõe o CPC/73. Todavia, desmembra em dois parágrafos o conteúdo do parágrafo único do artigo 681 do CPC/73, sendo que o segundo parágrafo traz uma novidade, qual seja, realizada a avaliação, e se for o caso, apresentada a proposta de desmembramento do bem quando possível e verificado pelo oficial de justiça, as partes deverão ser ouvidas para debate no prazo de cinco dias. Cumpre salientar, o que em comentários acima já foi apontado, que o novo Código de Processo se demonstra totalmente sob o crivo do contraditório, permitindo, sempre que oportuno, o debate entre as partes para que as mesmas possam influenciar as decisões do juiz.

NOVO CÓDIGO DE PROCESSO CIVIL	CÓDIGO DE PROCESSO CIVIL DE 1973
Art. 873. É admitida nova avaliação quando: I - qualquer das partes arguir, fundamentadamente, a ocorrência de erro na avaliação ou dolo do avaliador; II - se verificar, posteriormente à avaliação, que houve majoração ou diminuição no valor do bem; III - o juiz tiver fundada dúvida sobre o valor atribuído ao bem na primeira avaliação. Parágrafo único. Aplica-se o art. 480 à nova avaliação prevista no inciso III do caput deste artigo.	**Art. 683.** É admitida nova avaliação quando: (Redação dada pela Lei nº 11.382, de 2006). I - qualquer das partes argüir, fundamentadamente, a ocorrência de erro na avaliação ou dolo do avaliador; (Redação dada pela Lei nº 11.382, de 2006). II - se verificar, posteriormente à avaliação, que houve majoração ou diminuição no valor do bem; ou (Redação dada pela Lei nº 11.382, de 2006). III - houver fundada dúvida sobre o valor atribuído ao bem (art. 668, parágrafo único, inciso V). (Redação dada pela Lei nº 11.382, de 2006).

O novo Código de Processo reproduz substancialmente o que dispõe o CPC/73, com pequenos ajustes textuais, acrescentando no final um parágrafo que, em última análise, representa a possibilidade de o juiz poder optar, nos casos em que for possível, por segunda perícia entre uma e outra.

NOVO CÓDIGO DE PROCESSO CIVIL	CÓDIGO DE PROCESSO CIVIL DE 1973
Art. 874. Após a avaliação, o juiz poderá, a requerimento do interessado e ouvida a parte contrária, mandar: I - reduzir a penhora aos bens suficientes ou transferi-la para outros, se o valor dos bens penhorados for consideravelmente superior ao crédito do exequente e dos acessórios; II - ampliar a penhora ou transferi-la para outros bens mais valiosos, se o valor dos bens penhorados for inferior ao crédito do exequente.	**Art. 685.** Após a avaliação, poderá mandar o juiz, a requerimento do interessado e ouvida a parte contrária: I – reduzir a penhora aos bens suficientes, ou transferi-la para outros, que bastem à execução, se o valor dos penhorados for consideravelmente superior ao crédito do exequente e acessórios; II – ampliar a penhora, ou transferi-la para outros bens mais valiosos, se o valor dos penhorados for inferior ao referido crédito. [...]

Cuida-se das hipóteses legais de ampliação ou redução da penhora, em que o novo Código não trouxe nada de novo, reproduzindo com alguns ajustes o conteúdo do texto do CPC/73.

NOVO CÓDIGO DE PROCESSO CIVIL	CÓDIGO DE PROCESSO CIVIL DE 1973
Art. 875. Realizadas a penhora e a avaliação, o juiz dará início aos atos de expropriação do bem.	**Art. 685.** [...] Parágrafo único. Uma vez cumpridas essas providências, o juiz dará início aos atos de expropriação de bens. (Redação dada pela Lei nº 11.382, de 2006).

O novo Código, neste ponto, repete o que já disciplina a legislação processual de 1973, indicando o momento processual para que se possa realizar os atos expropriatórios dos bens.

NOVO CÓDIGO DE PROCESSO CIVIL	CÓDIGO DE PROCESSO CIVIL DE 1973
Seção IV **Da Expropriação de Bens** Subseção I Da Adjudicação **Art. 876.** É lícito ao exequente, oferecendo preço não inferior ao da avaliação, requerer que lhe sejam adjudicados os bens penhorados. § 1º Requerida a adjudicação, o executado será intimado do pedido: I - pelo Diário da Justiça, na pessoa de seu advogado constituído nos autos; II - por carta com aviso de recebimento, quando representado pela Defensoria Pública ou quando não tiver procurador constituído nos autos; III - por meio eletrônico, quando, sendo o caso do § 1º do art. 246, não tiver procurador constituído nos autos. § 2º Considera-se realizada a intimação quando o executado houver mudado de endereço sem prévia comunicação ao juízo, observado o disposto no art. 274, parágrafo único. § 3º Se o executado, citado por edital, não tiver procurador constituído nos autos, é dispensável a intimação prevista no § 1º. § 4º Se o valor do crédito for: I - inferior ao dos bens, o requerente da adjudicação depositará de imediato a diferença, que ficará à disposição do executado; II - superior ao dos bens, a execução prosseguirá pelo saldo remanescente.	**Art. 685-A.** É lícito ao exeqüente, oferecendo preço não inferior ao da avaliação, requerer lhe sejam adjudicados os bens penhorados. (Incluído pela Lei nº 11.382, de 2006). § 1º Se o valor do crédito for inferior ao dos bens, o adjudicante depositará de imediato a diferença, ficando esta à disposição do executado; se superior, a execução prosseguirá pelo saldo remanescente. (Incluído pela Lei nº 11.382, de 2006).

§ 5º Idêntico direito pode ser exercido por aqueles indicados no art. 889, incisos II a VIII, pelos credores concorrentes que hajam penhorado o mesmo bem, pelo cônjuge, pelo companheiro, pelos descendentes ou pelos ascendentes do executado. § 6º Se houver mais de um pretendente, proceder-se-á a licitação entre eles, tendo preferência, em caso de igualdade de oferta, o cônjuge, o companheiro, o descendente ou o ascendente, nessa ordem. § 7º No caso de penhora de quota social ou de ação de sociedade anônima fechada realizada em favor de exequente alheio à sociedade, esta será intimada, ficando responsável por informar aos sócios a ocorrência da penhora, assegurando-se a estes a preferência.	§ 2º Idêntico direito pode ser exercido pelo credor com garantia real, pelos credores concorrentes que hajam penhorado o mesmo bem, pelo cônjuge, pelos descendentes ou ascendentes do executado. (Incluído pela Lei nº 11.382, de 2006). § 3º Havendo mais de um pretendente, proceder-se-á entre eles à licitação; em igualdade de oferta, terá preferência o cônjuge, descendente ou ascendente, nessa ordem. (Incluído pela Lei nº 11.382, de 2006). § 4º No caso de penhora de quota, procedida por exeqüente alheio à sociedade, esta será intimada, assegurando preferência aos sócios. (Incluído pela Lei nº 11.382, de 2006). [...]

O novo Código, neste ponto, não traz apenas mudanças redacionais, mas também substanciais em relação ao CPC/73, aperfeiçoando o procedimento e ampliando sua redação, mantendo contudo, a adjudicação como forma expropriatória ordinária.

Dentre as mudanças ocorridas, nota-se a exigência legal de intimação do executado para se manifestar sobre o pedido de adjudicação apresentado pelo exequente, destacando inclusive a forma como a intimação será realizada, mostrando, mais uma vez, a primazia do princípio do contraditório e do processo dialético.

NOVO CÓDIGO DE PROCESSO CIVIL	CÓDIGO DE PROCESSO CIVIL DE 1973
Art. 877. Transcorrido o prazo de 5 (cinco) dias, contado da última intimação, e decididas eventuais questões, o juiz ordenará a lavratura do auto de adjudicação. § 1º Considera-se perfeita e acabada a adjudicação com a lavratura e a assinatura do auto pelo juiz, pelo adjudicatário, pelo escrivão ou chefe de secretaria, e, se estiver presente, pelo executado, expedindo-se: I - a carta de adjudicação e o mandado de imissão na posse, quando se tratar de bem imóvel; II - a ordem de entrega ao adjudicatário, quando se tratar de bem móvel. § 2º A carta de adjudicação conterá a descrição do imóvel, com remissão à sua matrícula e aos seus registros, a cópia do auto de adjudicação e a prova de quitação do imposto de transmissão. § 3º No caso de penhora de bem hipotecado, o executado poderá remi-lo até a assinatura do auto de adjudicação, oferecendo preço igual ao da avaliação, se não tiver havido licitantes, ou ao do maior lance oferecido. § 4º Na hipótese de falência ou de insolvência do devedor hipotecário, o direito de remição previsto no § 3º será deferido à massa ou aos credores em concurso, não podendo o exequente recusar o preço da avaliação do imóvel.	**Art. 685-A.** [...] § 5º Decididas eventuais questões, o juiz mandará lavrar o auto de adjudicação. (Incluído pela Lei nº 11.382, de 2006). **Art. 685-B.** A adjudicação considera-se perfeita e acabada com a lavratura e assinatura do auto pelo juiz, pelo adjudicante, pelo escrivão e, se for presente, pelo executado, expedindo-se a respectiva carta, se bem imóvel, ou mandado de entrega ao adjudicante, se bem móvel. (Incluído pela Lei nº 11.382, de 2006). Parágrafo único. A carta de adjudicação conterá a descrição do imóvel, com remissão a sua matrícula e registros, a cópia do auto de adjudicação e a prova de quitação do imposto de transmissão. (Incluído pela Lei nº 11.382, de 2006).

O novo Código, neste ponto, ao disciplinar a matéria traz modificações de conteúdo em relação ao CPC/73, sendo mais técnico e minucioso na descrição do procedimento de adjudicação.

Em relação às inovações, os parágrafos terceiro e quarto preveem a hipótese legal de a penhora recair sobre bem hipotecado e a intenção do executado em remi-lo de acordo com as circunstâncias da adjudicação, inclusive na hipótese de falência ou de insolvência do devedor hipotecário.

NOVO CÓDIGO DE PROCESSO CIVIL	CÓDIGO DE PROCESSO CIVIL DE 1973
Art. 878. Frustradas as tentativas de alienação do bem, será reaberta oportunidade para requerimento de adjudicação, caso em que também se poderá pleitear a realização de nova avaliação.	Sem correspondente.

O NCPC inova neste dispositivo. Trata-se de matéria já debatida pela doutrina e em sede jurisprudencial, que o novo diploma pretende acomodar. Desta feita, há a possibilidade de se reexaminar as modalidades expropriatórias depois de frustradas as tentativas de alienação do bem penhorado.

NOVO CÓDIGO DE PROCESSO CIVIL	CÓDIGO DE PROCESSO CIVIL DE 1973
Subseção II Da Alienação **Art. 879.** A alienação far-se-á: I - por iniciativa particular; II - em leilão judicial eletrônico ou presencial.	**Art. 647.** A expropriação consiste: I - na adjudicação em favor do exeqüente ou das pessoas indicadas no § 2º do art. 685-A desta Lei; (Redação dada pela Lei nº 11.382, de 2006). II - na alienação por iniciativa particular; (Redação dada pela Lei nº 11.382, de 2006). III - na alienação em hasta pública; (Redação dada pela Lei nº 11.382, de 2006). IV - no usufruto de bem móvel ou imóvel. (Incluído pela Lei nº 11.382, de 2006).

Trata-se de matéria referente à alienação dos bens penhorados. Neste ponto, o novo Código se demonstrou inovador diante do CPC/73.

A primeira hipótese por iniciativa particular é mera repetição do que já disciplina a legislação de 1973. A inovação vem no inciso II, quando trata de leilão judicial eletrônico ou, ainda, presencial.

NOVO CÓDIGO DE PROCESSO CIVIL	CÓDIGO DE PROCESSO CIVIL DE 1973
Art. 880. Não efetivada a adjudicação, o exequente poderá requerer a alienação por sua própria iniciativa ou por intermédio de corretor ou leiloeiro público credenciado perante o órgão judiciário. § 1º O juiz fixará o prazo em que a alienação deve ser efetivada, a forma de publicidade, o preço mínimo, as condições de pagamento, as garantias e, se for o caso, a comissão de corretagem. § 2º A alienação será formalizada por termo nos autos, com a assinatura do juiz, do exequente, do adquirente e, se estiver presente, do executado, expedindo-se: I - a carta de alienação e o mandado de imissão na posse, quando se tratar de bem imóvel; II - a ordem de entrega ao adquirente, quando se tratar de bem móvel. § 3º Os tribunais poderão editar disposições complementares sobre o procedimento da alienação prevista neste artigo, admitindo, quando for o caso, o concurso de meios eletrônicos, e dispor sobre o credenciamento dos corretores e leiloeiros públicos, os quais deverão estar em exercício profissional por não menos que 3 (três) anos. § 4º Nas localidades em que não houver corretor ou leiloeiro público credenciado nos termos do § 3º, a indicação será de livre escolha do exequente.	Subseção VI-B Da Alienação por Iniciativa Particular (Incluído pela Lei nº 11.382, de 2006). **Art. 685-C.** Não realizada a adjudicação dos bens penhorados, o exeqüente poderá requerer sejam eles alienados por sua própria iniciativa ou por intermédio de corretor credenciado perante a autoridade judiciária. (Incluído pela Lei nº 11.382, de 2006). § 1º O juiz fixará o prazo em que a alienação deve ser efetivada, a forma de publicidade, o preço mínimo (art. 680), as condições de pagamento e as garantias, bem como, se for o caso, a comissão de corretagem. (Incluído pela Lei nº 11.382, de 2006). § 2º A alienação será formalizada por termo nos autos, assinado pelo juiz, pelo exeqüente, pelo adquirente e, se for presente, pelo executado, expedindo-se carta de alienação do imóvel para o devido registro imobiliário, ou, se bem móvel, mandado de entrega ao adquirente. (Incluído pela Lei nº 11.382, de 2006). § 3º Os Tribunais poderão expedir provimentos detalhando o procedimento da alienação prevista neste artigo, inclusive com o concurso de meios eletrônicos, e dispondo sobre o credenciamento dos corretores, os quais deverão estar em exercício profissional por não menos de 5 (cinco) anos. (Incluído pela Lei nº 11.382, de 2006).

O NCPC aperfeiçoou o que dispõe o vigente diploma legal, realizando pontuais mudanças textuais e modificando alguns pontos de forma mais substancial.

O prazo de cinco anos para o exercício profissional para fazer parte do quadro de credenciamento dos corretores e leiloeiros foi diminuído para apenas três anos no novo Código, bem como trouxe a previsão legal de que cabe ao exequente, nas localidades onde não têm profissionais corretores e leiloeiros credenciados, indicar o profissional à sua livre escolha.

NOVO CÓDIGO DE PROCESSO CIVIL	CÓDIGO DE PROCESSO CIVIL DE 1973
	Subseção VII Da Arrematação Da Alienação em Hasta Pública (Redação dada pela Lei nº 11.382, de 2006).
Art. 881. A alienação far-se-á em leilão judicial se não efetivada a adjudicação ou a alienação por iniciativa particular. § 1º O leilão do bem penhorado será realizado por leiloeiro público. § 2º Ressalvados os casos de alienação a cargo de corretores de bolsa de valores, todos os demais bens serão alienados em leilão público.	**Art. 686.** Não requerida a adjudicação e não realizada a alienação particular do bem penhorado, será expedido o edital de hasta pública, que conterá: (Redação dada pela Lei nº 11.382, de 2006). [...] **Art. 689-A.** O procedimento previsto nos arts. 686 a 689 poderá ser substituído, a requerimento do exeqüente, por alienação realizada por meio da rede mundial de computadores, com uso de páginas virtuais criadas pelos Tribunais ou por entidades públicas ou privadas em convênio com eles firmado. (Incluído pela Lei nº 11.382, de 2006). Parágrafo único. O Conselho da Justiça Federal e os Tribunais de Justiça, no âmbito das suas respectivas competências, regulamentarão esta modalidade de alienação, atendendo aos requisitos de ampla publicidade, autenticidade e segurança, com observância das regras estabelecidas na legislação sobre certificação digital. (Incluído pela Lei nº 11.382, de 2006). **Art. 704.** Ressalvados os casos de alienação de bens imóveis e aqueles de atribuição de corretores da Bolsa de Valores, todos os demais bens serão alienados em leilão público. (Redação dada pela Lei nº 11.382, de 2006).

O formato de alienação pública só ocorrerá caso reste frustrada a adjudicação ou a alienação por particular. Neste particular, o novo Código inovou ao unificar as duas figuras de hasta pública em leilão público.

Assim, não importa se o bem constrito é móvel ou imóvel, a expropriação será feita na forma de leilão, restando ressalvada apenas a hipótese de alienação a cargo de corretores das bolsas de valores, as ações das bolsas de investimento.

NOVO CÓDIGO DE PROCESSO CIVIL	CÓDIGO DE PROCESSO CIVIL DE 1973
Art. 882. Não sendo possível a sua realização por meio eletrônico, o leilão será presencial. § 1º A alienação judicial por meio eletrônico será realizada, observando-se as garantias processuais das partes, de acordo com regulamentação específica do Conselho Nacional de Justiça.	**Art. 686.** [...]

§ 2° A alienação judicial por meio eletrônico deverá atender aos requisitos de ampla publicidade, autenticidade e segurança, com observância das regras estabelecidas na legislação sobre certificação digital. § 3° O leilão presencial será realizado no local designado pelo juiz.	§ 2º A praça realizar-se-á no átrio do edifício do Fórum; o leilão, onde estiverem os bens, ou no lugar designado pelo juiz. (Redação dada pela Lei nº 5.925, de 1º.10.1973) [...]

No *caput* do artigo 882, com o intuito de privilegiar a celeridade processual, estabelece-se uma ordem de preferência da realização dos leilões, sendo preterido o leilão presencial face ao eletrônico, que só ocorrerá na falta deste último.

O § 1° do referido dispositivo estabelece a competência do Conselho Nacional de Justiça para regulamentar os leilões eletrônicos ressalvando as garantias processuais que vêm reafirmadas no § 2°, estabelecendo que a alienação judicial eletrônica deverá obedecer os princípios da ampla publicidade, autenticidade e segurança. Nota-se, nesse ponto, que o legislador do novo Código tratou de qualificar a publicidade, não bastando tornar público o procedimento, mas sim tornar a publicidade ampla, alcançando a sua plenitude, estabelecendo o passo a passo da negociação, interessados, valores oferecidos, e não apenas o resultado da alienação. Já o § 3º permite a determinação do local do leilão que, pela redação do artigo 686, § 2º, do CPC/73, deveria ocorrer no átrio do edifício do Fórum.

NOVO CÓDIGO DE PROCESSO CIVIL	CÓDIGO DE PROCESSO CIVIL DE 1973
Art. 883. Caberá ao juiz a designação do leiloeiro público, que poderá ser indicado pelo exequente.	**Art. 706.** O leiloeiro público será indicado pelo exeqüente. (Redação dada pela Lei nº 11.382, de 2006).

Uma análise mais apressada do dispositivo pode dar margem à interpretação equivocada quando comparado ao seu correspondente legal do CPC/73, uma vez que deixa claro que é atribuição exclusiva do magistrado fazer a nomeação do leiloeiro público, restando ao exequente apenas a mera indicação, que poderá ser rejeitada pelo magistrado motivadamente, nomeando leiloeiro de sua confiança.

NOVO CÓDIGO DE PROCESSO CIVIL	CÓDIGO DE PROCESSO CIVIL DE 1973
Art. 884. Incumbe ao leiloeiro público: I - publicar o edital, anunciando a alienação; II - realizar o leilão onde se encontrem os bens ou no lugar designado pelo juiz; III - expor aos pretendentes os bens ou as amostras das mercadorias; IV - receber e depositar, dentro de 1 (um) dia, à ordem do juiz, o produto da alienação; V - prestar contas nos 2 (dois) dias subsequentes ao depósito. Parágrafo único. O leiloeiro tem o direito de receber do arrematante a comissão estabelecida em lei ou arbitrada pelo juiz.	**Art. 705.** Cumpre ao leiloeiro: I – publicar o edital, anunciando a alienação; II – realizar o leilão onde se encontrem os bens, ou no lugar designado pelo juiz; III – expor aos pretendentes os bens ou as amostras das mercadorias; IV – receber do arrematante a comissão estabelecida em lei ou arbitrada pelo juiz; V – receber e depositar, dentro em 24 (vinte e quatro) horas, à ordem do juiz, o produto da alienação; VI – prestar contas nas 48 (quarenta e oito) horas subsequentes ao depósito.

Com meras alterações redacionais, o novo dispositivo segue a mesma linha do CPC/73 sobre as funções do leiloeiro público.

NOVO CÓDIGO DE PROCESSO CIVIL	CÓDIGO DE PROCESSO CIVIL DE 1973
Art. 885. O juiz da execução estabelecerá o preço mínimo, as condições de pagamento e as garantias que poderão ser prestadas pelo arrematante.	Sem correspondente.

Sem correspondência legal no CPC/73, o novo Código traz uma regra autoexplicativa, com redação simples e de grande valia para a efetividade da alienação por leilão judicial, que dispõe sobre o início do pagamento do bem arrematado em leilão e as garantias prestadas, se necessárias.

NOVO CÓDIGO DE PROCESSO CIVIL	CÓDIGO DE PROCESSO CIVIL DE 1973
Art. 886. O leilão será precedido de publicação de edital, que conterá: I - a descrição do bem penhorado, com suas características, e, tratando-se de imóvel, sua situação e suas divisas, com remissão à matrícula e aos registros; II - o valor pelo qual o bem foi avaliado, o preço mínimo pelo qual poderá ser alienado, as condições de pagamento e, se for o caso, a comissão do leiloeiro designado; III - o lugar onde estiverem os móveis, os veículos e os semoventes e, tratando-se de créditos ou direitos, a identificação dos autos do processo em que foram penhorados; IV - o sítio, na rede mundial de computadores, e o período em que se realizará o leilão, salvo se este se der de modo presencial, hipótese em que serão indicados o local, o dia e a hora de sua realização;	Subseção VII Da Arrematação Da Alienação em Hasta Pública (Redação dada pela Lei nº 11.382, de 2006). **Art. 686.** Não requerida a adjudicação e não realizada a alienação particular do bem penhorado, será expedido o edital de hasta pública, que conterá: (Redação dada pela Lei nº 11.382, de 2006). I - a descrição do bem penhorado, com suas características e, tratando-se de imóvel, a situação e divisas, com remissão à matrícula e aos registros; (Redação dada pela Lei nº 11.382, de 2006). II - o valor do bem; (Redação dada pela Lei nº 5.925, de 1º.10.1973) III - o lugar onde estiverem os móveis, veículos e semoventes; e, sendo direito e ação, os autos do processo, em que foram penhorados; (Redação dada pela Lei nº 5.925, de 1º.10.1973) IV - o dia e a hora de realização da praça, se bem imóvel, ou o local, dia e hora de realização do leilão, se bem móvel; (Redação dada pela Lei nº 11.382, de 2006).

V - a indicação de local, dia e hora de segundo leilão presencial, para a hipótese de não haver interessado no primeiro; VI - menção da existência de ônus, recurso ou processo pendente sobre os bens a serem leiloados. Parágrafo único. No caso de títulos da dívida pública e de títulos negociados em bolsa, constará do edital o valor da última cotação.	V - menção da existência de ônus, recurso ou causa pendente sobre os bens a serem arrematados; (Redação dada pela Lei nº 8.953, de 13.12.1994) VI - a comunicação de que, se o bem não alcançar lanço superior à importância da avaliação, seguir-se-á, em dia e hora que forem desde logo designados entre os dez e os vinte dias seguintes, a sua alienação pelo maior lanço (art. 692). (Redação dada pela Lei nº 8.953, de 13.12.1994) § 1º No caso do art. 684, II, constará do edital o valor da última cotação anterior à expedição deste. (Redação dada pela Lei nº 5.925, de 1º.10.1973) § 2º A praça realizar-se-á no átrio do edifício do Fórum; o leilão, onde estiverem os bens, ou no lugar designado pelo juiz. (Redação dada pela Lei nº 5.925, de 1º.10.1973) § 3º Quando o valor dos bens penhorados não exceder 60 (sessenta) vezes o valor do salário mínimo vigente na data da avaliação, será dispensada a publicação de editais; nesse caso, o preço da arrematação não será inferior ao da avaliação. (Redação dada pela Lei nº 11.382, de 2006).

O NCPC reproduz alguns dispositivos do CPC/73, com modificações textuais e substanciais. Interessantes inovações trazidas pelo novo Código encontram-se no inciso IV, que trata do leilão virtual, e no inciso V do presente dispositivo, que já prevê, de antemão, a possibilidade de dois leilões na modalidade presencial na hipótese de não haver interessado no primeiro.

Acresce, ainda, no inciso segundo, que não basta a avaliação pura do bem, deve também constar o preço mínimo pelo qual o bem pode ser alienado, dando maior margem de negociação ao leiloeiro, buscando assim não restar frustrada a execução.

NOVO CÓDIGO DE PROCESSO CIVIL	CÓDIGO DE PROCESSO CIVIL DE 1973
Art. 887. O leiloeiro público designado adotará providências para a ampla divulgação da alienação. § 1º A publicação do edital deverá ocorrer pelo menos 5 (cinco) dias antes da data marcada para o leilão.	**Art. 687.** O edital será afixado no local do costume e publicado, em resumo, com antecedência mínima de 5 (cinco) dias, pelo menos uma vez em jornal de ampla circulação local. (Redação dada pela Lei nº 8.953, de 13.12.1994) § 1º A publicação do edital será feita no órgão oficial, quando o credor for beneficiário da justiça gratuita. (Redação dada pela Lei nº 8.953, de 13.12.1994) § 2º Atendendo ao valor dos bens e às condições da comarca, o juiz poderá alterar a forma e a freqüência da publicidade na imprensa, mandar divulgar avisos em emissora local e adotar outras providências tendentes a mais ampla publicidade da alienação, inclusive recorrendo a meios eletrônicos de divulgação. (Redação dada pela Lei nº 11.382, de 2006).

§ 2º O edital será publicado na rede mundial de computadores, em sítio designado pelo juízo da execução, e conterá descrição detalhada e, sempre que possível, ilustrada dos bens, informando expressamente se o leilão se realizará de forma eletrônica ou presencial. § 3º Não sendo possível a publicação na rede mundial de computadores ou considerando o juiz, em atenção às condições da sede do juízo, que esse modo de divulgação é insuficiente ou inadequado, o edital será afixado em local de costume e publicado, em resumo, pelo menos uma vez em jornal de ampla circulação local. § 4º Atendendo ao valor dos bens e às condições da sede do juízo, o juiz poderá alterar a forma e a frequência da publicidade na imprensa, mandar publicar o edital em local de ampla circulação de pessoas e divulgar avisos em emissora de rádio ou televisão local, bem como em sítios distintos do indicado no § 2º. § 5º Os editais de leilão de imóveis e de veículos automotores serão publicados pela imprensa ou por outros meios de divulgação, preferencialmente na seção ou no local reservados à publicidade dos respectivos negócios. § 6º O juiz poderá determinar a reunião de publicações em listas referentes a mais de uma execução.	§ 3º Os editais de praça serão divulgados pela imprensa preferencialmente na seção ou local reservado à publicidade de negócios imobiliários. (Redação dada pela Lei nº 8.953, de 13.12.1994) § 4º O juiz poderá determinar a reunião de publicações em listas referentes a mais de uma execução. (Incluído pela Lei nº 8.953, de 13.12.1994) § 5º O executado terá ciência do dia, hora e local da alienação judicial por intermédio de seu advogado ou, se não tiver procurador constituído nos autos, por meio de mandado, carta registrada, edital ou outro meio idôneo. (Redação dada pela Lei nº 11.382, de 2006). **Art. 688**. Não se realizando, por motivo justo, a praça ou o leilão, o juiz mandará publicar pela imprensa local e no órgão oficial a transferência. [...] **Art. 686.** [...] § 3º Quando o valor dos bens penhorados não exceder 60 (sessenta) vezes o valor do salário mínimo vigente na data da avaliação, será dispensada a publicação de editais; nesse caso, o preço da arrematação não será inferior ao da avaliação. (Redação dada pela Lei nº 11.382, de 2006).

O novo Código aperfeiçoa a matéria que trata da divulgação e periodicidade das publicações dos editais do leilão, sem inovar de maneira substancial, havendo correspondentes legais no CPC/73. Neste ponto, verifica-se apenas uma atenção maior dispensada pelo legislador no que se refere aos meios eletrônicos de divulgação do edital, bem como a menção expressa à rede mundial de computadores como fonte de divulgação.

NOVO CÓDIGO DE PROCESSO CIVIL	CÓDIGO DE PROCESSO CIVIL DE 1973
Art. 888. Não se realizando o leilão por qualquer motivo, o juiz mandará publicar a transferência, observando-se o disposto no art. 887. Parágrafo único. O escrivão, o chefe de secretaria ou o leiloeiro que culposamente der causa à transferência responde pelas despesas da nova publicação, podendo o juiz aplicar-lhe a pena de suspensão por 5 (cinco) dias a 3 (três) meses, em procedimento administrativo regular.	**Art. 688.** Não se realizando, por motivo justo, a praça ou o leilão, o juiz mandará publicar pela imprensa local e no órgão oficial a transferência. Parágrafo único. O escrivão, o porteiro ou o leiloeiro, que culposamente der causa à transferência, responde pelas despesas da nova publicação, podendo o juiz aplicar-lhe a pena de suspensão por 5 (cinco) a 30 (trinta) dias.

O artigo 888 do NCPC não apresenta alterações substanciais em relação ao seu correspondente no CPC/73.

NOVO CÓDIGO DE PROCESSO CIVIL	CÓDIGO DE PROCESSO CIVIL DE 1973
Art. 889. Serão cientificados da alienação judicial, com pelo menos 5 (cinco) dias de antecedência: I - o executado, por meio de seu advogado ou, se não tiver procurador constituído nos autos, por carta registrada, mandado, edital ou outro meio idôneo; II - o coproprietário de bem indivisível do qual tenha sido penhorada fração ideal; III - o titular de usufruto, uso, habitação, enfiteuse, direito de superfície, concessão de uso especial para fins de moradia ou concessão de direito real de uso, quando a penhora recair sobre bem gravado com tais direitos reais; IV - o proprietário do terreno submetido ao regime de direito de superfície, enfiteuse, concessão de uso especial para fins de moradia ou concessão de direito real de uso, quando a penhora recair sobre tais direitos reais; V - o credor pignoratício, hipotecário, anticrético, fiduciário ou com penhora anteriormente averbada, quando a penhora recair sobre bens com tais gravames, caso não seja o credor, de qualquer modo, parte na execução; VI - o promitente comprador, quando a penhora recair sobre bem em relação ao qual haja promessa de compra e venda registrada; VII - o promitente vendedor, quando a penhora recair sobre direito aquisitivo derivado de promessa de compra e venda registrada; VIII - a União, o Estado e o Município, no caso de alienação de bem tombado. Parágrafo único. Se o executado for revel e não tiver advogado constituído, não constando dos autos seu endereço atual ou, ainda, não sendo ele encontrado no endereço constante do processo, a intimação considerar-se-á feita por meio do próprio edital de leilão.	**Art. 687.** [...] § 5º O executado terá ciência do dia, hora e local da alienação judicial por intermédio de seu advogado ou, se não tiver procurador constituído nos autos, por meio de mandado, carta registrada, edital ou outro meio idôneo. (Redação dada pela Lei nº 11.382, de 2006). **Art. 698.** Não se efetuará a adjudicação ou alienação de bem do executado sem que da execução seja cientificado, por qualquer modo idôneo e com pelo menos 10 (dez) dias de antecedência, o senhorio direto, o credor com garantia real ou com penhora anteriormente averbada, que não seja de qualquer modo parte na execução. (Redação dada pela Lei nº 11.382, de 2006).

O NCPC amplia o rol de pessoas a serem intimadas para tomarem conhecimento do leilão, não se limitando apenas ao executado ou exequente, como aqueles que de qualquer forma possuam alguma relação de direito real com o bem a ser expropriado.

Por fim, inova também com o conteúdo de seu parágrafo único ao dispor que se o executado for revel e não tiver advogado constituído, não constando dos autos seu endereço atual ou, ainda, não sendo ele encontrado no endereço constante do processo, a intimação considerar-se-á feita por meio do próprio edital de leilão.

NOVO CÓDIGO DE PROCESSO CIVIL	CÓDIGO DE PROCESSO CIVIL DE 1973
Art. 890. Pode oferecer lance quem estiver na livre administração de seus bens, com exceção: I - dos tutores, dos curadores, dos testamenteiros, dos administradores ou dos liquidantes, quanto aos bens confiados à sua guarda e à sua responsabilidade; II - dos mandatários, quanto aos bens de cuja administração ou alienação estejam encarregados; III - do juiz, do membro do Ministério Público e da Defensoria Pública, do escrivão, do chefe de secretaria e dos demais servidores e auxiliares da justiça, em relação aos bens e direitos objeto de alienação na localidade onde servirem ou a que se estender a sua autoridade; IV - dos servidores públicos em geral, quanto aos bens ou aos direitos da pessoa jurídica a que servirem ou que estejam sob sua administração direta ou indireta; V - dos leiloeiros e seus prepostos, quanto aos bens de cuja venda estejam encarregados; VI - dos advogados de qualquer das partes.	**Art. 690-A.** É admitido a lançar todo aquele que estiver na livre administração de seus bens, com exceção: (Incluído pela Lei nº 11.382, de 2006). I - dos tutores, curadores, testamenteiros, administradores, síndicos ou liquidantes, quanto aos bens confiados a sua guarda e responsabilidade; (Incluído pela Lei nº 11.382, de 2006). II - dos mandatários, quanto aos bens de cuja administração ou alienação estejam encarregados; (Incluído pela Lei nº 11.382, de 2006). III - do juiz, membro do Ministério Público e da Defensoria Pública, escrivão e demais servidores e auxiliares da Justiça. (Incluído pela Lei nº 11.382, de 2006). Parágrafo único. O exeqüente, se vier a arrematar os bens, não estará obrigado a exibir o preço; mas, se o valor dos bens exceder o seu crédito, depositará, dentro de 3 (três) dias, a diferença, sob pena de ser tornada sem efeito a arrematação e, neste caso, os bens serão levados a nova praça ou leilão à custa do exeqüente. (Incluído pela Lei nº 11.382, de 2006).

No dispositivo em comento, verifica-se o tratamento dado àqueles que não podem participar dando lances no leilão público, e o novo Código aumenta esse rol em relação ao CPC/73, incluindo por exemplo, os advogados das partes, os servidores públicos em geral, os leiloeiros e também os seus prepostos.

NOVO CÓDIGO DE PROCESSO CIVIL	CÓDIGO DE PROCESSO CIVIL DE 1973
Art. 891. Não será aceito lance que ofereça preço vil. Parágrafo único. Considera-se vil o preço inferior ao mínimo estipulado pelo juiz e constante do edital, e, não tendo sido fixado preço mínimo, considera-se vil o preço inferior a cinquenta por cento do valor da avaliação.	**Art. 692.** Não será aceito lanço que, em segunda praça ou leilão, ofereça preço vil. (Redação dada pela Lei nº 8.953, de 13.12.1994) [...]

O *caput* do artigo 891 do NCPC repete o disposto no CPC/73, com pequena alteração textual. A inovação, entretanto, vem com a inclusão do parágrafo único, que, buscando acabar com a discussão doutrinária e jurisprudencial, estabeleceu um parâmetro objetivo para a identificação do preço vil, sendo o preço inferior a 50% do valor descrito no auto de avaliação.

NOVO CÓDIGO DE PROCESSO CIVIL	CÓDIGO DE PROCESSO CIVIL DE 1973
Art. 892. Salvo pronunciamento judicial em sentido diverso, o pagamento deverá ser realizado de imediato pelo arrematante, por depósito judicial ou por meio eletrônico. § 1º Se o exequente arrematar os bens e for o único credor, não estará obrigado a exibir o preço, mas, se o valor dos bens exceder ao seu crédito, depositará, dentro de 3 (três) dias, a diferença, sob pena de tornar-se sem efeito a arrematação, e, nesse caso, realizar-se-á novo leilão, à custa do exequente. § 2º Se houver mais de um pretendente, proceder-se-á entre eles à licitação, e, no caso de igualdade de oferta, terá preferência o cônjuge, o companheiro, o descendente ou o ascendente do executado, nessa ordem. § 3º No caso de leilão de bem tombado, a União, os Estados e os Municípios terão, nessa ordem, o direito de preferência na arrematação, em igualdade de oferta.	**Art. 690.** A arrematação far-se-á mediante o pagamento imediato do preço pelo arrematante ou, no prazo de até 15 (quinze) dias, mediante caução. (Redação dada pela Lei nº 11.382, de 2006). § 1º Tratando-se de bem imóvel, quem estiver interessado em adquiri-lo em prestações poderá apresentar por escrito sua proposta, nunca inferior à avaliação, com oferta de pelo menos 30% (trinta por cento) à vista, sendo o restante garantido por hipoteca sobre o próprio imóvel. (Redação dada pela Lei nº 11.382, de 2006). § 2º As propostas para aquisição em prestações, que serão juntadas aos autos, indicarão o prazo, a modalidade e as condições de pagamento do saldo. (Redação dada pela Lei nº 11.382, de 2006). § 3º O juiz decidirá por ocasião da praça, dando o bem por arrematado pelo apresentante do melhor lanço ou proposta mais conveniente. (Incluído pela Lei nº 11.382, de 2006). § 4º No caso de arrematação a prazo, os pagamentos feitos pelo arrematante pertencerão ao exeqüente até o limite de seu crédito, e os subseqüentes ao executado. (Incluído pela Lei nº 11.382, de 2006). **Art. 690-A.** [...] Parágrafo único. O exeqüente, se vier a arrematar os bens, não estará obrigado a exibir o preço; mas, se o valor dos bens exceder o seu crédito, depositará, dentro de 3 (três) dias, a diferença, sob pena de ser tornada sem efeito a arrematação e, neste caso, os bens serão levados a nova praça ou leilão à custa do exeqüente. (Incluído pela Lei nº 11.382, de 2006).

O novo diploma abarcou algumas modificações em relação ao CPC/73. Desta feita, passou a disciplinar a matéria de forma mais detalhada no que tange à identificação do lance que levará a efeito a arrematação, os critérios de escolha em caso de haver mais de um lance com preços iguais, bem como sua forma e prazo de pagamento.

Importante diferença que deve ser destacada diz respeito à modernização do pensamento legislativo que consagra norma que possibilita o pagamento por meio eletrônico ou do já conhecido depósito judicial.

NOVO CÓDIGO DE PROCESSO CIVIL	CÓDIGO DE PROCESSO CIVIL DE 1973
Art. 893. Se o leilão for de diversos bens e houver mais de um lançador, terá preferência aquele que se propuser a arrematá-los todos, em conjunto, oferecendo, para os bens que não tiverem lance, preço igual ao da avaliação e, para os demais, preço igual ao do maior lance que, na tentativa de arrematação individualizada, tenha sido oferecido para eles.	**Art. 691.** Se a praça ou o leilão for de diversos bens e houver mais de um lançador, será preferido aquele que se propuser a arrematá-los englobadamente, oferecendo para os que não tiverem licitante preço igual ao da avaliação e para os demais o de maior lanço.

Com pequenas correções textuais e adaptação nominal para se coadunar com a sistemática do novo Código, a redação do artigo 891 não trouxe substancial mudança se comparado ao CPC/73, privilegiando o mesmo critério de preferência já disposto no artigo 691.

NOVO CÓDIGO DE PROCESSO CIVIL	CÓDIGO DE PROCESSO CIVIL DE 1973
Art. 894. Quando o imóvel admitir cômoda divisão, o juiz, a requerimento do executado, ordenará a alienação judicial de parte dele, desde que suficiente para o pagamento do exequente e para a satisfação das despesas da execução. § 1º Não havendo lançador, far-se-á a alienação do imóvel em sua integridade. § 2º A alienação por partes deverá ser requerida a tempo de permitir a avaliação das glebas destacadas e sua inclusão no edital, e, nesse caso, caberá ao executado instruir o requerimento com planta e memorial descritivo subscritos por profissional habilitado.	**Art. 702.** Quando o imóvel admitir cômoda divisão, o juiz, a requerimento do devedor, ordenará a alienação judicial de parte dele, desde que suficiente para pagar o credor. Parágrafo único. Não havendo lançador, far-se-á a alienação do imóvel em sua integridade.

O *caput* do artigo 894 do novo Código mantém a previsão descrita no CPC/73, que consiste na possibilidade de desmembramento do bem, permitindo que seja alienado em parte. Contudo, a regra impõe outro requisito para que ocorra o desmembramento, não previsto no CPC/73, que é a condição de o bem desmembrado além de satisfazer o valor da execução poder, também, ser capaz de suportar as despesas decorrentes da execução.

NOVO CÓDIGO DE PROCESSO CIVIL	CÓDIGO DE PROCESSO CIVIL DE 1973
Art. 895. O interessado em adquirir o bem penhorado em prestações poderá apresentar, por escrito: I - até o início do primeiro leilão, proposta de aquisição do bem por valor não inferior ao da avaliação; II - até o início do segundo leilão, proposta de aquisição do bem por valor que não seja considerado vil. § 1º A proposta conterá, em qualquer hipótese, oferta de pagamento de pelo menos vinte e cinco por cento do valor do lance à vista e o restante parcelado em até 30 (trinta) meses, garantido por caução idônea, quando se tratar de móveis, e por hipoteca do próprio bem, quando se tratar de imóveis. § 2º As propostas para aquisição em prestações indicarão o prazo, a modalidade, o indexador de correção monetária e as condições de pagamento do saldo. § 3º ~~As prestações, que poderão ser pagas por meio eletrônico, serão corrigidas mensalmente pelo índice oficial de atualização financeira, a ser informado, se for o caso, para a operadora do cartão de crédito.~~(VETADO) § 4º No caso de atraso no pagamento de qualquer das prestações, incidirá multa de dez por cento sobre a soma da parcela inadimplida com as parcelas vincendas. § 5º O inadimplemento autoriza o exequente a pedir a resolução da arrematação ou promover, em face do arrematante, a execução do valor devido, devendo ambos os pedidos ser formulados nos autos da execução em que se deu a arrematação. § 6º A apresentação da proposta prevista neste artigo não suspende o leilão. § 7º A proposta de pagamento do lance à vista sempre prevalecerá sobre as propostas de pagamento parcelado. § 8º Havendo mais de uma proposta de pagamento parcelado: I - em diferentes condições, o juiz decidirá pela mais vantajosa, assim compreendida, sempre, a de maior valor; II - em iguais condições, o juiz decidirá pela formulada em primeiro lugar. § 9º No caso de arrematação a prazo, os pagamentos feitos pelo arrematante pertencerão ao exequente até o limite de seu crédito, e os subsequentes, ao executado.	**Art. 690.** A arrematação far-se-á mediante o pagamento imediato do preço pelo arrematante ou, no prazo de até 15 (quinze) dias, mediante caução. (Redação dada pela Lei nº 11.382, de 2006). § 1º Tratando-se de bem imóvel, quem estiver interessado em adquiri-lo em prestações poderá apresentar por escrito sua proposta, nunca inferior à avaliação, com oferta de pelo menos 30% (trinta por cento) à vista, sendo o restante garantido por hipoteca sobre o próprio imóvel. (Redação dada pela Lei nº 11.382, de 2006). § 2º As propostas para aquisição em prestações, que serão juntadas aos autos, indicarão o prazo, a modalidade e as condições de pagamento do saldo. (Redação dada pela Lei nº 11.382, de 2006). § 3º O juiz decidirá por ocasião da praça, dando o bem por arrematado pelo apresentante do melhor lanço ou proposta mais conveniente. (Incluído pela Lei nº 11.382, de 2006). § 4º No caso de arrematação a prazo, os pagamentos feitos pelo arrematante pertencerão ao exeqüente até o limite de seu crédito, e os subseqüentes ao executado. (Incluído pela Lei nº 11.382, de 2006).

Trata-se da possibilidade de pagamento parcelado do bem arrematado no leilão, em que o novo Código traz inovações e busca aperfeiçoar o sistema vigente.

Diminui-se o lance mínimo do pagamento à vista de entrada para 25%, o que no CPC/73 era de 30%, e acrescenta-se, ainda, que o saldo poderá ser parcelado em até 30 meses, garantindo-se com caução idônea. O § 3º foi vetado, ao fundamento de que dispositivo instituía correção monetária mensal por um índice oficial de preços, o que caracterizaria indexação. Sua introdução potencializaria a memória inflacionária, culminando em uma indesejada inflação inercial. Já no seu § 4° inova ao estipular uma multa no valor de 10% no caso de atraso no pagamento das parcelas, calculado sobre a soma da parcela inadimplida com as parcelas vincendas.

Outra penalidade é imposta àquele que não adimplir o pagamento parcelado e consiste na autorização dada ao exequente de pedir a resolução da arrematação ou promover a execução do valor inadimplido.

Ainda nesse artigo, merece destaque o § 7°, que estabelece a ordem de preferência do pagamento à vista sobre o parcelado, e o §8º, que dispõe sobre a preferência quando houver mais de uma proposta de pagamento parcelado.

NOVO CÓDIGO DE PROCESSO CIVIL	CÓDIGO DE PROCESSO CIVIL DE 1973
Art. 896. Quando o imóvel de incapaz não alcançar em leilão pelo menos oitenta por cento do valor da avaliação, o juiz o confiará à guarda e à administração de depositário idôneo, adiando a alienação por prazo não superior a 1 (um) ano. § 1° Se, durante o adiamento, algum pretendente assegurar, mediante caução idônea, o preço da avaliação, o juiz ordenará a alienação em leilão. § 2° Se o pretendente à arrematação se arrepender, o juiz impor-lhe-á multa de vinte por cento sobre o valor da avaliação, em benefício do incapaz, valendo a decisão como título executivo. § 3° Sem prejuízo do disposto nos §§ 1° e 2°, o juiz poderá autorizar a locação do imóvel no prazo do adiamento. § 4° Findo o prazo do adiamento, o imóvel será submetido a novo leilão.	**Art. 701.** Quando o imóvel de incapaz não alcançar em praça pelo menos 80% (oitenta por cento) do valor da avaliação, o juiz o confiará à guarda e administração de depositário idôneo, adiando a alienação por prazo não superior a 1(um) ano. § 1° Se, durante o adiamento, algum pretendente assegurar, mediante caução idônea, o preço da avaliação, o juiz ordenará a alienação em praça. § 2° Se o pretendente à arrematação se arrepender, o juiz lhe imporá a multa de 20% (vinte por cento) sobre o valor da avaliação, em benefício do incapaz, valendo a decisão como título executivo. § 3° Sem prejuízo do disposto nos dois parágrafos antecedentes, o juiz poderá autorizar a locação do imóvel no prazo do adiamento. § 4° Findo o prazo do adiamento, o imóvel será alienado, na forma prevista no art. 686, VI.

Com meras alterações redacionais, repete-se o tratamento dado pelo CPC/73 à alienação por penhora dos bens do incapaz.

NOVO CÓDIGO DE PROCESSO CIVIL	CÓDIGO DE PROCESSO CIVIL DE 1973
Art. 897. Se o arrematante ou seu fiador não pagar o preço no prazo estabelecido, o juiz impor-lhe-á, em favor do exequente, a perda da caução, voltando os bens a novo leilão, do qual não serão admitidos a participar o arrematante e o fiador remissos.	**Art. 695.** Se o arrematante ou seu fiador não pagar o preço no prazo estabelecido, o juiz impor-lhe-á, em favor do exeqüente, a perda da caução, voltando os bens a nova praça ou leilão, dos quais não serão admitidos a participar o arrematante e o fiador remissos. (Redação dada pela Lei nº 11.382, de 2006).

Com algumas alterações na redação, o artigo 897 do NCPC repete a regra do artigo 695 do CPC/73.

NOVO CÓDIGO DE PROCESSO CIVIL	CÓDIGO DE PROCESSO CIVIL DE 1973
Art. 898. O fiador do arrematante que pagar o valor do lance e a multa poderá requerer que a arrematação lhe seja transferida.	**Art. 696.** O fiador do arrematante, que pagar o valor do lanço e a multa, poderá requerer que a arrematação lhe seja transferida.

Reproduz-se o teor do artigo 696 do CPC/73 sobre o pagamento do bem arrematado pelo fiador.

NOVO CÓDIGO DE PROCESSO CIVIL	CÓDIGO DE PROCESSO CIVIL DE 1973
Art. 899. Será suspensa a arrematação logo que o produto da alienação dos bens for suficiente para o pagamento do credor e para a satisfação das despesas da execução.	**Art. 692.** [...] Parágrafo único. Será suspensa a arrematação logo que o produto da alienação dos bens bastar para o pagamento do credor. (Incluído pela Lei nº 8.953, de 13.12.1994)

Com meras modificações textuais, o novo Código acrescenta uma condição que não era prevista no CPC/73, qual seja, que o produto da alienação seja suficiente não só para pagar a execução como as despesas com esta, para que somente assim possa ocorrer a suspensão da arrematação.

NOVO CÓDIGO DE PROCESSO CIVIL	CÓDIGO DE PROCESSO CIVIL DE 1973
Art. 900. O leilão prosseguirá no dia útil imediato, à mesma hora em que teve início, independentemente de novo edital, se for ultrapassado o horário de expediente forense.	**Art. 689.** Sobrevindo a noite, prosseguirá a praça ou o leilão no dia útil imediato, à mesma hora em que teve início, independentemente de novo edital.

O novo Código elimina a regra de suspensão do leilão com a chegada da noite para o marco final do fim do expediente forense, reproduzindo, no mais, o CPC/73.

NOVO CÓDIGO DE PROCESSO CIVIL	CÓDIGO DE PROCESSO CIVIL DE 1973
Art. 901. A arrematação constará de auto que será lavrado de imediato e poderá abranger bens penhorados em mais de uma execução, nele mencionadas as condições nas quais foi alienado o bem. § 1° A ordem de entrega do bem móvel ou a carta de arrematação do bem imóvel, com o respectivo mandado de imissão na posse, será expedida depois de efetuado o depósito ou prestadas as garantias pelo arrematante, bem como realizado o pagamento da comissão do leiloeiro e das demais despesas da execução. § 2° A carta de arrematação conterá a descrição do imóvel, com remissão à sua matrícula ou individuação e aos seus registros, a cópia do auto de arrematação e a prova de pagamento do imposto de transmissão, além da indicação da existência de eventual ônus real ou gravame.	**Art. 693.** A arrematação constará de auto que será lavrado de imediato, nele mencionadas as condições pelas quais foi alienado o bem. (Redação dada pela Lei nº 11.382, de 2006). Parágrafo único. A ordem de entrega do bem móvel ou a carta de arrematação do bem imóvel será expedida depois de efetuado o depósito ou prestadas as garantias pelo arrematante. (Incluído pela Lei nº 11.382, de 2006).

O NCPC aumenta as exigências constantes no CPC/73, aprimorando suas regras. Nesse passo, inclui o § 1°, que não encontra correspondente legal no Código anterior, disciplinando que a ordem de entrega do bem móvel ou a carta de arrematação do bem imóvel, com o respectivo mandado de imissão na posse, será expedida depois de efetuado o depósito ou prestadas as garantias pelo arrematante, bem como realizado o pagamento da comissão do leiloeiro e das demais despesas da execução.

Já o § 2° do artigo em comento traz em seu bojo regra parecida com a do artigo 703 do CPC/73, embora aprimorada a redação.

NOVO CÓDIGO DE PROCESSO CIVIL	CÓDIGO DE PROCESSO CIVIL DE 1973
Art. 902. No caso de leilão de bem hipotecado, o executado poderá remi-lo até a assinatura do auto de arrematação, oferecendo preço igual ao do maior lance oferecido. Parágrafo único. No caso de falência ou insolvência do devedor hipotecário, o direito de remição previsto no caput defere-se à massa ou aos credores em concurso, não podendo o exequente recusar o preço da avaliação do imóvel.	Sem correspondente.

O CPC/73 não tem correspondente legal no que tange ao disciplinado pelo artigo 902 do novo Diploma e, inova neste ponto ao dispor que no caso de leilão de bem que se encontre hipotecado, o executado, se quiser, poderá, até a assinatura do auto de arrematação, remir o bem, oferecendo preço igual ou maior ao do lance oferecido.

NOVO CÓDIGO DE PROCESSO CIVIL	CÓDIGO DE PROCESSO CIVIL DE 1973
Art. 903. Qualquer que seja a modalidade de leilão, assinado o auto pelo juiz, pelo arrematante e pelo leiloeiro, a arrematação será considerada perfeita, acabada e irretratável, ainda que venham a ser julgados procedentes os embargos do executado ou a ação autônoma de que trata o § 4° deste artigo, assegurada a possibilidade de reparação pelos prejuízos sofridos. § 1° Ressalvadas outras situações previstas neste Código, a arrematação poderá, no entanto, ser: I - invalidada, quando realizada por preço vil ou com outro vício; II - considerada ineficaz, se não observado o disposto no art. 804; III - resolvida, se não for pago o preço ou se não for prestada a caução. § 2° O juiz decidirá acerca das situações referidas no § 1°, se for provocado em até 10 (dez) dias após o aperfeiçoamento da arrematação. § 3° Passado o prazo previsto no § 2° sem que tenha havido alegação de qualquer das situações previstas no § 1°, será expedida a carta de arrematação e, conforme o caso, a ordem de entrega ou mandado de imissão na posse. § 4° Após a expedição da carta de arrematação ou da ordem de entrega, a invalidação da arrematação poderá ser pleiteada por ação autônoma, em cujo processo o arrematante figurará como litisconsorte necessário. § 5° O arrematante poderá desistir da arrematação, sendo-lhe imediatamente devolvido o depósito que tiver feito: I - se provar, nos 10 (dez) dias seguintes, a existência de ônus real ou gravame não mencionado no edital; II - se, antes de expedida a carta de arrematação ou a ordem de entrega, o executado alegar alguma das situações previstas no § 1°; III - uma vez citado para responder a ação autônoma de que trata o § 4° deste artigo, desde que apresente a desistência no prazo de que dispõe para responder a essa ação. § 6° Considera-se ato atentatório à dignidade da justiça a suscitação infundada de vício com o objetivo de ensejar a desistência do arrematante, devendo o suscitante ser condenado, sem prejuízo da responsabilidade por perdas e danos, ao pagamento de multa, a ser fixada pelo juiz e devida ao exequente, em montante não superior a vinte por cento do valor atualizado do bem.	**Art. 694.** Assinado o auto pelo juiz, pelo arrematante e pelo serventuário da justiça ou leiloeiro, a arrematação considerar-se-á perfeita, acabada e irretratável, ainda que venham a ser julgados procedentes os embargos do executado. (Redação dada pela Lei nº 11.382, de 2006). § 1° A arrematação poderá, no entanto, ser tornada sem efeito: (Renumerado com alteração do parágrafo único, pela Lei nº 11.382, de 2006). I - por vício de nulidade; (Redação dada pela Lei nº 11.382, de 2006). II - se não for pago o preço ou se não for prestada a caução; (Redação dada pela Lei nº 11.382, de 2006). III - quando o arrematante provar, nos 5 (cinco) dias seguintes, a existência de ônus real ou de gravame (art. 686, inciso V) não mencionado no edital; (Redação dada pela Lei nº 11.382, de 2006). IV - a requerimento do arrematante, na hipótese de embargos à arrematação (art. 746, §§ 1° e 2°); (Redação dada pela Lei nº 11.382, de 2006). V - quando realizada por preço vil (art. 692); (Incluído pela Lei nº 11.382, de 2006). VI - nos casos previstos neste Código (art. 698). (Incluído pela Lei nº 11.382, de 2006). § 2° No caso de procedência dos embargos, o executado terá direito a haver do exeqüente o valor por este recebido como produto da arrematação; caso inferior ao valor do bem, haverá do exeqüente também a diferença. (Incluído pela Lei nº 11.382, de 2006). **Art. 746.** É lícito ao executado, no prazo de 5 (cinco) dias, contados da adjudicação, alienação ou arrematação, oferecer embargos fundados em nulidade da execução, ou em causa extintiva da obrigação, desde que superveniente à penhora, aplicando-se, no que couber, o disposto neste Capítulo. (Redação dada pela Lei nº 11.382, de 2006). § 1° Oferecidos embargos, poderá o adquirente desistir da aquisição. (Incluído pela Lei nº 11.382, de 2006). § 2° No caso do § 1° deste artigo, o juiz deferirá de plano o requerimento, com a imediata liberação do depósito feito pelo adquirente (art. 694, § 1°, inciso IV). (Incluído pela Lei nº 11.382, de 2006). § 3° Caso os embargos sejam declarados manifestamente protelatórios, o juiz imporá multa ao embargante, não superior a 20% (vinte por cento) do valor da execução, em favor de quem desistiu da aquisição. (Incluído pela Lei nº 11.382, de 2006).

O novo Código aperfeiçoa o tratamento dispensado pelo Código anterior aos casos de arrematação que podem ser considerados ineficazes e às formas de arguição de vícios no procedimento de arrematação.

Pode ser destacada como inovação a forma de arguição dos vícios, que abandona os atualmente nominados embargos à arrematação, permitindo que seja arguido o vício no próprio processo no prazo de 10 dias, por mera peça autônoma.

Outra regra que merece destaque é a que aduz ser ato atentatório à dignidade da Justiça a criação de incidente que não seja revestido de fundamento jurídico para levar o arrematante a desistir do ato.

NOVO CÓDIGO DE PROCESSO CIVIL	CÓDIGO DE PROCESSO CIVIL DE 1973
Seção V **Da Satisfação do Crédito** **Art. 904.** A satisfação do crédito exequendo far-se-á: I - pela entrega do dinheiro; II - pela adjudicação dos bens penhorados.	Seção II Do Pagamento ao Credor Subseção I Das Disposições Gerais **Art. 708.** O pagamento ao credor far-se-á: I – pela entrega do dinheiro; II – pela adjudicação dos bens penhorados; III – pelo usufruto de bem imóvel ou de empresa.

Sem grandes inovações, o novo diploma apenas suprime a figura do usufruto do rol das formas de satisfação do crédito.

NOVO CÓDIGO DE PROCESSO CIVIL	CÓDIGO DE PROCESSO CIVIL DE 1973
Art. 905. O juiz autorizará que o exequente levante, até a satisfação integral de seu crédito, o dinheiro depositado para segurar o juízo ou o produto dos bens alienados, bem como do faturamento de empresa ou de outros frutos e rendimentos de coisas ou empresas penhoradas, quando: I - a execução for movida só a benefício do exequente singular, a quem, por força da penhora, cabe o direito de preferência sobre os bens penhorados e alienados; II - não houver sobre os bens alienados outros privilégios ou preferências instituídos anteriormente à penhora. Parágrafo único. Durante o plantão judiciário, veda-se a concessão de pedidos de levantamento de importância em dinheiro ou valores ou de liberação de bens apreendidos.	Subseção II Da Entrega do Dinheiro **Art. 709.** O juiz autorizará que o credor levante, até a satisfação integral de seu crédito, o dinheiro depositado para segurar o juízo ou o produto dos bens alienados quando: I – a execução for movida só a benefício do credor singular, a quem, por força da penhora, cabe o direito de preferência sobre os bens penhorados e alienados; II – não houver sobre os bens alienados qualquer outro privilégio ou preferência, instituído anteriormente à penhora. [...]

No *caput* e seus incisos, há meras adaptações redacionais, sem grandes inovações substanciais, com destaque apenas para a inclusão do faturamento de empresa ou de outros frutos e rendimentos de coisas ou empresas penhoradas.

No parágrafo único, o legislador achou por bem vedar a concessão de pedidos de levantamento de importância em dinheiro ou valores de liberação de bens apreendidos em regime de plantão judiciário.

NOVO CÓDIGO DE PROCESSO CIVIL	CÓDIGO DE PROCESSO CIVIL DE 1973
Art. 906. Ao receber o mandado de levantamento, o exequente dará ao executado, por termo nos autos, quitação da quantia paga. Parágrafo único. A expedição de mandado de levantamento poderá ser substituída pela transferência eletrônica do valor depositado em conta vinculada ao juízo para outra indicada pelo exequente.	**Art. 709.** [...] Parágrafo único. Ao receber o mandado de levantamento, o credor dará ao devedor, por termo nos autos, quitação da quantia paga.

No *caput*, com meras alterações redacionais, o novo diploma repete a regra contida no parágrafo único do artigo 709 do CPC/73. Contudo, o NCPC inclui um parágrafo único que não encontra correspondente no CPC/73, indicando que a expedição de mandado de levantamento poderá ser substituída pela transferência eletrônica do valor depositado em conta vinculada ao juízo para outra indicada pelo exequente, como forma de trazer maior celeridade para o pagamento.

NOVO CÓDIGO DE PROCESSO CIVIL	CÓDIGO DE PROCESSO CIVIL DE 1973
Art. 907. Pago ao exequente o principal, os juros, as custas e os honorários, a importância que sobrar será restituída ao executado.	**Art. 710.** Estando o credor pago do principal, juros, custas e honorários, a importância que sobejar será restituída ao devedor.

Não há alteração substancial na redação do artigo 907 do NCPC em relação ao artigo 710 do CPC/73.

NOVO CÓDIGO DE PROCESSO CIVIL	CÓDIGO DE PROCESSO CIVIL DE 1973
Art. 908. Havendo pluralidade de credores ou exequentes, o dinheiro lhes será distribuído e entregue consoante a ordem das respectivas preferências. § 1º No caso de adjudicação ou alienação, os créditos que recaem sobre o bem, inclusive os de natureza propter rem, sub-rogam-se sobre o respectivo preço, observada a ordem de preferência. § 2º Não havendo título legal à preferência, o dinheiro será distribuído entre os concorrentes, observando-se a anterioridade de cada penhora.	**Art. 711.** Concorrendo vários credores, o dinheiro ser-lhes-á distribuído e entregue consoante a ordem das respectivas prelações; não havendo título legal à preferência, receberá em primeiro lugar o credor que promoveu a execução, cabendo aos demais concorrentes direito sobre a importância restante, observada a anterioridade de cada penhora.

O artigo em comento trata da hipótese de pluralidade de credores. Neste ponto, o novo Código manteve a diretriz do CPC/73, que preserva as preferências de direito material, observando-se a anterioridade da penhora, da mesma forma que os créditos existentes sobre o bem penhorado subrogam-se no preço.

NOVO CÓDIGO DE PROCESSO CIVIL	CÓDIGO DE PROCESSO CIVIL DE 1973
Art. 909. Os exequentes formularão as suas pretensões, que versarão unicamente sobre o direito de preferência e a anterioridade da penhora, e, apresentadas as razões, o juiz decidirá.	**Art. 712.** Os credores formularão as suas pretensões, requerendo as provas que irão produzir em audiência; mas a disputa entre eles versará unicamente sobre o direito de preferência e a anterioridade da penhora.

Com meras adaptações redacionais, o novo diploma repete a regra constante no CPC/73.

NOTAS AOS ARTIGOS 910 A 925

João Hélio Reale da Cruz

Do artigo 910 ao artigo 925 do novo Código de Processo Civil constam disposições sobre execução fundada em título executivo extrajudicial contra a Fazenda Pública, execução de alimentos, embargos à execução, suspensão e extinção da execução.

A execução contra a Fazenda Pública deve seguir um regime especial em razão da natureza dos bens públicos, conforme acentua Barbosa Moreira[1]:

> Não se pode utilizar o procedimento consistente na apreensão e expropriação forçada, justamente porque os bens que lhes pertencem não são suscetíveis de alienação, salvo nos casos e pela forma previstos em lei. Daí submeter a própria Constituição da República a disciplina especial, no art. 100, o pagamento ao credor, para o qual, não se contando com o produto da arrematação, como em regra sucede, é necessário recorrer a outros meios.

Assim, o novo Código de Processo Civil, quando trata da execução contra a Fazenda Pública, faz remissão expressa ao artigo 100 da Constituição da República, que dispõe sobre o regime de precatórios e pagamento de dívida de pequeno valor.

A execução de prestação alimentícia com base em título executivo extrajudicial, dada a finalidade dos recursos de natureza alimentar, recebe um tratamento especial com regimento que contempla desde a possibilidade de desconto em folha de pagamento até a prisão civil do executado. Os artigos 914 ao 920 do novo Código de Processo Civil tratam dos embargos à execução, considerando a relevância deste instituto para possibilitar a discussão sobre questões relacionadas à dívida, além de trazerem disposições que facilitam o pagamento, como o parcelamento, ou que possam extinguir o crédito, como a prescrição intercorrente.

A suspensão e a extinção do processo executivo são disciplinadas pelos artigos 921 a 925 do novo Código de Processo Civil, conforme anotações que se seguem.

---

1 BARBOSA MOREIRA, José Carlos. *O novo processo civil brasileiro*. Rio de Janeiro: Forense, 2004, p. 258-259.

NOVO CÓDIGO DE PROCESSO CIVIL	CÓDIGO DE PROCESSO CIVIL DE 1973
CAPÍTULO V DA EXECUÇÃO CONTRA A FAZENDA PÚBLICA **Art. 910.** Na execução fundada em título extrajudicial, a Fazenda Pública será citada para opor embargos em 30 (trinta) dias. § 1º Não opostos embargos ou transitada em julgado a decisão que os rejeitar, expedir-se-á precatório ou requisição de pequeno valor em favor do exequente, observando-se o disposto no art. 100 da Constituição Federal. § 2º Nos embargos, a Fazenda Pública poderá alegar qualquer matéria que lhe seria lícito deduzir como defesa no processo de conhecimento. § 3º Aplica-se a este Capítulo, no que couber, o disposto nos artigos 534 e 535.	Seção III Da Execução Contra a Fazenda Pública **Art. 730.** Na execução por quantia certa contra a Fazenda Pública, citar-se-á a devedora para opor embargos em 10 (dez) dias; se esta não os opuser, no prazo legal, observar-se-ão as seguintes regras: (Vide Lei nº 8.213, de 1991) (Vide Lei nº 9.494, de 1997) I - o juiz requisitará o pagamento por intermédio do presidente do tribunal competente; II - far-se-á o pagamento na ordem de apresentação do precatório e à conta do respectivo crédito. CAPÍTULO II DOS EMBARGOS À EXECUÇÃO CONTRA A FAZENDA PÚBLICA (Redação dada pela Lei nº 11.232, de 2005) **Art. 741.** Na execução contra a Fazenda Pública, os embargos só poderão versar sobre: (Redação dada pela Lei nº 11.232, de 2005) I – falta ou nulidade da citação, se o processo correu à revelia; (Redação dada pela Lei nº 11.232, de 2005) II - inexigibilidade do título; III - ilegitimidade das partes; IV - cumulação indevida de execuções; V – excesso de execução; (Redação dada pela Lei nº 11.232, de 2005) VI – qualquer causa impeditiva, modificativa ou extintiva da obrigação, como pagamento, novação, compensação, transação ou prescrição, desde que superveniente à sentença; (Redação dada pela Lei nº 11.232, de 2005) VII - incompetência do juízo da execução, bem como suspeição ou impedimento do juiz. [...]

O novo Código de Processo Civil, no que tange à execução contra a Fazenda Pública, separou a execução judicial da execução extrajudicial, já que a primeira passou a ser tratada nos artigos que dispõem sobre o cumprimento de sentença, restando a possibilidade de execução de títulos executivos extrajudiciais em face da Fazenda Pública, posicionamento este que já estava consolidado no enunciado de súmula do STJ nº 279, ao dispor que: "É cabível execução por título extrajudicial em face da Fazenda Pública" (Súmula nº 279).

Fixou-se, ainda, o prazo de 30 (trinta) dias para que a Fazenda Pública oponha embargos. Esta previsão levará à perda de objeto da Ação Direta de Constitucionalidade (ADC) nº 11, que discute a constitucionalidade de ampliação do prazo para embargos da Fazenda Pública no CPC/73 para 30 (trinta) dias, pela ampliação ter sido realizada por medida provisória.

O texto ganha, ainda, maior precisão não por ter se referido a pagamento por precatórios ou dívida de pequeno valor, mas sim em virtude de ter feito remissão ao artigo 100 da Constituição da República, no qual a matéria é regulada.

O § 2º do artigo 910 do NCPC trata das matérias que podem ser apresentadas nos embargos, sem mais listar as matérias objeto de embargos à execução pela Fazenda Pública, como consta no artigo 741 do CPC/73. Os embargos, enquanto meio de resistência da Fazenda Pública contra a execução fundada em título executivo extrajudicial, permitem que sejam veiculadas as mesmas matérias que poderiam ser deduzidas em processo de conhecimento.

O §3º dispõe que aplicam-se, no que for cabível, as regras do cumprimento de sentença em face da Fazenda Pública.

NOVO CÓDIGO DE PROCESSO CIVIL	CÓDIGO DE PROCESSO CIVIL DE 1973
CAPÍTULO VI DA EXECUÇÃO DE ALIMENTOS	
Art. 911. Na execução fundada em título executivo extrajudicial que contenha obrigação alimentar, o juiz mandará citar o executado para, em 3 (três) dias, efetuar o pagamento das parcelas anteriores ao início da execução e das que se vencerem no seu curso, provar que o fez ou justificar a impossibilidade de fazê-lo. Parágrafo único. Aplicam-se, no que couber, os §§ 2º a 7º do art. 528.	Sem correspondente.

O novo Código de Processo Civil traz, nos artigos 528 e seguintes, disposições sobre o cumprimento de sentença que reconheça a exigibilidade de obrigação de prestar alimentos, ocupando-se este Capítulo da execução de título executivo extrajudicial que contenha prestação alimentar, não guardando correspondência com o CPC/73 quanto à execução de título extrajudicial[2]. A redação do artigo 733 do CPC/73 refere-se à execução de sentença, não fazendo menção à execução de título executivo extrajudicial.

No NCPC, o prazo para manifestação do executado em se tratando de título extrajudicial reproduz o prazo de 3 (três) dias do artigo 733 do CPC de 73 ao tratar de título judicial, período em que deverá efetuar o pagamento das parcelas anteriores ao início da execução e das que se vencerem no seu curso, provar que o fez ou justificar a impossibilidade de efetuá-lo. As questões que envolvem prisão civil do devedor de alimentos são tratadas no artigo 528 e seus parágrafos do novo diploma e são aplicáveis à execução de título executivo extrajudicial, em virtude da disposição do parágrafo único do artigo 911.

---

2 *Ibidem*, p. 433.

NOVO CÓDIGO DE PROCESSO CIVIL	CÓDIGO DE PROCESSO CIVIL DE 1973
Art. 912. Quando o executado for funcionário público, militar, diretor ou gerente de empresa, bem como empregado sujeito à legislação do trabalho, o exequente poderá requerer o desconto em folha de pagamento de pessoal da importância da prestação alimentícia. § 1º Ao despachar a inicial, o juiz oficiará à autoridade, à empresa ou ao empregador, determinando, sob pena de crime de desobediência, o desconto a partir da primeira remuneração posterior do executado, a contar do protocolo do ofício. § 2º O ofício conterá os nomes e o número de inscrição no Cadastro de Pessoas Físicas do exequente e do executado, a importância a ser descontada mensalmente, a conta na qual deve ser feito o depósito e, se for o caso, o tempo de sua duração.	**Art. 734.** Quando o devedor for funcionário público, militar, diretor ou gerente de empresa, bem como empregado sujeito à legislação do trabalho, o juiz mandará descontar em folha de pagamento a importância da prestação alimentícia. Parágrafo único. A comunicação será feita à autoridade, à empresa ou ao empregador por ofício, de que constarão os nomes do credor, do devedor, a importância da prestação e o tempo de sua duração.

A execução de prestação alimentícia por meio do desconto em folha de pagamento já era prevista no Código de Processo Civil de 1973 e na Lei nº 5.478/68, mas para título judicial, sendo, agora, no novo Código de Processo Civil, adotada também para título extrajudicial. O NCPC introduz uma modificação quando faculta ao autor que dirija requerimento ao juiz, para que este possa determinar o desconto em folha. Tendo em vista a disposição do artigo 912, o desconto não poderá ser ordenado de ofício.

NOVO CÓDIGO DE PROCESSO CIVIL	CÓDIGO DE PROCESSO CIVIL DE 1973
Art. 913. Não requerida a execução nos termos deste Capítulo, observar-se-á o disposto no art. 824 e seguintes, com a ressalva de que, recaindo a penhora em dinheiro, a concessão de efeito suspensivo aos embargos à execução não obsta a que o exequente levante mensalmente a importância da prestação.	Sem correspondente.

A execução de prestação alimentícia quando se trate de título executivo extrajudicial poderá se dar pelas regras que tratam da execução por quantia certa, previstas no NCPC a partir do artigo 824, caso não tenha sido requerida nos termos deste Capítulo, disposição que também consta do CPC/73 em relação aos títulos executivos judiciais. De acordo com o enunciado de súmula 309 do STJ, o débito alimentar que autoriza a aplicação das regras deste capítulo, com a possibilidade de prisão civil do devedor de alimentos, será *"...o que compreende as três prestações anteriores à citação e as que vencerem no curso do processo"*.

NOVO CÓDIGO DE PROCESSO CIVIL	CÓDIGO DE PROCESSO CIVIL DE 1973
TÍTULO III DOS EMBARGOS À EXECUÇÃO	TÍTULO III DOS EMBARGOS DO DEVEDOR CAPÍTULO I DAS DISPOSIÇÕES GERAIS
Art. 914. O executado, independentemente de penhora, depósito ou caução, poderá se opor à execução por meio de embargos. § 1º Os embargos à execução serão distribuídos por dependência, autuados em apartado e instruídos com cópias das peças processuais relevantes, que poderão ser declaradas autênticas pelo próprio advogado, sob sua responsabilidade pessoal. § 2º Na execução por carta, os embargos serão oferecidos no juízo deprecante ou no juízo deprecado, mas a competência para julgá-los é do juízo deprecante, salvo se versarem unicamente sobre vícios ou defeitos da penhora, da avaliação ou da alienação dos bens efetuadas no juízo deprecado.	**Art. 736.** O executado, independentemente de penhora, depósito ou caução, poderá opor-se à execução por meio de embargos. (Redação dada pela Lei nº 11.382, de 2006). Parágrafo único. Os embargos à execução serão distribuídos por dependência, autuados em apartado e instruídos com cópias das peças processuais relevantes, que poderão ser declaradas autênticas pelo advogado, sob sua responsabilidade pessoal. (Redação dada pela Lei nº 12.322, de 2010) CAPÍTULO IV DOS EMBARGOS NA EXECUÇÃO POR CARTA (Renumerado do Capítulo V para o IV, pela Lei nº 11.382, de 2006) **Art. 747.** Na execução por carta, os embargos serão oferecidos no juízo deprecante ou no juízo deprecado, mas a competência para julgá-los é do juízo deprecante, salvo se versarem unicamente vícios ou defeitos da penhora, avaliação ou alienação dos bens. (Redação dada pela Lei nº 8.953, de 13.12.1994)

Com diversas alterações promovidas pelas Leis nº 8.953/94 e nº 11.382/2006 no Código de Processo Civil de 1973 nas disposições relativas aos embargos à execução, poucas mudanças estão previstas no NCPC em relação às disposições do CPC/73, mantendo-se a disposição de que independe de prévia garantia do juízo . O parágrafo segundo dispõe sobre a competência para os embargos por carta, sem novidades em relação à previsão do artigo 747 do CPC/73.

NOVO CÓDIGO DE PROCESSO CIVIL	CÓDIGO DE PROCESSO CIVIL DE 1973
Art. 915. Os embargos serão oferecidos no prazo de 15 (quinze) dias, contado, conforme o caso, na forma do art. 231. § 1º Quando houver mais de um executado, o prazo para cada um deles embargar conta-se a partir da juntada do respectivo comprovante da citação, salvo no caso de cônjuges ou de companheiros, quando será contado a partir da juntada do último.	**Art. 738.** Os embargos serão oferecidos no prazo de 15 (quinze) dias, contados da data da juntada aos autos do mandado de citação. (Redação dada pela Lei nº 11.382, de 2006). § 1º Quando houver mais de um executado, o prazo para cada um deles embargar conta-se a partir da juntada do respectivo mandado citatório, salvo tratando-se de cônjuges. (Incluído pela Lei nº 11.382, de 2006).

§ 2º Nas execuções por carta, o prazo para embargos será contado: I - da juntada, na carta, da certificação da citação, quando versarem unicamente sobre vícios ou defeitos da penhora, da avaliação ou da alienação dos bens; II - da juntada, nos autos de origem, do comunicado de que trata o § 4º deste artigo ou, não havendo este, da juntada da carta devidamente cumprida, quando versarem sobre questões diversas da prevista no inciso I deste parágrafo. § 3º Em relação ao prazo para oferecimento dos embargos à execução, não se aplica o disposto no art. 229. § 4º Nos atos de comunicação por carta precatória, rogatória ou de ordem, a realização da citação será imediatamente informada, por meio eletrônico, pelo juiz deprecado ao juiz deprecante.	§ 2º Nas execuções por carta precatória, a citação do executado será imediatamente comunicada pelo juiz deprecado ao juiz deprecante, inclusive por meios eletrônicos, contando-se o prazo para embargos a partir da juntada aos autos de tal comunicação. (Incluído pela Lei nº 11.382, de 2006). § 3º Aos embargos do executado não se aplica o disposto no art. 191 desta Lei. (Incluído pela Lei nº 11.382, de 2006).

O artigo 915 do novo Código de Processo Civil não traz alterações em relação às previsões do CPC/73, mas, como observa Bueno[3], as disposições têm redação aperfeiçoada, especificando melhor sobre a contagem de prazo nas execuções por carta, sendo que o disposto no § 4º expande sua aplicação às cartas rogatória e de ordem, o que não constava na disposição do artigo 738, § 2º, do CPC/73.

NOVO CÓDIGO DE PROCESSO CIVIL	CÓDIGO DE PROCESSO CIVIL DE 1973
Art. 916. No prazo para embargos, reconhecendo o crédito do exequente e comprovando o depósito de trinta por cento do valor em execução, acrescido de custas e de honorários de advogado, o executado poderá requerer que lhe seja permitido pagar o restante em até 6 (seis) parcelas mensais, acrescidas de correção monetária e de juros de um por cento ao mês. § 1º O exequente será intimado para manifestar-se sobre o preenchimento dos pressupostos do caput, e o juiz decidirá o requerimento em 5 (cinco) dias. § 2º Enquanto não apreciado o requerimento, o executado terá de depositar as parcelas vincendas, facultado ao exequente seu levantamento. § 3º Deferida a proposta, o exequente levantará a quantia depositada, e serão suspensos os atos executivos. § 4º Indeferida a proposta, seguir-se-ão os atos executivos, mantido o depósito, que será convertido em penhora.	**Art. 745-A.** No prazo para embargos, reconhecendo o crédito do exeqüente e comprovando o depósito de 30% (trinta por cento) do valor em execução, inclusive custas e honorários de advogado, poderá o executado requerer seja admitido a pagar o restante em até 6 (seis) parcelas mensais, acrescidas de correção monetária e juros de 1% (um por cento) ao mês. (Incluído pela Lei nº 11.382, de 2006). § 1º Sendo a proposta deferida pelo juiz, o exeqüente levantará a quantia depositada e serão suspensos os atos executivos; caso indeferida, seguir-se-ão os atos executivos, mantido o depósito. (Incluído pela Lei nº 11.382, de 2006).

3 *Ibidem,* p. 435.

§ 5º O não pagamento de qualquer das prestações acarretará cumulativamente: I - o vencimento das prestações subsequentes e o prosseguimento do processo, com o imediato reinício dos atos executivos; II - a imposição ao executado de multa de dez por cento sobre o valor das prestações não pagas. § 6º A opção pelo parcelamento de que trata este artigo importa renúncia ao direito de opor embargos § 7º O disposto neste artigo não se aplica ao cumprimento da sentença.	§ 2º O não pagamento de qualquer das prestações implicará, de pleno direito, o vencimento das subseqüentes e o prosseguimento do processo, com o imediato início dos atos executivos, imposta ao executado multa de 10% (dez por cento) sobre o valor das prestações não pagas e vedada a oposição de embargos. (Incluído pela Lei nº 11.382, de 2006).

O artigo 916 do NCPC trata da possibilidade de parcelamento da dívida, exigindo-se o depósito de trinta por cento do valor do débito, acrescidos de custas e honorários de advogado. Neste ponto, pretende-se alteração em relação ao CPC/73 que prevê, no *caput* do artigo 745-A, que o depósito de trinta por cento inclui custas e honorários.

Uma modificação importante trazida pelo § 1º do artigo 916 do NCPC é a que trata da necessidade de intimação do exequente para se manifestar sobre o pedido de parcelamento, antes da decisão do juiz, o que se diferencia em relação ao CPC/73, pois, por este diploma, o juiz poderia deferir o pedido de parcelamento independentemente da manifestação do exequente. Esta alteração atende melhor ao princípio do contraditório, que no entendimento de Bueno passou de "verdadeira moratória" que dava ao executado o direito de parcelar o débito, *"a ato que pode ou não ser concedido, consoante o caso, inclusive pela discordância do exequente"*[4].

O § 2º do artigo 916 traz regra que aperfeiçoa o instituto do parcelamento e obriga o devedor, que requereu parcelamento, a depositar as parcelas, enquanto seu pedido esteja pendente de decisão, possibilitando, inclusive, ao exequente o levantamento dos valores depositados. Isso possibilita que a dívida seja completamente paga no tempo em que não houve manifestação judicial sobre o parcelamento. O silêncio do juiz quanto ao pedido não implica em maior dilação de prazo para pagamento por parte do réu, além do período de parcelamento requerido, reduzindo o prejuízo ao autor que poderá levantar o montante já depositado.

O disposto no § 6º do artigo 916 do NCPC impede a oposição de embargos quando houver pedido de parcelamento, evitando-se que este instituto seja utilizado para fins protelatórios.

4 *Ibidem*, p. 436

NOVO CÓDIGO DE PROCESSO CIVIL	CÓDIGO DE PROCESSO CIVIL DE 1973
Art. 917. Nos embargos à execução, o executado poderá alegar: I - inexequibilidade do título ou inexigibilidade da obrigação; II - penhora incorreta ou avaliação errônea; III - excesso de execução ou cumulação indevida de execuções; IV - retenção por benfeitorias necessárias ou úteis, nos casos de execução para entrega de coisa certa; V - incompetência absoluta ou relativa do juízo da execução; VI - qualquer matéria que lhe seria lícito deduzir como defesa em processo de conhecimento. § 1º A incorreção da penhora ou da avaliação poderá ser impugnada por simples petição, no prazo de 15 (quinze) dias, contado da ciência do ato. § 2º Há excesso de execução quando: I - o exequente pleiteia quantia superior à do título; II - ela recai sobre coisa diversa daquela declarada no título; III - ela se processa de modo diferente do que foi determinado no título; IV - o exequente, sem cumprir a prestação que lhe corresponde, exige o adimplemento da prestação do executado; V - o exequente não prova que a condição se realizou. **§** 3º Quando alegar que o exequente, em excesso de execução, pleiteia quantia superior à do título, o embargante declarará na petição inicial o valor que entende correto, apresentando demonstrativo discriminado e atualizado de seu cálculo. § 4º Não apontado o valor correto ou não apresentado o demonstrativo, os embargos à execução: I - serão liminarmente rejeitados, sem resolução de mérito, se o excesso de execução for o seu único fundamento; II - serão processados, se houver outro fundamento, mas o juiz não examinará a alegação de excesso de execução.	**Art. 739-A** [...] **§** 5º § 5º Quando o excesso de execução for fundamento dos embargos, o embargante deverá declarar na petição inicial o valor que entende correto, apresentando memória do cálculo, sob pena de rejeição liminar dos embargos ou de não conhecimento desse fundamento. (Incluído pela Lei nº 11.382, de 2006). [...] **Art. 743.** Há excesso de execução: I – quando o credor pleiteia quantia superior à do título; II – quando recai sobre coisa diversa daquela declarada no título; III – quando se processa de modo diferente do que foi determinado na sentença; IV – quando o credor, sem cumprir a prestação que lhe corresponde, exige o adimplemento da do devedor (art. 582); V – se o credor não provar que a condição se realizou. **Art. 745.** Nos embargos, poderá o executado alegar: (Redação dada pela Lei nº 11.382, de 2006). I - nulidade da execução, por não ser executivo o título apresentado; (Incluído pela Lei nº 11.382, de 2006). II - penhora incorreta ou avaliação errônea; (Incluído pela Lei nº 11.382, de 2006). III - excesso de execução ou cumulação indevida de execuções; (Incluído pela Lei nº 11.382, de 2006). IV - retenção por benfeitorias necessárias ou úteis, nos casos de título para entrega de coisa certa (art. 621); (Incluído pela Lei nº 11.382, de 2006). V - qualquer matéria que lhe seria lícito deduzir como defesa em processo de conhecimento. (Incluído pela Lei nº 11.382, de 2006).

§ 5º Nos embargos de retenção por benfeitorias, o exequente poderá requerer a compensação de seu valor com o dos frutos ou dos danos considerados devidos pelo executado, cumprindo ao juiz, para a apuração dos respectivos valores, nomear perito, observando-se, então, o art. 464. § 6º O exequente poderá a qualquer tempo ser imitido na posse da coisa, prestando caução ou depositando o valor devido pelas benfeitorias ou resultante da compensação. § 7º A arguição de impedimento e suspeição observará o disposto nos arts. 146 e 148.	§ 1º Nos embargos de retenção por benfeitorias, poderá o exeqüente requerer a compensação de seu valor com o dos frutos ou danos considerados devidos pelo executado, cumprindo ao juiz, para a apuração dos respectivos valores, nomear perito, fixando-lhe breve prazo para entrega do laudo. (Incluído pela Lei nº 11.382, de 2006). § 2º O exeqüente poderá, a qualquer tempo, ser imitido na posse da coisa, prestando caução ou depositando o valor devido pelas benfeitorias ou resultante da compensação. (Incluído pela Lei nº 11.382, de 2006).

O artigo 917 do NCPC trata das matérias que podem ser alegadas nos embargos à execução, não apresentando muita diferença quanto aos textos dos artigos 739-A, § 5º, 743 e 745 do CPC/73, ressaltando que a Lei nº 11.382/2006 já havia operado modificações no CPC/73, incluindo o artigo 739-A e seus parágrafos e alterando a redação do artigo 745.

Observa-se no § 1º do artigo 915 do NCPC uma inovação que possibilita a impugnação de penhora ou avaliação incorreta, por meio de petição simples, no prazo de 15 (quinze) dias da ciência do ato.

NOVO CÓDIGO DE PROCESSO CIVIL	CÓDIGO DE PROCESSO CIVIL DE 1973
Art. 918. O juiz rejeitará liminarmente os embargos: I - quando intempestivos; II - nos casos de indeferimento da petição inicial e de improcedência liminar do pedido; III - manifestamente protelatórios. Parágrafo único. Considera-se conduta atentatória à dignidade da justiça o oferecimento de embargos manifestamente protelatórios.	**Art. 739.** O juiz rejeitará liminarmente os embargos: I - quando intempestivos; (Redação dada pela Lei nº 11.382, de 2006). II - quando inepta a petição (art. 295); ou (Redação dada pela Lei nº 11.382, de 2006). III - quando manifestamente protelatórios. (Redação dada pela Lei nº 11.382, de 2006). § 1º (Revogado pela Lei nº 11.382, de 2006) § 2º (Revogado pela Lei nº 11.382, de 2006) § 3º (Revogado pela Lei nº 11.382, de 2006) **Art. 739-A**. [...] § 5º Quando o excesso de execução for fundamento dos embargos, o embargante deverá declarar na petição inicial o valor que entende correto, apresentando memória do cálculo, sob pena de rejeição liminar dos embargos ou de não conhecimento desse fundamento. (Incluído pela Lei nº 11.382, de 2006). [...]

O artigo 918 do NCPC não apresenta substanciais alterações em relação à previsão similar do artigo 739 do CPC/73, ressaltando que as sanções referentes aos embargos manifestamente protelatórios, atualmente previstas nos artigos 739-B e 740, parágrafo único, passam a ser tratadas no artigo 774 do NCPC, que elenca as condutas consideradas atentatórias à dignidade da Justiça, impondo multa de até vinte por cento do valor da dívida em favor do exequente, sem prejuízo de outras sanções.

Embora o oferecimento de embargos manifestamente protelatórios não conste no rol do artigo 774 do NCPC, o parágrafo único do artigo 918 considera-o conduta atentatória à dignidade da Justiça, sujeita às referidas sanções.

NOVO CÓDIGO DE PROCESSO CIVIL	CÓDIGO DE PROCESSO CIVIL DE 1973
Art. 919. Os embargos à execução não terão efeito suspensivo. § 1º O juiz poderá, a requerimento do embargante, atribuir efeito suspensivo aos embargos quando verificados os requisitos para a concessão da tutela provisória e desde que a execução já esteja garantida por penhora, depósito ou caução suficientes. § 2º Cessando as circunstâncias que a motivaram, a decisão relativa aos efeitos dos embargos poderá, a requerimento da parte, ser modificada ou revogada a qualquer tempo, em decisão fundamentada. § 3º Quando o efeito suspensivo atribuído aos embargos disser respeito apenas a parte do objeto da execução, esta prosseguirá quanto à parte restante. § 4º A concessão de efeito suspensivo aos embargos oferecidos por um dos executados não suspenderá a execução contra os que não embargaram quando o respectivo fundamento disser respeito exclusivamente ao embargante. § 5º A concessão de efeito suspensivo não impedirá a efetivação dos atos de substituição, de reforço ou de redução da penhora e de avaliação dos bens.	**Art. 739-A.** Os embargos do executado não terão efeito suspensivo. (Incluído pela Lei nº 11.382, de 2006). § 1º O juiz poderá, a requerimento do embargante, atribuir efeito suspensivo aos embargos quando, sendo relevantes seus fundamentos, o prosseguimento da execução manifestamente possa causar ao executado grave dano de difícil ou incerta reparação, e desde que a execução já esteja garantida por penhora, depósito ou caução suficientes. (Incluído pela Lei nº 11.382, de 2006). § 2º A decisão relativa aos efeitos dos embargos poderá, a requerimento da parte, ser modificada ou revogada a qualquer tempo, em decisão fundamentada, cessando as circunstâncias que a motivaram. (Incluído pela Lei nº 11.382, de 2006). § 3º Quando o efeito suspensivo atribuído aos embargos disser respeito apenas a parte do objeto da execução, essa prosseguirá quanto à parte restante. (Incluído pela Lei nº 11.382, de 2006). § 4º A concessão de efeito suspensivo aos embargos oferecidos por um dos executados não suspenderá a execução contra os que não embargaram, quando o respectivo fundamento disser respeito exclusivamente ao embargante. (Incluído pela Lei nº 11.382, de 2006). [...] § 6º A concessão de efeito suspensivo não impedirá a efetivação dos atos de penhora e de avaliação dos bens. (Incluído pela Lei nº 11.382, de 2006).

Quanto ao efeito suspensivo dos embargos, não há alteração significativa, mantendo-se a regra de que os embargos não possuem efeito suspensivo, ressalvado o requerimento ao juiz, em que se demonstrem os requisitos para a concessão de tutela provisória para a atribuição de efeito suspensivo. Destaque-se que o parágrafo terceiro trata da atribuição do efeito suspensivo parcial, isto é, que se refira a apenas uma parte da execução, o que não impede seu prosseguimento em relação à parte que não teve efeito suspensivo atribuído. O parágrafo quarto dispõe que a concessão de efeito suspensivo obtido pelo embargante exclusivamente em relação a uma embargado não comunicará aos demais, esclarecendo a regra de que circunstâncias pessoais não se comunicarão, suspendendo-se a execução apenas em face de quem é feita a alegação a qual foi atribuído o efeito suspensivo. Por fim, reproduzindo a regra do artigo 739-A, §6º, do CPC/73, o parágrafo quinto do novo CPC prevê que a concessão de efeito suspensivo não impedirá a efetivação dos atos de substituição, de reforço ou de redução da penhora e de avaliação dos bens.

NOVO CÓDIGO DE PROCESSO CIVIL	CÓDIGO DE PROCESSO CIVIL DE 1973
Art. 920. Recebidos os embargos: I - o exequente será ouvido no prazo de 15 (quinze) dias; II - a seguir, o juiz julgará imediatamente o pedido ou designará audiência; III - encerrada a instrução, o juiz proferirá sentença.	**Art. 740.** Recebidos os embargos, será o exeqüente ouvido no prazo de 15 (quinze) dias; a seguir, o juiz julgará imediatamente o pedido (art. 330) ou designará audiência de conciliação, instrução e julgamento, proferindo sentença no prazo de 10 (dez) dias. (Redação dada pela Lei nº 11.382, de 2006). Parágrafo único. No caso de embargos manifestamente protelatórios, o juiz imporá, em favor do exeqüente, multa ao embargante em valor não superior a 20% (vinte por cento) do valor em execução. (Redação dada pela Lei nº 11.382, de 2006).

O julgamento dos embargos, conforme previsto no artigo 920 do NCPC, pretende-se célere. Mantém-se o prazo de 15 (quinze) dias para manifestação do exequente, com possibilidade de julgamento imediato ou instrução em audiência, após o que o juiz proferirá a sentença, não sendo previsto mais o prazo de dez dias após a audiência para que o juiz decida, sendo desejável que esta decisão seja proferida em audiência, quando for o caso.

NOVO CÓDIGO DE PROCESSO CIVIL	CÓDIGO DE PROCESSO CIVIL DE 1973
TÍTULO IV DA SUSPENSÃO E DA EXTINÇÃO DO PROCESSO DE EXECUÇÃO CAPÍTULO I DA SUSPENSÃO DO PROCESSO DE EXECUÇÃO	TÍTULO VI DA SUSPENSÃO E DA EXTINÇÃO DO PROCESSO DE EXECUÇÃO CAPÍTULO I DA SUSPENSÃO
Art. 921. Suspende-se a execução: I - nas hipóteses dos arts. 313 e 315, no que couber; II - no todo ou em parte, quando recebidos com efeito suspensivo os embargos à execução; III - quando o executado não possuir bens penhoráveis; IV - se a alienação dos bens penhorados não se realizar por falta de licitantes e o exequente, em 15 (quinze) dias, não requerer a adjudicação nem indicar outros bens penhoráveis; V - quando concedido o parcelamento de que trata o art. 916. § 1º Na hipótese do inciso III, o juiz suspenderá a execução pelo prazo de 1 (um) ano, durante o qual se suspenderá a prescrição. § 2º Decorrido o prazo máximo de 1 (um) ano sem que seja localizado o executado ou que sejam encontrados bens penhoráveis, o juiz ordenará o arquivamento dos autos. § 3º Os autos serão desarquivados para prosseguimento da execução se a qualquer tempo forem encontrados bens penhoráveis. § 4º Decorrido o prazo de que trata o § 1º sem manifestação do exequente, começa a correr o prazo de prescrição intercorrente. § 5º O juiz, depois de ouvidas as partes, no prazo de 15 (quinze) dias, poderá, de ofício, reconhecer a prescrição de que trata o § 4º e extinguir o processo.	**Art. 791.** Suspende-se a execução: I - no todo ou em parte, quando recebidos com efeito suspensivo os embargos à execução (art. 739-A); (Redação dada pela Lei nº 11.382, de 2006). II - nas hipóteses previstas no art. 265, I a III; III - quando o devedor não possuir bens penhoráveis.

O artigo 921 do NCPC trata da suspensão da execução, mantendo as três hipóteses previstas no artigo 791 do Código de Processo Civil de 1973 e acrescentando, ainda, mais duas hipóteses, quais sejam: a do inciso IV, que trata da ausência de licitantes ou de adjudicação pelo exequente; e a prevista no inciso V, quando ocorre o parcelamento nos termos do artigo 916.

Os §§ 1º ao 5º do artigo 921 do NCPC tratam da suspensão da execução e suas consequências, inclusive positivando a possibilidade de reconhecimento da prescrição intercorrente, conforme prevê o § 4º do referido artigo.

NOVO CÓDIGO DE PROCESSO CIVIL	CÓDIGO DE PROCESSO CIVIL DE 1973
Art. 922. Convindo as partes, o juiz declarará suspensa a execução durante o prazo concedido pelo exequente para que o executado cumpra voluntariamente a obrigação. Parágrafo único. Findo o prazo sem cumprimento da obrigação, o processo retomará o seu curso.	**Art. 792.** Convindo as partes, o juiz declarará suspensa a execução durante o prazo concedido pelo credor, para que o devedor cumpra voluntariamente a obrigação. Parágrafo único. Findo o prazo sem cumprimento da obrigação, o processo retomará o seu curso. (Incluído pela Lei nº 8.953, de 13.12.1994)

Quanto à suspensão convencional da execução, o artigo 922 do NCPC traz apenas pequenas mudanças na redação com relação ao artigo 792 do CPC/73, substituindo os termos "credor" e "devedor" por "exequente" e "executado", respectivamente.

NOVO CÓDIGO DE PROCESSO CIVIL	CÓDIGO DE PROCESSO CIVIL DE 1973
Art. 923. Suspensa a execução, não serão praticados atos processuais, podendo o juiz, entretanto, salvo no caso de arguição de impedimento ou de suspeição, ordenar providências urgentes.	**Art. 793.** Suspensa a execução, é defeso praticar quaisquer atos processuais. O juiz poderá, entretanto, ordenar providências cautelares urgentes. (Redação dada pela Lei nº 5.925, de 1º.10.1973)

O artigo 923 do novo Código de Processo Civil trata da prática dos atos processuais durante a suspensão da execução, não trazendo disposição distinta da redação do artigo 793 do CPC/73.

NOVO CÓDIGO DE PROCESSO CIVIL	CÓDIGO DE PROCESSO CIVIL DE 1973
CAPÍTULO II DA EXTINÇÃO DO PROCESSO DE EXECUÇÃO **Art. 924.** Extingue-se a execução quando: I - a petição inicial for indeferida; II - a obrigação for satisfeita; III - o executado obtiver, por qualquer outro meio, a extinção total da dívida; IV - o exequente renunciar ao crédito; V - ocorrer a prescrição intercorrente.	CAPÍTULO II DA EXTINÇÃO **Art. 794.** Extingue-se a execução quando: I – o devedor satisfaz a obrigação; II – o devedor obtém, por transação ou por qualquer outro meio, a remissão total da dívida; III – o credor renunciar ao crédito.

No capítulo que dispõe sobre a extinção da execução, há algumas diferenças com relação à redação do artigo 797 do CPC/73, como também o acréscimo de outras duas causas de extinção da execução.

Dispõe o artigo 924 do NCPC que a execução será extinta quando a petição inicial for indeferida (inciso I) ou ocorrer a prescrição intercorrente (inciso V), além das demais causas de extinção já previstas nos incisos do artigo 797 do CPC/73.

NOVO CÓDIGO DE PROCESSO CIVIL	CÓDIGO DE PROCESSO CIVIL DE 1973
Art. 925. A extinção só produz efeito quando declarada por sentença.	**Art. 795**. A extinção só produz efeito quando declarada por sentença.

Em relação à produção de efeito da extinção, as disposições são as mesmas no artigo 925 do novo Código de Processo Civil e no artigo 795 do CPC/73, exigindo-se que a extinção seja declarada por sentença.

NOTAS AOS ARTIGOS 926 A 975

Aluisio Gonçalves de Castro Mendes
Bruno Miola da Silva
Larissa Clare Pochmann da Silva
Marcelo Pereira de Almeida

NOVO CÓDIGO DE PROCESSO CIVIL	CÓDIGO DE PROCESSO CIVIL DE 1973
LIVRO III DOS PROCESSOS NOS TRIBUNAIS E DOS MEIOS DE IMPUGNAÇÃO DAS DECISÕES JUDICIAIS TÍTULO I DA ORDEM DOS PROCESSOS E DOS PROCESSOS DE COMPETÊNCIA ORIGINÁRIA DOS TRIBUNAIS CAPÍTULO I DISPOSIÇÕES GERAIS	
Art. 926. Os tribunais devem uniformizar sua jurisprudência e mantê-la estável, íntegra e coerente. § 1º Na forma estabelecida e segundo os pressupostos fixados no regimento interno, os tribunais editarão enunciados de súmula correspondentes a sua jurisprudência dominante. § 2º Ao editar enunciados de súmula, os tribunais devem ater-se às circunstâncias fáticas dos precedentes que motivaram sua criação.	Sem correspondente.

O novo Código de Processo Civil inicia o Livro III, *Dos Processos nos Tribunais e dos Meios de Impugnação das Decisões Judiciais*, indicando uma de suas linhas mestras: a valorização da jurisprudência.

Até a versão da Câmara dos Deputados, havia um capítulo próprio, no Projeto do Código de Processo Civil, dedicado aos precedentes judiciais, que compreendia os artigos 520 a 522 do projeto. Esse capítulo compreendia um comando genericamente dirigido aos tribunais no sentido de que devem uniformizar sua jurisprudência, mantendo-a estável, íntegra e coerente. Em que pese o capítulo ter sido suprimido na versão do texto-base aprovada do Senado, posteriormente sancionada, a *ratio* não se modificou.

O primeiro artigo da parte recursal, o art. 926 da novel legislação, indica que a jurisprudência dos tribunais deve se manter íntegra, coerente e estável. Trata-se da diretriz de decidir um novo caso como parte de um complexo empreendimento em cadeia, no qual devem ser respeitados os julgamentos anteriores sobre a mesma questão, salvo a superação do precedente ou sua distinção do caso analisado.

Sobre o assunto, um dos autores[1] destas notas já teve a oportunidade de escrever que:

> Em primeiro lugar, há um comando genericamente dirigido aos tribunais, no sentido de que devem uniformizar a sua jurisprudência e mantê-la estável, íntegra e coerente. Pretende desafiar, assim, certas culturas e práticas, como a decisão isolada do caso concreto, sem a preocupação da uniformização. Como supramencionado, os tribunais possuem, com frequência, órgãos fracionários com competência concorrente, que acabam, muitas vezes, firmando entendimentos diversos. Por vezes, a divergência é até mesmo interna no órgão fracionário, de tal modo que o resultado do julgamento varia conforme o quórum votante. Entretanto, não obstante o desacordo, é comum que se prossiga cada qual com o seu ponto de vista, sem que haja, digamos, uma definição de tese prevalente e a consequente aceitação por todos do pensamento majoritário. É de se notar a baixa incidência ou mesmo resistência diante de instrumentos já existentes, como o previsto no art. 555, § 1.º, do atual CPC, que passará a ser denominado de incidente de assunção de competência, pelo qual, ocorrendo relevante questão de direito, que faça conveniente prevenir ou compor divergência entre câmaras ou turmas do tribunal, poderá o relator propor seja o recurso julgado por órgão colegiado mais amplo.

O parágrafo primeiro dispõe sobre a edição de enunciados de súmulas correspondentes à jurisprudência dominante dos tribunais, observando-se, para isso, a forma e os pressupostos fixados no regimento interno.

Em relação a esse dispositivo, merecem destaque duas considerações. A primeira é o próprio conceito de súmula, em contraponto aos conceitos de precedente e de jurisprudência. As súmulas são enunciados gerais e abstratos – características presentes na lei – que são editados pelos tribunais, visando à solução de casos futuros[2]. Já precedentes e jurisprudência, como bem observa Michele Taruffo[3], diferenciam-se porque:

> Quando se fala em precedente se faz normalmente referência a uma decisão relativa a um caso particular, enquanto que quando se fala da jurisprudência se faz normalmente referência a uma pluralidade, frequentemente bastante ampla relativa a vários e diversos casos concretos [...] em regra a decisão que se assume como precedente é uma só, de modo que fica fácil identificar qual decisão faz precedente. Ao contrário nos sistemas nos quais se alude à jurisprudência, se faz referência normalmente a muitas decisões: às vezes são dúzias até mesmo centenas.

A segunda consideração é o significado de jurisprudência dominante, que existia no CPC/73 e aparece três vezes no NCPC, (I) ao estabelecer que os tribunais editarão enunciados de súmula correspondentes à sua *jurisprudência dominante* (art. 926, § 1º); (II) ao dispor sobre a possibilidade de modulação dos efeitos da decisão, quando houver alteração de *jurisprudência dominante* do Supremo Tribunal Federal e dos tribunais superiores ou daquela oriunda de julgamento de casos repetitivos (art. 927,

1 MENDES, Aluisio Gonçalves de Castro. Precedentes e jurisprudência: papel, fatores e perspectivas no direito brasileiro contemporâneo. In: MENDES, Aluisio Gonçalves de Castro; MARINONI, Luiz Guilherme; WAMBIER, Teresa Arruda Alvim. *Direito Jurisprudencial* – volume II. São Paulo: Revista dos Tribunais, 2014, p. 34-35.

2 Vide Lenio Luiz Streck. Disponível em: <http://hermeneuticaesociedadederisco.blogspot.com.br/2009/04/entrevista-de-lenio-streck-carta.html>. Acesso em: 03 jan. 2015.

3 TARUFFO, Michelle. Precedentes e jurisprudência. *Revista de Processo*, São Paulo: RT, n. 199, 2010, p. 142-143.

§ 3º); e (III) ao prever que haverá repercussão geral sempre que o recurso impugnar acórdão que contrarie súmula ou jurisprudência dominante do Supremo Tribunal Federal (art. 1.035, § 3º, inciso I).

À luz do CPC/73, na precisa lição de Cândido Rangel Dinamarco[4], *jurisprudência dominante* era compreendida como:

> É indeterminado o conceito de jurisprudência dominante e, para aplicá-lo adequadamente, os relatores e os tribunais devem ter a consciência de que inexiste um critério quantitativo que seja suficiente para sua especificação. Nem há qualquer critério objetivo, que possa aplicar-se sempre. Aproximadamente, tem-se como jurisprudência dominante em dado tribunal uma linha de julgamentos significativamente majoritária em seus órgãos fracionários, ainda que não pacífica; a existência de decisões contrárias, ou de votos vencidos, não retira a essas linhas vitoriosas a condição de jurisprudência dominante, embora deva ser levada em conta para a verificação sobre a realidade da prevalência da jurisprudência no sentido majoritário.

Porém, em uma primeira análise sobre o tema a partir do novo diploma legal, a doutrina[5] afirma que, no novo Código, seu significado seria distinto, mencionando que:

> Sob a égide do Novo CPC a expressão deve ser interpretada em conformidade com o sistema de precedentes nele previsto e na própria Constituição, de modo que a "jurisprudência dominante" consiste naquelas decisões proferidas nos casos dispostos nos incisos I a V do artigo 927 e, em algumas hipóteses, respeitado o requisito das "reiteradas decisões sobre a matéria" (art. 103-A, CRFB/88).
>
> Note-se, por fim, que a "jurisprudência dominante", disciplinada no sistema de precedentes do novo Código de Processo Civil, é formada com base na teoria normativa da comparticipação (arts. 6º e 10), e nas premissas da coerência, integridade, estabilidade (art. 927) e da busca do resgate da efetiva colegialidade, de modo que a vinculação ***à*** determinado entendimento jurisprudencial somente ocorre em relação aos fundamentos determinantes (*ratio decidendi)* do julgado, caso não haja distinções fáticas entre o caso do passado e o caso em julgamento que seja capaz de afastar a aplicação do precedente.

Nessa perspectiva, jurisprudência dominante no novo diploma seriam julgamentos de observância obrigatória e reiterada sobre a mesma matéria.

Já o § 2º do artigo 926 dispõe que, na edição de súmulas, os tribunais devem se ater às circunstâncias fáticas de sua edição, de modo a considerá-las na aplicação da súmula aos casos futuros. Nessa perspectiva, a interpretação e a aplicação dos enunciados de súmula deve levar em consideração os julgados que o formaram. Como já se comentou[6],

---

4 DINAMARCO, Cândido Rangel. *A reforma da reforma*. São Paulo: RT, 2003, p. 87.

5 NUNES, Dierle; OLIVEIRA JÚNIOR, Délio Mota de. *Jurisprudência dominante no novo código de processo civil?* Disponível em: <http://emporiododireito.com.br/jurisprudencia-dominante-no-novo-codigo-de-processo-civil-por-dierle-nunes-e-delio-mota-de-oliveira-junior-2/>. Acesso em: 4 mar. 2015.

6 MENDES, Aluisio Gonçalves de Castro. Precedentes e jurisprudência: papel, fatores e perspectivas no direito brasileiro contemporâneo. In: MENDES, Aluisio Gonçalves de Castro, MARINONI, Luiz Guilherme; WAMBIER, Teresa Arruda Alvim. *Direito Jurisprudencial* – volume II. São Paulo: Revista dos Tribunais, 2014, p. 35.

a "norma proposta ... pode parecer supéflua. Mas, na prática já se viu, infelizmente, a edição de enunciados de súmula que não traduzem exata e principalmente as conclusões firmadas nos precedentes julgados, havendo discrepância que se deve evitar."

NOVO CÓDIGO DE PROCESSO CIVIL	CÓDIGO DE PROCESSO CIVIL DE 1973
Art. 927. Os juízes e os tribunais observarão: I - as decisões do Supremo Tribunal Federal em controle concentrado de constitucionalidade; II - os enunciados de súmula vinculante; III - os acórdãos em incidente de assunção de competência ou de resolução de demandas repetitivas e em julgamento de recursos extraordinário e especial repetitivos; IV - os enunciados das súmulas do Supremo Tribunal Federal em matéria constitucional e do Superior Tribunal de Justiça em matéria infraconstitucional; V - a orientação do plenário ou do órgão especial aos quais estiverem vinculados. § 1º Os juízes e os tribunais observarão o disposto no art. 10 e no art. 489, § 1º, quando decidirem com fundamento neste artigo. § 2º A alteração de tese jurídica adotada em enunciado de súmula ou em julgamento de casos repetitivos poderá ser precedida de audiências públicas e da participação de pessoas, órgãos ou entidades que possam contribuir para a rediscussão da tese. § 3º Na hipótese de alteração de jurisprudência dominante do Supremo Tribunal Federal e dos tribunais superiores ou daquela oriunda de julgamento de casos repetitivos, pode haver modulação dos efeitos da alteração no interesse social e no da segurança jurídica. § 4º A modificação de enunciado de súmula, de jurisprudência pacificada ou de tese adotada em julgamento de casos repetitivos observará a necessidade de fundamentação adequada e específica, considerando os princípios da segurança jurídica, da proteção da confiança e da isonomia. § 5º Os tribunais darão publicidade a seus precedentes, organizando-os por questão jurídica decidida e divulgando-os, preferencialmente, na rede mundial de computadores.	Sem correspondente.

O artigo 927 do NCPC, sem correspondente no CPC/73, traz uma regra geral a respeito da observância dos precedentes, da jurisprudência e das súmulas, explicitando como os precedentes serão capazes de manter a jurisprudência íntegra, estável e coerente. O mesmo dispositivo, em oportuna técnica legislativa, também trouxe a previsão de publicidade aos precedentes

São estabelecidos como precedentes vinculantes, norteadores da estabilidade, integridade e coerência da jurisprudência: as decisões do Supremo Tribunal Federal em controle concentrado de constitucionalidade; os enunciados de súmula vinculante; os acórdãos em incidente de assunção de competência ou de resolução de demandas repetitivas e em julgamento de recursos extraordinário e especial repetitivos; e os enunciados das súmulas do Supremo Tribunal Federal em matéria constitucional e do Superior Tribunal de Justiça em matéria infraconstitucional e a orientação do plenário ou do órgão especial aos quais estiverem vinculados.

Sobre o tema versado na norma anotada, um dos autores[7] deste trabalho, já pontuou que:

> Ressalte-se que o efeito vinculante está sendo conferido por norma infraconstitucional, o que suscita e suscitará, obviamente, debate em torno da constitucionalidade do comando. Entretanto, não obstante o pensamento em sentido contrário,[8] entendo que não há qualquer impedimento, de ordem constitucional, para que este efeito vinculante seja estabelecido por norma infraconstitucional. O fato de a Carta Magna prever, nas duas hipóteses já mencionadas, ou seja, nos arts. 102, § 2.º, e 103-A, representa, apenas, que o referido comando foi inserido em nível constitucional porque (a) possuíam íntima relação com assuntos (controle concentrado da constitucionalidade e inovação afeta ao STF, contendo inclusive a exigência de quórum qualificado de dois terços) tratados na norma maior; (b) foi estabelecido o efeito vinculante não apenas para os demais órgãos judiciais, mas também para a administração pública, nas esferas federal, estadual e municipal; (c) preservação do caráter vinculativo, para as duas hipóteses previstas, de eventuais reformas infraconstitucionais, que pudessem afastá-lo; (d) reforço da possibilidade de efeito vinculante para os demais órgãos judiciais, diante de eventual alegação de independência funcional, que se poderia fortalecer se a inovação viesse, primeiramente, por determinação infraconstitucional.

Destaque-se, porém, que, se esse dispositivo for cotejado com o artigo 988 do NCPC, apenas ensejarão a reclamação para controle de precedentes para garantir a observância de decisão do Supremo Tribunal Federal em controle concentrado de constitucionalidade (art. 988, III) e para garantir a observância de enunciado de súmula vinculante e de precedente proferido em julgamento de casos repetitivos ou em incidente de assunção de competência (art. 988, IV), servindo, nessas hipóteses, tanto para a não observância do precedente como para sua aplicação indevida (art. 988, §4º). Nessa perspectiva, o cabimento ou não da reclamação, ao menos no Brasil, é irrelevante para a denominação do precedente como vinculante, sendo todos os precedentes listados no art. 927 vinculantes.

O parágrafo primeiro alude a dois artigos do próprio NCPC. O artigo 10 refere-se ao contraditório participativo, que estabelece como uma regra geral, em qualquer grau de jurisdição, que o órgão jurisdicional não pode decidir com fundamento a res-

---

7 MENDES, Aluisio Gonçalves de Castro. Precedentes e jurisprudência: papel, fatores e perspectivas no direito brasileiro contemporâneo. In: MENDES, Aluisio Gonçalves de Castro, MARINONI, Luiz Guilherme; WAMBIER, Teresa Arruda Alvim. *Direito Jurisprudencial* – volume II. São Paulo: Revista dos Tribunais, 2014, p. 35-36.

8 Nesse sentido, vide Nelson Nery Junior e Georges Abboud, Stare decisis vs. direito jurisprudencial.

peito do qual não se tenha oportunizado a manifestação das partes, ainda que se trate de matéria apreciável de ofício. Já o outro dispositivo, o artigo 489, § 1º, do NCPC, trata da necessidade de fundamentação das decisões judiciais, que é extremamente valorizada no novo Código, assegurando o respeito ao contraditório, à ampla defesa e à participação dos interessados na formação da decisão. Nessa perspectiva, os órgãos julgadores devem observar quais elementos, teses e questões consideradas no precedente, de forma a aplica-los, ou, se for a hipótese, até mesmo afastá-los no caso concreto.

O parágrafo segundo dispõe sobre a oportunidade de participação, através de audiências públicas, para alteração da tese jurídica fixada, trazendo, em mais uma nítida marca democrática, o incentivo à participação no processo e a previsão de que a superação da tese jurídica não ocorrerá por uma decisão-surpresa.

Já o parágrafo terceiro destaca a possibilidade de modulação temporal dos efeitos caso ocorra a alteração de jurisprudência dominante do Supremo Tribunal Federal ou dos Tribunais Superiores ou, ainda, proferida em julgamento de casos repetitivos, em virtude da grande quantidade de processos afetados, e, complementando a ideia de preocupação com a segurança jurídica retratada nos parágrafos anteriores, o parágrafo quarto dispõe que a modificação de jurisprudência pacificada, de súmula ou fixada em julgamento de casos repetitivos deve ser fundamentada. Essas previsões vêm no sentido de se evitar decisões-surpresa.

Por fim, o parágrafo quinto dispõe sobre a publicidade dos precedentes, de forma que sejam conhecidos do jurisdicionado, que os resultados possam ser previsíveis e que as partes não sejam surpreendidas, em nenhum momento, durante a tramitação do processo.

NOVO CÓDIGO DE PROCESSO CIVIL	CÓDIGO DE PROCESSO CIVIL DE 1973
Art. 928. Para os fins deste Código, considera-se julgamento de casos repetitivos a decisão proferida em: I - incidente de resolução de demandas repetitivas; II - recursos especial e extraordinário repetitivos. Parágrafo único. O julgamento de casos repetitivos tem por objeto questão de direito material ou processual.	Sem correspondente.

O artigo 928 do NCPC tem cunho interpretativo, esclarecendo que se incluem nos casos repetitivos as decisões proferidas no incidente de resolução de demandas repetitivas e no julgamento dos recursos especial e extraordinário repetitivos.

O parágrafo único dispõe que a questão de direito, a que alude o dispositivo, pode se referir tanto a direito material quanto a direito processual, esclarecendo que, ao contrário do modelo alemão do *Musterverfahren*, o instituto do incidente de resolução de demandas repetitivas não se aplica quando a questão for meramente de fato, sem conexão com questão de direito.

NOVO CÓDIGO DE PROCESSO CIVIL	CÓDIGO DE PROCESSO CIVIL DE 1973
CAPÍTULO II DA ORDEM DOS PROCESSOS NO TRIBUNAL	CAPÍTULO VII DA ORDEM DOS PROCESSOS NO TRIBUNAL
Art. 929. Os autos serão registrados no protocolo do tribunal no dia de sua entrada, cabendo à secretaria ordená-los, com imediata distribuição. Parágrafo único. A critério do tribunal, os serviços de protocolo poderão ser descentralizados, mediante delegação a ofícios de justiça de primeiro grau.	**Art. 547.** Os autos remetidos ao tribunal serão registrados no protocolo no dia de sua entrada, cabendo à secretaria verificar-lhes a numeração das folhas e ordená-los para distribuição. Parágrafo único. Os serviços de protocolo poderão, a critério do tribunal, ser descentralizados, mediante delegação a ofícios de justiça de primeiro grau. (Incluído pela Lei nº 10.352, de 26.12.2001)

O artigo 929 do NCPC, ao tratar do registro dos autos remetidos aos tribunais, reproduz a *ratio* do CPC/73, no sentido de que os autos deverão ser registrados, a fim de que se verifique sua data de entrada. Suprimiu-se, na redação do NCPC, a referência de que a secretaria deveria verificar a numeração das folhas e acrescentou-se a expressão imediatamente no *caput* do dispositivo, em uma nítida preocupação com a celeridade na distribuição dos processos que chegam aos tribunais para julgamento.

No parágrafo único, houve apenas uma pequena alteração na redação, sem modificação de seu conteúdo, sobre o protocolo dos recursos, que poderão ser descentralizados, por ato do tribunal, mediante delegação a ofícios de justiça do primeiro grau.

NOVO CÓDIGO DE PROCESSO CIVIL	CÓDIGO DE PROCESSO CIVIL DE 1973
Art. 930. Far-se-á a distribuição de acordo com o regimento interno do tribunal, observando-se a alternatividade, o sorteio eletrônico e a publicidade. Parágrafo único. O primeiro recurso protocolado no tribunal tornará prevento o relator para eventual recurso subsequente interposto no mesmo processo ou em processo conexo.	**Art. 548.** Far-se-á a distribuição de acordo com o regimento interno do tribunal, observando-se os princípios da publicidade, da alternatividade e do sorteio.

O *caput* do artigo 930 do NCPC reproduz regra já existente no CPC/73, sobre a distribuição dos processos no tribunal, acrescentando, apenas, que o sorteio será eletrônico.

O parágrafo único trata da possibilidade do relator prevento julgar o recurso. O NCPC, no parágrafo em comento, trata da prevenção do desembargador relator do recurso para outros recursos interpostos na mesma causa ou em causa conexa.

NOVO CÓDIGO DE PROCESSO CIVIL	CÓDIGO DE PROCESSO CIVIL DE 1973
Art. 931. Distribuídos, os autos serão imediatamente conclusos ao relator, que, em 30 (trinta) dias, depois de elaborar o voto, restituí-los-á, com relatório, à secretaria.	**Art. 549.** Distribuídos, os autos subirão, no prazo de 48 (quarenta e oito) horas, à conclusão do relator, que, depois de estudá-los, os restituirá à secretaria com o seu "visto". Parágrafo único. O relator fará nos autos uma exposição dos pontos controvertidos sobre que versar o recurso.

O artigo 931 do NCPC suprimiu o prazo de 48 horas para remessa dos autos à conclusão do relator. Caberá ao relator redigir, no relatório, uma exposição dos pontos controvertidos sobre os quais versa o recurso, e elaborar seu voto, restituindo os autos à secretaria com seu relatório, agora com previsão de um prazo de 30 (trinta) dias.

NOVO CÓDIGO DE PROCESSO CIVIL	CÓDIGO DE PROCESSO CIVIL DE 1973
Art. 932. Incumbe ao relator: I - dirigir e ordenar o processo no tribunal, inclusive em relação à produção de prova, bem como, quando for o caso, homologar autocomposição das partes; II - apreciar o pedido de tutela provisória nos recursos e nos processos de competência originária do tribunal; III - não conhecer de recurso inadmissível, prejudicado ou que não tenha impugnado especificamente os fundamentos da decisão recorrida; IV - negar provimento a recurso que for contrário a: a) súmula do Supremo Tribunal Federal, do Superior Tribunal de Justiça ou do próprio tribunal; b) acórdão proferido pelo Supremo Tribunal Federal ou pelo Superior Tribunal de Justiça em julgamento de recursos repetitivos; c) entendimento firmado em incidente de resolução de demandas repetitivas ou de assunção de competência; V - depois de facultada a apresentação de contrarrazões, dar provimento ao recurso se a decisão recorrida for contrária a: a) súmula do Supremo Tribunal Federal, do Superior Tribunal de Justiça ou do próprio tribunal; b) acórdão proferido pelo Supremo Tribunal Federal ou pelo Superior Tribunal de Justiça em julgamento de recursos repetitivos; c) entendimento firmado em incidente de resolução de demandas repetitivas ou de assunção de competência;	**Art. 557.** O relator negará seguimento a recurso manifestamente inadmissível, improcedente, prejudicado ou em confronto com súmula ou com jurisprudência dominante do respectivo tribunal, do Supremo Tribunal Federal, ou de Tribunal Superior. (Redação dada pela Lei nº 9.756, de 17.12.1998) § 1º-A Se a decisão recorrida estiver em manifesto confronto com súmula ou com jurisprudência dominante do Supremo Tribunal Federal, ou de Tribunal Superior, o relator poderá dar provimento ao recurso. (Incluído pela Lei nº 9.756, de 17.12.1998) § 1º Da decisão caberá agravo, no prazo de cinco dias, ao órgão competente para o julgamento do recurso, e, se não houver retratação, o relator apresentará o processo em mesa, proferindo voto; provido o agravo, o recurso terá seguimento. (Incluído pela Lei nº 9.756, de 17.12.1998) § 2º Quando manifestamente inadmissível ou infundado o agravo, o tribunal condenará o agravante a pagar ao agravado multa entre um e dez por cento do valor corrigido da causa, ficando a interposição de qualquer outro recurso condicionada ao depósito do respectivo valor. (Incluído pela Lei nº 9.756, de 17.12.1998)

VI - decidir o incidente de desconsideração da personalidade jurídica, quando este for instaurado originariamente perante o tribunal; VII - determinar a intimação do Ministério Público, quando for o caso; VIII - exercer outras atribuições estabelecidas no regimento interno do tribunal. Parágrafo único. Antes de considerar inadmissível o recurso, o relator concederá o prazo de 5 (cinco) dias ao recorrente para que seja sanado vício ou complementada a documentação exigível.	**Art. 515.** [...] § 4º Constatando a ocorrência de nulidade sanável, o tribunal poderá determinar a realização ou renovação do ato processual, intimadas as partes; cumprida a diligência, sempre que possível prosseguirá o julgamento da apelação. (Incluído pela Lei nº 11.276, de 2006)

O NCPC explicita as funções do relator, seus poderes-deveres, em um rol muito mais amplo do que o existente no CPC/73 e não taxativo, destacando que cabe a ele dirigir e ordenar o processo no tribunal, inclusive em relação à produção de prova, bem como, quando for o caso, homologar acordo firmado entre as partes já em grau recursal; apreciar pedidos de tutela provisória, seja em grau recursal, seja nos processos de competência originária do tribunal; não conhecer de recurso inadmissível, prejudicado ou que não tenha impugnado especificamente os fundamentos da decisão recorrida; negar ou dar provimento a recurso em um rol de hipóteses previamente determinadas; decidir o incidente de desconsideração da personalidade jurídica, quando este for instaurado originariamente perante o tribunal; determinar a intimação do Ministério Público, quando for o caso; sem prejuízo de outras previsões do regimento interno dos tribunais.

Merecem destaque alguns destes poderes-deveres. O NCPC ressalta às partes a relevância da impugnação específica dos fundamentos da decisão que pretendem atacar, sob pena de não conhecimento do recurso.

Os poderes monocráticos do relator para negar provimento a recurso se referem às hipóteses de recurso contrário a: 1) súmula do Supremo Tribunal Federal; 2) acórdão proferido pelo Supremo Tribunal Federal ou pelo Superior Tribunal de Justiça em julgamento de recursos repetitivos; e 3) entendimento firmado em incidente de resolução de demandas repetitivas ou de assunção de competência.

Destaque-se, nesse aspecto, a referência aos novos ou modificados institutos trazidos pelo novo diploma: o efeito vinculante do julgamento dos recursos repetitivos, o incidente de resolução de demandas repetitivas e o aperfeiçoamento do incidente de assunção de competência.

Em contrapartida, os poderes monocráticos do relator para dar provimento a recurso, após oportunizada a apresentação de contrarrazões, se referem a decisão recorrida ser contrária a: 1) súmula do Supremo Tribunal Federal, do Superior Tribunal de Justiça ou do próprio tribunal; 2) acórdão proferido pelo Supremo Tribunal Federal ou pelo Superior Tribunal de Justiça em julgamento de recursos repetitivos; e 3) entendimento firmado em incidente de resolução de demandas repetitivas ou de assunção de competência.

Ressalte-se que, em relação ao contraditório no caso do relator monocraticamente conceder provimento a recurso, o II Fórum Permanente de Processualistas, na

Carta de Salvador, destacou, através do Enunciado nº 81, que "*Por não haver prejuízo ao contraditório, é dispensável a oitiva do recorrido antes do provimento monocrático do recurso, quando a decisão recorrida: (a) indeferir a inicial; (b) indeferir liminarmente a justiça gratuita; ou (c) alterar liminarmente o valor da causa*".

Para dar provimento ao recurso, após a oportunidade de contraditório, há a referência aos novos ou modificados institutos trazidos pelo novo diploma, além da referência não se restringir à súmula do Supremo Tribunal Federal, incluindo, também, as súmulas do Superior Tribunal de Justiça ou do próprio tribunal.

Por fim, ainda sobre os poderes monocráticos do relator, merece destaque que a decisão do incidente de desconsideração da personalidade jurídica, já que este tema, com previsão no direito material, passa a ser regulado pelo direito empresarial e poderá ocorrer já em segunda instância.

Em prol da efetividade do processo, o parágrafo único prevê que, antes de inadmitir o recurso, caberá ao relator conceder prazo para que o vício seja sanado ou a documentação complementada. A Carta de Salvador, fruto do II Fórum Permanente de Processualistas, concluiu que "*É dever do relator, e não faculdade, conceder o prazo ao recorrente para sanar o vício ou complementar a documentação exigível, antes de inadmitir qualquer recurso, inclusive os excepcionais*" (Enunciado nº 82) e "*Fica superado o enunciado 115 da Súmula do STJ após a entrada em vigor do NCPC ("Na instância especial é inexistente recurso interposto por advogado sem procuração nos autos")*". (Enunciado nº 83). Naturalmente, a superação ou não dos respectivos enunciados dependerão da interpretação a ser conferida pelo Superior Tribunal de Justiça.

NOVO CÓDIGO DE PROCESSO CIVIL	CÓDIGO DE PROCESSO CIVIL DE 1973
Art. 933. Se o relator constatar a ocorrência de fato superveniente à decisão recorrida ou a existência de questão apreciável de ofício ainda não examinada que devam ser considerados no julgamento do recurso, intimará as partes para que se manifestem no prazo de 5 (cinco) dias. § 1º Se a constatação ocorrer durante a sessão de julgamento, esse será imediatamente suspenso a fim de que as partes se manifestem especificamente. § 2º Se a constatação se der em vista dos autos, deverá o juiz que a solicitou encaminhá-los ao relator, que tomará as providências previstas no caput e, em seguida, solicitará a inclusão do feito em pauta para prosseguimento do julgamento, com submissão integral da nova questão aos julgadores.	Sem correspondente.

O artigo 933 do NCPC trata do julgamento de questões supervenientes ao recurso ou de questões apreciáveis de ofício, evitando decisões-surpresa, consectário da norma geral contida no art. 10 do novo estatuto.

Se o momento desta constatação de matéria ocorrer durante a sessão de julgamento, o parágrafo primeiro determina que o julgamento deve ser suspenso para que as partes se manifestem, no prazo de 5 (cinco) dias.

Por fim, o parágrafo segundo trata da verificação em caso de vista dos autos por um dos desembargadores. Neste caso, as partes deverão ser intimadas, para que se manifestem no prazo de 5 (cinco) dias e, então, após o contraditório, o processo será incluído em pauta para prosseguimento do julgamento, com submissão integral da nova questão aos julgadores.

NOVO CÓDIGO DE PROCESSO CIVIL	CÓDIGO DE PROCESSO CIVIL DE 1973
Art. 934. Em seguida, os autos serão apresentados ao presidente, que designará dia para julgamento, ordenando, em todas as hipóteses previstas neste Livro, a publicação da pauta no órgão oficial.	**Art. 552.** Os autos serão, em seguida, apresentados ao presidente, que designará dia para julgamento, mandando publicar a pauta no órgão oficial. [...]

O NCPC mantém a previsão já existente no *caput* do artigo 552 do CPC/73, no sentido de que o pedido de dia para o julgamento deve ser feito ao presidente do órgão fracionário, que determinará a publicação da pauta no órgão oficial.

NOVO CÓDIGO DE PROCESSO CIVIL	CÓDIGO DE PROCESSO CIVIL DE 1973
Art. 935. Entre a data de publicação da pauta e a da sessão de julgamento decorrerá, pelo menos, o prazo de 5 (cinco) dias, incluindo-se em nova pauta os processos que não tenham sido julgados, salvo aqueles cujo julgamento tiver sido expressamente adiado para a primeira sessão seguinte. § 1º Às partes será permitida vista dos autos em cartório após a publicação da pauta de julgamento. § 2º Afixar-se-á a pauta na entrada da sala em que se realizar a sessão de julgamento.	**Art. 552.** [...] § 1º Entre a data da publicação da pauta e a sessão de julgamento mediará, pelo menos, o espaço de 48 (quarenta e oito) horas. § 2º Afixar-se-á a pauta na entrada da sala em que se realizar a sessão de julgamento. § 3º Salvo caso de força maior, participará do julgamento do recurso o juiz que houver lançado o "visto" nos autos.

O artigo 935 do NCPC reproduz parcialmente o artigo 552, § 1º, do CPC/73, diferenciando apenas o prazo entre a data de publicação da pauta e a sessão de julgamento, que foi ampliado de 48 (quarenta e oito) horas para 5 (cinco) dias. Esta medida concede aos advogados e defensores um maior prazo para preparação para sustentação oral no julgamento, especialmente se desejarem realizar o deslocamento de uma outra unidade da Federação até o tribunal para realizar a sustentação oral ou simplesmente assistir à sessão de julgamento. Este prazo não precisará ser respeitado se o caso for apenas de adiamento do feito para a próxima pauta.

Em relação ao tema, o II Fórum Permanente de Processualistas, através do Enunciado nº 84, observou que *"A ausência de publicação da pauta gera nulidade do acórdão que decidiu o recurso, ainda que não haja previsão de sustentação oral, ressalvada, apenas, a hipótese da primeira parte do art. 1.037, na qual a publicação da pauta é dispensável"* (atualmente, o artigo referido corresponde ao artigo 1.040).

O § 1º do artigo 935 do NCPC reproduz regra decorrente do contraditório, segundo a qual as partes poderão ter vista em cartório após a publicação da pauta de julgamento. Esta regra é aplicável aos processos físicos e será menos relevante com a difusão do processo eletrônico.

O § 2º do artigo 935 do NCPC reproduz o disposto no § 2º do artigo 552 do CPC/73, sobre a fixação da pauta na entrada da sala de julgamento, para que se possa identificar os processos ali julgados e orientar os interessados.

NOVO CÓDIGO DE PROCESSO CIVIL	CÓDIGO DE PROCESSO CIVIL DE 1973
Art. 936. Ressalvadas as preferências legais e regimentais, os recursos, a remessa necessária e os processos de competência originária serão julgados na seguinte ordem: I - aqueles nos quais houver sustentação oral, observada a ordem dos requerimentos; II - os requerimentos de preferência apresentados até o início da sessão de julgamento; III - aqueles cujo julgamento tenha iniciado em sessão anterior; e IV - os demais casos.	**Art. 562.** Preferirá aos demais o recurso cujo julgamento tenha sido iniciado.

O artigo 936 do NCPC trata da ordem de preferência de julgamento dos recursos e das ações originárias nos tribunais, excetuando-se os casos que tenham preferência de julgamento estabelecida por lei (como, por exemplo, o *habeas corpus*, o mandado de segurança, dentre outros) ou no regimento interno dos tribunais.

Terão preferência, na seguinte sequência: primeiro, os feitos em que houver sustentação oral, previsão que reproduz o artigo 565 do CPC/73; segundo, os que tiverem pedido de preferência até o início da sessão; e, em seguida, serão julgados os demais casos, que não se enquadrem nas preferências legais ou regimentais ou nas preferências neste momento dispostas.

NOVO CÓDIGO DE PROCESSO CIVIL	CÓDIGO DE PROCESSO CIVIL DE 1973
Art. 937. Na sessão de julgamento, depois da exposição da causa pelo relator, o presidente dará a palavra, sucessivamente, ao recorrente, ao recorrido e, nos casos de sua intervenção, ao membro do Ministério Público, pelo prazo improrrogável de 15 (quinze) minutos para cada um, a fim de sustentarem suas razões, nas seguintes hipóteses, nos termos da parte final do caput do art. 1.021: I - no recurso de apelação; II - no recurso ordinário; III - no recurso especial; IV - no recurso extraordinário; V - nos embargos de divergência; VI - na ação rescisória, no mandado de segurança e na reclamação; VII – ~~no agravo interno originário de recurso de apelação, de recurso ordinário, de recurso especial ou de recurso extraordinário;~~ (VETADO) VIII - no agravo de instrumento interposto contra decisões interlocutórias que versem sobre tutelas provisórias de urgência ou da evidência; IX - em outras hipóteses previstas em lei ou no regimento interno do tribunal. § 1º A sustentação oral no incidente de resolução de demandas repetitivas observará o disposto no art. 984, no que couber. § 2º O procurador que desejar proferir sustentação oral poderá requerer, até o início da sessão, que o processo seja julgado em primeiro lugar, sem prejuízo das preferências legais. § 3º Nos processos de competência originária previstos no inciso VI, caberá sustentação oral no agravo interno interposto contra decisão de relator que o extinga. § 4º É permitido ao advogado com domicílio profissional em cidade diversa daquela onde está sediado o tribunal realizar sustentação oral por meio de videoconferência ou outro recurso tecnológico de transmissão de sons e imagens em tempo real, desde que o requeira até o dia anterior ao da sessão.	**Art. 554.** Na sessão de julgamento, depois de feita a exposição da causa pelo relator, o presidente, se o recurso não for de embargos declaratórios ou de agravo de instrumento, dará a palavra, sucessivamente, ao recorrente e ao recorrido, pelo prazo improrrogável de 15 (quinze) minutos para cada um, a fim de sustentarem as razões do recurso.

O artigo 937 do NCPC trata da sustentação oral no julgamento, indicando a ordem de sustentação, o prazo e traz os recursos e ações de competência originária dos tribunais em que serão admissíveis a sustentação, com a possibilidade, ainda, de outros casos serem previstos por lei ou pelo regimento interno dos tribunais. Em relação às hipóteses de cabimento de sustentação oral, foi vetado o inciso VII, ao fundamento de que sustentação oral para todos os casos de agravo interno resultaria em perda de celeridade processual, princípio norteador do novo Código, provocando ainda sobrecarga nos Tribunais.

Os incisos sancionados mantêm a *ratio* do artigo 554 do CPC/73, que dispõe que a sustentação oral não será cabível apenas nos casos de embargos de declaração ou de agravo de instrumento. É de se notar, no rol dos incisos, a inovação contida no item VIII, pois haverá a possibilidade de sustentação oral nos agravos de instrumento interpostos contra decisões interlocutórias que versem sobre tutelas provisórias de urgência ou da evidência. No processo contemporâneo, a tutela provisória vem sendo frequente e, por vezes, fundamental para a própria garantia do direito. A inovação reflete esta realidade. A medida, por certo, terá impacto sobre as pautas dos tribunais, na medida que poderá ocorrer um forte incremento no número de sustentações orais.

O parágrafo primeiro indica que a sustentação oral no incidente de resolução de demandas repetitivas seguirá as regras do artigo 984, que dispõe sobre a sustentação do Ministério Público após as partes e com prazo de 30 (trinta) minutos.

O parágrafo segundo trata do requerimento de sustentação oral, que incluirá o feito nas preferências e, para isso, deve ser requerida até o início da sessão de julgamento.

O parágrafo terceiro trata da admissibilidade da sustentação oral em agravo interno que ataque decisões monocráticas proferidas em ação rescisória, mandado de segurança e reclamação, nos casos em que o relator profira decisões monocráticas as extinguindo. Trata-se, também, de mais uma hipótese de acréscimo no rol de possibilidades de sustentação oral nos julgamentos.

O parágrafo quarto possibilita que se requeira, até um dia antes da sessão, que seja realizada a sustentação oral por videoconferência, sem a necessidade de deslocamento dos advogados e defensores até a sede do tribunal. Para que possa usufruir dessa previsão, deverá realizar o requerimento até 1 (um) dia antes da sessão de julgamento.

NOVO CÓDIGO DE PROCESSO CIVIL	CÓDIGO DE PROCESSO CIVIL DE 1973
Art. 938. A questão preliminar suscitada no julgamento será decidida antes do mérito, deste não se conhecendo caso seja incompatível com a decisão. § 1º Constatada a ocorrência de vício sanável, inclusive aquele que possa ser conhecido de ofício, o relator determinará a realização ou a renovação do ato processual, no próprio tribunal ou em primeiro grau de jurisdição, intimadas as partes. § 2º Cumprida a diligência de que trata o § 1º, o relator, sempre que possível, prosseguirá no julgamento do recurso. § 3º Reconhecida a necessidade de produção de prova, o relator converterá o julgamento em diligência, que se realizará no tribunal ou em primeiro grau de jurisdição, decidindo-se o recurso após a conclusão da instrução. § 4º Quando não determinadas pelo relator, as providências indicadas nos §§ 1º e 3º poderão ser determinadas pelo órgão competente para julgamento do recurso.	**Art. 560.** Qualquer questão preliminar suscitada no julgamento será decidida antes do mérito, deste não se conhecendo se incompatível com a decisão daquela. Parágrafo único. Versando a preliminar sobre nulidade suprível, o tribunal, havendo necessidade, converterá o julgamento em diligência, ordenando a remessa dos autos ao juiz, a fim de ser sanado o vício. **Art. 515.** [...] § 4º Constatando a ocorrência de nulidade sanável, o tribunal poderá determinar a realização ou renovação do ato processual, intimadas as partes; cumprida a diligência, sempre que possível prosseguirá o julgamento da apelação. (Incluído pela Lei nº 11.276, de 2006)

O *caput* do artigo 938 do NCPC reproduz regra constante no artigo 560 do CPC/73, consagrada no processo civil brasileiro, no sentido de que a questão preliminar será apreciada antes do mérito.

O parágrafo único do artigo 560 do CPC/73 e a previsão do artigo 515, §4º do CPC/73 são desdobradas nos parágrafos do artigo 938 do NCPC: em se tratando de vício sanável como questão preliminar, o próprio relator intimará as partes para a realização ou a renovação do ato processual, no próprio tribunal ou em primeiro grau de jurisdição, sanando o vício (§ 1º) e, cumprida as diligências necessárias para sanar o vício, o julgamento prosseguirá (§2º).

O parágrafo terceiro dispõe que, reconhecida a necessidade de produção probatória pelo tribunal para sanar o vício, o julgamento será convertido em diligência e o parágrafo quarto do artigo 938 do NCPC prevê que, quando o relator não fizer, o próprio órgão que realizar o julgamento do feito no tribunal poderá intimar as partes para sanar o vício.

NOVO CÓDIGO DE PROCESSO CIVIL	CÓDIGO DE PROCESSO CIVIL DE 1973
Art. 939. Se a preliminar for rejeitada ou se a apreciação do mérito for com ela compatível, seguir-se-ão a discussão e o julgamento da matéria principal, sobre a qual deverão se pronunciar os juízes vencidos na preliminar.	**Art. 561.** Rejeitada a preliminar, ou se com ela for compatível a apreciação do mérito, seguir-se-ão a discussão e julgamento da matéria principal, pronunciando-se sobre esta os juízes vencidos na preliminar.

O artigo 939 do NCPC reproduz previsão existente no artigo 561 do CPC/73.

Rejeitada ou superada a questão preliminar, os integrantes do colegiado proferirão voto sobre o mérito.

NOVO CÓDIGO DE PROCESSO CIVIL	CÓDIGO DE PROCESSO CIVIL DE 1973
Art. 940. O relator ou outro juiz que não se considerar habilitado a proferir imediatamente seu voto poderá solicitar vista pelo prazo máximo de 10 (dez) dias, após o qual o recurso será reincluído em pauta para julgamento na sessão seguinte à data da devolução. § 1º Se os autos não forem devolvidos tempestivamente ou se não for solicitada pelo juiz prorrogação de prazo de no máximo mais 10 (dez) dias, o presidente do órgão fracionário os requisitará para julgamento do recurso na sessão ordinária subsequente, com publicação da pauta em que for incluído. § 2º Quando requisitar os autos na forma do § 1º, se aquele que fez o pedido de vista ainda não se sentir habilitado a votar, o presidente convocará substituto para proferir voto, na forma estabelecida no regimento interno do tribunal.	**Art. 555.** [...] § 2º Não se considerando habilitado a proferir imediatamente seu voto, a qualquer juiz é facultado pedir vista do processo, devendo devolvê-lo no prazo de 10 (dez) dias, contados da data em que o recebeu; o julgamento prosseguirá na 1ª (primeira) sessão ordinária subsequente à devolução, dispensada nova publicação em pauta. § 3º No caso do § 2º deste artigo, não devolvidos os autos no prazo, nem solicitada expressamente sua prorrogação pelo juiz, o presidente do órgão julgador requisitará o processo e reabrirá o julgamento na sessão ordinária subsequente, com publicação em pauta.

O pedido de vista de um dos integrantes do órgão julgador e a restituição dos autos está previsto no artigo 940, *caput*, do NCPC, que reproduz a previsão do artigo 555, § 2º, do CPC/73. Entretanto, o novo estatuto se refere expressamente ao próprio relator, que, embora tenha já lançado o seu relatório, encaminhado os autos ao revisor ou solicitado a própria inclusão em pauta, pode, diante da sustentação oral ou de algum questionamento formulado pelo Ministério Público ou mesmo por um dos seus pares, não se sentir habilitado para iniciar ou prosseguir no seu voto, sendo, neste caso, a solicitação de vista a solução mais salutar para a elucidação de possíveis dúvidas, de modo a permitir que o magistrado esteja seguro e habilitado para proferir o seu voto.

O parágrafo primeiro reproduz o teor do artigo 555, §3º do CPC/73 sobre a possibilidade do presidente do órgão julgador requisitar os autos, acrescentando apenas que o pedido de prorrogação poderá ser igual ao prazo de vista.

Já o parágrafo segundo do artigo 940 do NCPC prevê que, mesmo após a vista, se o desembargador não se sentir habilitado para julgar, convocará substituto para compor quórum na votação, observando as disposições do regimento interno.

As medidas preconizadas nos dois parágrafos visam a conclusão do julgamento dentro do preceito da duração razoável do processo. Contudo, são delicadas e podem gerar constrangimentos, sendo este talvez o motivo pelo qual não vem sendo utilizado na prática. O novo estatuto adota medida ainda mais dura, ao estabelecer que o presidente poderá não apenas incluir em pauta, como convocar substituto para julgar no lugar do magistrado que havia solicitado a vista.

NOVO CÓDIGO DE PROCESSO CIVIL	CÓDIGO DE PROCESSO CIVIL DE 1973
Art. 941. Proferidos os votos, o presidente anunciará o resultado do julgamento, designando para redigir o acórdão o relator ou, se vencido este, o autor do primeiro voto vencedor. § 1º O voto poderá ser alterado até o momento da proclamação do resultado pelo presidente, salvo aquele já proferido por juiz afastado ou substituído. § 2º No julgamento de apelação ou de agravo de instrumento, a decisão será tomada, no órgão colegiado, pelo voto de 3 (três) juízes. § 3º O voto vencido será necessariamente declarado e considerado parte integrante do acórdão para todos os fins legais, inclusive de pré-questionamento.	**Art. 556.** Proferidos os votos, o presidente anunciará o resultado do julgamento, designando para redigir o acórdão o relator, ou, se este for vencido, o autor do primeiro voto vencedor. [...] **Art. 555**. No julgamento de apelação ou de agravo, a decisão será tomada, na câmara ou turma, pelo voto de 3 (três) juízes. (Redação dada pela Lei nº 10.352, de 26.12.2001)

O *caput* do artigo 941 do novo Código de Processo Civil reproduz regra já existente no *caput* do artigo 556 do CPC/73.

O § 1º do artigo 941 do NCPC trata do marco final para a alteração do voto proferido, que é a proclamação do resultado pelo presidente do órgão. Contém, contudo, inovação, ao dispor, na parte final, a ressalva quanto ao voto já proferido por juiz afastado ou substituído, dando a impressão que, nestas hipóteses, o voto não poderia mais ser modificado. O tema é delicado. Se, por um lado, devem ser preservados os votos já proferidos, inclusive nos casos de substituição, por outro a regra parece adotar uma rigidez capaz de engessar o desenvolvimento e aprofundamento ao longo do julgamento. Com certa frequência, diante de vista realizada por um dos magistrados, são trazidos à tona fatos novos, não indicados anteriormente, capazes de alterar a convicção dos integrantes do colegiado. Diante do comando contido na parte final, o voto já proferido por magistrado não mais integrante do colegiado, ainda que baseado em incorretas premissas, não mais poderia ser alterado. A consequência pode ser preocupante, pois poderia ensejar um julgamento iníquo. Esta primeira observação está relacionada com aspectos fáticos. Mas, há, também, a preocupação no que diz respeito ao âmbito do direito e, mesmo, da compatibilidade com o art. 926 do novo CPC. Considerando a necessidade e o comando no sentido de que os tribunais devem manter a uniformidade da sua jurisprudência, é de se preocupar com a possibilidade do voto proferido pelo magistrado afastado ou substituído não representar o posicionamento do colegiado natural, ou seja, da composição regular e atual do tribunal ou do seu órgão fracionário, diante de uma questão jurídica. É o que pode ocorrer, por exemplo, quando um membro do tribunal é substituído nas suas férias e, ao retornar, se depara com o prosseguimento de julgamento, no qual o substituto tenha votado em sentido diverso do adotado na jurisprudência do tribunal.

O § 2º trata do julgamento da apelação e de agravo instrumento, que deverá ocorrer pelo órgão colegiado, pelo voto de três juízes, ou, mais tecnicamente, desembargadores, reproduzindo o teor do artigo 555, *caput*, do CPC/73.

Por fim, o parágrafo terceiro trata da necessidade de ser parte integrante do acórdão o voto vencido, para todos os fins legais, bem como para fins de prequestionamento. O prequestionamento é um pressuposto processual extrínseco específico para a admissibilidade dos recursos extraordinário e especial, que significa, em apertada síntese, que os julgadores devem se manifestar sobre a questão constitucional ou matéria federal previamente à interposição do recurso. Em relação ao tema, o III Fórum Permanente de Processualistas, na Carta do Rio, através do Enunciado nº 200, destacou que *"Fica superado o enunciado 320 da Súmula do STJ ("A questão federal somente ventilada no voto vencido não atende ao requisito do prequestionamento")"*.

NOVO CÓDIGO DE PROCESSO CIVIL	CÓDIGO DE PROCESSO CIVIL DE 1973
Art. 942. Quando o resultado da apelação for não unânime, o julgamento terá prosseguimento em sessão a ser designada com a presença de outros julgadores, que serão convocados nos termos previamente definidos no regimento interno, em número suficiente para garantir a possibilidade de inversão do resultado inicial, assegurado às partes e a eventuais terceiros o direito de sustentar oralmente suas razões perante os novos julgadores. § 1º Sendo possível, o prosseguimento do julgamento dar-se-á na mesma sessão, colhendo-se os votos de outros julgadores que porventura componham o órgão colegiado. § 2º Os julgadores que já tiverem votado poderão rever seus votos por ocasião do prosseguimento do julgamento. § 3º A técnica de julgamento prevista neste artigo aplica-se, igualmente, ao julgamento não unânime proferido em: I - ação rescisória, quando o resultado for a rescisão da sentença, devendo, nesse caso, seu prosseguimento ocorrer em órgão de maior composição previsto no regimento interno; II - agravo de instrumento, quando houver reforma da decisão que julgar parcialmente o mérito. § 4º Não se aplica o disposto neste artigo ao julgamento: I - do incidente de assunção de competência e ao de resolução de demandas repetitivas; II - da remessa necessária; III - não unânime proferido, nos tribunais, pelo plenário ou pela corte especial.	CAPÍTULO IV DOS EMBARGOS INFRINGENTES **Art. 530.** Cabem embargos infringentes quando o acórdão não unânime houver reformado, em grau de apelação, a sentença de mérito, ou houver julgado procedente ação rescisória. Se o desacordo for parcial, os embargos serão restritos à matéria objeto da divergência. (Redação dada pela Lei nº 10.352, de 26.12.2001) **Art. 531.** Interpostos os embargos, abrir-se-á vista ao recorrido para contra-razões; após, o relator do acórdão embargado apreciará a admissibilidade do recurso. (Redação dada pela Lei nº 10.352, de 26.12.2001) **Art. 532.** Da decisão que não admitir os embargos caberá agravo, em 5 (cinco) dias, para o órgão competente para o julgamento do recurso. (Redação dada pela Lei nº 8.950, de 13.12.1994) **Art. 533.** Admitidos os embargos, serão processados e julgados conforme dispuser o regimento do tribunal. (Redação dada pela Lei nº 10.352, de 26.12.2001) **Art. 534.** Caso a norma regimental determine a escolha de novo relator, esta recairá, se possível, em juiz que não haja participado do julgamento anterior. (Redação dada pela Lei nº 10.352, de 26.12.2001)

Após inúmeros debates sobre a manutenção dos embargos infringentes ou não na novel legislação, a técnica de julgamento por maioria foi aprovada como destaque no Senado e incorporada ao texto remetido para a sanção presidencial. A previsão não exige que haja a provocação das partes, sendo realizada de ofício, e será cabível em face de julgamento não unânime de apelação, sem não mais especificar se a sentença atacada analisou ou não o mérito, prosseguindo o julgamento não unânime em outra sessão próxima, salvo se possível na mesma sessão, com a presença de outros julgadores, em número suficiente para garantir a possibilidade de inversão do resultado inicial, ofertando-se nova sustentação oral das partes. Nesse sentido, ocorrerá mesmo nos casos de improvimento do recurso por maioria e independente do valor da condenação. Não há qualquer previsão para que não ocorra mesmo nos casos em que o voto vencido for contrário à jurisprudência.

Poderá haver retratação do voto pelos julgadores e a previsão de cabimento dessa técnica de julgamento também à ação rescisória, quando o julgamento não unânime for pela rescisão da sentença, e o NCPC alarga esse cabimento incluindo o julgamento do agravo de instrumento, quando a decisão que analisar o mérito for parcialmente reformada. A técnica não será aplicada nos casos de julgamento do incidente de resolução de demandas repetitivas, na assunção de competência, no julgamento da remessa necessária e nas situações em que o julgamento não unânime for do plenário ou do órgão especial.

A técnica aprovada, como sucedâneo dos embargos infringentes, não se mostra superior em relação ao seu antecessor. Pelo contrário, os embargos infringentes, com as reformas realizadas, passaram a representar um recurso comedido e útil. Na qualidade de recurso é superior à técnica *ex officio* introduzida. Isso porque o âmbito da divergência pode ter sido insignificante a ponto de não interessar o prolongamento do julgamento para a própria parte vencida. Em segundo lugar, ainda que o julgamento proferido esteja em consonância com a jurisprudência, o voto divergente será suficiente para protrair o desfecho e a duração razoável do processo. O valor da condenação não é mais levado em consideração, ao contrário do que ocorria nos embargos infringentes, cabíveis apenas diante de condenações superiores a sessenta salários mínimos. Por fim, a medida não leva em consideração a estrutura da grande maioria dos tribunais, federais e estaduais, que possuem apenas três ou quatro desembargadores nas câmaras ou turmas. Por conseguinte, os julgamentos deverão ser prosseguir em órgão mais amplo, como as seções especializadas ou grupos de câmaras, ou, então, ficarão à deriva de convocações constantes e de difícil controle, sob o prisma de critérios que possam incidir, de modo a tornar isentos tanto a convocação como o julgamento.

NOVO CÓDIGO DE PROCESSO CIVIL	CÓDIGO DE PROCESSO CIVIL DE 1973
Art. 943. Os votos, os acórdãos e os demais atos processuais podem ser registrados em documento eletrônico inviolável e assinados eletronicamente, na forma da lei, devendo ser impressos para juntada aos autos do processo quando este não for eletrônico.	**Art. 556.** [...] Parágrafo único. Os votos, acórdãos e demais atos processuais podem ser registrados em arquivo eletrônico inviolável e assinados eletronicamente, na forma da lei, devendo ser impressos para juntada aos autos do processo quando este não for eletrônico. (Incluído pela Lei nº 11.419, de 2006).
§ 1º Todo acórdão conterá ementa.	**Art. 563.** Todo acórdão conterá ementa. (Redação dada pela Lei nº 8.950, de 13.12.1994)
§ 2º Lavrado o acórdão, sua ementa será publicada no órgão oficial no prazo de 10 (dez) dias.	**Art. 564.** Lavrado o acórdão, serão as suas conclusões publicadas no órgão oficial dentro de 10 (dez) dias.

O artigo 943 do NCPC reproduz os artigos 556, parágrafo único, 563 e 564 do CPC/73. O artigo 943, *caput*, do NCPC reproduz o artigo 556, parágrafo único, tratando do registro eletrônico dos votos, acórdãos e atos processuais. Nesse artigo, o processo eletrônico é disposto como regra, mencionando que apenas devem ser impressos se os autos não forem eletrônicos.

O § 1º do artigo 943 do NCPC reproduz o artigo 563 do CPC/73, que prevê que a ementa é parte integrante do acórdão. Já o § 2º do artigo 943 do NCPC torna mais precisa a redação do artigo 564 do CPC/73, pois o que será publicado é a ementa, mantendo o prazo de 10 (dez) dias.

NOVO CÓDIGO DE PROCESSO CIVIL	LEI Nº 12.016/2009
Art. 944. Não publicado o acórdão no prazo de 30 (trinta) dias, contado da data da sessão de julgamento, as notas taquigráficas o substituirão, para todos os fins legais, independentemente de revisão. Parágrafo único. No caso do caput, o presidente do tribunal lavrará, de imediato, as conclusões e a ementa e mandará publicar o acórdão.	**Art. 17.** Nas decisões proferidas em mandado de segurança e nos respectivos recursos, quando não publicado, no prazo de 30 (trinta) dias, contado da data do julgamento, o acórdão será substituído pelas respectivas notas taquigráficas, independentemente de revisão.

O prazo de dez dias, ainda que úteis, pode parecer suficiente para a publicação no órgão oficial, em geral, dos acórdãos. Embora possa ser um prazo razoável diante de julgamentos mais simples, em órgãos ou casos mais complexos ou em julgamentos proferidos de modo não unânime, o prazo é manifestamente insuficiente, diante da necessidade de degravações, conferências e modificações de votos eventualmente existentes. Tanto que o Conselho Nacional de Justiça não logrou ousar tanto quanto o legislador. Na meta nº 4, não renovada, estabeleceu como objetivo que 90% (noventa por cento), e não a totalidade, dos acórdãos fossem publicados no prazo de dez dias. Junte-se a isso que o próprio art. 944, ao estabelecer um prazo de 30 dias, para a tomada de outras providências, acabou por aceitar um lapso de tolerância, entre dez e trinta dias, para a publicação do acórdão. Melhor teria sido a fixação de um prazo geral mais razoável, como, por exemplo, de trinta dias e a fixação de medidas alternativas a partir de um lapso ainda um pouco mais dilatado, como algo em torno de sessenta dias.

O artigo 944 do NCPC trata das hipóteses em que o acórdão não for publicado em um prazo de até 30 (trinta) dias, as notas taquigráficas servirão para todos os fins legais e o presidente do tribunal lavrará as conclusões e a ementa. Esta última previsão já constava no artigo 17 da Lei nº 12.016/2009, mas era restrita ao mandado de segurança.

NOVO CÓDIGO DE PROCESSO CIVIL	CÓDIGO DE PROCESSO CIVIL DE 1973
Art. 945. ~~A critério do órgão julgador, o julgamento dos recursos e dos processos de competência originária que não admitem sustentação oral poderá realizar-se por meio eletrônico.~~ (Revogado pela Lei nº 13.256, de 2016) ~~§ 1º O relator cientificará as partes, pelo Diário da Justiça, de que o julgamento se fará por meio eletrônico.~~ (Revogado pela Lei nº 13.256, de 2016) ~~§ 2º Qualquer das partes poderá, no prazo de 5 (cinco) dias, apresentar memoriais ou discordância do julgamento por meio eletrônico.~~ (Revogado pela Lei nº 13.256, de 2016) ~~§ 3º A discordância não necessita de motivação, sendo apta a determinar o julgamento em sessão presencial.~~ (Revogado pela Lei nº 13.256, de 2016) ~~§ 4º Caso surja alguma divergência entre os integrantes do órgão julgador durante o julgamento eletrônico, este ficará imediatamente suspenso, devendo a causa ser apreciada em sessão presencial.~~ (Revogado pela Lei nº 13.256, de 2016)	Sem correspondente.

Trata-se de dispositivo consentâneo com a crescente aplicabilidade dos meios informáticos ao processo. Nos casos em que não será cabível a sustentação oral, o julgamento, por determinação do órgão julgador, poderia ocorrer por meio eletrônico.

De acordo com o parágrafo primeiro, após determinação do órgão julgador, o relator deveria comunicar às partes no prazo de 5 (cinco) dias antes do julgamento, que poderiam apresentar memorial ou manifestar a discordância da adoção do procedimento, que não necessitaria de exposição das razões da negativa (§3º) e, não havendo discordância das partes, dispunha o parágrafo quarto que qualquer divergência no julgamento eletrônico entre os integrantes do órgão julgador conduziria a suspensão do julgamento eletrônico e sua apresentação na sessão presencial.

Esse dispositivo seguiu a tendência inaugurada pelo STF por intermédio da Emenda Regimental 21/07, que passou a autorizar essa metodologia procedimental perante aquele tribunal. Porém, o artigo 945 e seus parágrafos foram expressamente revogados pela Lei nº 13.256/16, mas apesar da revogação, que aparentemente veio na contramão da tendência de utilização de meios eletrônicos na dinâmica processual, acredita-se que procedimentos dessa natureza devem ser cada vez mais comuns nos tribunais brasileiros, diante da necessidade de se otimizar a atividade judicante.

NOVO CÓDIGO DE PROCESSO CIVIL	CÓDIGO DE PROCESSO CIVIL DE 1973
Art. 946. O agravo de instrumento será julgado antes da apelação interposta no mesmo processo. Parágrafo único. Se ambos os recursos de que trata o caput houverem de ser julgados na mesma sessão, terá precedência o agravo de instrumento.	**Art. 559.** A apelação não será incluída em pauta antes do agravo de instrumento interposto no mesmo processo. Parágrafo único. Se ambos os recursos houverem de ser julgados na mesma sessão, terá precedência o agravo.

O artigo 946 do NCPC reproduz a previsão do artigo 559 do CPC/73 sobre a preferência de julgamento do agravo de instrumento pendente de julgamento no tribunal em relação ao recurso de apelação posteriormente interposto nos mesmos autos, após a prolação da sentença, ainda que sejam julgados na mesma sessão.

NOVO CÓDIGO DE PROCESSO CIVIL	CÓDIGO DE PROCESSO CIVIL DE 1973
CAPÍTULO III DO INCIDENTE DE ASSUNÇÃO DE COMPETÊNCIA **Art. 947.** É admissível a assunção de competência quando o julgamento de recurso, de remessa necessária ou de processo de competência originária envolver relevante questão de direito, com grande repercussão social, sem repetição em múltiplos processos. § 1º Ocorrendo a hipótese de assunção de competência, o relator proporá, de ofício ou a requerimento da parte, do Ministério Público ou da Defensoria Pública, que seja o recurso, a remessa necessária ou o processo de competência originária julgado pelo órgão colegiado que o regimento indicar. § 2º O órgão colegiado julgará o recurso, a remessa necessária ou o processo de competência originária se reconhecer interesse público na assunção de competência. § 3º O acórdão proferido em assunção de competência vinculará todos os juízes e órgãos fracionários, exceto se houver revisão de tese. § 4º Aplica-se o disposto neste artigo quando ocorrer relevante questão de direito a respeito da qual seja conveniente a prevenção ou a composição de divergência entre câmaras ou turmas do tribunal.	**Art. 555.** [...] § 1º Ocorrendo relevante questão de direito, que faça conveniente prevenir ou compor divergência entre câmaras ou turmas do tribunal, poderá o relator propor seja o recurso julgado pelo órgão colegiado que o regimento indicar; reconhecendo o interesse público na assunção de competência, esse órgão colegiado julgará o recurso. TÍTULO IX DO PROCESSO NOS TRIBUNAIS CAPÍTULO I DA UNIFORMIZAÇÃO DA JURISPRUDÊNCIA **Art. 476.** Compete a qualquer juiz, ao dar o voto na turma, câmara, ou grupo de câmaras, solicitar o pronunciamento prévio do tribunal acerca da interpretação do direito quando: I – verificar que, a seu respeito, ocorre divergência; II – no julgamento recorrido a interpretação for diversa da que lhe haja dado outra turma, câmara, grupo de câmaras ou câmaras cíveis reunidas. Parágrafo único. A parte poderá, ao arrazoar o recurso ou em petição avulsa, requerer, fundamentadamente, que o julgamento obedeça ao disposto neste artigo. **Art. 477.** Reconhecida a divergência, será lavrado o acórdão, indo os autos ao presidente do tribunal para designar a sessão de julgamento. A secretaria distribuirá a todos os juízes cópia do acórdão. **Art. 478.** O tribunal, reconhecendo a divergência, dará a interpretação a ser observada, cabendo a cada juiz emitir o seu voto em exposição fundamentada. Parágrafo único. Em qualquer caso, será ouvido o chefe do Ministério Público que funciona perante o tribunal. **Art. 479.** O julgamento, tomado pelo voto da maioria absoluta dos membros que integram o tribunal, será objeto de súmula e constituirá precedente na uniformização da jurisprudência. Parágrafo único. Os regimentos internos disporão sobre a publicação no órgão oficial das súmulas de jurisprudência predominante.

O NCPC inaugurou em um capítulo novo, no artigo 947, o incidente de assunção de competência, que era tratado no artigo 555, § 1º do CPC/73. A assunção de competência no CPC/73 era considerada como uma ferramenta para possibilitar ao relator da apelação ou do agravo provocar a manifestação de órgão colegiado (cuja competência o regimento interno do tribunal indicar), a fim de prevenir ou eliminar divergências sobre questão relevante de direito. Não obstante a previsão ser do relator, o revisor ou o vogal também poderiam propor o incidente de assunção de competência. As partes, porém, não tinham legitimidade para suscitar a assunção de competência.

Como mencionam Luiz Guilherme Marinoni e Daniel Mitidiero[9]:

> Em julgamento de relevante questão de direito, poderá o relator do recurso propor a assunção da competência para julgá-lo por órgão colegiado de maior pluralidade dentro do tribunal (cuja competência para tanto deve constar no regimento interno do tribunal), a fim de que se previna ou dirima controvérsia a respeito da matéria.

Caso fosse acolhida a proposta no órgão originário no colegiado do órgão originário, remetia-se o recurso ao órgão destinatário do feito e, lá reconhecido o interesse público, caberia o julgamento do recurso.

Por outro lado, o CPC/73 previa, ainda, nos artigos 476 a 479, outro instituto: a uniformização de jurisprudência. Esse mecanismo, com natureza de incidente processual, tinha a função de diminuir as divergências jurisprudenciais no mesmo tribunal, não se prestando a uniformizações em tribunais distintos. Era cabível nos julgamentos proferidos por turmas, câmaras ou grupos de câmaras, estendendo-se também para seções dos tribunais, não se admitindo nos casos de competência do tribunal pleno ou do órgão especial. No curso do julgamento, a fim de se obter o pronunciamento prévio do tribunal acerca da correta interpretação da norma jurídica aplicável aos autos, qualquer magistrado que participasse do julgamento poderia suscitá-lo, de ofício. Poderia ser suscitado, ainda, por qualquer das partes ou pelo Ministério Público, através de petição ou por ocasião da sustentação oral.

Nos termos do artigo 476 do CPC/73 seria cabível quando houvesse divergência acerca da matéria objeto de apreciação pelo órgão fracionário (inciso I), ou quando, no julgamento recorrido, a interpretação da norma tiver sido diversa da que lhe haja dado outro órgão fracionário (inciso II).

Comparando os dois institutos do CPC/73, Alexandre Câmara destacou que: "*ao contrário do que se dá no incidente de uniformização de jurisprudência, aqui (referindo-se ao incidente de assunção de competência) não ocorre uma cisão da competência, mas a assunção dela*"[10].

O novo CPC melhor estruturou o tema da assunção de competência. O incidente é admissível no caso de no caso de recurso, remessa necessária ou causa de competência originária dos tribunais, quando houver questão de direito, com grande reper-

9 MARINONI, Luiz Guilherme; MITIDIERO, Daniel. *Código de processo civil comentado artigo por artigo*. São Paulo: RT, 2011, p. 598-599.

10 CÂMARA, Alexandre Freitas. *Lições de Direito Processual Civil*. v. II. 22.ed. São Paulo: Atlas, 2013, p.55.

cussão social, sem repetição em múltiplos processos. Descrever o que se trata como relevância social é tarefa árdua, haja vista se tratar de conceito jurídico vago, mas certamente se pode relembrar que, revistando o recurso extraordinário, onde o tema já era aludido, este requisito deve indicar a demonstração que restam ultrapassados os interesses subjetivos na causa[11], uma dimensão de interesse público, como já alude o parágrafo segundo do próprio dispositivo. O objetivo do instituto continua a ser, portanto, prevenir ou eliminar divergências sobre questão relevante de direito entre câmaras ou turmas do mesmo tribunal, o que acabou explicitado no parágrafo quarto.

De acordo com o parágrafo primeiro do novel dispositivo, a legitimidade para suscitar o incidente foi ampliada, não se restringindo mais à literalidade do dispositivo ao relator, como ocorria no CPC/73. O incidente pode ser suscitado de ofício ou a requerimento da parte – no CPC/73 só legitimada para a uniformização de jurisprudência- do Ministério Público ou da Defensoria Pública para o órgão indicado pelo regimento interno de cada tribunal.

Sendo reconhecido o interesse público na questão, o órgão colegiado indicado pelo regimento interno de cada tribunal realizará o julgamento do recurso, da remessa necessária ou do processo de competência originária, como dispõe o parágrafo segundo. Em relação ao procedimento, o III Fórum Permanente de Processualistas destacou, no Enunciado nº 201, que se aplicam ao incidente de assunção as mesmas determinações procedimentais do incidente de resolução de demandas repetitivas: *"Aplicam-se ao incidente de assunção de competência as regras previstas nos arts. 992, 993 e 994"* (atualmente, artigos 983 e 984).

O parágrafo terceiro dispõe sobre a vinculação de todos os juízes que atuam no tribunal em relação ao julgamento do incidente de assunção de competência, que só deixará de ser observado caso a tese seja superada.

O parágrafo quarto explicita a finalidade do instituto que ganhou relevo no NCPC, a prevenção ou a composição de divergência, tanto entre tribunais como no mesmo tribunal e o instituto da assunção de competência que foi aqui abordado visa a assegurar a prevenção ou a composição da divergência entre câmaras ou turmas do mesmo tribunal.

NOVO CÓDIGO DE PROCESSO CIVIL	**CÓDIGO DE PROCESSO CIVIL DE 1973**
CAPÍTULO IV DO INCIDENTE DE ARGUIÇÃO DE INCONSTITUCIONALIDADE	CAPÍTULO II DA DECLARAÇÃO DE INCONSTITUCIONALIDADE
Art. 948. Arguida, em controle difuso, a inconstitucionalidade de lei ou de ato normativo do poder público, o relator, após ouvir o Ministério Público e as partes, submeterá a questão à turma ou à câmara à qual competir o conhecimento do processo.	**Art. 480.** Arguida a inconstitucionalidade de lei ou de ato normativo do poder público, o relator, ouvido o Ministério Público, submeterá a questão à turma ou câmara, a que tocar o conhecimento do processo.

11 WAMBIER, Luiz Rodrigues; WAMBIER, Teresa Arruda Alvim; MEDINA, José Miguel Garcia. *Breves comentários à nova sistemática processual civil 3*: leis n.º 11382/2006, n.º 11417/2006, n.º 11418/2006, n.º 11341/2006, n.º 11419/2006, n.º 11441/2007 e n.º 11448/2007. São Paulo: Revista dos Tribunais, 2007. p. 242.

O artigo 948 do NCPC reproduz a redação do artigo 480 do CPC/73, alterando apenas a denominação da técnica que deve ser instaurada, no caso concreto, para afastar a incidência da lei reputada inconstitucional de declaração de inconstitucionalidade para arguição de inconstitucionalidade. Explicita-se que o controle de constitucionalidade a que se refere é o difuso, que ocorre no caso concreto, sendo a modalidade concentrada de controle realizada por regras próprias no Supremo Tribunal Federal.

NOVO CÓDIGO DE PROCESSO CIVIL	CÓDIGO DE PROCESSO CIVIL DE 1973
Art. 949. Se a arguição for: I - rejeitada, prosseguirá o julgamento; II - acolhida, a questão será submetida ao plenário do tribunal ou ao seu órgão especial, onde houver. Parágrafo único. Os órgãos fracionários dos tribunais não submeterão ao plenário ou ao órgão especial a arguição de inconstitucionalidade quando já houver pronunciamento destes ou do plenário do Supremo Tribunal Federal sobre a questão.	**Art. 481.** Se a alegação for rejeitada, prosseguirá o julgamento; se for acolhida, será lavrado o acórdão, a fim de ser submetida a questão ao tribunal pleno. Parágrafo único. Os órgãos fracionários dos tribunais não submeterão ao plenário, ou ao órgão especial, a argüição de inconstitucionalidade, quando já houver pronunciamento destes ou do plenário do Supremo Tribunal Federal sobre a questão. (Incluído pela Lei nº 9.756, de 17.12.1998)

O NCPC também não traz alterações no artigo 949, reproduzindo o artigo 481 do CPC/73. Se acolhido o incidente de inconstitucionalidade, será lavrado acórdão e a questão será submetida ao plenário do tribunal ou a seu órgão especial. Se não acolhido, prosseguirá o julgamento no órgão fracionário do tribunal.

Nos termos do parágrafo único, o julgamento não será, porém, submetido quando já houver pronunciamento do plenário ou órgão especial do tribunal sobre a questão ou se houver pronunciamento do Supremo Tribunal Federal sobre o tema, até mesmo porque, neste caso, poderá se tratar de controle concentrado de constitucionalidade, com eficácia *erga omnes*.

NOVO CÓDIGO DE PROCESSO CIVIL	CÓDIGO DE PROCESSO CIVIL DE 1973
Art. 950. Remetida cópia do acórdão a todos os juízes, o presidente do tribunal designará a sessão de julgamento. § 1º As pessoas jurídicas de direito público responsáveis pela edição do ato questionado poderão manifestar-se no incidente de inconstitucionalidade se assim o requererem, observados os prazos e as condições previstos no regimento interno do tribunal. § 2º A parte legitimada à propositura das ações previstas no art. 103 da Constituição Federal poderá manifestar-se, por escrito, sobre a questão constitucional objeto de apreciação, no prazo previsto pelo regimento interno, sendo-lhe assegurado o direito de apresentar memoriais ou de requerer a juntada de documentos. § 3º Considerando a relevância da matéria e a representatividade dos postulantes, o relator poderá admitir, por despacho irrecorrível, a manifestação de outros órgãos ou entidades.	**Art. 482.** Remetida a cópia do acórdão a todos os juízes, o presidente do tribunal designará a sessão de julgamento. § 1° O Ministério Público e as pessoas jurídicas de direito público responsáveis pela edição do ato questionado, se assim o requererem, poderão manifestar-se no incidente de inconstitucionalidade, observados os prazos e condições fixados no Regimento Interno do Tribunal. (Incluído pela Lei nº 9.868, de 10.11.1999) § 2° Os titulares do direito de propositura referidos no art. 103 da Constituição poderão manifestar-se, por escrito, sobre a questão constitucional objeto de apreciação pelo órgão especial ou pelo Pleno do Tribunal, no prazo fixado em Regimento, sendo-lhes assegurado o direito de apresentar memoriais ou de pedir a juntada de documentos. (Incluído pela Lei nº 9.868, de 10.11.1999) § 3° O relator, considerando a relevância da matéria e a representatividade dos postulantes, poderá admitir, por despacho irrecorrível, a manifestação de outros órgãos ou entidades. (Incluído pela Lei nº 9.868, de 10.11.1999)

Em relação ao procedimento do controle incidental, poucas foram as alterações redacionais do NCPC, destacando-se a ampla participação de diversos entes no incidente.

NOVO CÓDIGO DE PROCESSO CIVIL	CÓDIGO DE PROCESSO CIVIL DE 1973
CAPÍTULO V DO CONFLITO DE COMPETÊNCIA **Art. 951.** O conflito de competência pode ser suscitado por qualquer das partes, pelo Ministério Público ou pelo juiz. Parágrafo único. O Ministério Público somente será ouvido nos conflitos de competência relativos aos processos previstos no art. 178, mas terá qualidade de parte nos conflitos que suscitar.	**Art. 116.** O conflito pode ser suscitado por qualquer das partes, pelo Ministério Público ou pelo juiz. Parágrafo único. O Ministério Público será ouvido em todos os conflitos de competência; mas terá qualidade de parte naqueles que suscitar.

O NCPC inaugura um capítulo próprio para o conflito de competência, que, no CPC/73, está dentro da seção de declaração de incompetência.

O parágrafo único alude do NCPC ao artigo 178 do próprio Código, indicando que o Ministério Público atuará como fiscal da ordem jurídica nos conflitos que não suscitar.

NOVO CÓDIGO DE PROCESSO CIVIL	CÓDIGO DE PROCESSO CIVIL DE 1973
Art. 952. Não pode suscitar conflito a parte que, no processo, arguiu incompetência relativa. Parágrafo único. O conflito de competência não obsta, porém, a que a parte que não o arguiu suscite a incompetência.	**Art. 117.** Não pode suscitar conflito a parte que, no processo, ofereceu exceção de incompetência. Parágrafo único. O conflito de competência não obsta, porém, a que a parte, que o não suscitou, ofereça exceção declinatória do foro.

Mantém-se, no artigo 949 do NCPC, praticamente intacta a redação do artigo 117 do CPC/73, qual seja: é vedado a quem arguir a incompetência relativa suscitar o conflito, mas o conflito de competência não obsta a arguição de incompetência.

O parágrafo único do novo dispositivo traz uma única alteração redacional: como a incompetência relativa não é mais arguida por exceção, a redação do artigo 952 do NCPC trata apenas de arguir e suscitar, não mais de exceção.

NOVO CÓDIGO DE PROCESSO CIVIL	CÓDIGO DE PROCESSO CIVIL DE 1973
Art. 953. O conflito será suscitado ao tribunal: I - pelo juiz, por ofício; II - pela parte e pelo Ministério Público, por petição. Parágrafo único. O ofício e a petição serão instruídos com os documentos necessários à prova do conflito.	**Art. 118.** O conflito será suscitado ao presidente do tribunal: I – pelo juiz, por ofício; II – pela parte e pelo Ministério Público, por petição. Parágrafo único. O ofício e a petição serão instruídos com os documentos necessários à prova do conflito.

O artigo 953 do NCPC reproduz o artigo 118 do CPC/73, sem qualquer alteração na redação no que diz respeito à legitimidade para suscitar o conflito, sendo que o mesmo poderá se iniciar de ofício ou a requerimento dos interessados.

NOVO CÓDIGO DE PROCESSO CIVIL	CÓDIGO DE PROCESSO CIVIL DE 1973
Art. 954. Após a distribuição, o relator determinará a oitiva dos juízes em conflito ou, se um deles for suscitante, apenas do suscitado. Parágrafo único. No prazo designado pelo relator, incumbirá ao juiz ou aos juízes prestar as informações.	**Art. 119.** Após a distribuição, o relator mandará ouvir os juízes em conflito, ou apenas o suscitado, se um deles for suscitante; dentro do prazo assinado pelo relator, caberá ao juiz ou juízes prestar as informações.

Com pequena alteração para tornar a redação mais precisa, o artigo 954 do NCPC mantém a disposição do artigo 119 do CPC/73, sobre a oitiva dos órgãos jurisdicionais envolvidos.

NOVO CÓDIGO DE PROCESSO CIVIL	CÓDIGO DE PROCESSO CIVIL DE 1973
Art. 955. O relator poderá, de ofício ou a requerimento de qualquer das partes, determinar, quando o conflito for positivo, o sobrestamento do processo e, nesse caso, bem como no de conflito negativo, designará um dos juízes para resolver, em caráter provisório, as medidas urgentes. Parágrafo único. O relator poderá julgar de plano o conflito de competência quando sua decisão se fundar em: I - súmula do Supremo Tribunal Federal, do Superior Tribunal de Justiça ou do próprio tribunal; II - tese firmada em julgamento de casos repetitivos ou em incidente de assunção de competência.	**Art. 120.** Poderá o relator, de ofício, ou a requerimento de qualquer das partes, determinar, quando o conflito for positivo, seja sobrestado o processo, mas, neste caso, bem como no de conflito negativo, designará um dos juízes para resolver, em caráter provisório, as medidas urgentes. Parágrafo único. Havendo jurisprudência dominante do tribunal sobre a questão suscitada, o relator poderá decidir de plano o conflito de competência, cabendo agravo, no prazo de cinco dias, contado da intimação da decisão às partes, para o órgão recursal competente. (Incluído pela Lei nº 9.756, de 17.12.1998)

O *caput* do artigo 955 do NCPC reproduz a redação do artigo 120 do CPC/73, sobre a designação de um juízo para decidir, em caráter provisório, os casos urgentes, mas o parágrafo único, que permite o julgamento monocrático do relator no conflito de competência, sofreu alteração: a expressão *jurisprudência dominante*, capaz de autorizar o relator a julgar de plano o conflito, foi substituída no NCPC por: 1) súmula do Supremo Tribunal Federal, do Superior Tribunal de Justiça ou do próprio tribunal e 2) tese firmada em julgamento de casos repetitivos ou em incidente de assunção de competência.

NOVO CÓDIGO DE PROCESSO CIVIL	CÓDIGO DE PROCESSO CIVIL DE 1973
Art. 956. Decorrido o prazo designado pelo relator, será ouvido o Ministério Público, no prazo de 5 (cinco) dias, ainda que as informações não tenham sido prestadas, e, em seguida, o conflito irá a julgamento.	**Art. 121.** Decorrido o prazo, com informações ou sem elas, será ouvido, em 5 (cinco) dias, o Ministério Público; em seguida o relator apresentará o conflito em sessão de julgamento.

No conflito de competência, o Ministério Público será ouvido como fiscal da ordem jurídica, após o decurso do prazo, mesmo que as informações não tenham sido prestadas pelos Juízos envolvidos no conflito e, então, os autos serão conclusos para julgamento.

NOVO CÓDIGO DE PROCESSO CIVIL	CÓDIGO DE PROCESSO CIVIL DE 1973
Art. 957. Ao decidir o conflito, o tribunal declarará qual o juízo competente, pronunciando-se também sobre a validade dos atos do juízo incompetente. Parágrafo único. Os autos do processo em que se manifestou o conflito serão remetidos ao juiz declarado competente.	**Art. 122.** Ao decidir o conflito, o tribunal declarará qual o juiz competente, pronunciando-se também sobre a validade dos atos do juiz incompetente. Parágrafo único. Os autos do processo, em que se manifestou o conflito, serão remetidos ao juiz declarado competente.

O artigo 957 do NCPC reproduz o artigo 122 do CPC/73 ao dispor sobre o julgamento do conflito de competência e a validade dos atos praticados pelo juiz incompetente, o qual deverá remeter os autos para o juiz competente.

NOVO CÓDIGO DE PROCESSO CIVIL	CÓDIGO DE PROCESSO CIVIL DE 1973
Art. 958. No conflito que envolva órgãos fracionários dos tribunais, desembargadores e juízes em exercício no tribunal, observar-se-á o que dispuser o regimento interno do tribunal.	**Art. 123.** No conflito entre turmas, seções, câmaras, Conselho Superior da Magistratura, juízes de segundo grau e desembargadores, observar-se-á o que dispuser a respeito o regimento interno do tribunal.

Em conflitos que envolvam o próprio tribunal, não houve alterações: o artigo 958 do NCPC reproduz o artigo 123 do CPC/73, remetendo à observância das disposições do regimento interno do tribunal.

NOVO CÓDIGO DE PROCESSO CIVIL	CÓDIGO DE PROCESSO CIVIL DE 1973
Art. 959. O regimento interno do tribunal regulará o processo e o julgamento do conflito de atribuições entre autoridade judiciária e autoridade administrativa.	**Art. 124.** Os regimentos internos dos tribunais regularão o processo e julgamento do conflito de atribuições entre autoridade judiciária e autoridade administrativa.

Caso o conflito não seja entre órgãos jurisdicionais, mas sim entre uma autoridade judiciária e uma autoridade administrativa, o artigo 959 do NCPC mantém a redação do artigo 124 do CPC/73, no sentido de que o conflito será regulado pelo regimento interno do tribunal onde ocorrer o conflito.

NOVO CÓDIGO DE PROCESSO CIVIL	DISPOSIÇÕES ESPARSAS
CAPÍTULO VI DA HOMOLOGAÇÃO DE DECISÃO ESTRANGEIRA E DA CONCESSÃO DO *EXEQUATUR* À CARTA ROGATÓRIA **Art. 960.** A homologação de decisão estrangeira será requerida por ação de homologação de decisão estrangeira, salvo disposição especial em sentido contrário prevista em tratado. § 1º A decisão interlocutória estrangeira poderá ser executada no Brasil por meio de carta rogatória. § 2º A homologação obedecerá ao que dispuserem os tratados em vigor no Brasil e o Regimento Interno do Superior Tribunal de Justiça. § 3º A homologação de decisão arbitral estrangeira obedecerá ao disposto em tratado e em lei, aplicando-se, subsidiariamente, as disposições deste Capítulo.	**CÓDIGO DE PROCESSO CIVIL DE 1973** CAPÍTULO III DA HOMOLOGAÇÃO DE SENTENÇA ESTRANGEIRA **Art. 483.** [...] Parágrafo único. A homologação obedecerá ao que dispuser o Regimento Interno do Supremo Tribunal Federal[12]. **RESOLUÇÃO Nº 9/2005 STJ** **Art. 1º** Ficam criadas as classes processuais de Homologação de Sentença Estrangeira e de Cartas Rogatórias no rol dos feitos submetidos ao Superior Tribunal de Justiça, as quais observarão o disposto nesta Resolução, em caráter excepcional, até que o Plenário da Corte aprove disposições regimentais próprias. Parágrafo único. Fica sobrestado o pagamento de custas dos processos tratados nesta Resolução que entrarem neste Tribunal após a publicação da mencionada Emenda Constitucional, até a deliberação referida no caput deste artigo. **LEI Nº 9.307/96** Capítulo VI Do Reconhecimento e Execução de Sentenças Arbitrais Estrangeiras **Art. 34.** A sentença arbitral estrangeira será reconhecida ou executada no Brasil de conformidade com os tratados internacionais com eficácia no ordenamento interno e, na sua ausência, estritamente de acordo com os termos desta Lei.

12 A Emenda Constitucional nº 45/2004 alterou a competência para o Superior Tribunal de Justiça, de acordo com a previsão do artigo 105, I, i da Constituição Federal, embora esta previsão do Código de Processo Civil de 1973 não tenha sofrido alteração.

O NCPC dispôs, em um capítulo próprio, sobre a homologação de sentença estrangeira. O tema ganha, porém, tratamento mais extenso e adequado à alteração produzida pela Emenda Constitucional nº 45/2004, que retirou da competência do STF a homologação de sentença estrangeira e a inseriu na competência do STJ.

O artigo 960 do NCPC, embora tenha redação distinta do artigo 483 do CPC/73, dispõe que a homologação ocorrerá por ação de homologação de decisão estrangeira, salvo previsão expressa em tratado internacional em sentido contrário.

O parágrafo primeiro expõe que o *caput* é aplicável apenas às sentenças, pois as decisões interlocutórias poderão ser executadas no Brasil por meio de carta rogatória, instrumento de cooperação jurídica internacional submetido ao *exequatur* do STJ.

O parágrafo segundo dispõe que a homologação respeitará os tratados internacionais e o regimento interno do STJ, corrigindo o parágrafo único do artigo 483 do CPC/73, que, mesmo após a EC nº 45/2004, não sofreu alteração para substituir o STF pelo STJ. No STJ, aliás, o tema é, atualmente, regulado pela Resolução nº 09/2005.

Já o § 3º trata de decisões arbitrais, afirmando que serão regulados por tratados e lei própria, aplicando-se, no que não for incompatível, as disposições do NCPC. As decisões arbitrais estrangeiras são hoje reguladas pelo artigo 34 da Lei nº 9.307/96.

NOVO CÓDIGO DE PROCESSO CIVIL	CÓDIGO DE PROCESSO CIVIL DE 1973
Art. 961. A decisão estrangeira somente terá eficácia no Brasil após a homologação de sentença estrangeira ou a concessão do exequatur às cartas rogatórias, salvo disposição em sentido contrário de lei ou tratado. § 1º É passível de homologação a decisão judicial definitiva, bem como a decisão não judicial que, pela lei brasileira, teria natureza jurisdicional. § 2º A decisão estrangeira poderá ser homologada parcialmente. § 3º A autoridade judiciária brasileira poderá deferir pedidos de urgência e realizar atos de execução provisória no processo de homologação de decisão estrangeira. § 4º Haverá homologação de decisão estrangeira para fins de execução fiscal quando prevista em tratado ou em promessa de reciprocidade apresentada à autoridade brasileira. § 5º A sentença estrangeira de divórcio consensual produz efeitos no Brasil, independentemente de homologação pelo Superior Tribunal de Justiça. § 6º Na hipótese do § 5º, competirá a qualquer juiz examinar a validade da decisão, em caráter principal ou incidental, quando essa questão for suscitada em processo de sua competência.	**Art. 483.** A sentença proferida por tribunal estrangeiro não terá eficácia no Brasil senão depois de homologada pelo Supremo Tribunal Federal. [...] RESOLUÇÃO Nº 9/2005 STJ **Art. 4º** [...] §1º Serão homologados os provimentos não-judiciais que, pela lei brasileira, teriam natureza de sentença. §2º As decisões estrangeiras podem ser homologadas parcialmente. §3º Admite-se tutela de urgência nos procedimentos de homologação de sentenças estrangeiras.

Ainda reproduzindo o artigo 483 do CPC/73, o *caput* do artigo 961 do NCPC dispõe que a eficácia da sentença estrangeira no país está condicionada à homologação de sentença estrangeira ou ao *exequatur* para decisões interlocutórias, salvo disposição expressa em contrário, sendo que o parágrafo primeiro do artigo 961 do NCPC complementa que não importa a natureza do julgamento do país de origem: basta que haja o caráter jurisdicional do ato no Brasil para que ele precise ser submetido à homologação ou ao *exequatur* para que tenha eficácia, previsão que, atualmente, existe no artigo 4º, § 1º, da Resolução nº 09/2005.

O parágrafo segundo dispõe que a homologação pode ser parcial, sendo possível que apenas uma parte do julgamento seja homologado e, assim, passe a produzir efeitos no país, não sendo homologada a outra parte que possa ferir um dos requisitos hoje dispostos no artigo 5º[13] e no artigo 6º[14] da Resolução nº 9 do STJ, e que serão previstos no artigo 963 do NCPC.

O parágrafo terceiro dispõe expressamente sobre a admissibilidade da concessão de medidas de urgência no processo de homologação, previsão que, hoje, existe no artigo 4º, § 3º, da Resolução nº 09/2005 do STJ, que permite que, concedida a medida, possa se iniciar a execução provisória nos termos da medida proferida, execução esta que ocorrerá na Justiça Federal de primeira instância, nos termos do artigo 109, X, da Constituição da República Federativa do Brasil de 1988.

O parágrafo quarto dispõe sobre a homologação de decisão estrangeira para fins de execução fiscal, desde que prevista em tratado ou em promessa de reciprocidade apresentada à autoridade brasileira, previsão inovadora do NCPC.

O parágrafo quinto passou a dispor sobre a ausência de necessidade de homologação do divórcio consensual no Brasil, já que, desde 2007, não havendo incapazes, é ato que pode ser realizado em cartório, mas esse divórcio consensual realizado no estrangeiro, conforme o parágrafo sexto do mesmo dispositivo, poderá ter a sua validade analisada incidentalmente por qualquer juiz, em processo de sua competência, se for suscitada pelas partes e, aqui, compreende-se que também estaria abrangido o Ministério Público.

---

13 "Art. 5º Constituem requisitos indispensáveis à homologação de sentença estrangeira:
I – haver sido proferida por autoridade competente;
II – terem sido as partes citadas ou haver-se legalmente verificado a revelia;
III – ter transitado em julgado; e
IV – estar autenticada pelo cônsul brasileiro e acompanhada de tradução por tradutor oficial ou juramentado no Brasil."

14 "Art. 6º Não será homologada sentença estrangeira ou concedido *exequatur* a carta rogatória que ofendam a soberania ou a ordem pública."

NOVO CÓDIGO DE PROCESSO CIVIL	CÓDIGO DE PROCESSO CIVIL DE 1973
Art. 962. É passível de execução a decisão estrangeira concessiva de medida de urgência. § 1º A execução no Brasil de decisão interlocutória estrangeira concessiva de medida de urgência dar-se-á por carta rogatória. § 2º A medida de urgência concedida sem audiência do réu poderá ser executada, desde que garantido o contraditório em momento posterior. § 3º O juízo sobre a urgência da medida compete exclusivamente à autoridade jurisdicional prolatora da decisão estrangeira. § 4º Quando dispensada a homologação para que a sentença estrangeira produza efeitos no Brasil, a decisão concessiva de medida de urgência dependerá, para produzir efeitos, de ter sua validade expressamente reconhecida pelo juiz competente para dar-lhe cumprimento, dispensada a homologação pelo Superior Tribunal de Justiça.	Sem correspondente.

O artigo 962 do NCPC dispõe que a decisão que concede de medida de urgência é passível de *exequatur* e poderá ser executada no país. O parágrafo segundo dispõe que a medida de urgência poderá ser executada mesmo que concedida *inaudita altera parte*, desde que tenha sido oportunizado o contraditório após a concessão da medida.

O parágrafo terceiro trata de regra já existente hoje: não cabe à autoridade brasileira avaliar o mérito do julgamento proferido por autoridade estrangeira. Apenas se realiza o juízo de delibação. O parágrafo quarto dispõe que, quando dispensada a homologação para que a sentença estrangeira produza efeitos no Brasil, a decisão concessiva de medida de urgência não precisará ter o *exequatur*, mas dependerá, para produzir efeitos, de ter sua validade expressamente reconhecida pelo juiz competente, analisada no momento de dar-lhe cumprimento.

NOVO CÓDIGO DE PROCESSO CIVIL	DISPOSIÇÕES ESPARSAS
Art. 963. Constituem requisitos indispensáveis à homologação da decisão: I - ser proferida por autoridade competente; II - ser precedida de citação regular, ainda que verificada a revelia;	LEI DE INTRODUÇÃO ÀS NORMAS DO DIREITO BRASILEIRO **Art. 15.** Será executada no Brasil a sentença proferida no estrangeiro, que reúna os seguintes requisitos: a) haver sido proferida por juiz competente; *b)* terem sido os partes citadas ou haver-se legalmente verificado à revelia;

III - ser eficaz no país em que foi proferida; IV - não ofender a coisa julgada brasileira; V - estar acompanhada de tradução oficial, salvo disposição que a dispense prevista em tratado; VI - não conter manifesta ofensa à ordem pública. Parágrafo único. Para a concessão do exequatur às cartas rogatórias, observar-se-ão os pressupostos previstos no caput deste artigo e no art. 962, § 2º.	c) ter passado em julgado e estar revestida das formalidades necessárias para a execução no lugar em que foi proferida; d) estar traduzida por intérprete autorizado; e) ter sido homologada pelo Supremo Tribunal Federal. Parágrafo único. (Revogado pela Lei nº 12.036, de 2009). RESOLUÇÃO Nº 9/2005 STJ **Art. 5º** Constituem requisitos indispensáveis à homologação de sentença estrangeira: I - haver sido proferida por autoridade competente; II - terem sido as partes citadas ou haver-se legalmente verificado a revelia; III - ter transitado em julgado; e IV - estar autenticada pelo cônsul brasileiro e acompanhada de tradução por tradutor oficial ou juramentado no Brasil.

O artigo 963 do NCPC não tem equivalente no CPC/73, mas sim no artigo 15 da Lei de Introdução às Normas do Direito Brasileiro e no 5º da Resolução nº 09/2005 do STJ, que dispõe:

> Art. 5º Constituem requisitos indispensáveis à homologação de sentença estrangeira:
> I – haver sido proferida por autoridade competente;
> II – terem sido as partes citadas ou haver-se legalmente verificado a revelia;
> III – ter transitado em julgado; e
> IV – estar autenticada pelo cônsul brasileiro e acompanhada de tradução por tradutor oficial ou juramentado no Brasil.

Destaque-se que a novel legislação corrige qualquer referência de que a homologação ocorreria no Supremo Tribunal Federal, já que a Emenda Constitucional nº 45/2004 alterou a competência para o STJ – Superior Tribunal de Justiça.

O parágrafo único acrescenta requisito já aludido no § 2º do artigo 963 do NCPC: a medida de urgência poderá ser executada mesmo que concedida sem a oitiva do réu, desde que o réu tenha ciência dela e possibilidade de defesa posterior.

NOVO CÓDIGO DE PROCESSO CIVIL	CÓDIGO DE PROCESSO CIVIL DE 1973
Art. 964. Não será homologada a decisão estrangeira na hipótese de competência exclusiva da autoridade judiciária brasileira. Parágrafo único. O dispositivo também se aplica à concessão do exequatur à carta rogatória.	Sem correspondente.

O artigo 964 do NCPC é uma decorrência das regras de competência absoluta da autoridade brasileira, correspondentes ao artigo 89 do CPC/73. Quando a autoridade brasileira é competente com a exclusão de qualquer outra, não será homologado ou concedido *exequatur* a julgamento estrangeiro.

O II Fórum Permanente de Processualistas, na Carta de Salvador, observou, porém, no Enunciado nº 86, ainda considerando a versão do NCPC aprovada pela Câmara dos Deputados, mas com a mesma redação, que "*O art. 976 não se aplica à homologação da sentença arbitral estrangeira, que se sujeita aos tratados em vigor no País e à legislação aplicável, na forma do § 3º do art. 972*" (sendo o art. 976 atualmente o art. 964 e o art. 972, § 3º, a previsão do art. 960, § 3º).

NOVO CÓDIGO DE PROCESSO CIVIL	CÓDIGO DE PROCESSO CIVIL DE 1973
Art. 965. O cumprimento de decisão estrangeira far-se-á perante o juízo federal competente, a requerimento da parte, conforme as normas estabelecidas para o cumprimento de decisão nacional. Parágrafo único. O pedido de execução deverá ser instruído com cópia autenticada da decisão homologatória ou do exequatur, conforme o caso.	**Art. 484**. A execução far-se-á por carta de sentença extraída dos autos da homologação e obedecerá às regras estabelecidas para a execução da sentença nacional da mesma natureza. RESOLUÇÃO Nº 9/2005 STJ **Art. 12**. A sentença estrangeira homologada será executada por carta de sentença, no Juízo Federal competente. **Art. 13**. A carta rogatória, depois de concedido o exequatur, será remetida para cumprimento pelo Juízo Federal competente. §1º No cumprimento da carta rogatória pelo Juízo Federal competente cabem embargos relativos a quaisquer atos que lhe sejam referentes, opostos no prazo de 10 (dez) dias, por qualquer interessado ou pelo Ministério Público, julgando-os o Presidente. [...]

O artigo 965 do NCPC não tem correspondente no CPC/73, mas reproduz o disposto no artigo 109, X, da CRFB/88: o julgamento estrangeiro homologado pelo Superior Tribunal de Justiça será executado na primeira instância da Justiça Federal, observadas as regras de execução dispostas no NCPC. O parágrafo único complementa que o requerimento de execução em primeira instância será instruído com cópia autenticada da decisão homologatória ou do *exequatur*.

NOVO CÓDIGO DE PROCESSO CIVIL	CÓDIGO DE PROCESSO CIVIL DE 1973
CAPÍTULO VII DA AÇÃO RESCISÓRIA	CAPÍTULO IV DA AÇÃO RESCISÓRIA
Art. 966. A decisão de mérito, transitada em julgado, pode ser rescindida quando: I - se verificar que foi proferida por força de prevaricação, concussão ou corrupção do juiz; II - for proferida por juiz impedido ou por juízo absolutamente incompetente; III - resultar de dolo ou coação da parte vencedora em detrimento da parte vencida ou, ainda, de simulação ou colusão entre as partes, a fim de fraudar a lei; IV - ofender a coisa julgada; V - violar manifestamente norma jurídica; VI - for fundada em prova cuja falsidade tenha sido apurada em processo criminal ou venha a ser demonstrada na própria ação rescisória; VII - obtiver o autor, posteriormente ao trânsito em julgado, prova nova cuja existência ignorava ou de que não pôde fazer uso, capaz, por si só, de lhe assegurar pronunciamento favorável; VIII - for fundada em erro de fato verificável do exame dos autos. § 1º Há erro de fato quando a decisão rescindenda admitir fato inexistente ou quando considerar inexistente fato efetivamente ocorrido, sendo indispensável, em ambos os casos, que o fato não represente ponto controvertido sobre o qual o juiz deveria ter se pronunciado. § 2º Nas hipóteses previstas nos incisos do caput, será rescindível a decisão transitada em julgado que, embora não seja de mérito, impeça: I - nova propositura da demanda; ou II - admissibilidade do recurso correspondente. § 3º A ação rescisória pode ter por objeto apenas 1 (um) capítulo da decisão. § 4º Os atos de disposição de direitos, praticados pelas partes ou por outros participantes do processo e homologados pelo juízo, bem como os atos homologatórios praticados no curso da execução, estão sujeitos à anulação, nos termos da lei. § 5º Cabe ação rescisória, com fundamento no inciso V do caput deste artigo, contra decisão baseada em enunciado de súmula ou acórdão proferido em julgamento de casos repetitivos que não tenha considerado a existência de distinção entre a questão discutida no processo e o padrão decisório que lhe deu fundamento. (Incluído pela Lei nº 13.256, de 2016) § 6º Quando a ação rescisória fundar-se na hipótese do § 5º deste artigo, caberá ao autor, sob pena de inépcia, demonstrar, fundamentadamente, tratar-se de situação particularizada por hipótese fática distinta ou de questão jurídica não examinada, a impor outra solução jurídica. (Incluído pela Lei nº 13.256, de 2016)	**Art. 485.** A sentença de mérito, transitada em julgado, pode ser rescindida quando: I – se verificar que foi dada por prevaricação, concussão ou corrupção do juiz; II – proferida por juiz impedido ou absolutamente incompetente; III – resultar de dolo da parte vencedora em detrimento da parte vencida, ou de colusão entre as partes, a fim de fraudar a lei; IV – ofender a coisa julgada; V – violar literal disposição de lei; VI – se fundar em prova, cuja falsidade tenha sido apurada em processo criminal ou seja provada na própria ação rescisória; VII – depois da sentença, o autor obtiver documento novo, cuja existência ignorava, ou de que não pôde fazer uso, capaz, por si só, de lhe assegurar pronunciamento favorável; VIII – houver fundamento para invalidar confissão, desistência ou transação, em que se baseou a sentença; IX – fundada em erro de fato, resultante de atos ou de documentos da causa; § 1º Há erro, quando a sentença admitir um fato inexistente, ou quando considerar inexistente um fato efetivamente ocorrido. § 2º É indispensável, num como noutro caso, que não tenha havido controvérsia, nem pronunciamento judicial sobre o fato. **Art. 486.** Os atos judiciais, que não dependem de sentença, ou em que esta for meramente homologatória, podem ser rescindidos, como os atos jurídicos em geral, nos termos da lei civil.

O artigo 966 do NCPC inicia o tema *ação rescisória*, com algumas alterações em relação ao artigo 485 do CPC/73. A primeira se refere ao *caput* tratar do cabimento da ação rescisória em face de decisão de mérito transitada em julgado, e não mais de sentença de mérito.

As diferenças em relação ao cabimento da ação rescisória, comparativamente ao CPC/73, iniciam-se no inciso V: não se trata mais de cabimento de violação literal de lei para o cabimento da ação rescisória, bastando a violação de norma jurídica, assim compreendida como regra ou princípio.

Não foi repetida a previsão constante no inciso VII do artigo 485 do CPC/73: se houver fundamento para invalidar confissão, desistência ou transação, em que se baseou a sentença, já que o caso, a rigor, é de ação anulatória.

O parágrafo primeiro do artigo 966 do NCPC sintetiza os §§ 1º e 2º do artigo 485 do CPC/73. O § 2º do artigo 963 do NCPC dispõe que será rescindível a decisão transitada em julgado que, embora não seja de mérito, não permita a repropositura da demanda ou impeça o reexame do mérito.

O parágrafo seguinte trata do cabimento da rescisória apenas em relação a um capítulo do julgamento, quando não for a hipótese de sua incidência sobre todo o julgamento. Essa questão já era admitida na doutrina e na jurisprudência à luz do CPC/73, havendo discussão apenas quanto ao termo inicial do prazo para a ação rescisória, que será abordado na nota ao artigo 975.

O parágrafo quarto dispõe que os atos de disposição de direito, bem como os atos homologatórios praticados no curso da execução estão sujeitos à anulação, e não à rescisão. Trata-se, portanto, da previsão da ação anulatória no novo Código, apesar de inserida no mesmo dispositivo que trata da ação rescisória, o que não nos parece a melhor técnica.

A Lei nº 13.256/2016 inseriu dois parágrafos ao artigo 966 do NCPC para indicar uma possível interpretação do cabimento da ação rescisória com fundamento no inciso V, ou seja, na hipótese de cabimento da ação rescisória por violação manifesta de norma jurídica.

O parágrafo quinto estabelece que caberá ação rescisória com fundamento no mencionado inciso, *"contra decisão baseada em enunciado de súmula ou acórdão proferido em julgamento de casos repetitivos que não tenha considerado a existência de distinção entre a questão discutida no processo e o padrão decisório que lhe deu fundamento"* (grifo nosso).

Essa interpretação, indicada no parágrafo em comento, segue um dos principais pilares do NCPC, que se refere ao fortalecimento dos posicionamentos consolidados nos tribunais em precedentes sumulados ou proferidos nos procedimentos de solução de casos repetitivos, mas que deve se alinhar às especificidades da causa. Significa dizer que o jurisdicionado prejudicado com o julgamento em processo pautado em súmula ou acordão proferido em julgamento de causas repetitivas, sem a devida contextualização com as circunstâncias fáticas, poderá se valer da ação rescisória como veículo destinado a realizar o *distinguishing*, ou seja, demonstrar que o julgamento empregou determinado padrão decisório sem atentar para as especificidades da causa. [15]

O parágrafo sexto do artigo em análise aponta que nesta hipótese de cabimento da ação rescisória deverá o autor *"sob pena de inépcia, demonstrar, fundamentadamente, tratar-se de situação particularizada por hipótese fática distinta ou de questão jurídica não examinada, a impor outra solução jurídica"*(grifo nosso). Significa dizer que a petição inicial deverá apresentar elementos de convicção suficientes para demonstrar as peculiaridades fáticas interpretadas de modo equivocado no julgado que está sendo alvo da ação rescisória.

Será indispensável na hipótese carga argumentativa densa por parte do autor em sua petição inicial, suficiente para convencer o relator que ação rescisória é viável, sob pena de indeferimento de plano.

Vale consignar que a técnica do *distinguishing* já aparece de forma clara no NCPC nas disposições referentes aos julgamentos de causas repetitivas, tais como na afetação para recursos excepcionais repetitivos, com previsão expressa no artigo 1.037 § 9º a §13.

NOVO CÓDIGO DE PROCESSO CIVIL	CÓDIGO DE PROCESSO CIVIL DE 1973
Art. 967. Têm legitimidade para propor a ação rescisória: I - quem foi parte no processo ou o seu sucessor a título universal ou singular; II - o terceiro juridicamente interessado; III - o Ministério Público: a) se não foi ouvido no processo em que lhe era obrigatória a intervenção; b) quando a decisão rescindenda é o efeito de simulação ou de colusão das partes, a fim de fraudar a lei; c) em outros casos em que se imponha sua atuação; IV - aquele que não foi ouvido no processo em que lhe era obrigatória a intervenção. Parágrafo único. Nas hipóteses do art. 178, o Ministério Público será intimado para intervir como fiscal da ordem jurídica quando não for parte.	**Art. 487.** Tem legitimidade para propor a ação: I – quem foi parte no processo ou o seu sucessor a título universal ou singular; II – o terceiro juridicamente interessado; III – o Ministério Público: a) se não foi ouvido no processo, em que lhe era obrigatória a intervenção; b) quando a sentença é o efeito de colusão das partes, a fim de fraudar a lei.

O artigo 967 do NCPC trata da legitimidade para a propositura da ação rescisória, abordada no artigo 487 do CPC/73. O inciso III, atribui ao Ministério Público a legi-

15 ALMEIDA, Marcelo Pereira de. *Precedentes Judiciais: Análise crítica dos métodos empregados no Brasil para a solução de demandas de massa*. Curitiba: Juruá. 2014. p. 218.

timidade para a ação rescisória para além dos casos em que não foi ouvido quando se impunha sua intervenção ou nos casos de colusão. Foi positivada a previsão de legitimidade do Ministério Público para a propositura de ação rescisória nos casos de simulação e acrescentada a referência a outros casos previstos em lei.

No inciso IV do artigo 967, o novo diploma insere como legitimado para a propositura da ação rescisória aquele que tinha intervenção obrigatória no processo, como, por exemplo, o litisconsorte preterido.

Prevê, ainda, o parágrafo único do novo dispositivo, a intervenção obrigatória do Ministério Público no caso de ação rescisória, como fiscal da ordem jurídica, quando este não for o próprio autor.

NOVO CÓDIGO DE PROCESSO CIVIL	CÓDIGO DE PROCESSO CIVIL DE 1973
Art. 968. A petição inicial será elaborada com observância dos requisitos essenciais do art. 319, devendo o autor: I - cumular ao pedido de rescisão, se for o caso, o de novo julgamento do processo; II - depositar a importância de cinco por cento sobre o valor da causa, que se converterá em multa caso a ação seja, por unanimidade de votos, declarada inadmissível ou improcedente. § 1º Não se aplica o disposto no inciso II à União, aos Estados, ao Distrito Federal, aos Municípios, às suas respectivas autarquias e fundações de direito público, ao Ministério Público, à Defensoria Pública e aos que tenham obtido o benefício de gratuidade da justiça. § 2º O depósito previsto no inciso II do caput deste artigo não será superior a 1.000 (mil) salários-mínimos. § 3º Além dos casos previstos no art. 330, a petição inicial será indeferida quando não efetuado o depósito exigido pelo inciso II do caput deste artigo. § 4º Aplica-se à ação rescisória o disposto no art. 332. § 5º Reconhecida a incompetência do tribunal para julgar a ação rescisória, o autor será intimado para emendar a petição inicial, a fim de adequar o objeto da ação rescisória, quando a decisão apontada como rescindenda: I - não tiver apreciado o mérito e não se enquadrar na situação prevista no § 2º do art. 966; II - tiver sido substituída por decisão posterior. § 6º Na hipótese do § 5º, após a emenda da petição inicial, será permitido ao réu complementar os fundamentos de defesa, e, em seguida, os autos serão remetidos ao tribunal competente.	**Art. 488.** A petição inicial será elaborada com observância dos requisitos essenciais do art. 282, devendo o autor: I – cumular ao pedido de rescisão, se for o caso, o de novo julgamento da causa; II – depositar a importância de 5% (cinco por cento) sobre o valor da causa, a título de multa, caso a ação seja, por unanimidade de votos, declarada inadmissível, ou improcedente. Parágrafo único. Não se aplica o disposto no nº II à União, ao Estado, ao Município e ao Ministério Público. **Art. 491.** O relator mandará citar o réu, assinando-lhe prazo nunca inferior a 15 (quinze) dias nem superior a 30 (trinta) para responder aos termos da ação. Findo o prazo com ou sem resposta, observar-se-á no que couber o disposto no Livro I, Título VIII, Capítulos IV e V.

Ao tratar das exigências da petição inicial da ação rescisória e dos casos em que pode ser indeferida, o artigo 968 do NCPC aprimora a previsão do artigo 488 do CPC/73, acrescentando que a exigência de depósito recursal não se aplicará à Defensoria Pública e aos beneficiários da assistência judiciária gratuita, entendimento este que já era aplicado no CPC/73, e que este depósito não poderá ser superior a mil salários-mínimos (§ 2º). Não sendo o depósito efetuado, será hipótese de indeferimento da inicial (§3º).

O parágrafo quarto dispõe sobre a possibilidade de aplicação da improcedência liminar do pedido à ação rescisória. O parágrafo quinto trata das hipóteses em que for verificada a incompetência do tribunal para o julgamento da rescisória, caso em que o autor poderá emendar a inicial nas duas hipóteses expressamente listadas e, de acordo com a previsão do parágrafo sexto, ao réu será permitido complementar os fundamentos de sua defesa, remetendo-se, em observância ao aproveitamento dos atos processuais, os autos ao tribunal competente.

NOVO CÓDIGO DE PROCESSO CIVIL	CÓDIGO DE PROCESSO CIVIL DE 1973
Art. 969. A propositura da ação rescisória não impede o cumprimento da decisão rescindenda, ressalvada a concessão de tutela provisória.	**Art. 489.** O ajuizamento da ação rescisória não impede o cumprimento da sentença ou acórdão rescindendo, ressalvada a concessão, caso imprescindíveis e sob os pressupostos previstos em lei, de medidas de natureza cautelar ou antecipatória de tutela. (Redação dada pela Lei nº 11.280, de 2006)

O artigo 969 do NCPC reproduz o artigo 489 do CPC/73, que dispõe que o ajuizamento de ação rescisória não impede a execução do julgamento, salvo se concedida a tutela provisória na ação rescisória, caso em que ficarão obstados os efeitos do julgamento rescindendo.

NOVO CÓDIGO DE PROCESSO CIVIL	CÓDIGO DE PROCESSO CIVIL DE 1973
Art. 970. O relator ordenará a citação do réu, designando-lhe prazo nunca inferior a 15 (quinze) dias nem superior a 30 (trinta) dias para, querendo, apresentar resposta, ao fim do qual, com ou sem contestação, observar-se-á, no que couber, o procedimento comum.	**Art. 491.** O relator mandará citar o réu, assinando-lhe prazo nunca inferior a 15 (quinze) dias nem superior a 30 (trinta) para responder aos termos da ação. Findo o prazo com ou sem resposta, observar-se-á no que couber o disposto no Livro I, Título VIII, Capítulos IV e V.

O artigo 970 do NCPC reproduz o artigo 491 do CPC/73 com relação à resposta do réu na ação rescisória, devendo-lhe ser fixado prazo não inferior a 15 (quinze) e não superior a 30 (trinta) dias.

NOVO CÓDIGO DE PROCESSO CIVIL	CÓDIGO DE PROCESSO CIVIL DE 1973
Art. 971. Na ação rescisória, devolvidos os autos pelo relator, a secretaria do tribunal expedirá cópias do relatório e as distribuirá entre os juízes que compuserem o órgão competente para o julgamento. Parágrafo único. A escolha de relator recairá, sempre que possível, em juiz que não haja participado do julgamento rescindendo.	**Art. 553.** Nos embargos infringentes e na ação rescisória, devolvidos os autos pelo relator, a secretaria do tribunal expedirá cópias autenticadas do relatório e as distribuirá entre os juízes que compuserem o tribunal competente para o julgamento.

O artigo 971 do NCPC trata das providências a serem tomadas pela secretaria dos tribunais, após o exame do caso pelo relator, para julgamento. A secretaria do órgão julgador distribuirá cópias do relatório entre os julgadores que participarão do julgamento, sendo o relator preferencialmente aquele que não houver participado do julgamento rescindendo.

NOVO CÓDIGO DE PROCESSO CIVIL	CÓDIGO DE PROCESSO CIVIL DE 1973
Art. 972. Se os fatos alegados pelas partes dependerem de prova, o relator poderá delegar a competência ao órgão que proferiu a decisão rescindenda, fixando prazo de 1 (um) a 3 (três) meses para a devolução dos autos.	**Art. 492.** Se os fatos alegados pelas partes dependerem de prova, o relator delegará a competência ao juiz de direito da comarca onde deva ser produzida, fixando prazo de 45 (quarenta e cinco) a 90 (noventa) dias para a devolução dos autos.

O artigo 972 do NCPC reproduz o artigo 492 do CPC/73, alterando apenas o prazo caso haja a necessidade de fase instrutória em sede de ação rescisória. Neste caso, o relator poderá delegar a competência para a produção de prova ao órgão prolator do julgamento rescindendo. O prazo passou a ser contado em meses e o prazo mínimo a ser fixado foi reduzido, passando a ser de 1 (um) a 3 (três) meses.

NOVO CÓDIGO DE PROCESSO CIVIL	CÓDIGO DE PROCESSO CIVIL DE 1973
Art. 973. Concluída a instrução, será aberta vista ao autor e ao réu para razões finais, sucessivamente, pelo prazo de 10 (dez) dias. Parágrafo único. Em seguida, os autos serão conclusos ao relator, procedendo-se ao julgamento pelo órgão competente.	**Art. 493.** Concluída a instrução, será aberta vista, sucessivamente, ao autor e ao réu, pelo prazo de 10 (dez) dias, para razões finais. Em seguida, os autos subirão ao relator, procedendo-se ao julgamento: I - no Supremo Tribunal Federal e no Superior Tribunal de Justiça, na forma dos seus regimentos internos; (Redação dada pela Lei nº 11.382, de 2006). II - nos Estados, conforme dispuser a norma de Organização Judiciária.

O artigo 973 do NCPC trata das alegações finais, sem mais especificar que órgão seria competente para o julgamento da ação rescisória.

NOVO CÓDIGO DE PROCESSO CIVIL	CÓDIGO DE PROCESSO CIVIL DE 1973
Art. 974. Julgando procedente o pedido, o tribunal rescindirá a decisão, proferirá, se for o caso, novo julgamento e determinará a restituição do depósito a que se refere o inciso II do art. 968. Parágrafo único. Considerando, por unanimidade, inadmissível ou improcedente o pedido, o tribunal determinará a reversão, em favor do réu, da importância do depósito, sem prejuízo do disposto no § 2º do art. 82.	**Art. 494.** Julgando procedente a ação, o tribunal rescindirá a sentença, proferirá, se for o caso, novo julgamento e determinará a restituição do depósito; declarando inadmissível ou improcedente a ação, a importância do depósito reverterá a favor do réu, sem prejuízo do disposto no art. 20.

O artigo 974 do NCPC aborda o julgamento de procedência do pedido da ação rescisória, com a rescisão do julgamento atacado, hipótese em que, se for o caso, será proferido novo julgamento e o depósito exigido para a ação rescisória será restituído. Por outro lado, de acordo com o parágrafo único, se o pedido for julgado improcedente ou se for inadmitida a ação rescisória, em ambos os casos por unanimidade, o depósito exigido se reverterá em favor do réu.

NOVO CÓDIGO DE PROCESSO CIVIL	CÓDIGO DE PROCESSO CIVIL de 1973
Art. 975. O direito à rescisão se extingue em 2 (dois) anos contados do trânsito em julgado da última decisão proferida no processo. § 1º Prorroga-se até o primeiro dia útil imediatamente subsequente o prazo a que se refere o caput, quando expirar durante férias forenses, recesso, feriados ou em dia em que não houver expediente forense. § 2º Se fundada a ação no inciso VII do art. 966, o termo inicial do prazo será a data de descoberta da prova nova, observado o prazo máximo de 5 (cinco) anos, contado do trânsito em julgado da última decisão proferida no processo. § 3º Nas hipóteses de simulação ou de colusão das partes, o prazo começa a contar, para o terceiro prejudicado e para o Ministério Público, que não interveio no processo, a partir do momento em que têm ciência da simulação ou da colusão.	**Art. 495.** O direito de propor ação rescisória se extingue em 2 (dois) anos, contados do trânsito em julgado da decisão.

O artigo 975 do NCPC trata do prazo de 2 (dois) anos para a propositura da ação rescisória, mas inclui referência em relação à contagem deste prazo: será prorrogado ao primeiro dia útil se esgotar quando não houver expediente forense (previsão do parágrafo primeiro do NCPC, que já havia sido objeto, à luz do CPC/73, de decisão, de relatoria da Min. Laurita Vaz, da Corte Especial do Superior Tribunal de Justiça, em novembro de 2014, ao julgar o REsp 1.112.864); na hipótese de prova nova, o termo inicial do prazo será a data de descoberta da prova nova, mas apenas caso seja descoberta no prazo máximo de 5 (cinco) anos contados do trânsito em julgado da última decisão proferida no processo; e, no caso de simulação ou fraude, do momento em que há ciência do ocorrido.

Destaque-se que, atualmente, há controvérsia sobre o início do prazo da ação rescisória no caso de recursos parciais. O NCPC não dirimiu essa controvérsia. Para o Superior Tribunal de Justiça, o prazo da ação rescisória só terá seu termo inicial quando não couber mais qualquer recurso da sentença, ainda que parcial, conforme consagrado no enunciado da Súmula nº 401: "*O prazo decadencial da ação rescisória só se inicia quando não for cabível qualquer recurso do último pronunciamento judicial*".

Por outro lado, o Supremo Tribunal Federal, em julgamento recente, divulgou o pronunciamento de que os capítulos não impugnados da sentença transitam em julgado desde logo, afirmando que este entendimento está fixado no enunciado da Súmula nº 514 do tribunal: "*Admite-se ação rescisória contra sentença transitada em julgado, ainda que contra ela não se tenham esgotado todos os recursos*". O prazo decadencial da ação rescisória, nos casos de existência de capítulos autônomos, deve ser contado do trânsito em julgado de cada capítulo[16].

---

16 STF. 1ª Turma. RE 666.589/DF. Rel. Min. Marco Aurélio, julgado em 25/3/2014.

NOTAS AOS ARTIGOS 976 A 993

Acioli Viana Silva
Aluisio Gonçalves de Castro Mendes
Larissa Clare Pochmann da Silva
Marcelo Pereira de Almeida

NOVO CÓDIGO DE PROCESSO CIVIL	CÓDIGO DE PROCESSO CIVIL DE 1973
CAPÍTULO VIII DO INCIDENTE DE RESOLUÇÃO DE DEMANDAS REPETITIVAS **Art. 976.** É cabível a instauração do incidente de resolução de demandas repetitivas quando houver, simultaneamente: I - efetiva repetição de processos que contenham controvérsia sobre a mesma questão unicamente de direito; II - risco de ofensa à isonomia e à segurança jurídica. § 1º A desistência ou o abandono do processo não impede o exame de mérito do incidente. § 2º Se não for o requerente, o Ministério Público intervirá obrigatoriamente no incidente e deverá assumir sua titularidade em caso de desistência ou de abandono. § 3º A inadmissão do incidente de resolução de demandas repetitivas por ausência de qualquer de seus pressupostos de admissibilidade não impede que, uma vez satisfeito o requisito, seja o incidente novamente suscitado. § 4º É incabível o incidente de resolução de demandas repetitivas quando um dos tribunais superiores, no âmbito de sua respectiva competência, já tiver afetado recurso para definição de tese sobre questão de direito material ou processual repetitiva. § 5º Não serão exigidas custas processuais no incidente de resolução de demandas repetitivas.	Sem correspondente.

O incidente de resolução de demandas repetitivas – IRDR[1] – é um mecanismo de solução coletiva de conflitos, delineado na tentativa de trazer racionalização, isonomia, segurança jurídica e eficiência diante dos conflitos de massa[2], especialmente

1 Sobre o instituto, vide MENDES, Aluisio Gonçalves de Castro. Ações coletivas e meios de resolução coletiva de conflitos no direito comparado e nacional. 4. ed. São Paulo: Revista dos Tribunais, 2014, especialmente o capítulo 21, p. 297-305.

2 NAGAREDA, Richard A. Mass Tort Litigation in a World of Settlement. Chicago: Oxford University: 2007, p. 3.

nos litígios envolvendo direitos individuais homogêneos. É um instituto novo no ordenamento jurídico brasileiro, cuja previsão está em um capítulo próprio do Código de Processo Civil de 2015, no Livro Dos Processos nos Tribunais e dos Meios de Impugnação das Decisões Judiciais, que se somará a outros institutos já existentes no cenário processual brasileiro, como as ações coletivas e os recursos especial e extraordinário repetitivos.

No direito estrangeiro, a previsão de mecanismos com a mesma ratio não é uma novidade. Nas décadas de 1960 a 1980, houve, na Alemanha[3], um número elevado de objeções contra projetos estatais desenvolvidos, como, por exemplo, em relação a usinas nucleares (Breisig (16 mil), Lingen II (25 mil), Biblis (55 mil), Breisach (64 mil), Brokdorf (75 mil) e Wyhl (100 mil)) e a instalação ou expansão de aeroportos (Bielefeld- Nagelholz, 14.000, Hamburg-Kaltenkirchen, 15.000 e Düsseldorf, 30.000). O Tribunal Administrativo de Munique, diante de 5.724 reclamações, resolveu inovar, selecionando 30 casos considerados representativos (modelo) da controvérsia, suspendendo os demais até o julgamento destes *Musterverfahren* (procedimentos modelo), cujo entendimento foi aplicado a todos os processos pendentes. A iniciativa do Tribunal de Munique provocou grande controvérsia jurídica, tendo em vista a falta de previsão, na *Verwaltungsgerichtsordnung* (Estatuto da Justiça Administrativa), do procedimento adotado. No entanto, a *Bundesverfassungsgericht* (Corte Constitucional) decidiu, em 1980, pela constitucionalidade da prática estabelecida. Como decorrência, o legislador alemão, ao editar nova versão do Estatuto da Justiça Administrativa (*Verwaltungsgerichtsordnung*), em 1991, incorporou dispositivos, dentre os quais o parágrafo 93a, com a previsão do *Musterverfahren*. Em 2005, uma nova versão de *Musterverfahren* é criada na KapMuG (*Gesetz über Musterverfahren in kapitalmarktrechtlichen Streitigkeiten – Kapitalanleger-Musterverfahrensgesetz* ou Lei sobre o Procedimento-Modelo nos conflitos jurídicos do mercado de capital), com vigência temporária, inicialmente até outubro de 2010, mas que foi prorrogada, ato contínuo, até outubro de 2012 e, em seguida, para 01.11.2020. E, também, em 2008, nos moldes da primeira espécie de Musterverfahren e praticamente repetindo o texto do § 93a da *Verwaltungsgerichtsordnung*, o procedimento-modelo também é adotado no ramo jurisdicional alemão que cuida da assistência e previdência social (*Sozialgerichtsgesetz*). Em brevíssima síntese, os procedimentos-modelo alemães, da Justiça Adminstrativa e do mercado de capitais, foram desenvolvidos para que, num cenário de inúmeras ações homogêneas, a partir do julgamento de um caso piloto – com questões fáticas ou jurídicas comuns aos demais processos – fosse firmado entendimento extensível aos demais casos.

---

3 Como exposto por MENDES, Aluisio Gonçalves de Castro; TEMER, Sofia. O Incidente de Resolução de Demandas Repetitivas no novo Código de Processo Civil. Revista de Processo. São Paulo: RT, vol. 243, p. 286-287.

Na Inglaterra, o GLO[4] (*Group Litigation Order*) é um procedimento não representativo, que permite que demandas semelhantes (mas não necessariamente idênticas) tenham tramitação conjunta, mediante a transferência, para um tribunal, de demandas com questões comuns ou relacionadas, de direito ou de fato (Regra 19.10). A essência do mecanismo é sua ênfase na eficiência da gestão de processos[5]. Em brevíssima síntese, deve haver um registro, contendo tanto as demandas submetidas a esse procedimento, como a questão a ser decidida, e a identificação da *management court*, o tribunal que receberá as demandas (Regra 19.11), sendo a questão comum ou relacionada julgada mediante a escolha de um caso paradigma (Regra 19.15). O julgamento do caso paradigma será vinculante para todas as demandas que constarem no registro, salvo determinação diversa do tribunal (Regra 19.12), podendo a corte, inclusive, incluir na vinculação do julgamento demandas posteriormente inscritas no registro.

Nos Estados Unidos, o *Multidistrict Litigation Panel* tem sua previsão no ordenamento jurídico desde 1968[6] e atualmente conta com 7 (sete) juízes, sendo um presidente, para a solução coletiva de conflitos[7]. O instituto teve sua origem no anseio de diversos grupos sociais de aprimorar o Poder Judiciário em âmbito federal, a partir da década de 1960, através de uma ferramenta que fosse capaz de transferir os casos que versassem sobre uma questão comum para o âmbito federal, após uma discussão antitruste de equipamentos elétricos que assoberbou o Poder Judiciário norte-americano, envolvendo 1.912 processos em 36 tribunais federais distintos. Atualmente, o MDL tem previsão nas regras federais 28 USC § 1407 e 28 USC § 2112, a primeira trazendo todas as disposições processuais e a segunda previsões de cunho administrativo sobre o funcionamento. Há, no endereço eletrônico oficial do procedimento[8], regras sobre os painéis de julgamento.

No Brasil, a comissão que elaborou o anteprojeto do novo Código de Processo Civil fez menção expressa, em sua exposição de motivos, à inspiração no Direito alemão para idealização do mecanismo em análise. Como afirmado anteriormente por um dos autores destas notas[9], *"não obstante a fonte estrangeira, pode-se apontar que o novo instituto, de certo modo, encontra raízes também nos denominados incidentes*

---

4 Para um estudo mais detalhado do mecanismo do Group Litigation Order (GLO) remete-se a HODGES, CHRISTOPHER. Multi-Party Action: An European Approach. Duke Journal of Comparative & International Law. Carolina do Norte: Duke Law School, 2001, v. 11, p. 321-354

5 MARINONI, Luiz Guilherme; ARENHART, Sérgio Cruz; MITIDIERO, Daniel. Curso de Processo Civil. Tutela dos Direitos Mediante Procedimento Comum. Vol. 2. São Paulo: RT, 2015, p. 577.

6 HERR, David F. Multidistrict Litigation Manual: Practice Before the Judicial Panel on Multidistrict Litigation. Minnesota: Thomson Reuters, 2014, p. 9.

7 As informações atualizadas podem ser obtidas no sítio eletrônico do mecanismo, em http://www.jpml.uscourts.gov/panel-presentations-0. Acesso em 26 dez. 2014.

8 Disponível em http://www.jpml.uscourts.gov/. Acesso em 7 mar. 2016.

9 MENDES, Aluisio Gonçalves de Castro. Ações coletivas e meios de resolução coletiva de conflitos no direito comparado e nacional. 4. ed. São Paulo: Revista dos Tribunais, 2014, p. 299.

de recursos repetitivos previstos nos arts. 543-B e 543-C" do Código de Processo Civil de 1973. No mesmo sentido, tem-se, no dizer de Arruda Alvim[10], que:

> O que fez o Projeto foi estabelecer, para as demandas repetitivas, uma disciplina análoga àquela referente aos procedimentos de repercussão geral nos recursos extraordinários e o julgamento dos recursos repetitivos no Superior Tribunal de Justiça. Solucionam-se, a um só tempo, as questões pertinentes ao afogamento do Poder Judiciário e à uniformização das decisões judiciais.

O incidente de resolução de demandas repetitivas[11] (IRDR) pressupõe a efetiva repetição de processos que contenham controvérsia sobre a mesma questão unicamente (*rectius* predominantemente) de direito, material ou processual, e o risco de ofensa à isonomia e à segurança jurídica. A exigência é, portanto, que já haja efetiva repetição de processos, e não mera potencialidade de que os processos se multipliquem[12]. Não se cogita na lei brasileira de um número mínimo de processos repetitivos para se autorizar o uso do incidente mas isto não significa que um número irrisório de casos permita a sua instauração[13]. Pode-se, contudo, a exemplo do parâmetro fixado na Alemanha, considerar como razoável um número mínimo de dez ou vinte processos com a questão comum. Nesse sentido, a título de exemplo, poderiam ser submetidas ao incidente questões tributárias, previdenciárias, relativas a servidores públicos, pertinentes à correção monetária de poupanças mantidas por instituição financeira, destinadas à correção monetária do Fundo de Garantia por Tempo de Serviço – FGTS –, e que abarcam a prestação de serviços públicos pelas respectivas concessionária[14]. O propósito é o de que, após a observância do procedimento delineado nos artigos 976 a 987 do NCPC, seja fixada uma tese jurídica capaz de uniformizar o entendimento sobre a matéria.

Considerando a finalidade do instituto e o interesse público em seu bom funcionamento, ainda que haja desistência ou abandono da causa no bojo da qual o incidente for instaurado, o incidente deverá ser decidido. Ressalva-se, porém, que a tese

---

10 ALVIM, Arruda. Notas sobre o projeto de novo código de processo. Revista de Informação Legislativa, ano 48, n. 190 abr.-jun./2011, p. 43.

11 MENDES, Aluisio Gonçalves de Castro. Ações coletivas e meios de resolução coletiva de conflitos no direito comparado e nacional. 4. ed. São Paulo: Revista dos Tribunais, 2014, p.297-305.

12 WAMBIER, Teresa Arruda Alvim; CONCEIÇÃO, Maria Lúcia Lins; RIBEIRO, Leonardo Ferres da Silva; MELLO, Rogerio Licastro Torres de. Primeiros Comentários ao Novo Código de Processo Civil: Artigo por Artigo. São Paulo: RT, 2015, p. 1397.

13 NUNES, Dierle. O IRDR do Novo CPC: este "estranho" que merece ser compreendido. Disponível em http://justificando.com/2015/02/18/o-irdr-novo-cpc-este-estranho-que-merece-ser-compreendido/. Acesso em 20 fev. 2015.

14 MENDES, Aluisio Gonçalves de Castro; Silva, Larissa Clare Pochmann da. Precedente e IRDR: Algumas Considerações. In: DIDIER JR, Fredie; CUNHA, Leonardo Carneiro da; ATAÍDE JR, Jaldemiro Rodrigues de; MACÊDO, Lucas Buril de. Coleção Grandes Temas do Novo CPC: Precedentes. Salvador: Juspodivm, vol. 3, 2015, p. 576.

jurídica fixada não poderá ser aplicada as partes nas ações em que houve a desistência ou o abandono[15].

Embora os legitimados para suscitar o incidente estejam previstos no artigo seguinte, o artigo 977 no NCPC, o §2º dispõe que, se o Ministério Público não for o requerente do incidente, ele atuará como interveniente e, na hipótese do parágrafo anterior, qual seja, de desistência ou de abandono da causa no bojo da qual tenha sido instaurado o IRDR, o Ministério Público assumirá a titularidade.

No juízo de admissibilidade, previsto no parágrafo terceiro, o tribunal irá considerar a presença dos requisitos do art. 976, quais sejam, a existência de controvérsia de direito que esteja gerando a multiplicação de processos repetitivos, capaz de causar grave insegurança jurídica e ofensa à isonomia, diante do risco de coexistência de decisões conflitantes. Se for inadmitido o incidente, por ausência de qualquer de seus pressupostos de admissibilidade, não há impedimento de que, posteriormente, preenchidos os requisitos, o incidente seja novamente suscitado.

Porém, cabe destacar que o Incidente de Resolução de Demandas Repetitivas – IRDR – somente será cabível se não houver recurso repetitivo afetado sobre a mesma tese de direito, de acordo com o artigo 976, §4º do NCPC.

Cabe, ainda, destacar a previsão do parágrafo quinto que, para alcançar a segurança jurídica, não há a previsão de custas para o incidente.

NOVO CÓDIGO DE PROCESSO CIVIL	CÓDIGO DE PROCESSO CIVIL DE 1973
Art. 977. O pedido de instauração do incidente será dirigido ao presidente de tribunal: I - pelo juiz ou relator, por ofício; II - pelas partes, por petição; III - pelo Ministério Público ou pela Defensoria Pública, por petição. Parágrafo único. O ofício ou a petição será instruído com os documentos necessários à demonstração do preenchimento dos pressupostos para a instauração do incidente.	Sem correspondente.

O artigo 977 do NCPC traz a previsão de legitimidade. São legitimados para suscitar o incidente o magistrado, de ofício, as partes, a Defensoria Pública e o Ministério Público, sendo que o Ministério Público e a Defensoria Pública poderão, tendo em vista a redação não condicionante, requerer a instauração do incidente mesmo que não sejam parte, desde que compatível com suas funções[16].

15 NERY JUNIOR, Nelson; NERY, Rosa Maria de Andrade. Comentários ao Código de Processo Civil. São Paulo: RT, 2015, p. 1968.

16 MENDES, Aluisio Gonçalves de Castro. *Ações coletivas e meios de resolução coletiva de conflitos no direito comparado e nacional*. 4. ed. São Paulo: Revista dos Tribunais, 2014, p. 300.

É de se salientar que, na redação do relatório apresentado pelo Senador Vital do Rêgo e aprovada no Senado, nas votações dos dias 16 e 17 de dezembro, o art. 977 continha, tão somente, dois incisos. No inciso II, eram arrolados, como legitimados, as partes, o Ministério Público e a Defensoria Pública. Entretanto, no texto que foi submetido à sanção presidencial, quase três meses depois, a título de modificação de redação, houve o desmembramento do antigo inciso II nos incisos II e III, como supramencionado. No inciso II, as partes, e no inciso III o Ministério Público e a Defensoria Pública. Esta modificação, por si só, não representaria qualquer problema jurídico, se não fosse a consequência jurídica prevista no art. 986, conforme será visto posteriormente.

NOVO CÓDIGO DE PROCESSO CIVIL	CÓDIGO DE PROCESSO CIVIL DE 1973
Art. 978. O julgamento do incidente caberá ao órgão indicado pelo regimento interno dentre aqueles responsáveis pela uniformização de jurisprudência do tribunal. Parágrafo único. O órgão colegiado incumbido de julgar o incidente e de fixar a tese jurídica julgará igualmente o recurso, a remessa necessária ou o processo de competência originária de onde se originou o incidente.	Sem correspondente.

O artigo 978 do NCPC trata da competência para julgamento do incidente, que será do órgão indicado pelo regimento interno dentre aqueles responsáveis pela uniformização de jurisprudência do tribunal. Este órgão será necessariamente o Plenário ou o Órgão Especial apenas quando houver na questão jurídica a ser apreciada a arguição de inconstitucionalidade, pois, neste caso, haverá a reserva determinada pelo art. 97 da Constituição da República. Do contrário, o ideal é que o órgão competente seja especializado na matéria, como as Seções Especializadas, nos tribunais federais, e os Grupos de Câmaras, no estaduais.

No IRDR, haverá uma cisão cognitiva e funcional[17], através do julgamento da questão jurídica, presente em múltiplos processos, devendo ser extraída, de modo representativo, de modo a expressar, de modo adequado, os diversos fundamentos existentes.

Em contraponto à experiência alemã, em que se está diante do julgamento do caso concreto, no modelo brasileiro haverá apenas a decisão sobre uma tese jurídica no âmbito do IRDR. Tal conclusão, como já analisado por um dos autores dessas notas, é baseada em diversos fatores[18].

---

17 NUNES, Dierle. O IRDR do Novo CPC: este "estranho" que merece ser compreendido. Disponível em http://justificando.com/2015/02/18/o-irdr-novo-cpc-este-estranho-que-merece-ser-compreendido/. Acesso em 20 fev. 2015.

18 MENDES, Aluisio Gonçalves de Castro. Ações coletivas e meios de resolução coletiva de conflitos no direito comparado e nacional. 4.ed. São Paulo: RT, 2014, p. 304.

O primeiro fator que leva a crer que se julga apenas a tese jurídica é a limitação constitucional, em âmbito federal e estadual, da competência originária dos Tribunais Regionais Federais e de Justiça.

O segundo fator que leva a crer que se julga apenas a tese jurídica é que, embora o julgamento originário por um tribunal de segundo grau não seja desconhecido no ordenamento nacional, aí cabendo lembrar a previsão do art. 515, §3º, do Código de Processo Civil de 1973, a redação prevista para o instituto e a sistemática adotada no novo Código parecem indicar que o tribunal apreciará tão somente a tese jurídica, tanto que a análise da tese jurídica poderá ocorrer independente da fase do processo. Nesse sentido, ilustra-se da redação legal que o relator é responsável pelo relatório do objeto do incidente, e não pelo pedido formulado na causa em que foi suscitado.

E o terceiro fator que leva a crer que se julga apenas a tese jurídica é que esta possibilidade não é nova no ordenamento jurídico brasileiro: ela já ocorre em sede de recursos repetitivos, quando, mesmo após a desistência em relação ao recurso representativo, é analisada a questão jurídica pendente. E, no caso do IRDR, mesmo após a desistência do processo, o artigo 976, §1º, do NCPC dispõe sobre a análise da questão jurídica pendente.

Já o parágrafo único do artigo 978, que prevê que o órgão colegiado designado pelo regimento interno do tribunal que fixar a tese, julgará o recurso ou a remessa necessária da causa que deu origem ao procedimento-piloto se essa não se iniciar no tribunal, ou a própria causa, se esta se originar no tribunal, é manifestamente inconstitucional.

Defende-se sua inconstitucionalidade formal porque tal previsão não possui correspondência no texto do novo Código aprovado pelo Senado Federal e nem no aprovado pela Câmara, violando a previsão do devido processo legislativo do artigo 65 da Constituição Federal.

Ademais, para explicitar sua inconstitucionalidade na perspectiva substancial, cabe destacar que, de acordo com o artigo 96, inciso I, a, da Constituição Federal, compete privativamente aos tribunais "elaborar seus regimentos internos", "dispondo sobre a competência e o funcionamento dos respectivos órgãos jurisdicionais e administrativos".

Nesse diapasão, a conclusão que se extrai, em razão da inconstitucionalidade do parágrafo único do art. 978, é a de que caberá ao órgão indicado pelo regimento interno do tribunal apenas fixar a tese, deixando-a para ser aplicada pelo órgão competente para processamento e julgamento da causa. Tal afirmação se aplica tanto aos casos que tramitam em primeira instância, como aos casos em que os pressupostos do art. 976 surgirem no âmbito do próprio Tribunal, seja em virtude do julgamento de um recurso, de remessa necessária ou de processo de competência originária.

Em todos esses casos, não incidirá a prevenção no tribunal. A única exceção é se esta prevenção vier prevista no regimento interno do respectivo tribunal[19].

O IRDR, neste aspecto, foi inspirado no incidente de arguição de inconstitucionalidade.

---

19 BUENO, Cassio Scarpinella. *Novo Código de Processo Civil anotado*. São Paulo: Saraiva, 2015, p. 617-618

NOVO CÓDIGO DE PROCESSO CIVIL	CÓDIGO DE PROCESSO CIVIL DE 1973
Art. 979. A instauração e o julgamento do incidente serão sucedidos da mais ampla e específica divulgação e publicidade, por meio de registro eletrônico no Conselho Nacional de Justiça. § 1º Os tribunais manterão banco eletrônico de dados atualizados com informações específicas sobre questões de direito submetidas ao incidente, comunicando-o imediatamente ao Conselho Nacional de Justiça para inclusão no cadastro. § 2º Para possibilitar a identificação dos processos abrangidos pela decisão do incidente, o registro eletrônico das teses jurídicas constantes do cadastro conterá, no mínimo, os fundamentos determinantes da decisão e os dispositivos normativos a ela relacionados. § 3º Aplica-se o disposto neste artigo ao julgamento de recursos repetitivos e da repercussão geral em recurso extraordinário.	Sem correspondente.

O novo Código de Processo Civil prevê que a instauração e o julgamento do incidente serão sucedidos da mais ampla publicidade, por meio de registro eletrônico no Conselho Nacional de Justiça, além da necessidade de inclusão em um banco de dados eletrônico dos tribunais sobre a questão de direito submetida ao incidente[20], o que deve ser imediatamente comunicado ao Conselho Nacional de Justiça – CNJ, para inclusão no cadastro. Ainda, após julgamento do incidente, os fundamentos determinantes do julgamento e os dispositivos normativos relacionados serão remetidos ao cadastro, por meio de registro eletrônico ao Conselho Nacional de Justiça, com o objetivo de que haja solidez, clareza e profundidade para fins de respeito à tese fixada e até mesmo, se for o caso, possibilitar esclarecer se deve ocorrer o seu distanciamento ou não, seja a partir do *distinguishing* ou do *overruling*.

Digno de nota, ainda, o fato de que, conforme lembra um dos autores destas notas[21], a Inglaterra, no ano 2000, previu um cadastro referente às decisões de litígios em grupo e, sob esta inspiração, a proposta foi originariamente apresentada no Anteprojeto de Código Brasileiro de Processos Coletivos UERJ-UNESA (no ano de 2005), que previu um Cadastro Nacional de Processos Coletivos, a ser organizado pelo Conselho Nacional de Justiça.

Em um debate com um grupo da USP, coordenado pela Professora Ada Pellegrini Grinover, a proposta do cadastro foi incorporada na idealização feita pelo grupo

---

20 MENDES, Aluisio Gonçalves de Castro; SILVA, Larissa Clare Pochmann da. Ações Coletivas e Incidente de Resolução de Demandas Repetitivas: Algumas Considerações sobre a Solução Coletiva de Conflitos. *In*: ZANETI JR, Hermes. *Coleção Repercussões Novo CPC:* Processo Coletivo. Salvador: Juspodivm, 2015, vol. 8, p. 557.

21 MENDES, Aluisio Gonçalves de Castro. Ações coletivas e meios de resolução coletiva de conflitos no direito comparado e nacional. 4. ed. São Paulo: Revista dos Tribunais, 2014, p. 300-301.

paulista, também, no respectivo Anteprojeto de Código Brasileiro de Processos Coletivos.

A ideia foi tomando corpo, sendo inserida no projeto da nova Lei de Ação Civil Pública, com a previsão de um cadastro nacional de processos coletivos, inquéritos civis e compromissos de ajustamento de conduta.

Ou seja, a tendência de se conferir publicidade e transparência, através da efetivação de cadastros nacionais, que possam ser acessados por qualquer cidadão, foi absorvida, também, pelo NCPC.

NOVO CÓDIGO DE PROCESSO CIVIL	CÓDIGO DE PROCESSO CIVIL DE 1973
Art. 980. O incidente será julgado no prazo de 1 (um) ano e terá preferência sobre os demais feitos, ressalvados os que envolvam réu preso e os pedidos de habeas corpus. Parágrafo único. Superado o prazo previsto no caput, cessa a suspensão dos processos prevista no art. 982, salvo decisão fundamentada do relator em sentido contrário.	Sem correspondente.

O NCPC contempla a preferência de julgamento para o incidente de resolução de demandas repetitivas sobre os demais feitos, ressalvados os que envolvam réu preso e os pedidos de *habeas corpus*. Prevê, ainda, que o referido incidente seja julgado em um prazo de até 1 (um) ano. Após esse prazo, cessará a suspensão dos processos afetados ao incidente, salvo decisão fundamentada do relator em sentido contrário.

A referida previsão zela pela prestação jurisdicional em um tempo razoável, evitando que o IRDR se prolongue por tempo demasiado e prejudique aqueles processos que aguardam por uma resposta jurisdicional.

NOVO CÓDIGO DE PROCESSO CIVIL	CÓDIGO DE PROCESSO CIVIL DE 1973
Art. 981. Após a distribuição, o órgão colegiado competente para julgar o incidente procederá ao seu juízo de admissibilidade, considerando a presença dos pressupostos do art. 976.	Sem correspondente.

No juízo de admissibilidade, o tribunal analisará a presença dos requisitos do art. 976, ou seja, o risco de ofensa à isonomia e à segurança jurídica, diante da efetiva repetição de processos que contenham controvérsia sobre a mesma questão predominantemente de direito[22]. A questão de direito poderá ser material ou processual.

22 MENDES, Aluisio Gonçalves de Castro. Ações coletivas e meios de resolução coletiva de conflitos no direito comparado e nacional. 4. ed. São Paulo: Revista dos Tribunais, 2014, p. 299.

Portanto, a identidade apenas fática não permite, ao contrário do que ocorre no direito alemão, a admissibilidade do incidente brasileiro[23].

Caso entenda não estarem presentes os requisitos, será rejeitada a instauração e o curso do(s) processo(s) de onde se originou o incidente será retomado. Na hipótese de admissibilidade, o procedimento incidental prosseguirá o seu trâmite no tribunal, nos termos dos artigos subsequentes.

NOVO CÓDIGO DE PROCESSO CIVIL	CÓDIGO DE PROCESSO CIVIL DE 1973
Art. 982. Admitido o incidente, o relator: I - suspenderá os processos pendentes, individuais ou coletivos, que tramitam no Estado ou na região, conforme o caso; II - poderá requisitar informações a órgãos em cujo juízo tramita processo no qual se discute o objeto do incidente, que as prestarão no prazo de 15 (quinze) dias; III - intimará o Ministério Público para, querendo, manifestar-se no prazo de 15 (quinze) dias. § 1º A suspensão será comunicada aos órgãos jurisdicionais competentes. § 2º Durante a suspensão, o pedido de tutela de urgência deverá ser dirigido ao juízo onde tramita o processo suspenso. § 3º Visando à garantia da segurança jurídica, qualquer legitimado mencionado no art. 977, incisos II e III, poderá requerer, ao tribunal competente para conhecer do recurso extraordinário ou especial, a suspensão de todos os processos individuais ou coletivos em curso no território nacional que versem sobre a questão objeto do incidente já instaurado. § 4º Independentemente dos limites da competência territorial, a parte no processo em curso no qual se discuta a mesma questão objeto do incidente é legitimada para requerer a providência prevista no § 3º deste artigo. § 5º Cessa a suspensão a que se refere o inciso I do caput deste artigo se não for interposto recurso especial ou recurso extraordinário contra a decisão proferida no incidente.	Sem correspondente.

23 Sobre a crítica sobre a separação entre questão de fato e de direito, remete-se a WAMBIER, Teresa Arruda Alvim; CONCEIÇÃO, Maria Lúcia Lins; RIBEIRO, Leonardo Ferres da Silva; MELLO, Rogerio Licastro Torres de. Op. Cit., p. 1397.

Uma vez admitido o incidente, o relator suspenderá os processos pendentes, individuais ou coletivos, que tramitem no estado ou na região, conforme se tratar de tribunal de justiça ou de tribunal regional. Poderá requisitar informações aos órgãos em cujo juízo tramite processo no qual se discuta o objeto do incidente, que as prestará em 15 (quinze) dias, requisição esta que deve ser excepcional, pois o incidente já deverá vir instruído, sendo tal requisição apenas quando houver a falta de algum dado relevante para o prosseguimento. Em seguida, o Ministério Público será intimado para se manifestar no prazo de quinze dias.

No juízo de admissibilidade, o tribunal irá considerar a existência de controvérsia que esteja ensejando a multiplicação dos processos fundada em idêntica questão de direito e capaz de causar grave insegurança jurídica, decorrente do risco de coexistência de decisões conflitantes, bem como a conveniência de se adotar decisão paradigmática.

A suspensão dos processos abrange processos individuais e coletivos, em primeiro e segundo graus, na área de jurisdição do tribunal e, durante a suspensão, o pedido de tutela de urgência deve ser dirigido ao juízo onde tramita o processo suspenso. Ainda durante a suspensão, é possível que as partes, a Defensoria Pública ou o Ministério Público requeiram, aos tribunais competentes para conhecer do recurso especial ou extraordinário, a suspensão de todos os processos individuais ou coletivos em curso no território nacional que versem sobre a questão objeto do incidente já instaurado. Destaque-se, porém, que essa suspensão cessa com a conclusão do incidente, se não for interposto recurso especial ou extraordinário no prazo legal.

NOVO CÓDIGO DE PROCESSO CIVIL	CÓDIGO DE PROCESSO CIVIL DE 1973
Art. 983. O relator ouvirá as partes e os demais interessados, inclusive pessoas, órgãos e entidades com interesse na controvérsia, que, no prazo comum de 15 (quinze) dias, poderão requerer a juntada de documentos, bem como as diligências necessárias para a elucidação da questão de direito controvertida, e, em seguida, manifestar-se-á o Ministério Público, no mesmo prazo. § 1º Para instruir o incidente, o relator poderá designar data para, em audiência pública, ouvir depoimentos de pessoas com experiência e conhecimento na matéria. § 2º Concluídas as diligências, o relator solicitará dia para o julgamento do incidente.	Sem correspondente.

Uma vez admitido o incidente, o relator suspenderá os processos pendentes, individuais ou coletivos, que tramitem no estado ou na região, conforme se tratar de tribunal de justiça ou de tribunal regional. Cabe destacar, porém, que caso haja, no processo, uma questão debatida que seja objeto do incidente e uma ou mais questões não, a melhor solução, mesmo não havendo previsão legal expressa no texto sancionado, seja a suspensão apenas da questão submetida ao incidente, de forma a não comprometer a celeridade processual, aplicando-se, se for o caso, o julgamento parcial do mérito, previsto no artigo 356 do NCPC.

Em seguida, poderá requisitar informações aos órgãos em cujo juízo tramite processo no qual se discuta o objeto do incidente, que as prestará em 15 (quinze) dias, requisição esta que deve ser excepcional, pois o incidente já deverá vir instruído, sendo tal requisição apenas quando houver a falta de algum dado relevante para o prosseguimento. Em seguida, o Ministério Público será intimado para se manifestar no prazo de quinze dias.

No juízo de admissibilidade, o tribunal irá considerar a existência de controvérsia que esteja ensejando a multiplicação dos processos fundada em idêntica questão de direito e capaz de causar grave insegurança jurídica, decorrente do risco de coexistência de decisões conflitantes, bem como a conveniência de se adotar decisão paradigmática.

A suspensão dos processos abrange processos individuais e coletivos, em primeiro e segundo graus, na área de jurisdição do tribunal e, durante a suspensão, o pedido de tutela de urgência deve ser dirigido ao juízo onde tramita o processo suspenso. Ainda durante a suspensão, é possível que as partes, a Defensoria Pública ou o Ministério Público requeiram, aos tribunais competentes para conhecer do recurso especial ou extraordinário, a suspensão de todos os processos individuais ou coletivos em curso no território nacional que versem sobre a questão objeto do incidente já instaurado. Destaque-se, porém, que essa suspensão cessa com a conclusão do incidente, se não for interposto recurso especial ou extraordinário no prazo legal.

NOVO CÓDIGO DE PROCESSO CIVIL	CÓDIGO DE PROCESSO CIVIL DE 1973
Art. 984. No julgamento do incidente, observar-se-á a seguinte ordem: I - o relator fará a exposição do objeto do incidente; II - poderão sustentar suas razões, sucessivamente: a) o autor e o réu do processo originário e o Ministério Público, pelo prazo de 30 (trinta) minutos; b) os demais interessados, no prazo de 30 (trinta) minutos, divididos entre todos, sendo exigida inscrição com 2 (dois) dias de antecedência. § 1º Considerando o número de inscritos, o prazo poderá ser ampliado. § 2º O conteúdo do acórdão abrangerá a análise de todos os fundamentos suscitados concernentes à tese jurídica discutida, sejam favoráveis ou contrários.	Sem correspondente.

No julgamento do incidente, após o relatório, será dada a palavra, sucessivamente, durante o prazo de 30 (trinta) minutos, ao autor e ao réu do processo originário, bem como ao Ministério Público, para que sustentem suas razões. Em seguida, todos os demais interessados, previamente inscritos com a antecedência de dois dias, poderão manifestar-se no prazo de 30 (trinta) minutos, dividido entre todos. Esse prazo para sustentação oral, poderá ser ampliado, a critério do órgão julgador, considerando o número de inscritos, de acordo com a previsão do artigo 984, §1º. Por fim, o órgão indicado pelo regimento interno dentre aqueles responsáveis pela uniformização de jurisprudência do tribunal julgará o incidente. Realizado o julgamento, o parágrafo segundo, em nítida preocupação com uma fundamentação analítica das decisões judiciais, já retratada no artigo 489, §1º do mesmo diploma, dispõe que o acórdão que julgar a tese abrangerá a análise de todos os fundamentos suscitados, favoráveis ou contrários.

NOVO CÓDIGO DE PROCESSO CIVIL	CÓDIGO DE PROCESSO CIVIL DE 1973
Art. 985. Julgado o incidente, a tese jurídica será aplicada: I - a todos os processos individuais ou coletivos que versem sobre idêntica questão de direito e que tramitem na área de jurisdição do respectivo tribunal, inclusive àqueles que tramitem nos juizados especiais do respectivo Estado ou região; II - aos casos futuros que versem idêntica questão de direito e que venham a tramitar no território de competência do tribunal, salvo revisão na forma do art. 986. § 1º Não observada a tese adotada no incidente, caberá reclamação. § 2º Se o incidente tiver por objeto questão relativa a prestação de serviço concedido, permitido ou autorizado, o resultado do julgamento será comunicado ao órgão, ao ente ou à agência reguladora competente para fiscalização da efetiva aplicação, por parte dos entes sujeitos a regulação, da tese adotada.	Sem correspondente.

Julgado o incidente, a tese jurídica fixada será aplicada a todos os processos, individuais ou coletivos, que versem sobre a questão de direito e que tramitem na área de jurisdição do tribunal, inclusive nos juizados especiais, assim como aos casos futuros que versem idêntica questão de direito e que venham a tramitar no território de competência do tribunal, salvo se a tese fixada for posteriormente revista. Este dispositivo consagra, por disposição infraconstitucional[24], a vinculatividade do teor do julgamento do IRDR, um dos pressupostos do instituto para evitar decisões conflitantes, e sua ino-

---

24 Poderá surgir discussão sobre a possibilidade de norma infraconstitucional estabelecer efeito vinculante (sobre o tema: CAMARGO, Luiz Henrique Volpe. O incidente de resolução de demandas repetitiva no projeto de novo CPC: a comparação entre a Versão do Senado Federal e a da Câmara dos Deputados. In: FREIRE, Alexandre; DANTAS, Bruno; NUNES, Dierle; et al, Novas Tendências do Processo Civil. Estudos sobre o Projeto do Novo Código de Processo Civil. Salvador: Juspodivm,

bservância ensejará o cabimento de reclamação, nos termos do parágrafo primeiro, ressalvada a fundamentação no sentido de distinção do caso concreto à tese definida ou de superação da tese. Não haverá essa limitação territorial da aplicação da tese fixada se houver recurso para o Supremo Tribunal Federal ou para o Superior Tribunal de Justiça, considerando o caráter nacional destes tribunais.

Em relação à aplicação da tese aos processos de competência dos Juizados Especiais, inicialmente, cabe destacar que a previsão dos juizados especiais é, em parte, fruto do trabalho desenvolvido pela Comissão Permanente de Processo Civil da Associação dos Juízes Federais do Brasil (Ajufe), quando o projeto ainda se encontrava em tramitação na Câmara dos Deputados, a qual levantou a necessidade de o Incidente de Resolução de Demandas Repetitivas (IRDR) abranger também os Juizados Especiais, na medida em que tramitam em nestes boa parte das demandas repetitivas dirigidas ao Poder Judiciário[25]. Refere-se à expressão em parte porque a proposta original apresentada pela Ajufe era a de que o IRDR pudesse ser suscitado, admitido e apreciado também no âmbito dos Juizados Especiais, pelos respectivos órgãos responsáveis pela uniformização de jurisprudência, tanto no âmbito estadual, quanto no âmbito regional.

Porém, inexiste inconstitucionalidade, por alegação de eventual violação ao artigo 98, I, da Constituição Federal, na forma positivada pelo novo diploma – qual seja, de aplicar a tese jurídica do IRDR aos processos de competência dos juizados especiais –, se for observada uma interpretação no sentido de que[26]: i) diante de hipótese de competência concorrente entre a justiça ordinária e os juizados especiais, a suspensão e a vinculação estabelecidas a partir do IRDR podem produzir efeitos em relação aos processos em tramitação nos juizados especiais, a partir de incidentes instaurados nos tribunais, estaduais ou federais, conforme o caso, suscitados a partir de processos existentes na justiça ordinária, tal como ocorre na produção da jurisprudência do STJ, sem prejuízo da participação de interessados que tenham processos em tramitação nos juizados especiais; ii) diante de hipótese de competência material exclusiva dos juizados especiais ou, ainda, na hipótese de inexistência de IRDR nos tribunais estaduais e federais, quando concorrente a competência, o IRDR possa ser suscitado, instaurado e apreciado no âmbito do próprio Juizado Especial, cabendo a sua admissibilidade e julgamento a um dos órgãos responsáveis pela uniformização da jurisprudência, no âmbito estadual ou regional, conforme o caso, observado o procedimento estabelecido pelo novo Código de Processo Civil, enquanto não regulado de maneira própria por eventual previsão legal específica para os Juizados Especiais.

Por fim, cabe destacar, nos termos da previsão dos parágrafos do artigo 985, que, se o incidente tiver por objeto questão relativa a prestação de serviço concedido, permitido

2014, p. 304), o que, a nosso sentir, não ofende a disposição constitucional, por não haver qualquer impedimento na Carta Magna que tal previsão seja feita por normas infraconstitucionais.

25 MENDES, Aluisio Gonçalves de Castro; NETO, Odilon Romano. Análise da Relação entre o Novo Incidente de Resolução de Demandas Repetitivas e o Microssistema dos Juizados Especiais. Revista de Processo. São Paulo: RT, vol. 245, 2015, p. 288.

26 Conclusões extraídas de: Ibid., p. 292.

ou autorizado, o resultado do julgamento será comunicado ao órgão, ao ente ou à agência reguladora competente para fiscalização da efetiva aplicação, de forma que também a Administração Pública zele pela observância da tese fixada, em âmbito administrativo.

NOVO CÓDIGO DE PROCESSO CIVIL	CÓDIGO DE PROCESSO CIVIL DE 1973
Art. 986. A revisão da tese jurídica firmada no incidente far-se-á pelo mesmo tribunal, de ofício ou mediante requerimento dos legitimados mencionados no art. 977, inciso III.	Sem correspondente.

Em relação ao incidente, previu-se, em um artigo específico, sobre a possibilidade de superação da tese jurídica firmada no incidente de resolução de demandas repetitivas. Essa superação da tese jurídica firmada pode acontecer de ofício, pelo próprio tribunal que fixou a tese, ou a requerimento de alguns dos legitimados para suscitar o incidente, isto é, de modo expresso, o Ministério Público ou a Defensoria Pública, bem como as partes. Quanto a estes últimos, a sua legitimidade decorre, conforme exposto nas anotações referentes ao art. 977, do texto efetivamente aprovado pelo Senado Federal. Na ocasião, o dispositivo fazia menção ao inciso II do art. 977, que, por sua vez, quando aprovado, englobava as partes, o Ministério Público e a Defensoria Pública. No entanto, o texto encaminhado quase três meses depois à sanção presidencial, efetuou o desmembramento do inciso II do art. 977, com a manutenção das partes neste inciso e a indicação do Ministério Público e da Defensoria Pública no inciso III. E o art. 986, por sua vez, passou a fazer referência apenas ao inciso III, ao apontar os legitimados para o pedido de revisão da tese. Portanto, salvo melhor juízo, a interpretação da norma deve levar em consideração o texto efetivamente aprovado, sendo considerada como inconstitucional a modificação redacional posteriormente realizada, que acabou efetivamente alterando o alcance do dispositivo legal.

NOVO CÓDIGO DE PROCESSO CIVIL	CÓDIGO DE PROCESSO CIVIL DE 1973
Art. 987. Do julgamento do mérito do incidente caberá recurso extraordinário ou especial, conforme o caso. § 1º O recurso tem efeito suspensivo, presumindo-se a repercussão geral de questão constitucional eventualmente discutida. § 2º Apreciado o mérito do recurso, a tese jurídica adotada pelo Supremo Tribunal Federal ou pelo Superior Tribunal de Justiça será aplicada no território nacional a todos os processos individuais ou coletivos que versem sobre idêntica questão de direito.	**Art. 542.** Recebida a petição pela secretaria do tribunal, será intimado o recorrido, abrindo-se-lhe vista, para apresentar contrarrazões. [...] § 2º Os recursos extraordinário e especial serão recebidos no efeito devolutivo.

Tendo em vista o objetivo de uniformização, os recursos especial e extraordinário interpostos contra pronunciamentos proferidos em sede de incidente de resolução de demandas repetitivas serão recebidos com efeito suspensivo, presumindo-se a repercussão geral da questão constitucional discutida. A legitimidade recursal, de acordo com a versão sancionada, será ampla, não se limitando às partes dos processos que ensejaram a instauração do IRDR[27]. Considerando o caráter nacional do recurso para o Supremo Tribunal Federal ou para o Superior Tribunal de Justiça, a tese jurídica nacional não estará mais limitada à área de jurisdição do tribunal, sendo aplicada em todo o território nacional.

NOVO CÓDIGO DE PROCESSO CIVIL	LEI Nº 8.038/90
CAPÍTULO IX DA RECLAMAÇÃO	CAPÍTULO II Reclamação
Art. 988. Caberá reclamação da parte interessada ou do Ministério Público para: I - preservar a competência do tribunal; II - garantir a autoridade das decisões do tribunal; III - ~~garantir a observância de decisão do Supremo Tribunal Federal em controle concentrado de constitucionalidade;~~ III - garantir a observância de enunciado de súmula vinculante e de decisão do Supremo Tribunal Federal em controle concentrado de constitucionalidade; (Redação dada pela Lei nº 13.256/2016) IV - ~~garantir a observância de enunciado de súmula vinculante e de precedente proferido em julgamento de casos repetitivos ou em incidente de assunção de competência.~~ IV - garantir a observância de acórdão proferido em julgamento de incidente de resolução de demandas repetitivas ou de incidente de assunção de competência; (Redação dada pela Lei nº 13.256/2016) § 1º A reclamação pode ser proposta perante qualquer tribunal, e seu julgamento compete ao órgão jurisdicional cuja competência se busca preservar ou cuja autoridade se pretenda garantir. § 2º A reclamação deverá ser instruída com prova documental e dirigida ao presidente do tribunal. § 3º Assim que recebida, a reclamação será autuada e distribuída ao relator do processo principal, sempre que possível. § 4º As hipóteses dos incisos III e IV compreendem a aplicação indevida da tese jurídica e sua não aplicação aos casos que a ela correspondam. ~~§ 5º É inadmissível a reclamação proposta após o trânsito em julgado da decisão.~~ § 5º É inadmissível a reclamação: (Redação dada pela Lei nº 13.256, de 2016)	**Art. 13.** Para preservar a competência do Tribunal ou garantir a autoridade das suas decisões, caberá reclamação da parte interessada ou do Ministério Público. (Vide Lei n º 13.105, de 2015) (Vigência) Parágrafo único. A reclamação, dirigida ao Presidente do Tribunal, instruída com prova documental, será autuada e distribuída ao relator da causa principal, sempre que possível.

27 CAVALCANTI, Marcos. Incidente de resolução de demandas repetitivas e ações coletivas. Salvador: Juspodivm, 2015, p. 466

I – proposta após o trânsito em julgado da decisão reclamada; (Incluído pela Lei nº 13.256, de 2016) II – proposta para garantir a observância de acórdão de recurso extraordinário com repercussão geral reconhecida ou de acórdão proferido em julgamento de recursos extraordinário ou especial repetitivos, quando não esgotadas as instâncias ordinárias. (Incluído pela Lei nº 13.256, de 2016)	

Inicialmente prevista para preservar a competência do Tribunal ou garantir a autoridade das suas decisões, a reclamação tem suas hipóteses de cabimento alargadas pelo novo Código de Processo Civil. Apesar de ampliação considerável para seu cabimento, a Lei nº 13.256/16, alterou os incisos III e IV do artigo 988, além de inserir mais uma hipótese expressa de não cabimento da reclamação com a modificação do parágrafo 5º, na qual acrescentou dois incisos.

O inciso III do artigo 988, na versão originária, previa cabimento da reclamação para garantia da observância de decisão do Supremo Tribunal Federal em controle concentrado de constitucionalidade e o inciso IV indicava a possibilidade de cabimento para garantir a observância de enunciado de súmula vinculante e de precedente proferido em julgamento de casos repetitivos ou em incidente de assunção de competência, já que o novo Código tem uma nítida *ratio* de valorização da jurisprudência, sobretudo dos tribunais superiores e dos entendimentos fixados em sede de julgamento de casos repetitivos.

Com as alterações implementadas pela Lei nº 13.256/16, o inciso III do artigo em análise passou a dispor que o cabimento da reclamação seria para preservar a observância de pronunciamentos do Supremo Tribunal Federal dispostos em súmula vinculante ou em controle concentrado de constitucionalidade, não representando assim mudança substancial para a utilização deste instrumento, uma vez que essas hipóteses de cabimento estavam previstas na redação original, porém nos dois incisos alterados. Nesse particular, o legislador procurou, apenas, reorganizar o texto.

Mudança substancial encontra-se na nova redação dada ao inciso IV do artigo 988, que é reforçada pela disposição constante no inciso II do §5º, acrescentado pela Lei nº 13.256/16. A alteração do inciso IV do artigo 988, restringe o cabimento da reclamação para preservação de julgados em casos repetitivos, apenas nas hipóteses de acórdãos proferidos em julgamento de incidente de resolução de demandas repetitivas ou assunção de competência e não mais para *"precedentes proferidos em julgamento de casos repetitivos"*(grifo nosso), genericamente considerados, como previa a redação do texto na versão original. Essa modificação fragmenta a possibilidade de utilização da reclamação para garantir a observância de precedente proferido em sede de recursos excepcionais repetitivos, mas não elimina a possibilidade, pois esta pode ser enquadrada na hipótese do inciso II do artigo 988, ou seja, para preservação da autoridade das decisões do tribunal. O esvaziamento de cabimento de reclamação para garantir observância de precedente de recursos excepcionais repetitivos se dá pela regra constante no inciso II do § 5º do artigo 988, que condiciona esse cabimento ao esgotamento das instâncias ordinárias.

Observa-se que o novo dispositivo traz a regulamentação da reclamação, de forma mais detalhada que o artigo 13 da Lei nº 8.038/90, que trata do processamento da reclamação pelos tribunais superiores. A nova lei dispôs sobre a competência em seu parágrafo primeiro, devendo a reclamação ser dirigida ao órgão jurisdicional do tribunal cuja competência se busca preservar ou cuja autoridade se pretenda garantir; o parágrafo segundo indica que a petição da reclamação deve vir acompanhada de prova documental das alegações; o parágrafo terceiro aponta que a reclamação será autuada e, sempre que possível, será distribuída ao relator do processo principal; o parágrafo quarto explicita que, em caso de controle concentrado de constitucionalidade, julgamento de incidente de resolução de demandas repetitivas ou de incidente de assunção de competência ou, ainda, de inobservância de súmula vinculante, a reclamação será cabível tanto na aplicação indevida da tese jurídica como na sua não aplicação aos casos que a ela correspondam. O parágrafo quinto dispõe que não será cabível a reclamação após o trânsito em julgado, até mesmo porque ela não é um instrumento que pretende substituir a ação rescisória e, também para garantir a observância de acórdão de recurso extraordinário com repercussão geral reconhecida ou de acórdão proferido em julgamento de recursos extraordinário ou especial repetitivos, quando não esgotadas as instâncias ordinárias. Esta última hipótese de não cabimento foi inserida pela Lei nº 13.256/16, conforme já mencionado. Por fim, o parágrafo sexto esclarece que a reclamação é independente do recurso em face da decisão, não restando a reclamação prejudicada pela inadmissibilidade ou pelo julgamento do recurso interposto contra a decisão proferida pelo órgão reclamado.

NOVO CÓDIGO DE PROCESSO CIVIL	LEI Nº 8.038/90
Art. 989. Ao despachar a reclamação, o relator: I - requisitará informações da autoridade a quem for imputada a prática do ato impugnado, que as prestará no prazo de 10 (dez) dias; II - se necessário, ordenará a suspensão do processo ou do ato impugnado para evitar dano irreparável; III - determinará a citação do beneficiário da decisão impugnada, que terá prazo de 15 (quinze) dias para apresentar a sua contestação.	**Art. 14.** Ao despachar a reclamação, o relator: (Vide Lei n º 13.105, de 2015) (Vigência) I - requisitará informações da autoridade a quem for imputada a prática do ato impugnado, que as prestará no prazo de dez dias; II - ordenará, se necessário, para evitar dano irreparável, a suspensão do processo ou do ato impugnado.

Nesse dispositivo, continua-se a regulamentação do processamento da reclamação, detalhando-se o teor do artigo 14 da Lei nº 8.038/90, que trata do processamento da reclamação pelos tribunais superiores, acrescentando, no inciso III, a determinação da citação do beneficiário da decisão impugnada, que terá prazo de 15 (quinze) dias para apresentar a sua contestação.

NOVO CÓDIGO DE PROCESSO CIVIL	LEI Nº 8.038/90
Art. 990. Qualquer interessado poderá impugnar o pedido do reclamante.	**Art. 15**. Qualquer interessado poderá impugnar o pedido do reclamante. (Vide Lei n º 13.105, de 2015) (Vigência)

Observe-se que o NCPC traz a previsão de qualquer interessado poder impugnar o pedido do reclamante, reproduzindo o teor do artigo 15 da Lei nº 8.038/90.

NOVO CÓDIGO DE PROCESSO CIVIL	LEI Nº 8.038/90
Art. 991. Na reclamação que não houver formulado, o Ministério Público terá vista do processo por 5 (cinco) dias, após o decurso do prazo para informações e para o oferecimento da contestação pelo beneficiário do ato impugnado.	**Art. 16**. O Ministério Público, nas reclamações que não houver formulado, terá vista do processo, por cinco dias, após o decurso do prazo para informações. (Vide Lei n º 13.105, de 2015) (Vigência)

Diante da relevância do instituto, observe-se que o Ministério Público, mesmo não tendo formulado a reclamação, terá vista do processo por cinco dias após as informações da autoridade e a contestação do beneficiário, mantendo-se o prazo previsto para o procedimento da reclamação nos tribunais superiores, de acordo com o artigo 16 da Lei nº 8.038/90.

NOVO CÓDIGO DE PROCESSO CIVIL	LEI Nº 8.038/90
Art. 992. Julgando procedente a reclamação, o tribunal cassará a decisão exorbitante de seu julgado ou determinará medida adequada à solução da controvérsia.	**Art. 17**. Julgando procedente a reclamação, o Tribunal cassará a decisão exorbitante de seu julgado ou determinará medida adequada à preservação de sua competência. (Vide Lei n º 13.105, de 2015) (Vigência)

Aprimorando a redação do artigo 17 da Lei nº 8.038/90, já que o novo Código amplia as hipóteses de cabimento da reclamação, o artigo 992 do NCPC trata do conteúdo da decisão de procedência da reclamação.

NOVO CÓDIGO DE PROCESSO CIVIL	LEI Nº 8.038/90
Art. 993. O presidente do tribunal determinará o imediato cumprimento da decisão, lavrando-se o acórdão posteriormente.	**Art. 18**. O Presidente determinará o imediato cumprimento da decisão, lavrando-se o acórdão posteriormente. (Vide Lei n º 13.105, de 2015) (Vigência)

O artigo 993 do NCPC reproduz o teor do artigo 18 da Lei nº 8.038/90, sobre o cumprimento da decisão da reclamação.

NOTAS AOS ARTIGOS 994 A 1.028

Gésner Lopes Ferraz
Leandro Mendonça Fortuna

NOVO CÓDIGO DE PROCESSO CIVIL	CÓDIGO DE PROCESSO CIVIL DE 1973
TÍTULO II DOS RECURSOS CAPÍTULO I DISPOSIÇÕES GERAIS **Art. 994**. São cabíveis os seguintes recursos: I - apelação; II - agravo de instrumento; III - agravo interno; IV - embargos de declaração; V - recurso ordinário; VI - recurso especial; VII - recurso extraordinário; VIII - agravo em recurso especial ou extraordinário; IX - embargos de divergência.	TÍTULO X DOS RECURSOS CAPÍTULO I DAS DISPOSIÇÕES GERAIS **Art. 496.** São cabíveis os seguintes recursos: (Redação dada pela Lei nº 8.038, de 25.5.1990) I - apelação; II - agravo; (Redação dada pela Lei nº 8.950, de 13.12.1994) III - embargos infringentes; IV - embargos de declaração; V - recurso ordinário; VI - recurso especial; (Incluído pela Lei nº 8.038, de 25.5.1990) VII - recurso extraordinário; (Incluído pela Lei nº 8.038, de 25.5.1990) VIII - embargos de divergência em recurso especial e em recurso extraordinário. (Incluído pela Lei nº 8.950, de 13.12.1994)

Em relação ao rol de recursos listados, cabe destacar que, na nova legislação, foi suprimido o recurso de embargos infringentes, mas criou-se uma técnica de julgamento por maioria, prevista no artigo 942 do novo Código, quando se tratar de resultado de apelação com decisão não unânime, de julgamento de ação rescisória, quando o julgamento não unânime for pela rescisão da sentença, e o NCPC alarga esse cabimento incluindo o julgamento do agravo de instrumento, quando a decisão que analisar o mérito for parcialmente reformada.

Com relação aos agravos, destaca-se a supressão do agravo retido, pois o legislador deu tratamento mais flexível ao regime da preclusão. O agravo de instrumento foi mantido para casos específicos, bem como o agravo em recurso especial ou extraordinário para atacar decisões de inadmissibilidade dos mesmos pelo tribunal de origem, o que não chega a ser uma novidade, tendo em vista que este sistema foi incorporado ao CPC/73 pela Lei nº 12.322/2010 que alterou o artigo 544 deste diploma[1].

---

1 ALMEIDA, Marcelo Pereira de. Recursos excepcionais. In: *Processos e incidentes nos tribunais*. MARTINS, Antônio Carlos Garcias (Org.). São Paulo: Elsevier, 2011, p. 167.

NOVO CÓDIGO DE PROCESSO CIVIL	CÓDIGO DE PROCESSO CIVIL DE 1973
Art. 995. Os recursos não impedem a eficácia da decisão, salvo disposição legal ou decisão judicial em sentido diverso.	**Art. 497.** O recurso extraordinário e o recurso especial não impedem a execução da sentença; a interposição do agravo de instrumento não obsta o andamento do processo, ressalvado o disposto no art. 558 desta Lei. (Redação dada pela Lei nº 8.038, de 25.5.1990)
Parágrafo único. A eficácia da decisão recorrida poderá ser suspensa por decisão do relator, se da imediata produção de seus efeitos houver risco de dano grave, de difícil ou impossível reparação, e ficar demonstrada a probabilidade de provimento do recurso.	**Art. 558.** O relator poderá, a requerimento do agravante, nos casos de prisão civil, adjudicação, remição de bens, levantamento de dinheiro sem caução idônea e em outros casos dos quais possa resultar lesão grave e de difícil reparação, sendo relevante a fundamentação, suspender o cumprimento da decisão até o pronunciamento definitivo da turma ou câmara. (Redação dada pela Lei nº 9.139, de 30.11.1995) Parágrafo único. Aplicar-se-á o disposto neste artigo as hipóteses do art. 520. (Redação dada pela Lei nº 9.139, de 30.11.1995)

Ao contrário do CPC/73, em que as disposições sobre efeito suspensivo eram variadas, no NCPC a regra é que os recursos não sejam contemplados com esse efeito de modo automático, podendo ser atribuído efeito suspensivo, pelo relator, demonstrados os fundamentos para a concessão da tutela provisória.

O parágrafo único do artigo 995 do NCPC traz regra que já era prevista no artigo 558 do CPC/73, mas agora de forma genérica, abarcando todas as hipóteses em que houver risco de difícil ou impossível reparação. Atente-se para o fato de que, excepcionando esta determinação geral, a apelação, por sua vez, terá, em regra, efeito suspensivo, de acordo com a previsão do artigo 1.012 do NCPC.

NOVO CÓDIGO DE PROCESSO CIVIL	CÓDIGO DE PROCESSO CIVIL DE 1973
Art. 996. O recurso pode ser interposto pela parte vencida, pelo terceiro prejudicado e pelo Ministério Público, como parte ou como fiscal da ordem jurídica. Parágrafo único. Cumpre ao terceiro demonstrar a possibilidade de a decisão sobre a relação jurídica submetida à apreciação judicial atingir direito de que se afirme titular ou que possa discutir em juízo como substituto processual.	**Art. 499.** O recurso pode ser interposto pela parte vencida, pelo terceiro prejudicado e pelo Ministério Público. § 1º Cumpre ao terceiro demonstrar o nexo de interdependência entre o seu interesse de intervir e a relação jurídica submetida à apreciação judicial. § 2º O Ministério Público tem legitimidade para recorrer assim no processo em que é parte, como naqueles em que oficiou como fiscal da lei.

O artigo em tela não apresenta alteração significativa em relação ao texto do artigo 499 do CPC/73 e cuida da legitimidade recursal.

NOVO CÓDIGO DE PROCESSO CIVIL	CÓDIGO DE PROCESSO CIVIL DE 1973
Art. 997. Cada parte interporá o recurso independentemente, no prazo e com observância das exigências legais. § 1º Sendo vencidos autor e réu, ao recurso interposto por qualquer deles poderá aderir o outro. § 2º O recurso adesivo fica subordinado ao recurso independente, sendo-lhe aplicáveis as mesmas regras deste quanto aos requisitos de admissibilidade e julgamento no tribunal, salvo disposição legal diversa, observado, ainda, o seguinte: I - será dirigido ao órgão perante o qual o recurso independente fora interposto, no prazo de que a parte dispõe para responder; II - será admissível na apelação, no recurso extraordinário e no recurso especial; III - não será conhecido, se houver desistência do recurso principal ou se for ele considerado inadmissível.	**Art. 500.** Cada parte interporá o recurso, independentemente, no prazo e observadas as exigências legais. Sendo, porém, vencidos autor e réu, ao recurso interposto por qualquer deles poderá aderir a outra parte. O recurso adesivo fica subordinado ao recurso principal e se rege pelas disposições seguintes: (Redação dada pela Lei nº 5.925, de 1º.10.1973) I - será interposto perante a autoridade competente para admitir o recurso principal, no prazo de que a parte dispõe para responder; (Redação dada pela Lei nº 8.950, de 13.12.1994) II - será admissível na apelação, nos embargos infringentes, no recurso extraordinário e no recurso especial; (Redação dada pela Lei nº 8.038, de 25.5.1990) III - não será conhecido, se houver desistência do recurso principal, ou se for ele declarado inadmissível ou deserto. (Redação dada pela Lei nº 5.925, de 1º.10.1973) Parágrafo único. Ao recurso adesivo se aplicam as mesmas regras do recurso independente, quanto às condições de admissibilidade, preparo e julgamento no tribunal superior. (Redação dada pela Lei nº 5.925, de 1º.10.1973)

O artigo em comento trata das possibilidades de interposição de recurso independente e adesivo e não traz mudanças substanciais em relação ao artigo 500 do CPC/73.

O recurso na forma adesiva representa um instituto subsidiário e depende de sucumbência recíproca (autor e réu parcialmente vencidos); ausência de interposição, por parte do recorrido, de recurso principal, no prazo legal, mas com interposição, no prazo de resposta, de recurso adesivo perante o juízo da sentença ou acórdão recorrido[2].

NOVO CÓDIGO DE PROCESSO CIVIL	CÓDIGO DE PROCESSO CIVIL DE 1973
Art. 998. O recorrente poderá, a qualquer tempo, sem a anuência do recorrido ou dos litisconsortes, desistir do recurso. Parágrafo único. A desistência do recurso não impede a análise de questão cuja repercussão geral já tenha sido reconhecida e daquela objeto de julgamento de recursos extraordinários ou especiais repetitivos.	**Art. 501**. O recorrente poderá, a qualquer tempo, sem a anuência do recorrido ou dos litisconsortes, desistir do recurso.

2 GONÇALVES, Gláucio Ferreira Maciel; VALADARES, André Garcia Leão Reis. O sistema recursal à luz do projeto do novo código de processo civil. *Revista de Seção Judiciária do Rio de Janeiro.* Rio de Janeiro: Justiça Federal, v. 19, n. 35, dez. 2012, p. 172.

O *caput* do artigo 998 do NCPC repete a regra constante no artigo 501 do CPC/73.

O parágrafo único apresenta regra sem correspondente no CPC/73, no sentido de que mesmo tendo ocorrido desistência do recurso, quando já houver sido reconhecida a repercussão geral (questão relevante do ponto de vista econômico, político, social e jurídico e que ultrapasse o direito subjetivo da causa), não haverá impedimento à análise da questão relevante.

Embora sem amparo legislativo, o STJ adotou essa postura em julgamentos de recursos representativos da controvérsia no processamento de recursos especiais repetitivos[3].

NOVO CÓDIGO DE PROCESSO CIVIL	CÓDIGO DE PROCESSO CIVIL DE 1973
Art. 999. A renúncia ao direito de recorrer independe da aceitação da outra parte.	**Art. 502**. A renúncia ao direito de recorrer independe da aceitação da outra parte.

Sem alterações em relação às disposições sobre renúncia ao direito de recorrer.

3 TUCCI, José Rogério Cruz. *Desistência do recurso não se subordina ao crivo dos Tribunais*. Site Conjur, 24/12/2013. Acesso em: 26 jun. 2014. O autor aduz, *verbis*: "A ministra Nancy Andrighi, relatora do Recurso Especial nº 1.063.343-RS, na 3ª Turma, suscitou questão de ordem e levou o caso para a apreciação da Corte Especial. Verifica-se que a homologação da desistência foi afastada. Em síntese, restou asseverado no voto condutor que, pela função unificadora atribuída ao STJ pela Constituição Federal: 'A exegese do art. 501 do CPC deve ser feita à luz da realidade surgida após a criação do STJ, levando-se em consideração o seu papel, que transcende o de ser simplesmente a última palavra em âmbito infraconstitucional, sobressaindo o dever de fixar teses de direito que servirão de referência para as instâncias ordinárias de todo o país. A partir daí, infere-se que o julgamento dos recursos submetidos ao STJ ultrapassa o interesse individual das partes nele envolvidas, alcançando toda a coletividade para a qual suas decisões irradiam efeitos'. E isso sobretudo no bojo do recurso especial repetitivo, no qual deve prevalecer o interesse coletivo! Não obstante, mais recentemente, no julgamento do Recurso Especial nº 1.308.830-RS, pela 3ª Turma do STJ, a mesma ministra Nancy Andrighi, entusiasmada com a tese que defendera, ao proferir voto na condição de relatora, sustentou – por paradoxal que possa parecer – ser ela cabível no âmbito do Recurso Especial, mesmo que não repetitivo, ao argumento de que: 'Agora, numa reflexão mais detida sobre o tema, vejo que essa premissa na realidade é válida de forma indistinta para o julgamento de todos os recursos especiais, cujo resultado sempre abrigará intrinsecamente um interesse coletivo, ainda que aqueles sujeitos ao procedimento do art. 543-C do CPC possam tê-lo em maior proporção. Sendo assim, o pedido de desistência não deve servir de empecilho a que o STJ prossiga na apreciação de mérito recursal, consolidando orientação que possa vir a ser aplicada em outros processos versando sobre idêntica questão de direito. Do contrário, estar-se-ia chancelando uma prática extremamente perigosa e perniciosa, conferindo à parte o poder de determinar ou influenciar, arbitrariamente, a atividade jurisdicional que cumpre o dever constitucional do STJ, podendo ser caracterizado como verdadeiro atentado à dignidade da Justiça[...]'".

NOVO CÓDIGO DE PROCESSO CIVIL	CÓDIGO DE PROCESSO CIVIL DE 1973
Art. 1.000. A parte que aceitar expressa ou tacitamente a decisão não poderá recorrer. Parágrafo único. Considera-se aceitação tácita a prática, sem nenhuma reserva, de ato incompatível com a vontade de recorrer.	**Art. 503**. A parte, que aceitar expressa ou tacitamente a sentença ou a decisão, não poderá recorrer. Parágrafo único. Considera-se aceitação tácita a prática, sem reserva alguma, de um ato incompatível com a vontade de recorrer.

Houve reprodução da regra sobre a renúncia, expressa ou tácita, ao direito de recorrer.

NOVO CÓDIGO DE PROCESSO CIVIL	CÓDIGO DE PROCESSO CIVIL DE 1973
Art. 1.001. Dos despachos não cabe recurso.	**Art. 504.** Dos despachos não cabe recurso. (Redação dada pela Lei nº 11.276, de 2006)

O novo diploma não trouxe qualquer alteração, mantendo a irrecorribilidade dos despachos[4].

NOVO CÓDIGO DE PROCESSO CIVIL	CÓDIGO DE PROCESSO CIVIL DE 1973
Art. 1.002. A decisão pode ser impugnada no todo ou em parte.	**Art. 505.** A sentença pode ser impugnada no todo ou em parte.

Interessante alteração do texto do NCPC, trazendo o termo "decisão", e não "sentença", tratando de forma mais ampla os pronunciamentos judiciais que podem ser impugnados por recursos, de forma total ou parcial.

4 Artigo 203, § 3º do NCPC: São despachos todos os demais pronunciamentos do juiz praticados no processo, de ofício ou a requerimento da parte.

NOVO CÓDIGO DE PROCESSO CIVIL	CÓDIGO DE PROCESSO CIVIL DE 1973
Art. 1.003. O prazo para interposição de recurso conta-se da data em que os advogados, a sociedade de advogados, a Advocacia Pública, a Defensoria Pública ou o Ministério Público são intimados da decisão. § 1º Os sujeitos previstos no caput considerar-se-ão intimados em audiência quando nesta for proferida a decisão. § 2º Aplica-se o disposto no art. 231, incisos I a VI, ao prazo de interposição de recurso pelo réu contra decisão proferida anteriormente à citação. § 3º No prazo para interposição de recurso, a petição será protocolada em cartório ou conforme as normas de organização judiciária, ressalvado o disposto em regra especial. § 4º Para aferição da tempestividade do recurso remetido pelo correio, será considerada como data de interposição a data de postagem. § 5º Excetuados os embargos de declaração, o prazo para interpor os recursos e para responder-lhes é de 15 (quinze) dias. § 6º O recorrente comprovará a ocorrência de feriado local no ato de interposição do recurso.	**Art. 506.** O prazo para a interposição do recurso, aplicável em todos os casos o disposto no art. 184 e seus parágrafos, contar-se-á da data: I - da leitura da sentença em audiência; II - da intimação às partes, quando a sentença não for proferida em audiência; III - da publicação do dispositivo do acórdão no órgão oficial. (Redação dada pela Lei nº 11.276, de 2006) Parágrafo único. No prazo para a interposição do recurso, a petição será protocolada em cartório ou segundo a norma de organização judiciária, ressalvado o disposto no § 2º do art. 525 desta Lei. (Redação dada pela Lei nº 11.276, de 2006) **LEI COMPLEMENTAR Nº 80/94** **Art. 44.** São prerrogativas dos membros da Defensoria Pública da União: I – receber, inclusive quando necessário, mediante entrega dos autos com vista, intimação pessoal em qualquer processo e grau de jurisdição ou instância administrativa, contando-se-lhes em dobro todos os prazos; (Redação dada pela Lei Complementar nº 132, de 2009). [...] **Art. 89.** São prerrogativas dos membros da Defensoria Pública do Distrito Federal e dos Territórios: I – receber, inclusive quando necessário, mediante entrega dos autos com vista, intimação pessoal em qualquer processo e grau de jurisdição ou instância administrativa, contando-se-lhes em dobro todos os prazos; (Redação dada pela Lei Complementar nº 132, de 2009). **LEI COMPLEMENTAR Nº 73/93** **Art. 38.** As intimações e notificações são feitas nas pessoas do Advogado da União ou do Procurador da Fazenda Nacional que oficie nos respectivos autos.

Neste particular, a nova regra é mais abrangente e detalhada, quanto à tempestividade dos recursos e maneira de interposição.

O parágrafo 5º estabelece que o prazo recursal será sempre de 15 (quinze) dias úteis, tanto para interposição, como para resposta, à exceção dos embargos de declaração, no qual será de 5 (cinco) dias úteis. Isto porque a referida previsão deve ser combinada com o artigo 219 do NCPC, que estabelece que os prazos processuais serão computados em dias úteis.

O parágrafo 4º do artigo em comento traz importante regra de aferição de tempestividade recursal nas hipóteses de interposição via postal, ao indicar como marco a data da postagem e não do protocolo no tribunal de destino, o que contraria entendimento consolidado no STJ no verbete nº 216 da Súmula desse tribunal.

Outra observação é que o recorrente deverá comprovar a ocorrência de feriado local no ato da interposição do recurso.

NOVO CÓDIGO DE PROCESSO CIVIL	CÓDIGO DE PROCESSO CIVIL DE 1973
Art. 1.004. Se, durante o prazo para a interposição do recurso, sobrevier o falecimento da parte ou de seu advogado ou ocorrer motivo de força maior que suspenda o curso do processo, será tal prazo restituído em proveito da parte, do herdeiro ou do sucessor, contra quem começará a correr novamente depois da intimação.	**Art. 507**. Se, durante o prazo para a interposição do recurso, sobrevier o falecimento da parte ou de seu advogado, ou ocorrer motivo de força maior, que suspenda o curso do processo, será tal prazo restituído em proveito da parte, do herdeiro ou do sucessor, contra quem começará a correr novamente depois da intimação.

Manteve-se a mesma regra do artigo 507 do CPC/73, sem qualquer alteração.

NOVO CÓDIGO DE PROCESSO CIVIL	CÓDIGO DE PROCESSO CIVIL DE 1973
Art. 1.005. O recurso interposto por um dos litisconsortes a todos aproveita, salvo se distintos ou opostos os seus interesses. Parágrafo único. Havendo solidariedade passiva, o recurso interposto por um devedor aproveitará aos outros quando as defesas opostas ao credor lhes forem comuns.	**Art. 509.** O recurso interposto por um dos litisconsortes a todos aproveita, salvo se distintos ou opostos os seus interesses. Parágrafo único. Havendo solidariedade passiva, o recurso interposto por um devedor aproveitará aos outros, quando as defesas opostas ao credor lhes forem comuns.

Sem modificações, estabelecendo que, como regra, o recurso de um litisconsorte aproveita aos demais.

NOVO CÓDIGO DE PROCESSO CIVIL	CÓDIGO DE PROCESSO CIVIL DE 1973
Art. 1.006. Certificado o trânsito em julgado, com menção expressa da data de sua ocorrência, o escrivão ou o chefe de secretaria, independentemente de despacho, providenciará a baixa dos autos ao juízo de origem, no prazo de 5 (cinco) dias.	**Art. 510**. Transitado em julgado o acórdão, o escrivão, ou secretário, independentemente de despacho, providenciará a baixa dos autos ao juízo de origem, no prazo de 5 (cinco) dias.

O novo Código traz redação quase idêntica à norma do CPC/73, mas com a diferença de que, na nova lei, exigir-se-á a certificação da data do trânsito em julgado.

NOVO CÓDIGO DE PROCESSO CIVIL	CÓDIGO DE PROCESSO CIVIL DE 1973
Art. 1.007. No ato de interposição do recurso, o recorrente comprovará, quando exigido pela legislação pertinente, o respectivo preparo, inclusive porte de remessa e de retorno, sob pena de deserção. § 1º São dispensados de preparo, inclusive porte de remessa e de retorno, os recursos interpostos pelo Ministério Público, pela União, pelo Distrito Federal, pelos Estados, pelos Municípios, e respectivas autarquias, e pelos que gozam de isenção legal. § 2º A insuficiência no valor do preparo, inclusive porte de remessa e de retorno, implicará deserção se o recorrente, intimado na pessoa de seu advogado, não vier a supri-lo no prazo de 5 (cinco) dias. § 3º É dispensado o recolhimento do porte de remessa e de retorno no processo em autos eletrônicos. § 4º O recorrente que não comprovar, no ato de interposição do recurso, o recolhimento do preparo, inclusive porte de remessa e de retorno, será intimado, na pessoa de seu advogado, para realizar o recolhimento em dobro, sob pena de deserção. § 5º É vedada a complementação se houver insuficiência parcial do preparo, inclusive porte de remessa e de retorno, no recolhimento realizado na forma do § 4º. § 6º Provando o recorrente justo impedimento, o relator relevará a pena de deserção, por decisão irrecorrível, fixando-lhe prazo de 5 (cinco) dias para efetuar o preparo. § 7º O equívoco no preenchimento da guia de custas não implicará a aplicação da pena de deserção, cabendo ao relator, na hipótese de dúvida quanto ao recolhimento, intimar o recorrente para sanar o vício no prazo de 5 (cinco) dias.	**Art. 511.** No ato de interposição do recurso, o recorrente comprovará, quando exigido pela legislação pertinente, o respectivo preparo, inclusive porte de remessa e de retorno, sob pena de deserção. (Redação dada pela Lei nº 9.756, de 17.12.1998) § 1º São dispensados de preparo os recursos interpostos pelo Ministério Público, pela União, pelos Estados e Municípios e respectivas autarquias, e pelos que gozam de isenção legal. (Parágra único renumerado pela Lei nº 9.756, de 17.12.1998) § 2º A insuficiência no valor do preparo implicará deserção, se o recorrente, intimado, não vier a supri-lo no prazo de cinco dias. (Incluído pela Lei nº 9.756, de 17.12.1998) **Art. 519.** Provando o apelante justo impedimento, o juiz relevará a pena de deserção, fixando-lhe prazo para efetuar o preparo. (Redação dada pela Lei nº 8.950, de 13.12.1994) Parágrafo único. A decisão referida neste artigo será irrecorrível, cabendo ao tribunal apreciar-lhe a legitimidade. (Incluído pela Lei nº 8.950, de 13.12.1994)

O dispositivo cuida do preparo recursal e aprimora as regras constantes do CPC/73, que regula a matéria nos artigos 511 e 519.

O conteúdo dos parágrafos 3º a 5º do artigo da nova lei não encontra correspondência na atual legislação, tratando da dispensa do porte de remessa e retorno quanto a autos eletrônicos, a possibilidade de recolhimento em dobro caso não tenha sido providenciado por ocasião da interposição do recurso e a proibição de complementação nas hipóteses de recolhimento realizado na forma do parágrafo 4º, evitando, assim, a nefasta "jurisprudência defensiva". Também sem correspondente no CPC/73, o parágrafo 7º viabiliza a admissibilidade do recurso, mesmo nos casos de equívoco no preenchimento da guia de custas, revelando, segundo Gonçalves e Valadares[5], uma preocupação com a instrumentalidade do processo, sendo mantidas as demais disposições.

---

5 GONÇALVES, Gláucio Ferreira Maciel; VALADARES, André Garcia Leão Reis. Op. cit., p. 172.

NOVO CÓDIGO DE PROCESSO CIVIL	CÓDIGO DE PROCESSO CIVIL DE 1973
Art. 1.008. O julgamento proferido pelo tribunal substituirá a decisão impugnada no que tiver sido objeto de recurso.	**Art. 512.** O julgamento proferido pelo tribunal substituirá a sentença ou a decisão recorrida no que tiver sido objeto de recurso.

Repetição quase literal do artigo 512 do CPC/73 em relação ao "efeito substitutivo" dos recursos, mas com melhor técnica na redação, sendo utilizada a expressão "decisão" para abarcar todas as hipóteses e reflete o "efeito substitutivo"[6] dos recursos nele previstos.

NOVO CÓDIGO DE PROCESSO CIVIL	CÓDIGO DE PROCESSO CIVIL DE 1973
CAPÍTULO II DA APELAÇÃO	CAPÍTULO II DA APELAÇÃO
Art. 1.009. Da sentença cabe apelação. § 1º As questões resolvidas na fase de conhecimento, se a decisão a seu respeito não comportar agravo de instrumento, não são cobertas pela preclusão e devem ser suscitadas em preliminar de apelação, eventualmente interposta contra a decisão final, ou nas contrarrazões. § 2º Se as questões referidas no § 1º forem suscitadas em contrarrazões, o recorrente será intimado para, em 15 (quinze) dias, manifestar-se a respeito delas. § 3º O disposto no caput deste artigo aplica-se mesmo quando as questões mencionadas no art. 1.015 integrarem capítulo da sentença.	**Art. 513.** Da sentença caberá apelação (arts. 267 e 269).

O artigo em comento traz importante novidade que consiste na possibilidade de se impugnar as decisões interlocutórias não passíveis de agravo de instrumento no momento da apelação ou das contrarrazões do apelo (em preliminar), isto porque a nova lei suprimiu o agravo retido. O processo fluirá mais rapidamente em primeiro grau, trazendo maior celeridade, sem comprometer a segurança jurídica.

No parágrafo 1º, o texto consolidado objetiva o afastamento da preclusão das decisões não impugnáveis por agravo de instrumento, podendo ser suscitadas na apelação ou contrarrazões, sendo que se a manifestação partir do recorrido, o recorrente será intimado a responder.

---

6 BUENO, Cássio Scarpinella. *Projetos de novo código de processo civil comparados e anotados*. São Paulo: Saraiva, 2014, p. 482.

NOVO CÓDIGO DE PROCESSO CIVIL	CÓDIGO DE PROCESSO CIVIL DE 1973
Art. 1.010. A apelação, interposta por petição dirigida ao juízo de primeiro grau, conterá: I - os nomes e a qualificação das partes; II - a exposição do fato e do direito; III - as razões do pedido de reforma ou de decretação de nulidade; IV - o pedido de nova decisão. § 1º O apelado será intimado para apresentar contrarrazões no prazo de 15 (quinze) dias. § 2º Se o apelado interpuser apelação adesiva, o juiz intimará o apelante para apresentar contrarrazões. § 3º Após as formalidades previstas nos §§ 1º e 2º, os autos serão remetidos ao tribunal pelo juiz, independentemente de juízo de admissibilidade.	**Art. 514**. A apelação, interposta por petição dirigida ao juiz, conterá: I - os nomes e a qualificação das partes; II - os fundamentos de fato e de direito; III - o pedido de nova decisão. Parágrafo único. (Revogado pela Lei nº 8.950, de 13.12.1994)

A regra do artigo 1.010 do NCPC encontrava correspondência no artigo 514 do CPC/73. Nota-se que foi rejeitada proposta de interposição do recurso no Tribunal *ad quem,* o que poderia agilizar o processo, ainda mais com a introdução do processo eletrônico. Tal procedimento já é adotado no agravo de instrumento.

Porém, juízo de admissibilidade será feito pelo relator (§ 3º), não tendo mais o juízo *a quo* ingerência nesta atividade. O prazo para apelar é de 15 (quinze) dias úteis, como está previsto para os demais recursos, à exceção dos embargos de declaração, como se verá adiante. Inova ao exigir o NCPC que o pedido no apelo esteja instruído com razões do pedido de reforma ou de decretação de nulidade, para dar embasamento ao recurso, além de pormenorizar o procedimento.

NOVO CÓDIGO DE PROCESSO CIVIL	CÓDIGO DE PROCESSO CIVIL DE 1973
Art. 1.011. Recebido o recurso de apelação no tribunal e distribuído imediatamente, o relator: I - decidi-lo-á monocraticamente apenas nas hipóteses do art. 932, incisos III a V; II - se não for o caso de decisão monocrática, elaborará seu voto para julgamento do recurso pelo órgão colegiado.	Sem correspondente.

O artigo em comento indica as possíveis atitudes do relator ao receber o recurso de apelação no Tribunal que, se não for o caso de decisão monocrática, irá submetê-lo a julgamento no colegiado.

NOVO CÓDIGO DE PROCESSO CIVIL	CÓDIGO DE PROCESSO CIVIL DE 1973
Art. 1.012. A apelação terá efeito suspensivo. § 1º Além de outras hipóteses previstas em lei, começa a produzir efeitos imediatamente após a sua publicação a sentença que: I - homologa divisão ou demarcação de terras; II - condena a pagar alimentos; III - extingue sem resolução do mérito ou julga improcedentes os embargos do executado; IV - julga procedente o pedido de instituição de arbitragem; V - confirma, concede ou revoga tutela provisória; VI - decreta a interdição. § 2º Nos casos do § 1º, o apelado poderá promover o pedido de cumprimento provisório depois de publicada a sentença. § 3º O pedido de concessão de efeito suspensivo nas hipóteses do § 1º poderá ser formulado por requerimento dirigido ao: I - tribunal, no período compreendido entre a interposição da apelação e sua distribuição, ficando o relator designado para seu exame prevento para julgá-la; II - relator, se já distribuída a apelação. § 4º Nas hipóteses do § 1º, a eficácia da sentença poderá ser suspensa pelo relator se o apelante demonstrar a probabilidade de provimento do recurso ou se, sendo relevante a fundamentação, houver risco de dano grave ou de difícil reparação.	**Art. 520.** A apelação será recebida em seu efeito devolutivo e suspensivo. Será, no entanto, recebida só no efeito devolutivo, quando interposta de sentença que: (Redação dada pela Lei nº 5.925, de 1º.10.1973) I - homologar a divisão ou a demarcação; (Redação dada pela Lei nº 5.925, de 1º.10.1973) II - condenar à prestação de alimentos; (Redação dada pela Lei nº 5.925, de 1º.10.1973) III - (Revogado pela Lei nº 11.232, de 2005) IV - decidir o processo cautelar; (Redação dada pela Lei nº 5.925, de 1º.10.1973) V - rejeitar liminarmente embargos à execução ou julgá-los improcedentes; (Redação dada pela Lei nº 8.950, de 13.12.1994) VI - julgar procedente o pedido de instituição de arbitragem. (Incluído pela Lei nº 9.307, de 23.9.1996) VII - confirmar a antecipação dos efeitos da tutela; (Incluído pela Lei nº 10.352, de 26.12.2001) **Art. 558**. O relator poderá, a requerimento do agravante, nos casos de prisão civil, adjudicação, remição de bens, levantamento de dinheiro sem caução idônea e em outros casos dos quais possa resultar lesão grave e de difícil reparação, sendo relevante a fundamentação, suspender o cumprimento da decisão até o pronunciamento definitivo da turma ou câmara. (Redação dada pela Lei nº 9.139, de 30.11.1995) Parágrafo único. Aplicar-se-á o disposto neste artigo as hipóteses do art. 520. (Redação dada pela Lei nº 9.139, de 30.11.1995)

De acordo com a nova lei, a apelação terá efeito suspensivo, salvo as hipóteses elencadas neste dispositivo. A doutrina vem entendendo que isso estimula os recursos protelatórios, pois mesmo diante de uma causa com pouca chance de sucesso, muitas vezes será interposta apelação para atrasar o cumprimento da obrigação. Assim, o melhor alvitre seria retirar o efeito suspensivo e descrever as hipóteses em que tal efeito deveria existir. Mas aqui, ao contrário, o parágrafo 1º menciona os casos em que não irá subsistir o efeito suspensivo, hipóteses em que, de acordo com o §2º, poderá ocorrer o cumprimento provisório da sentença. Destaque-se, porém, que, mesmo nos casos em que o efeito suspensivo não ocorra *ope legis*, é possível o seu requerimento ope iudicis, nos termos da previsão do parágrafo 3º. Na hipótese do parágrafo 4º, necessária a demonstração da probabilidade de provimento do recurso ou se, sendo relevante a fundamentação, houver risco de dano grave ou de difícil reparação.

NOVO CÓDIGO DE PROCESSO CIVIL	CÓDIGO DE PROCESSO CIVIL DE 1973
Art. 1.013. A apelação devolverá ao tribunal o conhecimento da matéria impugnada. § 1º Serão, porém, objeto de apreciação e julgamento pelo tribunal todas as questões suscitadas e discutidas no processo, ainda que não tenham sido solucionadas, desde que relativas ao capítulo impugnado. § 2º Quando o pedido ou a defesa tiver mais de um fundamento e o juiz acolher apenas um deles, a apelação devolverá ao tribunal o conhecimento dos demais. § 3º Se o processo estiver em condições de imediato julgamento, o tribunal deve decidir desde logo o mérito quando: I - reformar sentença fundada no art. 485; II - decretar a nulidade da sentença por não ser ela congruente com os limites do pedido ou da causa de pedir; III - constatar a omissão no exame de um dos pedidos, hipótese em que poderá julgá-lo; IV - decretar a nulidade de sentença por falta de fundamentação. § 4º Quando reformar sentença que reconheça a decadência ou a prescrição, o tribunal, se possível, julgará o mérito, examinando as demais questões, sem determinar o retorno do processo ao juízo de primeiro grau. § 5º O capítulo da sentença que confirma, concede ou revoga a tutela provisória é impugnável na apelação.	**Art. 515.** A apelação devolverá ao tribunal o conhecimento da matéria impugnada. § 1º Serão, porém, objeto de apreciação e julgamento pelo tribunal todas as questões suscitadas e discutidas no processo, ainda que a sentença não as tenha julgado por inteiro. § 2º Quando o pedido ou a defesa tiver mais de um fundamento e o juiz acolher apenas um deles, a apelação devolverá ao tribunal o conhecimento dos demais. § 3º Nos casos de extinção do processo sem julgamento do mérito (art. 267), o tribunal pode julgar desde logo a lide, se a causa versar questão exclusivamente de direito e estiver em condições de imediato julgamento. (Incluído pela Lei nº 10.352, de 26.12.2001) [...]

Este dispositivo reproduz o disposto no artigo 515 do CPC/73, com algumas modificações, tratando dos efeitos devolutivo e translativo[7] da apelação.

No parágrafo 1º introduz-se a expressão "desde que relativas ao capítulo impugnado", mas, já se percebia a interpretação da norma atual neste sentido. O parágrafo 2º não traz alteração e o parágrafo 3º trata da "teoria da causa (processo) madura". No entanto, os incisos II, III e IV deste parágrafo não encontram correspondência no CPC/73. Destaca-se a regra constante do inciso IV, que dispõe sobre a aplicação da teoria da causa madura quando a sentença for anulada por ausência de fundamentação.

7 Segundo lição de Nelson Nery acerca do efeito translativo, *"As questões de ordem pública podem ser apreciadas pelo órgão* ad quem, *ainda que não decididas pelo juízo* a quo, *o mesmo ocorrendo com as questões dispositivas não apreciadas pelo juízo monocrático, mesmo que não tenha este sido provocado a se manifestar sobre esta questão, não caracterizando a sentença como* extra, ultra *ou* infra petita" NERY JR., Nelson. *Princípios fundamentais – teoria geral do recurso*. 5. ed. São Paulo: Revista dos Tribunais, 2000, p. 415.

NOVO CÓDIGO DE PROCESSO CIVIL	CÓDIGO DE PROCESSO CIVIL DE 1973
Art. 1.014. As questões de fato não propostas no juízo inferior poderão ser suscitadas na apelação, se a parte provar que deixou de fazê-lo por motivo de força maior.	**Art. 517.** As questões de fato, não propostas no juízo inferior, poderão ser suscitadas na apelação, se a parte provar que deixou de fazê-lo por motivo de força maior.

Manteve-se a disposição do CPC/73 sobre a arguição de questões de fato novas na apelação.

NOVO CÓDIGO DE PROCESSO CIVIL	CÓDIGO DE PROCESSO CIVIL DE 1973
CAPÍTULO III DO AGRAVO DE INSTRUMENTO **Art. 1.015.** Cabe agravo de instrumento contra as decisões interlocutórias que versarem sobre: I - tutelas provisórias; II - mérito do processo; III - rejeição da alegação de convenção de arbitragem; IV - incidente de desconsideração da personalidade jurídica; V - rejeição do pedido de gratuidade da justiça ou acolhimento do pedido de sua revogação; VI - exibição ou posse de documento ou coisa; VII - exclusão de litisconsorte; VIII - rejeição do pedido de limitação do litisconsórcio; IX - admissão ou inadmissão de intervenção de terceiros; X - concessão, modificação ou revogação do efeito suspensivo aos embargos à execução; XI - redistribuição do ônus da prova nos termos do art. 373, § 1º; XII – ~~conversão da ação individual em ação coletiva~~; (VETADO) XIII - outros casos expressamente referidos em lei. Parágrafo único. Também caberá agravo de instrumento contra decisões interlocutórias proferidas na fase de liquidação de sentença ou de cumprimento de sentença, no processo de execução e no processo de inventário.	CAPÍTULO III DO AGRAVO (Redação dada pela Lei nº 9.139, de 30.11.1995) **Art. 522.** Das decisões interlocutórias caberá agravo, no prazo de 10 (dez) dias, na forma retida, salvo quando se tratar de decisão suscetível de causar à parte lesão grave e de difícil reparação, bem como nos casos de inadmissão da apelação e nos relativos aos efeitos em que a apelação é recebida, quando será admitida a sua interposição por instrumento. (Redação dada pela Lei nº 11.187, de 2005) Parágrafo único. O agravo retido independe de preparo. (Redação dada pela Lei nº 9.139, de 30.11.1995) Art. 475-H. Da decisão de liquidação caberá agravo de instrumento. (Incluído pela Lei nº 11.232, de 2005) Art. 475-M. ... § 3o A decisão que resolver a impugnação é recorrível mediante agravo de instrumento, salvo quando importar extinção da execução, caso em que caberá apelação. (Incluído pela Lei nº 11.232, de 2005)

Importante alteração quanto ao regime do agravo na primeira instância se deu com a supressão da figura do agravo retido, conforme já destacado.

Quanto ao agravo de instrumento, o legislador do NCPC enumerou os casos em que será cabível o recurso, não albergando algumas hipóteses que haviam sido aprovadas pela Câmara, mas inseriu o inciso XIII ao artigo 1.015, oportunizando o recurso em *"outros casos expressamente referidos em lei"*, o que esvazia uma possível interpretação taxativa para o elenco. A redação possui, assim, um elenco menor, mas o inciso XIII aumenta as hipóteses de incidência, o que acaba viabilizando um sem número de situações. No entanto, sustentou-se que o rol aprovado na Câmara e ora suprimido não estaria a refletir as necessidades reais de impugnação por meio deste instrumento. Foram, ainda, reinseridos os incisos XI e XII, que aduzem sobre redistribuição do ônus da prova e a conversão da ação individual em coletiva, sendo que esta última acabou vetada quando da sanção. Não será objeto deste estudo a análise de cada item, o que fugiria ao escopo deste trabalho que é apenas comparativo.

O parágrafo único do artigo em comento prevê, ainda, o cabimento do agravo contra as decisões interlocutórias proferidas na fase de liquidação de sentença ou de cumprimento de sentença, no processo de execução e no processo de inventário.

NOVO CÓDIGO DE PROCESSO CIVIL	CÓDIGO DE PROCESSO CIVIL DE 1973
Art. 1.016. O agravo de instrumento será dirigido diretamente ao tribunal competente, por meio de petição com os seguintes requisitos: I - os nomes das partes; II - a exposição do fato e do direito; III - as razões do pedido de reforma ou de invalidação da decisão e o próprio pedido; IV - o nome e o endereço completo dos advogados constantes do processo.	**Art. 524.** O agravo de instrumento será dirigido diretamente ao tribunal competente, através de petição com os seguintes requisitos: (Redação dada pela Lei nº 9.139, de 30.11.1995) I - a exposição do fato e do direito; (Redação dada pela Lei nº 9.139, de 30.11.1995) II - as razões do pedido de reforma da decisão; (Redação dada pela Lei nº 9.139, de 30.11.1995) III - o nome e o endereço completo dos advogados, constantes do processo. (Redação dada pela Lei nº 9.139, de 30.11.1995)

O aludido artigo aprimora a redação do artigo 524 do CPC/73, sem alterações de conteúdo. O dispositivo elenca os requisitos formais para interposição do agravo, exigindo que no recurso sejam expostas as razões, sinalizando que o agravo será inadmissível quando sua fundamentação não impugnar especificamente a decisão agravada.

NOVO CÓDIGO DE PROCESSO CIVIL	CÓDIGO DE PROCESSO CIVIL DE 1973
Art. 1.017. A petição de agravo de instrumento será instruída: I - obrigatoriamente, com cópias da petição inicial, da contestação, da petição que ensejou a decisão agravada, da própria decisão agravada, da certidão da respectiva intimação ou outro documento oficial que comprove a tempestividade e das procurações outorgadas aos advogados do agravante e do agravado; II - com declaração de inexistência de qualquer dos documentos referidos no inciso I, feita pelo advogado do agravante, sob pena de sua responsabilidade pessoal; III - facultativamente, com outras peças que o agravante reputar úteis. § 1º Acompanhará a petição o comprovante do pagamento das respectivas custas e do porte de retorno, quando devidos, conforme tabela publicada pelos tribunais. § 2º No prazo do recurso, o agravo será interposto por: I - protocolo realizado diretamente no tribunal competente para julgá-lo; II - protocolo realizado na própria comarca, seção ou subseção judiciárias; III - postagem, sob registro, com aviso de recebimento; IV - transmissão de dados tipo fac-símile, nos termos da lei; V - outra forma prevista em lei. § 3º Na falta da cópia de qualquer peça ou no caso de algum outro vício que comprometa a admissibilidade do agravo de instrumento, deve o relator aplicar o disposto no art. 932, parágrafo único. § 4º Se o recurso for interposto por sistema de transmissão de dados tipo fac-símile ou similar, as peças devem ser juntadas no momento de protocolo da petição original. § 5º Sendo eletrônicos os autos do processo, dispensam-se as peças referidas nos incisos I e II do caput, facultando-se ao agravante anexar outros documentos que entender úteis para a compreensão da controvérsia.	**Art. 525.** A petição de agravo de instrumento será instruída: (Redação dada pela Lei nº 9.139, de 30.11.1995) I - obrigatoriamente, com cópias da decisão agravada, da certidão da respectiva intimação e das procurações outorgadas aos advogados do agravante e do agravado; (Redação dada pela Lei nº 9.139, de 30.11.1995) II - facultativamente, com outras peças que o agravante entender úteis. (Redação dada pela Lei nº 9.139, de 30.11.1995) § 1° Acompanhará a petição o comprovante do pagamento das respectivas custas e do porte de retorno, quando devidos, conforme tabela que será publicada pelos tribunais. (Incluído pela Lei nº 9.139, de 30.11.1995) § 2° No prazo do recurso, a petição será protocolada no tribunal, ou postada no correio sob registro com aviso de recebimento, ou, ainda, interposta por outra forma prevista na lei local. (Incluído pela Lei nº 9.139, de 30.11.1995)

No artigo em tela, foi mantida a indicação de peças obrigatórias. Ressalte-se a exigência de apresentação da cópia da petição inicial, da contestação e da petição ensejadora da decisão agravada.

A nova lei prevê que no caso de não ser possível a juntada de certidão que comprove a intimação da decisão impugnada, a comprovação da tempestividade poderá ser feita por outro documento oficial, o que já tem sido admitido na jurisprudência do STJ[8].

O parágrafo 3º admite a correção, para não prejudicar a admissibilidade do recurso, prestigiando a instrumentalidade do processo. Neste particular, importa destacar que *"o processo não é um fim em si mesmo"*, sob pena de violação dos princípios da economia, efetividade, razoável duração etc..

Já o parágrafo 4º indica a dispensa do envio das peças, caso a interposição seja por transmissão (p. ex., *fac-simile*), as quais deverão ser juntadas no momento do protocolo da petição original.

O parágrafo 5º, por sua vez, menciona que sendo eletrônicos os autos do processo, dispensa-se as peças referidas nos incisos I e II do *caput*, sendo facultado ao agravante anexar outros documentos para compreensão da controvérsia.

NOVO CÓDIGO DE PROCESSO CIVIL	CÓDIGO DE PROCESSO CIVIL DE 1973
Art. 1.018. O agravante poderá requerer a juntada, aos autos do processo, de cópia da petição do agravo de instrumento, do comprovante de sua interposição e da relação dos documentos que instruíram o recurso. § 1º Se o juiz comunicar que reformou inteiramente a decisão, o relator considerará prejudicado o agravo de instrumento. § 2º Não sendo eletrônicos os autos, o agravante tomará a providência prevista no caput, no prazo de 3 (três) dias a contar da interposição do agravo de instrumento. § 3º O descumprimento da exigência de que trata o § 2º, desde que arguido e provado pelo agravado, importa inadmissibilidade do agravo de instrumento.	**Art. 526.** O agravante, no prazo de 3 (três) dias, requererá juntada, aos autos do processo de cópia da petição do agravo de instrumento e do comprovante de sua interposição, assim como a relação dos documentos que instruíram o recurso. (Redação dada pela Lei nº 9.139, de 30.11.1995) Parágrafo único. O não cumprimento do disposto neste artigo, desde que argüido e provado pelo agravado, importa inadmissibilidade do agravo. (Incluído pela Lei nº 10.352, de 26.12.2001) **Art. 529**. Se o juiz comunicar que reformou inteiramente a decisão, o relator considerará prejudicado o agravo. (Redação dada pela Lei nº 9.139, de 30.11.1995)

Mantida a necessidade de comunicar ao juiz de 1º grau a interposição do recurso com documentos, inclusive para que o agravado não precise deslocar-se ao Tribunal, além da possibilidade do juízo de retratação, já existente no artigo 529 do CPC/73.

O § 2º do artigo 1.018 do NCPC aprimora a regra constante no parágrafo único do artigo 526 do CPC/73, ao diferenciar a hipótese de autos em papel ou eletrônico. Sem alteração o processamento do agravo nos Tribunais.

8 STJ. REsp 1.409.359/SC. Rel. Min. Sidnei Beneti. Dje 22/05/2014.

NOVO CÓDIGO DE PROCESSO CIVIL	CÓDIGO DE PROCESSO CIVIL DE 1973
Art. 1.019. Recebido o agravo de instrumento no tribunal e distribuído imediatamente, se não for o caso de aplicação do art. 932, incisos III e IV, o relator, no prazo de 5 (cinco) dias: I - poderá atribuir efeito suspensivo ao recurso ou deferir, em antecipação de tutela, total ou parcialmente, a pretensão recursal, comunicando ao juiz sua decisão; II - ordenará a intimação do agravado pessoalmente, por carta com aviso de recebimento, quando não tiver procurador constituído, ou pelo Diário da Justiça ou por carta com aviso de recebimento dirigida ao seu advogado, para que responda no prazo de 15 (quinze) dias, facultando-lhe juntar a documentação que entender necessária ao julgamento do recurso; III - determinará a intimação do Ministério Público, preferencialmente por meio eletrônico, quando for o caso de sua intervenção, para que se manifeste no prazo de 15 (quinze) dias.	**Art. 527.** Recebido o agravo de instrumento no tribunal, e distribuído incontinenti, o relator: (Redação dada pela Lei nº 10.352, de 26.12.2001) I - negar-lhe-á seguimento, liminarmente, nos casos do art. 557; (Redação dada pela Lei nº 10.352, de 26.12.2001) II - converterá o agravo de instrumento em agravo retido, salvo quando se tratar de decisão suscetível de causar à parte lesão grave e de difícil reparação, bem como nos casos de inadmissão da apelação e nos relativos aos efeitos em que a apelação é recebida, mandando remeter os autos ao juiz da causa; (Redação dada pela Lei nº 11.187, de 2005) III - poderá atribuir efeito suspensivo ao recurso (art. 558), ou deferir, em antecipação de tutela, total ou parcialmente, a pretensão recursal, comunicando ao juiz sua decisão; (Redação dada pela Lei nº 10.352, de 26.12.2001) IV - poderá requisitar informações ao juiz da causa, que as prestará no prazo de 10 (dez) dias; (Redação dada pela Lei nº 10.352, de 26.12.2001) V - mandará intimar o agravado, na mesma oportunidade, por ofício dirigido ao seu advogado, sob registro e com aviso de recebimento, para que responda no prazo de 10 (dez) dias (art. 525, § 2º), facultando-lhe juntar a documentação que entender conveniente, sendo que, nas comarcas sede de tribunal e naquelas em que o expediente forense for divulgado no diário oficial, a intimação far-se-á mediante publicação no órgão oficial; (Redação dada pela Lei nº 11.187, de 2005) VI - ultimadas as providências referidas nos incisos III a V do caput deste artigo, mandará ouvir o Ministério Público, se for o caso, para que se pronuncie no prazo de 10 (dez) dias. (Redação dada pela Lei nº 11.187, de 2005) Parágrafo único. A decisão liminar, proferida nos casos dos incisos II e III do caput deste artigo, somente é passível de reforma no momento do julgamento do agravo, salvo se o próprio relator a reconsiderar. (Redação dada pela Lei nº 11.187, de 2005)

O artigo 1.019 do NCPC estabelece as atribuições do relator ao receber o recurso. Poucas alterações com relação à legislação de 1973, como se observa no quadro comparativo. A Câmara já havia suprimido, sendo acompanhado pelo texto consolidado, a redação que conferia irrecorribilidade da decisão liminar relativa a efeito suspensivo e/ou tutela provisória dada pelo relator.

NOVO CÓDIGO DE PROCESSO CIVIL	CÓDIGO DE PROCESSO CIVIL DE 1973
Art. 1.020. O relator solicitará dia para julgamento em prazo não superior a 1 (um) mês da intimação do agravado.	**Art. 528.** Em prazo não superior a 30 (trinta) dias da intimação do agravado, o relator pedirá dia para julgamento. (Redação dada pela Lei nº 9.139, de 30.11.1995)

Permanece praticamente inalterada a regra do artigo 528 do CPC/73, ressalvada a modificação do prazo de 30 (trinta) dias para 1 (um) mês. Neste particular, destaca-se o comentário de Júnior e Chueiri[9] no sentido de que o prazo deveria ser da conclusão ao relator, pois se o agravado, intimado para responder em quinze dias e considerando o decurso de prazo do protocolo integrado de 10 a 15 dias, poderá acontecer de o relator receber o processo com prazo encerrado ou próximo disto.

NOVO CÓDIGO DE PROCESSO CIVIL	CÓDIGO DE PROCESSO CIVIL DE 1973
CAPÍTULO IV DO AGRAVO INTERNO **Art. 1.021.** Contra decisão proferida pelo relator caberá agravo interno para o respectivo órgão colegiado, observadas, quanto ao processamento, as regras do regimento interno do tribunal. § 1º Na petição de agravo interno, o recorrente impugnará especificadamente os fundamentos da decisão agravada. § 2º O agravo será dirigido ao relator, que intimará o agravado para manifestar-se sobre o recurso no prazo de 15 (quinze) dias, ao final do qual, não havendo retratação, o relator levá-lo-á a julgamento pelo órgão colegiado, com inclusão em pauta. § 3º É vedado ao relator limitar-se à reprodução dos fundamentos da decisão agravada para julgar improcedente o agravo interno. § 4º Quando o agravo interno for declarado manifestamente inadmissível ou improcedente em votação unânime, o órgão colegiado, em decisão fundamentada, condenará o agravante a pagar ao agravado multa fixada entre um e cinco por cento do valor atualizado da causa. § 5º A interposição de qualquer outro recurso está condicionada ao depósito prévio do valor da multa prevista no § 4º, à exceção da Fazenda Pública e do beneficiário de gratuidade da justiça, que farão o pagamento ao final.	**Art. 557.** O relator negará seguimento a recurso manifestamente inadmissível, improcedente, prejudicado ou em confronto com súmula ou com jurisprudência dominante do respectivo tribunal, do Supremo Tribunal Federal, ou de Tribunal Superior. (Redação dada pela Lei nº 9.756, de 17.12.1998) § 1º-A Se a decisão recorrida estiver em manifesto confronto com súmula ou com jurisprudência dominante do Supremo Tribunal Federal, ou de Tribunal Superior, o relator poderá dar provimento ao recurso. (Incluído pela Lei nº 9.756, de 17.12.1998) § 1º Da decisão caberá agravo, no prazo de cinco dias, ao órgão competente para o julgamento do recurso, e, se não houver retratação, o relator apresentará o processo em mesa, proferindo voto; provido o agravo, o recurso terá seguimento. (Incluído pela Lei nº 9.756, de 17.12.1998) § 2º Quando manifestamente inadmissível ou infundado o agravo, o tribunal condenará o agravante a pagar ao agravado multa entre um e dez por cento do valor corrigido da causa, ficando a interposição de qualquer outro recurso condicionada ao depósito do respectivo valor. (Incluído pela Lei nº 9.756, de 17.12.1998)

9 JUNIOR, Luiz Manoel Gomes; CHUEIRI, Miriam Fecchio. O Sistema recursal na proposta do novo código de processo civil, *apud* CÂMARA, Alexandre; JUNIOR, Antonio Pereira Gaio: *Novo CPC – reflexões e perspectivas*. Belo Horizonte: Del Rey, 2014, p. 202.

O agravo interno visa a possibilitar que o colegiado reveja as decisões monocráticas do relator, respeitando-se o Regimento Interno de cada Tribunal, admitindo-se, com sua interposi*ção,* a retratação por parte do relator, sendo, destarte, recurso afeto ao âmbito dos Tribunais. O referido recurso passa a constar expressamente no rol dos recursos com esta nomenclatura, mas já tinha previsão no artigo 557, § 1º, do CPC/73.

Caso a decisão seja mantida, o agravo deverá ser apresentado para julgamento na sessão seguinte à sua interposição ou ser incluído em pauta. O prazo para interposição e resposta é de 15 dias. Mantém-se no parágrafo 4º *a* penalidade ao litigante de má-fé pelo mau uso do direito de recorrer, com pagamento de multa fixada entre 1% a 5 % (um a cinco por cento) do valor da causa, o que já era previsto no § 2º do artigo 557 do CPC/73 com percentual diferente (de 1% a 10% do valor corrigido da causa), sendo que o parágrafo 5º impõe a necessidade de depósito prévio do valor da multa para interposição de qualquer outro recurso.

Desperta interesse a hipótese contida no parágrafo 2º, em que o relator poderá exercer o juízo de retratação, bem como o disposto no parágrafo 3*º,* em que é vedado ao relator se limitar a reproduzir os fundamentos da decisão agravada para julgar improcedente o agravo interno, concretizando o princípio constitucional de fundamentação das decisões judiciais e da ampla defesa.

NOVO CÓDIGO DE PROCESSO CIVIL	CÓDIGO DE PROCESSO CIVIL DE 1973
CAPÍTULO V DOS EMBARGOS DE DECLARAÇÃO **Art. 1.022.** Cabem embargos de declaração contra qualquer decisão judicial para: I - esclarecer obscuridade ou eliminar contradição; II - suprir omissão de ponto ou questão sobre o qual devia se pronunciar o juiz de ofício ou a requerimento; III - corrigir erro material. Parágrafo único. Considera-se omissa a decisão que: I - deixe de se manifestar sobre tese firmada em julgamento de casos repetitivos ou em incidente de assunção de competência aplicável ao caso sob julgamento; II - incorra em qualquer das condutas descritas no art. 489, § 1º.	CAPÍTULO V DOS EMBARGOS DE DECLARAÇÃO **Art. 535.** Cabem embargos de declaração quando: (Redação dada pela Lei nº 8.950, de 13.12.1994) I - houver, na sentença ou no acórdão, obscuridade ou contradição; (Redação dada pela Lei nº 8.950, de 13.12.1994) II - for omitido ponto sobre o qual devia pronunciar-se o juiz ou tribunal. (Redação dada pela Lei nº 8.950, de 13.12.1994)

Importante mudança no regime dos embargos de declaração está no *caput* do artigo 1.022 do NCPC e refere-se à alteração dos termos "sentença ou acórdão" constante no artigo 535 do CPC/73 para o termo "decisão", afastando a interpretação de que as decisões interlocutórias não seriam atacáveis através desses embargos.

O NCPC aprimora o instituto, ampliando sua incidência, prevendo embargos quando não houver manifestação sobre tese firmada em julgamento de casos repetitivos ou em incidente de assunção de competência aplicável ao caso sob julgamento (item I) e em face de decisão não fundamentada (item II), ambos do parágrafo único deste artigo, bem como para correção de erro material e, ainda, procura delimitar o conceito de omissão.

NOVO CÓDIGO DE PROCESSO CIVIL	CÓDIGO DE PROCESSO CIVIL DE 1973
Art. 1.023. Os embargos serão opostos, no prazo de 5 (cinco) dias, em petição dirigida ao juiz, com indicação do erro, obscuridade, contradição ou omissão, e não se sujeitam a preparo. § 1º Aplica-se aos embargos de declaração o art. 229. § 2º O juiz intimará o embargado para, querendo, manifestar-se, no prazo de 5 (cinco) dias, sobre os embargos opostos, caso seu eventual acolhimento implique a modificação da decisão embargada.	**Art. 536.** Os embargos serão opostos, no prazo de 5 (cinco) dias, em petição dirigida ao juiz ou relator, com indicação do ponto obscuro, contraditório ou omisso, não estando sujeitos a preparo. (Redação dada pela Lei nº 8.950, de 13.12.1994)

Mantido o prazo de 5 (cinco) dias, sem necessidade de preparo, sendo o prazo em dobro para litisconsortes com procuradores diversos (art. 229 da nova legislação). O parágrafo 2º positiva o que já vinha sendo praticado pelos tribunais, em atenção aos postulados da ampla defesa e contraditório, nos casos em que os embargos de declaração possibilitarem a modificação do teor da decisão embargada[10].

NOVO CÓDIGO DE PROCESSO CIVIL	CÓDIGO DE PROCESSO CIVIL DE 1973
Art. 1.024. O juiz julgará os embargos em 5 (cinco) dias. § 1º Nos tribunais, o relator apresentará os embargos em mesa na sessão subsequente, proferindo voto, e, não havendo julgamento nessa sessão, será o recurso incluído em pauta automaticamente. § 2º Quando os embargos de declaração forem opostos contra decisão de relator ou outra decisão unipessoal proferida em tribunal, o órgão prolator da decisão embargada decidi-los-á monocraticamente. § 3º O órgão julgador conhecerá dos embargos de declaração como agravo interno se entender ser este o recurso cabível, desde que determine previamente a intimação do recorrente para, no prazo de 5 (cinco) dias, complementar as razões recursais, de modo a ajustá-las às exigências do art. 1.021, § 1º.	**Art. 537.** O juiz julgará os embargos em 5 (cinco) dias; nos tribunais, o relator apresentará os embargos em mesa na sessão subseqüente, proferindo voto. (Redação dada pela Lei nº 8.950, de 13.12.1994)

10 Neste sentido: EDcl Ag 1.058.786/SP, Rel. Min. Luiz Fux, Primeira Turma, DJe 1º/12/2010.

§ 4º Caso o acolhimento dos embargos de declaração implique modificação da decisão embargada, o embargado que já tiver interposto outro recurso contra a decisão originária tem o direito de complementar ou alterar suas razões, nos exatos limites da modificação, no prazo de 15 (quinze) dias, contado da intimação da decisão dos embargos de declaração. § 5º Se os embargos de declaração forem rejeitados ou não alterarem a conclusão do julgamento anterior, o recurso interposto pela outra parte antes da publicação do julgamento dos embargos de declaração será processado e julgado independentemente de ratificação.	

Importante alteração é a determinação no sentido de que no julgamento dos embargos junto aos tribunais, eles sejam incluídos em pauta automaticamente caso não sejam julgados após serem apresentados em mesa na sessão seguinte à sua oposição.

Destacam-se as hipóteses de embargos de declaração ofertados contra decisão monocrática do relator, em que o § 2º do artigo 1.024 do NCPC indica que este deverá julgá-lo também monocraticamente.

O parágrafo 3º possibilita a conversão dos embargos em agravo interno, permitindo ao recorrente a adaptação do recurso para aquele fim[11], sendo muito bem recebida tal proposição.

O parágrafo 4º, por sua vez, cuida da complementação do recurso já interposto, no prazo de quinze dias, se os embargos da parte contrária forem acolhidos com efeitos modificativos, enquanto o parágrafo 5º aduz que não haverá necessidade de ratificação do recurso interposto, se os embargos não forem acolhidos, clareando melhor estas questões.

NOVO CÓDIGO DE PROCESSO CIVIL	CÓDIGO DE PROCESSO CIVIL DE 1973
Art. 1.025. Consideram-se incluídos no acórdão os elementos que o embargante suscitou, para fins de pré-questionamento, ainda que os embargos de declaração sejam inadmitidos ou rejeitados, caso o tribunal superior considere existentes erro, omissão, contradição ou obscuridade.	Sem correspondente.

11 BUENO, Cássio Scarpinella. Op. cit., p. 492.

O dispositivo em tela não possui correspondente no CPC/73 e procura resolver um problema que, hoje, vem sendo tratado nos enunciados de Súmula nº 282[12] e 356[13] do STF e e nº 211[14] do STJ.

O novo dispositivo procura reconhecer o denominado "prequestionamento ficto" e resolver o problema de interpretação relacionado à falta de harmonia no tratamento da matéria. Com esta redação, procura-se evitar que seja necessária a reiteração de embargos de declaração para sanar a omissão do julgado quanto à questão a ser prequestionada.

NOVO CÓDIGO DE PROCESSO CIVIL	CÓDIGO DE PROCESSO CIVIL DE 1973
Art. 1.026. Os embargos de declaração não possuem efeito suspensivo e interrompem o prazo para a interposição de recurso. § 1º A eficácia da decisão monocrática ou colegiada poderá ser suspensa pelo respectivo juiz ou relator se demonstrada a probabilidade de provimento do recurso ou, sendo relevante a fundamentação, se houver risco de dano grave ou de difícil reparação. § 2º Quando manifestamente protelatórios os embargos de declaração, o juiz ou o tribunal, em decisão fundamentada, condenará o embargante a pagar ao embargado multa não excedente a dois por cento sobre o valor atualizado da causa. § 3º Na reiteração de embargos de declaração manifestamente protelatórios, a multa será elevada a até dez por cento sobre o valor atualizado da causa, e a interposição de qualquer recurso ficará condicionada ao depósito prévio do valor da multa, à exceção da Fazenda Pública e do beneficiário de gratuidade da justiça, que a recolherão ao final. § 4º Não serão admitidos novos embargos de declaração se os 2 (dois) anteriores houverem sido considerados protelatórios.	**Art. 538.** Os embargos de declaração interrompem o prazo para a interposição de outros recursos, por qualquer das partes. (Redação dada pela Lei nº 8.950, de 13.12.1994) Parágrafo único. Quando manifestamente protelatórios os embargos, o juiz ou o tribunal, declarando que o são, condenará o embargante a pagar ao embargado multa não excedente de 1% (um por cento) sobre o valor da causa. Na reiteração de embargos protelatórios, a multa é elevada a até 10% (dez por cento), ficando condicionada a interposição de qualquer outro recurso ao depósito do valor respectivo. (Redação dada pela Lei nº 8.950, de 13.12.1994)

12 Enunciado de Súmula nº 282 do STF: "É inadmissível o recurso extraordinário quando não ventilada, na decisão recorrida, a questão federal suscitada".

13 Enunciado de Súmula nº 356 do STF: "O ponto omisso da decisão, sobre o qual não foram opostos embargos declaratórios, não pode ser objeto de recurso extraordinário, por faltar o requisito do prequestionamento".

14 Enunciado de Súmula nº 211 do STJ: "Inadmissível recurso especial quanto à questão que, a despeito da oposição de embargos declaratórios, não foi apreciada pelo tribunal a quo".

Pela nova lei, fica mantida a interrupção dos prazos para os demais recursos, afastando o efeito suspensivo ao recurso, fora as hipóteses insertas no parágrafo 1º, em que o relator poderá deferir tal efeito, se houver probabilidade de provimento do recurso ou se, sendo relevante a fundamentação, houver risco de dano irreparável ou de difícil reparação. Isso reforça a efetividade das decisões e torna expressa a questão.

O parágrafo 2º estabelece a imposição de multa, se protelatórios os embargos. O parágrafo 3º também trata das sanções pela utilização irregular do instituto, possibilitando o aumento do valor da multa em até dez por cento sobre o valor atualizado da causa e exige o seu pagamento para que novos recursos sejam admitidos, o que sofre crítica de Cássio Scarpinella Bueno[15]. O parágrafo 4º inova ao proibir novos embargos quando dois anteriores tiverem sido considerados protelatórios.

NOVO CÓDIGO DE PROCESSO CIVIL	CÓDIGO DE PROCESSO CIVIL DE 1973
CAPÍTULO VI DOS RECURSOS PARA O SUPREMO TRIBUNAL FEDERAL E PARA O SUPERIOR TRIBUNAL DE JUSTIÇA **Seção I** **Do Recurso Ordinário** **Art. 1.027.** Serão julgados em recurso ordinário: I - pelo Supremo Tribunal Federal, os mandados de segurança, os habeas data e os mandados de injunção decididos em única instância pelos tribunais superiores, quando denegatória a decisão; II - pelo Superior Tribunal de Justiça: a) os mandados de segurança decididos em única instância pelos tribunais regionais federais ou pelos tribunais de justiça dos Estados e do Distrito Federal e Territórios, quando denegatória a decisão; b) os processos em que forem partes, de um lado, Estado estrangeiro ou organismo internacional e, de outro, Município ou pessoa residente ou domiciliada no País. § 1º Nos processos referidos no inciso II, alínea "b", contra as decisões interlocutórias caberá agravo de instrumento dirigido ao Superior Tribunal de Justiça, nas hipóteses do art. 1.015. § 2º Aplica-se ao recurso ordinário o disposto nos arts. 1.013, § 3º, e 1.029, § 5º.	CAPÍTULO VI DOS RECURSOS PARA O SUPREMO TRIBUNAL FEDERAL E O SUPERIOR TRIBUNAL DE JUSTIÇA (Redação dada pela Lei nº 8.950, de 13.12.1994) Seção I Dos Recursos Ordinários **Art. 539.** Serão julgados em recurso ordinário: (Redação dada pela Lei nº 8.950, de 13.12.1994) I - pelo Supremo Tribunal Federal, os mandados de segurança, os habeas data e os mandados de injunção decididos em única instância pelos Tribunais superiores, quando denegatória a decisão; (Redação dada pela Lei nº 8.950, de 13.12.1994) II - pelo Superior Tribunal de Justiça:(Redação dada pela Lei nº 8.950, de 13.12.1994) a) os mandados de segurança decididos em única instância pelos Tribunais Regionais Federais ou pelos Tribunais dos Estados e do Distrito Federal e Territórios, quando denegatória a decisão; (Incluído pela Lei nº 8.950, de 13.12.1994) b) as causas em que forem partes, de um lado, Estado estrangeiro ou organismo internacional e, do outro, Município ou pessoa residente ou domiciliada no País. (Incluído pela Lei nº 8.950, de 13.12.1994) Parágrafo único. Nas causas referidas no inciso II, alínea b, caberá agravo das decisões interlocutórias. (Incluído pela Lei nº 8.950, de 13.12.1994)

15 Para esse autor, as sanções devem ser pensadas em perspectiva diversa, considerando exagero também a "limitação" do número de embargos declaratórios, quando protelatórios. In BUENO, Cássio Scarpinella. Op. cit., p. 495.

O artigo 1.027 do NCPC trata do recurso ordinário, previsto constitucionalmente para impugnar as decisões previstas nos artigos 102, II, e 105, II, da CRFB/88, tendo seu correspondente no artigo 539 do CPC/73"[16]. Há previsão expressa de aplicação da teoria da causa ou processo maduro (art. 1.013, § 3º), apesar de decisão do STF não ter admitido a aplicação de tal teoria no julgado RMS 26.615[17], bem como da concessão de efeito suspensivo *ope iudicis*.

NOVO CÓDIGO DE PROCESSO CIVIL	CÓDIGO DE PROCESSO CIVIL DE 1973
Art. 1.028. Ao recurso mencionado no art. 1.027, inciso II, alínea "b", aplicam-se, quanto aos requisitos de admissibilidade e ao procedimento, as disposições relativas à apelação e o Regimento Interno do Superior Tribunal de Justiça. § 1º Na hipótese do art. 1.027, § 1º, aplicam-se as disposições relativas ao agravo de instrumento e o Regimento Interno do Superior Tribunal de Justiça. § 2º O recurso previsto no art. 1.027, incisos I e II, alínea "a", deve ser interposto perante o tribunal de origem, cabendo ao seu presidente ou vice-presidente determinar a intimação do recorrido para, em 15 (quinze) dias, apresentar as contrarrazões. § 3º Findo o prazo referido no § 2º, os autos serão remetidos ao respectivo tribunal superior, independentemente de juízo de admissibilidade.	**Art. 540.** Aos recursos mencionados no artigo anterior aplica-se, quanto aos requisitos de admissibilidade e ao procedimento no juízo de origem, o disposto nos Capítulos II e III deste Título, observando-se, no Supremo Tribunal Federal e no Superior Tribunal de Justiça, o disposto nos seus regimentos internos. (Redação dada pela Lei nº 8.950, de 13.12.1994)

Não exige requisito de admissibilidade especial, além daqueles exigidos para os demais recursos, possibilitando a análise de matéria fática e não somente sobre as questões legais. O dispositivo procura aperfeiçoar o que já está elencado no CPC/73 (art. 540) quanto ao modo como deverá ser processado o recurso ordinário. Aliás, este é o recurso que praticamente não sofreu modificações.

---

16 JUNIOR, Luiz Manoel Gomes; CHUEIRI, Miriam Fecchio. O sistema recursal na proposta do novo código de processo civil, *apud* CÂMARA, Alexandre; JUNIOR, Antonio Pereira Gaio: *Novo CPC – reflexões e perspectivas*. Belo Horizonte: Del Rey, 2014, p. 205.

17 STF. RMS 26.615, Rel. Min. Eros Grau, Primeira Turma, j. 20/05/2008 – "2. Inaplicabilidade do art. 515, § 3º, do CPC – inserido no capítulo da apelação – aos casos de recurso ordinário em mandado de segurança, visto tratar-se de competência definida no texto constitucional".

NOTAS AOS ARTIGOS 1.029 A 1.072

Igor Ramos Rosa
Marcelo Pereira de Almeida

NOVO CÓDIGO DE PROCESSO CIVIL	CÓDIGO DE PROCESSO CIVIL DE 1973
Seção II **Do Recurso Extraordinário e do Recurso Especial** Subseção I Disposições Gerais **Art. 1.029.** O recurso extraordinário e o recurso especial, nos casos previstos na Constituição Federal, serão interpostos perante o presidente ou o vice-presidente do tribunal recorrido, em petições distintas que conterão: I - a exposição do fato e do direito; II - a demonstração do cabimento do recurso interposto; III - as razões do pedido de reforma ou de invalidação da decisão recorrida. § 1º Quando o recurso fundar-se em dissídio jurisprudencial, o recorrente fará a prova da divergência com a certidão, cópia ou citação do repositório de jurisprudência, oficial ou credenciado, inclusive em mídia eletrônica, em que houver sido publicado o acórdão divergente, ou ainda com a reprodução de julgado disponível na rede mundial de computadores, com indicação da respectiva fonte, devendo-se, em qualquer caso, mencionar as circunstâncias que identifiquem ou assemelhem os casos confrontados. ~~§ 2º Quando o recurso estiver fundado em dissídio jurisprudencial, é vedado ao tribunal inadmiti-lo com base em fundamento genérico de que as circunstâncias fáticas são diferentes, sem demonstrar a existência da distinção.~~ § 2º (Revogado). (Redação dada pela Lei nº 13.256, de 2016) § 3º O Supremo Tribunal Federal ou o Superior Tribunal de Justiça poderá desconsiderar vício formal de recurso tempestivo ou determinar sua correção, desde que não o repute grave.	Seção II Do Recurso Extraordinário e do Recurso Especial (Redação dada pela Lei nº 8.950, de 1994) **Art. 541.** O recurso extraordinário e o recurso especial, nos casos previstos na Constituição Federal, serão interpostos perante o presidente ou o vice-presidente do tribunal recorrido, em petições distintas, que conterão: (Revigorado e com redação dada pela Lei nº 8.950, de 13.12.1994) I - a exposição do fato e do direito; (Incluído pela Lei nº 8.950, de 13.12.1994) II - a demonstração do cabimento do recurso interposto; (Incluído pela Lei nº 8.950, de 13.12.1994) III - as razões do pedido de reforma da decisão recorrida. (Incluído pela Lei nº 8.950, de 13.12.1994) Parágrafo único. Quando o recurso fundar-se em dissídio jurisprudencial, o recorrente fará a prova da divergência mediante certidão, cópia autenticada ou pela citação do repositório de jurisprudência, oficial ou credenciado, inclusive em mídia eletrônica, em que tiver sido publicada a decisão divergente, ou ainda pela reprodução de julgado disponível na Internet, com indicação da respectiva fonte, mencionando, em qualquer caso, as circunstâncias que identifiquem ou assemelhem os casos confrontados.(Redação dada pela Lei nº 11.341, de 2006).

§ 4º Quando, por ocasião do processamento do incidente de resolução de demandas repetitivas, o presidente do Supremo Tribunal Federal ou do Superior Tribunal de Justiça receber requerimento de suspensão de processos em que se discuta questão federal constitucional ou infraconstitucional, poderá, considerando razões de segurança jurídica ou de excepcional interesse social, estender a suspensão a todo o território nacional, até ulterior decisão do recurso extraordinário ou do recurso especial a ser interposto. § 5º O pedido de concessão de efeito suspensivo a recurso extraordinário ou a recurso especial poderá ser formulado por requerimento dirigido: I - ~~ao tribunal superior respectivo, no período compreendido entre a interposição do recurso e sua distribuição, ficando o relator designado para seu exame prevento para julgá-lo;~~ I - ao tribunal superior respectivo, no período compreendido entre a publicação da decisão de admissão do recurso e sua distribuição, ficando o relator designado para seu exame prevento para julgá-lo; (Redação dada pela Lei nº 13.256/2016); II - ao relator, se já distribuído o recurso; III - ~~ao presidente ou vice-presidente do tribunal local, no caso de o recurso ter sido sobrestado, nos termos do art. 1.037.~~ III - ao presidente ou ao vice-presidente do tribunal recorrido, no período compreendido entre a interposição do recurso e a publicação da decisão de admissão do recurso, assim como no caso de o recurso ter sido sobrestado, nos termos do art. 1.037. (Redação dada pela Lei nº 13.256/2016)	

O artigo 1.029 do NCPC trata das regras de interposição de recurso especial e extraordinário, sem mudança substancial em relação ao caput do artigo 541 do CPC/73.

Modificações substanciais são percebidas nos parágrafos. A primeira diz respeito à forma de demonstração da divergência nos recursos com fundamento em dissídio jurisprudencial, pois na redação do § 1º do artigo em comento, não se faz mais referência à exigência de cópia autenticada, mas apenas cópias de acórdãos divergentes, e foi substituído o vocábulo "internet" por "rede mundial de computadores" quando a nova legislação aborda a prova do dissídio jurisprudencial.

O § 2º do artigo 1.029 indicava a necessidade de fundamentação adequada para a decisão de inadmissão do recurso excepcional fundado em dissídio jurisprudencial, visando evitar que o tribunal faça um juízo negativo de admissibilidade *"com base em fundamento genérico de que as circunstâncias fáticas são diferentes, sem demons-*

trar a existência da distinção."(grifo nosso). Este parágrafo estava em consonância com uma das diretrizes do NCPC em valorizar a fundamentação das decisões judiciais e evitar as decisões genéricas, principalmente em juízo negativo de admissibilidade desses recursos, que se tornaram muito comuns. Porém, o referido parágrafo foi revogado pela Lei nº 13.256/16, fragmentando, assim, o intento do legislador originário do NCPC de evitar decisões arbitrárias. Parece, contudo, que apesar da revogação, o dever de fundamentação para decisões dessa natureza permanece incólume, uma vez que o artigo 489, § 1º do NCPC não sofreu qualquer alteração e vale como comando de dever de fundamentação adequada para quaisquer decisões judiciais, mas essa revogação dá um sinal de que é possível o legislador esvaziar essa garantia do processo justo, o que pode frustrar as conquistas do NCPC.

O § 3º do artigo 1.029 dispõe que o recurso, em caso de vício formal, poderá ser emendado ou mesmo ter o vício desconsiderado, desde que interposto tempestivamente e que não seja grave, em prol da instrumentalidade das formas.

Nos casos de incidente de resolução de demandas repetitivas, sendo recebido pedido de suspensão de processo, com questão federal constitucional ou infraconstitucional, por segurança jurídica e razões de excepcional interesse social, o deferimento terá efeito *erga omnes* até ulterior decisão do recurso extraordinário ou recurso especial interposto, conforme prevê o § 4º.

Por fim, o § 5º dispõe que o requerimento de efeito suspensivo do recurso extraordinário ou do especial será dirigido a autoridades diferentes, a depender da ocasião processual em que o recurso se encontre. Essa regra, conforme apontado por Cassio Scarpinella Bueno, foi criada para acabar com os problemas práticos criados pela falta de regulamentação do CPC/73 e que os verbetes sumulados do STF 634 e 635 também não foram capazes de superar.[1]

O inciso I do parágrafo em tela, dispunha que o pedido de efeito suspensivo para os recursos especial e extraordinário seria direcionado ao Tribunal Superior respectivo *"no período compreendido entre a interposição do recurso e sua distribuição, ficando o relator designado para seu exame prevento para julgá-lo"*(grifo nosso), disposição essa que contrariava a orientação firmada pelo STF consolidada nos verbetes 634[2] e 635[3] da sua súmula. O referido inciso foi alterado pela Lei nº 13.256/16, cuja redação passou se alinhar a mencionada orientação do STF, passando a indicar que o requerimento de efeito suspensivo ao recurso excepcional será direcionado *"ao tribunal superior respectivo, no período compreendido entre a publicação da decisão de admissão do recurso e sua distribuição, ficando o relator designado para seu exame prevento para julgá-lo"*(grifo nosso), ou seja, só após o

---

1 BUENO, Cassio Scarpinella. Novo Código de Processo Civil Anotado. São Paulo: Saraiva. 2015. p. 668

2 Não compete ao Supremo Tribunal Federal conceder medida cautelar para dar efeito suspensivo ao recurso extraordinário que ainda não foi objeto de juízo de admissibilidade na origem.

3 Cabe ao Presidente do Tribunal de origem decidir o pedido de medida cautelar em recurso extraordinário ainda pendente do seu juízo de admissibilidade.

juízo de admissibilidade positivo, o Tribunal Superior terá competência para avaliar o pedido de efeito suspensivo desses recursos.

E, para evitar quaisquer dúvidas quanto à competência para a avaliação do pedido de efeito suspensivo desses recursos antes da formalização do juízo de admissibilidade positivo, a Lei nº 13.256/16 alterou também o inciso III do § 5º do artigo 1.029, dispondo expressamente que essa competência será do *"presidente ou vice-presidente do tribunal recorrido, no período compreendido entre a interposição do recurso e a publicação da decisão de admissão do recurso..."*(grifo nosso), mantendo a regra que constava no inciso alterado para as hipóteses de sobrestamento dos recursos no tribunal de origem em caso de afetação para o julgamento de recursos repetitivos.

NOVO CÓDIGO DE PROCESSO CIVIL	CÓDIGO DE PROCESSO CIVIL DE 1973
~~**Art. 1.030.** Recebida a petição do recurso pela secretaria do tribunal, o recorrido será intimado para apresentar contrarrazões no prazo de 15 (quinze) dias, findo o qual os autos serão remetidos ao respectivo tribunal superior.~~ ~~Parágrafo único. A remessa de que trata o caput dar-se-á independentemente de juízo de admissibilidade.~~ **Art. 1.030.** Recebida a petição do recurso pela secretaria do tribunal, o recorrido será intimado para apresentar contrarrazões no prazo de 15 (quinze) dias, findo o qual os autos serão conclusos ao presidente ou ao vice-presidente do tribunal recorrido, que deverá: (Redação dada pela Lei nº 13.256, de 2016) I – negar seguimento: (Incluído pela Lei nº 13.256, de 2016) a) a recurso extraordinário que discuta questão constitucional à qual o Supremo Tribunal Federal não tenha reconhecido a existência de repercussão geral ou a recurso extraordinário interposto contra acórdão que esteja em conformidade com entendimento do Supremo Tribunal Federal exarado no regime de repercussão geral; (Incluída pela Lei nº 13.256, de 2016) b) a recurso extraordinário ou a recurso especial interposto contra acórdão que esteja em conformidade com entendimento do Supremo Tribunal Federal ou do Superior Tribunal de Justiça, respectivamente, exarado no regime de julgamento de recursos repetitivos; (Incluída pela Lei nº 13.256, de 2016) II – encaminhar o processo ao órgão julgador para realização do juízo de retratação, se o acórdão recorrido divergir do entendimento do Supremo Tribunal Federal ou do Superior Tribunal de Justiça exarado, conforme o caso, nos regimes de repercussão geral ou de recursos repetitivos; (Incluído pela Lei nº 13.256, de 2016) III – sobrestar o recurso que versar sobre controvérsia de caráter repetitivo ainda não decidida pelo Supremo Tribunal Federal ou pelo Superior Tribunal de Justiça, conforme se trate de matéria constitucional ou infraconstitucional; (Incluído pela Lei nº 13.256, de 2016)	**Art. 542.** Recebida a petição pela secretaria do tribunal, será intimado o recorrido, abrindo-se-lhe vista, para apresentar contra-razões. (Redação dada pela Lei nº 10.352, de 26.12.2001) § 1° Findo esse prazo, serão os autos conclusos para admissão ou não do recurso, no prazo de 15 (quinze) dias, em decisão fundamentada. (Incluído pela Lei nº 8.950, de 13.12.1994) § 2° Os recursos extraordinário e especial serão recebidos no efeito devolutivo. (Incluído pela Lei nº 8.950, de 13.12.1994)

IV – selecionar o recurso como representativo de controvérsia constitucional ou infraconstitucional, nos termos do § 6º do art. 1.036; (Incluído pela Lei nº 13.256, de 2016) V – realizar o juízo de admissibilidade e, se positivo, remeter o feito ao Supremo Tribunal Federal ou ao Superior Tribunal de Justiça, desde que: (Incluído pela Lei nº 13.256, de 2016) a) o recurso ainda não tenha sido submetido ao regime de repercussão geral ou de julgamento de recursos repetitivos; (Incluída pela Lei nº 13.256, de 2016) b) o recurso tenha sido selecionado como representativo da controvérsia; ou (Incluída pela Lei nº 13.256, de 2016) c) o tribunal recorrido tenha refutado o juízo de retratação. § 1º Da decisão de inadmissibilidade proferida com fundamento no inciso V caberá agravo ao tribunal superior, nos termos do art. 1.042. (Incluído pela Lei nº 13.256, de 2016) § 2º Da decisão proferida com fundamento nos incisos I e III caberá agravo interno, nos termos do art. 1.021. (Incluído pela Lei nº 13.256, de 2016)	§ 3º O recurso extraordinário, ou o recurso especial, quando interpostos contra decisão interlocutória em processo de conhecimento, cautelar, ou embargos à execução ficará retido nos autos e somente será processado se o reiterar a parte, no prazo para a interposição do recurso contra a decisão final, ou para as contra-razões. (Incluído pela Lei nº 9.756, de 17.12.1998)

O artigo 1.030 do NCPC trouxe significativa alteração na sistemática dos recursos excepcionais em relação à competência e à dinâmica da avaliação na admissibilidade desses recursos, pois suprimiu o duplo juízo de admissibilidade feito num primeiro momento pelo órgão a quo (tribunal que proferiu a decisão recorrida) e posteriormente pelo órgão ad quem (STJ ou STF conforme o caso), direcionando esse juízo de valor diretamente para os Tribunais Superiores, como não deixava dúvidas a redação do parágrafo único do artigo em tela.

A mudança no sistema da admissibilidade dos recursos excepcionais prevista no NCPC gerou muitas preocupações por parte, sobretudo, dos ministros dos Tribunais Superiores que manifestavam o receio de ampliação desarrazoada da carga de recursos para esses tribunais que se encontram com a carga de processos bem elevada.

Sob essa influência, a Lei nº 13.256/16 modificou o artigo 1.030, inserindo parágrafos e incisos, no intuito de reestabelecer a competência dos tribunais de origem para realizar um primeiro juízo de admissibilidade, como acontecia na vigência do CPC/73. Na justificativa do PL 168, convertido na Lei nº 13.256/16, consta que a medida se justificaria diante da relevante função de filtro preclusivo do exame de admissibilidade nos tribunais locais.[4] No discurso de justificação, o legislador apresentou informações do Superior Tribunal de Justiça no sentido de que cerca de "48% (quarenta e oito por cento) dos recursos especiais interpostos na origem não foram remetidos àquela corte. Isso significa que de 452,7 mil recursos especiais, 78 mil foram admitidos, mas 146,8 mil foram trancados ainda nos tribunais locais e sem a interposição de agravo."[5]

Ressalte-se que além de restabelecer a competência para a realização do juízo de admissibilidade aos tribunais de origem, a Lei nº 13.256/16 traçou detalhadamente nos incisos e parágrafos acrescentados, as diretrizes a serem observadas pelos Presidentes ou Vice-Presidentes de tribunais na cognição acerca da admissibilidade desses recursos.

---

4 Justificativa do PL nº 168/15. Disponível em www.camara.gov.br. Acesso em 10/02/2016.

5 Idem.

No inciso I do artigo 1.030, consta o imperativo de negativa de seguimento nos casos em que o recurso extraordinário que discuta questão constitucional à qual o Supremo Tribunal Federal não tenha reconhecido a existência de repercussão geral ou a recurso extraordinário interposto contra acórdão que esteja em conformidade com entendimento do Supremo Tribunal Federal exarado no regime de repercussão geral (alínea a); ou o recurso extraordinário ou a recurso especial interposto contra acórdão que esteja em conformidade com entendimento do Supremo Tribunal Federal ou do Superior Tribunal de Justiça, respectivamente, exarado no regime de julgamento de recursos repetitivos (alínea b). Proposta que visa fortalecer o regime da repercussão geral e do processamento de recursos excepcionais repetitivos.

No inciso II do artigo em comento, o legislador procurou orientar o Presidente ou Vice- Presidente no sentido de encaminhar o processo ao órgão julgador para realização do juízo de retratação, se o acórdão recorrido divergir do entendimento do Supremo Tribunal Federal ou do Superior Tribunal de Justiça exarado, conforme o caso, nos regimes de repercussão geral ou de recursos repetitivos, visando, da mesma forma não dispersar o regime de processamento dos recursos excepcionais repetitivos, vindo na mesma linha o inciso IV que determina a realização da seleção do representativo da controvérsia para ser afetado no STJ ou STF conforme o caso.

E o inciso V, indica ao Presidente ou ao Vice-Presidente que realize o juízo de admissibilidade aos recursos e, em caso positivo, remeta ao Tribunal Superior respectivo caso o recurso ainda não tenha sido submetido ao regime de repercussão geral ou de julgamento de recursos repetitivos; o recurso tenha sido selecionado como representativo da controvérsia; ou o tribunal recorrido tenha refutado o juízo de retratação.

Percebe-se que o legislador, neste particular foi bem criterioso ao apontar de forma detalhada a postura a ser adotada pelos Presidentes ou Vice-Presidentes dos tribunais que proferem as decisões que serão atacadas pelos recursos excepcionais, de sorte a não frustrar a proposta de eficiência almejada pela implementação do modelo de recursos repetitivos.[6]

O § 1º do artigo 1.030, acrescentado pela Lei nº 13.256/16 restaurou o cabimento mais amplo do agravo em recurso especial ou extraordinário, na medida em que, o juízo de admissibilidade desses recursos, conforme apontado, retornou aos tribunais de origem e, faz indicação da previsão do agravo do artigo 1.042, que também foi alterado pela lei em comento, justamente para se adequar a essa nova realidade. Os comentários das alterações feitas no artigo 1.042 pela Lei 13.256/16 constam nas notas do referido artigo, na qual remetemos o leitor.

A Lei nº 13.256/16 acrescentou, ainda, o § 2º ao artigo 1.030 apontando que caberá agravo interno, nos termos do artigo 1.021 do NCPC, contra decisão monocrática prevista nos incisos I e III do artigo 1.030. Esse parágrafo traz mais uma hipótese de cabimento de

6 Sobre críticas ao modelo de processamento de casos repetitivos conferir ALMEIDA, Marcelo Pereira de. Precedentes Judiciais: Análise crítica dos métodos empregados no Brasil para a resolução de demandas de massa. Curitiba: Juruá. 2014.

agravo interno, mas de forma curiosa contra ato de Presidente ou Vice-Presidente que não estariam compreendidas nas hipóteses do artigo 1.021, uma vez que o referido artigo indica expressamente que o alvo do agravo interno seria decisão de relator.

NOVO CÓDIGO DE PROCESSO CIVIL	CÓDIGO DE PROCESSO CIVIL DE 1973
Art. 1.031. Na hipótese de interposição conjunta de recurso extraordinário e recurso especial, os autos serão remetidos ao Superior Tribunal de Justiça. § 1º Concluído o julgamento do recurso especial, os autos serão remetidos ao Supremo Tribunal Federal para apreciação do recurso extraordinário, se este não estiver prejudicado. § 2º Se o relator do recurso especial considerar prejudicial o recurso extraordinário, em decisão irrecorrível, sobrestará o julgamento e remeterá os autos ao Supremo Tribunal Federal. § 3º Na hipótese do § 2º, se o relator do recurso extraordinário, em decisão irrecorrível, rejeitar a prejudicialidade, devolverá os autos ao Superior Tribunal de Justiça para o julgamento do recurso especial.	**Art. 543.** Admitidos ambos os recursos, os autos serão remetidos ao Superior Tribunal de Justiça. (Revigorado e com redação dada pela Lei nº 8.950, de 13.12.1994) § 1° Concluído o julgamento do recurso especial, serão os autos remetidos ao Supremo Tribunal Federal, para apreciação do recurso extraordinário, se este não estiver prejudicado. (Revigorado e alterado pela Lei nº 8.950, de 13.12.1994) § 2° Na hipótese de o relator do recurso especial considerar que o recurso extraordinário é prejudicial àquele, em decisão irrecorrível sobrestará o seu julgamento e remeterá os autos ao Supremo Tribunal Federal, para o julgamento do recurso extraordinário. (Revigorado e alterado pela Lei nº 8.950, de 13.12.1994) § 3° No caso do parágrafo anterior, se o relator do recurso extraordinário, em decisão irrecorrível, não o considerar prejudicial, devolverá os autos ao Superior Tribunal de Justiça, para o julgamento do recurso especial. (Revigorado e alterado pela Lei nº 8.950, de 13.12.1994)

O artigo 1.031 do NCPC trata da dinâmica procedimental em caso de interposição concomitante de recurso especial e extraordinário para impugnar o mesmo acórdão, sem modificações substanciais em relação ao disposto no artigo 543 do CPC/73. O dispositivo prevê que neste caso, os recursos serão encaminhados ao Superior Tribunal de Justiça, para a análise do recurso especial e, posteriormente, se não prejudicado o recurso extraordinário, os autos serão enviados ao Supremo Tribunal Federal para a análise do recurso pendente. As demais disposições constantes nos parágrafos indicam a postura do relator em caso de verificação de prejudicialidade de um recurso em relação ao outro sem modificações expressivas em relação ao CPC/73.

NOVO CÓDIGO DE PROCESSO CIVIL	CÓDIGO DE PROCESSO CIVIL DE 1973
Art. 1.032. Se o relator, no Superior Tribunal de Justiça, entender que o recurso especial versa sobre questão constitucional, deverá conceder prazo de 15 (quinze) dias para que o recorrente demonstre a existência de repercussão geral e se manifeste sobre a questão constitucional. Parágrafo único. Cumprida a diligência de que trata o caput, o relator remeterá o recurso ao Supremo Tribunal Federal, que, em juízo de admissibilidade, poderá devolvê-lo ao Superior Tribunal de Justiça.	Sem correspondente.

O artigo 1.032 do NCPC não encontra correspondente no CPC/73 e, diferentemente do artigo 1.031, tem aplicação na hipótese de interposição de recurso especial apenas, mas o relator desse recurso no STJ identifica questão constitucional nas razões que fugiria da competência do tribunal para apreciar. Aparentemente o que se nota é a integração entre os tribunais no que tange à análise de matérias de sua competência. Nesse contexto, identificada questão constitucional nos fundamentos do recurso especial no âmbito do STJ, deverá ser intimado o recorrente para, no prazo de 15 (quinze) dias, demonstrar a repercussão geral do tema e manifestar-se sobre a questão constitucional. Após essa manifestação, o recurso especial "emendado" será enviado ao STF para que realize o juízo de admissibilidade do recurso. Uma vez admitido, será julgado pelo Supremo Tribunal Federal. Caso não seja admitido, será devolvido ao Superior Tribunal de Justiça, conforme o disposto no parágrafo único do artigo 1.031.

O disposto no artigo 1.032 do NCPC revela uma hipótese de previsão do princípio da fungibilidade recursal, presente de forma ampla no CPC/39, mas sem qualquer previsão no CPC/73, embora sob a vigência deste último, os tribunais de forma, mais ou menos tímida, reconhecessem a possibilidade de aplicação em caso de dúvida objetiva a respeito da natureza da decisão impugnada. Esse princípio, que nada mais é do que uma faceta do princípio da instrumentalidade das formas, visa prestigiar mais o conteúdo da manifestação da parte do que a forma. E, no que concerne a utilização adequada dos recursos excepcionais, muitas vezes não se mostra tarefa das mais simples, identificar com precisão se a ofensa normativa apontada pelo recorrente é direta ou reflexa à Constituição, o que se permite inferir que a preocupação do legislador neste particular se mostra bem salutar.

NOVO CÓDIGO DE PROCESSO CIVIL	CÓDIGO DE PROCESSO CIVIL DE 1973
Art. 1.033. Se o Supremo Tribunal Federal considerar como reflexa a ofensa à Constituição afirmada no recurso extraordinário, por pressupor a revisão da interpretação de lei federal ou de tratado, remetê-lo-á ao Superior Tribunal de Justiça para julgamento como recurso especial.	Sem correspondente.

O artigo 1.033 do NCPC apresenta regramento que segue o mesmo contexto do artigo 1.032, mas de forma inversa, o STF pode remeter ao STJ recurso que possua matéria reflexa à ofensa à Constituição ou proponha revisão de lei federal ou de tratado, sendo o recurso extraordinário remetido ao STJ e julgado como recurso especial.

NOVO CÓDIGO DE PROCESSO CIVIL	CÓDIGO DE PROCESSO CIVIL DE 1973
Art. 1.034. Admitido o recurso extraordinário ou o recurso especial, o Supremo Tribunal Federal ou o Superior Tribunal de Justiça julgará o processo, aplicando o direito. Parágrafo único. Admitido o recurso extraordinário ou o recurso especial por um fundamento, devolve-se ao tribunal superior o conhecimento dos demais fundamentos para a solução do capítulo impugnado.	Sem correspondente.

O disposto no caput do artigo 1.034 do NCPC vem na direção dos entendimentos firmados nos Tribunais Superiores, consolidados sobretudo, no verbete 456[7] da súmula do STF, sobre a abrangência do efeito devolutivo nos recursos excepcionais. Indica o dispositivo que o STJ e o STF ao admitir esses recursos, julgará o processo aplicando o direito. Isso significa que juízo de mérito dessa via recursal não se restringe apenas a um juízo de cassação, pode também compreender juízo de revisão.

O parágrafo único segue a linha do verbete 292[8] da Súmula do STF e da mesma forma envolve efeito devolutivo dos recursos excepcionais quanto à profundidade. Aponta o dispositivo que caso o recurso excepcional seja admitido por um fundamento, devolve-se ao tribunal superior o conhecimento dos demais fundamentos para a solução do capítulo impugnado.

NOVO CÓDIGO DE PROCESSO CIVIL	CÓDIGO DE PROCESSO CIVIL DE 1973
Art. 1.035. O Supremo Tribunal Federal, em decisão irrecorrível, não conhecerá do recurso extraordinário quando a questão constitucional nele versada não tiver repercussão geral, nos termos deste artigo. § 1° Para efeito de repercussão geral, será considerada a existência ou não de questões relevantes do ponto de vista econômico, político, social ou jurídico que ultrapassem os interesses subjetivos do processo.	**Art. 543-A.** O Supremo Tribunal Federal, em decisão irrecorrível, não conhecerá do recurso extraordinário, quando a questão constitucional nele versada não oferecer repercussão geral, nos termos deste artigo. (Incluído pela Lei nº 11.418, de 2006). § 1º Para efeito da repercussão geral, será considerada a existência, ou não, de questões relevantes do ponto de vista econômico, político, social ou jurídico, que ultrapassem os interesses subjetivos da causa. (Incluído pela Lei nº 11.418, de 2006).

7 "O Supremo Tribunal Federal, conhecendo do recurso extraordinário, julgará a causa, aplicando o direito à espécie."

8 "Interposto o recurso extraordinário, por mais de um dos fundamentos indicados no artigo 101, n. III, da Constituição, a admissão apenas por um deles não prejudica o seu conhecimento por qualquer dos outros."

<table>
<tr>
<td>§ 2° O recorrente deverá demonstrar a existência de repercussão geral para apreciação exclusiva pelo Supremo Tribunal Federal.
§ 3° Haverá repercussão geral sempre que o recurso impugnar acórdão que:
I - contrarie súmula ou jurisprudência dominante do Supremo Tribunal Federal;
~~II - tenha sido proferido em julgamento de casos repetitivos;~~
II – (Revogado); (Redação dada pela Lei nº 13.256, de 2016)
III - tenha reconhecido a inconstitucionalidade de tratado ou de lei federal, nos termos do art. 97 da Constituição Federal.
§ 4° O relator poderá admitir, na análise da repercussão geral, a manifestação de terceiros, subscrita por procurador habilitado, nos termos do Regimento Interno do Supremo Tribunal Federal.
§ 5° Reconhecida a repercussão geral, o relator no Supremo Tribunal Federal determinará a suspensão do processamento de todos os processos pendentes, individuais ou coletivos, que versem sobre a questão e tramitem no território nacional.
§ 6° O interessado pode requerer, ao presidente ou ao vice-presidente do tribunal de origem, que exclua da decisão de sobrestamento e inadmita o recurso extraordinário que tenha sido interposto intempestivamente, tendo o recorrente o prazo de 5 (cinco) dias para manifestar-se sobre esse requerimento.
~~§ 7º Da decisão que indeferir o requerimento referido no § 6º caberá agravo, nos termos do art. 1.042.~~
§ 7º Da decisão que indeferir o requerimento referido no § 6º ou que aplicar entendimento firmado em regime de repercussão geral ou em julgamento de recursos repetitivos caberá agravo interno. (Redação dada pela Lei nº 13.256, de 2016)
§ 8° Negada a repercussão geral, o presidente ou o vice-presidente do tribunal de origem negará seguimento aos recursos extraordinários sobrestados na origem que versem sobre matéria idêntica.
§ 9° O recurso que tiver a repercussão geral reconhecida deverá ser julgado no prazo de 1 (um) ano e terá preferência sobre os demais feitos, ressalvados os que envolvam réu preso e os pedidos de habeas corpus.
~~§ 10. Não ocorrendo o julgamento no prazo de 1 (um) ano a contar do reconhecimento da repercussão geral, cessa, em todo o território nacional, a suspensão dos processos, que retomarão seu curso normal.~~
§ 10. (Revogado). (Redação dada pela Lei nº 13.256, de 2016)
§ 11. A súmula da decisão sobre a repercussão geral constará de ata, que será publicada no diário oficial e valerá como acórdão.</td>
<td>§ 2º O recorrente deverá demonstrar, em preliminar do recurso, para apreciação exclusiva do Supremo Tribunal Federal, a existência da repercussão geral. (Incluído pela Lei nº 11.418, de 2006).
§ 3º Haverá repercussão geral sempre que o recurso impugnar decisão contrária a súmula ou jurisprudência dominante do Tribunal. (Incluído pela Lei nº 11.418, de 2006).
§ 4º Se a Turma decidir pela existência da repercussão geral por, no mínimo, 4 (quatro) votos, ficará dispensada a remessa do recurso ao Plenário. (Incluído pela Lei nº 11.418, de 2006).
§ 5º Negada a existência da repercussão geral, a decisão valerá para todos os recursos sobre matéria idêntica, que serão indeferidos liminarmente, salvo revisão da tese, tudo nos termos do Regimento Interno do Supremo Tribunal Federal. (Incluído pela Lei nº 11.418, de 2006).
§ 6º O Relator poderá admitir, na análise da repercussão geral, a manifestação de terceiros, subscrita por procurador habilitado, nos termos do Regimento Interno do Supremo Tribunal Federal. (Incluído pela Lei nº 11.418, de 2006).
§ 7º A Súmula da decisão sobre a repercussão geral constará de ata, que será publicada no Diário Oficial e valerá como acórdão. (Incluído pela Lei nº 11.418, de 2006).</td>
</tr>
</table>

O artigo 1.035 do NCPC dispõe sobre a repercussão geral em recurso extraordinário reproduzindo a redação do artigo 543-A do CPC/73, indicando que a decisão acerca da existência ou não desse requisito é irrecorrível. O parágrafo primeiro do artigo em tela reproduz o teor do §1º do artigo 543-A do CPC/73, que procura trazer parâmetros para a identificação da existência de repercussão geral, mantendo sua caracterização, em relação à relevância, ao tratar de aspectos políticos, econômicos, social e jurídicos, e em relação à transcendência, que possui uma vertente qualitativa - o importe da questão debatida para a sistematização e o desenvolvimento do direito - e outra quantitativa - o número de pessoas que podem ser afetadas, no presente ou no futuro, pela questão de direito em discussão na causa.

O parágrafo segundo mantém ao recorrente o ônus de demonstrar em seu recurso a existência de repercussão geral, mas sem reproduzir a regra de exigência formal para essa demonstração em preliminar recursal, podendo ser diluída no corpo das próprias razões.

O parágrafo terceiro trata dos casos em que haverá uma presunção de repercussão geral. Além da hipótese de decisão contrária à súmula, prevista no inciso I do parágrafo em tela, o inciso II indicava que haveria repercussão geral sempre que o recurso contrariasse a tese fixada em julgamento de casos repetitivos. Porém, a Lei nº 13.256/16 revogou expressamente o referido inciso, retirando a presunção de presença desse requisito pelo simples fato de se tratar de julgamento proferido em processos que versam sobre causas repetitivas. Isso não significa que não haverá repercussão geral em situações dessa natureza, apenas o legislador que promoveu a reforma, optou por exigir mais para que este requisito seja identificado. No inciso III do § 3º do artigo 1.035, que vale mencionar, não sofreu alteração, prevê a existência de repercussão geral nos casos em que o recurso impugnar acórdão que questionar decisão que tenha reconhecido a inconstitucionalidade de tratado ou lei federal, nos termos do artigo 97 da Constituição de 1988.

Nos termos do parágrafo quarto, o relator poderá admitir, na análise da repercussão geral, a manifestação de terceiros, subscrita por procurador habilitado e o parágrafo quinto dispõe que, reconhecida a repercussão geral, o relator no STF determinará a suspensão do processamento de todos os processos pendentes sobre a questão, que tramitem em território nacional. Negada a repercussão geral, será negado, na origem, o seguimento dos recursos de mesmo tema, em consonância com a disposição do parágrafo oitavo.

O recurso interposto extemporaneamente, ainda que sobrestado o processamento em razão do § 5º do artigo 1.035 do NCPC, poderá ser inadmitido mediante requerimento ao Presidente ou ao Vice-Presidente do tribunal, devendo ser dada a oportunidade para o recorrente se manifestar a respeito deste requerimento, mediante a previsão do §6º. Quanto à decisão de indeferimento deste requerimento, o parágrafo sétimo do artigo 1.035, previa o cabimento de agravo em recurso extraordinário previsto no artigo 1.042, mas esse parágrafo restou alterado pela Lei nº 13.256/16, passando a prever para a hipótese agravo interno.

Ressalte-se que o texto do parágrafo sétimo incluiu, ainda, o cabimento de agravo interno para as decisões proferidas pelo Presidente ou Vice-Presidente do tribunal de origem que aplicar entendimento firmado em regime de repercussão geral ou em julgamento de recursos repetitivos.

No parágrafo nono do artigo 1.035, o NCPC também inova ao determinar prazo, de um ano, e preferência de julgamento dos recursos com repercussão geral sobre os demais feitos, excetuando aqueles com réu preso e pedidos de habeas corpus. Caso não fosse realizado o julgamento nesse prazo, o parágrafo dez do artigo em comento, previa que a suspensão dos processos gerada pela afetação do recurso com repercussão geral cessaria, com o consequente retorno a tramitação dos processos. Ocorre que o referido parágrafo foi revogado pela Lei nº 13.256/16, tornando a previsão do prazo de um ano prevista no parágrafo nono mera sugestão, pois a inobservância não terá consequências práticas significativas.

NOVO CÓDIGO DE PROCESSO CIVIL	CÓDIGO DE PROCESSO CIVIL DE 1973
Subseção II Do Julgamento dos Recursos Extraordinário e Especial Repetitivos **Art. 1.036.** Sempre que houver multiplicidade de recursos extraordinários ou especiais com fundamento em idêntica questão de direito, haverá afetação para julgamento de acordo com as disposições desta Subseção, observado o disposto no Regimento Interno do Supremo Tribunal Federal e no do Superior Tribunal de Justiça. § 1º O presidente ou o vice-presidente de tribunal de justiça ou de tribunal regional federal selecionará 2 (dois) ou mais recursos representativos da controvérsia, que serão encaminhados ao Supremo Tribunal Federal ou ao Superior Tribunal de Justiça para fins de afetação, determinando a suspensão do trâmite de todos os processos pendentes, individuais ou coletivos, que tramitem no Estado ou na região, conforme o caso. § 2º O interessado pode requerer, ao presidente ou ao vice-presidente, que exclua da decisão de sobrestamento e inadmita o recurso especial ou o recurso extraordinário que tenha sido interposto intempestivamente, tendo o recorrente o prazo de 5 (cinco) dias para manifestar-se sobre esse requerimento.	**Art. 543-B**. Quando houver multiplicidade de recursos com fundamento em idêntica controvérsia, a análise da repercussão geral será processada nos termos do Regimento Interno do Supremo Tribunal Federal, observado o disposto neste artigo. (Incluído pela Lei nº 11.418, de 2006). § 1º Caberá ao Tribunal de origem selecionar um ou mais recursos representativos da controvérsia e encaminhá-los ao Supremo Tribunal Federal, sobrestando os demais até o pronunciamento definitivo da Corte. (Incluído pela Lei nº 11.418, de 2006). § 2º Negada a existência de repercussão geral, os recursos sobrestados considerar-se-ão automaticamente não admitidos. (Incluído pela Lei nº 11.418, de 2006).

~~§ 3º Da decisão que indeferir este requerimento caberá agravo, nos termos do art. 1.042.~~ § 3º Da decisão que indeferir o requerimento referido no § 2º caberá apenas agravo interno. (Redação dada pela Lei nº 13.256, de 2016) § 4º A escolha feita pelo presidente ou vice-presidente do tribunal de justiça ou do tribunal regional federal não vinculará o relator no tribunal superior, que poderá selecionar outros recursos representativos da controvérsia. § 5º O relator em tribunal superior também poderá selecionar 2 (dois) ou mais recursos representativos da controvérsia para julgamento da questão de direito independentemente da iniciativa do presidente ou do vice-presidente do tribunal de origem. § 6º Somente podem ser selecionados recursos admissíveis que contenham abrangente argumentação e discussão a respeito da questão a ser decidida.	**Art. 543-C.** Quando houver multiplicidade de recursos com fundamento em idêntica questão de direito, o recurso especial será processado nos termos deste artigo. (Incluído pela Lei nº 11.672, de 2008). § 1º Caberá ao presidente do tribunal de origem admitir um ou mais recursos representativos da controvérsia, os quais serão encaminhados ao Superior Tribunal de Justiça, ficando suspensos os demais recursos especiais até o pronunciamento definitivo do Superior Tribunal de Justiça. (Incluído pela Lei nº 11.672, de 2008). [...]

O NCPC, em seu artigo 1.036, estabelece, tanto para o recurso especial quanto para o extraordinário, a aplicação das disposições constantes nos seus parágrafos aos casos de multiplicidade de recursos com idêntica questão de direito.

O parágrafo primeiro dispõe que o presidente ou vice-presidente do tribunal de origem selecionará 2 (dois) ou mais recursos representativos da controvérsia, que serão encaminhados ao Supremo Tribunal Federal ou ao Superior Tribunal de Justiça para fins de afetação, determinando a suspensão do trâmite de todos os processos semelhantes pendentes, individuais ou coletivos, em área limitada ao Estado ou à Região, conforme se tratar de Tribunal de Justiça ou de Tribunal Regional. O parágrafo segundo indica que, realizada a suspensão, o interessado poderá requerer a inadmissão de recurso especial ou extraordinário interposto de forma extemporânea, mediante requerimento ao vice-presidente, intimando-se o recorrente para se manifestar no prazo de 5 (cinco) dias.

O parágrafo terceiro do artigo objeto de análise previa que, da decisão proferida com base no parágrafo segundo, caberia agravo em recurso especial ou extraordinário, conforme o caso, pois esse recurso tinha poucas hipóteses de cabimento. Contudo, a Lei 13.256/16 alterou o parágrafo terceiro do artigo 1.036, passando a prever para esta decisão, o agravo interno. As hipóteses de cabimento de agravo em recurso especial e extraordinário foram ampliadas por força da alteração que o artigo 1.042 sofreu pela citada lei, o que pode ser observado com mais detalhes nos comentários do referido artigo constantes nessa obra.

O parágrafo quarto e o parágrafo quinto dispõem que a decisão do tribunal *a quo* referente a escolha dos recursos representativos não vincula o relator no tribunal superior, que poderá selecionar outros recursos para este fim, independente da iniciativa do tribunal *a quo*. O parágrafo sexto esclarece, por fim, que somente podem ser selecionados recursos admissíveis que contenham abrangente argumentação e discussão a respeito da questão a ser decidida.

NOVO CÓDIGO DE PROCESSO CIVIL	CÓDIGO DE PROCESSO CIVIL DE 1973
Art. 1.037. Selecionados os recursos, o relator, no tribunal superior, constatando a presença do pressuposto do caput do art. 1.036, proferirá decisão de afetação, na qual: I - identificará com precisão a questão a ser submetida a julgamento; II - determinará a suspensão do processamento de todos os processos pendentes, individuais ou coletivos, que versem sobre a questão e tramitem no território nacional; III - poderá requisitar aos presidentes ou aos vice-presidentes dos tribunais de justiça ou dos tribunais regionais federais a remessa de um recurso representativo da controvérsia. § 1º Se, após receber os recursos selecionados pelo presidente ou pelo vice-presidente de tribunal de justiça ou de tribunal regional federal, não se proceder à afetação, o relator, no tribunal superior, comunicará o fato ao presidente ou ao vice-presidente que os houver enviado, para que seja revogada a decisão de suspensão referida no art. 1.036, § 1º. ~~§ 2º É vedado ao órgão colegiado decidir, para os fins do art. 1.040, questão não delimitada na decisão a que se refere o inciso I do caput.~~ (Revogado pela Lei nº 13.256, de 2016) § 3º Havendo mais de uma afetação, será prevento o relator que primeiro tiver proferido a decisão a que se refere o inciso I do caput. § 4º Os recursos afetados deverão ser julgados no prazo de 1 (um) ano e terão preferência sobre os demais feitos, ressalvados os que envolvam réu preso e os pedidos de habeas corpus. ~~§ 5º Não ocorrendo o julgamento no prazo de 1 (um) ano a contar da publicação da decisão de que trata o inciso I do caput, cessam automaticamente, em todo o território nacional, a afetação e a suspensão dos processos, que retomarão seu curso normal.~~ (Revogado pela Lei nº 13.256, de 2016) § 6º Ocorrendo a hipótese do § 5º, é permitido a outro relator do respectivo tribunal superior afetar 2 (dois) ou mais recursos representativos da controvérsia na forma do art. 1.036. § 7º Quando os recursos requisitados na forma do inciso III do caput contiverem outras questões além daquela que é objeto da afetação, caberá ao tribunal decidir esta em primeiro lugar e depois as demais, em acórdão específico para cada processo. § 8º As partes deverão ser intimadas da decisão de suspensão de seu processo, a ser proferida pelo respectivo juiz ou relator quando informado da decisão a que se refere o inciso II do caput. § 9º Demonstrando distinção entre a questão a ser decidida no processo e aquela a ser julgada no recurso especial ou extraordinário afetado, a parte poderá requerer o prosseguimento do seu processo.	**Art. 543-B.** [...] § 1º Caberá ao Tribunal de origem selecionar um ou mais recursos representativos da controvérsia e encaminhá-los ao Supremo Tribunal Federal, sobrestando os demais até o pronunciamento definitivo da Corte. (Incluído pela Lei nº 11.418, de 2006). [...] **Art. 543-C.** [...] § 1º Caberá ao presidente do tribunal de origem admitir um ou mais recursos representativos da controvérsia, os quais serão encaminhados ao Superior Tribunal de Justiça, ficando suspensos os demais recursos especiais até o pronunciamento definitivo do Superior Tribunal de Justiça. (Incluído pela Lei nº 11.672, de 2008). § 2º Não adotada a providência descrita no § 1º deste artigo, o relator no Superior Tribunal de Justiça, ao identificar que sobre a controvérsia já existe jurisprudência dominante ou que a matéria já está afeta ao colegiado, poderá determinar a suspensão, nos tribunais de segunda instância, dos recursos nos quais a controvérsia esteja estabelecida. (Incluído pela Lei nº 11.672, de 2008). [...]

§ 10. O requerimento a que se refere o § 9º será dirigido: I - ao juiz, se o processo sobrestado estiver em primeiro grau; II - ao relator, se o processo sobrestado estiver no tribunal de origem; III - ao relator do acórdão recorrido, se for sobrestado recurso especial ou recurso extraordinário no tribunal de origem; IV - ao relator, no tribunal superior, de recurso especial ou de recurso extraordinário cujo processamento houver sido sobrestado. § 11. A outra parte deverá ser ouvida sobre o requerimento a que se refere o § 9º, no prazo de 5 (cinco) dias. § 12. Reconhecida a distinção no caso: I - dos incisos I, II e IV do § 10, o próprio juiz ou relator dará prosseguimento ao processo; II - do inciso III do § 10, o relator comunicará a decisão ao presidente ou ao vice-presidente que houver determinado o sobrestamento, para que o recurso especial ou o recurso extraordinário seja encaminhado ao respectivo tribunal superior, na forma do art. 1.030, parágrafo único. § 13. Da decisão que resolver o requerimento a que se refere o § 9º caberá: I - agravo de instrumento, se o processo estiver em primeiro grau; II - agravo interno, se a decisão for de relator.	

O artigo 1.037 *caput* do NCPC trata do aspecto procedimental referente à possibilidade de o relator do tribunal superior selecionar recursos como paradigma para o julgamento, nos casos de recursos repetitivos, sem se restringir àqueles selecionados pelos tribunais originários, conforme estabelece o artigo 1.036 do mesmo diploma.

Selecionados os recursos, o relator no tribunal superior identificará com precisão a questão a ser submetida a julgamento; determinará a suspensão do processamento de todos os processos pendentes, individuais ou coletivos, que versem sobre a questão e tramitem no território nacional, devendo as partes serem intimadas desta suspensão, nos termos da previsão do parágrafo oitavo, e requisitará aos presidentes ou vice-presidentes dos tribunais de justiça ou tribunais regionais federais a remessa de um recurso representativo da controvérsia. Não sendo procedida a afetação, nos termos do parágrafo primeiro, o relator, no tribunal superior, comunicará o fato ao presidente ou ao vice-presidente do tribunal que os houver remetido, para que seja revogada a decisão de suspensão.

Destaque-se que, nos termos da previsão do parágrafo segundo do artigo em tela, não poderia o colegiado do Tribunal Superior decidir questão que não restou delimitada na decisão de afetação do recurso pelo relator, mas esse parágrafo foi expressamente revogado pela Lei nº 13.256/16, o que pode representar uma postura do colegiado em ampliar o objeto de julgamento do recurso selecionado como representativo da controvérsia.

Nos termos do parágrafo terceiro, havendo mais de uma afetação, prevento é o relator que a houver procedido primeiro.

De acordo com a redação do parágrafo quarto, os recursos afetados deverão ser julgados no prazo de um ano e terão preferência sobre os demais feitos, salvo os que envolvam réu preso e o pedido de habeas corpus. O parágrafo quinto previa que, em caso de não observância desse prazo, iria cessar automaticamente os efeitos da afetação e da suspensão dos processos em todo território nacional, mas o referido parágrafo foi revogado expressamente pela Lei nº 13.256/16. Com essa revogação, a suspensão dos processos gerada pela afetação de recursos representativos da controvérsia pode ultrapassar prazos razoáveis, permitindo-se inferir que representou um retrocesso no intento do legislador originário do NCPC de se proporcionar uma atividade jurisdicional tempestiva.

O parágrafo sexto prevê que, ocorrendo a hipótese do parágrafo quinto, outro relator do respectivo tribunal superior deverá afetar 2 (dois) ou mais recursos representativos da controvérsia, porém, com a revogação desse parágrafo, a orientação do parágrafo sexto fica sem efeito. Infere-se que, diante da proposta levada a efeito pela revogação do parágrafo quinto, a não revogação do parágrafo sexto foi um cochilo do legislador.

Nos termos do parágrafo sétimo, quando os recursos requisitados ao tribunal de origem contiverem outras questões além daquela que é objeto da afetação, caberá ao tribunal decidir esta em primeiro lugar e, depois, as demais, em acórdão específico para cada processo.

O parágrafo nono trata da previsão expressa do *distinguishing* do caso concreto em relação à tese fixada pelo tribunal superior e de requisição de informações aos tribunais inferiores e o §10 e o §11 tratam desse procedimento. Reconhecida a distinção, o processo deverá seguir seu curso normal (§12), cabendo, porém, da decisão agravo de instrumento, no âmbito do primeiro grau, ou agravo interno, se a decisão for de relator (§13).

NOVO CÓDIGO DE PROCESSO CIVIL	CÓDIGO DE PROCESSO CIVIL DE 1973
Art. 1.038. O relator poderá: I - solicitar ou admitir manifestação de pessoas, órgãos ou entidades com interesse na controvérsia, considerando a relevância da matéria e consoante dispuser o regimento interno; II - fixar data para, em audiência pública, ouvir depoimentos de pessoas com experiência e conhecimento na matéria, com a finalidade de instruir o procedimento;	**Art. 543-C.** [...] § 3º O relator poderá solicitar informações, a serem prestadas no prazo de quinze dias, aos tribunais federais ou estaduais a respeito da controvérsia. § 4º O relator, conforme dispuser o regimento interno do Superior Tribunal de Justiça e considerando a relevância da matéria, poderá admitir manifestação de pessoas, órgãos ou entidades com interesse na controvérsia.

III - requisitar informações aos tribunais inferiores a respeito da controvérsia e, cumprida a diligência, intimará o Ministério Público para manifestar-se. § 1º No caso do inciso III, os prazos respectivos são de 15 (quinze) dias, e os atos serão praticados, sempre que possível, por meio eletrônico. § 2º Transcorrido o prazo para o Ministério Público e remetida cópia do relatório aos demais ministros, haverá inclusão em pauta, devendo ocorrer o julgamento com preferência sobre os demais feitos, ressalvados os que envolvam réu preso e os pedidos de habeas corpus. ~~§ 3º O conteúdo do acórdão abrangerá a análise de todos os fundamentos da tese jurídica discutida, favoráveis ou contrários.~~ § 3º O conteúdo do acórdão abrangerá a análise dos fundamentos relevantes da tese jurídica discutida. (Redação dada pela Lei nº 13.256, de 2016)	§ 5º Recebidas as informações e, se for o caso, após cumprido o disposto no § 4º deste artigo, terá vista o Ministério Público pelo prazo de quinze dias. § 6º Transcorrido o prazo para o Ministério Público e remetida cópia do relatório aos demais Ministros, o processo será incluído em pauta na seção ou na Corte Especial, devendo ser julgado com preferência sobre os demais feitos, ressalvados os que envolvam réu preso e os pedidos de habeas corpus. [...]

As providências e prazos antes estabelecidos nos parágrafos do artigo 543-C do CPC/73 foram tratados no artigo 1.038 do NCPC, sendo acrescentadas a possibilidade de participação do *amicus curiae*, a abrangência do conteúdo do acórdão e a comunicação direta a agências reguladoras para efetivo cumprimento de decisão, quando se tratar de serviço concedido, permitido ou autorizado, havendo, no novo Código, uma previsão expressa de ampliação da participação no processo.

É importante ressaltar que o parágrafo terceiro do artigo 1.038 foi alterado pela Lei nº 13.256/16, retirando a exigência de constar no conteúdo do acórdão proferido em julgamento de recursos excepcionais repetitivos todos os fundamentos que envolvem a tese jurídica, passando a exigir apenas os considerados mais relevantes, o que pode representar mais um passo para se esvaziar o dever de fundamentação adequada das decisões judiciais conquistado pelo legislador originário do NCPC.

NOVO CÓDIGO DE PROCESSO CIVIL	CÓDIGO DE PROCESSO CIVIL DE 1973
Art. 1.039. Decididos os recursos afetados, os órgãos colegiados declararão prejudicados os demais recursos versando sobre idêntica controvérsia ou os decidirão aplicando a tese firmada.	Sem correspondente.
Parágrafo único. Negada a existência de repercussão geral no recurso extraordinário afetado, serão considerados automaticamente inadmitidos os recursos extraordinários cujo processamento tenha sido sobrestado.	**Art. 543-A.** [...] § 5º Negada a existência da repercussão geral, a decisão valerá para todos os recursos sobre matéria idêntica, que serão indeferidos liminarmente, salvo revisão da tese, tudo nos termos do Regimento Interno do Supremo Tribunal Federal. (Incluído pela Lei nº 11.418, de 2006). [...]

Decidido o recurso representativo da controvérsia, todos aqueles de tema idêntico serão prejudicados seguindo a determinação do artigo 1.039 do NCPC. Negada a existência da repercussão geral, aqueles recursos com a mesma delimitação temática serão automaticamente inadmitidos.

NOVO CÓDIGO DE PROCESSO CIVIL	CÓDIGO DE PROCESSO CIVIL DE 1973
Art. 1.040. Publicado o acórdão paradigma: I - o presidente ou o vice-presidente do tribunal de origem negará seguimento aos recursos especiais ou extraordinários sobrestados na origem, se o acórdão recorrido coincidir com a orientação do tribunal superior; II - o órgão que proferiu o acórdão recorrido, na origem, reexaminará o processo de competência originária, a remessa necessária ou o recurso anteriormente julgado, se o acórdão recorrido contrariar a orientação do tribunal superior; III - os processos suspensos em primeiro e segundo graus de jurisdição retomarão o curso para julgamento e aplicação da tese firmada pelo tribunal superior; IV - se os recursos versarem sobre questão relativa a prestação de serviço público objeto de concessão, permissão ou autorização, o resultado do julgamento será comunicado ao órgão, ao ente ou à agência reguladora competente para fiscalização da efetiva aplicação, por parte dos entes sujeitos a regulação, da tese adotada. § 1º A parte poderá desistir da ação em curso no primeiro grau de jurisdição, antes de proferida a sentença, se a questão nela discutida for idêntica à resolvida pelo recurso representativo da controvérsia. § 2º Se a desistência ocorrer antes de oferecida contestação, a parte ficará isenta do pagamento de custas e de honorários de sucumbência. § 3º A desistência apresentada nos termos do § 1º independe de consentimento do réu, ainda que apresentada contestação.	**Art. 543-B.** [...] § 3º Julgado o mérito do recurso extraordinário, os recursos sobrestados serão apreciados pelos Tribunais, Turmas de Uniformização ou Turmas Recursais, que poderão declará-los prejudicados ou retratar-se. (Incluído pela Lei nº 11.418, de 2006). [...] **Art. 543-C.** [...] § 7º Publicado o acórdão do Superior Tribunal de Justiça, os recursos especiais sobrestados na origem: (Incluído pela Lei nº 11.672, de 2008). I - terão seguimento denegado na hipótese de o acórdão recorrido coincidir com a orientação do Superior Tribunal de Justiça; ou (Incluído pela Lei nº 11.672, de 2008). II - serão novamente examinados pelo tribunal de origem na hipótese de o acórdão recorrido divergir da orientação do Superior Tribunal de Justiça. (Incluído pela Lei nº 11.672, de 2008). [...]

Publicada o acórdão paradigma, se o acórdão recorrido coincidir com a orientação do tribunal superior, o presidente ou o vice-presidente do tribunal de origem negará seguimento aos recursos especiais ou extraordinários sobrestados na origem. Caso o acórdão recorrido contrarie a orientação do tribunal superior, o órgão que proferiu o acórdão recorrido, na origem, reexaminará o processo. Já no caso dos demais processos, suspensos em primeiro e segundo graus de jurisdição, haverá o retorno ao seu curso, para se seguir o julgamento e a aplicação da tese firmada em sede repetitiva.

Caso os recursos versarem sobre questão relativa a prestação de serviço público objeto de concessão, permissão ou autorização, o resultado do julgamento será comunicado ao órgão, ao ente ou à agência reguladora competente para fiscalização da efetiva aplicação da tese adotada, garantindo a observância, em âmbito administrativo, da orientação firmada.

Poderá a parte desistir da ação em primeiro grau, não havendo extensão desta previsão para o segundo grau de jurisdição, desde que não tenha sido proferida sentença, se a questão nela discutida for idêntica à resolvida pelo recurso representativo da controvérsia. Caso a desistência ocorra antes da contestação, a parte ficará isenta do pagamento de custas e honorários de sucumbência. Esta desistência em razão de questão resolvida pelo tribunal superior em sede repetitiva independe de anuência da parte contrária.

NOVO CÓDIGO DE PROCESSO CIVIL	CÓDIGO DE PROCESSO CIVIL DE 1973
Art. 1.041. Mantido o acórdão divergente pelo tribunal de origem, o recurso especial ou extraordinário será remetido ao respectivo tribunal superior, na forma do art. 1.036, § 1º. § 1º Realizado o juízo de retratação, com alteração do acórdão divergente, o tribunal de origem, se for o caso, decidirá as demais questões ainda não decididas cujo enfrentamento se tornou necessário em decorrência da alteração. ~~§ 2º Quando ocorrer a hipótese do inciso II do caput do art. 1.040 e o recurso versar sobre outras questões, caberá ao presidente do tribunal, depois do reexame pelo órgão de origem e independentemente de ratificação do recurso ou de juízo de admissibilidade, determinar a remessa do recurso ao tribunal superior para julgamento das demais questões.~~ § 2º Quando ocorrer a hipótese do inciso II do caput do art. 1.040 e o recurso versar sobre outras questões, caberá ao presidente ou ao vice-presidente do tribunal recorrido, depois do reexame pelo órgão de origem e independentemente de ratificação do recurso, sendo positivo o juízo de admissibilidade, determinar a remessa do recurso ao tribunal superior para julgamento das demais questões. (Redação dada pela Lei nº 13.256, de 2016)	**Art. 543-B.** [...] § 4º. Mantida a decisão e admitido o recurso, poderá o Supremo Tribunal Federal, nos termos do Regimento Interno, cassar ou reformar, liminarmente, o acórdão contrário à orientação firmada. [...] **Art. 543-C.** [...] § 7º Publicado o acórdão do Superior Tribunal de Justiça, os recursos especiais sobrestados na origem: (Incluído pela Lei nº 11.672, de 2008). [...] II - serão novamente examinados pelo tribunal de origem na hipótese de o acórdão recorrido divergir da orientação do Superior Tribunal de Justiça. (Incluído pela Lei nº 11.672, de 2008). § 8º Na hipótese prevista no inciso II do § 7º deste artigo, mantida a decisão divergente pelo tribunal de origem, far-se-á o exame de admissibilidade do recurso especial. (Incluído pela Lei nº 11.672, de 2008). [...]

O tribunal de origem reexaminará os acórdãos que contrariem a orientação do tribunal superior, alterando, para que fique de acordo com a tese fixada, ou mantendo. Sendo o acórdão divergente alterado, isto é, o juízo de retratação exercido, em razão da tese fixada pelo julgamento repetitivo, as questões reflexas deverão ser, também, novamente analisadas, bem como as questões que não foram analisadas e cuja alteração do acórdão tornou relevantes. As demais questões, não decididas no âmbito do recurso paradigma, deverão ser remetidas ao tribunal superior, para que sejam devidamente julgadas, conforme o disposto no parágrafo segundo do artigo 1.041. Esse parágrafo foi alterado pela Lei nº 13.256/16, para constar que os recursos que ainda apresentam matérias pendentes só serão remetidos ao Tribunal Superior respectivo caso sejam admitidos.

Já se for mantido o acórdão divergente da orientação firmada em sede de recursos repetitivos, o próprio tribunal de origem deverá demonstrar a distinção da questão ou a sua superação no âmbito do que for analisado no tribunal superior. Mantida a decisão divergente sem tal demonstração, o recurso especial ou extraordinário será remetido, respectivamente, ao STJ ou STF.

NOVO CÓDIGO DE PROCESSO CIVIL	CÓDIGO DE PROCESSO CIVIL DE 1973
Seção III **Do Agravo em Recurso Especial e em Recurso Extraordinário** ~~**Art. 1.042.** Cabe agravo contra decisão de presidente ou de vice-presidente do tribunal que:~~ **Art. 1.042.** Cabe agravo contra decisão do presidente ou do vice-presidente do tribunal recorrido que inadmitir recurso extraordinário ou recurso especial, salvo quando fundada na aplicação de entendimento firmado em regime de repercussão geral ou em julgamento de recursos repetitivos. (Redação dada pela Lei nº 13.256, de 2016) ~~I - indeferir pedido formulado com base no art. 1.035, § 6o, ou no art. 1.036, § 2o, de inadmissão de recurso especial ou extraordinário intempestivo;~~ I – (Revogado); (Redação dada pela Lei nº 13.256, de 2016) ~~II - inadmitir, com base no art. 1.040, inciso I, recurso especial ou extraordinário sob o fundamento de que o acórdão recorrido coincide com a orientação do tribunal superior;~~ II – (Revogado); (Redação dada pela Lei nº 13.256, de 2016) ~~III - inadmitir recurso extraordinário, com base no art. 1.035, § 8o, ou no art. 1.039, parágrafo único, sob o fundamento de que o Supremo Tribunal Federal reconheceu a inexistência de repercussão geral da questão constitucional discutida.~~ III – (Revogado). (Redação dada pela Lei nº 13.256, de 2016) ~~§ 1º Sob pena de não conhecimento do agravo, incumbirá ao agravante demonstrar, de forma expressa:~~ § 1º (Revogado): (Redação dada pela Lei nº 13.256, de 2016) ~~I - a intempestividade do recurso especial ou extraordinário sobrestado, quando o recurso fundar-se na hipótese do inciso I do caput deste artigo;~~ I – (Revogado); (Redação dada pela Lei nº 13.256, de 2016) ~~II - a existência de distinção entre o caso em análise e o precedente invocado, quando a inadmissão do recurso:~~ II – (Revogado): (Redação dada pela Lei nº 13.256, de 2016) ~~a) especial ou extraordinário fundar-se em entendimento firmado em julgamento de recurso repetitivo por tribunal superior;~~ a) (Revogada); (Redação dada pela Lei nº 13.256, de 2016)	**Art. 544.** Não admitido o recurso extraordinário ou o recurso especial, caberá agravo nos próprios autos, no prazo de 10 (dez) dias. (Redação dada pela Lei nº 12.322, de 2010) § 1º O agravante deverá interpor um agravo para cada recurso não admitido. (Redação dada pela Lei nº 12.322, de 2010) § 2º A petição de agravo será dirigida à presidência do tribunal de origem, não dependendo do pagamento de custas e despesas postais. O agravado será intimado, de imediato, para no prazo de 10 (dez) dias oferecer resposta, podendo instruí-la com cópias das peças que entender conveniente. Em seguida, subirá o agravo ao tribunal superior, onde será processado na forma regimental.(Redação dada pela Lei nº 10.352, de 26.12.2001) § 3º O agravado será intimado, de imediato, para no prazo de 10 (dez) dias oferecer resposta. Em seguida, os autos serão remetidos à superior instância, observando-se o disposto no art. 543 deste Código e, no que couber, na Lei nº 11.672, de 8 de maio de 2008. (Redação dada pela Lei nº 12.322, de 2010) § 4º No Supremo Tribunal Federal e no Superior Tribunal de Justiça, o julgamento do agravo obedecerá ao disposto no respectivo regimento interno, podendo o relator: (Redação dada pela Lei nº 12.322, de 2010)

<table>
<tr>
<td>~~b) extraordinário fundar-se em decisão anterior do Supremo Tribunal Federal de inexistência de repercussão geral da questão constitucional discutida.~~
b) (Revogada). (Redação dada pela Lei nº 13.256, de 2016)
~~§ 2º A petição de agravo será dirigida ao presidente ou vice-presidente do tribunal de origem e independe do pagamento de custas e despesas postais.~~
§ 2º A petição de agravo será dirigida ao presidente ou ao vice-presidente do tribunal de origem e independe do pagamento de custas e despesas postais, aplicando-se a ela o regime de repercussão geral e de recursos repetitivos, inclusive quanto à possibilidade de sobrestamento e do juízo de retratação. (Redação dada pela Lei nº 13.256, de 2016)
§ 3º O agravado será intimado, de imediato, para oferecer resposta no prazo de 15 (quinze) dias.
§ 4º Após o prazo de resposta, não havendo retratação, o agravo será remetido ao tribunal superior competente.
§ 5º O agravo poderá ser julgado, conforme o caso, conjuntamente com o recurso especial ou extraordinário, assegurada, neste caso, sustentação oral, observando-se, ainda, o disposto no regimento interno do tribunal respectivo.
§ 6º Na hipótese de interposição conjunta de recursos extraordinário e especial, o agravante deverá interpor um agravo para cada recurso não admitido.
§ 7º Havendo apenas um agravo, o recurso será remetido ao tribunal competente, e, havendo interposição conjunta, os autos serão remetidos ao Superior Tribunal de Justiça.
§ 8º Concluído o julgamento do agravo pelo Superior Tribunal de Justiça e, se for o caso, do recurso especial, independentemente de pedido, os autos serão remetidos ao Supremo Tribunal Federal para apreciação do agravo a ele dirigido, salvo se estiver prejudicado.</td>
<td>I - não conhecer do agravo manifestamente inadmissível ou que não tenha atacado especificamente os fundamentos da decisão agravada; (incluído pela Lei nº 12.322, de 2010)
II - conhecer do agravo para: (incluído pela Lei nº 12.322, de 2010)
a) negar-lhe provimento, se correta a decisão que não admitiu o recurso; (incluído pela Lei nº 12.322, de 2010)
b) negar seguimento ao recurso manifestamente inadmissível, prejudicado ou em confronto com súmula ou jurisprudência dominante no tribunal; (incluído pela Lei nº 12.322, de 2010)
c) dar provimento ao recurso, se o acórdão recorrido estiver em confronto com súmula ou jurisprudência dominante no tribunal. (incluído pela Lei nº 12.322, de 2010)</td>
</tr>
</table>

O artigo 1.042 do NCPC regula o cabimento do agravo em recurso especial ou extraordinário e, na redação originária teve sua abrangência limitada em relação ao agravo previsto no artigo 544 do CPC/73, pois se direcionava apenas às hipóteses expressamente definidas nos incisos que indicavam a possibilidade de utilização destes recursos para impugnar decisões do Presidente ou Vice-Presidente nos casos de indeferimento de inadmissão de recursos sobrestados interpostos extemporaneamente; de inadmissão, na origem, de recurso contra acórdão em consonância com orientação do tribunal; e de negativa de prosseguimento de recursos sobrestados, cuja repercussão geral tenha sido negada. Acontece que, conforme já apontado nas notas referentes ao artigo 1.030, o regime do juízo de admissibilidade dos recursos excepcionais foi alterado pela Lei nº 13.256/16, restaurando-se a competência dos tribunais de origem para a realização dessa valoração, de acordo com o modelo previsto no CPC/73.

Por este motivo, o cabimento do agravo em recurso especial e extraordinário foi redimensionado com a nova redação dada ao *caput* artigo 1.042, a revogação dos incisos e parágrafo primeiro e a modificação do parágrafo segundo pela Lei nº 13.256/16. Com isso, o agravo em recurso especial ou extraordinário terá cabimento contra as decisões do Presidente ou Vice-Presidente dos tribunais de origem que não conhecerem o recurso especial ou extraordinário, salvo quando fundada na aplicação de entendimento firmado em regime de repercussão geral ou em julgamento de recursos repetitivos, hipótese em que terá cabimento agravo interno, por força do parágrafo sétimo do artigo 1.035, também alterado pela referida lei.

A nova redação atribuída ao parágrafo segundo do artigo 1.042 pela lei em comento, dispõe que, além da dispensa de preparo, este recurso estará sujeito ao regime de repercussão geral e de recursos repetitivos, inclusive quanto à possibilidade de sobrestamento e do juízo de retratação.

O procedimento do agravo segue o mesmo rito proposto para o agravo presente no artigo 544 do CPC/73, porém, há a previsão do seu julgamento conjunto com o recurso especial ou extraordinário respectivo com a possibilidade de sustentação oral.

NOVO CÓDIGO DE PROCESSO CIVIL	CÓDIGO DE PROCESSO CIVIL de 1973
Seção IV **Dos Embargos de Divergência** **Art. 1.043.** É embargável o acórdão de órgão fracionário que: I - em recurso extraordinário ou em recurso especial, divergir do julgamento de qualquer outro órgão do mesmo tribunal, sendo os acórdãos, embargado e paradigma, de mérito; II - ~~em recurso extraordinário ou em recurso especial, divergir do julgamento de qualquer outro órgão do mesmo tribunal, sendo os acórdãos, embargado e paradigma, relativos ao juízo de admissibilidade;~~ (Revogado pela Lei nº 13.256, de 2016); III - em recurso extraordinário ou em recurso especial, divergir do julgamento de qualquer outro órgão do mesmo tribunal, sendo um acórdão de mérito e outro que não tenha conhecido do recurso, embora tenha apreciado a controvérsia;	**Art. 546.** É embargável a decisão da turma que: (Revigorado e alterado pela Lei nº 8.950, de 13.12.1994) I - em recurso especial, divergir do julgamento de outra turma, da seção ou do órgão especial; (Incluído pela Lei nº 8.950, de 1994) II - em recurso extraordinário, divergir do julgamento da outra turma ou do plenário. (Incluído pela Lei nº 8.950, de 1994) [...]

IV - ~~nos processos de competência originária, divergir do julgamento de qualquer outro órgão do mesmo tribunal.~~ (Revogado pela Lei nº 13.256, de 2016). § 1º Poderão ser confrontadas teses jurídicas contidas em julgamentos de recursos e de ações de competência originária. § 2º A divergência que autoriza a interposição de embargos de divergência pode verificar-se na aplicação do direito material ou do direito processual. § 3º Cabem embargos de divergência quando o acórdão paradigma for da mesma turma que proferiu a decisão embargada, desde que sua composição tenha sofrido alteração em mais da metade de seus membros. § 4º O recorrente provará a divergência com certidão, cópia ou citação de repositório oficial ou credenciado de jurisprudência, inclusive em mídia eletrônica, onde foi publicado o acórdão divergente, ou com a reprodução de julgado disponível na rede mundial de computadores, indicando a respectiva fonte, e mencionará as circunstâncias que identificam ou assemelham os casos confrontados. § 5º ~~É vedado ao tribunal inadmitir o recurso com base em fundamento genérico de que as circunstâncias fáticas são diferentes, sem demonstrar a existência da distinção.~~ (Revogado pela Lei nº 13.256, de 2016).	

Tratando dos embargos de divergência, o caput do artigo 1.043 substitui a redação turma, que constava no artigo 546 do CPC/73, por órgão fracionário e amplia o cabimento dos embargos de divergência em seus incisos: no inciso I, trata de embargos de divergência quando o julgamento proferido em recurso extraordinário ou em recurso especial, divergir do julgamento de qualquer outro órgão do mesmo tribunal, sendo os acórdãos, embargado e paradigma, de mérito; no inciso II admitia-se também quando o julgamento proferido divergisse do julgamento de qualquer outro órgão do mesmo tribunal em relação ao juízo de admissibilidade; no inciso III admitem-se os embargos de divergência quando um acórdão seja mérito e outro não tenha conhecido do recurso e por fim, no inciso IV, permitia-se esse recurso nos processos de competência originária, quando houvesse divergência no julgamento de qualquer outro órgão do mesmo tribunal.

A previsão dos embargos de divergência no NCPC se mostrou sensivelmente mais abrangente do que a prevista no CPC/73, mas a Lei nº 13.256/16 revogou expressamente os incisos II e IV do artigo 1.043, justamente os incisos que dispunham sobre as hipóteses inovadoras para o cabimento desse recurso, pois o inciso I indica a hipótese de cabimento dos embargos para dirimir divergência interna dos Tribunais Superiores quanto à questão de mérito em sede de recurso especial ou extraordinário já previsto no CPC/73. Quanto ao inciso III, o NCPC observou a tendência dos Tribunais Superiores, que já admitiam a utilização de embargos de divergência nos casos em que, embora o tribunal não tenha admitido recurso, tenha enfrentado a controvérsia, não podendo ser considerada, assim, uma mudança substancial no cabimento desse recurso. Com as revogações perpetradas nos incisos II e IV do caput do artigo 1.043, a sistemática quanto ao cabimento dos embargos de divergência permanece praticamente a mesma da existente no CPC/73.

O parágrafo primeiro explicita que, para efeitos de demonstração da divergência, podem ser confrontadas as teses jurídicas contidas em julgamentos de recursos e de ações de competência originária, sendo que sua prova, nos termos do parágrafo quarto, com certidão, cópia ou citação de repositório oficial ou credenciado de jurisprudência, inclusive em mídia eletrônica, onde foi publicado o acórdão divergente, ou com a reprodução de julgado disponível na rede mundial de computadores, indicando a respectiva fonte, e mencionará as circunstâncias que identificam ou assemelham os casos confrontados. O parágrafo segundo esclarece que a divergência pode se relacionar ao direito material ou ao direito processual. O parágrafo terceiro, também alargando o cabimento dos embargos de divergência, esclarece que são cabíveis os embargos de divergência quando o acórdão paradigma for da mesma turma que proferiu a decisão embargada, desde que sua composição tenha sofrido alteração em mais da metade de seus membros.

O parágrafo quinto, seguindo a orientação sugerida pelo legislador do NCPC de se evitar decisões genéricas de inadmissão, que serviria para qualquer processo, previa que o tribunal não poderia inadmitir o recurso com base em fundamento genérico de que as circunstâncias fáticas são diferentes, sem a demonstração a existência da distinção. Porém o referido parágrafo foi revogado pela Lei nº 13.256/16 da mesma forma que fez com o parágrafo segundo do artigo 1.029, na qual remetemos o leitor para a análise dos comentários.

NOVO CÓDIGO DE PROCESSO CIVIL	CÓDIGO DE PROCESSO CIVIL DE 1973
Art. 1.044. No recurso de embargos de divergência, será observado o procedimento estabelecido no regimento interno do respectivo tribunal superior. § 1º A interposição de embargos de divergência no Superior Tribunal de Justiça interrompe o prazo para interposição de recurso extraordinário por qualquer das partes. § 2º Se os embargos de divergência forem desprovidos ou não alterarem a conclusão do julgamento anterior, o recurso extraordinário interposto pela outra parte antes da publicação do julgamento dos embargos de divergência será processado e julgado independentemente de ratificação.	**Art. 546.** [...] Parágrafo único. Observar-se-á, no recurso de embargos, o procedimento estabelecido no regimento interno. (Revigorado e alterado pela Lei nº 8.950, de 13.12.1994)

Os embargos de divergência observarão o regimento de cada tribunal. Sua interposição interrompe o prazo para a interposição de recurso extraordinário por qualquer das partes e, se forem desprovidos ou não alterarem a conclusão do julgamento anterior, o recurso extraordinário interposto antes da publicação do julgamento dos embargos de divergência será processado independentemente de ratificação.

NOVO CÓDIGO DE PROCESSO CIVIL	CÓDIGO DE PROCESSO CIVIL DE 1973
LIVRO COMPLEMENTAR DISPOSIÇÕES FINAIS E TRANSITÓRIAS **Art. 1.045.** Este Código entra em vigor após decorrido 1 (um) ano da data de sua publicação oficial.	**Art. 1.220.** Este Código entrará em vigor no dia 1º de janeiro de 1974, revogadas as disposições em contrário. (Artigo renumerado pela Lei nº 5.925, de 1º.10.1973)

Este artigo estabelece a *vacatio legis* do NCPC, determinando que sua aplicação dar-se-á após um ano da sua publicação oficial.

NOVO CÓDIGO DE PROCESSO CIVIL	CÓDIGO DE PROCESSO CIVIL DE 1973
Art. 1.046. Ao entrar em vigor este Código, suas disposições se aplicarão desde logo aos processos pendentes, ficando revogada a Lei n° 5.869, de 11 de janeiro de 1973. § 1° As disposições da Lei nº 5.869, de 11 de janeiro de 1973, relativas ao procedimento sumário e aos procedimentos especiais que forem revogadas aplicar-se-ão às ações propostas e não sentenciadas até o início da vigência deste Código. § 2° Permanecem em vigor as disposições especiais dos procedimentos regulados em outras leis, aos quais se aplicará supletivamente este Código. § 3° Os processos mencionados no art. 1.218 da Lei nº 5.869, de 11 de janeiro de 1973, cujo procedimento ainda não tenha sido incorporado por lei submetem-se ao procedimento comum previsto neste Código. § 4° As remissões a disposições do Código de Processo Civil revogado, existentes em outras leis, passam a referir-se às que lhes são correspondentes neste Código. § 5° A primeira lista de processos para julgamento em ordem cronológica observará a antiguidade da distribuição entre os já conclusos na data da entrada em vigor deste Código.	LIVRO V DAS DISPOSIÇÕES FINAIS E TRANSITÓRIAS **Art. 1.211**. Este Código regerá o processo civil em todo o território brasileiro. Ao entrar em vigor, suas disposições aplicar-se-ão desde logo aos processos pendentes.

Apesar da boa intenção do legislador em projetar algumas hipóteses de transição que poderiam gerar maiores problemas pragmáticos, o fato é que o direito intertemporal se mostra extremamente complexo e de difícil acomodação prévia, pois a experiência mostra que os problemas surgem na medida em que as questões são enfrentadas, pois como afirma Ana Beatriz Presgrave

> A aplicação de novas normas em processos pendentes é bastante complexa e demanda uma análise profunda das proteções constitucionais e processuais conferidas aos litigantes. A determinação do presente e do passado jurídico no plano processual permite a identificação do direito adquirido processual, conceito fundamental para se estabelecer a ultra atividade da lei revogada, impedindo-se a aplicação imediata da nova lei processual aos processos em curso.[9]

Com isso, o CPC/2015, no artigo 1.046, caput, adotou como regra geral o princípio do isolamento dos atos processuais como fez o legislador do CPC/1973, significando que após o período de vacatio legis, suas disposições serão aplicadas desde logo aos processos em curso, aproveitando-se os atos processuais praticados e, nas várias disposições dos seus parágrafos e dos artigos subsequentes são previstas exceções destinadas a orientar o intérprete na aplicação das novas regras processuais.

9 PRESGRAVE, Ana Beatriz Ferreira Rebello. *O Novo CPC e os processos em curso: Direito Intertemporal*. São Paulo: Lualri Editora. 2016, p. 15.

A primeira exceção que merece destaque consta na regra prevista no § 1º, ao indicar que as causas ajuizadas antes da entrada em vigor do CPC/2015, cujos processos tramitam pelo rito sumário ou por procedimentos especiais revogados, seguirão esses ritos até que se profira a sentença. Neste caso, o legislador optou pela adoção do sistema da unidade processual, que se caracteriza pelo respeito as regras do procedimento que se iniciou até o seu deslinde, de sorte a preservar a segurança jurídica. Vale ressaltar que as regras do CPC/73 que permanecerão regulando esses processos pendentes são apenas as de procedimento, as normas fundamentais, bem como as regras gerais do CPC/2015 devem ser aplicadas.

O § 2º do artigo 1.046 dispõe que o CPC/2015 se aplicará supletivamente às leis especiais as quais expressamente não foram revogadas e, aos casos que observavam as disposições do CPC/39, serão aplicados o procedimento comum.

Por fim, ao dispor sobre a ordem cronológica para o julgamento das causas, o § 5º indica que a primeira lista de processos observará a antiguidade da distribuição entre os já conclusos na data da entrada em vigor do CPC/2015, valendo ressaltar que as disposições sobre ordem cronológica foram sensivelmente esvaziadas pela Lei nº 13.256/16 que alterou o artigo 12 do CPC/2015, colocando como sugestão a observância da ordem. Remetemos o leitor aos comentários do artigo 12 para maiores esclarecimentos.

NOVO CÓDIGO DE PROCESSO CIVIL	CÓDIGO DE PROCESSO CIVIL DE 1973
Art. 1.047. As disposições de direito probatório adotadas neste Código aplicam-se apenas às provas requeridas ou determinadas de ofício a partir da data de início de sua vigência.	Sem correspondente.

Outra exceção importante em relação ao sistema do isolamento dos atos processuais está na disposição do artigo 1.047 do CPC/2015. Esta regra estabelece que as normas de direito probatório previstas no novo Código só se aplicam às provas requeridas ou requisitadas a partir da sua vigência.

Isso significa que, neste particular, o legislador optou pelo sistema das fases processuais em relação às normas probatórias. Embora a lei tenha buscado preservar a segurança jurídica mais uma vez, essa regra pode gerar vários problemas pragmáticos. Pensemos, por exemplo, em um processo iniciado sob a vigência do CPC/73, com requerimento de prova pelo autor antes da entrada em vigor do CPC/2015 e o réu requer suas provas já na sua vigência. Qual a regra deve prevalecer? Questão já ventilada pela doutrina,[10] mas os tribunais terão que enfrentar futuramente.

---

10 GOMES, Adriano Camargo. O Novo Código de Processo Civil e o Direito Intertemporal em matéria probatória. In: YARSHEL, Flavio Luiz; PESSOA, Fabio Guidi Tabosa (coord.). Direito Intertemporal. Salvador: Juspodium. 2016. p. 36.

NOVO CÓDIGO DE PROCESSO CIVIL	CÓDIGO DE PROCESSO CIVIL DE 1973
Art. 1.048. Terão prioridade de tramitação, em qualquer juízo ou tribunal, os procedimentos judiciais: I - em que figure como parte ou interessado pessoa com idade igual ou superior a 60 (sessenta) anos ou portadora de doença grave, assim compreendida qualquer das enumeradas no art. 6°, inciso XIV, da Lei n° 7.713, de 22 de dezembro de 1988; II - regulados pela Lei n° 8.069, de 13 de julho de 1990 (Estatuto da Criança e do Adolescente). § 1° A pessoa interessada na obtenção do benefício, juntando prova de sua condição, deverá requerê-lo à autoridade judiciária competente para decidir o feito, que determinará ao cartório do juízo as providências a serem cumpridas. § 2° Deferida a prioridade, os autos receberão identificação própria que evidencie o regime de tramitação prioritária. § 3° Concedida a prioridade, essa não cessará com a morte do beneficiado, estendendo-se em favor do cônjuge supérstite ou do companheiro em união estável. § 4° A tramitação prioritária independe de deferimento pelo órgão jurisdicional e deverá ser imediatamente concedida diante da prova da condição de beneficiário.	**Art. 1.211-A.** Os procedimentos judiciais em que figure como parte ou interessado pessoa com idade igual ou superior a 60 (sessenta) anos, ou portadora de doença grave, terão prioridade de tramitação em todas as instâncias. (Redação dada pela Lei nº 12.008, de 2009). Parágrafo único. (VETADO) (Incluído pela Lei nº 12.008, de 2009). **Art. 1.211-B.** A pessoa interessada na obtenção do benefício, juntando prova de sua condição, deverá requerê-lo à autoridade judiciária competente para decidir o feito, que determinará ao cartório do juízo as providências a serem cumpridas. (Redação dada pela Lei nº 12.008, de 2009). § 1° Deferida a prioridade, os autos receberão identificação própria que evidencie o regime de tramitação prioritária. (Incluído pela Lei nº 12.008, de 2009). § 2° (VETADO) (Incluído pela Lei nº 12.008, de 2009). § 3° (VETADO) (Incluído pela Lei nº 12.008, de 2009). **Art. 1.211-C.** Concedida a prioridade, essa não cessará com a morte do beneficiado, estendendo-se em favor do cônjuge supérstite, companheiro ou companheira, em união estável. (Redação dada pela Lei nº 12.008, de 2009).

Neste artigo o NCPC traz para o seu corpo disposições já existentes, reforçando a prioridade de tramitação de processos que têm idosos como parte, bem como aqueles que tenham como parte crianças e adolescentes, dentro do que prescreve o Estatuto da Criança e do Adolescente, o Estatuto do Idoso e demais legislações aplicáveis. Observa-se que, ainda que a prioridade seja, a princípio, em razão da pessoa, a sua morte não faz cessar o benefício, sendo ele estendido aos sucessores. Tal tramitação independe de deferimento, bastando apenas a comprovação da condição de beneficiário.

NOVO CÓDIGO DE PROCESSO CIVIL	CÓDIGO DE PROCESSO CIVIL DE 1973
Art. 1.049. Sempre que a lei remeter a procedimento previsto na lei processual sem especificá-lo, será observado o procedimento comum previsto neste Código. Parágrafo único. Na hipótese de a lei remeter ao procedimento sumário, será observado o procedimento comum previsto neste Código, com as modificações previstas na própria lei especial, se houver.	Sem correspondente.

Seguindo o que já estava fixado como entendimento à luz do CPC/73, o NCPC estabelece que, quando a lei não fizer menção ao tipo do procedimento a ser adotado, seguirá o trâmite do procedimento comum, sem mais ocorrer a distinção entre ordinário e sumário. Quando uma lei especial remeter ao procedimento sumário, extinto pelo novo diploma, será aplicado o procedimento comum.

NOVO CÓDIGO DE PROCESSO CIVIL	CÓDIGO DE PROCESSO CIVIL DE 1973
Art. 1.050. A União, os Estados, o Distrito Federal, os Municípios, suas respectivas entidades da administração indireta, o Ministério Público, a Defensoria Pública e a Advocacia Pública, no prazo de 30 (trinta) dias a contar da data da entrada em vigor deste Código, deverão se cadastrar perante a administração do tribunal no qual atuem para cumprimento do disposto nos arts. 246, § 2º, e 270, parágrafo único.	Sem correspondente.

Visando à celeridade e certeza quanto ao destino das citações, intimações notificações e outras providências legais, os órgãos determinados neste artigo procederão a um cadastro perante o tribunal da circunscrição em que atuam, no prazo de trinta dias, a partir da entrada em vigor do NCPC.

NOVO CÓDIGO DE PROCESSO CIVIL	CÓDIGO DE PROCESSO CIVIL DE 1973
Art. 1.051. As empresas públicas e privadas devem cumprir o disposto no art. 246, § 1º, no prazo de 30 (trinta) dias, a contar da data de inscrição do ato constitutivo da pessoa jurídica, perante o juízo onde tenham sede ou filial. Parágrafo único. O disposto no caput não se aplica às microempresas e às empresas de pequeno porte.	Sem correspondente.

Visando à celeridade e certeza quanto ao destino das citações, intimações notificações e outras providências legais, as pessoas jurídicas determinadas neste artigo procederão a um cadastro perante o tribunal da circunscrição em que atuam, no prazo de trinta dias, a partir da entrada em vigor do NCPC.

NOVO CÓDIGO DE PROCESSO CIVIL	CÓDIGO DE PROCESSO CIVIL DE 1973
Art. 1.052. Até a edição de lei específica, as execuções contra devedor insolvente, em curso ou que venham a ser propostas, permanecem reguladas pelo Livro II, Título IV, da Lei nº 5.869, de 11 de janeiro de 1973.	Sem correspondente.

A execução contra devedor insolvente dependerá de lei específica e, enquanto não houver, aplicar-se-á o disposto no CPC/73, não sendo este, pois, totalmente revogado com a entrada em vigor do NCPC.

NOVO CÓDIGO DE PROCESSO CIVIL	CÓDIGO DE PROCESSO CIVIL
Art. 1.053. Os atos processuais praticados por meio eletrônico até a transição definitiva para certificação digital ficam convalidados, ainda que não tenham observado os requisitos mínimos estabelecidos por este Código, desde que tenham atingido sua finalidade e não tenha havido prejuízo à defesa de qualquer das partes.	Sem correspondente.

Levando em consideração o princípio da instrumentalidade, os atos praticados por meio eletrônico, até que seja procedida a transição definitiva, serão convalidados, ainda que não haja a observância dos requisitos, desde que a sua finalidade tenha sido atingida e não tenha havido quaisquer prejuízos à parte contrária.

NOVO CÓDIGO DE PROCESSO CIVIL	CÓDIGO DE PROCESSO CIVIL DE 1973
Art. 1.054. O disposto no art. 503, § 1°, somente se aplica aos processos iniciados após a vigência deste Código, aplicando-se aos anteriores o disposto nos arts. 5º, 325 e 470 da Lei n° 5.869, de 11 de janeiro de 1973.	Sem correspondente.

O NCPC prevê regra de transição, estabelecendo que a questão prejudicial, decidida expressa e incidentalmente no processo, terá força de lei nos limites da questão principal expressamente decidida apenas para as demandas que sejam ajuizadas após a entrada em vigor do novo diploma.

NOVO CÓDIGO DE PROCESSO CIVIL	CÓDIGO DE PROCESSO CIVIL DE 1973
Art. 1.055. ~~O devedor ou arrendatário não se exime da obrigação de pagamento dos tributos, das multas e das taxas incidentes sobre os bens vinculados e de outros encargos previstos em contrato, exceto se a obrigação de pagar não for de sua responsabilidade, conforme contrato, ou for objeto de suspensão em tutela provisória.~~ (VETADO)	**Art. 285-B.** [...] § 2º O devedor ou arrendatário não se exime da obrigação de pagamento dos tributos, multas e taxas incidentes sobre os bens vinculados e de outros encargos previstos em contrato, exceto se a obrigação de pagar não for de sua responsabilidade, conforme contrato, ou for objeto de suspensão em medida liminar, em medida cautelar ou antecipação dos efeitos da tutela. (Incluído pela Lei nº 12.873, de 2013)

O dispositivo em questão foi vetado, ao fundamento de que converter em artigo autônomo o § 2º do art. 285-B do Código de Processo Civil de 1973, as hipóteses de sua aplicação, hoje restritas, ficariam imprecisas e ensejariam interpretações equivocadas, tais como possibilitar a transferência de responsabilidade tributária por meio de contrato.

NOVO CÓDIGO DE PROCESSO CIVIL	CÓDIGO DE PROCESSO CIVIL DE 1973
Art. 1.056. Considerar-se-á como termo inicial do prazo da prescrição prevista no art. 924, inciso V, inclusive para as execuções em curso, a data de vigência deste Código.	Sem correspondente.

Será considerado termo inicial da prescrição intercorrente, prevista para a extinção da execução, a data de vigência no NCPC, que se dará após um ano de sua publicação oficial.

NOVO CÓDIGO DE PROCESSO CIVIL	CÓDIGO DE PROCESSO CIVIL DE 1973
Art. 1.057. O disposto no art. 525, §§ 14 e 15, e no art. 535, §§ 7º e 8º, aplica-se às decisões transitadas em julgado após a entrada em vigor deste Código, e, às decisões transitadas em julgado anteriormente, aplica-se o disposto no art. 475-L, § 1º, e no art. 741, parágrafo único, da Lei nº 5.869, de 11 de janeiro de 1973.	Sem correspondente.

Trata-se de determinação de disposição transitória em relação à coisa julgada inconstitucional, preservando a previsão dos artigos art. 475-L, § 1º e 741, parágrafo único, ambos do CPC/73 para as decisões transitadas em julgado antes da entrada em vigor do novo Código.

NOVO CÓDIGO DE PROCESSO CIVIL	CÓDIGO DE PROCESSO CIVIL DE 1973
Art. 1.058. Em todos os casos em que houver recolhimento de importância em dinheiro, esta será depositada em nome da parte ou do interessado, em conta especial movimentada por ordem do juiz, nos termos do art. 840, inciso I.	Sem correspondente.

O recolhimento de importância em dinheiro será depositado no Banco do Brasil, Caixa Econômica ou em banco em que o Estado ou Distrito Federal possua mais de metade do capital integralizado, ou, na falta desses, em estabelecimento designado pelo juiz.

NOVO CÓDIGO DE PROCESSO CIVIL	CÓDIGO DE PROCESSO CIVIL DE 1973
Art. 1.059. À tutela provisória requerida contra a Fazenda Pública aplica-se o disposto nos arts. 1° a 4° da Lei n° 8.437, de 30 de junho de 1992, e no art. 7°, § 2°, da Lei n° 12.016, de 7 de agosto de 2009.	Sem correspondente.

Quando à tutela provisória requerida contra a Fazenda Pública, mantém-se a aplicação do disposto nas leis específicas sobre mandado de segurança e de concessão de medidas cautelares contra atos do Poder Público.

NOVO CÓDIGO DE PROCESSO CIVIL	LEI Nº 9.289/96
Art. 1.060. O inciso II do art. 14 da Lei n° 9.289, de 4 de julho de 1996, passa a vigorar com a seguinte redação: "Art. 14. .... II - aquele que recorrer da sentença adiantará a outra metade das custas, comprovando o adiantamento no ato de interposição do recurso, sob pena de deserção, observado o disposto nos §§ 1° a 7° do art. 1.007 do Código de Processo Civil; ...." (NR)	**Art. 14.** [...] II - aquele que recorrer da sentença pagará a outra metade das custas, dentro do prazo de cinco dias, sob pena de deserção; (Vide Lei nº 13.105, de 2015) (Vigência) [...]

O artigo reformulado pelo NCPC prevê o adiantamento de metade das custas e contribuições devidas no feito para recorrer, deixando clara a possibilidade de ressarcimento da quantia em caso de sucesso do recurso.

NOVO CÓDIGO DE PROCESSO CIVIL	LEI Nº 9.307/96
Art. 1.061. O § 3º do art. 33 da Lei nº 9.307, de 23 de setembro de 1996 (Lei de Arbitragem), passa a vigorar com a seguinte redação: "Art. 33. .... § 3º A decretação da nulidade da sentença arbitral também poderá ser requerida na impugnação ao cumprimento da sentença, nos termos dos arts. 525 e seguintes do Código de Processo Civil, se houver execução judicial." (NR)	**Art. 33.** [...] § 3º A declaração de nulidade da sentença arbitral também poderá ser arguida mediante impugnação, conforme o art. 475-L e seguintes da Lei no 5.869, de 11 de janeiro de 1973 (Código de Processo Civil), se houver execução judicial. (Redação dada pela Lei nº 13.129, de 2015) (Vigência)

A nova redação do artigo 33, §3º da Lei nº 9.307/96 prevê que a decretação de nulidade de sentença arbitral poderá ser requerida em sede de impugnação ao cumprimento de sentença.

Destaque-se que o referido artigo 33 da Lei nº 9.307/96 também é objeto de previsão do PLS nº 406/2013, que altera a Lei nº 9.307/96, e, quando for sancionado, deve entrar em vigor ainda antes do NCPC, aludindo ainda ao CPC/73.

NOVO CÓDIGO DE PROCESSO CIVIL	CÓDIGO DE PROCESSO CIVIL DE 1973
Art. 1.062. O incidente de desconsideração da personalidade jurídica aplica-se ao processo de competência dos juizados especiais.	Sem correspondente.

No âmbito dos Juizados Especiais será admitida, por disposição expressa do NCPC, a desconsideração da personalidade jurídica, possibilitando, assim, o redirecionamento da execução ao sócio administrador da pessoa jurídica que seja ré.

NOVO CÓDIGO DE PROCESSO CIVIL	LEI Nº 9.099/95
Art. 1.063. Até a edição de lei específica, os juizados especiais cíveis previstos na Lei nº 9.099, de 26 de setembro de 1995, continuam competentes para o processamento e julgamento das causas previstas no art. 275, inciso II, da Lei nº 5.869, de 11 de janeiro de 1973.	**Art. 3**. [...] II - as enumeradas no art. 275, inciso II, do Código de Processo Civil; [...]

Até que haja a edição de lei mais específica, os Juizados Especiais Cíveis previstos na Lei nº 9.099/95 continuarão competentes para as causas previstas no artigo 275, II, do CPC/73.

NOVO CÓDIGO DE PROCESSO CIVIL	LEI Nº 9.099/95
Art. 1.064. O caput do art. 48 da Lei nº 9.099, de 26 de setembro de 1995, passa a vigorar com a seguinte redação: "Art. 48. Caberão embargos de declaração contra sentença ou acórdão nos casos previstos no Código de Processo Civil. ...." (NR)	Seção XIII Dos Embargos de Declaração **Art. 48**. Caberão embargos de declaração quando, na sentença ou acórdão, houver obscuridade, contradição, omissão ou dúvida. (Vide Lei nº 13.105, de 2015) (Vigência) [...]

O NCPC retira a possibilidade dos embargos de declaração em caso de dúvida, como consta na redação atual do artigo 48 da Lei nº 9.099/95, que dispõe: *"Caberão embargos de declaração quando, na sentença ou acórdão, houver obscuridade, contradição, omissão ou dúvida"*.

NOVO CÓDIGO DE PROCESSO CIVIL	LEI Nº 9.099/95
Art. 1.065. O art. 50 da Lei nº 9.099, de 26 de setembro de 1995, passa a vigorar com a seguinte redação: "Art. 50. Os embargos de declaração interrompem o prazo para a interposição de recurso." (NR)	**Art. 50**. Quando interpostos contra sentença, os embargos de declaração suspenderão o prazo para recurso. (Vide Lei nº 13.105, de 2015) (Vigência)

O NCPC apresenta a modificação, determinando que os embargos de declaração, no procedimento dos Juizados Especiais Cíveis, irão interromper o prazo, diferente da redação atual do artigo 50 da Lei nº 9.099/95, que dispõe sobre a suspensão do prazo para a interposição de recurso quando opostos os embargos de declaração.

NOVO CÓDIGO DE PROCESSO CIVIL	LEI Nº 9.099/95
Art. 1.066. O art. 83 da Lei nº 9.099, de 26 de setembro de 1995, passam a vigorar com a seguinte redação: "Art. 83. Cabem embargos de declaração quando, em sentença ou acórdão, houver obscuridade, contradição ou omissão. .... § 2º Os embargos de declaração interrompem o prazo para a interposição de recurso. ...." (NR)	**Art. 83**. Caberão embargos de declaração quando, em sentença ou acórdão, houver obscuridade, contradição, omissão ou dúvida. (Vide Lei nº 13.105, de 2015) (Vigência) [...] § 2º Quando opostos contra sentença, os embargos de declaração suspenderão o prazo para o recurso. (Vide Lei nº 13.105, de 2015) (Vigência) [...]

A exemplo do artigo anterior, faz ratificação de que os embargos de declaração, quando cabíveis, sempre interrompem os prazos para interposição de recursos.

NOVO CÓDIGO DE PROCESSO CIVIL	LEI Nº 4.737/65

Art. 1.067. O art. 275 da Lei nº 4.737, de 15 de julho de 1965 (Código Eleitoral), passa a vigorar com a seguinte redação: "Art. 275. São admissíveis embargos de declaração nas hipóteses previstas no Código de Processo Civil. § 1º Os embargos de declaração serão opostos no prazo de 3 (três) dias, contado da data de publicação da decisão embargada, em petição dirigida ao juiz ou relator, com a indicação do ponto que lhes deu causa. § 2º Os embargos de declaração não estão sujeitos a preparo. § 3º O juiz julgará os embargos em 5 (cinco) dias. § 4º Nos tribunais: I - o relator apresentará os embargos em mesa na sessão subsequente, proferindo voto; II - não havendo julgamento na sessão referida no inciso I, será o recurso incluído em pauta; III - vencido o relator, outro será designado para lavrar o acórdão. § 5º Os embargos de declaração interrompem o prazo para a interposição de recurso. § 6º Quando manifestamente protelatórios os embargos de declaração, o juiz ou o tribunal, em decisão fundamentada, condenará o embargante a pagar ao embargado multa não excedente a 2 (dois) salários-mínimos. § 7º Na reiteração de embargos de declaração manifestamente protelatórios, a multa será elevada a até 10 (dez) salários-mínimos." (NR)	**Art. 275.** São admissíveis embargos de declaração: (Vide Lei nº 13.105, de 2015) (Vigência) I - quando há no acórdão obscuridade, dúvida ou contradição; II - quando fôr omitido ponto sôbre que devia pronunciar-se o Tribunal. § 1º Os embargos serão opostos dentro em 3 (três) dias da data da publicação do acórdão, em petição dirigida ao relator, na qual será indicado o ponto obscuro, duvidoso, contraditório ou omisso. § 2º O relator porá os embargos em mesa para julgamento, na primeira sessão seguinte proferindo o seu voto. § 3º Vencido o relator, outro será designado para lavrar o acórdão. § 4º Os embargos de declaração suspendem o prazo para a interposição de outros recursos, salvo se manifestamente protelatórios e assim declarados na decisão que os rejeitar.

Há, aqui, alteração do Código Eleitoral – CE, acrescentando que os embargos de declaração serão admitidos apenas nos casos previstos no NCPC, devendo ser interpostos no prazo de três dias, a contar da data da publicação da decisão, e não necessariamente do acórdão, como estabelece o CE.

Estabelece-se a desnecessidade de preparo para a interposição dos embargos, determinando, ainda, que sua interposição interrompe o prazo para recursos, mesmo que seja manifestamente protelatório, hipótese na qual, conforme o NCPC, incidirá, em favor do embargado, multa não excedente a dois salários-mínimos e até dez, caso haja reincidência na prática. É, também, estabelecida uma dinâmica diferente em seu trâmite, conforme o disposto no parágrafo terceiro.

NOVO CÓDIGO DE PROCESSO CIVIL	CÓDIGO CIVIL DE 2002
Art. 1.068. O art. 274 e o caput do art. 2.027 da Lei nº 10.406, de 10 de janeiro de 2002 (Código Civil), passam a vigorar com a seguinte redação: "Art. 274. O julgamento contrário a um dos credores solidários não atinge os demais, mas o julgamento favorável aproveita-lhes, sem prejuízo de exceção pessoal que o devedor tenha direito de invocar em relação a qualquer deles." (NR) "Art. 2.027. A partilha é anulável pelos vícios e defeitos que invalidam, em geral, os negócios jurídicos. ...." (NR)	**Art. 274.** O julgamento contrário a um dos credores solidários não atinge os demais; o julgamento favorável aproveita-lhes, a menos que se funde em exceção pessoal ao credor que o obteve. CAPÍTULO VII Da Anulação da Partilha **Art. 2.027.** A partilha, uma vez feita e julgada, só é anulável pelos vícios e defeitos que invalidam, em geral, os negócios jurídicos. [...]

A alteração do artigo 274 do Código Civil, que atualmente dispõe que o julgamento favorável a um dos credores solidários não aproveita aos demais, passa a vigorar de forma a aproveitar a todos a decisão favorável, porém, sem prejuízo da exceção pessoal que o devedor possa invocar em relação a qualquer deles.

A alteração do artigo 2.027 do Código Civil retira a expressão "*uma vez feita e julgada*".

NOVO CÓDIGO DE PROCESSO CIVIL	CÓDIGO DE PROCESSO CIVIL DE 1973
Art. 1.069. O Conselho Nacional de Justiça promoverá, periodicamente, pesquisas estatísticas para avaliação da efetividade das normas previstas neste Código.	Sem correspondente.

O NCPC traz a determinação de pesquisas periódicas por parte do CNJ, cumpridas conforme a normatização aplicável, de forma a avaliar a efetividade das normas previstas no NCPC e a possibilitar a sua melhor adequação no que se mostrar ineficaz.

NOVO CÓDIGO DE PROCESSO CIVIL	CÓDIGO DE PROCESSO CIVIL DE 1973
Art. 1.070. É de 15 (quinze) dias o prazo para a interposição de qualquer agravo, previsto em lei ou em regimento interno de tribunal, contra decisão de relator ou outra decisão unipessoal proferida em tribunal.	Sem correspondente.

Este artigo padroniza o prazo dos agravos, previsto em lei ou no regimento interno do tribunal, como, por exemplo, em face de decisão monocrática do relator.

NOVO CÓDIGO DE PROCESSO CIVIL	CÓDIGO DE PROCESSO CIVIL DE 1973
Art. 1.071. O Capítulo III do Título V da Lei nº 6.015, de 31 de dezembro de 1973 (Lei de Registros Públicos), passa a vigorar acrescida do seguinte art. 216-A: "Art. 216-A. Sem prejuízo da via jurisdicional, é admitido o pedido de reconhecimento extrajudicial de usucapião, que será processado diretamente perante o cartório do registro de imóveis da comarca em que estiver situado o imóvel usucapiendo, a requerimento do interessado, representado por advogado, instruído com: I - ata notarial lavrada pelo tabelião, atestando o tempo de posse do requerente e seus antecessores, conforme o caso e suas circunstâncias; II - planta e memorial descritivo assinado por profissional legalmente habilitado, com prova de anotação de responsabilidade técnica no respectivo conselho de fiscalização profissional, e pelos titulares de direitos reais e de outros direitos registrados ou averbados na matrícula do imóvel usucapiendo e na matrícula dos imóveis confinantes; III - certidões negativas dos distribuidores da comarca da situação do imóvel e do domicílio do requerente; IV - justo título ou quaisquer outros documentos que demonstrem a origem, a continuidade, a natureza e o tempo da posse, tais como o pagamento dos impostos e das taxas que incidirem sobre o imóvel. § 1º O pedido será autuado pelo registrador, prorrogando-se o prazo da prenotação até o acolhimento ou a rejeição do pedido. § 2º Se a planta não contiver a assinatura de qualquer um dos titulares de direitos reais e de outros direitos registrados ou averbados na matrícula do imóvel usucapiendo e na matrícula dos imóveis confinantes, esse será notificado pelo registrador competente, pessoalmente ou pelo correio com aviso de recebimento, para manifestar seu consentimento expresso em 15 (quinze) dias, interpretado o seu silêncio como discordância. § 3º O oficial de registro de imóveis dará ciência à União, ao Estado, ao Distrito Federal e ao Município, pessoalmente, por intermédio do oficial de registro de títulos e documentos, ou pelo correio com aviso de recebimento, para que se manifestem, em 15 (quinze) dias, sobre o pedido. § 4º O oficial de registro de imóveis promoverá a publicação de edital em jornal de grande circulação, onde houver, para a ciência de terceiros eventualmente interessados, que poderão se manifestar em 15 (quinze) dias. § 5º Para a elucidação de qualquer ponto de dúvida, poderão ser solicitadas ou realizadas diligências pelo oficial de registro de imóveis.	Sem correspondente.

§ 6º Transcorrido o prazo de que trata o § 4º deste artigo, sem pendência de diligências na forma do § 5º deste artigo e achando-se em ordem a documentação, com inclusão da concordância expressa dos titulares de direitos reais e de outros direitos registrados ou averbados na matrícula do imóvel usucapiendo e na matrícula dos imóveis confinantes, o oficial de registro de imóveis registrará a aquisição do imóvel com as descrições apresentadas, sendo permitida a abertura de matrícula, se for o caso. § 7º Em qualquer caso, é lícito ao interessado suscitar o procedimento de dúvida, nos termos desta Lei. § 8º Ao final das diligências, se a documentação não estiver em ordem, o oficial de registro de imóveis rejeitará o pedido. § 9º A rejeição do pedido extrajudicial não impede o ajuizamento de ação de usucapião. § 10. Em caso de impugnação do pedido de reconhecimento extrajudicial de usucapião, apresentada por qualquer um dos titulares de direito reais e de outros direitos registrados ou averbados na matrícula do imóvel usucapiendo e na matrícula dos imóveis confinantes, por algum dos entes públicos ou por algum terceiro interessado, o oficial de registro de imóveis remeterá os autos ao juízo competente da comarca da situação do imóvel, cabendo ao requerente emendar a petição inicial para adequá-la ao procedimento comum."	

O NCPC também altera a Lei de Registros Públicos, acrescentando-lhe o artigo 216-A, que trata de procedimento extrajudicial para reconhecimento da usucapião, estabelecendo em seu corpo hipóteses, requisitos, documentos e providências necessárias. Tal medida visa a agilizar o reconhecimento da usucapião nos casos em que é possível comprová-la sem a necessidade de discussão judicial. Isso não implica, porém, que a situação não mais poderá ser suscitada perante o Poder Judiciário, em razão do princípio da inafastabilidade da jurisdição.

NOVO CÓDIGO DE PROCESSO CIVIL	CÓDIGO DE PROCESSO CIVIL DE 1973
Art. 1072. Revogam-se: I - o art. 22 do Decreto-Lei nº 25, de 30 de novembro de 1937; II - os arts. 227, caput, 229, 230, 456, 1.482, 1.483 e 1.768 a 1.773 da Lei nº 10.406, de 10 de janeiro de 2002 (Código Civil); III - os arts. 2º, 3º, 4º, 6º, 7º, 11, 12 e 17 da Lei nº 1.060, de 5 de fevereiro de 1950; IV - os arts. 13 a 18, 26 a 29 e 38 da Lei nº 8.038, de 28 de maio de 1990; V - os arts. 16 a 18 da Lei nº 5.478, de 25 de julho de 1968; e VI - o art. 98, § 4º, da Lei nº 12.529, de 30 de novembro de 2011.	Sem correspondente.

Brasília, 16 de março de 2015; 194º da Independência e 127º da República.

DILMA ROUSSEFF
José Eduardo Cardozo
Jaques Wagner
Joaquim Vieira Ferreira Levy
Luís Inácio Lucena Adams

REFERÊNCIAS BIBLIOGRÁFICAS

ABRÃO, Carlos Henrique. *Processo eletrônico: processo digital*. 3ª ed. São Paulo: Atlas, 2011.

ALMEIDA, Jansen Fialho de. O juiz e o princípio da efetividade no novo CPC. *Revista de Informação Legislativa*. Brasília: Senado Federal, ano 48, v. 190, abril-junho, 2011. p. 265-276.

ALMEIDA, Marcelo Pereira de. A intervenção do *amicus curiae* em demandas seriais de interesse da administração pública. In: *Direito, Filosofia, Ética e Linguagem: Estudos em homenagem à Professora, Escritora e filósofa Theresa Calvet de Magalhães*. Minas Gerais: Editar. 2013, p. 147-164.

__________. *Processo coletivo*: teoria geral, cognição e execução. São Paulo: LTr, 2012.

__________. Recursos excepcionais. In: *Processos e incidentes nos tribunais*. Org. MARTINS, Antônio Carlos Garcias. São Paulo: Elsevier. 2011, p. 163-181.

ALVES, Geraldo Magela. *O novo processo de Execução: comentários aos artigos 566 a 795 do CPC*. Belo Horizonte: Del Rey. 2007.

ALVIM, Arruda. Competência Internacional. *Revista de Processo*. São Paulo: RT, n. 7-8, jul./dez. 1977, p. 131-158.

__________.*Manual de Direito Processual Civil,* Volume 1: parte geral. São Paulo: Revista dos Tribunais, 2006.

__________. Notas sobre o projeto de novo código de processo. *Revista de Informação Legislativa,* ano 48, n. 190 abr.-jun./2011, p. 35-48.

AMERICANO, Jorge. *Comentários ao código de processo civil do Brasil*, v. 2. São Paulo: Saraiva, 1958.

ANDRADE, Érico; NUNES, Dierle. Os contornos da estabilização da tutela provisória de urgência antecipatória no novo CPC e o "mistério" da ausência de formação de coisa julgada. Disponível em https://www.academia.edu/12103602/%C3%89rico_Andrade_e_Dierle_Nunes_-_Os_contornos_da_estabiliza%C3%A7%C3%A3o_da_tutela_provis%C3%B3ria_de_urg%C3%AAncia_antecipat%C3%B3ria_no_novo_CPC_e_o_mist%C3%A9rio_da_aus%C3%AAncia_de_forma%C3%A7%C3%A3o_da_coisa_julgada. Acesso em 18 mar. 2016.

ARAGÃO, Egas Moniz de. *Comentários ao Código de Processo Civil*. 7ª ed. Rio de Janeiro: Forense, 1991, v. II.

ASSIS, Araken de. *Comentários ao Código de Processo Civil*, v. VI: arts. 566 a 645. Rio de Janeiro: Forense, 2004.

__________. *Manual de Execução*. 11ª ed. São Paulo. RT, 2007.

__________. *O Contempt of Court no Direito Brasileiro*. Revista de Processo, São Paulo,n. 111, jul-set, 2003, p. 18-37.

ATAÍDE JR, Jaldemiro Rodrigues de. As demandas de massa e o projeto de novo código de processo civil. In: *Novas Tendências do Processo Civil*: Estudos sobre o projeto do novo código de processo civil. (org: FREIRA, Alexandre; DANTAS, Bruno; NUNES, Dierle; DIDIER JR., Fredie; MEDINA, José Miguel Garcia; FUX, Luiz; CAMARGO, Luiz Henrique Volpe; OLIVEIRA, Pedro Miranda de.) vol. 3. Salvador: Editora Juspodivm. p. 45-69, 2014.

BAHIA, Alexandre Gustavo Melo Franco; VECCHIATTI, Paulo Roberto Iotti. O dever de fundamentação, contraditório substantivo e superação de precedentes vinculantes (overruling) no novo CPC – ou do repúdio a uma nova escola da exegese. In: *Novas Tendências do Processo Civil*: Estudos sobre o projeto do novo código de processo civil. (org: FREIRA, Alexandre; DANTAS, Bruno; NUNES, Dierle; DIDIER JR., Fredie; MEDINA, José Miguel Garcia; FUX, Luiz; CAMARGO, Luiz Henrique Volpe; OLIVEIRA, Pedro Miranda de.) vol. 2. Salvador: Editora Juspodivm, 2014, p. 27-64.

BARBI, Celso Agrícola. *Comentários ao Código de Processo Civil*. Rio de Janeiro: Forense, vol. I, 10ª ed., 1998.

BARBOSA MOREIRA, José Carlos. *Comentários ao código de processo civil*. 15ª ed. vol. 5. Rio de Janeiro: Forense, 2010.

__________. O futuro da justiça: alguns mitos. *Revista de Processo*, n. 102 São Paulo: Revista dos Tribunais, abr.-jun. 2001,p. 228-237.

__________. *O novo processo civil brasileiro*. 29 ª ed. Rio de Janeiro: Forense, 2012.

__________. *Temas de Direito Processual* – Quinta Série. São Paulo: Saraiva, 1994.

BARRETTO, Vicente. *O fetiche dos direitos humanos e outros temas*. Porto Alegre: Livraria do Advogado, 2010.

BARROSO, Carlos Eduardo Ferraz de Mattos. *Teoria Geral do Processo e Processo de Conhecimento*. Vol. 11. São Paulo: Saraiva, 2007.

BEDAQUE, José Roberto dos Santos. *Efetividade do processo e técnica processual*. 3ª ed. São Paulo: Malheiros, 2010.

BENETI, Sidnei Agostinho. Assunção de competência e fast-track recursal. *Revista de Processo*. São Paulo, ano 34, n. 171, p. 9-23, maio 2009.

BERNARDI, Vanessa. *Litispendência e o processo civil internacional*. Disponível em: <http://www.ucs.br/etc/conferencias/index.php/mostraucsppga/mostrappga/paper/viewFile/3439/1021>. Acesso em: 4 mar. 2014.

BOBBIO, Norberto, 1909; COUTINHO, Carlos Nelson (tra); LAFER, Celso (apres.). *A era dos direitos.* 9ª ed. Rio de Janeiro: Elsevier, 2004.

BUENO, Cassio Scarpinella. *Curso sistematizado de direito processual civil:* procedimento comum: ordinário e sumário. 3ª ed. vol. 2: tomo I. São Paulo: Saraiva, 2010.

__________. BUENO, Cassio Scarpinella. *Novo Código de Processo Civil anotado*. São Paulo: Saraiva, 2015.

__________. *Projetos de Novo Código de Processo Civil Comparados e Anotados*: Senado federal PLS N.166/2010 e Câmara dos Deputados PL N.8046/2010. São Paulo: Saraiva, 2014.

CABRAL, Antônio do Passo; NOGUEIRA, Pedro Henrique (coord.). Negócios Processuais. Salvador: Juspodium. 2016.

CALMON, Petronio. *Comentários à lei de informatização do processo eletrônico*. Rio de Janeiro: Forense, 2007.

CÂMARA, Alexandre de Freitas. *Lições de direito processual civil.* 13.ed. São Paulo: Atlas, 2013, vol. I.

__________.*Lições de direito processual civil.* 13ª ed. São Paulo: Atlas, 2013, vol. II.

__________. *Lições de direito processual civil.* 13ª ed. São Paulo: Atlas, 2013, vol. III.

__________. O Novo Código de Processo Civil Brasileiro. Rio de Janeiro: Atlas, 2015.

__________. JUNIOR, Antonio Pereira Gaio: *Novo CPC – Reflexões e Perspectivas.* Ed Del Rey, 2014.

CAMARGO, Luiz Henrique Volpe. *Cem novidades do novo código de processo civil.* Disponível em: <http://www2.senado.leg.br/bdsf/bitstream/handle/id/242901/000923137.pdf?sequence=1>. Acesso em: 28 jul. 2014.

__________. O incidente de resolução de demandas repetitiva no projeto de novo CPC: a comparação entre a Versão do Senado Federal e a da Câmara dos Deputados. *In*: FREIRE, Alexandre; DANTAS, Bruno; NUNES, Dierle; et al, Novas Tendências do Processo Civil. Estudos sobre o Projeto do Novo Código de Processo Civil. Salvador: Juspodivm, 2014, p. 279-312.

CAPPELLETTI, Mauro. GARTH, Bryan. Acesso à justiça. Trad. Ellen Gracie Northfleet. Porto Alegre: Fabris, 1988.

CARNEIRO, Athos Gusmão. *Jurisdição e competência*. São Paulo: Saraiva, 2005.

CAVALCANTI, Marcos. *Incidente de resolução de demandas repetitivas e ações coletivas*. Salvador: Juspodivm, 2015.

CIMARDI, Cláudia Aparecida. *A execução contra a Fazenda Pública no Projeto do CPC*. Disponível em: <http://www2.senado.leg.br/bdsf/bitstream/handle/id/242886/000923094.pdf?sequence=1>. Acesso em 20.02.2015.

CINTRA, Antonio Carlos Araujo; GRINOVER, Ada Pelegrini; DINAMARCO, Cândido Rangel. *Teoria Geral do Processo*. 28ª edição, Editora Malheiros, São Paulo, 2012.

COELHO, Fabio Ulhoa A ação de dissolução parcial de sociedade. *Revista de Informação Legislativa*, Brasília, n. 190, p. 142-155, abr./jun 2011.

__________. *Curso de direito comercial*. v. 2. 17ª ed. São Paulo: Saraiva, 2013.

CORREIA, Marcus Orione Gonçalves. *Teoria Geral do Processo*. São Paulo: Saraiva, 2007.

CUNHA, Leonardo José Carneiro da. *A fazenda pública em juízo*. 11ª ed. São Paulo: Dialética, 2013.

DE PLÁCIDO E SILVA. *Vocabulário jurídico*. Rio de Janeiro: Forense, 2009.

DIAS, Ronaldo Brêtas de Carvalho; NEPOMUCENO, Luciana Diniz (Orgs.). *Processo civil reformado*. Belo Horizonte: Del Rey, 2007.

DIDIER JR, Fredie. *Curso de direito processual civil. 16º ed.* rev. e ampl. Salvador: Editora Juspodvim, v. 1, 2014.

__________. *Curso de direito processual civil*. v.1. 17.ed. Salvador: Juspodium, 2016.

__________. *Curso de direito processual civil*: Execução. v. 5. 4ª ed. Salvador: Juspodivm, 2012.

__________.; BRAGA, Paula Sarno; OLIVEIRA, Rafael Alexandria de. *Curso de Direito Processual Civil* - v.2. 9ª ed. Revista, ampliada e atualizada. Bahia: Juspodivm, 2013.

__________.; BASTOS, A. A.A. e outros. O Projeto do Novo Código de Processo Civil. Estudos em Homenagem ao Professor José Joaquim Calmon de Passos. 2ª séria. Bahia: Jus Podivm, 2012.

__________. Os três modelos de direito processual: inquisitivo, dispositivo e cooperativo. *Revista de Processo*, v. 198, p. 213-225, 2011.

__________. BRAGA, Paula Sarno; OLIVEIRA, Rafael Alexandria de. *Curso de Direito Processual Civil.* Vol. 2 . Salvador: Jus Podvm, 2015.

DINAMARCO, Cândido Rangel. *A reforma da reforma*. São Paulo: RT, 2003.

_________.*Instituições de Direito Processual* Civil. V. I. 6ª ed. São Paulo: Malheiros editores, 2009.

_________. *Instituições de Direito Processual* Civil. V. IV. São Paulo: Malheiros editores, 2008.

DONIZETTI, Elpídio. *Direito processual civil*. Rio de Janeiro: LumenJuris, 2010.

DOTTI, Rogéria Fagundes. Seção IV – Das alegações do réu. In: DOTTI, Rogéria Fagundes; MARTINS, Sandro Gilbert (Coords.). *Código de processo civil anotado*. Disponível em: <http://intranet.oabpr.org.br/download/CPC_24_01.pdf>. Acesso em: 15 jan. 2014.

FILHO, Luiz Paulo Araújo. *Assistência e intervenção da União*. Rio de Janeiro: Forense, 2006.

FILHO, Manoel Caetano Ferreira Filho. Capítulo III - *Da Revelia*. In: DOTTI, Rogéria Fagundes; MARTINS, Sandro Gilbert (Coords.). *Código de Processo Civil Anotado*. Disponível em:<http://intranet.oabpr.org.br/download/CPC_24_01.pdf>. Acesso em: 02 jan. 2014.

FÓRUM PERMANENTE DE PROCESSUALISTAS CIVIS. *Enunciados do II Fórum Permanente de Processualistas Civis (FPPC)*. Salvador, 2013.

__________. *Enunciados do III Fórum Permanente de Processualistas Civis (FPPC)*. Rio de Janeiro, 2014.

FREITAS, Juarez. A interpretação sistemática do direito. 4ed. São Paulo: Malheiros, 2004.

FREIRE, A.; DANTAS, B.; NUNES, D; JÚNIOR, F.D; MEDINA, J.M.G.; FUX, Luiz; CAMARGO, L.H.V.; OLIVEIRA, P.M. *Novas Tendências do Processo Civil. Estudos sobre o Projeto do Novo Código de Processo Civil*. Salvador: JusPodivm, 2014.

FUNENSEG – Fundação Escola Nacional de Seguros. *Glossário de Terminologia Técnica Comercial Marítima*. 2ª ed. Rio de Janeiro: 2002.

FUX, Luiz. *Tutela de Segurança e Tutela de Evidência* (fundamentos da tutela antecipada). São Paulo: Saraiva, 1996.

GAGLIANO, Pablo Stolze. *Novo curso de direito civil*, vol. IV: Contratos, tomo I: Teoria Geral. 5ª ed. São Paulo. Saraiva, 2009.

GAIO JÚNIOR, Antônio Pereira; CÂMARA, Alexandre Freitas. *Novo CPC: reflexões e perspectivas*. Belo Horizonte: Del Rey Editora, 2014.

GIANNICO, Maurício ; MONTEIRO, José de Mello Monteiro. *As novas reformas do CPC e de outras normas processuais*. São Paulo: Saraiva, 2009.

GONÇALVES, Gláucio Ferreira Maciel; VALADARES, André Garcia Leão Reis. A força vinculante dos precedentes no relatório final do novo CPC. *In: Novas Tendências do Processo Civil:* Estudos sobre o projeto do novo código de processo civil.vol. 2. Salvador: Editora Juspodivm. p. 627-639, 2014.

__________. O Sistema Recursal à luz do projeto do Novo Código de Processo Civil. *Revista de Seção Judiciária do Rio de Janeiro, Rio de Janeiro*, Rio de Janeiro: Justiça Federal, v. 19, n. 35, dez. 2012, p. 167-189.

GOUVEIA, José Roberto F. NEGRÃO, Theotonio. *Código de Processo Civil e legislação processual em vigor*. São Paulo: Saraiva, 2007.

GRECO, Leonardo. *Instituições de processo civil*. v. 1. Rio de Janeiro: Forense, 2009.

__________. Garantias fundamentais do processo: o processo justo. *Revista Jurídica*. Porto Alegre: FURB, v. 305, 2003, p. 61-99.

GRECO FILHO, Vicente. *Direito processual civil brasileiro*. 12ª ed. São Paulo: Saraiva, 2009.

HERR, David F. *Multidistrict Litigation Manual:* Practice Before the Judicial Panel on Multidistrict Litigation. Minnesota: Thomson Reuters, 2014.

HODGES, CHRISTOPHER. Multi-Party Action: An European Approach. *Duke Journal of Comparative & International Law.* Carolina do Norte: Duke Law School, 2001, v. 11, p. 321-354

KITAHARA, Bianca Casale e AULIO, Rafael Stefanini. *Seção II – Do Pedido*. In: DINAMARCO, Márcia (Coord.). Código de Processo Civil Comentado. Disponível em: <http://www.direitocom.com/cpc-comentado/livro-i-do-processo-de-conhecimento-do-artigo-1o-ao-artigo-565/titulo-viii-do-procedimento ordinario-do-artigo-282-ao-475-r/capitulo-i-da-peticao-inicial/secao-ii-do-pedido/artigo-294-2>. Acesso em: 05 jan. 2014.

LEAL, Rosemiro Pereira. *Teoria geral do processo*: primeiros estudos. São Paulo: Thomson – IOB, 2004.

LOPES, Maria Elisabeth de Castro; OLIVEIRA NETO, Olavo de. *Princípios processuais civis na Constituição*. Rio de Janeiro: Elsevier, 2008.

LORENCINI, Marco Antônio Garcia Lopes. A contribuição dos meios alternativos para a solução de controvérsias. In: SALLES, Carlos Alberto de. (coord.). *As grandes transformações no processo civil brasileiro*: homenagem ao Professor Kazuo Watanabe. São Paulo: Quartier Latin, 2009, p. 599 – 626.

MACEDO, Elaine Harzheim Macedo (org). *Comentários ao projeto de lei n. 8.046/2010: proposta de um novo código de processo civil* / Dados Eletrônicos. Porto Alegre: EDIPUCRS, 2012.

MACHADO, Antonio Cláudio da Costa. *Código de Processo Civil Comentado e Interpretado*. São Paulo: Manole, 2006.

MARINONI, Luiz Guilherme; MITIDIERO, Daniel. *Código de Processo Civil* comentado artigo por artigo. São Paulo: RT, 2011.

__________. *Curso de processo civil*. 7ª Ed. São Paulo: RT, 2013.

__________. MITIERO, Daniel. *O projeto do CPC*: crítica e propostas. São Paulo: Revista dos Tribunais, 2010.

__________. *Precedentes Obrigatórios*. 2ª ed. Ver. E atual. São Paulo: Editora Revista dos Tribunais, 2011.

__________. *Teoria geral do processo – curso de processo civil*. 5ª ed. rev. e atual. São Paulo: Revista dos Tribunais, 2011.

MARTINS, Antônio Carlos Garcias (Org.). *Processos e incidentes nos tribunais*. São Paulo: Elsevier. 2011.

MARTINS, Sandro Gilbert; DOTTI, Rogéria Fagundes (coord). *Código de processo civil anotado*. Porto Alegre: OAB Paraná, 2013.

MEDINA, José Miguel Garcia. *Execução*. São Paulo. RT, 2008.

MEDINA, Paulo Roberto de Gouvêa. *Os valores celeridade processual e segurança jurídica no projeto de novo código de processo civil.* Revista de Informação Legislativa, Brasília: Senado Federal, ano 48, n. 190, abril-junho, 2011. p. 169-177.

MENDES, Aluisio Gonçalves de Castro. *Ações Coletivas e Meios de Resolução Coletiva de Conflitos no Direito Comparado e Nacional*: Coleção Temas Atuais de Direito Processual Civil. vol. 4. 4ª ed. São Paulo: Revista dos Tribunais, 2014.

__________. *Ações coletivas nos países ibero-americanos:* situação atual, código, modelo e perspectivas. Revista de Processo, São Paulo: RT, vol. 153, ano 2007. p. 188-216.

__________. Competência cível da Justiça Federal. 4ª ed. São Paulo: Revista dos Tribunais, 2012.

__________. Construindo o código de brasileiro de processos coletivos: o anteprojeto elaborado no âmbito dos programas de pós-graduação da UERJ e UNESA. In: LUCON, Paulo (coord.). *Tutela coletiva*. São Paulo: Atlas, 2006, p. 279-301.

__________. Direitos individuais homogêneos: sentença, liquidação e execução dos processos coletivos. *Jurispoiesis*. vol. 10, Rio de Janeiro: Universidade Estácio de Sá, 2007, p. 25-46.

__________. Do individual ao coletivo: os caminhos do direito processual brasileiro. *Revista de Processo*. vol. 165, São Paulo: Ed. RT, 2008, p. 231-254.

__________. O código modelo de processo coletivos. In: LUCON, Paulo (coord.). Tutela coletiva: 20 anos da Lei da Ação Civil Pública e do Fundo de Defesa de Direitos Difusos - 15 anos do Código de Defesa do Consumidor. 1ª ed.São Paulo: Atlas, 2006, p. 33-59.

__________. O direito processual coletivo e o anteprojeto de código brasileiro de processos coletivos. In: DIDIER JR., Fredie; MOUTA, José Henrique (coord.). *Tutela Jurisdicional Coletiva*. Salvador: Juspodivm, 2010, p. 89-132.

__________. O juiz competente e a especialização no código modelo de processos coletivos. *Revista de Processo*. vol. 133, São Paulo: Ed. RT, 2006, p. 267-277.

__________. *Teoria Geral do Processo*. Rio de Janeiro: Lumen Juris, 2009.

__________; ÁVILA, Henrique. *Nova Lei-Algumas das principais alterações do novo Código de Processo Civil.* http://www.conjur.com.br/2015-jan-31/algumas-principais-alteracoes-codigo-processo-civil. Acesso em 06 abr. 2015.

__________; MARINONI, Luiz Guilherme; WAMBIER, Teresa Arruda Alvim. *Direito Jurisprudencial* – volume II. São Paulo: Revista dos Tribunais, 2014.

_________; NETO, Odilon Romano. Análise da Relação entre o Novo Incidente de Resolução de Demandas Repetitivas e o Microssistema dos Juizados Especiais. *Revista de Processo.* São Paulo: RT, vol. 245, 2015, p. 275-309.

_________; RODRIGUES, Roberto de Aragão Ribeiro. Reflexões sobre o incidente de resolução de demandas repetitivas previsto no projeto de novo código de processo civil. *Revista de Processo*, vol. 211, set/2012, p. 191-207.

_________; SILVA, Larissa Clare Pochmann da. Ações Coletivas e Incidente de Resolução de Demandas Repetitivas: Algumas Considerações sobre a Solução Coletiva de Conflitos. *In:* ZANETI JR, Hermes. *Coleção Repercussões Novo CPC:* Processo Coletivo. Salvador: Juspodivm, 2015, vol. 8, p. 535-566.

_________; SILVA, Larissa Clare Pochmann da. A tutela provisória no ordenamento jurídico brasileiro: a nova sistemática estabelecida pelo CPC/2015 comparada às previsões do CPC/1973. Revista de Processo, v. 257, 2016, p. 153-178.

_________; SILVA, Larissa Clare Pochmann da. Precedente e IRDR: Algumas Considerações. *In:* DIDIER JR, Fredie; CUNHA, Leonardo Carneiro da; ATAÍDE JR, Jaldemiro Rodrigues de; MACÊDO, Lucas Buril de. *Coleção Grandes Temas do Novo CPC:* Precedentes. Salvador: Juspodivm, vol. 3, 2015, p. 567-589.

_________; TEMER, Sofia. O Incidente de Resolução de Demandas Repetitivas no novo Código de Processo Civil. *Revista de Processo.* São Paulo: RT, vol. 243, p. 283-331.

_________; TIBURCIO, Carmen. Jurisdição e competência para o julgamento de ilícitos cíveis com elementos de estraneidade segundo o Direito Brasileiro. *Revista de Processo*. vol. 231. São Paulo:RT, Maio 2014, p. 39-52.

MESQUITA, José Ignácio Botelho de. Da Competência Internacional e dos princípios que a informam. *Revista de Processo*. São Paulo: RT, vol. 50, 1988, p. 51 e ss.

MISAEL FILHO, Montenegro. *Curso de Direito Processual Civil.* 4ª ed. São Paulo: Atlas, vol. I. 2008, p. 558 - 563.

MITIDIERO, Daniel. Autonomia e estabilização da antecipação da tutela no novo Código de Processo Civil. Disponível em: http://www.mflip.com.br/pub/escolajudicial/?numero=39. Acesso em 08 jun. 2015.

_________; Daniel; AMARAL, Guilherme Rizzo (Coords.); FEIJÓ, Maria Angélica Echer Ferreira (Org.). *Processo civil – estudos em homenagem ao professor doutor Carlos Alberto Alvaro de Oliveira*. São Paulo: Atlas, 2012.

MONTENEGRO FILHO, Misael. *Projeto do Novo Código de Processo Civil*: confronto entre o CPC atual e o projeto do Novo CPC. São Paulo, Atlas: 2011.

MOREIRA, Rui. Os princípios estruturantes do processo civil português e o projeto de uma nova reforma do Código Civil. *Caderno de Estudos Judiciários*. Lisboa: Centro de Estudos Judiciários, 2013. Disponível em:

http://www.cej.mj.pt/cej/recursos/ebooks/ProcessoCivil/Caderno_I_Novo%20_Processo_Civil.pdf Acesso em 3 fev. 2014.

NAGAREDA, Richard A. *Mass Tort Litigation in a World of Settlement.* Chicago: Oxford University: 2007.

NEVES, Daniel Amorim Assumpção. *Intervenção de Terceiros e Revelia.* Disponível em http://www.professordanielneves.com.br/artigos/201011151805210.intervencaodeterceiroserevelia.pdf. Acesso em 8 jan. 2015.

__________. *Manual de Direito Processual Civil*, 5ª ed., Ed. Método, São Paulo, 2013.

NERY JUNIOR, Nelson. *Código de processo civil comentado.* 11ª ed. rev., ampl. e atual. São Pauto: Revista dos Tribunais, 2012.

__________.; NERY, Rosa Maria de Andrade. *Comentários ao Código de Processo Civil.* São Paulo: RT, 2015.

__________. *Princípios Fundamentais* – Teoria Geral do Recursos. 5ª ed. São Paulo: Revista dos Tribunais, 2000.

NUNES, Dierle; OLIVEIRA JÚNIOR, Délio Mota de. *Jurisprudência dominante no novo código de processo civil?* Disponível em: <http://emporiododireito.com.br/jurisprudencia-dominante-no-novo-codigo-de-processo-civil-por-dierle-nunes-e-delio-mota-de-oliveira-junior-2/>. Acesso em: 4 mar. 2015.

__________. *O IRDR do Novo CPC:* este "estranho" que merece ser compreendido. Disponível em http://justificando.com/2015/02/18/o-irdr-novo-cpc-este-estranho-que-merece-ser-compreendido/. Acesso em 20 fev. 2015

OLIVEIRA, Rafael Tomaz de. *Decisão judicial e conceito de princípio. A hermenêutica e a (in)determinabilidade do direito*. Porto Alegre: Livraria do Advogado, 2008.

PAPA JOÃO XXIII. *Carta Encíclica Mater et Magistra*, 8ª ed. Petrópolis: Editora Vozes, 1979, p. 21; *apud* Castro, Lincoln Antônio de. *Missão ética do jurista*. Conhecimento e Diversidade, edição especial, p. 42-50, jul.-dez. 2008. Disponível em: <http://www.lasalle.org.br/unilasalle/pdf/etica/Artigo4.pdf>. Acesso em: 20 jan. 2015.

PASSOS, José Joaquim Calmon de. *Direito, poder, justiça e processo*: julgando os que nos julgam. Rio de Janeiro: Forense, 2003.

PEREIRA, Caio Mário da Silva. Instituições de Direito Civil, 8ª ed.,Rio de Janeiro:Forense, 1990.

PEREIRA, Maria Helena da Rocha. *Estudos de cultura Clássica*. Lisboa: Fundação Calouste Gulbenkian, 1989, v. 2.

PERELMAN, Chaim. *Lógica jurídica*. São Paulo: Martins Fontes, 2000.

PRESGRAVE, Ana Beatriz Ferreira Rebello. *O Novo CPC e os processos em curso: Direito Intertemporal.* São Paulo: Lualri Editora. 2016.

RÉ, Aluísio Iunes Monti Ruggeri. *As diretrizes do projeto de Código de Processo Civil. A constitucionalização vertical e horizontal do processo no contexto da quarta onda renovatória*. Jus Navigandi, Teresina, ano 17, n. 3261, 5 jun. 2012. Disponível em: <http://jus.com.br/artigos/21936>. Acesso em: 15 jun. 2014.

RESTIFFE, Paulo Sérgio. *O Caranguejo e o Projeto de Novo CPC: o procedimento especial de dissolução parcial de sociedade ou lição de como se piorar por não saber melhorar. Disponível em < http://www.migalhas.com.br.* 2010. http://www.migalhas.com.br/dePeso/16,MI122853,11049> (acesso em: 22 mar. 2014).

ROCHA, Fellippe Borring. Projeto de Lei 3.235/04: uma revolução na execução civil. *Juris Poiesis*, ano 8, n. 8 (jul. 2005). Rio de Janeiro: Universidade Estácio de Sá, Mestrado em Direito, jul./2005, p. 715/739.

ROCHA, José de Albuquerque. *Teoria geral do processo*. 10ª ed. São Paulo: Atlas, 2009.

RODRIGUES, Walter dos Santos. *O novo código de processo civil: Garantias fundamentais do processo: Um desafio ao novo CPC*. 1ª ed. Rio de Janeiro. Elsevier, 2012.

ROSSI, Fernando; GUMERATO RAMOS, Glauco; GUEDES, Jefferson Carús; DELFINO, Lúcio; MOURÃO, Luiz Eduardo Ribeiro (Coords.). *O Futuro do Processo Civil no Brasil*: uma análise crítica ao Projeto do Novo CPC, Belo Horizonte: Fórum, 2011.

SALCEDO, José Enrique Goma, apud BRANDELLI, Leonardo. *Ata Notarial*. Porto Alegre: Instituto de Registro Imobiliário do Brasil/Fabris, 2004

SANTOS, Boaventura de Souza; MARQUES, Maria Manuel Leitão; PEDROSO, João; FERREIRA, Pedro Lopes. *Os tribunais nas sociedades contemporâneas*: o caso português. Porto: Edições Afrontamento, 1996.

__________. *Para uma revolução democrática da justiça*. São Paulo: Cortez, 2007.

SANTOS, Daniel Guarnetti dos. *A Fazenda Pública no anteprojeto do novo Código de Processo Civil. Breves considerações*. Jus Navigandi, Teresina, ano 15, n. 2708, 30 nov. 2010. Disponível em: . Acesso em: 14 de abril de 2014.

SANTOS, Ernane Fidélis dos. *Manual de Direito Processual Civil*. Vol. 1. São Paulo: Saraiva, 2006.

SANTOS, Izequias Estevam dos. *Manual de Métodos e Técnicas de Pesquisa Científica*. 9ª ed., rev. e atual. Niterói, Rio de Janeiro: Editora Impetus, 2012

SANTOS, Moacyr Amaral. *Primeiras Linhas de Direito Processual civil*. 25ª ed. Saraiva, vol. III. 2011.

SCHÖNKE, Adolf. *Direito processual civil*. Campinas: Romana, 2003.

SECRETARIA NACIONAL DE JUSTIÇA (SNJ). *Cartilha cooperação jurídica internacional em matéria civil; elaboração, organização e redação*: Inez Lopes Matos Cordeiro de Farias, Ricardo Andrade Saadi. – Brasília: Ministério da Justiça, Secretaria Nacional de Justiça (SNJ), Departamento de Recuperação de Ativos e Cooperação Jurídica Internacional (DRCI), 2012.

SILVA, Agustinho Fernandes Dias da. *A Competência Judiciária e o Direito Internacional Privado Brasileiro*, Rio de Janeiro: Freitas Basto, 1965.

SILVA, De Plácido. Vocabulário Jurídico Conciso. 1ed. Rio de Janeiro: Forense,2008.

SILVA, Luiz Antonio Miranda Amorim. *A Fazenda Pública e o novo CPC. In*: Temas Aprofundados da Advocacia-Geral da União – AGU. Salvador: JusPODIVM, 2012, p. 801 a 829. Disponível em: <http://www.editorajuspodivm.com.br/i/f/temas%20 AGU%20soltas.pdf>. Acesso em 02.03.2015.

SILVA, Ovídio Araújo Baptista da. *Curso de processo civil*. São Paulo: RT, 2005.

SILVA, Paulo Eduardo Alves da. *Gerenciamento de processos judiciais*. São Paulo: Saraiva, 2010.

SILVA, Ricardo Perlingeiro Mendes da. *O direito internacional contemporâneo – estudos em homenagem ao professor Jacob Dolinger*. Rio de Janeiro: Renovar, 2006.

STRECK, Lênio Luiz. *Jurisdição constitucional e decisão jurídica*. 3ª ed. São Paulo: Revista dos Tribunais, 2014.

__________. *O que é isto – decido conforme minha consciência?* 4ª ed. rev. Porto Alegre: Livraria do Advogado, 2013.

__________. *Verdade e consenso* – constituição, hermenêutica e teorias discursivas. 4ª ed. rev. São Paulo: Saraiva, 2013.

TALAMINI, Eduardo. Tutela de urgência no Projeto do novo Código de Processo Civil: a estabilização da medida urgente a e "monitorização" do processo civil brasileiro. Revista de Processo. São Paulo: RT, n. 209, 2012, p. 13-34.

TARUFFO, Michelle. Precedentes e jurisprudência. *Revista de Processo*, São Paulo: RT, n. 199, 2010, p. 139-158.

THEODORO JÚNIOR, Humberto. Algumas polêmicas surgidas após a divulgação do projeto do novo código de processo civil brasileiro. In: *Revista Jurídica*: órgão nacional de doutrina, jurisprudência, legislação e crítica judiciária, ano 58, n. 395. Porto Alegre: Notadez Informação, set. 2010.

__________.Atualidades Jurídicas – Comentários à Reforma do Código de Processo Civil. *Revista OAB* .n.10.. Edição Outubro a Dezembro de 2010.

__________.*Curso de direito processual civil*. 49ª ed. Vol. I. Rio de Janeiro: Forense, 2014.

__________.*Curso de direito processual civil*. 49ª ed. Vol. II. Rio de Janeiro: Forense, 2014.

__________.*Curso de direito processual civil*. 49ª ed. Vol. III. Rio de Janeiro: Forense, 2014.

__________.; NUNES, Dierle José Coelho; BAHIA, Alexandre Gustavo Melo

Franco ; PEDRON, F. Q. *Novo CPC Fundamentos e sistematização*. 1ª ed. Rio de Janeiro: Forense, 2015.

__________. Notas sobre o projeto do Novo Código De Processo Civil do Brasil em matéria de execução. *Revista Atualidades Jurídicas*, OAB Editora, n. 10, p. 58-110, out.-dez. 2010. Disponível em: <http://www.oab.org.br/oabeditora/revista/Revista_10/artigos/notassobreoProjetodonovoCodigodeProcessoCivil.pdf>. Acesso em: 21 mai. 2014.

TOFFOLI, José Antonio Dias; CESTARI, Virgínia Charpinel Junger. *Mecanismos de cooperação jurídica internacional no Brasil*. Disponível em: <https:// www.agu.gov.br/page/download/index/id/1070064>. Acesso em: 26 jan. 2015.

TORNAGHI, Hélio. *Comentários ao Código de Processo Civil*. São Paulo: RT, 1974, vol. I.

WAMBIER, Luiz Rodrigues. *Breves comentários à nova sistemática processual civil*. São Paulo: Revista dos Tribunais, 2007.

__________.; ALMEIDA, Flávio Renato Correia de; TALAMINI, Eduardo. *Curso avançado de processo civil*. v.1. 8ª ed. rev. ampl. São Paulo: RT, 2006.

WAMBIER, Luiz Rodrigues. WAMBIER, Teresa Arruda Alvim. *Breves comentários à 2ª fase da reforma do Código de Processo Civil*. São Paulo: Revista dos Tribunais, 2002.

__________.; MEDINA, José Miguel Garcia. *Breves comentários à nova sistemática processual civil 3*: leis n.º 11382/2006, nº 11417/2006, nº 11418/2006, nº 11341/2006, nº 11419/2006, nº 11441/2007 e nº 11448/2007. São Paulo: Revista dos Tribunais, 2007.

WAMBIER, Teresa Arruda Alvim (Org.). *Direito Jurisprudencial*. São Paulo: Revista dos Tribunais, 2012.

__________. *Os agravos no CPC brasileiro*. 4ª ed. São Paulo: Revista dos Tribunais, 2005.

__________; CONCEIÇÃO, Maria Lúcia Lins; RIBEIRO, Leonardo Ferres da Silva; MELLO, Rogerio Licastro Torres de. *Primeiros Comentários ao Novo Código de Processo Civil:* Artigo por Artigo. São Paulo: RT, 2015

ZAVASCKI, Teori Albino. *Comentários ao Código de Processo Civil,* Do Processo de Execução (arts. 566 a 645), Vol. VIII, São Paulo: Revista dos Tribunais, 2000.

ÍNDICE SISTEMÁTICO
(Código de Processo Civil 1973 / NCPC)

Capítulo V
DO LITISCONSÓRCIO E DA ASSISTÊNCIA

Seção I
Do Litisconsórcio

Seção II
Da Assistência

Capítulo VI
DA INTERVENÇÃO DE TERCEIROS

Seção I
Da Oposição

Seção II
Da Nomeação à Autoria

Seção III
Da Denunciação da Lide

Seção IV
Do Chamamento ao Processo

Título III
DO MINISTÉRIO PÚBLICO

Título IV
DOS ÓRGÃOS JUDICIÁRIOS
E DOS AUXILIARES DA JUSTIÇA

Capítulo I
DA COMPETÊNCIA

Capítulo II
DA COMPETÊNCIA INTERNACIONAL

Capítulo VI

DE OUTROS ATOS PROCESSUAIS

SEÇÃO I

Da Distribuição e do Registro

Seção II

DO VALOR DA CAUSA

Título VI

DA FORMAÇÃO, DA SUPENSÃO E DA EXTINÇÃO DO PROCESSO

Capítulo I

DA FORMAÇÃO DO PROCESSO

Capítulo II

DA SUSPENSÃO DO PROCESSO

Capítulo III

DA EXTINÇÃO DO PROCESSO

Título VII

DO PROCESSO E DO PROCEDIMENTO

Capítulo I

DAS DISPOSIÇÕES GERAIS

Título VIII

DO PROCEDIMENTO ORDINÁRIO

Capítulo I

DA PETIÇÃO INICIAL

Seção I

Dos Requisitos da Petição Inicial

Seção II

Do Pedido

Seção III

Do indeferimento Da petição inicial

Capítulo II

DA RESPOSTA DO RÉU

Seção I

Das Disposições Gerais

Seção III
Da Confissão

Seção IV
Da Exibição de Documento ou Coisa

Seção VII
Da Prova Documental

Subseção I
Da Força Probante dos Documentos

Subseção II
Da Arguição De Falsidade

Subseção III
Da Produção da Prova Documental

Seção VI
Da Prova Testemunhal

Subseção I
Da Admissibilidade e do
Valor da Prova Testemunhal

Subseção II
Da Produção da Prova Testemunhal

Capítulo X
DO CUMPRIMENTO DA SENTENÇA

TÍTULO IX
DO PROCESSO NOS TRIBUNAIS

Capítulo I
DA UNIFORMIZAÇÃO DA JURISPRUDÊNCIA

Capítulo II
DA DECLARAÇÃO DE INCONSTITUCIONALIDADE

Capítulo III
DA HOMOLOGAÇÃO DE SENTENÇA ESTRANGEIRA

Capítulo IV
DA AÇÃO RECISÓRIA

TÍTULO X
DOS RECURSOS

Capítulo I
DAS DISPOSIÇÕES GERAIS

Capítulo II
DA APELAÇÃO

Capítulo III
DO AGRAVO

Capítulo IV
DOS EMBARGOS INFRINGENTES

Capítulo V
DOS EMBARGOS DE DECLARAÇÃO

Capítulo VI
DOS RECURSOS PARA O SUPREMO TRIBUNAL FEDERAL E O SUPERIOR TRIBUNAL DE JUSTIÇA

Seção I
Dos Recursos Ordinários

Seção II
Do Recurso Extraordinário e do Recurso Especial

Capítulo VII
DA ORDEM DOS PROCESSOS NO TRIBUNAL

LIVRO II
DO PROCESSO DE EXECUÇÃO

Título I
Da Execução Em Geral

Capítulo I
DAS PARTES

Capítulo II

DA COMPETÊNCIA

Capítulo III

DOS REQUISITOS NECESSÁRIOS PARA REALIZAR QUALQUER EXECUÇÃO

Seção I

Do Inadimplemento do Devedor

Seção II

Do Título Executivo

Capítulo IV

DA RESPONSABILIDADE PATRIMONIAL

Capítulo V

DAS DISPOSIÇÕES GERAIS

TÍTULO II

DAS DIVERSAS ESPÉCIES DE EXECUÇÃO

Capítulo I

DAS DISPOSIÇÕES GERAIS

Capítulo II

DA EXECUÇÃO PARA A ENTREGA DE COISA

Seção I

Da Entrega de Coisa Certa

Seção II

Da Entrega de Coisa Incerta

Capítulo III

DA EXECUÇÃO DAS OBRIGAÇÕES DE FAZER E DE NÃO FAZER

Seção I

Da Obrigação de Fazer

Seção II

Da Obrigação de não Fazer

Seção III
Das Disposições Comuns
às Seções Precedentes

Capítulo IV
DA EXECUÇÃO POR QUANTIA CERTA
CONTRA DEVEDOR SOLVENTE

Seção I
Da Penhora, da Avaliação
e da Expropriação de Bens

Subseção I
Das Disposições Gerais

Subseção II
Da Citação do Devedor
e da Indicação de Bens

Subseção III
Da Penhora e do Depósito

Subseção IV
Da Penhora de Créditos e de
Outros Direitos Patrimoniais

Subseção V
Da Penhora, do Depósito e da Administração
de Empresa e de outros Estabelecimentos

Subseção VI
Da Avaliação

Subseção VI-A
Da Adjudicação

Subseção VI-B
Da Alienação por Iniciativa Particular

Subseção VII

Da Alienação em Hasta Pública

Seção II

Do Pagamento ao Credor

Subseção I

Das Disposições Gerais

Subseção II

Da Entrega do Dinheiro

Subseção IV

Do Usufruto de Móvel ou Imóvel

Seção III

Da Execução contra a Fazenda Pública

Capítulo V

DA EXECUÇÃO DE PRESTAÇÃO ALIMENTÍCIA

TÍTULO II

DOS EMBARGOS DO DEVEDOR

Capítulo I

DAS DISPOSIÇÕES GERAIS

Capítulo II

DOS EMBARGOS À EXECUÇÃO CONTRA A FAZENDA PÚBLICA

Capítulo III

DOS EMBARGOS À EXECUÇÃO

Capítulo IX
DO INVENTÁRIO E DA PARTILHA

Seção I
Das Disposições Gerais

Seção II
Da Legitimidade para Requerer o Inventário

Seção III
Do Inventariante e das Primeiras Declarações

Seção IV
Das Citações e das Impugnações

Seção V
Da Avaliação e do Cálculo do Imposto

Seção VI
Das Colações

Seção VII
Do Pagamento das Dívidas

Seção VIII
Da Partilha

Seção IX
Do Arrolamento

Seção X
Das Disposições Comuns às
Seções Precedentes

Capítulo X
DOS EMBARGOS DE TERCEIRO

Capítulo XI
DA HABILITAÇÃO

Capítulo XII
DA RESTAURAÇÃO DOS AUTOS

Capítulo XV
DA AÇÃO MONITÓRIA

TÍTULO II
DOS PROCEDIMENTOS ESPECIAIS
DE JURISDIÇÃO VOLUNTÁRIA

Capítulo I
DAS DISPOSIÇÕES GERAIS

Capítulo II
DAS ALIENAÇÕES JUDICIAIS

Capítulo III
DA SEPARAÇÃO CONSENSUAL

Capítulo IV
DOS TESTAMENTOS E CODICILOS

Seção I
Da Abertura, do Registro
e do Cumprimento

Seção II
Da Confirmação do Testamento Particular

Seção III
Do Testamento Militar, Marítimo,
Nuncupativo e do Codicilo

Capítulo V
DA HERANÇA JACENTE

LEI Nº 13.140/2015

Este livro foi impresso nas oficinas gráficas da Editora Vozes Ltda.,
Rua Frei Luís, 100 – Petrópolis, RJ.